Nordrhein-Westfalen

AF288043

Doppel-Klick **8**

Differenzierende Ausgabe

Das Arbeitsheft Plus

Erarbeitet von
Grit Adam, Kathleen Breitkopf, Ulrich Deters,
Dirk Hergesell, Rainer Schremb, Britta Wurst-Falck

Unter Beratung von
Andrea Hüttig
und August-Bernhard Jacobs

Inhaltsverzeichnis

Arbeitstechnik

Sachtexte erschließen
Ulrich Grünewald: Energie aus dem Meer........4
Weiterführendes: Ein Schaubild erschließen......7
Das Funktionsprinzip
eines Gezeitenkraftwerkes............................7

Planen, schreiben, überarbeiten

Einen informativen Text schreiben
Frank Dohmen: Energie der Zukunft: Watt
aus dem Meer..8
Grafik: Strommix in Deutschland (2009).........9
Grafik: Prognose: Stromversorgung in
Deutschland 2020....................................9
Grafik: Moderne Solarkraftwerke.................9
Das Textverständnis überprüfen...................11
Den eigenen Text planen und schreiben...........12
Einen informativen Text überarbeiten...............14
Weiterführendes: Eine Grafik erstellen............15
Strommix in Deutschland 2009..................15
Das kann ich!..16
Daniel Wetzel: Marokko startet das Projekt
Wüstenstrom...16

Bewerbungen und Berichte schreiben
Ein Bewerbungsschreiben verfassen.................18
Einen Lebenslauf schreiben...........................21
Einen Tagesbericht schreiben.........................22
Das kann ich!...24
Bewerbungen schreiben..........................24
Berichte schreiben.................................25

Stellung nehmen
Besen statt Mathebuch und Geodreieck.......26
In einem Brief Stellung nehmen.....................28
Eine Stellungnahme (Brief) überarbeiten..........29
Das kann ich!..30
Es stinkt zum Himmel – mit Gebühren
für mehr Sauberkeit..................................30

Gattungen – Zu Texten schreiben

Zu Prosatexten schreiben
Annette Weber: Schüleraustausch...............32
Eine Inhaltsangabe schreiben.........................35
Merkmale einer Kurzgeschichte......................36
Weiterführendes: Einen inneren Monolog
schreiben...39
Das kann ich!..40
Max Bolliger: Sonntag..............................40

Zu einer Ballade schreiben
Emanuel Geibel: Die Goldgräber.................42
Den Inhalt und die Form erschließen...............43
Zu Inhalt und Form einer Ballade schreiben......44
Das kann ich!..45
Johann Wolfgang von Goethe: Erlkönig..........45

Rechtschreiben, Zeichensetzung

Rechtschreibhilfen
Gliedern – verlängern – ableiten.....................46
Mit Wortfamilien üben.................................48
Das kann ich!..49

Großschreibung
Nominalisierte Adjektive...............................50
Zusammensetzungen aus Wochentag und
Tageszeit...50
Nomen mit **-ung**, **-heit**, **-keit** und **-nis**..............51
Nominalisierte Verben.................................51
Das kann ich!..52

Fremdwörter
Fremdwörter mit den Suffixen **-ie**, **-ität**, **-ik**, **-or**,
-(i)ell und **-iv**...53
Fremdwörter mit **v**....................................54
Verben auf **-ieren**.....................................55
Das kann ich!..55

Getrenntschreibung
Wortgruppen mit **Nomen/Verb/Adjektiv** + **Verb**
und weitere Wortgruppen..........................56
Wortgruppen mit **sein**.................................57
Das kann ich!..57

Wörter mit h 58
Das kann ich! 59

Wörter mit wider 60
Das kann ich! 61

Komma in Satzgefügen 62
Komma in Aufzählungen 63
Komma bei dass-Sätzen 64
Das kann ich! 65

Grammatik

Wortart: Pronomen
Personalpronomen, Possessivpronomen
und Demonstrativpronomen 66

Wortart: Verb
Wiederholung: Präteritum, Plusquamperfekt
und Futur 67
Das Passiv im Präsens und im Präteritum 68
Einen Versuch im Passiv beschreiben 69
Das kann ich! – Passiv 70
Der Konjunktiv I in der indirekten Rede 71
Der Konjunktiv II in der indirekten Rede 72
Der Konjunktiv II in höflichen Aufforderungen 73
Indirekte Rede: Konjunktiv I, II und Ersatzform 74
Das kann ich! – Konjunktiv 75

Der Satz
Satzreihen und Satzgefüge 76
Konjunktionalsätze 77
Infinitivsätze 79
Relativsätze 80
Das kann ich! 81

Satzglieder und Attribute
Das Präpositionalobjekt 82
Wiederholung: Adverbiale Bestimmungen 83
Attribute 84
Das kann ich! 85

Der Kompetenztest

Das kann ich! – Sachtexte und Grafiken
erschließen 85
Energie aus Biomasse 86
Schaubild: Eine Bioenergieanlage und
ihre Bestandteile 87
Kritik an der Energiegewinnung aus
Biomasse 87
Das kann ich! – Rechtschreiben 90
Das kann ich! – Grammatik 91
Das kann ich! – Einen informierenden Text
überarbeiten 92
Das kann ich! – In einem Leserbrief
Stellung nehmen 93

Wissenswertes auf einen Blick

Rechtschreiben, Zeichensetzung 94
Grammatik 95

Arbeitstechniken findest du in den Klappen
und auf der vorderen inneren Umschlagseite.

Z Hier findest du zusätzliche Aufgaben
zum Weiterarbeiten.

Die Aufgabentypen
Mit den Übungen und Aufgaben dieses Arbeitsheftes
werden die schriftlichen Aufgabentypen des
Kernlehrplanes Nordrhein-Westfalen erarbeitet;
insbesondere:

Schriftlicher Aufgabentyp 2 a) und b):
auf der Basis von Materialien oder Beobachtungen
sachlich berichten und beschreiben
➤ S. 8–16, 22, 23, 25, 92

Schriftlicher Aufgabentyp 3:
Eine Argumentation zu einem Sachverhalt verfassen
➤ S. 26–31, 93

Schriftlicher Aufgabentyp 4 a):
Literarische Texte aufgabengeleitet untersuchen
➤ S. 32–45

Schriftlicher Aufgabentyp 4 b):
Sachtexte fragengeleitet und aufgabengeleitet
untersuchen
➤ S. 4–7, 8–16, 86–89

Schriftlicher Aufgabentyp 5:
Texte nach vorgegebenen Kriterien überarbeiten
➤ S. 14, 18, 22, 24, 25, 29, 31, 38, 66, 74, 92

Schriftlicher Aufgabentyp 6:
Texte nach Textmustern verfassen
➤ S. 39–41, 44

Sachtexte erschließen

Du liest einen Text und entnimmst ihm wichtige Informationen.
Im Anschluss schreibst du eine kurze Zusammenfassung.

Bilder und Überschriften sagen dir schon viel, bevor du
mit dem Lesen beginnst.

1 Schreibe in einem Satz auf, worum es in dem Text vermutlich geht.
Begründe deine Vermutung. Schreibe in dein Heft.

Du überfliegst den Text.

2 **a.** Überfliege den Text.
   Du kannst dabei mit Bleistift eine Schlangenlinie einzeichnen.
   b. Decke den Text ab.
   Woran erinnerst du dich? Was kennst du schon?
   Schreibe diese Wörter und Wortgruppen in dein Heft.

Textknacker Schritt 1:
Vor dem Lesen
– Bilder
– Überschrift
– Form

Textknacker Schritt 2:
Den Text überfliegen
– Was fällt dir auf?
– Was kennst du schon?

Energie aus dem Meer – Ulrich Grünewald

**Die gewaltige Energie, die hinter der Kraft des Meeres steckt, ist schon so
manchem Küstenbewohner zum Verhängnis geworden. Doch diese Energie
ist nicht nur zerstörerisch, sie kann auch genutzt werden, zum Beispiel
zur Stromgewinnung. Strom aus dem Meer – gewonnen aus der Kraft**
5 **der Gezeiten und Wellen. Experten sehen darin ein großes Potenzial.**

Gezeitenkraftwerk

Bereits im 11. Jahrhundert wurde die Kraft des Tidenhubs[1] in Gezeitenmühlen
in England und Frankreich genutzt. Und im Jahr 1897 wurde in Frankreich
das erste Mal elektrischer Strom mithilfe von Turbinen[2] und Generatoren[3]
gewonnen, angetrieben durch Ebbe und Flut.
10 Rund 20 Jahre später entstanden die Pläne für ein erstes Gezeitenkraftwerk
an der Mündung des französischen Flusses Rance bei St. Malo in der Normandie.
Die Bucht ist mit einem Tidenhub von bis zu zwölf Metern besonders geeignet.
Es dauerte allerdings noch bis Dezember 1967, bis das erste Gezeitenkraftwerk
der Welt in Betrieb ging. Das Prinzip ist einfach. Ein 750 Meter langer Damm
15 trennt die Bucht vom offenen Meer ab. Das Wasser kann nur durch 24 Rohrturbinen auf die andere Seite gelangen. Die Turbinen erzeugen den Strom
sowohl beim Einlaufen des Wassers (Flut) als auch beim Auslaufen (Ebbe).
Je nach Strombedarf kann das Ablaufen leicht verzögert werden. Insgesamt
erzeugt das Kraftwerk eine Leistung von 240 Megawatt[4]. Weltweit gibt es
20 nur einige wenige, meist kleinere Anlagen mit rund einem Megawatt.

Der Damm bei St. Malo mit
dem Gezeitenkraftwerk
rechts im Bild

1 der Tidenhub: der Unterschied in der Höhe zwischen Hoch- und Niedrigwasser
2 die Turbine: Eine Turbine wandelt Fließenergie in Drehenergie um.
3 der Generator: wandelt die Drehenergie, z. B. einer Turbine, in elektrische Energie um
4 Ein Megawatt (MW) entspricht 1000 Kilowatt (KW) oder 1 000 000 Watt.

Meeresströmungskraftwerk

Energie lässt sich jedoch nicht nur durch die Nutzung des Tidenhubs gewinnen.
Denn dass das Meer bei Flut höher steht, bedeutet nicht, dass es dort angehoben
wird, jedenfalls nicht in dem Sinne, wie man einen Eimer Wasser vom Boden
anheben würde. Das Wasser des Meeres wird durch die Gezeitenkräfte von
25 einem Ort zu einem anderen gezogen. Dort, wo es wegfließt, herrscht Ebbe, dort,
wo es hinfließt, Flut. Es entstehen Strömungen. Und diese können ebenso zur
Stromgewinnung genutzt werden. Vor der Küste Großbritanniens entstand das
erste Meeresströmungskraftwerk der Welt. Das deutsch-britische Pilotprojekt
trägt den Namen „Seaflow". Es sieht aus wie eine Windkraftanlage unter Wasser
30 und funktioniert auch fast genauso. Der Unterschied: Statt des Windes, also
der Strömung der Luft, wird die Gezeitenströmung des Wassers genutzt. Seit
der Inbetriebnahme 2003 musste „Seaflow" ständig verbessert werden.
Zum Beispiel war die Meeresströmung geringer als erhofft. Auch stellte
der Unterwasserbetrieb extreme Anforderungen an die Materialien.
35 Im Jahr 2008 ging „Seaflows" Nachfolger „Seagen" vor der Küste Nordirlands in
Betrieb. Mit seinen zwei Turbinen produziert das Meeresströmungskraftwerk,
anders als sein Vorgänger, tatsächlich Strom. Die Leistung beträgt 1,2 Megawatt,
womit gut 1000 Haushalte versorgt werden können.

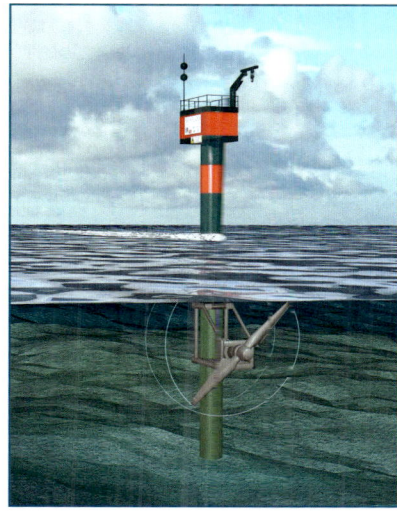

Ein Meeresströmungskraftwerk

Wellenenergie

Das Wetter ist zwar ein unvorhersehbarer Faktor, es ist jedoch entscheidend
40 bei einer weiteren Form des Energietransports im Meer: der Wellenenergie.
Um diese Energie zu nutzen, gibt es verschiedene Ansätze. Einer der ältesten
ist das Prinzip der schwingenden Wassersäule. Das ständige Auf und Ab
des Wassers treibt dabei in einer Art Kamin eine Luftsäule an. Wie in
einer Luftpumpe wird bei ansteigendem Wasser die Luft nach oben durch
45 eine Turbine gedrückt. Beim Absinken des Wassers wird die Luft durch
die Turbine angesogen. Eine ausgeklügelte Technik sorgt dafür, dass sich
die Turbine in beiden Fällen immer in dieselbe Richtung dreht. Dadurch werden
Reibungsverluste vermieden. Der erste Prototyp eines Wellenkraftwerks ist im
November 2000 an der Westküste Schottlands in Betrieb gegangen und liefert
50 eine Spitzenleistung von 500 Kilowatt.

Funktionsweise des Wellenkraftwerks
Limpet

Lösung des weltweiten Energieproblems?

Der Energievorrat, der in den Gezeiten steckt, ist zwar riesig, lässt sich jedoch
nur selten wirtschaftlich nutzen. Um zum Beispiel ein Gezeitenkraft betreiben
zu können, benötigt man mindestens einen Tidenhub von fünf Metern sowie
eine geeignete Bucht. Weltweit gibt es schätzungsweise nur wenige Dutzend
55 solcher Stellen. Insgesamt ließen sich rein rechnerisch zwölf Gigawatt (ein
Gigawatt = eine Milliarde Watt) Strom erzeugen. Damit könnten gerade mal
zehn Kohlekraftwerke ersetzt werden.
Außerdem steht die Energie nicht kontinuierlich zur Verfügung, die Spitzenlast
verschiebt sich ebenso wie die Hoch- und Niedrigwasser von Tag zu Tag. Es
60 müssten daher Möglichkeiten zur Speicherung der Energie geschaffen werden.
Das Problem der kontinuierlichen Energiegewinnung tritt bei den Wellenkraft-
werken noch verstärkt auf, da bei diesen das Wetter eine entscheidende Rolle
spielt. Lediglich ein Strömungskraftwerk liefert jederzeit gleich viel Energie
und ist unabhängig vom Wetter. Allerdings gibt es erst wenige Pilotanlagen.
65 In der Kombination verschiedener Meereskraftwerke sehen die Experten
gleichwohl einen wichtigen Beitrag zur Versorgung mit erneuerbaren Energien.
Im Vergleich zu Wind, Sonne und Biomasse steht die Nutzung der Energie
aus dem Meer aber noch am Anfang.

Beim genauen Lesen erkennst du wichtige Informationen.

3 **a.** Lies die einzelnen Absätze des Textes genau.
   b. Welches gemeinsame Thema haben die drei mittleren Absätze?
   Schreibe einen Satz auf.

_____

_____

Textknacker Schritt 3:
Beim genauen Lesen
– Überschrift
– Absätze
– Schlüsselwörter
– Unbekannte Wörter

4 Was ist jeweils das Besondere am ersten und am letzten Absatz?
   Schreibe jeweils einen ganzen Satz auf die Linie.
   Tipp: Die Besonderheiten dieser beiden Absätze findest du in vielen Texten.

_____

_____

_____

5 Schreibe Erklärungen für die folgenden Wörter in dein Heft.
   – Manche Wörter kannst du dir aus dem Textzusammenhang erklären.
   – Nutze auch die Fußnoten im Text oder schlage die Wörter nach.

> Tidenhub (Z. 6), Gigawatt (Z. 55), Turbine (Z. 36), Generator (Z. 8),
> Prototyp (Z. 48), kontinuierlich (Z. 61), Pilotanlage (Z. 64), Kombination (Z. 65)

Starthilfe
> Tidenhub nennt man den Höhenunterschied …

6 **a.** Sieh dir die Bilder zum Text genau an und lies die Bildunterschriften.
   b. Erkläre die drei Kraftwerkstypen. Schreibe in dein Heft.

7 **a.** Markiere Schlüsselwörter im Text.
   b. Worum geht es? Schreibe zu jedem Absatz Stichworte in dein Heft.

Mithilfe von Fragen kannst du dein Textverständnis überprüfen.

8 **a.** Schreibe zu jedem Absatz des Textes zwei eigene Fragen in dein Heft.
   b. Beantworte deine eigenen Fragen schriftlich.

9 Beantworte die folgenden Fragen in ganzen Sätzen. Schreibe in dein Heft.
   a) Warum ist die Mündung des Flusses Rance besonders gut
      für die Errichtung eines Gezeitenkraftwerkes geeignet?
   b) Warum sieht das Meeresströmungskraftwerk „Seaflow" aus
      wie eine „Windkraftanlage unter Wasser" (Zeile 29)? Erkläre das Zitat.
   c) Welche zwei Voraussetzungen für den Bau eines Gezeitenkraftwerks
      werden im Text genannt?
   d) Warum erzeugen Wellenkraftwerke nicht kontinuierlich gleich viel Energie?
   e) Welche drei anderen erneuerbaren Energien – außer Energie aus dem
      Meer – werden im Text genannt?

Starthilfe
> Frage a) Die Mündung
> der Rance ist für ein
> Gezeitenkraftwerk
> besonders gut geeignet,
> weil …

In einer Zusammenfassung gibst du den Inhalt des Textes kurz wieder.

10 Schreibe eine Zusammenfassung des Textes.

Textknacker Schritt 4:
Nach dem Lesen
Mit dem Inhalt arbeiten

Weiterführendes: Ein Schaubild erschließen

Du erschließt ein Schaubild zu einem Gezeitenkraftwerk.

Das Funktionsprinzip eines Gezeitenkraftwerkes

Phase 1
– Staubecken ist leer
– Flut steigt an
– Turbinenleitungen sind geschlossen

Phase 2
– Flut hat Maximum erreicht
– Turbinenleitungen werden geöffnet
– Wasser strömt ein
– Turbine wird angetrieben: **Strom wird erzeugt**

Phase 3
– Staubecken ist gefüllt
– Flut sinkt ab
– Turbinenleitungen sind geschlossen

Phase 4
– Ebbe ist erreicht
– Turbinenleitungen werden geöffnet
– Wasser strömt aus
– Turbine wird angetrieben: **Strom wird erzeugt**

1 a. Sieh dir das Schaubild an und lies die Stichworte zu den vier Phasen.
   b. Beschrifte die Grafik an passenden Stellen mit den folgenden Wortgruppen.

> offenes Meer, Verschluss (2 x), das Kraftwerk, Staubecken, Turbine läuft

2 Im Text auf Seite 5 gibt es zwei andere Wörter für **Flut** und **Ebbe**.
Schreibe diese beiden Wörter auf.

die Flut = _____   die Ebbe = _____

3 Beantworte die Fragen mithilfe des Schaubilds.
a) Wodurch staut sich das Wasser auf einer Seite des Damms?

_____

b) Wann genau werden die Turbinenleitungen geöffnet?

_____

_____

4 Wann genau werden die Turbinenleitungen geschlossen?
Das Schaubild beantwortet diese Frage nicht. Schreibe deine Vermutung auf.

_____

_____

5 a. Beschreibe das Funktionsprinzip eines Gezeitenkraftwerks
   in einem kurzen Sachtext.
   b. Ist deine Beschreibung auch ohne das Schaubild verständlich?
   Überprüfe deinen Text mithilfe einer Person, die das Schaubild nicht kennt.

> **Starthilfe**
> **So funktioniert ein Gezeitenkraftwerk**
> ...

Einen informativen Text schreiben

Mit den Materialien schreibst du einen **informativen Text** zum **Thema Windenergie**. Zuvor liest du die Materialien mithilfe des Textknackers.

➤ Die Arbeitstechnik „Der Textknacker" findest du in der vorderen Klappe.

Zuerst überlegst du, was du schon über das Thema weißt.

vor dem Lesen

1 Was weißt du über die Windenergie? Schreibe Stichworte in dein Heft.

Du überfliegst die Materialien.

das Material überfliegen

2 Überfliege die Materialien 1 bis 5 auf den Seiten 8-10. Worum geht es jeweils? Schreibe zu jedem Material einen Satz in dein Heft.

3 Welche der drei Grafiken passt nicht zum Thema **Windenergie**? Begründe deine Antwort in einem Satz.

Die Grafik _____

_____

Material 1
Energie der Zukunft: Watt aus dem Meer – Frank Dohmen

Die Energieversorgung in Deutschland steht vor einer entscheidenden Wende. In den nächsten Monaten und Jahren werden vor den Küsten große Offshore-Windparks[1] entstehen, mit denen gewaltige Mengen Ökostrom[2] produziert werden sollen.

5 Es ist nass, kalt und unwirtlich an diesem Morgen im ostfriesischen Städtchen Emden. Die Nebelschwaden beginnen nur langsam aufzureißen. Das Schlimmste aber ist die Windstille. „Hoffentlich laufen sie überhaupt", sagt Projektleiter Wilfried Hube mit einem besorgten Blick. Dann zieht er die Gurte seiner Schwimmweste fest und klettert in den Hubschrauber. Im Tiefflug geht es
10 Richtung Küste, vorbei an den Inseln Juist und Borkum direkt auf die Nordsee. Dort, mitten im Meer, liegt das Ziel des kurzen Flugs: Alpha Ventus, der erste und bislang einzige deutsche Offshore-Windpark. Winzig klein zunächst zeichnen sich die Konturen am Horizont ab. Doch mit jedem Kilometer, den man sich nähert, werden die gigantischen Ausmaße des Projekts deutlicher.
15 Auf einer Fläche von etwa vier Quadratkilometern – das entspricht der Größe von ungefähr 500 Fußballfeldern – ragen insgesamt zwölf Windturbinen aus dem eisigen Wasser. Jede einzelne ist mit rund 150 Metern so hoch wie der Kölner Dom und mit 1000 Tonnen so schwer wie 25 voll beladene Sattelschlepper.
20 Als der Hubschrauber sich langsam auf die nahe gelegene Versorgungsplattform senkt, drehen sich die Rotoren[3] aller Anlagen langsam im aufgefrischten Wind. Hube wirkt erleichtert. Und das nicht nur, weil ein Offshore-Park ohne Wind immer auch einen trostlosen Eindruck bei Besuchern hinterlässt. Fast unbemerkt von der Öffentlichkeit hat der Projektleiter vor wenigen Tagen
25 mithilfe von Tauchertrupps die letzten Unterwasserkabel anschließen können.

Der Windpark Alpha Ventus in der deutschen Nordsee

---

1 der Offshore-Windpark: ein Windpark, der im Meer liegt (offshore: englisch für „vor der Küste"). Ein Windpark ist eine Ansammlung von Windenergieanlagen, d. h. von Windturbinen.
2 der Ökostrom: elektrische Energie, die auf umweltfreundliche Art und Weise gewonnen wird
3 der Rotor: der sich drehende Teil einer Maschine (hier: die Windflügel)

Seitdem fließt mit jeder Rotorenbewegung Strom aus der Nordsee Richtung
Festland – und das in gewaltigen Mengen. Mindestens 220 Gigawattstunden[4]
Energie wird Alpha Ventus Jahr für Jahr in das Stromnetz einspeisen. Das reicht
aus, um 50 000 Haushalte zu versorgen.

30 In den kommenden Monaten und Jahren sollen vor den deutschen und
europäischen Küsten weitere riesige Offshore-Anlagen entstehen und
enorme Mengen Strom in die Netze auf dem Festland einspeisen. Es herrscht
Goldgräberstimmung. „In der Branche wird der Offshore-Windmarkt als
der wesentliche Wachstumsbereich bei den erneuerbaren Energien in

35 unseren Regionen angesehen", sagt Frank Mastiaux, der beim Stromriesen E.on
für das Aufgabenfeld zuständig ist.
Auch die Politik schöpft Hoffnung. Mit den Offshore-Windparks scheint
die Vision von einer umweltschonenderen Energieversorgung mit
geringerer Abhängigkeit von Kohle, Gas und Öl endlich greifbar.

Material 2
Strommix in Deutschland:
Bruttostromerzeugung nach Energieträgern 2009

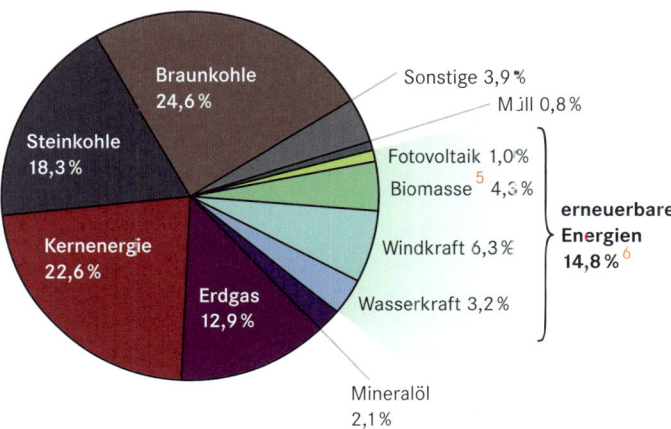

Material 3
Prognose:[7] Stromversorgung in Deutschland 2020
Gesamt 595 TWh[8]

Material 4
Moderne Solarkraftwerke:
So funktioniert ein Parabolrinnenkraftwerk:

4 eine Gigawattstunde:
  1 Milliarde Wattstunden
5 die Biomasse: pflanzliche
  und tierische Produkte, die
  zur Energiegewinnung dienen,
  z. B. Holz oder Biogas
6 Für die erneuerbaren Energien
  wird oft auch ein Anteil von gut
  16 % angegeben. Dabei wird z. B.
  die Müllverbrennung mitgezählt.
7 die Prognose: die Voraussage
8 TWh: die Terawattstunde:
  1 Milliarde Kilowattstunden
  oder 1 Billion Wattstunden
9 die Geothermie: die in der Erde
  als Erdwärme gespeicherte
  Energie

Material 5

- *Windenergieanlagen verändern Landschaftsbild*
- *kein Ausstoß von Schadstoffen (CO_2=Kohlendioxid, Stickoxide und Schwefeldioxid), anders als konventionelle Stromerzeugung in Kraftwerken*
- *Wind keine zuverlässige Energiequelle. Wind nicht immer am richtigen Ort in der richtigen Stärke*
- *Windenergie nicht speichern, vor Ort in elektrischen Strom umwandeln (transportfähig)*
- *keine andere Form der Energiegewinnung braucht so wenig Platz*
- *Windkraft billig, reichlich vorhanden, erneuerbar*

Dein Arbeitsauftrag

Schreibe für die Schülerzeitung einen informativen Text zum Thema „Windenergie" am Beispiel von Alpha Ventus. Stelle den Anteil der Windenergie am heutigen und am zukünftigen Energieverbrauch im Text dar.
– Verwende Informationen aus den Materialien von den Seiten 8 und 9.
– Erkläre in deinem Text schwierige Begriffe und Sachverhalte.
  Denke daran, dass auch Schüler der Klasse 5 die Schülerzeitung lesen.
– Nenne in deinem Text die Quellen der Informationen.
– Schreibe im Präsens und vermeide wörtliche Rede.

4 **a.** Lies deinen Arbeitsauftrag.
   b. Was genau sollst du tun? Schreibe in dein Heft.

Du liest die Materialien genau, bevor du den Arbeitsauftrag bearbeitest.   beim genauen Lesen

5 **a.** Lies die Texte und die Beschriftungen der Grafiken genau.
   b. Welche Wörter verstehst du nicht? Markiere sie.
   c. Erkläre die Wörter aus dem Textzusammenhang oder
      mithilfe eines Lexikons oder einer Suchmaschine.
      Schreibe die Bedeutungen in dein Heft.

6 Schreibe zu den folgenden Wörtern Erklärungen auf die Linien.

offshore (Z. 3) *vor der Küste, auf offener See* _____

der Ökostrom (Z. 4) _____

die Rotoren (Z. 21) _____

die Gigawattstunde (Z. 27) _____

die Biomasse (Material 2) _____

die Prognose (Material 3) _____

die Geothermie (Material 3) _____

7 Markiere im Text auf den Seiten 8 bis 9 Schlüsselwörter.

Das Textverständnis überprüfen

Du überprüfst, ob du die Materialien genau gelesen und verstanden hast.

1 Beantworte die Fragen in ganzen Sätzen.

A Wie heißt der erste deutsche Offshore-Windpark und wo liegt er?

_____

B Was soll an den deutschen und europäischen Küsten entstehen und wozu?

_____

_____

C Wer schöpft Hoffnung und warum?

_____

_____

_____

2 Ergänze wichtige Informationen in Zahlen zu Alpha Ventus.

Größe: _____   Anzahl der Turbinen: _____

Anzahl der mit der Energie versorgten Haushalte: _____

3 Welche Energiequellen werden in den Materialien angegeben? Schreibe auf.

Erneuerbare Energien: _____

Nicht erneuerbare Energien: _____

4 Kreuze die richtigen Aussagen an.

☐ a) Wind gibt es überall und zu jeder Zeit.
☐ b) Windenergie ist umweltfreundlich und erneuerbar.
☐ c) Die Erzeugung von Windenergie braucht weniger Platz am Boden
als andere Formen der Energiegewinnung.
☐ d) Windenergieanlagen stoßen viele Schadstoffe aus.

Die folgenden Aufgaben bearbeitest du in deinem Heft.

5 Beantworte die folgenden Fragen in ganzen Sätzen.

A Wie viel Prozent betrug der Anteil der erneuerbaren Energien an
der Stromproduktion im Jahr 2009?
B Und wie groß war der Anteil der Windenergie an der Stromproduktion?
C Welchen Anteil soll die Windenergie an der Stromversorgung im Jahre 2020 betragen?
D Um was für eine Art von Grafik handelt es sich bei Material 2?
E Warum muss Windenergie vor Ort in Strom umgewandelt werden?

6 Wie verändert sich der Anteil der erneuerbaren Energien von 2009 bis 2020?
Beschreibe die Steigerung des Prozentanteils in ganzen Sätzen.
Schreibe dazu, aus welchen Materialien du die Zahlenangaben hast.

Z **7** In **Material 1** findest du drei Größenvergleiche.
a. Markiere die Vergleiche und schreibe sie auf.
b. Wozu stehen diese Vergleiche im Text? Hätten die Zahlen nicht gereicht?
Beantworte diese beiden Fragen in ganzen Sätzen.

Den eigenen Text planen und schreiben

Arbeitstechnik

Einen informativen Text schreiben
– Sammle Informationen aus Sachtexten und Grafiken zu deinem Thema.
– Plane deinen Text. Gliedere dazu die Informationen in einer sinnvollen
  Reihenfolge. Verwende Fragen zum Gliedern der Informationen.
– Formuliere in der Einleitung das genaue Thema.
– Schreibe den Hauptteil sachlich und verständlich für deine Adressaten.
– Vermeide wörtliche Rede oder ersetze sie durch indirekte Rede.
– Gib die Quellen deiner Informationen an.
– Zum Schluss kannst du kurz deine eigene Meinung zum Thema äußern.

Du planst deinen Text, indem du zum Beispiel Fragen aufschreibst.

nach dem Lesen

1 **a.** Stelle vier Fragen zum Thema, die dein Text beantworten soll.
  – Beachte dabei deinen Arbeitsauftrag auf Seite 10.
  – Die Wörter und Wortgruppen am Rand helfen dir.
  b. Notiere zu jeder Frage Stichworte und Zahlen aus den Materialien 1 bis 5.
  Du kannst Schlüsselwörter aus dem Text verwenden.

Windenergie,
Alpha Ventus, heute,
in Zukunft,
Vorteile und Nachteile

Frage 1: _Was ist Windenergie?_

erneuerbare Energie,

Frage 2: _Was ist_

Frage 3:

Frage 4:

Deinen Text schreibst du verständlich und nennst deine Quellen.

Der Offshore-Windpark Alpha Ventus wird bei normalen Windbedingungen pro Jahr mindestens 220 Gigawattstunden Ökostrom für 50 000 Haushalte in das Stromnetz einspeisen.

2 Der Satz über der Aufgabe enthält sehr viele Informationen.
  a. Welche vier Fachwörter könntest du in einzelnen Sätzen näher erklären? Markiere diese Fachwörter.
  b. Überarbeite den Satz. Schreibe mindestens vier Sätze in dein Heft. Erkläre in den Sätzen die markierten Fachwörter.

3 Woher stammen die folgenden Informationen? Nenne am Rand die Materialien (die Quellen), in denen diese Aussagen stehen.

A Der Offshore-Windpark Alpha Ventus wird mindestens 220 Gigawattstunden Ökostrom pro Jahr produzieren.

A *Material 1*

B Windenergieanlagen stoßen kein Kohlendioxid aus.

B _____

C Der Anteil der Windenergie steigt voraussichtlich auf 25 %.

C _____

D Der Anteil der Windenergie lag nur bei 6,3 %.

D _____

4 Schreibe die Aussagen aus Aufgabe 3 neu in dein Heft. Nenne dabei die Quellenangaben mit den folgenden Satzanfängen.

> **Aus … geht hervor, dass …**
> **Material … zeigt / beschreibt / erklärt / macht deutlich …**

Mithilfe deiner Fragen und Stichworte bearbeitest du deinen Arbeitsauftrag von Seite 10. Du schreibst in dein Heft.

5 **a.** Formuliere eine passende Überschrift.
  b. Schreibe eine Einleitung. Nenne darin das Thema.
    Tipp: Du kannst auch auf die Aktualität des Themas hinweisen.

6 Schreibe den Hauptteil.
  – Beantworte jede Frage von Seite 12 in einem neuen Absatz.
  – Nenne die Quellen für deine Informationen.

> **Beispiel für eine Quellenangabe:**
> Material 1, Text: „Energie der Zukunft: Watt aus dem Meer" von Frank Dohmen.
> In: Doppel-Klick, Differenzierende Ausgabe, Das Arbeitsheft Plus – 8, Cornelsen Verlag, Berlin 2011, Seite 8–9.
> Material 2, Kreisdiagramm: „Strommix in Deutschland". Ebenda, Seite 9.

7 Fasse in einem Schlusssatz wichtige Informationen zusammen.

8 Überprüfe deinen Text mithilfe der Checkliste.

Checkliste: Einen informativen Text schreiben	ja	nein
Habe ich ausreichend viele wichtige Informationen gesammelt?	☐	☐
Habe ich die Informationen in einer sinnvollen Reihenfolge gegliedert?	☐	☐
Habe ich sachlich geschrieben?	☐	☐
Habe ich in der Einleitung das Thema meines Textes genannt?	☐	☐
Habe ich in Einleitung und Hauptteil jede persönliche Meinung vermieden?	☐	☐
Habe ich die wörtliche Rede vermieden?	☐	☐
Sind alle meine Zahlenangaben richtig?	☐	☐
Habe ich zum Schluss wichtige Informationen zusammengefasst?	☐	☐

Einen informativen Text überarbeiten

Du überarbeitest einen Text zum Thema **Windenergie**.

Die Windenergie – unsere Chance für die Zukunft

Die Entwicklung der Windenergie geht ganz schön fix voran. Darüber und über
einiges mehr informiert der Text. Ich denke, für den Ausbau der erneuerbaren
Energien können wir auch mit einem veränderten Landschaftsbild leben.
Windenergie ist – das weiß doch jeder, was das ist, oder? Das ist das mit
5 der erneuerbaren Energie und so weiter.
Aus dem Text von Frank geht hervor, dass die Produktion von Windenergie
immer weiter ausgebaut wird. So wurde in der Nordsee gerade der erste
deutsche Offshore-Windpark fertiggestellt, nämlich Alpha Ventus. Weitere
Windparks an den Küsten Europas sollen folgen.
10 Die Ausmaße des Offshore-Windparks ~~waren~~ riesig: Auf einer Fläche von etwa   *sind*
vier Quadratkilometern standen neun Windturbinen. Aber am beeindruckendsten ist, dass der Windpark 50 000 Menschen mit Strom versorgen kann – natürlich nur, wenn der Wind bläst. Aber das tut er auf See sowieso die ganze Zeit.
„In der Branche wird der Offshore-Windmarkt als der wesentliche Wachstums-
15 bereich bei den erneuerbaren Energien in unseren Regionen angesehen", sagt
ein Unternehmen.
Der Ökostrom verdrängt so langsam die Brennstoffe Kohle, Öl und Wasser.
Das ist gut für die Umwelt, denn die schädlichen Abgase der Kraftwerke
wie Kohlendioxid, Stickoxide und Schwefeldioxid gelangten immer weniger
20 in die Luft. Der Anteil der Windkraft soll von 0,6 % im Jahr 2007 auf 25 % im
Jahr 2020 steigen. Das belegen zwei Grafiken.
Die Windenergie hat aber auch Nachteile. So verändern die Windanlagen
zum Beispiel das Landschaftsbild.

1 **a.** Finde in der Einleitung eine persönliche Wertung. Kreise sie ein.
    b. Zeichne mit einem Pfeil am Rand ein, wo diese Wertung stehen sollte.

2 Markiere in der Einleitung alle ungeeigneten Formulierungen.

3 Welche Angaben zum Text von den Seiten 8 und 9 sind unvollständig?
Ergänze die fehlenden Informationen auf den Linien am Rand.

4 **a.** Markiere falsche Zahlenangaben im Text.
    b. Schreibe die richtigen Angaben auf die Linien am Rand.

5 **a.** Markiere drei weitere Angaben, die sachlich falsch sind.
    b. Schreibe die richtigen Angaben auf die Linien am Rand.

6 **a.** Streiche drei falsche Zeitformen im Text durch.
    b. Schreibe dafür die passenden Präsensformen auf die Linien am Rand.

7 Markiere die wörtliche Rede im Text.

8 Prüfe, aus welchen Grafiken die Zahlenangaben stammen.

9 **a.** Schreibe den Text überarbeitet in dein Heft.
     – Beschreibe in der Einleitung, worüber dein Text informiert.
     – Wandle die wörtliche Rede in indirekte Rede um.
       Gib dabei auch genau an, wer diese Aussage macht.
     – Ergänze die Angaben zu den Grafiken. Zitiere dabei ihre Überschriften.
    b. Überprüfe deinen Text mithilfe der Checkliste von Seite 13.

Z Weiterführendes: Eine Grafik erstellen

Strommix in Deutschland 2009

Braunkohle 24,6 %	Mineralölprodukte 2,1 %
Steinkohle 18,3 %	erneuerbare Energien 14,8 %
Kernenergie 22,6 %	Müll 0,8 %
Erdgas 12,9 %	sonstige Energieträger 39,0 %

1 **a.** Lies das Zahlenmaterial oben.
b. Beantworte die folgenden Fragen zu dem Zahlenmaterial in ganzen Sätzen. Schreibe in dein Heft.

A Bei welchem Energieträger ist der Prozentwert durch einen Kommafehler viel zu hoch? Wie lautet die Zahl vermutlich richtig?
B Wie viel Prozent betrug der Anteil **nicht** erneuerbarer Energien im Jahr 2009?

2 Gestalte in der Vorlage unten ein Balkendiagramm mit den richtigen Zahlen.
– Ergänze die Prozentangaben unter der Grafik.
– Trage die Energieträger am linken Rand ein.
– Zeichne die Balken mit Bleistift und Lineal oder Geodreieck.
– Fülle die Balken in verschiedenen Farben aus.
Tipp: Verwende möglichst Farben, die zu den Energieträgern passen.

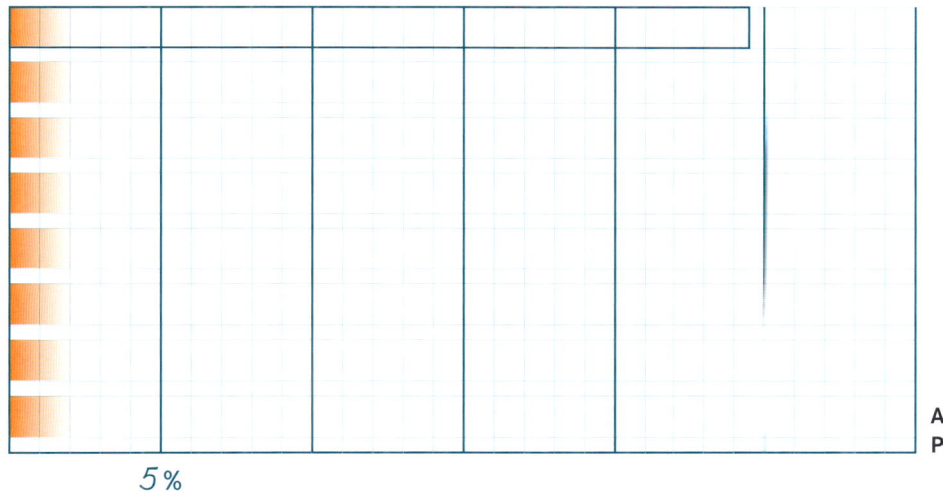

Energieträger **Strommix in Deutschland (2009)**

Braunkohle

Anteil in Prozent

5 %

Z **3** Schreibe zu deiner Grafik einen informierenden Text.
– Berücksichtige dabei die Arbeitstechnik auf Seite 12.
– Achte auf abwechslungsreiche Satzanfänge.

Z **4** Wie sieht der Strommix in Deutschland heute aus?
Recherchiere die aktuellen Zahlen im Internet.

W Wähle zu Aufgabe 4 eine der folgenden zwei Aufgaben aus.

5 Zeichne ein Balkendiagramm mit den aktuellen Zahlen.

6 Zeichne mit Zirkel und Geodreieck ein Kreisdiagramm.
Die Winkelmaße erhältst du, wenn du die Prozentwerte mit 3,6 multiplizierst. Zum Beispiel entsprechen 25 % einem Kreiswinkel von 90°.

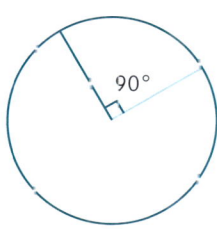

Dein Arbeitsauftrag

Schreibe einen informierenden Text zum Thema „Solarenergie" für
die Schülerzeitung. Berücksichtige dabei besonders das marokkanische
Solarkraftwerk Beni Mathar.
– Verwende für deinen Text die Materialien von Seite 16.
– Sammle zuerst Stichworte in deinem Heft.
– Schreibe den Text im Präsens und vermeide wörtliche Rede.

1 **a.** Lies die Materialien auf Seite 16 und 17.
  b. Wovon handeln die Materialien? Notiere Stichworte im Heft.
  c. Schreibe zu jedem Material einen Satz in dein Heft.

/6 Punkte

Material 1
Marokko startet das Projekt Wüstenstrom – Daniel Wetzel

Material 2

Bereits am frühen Morgen zeigt das Thermometer 34 Grad Celsius. Nour Eddine
Fetian lenkt den Jeep der staatlichen Elektrizitätsgesellschaft ONE hinter
der Grenzstadt Oujda auf die N 17 Richtung Süden. Die schnurgerade Piste
verliert sich am Horizont in gleißendem Licht. Auf beiden Seiten geht der Blick
5 in die endlose Leere des marokkanisch-algerischen Grenzlandes.
Das Geschäft des Projektmanagers dreht sich um die Energie von morgen und
deren Quelle kommt nach einer Stunde Fahrt in Sicht: eine gleißende, 40 Hektar
große Fläche aufgereihter Parabolspiegel[1] inmitten der Wüste – Beni Mathar,
das modernste Solarkraftwerk der Welt. Fetian drosselt den Motor. Das Außen-
10 thermometer des Wagens zeigt jetzt 42 Grad.
Ain Beni Mathar – der Name der solaren Pilotanlage[2] ist selbst unter Energie-
experten noch weitgehend unbekannt. Doch er könnte einmal in die Geschichte
der europäischen Energiewirtschaft eingehen. Denn Beni Mathar steht nicht nur
für den Beginn der marokkanischen Solarrevolution. Die Anlage ist Startpunkt
15 für eines der größten staatlichen Sonnenenergieprogramme der Welt, das schon
bald zur Energieversorgung Europas beitragen könnte.
Aus den 40 Hektar des Solarfeldes sollen nach dem Willen König Mohammeds VI.
innerhalb der nächsten zehn Jahre 10 000 Hektar Solarfläche werden, die
sich auf fünf Standorte in ganz Marokko verteilen.
20 Was in der hiesigen Pilotanlage mit einer Leistung von 20 Megawatt getestet
wird, will Mohammed bis zum Jahr 2020 auf mindestens 2000 Megawatt
verhundertfachen – und damit so viel installierte Leistung bereitstellen wie
zwei Atomkraftwerke.
Weitere 2000 Megawatt sollen Windkraftparks an der stürmischen Atlantikküste
25 Marokkos bringen – wegen der vorherrschenden Passatwinde einer der besten
Windkraftstandorte. Neun Milliarden Dollar will die Regierung in Rabat allein
für ihr Solarprojekt mobilisieren.
Die Kabel nach Europa liegen bereits: Zwei Leitungen durch die Meerenge von
Gibraltar mit einer Kapazität von 1400 Megawatt verknüpfen Marokko mit
30 dem europäischen Verbundnetz. Der Import nordafrikanischer Solarenergie
nach Europa rückt damit früher als erwartet in greifbare Nähe.

---

1 der Parabolspiegel: eine Art Schüssel zur Erzeugung von Solarenergie. Ein Parabolspiegel
  sammelt das Sonnenlicht in einem Brennpunkt und erreicht dort sehr hohe Temperaturen.
2 die Pilotanlage: eine Versuchsanlage, in der neue Erfindungen erprobt und verbessert werden

Material 3

> **Vorteile und Nachteile solarthermischer Kraftwerke:**
> - Sonnenlicht wird mit Parabolspiegeln auf eine horizontale Glasröhre konzentriert, in der Öl erhitzt wird. Über einen Wärmetauscher erzeugt das Öl Wasserdampf, der eine Turbine zur Stromgewinnung antreibt.
> - CO_2-freie Art der Stromerzeugung
> - Ein Teil der produzierten Wärme kann gespeichert und auch nach Sonnenuntergang zur Stromproduktion verwendet werden – ein Vorteil gegenüber der Fotovoltaik.
> - Sonneneinstrahlung in Nord- und Mitteleuropa für diese Technik nicht intensiv genug
> - neue Leitungsnetze erforderlich
> - verwendete Wärmespeicher aus Salz komplett zerstört, falls sie zu stark abkühlen

Punkte

2 Vergleiche die geplante Größe und die produzierte Energie der Solarkraftwerke in Marokko für die Jahre 2010 und 2020. Schreibe zwei Sätze auf.

/2 Punkte

3 Wie wird der Strom von Marokko nach Europa transportiert? Beantworte die Frage in einem ganzen Satz.

/2 Punkte

4 Erkläre folgende zwei Begriffe in eigenen Worten. Schreibe in dein Heft.
Parabolspiegel, Pilotanlage

/4 Punkte

5 Was sind die Vorteile und Nachteile solarthermischer Kraftwerke? Beschreibe je drei Vorteile und Nachteile in ganzen Sätzen in deinem Heft.

/6 Punkte

6 Welches Material der Seiten 8 bis 10 passt zu dem Thema „Wüstenstrom"? Begründe deine Antwort in einem Satz. Schreibe in dein Heft.

/2 Punkte

7 **a.** Schreibe drei Fragen auf, die dein Text beantworten soll.
b. Schreibe zu jeder deiner Fragen vier Stichworte oder Zahlen auf.

/3 Punkte

/12 Punkte

Fragen	Stichworte

8 Bearbeite deinen Arbeitsauftrag. Schreibe in dein Heft.
- Verwende deine Ergebnisse aus den Aufgaben 1 bis 7.
- Beantworte in deinem Text deine Fragen aus Aufgabe 7.
- Beginne für jede Antwort auf eine Frage einen neuen Absatz.
- Nenne deine Quellen.
- Überprüfe dein Ergebnis mit der Checkliste von Seite 13.

/33 Punkte

Gesamtpunktzahl:

/70 Punkte

Bewerbungen und Berichte schreiben

Ein Bewerbungsschreiben verfassen

Das Bewerbungsschreiben von Jakob muss überarbeitet werden.

Jakob Müller
Bahnhofstraße 25
56789 Musterhausen
Tel.: 0 91 01/12 13 14

Firma
Malerarbeiten-KG
Parkstraße 43
56789 Musterhausen

Musterhausen,

Achtung: Fehler!

Hallo,

mit diesem Schreiben möchte ich mich für ein Betriebspraktikum in Ihrer
Firma bewerben.
Ich habe in den letzten Ferien zusammen mit meinem Vater unser Haus
5   renoviert und Spaß am Tapezieren bekommen. Aus diesem Grund möchte ich
den Job des Malers und Lackierers näher kennen lernen.
Zurzeit besuche ich die 8. Klasse der Mustertaler Gesamtschule, die ich
voraussichtlich nach der 10. Klasse mit dem Realschulabschluss endlich hinter
mir haben werde.
10 Meinen Lebenslauf habe ich diesem Schreiben beigefügt.
Ich würde mich über eine Absage nicht freuen.

Ciao

Jakob Müller

1 Überprüfe das Bewerbungsschreiben.
   a. Lies das Bewerbungsschreiben und die Arbeitstechnik.
   b. Welche Formulierungen oder Wörter sind ungeeignet? Markiere sie.
   c. Welche Angaben fehlen in dem Bewerbungsschreiben?
   Schreibe sie an den passenden Stellen am Rand auf.

Arbeitstechnik

Ein Bewerbungsschreiben verfassen
- Verfasse das Bewerbungsschreiben als **Brief**. Beachte dabei die
  Arbeitstechnik „Einen offiziellen Brief schreiben".
- Gib im **Betreff** an, worum es in deinem Brief geht (z. B. „Bewerbung um
  eine Praktikumsstelle"). Die Betreffzeile steht über der Anrede und wie
  eine Überschrift ohne Punkt am Ende.
- Beginne den **Hauptteil** des Schreibens mit einem Bewerbungssatz
  (z. B.: „hiermit bewerbe ich mich bei Ihnen um ...").
- Nenne in wenigen Sätzen den **Zeitraum** des Praktikums, deinen
  voraussichtlichen **Schulabschluss** und die **Gründe für dein Interesse**
  an diesem Beruf und an dieser Praktikumsstelle.
- Führe am Ende des Briefes nach der Unterschrift alle **Anlagen** zu dem
  Brief auf (Anlagen sind z. B. Zeugnisse oder ein Lebenslauf).

➤ Die Arbeitstechnik
„Einen offiziellen Brief schreiben"
findest du in der hinteren Klappe.

Du machst dir bewusst, wer das Bewerbungsschreiben zuerst liest.

2 a. Beantworte folgende Fragen zum Empfänger des Bewerbungsschreibens.
Schreibe deine Vermutungen in ganzen Sätzen in dein Heft.
– Wie viele Briefe bekommt eine Firma mit 15 Angestellten jeden Tag?
– Wer sortiert diese Briefe und wie viel Zeit hat die Person dafür?

b. Welche Angabe hilft dem Empfänger, den Brief schnell und richtig
einzusortieren? Schreibe auf die Linie.

_____

Die Malerarbeiten-KG erhält Briefe mit unterschiedlichen Inhalten.

Frau Meier schreibt der Firma, dass ihre Tür in der falschen Farbe gestrichen
wurde. Raffaela würde auch gerne bei dieser Firma ein Praktikum machen.
Der Großhändler „Farben-GmbH" hat das Geld für die Rechnung 87511 noch
nicht erhalten. Zwölf Leiterhersteller bieten die benötigten neuen Sicherheitsleitern an. Das Restaurant „Regenbogen" bestätigt die Buchung eines Tisches
für 20 Personen für die Betriebsfeier. Eine Hausverwaltung beauftragt die Firma,
die Fassade eines Hauses zu streichen.

3 Schreibe für die im Text genannten Briefe geeignete Betreffzeilen auf.
Verwende dafür die Wortgruppen vom Rand.

„Farben-GmbH": _Mahnung zur Rechnung 87511_ _____

Raffaela: _____

Restaurant: _____

Hausverwaltung: _____

Zwölf Leiterhersteller: _____

Frau Meier: _____

> ~~Mahnung zur ...,~~
> Auftrag für ...,
> Bewerbung um ...,
> Bestätigung des/der ...,
> Angebote über ...,
> Reklamation des/der ...

Du überarbeitest Jakobs Bewerbungsschreiben.

4 Schreibe eine geeignete Anrede und einen geeigneten Gruß für Jakobs
Bewerbungsschreiben auf.

Anrede: _____

Gruß: _____

5 Jakob fügt seinem Bewerbungsschreiben einen Lebenslauf bei.
a. Welches Wort weist auf beigefügte Seiten zu einem Brief hin? Notiere es.

_____

b. Wo im Brief steht dieser Hinweis auf einen beigefügten Lebenslauf?

_____

6 a. Überarbeite das Bewerbungsschreiben und schreibe es auf.
Verwende dazu deine Ergebnisse zu den Aufgaben 1 bis 5.
Schreibe handschriftlich und besonders ordentlich auf ein Blatt Papier.
b. Schreibe Jakobs Bewerbungsschreiben mit dem Computer.
Kontrolliere Grammatik, Satzbau, Rechtschreibung und die äußere Form.
c. Überprüfe deine Ergebnisse mit der Checkliste auf Seite 20.

Du verfasst ein eigenes Bewerbungsschreiben für eine Praktikumsstelle.

7 Welcher Beruf interessiert dich? Wo möchtest du ein Praktikum machen?
a. Schreibe deinen Praktikumswunsch auf.

_____

b. Warum interessierst du dich für diesen Beruf?
Begründe dein Interesse in ein bis zwei Sätzen.

_____

_____

_____

c. Bist du für diesen Beruf durch deine Fähigkeiten besonders geeignet?
Beschreibe deine besonderen Fähigkeiten in einem Satz.

_____

_____

_____

8 Begründe dein Interesse an dieser Praktikumsstelle in einem Satz.

_____

_____

9 Denke dir Namen und Adresse deiner Praktikumsstelle aus.
Du kannst die Adresse eines dir bekannten Betriebes verwenden.

_____

_____

10 **a.** Schreibe dein Bewerbungsschreiben um eine Praktikumsstelle auf.
– Verwende deine Ergebnisse aus den Aufgaben 7 bis 9.
– Verwende deine Adresse und das heutige Datum.
– Schreibe auf einen sauberen Bogen Papier.
b. Schreibe dein Bewerbungsschreiben mit dem Computer.

11 Überprüfe dein Bewerbungsschreiben mit der folgenden Checkliste.

Checkliste: Ein Bewerbungsschreiben verfassen	ja	nein
Habe ich die Adressen von **Absender** und **Empfänger** genannt?	☐	☐
Habe ich **Ort**, aktuelles **Datum** und **Anrede** verwendet?	☐	☐
Habe ich im **Betreff** mein Anliegen kurz genannt?	☐	☐
Habe ich im Hauptteil den **Zweck des Anschreibens** genannt?	☐	☐
Habe ich **den Zeitraum** des Praktikums genannt?	☐	☐
Habe ich Angaben zur **Schule** und zur **Klasse** gemacht?	☐	☐
Habe ich **Gründe** für mein Interesse an dem Beruf genannt?	☐	☐
Habe ich meine **besonderen Fähigkeiten** für den Beruf angeführt?	☐	☐
Habe ich mein **Interesse** an dieser **Praktikumsstelle begründet**?	☐	☐
Endet mein Brief mit der **Grußformel** und meiner **Unterschrift**?	☐	☐
Habe ich auf die vorgesehenen **Anlagen** hingewiesen?	☐	☐

Einen Lebenslauf schreiben

Dem Bewerbungsschreiben fügst du als Anlage deinen Lebenslauf bei.

Lebenslauf

Persönliche Daten

.

.

Schulbildung

.

.

Besondere Kenntnisse und Interessen

.

.

(Ort und Datum)

(Unterschrift)

1 Welche Angaben sollte ein Lebenslauf enthalten?
- **a.** Kreuze vierzehn notwendige Angaben an.
- **b.** Markiere acht Angaben, die zusätzlich sinnvoll sein können.
- **c.** Streiche alle unnötigen Angaben.

[X] Name	[ ] Name der Schule	[ ] Anschrift
[ ] Vorname	[ ] Telefonnummer	[ ] Unterschrift
[ ] Hobbys	[ ] Geschwister	[ ] E-Mail-Adresse
[ ] Haustiere	[ ] Staatsangehörigkeit	[ ] Sprachkenntnisse
[ ] Geburtsdatum	[ ] Schultyp	[ ] Zeiten der Schulausbildung
[ ] Schulort	[ ] Krankheiten	[ ] Namen der Eltern
[ ] Lieblingsfächer	[ ] Geburtsort	[ ] (voraussichtlicher)
[ ] Ort und Datum	[ ] Berufe der Eltern	Schulabschluss
[ ] Familienstand		

2 Ordne 22 richtige Angaben aus Aufgabe 1 in einer sinnvollen Reihenfolge.
- – Lege dazu einen tabellarischen Lebenslauf nach dem Muster vom Rand an.
- – Verwende dabei auch die drei Überschriften aus dem Muster.

Tipp: Lege das Muster für den Lebenslauf möglichst am Computer an.

3 Verfasse mit den folgenden Angaben einen tabellarischen Lebenslauf.
- **a.** Streiche zuerst alle unnötigen Angaben.
- **b.** Schreibe den Lebenslauf auf ein Blatt Papier oder mit dem Computer.

Marina Heinemann, geboren am 18. 04. 1996 in Neustadt, wird wohl im Jahre 2012 die Gesamtschule Neustadt mit dem erweiterten Hauptschulabschluss beenden. Vorher ging sie von 2002 bis 2006 auf die Grundschule Neustadt. Marina hat zwei kleine Geschwister, die Paul und Saskia heißen. Ihre Eltern
5 heißen Sven und Stefanie Heinemann, aber sie sind seit vier Jahren geschieden und die Kinder leben bei der Mutter und ihrem Freund Salim. Salim hat auch zwei Kinder, die Kader und Miray heißen. Marinas Lieblingsfächer sind Deutsch, Sport und Erdkunde. Sie wohnen in der Heinestraße 12 in 34567 Neustadt. Die Telefonnummer lautet 1 23 45 67 und Marina hat die E-Mail-Adresse
10 Marheineke@abcdefg.de. Marinas Hobbys sind Turnen und Lesen. In Englisch hat sie fortgeschrittene Kenntnisse und mit Kader und Miray hat sie arabische Grundkenntnisse erworben. Marina hat die deutsche Staatsangehörigkeit.

4 Verfasse deinen eigenen Lebenslauf für ein Bewerbungsschreiben.
- **a.** Schreibe den Lebenslauf handschriftlich oder mit dem Computer. Verwende dazu dein Muster aus Aufgabe 2.
- **b.** Kontrolliere deinen Lebenslauf genau und überarbeite ihn, wenn nötig.
- **c.** Bringe auf deinem fehlerfreien Lebenslauf ein Foto an.

Z Wenn ein Betrieb oder eine Firma dies erwartet, musst du einen ausführlichen Lebenslauf handschriftlich schreiben.

5 a. Schreibe deinen ausführlichen Lebenslauf handschriftlich. Lasse die Überschriften aus dem tabellarischen Lebenslauf weg. Mache stattdessen sinnvolle Absätze und schreibe in ganzen Sätzen.
b. Kontrolliere deinen Lebenslauf genau und überarbeite ihn, wenn nötig.

Einen Tagesbericht schreiben

Am ersten Praktikumstag hat Jakob sich in der Pause und nach der Arbeit Notizen für seinen Tagesbericht gemacht.

> *Tagesbericht: Praktikum Maler und Lackierer*
> *9:00 Uhr: jetzt 20 Minuten Pause*
> *7:00 Uhr: im Betrieb - Material und Zeug ins Auto,*
> *halbe Stunde später: Ausladen beim Kunden,*
> 5 *nach 10 Minuten: Folie ins Zimmer, Tapetenlöser*
> *anrühren (Tapetenlöser, Eimer, Rührstock, Folie,*
> *Kreppband, Tapeziertisch)*
> *8:00 Uhr: alte Tapete von der Wand (Pinsel, Spachtel)*
> *12:30 Uhr: Mittagspause - für mich schon Feierabend*
> 10 *nach der Frühstückspause: alte Tapete in Müllbeutel -*
> *ins Auto*
> *halbe Stunde später: Tapeziermaschine aufbauen, Kleber*
> *anrühren, beim Tapezieren helfen (Kleistereimer, Tapetenroller,*
> *Pinsel)*
> 15 *10 Minuten vor meinem Feierabend: Zeug ins Auto*
> *Jakob Müller, Klasse 8b*

1 Welche Materialien, Werkzeuge und Geräte siehst du auf dem Bild?
a. Markiere ihre Namen in den Notizen.
b. Welche Materialien, Werkzeuge und Geräte fehlen in den Notizen?
Markiere nur die passenden Bezeichnungen im folgenden Wortschatz.

> die Kleisterbürste, die Bohrmaschine, die Tapezierschere, der Kochlöffel,
> die Maurerkelle, das Tapeziermesser, der Müllbeutel, die Rohrzange

2 Ordne die Informationen aus den Notizen und dem Bild in eine Tabelle ein.
– Schreibe in die linke Spalte die jeweilige Uhrzeit im Tagesverlauf.
– Beschreibe in der zweiten Spalte die Tätigkeit.
  Verwende dabei geeignete Verben im Präteritum.
– Liste in der dritten Spalte alle benötigten Materialien und Werkzeuge auf.

Starthilfe

Uhrzeit	Tätigkeit	Materialien, Werkzeuge und Geräte
7:00	Im Betrieb luden wir die Werkzeuge und Materialien ins Auto ein.	Tapeziermaschine, ...
7:30	...	...
...	...	...

3 Erkläre in Stichworten, wozu die Materialien und Werkzeuge benötigt werden.

Tapezierschere: _____

Müllbeutel: _____

Folie: _____

Einen Tagesbericht schreibst du sachlich und ohne Wertungen.

4 **a.** Einer der folgenden Sätze ist nicht glaubwürdig. Streiche den Satz.

b. Die übrigen drei Sätze enthalten wertende Aussagen, die in einem Bericht nicht stehen dürfen. Streiche alle wertenden Wörter und Wortgruppen.

Der dicke Geselle war sehr nett und erklärte mir die verschiedenen Abläufe.
Das anstrengende und langweilige Tapezieren dauerte über zwei Stunden.
Ich durfte am ersten Tag nur verschiedene unwichtige Arbeiten erledigen.
An diesem ersten Tag habe ich alles über den Beruf des Malers erfahren.

Die Sätze im Bericht sollen verständlich und abwechslungsreich sein.

5 Formuliere die folgenden Sätze abwechslungsreicher. Schreibe in dein Heft.
Verwende dazu geeignete Satzanfänge, Adjektive und Adverbien.
Verändere auch die Satzstellung und verwende Satzgefüge.

mehr zu Satzgefügen ➤ S. 76–73

Ich half beim Einladen.
Ich half beim Ausladen.
Ich half beim Hochtragen.
Ich half beim Vorbereiten.
Ich legte das Zimmer mit Folie und Kreppband aus.
Ich rührte den Tapetenkleister an.
Ich reichte dem Gesellen die bestrichene Tapete an.
Ich half beim Zusammenräumen der Werkzeuge.

6 **a.** Schreibe Jakobs Tagesbericht in der Ich-Form in dein Heft.
  – Lies dazu die Arbeitstechnik „Einen Bericht schreiben".
  – Nutze deine Tabelle aus Aufgabe 2 auf Seite 22.
  – Nenne alle verwendeten Materialien, Werkzeuge und Geräte.
  – Erkläre die Verwendung eines Werkzeugs genauer.
  – Schreibe abwechslungsreich und in ganzen Sätzen.

b. Schreibe den Tagesbericht am Computer.

> **Starthilfe**
>
> Jakob Mesimeris, Klasse 3b
>
> Tagesbericht zum Praktikum als …
>
> …

> **Arbeitstechnik**
>
> **Einen Bericht schreiben**
>
> Ein Bericht soll **genau** und **sachlich** geschrieben sein. Er soll **knapp**, **einfach** und **klar** sein. Er wird im **Präteritum** geschrieben.
> In einem Bericht werden **W-Fragen** beantwortet:
> – **Was** ist passiert?   – **Wie** kam es dazu?
> – **Wo** passierte es?   – **Was** ist die Folge?
> – **Wann** passierte es?   – **Was** geschah der Reihe nach?
> – **Wer** war beteiligt?
> Manchmal müssen auch **weitere W-Fragen** beantwortet werden, z. B. **wie** etwas gemacht wurde.

7 **a.** Verfasse eine Checkliste für den Tagesbericht mit acht Punkten.

b. Überprüfe und korrigiere den Tagesbericht mithilfe deiner Checkliste.

> **Starthilfe**
>
> | Checkliste: Einen Tagesbericht schreiben | ja | nein |
> | --- | --- | --- |
> | Habe ich alle Materialien, Werkzeuge und Geräte genannt? | ☐ | ☐ |
> | Habe ich genau und … | ☐ | ☐ |
> | … | | |

Dein Arbeitsauftrag

Überarbeite Nicoles Bewerbung für eine Praktikumsstelle im Friseursalon.
– Verfasse dafür ein neues Bewerbungsschreiben.
  Beachte dabei alle Anforderungen an einen offiziellen Brief.
  Weise darin an geeigneter Stelle auf den beigefügten Lebenslauf hin.
– Schreibe einen tabellarischen Lebenslauf für Nicole.

1 Was verlangt der Arbeitsauftrag von dir?
Beschreibe die Anforderungen in eigenen Worten.

/2 Punkte

2 **a.** Lies Nicoles Bewerbungsschreiben.
b. Welche Angaben gehören in ein Bewerbungsschreiben? Markiere sie.
c. Welche Angaben gehören in einen Lebenslauf? Unterstreiche sie.
   Tipp: Einige Angaben gehören in beide Schreiben.

/4 Punkte
/4 Punkte

Nicole Arnold
Querallee 23
45678 Neustadt
Tel.: 0 65 43/21 09 87

Neustadt, 04.05.2011

An die
Fixe Schere
Neustadt

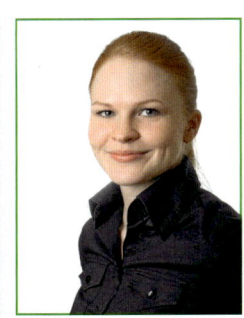

Hallo, Leute,

mit diesem Schreiben möchte ich mich für ein Schulpraktikum in Ihrem
Friseursalon in der Arndtstraße 5 in 45678 Neustadt in der Zeit vom
01.10.–20.10. dieses Jahres bewerben. Mein Name ist Nicole Arnold und ich
5 bin am 12.02.1997 in Schwalmstadt/Treysa geboren. Ich gehe zurzeit in
Neustadt/Hessen zur Schule. Dort besuche ich die 8. Klasse des Realschul-
zweiges der Martin-von-Tours-Schule. Ich werde die Schule voraussichtlich
im Sommer in zwei, drei Jahren mit dem Realschulabschluss verlassen.
Meine Lieblingsfächer sind Deutsch, Erdkunde und Kunst. Ich habe mit
10 viel Spaß und Freude meinen Freundinnen die Haare gewaschen und geföhnt,
deshalb möchte ich mehr über den Beruf einer Friseurin erfahren.
Meine Hobbys sind Lesen, Sport und Frisieren.
Meine Bewerbungsunterlagen habe ich diesem Schreiben beigefügt.
Ich würde mich über eine Zusage sehr freuen.

15 Mit freundlichen Grüßen

Achtung: Fehler!

3 Der Lebenslauf gehört nicht in das Bewerbungsschreiben.
Welche formalen Fehler gibt es außerdem in Nicoles Bewerbungsschreiben?
Schreibe mindestens fünf Fehler in Stichworten auf.

/5 Punkte

_____

_____

4 Bearbeite den Arbeitsauftrag handschriftlich (oder mit dem Computer)
auf sauberen Blättern.
Schreibe das Bewerbungsschreiben und den Lebenslauf.

/25 Punkte
/25 Punkte

Gesamtpunktzahl: /65 Punkte

Das kann ich! – Berichte schreiben

Dein Arbeitsauftrag

Überarbeite Ayses Tagesbericht über ihre Tätigkeit in einem Kaufhaus.
- Halte dich dabei an die Arbeitstechnik „Einen Bericht schreiben".
- Verwende das heutige Datum.

Ayse Schmidt, Klasse 8 b

Tagesbericht zum Praktikum

Mein Praktikumstag fängt um 8:00 Uhr an. Ich muss im Kaufhaus die Regale
überprüfen und, wenn nötig, auffüllen. Da ich noch sehr müde bin, fällt mir
das schwer. Ich muss um 8:30 Uhr fertig sein, da um diese Zeit das Kaufhaus
öffnet. Von 8:30 bis 12:00 Uhr bin ich in der Damenabteilung eingesetzt. Ich
5   helfe an der Kasse, die gekaufte Ware in Tüten zu legen. Ich packe auch
Waren als Geschenk ein. Dann berate ich zusammen mit einer Verkäuferin
die Kunden. Dann muss ich die anprobierten Kleidungsstücke wieder
zu den dafür vorgesehenen Kleiderständern bringen. Ich sortiere nach
den verschiedenen Größen. Ich helfe, neue Ware am Lieferanteneingang
10 auszuladen. Ich trage diese Ware ins Lager und bringe Preisschilder an.
Ich sortiere die neuen Kleidungsstücke auf die Kleiderständer. Ich helfe
wieder beim Einpacken an der Kasse. Mir tun vom vielen Stehen die Füße weh.
Endlich, um 12:30 Uhr, habe ich Feierabend und darf nach Hause gehen.
Jetzt lege ich mich erst einmal hin und mache einen Mittagsschlaf.

Achtung: Fehler!

1 Welchen formalen Fehler macht Ayse in allen Sätzen ihres Berichts?
Beschreibe diesen Fehler in einem Satz.

/2 Punkte

---

2 Überprüfe Ayses Bericht mit den folgenden Checkfragen:

ja   nein

- Gibt es abwechslungsreiche Satzanfänge?   ☐   ☐
- Wird über das Geschehen in der richtigen Reihenfolge berichtet? ☐   ☐
- Wird auf die Wiedergabe persönlicher Meinung verzichtet?   ☐   ☐
- Wird die Beschreibung des Tagesablaufs mit Zeitangaben gegliedert? ☐   ☐

/4 Punkte

3 **a.** Markiere Satzanfänge mit zeitlichen Angaben, die sich wiederholen.
b. Schreibe fünf unterschiedliche Satzanfänge mit zeitlichen Angaben auf.

/2 Punkte
/5 Punkte

---

4 Markiere andere Wiederholungen am Satzanfang.

/7 Punkte

5 Bearbeite den Arbeitsauftrag. Schreibe den Tagesbericht handschriftlich
auf ein sauberes Blatt (oder mit dem Computer).

/25 Punkte

Gesamtpunktzahl: /45 Punkte

Stellung nehmen

Zu dem Thema des Textes nimmst du in einem Brief Stellung.

1 Lies den Text mithilfe des Textknackers.

➤ Die Arbeitstechnik „Der Textknacker" findest du in der vorderen Klappe.

Besen statt Mathebuch und Geodreieck

In einigen Schulen müssen die Schülerinnen und Schüler ihre Klassenräume neuerdings selbst fegen. Damit die Städte und Gemeinden Geld sparen, kommen die Putzkräfte statt an fünf beispielsweise nur noch an zwei Tagen in der Woche. An den übrigen Tagen bekommen die Schüler Besen und Schaufel
5 in die Hand gedrückt. Auch die Mülleimer sollen sie selbst leeren.
Viele Eltern sind empört, denn ihrer Meinung nach sollten die Schüler ihre Zeit lieber zum Lernen nutzen als zum Putzen. Beispielsweise sei es doch viel sinn- voller, in den Freistunden Vokabeln zu wiederholen, als den Fußboden zu wischen. Als Erziehungsmaßnahme sei das Tafelwischen ja noch zu verstehen,
10 aber nicht um Geld zu sparen. In der Folge würden auch einige Reinigungskräfte ihre Arbeit verlieren. Hubert K. vom Landeselternausschuss wehrt sich ebenfalls gegen die Maßnahme: „Kinder sind nun einmal verpflichtet, die Schule zu besuchen. Dann müssen die Städte und Gemeinden auch für die Sauberkeit in den Schulen sorgen. Man verlangt ja zum Beispiel auch nicht von einem Finanz-
15 beamten, dass er nach Dienstschluss sein Büro putzt. Schüler sind nur billiger als die Reinigungskräfte und können sich nicht wehren." Auch einige Schulleiter protestieren gegen diese Maßnahme, denn sie müssten Lehrer verpflichten, die Schülerinnen und Schüler beim Putzen zu beaufsichtigen.
Andere Eltern und Lehrkräfte können diese Aufregung nicht verstehen.
20 Margarete K., Lehrerin an einer Schule in Hildesheim, meint: „Es geht auch darum, Verantwortung für den Klassenraum zu übernehmen, ihn in einen angenehmen Ort zu verwandeln. Wenn ein Schüler den Raum selbst gefegt hat, wirft er beispielsweise danach nicht so schnell sein Papier oder anderen Müll auf den Boden. Alle Schüler gehen sorgsamer mit dem um, was sie selbst gestaltet
25 und gereinigt haben. Außerdem leistet so ein Reinigungsdienst einen wichtigen Beitrag zum sozialen Lernen, zum Beispiel, indem die Schüler andere von unnötigen Verschmutzungen abhalten."
Auch manche Schüler verstehen die Empörung gegen diese Schülerdienste nicht. Paul T. von der Albert-Schweitzer-Schule erklärt: „In unserer Schulordnung ist
30 seit Jahren festgelegt, dass wir zahlreiche Schülerdienste versehen müssen. Neben dem Ordnungs- und Reinigungsdienst in und vor dem Klassenraum sind wir für die Sauberkeit auf dem Hof und die Ordnung in der Mensa verantwortlich. Das dauert nicht besonders lange und hält wirklich niemanden vom Lernen ab. Den Hof- und Mensadienst zum Beispiel muss jede Klasse nur eine Woche
35 lang im Schulhalbjahr übernehmen. Wenn man den Dienst allerdings nicht sorgfältig versieht, kann das einen negativen Einfluss auf die Bewertung im Bereich ‚Zuverlässigkeit und Sorgfalt' haben." Und sein Mitschüler Kerim S. erklärt: „Unsere Klassenräume sind viel sauberer, seit wir uns selbst darum kümmern. Früher lag zum Beispiel oft schon nach der zweiten Stunde der Boden
40 voller Papierkugeln oder Brotpapier. Jetzt passen wir gemeinsam auf, dass niemand die Räume unnötig verschmutzt, oder fegen nach der Stunde kurz durch. Ich finde das prima, denn es stärkt die Klassengemeinschaft."

2 Zu welchem Thema wird im Text argumentiert? Beschreibe es in einem Satz.

_____

_____

Auf der nächsten Schulkonferenz wird der Vorschlag zur Einführung
eines Schülerreinigungsdienstes an deiner Schule diskutiert. Bist du für oder
gegen den Dienst? Schreibe eine Stellungnahme in Form eines Briefes.
- Entscheide dich für einen Standpunkt.
- Begründe deinen Standpunkt mit mindestens drei Argumenten.
- Veranschauliche jedes Argument mit einem Beispiel.
- Entkräfte ein Gegenargument.
- Adressiere den Brief an die Schulkonferenz deiner Schule.

3 a. Lies deinen Arbeitsauftrag genau.
   b. Schreibe in ganzen Sätzen auf, was du tun sollst. Schreibe in dein Heft.

➤ Die Arbeitstechnik
„Eine Stellungnahme schreiben"
findest du in der hinteren Klappe.

In dem Text findest du Pro- und Kontra-Argumente.

4 a. Ordne die Argumente im Text nach **Pro** und **Kontra**.
      – Markiere Pro-Argumente (für den Dienst) grün.
      – Markiere Kontra-Argumente (gegen den Dienst) rot.
   b. Schreibe jeweils drei Argumente für **Pro** und für **Kontra** in dein Heft.

Starthilfe	
Pro	**Kontra**
Ein Schülerreinigungsdienst ist sinnvoll, … 1) … weil die Städte und Gemeinden Geld sparen. 2) …	Ein Schülerreinigungsdienst ist nicht gut, … 1) … weil man in der Schule die Zeit zum Lernen braucht. 2) …

Mit Beispielen kannst du die Argumente veranschaulichen.

Merkwissen

Einen **Standpunkt** kann man mit **Argumenten** begründen.
Mit **Beispielen** kann man die Argumente veranschaulichen, z. B.:
Sauberkeit in der Schule ist wichtig, damit sich alle wohlfühlen.
     Standpunkt   Argument

Zum Beispiel sitzt niemand gerne stundenlang an einem schmutzigen Tisch.
                  Beispiel

5 Unterstreiche das Beispiel im folgenden Satz.

Damit die Städte und Gemeinden Geld sparen, kommen die Putzkräfte statt an
fünf nur noch an zwei Tagen in der Woche in die Schule.

6 a. Unterstreiche im Text vier Beispiele mit denen Argumente veranschaulicht
     werden.
   b. Finde je ein eigenes Beispiel zu einem Pro- und einem Kontra-Argument.
   c. Schreibe alle Beispiele zusammen mit der Argumenten in dein Heft.
     Nutze deine Ergebnisse aus Aufgabe 4.

Starthilfe
Ein Schülerreinigungsdienst ist sinnvoll, weil die Städte und Gemeinden Geld sparen. Unsere Schule spart zum Beispiel an drei Tagen das Geld für den Reinigungsdienst. …

In einem Brief Stellung nehmen

In deinem Heft bereitest du nun die Stellungnahme vor.
Deine Stellungnahme besteht aus Einleitung, Hauptteil und Schluss.

1 Nenne in der Einleitung das Thema deiner Stellungnahme.

2 Schreibe den Hauptteil deiner Stellungnahme.
  – Nenne zuerst deinen Standpunkt.
  – Begründe deinen Standpunkt mit mindestens drei Argumenten.
  – Führe dein stärkstes Argument zuletzt an.
  – Veranschauliche deine Argumente durch Beispiele.
  – Verwende geeignete Satzanfänge. Vorschläge findest du am Rand.

> Zum einen …
> Zum anderen …
> Ein weiteres Argument …
> Außerdem …
> Zum Beispiel …
> Beispielsweise …
> Das sieht man daran, dass …

3 **a.** Wähle aus dem Text ein Argument der Gegenseite aus.
  Ergänze mit diesem Gegenargument den Satz unter der Aufgabe.
  b. Entkräfte dieses Argument in einem zweiten Satz.
  c. Ergänze mit dem Ergebnis deinen Hauptteil.

Man könnte zwar einwenden, dass _____

_____

_____ .

Aber _____

_____

_____ .

4 Fasse zum Schluss deinen Standpunkt noch einmal in ein bis zwei Sätzen zusammen.

Deine Stellungnahme richtest du in einem Brief an die Schulkonferenz.

5 Schreibe die Anrede und den ersten Satz deines Briefes auf.
Nenne darin den Anlass für deinen Brief.

Liebe Teilnehmerinnen und Teilnehmer der Schulkonferenz,

ich habe erfahren, dass auf der nächsten Schulkonferenz darüber

_____

_____

_____

6 Schreibe deine Stellungnahme auf einen Briefbogen.
  – Beachte die Arbeitstechnik „Einen offiziellen Brief schreiben".
  – Verwende den Namen und die Anschrift deiner Schule als Empfänger.
  – Gliedere den Brief in Einleitung, Hauptteil und Schluss.
    Verwende dabei deine Ergebnisse zu den Aufgaben 1 bis 5.

> ➤ Die Arbeitstechnik „Einen offiziellen Brief schreiben" findest du in der hinteren Klappe.

7 Überarbeite deinen Brief mit der Checkliste von Seite 29.

Eine Stellungnahme (Brief) überarbeiten

Ina aus der Klasse 8 a ist für einen Schülerreinigungsdienst
an ihrer Schule. Du überarbeitest Inas Brief an die Schulkonferenz.

Ina Huber
Klasse 8 a der Gesamtschule Meerbusch
Hauptstr. 21
40667 Meerbusch

Hey, Leute,

ich finde den Schülerreinigungsdienst super. Wenn dann alle bei der Putzerei
mitmachen, kann man sich in dem Laden endlich wieder wohlfühlen. Dann
liegen auch nicht mehr ständig Essensreste rum. Dann kann die Schulkonfi
das gesparte Geld für wichtigere Dinge nehmen. Man kann zwar einwenden,
dass die Schüler und Schülerinnen die Zeit besser zum Lernen nutzen sollten.
Aber dann hätten wenigstens alle eine gute Ausrede, wenn sie die Hausaufgaben nicht gemacht haben.

Ina

Es fehlen:

_____

_____

_____

_____

_____

1 Welche Bestandteile eines offiziellen Briefes fehlen?
Schreibe sie auf die Linien neben dem Brief.

2 **a.** Markiere im Brief die Argumente für den Schülerreinigungsdienst rot.
b. Unterstreiche das Gegenargument.

Bearbeite die folgenden Aufgaben in deinem Heft oder auf einem Blatt.

3 **a.** Überarbeite die Sprache und die Argumente in dem Brief.
– Verwende keine Umgangssprache.
– Ergänze zu einem Argument ein Beispiel
– Entkräfte das Gegenargument mit einer geeigneten Begründung.
b. Ergänze ein eigenes Argument für den Schülerreinigungsdienst.

> **Starthilfe**
> Man kann zwar einwenden,
> dass ... Aber ...

4 **a.** Überarbeite den Brief vollständig. Schreibe auf einen Briefbogen.
Ergänze alle fehlenden Bestandteile eines offiziellen Briefes.
b. Überprüfe dein Ergebnis mit der folgenden Checkliste.

Checkliste: In einem Brief Stellung nehmen	ja	nein
Habe ich die Adressen von **Absender** und **Empfänger** genannt?	☐	☐
Habe ich **Ort**, **Datum** und **Anrede** verwendet?	☐	☐
Habe ich einen **Betreff** eingefügt?	☐	☐
Habe ich im ersten Satz **den Grund** oder **den Anlass** des Briefes genannt?	☐	☐
Habe ich das **Thema** genannt und meinen **Standpunkt** geäußert?	☐	☐
Habe ich mindestens **drei Argumente** angeführt?	☐	☐
Habe ich die Argumente mit **Beispielen** veranschaulicht?	☐	☐
Steht mein **wichtigstes Argument** am **Schluss**?	☐	☐
Habe ich am Ende meinen **Standpunkt** zusammengefasst?	☐	☐
Endet mein Brief mit der **Grußformel** und meiner **Unterschrift**?	☐	☐
Habe ich die **Rechtschreibung** überprüft?	☐	☐

Dein Arbeitsauftrag

An deiner Schule wird über die Einführung einer Toilettengebühr diskutiert.
Bist du für oder gegen die Einführung einer Toilettengebühr?
Schreibe eine Stellungnahme in Form eines Briefes.
– Entscheide dich für einen Standpunkt.
– Begründe deinen Standpunkt mit mindestens drei Argumenten.
– Veranschauliche deine Argumente mit Beispielen.
– Entkräfte ein Gegenargument.
– Nutze für deine Stellungnahme den Sachtext auf dieser Seite.
– Adressiere deinen Brief an die Schülervertretung deiner Schule.

1 Lies den Text mithilfe des Textknackers.

➤ Die Arbeitstechnik „Der Textknacker" findest du in der vorderen Klappe.

Es stinkt zum Himmel – mit Gebühren für mehr Sauberkeit

Auf dem Boden liegt aufgeweichtes Klopapier, die Toiletten sind verstopft, Seife
und Handtücher gibt es nicht, die Wände sind bekritzelt – dieses Beispiel ist
kein Einzelfall. An vielen Schulen wird die Sauberkeit auf den Toiletten als
5 mangelhaft bewertet. Deshalb haben jetzt einige Schulen eine Toilettengebühr
erhoben und dafür eine Toilettenkraft eingestellt. Die Frau oder der Mann
passt auf, dass die Toiletten sauber bleiben, dass beispielsweise die Wände nicht
beschmiert werden oder dass auf den WCs nicht geraucht wird. Dafür müssen
die Schüler nun – je nach Schule – 10 oder 20 Cent für die Benutzung
10 der Toiletten zahlen. Andere Schulen verlangen einen Euro pro Monat für
die Benutzung der „Edeltoiletten". Wenn Schüler diesen Betrag nicht zahlen
möchten oder können, gibt es noch andere WCs in der Schule – sie sind zwar
unrenoviert, aber dafür kostenlos.

Die Leiterin der Bertolt-Brecht-Schule begründet die Einführung der Gebühr
15 wie folgt: „In Zeiten von Schweinegrippe und anderen Infektionskrankheiten
befürchten viele, dass die Schultoiletten zur Ursache von Krankheiten werden.
Das kann man nur durch mehr Hygiene vermeiden. Außerdem haben sich
viele Eltern beklagt, weil sich ihre Kinder vor den schmutzigen Schultoiletten
geekelt haben. Manche Kinder zum Beispiel haben morgens nichts getrunken,
20 damit sie in der Schule ja nicht zur Toilette mussten. Das ist jetzt anders."
Viele Schulleiter sind daher froh über die neue Regelung. Auch Volker W. von
der Max-Liebermann-Schule rechtfertigt die kostenpflichtigen Toiletten:
„Die Toilettengebühr ist so gering, dass sie sich alle Schüler leisten können. Für
einen Euro pro Monat zum Beispiel müssen die Schüler nur auf ein Päckchen
25 Kaugummi verzichten. Das ist ja wohl nicht zu viel verlangt." Aber die Regelung
findet nicht nur Zustimmung. Horst W. von der GEW (Gewerkschaft
Bildung und Wissenschaft) protestiert: „Die Kinder lernen damit, dass alles
übers Geld geregelt wird. Wer nicht zahlen kann, geht auf die kostenlose
schmutzige Toilette." Und Elternvertreterin A. Demmer meint: „Die Kinder unter-
30 liegen der Schulpflicht und haben daher ein Recht auf kostenlose Toiletten, die
in Ordnung sind. Kein Mensch käme zum Beispiel auf die Idee, im Finanzamt
eine Toilettengebühr abzukassieren." Thomas W., Schüler einer Schule mit
Toilettengebühr, erklärt: „Ich würde die Gebühr ja zahlen, wenn die Toiletten
zwischen den Pausen gereinigt würden. Aber unsere Toilettenfrau zum Beispiel
35 bewacht nur die WCs, damit niemand Unsinn macht." Sein Mitschüler Ahmet
meint: „Die Gebühr ist keine gute Lösung. Man könnte auch einfach für mehr
Sauberkeit werben, zum Beispiel mit Plakaten."

2 Zu welchem Thema wird im Text auf Seite 30 argumentiert?
Beschreibe dieses Thema in einem Satz. Schreibe in dein Heft.

3 **a.** Markiere im Text drei Pro-Argumente (für die Toilettengebühr) grün.
b. Markiere drei Kontra-Argumente (gegen die Toilettengebühr) rot.

4 Bist du für oder gegen die Einführung der Toilettengebühr an deiner Schule?
Schreibe deinen Standpunkt in einem Satz auf.

_____

_____

5 **a.** Schreibe drei geeignete Argumente für deinen Standpunkt in dein Heft.
Schreibe in Stichworten.
b. Ergänze ein weiteres Argument aus deiner eigenen Erfahrung.

6 Schreibe zu drei Argumenten in deinem Heft je ein Beispiel auf.
Du kannst Beispiele aus dem Text oder aus deiner Erfahrung verwenden.

7 **a.** Wähle aus dem Text ein Argument der Gegenseite aus, das du entkräftest.
b. Erkläre in zwei Sätzen, warum dieses Argument nicht wichtig oder
zu vernachlässigen ist. Schreibe in dein Heft.

Mithilfe deiner Ergebnisse bearbeitest du den Arbeitsauftrag.

8 **a.** Lies den Arbeitsauftrag auf Seite 30 genau, bevor du anfängst zu arbeiten.
b. Bearbeite den Arbeitsauftrag.
– Beachte die Bestandteile eines offiziellen Briefs.
– Adressiere den Brief an die Schülervertretung deiner Schule.

Du überarbeitest Alessandros Brief an die Schülervertretung.

Alessandro Battaglini
Klasse 8 b der Gesamtschule Hamm
Lindenstr. 15
59071 Hamm

Hallihallo,

ich bin gegen eine fette Toilettengebühr. Richtig bäh sind unsere Toiletten
gar nicht. Ein Gegenargument ist, dass die Toiletten dann sauberer wären.
Aber man kann auch zu Hause vor der Schule auf die Toilette gehen.

Alessandro

Achtung: Fehler!

9 Überprüfe den Brief mithilfe der Checkliste von Seite 29.
Schreibe in dein Heft, welche vier Angaben fehlen.

10 **a.** Markiere in dem Brief die Argumente rot.
b. Überarbeite die Argumente in deinem Heft.
– Verwende keine Umgangssprache.
– Ergänze zwei eigene Argumente mit Beispielen.
– Entkräfte das Gegenargument mit einer passenden Begründung.

11 Schreibe den vollständigen Brief auf einen Briefbogen.

Gesamtpunktzahl:

Punkte
/3 Punkte
/3 Punkte
/3 Punkte
/2 Punkte
/3 Punkte
/2 Punkte
/6 Punkte
/4 Punkte
/30 Punkte
/4 Punkte
/2 Punkte
/12 Punkte
/11 Punkte
/85 Punkte

Zu Prosatexten schreiben

Zu der Kurzgeschichte schreibst du eine Inhaltsangabe, erkennst
Merkmale von Kurzgeschichten und schreibst einen inneren Monolog.

dein Arbeitsauftrag zu
der Erzählung ➤ S. 34

1 **a.** Lies den Text mithilfe der Schritte 1 und 2 des Textknackers.
   b. Schreibe in dein Heft, worum es in der Kurzgeschichte geht.

➤ Die Arbeitstechnik
„Der Textknacker für literarische
Texte" findest du in der vorderen
Klappe.

Schüleraustausch – Annette Weber

„Attention! Ici Sens, gare du nord!"
Dumpf tönte die Stimme aus dem Lautsprecher. „Sens! Wir sind da! Endlich!"
Stefan und Sandra umarmten einander. Sie zerrten ihre Reisetaschen aus
den Gepäcknetzen und stiegen mit den anderen aus. „Sandra, guck mal.
5 Unsere Partnerklasse!" Stefan, der schon im Jahr zuvor in Frankreich gewesen
war, umarmte einen nach dem anderen. Dagegen kam sich Sandra zwischen
diesem französisch sprechenden Gewusel ziemlich hilflos vor. Hektisch kramte
sie den Zettel hervor, auf dem der Name ihrer Austauschschülerin stand.
Stefan legte seinen Arm um ihre Schulter. „Keine Panik!"
10 „Wenn ich wenigstens was verstehen würde!"
„Lernst du alles. Und wenn nicht, bin ich ja auch noch da." Er lächelte. Sofort
war Sandras Aufregung verschwunden.
„Wenn ich dich nicht hätte!" Sie küsste Stefan sanft auf die Wange.
„Bei wem sollst du untergebracht werden?" Stefan lugte auf ihren Zettel.
15 „Chantal Deneuve, 15 rue Bonaparte. Hört sich gut an." Er sah sich neugierig um
und pfiff anerkennend durch die Zähne. „Sind ja tolle Frauen dabei. Guck mal,
die mit den schwarzen Haaren! Oder die da hinten. Wow! Echt super! So habe ich
mir Französinnen immer vorgestellt."
Sehr taktvoll fand Sandra die Kommentare nicht. Sie war schließlich auch noch
20 da. Und so übel sah sie auch nicht aus.
In diesem Moment rannte die schwarzhaarige Französin durch die Schüler-
gruppe. „Alla! Allo! Isch bin Chantal Deneuve!", schrie sie und fuchtelte mit
den Armen temperamentvoll in der Luft herum.
Der Name ließ Sandra aufhorchen. Sie starrte auf ihren Zettel. „Mensch, Stefan!",
25 rief sie, „das ist ja meine ...!"
Weiter kam sie nicht. Denn Stefan hatte ihr plötzlich den Zettel aus der Hand
gerissen und ihr seinen zwischen die Finger gesteckt. „Chantal Deneuve, wer ist
das?", schrie er laut. „Chantal Deneuve, ich soll zu Chantal Deneuve!"
Die Französin rannte auf ihn zu, legte ihre schmalen Hände auf seine Schultern
30 und küsste ihn auf beide Wangen. Stefan lachte über sein ganzes Gesicht. Sandra
stand wie angewurzelt auf dem Bahnsteig und starrte die beiden an. Jetzt kam
Stefan zu ihr zurück, um seine Reisetasche zu holen.
„Guck doch nicht so sauer!", versuchte er zu beschwichtigen. Er nahm seine
Tasche. „Wir sehen uns in den nächsten Tagen."
35 Sandra hielt ihn am T-Shirt fest. „Stefan? Was soll das?" Vor Angst bekam sie
kaum noch Luft.
Stefan schob sie zur Seite. „Weißt du", er setzte ein überlegenes Gesicht auf,
„unsere Beziehung ist sowieso zu eng. Wir sollten uns ein bisschen mehr an
den Franzosen orientieren. Offene Beziehungen sind hier total in!"
40 Er riss sich los und verdrückte sich schnell.
Sandra hätte sich in den Hintern treten können, weil sie nicht den Mut fand, ihm
hier auf dem Bahnsteig in diesem verdammten, kleinen französischen Kaff den
Hals umzudrehen. Jetzt war es zu spät. Stefan verschwand mit dieser schwarz-
haarigen Französin Richtung Ausgang.

45 „Allo!" Jemand tippte ihr auf die Schulter. Sandra drehte sich um und sah
   einen Wuschelkopf vor sich stehen.
   „Bonjour", sagte der Wuschelkopf. „Je suis Jean-Pascal Lebrun. Tu as mon
   adresse!"
   Sandra starrte den Zettel an. Sie wusste nicht, was sie sagen sollte.
50 „Verstehst du nischt? Isch bin also dein Austauschschüler! Komm mit. Meine
   Eltern warten auf dir!" Willenlos ging Sandra mit.

   „... wurde im Jahre 1258 erbaut. Der typische Gotikbau ist besonders an der
   spitzen Formgebung zu erkennen." Die Stimme des Reiseleiters dröhnte durch
   die Kathedrale. Sandra bemühte sich zuzuhören. Doch immer wieder ging ihr

55 Blick zu Stefan hinüber. Er stand neben Chantal und sah andächtig an dem
   bunten Kirchenfenster hoch. Und so ganz nebenbei berührte er dabei Chantals
   Arm. Die sah ihn an und für einen Augenblick begegneten sich ihre Augen. Dann
   lächelte Stefan und schaute wieder zum Kirchenfenster hoch.
   Sandras Magen zog sich zusammen. Sie war dem Weinen nahe. Genauso hatte
60 es Stefan damals bei ihr gemacht, als sie sich kennen lernten. Diese Blicke. Diese
   vorsichtigen Berührungen! Das war alles nur ein Spiel gewesen, bei dem die Partner jederzeit ausgewechselt werden konnten. Jetzt also war Chantal an der
   Reihe! Eine Träne lief Sandra über das Gesicht. Verärgert wischte sie sie mit dem
   Ärmel ihres Sweatshirts fort. Sie war froh, als sie wieder im Freien waren. Ein fri-
65 scher Herbstwind wehte. Sandra atmete tief ein und aus. Ihr war klar: Stefan
   konnte sie abhaken. Schrecklich daran war nur, dass es so wehtat.
   „Mir reicht's jetzt!", flüsterte ihr plötzlich Jean-Pascal ins Ohr. „Isch langweile
   misch fürchterbar!"
   „Furchtbar!", verbesserte Sandra und musste lächeln. „Ich mich auch."
70 „Weißt du was? Wir verdrücken uns, tu comprends? Isch zeige dir lieber
   die Straßencafés von Sens."
   „Keine schlechte Idee", musste Sandra zugeben. Und insgeheim war sie froh, dass
   sie sich Stefans Anmache nicht länger anschauen musste.
   An der nächsten Straßenecke ließen Jean-Pascal und Sandra die anderen an sich
75 vorbeiziehen, drehten sich dann um und flüchteten Richtung Innenstadt. In
   der Fußgängerzone fanden sie ein kleines Café. Sandra ließ sich auf einen Stuhl
   fallen. Jean-Pascal setzte sich neben sie. „Wie hat dir die Kirche gefallen?"
   „Ganz gut." Sandra wunderte sich über die Frage.
   „Du -ast überhaupt nicht zugehört, was der Reiseleiter erzählt -at."
80 „Wie kommst du darauf?" Sandra war echt empört. „Ich verstehe dich nicht!"
   „Du verstehst très bon. Sehr gut." Er sagte das wieder mit diesem witzigen Akzent
   und Sandra musste erneut lachen. „Bon. Isch -abe disch – wie sagt man –
   beobachtet. Und du -ast immer nur zu diesem einen Typen geguckt. Und der -at
   immer nur zu Chantal geguckt. Und da bist du ganz ganz traurig geworden."
85 Sandra schluckte. „Was geht dich das an?", fauchte sie.
   „Gar nichts." Jean-Pascal rührte in seiner Tasse. „Ich will nur nischt, dass du
   wegen Chantal traurig bist."
   „Das bin ich wirklich", gab sie dann zu. „Weißt du, ich bin seit drei Wochen mit
   Stefan zusammen und habe mich so furchtbar auf die Zeit mit ihm gefreut. Und
90 jetzt verliebt er sich in diese attraktive Chantal."
   Jean-Pascal lächelte. „Du brauchst gar nischt eifersüchtig zu sein. Weil sie
   nämlich jedem den Kopf verdreht. Warte ein bisschen. In drei Tagen ge-ört
   Stefan wieder dir. Isch schwöre!"
   „Bist du sicher?"
95 „Ganz sicher." Er überlegte eine Weile. „Isch -abe eine Idee", sagte er dann. „Wenn
   Stefan morgen auf der Fete noch immer mit ihr zusammen ist, werde isch sie
   ihm – wie sagt man? ... wegnehmen?"

Die Fete war schon im vollen Gang, als Sandra und Jean-Pascal in den Raum
kamen. Jean-Pascal hatte sich schick zurechtgemacht, mit schwarzem Hemd
100 und enger Jeans.
Stefan tanzte mit Chantal und schien dabei nur sie zu sehen. „Da sind sie",
flüsterte Sandra Jean-Pascal zu. „Meinst du, du schaffst es?"
Er sah auf seine Fußspitzen. Sandra musterte ihn verwundert. Es schien etwas
zu geben, das er ihr nicht sagen mochte. Dann gab er sich einen Ruck und ging
105 auf Chantal zu. Gut sah er aus, als er über die Tanzfläche ging. Einen Moment
lang tat es Sandra leid, dass sie ihn gedrängt hatte.
Er verbeugte sich vor Stefan, sagte einige Worte zu ihm, wandte sich dann
Chantal zu und tanzte mit ihr. Chantal lächelte ihn an und für einen Moment
spürte Sandra einen Stich in der Magengegend. Stefan verließ mit wütendem
110 Gesicht die Tanzfläche und ging nach draußen. Sandra überlegte, ihm nachzulaufen, doch wenn sie ehrlich war, hatte sie keine Lust dazu. Lieber setzte sie
sich auf einen Stuhl und beobachtete die Tanzenden.
Chantal schmiegte sich eng an Jean-Pascal. Der dagegen hatte immer noch
dieses unglückliche Gesicht. Als der Tanz beendet war, riss er sich plötzlich los
115 und lief aus dem Raum. Sandra rannte ihm nach. Erst auf dem Hof der Disko-
thek hatte sie ihn eingeholt. „Jean-Pascal!" Sie zupfte ihn am Ärmel.
Da drehte er sich zu ihr um und lächelte. „Du bist es", sagte er. „Und isch dachte,
du stehst -ier draußen mit diesem Typen und feierst Versöhnung."
„Aber nein. Ich habe noch gar nicht mit Stefan gesprochen. Aber was ist mit dir?"
120 Jean-Pascal sah zu Boden. „Isch kann nischt", sagte er leise. „Isch kann nischt mit
dieser doofen Kuh tanzen, weil isch immer an disch denken muss!"
Sandra wurde ganz warm. Er sah in ihr Gesicht. „Du -ast wunderschöne Augen",
sagte er leise. Da legte Sandra ihre Arme um seinen Hals und küsste ihn.
Drei Tage später traf sie Stefan in der Stadt.
125 „Lange nicht gesehen", sagte er. „Kommst du heute Abend ins Bistro?" Dabei
hatte er dieses weltmännische Gesicht.
„Tut mir leid", lächelte Sandra. „Ich habe heute ein Rendezvous."
„Was soll das denn heißen", fuhr Stefan sie an und sah plötzlich gar nicht mehr
cool aus. „Ich denke, du gehst mit mir!"
130 „Oh, klar", grinste Sandra. „Ich finde nur, dass unsere Beziehung in der letzten
Zeit etwas eng geworden ist. Wir sind hier in Frankreich, weißt du. Offene
Beziehungen sind hier mega-in."
Und dann ließ sie den verdutzten Stefan einfach stehen.

Bevor du arbeitest, musst du deinen Arbeitsauftrag genau verstehen.

Dein Arbeitsauftrag

Untersuche die Kurzgeschichte „Schüleraustausch" von Annette Weber
mithilfe folgender Teilaufgaben:
– Schreibe eine Inhaltsangabe. Berücksichtige dabei die Erzählperspektive.
– Erkläre anhand des Textes fünf Merkmale von Kurzgeschichten.
  Belege deine Aussagen mit Textstellen oder Zitaten.
– **Zusatzaufgabe:** Lies die Zeilen 113–115.
  Was fühlt und denkt Jean-Pascal? Verfasse einen inneren Monolog.

2 a. Lies den Arbeitsauftrag genau und markiere die Aufforderungsverben.
   b. Schreibe auf, was genau du tun sollst.

_____

_____

Eine Inhaltsangabe schreiben

Die Handlungsbausteine helfen dir, den Inhalt zu erfassen.

1 **a.** Stelle mithilfe der Handlungsbausteine fünf Fragen nach der Hauptfigur. Schreibe die Fragen in dein Heft.
b. Prüfe im Text, für welche Person du alle Fragen beantworten kannst.
c. Welche Person ist die Hauptfigur? Kreuze an.

☐ Stefan   ☐ Sandra   ☐ Jean-Fascal   ☐ Chantal

2 Wo spielt die Handlung? Markiere im Text alle Hinweise auf das Land.

3 **a.** Lege in deinem Heft eine Tabelle zu den Handlungsbausteinen an.
b. Ergänze in der zweiten Spalte weitere Fragen zu den Handlungsbausteinen.
c. Beantworte deine Fragen in Stichworten in der dritten Spalte. Gib die Zeilenangaben der entsprechenden Textstellen an.

➤ Die Handlungsbausteine findest du vorne auf der inneren Umschlagseite

Handlungsbausteine	Fragen	Antworten/Stichworte
Hauptperson und Situation	Wer ist die Hauptperson? Wann und wo …	- …
Wunsch	…	…
…		

Starthilfe

Du findest heraus, aus welcher Perspektive erzählt wird.

4 Untersuche die Erzählperspektive.
a. Lies die Information am Rand.
b. Untersuche den Text. Achte dabei auf Personalpronomen.
c. Schreibe auf, welche Erzählperspektive in „Schüleraustausch" vorliegt.
d. Belege deine Aussage mit einem Zitat aus dem Text.

_____

Beleg (Zitat): _____

_____

_____

Die Erzählperspektive
Beim Erzählen unterscheidet man die **Er/Sie-Form** und die **Ich-Form**. Meist erkennt man diese Formen an den Personalpronomen im Text.

mehr zu Pronomen ➤ S. 66–96

Mithilfe deiner Ergebnisse schreibst du die Inhaltsangabe.

5 **a.** Schreibe eine Inhaltsangabe zu der Kurzgeschichte in dein Heft.
– Beachte dabei deinen Arbeitsauftrag auf Seite 34.
– Beachte die Arbeitstechnik „Eine Inhaltsangabe schreiben".
– Verwende für die indirekte Rede den Konjunktiv I und – wenn nötig – den Konjunktiv II oder die würde-Form.
b. Überarbeite dein Ergebnis mit der folgenden Checkliste.

➤ Die Arbeitstechnik „Eine Inhaltsangabe schreiben" findest du vorne auf der inneren Umschlagseite.

mehr zum Konjunktiv und zur indirekter Rede ➤ S. 71–75

Checkliste: Inhaltsangabe	ja	nein
Habe ich in der **Einleitung** Autor, Titel, Textsorte und Thema genannt?	☐	☐
Habe ich im **Hauptteil** die wichtigsten Ereignisse der Handlung mithilfe der Handlungsbausteine zusammengefasst?	☐	☐
Habe ich **wörtliche Rede** durch **indirekte Rede** oder eigene Worte ersetzt?	☐	☐
Habe ich im **Präsens** geschrieben?	☐	☐

Merkmale einer Kurzgeschichte

Du erkennst typische Merkmale einer Kurzgeschichte.

1 **a.** Lies noch einmal die zweite Teilaufgabe deines Arbeitsauftrags.

    b. Lies das Merkwissen und notiere alle genannten Merkmale.

dein Arbeitsauftrag
zu der Kurzgeschichte
➤ S. 34

> **Merkwissen**
>
> Eine **Kurzgeschichte** ist eine knappe, moderne Erzählung.
> Kurzgeschichten handeln meist von einem **kurzen Ausschnitt**
> aus einem **alltäglichen Geschehen**, das zu einem **entscheidenden
> Moment** im Leben einer oder mehrerer Figuren wird.
> Weitere Kennzeichen sind ein **unvermittelter Anfang** und
> ein **offenes Ende**, das viele Deutungsmöglichkeiten zulässt.

Du untersuchst den Anfang der Kurzgeschichte.

Merkmal:
unvermittelter Anfang

2 Roman, Ballade, Kurzgeschichte oder Märchen?

    a. Lies die Textanfänge in der folgenden Tabelle.

    b. Kreuze an, um was für einen Text es sich handelt.

Anfänge von Texten	Roman	Ballade	Kurzgeschichte	Märchen
A Es war in der Zeit zwischen Neujahr und dem Dreikönigstag. Krabat, ein Junge von vierzehn Jahren damals, hatte sich mit zwei anderen …	☐	☐	☐	☐
B „Was möchtest du?", fragte der Vater. Daniela studierte die Karte und entschied sich für Riz colonial. …	☐	☐	☐	☐
C Es waren einmal ein Fischer und seine Frau, die wohnten zusammen in einer kleinen …	☐	☐	☐	☐
D Sie waren gezogen über das Meer, Nach Glück und Gold stand ihr Begehr, …	☐	☐	☐	☐

3 **a.** Wie fängt die Kurzgeschichte an? Schreibe die ersten beiden Zeilen auf.

    b. Welche Besonderheit hat diese Textstelle? Antworte in Stichworten.

Zeilen 1–2: _____

_____

Besonderheit: _____

Du untersuchst das Geschehen in der Kurzgeschichte.

Merkmal:
alltägliches Geschehen

4 Was ist in der Kurzgeschichte für dich ein „alltägliches Geschehen"?

    a. Notiere das Geschehen in Stichworten.

    b. Begründe, inwiefern dieses Geschehen alltäglich ist.

Geschehen: _____

_____

Begründung: _____

_____

Du untersuchst den Zeitraum der Kurzgeschichte.

Merkmal:
kurzer Ausschnitt

5 Welchen Zeitraum beschreibt die Kurzgeschichte? Untersuche den Text.
   a. Trage alle beschriebenen Zeitabschnitte in die Tabelle ein.
   Ergänze für jeden Zeitabschnitt die Zeilenangabe.
   b. Ergänze zweimal Zitate mit genauen Zeitangaben.

Zeitraum	Geschehen und Zeilenangaben
1. Tag	*Ankunft und Begrüßung der deutschen Schülerinnen und Schüler in Sens (Z. 1–X)*
Tag X	
Tag X + ____	
	Zitat:
Tag X + ____	
	Zitat:

Du untersuchst den Wendepunkt in der Kurzgeschichte.

Merkmal:
entscheidender
Moment, Wendepunkt

6 Finde den Wendepunkt der Kurzgeschichte.
   a. Lies noch einmal den letzten Teil auf Seite 34.
   b. Markiere alle Stellen, an denen die Hauptfigur etwas Wichtiges sagt,
   etwas Wichtiges denkt oder etwas Wichtiges tut.
   Tipp: Achte auf Sätze, die mit dem Namen der Hauptfigur beginnen.

7 Welche Stelle ist der „entscheidende Moment" der Kurzgeschichte?
   a. Beschreibe diesen Wendepunkt in eigenen Worten und ganzen Sätzen.
   b. Nenne als Beleg passende Textstellen oder Zitate. Schreibe in dein Heft.

Du untersuchst das Ende der Kurzgeschichte.

Merkmal:
offenes Ende

8 Sind Stefan und Sandra am Ende der Kurzgeschichte noch zusammen?
   a. Untersuche den letzten Absatz des Textes genau.
   b. Inwiefern ist das Ende offen? Begründe deine Antwort in ganzen Sätzen
   und mit einem Zitat.

_____

_____

_____

_____

_____

9 Stelle deine Ergebnisse der Aufgaben 1 bis 3 in einer Übersicht zusammen.
   Schreibe in dein Heft.

Starthilfe

Merkmale	Begründung, warum das Merkmal zutrifft	Textstellen und/oder Zitat
unvermittelter Anfang	trifft zu, weil …	wörtliche Rede in Zeile 1
…	…	…

Kurzgeschichten handeln von alltäglichen Situationen und häufig wird Umgangssprache in ihnen verwendet.

10 **a.** Unterstreiche in der Kurzgeschichte Beispiele für Umgangssprache.
b. Schreibe die Beispiele mit Zeilenangaben auf.

„Sandra, guck mal" (Zeile 4)
_____
_____
_____
_____

11 Erkläre fünf Merkmale von Kurzgeschichten. Schreibe in dein Heft.
– Beschreibe jedes Merkmal in einem eigenen Absatz.
– Belege deine Ausführung mit Textstellen oder Zitaten.
– Begründe, warum es sich bei dem Text um eine Kurzgeschichte handelt.
– Verwende abwechslungsreiche Satzanfänge und Satzgefüge.
– Vermeide Wortwiederholungen.

dein Arbeitsauftrag zu der Kurzgeschichte ➤ S. 34

Z 12 Welchen Witz enthält der vorletzte Satz der Geschichte?
Beschreibe diesen Witz und seine Wirkung auf Stefan in eigenen Worten.
Tipp: Vergleiche den Satz mit einer Stelle gegen Ende der ersten Textseite.

Du überarbeitest einen Text zu den Merkmalen der Kurzgeschichte.

Achtung: Fehler!

Textstellen und Zitate
_____
_____
_____
_____
_____
_____
_____

Die Kurzgeschichte von Annette Weber ist eine Kurzgeschichte, weil sie nur einen kurzen Ausschnitt zeigt. Das Geschehen ist auch alltäglich, obwohl ein Schüleraustausch mit Frankreich nicht so normal ist, aber der Rest. Wie es sein muss, beginnt der Text ganz unvermittelt auf dem Bahnhof (Zeilen 1–2). Was vorher war, muss man sich denken. Auch das Ende ist offen, weil man nicht erfährt, wie er reagiert (Zeilen 130–133). Mindestens einen entscheidenden Moment gibt es auch. Wenn er die Zettel tauscht, ist schon fast alles entschieden. Er will zu Chantal und sie bekommt dadurch Jean-Pascal. Aber am Ende bekommt er gar nicht, was er will, und sie hat ihren Spaß. Vielleicht ist aber der Moment wichtiger, als sie versteht, dass er sie mag, und sie ihn dann umarmt und küsst. Irgendwo dazwischen wendet sich jedenfalls die Geschichte.

13 Überarbeite den Text zu den Merkmalen dieser Kurzgeschichte.
– Bedenke, dass der Leser die Kurzgeschichte vielleicht nicht kennt.
– Belege alle Merkmale durch Textstellen oder Zitate.
– Vermeide Wortwiederholungen und gleiche Satzanfänge.
– Verwende mindestens zwei Zitate. Schreibe in dein Heft.

Z 14 Schreibe ein eigenes Ende zur Kurzgeschichte „Schüleraustausch".
Überlege dafür, wie du an Sandras oder Stefans Stelle gehandelt hättest.

Weiterführendes: Einen inneren Monolog schreiben

Du untersuchst einen inneren Monolog, der zu dem Text entworfen wurde.

> **Innerer Monolog:**
> Die Gedanken, Gefühle und Wahrnehmungen der handelnden Figur werden in der **Ich-Form** wiedergegeben, so wie sie das Geschehen erlebt.

_____ (Zeile ____)

Und das war jetzt alles? ... einfach so ... Die nächste ... Keine Reue, kein Bedauern, kein Abschied ... Und hat er mich im Zug noch süß angeschaut! ... mein Haar berührt, mich geküsst, mir Liebe geschworen. Liebe? ... Lüge, Lüge! Alles nur ein Spiel! Kein Gefühl ... nur eine Taktik. Nichts davon ehrlich. Warum tut er mir das an? Ich hab ihm geglaubt, ihn geliebt ... liebe ihn. Bin ihm doch total egal. Er sieht nur diese Chantal. Wie kann man so gemein sein? ... und jetzt heul ich auch noch wegen dem Blödmann.

_____ (Zeile ____)

1 Untersuche diesen inneren Monolog für Sandra.
  a. In welcher Form werden die Gedanken wiedergegeben?
  Markiere die Pronomen, die sich auf die denkende Person beziehen.
  b. Welche Zeitformen kommen vor? Kreuze an.
  ☐ Präteritum ☐ Präsens ☐ Perfekt ☐ Futur

  c. Wie ist der Satzbau? Kreuze nur passende Aussagen an.
  ☐ Die Sätze sind einfach. ☐ Es gibt komplizierte Satzgefüge.
  ☐ Es gibt viele Fragen und Ausrufe. ☐ Die Sätze sind oft unvollständig.

  d. Warum kommen häufig dreifache Pünktchen vor? Begründe deine Meinung.

_____

2 Wo genau in den Zeilen 59–66 würdest du den inneren Monolog einfügen? Schreibe die passenden Sätze auf die Linien vor und hinter dem Monolog. Gib zu den Sätzen die Zeilenangaben aus dem Text an.

Du bearbeitest die Zusatzaufgabe des Arbeitsauftrags und schreibst einen inneren Monolog zu der Kurzgeschichte „Schüleraustausch".

3 **a.** Lies die Zusatzaufgabe zu deinem Arbeitsauftrag noch einmal.
  b. Beantworte die folgenden Fragen in ganzen Sätzen in deinem Heft.
  – Warum tanzt Jean-Pascal mit Chantal?
  – Warum läuft Jean-Pascal von der Tanzfläche weg nach draußen?
  – Welche Gefühle hat er für Chantal, welche Gefühle hat er für Sandra?

dein Arbeitsauftrag zu der Kurzgeschichte ➤ S. 34

4 Wo genau fügst du den inneren Monolog ein? Markiere die Stelle im Text.
Tipp: Das Subjekt des vorangehenden Satzes sollte Jean-Pascal sein.

5 **a.** Bearbeite die letzte Teilaufgabe des Arbeitsauftrags. Schreibe in dein Heft.
  b. Überprüfe deinen inneren Monolog mit der Checkliste.

Checkliste: Einen inneren Monolog schreiben	ja	nein
Habe ich mich beim Schreiben in die **Person** hineinversetzt?	☐	☐
Habe ich die **Situation** der Person berücksichtigt?	☐	☐
Habe ich den inneren Monolog an der **richtigen Stelle** des Zitats eingefügt?	☐	☐
Habe ich die **Ich-Form** und passende **Zeitformen** verwendet?	☐	☐
Habe ich **Satzbau** und **Satzzeichen** in passender Weise verwendet?	☐	☐

Dein Arbeitsauftrag

Untersuche die Kurzgeschichte „Sonntag" mithilfe folgender Teilaufgaben:
– Schreibe eine Inhaltsangabe. Berücksichtige dabei die Erzählperspektive.
– Erkläre fünf Merkmale von Kurzgeschichten anhand des Textes.
– **Zusatzaufgabe:** „‚Ich gehe jetzt', sagte sie nachher." (Zeile 66)
  Welche Gedanken und Gefühle hat Daniela, bevor sie geht?
  Verfasse einen inneren Monolog.

Sonntag – Max Bolliger

„Was möchtest du?", fragte der Vater.
Daniela studierte die Karte und entschied sich für Riz colonial.
„Gern!", sagte der Kellner. Er behandelte Daniela wie eine Dame.
Das Restaurant war bis auf den letzten Platz besetzt. Am Nebentisch saß ein Ehepaar mit zwei Kindern.
5　Die beiden stritten sich wegen einer kleinen Puppe aus Plastik. Die Mutter versuchte, den Streit zu schlichten. Daniela sah, wie der Junge seine Schwester unter dem Tisch dauernd mit den Füßen stieß.
Das Dessert machte dem Gezanke ein Ende.
Daniela erinnerte sich, wie sehnlichst sie sich einmal ein Schwesterchen gewünscht hatte.
„Wie geht es in der Schule?", fragte der Vater.
10　„Wie immer", antwortete Daniela.
„Wird es fürs Gymnasium reichen?"
„Ja, ich hoffe es."
Daniela wusste genau, dass ihre Noten weder in Mathematik noch in Französisch genügten. Dann eben eine kaufmännische Lehre … oder Arztgehilfin … Sie wollte jetzt nicht daran denken.
15　„Für mich waren Prüfungen nie ein Problem", sagte der Vater.
Daniela war froh, als der Kellner das Essen brachte. Der Reis mit Fleisch und Früchten schmeckte ihr.
„Deine Mutter konnte nie richtig kochen", sagte der Vater. Daniela gab darauf keine Antwort.
„Ich brauche einen neuen Wintermantel", sagte sie.
„Schon wieder?"
20　„Ich bin seit dem letzten Jahr zehn Zentimeter gewachsen."
„Wofür bezahl ich eigentlich Alimente?"
„Mutter sagt, das Geld reiche nur für das Nötigste."
„Gut! Aber ich will die Rechnung sehen."
„Wünschen die Herrschaften ein Dessert?"
25　Der Kellner versuchte, mit Daniela zu flirten.
„Nein, danke!", sagte sie, obwohl sie sich heute früh in der Kirche ausgedacht hatte, Vanilleeis mit heißer Schokoladensoße zu essen. Nach dem Essen fuhren sie am See entlang.
Der Vater hatte ein neues Auto. Er sprach über Autos wie die Jungen in der Schule. Daniela verstand nicht, warum man sich über ein Auto freuen konnte, nur weil es einen starken Motor hatte. Aus dem
30　Radio erklang Volksmusik. Sie fiel Daniela auf die Nerven. Aber sie stellte sie trotzdem lauter.
„Hast du viel Arbeit?", fragte sie.
„Wir bauen eine neue Fabrik." Der Vater war Ingenieur. Daniela betrachtete ihn von der Seite, neugierig, wie einen Gegenstand. Sein Gesicht war braun gebrannt, sportlich. Der Schnurrbart stand ihm gut.
Hatte er ihre Gedanken erraten?
35　„In zwei Wochen werde ich vierzig! Aber alle schätzen mich jünger." Daniela lachte. Ihr schien er älter.
„Wie alt bist du eigentlich?"
„Hundert!", sagte Daniela.
„Nein, ehrlich …!"
„Das solltest du doch wissen. Du fragst mich jedes Mal … Im Februar dreizehn."
40　„Dreizehn! Hast du einen Freund?"

„Nein!", sagte Daniela.

„Das wundert mich. Du siehst hübsch aus!"

„Findest du?"

„So … erwachsen!"

45 Auf einer Terrasse am See tranken sie Kaffee. Daniela beobachtete die Segelschiffe. Der schöne Herbst-
sonntag hatte unzählige Boote aufs Wasser hinausgelockt. Der Vater war verstummt und schaute alle
fünf Minuten auf seine Uhr.

„Ich habe um vier Uhr eine Verabredung."

„Also, gehen wir doch", sagte Daniela und erhob sich.

50 Der Vater schien erleichtert. „Ich bringe dich nach Hause", sagte er.

„Ach, du bist schon wieder da?", sagte die Mutter. Sie war noch immer im Morgenrock. Während der
Woche arbeitete sie halbtags in einer Modeboutique.

„Sonntags lasse ich mich gehen", sagte sie zu ihren Freunden, „sonntags bin ich nicht zu sprechen."

„Er hatte eine Verabredung", erzählte Daniela.

55 Die Mutter lachte.

„Ich möchte wissen, warum er eigentlich darauf besteht, dich zu sehen. Im Grunde liegt ihm doch
nichts daran. Nur weil es das Gericht so entschieden hat und um mich zu ärgern."

Daniela wurde wütend.

„Es geht ihm ausgezeichnet", sagte sie. „Er hat sich ein neues Auto gekauft und sieht prima aus."

60 Die Mutter zuckte bei ihren Worten zusammen.

„Und den Wintermantel?", fragte sie.

„Bewilligt!"

Die Mutter griff sich mit der Hand an die Stirne.

„Diese Kopfschmerzen!", stöhnte sie. „Hol mir eine Tablette im Badezimmer!"

65 Daniela gehorchte.

„Ich gehe jetzt", sagte sie nachher.

„Hast du keine Aufgaben?"

„Nein!"

„Aber komm nicht zu spät zurück!"

70 „Ich esse bei Brigitte."

„Gut, bis neun Uhr. Ich lege mich wieder hin."

Als Daniela die Tür des Lokals öffnete, schlug ihr eine Welle von Rauch- und Kaffeegeruch entgegen.
An den niederen Tischen saßen junge Leute, die meisten in Gespräche vertieft. Die Wände waren
mit Postern tapeziert. Danielas Augen gewöhnten sich allmählich an das Halbdunkel. Suchend schaute

75 sie sich um. Der Diskjockey nickte Daniela zu.

„Well, I left my happy home to see what I could find out", sang Cat Stevens.

Ja, er hatte recht. Um herauszufinden, wie die Welt wirklich war, musste man
sein Zuhause verlassen. Heinz hatte Daniela den Text übersetzt. Heinz war schon
sechzehn Jahre alt. Sie war stolz darauf. Er saß in einer Ecke und winkte.

80 Aufatmend setzte sich Daniela neben ihn. Er legte einen Arm um ihre Schultern.

„Hast du den Sonntag überstanden?", fragte er.

„Ja, Gott sei Dank!"

„War es schlimm?"

„Es geht … wie immer."

85 „Mach dir nichts draus."

Daniela kuschelte sich an ihn.

„Was meinst du, werden wir es besser machen?", fragte sie. „Wenn wir einmal
erwachsen sind?" In ihrer Stimme klangen Zweifel.

„Natürlich", sagte Heinz, „natürlich werden wir es besser machen."

1 Lies den Arbeitsauftrag genau und bearbeite ihn.

Z **2** Was willst du machen wie deine Eltern? Was willst du anders machen?
Schreibe einen Tagebucheintrag über deine Zukunftspläne.

41

Aufgabe 1: ___ /50 Punkte
Aufgabe 2: ___ /30 Punkte

Gesamtpunktzahl: ___ /80 Punkte

Zu einer Ballade schreiben

Du erkennst Merkmale der Ballade und schreibst eine Inhaltsangabe.

1 Lies die Ballade mithilfe des Textknackers.
Achte dabei auf die Handlung, die Gedichtform und auf Dialoge.

➤ Die Arbeitstechnik „Der Textknacker für literarische Texte" findest du in der vorderen Klappe.

Die Goldgräber

Emanuel Geibel (1815–1884)

Sie waren gezogen über das Meer,   *a*
Nach Glück und Gold stand ihr Begehr,   *a*
Drei wilde Gesellen, vom Wetter gebräunt,   *b*
Und kannten sich wohl und waren sich freund.   *b*

5 Sie hatten gegraben Tag und Nacht,   *c*
Am Flusse die Grube, im Berge den Schacht,
In Sonnengluten und Regengebraus,
Bei Durst und Hunger hielten sie aus.

Und endlich, endlich, nach Monden voll Schweiß,
10 Da sahn aus der Tiefe sie winken den Preis,
Da glüht es sie an durch das Dunkel so hold,
Mit Blicken der Schlange, das feurige Gold.

Sie brachen es los aus dem finsteren Raum,
Und als sie ’s fassten, sie hoben es kaum,
15 Und als sie ’s wogen, sie jauchzten zugleich:
„Nun sind wir geborgen, nun sind wir reich!"

Sie lachten und kreischten mit jubelndem Schall,
Sie tanzten im Kreis um das blanke Metall,
Und hätte der Stolz nicht bezähmt ihr Gelüst,
20 Sie hätten ’s mit brünstiger Lippe geküsst.

Sprach Tom, der Jäger: „Nun lasst uns ruhn!
Zeit ist ’s, auf das Mühsal uns gütlich zu tun.
Geh, Sam, und hol uns Speisen und Wein,
Ein lustiges Fest muss gefeiert sein."

25 Wie trunken schlenderte Sam dahin
Zum Flecken[1] hinab mit bezaubertem Sinn;
Sein Haupt umnebelnd beschlichen ihn sacht
Gedanken, wie er sie nimmer gedacht.

Die andern saßen am Bergeshang,
30 Sie prüften das Erz und es blitzt’ und es klang.
Sprach Will, der Rote: „Das Gold ist fein;
Nur schade, dass wir es teilen zu drei’n!"

„Du meinst?" – „Je nun, ich meine nur so.
Zwei würden des Schatzes besser froh" –
35 „Doch wenn –" „Wenn was?" „Nun, nehmen wir an,
Sam wäre nicht da" – „Ja, freilich, dann –" –

Sie schwiegen lang; die Sonne glomm
Und gleißt’[2] um das Gold; da murmelte Tom:
„Siehst du die Schlucht dort unten?" – „Warum?"
40 „Ihr Schatten ist tief und die Felsen sind stumm." –

„Versteh ich dich recht?" – „Was fragst du noch viel!
Wir dachten es beide und führen ’s ans Ziel.
Ein tüchtiger Stoß und ein Grab im Gestein,
So ist es getan und wir teilen allein."

45 Sie schwiegen aufs neu. Es verglühte der Tag,
Wie Blut auf dem Golde das Spätrot lag;
Da kam er zurück, ihr junger Genoss,
Von bleicher Stirne der Schweiß ihm floss.

„Nun her mit dem Korb und dem bauchigen Krug!"
50 Und sie aßen und tranken mit tiefem Zug.
„Hei lustig, Bruder! Dein Wein ist stark;
Er rollt wie Feuer durch Bein und Mark.

Komm, tu uns Bescheid[3]!" – „Ich trank schon vorher;
Nun sind vom Schlafe die Augen mir schwer.
55 Ich streck ins Geklüft mich." – „Nun, gute Ruh!
Und nimm den Stoß, und den dazu!"

Sie trafen ihn mit den Messern gut;
Er schwankt’ und glitt im rauchenden Blut.
Noch einmal hub er sein blass Gesicht:
60 „Herr Gott im Himmel, du hältst Gericht!

Wohl um das Gold erschluget ihr mich;
Weh euch! Ihr seid verloren, wie ich.
Auch ich, ich wollte den Schatz allein,
Und mischt’ euch tödliches Gift an den Wein."

---

1 der Flecken: hier: eine kleine Stadt   2 gleißen: glänzen
3 Bescheid tun: hier: mittrinken oder anstoßen

Den Inhalt und die Form erschließen

Die Ballade erzählt eine Geschichte in Gedichtform.

1 Worum geht es in der Ballade? Schreibe zwei bis drei Sätze auf.

_____

_____

_____

2 Beantworte die Fragen zu den **Handlungsbausteinen** in deinem Heft.
Schreibe in ganzen Sätzen und belege deine Aussagen durch passende Zitate
oder mit Zeilenangaben.

   a) Wer sind die **Hauptfiguren** in der Ballade und wie heißen sie?
   b) In welcher **Situation** befinden sich die Hauptfiguren am Anfang des Textes?
   c) Welchen **Wunsch** haben die Hauptfiguren? Zitiere eine Zeile aus dem Text.
   d) Welches **Hindernis** steht der Erfüllung des Wunsches entgegen?
   e) Was ist das **Ende** der Ballade?

Als Merkmal einer Ballade erkennst du Dialoge wie in den Zeilen 51–56.
Den Dialog könntest du wie in einem Theatertext (Drama) aufschreiben:

Will und Tom: „Hei, lustig, Bruder! (…) Komm, tu uns Bescheid!"
Sam: „Ich trank schon vorher; nun sind vom Schlafe die Augen mir schwer.
Ich streck ins Geklüft mich."
Will und Tom: „Nun, gute Ruh! Und nimm den Stoß, und den dazu!"

3 Schreibe den Dialog aus den Strophen 8–11 (Zeilen 31–44) genauso auf.
Achte dabei auf die Wechsel der Sprecher. Schreibe in dein Heft.

4 Welche Wirkung haben die Dialoge beim Lesen der Ballade?
Begründe deine Antwort. Schreibe in dein Heft.

Du untersuchst die Gedichtform, also zum Beispiel Strophen und Reime.

5 **a.** Welche Reime gibt es? Bezeichne die Reime mit Buchstaben.
   Tipp: Du benötigst das ganze Alphabet und zusätzlich das **ä**.
   b. Welches Reimschema hat die Ballade? Kreuze an.

   Das Reimschema der Ballade „Die Goldgräber" ist ein …
   ☐ … Kreuzreim.   ☐ … Paarreim.   ☐ … umarmender Reim.

   c. Welche Reime wiederholen sich? Markiere gleiche Reime in einer Farbe.

In der Überschrift erkennst du zwei Leitmotive dieser Ballade.

6 **a.** Zerlege das Nomen in der Überschrift in seine beiden Bestandteile.
   b. Markiere zu den beiden Bestandteilen passende Wörter
      in der Ballade in zwei verschiedenen Farben.
   c. Schreibe die Wörter mit Zeilenangaben geordnet in dein Heft.

Starthilfe

Goldgräber =
Gold   + ..
den Preis (Zeile 10)   ..
…

Z **7** Welche zwei Bedeutungen könnte die Überschrift „Die Goldgräber" haben?

1. _____

2. _____

Zu Inhalt und Form einer Ballade schreiben

Zu der Ballade bearbeitest du den folgenden Arbeitsauftrag.

Dein Arbeitsauftrag

Untersuche die Ballade „Die Goldgräber" mithilfe folgender Teilaufgaben:
- Schreibe eine Inhaltsangabe und bewerte das Verhalten der Figuren.
- Beschreibe die Form und erläutere die Merkmale der Ballade.
- **Zusatzaufgabe:** Welche Begebenheit könnte der Ballade zugrunde liegen?
  Schreibe einen Zeitungsbericht über eine Begebenheit des Jahres 1868.

1 a. Was sollst du genau tun?
   Markiere die Aufforderungsverben im Arbeitsauftrag.
   b. Schreibe in dein Heft, was genau du tun sollst.

2 Schreibe eine Einleitung für die Inhaltsangabe in ein bis zwei Sätzen.

In der Ballade „Die Goldgräber" von _____

_____

_____

_____

3 Fasse die Handlung der Ballade in eigenen Worten zusammen.
Schreibe in dein Heft.

➤ Die Arbeitstechnik „Eine Inhaltsangabe schreiben" findest du vorne auf der inneren Umschlagseite.

> **Starthilfe**
>
> Die drei befreundeten Goldgräber Tom, Will und Sam suchen gemeinsam nach Gold. Nach monatelangen Mühen …

4 a. Schreibe die Inhaltsangabe vollständig in dein Heft.
   Verwende dabei die Ergebnisse aus den Aufgaben 2 und 3.
   b. Bewerte das Verhalten der Figuren der Ballade in zwei bis drei Sätzen.

5 Beschreibe die Form und die Merkmale der Ballade.
Verwende dabei möglichst alle Wörter vom Rand.

Die Ballade besteht aus _____

_____

_____

_____

_____

> Strophen, Zeilen, Reimschema, Leitmotive, Überschrift, Dialoge, Zeilen (X–Y)

Z Balladen handeln oft von Ereignissen, die wirklich geschehen sind.

Hintergrundwissen: 1848 entdeckte ein Arbeiter in der Nähe von San Francisco in den USA das erste „nugget" (einen Goldklumpen). Emanuel Geibel schrieb die Ballade „Die Goldgräber" im Jahr 1870.

6 Bearbeite die Zusatzaufgabe deines Arbeitsauftrags.
   - Schreibe den Bericht im Präteritum und vermeide wörtliche Rede.
   - Denke an eine „Schlagzeile", die die Leser neugierig macht.

Das kann ich! – Zu einer Ballade schreiben

Die Ballade **Erlkönig** hat Goethe im Jahr 1782 geschrieben.

Dein Arbeitsauftrag

Untersuche die Ballade „Der Erlkönig" mithilfe folgender Teilaufgaben:
– Schreibe eine Inhaltsangabe.
– Wer oder was ist der Erlkönig? Begründe deine Vermutung.
– Beschreibe die Form der Ballade, untersuche das Reimschema.

Erlkönig[1]

Johann Wolfgang von Goethe (1749–1832)

Wer reitet so spät durch Nacht und Wind?
Es ist der Vater mit seinem Kind;
Er hat den Knaben wohl in dem Arm,
Er fasst ihn sicher, er hält ihn warm.

5 Mein Sohn, was birgst du so bang dein Gesicht? –
Siehst, Vater, du den Erlkönig nicht?
Den Erlkönig mit Kron' und Schweif? –
Mein Sohn, es ist ein Nebelstreif. –

„Du liebes Kind, komm, geh mit mir!
10 Gar schöne Spiele spiel ich mit dir;
Manch bunte Blumen sind an dem Strand;
Meine Mutter hat manch gülden Gewand."

Mein Vater, mein Vater, hörest du nicht,
Was Erlenkönig mir leise verspricht? –
15 Sei ruhig, bleibe ruhig, mein Kind!
In dürren Blättern säuselt der Wind. –

„Willst, feiner Knabe, du mit mir gehn?
Meine Töchter sollen dich warten[2] schön;
Meine Töchter führen den nächtlichen Reihn[3]
20 Und wiegen und tanzen und singen dich ein."

Mein Vater, mein Vater, und siehst du nicht dort
Erlkönigs Töchter am düstern Ort? –
Mein Sohn, mein Sohn, ich seh es genau;
Es scheinen die alten Weiden so grau. –

25 „Ich liebe dich, mich reizt deine schöne Gestalt;
Und bist du nicht willig, so brauch ich Gewalt."
Mein Vater, mein Vater, jetzt fasst er mich an!
Erlkönig hat mir Leids getan! –

Dem Vater grauset 's, er reitet geschwind,
30 Er hält in den Armen das ächzende Kind,
Erreicht den Hof mit Mühe und Not;
In seinen Armen das Kind war tot.

1 der Erlkönig: entweder:
ein König, der sein Reich unter
„Erlen" (eine Baumart) hat;
oder: ein Elfenkönig – so heißt
die gleiche Figur in einer
älteren dänischen Ballade.
2 warten: hier: sich um
jemanden kümmern
3 der Reihn / der Reigen: in einer
Reihe einander an den Händen
gefasst tanzen

1 Lies den Arbeitsauftrag genau und bearbeite ihn.

Gesamtpunktzahl:

Rechtschreibhilfen

Rechtschreibhilfen helfen dir, richtige Entscheidungen zu treffen.
Die drei wichtigsten Rechtschreibhilfen sind das Gliedern, das Verlängern und das Ableiten.

Gliedern – verlängern – ableiten

> **Merkwissen**
>
> Beim **Gliedern** zerlegst du mehrsilbige Wörter in Sprechsilben,
> z. B.: **Er | eig | nis | se**.

gliedern

Mein erster Tag im Praktikum

Irgendetwas geht immer schief. Am ersten **Praktikumsarbeitstag** waren es gleich mehrere Dinge. Erst wollte ich **hinübergehen** zur **Haltestelle**, aber dort standen schon keine **Fahrgäste** mehr. **Höchstwahrscheinlich** hatte ich den Bus verpasst. Ich musste zu Fuß den Berg **hinunterlaufen**. Jedenfalls kam ich zu spät in das **Brüderkrankenhaus**, in dem ich mein **Betriebspraktikum** mache, und **erklärlicherweise erwartete** mich niemand. **Irgendwann** fand ich trotzdem die Station und das Praktikum begann, wenn auch **verspätet**.

1 a. Zerlege die blau gedruckten Wörter in Sprechsilben. Schreibe in dein Heft.
   b. Ordne die Wörter nach der Anzahl ihrer Silben in die Tabelle.
      Ergänze bei den Nomen die Artikel.

drei Silben	vier Silben	fünf Silben
das Praktikum,		

sechs Silben

2 Schreibe den Text „Mein erster Tag im Praktikum" in dein Heft ab.

> **Merkwissen**
>
> Durch **Verlängern** kannst du Endbuchstaben hörbar machen,
> z. B.: **Pferd – Pferde, er siegt – siegen, wütend – wütende**.

verlängern

3 a. Verlängere die Verbformen: Bilde den Infinitiv.
   b. Schreibe den Infinitiv und die Verbform richtig auf die Linien.

er ke ■ t (**n/nn**)   *kennen*   also   *er kennt*

sie sie ■ t (**g/k**)   _____   also   _____

sie su ■ t (**m/mm**)   _____   also   _____

er lie ■ t (**b/p**)   _____   also   _____

4 **a.** Verlängere die Wörter im Kasten und entscheide die Schreibung.
   Tipp: Steigere die Adjektive und bilde bei Nomen den Plural.
   b. Schreibe jeweils beide Formen richtig in dein Heft.

Starthilfe

die Herde – also: der Herd,
…

> der Her▢ (d/t), lie▢ (b/p), der Vertra▢ (g/k), die Fabri▢ (g/k),
> ruhi▢ (g/k), die Wan▢ (d/t), die Bur▢ (g/k), mil▢ (d/t), har▢ (d/t),
> der Schu▢ (b/p), der Krie▢ (g/k), das Lie▢ (d/t), der Sta▢ (b/p),
> fähi▢ (g/k), spannen▢ (d/t)

Merkwissen

> **ä/äu oder e/eu?** Wenn du nicht sicher bist, kannst du das Wort **ableiten**.
> Findest du ein verwandtes Wort mit **a/au**, dann schreibe **ä/äu**,
> z. B.: die W**ä**lder – der W**a**ld   die B**äu**me – der B**au**m.

ableiten

5 Leite die Wörter ab. Finde jeweils ein verwandtes Wort mit **a/au** oder **ä/äu**.
   Schreibe die Wortpaare richtig in dein Heft.

Starthilfe

der Verdacht – also:
verdächtig, …

> verd▢chtig, ▢ßerlich, t▢glich, kr▢ftig, h▢fig, k▢flich, das Gep▢ck,
> aufr▢men, das Geb▢de, m▢chtig

6 Entscheide die Schreibung der im Text blau gedruckten Wörter.
   Verfahre wie in Aufgabe 5. Schreibe in dein Heft.

Ein ernstes Gespr▢ch

„Nächstes Jahr werde ich ein Praktikum machen", **erkl▢rt** Sarah ihren Eltern,
„ich dachte an eine Tischlerei." „Wie kommst du denn darauf?", fragt Sarahs
Vater **ungl▢big**, „in Mathematik bist du doch nur **mittelm▢ßig**, außerdem
brauchst du **r▢mliches** Vorstellungsvermögen." „Aber sonst **f▢llt** mir nichts
ein", antwortet Sarah. „Wo sind denn deine schulischen **St▢rken**?", fragt ihre
Mutter. „Ich kann gut argumentieren und meine **Vortr▢ge** kommen gut an."
„Na, dann mach dein Praktikum doch in einem Geschäft und probier einfach
aus, ob du vielleicht **Verk▢ferin** werden möchtest", **schl▢gt** Sarahs Vater vor.

7 Schreibe den Text vollständig in dein Heft ab.

Einige Wörter kannst du nicht ableiten. Es sind Merkwörter.

8 Schreibe die Wörter aus dem Kasten einmal auf die Linien.

> sich sträuben, die Hyäne, die Ähre, die Gräte, grässlich, ähnlich, schräg, zäh,
> sägen, allmählich, sich räuspern, erwähnen, der März, abwärts, vorwärts, spät,
> das Geländer, fähig, träge, das Gerät, behäbig, die Mähne, gähnen, die Säule

_____

_____

_____

_____

Z **9** Schreibe mit jedem Merkwort einen Satz in dein Heft.
   Du kannst auch mehrere Merkwörter in einem Satz verwenden.

Mit Wortfamilien üben

Merkwissen

Manche Wörter sind miteinander verwandt und bilden **Familien**.
Die Mitglieder einer Wortfamilie haben denselben **Wortstamm**.
Gleiche Wortstämme schreibt man meist gleich,
z. B.: be**sitz**en, er **sitz**t, die **Sitz**ung.

1 a. Markiere im Kasten die Wortstämme der Wortfamilien **halten**, **stürzen**
und **kommen** mit drei unterschiedlichen Farben.

b. Ordne die Wörter der Wortfamilien in eine Tabelle im Heft ein.

c. Ergänze zu jeder Wortfamilie mindestens drei weitere Wörter.

Wortfamilien		Starthilfe
halten	stürzen	kommen
haltbar, ...	...	...

haltbar, der Sturzflug, verkommen, überstürzt, das Abkommen, die Haltestelle,
der Absturz, unterkommen, die Haltbarkeit, der Emporkömmling, eingestürzt,
der Umsturzversuch, losstürzen, näherkommen, der Haltegriff, willkommen,
das Halteverbot, das Verhalten, das Handelsabkommen, haltlos, ungehalten,
die Haltung, der Sturzregen, herunterstürzen, dazukommen, das Entkommen,
herunterstürzen, abhalten, umstürzen, der Sturzhelm, die Gehaltsabrechnung

2 a. Markiere im Text sämtliche Mitglieder der Wortfamilien **nehmen**, **binden**
und **stellen** mit verschiedenen Farben.

b. Ordne die markierten Wörter der Wortfamilien in eine Tabelle im Heft ein.

c. Ergänze zu jeder Wortfamilie mindestens drei weitere Wörter.

Teamarbeiter gesucht

Immer mehr Arbeitgeber nehmen nur teamfähige Bewerber. Sozial kompetente
Personen werden bevorzugt eingestellt. Die Firmen binden diese gern an sich,
wenn sie über eine einnehmende Persönlichkeit verfügen und im Vorstellungsgespräch überzeugen. Die Verbindung von gutem Benehmen und Teamfähigkeit
ist dabei entscheidend. Wenn die Bewerber die Herausforderung der Stelle
annehmen und ihre verbindliche Zusage geben, kommt es zur Bindung der
neuen Angestellten durch einen Arbeitsvertrag.

3 a. Markiere in den Wörtern im Kasten die Wortstämme -**brech**-, -**brach**-,
-**bruch**- (-**brüch**-), -**broch**-.

b. Lege eine Tabelle mit vier Spalten in deinem Heft an.
Schreibe die Wörter nach Wortstämmen geordnet auf.

-brech-	-brach-	-bruch- (-brüch-)	Starthilfe
das Verbrechen, ...	...	...	...

das Verbrechen, das Bruchstück, das Zerbrochene, die Bruchbude,
gebrochen, das Gebrechen, der Abbruch, eingebrochen,
die Lichtbrechung, umbrechen, es gebrach, unterbrochen,
er unterbrach, der Deichbruch, losbrechen, auseinanderbrechen,
die Epochenumbrüche, es zerbrach, durchgebrochen,
die Steinbrüche, sie durchbrach, die Einbrüche, ausbrach,
zusammengebrochen, das Brecheisen

4 Schreibe den Text „Teamarbeiter gesucht" in dein Heft ab.

Das kann ich! – Rechtschreibhilfen nutzen

1 Verlängere die Wörter und schreibe beide Wörter auf die Linien.

der Erfol ▮ (g/k) _____ also _____

sie su ▮ t (m/mm) _____ also _____

das Schil ▮ (d/t) _____ also _____

es kli ▮ t (r/rr) _____ also _____

2 Leite die Wörter jeweils von einem verwandten Wort mit **a/au** oder **ä/äu** ab. Schreibe beide Wörter auf die Linien.

abr ▮ men _____ also _____

regelm ▮ ßig _____ also _____

die S ▮ re _____ also _____

das Gep ▮ ck _____ also _____

3 Welche Rechtschreibhilfe kannst du anwenden?
Ordne die Buchstaben richtig zu.

es brennt _____ A Ich suche nach einem verwandten Wort.

der Rand _____ B Ich verlängere und bilde den Infinitiv.

der Verkäufer _____ C Ich ver ängere und bilde den Plural.

4 **a.** Ordne die Wörter in die Tabelle ein. Achte auf die richtige Schreibung.
b. Markiere in den Wörtern die Wortstämme **-bind-**, **-band-**, **-bund-** und **-nehm-**, **-nahm-**, **-nomm-**.

unverbindlich, die Annahme, vernehmen, die Anbindung, ungebunden, das Maßband, benommen (sein), verbinden, das Unternehmen, entnehmen

Wortfamilie **binden**	Wortfamilie **nehmen**

5 **a.** Ergänze am Rand eine Präteritumform und das Partizip Perfekt der Verben **ziehen** und **laufen**.
b. Markiere im Text alle Wörter aus den Wortfamilien **ziehen** und **laufen**.
c. Schreibe sie in dein Heft.

In der letzten langgezogenen Kurve der Laufbahn überholte sie ihre Konkurrentinnen und gewann. Für den Staffellauf musste sie sich nun schnell das Teamtrikot anziehen. Umgezogen nahm sie die vierte Position der Staffel ein. Nach der dritten Läuferin belief sich der Rückstand ihres Teams auf fast drei Sekunden, aber sie zog trotzdem noch an allen vorbei.

ziehen,

er _____,

hat _____.

laufen,

er _____,

ist _____.

Gesamtpunktzahl:

Großschreibung

Merkwissen

Aus Adjektiven können Nomen werden.
Die starken Wörter **alles**, **nichts**, **allerlei**, **etwas**, **genug**, **viel** und **wenig** machen's, z. B.:
gut – **alles Gute**, **schön** – **allerlei Schönes**.

1 Ergänze die Sätze mit passenden Wortgruppen.
Bilde Nomen aus den Adjektiven vom Rand.

Ich wünsche dir zum Geburtstag _alles_ _Gute_.

Im Fernsehen kommt heute Abend _____ _____.

In der Boutique fand Karla _____ _____.

In der Zeitung stand _____ _____.

Unsere Nachbarin erzählte mir _____ _____.

In der Welt geschieht leider _____ _____.

Er möchte beim Sport _____ _____ tragen.

Es gibt schon _____ _____ zu berichten.

~~gut,~~
schön,
bequem,
neu,
interessant,
schlimm, wichtig,
erschreckend

Merkwissen

Zusammensetzungen aus **Wochentag** und **Tageszeit** werden zusammen- und großgeschrieben, z. B.: der **Montagabend**.
Nach **gestern**, **heute** und **morgen** werden Tageszeiten großgeschrieben, z. B.: morgen **Mittag**.

2 **a.** Bilde mit Wochentagen und Tageszeiten Zusammensetzungen.
  Schreibe in dein Heft.
  b. Schreibe mit jeder Zusammensetzung einen eigenen Satz in dein Heft.

Starthilfe

der Montagvormittag, ...

Montag, Dienstag, Mittwoch, Donnerstag, Freitag, Samstag, Sonntag,
der Morgen, der Vormittag, der Mittag, der Nachmittag, der Abend, die Nacht

3 **a.** Markiere im Text alle Wortgruppen mit Tageszeiten.
  b. Schreibe den Text in dein Heft ab.
  Achte auf die Wortgruppen mit den Tageszeiten.

Was für eine verflixte Woche!

Gestern Abend wollte ich eigentlich ins Kino. Doch gestern Nachmittag war ich beim Sport und danach so müde, dass ich gestern Abend nur noch schlafen wollte. Dafür war ich heute Morgen richtig munter. Trotzdem kann ich erst morgen Nachmittag ins Kino gehen. Der Film, den ich sehen will, läuft nämlich heute Abend nicht. Und heute Nachmittag bin ich schon verabredet. Wenn ich aber morgen Vormittag nicht meine Schularbeit fertig habe, muss ich das nach dem Essen erledigen. Sonst kann ich morgen Nachmittag wieder nicht ins Kino. Und morgen Abend will ich das Fußballländerspiel auf keinen Fall verpassen!

4 a. Schreibe den Text ab. Entscheide dabei die Schreibung der Zeitangaben.
b. Markiere alle Zeitangaben in deinem Text.

Heute MITTAG erhielt ich eine E-Mail von meiner Cousine. Sie schreibt:
„Hallo, Malik, ich komme am MITTWOCHABEND mit dem Zug an. Gestern
NACHMITTAG habe ich mir noch einen Koffer gekauft. Heute ABEND packe ich
und gehe früh ins Bett. Der Zug fährt morgen MITTAG und dann bin ich früh am
ABEND schon bei dir. Leider muss ich am MONTAGMORGEN abreisen, da ich
morgen NACHMITTAG Termine habe. Bis dann, Nastasia."

> **Merkwissen**
> Wörter mit den Endungen **-ung**, **-heit**, **-keit** und **-nis** sind Nomen.
> Sie werden großgeschrieben.

5 a. Bilde aus den Wörtern vom Rand Nomen mit **-ung**, **-heit**, **-keit** oder **-nis**.
Schreibe die Nomen mit Artikeln auf die passenden Linien.
b. Ergänze in den Klammern, ob du Adjektive oder Verben nominalisiert hast.

> erzählen, wohnen,
> ärgern, verletzen,
> üben, verhalten,
> bemerken, beschreiben
> erleben, ergeben

-ung: _die Erzählung,_ _____

_____ (nominalisierte _____)

-heit: _die Wahrheit,_ _____

_____ (nominalisierte _____)

> wahr, klug, flüssig, frei,
> krank, sparsam, sauber,
> gesund

-keit: _____

_____ (nominalisierte _____)

nis: _____

_____ (nominalisierte _____)

> **Merkwissen**
> Aus Verben können Nomen werden. Der Artikel **das** und
> die starken Wörter **beim**, **zum**, **im**, **am** und **vom** machen's, z.B.:
> arbeiten – **das** Arbeiten / **beim** Arbeiten / **zum** Arbeiten.

6 a. Markiere im Text die nominalisierten Verben mit ihren Begleitern.
b. Schreibe den Text in dein Heft ab.

Meine Sneakers trage ich beim Skaten, beim Tanzen und beim Einkaufen.
Zum Arbeiten, zum Wandern und zum Laufen ziehe ich lieber feste Stiefel an.
Ich will schließlich vom Gehen, vom Laufen und vom Rennen keine kaputten
Füße bekommen.

7 Entscheide die Groß- oder Kleinschreibung der Wörter in Großbuchstaben.
Schreibe den Text richtig in dein Heft.

Das STÖBERN in der Bibliothek MACHT mir großen Spaß. Beim DURCHSEHEN
der Regale kann man lustige Bücher ENTDECKEN. Wenn man sich in der
Bibliothek AUSKENNT, ist das eine Hilfe beim ARBEITEN. Wenn ich z.B. zum
VORBEREITEN eines Referats in die Bibliothek GEHE, finde ich immer schnell,
was ich SUCHE. Das LESEN wird mir nie langweilig, ich kann im STEHEN und
im SITZEN Stunden damit VERBRINGEN.

1 Ergänze die Merksätze.

Wörter mit den Suffixen **-ung**, -_____ , -_____ und -_____ sind Nomen.

Sie werden _____ geschrieben.

Aus _____ können Nomen werden. Die starken Wörter **alles**, **nichts**,

allerlei, **etwas**, **genug**, **viel** und **wenig** machen's!

Aus _____ können Nomen werden. Der Artikel _____ und

die starken Wörter **beim**, **zum**, **im**, **am** und **vom** machen's!

Nach **gestern**, _____ und _____ werden Tageszeiten

großgeschrieben.

/9 Punkte

2 Ergänze den Lückentext.
Bilde dazu passende Nomen aus den Verben und Adjektiven vom Rand.

Peters _____ des Unfalls war spannend.

Als die _____ aus dem umgestürzten Tank lief,

war die _____ der Insassen durch ätzende Gase gefährdet.

Es war wohl ein schlimmes _____ .

beschreiben,
flüssig, gesund,
erleben

/4 Punkte

3 **a.** Groß- oder Kleinschreibung? Entscheide die Schreibung.
Ergänze die Lücken mit den Wörtern vom Rand.
b. Markiere nur die nominalisierten Verben.
c. Unterstreiche die starken Wörter, die aus Adjektiven Nomen machen.

Gestern _____ bin ich beim _____ fast eingeschlafen.

Das _____ heute _____ war qualvoll.

Zum _____ gab es heute _____ auch

nichts _____ .

Aber am _____ gibt es meine Lieblingsspeise: Spagetti!

Etwas _____ kann ich mir gar nicht vorstellen.

ABEND,
LESEN,
AUFSTEHEN,
MORGEN,
ESSEN,
MITTAG,
LECKERES,
MITTWOCH-
MITTAG,
KÖSTLICHERES

/9 Punkte

/3 Punkte

/2 Punkte

4 Ergänze passende nominalisierte Adjektive.
Verwende die Adjektive vom Rand und passende starke Wörter.

Bei dem Unfall ist _____ _____ vorgefallen.

In letzter Zeit ist mir _____ _____ passiert.

Beim Praktikum lernt man _____ _____ .

Sie möchten _____ _____ zum Anziehen kaufen.

hübsch, schlimm,
nützlich, gut

/8 Punkte

Gesamtpunktzahl:

/35 Punkte

Fremdwörter

Merkwissen

Fremdwörter kann man oft an ihren **Endungen (Suffixen)** erkennen.
Viele Nomen haben die **Suffixe -ie**, **-ität**, **-ik** oder **-or**.
Viele Adjektive haben die **Suffixe -(i)ell** oder **-iv**.

1 Markiere in den Fremdwörtern die Suffixe.
Du kannst unterschiedliche Farben verwenden.

> die Chemie, der Sensor, offiziell, instruktiv, der Katalysator, die Qualität,
> die Theorie, aktiv, industriell, die Physik, speziell, relativ, die Universität,
> die Energie, der Motor, generell, passiv, die Demokratie, die Spezialität,
> sensitiv, die Biologie, finanziell, intuitiv, die Fantasie, aktuell, die Musik,
> die Aktivität, produktiv, der Faktor, die Statik, die Realität, die Ethik

2 **a.** Ordne die Fremdwörter aus dem Kasten in zwei Tabellen in deinem Heft:
– eine Tabelle für Nomen auf **-ie**, **-ität**, **-ik** und **-or**,
– eine Tabelle für Adjektive auf **-(i)ell** und **-iv**.

b. Ergänze in jeder Tabellenspalte mindestens zwei Fremdwörter.

| | | | Starthilfe |
Nomen auf **-ie**	Nomen auf **-ität**	Nomen auf **-ik**	Nomen auf **-or**
die Chemie, ...	...	..	...

| | Starthilfe |
Adjektive auf **-(i)ell**	Adjektive auf **-iv**
offiziell, ...	...

3 Erkläre die folgenden sechs Fremdwörter. Schreibe in dein Heft.
– Verwende für die Erklärungen keine Fremdwörter.
– Du kannst Wörterbücher, Lexika oder das Internet nutzen.

> der Sensor, die Theorie, generell, die Realität, intuitiv, die Statik

4 Markiere im Text die Fremdwörter mit Suffixen.

Qualität ist das Ziel

Bei industriell hergestellten Produkten sollten die Verbraucher zwei wichtige
Punkte im Auge haben: den Preis und die Qualität. Eine hochpreisige Ware hält
der Käufer intuitiv für qualitativ besser. Das muss aber nicht immer stimmen.
Speziell bei Lebensmitteln hat man festgestellt, dass die sogenannten „No-Name-
5 Produkte" qualitativ oft identisch sind mit Markenwaren. Daher sollte man hier
den finanziellen Vorteil nutzen.
Das gilt aber nicht für alle Waren. Bei Massenartikeln wie Spielzeug aus Plastik
wird oft berechtigte Kritik geübt. Auch wenn der Preis attraktiv ist, können
chemische Rückstände gesundheitliche Probleme auslösen. Im Zweifelsfall ist
10 daher der Faktor Qualität höher zu bewerten als der Faktor Preis.

5 Worauf sollten die Verbraucher bei industriellen Produkten achten?
Schreibe eine Antwort in dein Heft, ohne Fremdwörter zu verwenden.

6 Schreibe den Text „Qualität ist das Ziel" in dein Heft ab.

Merkwissen

Fremdwörter mit v: Viele **Wörter**, die **mit v** beginnen, sind Fremdwörter, z. B.: **die Violine** = die Geige.

7 Welche Bedeutung haben die Fremdwörter mit **v** am Rand?
Schreibe sie mit Artikeln zu den passenden Erklärungen auf die Linien.

jemand, der pflanzliche Kost isst – *der Vegetarier* _____

Pflanzenwuchs – _____

ein altmodisches oder schlechtes Fahrzeug – _____

ein Blut saugendes Fantasiewesen – _____

ein zum Herzen führendes Blutgefäß – _____

eine Absperrvorrichtung, z. B. von Leitungen – _____

der überdachte Vorbau am Haus – _____

ein Zeitwort oder Tätigkeitswort – _____

ein Gerät zum Bewegen der Luft – _____

eine (eingebildete) Erscheinung – _____

ein lebenswichtiger Nahrungsbestandteil – _____

ein sehr kleiner Krankheitserreger – _____

ein feuerspeiender Berg – _____

ein Gewürz – _____ luftleerer Raum – _____

Selbstlaut – _____ Rauminhalt – _____

ungestüm – _____ veränderlich – _____

der Vegetarier,
das Vitamin,
das Vakuum,
die Vision,
das Ventil,
die Veranda,
das Volumen,
der Vulkan,
die Vanille,
die Vegetation,
das Virus,
das Vehikel,
der Vampir,
die Vene,
das Verb,
der Ventilator,
der Vokal,
variabel,
vehement

8 Ergänze die Sätze mit passenden Fremdwörtern aus Aufgabe 7.

Der Regenwald zeichnet sich durch eine üppige _____ aus.

Der Feuerberg Vesuv in der Nähe der Stadt Neapel ist ein _____ .

Bei sommerlicher Hitze verschafft ein _____ Kühlung.

Wenn der Reifen am Fahrrad platt ist, kann das _____ kaputt sein.

Unsere Ernährung sollte ausreichend viele _____ enthalten.

Der Fachausdruck für den Rauminhalt eines Körpers ist _____ .

Ein zum Herzen führendes Blutgefäß wird _____ genannt.

Die Teile einer Einbauküche können _____ zusammengesetzt werden.

Im Nebensatz steht das gebeugte _____ am Ende.

Ein luftleerer Raum ist ein _____ .

Der Vulkan Vesuv bei Neapel in Italien

9 Verwende fünf weitere Fremdwörter aus Aufgabe 7 in eigenen Sätzen.
Schreibe in dein Heft.

Merkwissen

Verben auf -ieren: Viele von Fremdwörtern abgeleitete Verben enden auf **-ieren**, z. B.: **transportieren** (von: der **Transport**).

10 Ordne jedem Verb mit **-ieren** das passende Nomen zu. Schreibe in dein Heft.

produzieren, organisieren, riskieren, fabrizieren, reagieren, funktionieren, dokumentieren, terminieren, programmieren, diskutieren, interpretieren, motorisieren, reparieren, rationieren, kritisieren, tolerieren, informieren, fantasieren, musizieren, alkoholisieren, protestieren

der Termin, die Information, die Produktion, die Funktion, der Motor, das Risiko, die Interpretation, die Reaktion, die Fantasie, die Kritik, die Musik, die Organisation, die Reparatur, die Ration, das Dokument, das Programm, die Toleranz, die Fabrik, die Diskussion, der Alkohol, der Protest

11 Ergänze passende Verben mit **-ieren** aus Aufgabe 10.

Berufsberater _____ uns regelmäßig in der Schule.

Andere Meinungen seiner Mitmenschen sollte man _____.

Diesen Computer solltest du neu _____ und danach

würde er vermutlich wieder viel besser _____.

Fehlentscheidungen sollte man _____ – aber bitte sachlich.

Z **12** Schreibe mit fünf weiteren Verben aus Aufgabe 10 eigene Sätze in dein Heft.

Das kann ich! – Fremdwörter

Punkte

1 Ergänze die Merksätze.

Viele Fremdwörter, die **Nomen** sind, haben die Suffixe _____ , **-ität**, _____

oder _____ .

Viele Fremdwörter, die **Adjektive** sind, haben die Suffixe **–(i)ell** oder _____ .

Viele von Fremdwörtern abgeleitete **Verben** enden auf -_____ .

☐ /5 Punkte

2 Ergänze zu den Fremdwörtern passende Verben auf **-ieren**.

aktiv – _____   die Funktion – _____

das Motiv – _____   die Addition – _____

das Ventil – _____   die Vulkanisation – _____

☐ /8 Punkte

3 Schreibe zu folgenden Verben verwandte Nomen mit Artikeln auf.

rationieren – _____   informieren – _____

reagieren – _____   kritisieren – _____

☐ /4 Punkte

4 Schreibe zu den Bedeutungen passende **Fremdwörter mit v** auf.

Rauminhalt – _____   luftleerer Raum – _____

☐ /2 Punkte

Gesamtpunktzahl: ☐ /19 Punkte

Getrenntschreibung

Merkwissen

Folgende Wortgruppen werden in der Regel **getrennt** geschrieben:
Nomen + Verb, z. B.: Heute wollen wir **Rad fahren**.
Verb + Verb, z. B.: Ich möchte lieber **spazieren gehen**.
Adjektiv + Verb, z. B.: Du musst die Uhr **richtig stellen**.
Weitere Wortgruppen, z. B.: **Auf einmal** war die Sonne weg.

1 Im folgenden Text sind bereits einige Getrenntschreibungen hervorgehoben.
a. Markiere im Text alle Wortgruppen aus zwei Verben blau.
b. Übertrage alle Getrenntschreibungen aus dem Text in die Tabelle darunter.

Bettys Praktikum

Langsam geht Bettys Praktikum im Krankenhaus **zu Ende**. Die Klinik lag ganz in der Nähe ihrer Wohnung. Deshalb konnte sie auf dem Hin- und Rückweg **Rad fahren**. Während der drei Wochen musste sie den Anordnungen der Schwestern **Folge leisten** und durfte nichts **falsch machen**. Die Patients sollten viel spazieren gehen. Betty musste sie begleiten und oft mit ihnen stehen bleiben. Andere wollten der Praktikantin nicht lästig werden und gingen lieber allein. In der letzten Woche durfte Betty die Kinderabteilung kennen lernen. Die Arbeit mit den Kindern fand sie ganz toll. Gerne las sie ihnen Geschichten vor. Schade, dass alles so schnell vorbei war.

Nomen + Verb	Verb + Verb	Adjektiv + Verb	weitere Wortgruppen
			zu Ende,

2 Ordne die folgenden Getrenntschreibungen in die Tabelle unter Aufgabe 1.

> ruhig bleiben, aus Versehen, Schlange stehen, darüber hinaus, Auto fahren, lustig machen, auf einmal, Maß halten, laufen lassen, vor allem, übrig bleiben, noch einmal, Not leiden, hängen bleiben, richtig machen

3 Schreibe mit Getrenntschreibungen aus der Tabelle Sätze.

Wenn wir Schlange stehen, müssen wir lange stehen bleiben.

4 Schreibe den Text „Bettys Praktikum" in dein Heft.

Merkwissen

Wortgruppen mit **sein** schreibt man **getrennt**, egal, welches Wort vor **sein** steht, z. B.: **an sein**, **aus sein**.

5 Ergänze im Text passende Wortgruppen mit **sein** vom Rand.

Meine Zukunft

Bald wird die Schulzeit _beendet_ _sein_ und damit die Kindheit endgültig

_____ _____ . Dann werde ich zum ersten Mal richtig _____

_____ und verreisen, also einige Zeit _____ _____ . Aber

danach werde ich wieder _____ _____ . In der Ausbildung will ich

möglichst _____ _____ , damit ich später erfolgreich im Berufsleben _____

_____ kann. Eines Tages sollen meine Eltern auf mich _____ _____ .

Meine private Zukunft wird wohl noch eine Weile _____ _____ . Ich kann

zwar sehr _____ _____ , aber ich bin schüchtern. Werde ich noch lange

_____ _____ ? Ich möchte gerne mit jemandem _____ _____ .

Sobald ich eine eigene Familie habe, werde ich jedenfalls _____ _____ .

beendet sein,
zufrieden sein,
gut sein,
dabei sein,
allein sein,
zusammen sein,
frei sein,
vorbei sein,
offen sein,
nett sein,
weg sein,
hier sein,
stolz sein

Z **6** Schreibe mit allen Wortgruppen aus Aufgabe 5 eigene Sätze in dein Heft.

Das kann ich! – Getrenntschreibung

Punkte

1 Welche Wortgruppen mit Verben werden in der Regel **getrennt** geschrieben? Ergänze den Merksatz.

Wortgruppen aus zwei _____ , Wortgruppen aus **Nomen +** _____ und

_____ **+ Verb** sowie Wortgruppen **mit** _____ schreibt man meist getrennt.

_/4 Punkte

2 **a.** Markiere im Text alle Wortgruppen aus **Nomen + Verb** blau.
b. Markiere alle Wortgruppen aus **zwei Verben** rot.

„Wollen wir heute Ski laufen?", fragte mich Tina nach der Schule. „Ach, nein", antwortete ich, „am Lift muss man so lange Schlange stehen und während der Fahrt dann auch noch stehen bleiben. Lass uns doch lieber Schlitten fahren oder spazieren gehen. Da können wir vielleicht auch jemanden kennen lernen."

_/3 Punkte

_/3 Punkte

3 Ergänze in Satz A drei **Wortgruppen aus Adjektiv + Verb**, in den Sätzen B drei **Wortgruppen mit sein** und in Satz C zwei **weitere Wortgruppen**. Die benötigten Wortgruppen findest du am Rand.

A Du solltest in der Prüfung _____ _____ und nicht vor Aufregung

_____ _____ – dann wirst du bestimmt alles _____ _____ .

B Tagsüber soll das Licht nicht ____ _____ , sondern es muss ____ _____ .

Merkt euch das, weil es mit der billigen Energie bald _____ ____ wird.

C Ich sage es _____ _____ : Seid im Theater ____ _____ leise.

aus sein,
richtig machen,
vor allem,
ruhig bleiben,
vorbei sein,
nur einmal,
nervös werden,
an sein

_/8 Punkte

Gesamtpunktzahl: ____ /18 Punkte

Wörter mit h

Merkwissen

Bei einigen Wörtern steht nach einem lang gesprochenen Vokal oder Umlaut ein **h**. Allerdings nur vor den Konsonanten **l**, **m**, **n** und **r**, z. B.:

St**uh**l ä**h**nlich.

langer Vokal vor l   langer Umlaut vor n

In den meisten Wörtern folgt nach einem langen Vokal **kein h**.

1 Markiere das **h** nach langem Vokal in den Wörtern im Kasten.

allmä**h**lich, die Bahn, belohnen, berühmt, bezahlen, ehrlich, erzählen, fahren, das Fahrrad, der Fehler, fühlen, die Gefahr, das Gefühl, ihm, ihn, ihr, das Jahr, die Lehrerin, mehr, nehmen, ohne, das Ohr, sehr, stehlen, der Stuhl, die Uhr, ungefähr, der Verkehr, wählen, wahr, während, wahrscheinlich, wohl, wohnen, die Wohnung, die Zahl, zählen, der Zahn, zehn, zahm

2 Schreibe die Wörter aus Aufgabe 1 auf die Linien.

allmählich, _____

_____

_____

_____

_____

3 Schreibe die Wörter aus Aufgabe 1 in die passenden Spalten der Tabelle.

h nach langem Vokal ...

... vor l	... vor m	... vor r
allmählich,		
	... vor n	

4 Wähle zehn Wörter aus. Schreibe eigene Sätze in dein Heft.

5 a. Ergänze passende Wörter aus der Randspa te.
   b. Schreibe den Text in dein Heft ab.
   c. Markiere die Wörter mit **h** nach langem Vokal in deinem Heft.

~~Erfahrung,~~
Zahnarzt,
Uhrmacher,
sehr,
fahren,
wahrscheinlich,
Verkehrsmitteln,
Fahrrad,
bohren

Vor dem Praktikum

Vor der Bewerbung solltest du Folgendes in _Erfahrung_ bringen:

A Wo befindet sich der Praktikumsplatz? Muss ich weit _____ ?

Wie komme ich hin, mit öffentlichen _____, mit

dem _____ oder zu Fuß?

B Was wird von mir verlangt? Bei einem _____ wirst du nicht

_____ dürfen, bei einem _____

nicht gleich verkaufen.

C Mit welchen Arbeitsmitteln oder Werkzeugen werde ich arbeiten?

_____ kann ich Geräte noch gar nicht bedienen.

D Welche Bedingungen finde ich vor? Muss ich _____ viel arbeiten?

Also, sich besser vorher informieren als sich später ärgern!

Z 6 Schreibe einen eigenen Text, z. B. zum Thema Praktikum.
Verwende darin möglichst viele Wörter mit **h**. Schreibe in dein Heft.

Das kann ich! – Wörter mit h

Punkte

1 Ergänze den Merksatz.

Bei einigen Wörtern steht nach einem _____ gesprochenen Vokal oder

Umlaut ein **h**. Allerdings nur vor den Konsonanten **l**, _____, _____ und _____.

☐ /4 Punkte

2 a. Ergänze den Lückentext mit passenden Wörtern vom Rand.
   b. Markiere im Text ein Wort mit zwei **h** nach jeweils langem Vokal.

☐ /6 Punkte
☐ /1 Punkte

Kevin Müller, 18 Jahre, erstes Lehrjahr, erzählt:

Nach der Realschule habe ich mit dem _____

begonnen, weil mein _____ meinte, ich solle mir die Berufswahl

genau überlegen. Ich bin auch zu Hause ausgezogen und habe für meine erste

_____ Möbel gesucht. Weil gute Möbel _____ teuer waren,

habe ich selber Möbel gebaut. Das hat mir _____ gut

gefallen und ich habe daraufhin den Beruf des Tischlers _____.

gewählt,
Lehrer,
Berufs-
grundschuljahr,
Wohnung,
sehr,
urwahrscheinlich

Gesamtpunktzahl: ☐ /11 Punkte

Wörter mit wider

Merkwissen

> Das Wort **wider** hat die Bedeutung „gegen", „dagegen", „entgegen",
> z. B.: Du sollst mir nicht **widersprechen**.

1 a. Markiere in den folgenden Wörtern **wider**.
   b. Ordne die Wörter nach Wortarten in die Tabelle unten ein.

> die Widerrede, widerlich, widerfahren, der Widersacher, widerlegen,
> widerwillig, der Widerstand, widerstandsfähig, widerstehen, anwidern,
> widersprechen, der Widerspruch, das Widerwort, die Erwiderung,
> die Widerstandskraft, widerstandslos, widerrufen, widersetzen,
> widerwärtig, widersprüchlich, widerspruchslos, widerstreben,
> erwidern, widerspenstig, widerhallen, der Widerwille, der Widerruf,
> widerrechtlich, unwiderstehlich, der Widersinn

Wörter mit wider

Nomen	Verben	Adjektive
die Widerrede,		

2 Schreibe die passenden Wörter mit **wider** hinter die Worterklärungen.
Du findest sie in der Tabelle unter Aufgabe 2.

die Gegenrede: *die Widerrede*   die/der Abscheu: _____

abscheulich: _____   kampflos: _____

zustoßen: _____   störrisch: _____

entgegnen: _____   gegensätzlich: _____

der Gegner: _____   gegen das Gesetz: _____

der Gegensinn: _____   das Gegenteil beweisen: _____

3 Schreibe mit den Wörtern mit **wider** aus Aufgabe 3 je einen Satz
in dein Heft.

4 **a.** Ergänze den Text mit passenden Wörtern vom Rand.
b. Schreibe den Text in dein Heft ab.

erwidern,
widerspenstigen,
widerstehen,
widerfahren,
Widersacher,
Widerstand,
widerwillig

Gestern ist mir eine komische Geschichte _____.

Eine maskierte Mickymaus sprang mir in den Weg und rief: „Hände hoch!

Jeder _____ ist zwecklos." Sie hielt eine Banane in der Hand

und ihre _____ Haare flogen im Wind. Zuerst war ich

5 etwas überrumpelt, aber dann konnte ich nicht _____ und biss in

die Banane. Die Mickymaus stieß vor Schreck einen spitzen Schrei aus und

versuchte erfolglos, ihre Banane aus meinem Biss zu befreien.

_____ überließ mir die Mickymaus schließlich die Banane.

Offensichtlich frustriert verschwand mein _____

10 daraufhin sofort, und so hatte ich keine Gelegenheit mehr, etwas zum Dank zu

_____.

Das kann ich! – Wörter mit wider

	Punkte

1 Ergänze den Merksatz.

Das Wort **wider** hat die Bedeutung „_____", „_____", „_____".

___ /3 Punkte

2 Schreibe passende Wörter mit **wider** vom Rand hinter die Worterklärungen.

widerspenstig,
widerstandslos,
erwidern,
die Widerrede

die Gegenrede: _____

kampflos: _____

antworten: _____

störrisch: _____

___ /4 Punkte

3 Ergänze die Sätze mit passenden Wörtern vom Rand.

___ /7 Punkte

A Der Verbrecher ließ sich _____ festnehmen. Er hatte

erkannt, dass jeder _____ sinnlos war.

erwidern,
widerwillig,
Widerstand,
widerstehen,
widerstandslos,
widersprechen,
widerfahren

B „Da muss ich dir aber _____", sagte Alessandro, der

anderer Meinung war.

C „Ich weiß nicht, was ich darauf _____ soll. Ich bin

sprachlos", sagte sie überrascht.

D „Du glaubst nicht, was mir heute _____ ist, als ich in

den Bus steigen wollte!", erzählte er seiner Kollegin.

E „Na gut, wenn es unbedingt sein muss", sagte sie _____.

F „Der Kuchen sah so lecker aus, da ich konnte ich einfach nicht

_____", sagte er mit schuldbewusstem Gesicht.

Gesamtpunktzahl: ___ /14 Punkte

Komma in Satzgefügen

Merkwissen

In einem **Satzgefüge** werden **Nebensätze** (NS) vom **Hauptsatz** (HS) durch **Komma** abgetrennt. Am Anfang des Nebensatzes steht häufig eine Konjunktion, z. B. **als**, **weil**, **dass**, **obwohl**.

<u>**Als** ich sie sah</u>, <u>schlug mein Herz schneller</u>.
Konj. NS   HS

1 a. Setze in den Satzgefügen die fehlenden Kommas.
b. Kreise die Konjunktion ein und markiere das Komma.
c. Unterstreiche die Nebensätze einmal und die Hauptsätze zweimal.

A (Als) sie mit den Hausaufgaben fertig war, lief Sophie zu ihrer Freundin.

B Kevin ist meistens schon von selbst aufgewacht wenn der Wecker klingelt.

C Obwohl ihre Mutter viel arbeitet möchte Maria Industriekauffrau werden.

D Ich weiß selbst dass ich heute nicht gut Fußball gespielt habe.

2 Der folgende Text enthält sechs Satzgefüge.
Viermal steht der Nebensatz vor dem Hauptsatz und zweimal dahinter.
a. Kreise die Konjunktionen ein und markiere das Komma.
b. Unterstreiche die Nebensätze einmal und die Hauptsätze zweimal.
c. Schreibe die Satzgefüge in dein Heft ab.

Irinas erster Tag im Praktikum

(Weil) sie pünktlich um 7:30 Uhr im städtischen Kindergarten sein muss, steht Irina am Montagmorgen sehr früh auf. Sie läuft rasch zur Bushaltestelle. Als sie im Kindergarten ankommt, wird sie von der Leiterin freundlich begrüßt. Dann geht sie in eine Gruppe. Dort ist es sehr laut, obwohl Irina den Kindern eine Geschichte vorliest. „Ich zeige dir etwas", sagt die Kindergärtnerin zu ihr. „Heb einfach die Hand und warte. Die Kinder kennen das." Nachdem Irina den Rat befolgt hat, wird es ganz leise im Raum. Da freut sich die Praktikantin. Sie weiß heute schon, dass dies der richtige Beruf für sie ist. Wenn sie den Schulabschluss geschafft hat, möchte sie Erzieherin werden.

3 Schreibe eigene Satzgefüge mit den folgenden Konjunktionen auf.
Du kannst den Nebensatz nach vorne oder nach hinten stellen.
Denke an die Kommas.

(als) *Als ich beim Einkaufen war, habe ich eine Neuigkeit erfahren.*

(wenn) _____

(weil) _____

(obwohl) _____

(nachdem) _____

(solange) _____

Komma in Aufzählungen

Merkwissen

> Die Teile einer **Aufzählung**, die nicht durch **und/oder** verbunden sind, werden durch **Komma** voneinander getrennt.
>
> Aufzählungen können bestehen aus:
> - **Wörtern**: Mathe, Deutsch, Sport und Bio sind meine Lieblingsfächer.
> - **Satzteilen**: Zu einer schriftlichen Bewerbung gehören das Bewerbungsschreiben, der Lebenslauf, ein Foto und eine Zeugniskopie.
> - **Sätzen**: Beim Schulfest führte meine Klasse morgens ein Theaterstück auf, nachmittags öffneten wir eine Losbude und abends verkauften wir heiße Würstchen.

1 Setze die fehlenden Kommas und unterstreiche alle aufgezählten Wörter.

<u>Kartoffeln</u> **,** Reis Nudeln und Brot sind Nahrungsmittel.

Am liebsten esse ich Bohnen Linsen Artischocken und Möhren.

Am liebsten trage ich Jeans Karohemd und Sneakers oder Shorts T-Shirt und Flip-Flops.

2 Setze die fehlenden Kommas und unterstreiche alle aufgezählten Satzteile.

Für meine Reise packe ich <u>vier T-Shirts</u> **,** zwei Hosen einen Pullover sechs Unterhosen fünf Paar Socken und ein Paar Schuhe ein.

Montags haben wir um acht Uhr Englisch um neun Uhr dreißig Mathe um zehn eine Doppelstunde Deutsch und um Viertel vor zwölf Chemie.

3 **a.** Setze die fehlenden Kommas und unterstreiche alle aufgezählten Sätze.
Tipp: Markiere Zeitangaben in den aufgezählten Sätzen.
b. Schreibe die Sätze in dein Heft ab. Denke an die Kommas.

In den Ferien <u>schwamm ich jeden Morgen im Meer</u> **,** nachmittags spielte ich mit meinen Freunden am Strand Fußball und abends trafen wir uns in einer Disko.

Nachmittags fahre ich oft alleine und sehr schnell Fahrrad manchmal basteln wir auch in der Werkstatt meines Vaters Holzspielzeug für die kleinen Cousins gelegentlich gehe ich mit Freunden Eis essen und langweilen tue ich mich nie.

4 Finde im folgenden Text den Satz mit den Aufzählungen und setze die fehlenden Kommas.

Im Praktikum

Während ihres Praktikums in einem Krankenhaus erfährt Betty, dass sie am nächsten Tag die Kinderabteilung kennen lernen wird, wo ihre Hilfe dringend benötigt wird. Betty freut sich. Sie wird den kranken Kindern tagsüber Geschichten erzählen mit ihnen Spiele machen zwischendurch beim Essen helfen abends eine „Gutenachtgeschichte" vorlesen und dabei immer freundlich sein.

5 Schreibe vier eigene Sätze mit Aufzählungen in dein Heft.

Komma bei dass-Sätzen

Merkwissen

Nach Verben des Sagens, Denkens und Meinens folgen oft **dass**-Sätze.
Der **dass**-Satz wird durch ein Komma vom Hauptsatz abgetrennt, z. B.:
Sie hofft, **dass** ihr Freund auf sie wartet.

1 **a.** Unterstreiche in dem Text die **dass**-Sätze.
  b. Setze die fehlenden Kommas.
  c. Kreise die Konjunktion **dass** ein und markiere die Kommas.

Die Lehrerin sagt, (dass) die Berufsberaterin bald komme. Dass die Klasse
Beratungsbedarf habe meint sie. Wir sollen das Klassenzimmer dafür
aufräumen. Dass die Berufsberaterin erkrankt ist erfahren wir tags darauf.
Die Schülerinnen und Schüler sind enttäuscht dass die Beratung ausfällt.
Dass dafür Unterricht stattfindet erfahren sie am Schwarzen Brett.

2 Ergänze die Hauptsätze mit passenden dass-Sätzen. Denke an die Kommas.

Ich glaube, _dass wir heute noch eine Überraschung erleben werden_ .

_____ hast du geahnt.

Er weiß doch _____ .

_____ kann sie sich denken.

Es steht doch fest _____ .

_____ werden wir beweisen.

Ihr werdet sehen _____ .

_____ bezweifeln sie.

Sie nimmt an _____ .

_____ verstehst du.

3 **a.** Ergänze die folgenden Satzanfänge mit **dass**-Sätzen.
  b. Markiere das Komma mit Blau, das Verb mit Rot und kreise **dass** ein.

Ira meint … (Sascha und Mahmut sollen ihren Müll nicht auf den Boden werfen.)
Ira meint, (dass) Sascha und Mahmut ihren Müll nicht auf den Boden werfen sollen.

Sascha behauptet … (Sie sammeln das nachher selbst auf.)

_____

Mahmut ergänzt … (Ohne den Müll ist ihr Aufräumdienst nicht sinnvoll.)

_____

Ira denkt … (Die zwei nehmen ihren Strafdienst immerhin mit Humor.)

_____

1 Ergänze die folgenden Merksätze.   ☐ /7 Punkte

Ein Satz, der aus einem _____ (HS) und einem

_____ (_____) besteht, heißt **Satzgefüge**. Der NS wird

durch ein _____ vom HS abgetrennt.

Die Teile einer _____, die nicht durch **und/oder** verbunden

sind, werden durch _____ voneinander getrennt.

Nach Verben des Sagens, Denkens und Meinens folgen oft _____.

2 Unterstreiche in dem Satzgefüge den Nebensatz und setze das Komma.   ☐ /2 Punkte

Weil es im Sommer sehr heiß war bekamen die Schüler an manchen
Tagen hitzefrei.

3 Setze in den Sätzen die fehlenden Kommas.   ☐ /6 Punkte

Zum Abendessen gab es Brot Käse Aufschnitt und Tee.

Gestern Morgen war ich in der Schule nachmittags ging ich zum
Schwimmen ins Freibad und abends traf ich mich mit meiner Clique.

Ich kaufe für das Mittagessen eine Packung Nudeln ein Pfund Gehacktes
eine Zwiebel ein Stück Parmesankäse und ein Glas Bolognese.

4 Unterstreiche in den Satzgefügen die **dass**-Sätze und setze die Kommas.   ☐ /8 Punkte

Ich will dir gern glauben dass du für den Test gelernt hast.

Bist du mir noch böse dass ich das neue Buch verloren habe?

Unser Lehrer meint dass du heute in Hochform bist.

Dass er dabei gezwinkert hat war zu dumm.

5 **a.** Setze im Text die fehlenden Kommas.   ☐ /9 Punkte
   b. Markiere die Konjunktion **dass**.   ☐ /3 Punkte
   c. Kreise die Konjunktionen ein, die Nebensätze einleiten.   ☐ /3 Punkte
   d. Unterstreiche die aufgezählten Wörter und Satzteile.   ☐ /7 Punkte

Die Erfindung des Heißluftballons

Die Gebrüder Montgolfier aus Frankreich sind die Erfinder des Heißluftballons.
Nicht viele Menschen wissen heute dass die ersten Passagiere eines Ballons
ein Hammel eine Ente und ein Hahn waren. Nachdem die Tiere das Experiment
überlebt hatten erlaubte der König Ludwig XVI. einen Aufstieg mit Menschen.
5 Als dann der Ballon am 21. November 1783 in die Luft stieg brachen alle
anwesenden Personen in Jubel aus. Der Ballon wurde mit ölgetränktem Holz
Papier feuchtem Stroh und Stoff befeuert. Damals dachte man nämlich fälschlicherweise dass der Rauch für den Auftrieb sorgte. Also verbrannte man stark
rauchendes Material. Wenig später entdeckte man jedoch dass die heiße Luft
10 den Ballon aufsteigen lässt. Heute ist das Fliegen selbstverständlich denn die
Menschen wollen ohne großen Zeitverlust riesige Entfernungen überwinden.

Gesamtpunktzahl: ☐ /45 Punkte

Wortart: Pronomen

Merkwissen

Die **Personalpronomen ich, du, er, sie, es, wir, ihr, sie** kannst du
für Personen, Lebewesen und Dinge einsetzen.
Possessivpronomen zeigen an, wem etwas gehört. Sie können
im Singular und im Plural stehen, z. B.: **mein/meine, dein/deine,
sein/seine, ihr/ihre, ...**
Mit den **Demonstrativpronomen dieser/diese/dieses,
jener/jene/jenes** kann man auf etwas zeigen oder hinweisen.

Personalpronomen in
der indirekten Rede
➤ S. 71–72

Relativpronomen
➤ S. 80, 96

Mit Pronomen ersetzt du unnötige Wiederholungen in Texten.

Personalpronomen und
Possessivpronomen

1 **a.** Welche Wörter und Wortgruppen kannst du durch **Personalpronomen**
oder **Possessivpronomen** ersetzen?
Markiere diese Wörter und Wortgruppen.
b. Ersetze deine Markierungen durch Pronomen.
Schreibe den Text „Ferien an der Nordsee" dafür neu in dein Heft.
c. Ist bei allen Pronomen eindeutig klar, auf wen oder was sie sich beziehen?
Prüfe deinen Text.

Ferien an der Nordsee

Marvin kann in diesem Sommer nicht mit Marvins Eltern verreisen,
weil die Eltern sich um Marvins Oma kümmern müssen. So haben Marvins
Eltern Marvin erlaubt, dass Marvin zusammen mit Marvins Cousine Vanessa
und Vanessas Eltern in die Ferien fährt. Vanessa und Vanessas Eltern wollen
5 die Ferien im Ferienhaus von Vanessas Eltern an der Nordsee verbringen und
viel Fahrrad fahren. Vanessa hat von Vanessas Eltern ein neues Fahrrad
zum Geburtstag bekommen. Das neue Fahrrad ist viel leichter und hat
eine bessere Gangschaltung als Vanessas altes Rad. Marvin möchte auch
Marvins Fahrrad mit in die Ferien nehmen. Allerdings muss Marvin Marvins
10 Fahrrad zuvor noch in Ordnung bringen. Marvins Onkel schlägt Marvin vor,
dass Marvin und der Onkel das Fahrrad gemeinsam reparieren.

2 **a.** Markiere im folgenden Text alle Pronomen blau.
Achtung: In diesem Text gibt es auch **Demonstrativpronomen**.
b. Auf welche Nomen beziehen sich die Pronomen jeweils?
– Markiere diese Nomen gelb.
– Verbinde die Pronomen und Nomen mit Bleistiftlinien.
c. Schreibe die Pronomen und die Nomen in eine Liste in dein Heft.

Demonstrativpronomen

Starthilfe

sein – Marvin,
dieses – ...
...

Die Fahrradreparatur

Marvin und sein Onkel schauen sich gemeinsam das Fahrrad an. Dieses ist
noch nicht alt, aber es hat oft draußen gestanden. Marvin entfernt den Rost
am Lenker und an den Speichen. Sie sind teilweise schon etwas verbogen.
Sein Onkel überprüft die Bremsen. Diese funktionieren nicht mehr gut und
ihre Bremsbeläge sind schon abgefahren. Deshalb tauscht er sie aus. Das Licht
und die Gangschaltung funktionieren gut. An ihnen muss nichts repariert
werden. Marvins Onkel überprüft auch die Reifen und pumpt sie auf. Marvin
ist sehr dankbar, und sein Onkel freut sich, dass er ihm helfen konnte.

Wortart: Verb

Wiederholung: Präteritum, Plusquamperfekt und Futur

In informierenden Texten verwendest du besonders oft die Zeitformen
Präteritum, Plusquamperfekt (Vorvergangenheit) und Futur.

1 **a.** Markiere im Text alle Verben.
b. Schreibe die Verben jeweils zu der passenden Zeitform auf die Linien.
Tipp: Drei der Zeitformen bestehen aus jeweils zwei Verben.

Geschichte und Zukunft der Solarenergie – Teil 1

Der französische Physiker Alexandre Edmond Becquerel entdeckte 1839
zusammen mit seinem Vater den fotoelektrischen Effekt oder kurz Fotoeffekt.
Damit erkannte er die Voraussetzungen für die Solarzellen von heute. Allerdings
hatte es eine passive Nutzung der Sonneneinstrahlung schon viel früher gegeben.
5 So hatten zum Beispiel schon die alten Ägypter den Sonnenstand bei Haus-
bauten berücksichtigt. In Zukunft wird man mehr Sonnenenergie nutzen.

Präteritum: _entdeckte,_____

Plusquamperfekt: _____

_____ Futur: _____

Alexandre Edmond Becquerel

2 Ergänze passende Verben in den Zeitformen Präteritum, Plusquamperfekt
oder Futur auf den Linien. Verwende dabei die Verben vom Rand.
Tipp: Achte auf die Zeitangaben im Text.

Geschichte und Zukunft der Solarenergie – Teil 2

Man _begann_ erst im 20. Jahrhundert, Solarzellen aus Silizium herzustellen,

obwohl Wissenschaftler das Prinzip der Solarzellen schon im 19. Jahrhundert

_____ _____. Im Laufe des 20. Jahrhunderts

10 _____ man die Technik zwar immer weiter, aber lange Zeit

_____ die Solarzellen kaum Verbreitung, weil andere Energieträger

damals noch günstig _____. Als jedoch mit der Ölkrise das Erdöl

immer teurer _____, _____ man sich

allmählich für Solarenergie. Heute nimmt man an, dass die Solarenergie bis zum

15 Jahr 2030 etwa 10 Prozent des weltweiten Strombedarfs _____

_____. Dann _____ 6,5 Millionen Menschen im

Bereich der Solarenergie _____. Besondere Vorteile

_____ diese Entwicklung für solche Gegenden der Welt mit sich

_____, die bisher nicht an ein Stromnetz angeschlossen sind.

20 Mit der Nutzung von Solarenergie _____ man auch den Ausstoß

des klimaschädlichen Kohlendioxids mit der Zeit deutlich reduzieren

_____.

beginnen,
entdecken,
entwickeln,
finden,
sein,
werden,
(sich) interessieren,
decken,
arbeiten,
(mit sich) bringen,
können

Eine mit Solarenergie
betriebene Wasserpumpe

Das Passiv im Präsens und im Präteritum

Merkwissen

Das **Passiv** beschreibt, wenn etwas mit einer Person oder einem
Gegenstand getan wird. Die Tätigkeit ist wichtig, nicht, wer sie ausführt.
Deshalb wird die handelnde Person im Passiv meist nicht genannt.
Das Passiv wird mit einer Form von **werden** und dem **Partizip Perfekt
(Partizip II)** gebildet.
Präsens: Das Haus **wird abgerissen**. Präsens von werden + Partizip Perfekt
Präteritum: Das Haus **wurde abgerissen**. Präteritum von werden + Perfekt

1 **a.** Markiere im Text alle Verbformen im Passiv.
   Achtung: Manchmal gibt es zu der Form von **werden** zwei Partizipien.
b. Schreibe die markierten Passivformen nach Zeitformen geordnet auf.

Vandalismus am Südbahnhof

In der Nacht von Samstag auf Sonntag wurden am Südkreuz mehrere Bahnwaggons stark beschädigt. Die Karosserien wurden mit großen Graffitis
beschmiert und die Innenräume wurden zum Teil verwüstet. Allem Anschein
nach wurde dort gefeiert, denn es wurden leere Flaschen und Pappbecher
5 gefunden. Der Schaden wurde am frühen Morgen entdeckt. Nachdem die Polizei
eingetroffen war, wurde der Schaden sofort untersucht. Ein Polizeisprecher
informierte: „Es werden leider häufig Waggons zerstört. Viele Täter werden aber
irgendwann verurteilt, denn alle Graffitis werden von uns fotografiert. Oft
werden sie ähnlich gestaltet oder sogar mit einem Kürzel signiert[1], sodass dann
10 mehrere Graffitis einem Täter zugeordnet werden." Für Hinweise, die zum Täter
führen, wurde eine Belohnung ausgesetzt.

Präsens Passiv: _____

_____

Präteritum Passiv: *wurden beschädigt,* _____

_____

_____

2 **a.** Markiere im Text Verben, die das Tun der „Unbekannten" beschreiben.
b. Schreibe die Sätze mit den markierten Verben im Passiv in dein Heft.

Starthilfe

Plötzlich wurde ihnen
ein Lächeln ins Gesicht
gezaubert.
…

Guerilla[2]-Stricken statt Graffiti

Viele Menschen hasteten an diesem trüben Wintertag durch die graue Stadt
zur U-Bahn. Plötzlich zauberten ihnen Unbekannte ein Lächeln ins Gesicht.
Die Guerilla-Handarbeiter schlugen im Winter 2010 erstmals zu: Unbekannte
strickten kleine Mützen und Schals. Damit dekorierten diese Unbekannten
heimlich die Stadt. Die Unbekannten verschonten dabei nichts: Fahrradständer,
Laternen, Straßenzäune – die Unbekannten bestrickten alles. Die Unbekannten
zerstören dabei nichts, sondern sie machen die Stadt bunter. Einige der Strick-
Graffitis waren geradezu bestrickend schön.

Z 3 Wie haben Unbekannte deinen Wohnort verschönert? Schreibe einen eigenen
Zeitungsbericht im Passiv. Achte dabei auf die richtigen Zeitformen.

1 signieren: ein Kunstwerk mit einem meist abgekürzten Namen unterschreiben
2 die Guerilla: Menschen im Untergrundkampf; hier ironisch gemeint

Einen Versuch im Passiv beschreiben

Das Passiv verwendest du auch in Versuchsbeschreibungen.

1 **a.** Lies die folgenden Notizen und sieh dir die Bilder am Rand an.
b. Ergänze die Versuchsbeschreibung im Passiv und in ganzen Sätzen.
   Verdeutliche die Reihenfolge durch abwechslungsreiche Satzanfänge.

- ~~soll untersuchen~~: wie kann man die Wärmestrahlung der Sonne nutzen
- benötigen, ein silberner und ein schwarzer Erlenmeyerkolben, zwei lange
  Thermometer, Wasser
- beide Erlenmeyerkolben mit Wasser füllen
- Thermometer in Erlenmeyerkolben stellen
- Erlenmeyerkolben in Sonne stellen
- nach 30 Minuten: Thermometer ablesen. Feststellen, dass die Temperatur
  des Wassers im schwarzen Kolben höher ist als die im silbernen Kolben
- Ergebnis: Wasser in schwarzem Kolben stärker erhitzt als in silbernem
- Erklärung: silberne Oberfläche: Licht und Wärme reflektieren [1]
  schwarze Oberfläche: Licht und Wärme absorbieren [2]
  Deshalb Wasser in schwarzem Kolben durch Sonne erwärmt.

Überschrift: Wie kann man die Wärmestrahlung der Sonne nutzen?

Einleitung: In diesem Versuch soll untersucht werden, _____

_____

Material: _____

_____

Versuchsaufbau: _____

_____

_____

Versuchsdurchführung: _____

_____

_____

_____

Ergebnis: _____

_____

Erklärung: _____

_____

_____

_____

_____

[1] reflektieren: zurückstrahlen   [2] absorbieren: in sich aufnehmen

Das kann ich! – Passiv

1 Ergänze die folgenden Merksätze.

Das _____ beschreibt, wenn etwas mit einer Person oder einem

_____ getan wird. Die _____ ist

wichtig, nicht, wer sie ausführt. Deshalb wird die handelnde _____

im Passiv in der Regel nicht genannt. Das Passiv wird mit einer Form von

_____ und dem **Partizip Perfekt** gebildet.

2 **a.** Setze die folgenden Sätze ins Passiv.
b. Kreuze an, in welcher Zeitform die Sätze stehen.

Präsens   Präteritum

Man mischt die Zutaten. _____   ☐   ☐

Wir mischten die Zutaten. _____   ☐   ☐

3 **a.** Markiere im folgenden Text alle Verbformen im Passiv.
b. Schreibe die markierten Verbformen nach Zeitformen geordnet auf.

Der Helioflex

Im Jahr 1999 wurde der Helioflex erfunden. Der Berliner Christoph Keller
kam auf die Idee, weil er in einer dunklen Hinterhauswohnung lebte,
in die kein Licht drang. Auf diese Erfindung wurde er durch Sonnenblumen
gebracht, die ihre Köpfe immer in Richtung Sonne drehen. Für einen Helioflex
5 wird eine verspiegelte Plexiglasscheibe auf eine Satellitenschüssel montiert.
Die Scheibe wird dann durch Schrauben gekrümmt. Die Spiegelfläche wird
durch eine Mechanik mit der Sonne gedreht. Nachts wird der Spiegel
automatisch gen Osten gerichtet und wartet dann auf die aufgehende Sonne.
Der Helioflex wurde so auf dem Dach aufgestellt, dass das Sonnenlicht
10 eingefangen und in die Fenster von Kellers Wohnung reflektiert wurde.

Präsens Passiv: Präteritum Passiv:

_____   _____

_____   _____

_____   _____

_____   _____ ...

... und _____

4 Schreibe mit den folgenden Stichworten fünf Sätze im Passiv in dein Heft.

- *umlenken, durch den Helioflex das Sonnenlicht*
- *verwenden, zum Bau Teile von Satellitenanlagen*
- *drehen, durch eine Mechanik die Spiegelfläche*
- *aufstellen, der Helioflex auf Hausdächern*
- *beleuchten, dunkle Wohnungen mit dem Helioflex*

Gesamtpunktzahl:

Der Konjunktiv I in der indirekten Rede

Den Konjunktiv I verwendest du zur Wiedergabe von Gesprächen.

Merkwissen

Wenn du wiedergeben möchtest, was jemand gesagt hat, verwendest du häufig die **indirekte Rede** mit dem **Konjunktiv I**, z.B.:
Der Stürmer sagte, er **habe** kein Foul begangen. Deshalb **sei** die Rote Karte unberechtigt gewesen.
Um den **Konjunktiv I** der dritten Person Singular (er, sie, es) zu bilden, streichst du das -**n** vom Infinitiv, z.B.:
Infinitiv: habe**n** – er habe (Konjunktiv I), Infinitiv: sei**n** – er sei (Konjunktiv I).

In der Kurzgeschichte **Schüleraustausch** gibt es das folgende Gespräch.

Kurzgeschichte „Schüleraustausch" ➤ S. 32–34

1 **a.** Markiere in jedem Satz der wörtlichen Rede die gebeugte Verbform.
b. Welche Pronomen musst du in der indirekten Rede ändern? Kreise sie ein.

„Lange nicht gesehen", sagte er. „Kommst du heute Abend ins Bistro?"

Dabei hatte er dieses weltmännische Gesicht.

„Tut mir leid", lächelte Sandra. „Ich habe heute ein Rendezvous."

„Was soll das denn heißen", fuhr Stefan sie an und sah plötzlich gar nicht mehr cool aus. „Ich denke, du gehst mit mir!"

„Oh, klar", grinste Sandra. „Ich finde nur, dass unsere Beziehung in der letzten Zeit etwas eng geworden ist. Wir sind hier in Frankreich, [das] weißt du. Offene Beziehungen sind hier mega-in."

Und dann ließ sie den verdutzten Stefan einfach stehen.

Redeeinleitungen:
empört rufen,
antworten,
erklären,
hinzufügen,
sagen,
bemerken,
fragen

2 **a.** Schreibe das Gespräch in der indirekten Rede und im Präsens in dein Heft.
– Du kannst für die Redeeinleitungen die Verben vom Rand verwenden.
– Du musst an einigen Stellen weitere Wörter verändern.
b. Markiere in deinem Text die Konjunktive und die Pronomen.
c. Unterstreiche andere veränderte Wörter.

Starthilfe

Stefan sagt, er habe Sandra lange nicht gesehen, und fragt sie, ob sie an diesem Abend ins Bistro komme. …

3 Schreibe das folgende Gespräch in indirekter Rede in dein Heft.

Wenn Herr K. einen Menschen liebte – Bertolt Brecht

„Was tun Sie", wurde Herr K. gefragt, „wenn Sie einen Menschen lieben?" „Ich mache einen Entwurf von ihm", sagte Herr K., „und sorge, daß er ihm ähnlich wird." „Wer? Der Entwurf?" „Nein", sagte Herr K., „der Mensch." R

Starthilfe

Herr K. wird gefragt, was er tue, wenn …

Z **4** Untersuche die Pointe[1] der Geschichte.
a. Ersetze die Wortgruppe **einen Entwurf** durch **eine Skizze**.
Schreibe dazu die Geschichte ab.
b. Warum funktioniert die Pointe mit dem Wort **Skizze** nicht?
Schreibe eine Erklärung in dein Heft.
c. Ändere den Text so, dass die Pointe mit dem Wort **Skizze** funktioniert.

---

1 die Pointe: ein überraschender und meist witziger Schluss einer Geschichte

Der Konjunktiv II in der indirekten Rede

Manchmal verwendest du in der indirekten Rede auch den Konjunktiv II.

Merkwissen

Wenn sich in der **indirekten Rede** der **Konjunktiv I** nicht vom **Indikativ**
(so heißt die Verbform in der wörtlichen Rede) unterscheidet, verwendest
du den **Konjunktiv II**, z. B.:
Bayram: „Erol und ich **kommen** morgen." (wörtliche Rede)
Bayram sagt, Erol und er ~~kommen~~ **kämen** morgen. (indirekte Rede)
Konjunktiv I   Konjunktiv II
Der **Konjunktiv II** kann auch eine Wunschwirklichkeit ausdrücken,
z. B.: Wenn wir nur öfter Sport **hätten**, **käme** ich gerne zur Schule.
Der Konjunktiv II wird vom Präteritum abgeleitet, z. B.:
er hatte – er hätte, sie kam – sie käme, sie sah – sie sähe.

Die 8 b diskutiert, was sie am nächsten Wandertag unternehmen will.

1 **a.** Markiere die konjugierten Verben in der wörtlichen Rede.
    b. Trage die markierten Verben in die erste Spalte der Tabelle unten ein.

Herr Schwarz: „Wir müssen uns noch etwas für den Wandertag überlegen."
Tim: „Wir können bowlen gehen. Das macht immer viel Spaß."
Sybel: „Nein, das haben wir schon zweimal gemacht."
Tom: „Dann sehen wir uns eben einen Film im Kino an!"
Hussein: „Ich finde das Sportzentrum am besten!"
Tim: „Da kann man auch Beach-Volleyball spielen."
Sybel: „Aber Beate und ich dürfen dann wohl auch Squash spielen."
Herr Schwarz: „Dann werden wir für Mittwoch beim Sportzentrum anfragen."

Indikativ	Konjunktiv I	Konjunktiv II	Präteritum
wir *müssen*	sie *müssen*	sie *müssten*	sie *mussten*
wir _____	sie _____	sie _____	sie _____
es _____	es _____	es _____	es _____
wir ____ gemacht	sie ____ gemacht	sie ____ gemacht	sie _____
wir _____	sie _____	sie _____	sie _____
ich _____	er _____	er _____	er _____
man _____	man _____	man _____	man _____
wir _____	sie _____	sie _____	sie _____
wir _____	sie _____	sie _____	sie _____

2 **a.** Ergänze in der zweiten Spalte der Tabelle den Konjunktiv I.
    b. Welche Konjunktive I unterscheiden sich vom Indikativ? Markiere sie.

3 Ergänze in der dritten Spalte der Tabelle den Konjunktiv II.
    Du kannst dir zum Ableiten zuerst die Präteritumformen am Rand notieren.

4 **a.** Schreibe das Gespräch in indirekter Rede in dein Heft.
      – Verwende den Konjunktiv II, wenn der Konjunktiv I dem Indikativ gleicht.
      – Denke an abwechslungsreiche Redeeinleitungen.
    b. Markiere alle Konjunktive in deinem Text.

Starthilfe

Herr Schwarz sagte, sie
müssten sich noch etwas
für den nächsten Wandertag
überlegen.
Tim schlug vor, sie …

Der Konjunktiv II in höflichen Aufforderungen

Häufig verwendest du den Konjunktiv II in Aufforderungen und Bitten.

Merkwissen

In Form einer **Frage** drückt der **Konjunktiv II Aufforderungen** oder **Bitten höflicher** aus als der Imperativ. Diese Höflichkeitsform verwendet man oft in offiziellen Briefen und beim Sprechen. Häufig muss man dabei noch das Wort **bitte** ergänzen, z. B.:

Imperativ (Befehlsform): Schicken Sie mir das Formular!
                                    Sei leise!
Frage mit Konjunktiv II: Könnten Sie mir **bitte** das Formular schicken?
                          Würdest du **bitte** leise sein?

Weil Tom Informationen für ein Referat benötigt, schreibt er einen Brief.

1 **a.** Welche Stellen im Brief müssen höflicher formuliert werden? Markiere sie.
  b. Schreibe den Brief mit sehr höflichen Formulierungen neu in dein Heft.
    – Verwende Wortgruppen mit dem Konjunktiv II vom Rand.
    – Ergänze an passenden Stellen Adverbien und das Wort **bitte**.

Sehr geehrte Frau Meissner,

Ihr Betrieb beschäftigt sich mit Kläranlagen und Wasserwirtschaft. Da ich für die Schule zu diesem Thema ein Referat vorbereite, brauche ich gutes Informationsmaterial. Schicken Sie mir Prospekte Ihres Betriebes zu. Ich will auch wissen, ob ich mir Teile Ihres Betriebes anschauen kann. Geben Sie mir diese Information und antworten Sie bis Freitag.

Mit freundlichen Grüßen
Tom Schmidt

Wortgruppen mit Konjunktiv II:
könnten Sie,
würden Sie,
hätten Sie,
dürfte ich,
könnte ich,
hätte ich,
ich wüsste gern

Adverbien:
vielleicht, auch, doch, möglicherweise, gern(e), möglichst

---

2 Formuliere die folgenden Aufforderungen höflicher. Schreibe auf die Linien. Verwende dabei Fragen mit dem Konjunktiv II und Adverbien.

Hilf mir mal!	Ich will eine Pizza haben!	Geben Sie mir den Schlüssel!	Hast du ein Blatt Papier für mich?
Lassen Sie mich vorbei!	Ich will mir deine Lösung ansehen.	Mach mal das Fenster zu!	Ich will wissen, wann wir uns morgen treffen.
Gib mir dein Buch!			

Könntest du mir bitte mal helfen?

_____

_____

_____

_____

_____

_____

Indirekte Rede: Konjunktiv I, II und Ersatzform

Merkwissen

Wenn sich in der **indirekten Rede** der **Konjunktiv I** nicht vom Indikativ
unterscheidet, verwendest du den **Konjunktiv II**. Wenn der Konjunktiv II
sich nicht vom Präteritum unterscheidet oder sehr ungewohnt klingt, verwendest du die Ersatzform mit **würde**, z. B.:

Ihr sagt: „Die Schüler **stehen** gerne im Bus." (**Indikativ**)
Ihr meint, sie **stehen** gerne im Bus. (**Konjunktiv I**) – *kein Unterschied!*
Ihr meint, sie **stünden** gerne im Bus. (**Konjunktiv II**) – *klingt ungewohnt!*
Ihr meint, sie **würden** gerne im Bus **stehen**. – *Ersatzform mit „würde"*

Du verwendest die indirekte Rede auch in Protokollen.

1 Markiere im Text alle Ersatzformen mit **würde** und den Infinitiv.

2 **a.** Prüfe, an welchen Stellen ein Konjunktiv I besser geeignet wäre.
Schreibe dazu die Verbformen nebeneinander unter dem Text auf.
b. Vergleiche den Konjunktiv I mit dem Indikativ.
Wenn die Formen gleich sind, ergänze den Konjunktiv II.

Gesprächsprotokoll der Gesamtschülervertretung vom 25. 01. 2011

...

TOP[1] **3: Pausenregelung (Mittagspause)**

Unser Schulsprecher Kajo F. sagte, dass die Mittagspause von 45 Minuten viel zu
lang sein würde. Gerade viele Schüler der unteren Jahrgänge würden sich in
dieser Zeit langweilen. Wir würden zwar auch Freizeitangebote bekommen,
aber oft würden einige Aktivitäten ausfallen. Die Klassensprecher der 8 b sagten,
5 dass sie noch eine Umfrage in der Klasse machen würden. Aber viele würden
sich jetzt schon beschweren, weil sie durch die lange Mittagspause so spät
nach Hause kommen würden. Es würde ihnen kaum noch Zeit bleiben, um
nachmittags Freunde zu treffen. Dagegen meinten die Klassensprecher der 8 d,
die Schüler würden nun endlich genug Zeit haben, um in der Mensa zu essen.
10 Nach dem Essen würden sie noch Tischtennis oder Basketball spielen. Sie
würden also ganz zufrieden mit der neuen Regelung sein.

...

Protokoll: Thore Brandt, Klassensprecher der 8 a

er würde sein – er sei (Konjunktiv I), _____

_____

_____

_____

_____

_____

3 **a.** Überarbeite Thores Gesprächsprotokoll in indirekter Rede.
Berücksichtige dabei die Regeln aus dem Merkwissen oben.
b. Markiere alle Konjunktive und Ersatzformen in deinem Ergebnis.

Starthilfe

Unser Schulsprecher Kajo F.
sagte, dass die Mittags-
pause von 45 Minuten viel
zu lang sei.
...

1 TOP: Abkürzung für: (der) Tagesordnungspunkt

1 Ergänze die folgenden Merksätze.

Den Konjunktiv I in der _____ Rede verwendet man zum

Beispiel, wenn man eine Inhaltsangabe oder ein Protokoll schreibt.

Wenn sich der _____ nicht vom Indikativ unterscheidet,

verwendet man den _____. Wenn der Konjunktiv II ungewöhnlich

klingt, verwendet man die Ersatzform mit _____ .

2 **a.** Ergänze zu den Verbformen den Konjunktiv I.
   Beachte dabei die vorgegebenen Personalpronomen.
   b. Welcher Konjunktiv I ist gleich dem Indikativ? Streiche ihn durch.
   c. Ergänze den Konjunktiv II auf der zweiten Linie.

sein – er (ist) _____ _____

sie (sind) _____ _____

haben – sie (hat) _____ _____

sie (haben) _____ _____

3 Markiere in dem Interview die konjugierten Verbformen.

Ein Interview mit einem Freund des Erfinders

Reporter: „Herr Kahn, was ist ein Helioflex?"
Herr K.: „Das ist ein Spiegel. Er leitet die Sonnenstrahlen um.
Dunkle Wohnungen werden dadurch heller."
Reporter: „Wie funktioniert das?"
5 Herr K.: „Auf eine Satellitenschüssel montiert man
eine verspiegelte Plexiglasscheibe. Schrauben krümmen
die Scheibe. Eine Mechanik dreht die Spiegelfläche nach
dem Lauf der Sonne."
Reporter: „Wie kommt man auf so eine Idee?"
10 Herr K.: „Viele Leute müssen in dunklen Wohnungen leben.
Der Erfinder hatte Sonnenblumen beobachtet, die ihre Köpfe
immer in Richtung Sonne drehen."

4 Schreibe das Interview in der indirekten Rede in dein Heft.
Verwende Konjunktive oder die Ersatzform mit **würde**.

5 Formuliere die folgenden Aufforderungen mit dem Konjunktiv II höflicher.

Lassen Sie mich durch! _____

Nimm meine Tasche! _____

Ich will eine Eintrittskarte! _____

Gib mir einen Stift! _____

Helfen Sie mir! _____

Gesamtpunktzahl:

Grammatik: **Wortart – Verb**

Der Satz

Satzreihen und Satzgefüge

> **Merkwissen**
>
> Eine **Satzreihe** besteht aus mindestens zwei **Hauptsätzen**. Zwei oder
> mehr Hauptsätze können mit Konjunktionen, z. B. **denn** oder **aber**,
> verbunden werden. Zwischen den Sätzen steht ein Komma,
> z. B.: Eva gibt sich Mühe, denn sie verdankt das Praktikum ihrer Tante.
>   Hauptsatz   Hauptsatz
>
> Ein **Satzgefüge** besteht aus einem **Hauptsatz** und mindestens einem
> **Nebensatz**. Der Nebensatz endet mit einer **gebeugten Verbform**.
> Nebensätze werden mit Konjunktionen eingeleitet (z. B. **weil** oder
> **obwohl**) und vom Hauptsatz durch Komma getrennt,
> z. B.: Die Tante freut sich, weil sie nur Gutes über Eva hört.
>   Hauptsatz   Nebensatz

Konjunktionen ➤ S. 96

Mit Satzreihen und Satzgefügen verbesserst du deine Texte.

1 Welche Begründungen vom Rand passen zu den folgenden Sätzen?
Notiere auf den Linien die passenden Buchstaben.

A Das Praktikum macht ihm viel Spaß. _d_
B Er macht sein Praktikum in einer Bäckerei. _____
C Die Bäcker beginnen sehr früh mit der Arbeit. _____
D Patrick fängt aber erst um 8 Uhr zu arbeiten an. _____
E Er achtet darauf, immer pünktlich zu sein. _____
F In der Pause notiert er sich, was er getan hat. _____

a) Er muss einen Praktikumsbericht schreiben.
b) Praktikanten dürfen nicht früher arbeiten.
c) Die Bäckerei öffnet schon um 6:30 Uhr.
d) Es ist sehr abwechslungsreich.
e) Er will einen guten Eindruck machen.
f) Er möchte später Bäcker werden.

2 **a.** Bilde Satzreihen und Satzgefüge mit den Sätzen aus Aufgabe 1.
– Verwende die Konjunktionen **weil** und **denn**.
– Schreibe drei Satzreihen und drei Satzgefüge in dein Heft.
b. Markiere in jedem Satz die Konjunktion und das konjugierte Verb.
c. Schreibe in Klammern dahinter, ob es sich um eine **Satzreihe** oder
ein **Satzgefüge** handelt.

> **Starthilfe**
>
> Das Praktikum macht ihm
> viel Spaß, denn es ist sehr
> abwechslungsreich.
> (Satzreihe)
> ...

3 **a.** Markiere in den folgenden Lückensätzen die konjugierten Verben.
b. Ergänze auf den Linien die Konjunktionen **obwohl** oder **aber**.
c. Handelt es sich jeweils um eine **Satzreihe** oder ein **Satzgefüge**?
Schreibe die Antwort jeweils in die Klammer am Satzende.

Patrick kommt morgens pünktlich zur Arbeit, _obwohl_ er lange fahren muss

(_Satzgefüge_). Einmal verschläft er, _____ zum Glück weckt

ihn sein Bruder (_____). _____ er noch

müde ist, fängt er gleich mit der Arbeit an (_____).

5 Er hilft beim Kuchenbacken, _____ die Torten darf er nicht

dekorieren (_____).

Patrick würde gerne wichtigere und schwierigere Arbeiten übernehmen,

_____ man lässt ihn nicht (_____).

Solche Arbeiten erledigen nur die Auszubildenden, _____

10 Patrick sie auch schon bewältigen könnte (_____).

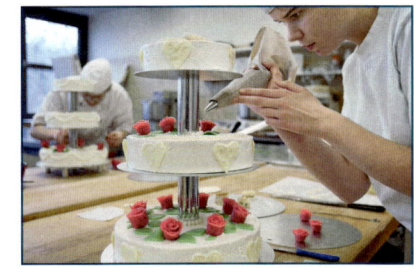

Konjunktionalsätze

Merkwissen

Konjunktionalsätze sind Nebensätze (NS), die mit einer Konjunktion eingeleitet werden, z. B. **als**, **weil**, **wenn**, **obwohl**, **damit**, **dass**, **sodass**, **solange** und **nachdem**.
Sie können **vor (Spitzenstellung)** oder **nach (Endstellung)**
dem Hauptsatz (HS) stehen.

Konjunktionalsätze kannst du vor oder hinter den Hauptsatz stellen.

1 Ergänze passende Konjunktionalsätze mit der Konjunktionen vom Rand.

~~weil~~, damit, weil, obwohl

A Ein Praktikum ist sehr sinnvoll, _weil man die Berufswirklichkeit_

kennen lernt.

B _____ ,

mögen einige Schüler das Praktikum nicht.

C Aber den meisten macht es Spaß, _____

_____

D _____ ,

sollte man sich jedoch früh um einen Praktikumsplatz bewerben.

2 Ergänze im folgenden Bericht Konjunktionalsätze.
Wähle dazu passende Konjunktionen und Nebensätze vom Rand aus.
– Schreibe die Konjunktionen auf die Linien.
– Notiere in Klammern den Buchstaben für den passenden Nebensatz.

Konjunktionen:
~~weil~~, damit, wenn, als, obwohl, sodass

Mein Praktikum im Blumenfachgeschäft – von Sarah Haras

Vom 31. Mai bis zum 18. Juni machte ich mein Praktikum im Blumenfachgeschäft „Flora", _weil_ (A).

Ich durfte bald eigenständig Sträuße binden, _____ ( ).

Die Chefin lobte meine Arbeit regelmäßig, _____ ( ).

Ich fotografierte die Blumensträuße, _____ ( ).

Ich konnte mich an die Kollegen wenden, _____ ( ).

Sie schenkte mir noch einen kleinen Blumenstrauß, _____ ( ).

A ... ich mich gerne mit Blumen und Dekoration beschäftige
B ... ich eine Frage hatte
C ... ich mich verabschiedete
D ... ich motiviert arbeitete
E ... ich ganz neu war
F ... ich die Fotos für meinen Bericht verwenden konnte

3 **a.** Schreibe Sarahs Bericht in dein Heft.
Verwende dabei drei der Nebensätze in Spitzenstellung.
b. Markiere im Heft alle Konjunktionen, die Nebensätze einleiten.
c. Markiere in den Nebensätzen die gebeugte Verbform.

Starthilfe

Vom 31. Mai bis zum 18. Juni machte ich mein Praktikum im Blumenfachgeschäft „Flora",
weil ich mich gerne mit Blumen und Dekoration beschäftige. ...

Z **4** Wo möchtest du dein Praktikum absolvieren und warum?
Schreibe vier eigene Satzgefüge mit Nebensätzen in dein Heft.
Verwende dabei zwei Nebensätze in Endstellung und zwei in Spitzenstellung.

Beim Erzählen verwendest du in Satzgefügen oft mehrere Nebensätze.

5 Wie kannst du diese Hauptsätze zu nur zwei Satzgefügen verbinden?
   a. Schreibe die Konjunktionen in der Reihenfolge vom Rand auf die Linien.
   b. Markiere das konjugierte Verb in den zukünftigen Nebensätzen.

als, weil, obwohl, weil

   Mitternacht war schon längst vorüber.

_____als_____ + Sibel wälzte sich im Bett hin und her.

_____ + Sie konnte nicht einschlafen.

_____ + Sie musste am nächsten Morgen früh aufstehen.

   Sie stand schließlich auf.

_____ + Sie wollte sich ein Glas Wasser holen.

6 **a.** Schreibe den Text aus Aufgabe 5 in nur zwei Satzgefügen auf.
   Achte auf die Kommas zwischen dem Hauptsatz und den Nebensätzen.
   b. Markiere die konjugierten Verben in den Nebensätzen.

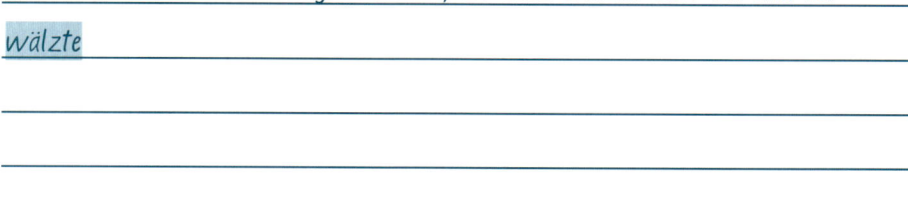

Mitternacht war schon längst vorüber, als Sibel sich im Bett hin und her wälzte

_____

_____

_____

_____

_____

Z 7 Wie geht Sibels Geschichte weiter? Schreibe eine Fortsetzung in dein Heft.
   Verwende dabei mindestens drei Satzgefüge mit zwei Nebensätzen.

In Texten machst du mit Konjunktionalsätzen Zusammenhänge deutlich.

8 **a.** Verbinde jeweils zwei der Sätze zu einem Satzgefüge.
   Verwende dazu die Konjunktionen vom Rand. Schreibe in dein Heft.
   b. Markiere in den Nebensätzen die Konjunktion und das konjugierte Verb.

dass, wenn, sobald, wenn

In den letzten Jahren hat es sich gezeigt.
Der kleine tägliche Ärger kann Stress verursachen.
Es gibt in der Schule oder zu Hause Ärger oder schlechte Stimmung.
Man leidet bald an Stress.
Man kennt seine eigene Situation.
Man kann gezielt Stress bewältigen.
Man versteht das eigene Verhalten.
Man kann dann gezielt neue Handlungsweisen einüben.

Starthilfe

In den letzten Jahren hat sich gezeigt, dass der kleine tägliche Ärger Stress verursachen kann. ...

Z 9 Welche Erfahrung hast du mit Stress und Stressbewältigung gemacht?
   Schreibe einen kurzen Text.
   Verwende mindestens drei Satzgefüge mit zwei Nebensätzen.

Infinitivsätze

Merkwissen

Infinitivsätze bestehen aus einem **Infinitiv mit zu** und mindestens einem weiteren Wort. Einen Infinitivsatz kannst du oft **statt eines dass-Satzes** bilden, z. B.:
Ich hoffe, **dass** ich morgen Zeit habe.   Ich hoffe, morgen Zeit **zu haben**.
Ich bitte dich, **dass** du mir hilfst.   Ich bitte dich, mir **zu helfen**.
Der Infinitivsatz steht hinter dem Hauptsatz (Endstellung) und wird durch Komma von diesem abgetrennt.

1 **a.** Markiere in den Sätzen die Konjunktion **dass** und das Verb im Nebensatz.
   b. Forme die Sätze in Infinitivsätze um.
   c. Markiere den Infinitiv und das **zu**.

Marc bittet Jessica, dass sie ihm bei der Bewerbung hilft.
Marc bittet Jessica, ihm bei der Bewerbung zu helfen.

Jessica empfiehlt ihm, dass er den Text noch einmal überarbeitet.

Marc hofft, dass er den Praktikumsplatz bekommt.

Er fürchtet, dass er nicht der einzige Bewerber ist.

Aber er glaubt auch, dass er gute Chancen hat.

2 **a.** Ergänze Infinitivsätze mit den Wortgruppen vom Rand.
   Einmal musst du das **zu** in den Infinitiv einfügen.
   b. Markiere den Infinitiv und das **zu**.

Ich glaube, *Spaß am Praktikum zu haben.*

Ich hoffe, _____

Ich wünsche mir, _____

> Spaß am Praktikum haben,
> einen Praktikumsbetrieb finden,
> sich gut zurechtfinden

3 Bilde Infinitivsätze. Schreibe in dein Heft.
Tipp: Leite den **Infinitiv mit zu** jeweils von einem Nomen ab.
Beim letzten Satz musst du den Infinitiv **sein** verwenden.

Ich bitte dich um deine Hilfe. Sie bittet uns um Unterstützung.
Er bittet sie um einen Rat. Wir bitten um eure Aufmerksamkeit.

Starthilfe
Ich bitte dich, mir zu …

Z **Nicht für jeden dass-Satz kannst du einen Infinitivsatz bilden.**

4 Welcher der folgenden Sätze lässt sich zu einem Infinitivsatz umformen?
Schreibe den jeweils möglichen Infinitivsatz auf die Linien darunter.

Ich hoffe, dass du fahren kannst. Ich hoffe, dass ich fahren kann.

Ich freue mich, dass ich gesund bin. Ich freue mich, dass du gesund bist.

Relativsätze

Relativsätze als Attribute ➤ S. 84

> **Merkwissen**
>
> **Relativsätze** sind **Nebensätze, die sich** meist **auf ein vorangehendes Nomen beziehen** (Relation = Beziehung). Sie werden immer vom Hauptsatz durch Komma abgetrennt und durch ein typisches **Relativpronomen** (z. B. **der, die, das**) eingeleitet, z. B.:
> Geografie ist **das Schulfach, das** sich mit der Erde und der Erdoberfläche beschäftigt.

1 a. Welche Erklärung vom Rand passt zu welchem Satz?
   Schreibe die Buchstaben **A–F** vor die passenden Erklärungen.
   b. Ergänze die Sätze **A–F** mit Relativsätzen. Schreibe auf die Linien.
   c. Kreise das Relativpronomen ein.
   d. Markiere das Nomen, auf das sich das Relativpronomen bezieht.

A Ein **Helioflex** ist ein Spiegel.   _A_ Sonnenstrahlen umleitet.
B **Solarenergie** ist eine Energieform.   _____ man aus organischen Substanzen gewinnen kann.
C **Biologie** ist ein Schulfach.   _____ vor der Küste im Meer aufgestellt werden.
D Ein **Offshore-Windpark** besteht aus Windturbinen. _____ sich die Natur zum Vorbild nimmt.
E **Biomasse** ist eine Energiequelle.   _____ man aus der Sonne gewinnt.
F **Bionik** ist eine Wissenschaft.   _____ sich mit der lebendigen Natur beschäftigt

Ein Helioflex ist ein Spiegel, (der) Sonnenstrahlen umleitet. _____

_____

_____

_____

_____

_____

_____

2 a. Verbinde die folgenden Sätze zu Satzgefügen mit Relativsätzen.
   Schreibe in dein Heft.
   b. Kreise das Relativpronomen ein.
   c. Markiere das Nomen, auf das sich das Relativpronomen bezieht.

A Windturbinen sind Maschinen. Sie verwandeln Wind in Energie.
B Methan ist ein Gas. Methan wird in Biogasanlagen produziert.
C Die Sonne gibt Energie ab. Sonnenenergie wird von Solaranlagen genutzt.

> **Starthilfe**
> A Windturbinen sind Maschinen, (die) …

Z **3** a. Schreibe zu den Begriffen am Rand Erklärungen mit Relativsätzen.
   b. Kreise das Relativpronomen ein.
   c. Markiere das Nomen, auf das sich das Relativpronomen bezieht.

> **Starthilfe**
> Die Lyrik ist die Gattung der Literatur, (die) zum Beispiel Gedichte umfasst. …

> die Lyrik (die Gattung
> der Literatur),
> das Passiv
> (eine Verbform),
> die Inhaltsangabe
> (eine Textart),
> die Chemie
> (die Wissenschaft)

Punkte

1 Ergänze die folgenden Merksätze.

/8 Punkte

Eine **Satzreihe** besteht aus mindestens zwei _____ .

Ein **Satzgefüge** besteht aus einem _____ und mindestens

einem _____ . Im **Nebensatz** steht die gebeugte Verbform

am _____ . **Konjunktionalsätze** sind Nebensätze, die mit

_____ eingeleitet werden. **Infinitivsätze** kannst du oft statt

eines _____ - _____ bilden. **Relativsätze** werden mit

_____ eingeleitet.

2 **a.** Ergänze im Text sinnvolle Konjunktionen.
   b. Markiere in allen Nebensätzen die gebeugten Verben.
   c. Satzreihe oder Satzgefüge? Kreuze am Rand passend an.

/6 Punkte
/3 Punkte
/6 Punkte

Satzreihe   Satzgefüge

Die Menschheit nutzt seit langer Zeit fossile Brennstoffe, _____ diese

☐ ☐

Energieträger reichen nur noch für einige Jahrzehnte. Viele setzen heute auf

erneuerbare Energien, _____ sie die Umwelt schonen. Braunkohle

☐ ☐

verschmutzt die Umwelt hingegen sehr, _____ sie enthält viel Schwefel.

☐ ☐

_____ fossile Brennstoffe umweltschädlich sind, kann man noch

☐ ☐

nicht auf sie verzichten. Man braucht sie noch, _____ es ausreichend

☐ ☐

Energie gibt. Die Sonne liefert eigentlich mehr als genug Energie, _____

noch fehlen Solaranlagen und Speichermöglichkeiten.

☐ ☐

3 Verbinde die folgenden Hauptsätze zu **Satzgefügen** (nicht zu Satzreihen).
   a. Notiere am Rand geeignete Konjunktionen.
   b. Schreibe die drei Satzgefüge in dein Heft.

/3 Punkte
/6 Punkte

A Öl verschmutzt die Umwelt. Es verbrennt sauberer als Kohle.
B Öl ist keine Zukunftsenergie. Die Vorräte sind begrenzt.
C Solarenergie und Windenergie werden gebraucht.
   Auch in der Zukunft haben wir genug Energie.

A _____

B _____

C _____

4 Bilde statt des folgenden dass-Satzes einen Infinitivsatz.

/4 Punkte

Wissenschaftler bemühen sich, dass sie neue Energieträger erforschen.

_____

5 Bilde Satzgefüge mit Relativsätzen.
   a. Notiere am Rand geeignete Relativpronomen.
   b. Schreibe die drei Satzgefüge in dein Heft.

/3 Punkte
/6 Punkte

A Ein fossiler Brennstoff ist ein Stoff. (… in der Erde lagert)
B Kohle ist ein Gestein. (… überwiegend aus Kohlenstoff besteht)
C Erneuerbare Energien sind solche Energien.
   (… sich nicht erschöpfen oder sich selbst erneuern)

A _____

B _____

C _____

Gesamtpunktzahl: /45 Punkte

Satzglieder und Attribute

Das Präpositionalobjekt

Merkwissen

Das **Präpositionalobjekt** ist ein Satzglied, das aus einer **Präposition** und einer Wortgruppe im **Dativ** (**Wem?**) oder im **Akkusativ** (**Wen? oder Was?**) besteht. Nach dem **Präpositionalobjekt** fragst du mit **Wo(r)** + **Präposition** (**Woran?, Worauf?, Womit?, Wofür?, Wovon?...**), z. B.:
Sie spricht von dem Film. – **Wovon** spricht sie? – **von dem Film**

Präpositionalobjekt (PO) im Dativ

Er denkt oft **an** den Urlaub. – **Woran** denkt er? – **an den Urlaub**

Präpositionalobjekt (PO) im Akkusativ

1 a. Schreibe Fragen und Antworten zu den Präpositionalobjekten auf.
b. Ergänze den Fall des Präpositionalobjekts in Klammern.
c. Markiere die Präpositionalobjekte. Umkreise die Präpositionen zusätzlich.

A Sie erzählt gerne (von) dem Buch.

Wovon erzählt sie? – von dem Buch (Präpositionalobjekt im Dativ)

B Er wartet auf einen Freund.

_____

C Sie kümmert sich um die Pflanzen.

_____

D Er verstößt gegen die Regeln.

_____

2 a. Bestimme die hervorgehobenen Objekte mit den Abkürzungen vom Rand. Frage dazu nach den Objekten.
b. Ergänze bei den Präpositionalobjekten den Fall in Klammern.

PO: Präpositionalobjekt
AO: Akkusativobjekt
DO: Dativobjekt

A Vom 12. bis zum 30. April nahm ich **an einem Betriebspraktikum** teil. _PO_ (Dativ)

B Ich absolvierte **das Praktikum** im Schuhgeschäft „Wesel". _____ _____

C Zuerst unterstützte ich **den Mitarbeiter** im Lager. _____ _____

D Später durfte ich auch **die Kundinnen** beraten. _____ _____

E Wegen des schönen Wetters fragten sie oft **nach Sommerschuhen**. _____ _____

F Ich empfahl **den Kundinnen** immer Schuhe, die zu ihrer Kleidung passten. _____ _____

G Meistens entschieden sie sich **für die Schuhe**, die ich ihnen empfohlen hatte. _____ _____

3 a. Schreibe fünf eigene Sätze mit Präpositionalobjekten in dein Heft. Verwende dabei die Verben vom Rand.
b. Markiere in deinen Sätzen das Präpositionalobjekt.
c. Schreibe den Fall in Klammern dahinter.

mit etwas (Dativ) angeben, an etwas (Dativ) teilnehmen, sich für etwas (Akkusativ) bedanken, nach etwas (Dativ) fragen, sich über etwas (Akkusativ) aufregen

Starthilfe

Er spielt wirklich gut, aber warum muss er mit seinem Können ständig angeben? (PO – Dativ) ...

Wiederholung: Adverbiale Bestimmungen

Merkwissen

Mit **adverbialen Bestimmungen der Zeit**, **des Ortes**, **der Art und Weise** und **des Grundes** kannst du nähere Angaben zu einem Geschehen machen. Du kannst die adverbialen Bestimmungen durch Fragen ermitteln, z. B.:

Wegen des Regens möchte er **heute gerne zu Hause** bleiben.
　　Warum?　　　　　　　　　　Wann?　Wie?　　Wo?

Geeignete Fragen sind z. B.: Wann?, Seit wann?, Wie lange? (Zeit),
Wo?, Wohin? (Ort), Wie?, Womit? (Art und Weise),
Warum?, Wozu?, Weswegen? (Grund).

1 a. Unterkringele in dem Brief alle adverbialen Bestimmungen.
b. Ordne die adverbialen Bestimmungen in einer Tabelle im Heft.

Rheinheim, 12.03.2011

Bewerbung für ein Praktikum (2.–20. Mai 2011)

Sehr geehrte Frau Dahler,

aufgrund Ihrer Anzeige im Tagesblatt möchte ich mich für ein Praktikum vom 2. bis zum 20. Mai in Ihrem Blumenladen bewerben. Ich bin seit einem Jahr in der Schulgarten-AG und arbeite dort sorgfältig und zuverlässig. Wegen meiner Fähigkeiten im Gestalten schmücke ich Räume bei Feiern mit Erfolg und wurde dafür einmal ausgezeichnet. Durch das Praktikum bei Ihnen möchte ich herausfinden, ob ich für den Beruf des Floristen wirklich geeignet bin.

Mit freundlichen Grüßen
Jakob Mühlbach

Starthilfe

Adverbiale Bestimmungen des Ortes (Wo?)	Adverbiale Bestimmungen der Zeit (Wann?)	Adverbiale Bestimmungen der Art und Weise (Wie?)	Adverbiale Bestimmungen des Grundes (Warum?)
– ...	– ...	– ...	– aufgrund Ihrer Anzeige ...

2 a. Erweitere die Sätze mit passenden adverbialen Bestimmungen.
　　Verwende für jeden Satz zwei adverbiale Bestimmungen vom Rand.
b. Markiere die adverbialen Bestimmungen.

A Michaela möchte ihr Praktikum absolvieren. **(Wo? Wann?)**

　Michaela möchte in zwei Monaten *ihr Praktikum* _____

　_____

B Sie repariert die Fahrräder ihrer Familie. **(Warum? Wann?)**

　_____

　_____

C Auch schwierige Defekte repariert sie. **(Wie? Wie?)**

　_____

　_____

> ~~in zwei Monaten,~~
> sehr sorgfältig,
> immer,
> wegen ihrer Kenntnisse,
> mit ruhiger Hand,
> in einer Autowerkstatt

Attribute

Merkwissen

Attribute sind beigefügte Wörter oder Wortgruppen. Sie geben zusätzliche Informationen **zu einem Nomen.**

Genitivattribute stehen **hinter** dem Nomen und antworten auf die Frage **Wessen?**, z. B.:
Das Handy **meines Bruders** ist kaputt. **Wessen** Handy? – **meines Bruders**

Adjektivische Attribute stehen **vor** dem Nomen und antworten auf die Fragen **Welcher?/Welche?/Welches?**, z. B.:
Da kommt meine **beste** Freundin. **Welche** Freundin? – meine **beste**

Auch **Relativsätze** sind **Attribute**. Sie stehen **hinter** dem Nomen und antworten auf die Frage **Welcher?/Welche?/Welches?, Was für ein(e)?**, z. B.: Das Buch, **das ich von dir habe**, ist gut. **Welches** Buch? – **das ich von dir habe**

mehr zu Relativsätzen ➤ S. 80

1 **a.** Markiere alle Attribute im folgenden Text.
    Hinweis: Alle Sätze sind auch ohne die Attribute grammatikalisch richtig. Allerdings sind einige Sätze ohne Attribute nicht mehr gut verständlich.
    Tipp: Es gibt drei Relativsätze. In einem davon steckt ein weiteres Attribut.
    b. Ordne die Attribute in die Tabelle unten – auch die, die doppelt vorkommen.

Liebeslieder lassen junge Frauen schwach werden

Französische Wissenschaftler haben die Wirkung der Liebeslieder auf junge Frauen untersucht. Dazu mussten die Frauen in einem Wartezimmer Lieder der unterschiedlichsten Art hören. Im Testraum unterhielten sie sich anschließend mit jungen Männern. In einer Pause fragte der Mann dann nach
5 der Telefonnummer der Frau. 52 Prozent der Frauen, die zuvor ein Liebeslied gehört hatten, rückten ihre Nummer heraus. Nur 28 Prozent der Frauen, die zuvor neutrale Musik gehört hatten, gaben ihre Nummer weiter. Aber nicht nur das Verhalten des weiblichen Geschlechts wird von Liebesliedern beeinflusst: Die französischen Forscher konnten auch zeigen, dass Männer, die
10 in einem Blumenladen Liebeslieder hören, mehr Geld für Sträuße ausgeben.

Genitivattribute	Adjektivische Attribute	Relativsätze
	junge	

Z **2** Welche Merkmale soll dein zukünftiger Beruf haben?
Beschreibe den Beruf mit möglichst vielen Attributen.
Schreibe einen interessanten Text in ganzen Sätzen in dein Heft.

Punkte

1 Ergänze in den Merksätzen Wortteile, Wörter und Wortgruppen.

Das **Präpositionalobjekt** ist ein Satzglied, das aus einer _____

und einer Wortgruppe im **Dativ** oder im _____ besteht.

Es gibt **adverbiale Bestimmungen** _____ _____, **des Ortes**, _____

_____ _____ _____ und **des Grundes**.

Attribute geben zusätzliche Informationen **zu einem** _____ .

Es gibt _____**attribute** und _____ **Attribute**.

Auch _____**sätze** sind **Attribute**.

__/8 Punkte

2 Bestimme in jedem Satz zwei Objekte durch Fragen.
Schreibe die Fragen und die Antworten auf.

A Sie fragte die Zeitungsverkäuferin nach dem Weg.

Akkusativobjekt: _____

Präpositionalobjekt: _____

B Er dankte ihr für diese Information.

Dativobjekt: _____

Präpositionalobjekt: _____

__/8 Punkte

3 Erweitere die Sätze mit passenden adverbialen Bestimmungen vom Rand.
Schreibe in dein Heft.

A Sie macht ihr Praktikum. (Zeit/Ort)
B Er arbeitet. (2 x Art und Weise)
C Sie hat ein Lob bekommen. (Zeit/Grund)
D Er geht ins Kino. (Zeit/Art und Weise)
E Sie fuhr nicht mit. (Ort/Grund)

gerne, nach Bonn, bei der Firma Sachs,
aufgrund einer Krankheit, sorgfältig, schnell,
montags, wegen ihrer guten Leistungen,
im nächsten Monat, gestern

__/10 Punkte

4 Markiere alle Attribute im Text.

Auf großem Fuß lebt jemand, der viel Geld ausgibt. Diese Redensart
bezieht sich auf den Grafen von Anjou, der in Frankreich lebte. Er war
ein reicher und angesehener Mann, hatte aber ein Problem: eine hässliche,
dicke Geschwulst, die an seinem Fuß prangte. Deshalb passten ihm die Schuhe
der damaligen Mode nicht und er ließ sich große Schuhe anfertigen.
Darin konnte er die Geschwulst des Fußes verstecken. Weil er einer
der bedeutendsten Bürger der Stadt war, wollten die Mitbürger seiner Heimat
das nachahmen. Doch nur die reichen Leute konnten sich die großen Treter
leisten – und deshalb auf großem Fuß leben.

__/16 Punkte

5 Wie viele Attribute jeder Sorte gibt es in dem Text aus Aufgabe 4?
Kreuze jeweils die richtige Zahl an.

Genitivattribute	Adjektivische Attribute	Relativsätze
2 3 4 5	7 8 9 10	1 2 3 4
☐ ☐ ☐ ☐	☐ ☐ ☐ ☐	☐ ☐ ☐ ☐

__/3 Punkte

Gesamtpunktzahl: ____/45 Punkte

Der Kompetenztest

1 Lies die Texte und die Grafik mithilfe des Textknackers.

Material 1
Energie aus Biomasse

Bürgermeister Brandenburg ist stolz. Sein Heimatdorf Jühnde ist in
den Schlagzeilen und findet weit über die Grenzen Niedersachsens hinaus
Beachtung. Was ist passiert, dass ein Ort mit knapp 800 Einwohnern in
den Mittelpunkt des öffentlichen Interesses gerät? Der Grund: Jühnde wurde
5 zusammen mit den Gemeinden Effelter (Bayern) und Feldheim (Brandenburg)
zum Sieger des bundesweiten Wettbewerbs „Bioenergiedörfer 2010" gekürt.
Mit dieser Auszeichnung prämiert das Bundesministerium für Ernährung,
Landwirtschaft und Verbraucherschutz (BMELV) beispielhafte Bioenergiedörfer,
die mindestens die Hälfte ihres Jahresstrom- und wärmebedarfs aus regional
10 erzeugter Biomasse decken. Biomasse gibt es aber nicht nur in Jühnde, sondern
auf der ganzen Welt, und anders als Kohle, Erdöl und Erdgas entsteht sie in
kurzer Zeit neu.

Energie aus der Verbrennung von Holz nutzten schon unsere Vorfahren in
der Altsteinzeit. Sie wärmten sich am Feuer und bereiteten dort ihre Speisen zu.
15 Bis ins 19. Jahrhundert hinein war Holz fast die einzige Energiequelle.
Der steigende Energiebedarf seit der Industrialisierung konnte dann nur
mithilfe von Kohle gedeckt werden. Später kamen Erdöl und Erdgas dazu. Diese
sogenannten fossilen Brennstoffe haben erhebliche Nachteile: Sie erhöhen
den CO_2-Gehalt in der Atmosphäre, tragen so zur Erderwärmung bei und stehen
20 nicht unbegrenzt zur Verfügung. Sie werden immer knapper und daher teurer.

Eine Alternative zu den fossilen Brennstoffen bieten die erneuerbaren Energien.
So werden Wasserkraft, Wind- und Sonnenenergie schon seit Jahren für eine
umweltfreundliche Energiegewinnung genutzt. Nun kommt verstärkt die
Energieerzeugung aus Biomasse hinzu. Aus Pflanzen, tierischen Rückständen
25 wie Mist und Gülle[1] oder aus Bioabfall wird Energie gewonnen. Mit Biomasse
kann Wärme und Strom erzeugt oder Kraftstoff produziert werden (der
sogenannte Biodiesel). CO_2 entsteht dabei zwar auch, es wird aber nicht mehr
CO_2 freigesetzt, als vorher von den Pflanzen aufgenommen wurde. Die Nutzung
der Biomasse hängt nicht vom Wind oder von der Sonneneinstrahlung ab.
30 Damit ist sie verlässlicher als die meisten erneuerbaren Energien.

Doch wie wird aus Biomasse Strom und Wärme? Dafür gibt es in Jühnde eine
Bioenergieanlage. Die für die Energiegewinnung verwendete Biomasse wird
von den ansässigen Landwirten produziert. Sie bauen auf etwa 18 Prozent
der Agrarflächen des Dorfes Energiepflanzen[2] wie Raps, Mais oder Gras an.
35 Die Pflanzenmasse wird zunächst vergärt und anschließend zusammen mit
der in der Tierhaltung anfallenden Gülle in eine Biogasanlage eingespeist.
Bakterien zersetzen dort die organischen Stoffe zu dem Biogas Methan, das in
das benachbarte Blockheizkraftwerk[3] weitergeleitet wird. Dort wird das Methan
in einem Gasmotor verbrannt, wodurch Elektrizität produziert wird.

---

1 die Gülle: flüssiger Dünger aus Urin und Kot landwirtschaftlicher Nutztiere
2 Energiepflanzen werden zur Energiegewinnung angebaut und liefern Biomasse.
3 das Blockheizkraftwerk: eine Anlage zur Gewinnung von Strom und Wärme

40 Der umweltfreundliche Strom aus dem Blockheizkraftwerk kann aber nicht
direkt von den Dorfbewohnern verbraucht werden, sondern er muss in das
Stromnetz des örtlichen Elektrizitätsversorgungsunternehmens (EVU)
eingespeist werden. Insgesamt wird in der Bioenergieanlage mit etwa vier
Millionen Kilowattstunden im Jahr ungefähr doppelt so viel Elektrizität
45 produziert, wie das Dorf selbst verbraucht. Mit dem Erlös aus dem Stromverkauf
kann so nicht nur der Betrieb der Anlage finanziert, sondern es können auch
die Energiekosten für die Verbraucher deutlich gesenkt werden.

Die bei der Stromerzeugung frei werdende Wärme kann außerdem direkt von
den Einwohnern verbraucht werden. Dazu wird sie über das Nahwärmenetz
50 (ein unterirdisches Leitungssystem) in die Häuser geleitet. Zusätzliche Wärme
für besonders kalte Tage liefert ein Holzhackschnitzelheizwerk, das Restholz aus
den umliegenden Wäldern verbrennt. Dabei werden die regionalen Waldbesitzer
ihren Holzabfall los und die Bewohner freuen sich, weil sie die Wärme aus
Bioenergie weniger kostet als zum Beispiel die aus Erdöl.

55 Die Gemeinde ist stolz, dass sie sogar nicht nur einen Teil, sondern ihren
gesamten Energiebedarf durch die umweltfreundliche Energieanlage produziert.
Einige Gemeinden sind bereits diesem guten Beispiel gefolgt und so gab es im
Jahr 2010 bereits über 60 Bioenergiedörfer in Deutschland.

Material 2

Eine Bioenergieanlage
und ihre Bestandteile

Material 3

Kritik an der Energiegewinnung aus Biomasse

– Der Anbau von Energiepflanzen hat bereits jetzt so stark zugenommen, dass
er teilweise mit der Nahrungsmittelproduktion konkurriert. So sind in vielen
Ländern, in denen Mais und Weizen auch für die Herstellung von Treibstoffen
genutzt werden, die Preise für Nahrungsmittel gestiegen.
– Wenn für den Anbau von Energiepflanzen Regenwälder abgeholzt werden,
kann die Energiegewinnung aus Biomasse auch klimaschädlich sein.
– Der zunehmende Anbau von Energiepflanzen führt zu riesigen Flächen mit
Monokulturen[6]. Diese sind ein Nährboden für Schädlinge und Pflanzenkrank-
heiten, die den Einsatz von Chemikalien erfordern.
– Wollte Deutschland seinen gesamten Treibstoffbedarf mit Biokraftstoffen
decken, wäre eine Anbaufläche nötig, die größer wäre als die gesamte
Bundesrepublik. Auch wenn die Rohstoffe nachwachsen, sind sie nicht
in unendlicher Menge verfügbar.

---

4 die Pflanzensilage: zerkleinerte Pflanzen, die unter Luftabschluss vergärt werden
5 das BHKW: Abkürzung für Blockheizkraftwerk
6 die Monokultur: Anpflanzung von nur einer Pflanzensorte auf einer großen Fläche

2 a. Markiere die Absätze vom Material 1 mit Kreisen und nummeriere sie.
   b. Schreibe für die Absätze 2 bis 7 passende Überschriften auf.

1 *Ein beispielhaftes Bioenergiedorf*   2 _____

3 _____   4 _____

5 _____   6 _____

7 _____

3 Beantworte die folgenden Fragen in ganzen Sätzen.

A Was ist ein Bioenergiedorf?

_____

_____

B Was ist das Besondere am Bioenergiedorf Jühnde?

_____

_____

_____

Kreuze in den Aufgaben 4 bis 6 jeweils die eine richtige Ergänzung an.

4 Biomasse gibt es …
☐ **a)** … nur in Bioenergiedörfern.   ☐ **c)** … nur in Deutschland.
☐ **b)** … nur in Bayern und Brandenburg. ☐ **d)** … auf der ganzen Welt.

5 Fossile Brennstoffe …
☐ **a)** … sind nicht umweltschädlich.
☐ **b)** … stehen nicht unbegrenzt zur Verfügung.
☐ **c)** … stehen unbegrenzt zur Verfügung.
☐ **d)** … werden immer billiger.

6 Energiepflanzen sind Pflanzen, …
☐ **a)** … die besonders viel Energie benötigen.
☐ **b)** … die zur Produktion von Energie angebaut werden.
☐ **c)** … die energiesparend angebaut werden.
☐ **d)** … aus denen Nahrungsmittel produziert werden.

7 Aus welchen drei Bereichen kommt Biomasse? Nenne drei Oberbegriffe.

_____

8 a. Wie wird aus Biomasse Energie gewonnen? Markiere die Textstelle.
   b. Schreibe eine kurze Antwort auf die Frage in eigenen Worten auf.

_____

_____

9 Ergänze die folgenden Sätze mit passenden Wörtern vom Rand. Betrachte dazu das Schaubild auf Seite 87 und lies in Material 1 die Absätze 4 bis 6.

A Das Holzhackschnitzelheizwerk produziert _____ .

B Das Methan wird in der _____ produziert.

C Im Blockheizkraftwerk wird _____ verbrannt.

Biogasanlage
Methan
Gülle
Strom
Wärme
Chemieindustrie

Punkte

/12 Punkte

/2 Punkte

/2 Punkte

/2 Punkte

/2 Punkte

/2 Punkte

/3 Punkte

/5 Punkte

/3 Punkte

Gesamtpunktzahl dieser Seite: /33 Punkte

10 Welche zwei Formen von Energie produziert das Blockheizkraftwerk?

    a. Kreise in Material 2 den entsprechenden Bereich mit Bleistift ein.

    b. Markiere passende Stellen im Text.

    c. Beantworte die Frage in einem Satz und in eigenen Worten.

Punkte

/2 Punkte

/2 Punkte

/4 Punkte

_____

_____

11 **a.** Lies das Material 3 genau.

    b. Kreuze in den Aufgaben **13** bis **14** jeweils die **eine** richtige Ergänzung an.

12 Der Anbau von Energiepflanzen …

    ☐ **a)** … verbilligt die Nahrungsmittel.   ☐ **c)** … bewirkt Preissteigerungen.

    ☐ **b)** … stillt den Hunger in der Welt.   ☐ **c)** … macht die Armen reich.

/2 Punkte

13 Monokulturen …

    ☐ **a)** … sind vorteilhaft, weil sie riesige Flächen benötigen.

    ☐ **b)** … sind ein Nährboden für Schädlinge und Pflanzenkrankheiten.

    ☐ **c)** … verdrängen keine anderen Nutzpflanzen.

    ☐ **d)** … erfordern keine Chemie.

/2 Punkte

Beantworte die folgenden Fragen mithilfe beider Texte und des Schaubilds.

14 Unter welchen Umständen ist der Anbau von Energiepflanzen klimaschädlich? Schreibe eine Antwort in eigenen Worten auf.

/2 Punkte

_____

_____

15 Welches Problem würde entstehen, wenn Deutschland seinen gesamten Treibstoffbedarf nur mit Biokraftstoffen decken wollte? Schreibe eine Antwort in eigenen Worten und ganzen Sätzen auf.

/5 Punkte

_____

_____

16 Wo ist das „Nahwärmenetz" in dem Schaubild auf Seite 87 eingezeichnet? Beschreibe diesen Teil des Schaubilds in eigenen Worten und ganzen Sätzen.

/5 Punkte

_____

_____

17 Vervollständige das folgende Flussdiagramm mit den Wörtern vom Rand.

/8 Punkte

Von der Biomasse zur Energie

Strom
Pflanzensilage
BHKW
Vergärung
Wärme
Biogasanlage
Energiepflanzen
Methan

Gesamtpunktzahl dieser Seite: /32 Punkte

Gesamtpunktzahl vorheriger Seite: /33 Punkte

Sachtexte und Grafiken erschließen – Gesamtpunktzahl: /65 Punkte

1 Verlängere die Wörter. Schreibe beide Formen richtig auf die Linien.

sie schwin█t (g/k)_____ also _____

es bru█t (m/mm) _____ also _____

der Betrie█ (b/p) _____ also _____

mil█ (d/t) _____ also _____

2 Leite die Wörter ab. Finde jeweils ein verwandtes Wort.
Schreibe die Wortpaare richtig auf die Linien.

sch█mt (äu/eu) _____ also _____

kr█ftig (ä/e) _____ also _____

3 **a.** Markiere in den Wörtern die Wortstämme **-nehm-**, **-nahm-** und **-nommen**.
b. Streiche drei Wörter durch, die nicht zu der Wortfamilie **nehmen**, **nahm**,
genommen gehören.

angenommen, Vernehmung, abnehmen, Maßnahme, Name, einnehmen,
Einnahmen, Abnahme, Unternehmung, Unternehmen, zunehmen, Übernahme,
zunehmend, Nachname, teilgenommen, herausnehmen, entgegennehmen,
Festnahme, Nomen

c. Schreibe die Nomen der Wortfamilie **nehmen** aus dem Kasten auf.
Ergänze die Artikel.

_____

_____

4 **a.** Ergänze den Merksatz.
b. Bilde mit den Wörtern in Klammern Nomen. Schreibe auf die Linien.

Wörter mit den Suffixen **-ung**, **-nis**, -_____ und -_____ sind Nomen. Sie

werden _____geschrieben. (**kreuzen, erleben, schön, krank, sauber**)

_____

_____

5 **a.** Markiere in dem Text alle Wörter mit **h** nach langem Vokal.
b. Unterstreiche alle Wörter mit **wider**.

Durch den Musikwettbewerb wurde er über Nacht berühmt. Schon am Morgen
standen die Fans vor seiner Wohnung. Davor war er immer mit der Bahn in
die Stadt gefahren, doch jetzt nahm er ein Taxi. Am Anfang fühlte er sich
geschmeichelt, dass ihn die Mädchen unwiderstehlich fanden. Aber jetzt gibt
er nur noch widerwillig Autogramme und Briefe erwidert er schon lange nicht
mehr. Den ganzen Trubel findet er inzwischen widerwärtig.

c. Ein Wort aus dem Text enthält ein **h** nach langem Vokal und **wider**.
Schreibe es auf.

_____

Rechtschreiben – Gesamtpunktzahl:

Das kann ich! – Grammatik

1 **a.** Markiere alle Passivformen im folgenden Text.
   b. Unterstreiche alle Passivformen im Präteritum zusätzlich.
   c. Schreibe den letzten Satz im Passiv auf die Linien unter dem Text.

Der neue Skatepark

Es ist so weit! Der von allen lang ersehnte Skatepark wird nun endlich gebaut!
Gestern wurden sämtliche Erdarbeiten erledigt. Und heute werden schon
die Schalbretter ausgelegt. Sobald der Beton geliefert wird, kann mit dem
Bau der Curbs begonnen werden. Dann wird alles betoniert. Ob Quaterpipe,
Minirampe oder Zuschauertribüne – hier wird nicht gespart. Die großzügigen
Sponsoren wurden schon jetzt sehr gelobt. Durch diese Anlage schafft die Stadt
ein tolles Freizeitangebot für Skatebegeisterte.

_____

_____

2 **a.** Markiere im folgenden Text alle Verbformen im Konjunktiv I.
   b. Unterstreiche eine Verbform im Konjunktiv II.

Nach der ersten Begegnung mit ihrem Austauschpartner sagte Sandra, sie habe
leider nicht alles verstanden. Jean-Paul spreche etwas zu schnell. Sie will ihm
das noch sagen, doch jetzt muss sie sich erst einmal ausruhen. Die französische
Art der Begrüßung sei ihr zwar noch fremd, sie werde sich aber sicher noch
daran gewöhnen. Zwei Wochen später meinte Sandra, sie könne sich gar nicht
vorstellen, wieder nach Hause zu fahren. Wer hätte das gedacht?

3 Kreise im Text unter Aufgabe 2 alle Pronomen ein.

4 Ein Satz im Text unter Aufgabe 2 steht nicht in indirekter Rede. Schreibe
den Satz in indirekter Rede auf die Linien. Verwende den Konjunktiv I.

_____

_____

5 Erweitere die Sätze mit passenden adverbialen Bestimmungen vom Rand.
Schreibe die erweiterten Sätze auf die Linien.

> jeden Tag, im
> Elektrogeschäft,
> in einem Monat,
> fleißig

A Er beginnt sein Praktikum. (Zeit/Ort)

_____

B Sie lernt für die Klassenarbeit. (Art und Weise/Zeit)

_____

6 Verbinde die zwei Sätze zu einem Satzgefüge. Verwende dazu eine passende
Konjunktion vom Rand.

> obwohl
> weil

Sie geht heute nicht in den Skatepark. Es ist schönes Wetter.

_____

_____

Grammatik – Gesamtpunktzahl:

Du überarbeitest den folgenden informierenden Text mithilfe der Texte und des Schaubilds auf den Seiten 86–87.

Achtung: Fehler!

Gülle statt Erdöl

Auf dem Land braucht man keine fossilen Brennstoffe mehr, weil dort genug Brennstoffe nachwachsen. Und damit kann man gleichzeitig auch den Strom selbst erzeugen. Heute gibt es schon 60 Bioenergiedörfer in Deutschland. Das folgende Schaubild zeigt, wie zum Beispiel aus Biomasse Energie gewonnen
5 wird. Zusätzlich gibt es übrigens noch Holzhackschnitzelheizwerke.

Von der Biomasse zur Energie

Biomasse ist besonders verlässlich, weil man sie unabhängig von Sonne und Wind nutzen kann. Aber es gibt nicht genug Anbauflächen in Deutschland. Deshalb steigen die Preise für Nahrungsmittel und der Regenwald wird auch abgeholzt. Dadurch und durch die Monokulturen kann Biomasse auch schädlich
10 sein. Darum verstehe ich nicht ganz, warum Bioenergiedörfer vom BMELV prämiert werden. Schließlich haben die schon den Vorteil, dass für sie die Energie billiger wird, und die Nachteile werden vielleicht vergessen.

1 Welche Zeitangabe im ersten Absatz stimmt nicht? Streiche sie durch. Schreibe die richtige Angabe aus dem Text der Seiten 86–87 am Rand auf.

/3 Punkt

2 **a.** Markiere im Schaubild alle Angaben, die an falscher Stelle stehen.
   b. Schreibe die richtigen Angaben mit passenden Nummern am Rand auf.

/5 Punkt
/5 Punkt

3 An einer Stelle im Text äußert sich der Autor in der Ich-Form. Schreibe diesen Satz so auf die Linien, dass er nicht mehr in der Ich-Form steht.

/4 Punkt

4 Wofür stehen die zwei Abkürzungen? Schreibe die Auflösungen am Rand auf.

/4 Punkt

5 Überprüfe, ob die Überschrift zu den Aussagen des Textes passt. Schreibe eine Überschrift auf, die auch die Nachteile der Biomasse andeutet.

/4 Punkt

6 **a.** Vergleiche alle Informationen mit den Materialien auf den Seiten 86–87.
   b. Notiere Stichworte für deine Überarbeitung in deinem Heft.

7 Schreibe den informierenden Text mit Schaubild überarbeitet in dein Heft.
   – Schreibe sachlich und verwende geeignete Fachwörter.
   – Nenne die Vor- und Nachteile einer Nutzung von Biomasse.

/25 Punk

Einen informierenden Text überarbeiten – Gesamtpunktzahl:

/50 Punk

Punkte

Du antwortest auf den folgenden Leserbrief in deiner Tageszeitung.

Was ist das für eine Jugendkultur?

Der Anlass für diesen Leserbrief ist ein Kulturschock in der Bahn. Mein Mann und ich sind echte Musikliebhaber. Wir kamen aus der Oper und saßen, ganz begeistert von den guten Sängern, in der Regionalbahn, 2. Klasse nur, weil die Opernkarten schon pro Stück 30 Euro gekostet haben. In Grobmühl wurde
5 es voll – da endete wohl grade ein Konzert in der Scheune. Die hereinstürmende Jugend war unordentlich gekleidet, teils mit Getränken in der Hand und vor allem furchtbar laut. Der ganze Zauber des Opernabends war dahin. Plötzlich umgab uns der Lärm dieser Jugendlichen und ihrer „Musik".
Was ich dabei nicht verstehe, ist, wie die sich die Karten leisten können. Diese
10 „Konzerte" sollen nämlich auch ab 25 Euro aufwärts kosten. Diese Musik wird ja zum Glück nicht mit öffentlichen Mitteln subventioniert[1]. Da bin ich froh, dass bei der Kulturförderung noch nach Qualität unterschieden wird. Oper, klassische Konzerte und Theater werden durch die öffentliche Hand gefördert und das finde ich richtig so. Wer sich für gute Kultur entscheidet, wird eben
15 belohnt. Wann wird nur endlich etwas für die Kultur der Jugend getan?

Kanila Nilk, Mühlberg

1 Was ist das Thema des Leserbriefs? Schreibe Stichworte auf.

/3 Punkte

2 **a.** Was stört die Briefschreiberin an den Jugendlichen?
   Markiere Stellen, an denen Jugendliche und ihre Kultur kritisiert werden.

/6 Punkte

   b. Wozu stehen im Text zwei Wörter in Anführungszeichen?
   Kreuze das passende Stilmittel an. Mache nur ein Kreuz.
   ☐ **a)** Fremdwort ☐ **b)** Metapher ☐ **c)** Ironie ☐ **d)** Beleidigung

/2 Punkte

3 Was ist für die Briefschreiberin gute Kultur? Schreibe Stichworte auf.

/4 Punkte

4 **a.** Markiere einen Satz, der eine Meinung zum Thema Kultur äußert.
   b. Wie wird diese Meinung begründet? Unterstreiche die Begründung.

/2 Punkte

5 Wie kannst du die Behauptungen der Briefschreiberin widerlegen?
   Schreibe Stichworte für gute Argumente auf. Die Fragen am Rand helfen dir.

/3 Punkte

> Was ist Kultur?
> Gibt es nur eine
> gute Kultur?

6 Schreibe einen eigenen Leserbrief als Entgegnung in dein Heft.
   – Entkräfte die Behauptungen Kanila Nilks mit mindestens drei Argumenten.
   – Schreibe sachlich und vermeide herabsetzende Wörter und Behauptungen.
   – Nach welchen Gesichtspunkten sollte Kultur gefördert werden?
     Begründe deine Meinung.

/30 Punkte

Stellung nehmen – Gesamtpunktzahl: /50 Punkte

1 subventionieren: etwas mit öffentlichen Mitteln finanziell unterstützen

Wissenswertes auf einen Blick

Rechtschreiben, Zeichensetzung

Das Gliedern, das Verlängern, das Ableiten

Beim **Gliedern** zerlegst du mehrsilbige Wörter in Sprechsilben, z.B.: Er | eig | nis | se.

Durch **Verlängern** kannst du Endbuchstaben hörbar machen.
Pferd – Pferde, er schwingt – schwingen, wütend – wütende

ä/äu oder **e/eu**? Wenn du nicht sicher bist, kannst du das Wort **ableiten**.
Findest du ein verwandtes Wort mit **a/au**, dann schreibe **ä/äu**.
die W**ä**lder – der W**a**ld   die B**äu**me – der B**au**m

Einige Wörter kannst du nicht ableiten. Es sind **Merkwörter**, z.B.: der Bär.

Manche Wörter sind miteinander verwandt und bilden **Familien**. Die Mitglieder einer Wortfamilie
haben denselben **Wortstamm**. **Gleiche Wortstämme** schreibt man meist gleich.
be**sitz**en, er **sitz**t, die **Sitz**ung.

Großschreibung

Aus Adjektiven können Nomen werden.
Die starken Wörter **alles**, **nichts**, **allerlei**, **etwas**, **genug**, **viel** und **wenig** machen's!
gut – alles Gute, schön – allerlei Schönes

Zusammengesetzte Nomen aus **Wochentag** und **Tageszeit** werden zusammen- und großgeschrieben.
der Montagabend
Nach **gestern**, **heute** und **morgen** werden Tageszeiten großgeschrieben.
morgen Mittag

Wörter mit den Suffixen **-ung**, **-heit**, **-keit** und **-nis** sind Nomen. Sie werden großgeschrieben.

Aus Verben können Nomen werden.
Der Artikel **das** und die starken Wörter **beim**, **zum**, **im**, **am** und **vom** machen's!
arbeiten – **das** Arbeiten / **beim** Arbeiten / **zum** Arbeiten

Übungen S. 50–52

Fremdwörter

Fremdwörter kann man oft an ihren **Suffixen (Endungen)** erkennen.
Viele Nomen haben die **Suffixe -ie**, **-ität**, **-ik** oder **-or**.
Viele Adjektive haben die **Suffixe -(i)ell** oder **-iv**.

Fremdwörter mit v: Viele Wörter, die **mit v** beginnen, sind **Fremdwörter**, z.B.: die Violine = die Geige.

Verben auf -ieren: Viele von Fremdwörtern abgeleitete Verben enden auf **-ieren**.
transportieren (von: der Transport)

Übungen S. 53–55

Getrenntschreibung

Die Wortgruppen **Nomen + Verb** und **Verb + Verb** werden in der Regel **getrennt** geschrieben.
Heute wollen wir Rad fahren. Ich möchte lieber spazieren gehen.

Wortgruppen aus **Adjektiv + Verb** schreibt man in der Regel **getrennt**.
ruhig bleiben

Wortgruppen mit **sein** schreibt man **getrennt**, egal, welches Wort vor **sein** steht.
an sein, aus sein

Übungen S. 56–57

Wörter mit h

Bei einigen Wörtern steht nach einem lang gesprochenen Vokal oder Umlaut ein **h**.
Allerdings nur vor den Konsonanten **l**, **m**, **n** und **r**.

   Stuhl   ähnlich
langer Vokal vor l   langer Umlaut vor n

In den meisten Wörtern folgt nach einem langen Vokal **kein h**.

Übungen S. 58–59

Wörter mit wider

Das Wort **wider** hat die Bedeutung „**gegen**", „**dagegen**", „**entgegen**".
Du sollst mir nicht widersprechen.

Übungen S. 60–61

Komma in Aufzählungen und Satzgefügen

Die Teile einer **Aufzählung**, die nicht durch **und**/**oder** verbunden sind, werden durch **Komma** voneinander getrennt.
Aufzählungen können aus **Wörtern**, **Satzteilen** oder **Sätzen** bestehen.

In einem Satzgefüge werden **Nebensätze** (NS) vom **Hauptsatz** (HS) durch Komma abgetrennt. Am Anfang des NS steht häufig eine Konjunktion, z. B. **als, weil, dass, obwohl**.
<u>**Als** ich sie sah</u>, <u>schlug mein Herz schneller</u>.
Konj.   NS   HS

Nach Verben des Sagens, Denkens und Meinens folgen oft **dass**-Sätze. Der **dass**-Satz wird durch ein Komma vom Hauptsatz abgetrennt, z. B.: Sie hofft**, dass** ihr Freund auf sie wartet.

Übungen S. 62–65

Grammatik

Verben

Verben sind Tätigkeitswörter und geben an, was jemand tut oder was geschieht.
Verben bilden verschiedene Zeitformen.

Verben im Präsens verwendest du, um auszudrücken,
- **was man regelmäßig tut**: Sina **füttert** die Kraken sechsmal die Woche.
- **was man jetzt tut**: Sina **füttert** die Kraken jetzt gerade.
Bei vielen Verben bleibt im Präsens der Verbstamm gleich. Es verändern sich nur die Endungen.
Sie richten sich nach der Person. **Zusammengesetzte Verben** können im Satz auseinanderstehen.
einkaufen – im Satz: Er kauft Futter ein.

Verben im Präteritum verwendest du meist, wenn du **schriftlich über etwas berichtest oder erzählst**, was schon vergangen ist.
Auch in Berlin **feierten** zahlreiche Fans den Sieg der Nationalmannschaft.

Verben im Perfekt verwendest du meist, wenn du etwas **mündlich erzählst**, was schon vergangen ist.
Viele Verben bilden das Perfekt mit **haben**: Sie hat gebacken.
Viele Verben bilden das Perfekt mit **sein**: Wir sind gelaufen.

Das Plusquamperfekt verwendest du, wenn du ausdrücken willst, dass etwas
vor einem zurückliegenden Ereignis geschah.
Chaos brach aus, nachdem die Luftbehörden den Luftraum über vielen Ländern **gesperrt hatten**.

Das Futur verwendest du, wenn du über Dinge sprichst, die in der **Zukunft** liegen,
also noch nicht geschehen sind.
Heute Abend **werde** ich ins Kino **gehen**.

Übungen S. 67

Verben im Passiv beschreiben, wenn etwas mit einer Person oder einem Gegenstand getan wird. Die Tätigkeit ist wichtig, nicht, wer sie ausführt. Deshalb wird die handelnde Person im Passiv meist nicht genannt. Das Passiv wird mit einer Form von **werden** und dem **Partizip Perfekt (Partizip II)** gebildet.
Tausend Flüge **werden** gestrichen.

Übungen S. 68–70

Verben im Konjunktiv I drücken unsichere Informationen aus. Auch bei nicht wörtlicher Rede (indirekter Rede) wird der Konjunktiv I verwendet. Dadurch wird deutlich, dass die Aussage nicht wahr sein muss.
Er sagt, er **laufe** jeden Morgen zehn Kilometer.

Verben im Konjunktiv II (Möglichkeitsform des Verbs) drücken aus, dass etwas nicht oder noch nicht Wirklichkeit ist. Den Konjunktiv II verwendest du aber auch in der indirekten Rede, wenn sich der Konjunktiv I nicht vom Indikativ unterscheidet.
Wörtliche Rede: „Wir kommen jetzt." Indirekte Rede: Er sagt, sie ~~kommen~~ kämen jetzt.

In Form einer **Frage** drückt der **Konjunktiv II** **Aufforderungen** oder **Bitten höflicher** aus als der Imperativ.
Häufig muss man dabei noch das Wort **bitte** ergänzen, z. B.:
Imperativ (Befehlsform): **Sei leise!**   Frage mit Konjunktiv II: **Würdest du bitte leise sein?**
Der **Konjunktiv II** wird vom Präteritum abgeleitet.

Präteritum:	du hattest	sie blieb	ich fand
Konjunktiv II:	du hättest gern …	sie bliebe bestimmt …	ich fände schön …

Übungen S. 35 71–75

Pronomen

Personalpronomen: Die Personalpronomen **ich, du, er, sie, es, wir, ihr, sie** kannst du für Personen, Lebewesen und Dinge einsetzen: Martin fährt Fahrrad. **Er** fährt schnell.

Possessivpronomen: Die Possessivpronomen **mein/meine, dein/deine, sein/seine, ihr/ihre, unser/unsere, euer/eure, ihr/ihre** zeigen an, wem etwas gehört: Martin leiht mir **sein** Fahrrad.

Relativpronomen: Mit den Relativpronomen **der, die, das / welcher, welche, welches** kann man **Nebensätze** einleiten. Das Relativpronomen **bezieht sich auf ein Nomen** oder **Pronomen** zurück und steht nach einem **Komma**. Ich lese das Buch, **das** du mir geschenkt hast.

Demonstrativpronomen: Mit den Demonstrativpronomen **dieser, diese, dieses / jener, jene, jenes** kann man auf etwas zeigen oder hinweisen, z. B.: Seit **jenem** Tag mochte sie **dieses** Lied.

Übungen S. 35, 66, 71, 80

Der Satz

Eine Satzreihe besteht aus mindestens zwei **Hauptsätzen**. Zwei oder mehr Hauptsätze können mit Konjunktionen, z. B. **denn** oder **aber**, verbunden werden.
Eva gibt sich im Praktikum Mühe, **denn** sie verdankt den Praktikumsplatz ihrer Tante.

Ein Satzgefüge besteht aus einem **Hauptsatz** und mindestens einem **Nebensatz**. Der Nebensatz endet mit einer **gebeugten Verbform**. Nebensätze werden mit Konjunktionen eingeleitet (z. B. **weil** oder **obwohl**) und vom Hauptsatz durch Komma getrennt, z. B. Die Tante freut sich, **weil** sie nur Gutes über Eva hört.

Konjunktionalsätze sind Nebensätze (NS), die mit einer Konjunktion eingeleitet werden, z. B. **als, weil, wenn, obwohl, damit, dass, sodass, solange** und **nachdem**. Sie können **vor (Spitzenstellung)** oder **nach (Endstellung)** dem Hauptsatz (HS) stehen, z. B.: **Obwohl** sie nur Gutes hört, sorgt sich die Tante.

Infinitivsätze bestehen aus einem **Infinitiv mit zu** und mindestens einem weiteren Wort. Einen Infinitivsatz kannst du oft **statt eines dass-Satzes** bilden, z. B.: Ich hoffe, **dass** ich morgen Zeit habe. Ich hoffe, morgen Zeit **zu haben**. Der Infinitivsatz steht hinter dem Hauptsatz (Endstellung) und wird durch ein Komma von diesem abgetrennt.

Relativsätze sind **Nebensätze, die sich** meist **auf ein vorangehendes Nomen beziehen**. Sie werden immer vom Hauptsatz durch Komma abgetrennt und durch ein typisches **Relativpronomen** (z. B. **der, die, das**) eingeleitet.
Geografie ist das Schulfach, **das** sich mit der Erde und der Erdoberfläche beschäftigt.

Übungen S. 76–81

Satzglieder und Attribute

Das Subjekt kann eine Person oder eine Sache sein. Mit **Wer?** oder **Was?** fragst du nach dem Subjekt.
Sabine hat Geburtstag. – Wer hat Geburtstag? – Sabine

Das Prädikat sagt etwas darüber aus, was jemand tut oder was geschieht. Mit **Was tut …?** fragst du nach dem Prädikat.
Eric **schenkt** ihr ein Buch. Eric **hat** ihr ein Buch **geschenkt**.

Objekte
Mit **Wen?** oder **Was?** fragst du nach dem **Akkusativobjekt**. Mit **Wem?** fragst du nach dem **Dativobjekt**.
Sabine bringt den Gast zur Tür. – Wen bringt Sabine zur Tür? – Den Gast.
Sarah gratuliert dem Geburtstagskind. – Wem gratuliert Sarah? – Dem Geburtstagskind.

Adverbiale Bestimmungen
Nach der **adverbialen Bestimmung der Zeit** fragst du mit **Wann?**
Der Spion kam um zehn Uhr. – Wann kam der Spion? – Um zehn Uhr.
Nach der **adverbialen Bestimmung des Ortes** fragst du mit **Wo?, Woher?, Wohin?**
Er traf den Mann am Bahnhof. – Wo traf er den Mann? – Am Bahnhof.
Nach der **adverbialen Bestimmung der Art und Weise** fragst du mit **Wie?**
Die Geldübergabe verlief hektisch. – Wie verlief die Geldübergabe? – Hektisch.
Nach der **adverbialen Bestimmung des Grundes** fragst du mit **Warum?**
Wegen der Eile übersah er ihn. – Warum übersah er ihn? – Wegen der Eile.

Genitivattribute stehen **hinter** einem Nomen und geben **zusätzliche Informationen** zu dem Nomen. Sie antworten auf die Frage: **Wessen?**
Das Handy meines Bruders ist kaputt. – Wessen Handy ist kaputt? – Das Handy meines Bruders.

Adjektivische Attribute stehen **vor** dem Nomen. Sie antworten auf die Fragen **Welche?, Welcher?**
Heute kommt meine beste Freundin. – Welche Freundin? – Die beste Freundin.

Übungen S. 82–85

Mehr **Wissenswertes auf einen Blick** findest du vorne im Heft und in den Klappen.
Öffne die Klappen, um zum Beispiel mit dem **Textknacker** zu arbeiten.

Doppel-Klick 8 Differenzierende Ausgabe

Das Arbeitsheft Plus
Lösungen

1 *Diesen Satz und diese Begründung könntest du geschrieben haben:*
In dem Text geht es wahrscheinlich darum, wie man mithilfe von verschiedenen Kraftwerken Energie aus dem Meer gewinnen kann. Die Überschrift sagt mir, dass es um Energiegewinnung aus dem Meer geht. Die Zwischenüberschriften und die Abbildungen benennen und zeigen die verschiedenen Kraftwerke.

3 **b.** Das Thema der drei mittleren Absätze sind unterschiedliche Kraftwerkstypen, die Meeresenergie nutzen.

4 *Diese Sätze könntest du geschrieben haben:*
Der erste Absatz führt in das Thema ein. Der letzte Absatz bewertet sachlich das zuvor beschriebene Thema.

5 *Diese Erklärungen solltest du gefunden haben:*
Tidenhub nennt man den Höhenunterschied zwischen Hoch- und Niedrigwasser.
Ein Gigawatt entspricht 1 Milliarde Watt oder 1 Million Kilowatt oder 1000 Megawatt.
Eine Turbine wandelt Fließenergie in Drehenergie um.
Ein Generator wandelt die Drehenergie, z. B. einer Turbine, in elektrische Energie um.
Ein Prototyp ist ein Versuchsmodell für ein geplantes Produkt oder Bauteil.
Kontinuierlich bedeutet stetig oder fortdauernd.
Eine Pilotanlage ist eine Versuchsanlage.
Eine Kombination nennt man eine Zusammenstellung.

6 *So könntest du die Kraftwerkstypen erklärt haben:*
Für ein **Gezeitenkraftwerk** wird eine Bucht vom Meer mit einem Damm abgetrennt. Bei Ebbe oder Flut gelangt das Wasser durch Turbinen auf die jeweils andere Seite des Dammes, wodurch Strom erzeugt wird.
Für ein **Meeresströmungskraftwerk** werden unter Wasser Turbinen gebaut, die einer Windkraftanlage ähneln. Durch die Strömung im Meer drehen sich die Turbinen und erzeugen Strom.
In einem **Wellenkraftwerk** wird durch die Bewegung der Wellen eine Luftsäule angetrieben. Bei ansteigendem Wasser wird die Luft nach oben durch eine Turbine gedrückt. Wenn das Wasser absinkt, wird die Luft angesaugt. Dadurch dreht sich die Turbine und erzeugt Strom.

7 **b.** *Diese Stichworte könntest du aufgeschrieben haben:*
  1. Einleitung: Strom aus dem Meer, großes Potenzial
  2. Gezeitenkraftwerk: 11. Jahrhundert: Gezeitenmühlen, 1897: elektrischer Strom, Turbinen, Ebbe und Flut, 1967: Gezeitenkraftwerk, Damm, Bucht, Meer, 24 Rohrturbinen, 240 Megawatt
  3. Meeresströmungskraftwerk: Gezeitenkräfte, Strömungen, Stromgewinnung, das deutsch-britische Pilotprojekt „Seaflow", Windkraftanlage unter Wasser, Inbetriebnahme 2003, Nachfolger „Seagen", Nordirland, 1,2 Megawatt, 1000 Haushalte

4. Wellenenergie: verschiedene Ansätze, Prinzip der schwingenden Wassersäule, Auf und Ab des Wassers, Luftsäule, bei ansteigendem Wasser Luft nach oben, Absinken des Wassers: Luft durch Turbine angesaugt, Prototyp November 2000, Westküste Schottlands, 500 Kilowatt
5. Lösung des weltweiten Energieproblems?: Energievorrat riesig, selten wirtschaftlich nutzen, Energie nicht kontinuierlich zur Verfügung, Möglichkeiten zur Speicherung der Energie, wichtigen Beitrag zur erneuerbaren Energieversorgung, noch am Anfang

8 *Diese Fragen könntest du geschrieben und sie so beantwortet haben:*
  1. Wofür kann die Kraft des Meeres genutzt werden? – für die Stromgewinnung
    Wodurch kann Strom aus dem Meer gewonnen werden? – aus der Kraft der Gezeiten und der Wellen
  2. Seit wann wird die Kraft des Tidenhubs genutzt? – Seit dem 11. Jahrhundert nutzt man die Kraft des Tidenhubs in Gezeitenmühlen in England und Frankreich.
    Wie hoch ist die Leistung des ersten Gezeitenkraftwerks der Welt? – Das erste Gezeitenkraftwerk der Welt hat eine Leistung von 240 Megawatt.
  3. Was entsteht durch Ebbe und Flut? – Durch Ebbe und Flut entstehen Strömungen.
    Wie heißt der Nachfolger des ersten Meeresströmungskraftwerks und wie hoch ist seine Leistung? – Der Nachfolger heißt „Seagen" und produziert 1,2 Megawatt Strom.
  4. Welche Form der Energie wird durch das Wetter erzeugt? – die Wellenenergie
    Wie viel Strom erzeugt der erste Prototyp eines Wellenkraftwerks? – Das Wellenkraftwerk an der Westküste Schottlands produziert 500 Kilowatt Strom.
  5. Warum müssten Möglichkeiten zur Speicherung der Energie geschaffen werden? – Es müssten Speicherungsmöglichkeiten geschaffen werden, weil die Energie nicht kontinuierlich zur Verfügung steht.
    Worin sehen Experten trotzdem einen wichtigen Beitrag zur erneuerbaren Energie? – in der Kombination verschiedener Meereskraftwerke

9 *So solltest du die Fragen beantwortet haben:*
  a) Die Mündung des Flusses Rance ist für ein Gezeitenkraftwerk besonders gut geeignet, weil sie einen Tidenhub von bis zu zwölf Metern hat.
  b) Das Meeresströmungskraftwerk „Seaflow" sieht so aus, weil es auch fast wie eine Windkraftanlage funktioniert. Statt des Windes wird die Gezeitenströmung genutzt, um die Turbinen in Bewegung zu bringen.
  c) Die Voraussetzungen für ein Gezeitenkraftwerk sind ein Tidenhub von mindestens fünf Metern und eine geeignete Bucht.
  d) Wellenkraftwerke erzeugen nicht kontinuierlich gleich viel Energie, weil das Wetter dabei eine sehr große Rolle spielt.
  e) Wind, Sonne und Biomasse werden als andere erneuerbare Energien im Text genannt.

10 *So könnte deine Zusammenfassung aussehen:*
Der Sachtext „Energie aus dem Meer" von Ulrich Grünewald berichtet von verschiedenen Kraftwerkstypen, die Meeresenergie nutzen. Es werden drei Kraftwerke vorgestellt: Gezeiten-, Meeresströmungs- und Wellenkraftwerke.
Für ein Gezeitenkraftwerk wird eine Bucht vom Meer mit einem Damm abgetrennt. Bei Ebbe oder Flut gelangt das Wasser durch Turbinen auf die andere Seite des Dammes, wodurch Strom erzeugt wird. Die Mündung des Flusses Rance bei St. Malo ist für ein Gezeitenkraftwerk besonders gut geeignet, weil sie einen Tidenhub von bis zu zwölf Metern hat. Dort wurde 1967 das erste Kraftwerk dieser Art in Betrieb genommen. Mithilfe von 24 Rohrturbinen können 240 Megawatt Strom erzeugt werden.
Ein Meeresströmungskraftwerk sieht aus wie eine Windkraftanlage unter Wasser. Statt des Windes wird die Gezeitenströmung genutzt, um die Turbinen in Bewegung zu bringen. Im Jahre 2003 wurde das Pilotprojekt „Seaflow" in Betrieb genommen. Der Nachfolger „Seagen" vor der Küste Nordirlands produziert 1,2 Megawatt Strom. In einem Wellenkraftwerk wird durch die Bewegung der Wellen eine Luftsäule angetrieben. Bei ansteigendem Wasser wird die Luft nach oben durch eine Turbine gedrückt. Wenn das Wasser absinkt, wird die Luft angesaugt. Dadurch dreht sich die Turbine und erzeugt Strom. Seit November 2000 gibt es den Prototypen eines Wellenkraftwerkes in Schottland. Er produziert 500 Kilowatt Strom. Obwohl der Energievorrat der Gezeiten groß ist, kann man ihn nur selten wirtschaftlich nutzen. Es werden Möglichkeiten zur Speicherung der Energie benötigt, da sie nicht kontinuierlich zur Verfügung steht. Noch steht die Nutzung der Energie aus dem Meer am Anfang. Laut den Experten wird sie aber einen wichtigen Beitrag zur erneuerbaren Energieversorgung leisten.

Seite 7

1 *So solltest du die Stichworte den Phasen zugeordnet haben:*
Phase 1: links: offenes Meer, rechts: Staubecken, Verschluss
Phase 2: Turbine läuft
Phase 3: Verschluss
Phase 4: das Kraftwerk

2 *Diese anderen Wörter solltest du gefunden haben:*
Flut = Hochwasser, Ebbe = Niedrigwasser

3 *So solltest du die Fragen beantwortet haben:*
a) Das Wasser staut sich dadurch, dass die Turbinenleitungen geschlossen sind.
b) Die Turbinenleitungen werden einmal geöffnet, wenn die Flut ihr Maximum erreicht hat (Phase 2), und ein weiteres Mal, wenn die Ebbe erreicht ist (Phase 4).

4 *Diese Vermutung könntest du aufgeschrieben haben:*
Vermutlich werden die Turbinenleitungen einmal geschlossen, wenn das Staubecken maximal gefüllt ist (zwischen Phase 4 und Phase 1), und ein weiteres Mal, wenn das Staubecken ganz leer ist (zwischen Phase 2 und Phase 3).

5 *So könnte dein Sachtext aussehen:*
So funktioniert ein Gezeitenkraftwerk
Wie ein Gezeitenkraftwerk Energie erzeugt, kann man auf dem Schaubild „Funktionsprinzip eines Gezeitenkraftwerks" sehen. In der ersten Phase ist das Staubecken leer und die Turbinenleitungen sind geschlossen. Die Flut steigt an. Wenn die Flut ihr Maximum erreicht hat, werden in der zweiten Phase die Turbinenleitungen geöffnet. Wasser strömt in das Staubecken. Dadurch wird die Turbine angetrieben und Strom erzeugt.
In der dritten Phase ist das Staubecken gefüllt und die Turbinenleitungen werden wieder verschlossen. Die Flut sinkt ab. Sobald die Ebbe erreicht ist, werden die Turbinenleitungen geöffnet. Das Wasser strömt aus dem Staubecken und treibt damit erneut die Turbine an. So wird wieder Strom erzeugt.

Seite 8

1 *Diese Stichworte könntest du aufgeschrieben haben:*
Windenergie: auf See, auch an Land, Windturbinen, Ökostrom, erneuerbare Energie, umweltfreundlich

2 b. *Diese Sätze könntest du geschrieben haben:*
In Material 1, dem Text „Energie der Zukunft: Watt aus dem Meer", geht es um einen Windpark, der in der Nordsee gebaut wird, um große Mengen an umweltfreundlichem Strom zu erzeugen.
Die Grafik aus Material 2 beschreibt den Strommix in Deutschland für das Jahr 2009. In der Grafik aus Material 3 wird eine Prognose für die Stromversorgung in Deutschland für das Jahr 2020 dargestellt. In der Grafik aus Material 4 sieht man, wie man mit Solarkraftwerken Strom aus der Wüste gewinnen kann. In Material 5 werden die Vor- und Nachteile von Windenergie aufgezählt.

3 *Diesen Satz könntest du geschrieben haben:*
Die Grafik aus Material 4 passt nicht zum Thema „Windenergie", da es darin um Solarkraftwerke geht.

Seite 10

4 b. *So solltest du deinen Arbeitsauftrag beschrieben haben:*
Ich soll einen informierenden Text zum Thema „Windenergie" am Beispiel von Alpha Ventus schreiben. In diesem Text soll ich den Anteil der Windenergie am heutigen und am zukünftigen Energieverbrauch darstellen. Dazu soll ich Informationen aus den Materialien 1 bis 5 verwenden. Schwierige Begriffe und Sachverhalte soll ich erklären. In meinem Text soll ich die Quellen der Informationen nennen. Ich soll im Präsens schreiben und wörtliche Rede vermeiden.

6 *Diese Erklärungen könntest du geschrieben haben:*
offshore – vor der Küste, auf offener See; der Ökostrom – umweltfreundlich gewonnene elektrische Energie; die Rotoren – die sich drehenden Teile einer Maschine; die Gigawattstunde – eine Milliarde Wattstunden; die Biomasse – pflanzliche und tierische Rohstoffe zur Energieerzeugung; die Prognose – eine Vorhersage; die Geothermie – in der Erde gespeicherte Wärme

Seite 11

1 *So solltest du die Fragen beantwortet haben:*
A Der erste deutsche Offshore-Windpark heißt Alpha Ventus und liegt in der Nordsee.
B An den deutschen und europäischen Küsten sollen in den nächsten Monaten und Jahren große Offshore-Windparks entstehen, um viel Ökostrom produzieren zu können.
C Die Politik schöpft Hoffnung, weil die Vision von einer umweltschonenderen Energieversorgung durch die Windparks greifbar wird.

2 *Diese Zahlen solltest du aufgeschrieben haben:*
Größe: *4 km²*, Anzahl der Turbinen: *12*
Anzahl der mit der Energie versorgten Haushalte: *50 000*

3 *Diese Energiequellen solltest du aufgeschrieben haben:*
Erneuerbare Energien: Windenergie (an Land und auf See), Bioenergie, Fotovoltaik, Wasserkraft, Geothermie
Nicht erneuerbare Energien: Erdgas, Kernenergie, Braunkohle, Steinkohle, Mineralöl, Abfall

4 *Diese Aussagen hast du sicher angekreuzt:*
b), c)

5 *So könnten deine Antworten lauten:*
A Der Anteil der erneuerbaren Energien an der Stromproduktion betrug 14,8 %.
B Der Anteil der Windenergie an der Stromproduktion 2009 betrug 6,3 %.
C 2020 soll die Windenergie 25 % an der Stromversorgung betragen.
D Bei Material 2 handelt es sich um ein Kreisdiagramm.
E Windenergie muss vor Ort in Strom umgewandelt werden, weil sie sich nicht speichern lässt. Sie kann nur in Form von elektrischem Strom transportiert werden.

6 *So könnte deine Antwort aussehen:*
Der Anteil der erneuerbaren Energien an der Stromversorgung wird von 2009 bis 2020 voraussichtlich von 14,8 % auf 47 % ansteigen. Dabei wird der Anteil der Wasserkraft von 3,2 % auf 5 % und der Anteil der Windenergie von 6,3 % auf 25 % ansteigen (Materialien 2 und 4).

Seite 12

1 a. *Diese Fragen könntest du gestellt haben:*
Frage 1: Was ist Windenergie?
Frage 2: Was ist Alpha Ventus?
Frage 3: Welchen Beitrag leistet Windenergie im Jahr 2009 und im Jahr 2020?
Frage 4: Welche Vor- und Nachteile hat die Nutzung von Windkraft?

Seite 13

2 a. *Diese Wörter solltest du markiert haben:*
Der Offshore-Windpark Alpha Ventus wird bei normalen Windbedingungen pro Jahr mindestens 220 Gigawattstunden Ökostrom für 50 000 Haushalte in das Stromnetz einspeisen.

c. *So könnte deine Überarbeitung aussehen:*
Alpha Ventus ist ein Offshore-Windpark, also eine Ansammlung von Windenergieanlagen auf offener See. Mindestens 220 Gigawattstunden könnte Alpha Ventus bei normalen Windbedingungen pro Jahr produzieren, das sind 220 Milliarden Wattstunden. Der Strom wird in das Stromnetz eingespeist, also an das Stromnetz weitergegeben. 50 000 Haushalte bekommen dann Ökostrom, das heißt umweltfreundlich gewonnene elektrische Energie.

3 *Diese Quellen solltest du angegeben haben:*
A *Material 1*; B *Material 5*; C *Material 3*; D *Material 2*

4 *Diese Sätze könntest du geschrieben haben:*
Aus Material 1 geht hervor, dass der Offshore-Windpark Alpha Ventus mindestens 220 Gigawattstunden Ökostrom pro Jahr produzieren wird. In Material 5 wird erklärt, dass Windenergieanlagen kein Kohlendioxid ausstoßen. Material 4 macht deutlich, dass der Anteil der Windenergie voraussichtlich auf 25 % im Jahr 2020 steigen wird. Material 2 zeigt, dass der Anteil der Windenergie im Jahr 2009 nur bei 6,3 % lag.

5 a. *Diese Überschrift könntest du geschrieben haben:*
Die Zukunft einer erneuerbaren Energie

b. *So könntest du deine Einleitung geschrieben haben:*
Dass Windenergie eine Energie mit Zukunft ist, versteht man, wenn man einen Blick auf den Offshore-Windpark Alpha Ventus wirft. Durch ihn sollen bald 50 000 Haushalte mit Ökostrom versorgt werden. Der Anteil von Windenergie an der Stromversorgung wird in den nächsten Jahren stark ansteigen, wenn noch mehr von diesen Windparks gebaut werden.

6 *So könntest du deinen Hauptteil geschrieben haben:*
Windenergie ist wertvoll, da sie zu den erneuerbaren Energien gehört. Man kann sie auf dem Land und auf See gewinnen. Sie ist so wichtig, weil man damit Ökostrom, also umweltfreundlich gewonnene elektrische Energie, erzeugen kann. Sie soll zur Wende der Energieversorgung Deutschlands beitragen. Material 1 beschreibt Alpha Ventus, das ist der erste Offshore-Windpark in Deutschland. Er befindet sich in der Nordsee auf einer Fläche von 4 km². Ein Offshore-Windpark ist eine Ansammlung von Windanlagen auf offener See. Wie die Grafik aus Material 2 zeigt, beträgt der Anteil von erneuerbaren Energien an der Stromversorgung Deutschlands 14,8 % im Jahr 2009. Die Windenergie macht davon 6,3 % aus. Die Grafik aus Material 4 macht außerdem deutlich, dass der Anteil der Windenergie im Jahr 2020 bereits 25 % betragen kann, wenn man nun noch mehr solcher Windparks baut. Es wird weiterhin vorhergesagt, dass der Anteil aller erneuerbaren Energien dann bei 47 % liegen kann. Einige Nachteile hat Windenergie allerdings, wie Material 5 erklärt. Durch die Windparks wird zum Beispiel das Landschaftsbild verändert. Außerdem ist Windenergie nicht so zuverlässig wie andere Energiequellen und lässt sich nicht speichern. Deshalb muss sie vor Ort in Strom umgewandelt werden. Aber die Windenergie hat in erster Linie große Vorteile. Es werden beispielsweise keine Schadstoffe ausgestoßen, man benötigt weniger Platz, sie ist reichlich vorhanden und vor allem erneuerbar.

7 *So könntest du deinen Schlusssatz geschrieben haben:*
Der Windpark Alpha Ventus zeigt, dass Windenergie eine große Bedeutung für die zukünftige Stromversorgung in Deutschland haben kann.

Seite 14

1 bis **6**
Diese falschen Angaben hast du sicher markiert, diese Verbformen durchgestrichen und den Pfeil so gezeichnet:
Die Windenergie – unsere Chance für die Zukunft
Die Entwicklung der Windenergie geht ganz schön fix voran. Darüber und über einiges mehr informiert der Text. Ich denke, für den Ausbau der erneuerbaren Energien können wir auch mit einem veränderten Landschaftsbild leben.
Windenergie ist – das weiß doch jeder, was das ist, oder? Das ist das mit der erneuerbaren Energie und so weiter.
Aus dem Text von Frank geht hervor, dass die Produktion von Windenergie immer weiter ausgebaut wird. So wurde in der Nordsee gerade der erste deutsche Offshore-Windpark fertiggestellt, nämlich Alpha Ventus. Weitere Windparks an den Küsten Europas sollen folgen.
Die Ausmaße des Offshore-Windparks ~~waren~~ riesig: Auf einer Fläche von etwa 4 Quadratkilometern ~~standen~~ 9 Windturbinen. Aber am beeindruckendsten ist, dass der Windpark 50 000 Menschen mit Strom versorgen kann – natürlich nur, wenn der Wind bläst. Aber das tut er auf See sowieso die ganze Zeit. „In der Branche wird der Offshore-Windmarkt als der wesentliche Wachstumsbereich bei den erneuerbaren Energien in unseren Regionen angesehen", sagt ein Unternehmen.
Der Ökostrom verdrängt so langsam die Brennstoffe Kohle, Öl und Wasser. Das ist gut für die Umwelt, denn die schädlichen Abgase der Kraftwerke wie Kohlendioxid, Stickoxide und Schwefeldioxid ~~gelangten~~ immer weniger in die Luft. Der Anteil der Windkraft soll von 0,6 % im Jahr 2007 auf 25 % im Jahr 2020 steigen. Das belegen zwei Grafiken.
Die Windenergie hat aber auch Nachteile. So verändern die Windanlagen zum Beispiel das Landschaftsbild.

3 **b.** *Diese fehlenden Angaben hast du sicher aufgeschrieben:*
(Name des Autors) Frank Dohmen, (Überschrift) „Energie der Zukunft: Watt aus dem Meer"

9 *So könntest du den Text überarbeitet haben. Die unterstrichenen Informationen hast du sicher so ergänzt:*
Die Entwicklung der Windenergie geht inzwischen schnell voran. Windenergie ist eine der erneuerbaren Energien, d. h. eine umweltfreundliche Art und Weise, Strom zu erzeugen. Aus dem informierenden Text „Energie der Zukunft: Watt aus dem Meer" von Frank Dohmen geht hervor, dass die Produktion von Windenergie immer weiter ausgebaut wird. So wurde in der Nordsee gerade der erste deutsche Offshore-Windpark mit dem Namen Alpha Ventus fertiggestellt. Weitere Windparks an den Küsten Europas sollen in den kommenden Monaten und Jahren folgen.
Die Ausmaße des Offshore-Windparks sind sehr groß: Auf einer Fläche von etwa 4 Quadratkilometern stehen 12 Windturbinen. Aber am beeindruckendsten ist, dass der Windpark 50 000 Haushalte mit Strom versorgen kann – natürlich nur, wenn der Wind bläst. Das macht er aber auch auf See nicht immer. In der Branche werde der Offshore-Windmarkt als der wesentliche Wachstumsbereich bei den erneuerbaren Energien in unseren Regionen angesehen, behauptet Frank Mastiax vom Unternehmen E.on.
Der Ökostrom verdrängt so langsam die Brennstoffe Öl, Kohle und Gas. Das ist gut für die Umwelt, denn die schädlichen Abgase der Kraftwerke wie Kohlendioxid, Stickoxide und Schwefeldioxid gelangen immer weniger in die Luft. Der Anteil der Windkraft soll von 6,3 % im Jahr 2009 auf 25 % im Jahr 2020 steigen. Das belegen die Grafiken aus den Materialien 2 und 4, denn sie zeigen den „Strommix in Deutschland" im Jahr 2009 und eine „Prognose: Stromversorgung in Deutschland 2020". Die Windenergie hat aber auch Nachteile. So verändern die Windanlagen z. B. das Landschaftsbild. Doch ich denke, für den Ausbau der erneuerbaren Energien können wir auch mit einem veränderten Landschaftsbild leben.

Seite 15

1 *So solltest du die Fragen beantwortet haben:*
A Der Anteil der sonstigen Energieträger beträgt 3,9 % und nicht 39 %.
B Der Anteil der nicht erneuerbaren Energien betrug im Jahr 2009 85,2 % (24,6 % + 18,3 % + 22,6 % + 12,9 % + 0,8 % + 2,1 % + 3,9 %).

2 *So hast du deine Grafik sicher gestaltet:*

Strommix in Deutschland 2009

| Braunkohle |
| Steinkohle |
| Kernenergie |
| Erdgas |
| Mineralölprodukte |
| erneuerbare Energien |
| Müll |
| sonstige Energieträger |

5 %   10 %   15 %   20 %   25 %   30 %

1 **b.** *Diese Stichworte könntest du notiert haben:*
Material 1: Solarkraftwerk, Sonnenenergie, Marokko
Material 2: Marokko, Ain Beni Mathar, Solarkraftwerk, Windenergieanlage
Material 3: Vorteile und Nachteile, solarthermische Kraftwerke

c. *Diese Sätze könntest du geschrieben haben:*
In dem Text „Marokko startet das Projekt Wüstenstrom" aus Material 1 geht es um das modernste Solarkraftwerk der Welt und die weiteren Planungen zur Gewinnung von Sonnenenergie in Marokko.
Material 2 zeigt eine Karte von Marokko mit dem Solarkraftwerk Ain Beni Mathar und den zukünftigen Windenergieanlagen an der Atlantikküste.
In Material 3 werden die Vor- und Nachteile von solarthermischen Kraftwerken aufgezeigt.

2 *Diese Sätze könntest du aufgeschrieben haben:*
Im Jahr 2010 produzieren die Solarkraftwerke in Marokko 20 Megawatt Energie auf einer Fläche von 40 Hektar. Im Jahr 2020 sollen sie 2000 Megawatt Energie auf einer Fläche von 10 000 Hektar produzieren.

3 *So solltest du die Frage beantwortet haben:*
Marokko transportiert über zwei Leitungen durch die Meerenge von Gibraltar Strom nach Europa.

4 *So könntest du die Begriffe erklärt haben:*
Ein Parabolspiegel ist ein schüsselförmiger Gegenstand, mit dem Solarenergie produziert werden kann.
Eine Pilotanlage ist eine Versuchsanlage, in der Erfindungen getestet werden können.

5 *Diese Sätze könntest du geschrieben haben:*
Vorteile: Solarthermische Kraftwerke haben den Vorteil, dass sie Strom produzieren, ohne dabei CO_2 zu erzeugen. Außerdem kann ein Teil der produzierten Wärme gespeichert und auch nach Sonnenuntergang zur Stromproduktion verwendet werden. Das ist ein Vorteil gegenüber der Fotovoltaik.
Nachteile: Dennoch ist die Sonneneinstrahlung in Nord- und Mitteleuropa für diese Technik nicht intensiv genug. Ein weiterer Nachteil ist, dass die verwendeten Wärmespeicher aus Salz komplett zerstört werden, falls sie einmal zu stark abkühlen.

6 *Diesen Satz solltest du geschrieben haben:*
Das Material 4 von Seite 9 passt zum Thema „Wüstenstrom", da die Grafik zeigt, wie man anhand von modernen Solarkraftwerken Strom aus der Wüste gewinnen kann.

7 *Diese Fragen und Stichworte könntest du aufgeschrieben haben:*
Was ist „Beni Mathar"? – das modernste Solarkraftwerk der Welt, solare Pilotanlage, Parabolspiegel, Wüste Marokkos

Wie soll sich das Solarkraftwerk in Zukunft weiterentwickeln? – von 40 auf 10 000 Hektar, von 20 auf 2000 Megawatt, in den nächsten zehn Jahren, entscheidender Beitrag zur Energieversorgung Europas

Wie kann Europa von der gewonnenen Solarenergie profitieren? – Import nordafrikanischer Solarenergie, durch Kabel Verbindung zum europäischen Verbundnetz, zwei Leitungen durch die Meerenge von Gibraltar, Kapazität von 1400 Megawatt

8 *So könnte dein fertiger Text aussehen:*

In der Wüste Marokkos wird durch solarthermische Kraftwerke wertvolle Solarenergie gewonnen. Auch das modernste Solarkraftwerk der Welt befindet sich dort: Beni Mathar. Material 1 erklärt, dass dieses Kraftwerk den Beginn der Solarrevolution darstellt, und das nicht nur für Marokko. Mithilfe von Parabolspiegeln werden in der Wüste Marokkos auf einer Fläche von 40 Hektar 20 Megawatt Strom erzeugt. In den nächsten zehn Jahren sollen die Fläche der Solarfelder auf 10 000 Hektar und der Stromgewinn auf 2000 Megawatt ansteigen. Von dieser Solarenergiegewinnung kann auch Europa profitieren, wie Material 2 zeigt. Durch die Meerenge von Gibraltar sind in zwei Leitungen Kabel verlegt. Sie stellen eine Verbindung zum europäischen Verbundnetz her und haben eine Kapazität von 1400 Megawatt.

Man muss bedenken, dass die Sonneneinstrahlung in Nord- und Mitteleuropa für diese Technik nicht intensiv genug ist, wie Material 3 belegt. Außerdem werden die verwendeten Wärmespeicher aus Salz komplett zerstört, falls sie einmal zu stark abkühlen. Aber solarthermische Kraftwerke haben in erster Linie große Vorteile. Sie produzieren Strom, ohne dabei CO_2 zu erzeugen. Außerdem kann ein Teil der produzierten Wärme gespeichert und auch nach Sonnenuntergang zur Stromproduktion verwendet werden. Das ist ein Vorteil gegenüber der Fotovoltaik.

Die solare Pilotanlage Beni Mathar zeigt, dass Solarenergie eine große Bedeutung für die zukünftige Stromversorgung in Afrika und Europa haben kann.

Das kann ich! – Auswertung	
51–70 Punkte	Du hast schon viel gelernt. Weiter so!
31–50 Punkte	Du kannst es sicher noch besser. Übe weiter.
0–30 Punkte	Arbeite die Seiten 4 bis 15 noch einmal durch.

Seite 18

1 b. *Diese ungeeigneten Formulierungen hast du sicher markiert:*
Hallo, den Job, endlich hinter mir haben werde, mich über eine Absage nicht freuen, Ciao

c. *Diese fehlenden Angaben hast du sicher notiert:*
das Datum, der Betreff, der Zeitraum des Praktikums, die Nennung der Anlagen

Seite 19

2 a. *Sicherlich hast du dir überlegt, dass eine Firma mit 15 Angestellten täglich sehr viele Briefe bekommt und für das Sortieren wenig Zeit bleibt.*

b. *Diese Antwort könntest du geschrieben haben:*
Die Betreffzeile hilft der Person, den Brief richtig einzusortieren.

3 *Diese Betreffzeilen solltest du geschrieben haben:*
Raffaela: Bewerbung um ein Praktikum; Restaurant: Bestätigung der Tischreservierung für die Betriebsfeier; Hausverwaltung: Auftrag für das Streichen einer Fassade; Zwölf Leiterhersteller: Angebote über neue Sicherheitsleitern; Frau Meier: Reklamation der Türfarbe

4 *Diese Anrede und diesen Gruß hast du sicher geschrieben:*
Anrede: Sehr geehrte Damen und Herren; Gruß: Mit freundlichen Grüßen

5 *So solltest du geantwortet haben:*
a. Anlagen
b. Der Hinweis steht ganz unten im Brief, nach der Unterschrift.

6 *So hast du den Brief sicher überarbeitet:*

> Jakob Müller   Musterhausen, 20.03 2011
> Bahnhofstraße 25
> 56789 Musterhausen
> Tel.: 0 91 01 / 12 13 14
>
> Firma
> Malerarbeiten-KG
> Parkstraße 43
> 56789 Musterhausen
>
> **Betreff:** Bewerbung um ein Praktikum
>
> Sehr geehrte Damen und Herren,
>
> mit diesem Schreiben möchte ich mich für ein Betriebspraktikum vom 01.05.2011 bis zum 22.05.2011 in Ihrer Firma bewerben. Ich habe in den letzten Ferien zusammen mit meinem Vater unser Haus renoviert und Spaß am Tapezieren bekommen. Aus diesem Grund möchte ich den Beruf des Malers und Lackierers näher kennen lernen.
> Zurzeit besuche ich die 8. Klasse der Mustertaler Gesamtschule, die ich voraussichtlich nach der 10. Klasse mit dem Realschulabschluss verlassen werde.
> Meinen Lebenslauf habe ich diesem Schreiben beigefügt.
> Ich würde mich über eine Zusage freuen.
>
> Mit freundlichen Grüßen
>
> *Jakob Müller*
>
> Anlage: Lebenslauf

Seite 20

7 bis **10**
Für die Lösung dieser Aufgaben orientierst du dich an der Lösungen zu den Aufgaben 4 bis 6 von Seite 19.

Seite 21

1 *Du hast sicher alle notwendigen Angaben im Lebenslauf angekreuzt, bis auf die folgenden vier:*
a. Berufe der Eltern, Geschwister, Haustiere, Krankheiten

b. *Diese Angaben können in einem Lebenslauf zusätzlich sinnvoll sein:*
Berufe der Eltern, Geschwister

c. *Diese unnötigen Angaben hast du sicher gestrichen:*
Haustiere, Krankheiten

2 *So sollte dein Muster aussehen:*

> **Lebenslauf**
>
> **Angaben zur Person**
> Name: _____
> Vorname: _____
> Geburtsdatum: _____
> Geburtsort: _____
> Staatsangehörigkeit: _____
> Mutter: _____
> Vater: _____
>
> **Schulbildung**
> *(Zeiten der Schulbildung) (Schultyp)*
> Voraussichtlicher Abschluss: _____
>
> **Besondere Kenntnisse und Interessen**
> Sprachkenntnisse: _____
> Lieblingsfächer: _____
> Hobbys: _____
>
> *(Ort und Datum)*
>
> *(Unterschrift)*

5

3 b. *So sollte Marinas Lebenslauf aussehen:*

Marina Heinemann
Heinestraße 12
34567 Neustadt
Tel.: 1 23 45 67
E-Mail: Marheineke@abcdefg.de

Lebenslauf

Persönliche Daten
Name: Heinemann
Vorname: Marina
Geburtsdatum: 18. 04. 1996
Geburtsort: Neustadt
Staatsangehörigkeit: deutsch
Mutter: Stefanie Heinemann
Vater: Sven Heinemann

Schulbildung
2002–2006 Grundschule Neustadt
2006–2012 Gesamtschule Neustadt
Voraussichtlicher Abschluss: erweiterter Hauptschulabschluss

Besondere Kenntnisse und Interessen
Sprachkenntnisse: Englisch (fortgeschritten), Arabisch (Grund-
kenntnisse)
Lieblingsfächer: Deutsch, Sport, Erdkunde

Neustadt, 27. 2. 2011

Marina Heinemann

Seite 22

1 a. *Diese Materialien, Werkzeuge und Geräte hast du markiert:*
Eimer, Rührstock, Tapeziertisch, Pinsel, Spachtel, Tapeziermaschine, Tapetenroller, Kleistereimer

b. die Kleisterbürste, die Tapezierschere, das Tapeziermesser

2 *So sollte deine Tabelle aussehen:*

Uhrzeit	Tätigkeit	Materialien, Werk-zeuge und Geräte
7:00	Im Betrieb luden wir die Werkzeuge und Materialien ins Auto.	alle Materialien und Werkzeuge
7:30	Wir luden die Werkzeuge und Materialien beim Kunden aus.	alle Materialien und Werkzeuge
7:40	Wir legten die Folie im Zimmer aus und rührten den Tapetenlöser an.	Tapetenlöser, Eimer, Rührstock, Folie, Kreppband, Tape-ziertisch
8:00	Wir lösten die alte Tapete von der Wand.	Pinsel, Spachtel
9:00	Wir machten 20 Minuten Frühstückspause.	
9:20	Wir stopften die alte Tapete in Müllbeutel und ich brachte sie ins Auto.	Müllbeutel, Tapete
9:50	Wir bauten die Tapezier-maschine auf und ich rührte den Kleber an. Ich half beim Tapezieren.	Tapeziermaschine, Kleber, Tapeten-roller, Kleistereimer, Pinsel
12:20	Ich brachte die Werkzeuge ins Auto.	alle Werkzeuge
12:30	Die anderen machten Mittagspause, ich hatte Feierabend.	

3 *So hast du die Materialien und Werkzeuge sicher erklärt:*
Tapezierschere: um Tapete zuzuschneiden, z. B. an Türen oder
Fenstern; Müllbeutel: um Materialreste zu beseitigen, z. B. die
alte Tapete; Folie: um etwas abzudecken, z. B. den Fußboden

Seite 23

4 a. *Diesen Satz hast du sicher gestrichen:*
An diesem ersten Tag habe ich alles über den Beruf des
Malers erfahren.

b. *Diese Wörter und Wortgruppen hast du sicher gestrichen:*
Der ~~dicke~~ Geselle ~~war sehr nett und~~ erklärte mir die ver-
schiedenen Abläufe. Das ~~anstrengende und langweilige~~
Tapezieren dauerte über zwei Stunden. Ich durfte am ersten
Tag ~~nur~~ verschiedene ~~unwichtige~~ Arbeiten erledigen.

5 *So könntest du die Sätze neu formuliert haben:*
Zuerst half ich beim Einladen, dann half ich beim Ausladen.
Danach half ich beim Hochtragen und anschließend half ich
beim Vorbereiten. Später legte ich das Zimmer sorgfältig mit
Folie und Kreppband aus. Dann rührte ich den Tapetenkleister
gründlich an. Danach reichte ich die bestrichene Tapete vorsichtig an. Zum Schluss half ich eifrig beim Zusammenräumen
der Werkzeuge.

6 *So könnte dein fertiger Tagesbericht aussehen:*
Jakob Mesimeris, Klasse 8 b
Tagesbericht zum Praktikum als Maler
Um 7:00 Uhr half ich dabei, im Betrieb die Werkzeuge, Geräte
und Materialien ins Auto zu laden, und eine halbe Stunde später
half ich dabei, sie beim Kunden auszuladen. Dort legte ich mit
den anderen Mitarbeitern zuerst die Folie im Zimmer aus und
befestigte sie sorgfältig mit Kreppband. Anschließend rührte
ich den Tapetenlöser vorsichtig in einem Eimer mit einem Rührstock an. Danach fing ich zusammen mit meinen Kollegen um
8:00 Uhr an, die alte Tapete mit Pinseln und Spachteln gründlich zu lösen. Um 9:00 Uhr machten wir alle 20 Minuten Früh-
stückspause. Danach stopfte ich die alte Tapete in Müllbeutel
und brachte sie ins Auto. Um 9:50 Uhr baute ich mit den Malern
die Tapeziermaschine auf und rührte den Kleber an. Dann half
ich beim Tapezieren. Dazu benutzte ich einen Tapetenroller.
Mit dem Tapetenroller rollt man vorsichtig über die Tapete,
um sie ganz glatt zu machen. Um 12:20 Uhr brachte ich die
Werkzeuge ins Auto. Danach machten die anderen Mitarbeiter
Mittagspause und ich hatte Feierabend.

7 *So könnte deine Checkliste aussehen:*

Checkliste: Einen Tagesbericht schreiben	ja	nein
Habe ich alle Materialien und Werkzeuge genannt?		
Habe ich genau und sachlich geschrieben?		
Ist der Bericht knapp, einfach und klar?		
Habe ich W-Fragen beantwortet?		
Habe ich das Präteritum verwendet?		
Habe ich wertende Aussagen vermieden?		
Habe ich genaue Zeitangaben verwendet?		
Sind meine Sätze abwechslungsreich?		

Seite 24 – Das kann ich!

1 Ich soll Nicoles Bewerbung überarbeiten. Ich soll für das
Bewerbungsschreiben das heutige Datum verwenden. Ich soll
dabei die Arbeitstechnik „Einen offiziellen Brief schreiben"
berücksichtigen. Ich soll an der passenden Stelle auf den beigefügten Lebenslauf verweisen. Außerdem soll ich einen tabellarischen Lebenslauf für Nicole schreiben.

3 *Diese Stichworte solltest du aufgeschrieben haben:*
Adresse des Empfängers an falscher Stelle, Betreff fehlt, ungeeignete Anrede, Unterschrift fehlt, Hinweis auf die Anlage fehlt

4 *So sollten das überarbeitete Bewerbungsschreiben und der Lebenslauf aussehen:*

Nicole Arnold   Neustadt, 04.05.2011
Queralle 23
45678 Neustadt
Tel.: 0 65 43/21 09 87

An die
Fixe Schere
Arndtstraße 5
45678 Neustadt

Betreff: Bewerbung um einen Praktikumsplatz

Sehr geehrte Damen und Herren,

mit diesem Schreiben möchte ich mich für ein Schulpraktikum in Ihrem Friseursalon in der Zeit vom 01.10. bis 20.10. dieses Jahres bewerben. Ich habe mit viel Spaß und Freude meinen Freundinnen die Haare gewaschen und geföhnt, deshalb möchte ich mehr über den Beruf einer Friseurin erfahren. Ich besuche zurzeit die 8. Klasse der Martin-von-Tours-Schule und werde die Schule voraussichtlich in zwei Jahren mit dem Realschulabschluss verlassen.
Meine Bewerbungsunterlagen habe ich diesem Schreiben beigefügt.
Ich würde mich über eine Zusage sehr freuen.

Mit freundlichen Grüßen

Nicole Arnold

Anlage: Lebenslauf

Nicole Arnold
Queralle 23
45678 Neustadt
Tel.: 0 65 43/21 09 87

Lebenslauf

Persönliche Daten
Name: Arnold
Vorname: Nicole
Geburtsdatum: 12.02.1997
Geburtsort: Schwalmstadt/Treysa
Staatsangehörigkeit: deutsch
Mutter: Stefanie Arnold
Vater: Sven Arnold

Schulbildung
2003–2007 Grundschule Neustadt
2007–2011 Realschule Martin-von-Tours-Schule
Voraussichtlicher Abschluss:
Realschulabschluss

Besondere Kenntnisse und Interessen
Sprachkenntnisse: Englisch (fortgeschritten)
Lieblingsfächer: Deutsch, Erdkunde und Kunst
Hobbys: Lesen, Radfahren, Kino

Neustadt, (Datum)

Nicole Arnold

Das kann ich! – Auswertung	
48–65 Punkte	Du hast schon viel gelernt. Weiter so!
29–47 Punkte	Du kannst es sicher noch besser. Übe weiter.
0–28 Punkte	Arbeite die Seiten 18 bis 21 noch einmal durch.

Seite 25 – Das kann ich!

1 *Diesen Fehler hast du sicher aufgeschrieben.*
Sie schreibt im Präsens.

2 *So hast du sicher die Checkfragen beantwortet:*
Gibt es abwechslungsreiche Satzanfänge? – nein. Wird über das Geschehen in der richtigen Reihenfolge berichtet? – ja. Wird auf die Wiedergabe persönlicher Meinung verzichtet? – nein. Wird die Beschreibung des Tagesablaufs mit Zeitangaben gegliedert? – ja.

3 **a.** *Diese Satzanfänge hast du sicher markiert:* Dann

b. *Diese Satzanfänge könntest du notiert haben:*
Um 8:00 Uhr, Von 8:30 Uhr bis 9:00 Uhr, Gegen 12:00 Uhr Kurz nach 9:00 Uhr, Eine halbe Stunde später

4 *Diese Wiederholungen solltest du markiert haben:*
Dann, Ich helfe, Ich muss

5 *So könnte dein überarbeiteter Bericht aussehen:*
Ayse Schmidt, Klasse 8 b
Tagesbericht zum Praktikum im Kaufhaus
Mein Praktikumstag fing um 8:00 Uhr an. Zuerst musste ich im Kaufhaus die Regale überprüfen und teilweise auffüllen. Ich achtete darauf, pünktlich um 8.30 Uhr damit fertig zu sein, da um diese Zeit das Kaufhaus öffnet. Von 8:30 bis 12:00 Uhr war ich dann in der Damenabteilung eingesetzt. Ich half an der Kasse, die gekaufte Ware in Tüten zu legen. Außerdem packte ich Waren als Geschenk ein. Im Anschluss beriet ich zusammen mit einer Verkäuferin die Kunden. Danach brachte ich die anprobierten Kleidungsstücke wieder zu den dafür vorgesehenen Kleiderständern. Dort sortierte ich die Kleider nach den verschiedenen Größen. Gegen 12:00 Uhr half ich dabei, neue Ware am Lieferanteneingang auszuladen. Ich trug diese Ware ins Lager und brachte vorsichtig Preisschilder an. Danach sortierte ich auch diese neuer Kleidungsstücke und hängte sie sorgfältig in die entsprechenden Kleiderständer. Zum Schluss half ich noch einmal beim Einpacken an der Kasse. Um 12:30 Uhr hatte ich Feierabend.

Das kann ich! – Auswertung	
33–45 Punkte	Du hast schon viel gelernt. Weiter so.
20–32 Punkte	Du kannst es sicher noch besser. Übe weiter.
0–19 Punkte	Arbeite die Seiten 22 und 23 noch einmal durch.

Seite 26

2 *Diesen Satz könntest du geschrieben haben:*
In dem Text wird für und gegen einen Schülerreinigungsdienst argumentiert.

Seite 27

3 *So solltest du deinen Arbeitsauftrag beschrieben haben:*
Ich soll eine Stellungnahme in Briefform schreiben. Zuerst soll ich mich für einen Standpunkt entscheiden und diesen dann mit mindestens drei Argumenten begründen. Jedes Argument soll ich mit einem Beispiel veranschaulichen. Ein Gegenargument soll ich entkräften. Für die Stellungnahme soll ich den Text auf Seite 26 nutzen. Den Brief adressiere ich an die Schulkonferenz meiner Schule.

Die hier markierten Argumente solltest du grün und die unter-kringelten rot markiert haben. Die Beispiele sind unterstrichen:

Besen statt Mathebuch und Geodreieck

In einigen Schulen müssen die Schülerinnen und Schüler ihre Klassenräume neuerdings selbst fegen. Damit die Städte und Gemeinden Geld sparen, kommen die Putzkräfte statt an fünf beispielsweise nur noch an zwei Tagen in der Woche. An den übrigen Tagen bekommen die Schüler Besen und Schaufel in die Hand gedrückt. Auch die Mülleimer sollen sie selbst leeren. Viele Eltern sind empört, denn ihrer Meinung nach sollten die Schüler ihre Zeit lieber zum Lernen nutzen als zum Putzen. Beispielsweise sei es doch viel sinnvoller, in den Freistunden Vokabeln zu wiederholen, als den Fußboden zu wischen. Als Erziehungsmaßnahme sei das Tafelwischen ja noch zu verstehen, aber nicht um Geld zu sparen. In der Folge würden auch einige Reinigungskräfte ihre Arbeit verlieren. Hubert K. vom Landeselternausschuss wehrt sich ebenfalls gegen die Maßnahme: „Kinder sind nun einmal verpflichtet, die Schule zu besuchen. Dann müssen die Städte und Gemeinden auch für die Sauberkeit in den Schulen sorgen. Man verlangt ja zum Beispiel auch nicht von einem Finanzbeamten, dass er nach Dienstschluss sein Büro putzt. Schüler sind nur billiger als die Reinigungskräfte und können sich nicht wehren." Auch einige Schulleiter protestieren gegen diese Maßnahme, denn sie müssten Lehrer verpflichten, die Schülerinnen und Schüler beim Putzen zu beaufsichtigen. Andere Eltern und Lehrkräfte können diese Aufregung nicht verstehen. Margarete K., Lehrerin an einer Schule in Hildesheim, meint: „Es geht auch darum, Verantwortung für den Klassenraum zu übernehmen, ihn in einen angenehmen Ort zu verwandeln. Wenn ein Schüler den Raum selbst gefegt hat, wirft er beispielsweise danach nicht so schnell sein Papier oder anderen Müll auf den Boden. Alle Schüler gehen sorgsamer mit dem um, was sie selbst gestaltet und gereinigt haben. Außerdem leistet so ein Reinigungsdienst einen wichtigen Beitrag zum sozialen Lernen, zum Beispiel, indem die Schüler andere von unnötigen Verschmutzungen abhalten." (...) „Das dauert nicht besonders lange und hält wirklich niemanden vom Lernen ab. Den Hof- und Mensadienst zum Beispiel muss jede Klasse nur eine Woche lang im Schulhalbjahr übernehmen. Wenn man den Dienst allerdings nicht sorgfältig versieht, kann das einen negativen Einfluss auf die Bewertung im Bereich ‚Zuverlässigkeit und Sorgfalt' haben." Und sein Mitschüler Kerim S. erklärt: „Unsere Klassenräume sind viel sauberer, seit wir uns selbst darum kümmern. Früher lag zum Beispiel oft schon nach der zweiten Stunde der Boden voller Papierkugeln oder Brotpapier. Jetzt passen wir gemeinsam auf, dass niemand die Räume unnötig verschmutzt, oder fegen dann halt nach der Stunde kurz durch. Ich finde das prima, denn es stärkt die Klassengemeinschaft."

4 b. *Diese Argumente könntest du aufgeschrieben haben:*
Pro: Ein Schülerreinigungsdienst ist sinnvoll, 1) weil die Städte und Gemeinden Geld sparen; 2) weil die Schüler dadurch Verantwortung für einen Klassenraum übernehmen; 3) weil er einen wichtigen Beitrag zum sozialen Lernen leistet.
Kontra: Ein Schülerreinigungsdienst ist nicht gut, 1) ... weil man in der Schule die Zeit zum Lernen braucht; 2) weil einige Reinigungsdienste dadurch ihre Arbeit verlieren würden; 3) weil Schüler nur billiger sind als Reinigungskräfte und sich nicht wehren können.

5 *So hast du sicher unterstrichen:*
Damit die Städte und Gemeinden Geld sparen, kommen die Putzkräfte statt an fünf nur noch an zwei Tagen in der Woche in die Schule.

6 a. *Die Lösungen findest du unter Aufgabe 5.*

b. *Diese Argumente und Beispiele könntest du gefunden haben:*
Ein Schülerreinigungsdienst ist sinnvoll, weil die Städte und Gemeinden Geld sparen. Unsere Schule spart zum Beispiel an drei Tagen das Geld für den Reinigungsdienst.
Ein Schülerreinigungsdienst ist nicht gut, weil man in der Schule Zeit zum Lernen braucht. Wenn man zum Beispiel ein schwieriges Thema im Unterricht behandelt, kann man es in den Pausen oder Freistunden noch einmal mit den Lehrern oder den Mitschülern besprechen.

Seite 28

1 bis **5**
Die Lösung dieser Aufgaben findest du in der Lösung zu Aufgabe 6.

6 *So könnte deine Stellungnahme in Briefform aussehen, wenn du dich gegen einen Schülerreinigungsdienst entschieden hast:*

(Deine Adresse)	*(Datum)*

(Adresse deiner Schule)

Betreff: Einführung eines Schülerreinigungsdienstes

Liebe Teilnehmerinnen und Teilnehmer der Schulkonferenz,

ich habe erfahren, dass überlegt wird, in unserer Schule einen Schülerreinigungsdienst einzuführen.
Bei der nächsten Schulkonferenz wird darüber diskutiert, ob die Schüler in Zukunft selbst für die Sauberkeit ihrer Klassenräume verantwortlich sein sollen.
Ich bin gegen einen Schülerreinigungsdienst an unserer Schule. Zum einen würden einige Reinigungsdienste dadurch ihre Arbeit verlieren. Wenn die Putzkräfte zum Beispiel nur noch an zwei statt an fünf Tagen in der Woche benötigt werden, gibt es weniger Arbeit für diese Personen. Zum anderen sind Kinder nun einmal verpflichtet, die Schule zu besuchen, und die Städte und Gemeinden müssen deshalb auch für die Sauberkeit in den Schulen sorgen. Zum Beispiel verlangt man ja auch nicht von einem Finanzbeamten, dass er nach Dienstschluss sein Büro putzt. Ein weiteres Argument ist, dass man in der Schule die Zeit zum Lernen braucht. Beispielsweise ist es viel sinnvoller, in den Freistunden Vokabeln zu wiederholen, als den Fußboden zu wischen.
Man könnte zwar einwenden, dass die Städte und Gemeinden Geld sparen, wenn sie einen Schülerreinigungsdienst einführen. Aber Kinder sind zum Lernen und nicht zum Putzen in der Schule und an der Bildung sollte nicht gespart werden.
Zum Schluss möchte ich festhalten, dass die Einführung eines Schülerreinigungsdienstes keine gute Idee ist, da die Kinder in der Schule lernen und nicht putzen sollen.

Viele Grüße

(Deine Unterschrift)

Seite 29

1 *Diese fehlenden Angaben hast du sicher gefunden:*
Es fehlen: das Datum, der Ort, der Empfänger, der Betreff, die Grußformel

2 *Die hier markierten Argumente solltest du rot markiert haben, das Gegenargument ist unterstrichen:*
Hey, Leute,
ich finde den Schülerreinigungsdienst super. Wenn dann alle bei der Putzerei mitmachen, kann man sich in dem Laden endlich wieder wohlfühlen. Dann liegen auch nicht mehr ständig Essensreste rum. Dann kann die Schulkonfi das gesparte Geld für wichtigere Dinge nehmen. Man kann zwar einwenden, dass die Schüler und Schülerinnen die Zeit besser zum Lernen nutzen sollten. Aber dann hätten wenigstens alle eine gute Ausrede, wenn sie die Hausaufgaben nicht gemacht haben.

3 und **4**

So könnte dein überarbeiteter Brief aussehen. Die überarbeitete Sprache ist markiert, das ergänzte Beispiel unterstrichen und das ergänzte Argument unterkringelt:

Ina Huber   Meerbusch, 08.12.2010
Klasse 8 a der Gesamtschule Meerbusch
Hauptstr. 21
40667 Meerbusch

Gesamtschule Meerbusch
Bahnhofstraße 18
40667 Meerbusch

Betreff: Schülerreinigungsdienst

Liebe Teilnehmerinnen und Teilnehmer der Schulkonferenz,

ich finde den Schülerreinigungsdienst gut. Wenn sich alle Schüler an einem Reinigungsdienst beteiligen, kann man sich in der Schule wieder wohlfühlen. Es liegen auch nicht mehr ständig Essensreste in den Klassenräumen. Die Schulkonferenz kann das gesparte Geld für wichtigere Dinge verwenden, zum Beispiel könnte man einen tollen Klassenausflug machen. Man könnte zwar einwenden, dass die Schüler und Schülerinnen die Zeit besser zum Lernen nutzen sollten. Aber wenn alle mithelfen, geht das Putzen schnell und man hat trotzdem genug Zeit zum Lernen. Es muss also jeder mit anpacken, das fördert auch den Zusammenhalt in der Klasse.

Viele Grüße

Ina

Seite 31 – Das kann ich!

2 *Diesen Satz könntest du geschrieben haben:*
In dem Text wird für und gegen die Toilettengebühr in Schulen argumentiert.

3 **Pro-Agumente:**
„In Zeiten von Schweinegrippe und anderen Infektionskrankheiten befürchten viele, dass die Schultoiletten zur Ursache von Krankheiten werden. Das kann man nur durch mehr Hygiene vermeiden. Außerdem haben sich viele Eltern beklagt, weil sich ihre Kinder vor den schmutzigen Schultoiletten geekelt haben."

„Die Toilettengebühr ist so gering, dass sie sich alle Schüler leisten können."

Kontra-Argumente:
„Die Kinder lernen damit, dass alles übers Geld geregelt wird. Wer nicht zahlen kann, geht auf die kostenlose schmutzige Toilette."

„Die Kinder unterliegen der Schulpflicht und haben daher ein Recht auf kostenlose Toiletten, die in Ordnung sind."

„Ich würde die Gebühr ja zahlen, wenn die Toiletten zwischen den Pausen gereinigt würden. Aber unsere Toilettenfrau zum Beispiel bewacht nur die WCs, damit niemand Unsinn macht."

„Die Gebühr ist keine gute Lösung. Man könnte auch einfach für mehr Sauberkeit werben, [...]"

Die folgenden Aufgaben könntest du so gelöst haben, wenn du dich gegen die Gebühr entschieden hast.

4 *So könntest du deinen Standpunkt aufgeschrieben haben:*

Ich bin gegen eine Einführung der Toilettengebühr an meiner Schule.

5 a. und **6**
Diese Argumente und Beispiele könntest du gefunden haben:
1) Die Kinder unterliegen der Schulpflicht und haben daher ein Recht auf kostenlose Toiletten, die in Ordnung sind. Beispiel: Kein Mensch käme zum Beispiel auf die Idee, im Finanzamt eine Toilettengebühr abzukassieren.
2) Die Kinder lernen damit, dass alles übers Geld geregelt wird. Wer nicht zahlen kann, geht auf die kostenlose schmutzige Toilette. Beispiel: Man möchte sich ein Päckchen Kaugummi kaufen, muss deshalb auf die schmutzige Toilette und wird von den anderen dafür ausgelacht.
3) Die Gebühr ist keine gute Lösung. Man könnte auch einfach für mehr Sauberkeit werben.
Beispiel: Durch einen Projekttag könnte man die Schüler über die Bedeutung von Hygiene aufklären.

5 b. *Dieses Argument könntest du ergänzt haben:*
Durch zu viel Service lernen die Schülerinnen und Schüler nicht, auf Sauberkeit zu achten. Manche z. B. würden dann die Klobürste nicht mehr benutzen, weil sie ja für die Dienstleistung zahlen.

7 *So könntest du eines der Argumente entkräftet haben:*
Zwar befürchten viele in Zeiten von Schweinegrippe und anderen Infektionskrankheiten, dass die Schultoiletten zur Ursache von Krankheiten werden. Das kann man aber nur durch mehr Hygiene vermeiden: Gerade weil Hygiene überall und nicht nur in der Schule so wichtig ist, sollten die Schüler lernen, auf Sauberkeit zu achten.

8 *So könnte deine Stellungnahme in Briefform aussehen:*

(Deine Adresse)   *(Datum)*

(Adresse deiner Schülervertretung)

Betreff: Einführung der Toilettengebühr

Liebe Teilnehmerinnen und Teilnehmer der Schulkonferenz,
ich habe erfahren, dass in unserer Schule eine Toilettengebühr eingeführt werden soll.
Ich finde diese Idee nicht gut, denn wir Kinder unterliegen der Schulpflicht und haben damit ein Recht auf kostenlose Toiletten. Kein Mensch käme zum Beispiel auf die Idee, im Finanzamt eine Toilettengebühr zu verlangen. Ich bin auch dagegen, weil Kinder damit lernen, dass alles über das Geld geregelt wird. Wer nicht zahlen kann, geht auf die kostenlose schmutzige Toilette. Das kann sich auch negativ auf das Schulklima auswirken, wenn z. B. Schüler ausgelacht werden, weil sie auf die kostenlosen Toiletten gehen. Außerdem denke ich, es wäre besser, für mehr Sauberkeit zu werben. Durch einen Projekttag beispielsweise könnte man die Schüler über die Bedeutung von Hygiene aufklären. Mancher wendet zwar ein, dass in Zeiten von Schweinegrippe und anderen Infektionskrankheiten die Schultoiletten zur Ursache von Krankheiten werden können. Aber gerade weil Hygiene überall und nicht nur in der Schule so wichtig ist, sollte man die Schüler zu mehr Sauberkeit erziehen.
Die Einführung einer Toilettengebühr ist also keine gute Lösung für unsere Schule.

Viele Grüße

(Deine Unterschrift)

9 *Diese fehlenden Angaben hast du sicher gefunden:*
Es fehlen: das Datum, der Ort, der Empfänger, der Betreff

10 a. *Die hier markierten Argumente solltest du rot markiert haben, das Gegenargument ist unterstrichen:*
Hallihallo,
ich bin gegen eine fette Toilettengebühr. Richtig bäh sind unsere Toiletten gar nicht. Ein Gegenargument ist, dass die Toiletten dann sauberer wären. Aber man kann auch zu Hause vor der Schule auf die Toilette gehen.

10 b. und 11

So könnte dein überarbeiteter Brief aussehen:

Alessandro Battaglini   Hamm, 08.12.2010
Klasse 8 b der Gesamtschule Hamm
Lindenstr. 15
59071 Hamm

Gesamtschule Hamm
Bahnhofstraße 18
59071 Hamm

Betreff: Einführung einer Toilettengebühr

Liebe Teilnehmerinnen und Teilnehmer der Schulkonferenz,

ich bin gegen eine hohe Toilettengebühr. Ich finde unsere Toiletten gar nicht so schmutzig. Zum einen finde ich es nicht gut, dass wir dann Geld bezahlen müssen, um auf Toilette zu gehen. Wenn ich mir zum Beispiel lieber Kaugummis von dem Geld kaufen möchte, muss ich deswegen die schmutzigen Toiletten benutzen. Zum anderen könnte man auch für mehr Sauberkeit werben. Beispielsweise könnten die Schüler sich gegenseitig zur Ordnung rufen, wenn jemand die Toilette sehr schmutzig hinterlässt. Ein Gegenargument ist, dass die Toiletten dann sauberer wären. Aber ich denke, wir könnten auch alle ein bisschen mehr drauf achten, die Toiletten sauber zu halten. Die Einführung einer Toilettengebühr ist für mich jedenfalls keine gute Lösung des Problems.

Viele Grüße

Alessandro

Das kann ich! – Auswertung	
62–85 Punkte	Du hast schon viel gelernt. Weiter so!
38–61 Punkte	Du kannst es sicher noch besser. Übe weiter.
0–37 Punkte	Arbeite die Seiten 26 bis 29 noch einmal durch.

Seite 32

1 b. *Diese Sätze könntest du geschrieben haben:*
In der Geschichte geht es um Sandra und ihren Freund Stefan, die an einem Schüleraustausch in Frankreich teilnehmen. Ihre Beziehung wird dabei auf die Probe gestellt.

Seite 34

2 a. *Diese Aufforderungsverben solltest du markiert haben:*
untersuche, schreibe, berücksichtige, erkläre, belege, verfasse

b. *So solltest du deine Aufgaben umformuliert haben:*
Ich untersuche die Kurzgeschichte „Schüleraustausch" von Annette Weber. Danach schreibe ich eine Inhaltsangabe und berücksichtige dabei die Erzählperspektive. Ich erkläre fünf Merkmale von Kurzgeschichten anhand des Textes und belege meine Aussagen mit Textstellen oder Zitaten. Zusätzlich verfasse ich einen inneren Monolog über Jean-Pascals Gedanken und Gefühle.

Seite 35

1 a. *Diese Fragen solltest du aufgeschrieben haben:*
Wer ist mit der Situation am Anfang unzufrieden?
Wer hat den Wunsch, etwas zu erreichen?
Wer stößt dabei auf Schwierigkeiten?
Wer versucht, die Schwierigkeiten zu überwinden?
Wer erreicht am Ende sein Ziel?

c. *Diese Person solltest du angekreuzt haben:*
✗ Sandra

2 *Diese Hinweise könntest du markiert haben:*
„Stefan, der schon im Jahr zuvor in Frankreich gewesen war" (Z.5), „zwischen diesem französisch sprechenden Gewusel" (Z.6–7), „die schwarzhaarige Französin" (Z.20–21), „Die Französin rannte auf ihn zu" (Z.28), „französischen Kaff" (Z.41), „Wir sind hier in Frankreich, weißt du." (Z.131)
Französische Namen und Wörter: Sens (Z.2), Chantal Deneuve, 15 rue Bonaparte (Z.15), „Allo!" (Z.44), Jean-Pascal (Z.47), „Bonjour", „Je suis Jean-Pascal Lebrun. Tu as mon adresse!" (Z.47–48), Bistro (Z.127)
Französischer Akzent: z. B. „Du 'ast überhaupt nicht zugehört, was der Reiseleiter erzählt 'at." (Z.80)

3 *Diese Angaben könnte deine Tabelle enthalten:*
Hauptperson und Situation: Wer ist die Hauptperson? Wann und wo spielt die Handlung? Wie ist die Situation am Anfang? – Sandra, vermutlich zwischen 13 und 16 Jahre alt (Z.4–13, 19–20, 23–24, 34–35, 40–42, 59–66), Schüleraustausch in Frankreich (Z. 2, 4–5, 14–15), Sandras Freund Stefan lässt sie sitzen (Z.33–34, 37–39)
Wunsch: Was möchte Sandra erreichen? – möchte ihren Freund nicht verlieren, die Beziehung mit Stefan fortsetzen (Z.88–90)
Hindernis: Auf welche Schwierigkeiten trifft sie? – Stefan flirtet mit Chantal, wendet sich von Sandra ab (Z.55–59, 101)
Reaktion: Wie versucht Sandra, die Schwierigkeiten zu überwinden? – bezieht Jean-Pascal ein, will Stefan eifersüchtig machen (Z.101–102)
Ende: Wie geht die Geschichte aus? – Sandra verliebt sich in Jean-Pascal (Z.122–123), lässt Stefan abblitzen (Z.130–133)

4 c. In „Schüleraustausch" liegt die Erzählerperspektive der Er-/Sie-Form vor.

d. *Du kannst viele Textstellen in der Er-/Sie-Form zitieren, hier ein Beispiel:*
„Sandra überlegte, ihm nachzulaufen, doch wenn sie ehrlich war, hatte sie keine Lust dazu."
(Z.110–111)

5 *So könnte deine fertige Inhaltsangabe aussehen:*
Die Kurzgeschichte „Schüleraustausch" von Annette Weber handelt von einem jugendlichen Liebespaar, dessen Beziehung bei einem Schüleraustausch in Frankreich auf eine Probe gestellt wird.
Die Geschichte wird in der Er-/Sie-Form erzählt. Sandra und ihr Freund Stefan nehmen an einem Schüleraustausch teil und verbringen einige Tage in der französischen Stadt Sens. Gleich nach der Ankunft vertauscht Stefan die Adressen der Gastschüler. Er möchte nämlich lieber bei der hübschen Französin Chantal wohnen. Mit einem Hinweis auf offene Beziehungen lässt er die fassungslose Sandra am Bahnhof stehen. Sandra hat dann Jean-Pascal als Austauschpartner. Als Stefan und Chantal während einer Besichtigung heftig miteinander flirten, wird Sandra traurig und Jean-Pascal tröstet sie. Er erklärt Sandra, sie brauche gar nicht eifersüchtig zu sein, weil Chantal nämlich jedem den Kopf verdrehe. Er verspricht, Sandra zu helfen, indem er Chantal während einer Party Stefan ausspannen will. Der Plan geht auf, denn Stefan verlässt zornig den Raum, als Chantal und Jean-Pascal miteinander tanzen. Sandra kann sich aber nicht darüber freuen und auch Jean-Pascal nicht. Beide stellen fest, dass sie sich zueinander hingezogen fühlen. Am Ende will Sandra Stefan nicht mehr zurückgewinnen.

Seite 36

1 b. *Diese Merkmale solltest du notiert haben:*
kurzer Ausschnitt, alltägliches Geschehen, entscheidenden Moment, unvermittelter Anfang, offenes Ende

2 *So solltest du die Art des Textes für jeden Textanfang angekreuzt haben:*
A – Roman, B – Kurzgeschichte, C – Märchen, D – Ballade

3 **b.** *Diese Besonderheiten hast du sicher aufgeschrieben:*
unvermittelter Anfang, mitten im Geschehen, ohne Einleitung oder Vorstellung der Hauptpersonen und Situation

4 **a.** *Diese Stichworte könntest du aufgeschrieben haben:*
Schüleraustausch, Beziehungsproblem, Enttäuschung, Jugendliche

b. *So könntest du begründet haben, warum das Geschehen alltäglich ist:*
Unter Jugendlichen gibt es viele Flirts und Beziehungen gehen häufig schnell zu Ende.

Seite 37

5 *So sollte deine fertige Tabelle aussehen:*

Zeitraum	Geschehen und Zeilenangaben
1. Tag	Ankunft und Begrüßung der deutschen Schülerinnen und Schüler in Sens (Z. 1–51)
Tag X	Besichtigung der Kathedrale, Sandra und Jean-Pascal gehen lieber in ein Straßencafé (Z. 52–99)
Tag X + 1	die Fete, Jean-Pascal nimmt Stefan Chantal weg (Z. 98–123) Zitat: „Die Fete war schon im vollen Gang" (Z. 98)
Tag X + 3	Stefan und Sandra sehen sich zufällig in der Stadt wieder (Z. 124–133) Zitat: „Drei Tage später traf sie Stefan in der Stadt." (Z. 124)

6 *Diese Stellen solltest du markiert haben:*
„Sandra musterte ihn verwundert. Es schien etwas zu geben, das er ihr nicht sagen mochte.", „Einen Moment lang tat es Sandra leid, dass sie ihn gedrängt hatte.", „für einen Moment spürte Sandra einen Stich in der Magengegend", „Sandra überlegte, ihm nachzulaufen, doch wenn sie ehrlich war, hatte sie keine Lust dazu.", „ Sandra rannte ihm nach.", „Sandra wurde ganz warm.", „Da legte Sandra ihre Arme um seinen Hals und küsste ihn."

7 *So könntest du den Wendepunkt beschrieben haben:*
Der Wendepunkt ist der Moment, als Sandra merkt, dass sie sich in Jean-Pascal verliebt hat, und ihn küsst (Z. 127–128).

8 *So könnte deine Untersuchung des Endes aussehen:*
Der letzte Absatz lässt offen, ob Stefan und Sandra am Ende der Geschichte noch zusammen sind. Sandra hat ein Rendezvous mit Jean-Pascal, worüber Stefan sehr verdutzt ist. Sie lässt Stefan einfach stehen (Z. 138). Der Leser erfährt nicht mehr, wie Stefan reagiert, und deshalb auch nicht, wie die Geschichte ausgeht.

9 *So könnte deine fertige Tabelle aussehen:*

Merkmale	Begründung, warum das Merkmal zutrifft	Textstellen und/oder Zitate
unvermittelter Anfang	Trifft zu, weil das Geschehen beginnt, ohne dass die Hauptpersonen und die Situation vorgestellt werden.	wörtliche Rede in Zeile 1: „Attention! Ici Sens, gare du nord!"
alltägliches Geschehen	Es geht um die Liebesbeziehung zwischen zwei Jugendlichen.	Z. 38–89: „Weißt du, ich bin seit drei Wochen mit Stefan zusammen und habe mich so furchtbar auf die Zeit mit ihm gefreut."
kurzer Ausschnitt	Nur wenige Tage vergehen in der Geschichte.	Z 124: „Drei Tage später traf sie Stefan in der Stadt."
Wendepunkt	Sandra ist plötzlich mehr an Jean-Pascal interessiert als an Stefan und küsst ihn.	Z. 123: „Da legte Sandra ihre Arme um seinen Hals und küsste ihn.'
offenes Ende	Der Leser erfährt am Ende nicht, wie Stefan auf Sandras Abfuhr reagiert.	Z. 133: Und dann ließ sie den verdutzten Stefan einfach stehen.

Seite 38

10 *Diese Beispiele könntest du gefunden haben:*
„Sandra, guck mal" (Z. 3), „Keine Panik" (Z. 9), „Guck mal, die mit den schwarzen Haaren! Oder die da hinten. Wow! Echt super!" (Z. 16–17), „Mensch, Stefan!" (Z. 24–25), „Guck doch nicht so sauer!" (Z. 33), „Offene Beziehungen sind hier total in." (Z. 39), „Er riss sich los und verdrückte sich schnell." (Z. 40), „Sandra hätte sich in den Hintern treten können, weil sie nicht den Mut fand, ihm hier auf dem Bahnsteig, in diesem verdammten, kleinen, französischen Kaff den Hals umzudrehen." (Z. 41–43)

11 *So solltest du die zweite Aufgabe gelöst haben:*
Die Geschichte beginnt mit einem unvermittelten Anfang. Als Leser befindet man sich sofort mitten im Geschehen. Die Hauptpersonen und die Situation werden nicht vorgestellt. Es handelt sich hier um ein alltägliches Geschehen. Es geht um die Liebesbeziehung von zwei Jugendlichen und die Enttäuschungen, die dabei auftreten.
In der Geschichte wird ein kurzer Ausschnitt aus dem Leben der beteiligten Personen dargestellt. Es geschieht alles in einem Zeitraum von nur wenigen Tagen.
Es gibt einen Wendepunkt in der Geschichte. Der Moment, als Sandra merkt, dass sie Jean-Pascal wirklich mag, und sie ihn küsst, ist entscheidend.
Das Ende bleibt offen, denn der Leser weiß nicht, ob Sandra und Stefan noch zusammen sind. Stefans Reaktion auf Sandras Abfuhr wird dem Leser nicht mehr mitgeteilt.

13 *So könnte dein überarbeiteter Text aussehen:*
Der Text „Schüleraustausch" von Annette Weber ist eine Kurzgeschichte, weil sie nur einen kurzen Ausschnitt aus dem Leben der beteiligten Personen zeigt. Das Geschehen ist alltäglich, denn es geht um eine Liebesbeziehung zwischen zwei Jugendlichen, Sandra und Stefan. Die Geschichte beginnt mit einem unvermittelten Anfang auf dem Bahnhof, der erste Satz ist eine wörtliche Rede (Z. 1). Weder die Personen noch die Situation werden vorgestellt. Es gibt auch einen Wendepunkt in der Geschichte. Der Moment, in dem Sandra merkt, dass sie Jean-Pascal wirklich mag, ist der entscheidende. Die Geschichte hat ein offenes Ende. Sandra lässt Stefan abblitzen, weil sie sich lieber mit Jean-Pascal trifft. Der Leser erfährt nicht, wie Stefan auf diese Abfuhr reagiert (Z. 133).

1 **a** *Diese Pronomen solltest du markiert haben:*
mich, mein, mir, ich

b. ✗ Präteritum ✗ Präsens ✗ Perfekt

c. ✗ Die Sätze sind einfach.
✗ Es gibt viele Fragen und Ausrufe.
✗ Die Sätze sind oft unvollständig.

d. *So könntest du deine Meinung begründet haben:*
Sandra unterbricht sich in Gedanken selbst.

2 *Diese Zeilen könntest du angegeben haben:*
„Jetzt war also Chantal an der Reihe." (Z. 62–63), „Eine Träne
lief Sandra über das Gesicht." (Z. 63)

3 **b.** *So solltest du die Fragen beantwortet haben:*
– Jean-Pascal tanzt mit Chantal, damit Stefan eifersüchtig
wird und wieder zu Sandra zurückgeht.
– Jean-Pascal läuft von der Tanzfläche nach draußen, weil er
während des Tanzens an Sandra denken musste.
– Jean-Pascal findet Chantal doof. Sandra mag er sehr.

4 *Diese Stelle solltest du in Zeile 113 markiert haben:*
„Chantal schmiegte sich eng an Jean-Pascal. Der dagegen hatte
immer noch dieses unglückliche Gesicht. Als der Tanz beendet
war, riss er sich plötzlich los und lief aus dem Raum."

Seite 41 – Das kann ich!

1 *So solltest du deinen Arbeitsauftrag bearbeitet haben:*
In der Kurzgeschichte „Sonntag" von Max Bolliger geht es
um ein Mädchen, das unter der Scheidung seiner Eltern leidet.
Die Geschichte wird in der Er-/Sie-Form erzählt. Daniela verbringt wieder einmal den Sonntag mit ihrem Vater. Doch der
scheint sich gar nicht für sie zu interessieren. Er weiß zum
Beispiel noch nicht einmal, wie alt seine Tochter genau ist
(Z. 36–40), schaut dauernd auf seine Uhr und hat noch eine
andere Verabredung (Z. 46–50). Auch Danielas Mutter scheint
sich nicht besonders um die Gefühle ihrer Tochter zu kümmern
und interessiert sich nur dafür, ob Daniela von ihrem Vater
einen Wintermantel bekommen wird (Z. 61–62). Später trifft
Daniela heimlich ihren Freund Heinz. Er fragt sie, ob sie den
Sonntag gut überstanden habe (Z. 81). Sie meint, es sei wie
immer gewesen. Heinz tröstet sie und zusammen nehmen
sie sich vor, als Erwachsene alles besser zu machen.
Es handelt sich bei diesem Text um eine Kurzgeschichte, da
die Handlung nur an einem Tag passiert. Das Geschehen ist
alltäglich, da es viele Kinder gibt, die unter der Scheidung ihrer
Eltern leiden. Die Geschichte beginnt mit einem unvermittelten
Anfang im Restaurant. Der erste Satz ist eine wörtliche Rede
(Z. 1). Weder die Personen noch die Situation werden vorgestellt. Das Ende der Geschichte bleibt offen. Der Leser erfährt
nicht, wie es mit Daniela weitergeht und ob sie als Erwachsene
wirklich alles anders macht.

Lösung zur Zusatzaufgabe des Arbeitsauftrags:
Ich hoffe, dass ich niemals so werde, ... Warum können
sie sich denn nicht ... die merken gar nicht, wie ich leide.
Ich will ... nur mit beiden gut verstehen, aber sie hören mir
ja gar nicht zu, ... denken nur an ihr eigenes Leben ... Dabei
bin ich doch ihre Tochter! ... Ich werde später nicht so sein. ...
Heinz und ich werden das ganz anders machen.

Das kann ich! – Auswertung	
59–80 Punkte	Du hast schon viel gelernt. Weiter so!
37–58 Punkte	Du kannst es sicher noch besser. Übe weiter.
0–36 Punkte	Arbeite die Seiten 32 bis 39 noch einmal durch.

1 *Diese Sätze könntest du geschrieben haben:*
In der Ballade geht es um drei Goldgräber, die nach langem
Suchen endlich Gold finden. Weil jeder der drei so gierig ist
und das gefundene Gold nur für sich haben will, töten sie sich
am Ende alle gegenseitig.

2 *So solltest du die Fragen beantwortet haben:*
a) In der Ballade gibt es die drei Hauptfiguren Tom (Z. 21), Will
(Z. 23) und Sam (Z. 31).
b) Die drei Hauptfiguren sind Freunde, die gemeinsam nach
Gold suchen.
c) „Nach Glück und Gold stand ihr Begehr" (Z. 2).
d) Die Gier der Männer zerstört ihr Glück.
e) Keiner der Männer bekommt das Gold, weil alle drei sterben.

3 *So solltest du den Dialog aufgeschrieben haben:*
Will: „Das Gold ist fein; nur schade, dass wir es teilen zu drein!"
Tom: „Du meinst?"
Will: „Je nun, ich meine nur so. Zwei würden des Schatzes bes-
ser froh."
Tom: „Doch wenn –"
Will: „Wenn was?"
Tom: „Nun, nehmen wir an, Sam wäre nicht da."
Will: „Ja, freilich, dann – "
Tom: „Siehst du die Schlucht dort unten?"
Will: „Warum?"
Tom: „Ihr Schatten ist tief und die Felsen sind stumm."
Will: „Versteh ich dich recht?"
Tom: „Was fragst du noch viel! Wir dachten es beide und
führen 's ans Ziel. Ein tüchtiger Stoß und ein Grab im Gestein,
so ist es getan und wir teilen allein."

4 *So könntest du die Wirkung der Dialoge begründet haben:*
Die Strophen mit Dialogen wirken sehr lebendig, weil man sich
dabei verschiedene Personen in einem Gespräch vorstellen
kann.

5 **a.** *So solltest du die unterschiedlichen Reime bezeichnet haben:*
Strophe 1: aabb; Strophe 2: ccdd; Strophe 3: eeff;
Strophe 4: gghh; Strophe 5: iijj; Strophe 6: kkll;
Strophe 7: mmcc; Strophe 8: nnll; Strophe 9: oopp;
Strophe 10: qqrr; Strophe 11: ssll; Strophe 12: ttuu;
Strophe 13: vvww; Strophe 14: aaxx; Strophe 15: yyzz;
Strophe 16: ääll

b. Das Reimschema der Ballade ist ein Paarreim.

6 *So solltest du die Überschrift zerlegt und diese passenden
Wörter gefunden haben:*
Goldgräber = das Gold + der Gräber
den Preis (Z. 10) die Grube (Z. 6)
glüht (Z. 11) gegraben (Z. 5)
das blanke Metall (Z. 18) das Grab (Z. 43)
das Erz (Z. 30)
des Schatzes (Z. 34) /
den Schatz (Z. 63)

Z 7 *Diese zwei Bedeutungen solltest du gefunden haben:*
1. Leute, die nach Gold graben.
2. die Gräber der Toten, die durch die Goldsuche entstanden

1 a. *Diese Aufforderungsverben solltest du markiert haben:*
untersuche, schreibe, berücksichtige, bewerte, schreibe

b. *So solltest du die Aufgaben beschrieben haben:*
Ich untersuche die Ballade „Die Goldgräber" von Emanuel Geibel. Dafür schreibe ich eine Inhaltsangabe und berücksichtige dabei die Form der Ballade. Abschließend bewerte ich das Verhalten der Figuren. Zusätzlich schreibe ich einen Zeitungsartikel über eine Begebenheit des Jahres 1868, die der Ballade zugrunde liegen könnte.

2 *So könntest du die Einleitung geschrieben haben:*
In der Ballade „Die Goldgräber" von Emanuel Geibel geht es um drei Männer, die gemeinsam nach Gold suchen. Als sie welches finden, streiten sie sich darum und töten sich gegenseitig.

3 *So könntest du den Inhalt wiedergegeben haben:*
Die drei befreundeten Goldgräber Tom, Will und Sam suchen gemeinsam nach Gold. Nach monatelangem Suchen finden sie endlich Gold. Aus Freude wollen sie ein Fest feiern. Als Sam sich aufmacht, Speisen und Wein zu besorgen, schmieden die anderen beiden einen Plan. Um das Gold nur für sich zu bekommen, wollen sie Sam die Schlucht hinunterstürzen. Als Sam mit dem Wein zurückkommt, trinken sie davon und erstechen ihn dann. Doch Sam hatte zuvor den Wein vergiftet und so sterben alle drei.

4 a. *Sieh dir die Lösungen der Aufgaben 3 bis 4 an.*

b. *So könntest du das Verhalten der Figuren bewertet haben:*
Das gierige Verhalten der drei Goldgräber hat am Ende dazu geführt, dass alle tot sind und keiner etwas von dem Gold hat. Hätten sie sich geeinigt, das Gold zu teilen, wären sicher alle reich und glücklich geworden, aber so wurden die drei für ihre Gier bestraft. Gerade unter Freunden sollte man bereit sein zu teilen.

5 *So solltest du die Form und Merkmale der Ballade beschrieben haben:*
Die Ballade besteht aus 16 Strophen mit jeweils vier Zeilen. Das Reimschema ist der Paarreim. Leitmotive sind das Gold und die Gräber, die bereits in der Überschrift vorkommen. Es gibt mehrere Dialoge, zum Beispiel in den Zeilen 31–44 und 51–56.

1 *So könnte deine Lösungen aussehen:*
In der Ballade „Der Erlkönig" von Johann Wolfgang von Goethe geht es um einen Vater und seinen Sohn, die durch Nacht und Sturm reiten.
Der Vater hält seinen kranken Sohn im Arm und will mit ihm zum nächsten Hof reiten. Im Fieberwahn sieht sein Sohn eine gespenstische Gestalt in der Dunkelheit und in den Bäumen. Es ist der Erlkönig, der ihn zu sich locken will und ihm damit Angst macht. Die Versuche vom Vater, natürliche Erklärungen für die Halluzinationen zu geben, scheitern. Er reitet so schnell wie möglich zum nächsten Hof, doch sein Sohn stirbt.
Der Erlkönig ist eigentlich ein Bild für den Tod, der das Kind zu sich holt. Das Kind sieht den Tod als magische Gestalt, als Figur seiner Fieberträume.
Die Ballade besteht aus acht Strophen mit jeweils vier Zeilen. Das Reimschema ist der Paarreim.

Das kann ich! – Auswertung	
37–50 Punkte	Du hast schon viel gelernt. Weiter so!
23–36 Punkte	Du kannst es sicher noch besser. Übe weiter.
0–22 Punkte	Arbeite die Seiten 42 bis 44 noch einmal durch.

1 a. das Prak | ti | kum, ir | gend | et | was, der Prak | ti | kums | ar | beits | tag, hin | ü | ber | ge | hen, die Bus | hal | te | stel | le, die Fahr | gäs | te, höchst | wahr | schein | lich, hin | un | ter | lau | fen, das Brü | der | kran | ken | haus, das Be | triebs | prak | ti | kum, er | klär | li | cher | wei | se, er | war | te | te, ir | gend | wann, ve- | spä | te;

b. *So solltest du die Wörter in die Tabelle eingeordnet haben.*
drei Silben: Praktikum, Fahrgäste, irgendwann, verspätet
vier Silben: irgendetwas, Haltestelle, höchstwahrscheinlich, erwartete
fünf Silben: hinübergehen, hinunterlaufen, Brüderkrankenhaus, Betriebspraktikum
sechs Silben: Praktikumsarbeitstag, erklärlicherweise

3 kennen – also: er kennt, liegen – also: sie liegt, summen – also: sie summt, lieben – also: er liebt

4 die Herde – also: der Herd; lieber – also: lieb; die Verträge – also: der Vertrag; die Fabriken – also: die Fabrik; ruhiger – also: ruhig; die Wände – also: die Wand; die Burgen – also: die Burg; milder – also: mild; härter – also: hart; die Schübe – also: der Schub; die Kriege – also: der Krieg; die Lieder – also: das Lied; die Stäbe – also: der Stab; fähiger – also: fähig; spannender – also: spannend

5 *Diese verwandten Wörter könntest du gefunden haben:*
der Verdacht – also: verdächtig; außen – also: äußerlich der Tag – also täglich; die Kraft – also: kräftig; der Haufen – also: häufig; kaufen – also: käuflich; packen – also: Gepäck; der Raum – also: aufräumen; bauen – also: das Gebäude; die Macht – also: mächtig

6 *Diese verwandten Wörter könntest du gefunden haben:*
die Sprache – also: das Gespräch; klar – also: erklärt; glauben – also: ungläubig; das Maß – also: mittelmäßig; der Raum – also: räumliches; fallen – also: fällt; stark – also: die Stärken; der Vortrag – also die Vorträge verkaufen – also: die Verkäuferin; schlagen – also: schlägt

1 *So solltest du die Wörter den Wortfamilien zugeordnet haben. Die unterstrichenen Wörter könntest du ergänzt haben.*
halten: haltbar, die Haltestelle, die Haltbarkeit, der Haltegriff, das Halteverbot, das Verhalten, haltlos, ungehalten, die Haltung, abhalten, die Gehaltsabrechnung, anhalten, der Behälter, abhalten
stürzen: der Sturzflug, überstürzt, der Absturz, eingestürzt, der Umsturzversuch, losstürzen, herunterstürzen, umstürzen, der Sturzhelm, bestürzt, der Sturzregen, umstürzen
kommen: verkommen, das Abkommen, unterkommen, der Emporkömmling, näherkommen, willkommen, das Handelsabkommen, dazukommen, das Entkommen, das Einkommen, ankommen, bekommen

2 *So solltest du die Wörter den Wortfamilien zugeordnet haben. Die unterstrichenen Wörter könntest du ergänzt haben.*
nehmen: einnehmende, das Benehmen, annehmen, die Vernehmung, wegnehmen, annehmbar
binden: die Verbindung, verbindliche, die Bindung, einbinden, zubinden, die Anbindung
stellen: eingestellt, das Vorstellungsgespräch, die Stelle, die Angestellten, die Abstellkammer, die Bestellung, aufstellen

3 So solltest du die Wortstämme markiert und die Wörter in deine Tabelle eingeordnet haben:
-brech-: das Verbrechen, das Gebrechen, die Lichtbrechung, umbrechen, losbrechen, auseinanderbrechen, das Brecheisen
-brach-: es gebrach, er unterbrach, es zerbrach, sie durchbrach, ausbrach
-bruch (-brüch-): das Bruchstück, die Bruchbude, der Abbruch, der Deichbruch, die Epochenumbrüche, die Steinbrüche, die Einbrüche
-broch-: das Zerbrochene, gebrochen, eingebrochen, unterbrochen, durchgebrochen, zusammengebrochen

Seite 49 – Das kann ich!

1 die Erfolge – also: der Erfolg; sie summt – also: summen; die Schilder – also: das Schild; klirren – also: es klirrt

2 der Raum – also: abräumen, das Maß – also: regelmäßig, sauer – also: die Säure, packen – also: das Gepäck

3 So solltest die Rechtschreibhilfen zugeordnet haben:
es brennt – **B**, der Rand – **C**, der Verkäufer – **A**

4 So solltest du die Wortstämme markiert und die Wörter in die Tabelle eingeordnet haben:
Wortfamilie **binden**: unverbindlich, die Anbindung, ungebunden, das Maßband, verbinden
Wortfamilie **nehmen**: die Annahme, vernehmen, benommen (sein), das Unternehmen, entnehmen

5 a. **ziehen**, er *zog*, hat *gezogen*; **laufen**, er *lief*, ist *gelaufen*

c. langgezogenen, die Laufbahn, der Staffellauf, anziehen, umgezogen, die Läuferin, belief, zog

Das kann ich! – Auswertung	
33–45 Punkte	Du hast schon viel gelernt. Weiter so!
20–32 Punkte	Du kannst es sicher noch besser. Übe weiter.
0–19 Punkte	Arbeite die Seiten 46 bis 48 noch einmal durch.

Seite 50

1 So könntest du die Sätze ergänzt haben:
Ich wünsche dir zum Geburtstag *alles Gute*. Im Fernsehen kommt heute Abend *etwas Interessantes*. In der Boutique fand Karla *nichts Schönes*. In der Zeitung stand *wenig Neues*. Unsere Nachbarin erzählte mir *alles Wichtige*. In der Welt geschieht leider *viel Erschreckendes*. Er möchte beim Sport *etwas Bequemes* tragen. Es gibt schon *genug Schlimmes* zu berichten.

3 Diese Tageszeiten solltest du markiert haben:
gestern Abend, gestern Nachmittag, gestern Abend, heute Morgen, morgen Nachmittag, heute Abend, heute Nachmittag, morgen Abend

Seite 51

4 So solltest du die Zeitangaben im Text geschrieben haben:
heute Mittag, am Mittwochabend, gestern Nachmittag, heute Abend, morgen Mittag, früh am Abend, am Montagmorgen, morgen Nachmittag

5 Diese Nomen solltest du gebildet haben:
-ung: die Erzählung, die Wohnung, die Verletzung, die Übung, die Bemerkung, die Beschreibung (nominalisierte *Verben*)
-heit: die Freiheit, die Krankheit, die Wahrheit, die Klugheit, die Gesundheit (nominalisierte *Adjektive*)
-keit: die Sparsamkeit, die Flüssigkeit, die Sauberkeit (nominalisierte *Adjektive*)
-nis: das Ärgernis, das Verhältnis, das Erlebnis, das Ergebnis (nominalisierte *Verben*)

6 So solltest du die nominalisierten Verben mit ihren Begleitern markiert haben:
Meine Sneakers trage ich beim Skaten, beim Tanzen und beim Einkaufen. Zum Arbeiten, zum Wandern und zum Laufen ziehe ich lieber feste Stiefel an. Ich will schließlich vom Gehen, vom Laufen und vom Rennen keine kaputten Füße bekommen.

7 So solltest du die großgedruckten Wörter aus dem Text geschrieben haben:
das Stöbern, macht, beim Durchsehen, entdecken, auskennt, beim Arbeiten, zum Vorbereiten, gehe, suche, das Lesen, im Stehen, im Sitzen, verbringen

Seite 52 – Das kann ich!

1 Wörter mit den Suffixen -ung, *-heit*, *-keit* und *-nis* sind Nomen. Sie werden *groß*geschrieben. Aus *Adjektiven* können Nomen werden. Die starken Wörter **alles**, **nichts**, **allerlei**, **etwas**, **genug**, **viel** und **wenig** machen 's! Aus *Verben* können Nomen werden. Der Artikel *das* und die starken Wörter **beim**, **zum**, **im**, **am** und **vom** machen 's! Nach **gestern**, *heute* und *morgen* werden Tageszeiten großgeschrieben.

2 Peters *Beschreibung* des Unfalls war spannend. Als die *Flüssigkeit* aus dem umgestürzten Tank lief, war die *Gesundheit* der Insassen durch ätzende Gase gefährdet. Es war wohl ein schlimmes *Erlebnis*.

3 So solltest du den Text ergänzt, diese nominalisierten Verben markiert und diese starken Wörter unterstrichen haben:
Gestern *Abend* bin ich beim *Lesen* fast eingeschlafen. Das *Aufstehen* heute *Morgen* war qualvoll. Zum *Essen* gab es heute *Mittag* auch nichts Leckeres. Aber am *Mittwochmittag* gibt es meine Lieblingsspeise: Spagetti! Etwas *Köstlicheres* kann ich mir gar nicht vorstellen.

4 Bei dem Unfall ist *nichts Schlimmes* vorgefallen. In letzter Zeit ist mir *viel Gutes* passiert. Bei dem Praktikum lernt man *allerlei Nützliches*. Sie möchten *etwas Hübsches* zum Anziehen kaufen.

Das kann ich! – Auswertung	
26–35 Punkte	Du hast schon viel gelernt. Weiter so!
16–25 Punkte	Du kannst es sicher noch besser. Übe weiter.
0–15 Punkte	Arbeite die Seiten 50 und 51 noch einmal durch.

Seite 53

2 So solltest du die Fremdwörter in die Tabelle eingetragen haben. Die unterstrichenen Wörter könntest du ergänzt haben:
Nomen auf -ie: die Chemie, die Theorie, die Energie, die Demokratie, die Biologie, die Fantasie, die Regie, die Industrie
Nomen auf -ität: die Qualität, die Universität, die Spezialität, die Aktivität, die Realität, die Kriminalität, die Nervosität
Nomen auf -ik: die Physik, die Musik, die Statik, die Ethik, die Logik, die Dynamik
Nomen auf -or: der Sensor, der Katalysator, der Motor, der Faktor, der Autor, der Tresor
Adjektive auf -(i)ell: offiziell, industriell, speziell, generell, finanziell, aktuell, tendenziell, funktionell
Adjektive auf -iv: instruktiv, aktiv, relativ, passiv, sensitiv, intuitiv, produktiv, massiv, offensiv

3 So könntest du die Fremdwörter erklärt haben:
der Sensor – ein Messfühler, die Theorie – ein Entwurf, generell – allgemein, die Realität – die Wirklichkeit, intuitiv – auf einer Eingebung beruhend, die Statik – die Lehre vom Gleichgewicht der Kräfte

14

5 *Diese Antwort könntest du geschrieben haben:*
Die Verbraucher sollten beim Kauf von Erzeugnissen aus Massenherstellung besonders auf die Beschaffenheit der Waren und den Preis achten.

Seite 54

7 *So solltest du die Fremdwörter den Erklärungen zugeordnet haben:*
jemand, der pflanzliche Kost isst – der Vegetarier, Pflanzenwuchs – die Vegetation, Fahrzeug – das Vehikel, Fantasiewesen – der Vampir, ein zum Herzen führendes Blutgefäß – die Vene, eine Absperrvorrichtung – das Ventil, überdachter Vorbau – die Veranda, Zeitwort – das Verb, Gerät zum Bewegen der Luft – der Ventilator, Erscheinung – die Vision, Nahrungsbestandteil – das Vitamin, Krankheitserreger – das Virus, feuerspeiender Berg – Vulkan, Gewürz – Vanille, luftleerer Raum – Vakuum, Selbstlaut – der Vokal, Rauminhalt – das Volumen, ungestüm – vehement, veränderlich – variabel

8 *Diese Fremdwörter solltest du in dieser Reihenfolge in den Sätzen ergänzt haben:*
Vegetation – Vulkan – Ventilator – Ventil – Vitamine – Volumen – Vene – variabel – Verb – Vakuum

Seite 55

10 produzieren – die Produktion, organisieren – die Organisation, riskieren – das Risiko, fabrizieren – die Fabrik, reagieren – die Reaktion, funktionieren – die Funktion, dokumentieren – das Dokument, terminieren – der Termin, programmieren – das Programm, diskutieren – die Diskussion, interpretieren – die Interpretation, motorisieren – der Motor, reparieren – die Reparatur, rationieren – die Ration, kritisieren – die Kritik, tolerieren – die Toleranz, informieren – die Information, fantasieren – die Fantasie, musizieren – die Musik, alkoholisieren – der Alkohol, protestieren – der Protest

11 Berufsberater *informieren* uns regelmäßig in der Schule. Andere Meinungen seiner Mitmenschen sollte man *tolerieren*. Diesen Computer solltest du neu *programmieren* und danach würde er vermutlich wieder viel besser *funktionieren*. Fehlentscheidungen sollte man *kritisieren* – aber bitte sachlich.

Seite 55 – Das kann ich!

1 Viele Fremdwörter, die **Nomen** sind, haben die Suffixe *-ie*, *-ität*, *-ik* oder *-or*. Viele Fremdwörter, die **Adjektive** sind, haben die Suffixe **-(i)ell** oder *-iv*. Viele von Fremdwörtern abgeleitete **Verben** enden auf *-ieren*.

2 aktiv – aktivieren, die Funktion – funktionieren, das Motiv – motivieren, die Addition – addieren, das Ventil – ventilieren, die Vulkanisation – vulkanisieren

3 rationieren – die Ration, informieren – die Information, reagieren – die Reaktion, kritisieren – die Kritik

4 Rauminhalt – das Volumen, luftleerer Raum – das Vakuum

Das kann ich! – Auswertung	
15–19 Punkte	Du hast schon viel gelernt. Weiter so!
9–14 Punkte	Du kannst es sicher noch besser. Übe weiter.
0–8 Punkte	Arbeite die Seiten 53 bis 55 noch einmal durch.

Seite 56

1 und **2**
Die markierten Verben solltest du im Text markiert haben. So hast du die Getrenntschreibungen aus dem Text und aus Aufgabe 3 sicher geordnet:
Nomen + Verb: Rad fahren, Folge leisten, Schlange stehen Auto fahren, Maß halten, Not leiden
Verb + Verb: spazieren gehen, stehen bleiben, kennen lernen, stehen bleiben, laufen lassen, hängen bleiben
Adjektiv + Verb: falsch machen, ruhig bleiben, lustig machen, übrig bleiben, richtig machen
weitere Wortgruppen: zu Ende, aus Versehen, darüber hinaus, auf einmal, vor allem, noch einmal

Seite 57

5 Bald wird die Schulzeit *beendet sein* und damit die Kindheit endgültig *vorbei sein*. Dann werde ich zum ersten Mal richtig *frei sein* und verreisen, also einige Zeit *weg sein*. Aber danach werde ich wieder *hier sein*. In der Ausbildung will ich möglichst *gut sein*, damit ich später erfolgreich im Berufsleben *dabei sein* kann. Eines Tages sollen meine Eltern auf mich *stolz sein*. Meine private Zukunft wird wohl noch eine Weile *offen sein*. Ich kann zwar sehr *nett sein*, aber ich bin schüchtern. Werde ich noch lange *allein sein*? Ich möchte gerne mit jemandem *zusammen sein*. Sobald ich eine eigene Familie habe, werde ich jedenfalls *zufrieden sein*.

Seite 57 – Das kann ich!

1 Wortgruppen aus zwei *Verben*, Wortgruppen aus **Nomen** + *Verb* und *Adjektiv* + **Verb** sowie Wortgruppen **mit** *sein* schreibt man meist getrennt.

2 *Diese Wortgruppen solltest du markiert haben:*
Nomen + Verb: Ski laufen, Schlange stehen, Schlitten fahren
Verb + Verb: stehen bleiben, spazieren gehen, kennen lernen

3 **A** Du solltest in der Prüfung *ruhig bleiben* und nicht vor Aufregung *nervös werden* – dann wirst du bestimmt alles *richtig machen*.
B Tagsüber soll das Licht nicht *an sein*, sondern es muss *aus sein*. Merkt euch das, weil es mit der billigen Energie bald *vorbei sein* wird.
C Ich sage es *nur einmal*: Seid im Theater *vor allem* leise.

Das kann ich! – Auswertung	
14–18 Punkte	Du hast schon viel gelernt. Weiter so!
9–13 Punkte	Du kannst es sicher noch besser. Übe weiter.
0–8 Punkte	Arbeite die Seiten 56 und 57 noch einmal durch.

Seite 58

1 und **3**
So solltest du das h markiert und die Wörter so in die Tabelle eingeordnet haben:
vor l: allmählich, bezahlen, erzählen, der Fehler, fühlen, das Gefühl, stehlen, der Stuhl, wählen, wohl, die Zahl, zählen
vor m: berühmt, ihm, nehmen, zahm
vor n: die Bahn, belohnen, ihn, ohne, wohnen, die Wohnung, der Zahn, zehn
vor r: ehrlich, fahren, das Fahrrad, die Gefahr, ihr, das Jahr, die Lehrerin, mehr, sehr, das Ohr, die Uhr, ungefähr, der Verkehr, wahr, während, wahrscheinlich

5 Vor der Bewerbung solltest du Folgendes in *Erfahrung* bringen:
A Wo befindet sich der Praktikumsplatz? Muss ich weit *fahren*? Wie komme ich hin, mit öffentlichen *Verkehrsmitteln*, mit dem *Fahrrad* oder zu Fuß?
B Was wird von mir verlangt? Bei einem *Zahnarzt* wirst du nicht *bohren* dürfen, bei einem *Uhrmacher* nicht gleich verkaufen.
C Mit welchen Arbeitsmitteln oder Werkzeugen werde ich arbeiten? *Wahrscheinlich* kann ich Geräte noch gar nicht bedienen.
D Welche Bedingungen finde ich vor? Muss ich *sehr* viel arbeiten? Also, sich besser vorher informieren als sich später ärgern!

1 Bei einigen Wörtern steht nach einem *lang* gesprochenen Vokal oder Umlaut ein **h**. Allerdings nur vor den Konsonanten **l, m, n** und **r**.

2 *So solltest du den Text ergänzt und ein Wort markiert haben:*
Kevin Müller, 18 Jahre, erstes Lehrjahr, erzählt: Nach der Realschule habe ich mit dem *Berufsgrundschuljahr* begonnen, weil mein *Lehrer* meinte, ich solle alles genau überlegen. Ich bin auch zu Hause ausgezogen und habe für meine erste *Wohnung* Möbel gesucht. Weil die *sehr* teuer waren, habe ich selber welche gebaut. Das hat mir *unwahrscheinlich* gut gefallen und ich habe den Beruf des Tischlers *gewählt*.

Das kann ich! – Auswertung	
9–11 Punkte	Du hast schon viel gelernt. Weiter so!
5–8 Punkte	Du kannst es sicher noch besser. Übe weiter.
0–4 Punkte	Arbeite die Seiten 58 bis 59 noch einmal durch.

1 *So solltest du die Wörter markiert und geordnet haben:*
Nomen: die Widerrede, der Widersacher, der Widerstand, der Widerspruch, das Widerwort, die Erwiderung, die Widerstandskraft, der Widerwille, der Widerruf, der Widersinn
Verben: widerfahren, widerlegen, widerstehen, widersprechen, widerrufen, widersetzen, erwidern, widerstreben, widerhallen, anwidern
Adjektive: widerlich, widerwillig, widerstandsfähig, widerwärtig, widerstandslos, widersprüchlich, widerspruchslos, widerspenstig, widerrechtlich, unwiderstehlich

2 *So hast du die Wörter sicher den Worterklärungen zugeordnet:*
die Gegenrede: die Widerrede, die Abscheu: der Widerwille, abscheulich: widerlich, kampflos: widerstandslos, zustoßen: widerfahren, störrisch: widerspenstig, entgegnen: erwidern, gegensätzlich: widersprüchlich, der Gegner: der Widersacher, gegen das Gesetz: widerrechtlich, der Gegensinn: der Widersinn, das Gegenteil beweisen: widerlegen

4 Gestern ist mir eine komische Geschichte *widerfahren*. Eine maskierte Mickymaus sprang mir in den Weg und rief: „Hände hoch! Jeder *Widerstand* ist zwecklos." Sie hielt eine Banane in der Hand und ihre *widerspenstigen* Haare flogen im Wind. Zuerst war ich etwas überrumpelt, aber dann konnte ich nicht *widerstehen* und biss in die Banane. … *Widerwillig* überließ mir die Mickymaus schließlich die Banane. Offensichtlich frustriert verschwand mein *Widersacher* daraufhin sofort, und so hatte ich keine Gelegenheit mehr, etwas zum Dank zu *erwidern*.

1 Das Wort **wider** hat die Bedeutung „*gegen*", „*dagegen*", „*entgegen*".

2 die Gegenrede: die Widerrede, kampflos: widerstandslos, antworten: erwidern, störrisch: widerspenstig

3 **A** Der Verbrecher ließ sich *widerstandslos* festnehmen. Er hatte erkannt, dass jeder *Widerstand* sinnlos war.
B „Da muss ich dir aber *widersprechen*", sagte Alessandro, der anderer Meinung war.
C „Ich weiß nicht, was ich darauf *erwidern* soll. Ich bin sprachlos", sagte sie überrascht.
D „Du glaubst nicht, was mir heute *widerfahren* ist, als ich in den Bus steigen wollte!", erzählte er seiner Kollegin.
E „Na gut, wenn es unbedingt sein muss", sagte sie *widerwillig*.
F „Der Kuchen sah so lecker aus, da ich konnte ich einfach nicht *widerstehen*", sagte er mit schuldbewusstem Gesicht.

Das kann ich! – Auswertung	
11–14 Punkte	Du hast schon viel gelernt. Weiter so!
7–10 Punkte	Du kannst es sicher noch besser. Übe weiter.
0–6 Punkte	Arbeite die Seiten 60 und 61 noch einmal durch.

1 **A** (Als) sie mit den Hausaufgaben fertig war, lief Sophie zu ihrer Freundin.
B Kevin ist meistens schon von selbst aufgewacht, (wenn) der Wecker klingelt.
C (Obwohl) ihre Mutter viel arbeitet, möchte Maria Industriekauffrau werden.
D Ich weiß selbst, (dass) ich heute nicht gut Fußball gespielt habe.

2 **Irinas erster Tag im Praktikum**
(Weil) sie pünktlich um 7:30 Uhr im städtischen Kindergarten sein muss, steht Irina am Montagmorgen sehr früh auf. … (Als) sie im Kindergarten ankommt, wird sie von der Leiterin freundlich begrüßt. … Dort ist es sehr laut, (obwohl) Irina den Kindern eine Geschichte vorliest. … (Nachdem) Irina den Rat befolgt hat, wird es ganz leise im Raum. … Sie weiß heute schon, dass dies der richtige Beruf für sie ist. Wenn sie den Schulabschluss geschafft hat, möchte sie Erzieherin werden.

1 *So solltest du die Kommas gesetzt und die Aufzählungen unterstrichen haben:*
Kartoffeln , Reis , Nudeln und Brot sind Nahrungsmittel. Am liebsten esse ich Bohnen , Linsen , Artischocken und Möhren. Am liebsten trage ich Jeans , Karohemd und Sneakers oder Shorts , T-Shirt und Flip-Flops.

2 Für meine Reise packe ich vier T-Shirts , zwei Hosen , einen Pullover , sechs Unterhosen , fünf Paar Socken und ein Paar Schuhe ein.
Montags haben wir um acht Uhr Englisch , um neun Uhr dreißig Mathe , um zehn eine Doppelstunde Deutsch und um Viertel vor zwölf Chemie.

3 *So solltest du die Kommas gesetzt, die Aufzählungen unterstrichen und die Zeitangaben markiert haben:*
In den Ferien schwamm ich jeden Morgen im Meer , nachmittags spielte ich mit meinen Freunden am Strand Fußball und abends trafen wir uns in einer Disko. Nachmittags fahre ich oft alleine und sehr schnell Fahrrad , manchmal basteln wir auch in der Werkstatt meines Vaters Holzspielzeug für die kleinen Cousins , gelegentlich gehe ich mit Freunden Eis essen und langweilen tue ich mich nie.

4 *So solltest du die Kommas in der Aufzählung gesetzt haben:*
Sie wird den kranken Kindern tagsüber Geschichten erzählen, mit ihnen Spiele machen, zwischendurch beim Essen helfen, abends eine „Gutenachtgeschichte" vorlesen und dabei immer freundlich sein.

Seite 64

1 Die Lehrerin sagt, (dass) die Berufsberaterin bald komme. (Dass) die Klasse Beratungsbedarf habe, meint sie. Wir sollen das Klassenzimmer dafür aufräumen. (Dass) die Berufsberaterin erkrankt ist, erfahren wir tags darauf. Die Schülerinnen und Schüler sind enttäuscht, (dass) die Beratung ausfällt. (Dass) dafür Unterricht stattfindet, erfahren sie am Schwarzen Brett.

3 a. *So solltest du die dass-Sätze ergänzt haben:*
Irina meint, dass Sascha und Mahmut ihren Müll nicht auf den Boden werfen sollen. Sascha erwidert, dass sie ruhig bleiben solle, weil sie ihn später aufsammeln würden. Mahmut ergänzt, dass der Aufräumdienst ohne Müll nicht sinnvoll ist. Ira sagt, dass die zwei ihren Strafdienst immerhin mit Humor nähmen.

Seite 65 – Das kann ich!

1 Ein Satz, der aus einem *Hauptsatz* (HS) und einem *Nebensatz* (NS) besteht, heißt **Satzgefüge**. Der NS wird durch ein *Komma* vom HS abgetrennt. Die Teile einer *Aufzählung*, die nicht durch **und/oder** verbunden sind, werden durch *Komma* voneinander getrennt. Nach Verben des Sagens, Denkens und Meinens folgen oft *Kommas*.

2 Weil es im Sommer sehr heiß war, bekamen die Schüler an manchen Tagen hitzefrei.

3 Zum Abendessen gab es Brot, Käse, Aufschnitt und Tee. Gestern Morgen war ich in der Schule, nachmittags ging ich zum Schwimmen ins Freibad und abends traf ich mich mit meiner Clique. Ich kaufe für das Mittagessen eine Packung Nudeln, ein Pfund Gehacktes, eine Zwiebel, ein Stück Parmesankäse und ein Glas Bolognese.

4 Ich will dir gern glauben, dass du für den Test gelernt hast. Bist du mir noch böse, dass ich das neue Buch verloren habe? Unser Lehrer meint, dass du heute in Hochform bist. Dass er dabei gezwinkert hat, war zu dumm.

5 *So hast du sicher die Kommas gesetzt, „dass" markiert, Konjunktionen eingekreist und Aufzählungen unterstrichen:*
Die Erfindung des Heißluftballons
Die Gebrüder Montgolfier aus Frankreich sind die Erfinder des Heißluftballons. Nicht viele Menschen wissen heute, dass die ersten Passagiere eines Ballons ein Hammel, eine Ente und ein Hahn waren. (Nachdem) die Tiere das Experiment überlebt hatten, erlaubte der König Ludwig XVI. einen Aufstieg mit Menschen. (Als) dann der Ballon am 21. November 1783 in die Luft stieg, brachen alle anwesenden Personen in Jubel aus. Der Ballon wurde mit ölgetränktem Holz, Papier, feuchtem Stroh und Stoff befeuert. Damals dachte man nämlich fälschlicherweise, dass der Rauch für den Auftrieb sorgte. Also verbrannte man stark rauchendes Material. Wenig später entdeckte man jedoch, dass die heiße Luft den Ballon aufsteigen lässt. Heute ist das Fliegen selbstverständlich, (denn) die Menschen wollen ohne großen Zeitverlust riesige Entfernungen überwinden.

Das kann ich! – Auswertung	
33–45 Punkte	Du hast schon viel gelernt. Weiter so!
20–32 Punkte	Du kannst es sicher noch besser. Übe weiter.
0–19 Punkte	Arbeite die Seiten 62 bis 64 noch einmal durch.

Seite 66

1 c. *Deine Markierungen solltest du durch die unterkringelten Pronomen ersetzt haben:*
Ferien an der Nordsee
Marvin kann in diesem Sommer nicht mit seinen Eltern verreisen, weil sie sich um seine Oma kümmern müssen. So haben sie Marvin erlaubt, dass er zusammen mit seiner Cousine Vanessa und ihren Eltern in die Ferien fährt. Vanessa und ihre Eltern wollen die Ferien in ihrem Ferienhaus an der Nordsee verbringen und viel Fahrrad fahren. Vanessa hat von ihren Eltern ein neues Fahrrad zum Geburtstag bekommen. Das neue Fahrrad ist viel leichter und hat eine bessere Gangschaltung als ihr altes Rad. Marvin möchte auch sein Fahrrad mit in die Ferien nehmen. Allerdings muss er es zuvor noch in Ordnung bringen. Marvins Onkel schlägt ihm vor, dass er und sein Onkel das Fahrrad gemeinsam reparieren.

2 a. + b.
Die hier unterstrichenen Wörter solltest du gelb und die markierten Wörter blau markiert haben:
Marvin und sein Onkel schauen sich gemeinsam das Fahrrad an. Dieses ist noch nicht alt, aber es hat oft draußen gestanden. Marvin entfernt den Rost am Lenker und an den Speichen. Sie sind teilweise schon etwas verbogen. Sein Onkel überprüft die Bremsen. Diese funktionieren nicht mehr gut und ihre Bremsbeläge sind schon abgefahren. Deshalb tauscht er sie aus. Das Licht und die Gangschaltung funktionieren gut. An ihnen muss nichts repariert werden. Marvins Onkel überprüft auch die Reifen und pumpt sie auf. Marvin ist sehr dankbar, und sein Onkel freut sich, dass er ihm helfen konnte.

c. *Diese Pronomen und Nomen hast du sicher aufgeschrieben:*
sein – Marvin, dieses – das Fahrrad, es – das Fahrrad, sie – die Speichen, sein – Marvin, diese – die Bremsen, ihre – die Bremsen, sie – die Bremsen, ihnen – das Licht und die Gangschaltung, sie – die Reifen, sein – Marvin, ihm – Marvin

Seite 67

1 b. *So solltest du die Verben aus dem Text den Zeitformen zugeordnet haben:*
Präteritum: entdeckte, erkannte; Plusquamperfekt: hatte gegeben, hatte berücksichtigt; Futur: wird gewinnen

2 *Diese Zeitformen solltest du so ergänzt haben:*
Geschichte und Zukunft der Solarenergie – Teil 2
Man *begann* erst im 20. Jahrhundert, Solarzellen aus Silizium herzustellen, obwohl Wissenschaftler das Prinzip der Solarzellen schon im 19. Jahrhundert *entdeckt hatten*. Im Laufe des 20. Jahrhunderts *entwickelte* man die Technik zwar immer weiter, aber lange Zeit *fanden* die Solarzellen kaum Verbreitung, weil andere Energieträger damals noch günstig *waren*. Als jedoch mit der Ölkrise das Erdöl immer teurer *wurde*, *interessierte* man sich allmählich für Solarenergie. Heute nimmt man an, dass die Solarenergie bis zum Jahr 2030 etwa 10 Prozent des weltweiten Strombedarfs *decken wird*. Dann *werden* 6,5 Millionen Menschen im Bereich der Solarenergie *arbeiten*. Besondere Vorteile *wird* diese Entwicklung für solche Gegenden der Welt mit sich *bringen*, die bisher nicht an ein Stromnetz angeschlossen sind. Mit der Nutzung von Solarenergie *wird* man auch den Ausstoß des klimaschädlichen Kohlendioxids mit der Zeit deutlich reduzieren *können*.

1 a. *Diese Verbformen hast du sicher markiert:*
Vandalismus am Südbahnhof
In der Nacht von Samstag auf Sonntag wurden am Südkreuz mehrere Bahnwaggons stark beschädigt. Die Karosserien wurden mit großen Graffitis beschmiert und die Innenräume wurden zum Teil verwüstet. Allem Anschein nach wurde dort gefeiert, denn es wurden leere Flaschen und Pappbecher gefunden. Der Schaden wurde am frühen Morgen entdeckt. Nachdem die Polizei eingetroffen war, wurde der Schaden sofort untersucht. Ein Polizeisprecher informierte: „Es werden leider häufig Waggons zerstört. Viele Täter werden aber irgendwann verurteilt, denn alle Graffitis werden von uns fotografiert. Oft werden sie ähnlich gestaltet oder sogar mit einem Kürzel signiert, sodass dann mehrere Graffitis einem Täter zugeordnet werden." Für Hinweise, die zum Täter führen, wurde eine Belohnung ausgesetzt.

b. *So solltest du die Verbformen geordnet haben:*
Präsens Passiv: werden zerstört, werden verurteilt, werden fotografiert, werden gestaltet, werden signiert, werden zugeordnet
Präteritum Passiv: wurden beschädigt, wurden beschmiert, wurden verwüstet, wurde gefeiert, wurden gefunden, wurde entdeckt, wurde untersucht, wurde ausgesetzt

2 a. *Diese Verben hast du sicher markiert:*
zauberten, strickten, dekorierten, verschonten, bestrickten, zerstören, machen

b. *So solltest du die Sätze im Passiv geschrieben haben:*
Plötzlich wurde ihnen ein Lächeln ins Gesicht gezaubert. Kleine Mützen und Schals wurden gestrickt. Die Stadt wurde damit dekoriert. Nichts wurde verschont: Fahrradständer, Laternen, Straßenzäune – alles wurde bestrickt. Es wird dabei nichts zerstört, sondern die Stadt wird bunter gemacht.

1 b. *So sollte deine fertige Versuchsbeschreibung aussehen. Die Passivformen sind markiert:*
Überschrift: Wie kann man die Wärmestrahlung der Sonne nutzen?
Einleitung: In diesem Versuch soll untersucht werden, wie die Wärmestrahlung der Sonne genutzt werden kann.
Material: Für den Versuch werden ein silberner und ein schwarzer Erlenmeyerkolben, zwei lange Thermometer und Wasser benötigt.
Versuchsaufbau: Zuerst werden die beiden Erlenmeyerkolben mit Wasser gefüllt. Dann wird in jeden der beiden Erlenmeyerkolben ein Thermometer gestellt.
Versuchsdurchführung: Danach werden die Erlenmeyerkolben in die Sonne gestellt. Nach 30 Minuten werden die Thermometer abgelesen und es wird festgestellt, dass die Temperatur des Wassers im schwarzen Kolben höher ist als die im silbernen Kolben.
Ergebnis: Das Wasser wird in dem schwarzen Kolben stärker erhitzt als in dem silbernen.
Erklärung: Licht und Wärme werden von der silbernen Oberfläche reflektiert , die schwarze Oberfläche absorbiert Licht und Wärme. Das Wasser im schwarzen Kolben wird daher durch die Sonne erwärmt.

1 *So hast du die Sätze sicher ergänzt:*
Das *Passiv* beschreibt, wenn etwas mit einer Person oder einem *Gegenstand* getan wird. Die *Tätigkeit* ist wichtig, nicht, wer sie ausführt. Deshalb wird die handelnde *Person* im Passiv in der Regel nicht genannt. Das Passiv wird mit einer Form von *werden* und dem **Partizip Perfekt** gebildet.

2 *So solltest du das Passiv gebildet und diese Zeitformen angekreuzt haben:*
Die Zutaten werden gemischt. (Präsens)
Die Zutaten wurden gemischt. (Präteritum)

3 a. *Diese Verbformen hast du sicher markiert:*
Der Helioflex
Im Jahr 1999 wurde der Helioflex erfunden. Der Berliner Christoph Keller kam auf die Idee, weil er in einer dunklen Hinterhauswohnung lebte, in die kein Licht drang. Auf diese Erfindung wurde er durch Sonnenblumen gebracht, die ihre Köpfe immer in Richtung Sonne drehen. Für einen Helioflex wird eine verspiegelte Plexiglasscheibe auf eine Satellitenschüssel montiert. Die Scheibe wird dann durch Schrauben gekrümmt. Die Spiegelfläche wird durch eine Mechanik mit der Sonne gedreht. Nachts wird der Spiegel automatisch gen Osten gerichtet und wartet dann auf die aufgehende Sonne.
Der Helioflex wurde so auf dem Dach aufgestellt, dass das Sonnenlicht eingefangen und in die Fenster von Kellers Wohnung reflektiert wurde.

b. *So solltest du die Verbformen den Zeitformen zugeordnet haben:*
Präsens Passiv: wird montiert, wird gekrümmt, wird gedreht, wird gerichtet
Präteritum Passiv: wurde erfunden, wurde gebracht, wurde aufgestellt, wurde eingefangen, wurde reflektiert

4 *Diese Sätze solltest du geschrieben haben:*
Durch den Helioflex wird das Sonnenlicht umgelenkt. Zum Bau des Helioflex werden Teile von Satellitenanlagen verwendet. Durch eine Mechanik wird die Spiegelfläche mit der Sonne gedreht. Der Helioflex wird auf Hausdächern aufgestellt. Dunkle Wohnungen werden mit dem Helioflex beleuchtet.

Das kann ich! – Auswertung	
33–45 Punkte	Du hast schon viel gelernt. Weiter so!
20–32 Punkte	Du kannst es sicher noch besser. Übe weiter.
0–19 Punkte	Arbeite die Seiten 66 bis 69 noch einmal durch.

1 *Diese Verben solltest du markiert und diese Pronomen eingekreist haben:*

„Lange nicht gesehen", sagte er. „Kommst (du) heute Abend ins Bistro?" Dabei hatte er dieses weltmännische Gesicht. „Tut (mir) leid", lächelte Sandra. „(Ich) habe heute ein Rendezvous." „Was soll das denn heißen", fuhr Stefan sie an und sah plötzlich gar nicht mehr cool aus. „(Ich) denke, (du) gehst mit mir!" „Oh, klar", grinste Sandra. „(Ich) finde nur, dass (unsere) Beziehung in der letzten Zeit etwas eng geworden ist. (Wir) sind hier in Frankreich, [das] weißt du. Offene Beziehungen sind hier mega-in." Und dann ließ sie den verdutzten Stefan einfach stehen.

2 *So solltest du das Gespräch in der indirekten Rede aufgeschrieben, diese Konjunktive markiert und diese veränderten Wörter unterstrichen haben:*

Stefan sagt, er habe Sandra lange nicht gesehen, und fragt sie, ob sie an diesem Abend ins Bistro komme. Dabei hat er dieses weltmännische Gesicht. Sandra antwortet darauf lächelnd, es tue ihr leid, aber sie habe schon ein Rendezvous an diesem Abend. Empört ruft Stefan daraufhin, was das heißen solle, und sieht gar nicht mehr so cool aus. Er fügt hinzu, dass er denke, Sandra gehe mit ihm. Sie meint nur, das sei klar, sie finde nur, dass ihre Beziehung in der letzten Zeit etwas eng geworden sei. Sie seien in Frankreich, das wisse er, und dort seien offene Beziehungen mega-in. Dann lässt sie den verdutzten Stefan einfach stehen.

3 *So solltest du das Gespräch in indirekter Rede aufgeschrieben haben:*

Herr K. wird gefragt, was er tue, wenn er einen Menschen liebe. Er antwortet, dass er einen Entwurf von ihm mache und dafür sorge, dass er ihm ähnlich werde. Daraufhin wird er gefragt, ob er den Entwurf meine. Er erwidert, dass er den Menschen meine.

1 a. *Diese Verben hast du sicher markiert:*

Herr Schwarz: „Wir müssen uns noch etwas für den Wandertag überlegen." Tim: „Wir können bowlen gehen. Das macht immer viel Spaß." Sybel: „Nein, das haben wir schon zweimal gemacht." Tom: „Dann sehen wir uns im Kino einen Film an!" Hussein: „Ich finde das Sportzentrum am besten!" Tim: „Da kann man auch Beach-Volleyball spielen." Sybel: „Aber Beate und ich dürfen dann wohl auch Squash spielen." Herr Schwarz: „Dann werden wir für Mittwoch beim Sportzentrum anfragen."

1 b., **2** und **3**

So solltest du die Tabelle ergänzt und diese Verbformen markiert haben:

Indikativ	Konjunktiv I	Konjunktiv II
wir *müssen*	sie *müssen*	sie *müssten*
wir *können*	sie *können*	sie *könnten*
es *macht*	es *mache*	es *machte*
wir *haben* gemacht	sie *haben* gemacht	sie *hätten* gemacht
wir *sehen an*	sie *sehen an*	sie *sähen an*
ich *finde*	er *finde*	er *fände*
man *kann*	man *könne*	man *könnte*
wir *dürfen*	sie *dürfen*	sie *dürften*
wir *werden*	sie *werden*	sie *würden*

Achtung! Für alle Aufgaben zur Verwendung des Konjunktivs in der indirekten Rede gilt: In dass-Sätzen **kann** der Konjunktiv verwendet werden, **muss aber nicht.**

4 *So könntest du die indirekte Rede gebildet haben:*

Herr Schwarz erklärt der Klasse, sie müssten sich noch was für den nächsten Wandertag überlegen. Tim schlägt vor, sie könnten bowlen gehen, und fügt hinzu, dass das immer viel Spaß mache. Sybel erwidert, das hätten sie schon zweimal gemacht. Tom sagt, dann sähen sie sich eben einen Film im Kino an. Hussein meint, er fände das Sportzentrum am besten. Tim ist einverstanden, weil man da Beach-Volleyball spielen könne. Sybel fügt hinzu, Beate und sie könnten dann auch Squash spielen. Am Ende beschließt Herr Schwarz, sie würden für Mittwoch beim Sportzentrum anfragen.

1 b. *So könntest du den Brief höflicher formuliert haben:*

Sehr geehrte Frau Meissner,
Ihr Betrieb beschäftigt sich mit Kläranlagen und Wasserwirtschaft. Da ich für die Schule zu diesem Thema ein Referat vorbereite, bräuchte ich gutes Informationsmaterial. Könnten Sie mir möglicherweise Prospekte Ihres Betriebes zuschicken? Ich wüsste auch gern, ob ich mir vielleicht Teile Ihres Betriebes anschauen dürfte. Könnten Sie mir bitte diese Information geben und möglichst bis Freitag antworten?
Mit freundlichen Grüßen
Tom Schmidt

2 *So könntest du die Aufforderungen höflicher formuliert haben:*

Könntest du mir bitte helfen? Würdest du mir bitte dein Buch geben? Könnten Sie mich vielleicht vorbeilassen? Ich würde gerne wissen, wann wir uns morgen treffen. Würden Sie mir bitte den Schlüssel geben? Hättest du möglicherweise ein Blatt Papier für mich? Ich würde gern eine Pizza haben. Könntest du bitte das Fenster zumachen? Dürfte ich mir vielleicht deine Lösungen ansehen?

1 *Diese Wörter hast du sicher markiert:*

TOP 3: Pausenregelung (Mittagspause)
Unser Schulsprecher Kajo F. sagte, dass die Mittagspause von 45 Minuten viel zu lang sein würde. Gerade viele Schüler der unteren Jahrgänge würden sich in dieser Zeit langweilen. Wir würden zwar auch Freizeitangebote bekommen, aber oft würden einige Aktivitäten ausfallen. Die Klassensprecher der 8 b sagten, dass sie noch eine Umfrage in der Klasse machen würden. Aber viele würden sich jetzt schon beschweren, weil sie durch die lange Mittagspause so spät nach Hause kommen würden. Es würde ihnen kaum noch Zeit bleiben, um nachmittags Freunde zu treffen. Dagegen meinten die Klassensprecher der 8 d, die Schüler würden nun endlich genug Zeit haben, um in der Mensa zu essen. Nach dem Essen würden sie noch Tischtennis oder Basketball spielen. Sie würden also ganz zufrieden mit der neuen Regelung sein.

2 *So solltest du die Verbformen aufgeschrieben und diese Konjunktive I und II ergänzt haben:*

er würde sein – er sei (Konjunktiv I), sie würden sich langweilen – sie langweilen sich (Konjunktiv I) – sie langweilten sich (Konjunktiv II), wir würden bekommen – wir bekommen (Konjunktiv I) – wir bekämen (Konjunktiv II), sie würden ausfallen – sie fallen aus (Konjunktiv I) – sie fielen aus (Konjunktiv II), sie würden machen – sie machen (Konjunktiv I) – sie machten (Konjunktiv II), sie würden sich beschweren – sie beschweren sich (Konjunktiv I) – sie beschwerten sich (Konjunktiv II), sie würden kommen – sie kommen (Konjunktiv I) – sie kämen (Konjunktiv II), es würde bleiben – es bleibe (Konjunktiv I), sie würden haben – sie haben (Konjunktiv I) – sie hätten (Konjunktiv II), sie würden spielen – sie spielen (Konjunktiv I) – sie spielten (Konjunktiv II), sie würden sein – sie seien (Konjunktiv I)

3 *So sollte deine Überarbeitung aussehen:*
Unser Schulsprecher Kajo F. sagte, dass die Mittagspause von 45 Minuten viel zu lang sei. Gerade viele Schüler der unteren Jahrgänge würden sich in dieser Zeit langweilen. Wir bekämen zwar auch Freizeitangebote, aber oft würden einige Aktivitäten ausfallen. Die Klassensprecher der 8 b sagten, dass sie noch eine Umfrage in der Klasse machen würden. Aber viele würden sich jetzt schon beschweren, weil sie durch die lange Mittagspause so spät nach Hause kämen. Es würde ihnen kaum noch Zeit bleiben, um nachmittags Freunde zu treffen. Dagegen meinten die Klassensprecher der 8 d, die Schüler hätten nun endlich genug Zeit, um in der Mensa zu essen. Nach dem Essen würden sie noch Tischtennis oder Basketball spielen. Sie seien also ganz zufrieden mit der neuen Regelung.

Seite 75 – Das kann ich!

1 *So hast du die Merksätze sicher ergänzt:*
Den Konjunktiv 1 in der *indirekten* Rede verwendet man zum Beispiel, wenn man eine Inhaltsangabe oder ein Protokoll schreibt. Wenn sich der *Konjunktiv I* nicht vom Indikativ unterscheidet, verwendet man den *Konjunktiv II.* Wenn der Konjunktiv II ungewöhnlich klingt, verwendet man die Ersatzform mit *würde.*

2 *So solltest du die Konjunktive I und II ergänzt und diesen Konjunktiv I durchgestrichen haben:*
sein: er (ist) – sei – wäre; sie (sind) – seien – wären
haben: sie (hat) – habe – hätte; sie haben – ~~haben~~ – hätten

4 *So solltest du das Interview in die indirekte Rede gesetzt haben:*
Der Reporter fragt Herrn K., was ein Helioflex sei. Er antwortet, es sei ein Spiegel, der die Sonnenstrahlen umleite. Dunkle Wohnungen würden dadurch heller. Daraufhin fragt der Reporter, wie das funktionieren würde, und Herr K. erklärt, auf eine Satellitenschüssel montiere man eine verspiegelte Plexiglasscheibe. Schrauben würden die Scheibe krümmen und eine Mechanik drehe die Spiegelfläche nach dem Lauf der Sonne. Wie man auf so eine Idee komme, möchte der Reporter dann wissen, und Herr K. antwortet, dass viele Leute in dunklen Wohnungen leben müssten. Der Erfinder habe Sonnenblumen beobachtet, die ihre Köpfe immer in Richtung Sonne drehten.

5 *So könntest du die Aufforderungen höflicher formuliert haben:*
Würden Sie mich bitte durchlassen? Könntest du vielleicht meine Tasche nehmen? Ich hätte gerne eine Eintrittskarte. Würdest du mir bitte den Stift geben? Könnten Sie mir möglicherweise helfen?

Das kann ich! – Auswertung	
33–45 Punkte	Du hast schon viel gelernt. Weiter so!
20–32 Punkte	Du kannst es sicher noch besser. Übe weiter.
0–19 Punkte	Arbeite die Seiten 71 bis 74 noch einmal durch.

Seite 76

1 *So sollest du die Begründungen zugeordnet haben:*
A – d; B – f; C – c; D – b; E – e; F – a

2 *So könntest du die Sätze geschrieben haben:*
A Das Praktikum macht ihm viel Spaß, denn es ist sehr abwechslungsreich. (Satzreihe)
B Er macht sein Praktikum in einer Bäckerei, denn er möchte später Bäcker werden. (Satzreihe)
C Die Bäcker beginnen sehr früh mit der Arbeit, weil die Bäckerei schon um 6:30 Uhr öffnet. (Satzgefüge)

D Patrick fängt aber erst um 8 Uhr zu arbeiten an, denn Praktikanten dürfen nicht früher arbeiten. (Satzreihe)
E Er achtet darauf, immer pünktlich zu sein, weil er einen guten Eindruck machen will. (Satzgefüge)
F In der Pause notiert er sich, was er getan hat, weil er einen Praktikumsbericht schreiben muss. (Satzgefüge)

3 *Diese Wörter hast du sicher markiert und die Sätze so ergänzt:*
Patrick kommt morgens pünktlich zur Arbeit, obwohl er lange fahren muss (*Satzgefüge*). Einmal verschläft er, aber zum Glück weckt ihn sein Bruder (*Satzreihe*). Obwohl er noch müde ist, fängt er gleich mit der Arbeit an (*Satzgefüge*). Er hilft beim Kuchenbacken, aber die Torten darf er nicht dekorieren (*Satzreihe*). Patrick würde gerne wichtigere und schwierigere Arbeiten übernehmen, aber man lässt ihn nicht (*Satzreihe*). Solche Arbeiten erledigen nur die Auszubildenden, obwohl Patrick sie auch schon bewältigen könnte (*Satzgefüge*).

Seite 77

1 *So könntest du die Sätze ergänzt haben:*
A Ein Praktikum ist sehr sinnvoll, weil man die Berufswirklichkeit kennen lernt. B *Obwohl es eine Abwechslung zum Schulalltag ist,* mögen einige Schüler das Praktikum nicht. C Aber den meisten macht es Spaß, *weil sie eine praktische Tätigkeit ausüben können.* D *Damit man auch wirklich in seinen Traumberuf hineinschnuppern kann,* sollte man sich jedoch früh um einen Praktikumsplatz bewerben.

2 *So solltest du die Konjunktionen und Nebensätze zugeordnet haben:*
Mein Praktikum im Blumenfachgeschäft – von Sarah Haras
Vom 31. Mai bis zum 18. Juni machte ich mein Praktikum im Blumenfachgeschäft „Flora", weil (A). Ich durfte bald eigenständig Sträuße binden, obwohl (E).
Die Chefin lobte meine Arbeit regelmäßig, sodass (D).
Ich fotografierte die Blumensträuße, damit (F). Ich konnte mich an die Kollegen wenden, wenn (B).
Sie schenkte mir noch einen kleinen Blumenstrauß, als (C).

3 *So könntest du den Bericht neu geschrieben und die Verben und Konjunktionen so markiert haben:*
Vom 31. Mai bis zum 18. Juni machte ich mein Praktikum im Blumenfachgeschäft „Flora", weil ich mich gerne mit Blumen und Dekoration beschäftige. Obwohl ich ganz neu war, durfte ich bald eigenständig Sträuße binden. Die Chefin lobte meine Arbeit regelmäßig, sodass ich motiviert arbeitete. Damit ich die Fotos für meinen Bericht verwenden konnte, fotografierte ich die Blumensträuße. Ich konnte mich an die Kollegen wenden, wenn ich eine Frage hatte. Als ich mich verabschiedete, schenkte sie mir noch einen kleinen Blumenstrauß.

Seite 78

5 *So hast du sicher die Verben markiert und die Konjunktionen ergänzt:*
Mitternacht war schon längst vorüber.
als + Sibel wälzte sich im Bett hin und her.
weil + Sie konnte nicht einschlafen.
obwohl + Sie musste am nächsten Morgen früh aufstehen.

Sie stand schließlich auf.
weil + Sie wollte sich ein Glas Wasser holen.

6 *Diese zwei Satzgefüge solltest du aufgeschrieben haben:*
Mitternacht war schon längst vorüber, als Sibel sich im Bett hin und her wälzte, weil sie nicht einschlafen konnte. Obwohl sie am nächsten Morgen früh aufstehen musste, stand sie schließlich auf, weil sie sich ein Glas Wasser holen wollte.

8 *So könntest du die Sätze verbunden haben:*
In den letzten Jahren hat sich gezeigt, dass der kleine tägliche Ärger Stress verursachen kann.
Sobald es in der Schule oder zu Hause Ärger oder schlechte Stimmung gibt, leidet man bald an Stress.
Wenn man seine eigene Situation kennt, kann man Stress gezielt bewältigen.
Wenn man das eigene Verhalten versteht, dann kann man gezielt neue Handlungsweisen einüben.

Seite 79

1 *a. Diese Wörter hast du sicher markiert:*
Marc bittet Jessica, dass sie ihm bei der Bewerbung hilft. Jessica empfiehlt ihm, dass er den Text noch einmal überarbeitet. Marc hofft, dass er den Praktikumsplatz bekommt. Er fürchtet, dass er nicht der einzige Bewerber ist. Aber er glaubt auch, dass er gute Chancen hat.

b. + c.
So hast du die Sätze sicher umgeschrieben:
Marc bittet Jessica, ihm bei der Bewerbung zu helfen. Jessica empfiehlt ihm, den Text noch einmal zu überarbeiten. Marc hofft, den Praktikumsplatz zu bekommen. Er fürchtet, nicht der einzige Bewerber zu sein. Aber er glaubt auch, gute Chancen zu haben.

2 *Diese Infinitivsätze solltest du geschrieben, die Infinitive und das „zu" markiert haben:*
Ich glaube, *Spaß am Praktikum zu haben*. Ich hoffe, *einen Praktikumsbetrieb zu finden*.
Ich wünsche mir, *mich gut zurechtzufinden*.

3 *Diese Infinitivsätze solltest du geschrieben haben:*
Ich bitte dich, mir zu helfen. Sie bittet uns, sie zu unterstützen. Er bittet sie, ihm zu raten. Wir bitten euch, aufmerksam zu sein.

4 *Diese Infinitivsätze hast du sicher gebildet:*
Ich hoffe, fahren zu können. Ich freue mich, gesund zu sein.

Seite 80

1 *a. So solltest du die Erklärungen zugeordnet haben:*
A Sonnenstrahlen umleitet, *E* man aus organischen Substanzen gewinnen kann, *D* vor der Küste im Meer aufgestellt werden, *F* sich die Natur zum Vorbild nimmt, *B* man aus der Sonne gewinnt, *C* sich mit der lebendigen Natur beschäftigt

b. bis d.
So hast du die Sätze sicher ergänzt, die Relativpronomen eingekreist und diese Nomen markiert:
Ein Helioflex ist ein Spiegel, (der) Sonnenstrahlen umleitet. Solarenergie ist eine Energieform, (die) man aus der Sonne gewinnt. Biologie ist ein Schulfach, (das) sich mit der lebendigen Natur beschäftigt. Ein Offshore-Windpark besteht aus Windturbinen, (die) vor der Küste im Meer aufgestellt werden. Biomasse ist eine Energiequelle, (die) man aus organischen Substanzen gewinnen kann. Bionik ist eine Wissenschaft, (die) sich die Natur zum Vorbild nimmt.

2 *So solltest du die Sätze geschrieben, die Relativpronomen eingekreist und diese Nomen markiert haben:*
A Windturbinen sind Maschinen, (die) Wind in Energie verwandeln. **B** Methan ist ein Gas, (das) in Biogasanlagen produziert wird. **C** Die Sonne gibt Energie ab, (die) von Solaranlagen genutzt wird.

Z 3 *Diese Sätze könntest du gebildet haben:*
Die Lyrik ist die Gattung der Literatur, zu (der) Gedichte gehören. Das Passiv ist eine Verbform, bei (der) etwas mit einer Person oder mit einem Gegenstand getan wird. Die Inhaltsangabe ist eine Textform, in (der) die wichtigsten Geschehnisse zusammengefasst werden. Die Chemie ist eine Wissenschaft, mit (der) man Medikamente entwickeln kann.

1 *So hast du die Merksätze sicher ergänzt:*
Eine **Satzreihe** besteht aus mindestens zwei *Hauptsätzen*. Ein **Satzgefüge** besteht aus einem *Hauptsatz* und mindestens einem *Nebensatz*. Im **Nebensatz** steht die gebeugte Verbform am *Ende*. **Konjunktionalsätze** sind Nebensätze, die mit *Konjunktionen* eingeleitet werden. **Infinitivsätze** kannst du oft statt eines *dass-Satzes* bilden. **Relativsätze** werden mit *Relativpronomen* eingeleitet.

2 *So solltest du die Lücken ergänzt und die Verben markiert haben. Was du angekreuzt haben solltest, steht in Klammern hinter jedem Satz:*
Die Menschheit nutzt seit langer Zeit fossile Brennstoffe, *aber* diese Energieträger reichen nur noch für einige Jahrzehnte. (Satzreihe) Viele setzen heute auf erneuerbare Energien, *weil* sie die Umwelt schonen. (Satzgefüge) Braunkohle verschmutzt die Umwelt hingegen sehr, *denn* sie enthält viel Schwefel. (Satzreihe) *Obwohl* fossile Brennstoffe umweltschädlich sind, kann man noch nicht auf sie verzichten. (Satzgefüge) Man braucht sie noch, *obwohl* es ausreichend Energie gibt. (Satzgefüge) Die Sonne liefert eigentlich mehr als genug Energie, *aber* noch fehlen Solaranlagen und Speichermöglichkeiten. (Satzreihe)

3 *Diese Satzgefüge solltest du geschrieben haben:*
A Öl verschmutzt die Umwelt, obwohl es sauberer als Kohle verbrennt. **B** Öl ist keine Zukunftsenergie, weil die Vorräte begrenzt sind. **C** Solarenergie und Windenergie werden gebraucht, damit wir auch in der Zukunft genug Energie haben.

4 *Diesen Satz hast du sicher geschrieben:*
Wissenschaftler bemühen sich, neue Energieträger zu erforschen.

5 *b. Diese Satzgefüge (Relativsätze) solltest du gebildet haben:*
A Ein fossiler Brennstoff ist ein Stoff, der in der Erde lagert. **B** Kohle ist ein Gestein, das überwiegend aus Kohlenstoff besteht. **C** Erneuerbare Energien sind solche Energien, die sich nicht erschöpfen oder sich selbst erneuern.

Das kann ich! – Auswertung	
33–45 Punkte	Du hast schon viel gelernt. Weiter so!
20–32 Punkte	Du kannst es sicher noch besser. Übe weiter.
0–19 Punkte	Arbeite die Seiten 76 bis 80 noch einmal durch.

Seite 82

1 *a. + b.*
Diese Fragen, Antworten und Fälle hast du sicher aufgeschrieben:
A Wovon erzählt sie? – von dem Buch (Präpositionalobjekt im Dativ); **B** Worauf wartet er? – auf einen Freund (Präpositionalobjekt im Akkusativ); **C** Worum kümmert sie sich? – um die Pflanzen (PO im Akkusativ); **D** Wogegen verstößt er? – gegen die Regeln (PO im Akkusativ)

c. So solltest du die Objekte markiert und die Präpositionen eingekreist haben:
A Sie erzählt gern (von) dem Buch. **B** Er wartet (auf) einen Freund. **C** Sie kümmert sich (um) die Pflanzen. **D** Er verstößt (gegen) die Regeln.

2 *So solltest du die Objekte bestimmt haben:*
Vom 12. bis zum 30. April nahm ich an einem Betriebspraktikum teil. – PO (Dativ)
Ich absolvierte das Praktikum im Schuhgeschäft „Wesel". – AO
Zuerst unterstützte ich den Mitarbeiter im Lager. – AO
Dort half ich beim Einsortieren der Schuhkartons. – PO (Dativ)
Später durfte ich auch die Kundinnen beraten. – AO
Wegen des schönen Wetters fragten sie oft nach Sommerschuhen. – PO (Dativ)
Ich empfahl den Kundinnen immer Schuhe, die zu ihrer Kleidung passten. – DO
Meistens entschieden sie sich für die Schuhe, die ich ihnen
empfohlen hatte. – PO (Akkusativ)

3 *Diese Sätze könntest du gebildet haben:*
Er spielt wirklich gut, aber warum muss er mit seinem Können
ständig angeben? (PO – Dativ)
Laura würde gern am Volleyball-Turnier teilnehmen. (PO –
Dativ)
Ich muss mich bei ihr für ihre Hilfe bedanken. (PO – Akkusativ)
Sie sollte sicherheitshalber noch einmal nach dem Weg fragen.
(PO – Dativ)
Gestern musste ich mich wieder über meine kleine Schwester
aufregen. (PO – Akkusativ)

1 a. *Diese adverbialen Bestimmungen hast du sicher unterkringelt:*

Rheinheim, 12.03.2011

Bewerbung für ein Praktikum (2.–20. Mai 2011)

Sehr geehrte Frau Dahler,

aufgrund Ihrer Anzeige im Tagesblatt möchte ich mich für
ein Praktikum vom 2. bis zum 20. Mai in Ihrem Blumenladen
bewerben. Ich bin seit einem Jahr in der Schulgarten-AG und
arbeite dort sorgfältig und zuverlässig. Wegen meiner Fähigkeiten im Gestalten schmücke ich Räume bei Feiern mit Erfolg
und wurde dafür einmal ausgezeichnet. Durch das Praktikum
bei Ihnen möchte ich herausfinden, ob ich für den Beruf des
Floristen wirklich geeignet bin.

Mit freundlichen Grüßen

Jakob Mühlbach

---

b. *So solltest du die adverbialen Bestimmungen geordnet haben:*
Adverbiale Bestimmungen des Ortes (Wo?): im Tagesblatt,
in Ihrem Blumenladen, in der Schulgarten-AG, bei Feiern,
bei Ihnen
Adverbiale Bestimmungen der Zeit (Wann?): vom 2. bis
zum 20. Mai, seit einem Jahr
Adverbiale Bestimmungen der Art und Weise (Wie?):
gerne, sorgfältig, zuverlässig, mit Erfolg, durch das Praktikum,
wirklich, freundlich
Adverbiale Bestimmungen des Grundes (Warum?):
aufgrund Ihrer Anzeige, wegen meiner Fähigkeiten im
Gestalten

2 *So solltest du die Sätze erweitert und die adverbialen Bestimmungen markiert haben:*
Michaela möchte in zwei Monaten ihr Praktikum in einer Autowerkstatt absolvieren. Wegen ihrer Kenntnisse repariert sie
immer die Fahrräder ihrer Familie. Auch schwierige Defekte
repariert sie sehr sorgfältig und mit ruhiger Hand.

1 a. *Diese Attribute hast du sicher markiert:*
Liebeslieder lassen junge Frauen schwach werden
Französische Wissenschaftler haben die Wirkung der Liebeslieder auf junge Frauen untersucht. Dazu mussten die Frauen
in einem Wartezimmer Lieder der unterschiedlichsten Art
hören. Im Testraum unterhielten sie sich anschließend mit
jungen Männern. In einer Pause fragte der Mann dann nach
der Telefonnummer der Frau. 52 Prozent der Frauen, die
zuvor ein Liebeslied gehört hatten, rückten ihre Nummer
heraus. Nur 28 Prozent der Frauen, die zuvor neutrale Musik
gehört hatten, gaben ihre Nummer weiter. Aber nicht nur
das Verhalten des weiblichen Geschlechts wird von Liebesliedern beeinflusst: Die französischen Forscher konnten
auch zeigen, dass Männer, die in einem Blumenladen
Liebeslieder hören, mehr Geld für Sträuße ausgeben.

b. *So hast du die Attribute sicher geordnet:*
Genitivattribute: der Liebeslieder, der unterschiedlichsten
Art, der Frau, der Frauen, der Frauen, des weiblichen
Geschlechts
Adjektivische Attribute: junge, französische, junge, jungen,
neutrale, französische
Relativsätze: die zuvor ein Liebeslied gehört hatten,
die zuvor neutrale Musik gehört hatten, die in einem Blumenladen Liebeslieder hören

1 *So hast du die Merksätze sicher ergänzt:*
Das **Präpositionalobjekt** ist ein Satzglied, das aus einer
Präposition und einer Wortgruppe im Dativ oder im *Akkusativ*
besteht. Es gibt **adverbiale Bestimmungen der Zeit**, **des
Ortes**, *der Art und Weise* und **des Grundes**. Attribute geben
zusätzliche Informationen **zu einem** *Nomen*. Es gibt *Genitiv*
attribute und *adjektivische* **Attribute**. Auch *Relativ***sätze**
sind **Attribute**.

2 *Diese Fragen und Antworten hast du sicher aufgeschrieben:*
A Akkusativobjekt: Wen fragte sie? – die Zeitungsverkäuferin;
Präpositionalobjekt: Wonach fragte sie? – nach dem Weg.
B Dativobjekt: Wem dankte er? – ihr; Präpositionalobjekt:
Wofür dankte er? – für diese Information

3 *So solltest du die Sätze erweitert haben:*
A Sie macht ihr Praktikum im nächsten Monat bei der Firma
Sachs.
B Er arbeitet sorgfältig und schnell.
C Sie hat gestern ein Lob wegen ihrer guten Leistungen
bekommen.
D Er geht montags gerne ins Kino.
E Aufgrund einer Krankheit fuhr sie nicht mit nach Bonn.

4 *Diese Attribute solltest du markiert haben:*
Auf großem Fuß lebt jemand, der viel Geld ausgibt. Diese
Redensart bezieht sich auf den Grafen von Anjou, der in Frankreich lebte. Er war ein reicher und angesehener Mann, hatte
aber ein Problem: eine hässliche, dicke Geschwulst, die an
seinem Fuß prangte. Deshalb passten ihm die Schuhe der
damaligen Mode nicht und er ließ sich große Schuhe anfertigen. Darin konnte er die Geschwulst des Fußes verstecken.
Weil er einer der bedeutendsten Bürger der Stadt war, wollten
die Mitbürger seiner Heimat das nachahmen. Doch nur die
reichen Leute konnten sich die großen Treter leisten – und
deshalb auf großem Fuß leben.

Diese Zahlen solltest du jeweils angekreuzt haben:
Genitivattribute: 4, adjektivische Attribute: 10, Relativsätze: 2

Das kann ich! – Auswertung	
33–45 Punkte	Du hast schon viel gelernt. Weiter so!
20–32 Punkte	Du kannst es sicher noch besser. Übe weiter.
0–19 Punkte	Arbeite die Seiten 82 bis 84 noch einmal durch.

Der Kompetenztest

Seite 88 – Sachtexte und Grafiken erschließen

2 *Diese Überschriften könntest du geschrieben haben:*
2 Fossile Brennstoffe, **3** Erneuerbare Energien, **4** Energie aus Biomasse, **5** Elektrizität, **6** Wärme, **7** Deutschlands Bioenergiedörfer

3 *Diese Antworten könntest du geschrieben haben:*
A Ein Bioenergiedorf ist ein Dorf, das mindestens die Hälfte seines Stroms und seiner Wärme selbst erzeugt. (Z. 9–10)
B Das Besondere am Bioenergiedorf Jühnde ist, dass es seinen gesamten Energiebedarf mit einer Bioenergieanlage produziert. (Z. 55–56)

4 bis **6**
Diese Aussagen solltest du angekreuzt haben:
4 d), 5 b), 6 b)

7 *Diese Begriffe solltest du aufgeschrieben haben:*
Pflanzen, tierische Rückstände, Bioabfall (Z. 24–25)

8 **a.** *Die Zeilen 31–38 solltest du markiert haben:*
„Dafür gibt es in Jühnde eine Bioenergieanlage. [...] Bakterien zersetzen dort die organischen Stoffe zu dem Biogas Methan, das in das benachbarte Blockheizkraftwerk weitergeleitet wird."

b. *So könnte deine Antwort aussehen:*
In einer Bioenergieanlage wird die Biomasse durch Bakterien zu Methan zersetzt. Es wird in ein Blockheizkraftwerk weitergeleitet und produziert dort Energie.

9 *So solltest du die Sätze ergänzt haben:*
A Das Holzhackschnitzelheizwerk produziert *Wärme*.
B Das Methan wird in der *Biogasanlage* produziert.
C Im Blockheizkraftwerk wird *Methan* verbrannt.

Seite 89

10 **a.** *Du solltest den Bereich mit den grünen, blauen und roten Linien und den Wörtern „Grüner Strom", „Strom" und „Wärme" eingekreist haben.*

b. *Diese beiden Textstellen solltest du markiert haben:*
„Dort wird das Methan in einem Gasmotor verbrannt, wodurch Elektrizität produziert wird." (Z. 38–39); „Die bei der Stromerzeugung frei werdende Wärme kann außerdem direkt von den Einwohnern verbraucht werden." (Z. 48–49)

c. *So sollte deine Antwort aussehen:*
In einem Blockheizkraftwerk wird Energie in Form von Strom und Wärme produziert.

12 und **13**
Diese Aussagen solltest du angekreuzt haben:
12 c), 13 b)

14 *So könnte deine Antwort aussehen:*
Wenn dafür Wald abgeholzt wird, ist der Anbau von Energiepflanzen schädlich für das Klima.

15 *So könnte deine Antwort aussehen:*
Man bräuchte dafür eine Fläche, die größer ist als Deutschland. Energiepflanzen kann man nicht in unendlichen Mengen anbauen.

16 *So könnte deine Antwort aussehen:*
Das Nahwärmenetzwerk ist im Schaubild mit roten Linien eingezeichnet, die zu den Häusern gehen.

17 *So solltest du das Diagramm vervollständigt haben:*

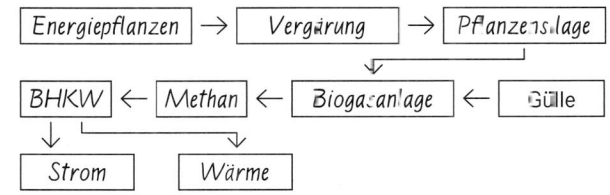

Sachtexte und Grafiken erschließen – Auswertung	
48–65 Punkte	Du hast schon viel gelernt. Weiter so!
29–47 Punkte	Du kannst es sicher noch besser. Übe weiter.
0–28 Punkte	Arbeite die Seiten 4 bis 11 noch einmal durch.

Seite 90 – Rechtschreiben

1 schwingen – also: sie schwingt, brummen – also: es brummt, die Betriebe – also: der Betrieb, milde – also: mild

2 der Schaum – also: schäumt, die Kraft – also: kräftig

3 *So solltest du die Wortstämme markiert, diese Wörter durchgestrichen und diese Artikel ergänzt haben:*
ange*nehm*en, die Ver*nehm*ung, ab*nehm*en, die Maß*nahm*e, ~~Name~~, ein*nehm*en, die Ein*nahm*en, die Ab*nahm*e, die Unter*nehm*ung, das Unter*nehm*en, zu*nehm*en, die Über*nahm*e, zu*nehm*end, ~~Nachname~~, teilge*nomm*en, heraus*nehm*en, entgegen*nehm*en, die Fest*nahm*e, ~~Nomen~~

4 **a.** Wörter mit den Suffixen -*ung*, -*nis*, -*heit* und -*keit* sind Nomen. Sie werden *groß*geschrieben.

b. die Kreuzung, das Erlebnis, die Schönheit, die Krankheit, die Sauberkeit

5 **a. + b.**
Durch den Musikwettbewerb wurde er über Nacht <u>berühmt</u>. Schon am Morgen standen die Fans vor seiner <u>Wohnung</u>. Davor war er immer mit der <u>Bahn</u> in die Stadt <u>gefahren</u>, doch jetzt <u>nahm</u> er ein Taxi. Am Anfang <u>fühlte</u> er sich geschmeichelt, dass <u>ihn</u> die Mädchen <u>unwiderstehlich</u> fanden. Aber jetzt gibt er nur noch <u>widerwillig</u> Autogramme und Briefe <u>erwidert</u> er schon lange nicht <u>mehr</u>. Den ganzen Trubel findet er inzwischen <u>widerwärtig</u>.

c. unwiderstehlich

Das kann ich! – Auswertung	
44–60 Punkte	Du hast schon viel gelernt. Weiter so!
27–43 Punkte	Du kannst es sicher noch besser. Übe weiter.
0–26 Punkte	Arbeite die Seiten 46 bis 65 noch einmal durch.

1 a. + b.

Diese Passivformen solltest du markiert, das Passiv im Präteritum zusätzlich unterstrichen haben:

Der von allen lang ersehnte Skatepark wird nun endlich gebaut! Gestern wurden sämtliche Erdarbeiten erledigt. Und heute werden schon die Schalbretter ausgelegt. Sobald der Beton geliefert wird, kann mit dem Bau der Curbs begonnen werden. Dann wird alles betoniert. Ob Quaterpipe, Minirampe oder Zuschauertribüne – hier wird nicht gespart. Die großzügigen Sponsoren wurden schon jetzt sehr gelobt.

c. *So solltest du den Satz im Passiv geschrieben haben:*
Durch diese Anlage wird ein tolles Freizeitangebot für Skatebegeisterte geschaffen.

2 und **3**

Diese Konjunktive I solltest du markiert, diesen Konjunktiv II unterstrichen und diese Pronomen eingekreist haben:

Nach der ersten Begegnung mit ihrem Austauschpartner sagte Sandra, sie habe leider nicht alles verstanden. Jean-Pascal spreche etwas zu schnell. Sie will ihm das noch sagen, doch jetzt muss sie sich erst einmal ausruhen. Die französische Art der Begrüßung sei ihr zwar noch fremd, sie werde sich aber sicher noch daran gewöhnen. Zwei Wochen später meinte Sandra, sie könne sich gar nicht vorstellen, wieder nach Hause zu fahren. Wer hätte das gedacht?

4 *So solltest du den Satz in indirekter Rede aufgeschrieben haben:*
Sie wolle ihm das noch sagen, doch jetzt müsse sie sich erst einmal ausruhen.

5 *So sollten deine erweiterten Sätze aussehen:*
A Er beginnt sein Praktikum in einem Monat in einem Elektrogeschäft. **B** Sie lernt jeden Tag fleißig für die Klassenarbeit.

6 *So solltest du die Sätze verbunden haben:*
Sie geht heute nicht in den Skatepark, obwohl es schönes Wetter ist.

Grammatik – Auswertung	
33–45 Punkte	Du hast schon viel gelernt. Weiter so!
20–32 Punkte	Du kannst es sicher noch besser. Übe weiter.
0–19 Punkte	Arbeite die Seiten 66 bis 85 noch einmal durch.

1 *Die falsche Zeitangabe „heute" solltest du gestrichen und dafür am Rand notiert haben:*
Im Jahr 2010

2 a. *Diese Angaben solltest du markiert haben:*
2. Pflanzensilage, 3. Biogasanlage, 5. Vergärung, 6. BHKW, 7. Methan

b. *So solltest du die richtigen Angaben mit den Nummern aufgeschrieben haben:*
2. Vergärung, 3. Pflanzensilage, 5. Biogasanlage, 6. Methan, 7. BHKW

3 *So könntest du den Satz richtig geschrieben haben:*
Darum ist es nicht ganz verständlich, warum Bioenergiedörfer vom BMELV prämiert werden.

4 *Diese Auflösungen solltest du aufgeschrieben haben:*
BHKW: Blockheizkraftwerk; BMELV: Bundesministerium für Ernährung, Landwirtschaft und Verbraucherschutz

5 *So könnte deine Überschrift aussehen:*
Vor- und Nachteile der Energie aus Biomasse

7 *So könnte dein überarbeiteter Text aussehen. Das richtige Schaubild findest du unter der Lösung zu Seite 89, Aufgabe 17.*
Die Vor- und Nachteile der Biomasse
Auf dem Land kann man mehr und mehr auf fossile Brennstoffe verzichten, weil dort erneuerbare Energien wie Wind, Sonne und Biomasse genutzt werden können. Mithilfe einer Bioenergieanlage kann man umweltfreundlich Strom und Wärme erzeugen. Dörfer, die mindestens die Hälfte ihrer Energie selbst produzieren, heißen Bioenergiedörfer. Im Jahr 2010 gab es bereits 60 Bioenergiedörfer in Deutschland.
Biomasse ist verlässlich, weil sie nicht von Sonne und Wind abhängt. Aber es gibt nicht genug Anbauflächen für Energiepflanzen, daher kann nicht die gesamte Energie aus Biomasse gewonnen werden. Weitere Nachteile sind, dass durch den Anbau von Energiepflanzen in manchen Ländern die Preise für Nahrungsmittel steigen und Wald abgeholzt wird. Auch durch Monokulturen kann Biomasse schädlich sein. Daher werden nicht alle Bioenergiedörfer vom BMELV prämiert.

Einen informierenden Text überarbeiten – Auswertung	
37–50 Punkte	Du hast schon viel gelernt. Weiter so!
23–36 Punkte	Du kannst es sicher noch besser. Übe weiter.
0–22 Punkte	Arbeite die Seiten 8 bis 17 noch einmal durch.

1 *Diese Stichworte könntest du geschrieben haben:*
Jugendliche, Erwachsene, Kultur

2 a. *Diese Stellen könntest du markiert haben:*
„Die hereinstürmende Jugend war unordentlich gekleidet, teils mit Getränken in der Hand und vor allem furchtbar laut." (Z. 5–7); „Plötzlich umgab uns der Lärm dieser Jugendlichen und ihrer ‚Musik'." (Z. 7–8); „Was ich dabei nicht verstehe, ist, wie die sich die Karten leisten können." (Z. 9); „Diese Musik wird ja zum Glück nicht mit öffentlichen Mitteln subventioniert." (Z.10–11); „Wann wird nur endlich etwas für die Kultur der Jugend getan?" (Z.15)

b. *Du solltest* c) *angekreuzt haben.*

3 *Diese Stichworte könntest du geschrieben haben:*
Oper, klassische Musik, Theater

4 *Diesen Satz solltest du markiert und diese Begründung unterstrichen haben:*
Diese Musik wird ja zum Glück nicht mit öffentlichen Mitteln subventioniert. Da bin ich froh, dass bei der Kulturförderung noch nach Qualität unterschieden wird.

Eine Kleinanzeige schreiben – Auswertung	
37–50 Punkte	Du hast schon viel gelernt. Weiter so!
23–36 Punkte	Du kannst es sicher noch besser. Übe weiter.
0–22 Punkte	Arbeite die Seiten 26 bis 31 noch einmal durch.

Der Kompetenztest – Gesamtauswertung	
199–270 Punkte	Du hast schon viel gelernt. Weiter so!
122–198 Punkte	Du kannst es sicher noch besser. Übe weiter.
0–121 Punkte	Probiere es noch einmal.

westermann

Hans Jecht, Marcel Kunze, Peter Limpke, Rainer Tegeler

AF288046

Wirtschaftslehre für Fachoberschulen in Hessen

Schulbuch 2

1. Auflage

Bestellnummer 32434

Die in diesem Produkt gemachten Angaben zu Unternehmen (Namen, Internet- und E-Mail-Adressen, Handelsregistereintragungen, Bankverbindungen, Steuer-, Telefon- und Faxnummern und alle weiteren Angaben) sind i. d. R. fiktiv, d. h., sie stehen in keinem Zusammenhang mit einem real existierenden Unternehmen in der dargestellten oder einer ähnlichen Form. Dies gilt auch für alle Kunden, Lieferanten und sonstigen Geschäftspartner der Unternehmen wie z. B. Kreditinstitute, Versicherungsunternehmen und andere Dienstleistungsunternehmen. Ausschließlich zum Zwecke der Authentizität werden die Namen real existierender Unternehmen und z. B. im Fall von Kreditinstituten auch deren IBANs und BICs verwendet.

Zusatzmaterialien zu „Wirtschaftslehre für Fachoberschulen in Hessen. Schülerband 2"

Für Lehrerinnen und Lehrer

Lösungen: 978-3-427-32436-2
Lösungen Download: 978-3-427-32435-5
Lösungen zum Arbeitsheft: 978-3-427-32415-7
Lösungen zum Arbeitsheft Download: 978-3-427-32414-0

BiBox Einzellizenz für Lehrer/-innen (Dauerlizenz)
BiBox Klassenlizenz Premium für Lehrer/-innen und
bis zu 35 Schüler/-innen (1 Schuljahr)
BiBox Kollegiumslizenz für Lehrer/-innen (Dauerlizenz)
BiBox Kollegiumslizenz für Lehrer/-innen (1 Schuljahr)

Für Schülerinnen und Schüler

Arbeitsheft: 978-3-427-32413-3

BiBox Einzellizenz für Schüler/-innen (1 Schuljahr)
BiBox Klassensatz PrintPlus (1 Schuljahr)

© 2024 Westermann Berufliche Bildung GmbH, Ettore-Bugatti-Straße 6-14, 51149 Köln
www.westermann.de

Das Werk und seine Teile sind urheberrechtlich geschützt. Jede Nutzung in anderen als den gesetzlich zugelassenen bzw. vertraglich zugestandenen Fällen bedarf der vorherigen schriftlichen Einwilligung des Verlages. Nähere Informationen zur vertraglich gestatteten Anzahl von Kopien finden Sie auf www.schulbuchkopie.de.

Für Verweise (Links) auf Internet-Adressen gilt folgender Haftungshinweis: Trotz sorgfältiger inhaltlicher Kontrolle wird die Haftung für die Inhalte der externen Seiten ausgeschlossen. Für den Inhalt dieser externen Seiten sind ausschließlich deren Betreiber verantwortlich. Sollten Sie daher auf kostenpflichtige, illegale oder anstößige Inhalte treffen, so bedauern wir dies ausdrücklich und bitten Sie, uns umgehend per E-Mail davon in Kenntnis zu setzen, damit beim Nachdruck der Verweis gelöscht wird.

Druck und Bindung: Westermann Druck GmbH, Georg-Westermann-Allee 66, 38104 Braunschweig

ISBN 978-3-427-32434-8

Vorwort

Das besondere Merkmal der Fachoberschule in Hessen ist die Verbindung einer fachrichtungsbezogenen Ausbildung mit einer fachrichtungsübergreifenden Bildung, die zur Fachhochschulreife führt. Dabei wird das Erreichen einer umfassenden Handlungskompetenz der Schülerinnen und Schüler angestrebt. Sie sollen befähigt werden, sich in gesellschaftlichen, beruflichen und privaten Handlungssituationen sachgerecht, durchdacht und sozialverantwortlich zu verhalten. Ein weiteres Ziel der Fachoberschule Wirtschaft und Verwaltung ist zudem die Fachhochschulreife als studienqualifizierender Abschluss, der zur Aufnahme eines Studiums an einer Hochschule für angewandte Wissenschaften oder eines gestuften Studiengangs an einer Universität berechtigt.

Vor diesem Hintergrund soll der Unterricht in der Fachoberschule Wirtschaft und Verwaltung dazu beitragen, Handlungskompetenz bei Schülerinnen und Schülern zu entwickeln. Sie sollen zum selbstständigen Analysieren, Planen, Durchführen und Kontrollieren von Tätigkeiten befähigt werden, um komplexe Problemsituationen lösen zu können. Diesem Ziel wird am ehesten der handlungsorientierte Unterricht gerecht. Noch stärker als im herkömmlichen Unterricht, in dem fragend-entwickelnde Aktionsformen und der Lehrervortrag dominieren, muss ein nach handlungsorientierten Gesichtspunkten gestalteter Unterricht die Schülerin oder den Schüler zum Subjekt der unterrichtlichen Betrachtung machen. In diesem Sinn erfüllt ein Schulbuch unseres Erachtens die Aufgabe einer Informationsquelle, aus der die Schülerinnen und Schüler Lerninhalte entnehmen, die sie zur Lösung umfangreicher Problemstellungen benötigen. Das vorliegende Schulbuch fördert insofern das selbstverantwortliche, selbstständige Erarbeiten von Lösungen in einem tätigkeitsstrukturierten Unterricht, in dem entscheidungsorientierte Probleme gelöst werden, in Gruppen interaktionsbetont gearbeitet werden kann und Problemstellungen ganzheitlich betrachtet werden.

Die einzelnen Kapitel dieses umfassenden und verständlichen Schulbuchs sind einheitlich gegliedert:
1. **Einstieg:** Jedes Kapitel beginnt mit einer anschaulichen Fallschilderung oder Darstellung, die auf eine Problemstellung des Kapitels hinweist.
2. **Information:** Es schließt sich ein ausführlicher Informationsteil mit einer großen Anzahl von Beispielen und weiteren Veranschaulichungen an.
3. **Aufgaben:** Die im Aufbau folgenden Aufgaben sollen von den Schülerinnen und Schülern mithilfe des Informationsteils selbstständig gelöst werden.
4. **Zusammenfassung:** Am Kapitelende werden die wesentlichen Lerninhalte in Form einer farblich hervorgehobenen Übersicht zusammengefasst. Die Übersicht eignet sich sehr gut zur Wiederholung des Gelernten.

Die übersichtliche Gestaltung der Kapitel, die ausführlichen Erläuterungen der Fachbegriffe, die leicht verständliche Textformulierung und die vielen Beispiele und Abbildungen veranschaulichen die Inhalte ganz besonders, sodass das Lernen wesentlich erleichtert wird. Das umfangreiche Sachwortverzeichnis am Schluss des Buches soll dem schnellen und gezielten Auffinden wichtiger Inhalte dienen.

Zu diesem Schulbuch gibt es ein Arbeitsheft. Dieses enthält Lernsituationen, die einen klaren Bezug zu beruflichen Situationen ausweisen und komplexe Handlungsaufgaben bieten, die problemlösend bearbeitet werden. Im Rahmen der Bearbeitung vollziehen die Schüler und Schülerinnen vollständige berufliche Handlungen nach. Das Arbeitsheft stellt somit eine ideale Ergänzung des Schulbuchs dar und ermöglicht die Erarbeitung, Sicherung und Vertiefung der Unterrichtsinhalte.

Wir weisen zudem darauf hin, dass viele weitere multimediale Zusatzmaterialien sowie Aktualisierungen in der BiBox zu diesem Buch enthalten sind.

Die Verfasser

1 Marketing

1.1	Grundlagen des Marketings	8
1.2	Marktforschung	20
1.3	Produktpolitik	29
1.4	Sortimentspolitik	39
1.5	Preispolitik	49
1.6	Distributionspolitik	55
1.7	Kommunikationspolitik	65
1.8	Werbung	74
1.9	Gesetzliche Regelungen des Wettbewerbs	84
1.10	Marketing in den Online-Vertriebskanälen	90

2 Beschaffung und Lagerung

2.1	Beschaffungsplanung	105
2.2	Bezugsquellenermittlung	113
2.3	Anfrage	119
2.4	Durchführung von Angebotsvergleichen	122
2.5	Bestellung	137
2.6	Warenannahme	142
2.7	Bedeutung der Lagerhaltung	147
2.8	Organisation des Lagers	151
2.9	Optimaler Lagerbestand	160
2.10	Bestandskontrolle	163
2.11	Lagerkennziffern	168
2.12	Arbeitsschutzvorschriften im Lager	177

3 Projektmanagement

3.1	Projekte	184
3.2	Projektstart	191
3.3	Projektplanung	201
3.4	Projektdurchführung	210
3.5	Projektabschluss	217

4 Wertschöpfung und Leistungserstellung

4.1	Fertigung	225
4.2	Geschäftsbuchführung und Kosten- und Leistungsrechnung	234
4.3	Kostenarten	243
4.4	Kostenstellenrechnung	262
4.5	Kostenträgerrechnung	270

5 Gesamtwirtschaftliche Rahmenbedingungen

5.1	Stabilitätsgesetz 1 – „Magisches Viereck"	286
5.2	Stabilitätsgesetz 2 – „Magisches Sechseck"	306

5.3	Fiskal- und Konjunkturpolitik	318
5.4	Geldpolitik der EZB	328
5.5	Der Außenhandel	342

6 Investition und Finanzierung

6.1	Überblick über Finanzierungsmöglichkeiten in Unternehmen	353
6.2	Kreditfinanzierung	363
6.3	Leasing	376
6.4	Vergrößerung des Eigenkapitals einer Aktiengesellschaft mithilfe der Innenfinanzierung	384
6.5	Vergrößerung des Eigenkapitals einer Aktiengesellschaft mithilfe der Außenfinanzierung	390
6.6	Kennzahlen aus der Bilanz und der Gewinn- und Verlustrechnung	395

7 Personalprozesse

7.1	Überblick personalwirtschaftliche Aufgaben	407
7.2	Personalbeschaffung	411
7.3	Personalplanung	419
7.4	Menschliche Arbeitsleistung und Personalentwicklung	426
7.5	Personalentlohnung	438
7.6	Beendigung von Arbeitsverhältnissen	444

8 Erfassen von Geschäftsprozessen II

8.1	Buchung verkaufter Erzeugnisse	454
8.2	Bedeutung der Umsatzsteuer	469
8.3	Buchen von Geschäftsfällen mit Umsatzsteuer	476
8.4	Berechnung der Umsatzsteuerzahllast	482
8.5	Planung der Belegbearbeitung	488
8.6	Aufbau und Organisation der Buchführung	495
8.7	Verschiedene Bücher der Buchführung	505
8.8	Buchung von im Industrieunternehmen selbst produzierten Erzeugnissen	510
8.9	Buchhalterische Besonderheiten beim Einkauf von Waren	517
8.10	Buchhalterische Besonderheiten beim Verkauf von Waren	529
8.11	Privatbuchungen	540
8.12	Wertminderungen im Anlagevermögen (Abschreibungen)	546

9 Unternehmensformen und handlungsrechtliche Rahmenbedingungen

9.1	Gründung eines Unternehmens	561
9.2	Einzelunternehmen	569
9.3	Personengesellschaften	571
9.4	Kapitalgesellschaften	578
9.5	Genossenschaften	586

9.6   Unternehmensziele als Voraussetzung betrieblicher Leistungsprozesse   591
9.7   Krise des Unternehmens   599

Sachwortverzeichnis   607
Bildquellenverzeichnis   613

Verwendete Icons in den Aufgaben

Partner- oder Gruppenarbeit

Digitales Arbeiten

Vortrag oder Präsentation

Marketing

1

1.1 Grundlagen des Marketings

EINSTIEG

Herr Hoffmann hat schon einiges darüber gelesen, dass Auszubildende für einige Zeit in bestimmten Bereichen die Unternehmensführung zu Ausbildungszwecken überlassen wird. Nachdem er in der Zeitung wieder auf einen ähnlichen Artikel gestoßen ist, beschließt Herr Hoffmann, in der nächsten Zeit auch die Praktikanten stärker über die normalen Sachbearbeitertätigkeiten hinaus mit Fragen der Unternehmensleitung zu konfrontieren.

Lidl gibt Hamburger Filiale drei Wochen an Azubis ab

Der Lebensmitteldiscounter Lidl hat für drei Wochen eine Hamburger Filiale an seine Auszubildenden übergeben.

HAMBURG. Zwischen dem 6. und dem 25. Februar werden insgesamt 21 junge Männer und Frauen das Geschäft in Hamburg-Jenfeld allein führen. „Nur alle paar Tage sehen wir Betreuer einmal nach dem Rechten", sagt Ausbildungsleiterin Vanessa Peters. „Ansonsten sind die Lehrlinge vollkommen auf sich gestellt."

Jetzt müssen die Auszubildenden selbstständig Dienstpläne erarbeiten, Produkte nachbestellen und sind dafür verantwortlich, dass die Kasse jeden Abend stimmt. Für die jungen Mitarbeiter sind die drei Wochen eine große Herausforderung. „Denn es kann eine ganze Menge schiefgehen", sagt Lehrling Vincent Jacobs. Er ist in den nächsten drei Wochen stellvertretender Filialleiter. Alle sehen die Aktion des Discounters aber als eine Chance. „So bekommen wir einmal das Gefühl dafür, was beim Betrieb einer Filiale alles bedacht werden muss", sagt Jacobs.

Lidl hat bereits vor mehr als fünf Jahren begonnen, seine Auszubildenden mithilfe einer Lehrlingsfiliale zu schulen. „Wir wollen unseren Nachwuchs motivieren und ihnen zeigen, dass wir ihnen auch die Leitung einer Filiale zutrauen", so Peters. Hierbei komme es besonders darauf an, dass alle als Team zusammenarbeiten. „Und das ist gar nicht leicht, da wir uns bisher nicht kannten", so die Auszubildende Kerstin Müller. „Erst gestern sind wir uns das erste Mal begegnet."

In Hamburg haben in den vergangenen Jahren verschiedene Firmen Filialen an ihre Lehrlinge abgegeben. Nach dem Buchhaus Thalia und Schuhhändler Görtz startete die Hansebäckerei 2005 den Versuch einer lehrlingsgeführten Filiale. So sind auch der Einzelhandelsverband und die Gewerkschaft ver.di bereits vertraut mit derartigen Projekten. „Das ist bundesweit eine gängige Methode in der Ausbildung", sagt Anja Keuchel, Gewerkschaftssekretärin für den Einzelhandel. „Sie fördert die Motivation und bereitet junge Menschen auf ihre späteren Aufgaben vor." Ulf Kalkmann, Sprecher des Einzelhandelsverbandes Hamburg, ergänzt: „Die Lehrlinge bekommen einen tieferen Einblick in die Materie Einzelhandel."

sla: Lidl gibt Hamburger Filiale drei Wochen an Azubis ab. In: Hamburger Abendblatt, 07.02.2006, unter: https://www.abendblatt.de/wirtschaft/article107084909/Lidl-gibt-Hamburger-Filiale-drei-Wochen-an-Azubis-ab.html (07.09.2022).

Herr Hoffmann: „Guten Morgen, Carolin, guten Morgen, Katarzyna. Wie Sie wissen, sind unsere Verkaufszahlen in den letzten Monaten stark rückläufig. Es wird für unser Unternehmen langsam kritisch. Und dann kommt jetzt noch die Fernsehberichterstattung über umweltbelastete Jeans hinzu. Ich habe gestern den Unternehmensberater von der Industrie- und Handelskammer angerufen. Der sagte, wir sollten konsequente Marketingmaßnahmen anwenden. Herr Staub – Abteilungsleiter Verkauf – ist damit beauftragt, bis nächsten Mittwoch ein Konzept vorzulegen. Wie würden Sie denn an die Sache rangehen?"

Carolin Saager: „Tja. Marketing, hat das nicht auch etwas mit Werbung zu tun? Unsere Artikel verkaufen sich nicht von selbst, mögen sie noch so toll sein. Wir müssen einfach verstärkt die Werbetrommel rühren, um am Markt bestehen zu können."

Herr Hoffmann: „Was schlagen Sie denn vor? Sollen wir eine Anzeige schalten oder eine Plakat-Aktion starten?"

Carolin Saager: „Also ehrlich gesagt, finde ich das ziemlich einfallslos. Wir sollten uns mal was Pfiffigeres einfallen lassen als immer nur Werbung. Gibt es nicht etwas Moderneres oder anderes?"

Katarzyna Popov: „Ich habe da mal was von Verkaufsförderung gehört, das soll auch helfen. Was ist das denn jetzt?"

Carolin Saager: „Ich habe eine Idee: Alle möglichen Unternehmen sponsern irgendwelche Vereine, warum dann nicht wir?"

Herr Hoffmann: „Prima Idee."

Katarzyna Popov: „Um die Sache mit den schadstoffbelasteten Jeans aus der Welt zu schaffen, sollten wir unsere Öffentlichkeitsarbeit ebenfalls forcieren. Vielleicht sollten wir einen Tag der offenen Tür planen, damit unsere Kunden auch mal hinter die Kulissen schauen können und mitkriegen, dass wir nur überprüfte Textilien vertreiben."

Carolin Saager: „Vielleicht können wir ja auch mal neue Sachen ins Sortiment aufnehmen, fair gehandelte Textilien und so ..."

Katarzyna Popov: „Vielleicht sollten wir mal unsere Preise überprüfen ..."

Herr Hoffmann: „Stopp, stopp, stopp! Das sind ja so viele Ideen auf einmal. Das geht nun wirklich nicht! Mir schwirrt schon der Kopf von Ihren Einfällen. Ich schlage vor, jeder von Ihnen informiert sich erst einmal genauer über ein Marketinginstrument und stellt mir dieses in zwei Wochen vor. Sie werden eine Menge über Marketing lernen. Wir können uns ja dann auch anschauen, was uns Herr Staub vorgeschlagen hat ...
Also dann ... seien Sie kreativ!"

Stellen Sie fest, welche Marketinginstrumente die Hoffmann KG einsetzen kann, um die Absatzlage zu verbessern.

Verkäufer- und Käufermärkte

In den letzten Jahrzehnten wandelte sich der Markt vom Verkäufer- zum Käufermarkt Dadurch sind Unternehmen immer mehr gezwungen, sich mit den Problemen, Wünschen und Bedürfnissen der potenziellen Kunden auseinanderzusetzen. Vor diesem Hintergrund ist es für erfolgreiche

Unternehmen von größter Wichtigkeit, dass sich jeder Mitarbeiter über die besondere Bedeutung absatzpolitischer Maßnahmen bewusst ist.

Verkäufermärkte

Nach dem Zweiten Weltkrieg agierten die Unternehmen zunächst auf einem Verkäufermarkt.

> **DEFINITION**
>
> Kennzeichen eines **Verkäufermarkts** ist eine Marktsituation, in der die Nachfrage größer als das Angebot ist.

Die Unternehmen mussten sich nicht an den spezifischen Bedürfnissen des Markts orientieren, da der Absatz der von ihnen angebotenen Waren aufgrund der Knappheit nach dem Krieg problemlos war. Im Mittelpunkt der Unternehmenstätigkeit stand die Versorgung der Kunden und der Bevölkerung mit Waren. Die Unternehmen versuchten, die Waren auf den damals sehr engen Märkten zu beschaffen beziehungsweise zu produzieren. Hatten sie damit Erfolg, boten sie die Artikel an und konnten sicher sein, die dringend nachgefragten Waren auch abzusetzen. Die Kunden und letztlich die Verbraucher waren froh, überhaupt etwas kaufen zu können. Absatzpolitische Maßnahmen waren überhaupt nicht notwendig.

Im zerstörten Deutschland konnten Unternehmen, die in der Lage waren, irgendeine Ware anzubieten, diese auch sofort verkaufen.

Durch die große Nachfrage der Kunden bei gleichzeitig geringem Warenangebot haben die Verkäufer die Marktmacht.

Käufermärkte

In den 1950er-Jahren begann die Zeit des Wiederaufbaus und des Wirtschaftswachstums. Die mit dem Käufermarkt einhergehende Mangelwirtschaft hatte ein Ende. Ab 1960 setzte in der Bundesrepublik der Wandel vom Verkäufermarkt zum Käufermarkt ein. Immer mehr Unternehmen boten immer mehr Waren an, sodass es schwieriger wurde, Käufer für die angebotenen Artikel zu finden. Die Unternehmen waren daher zunehmend gezwungen, verkaufsorientiert anzubieten.

> **DEFINITION**
>
> Ein **Käufermarkt** zeichnet sich dadurch aus, dass die Käufer gegenüber den Anbietern eine starke Marktposition haben. Auf einem solchen Markt überwiegt das Angebot die Nachfrage.

Durch das riesige Warenangebot haben die Käufer die Marktmacht.

Für die Unternehmen ist mittlerweile nicht mehr die Beschaffung der Engpass, sondern der Verkauf von Waren. Erfolgreich sind nur die Unternehmen, die versuchen, den Markt aktiv zu beeinflussen.

Für den Geschäftserfolg eines Unternehmens reicht es heute also nicht aus, nur qualitativ hochwertige Ware herzustellen. Kein Unternehmen kann es sich leisten, einfach darauf zu hoffen, dass die Kunden ihren Weg von sich aus zum Lieferanten finden. Ein Unternehmen muss sich also sowohl bei der Herstellung als auch im Verkauf anstrengen.

Ein Unternehmen steht heute einer großen Konkurrenz in Form vieler anderer Unternehmen gegenüber. Bleiben die Kunden aus, ist schnell die Existenz gefährdet. Deshalb ist es für Unternehmen heute wichtig, Marketing zu betreiben.

Marketing

> **DEFINITION**
>
> Unter **Marketing** versteht man alle – bewusst und systematisch angewandten – Maßnahmen eines Unternehmens, die darauf ausgerichtet sind, den Absatz der eigenen Waren zu fördern.

Beim Marketing steht also nicht mehr die Erstellung von Produkten allein im Vordergrund, sondern die Unternehmensführung vom Absatz her (Absatzwirtschaft): Es geht um das aktive Bearbeiten des Markts mit dem Ziel, möglichst großen Gewinn zu erwirtschaften. Vor allem die Kunden sollen entsprechend der Unternehmensziele beeinflusst werden. Alle Handlungen des Unternehmens werden systematisch und geplant auf die Wünsche der Kunden hin ausgerichtet.

Marketinginstrumente

Zur Erreichung der Marketingziele kann ein Unternehmen unterschiedliche Marketinginstrumente einsetzen. Dies sind alle Maßnahmen, die es dem Unternehmen ermöglichen, auf den Markt einzuwirken. Zu den Marketinginstrumenten zählen:

- Produktpolitik,
- Sortimentspolitik,
- Preispolitik,
- Kommunikationspolitik,
- Distributionspolitik

Die unterschiedlichen Marketinginstrumente werden gemeinsam eingesetzt. Diese Kombination nennt man Marketingmix.

Produktpolitik

> MERKSATZ
>
> **Fragestellung der Produktpolitik:**
> Wie kann das Produkt an die Bedürfnisse der Kunden angepasst werden?

Unter den Begriff „Produkt" fallen vor allem Güter, aber auch Dienstleistungen können als Produkt verstanden werden. Die Produktpolitik[1] beinhaltet die Produkt- und Verpackungsgestaltung, die Markenbildung und die Festlegung des Produktprogramms (Industrie) bzw. des Sortiments (Handel).

Die Produktpolitik setzt bei der **Produktgestaltung** an. Die optimale Gestaltung eines Produkts trägt ganz entscheidend zu einem möglichen späteren Markterfolg bei. Die Festlegung der Erscheinungsform eines Produkts hat daher so zu erfolgen, dass seine Eigenschaften den Anforderungen und Wünschen der potenziellen (möglichen) Kunden gerecht werden.

Art und Charakter des Produkts werden bestimmt durch:

- Aussehen,
- Qualität,
- Farbe und Konsistenz,
- Form,
- Produkteigenschaften und Produktnutzen,
- Zusatznutzen,
- Geschmack.

Zur Produktpolitik gehört auch die **Verpackungsgestaltung.** Hier werden Entscheidungen darüber getroffen, ob und wie ein Produkt verpackt werden soll. Wichtig ist in diesem Zusammenhang, insbesondere bei exklusiven Produkten, das Aussehen der Verpackung, da an ihr häufig Prestige und Image des Produkts ausgemacht werden. Zudem dienen die Verpackungen oft als Werbeträger. Die Verpackungspolitik ist im Laufe der Zeit auch wegen des steigenden Umweltbewusstseins der Verbraucher immer wichtiger geworden.

Sortimentspolitik

> MERKSATZ
>
> **Fragestellung der Sortimentspolitik:**
> Wie kann das gesamte Waren- und Dienstleistungsangebot eines Handelsunternehmens an den Bedürfnissen der Kunden ausgerichtet werden?

Die Aufgabe der Sortimentspolitik[2] ist es, das Sortiment (Waren und/oder Dienstleistungen) des Unternehmens so zu gestalten, dass die geplanten Umsätze und Gewinne erreicht werden.

---

1 siehe Kap. 1.3

2 siehe Kap. 1.4; dort werden auch unterschiedliche Marketingstrategien erläutert.

Die Sortimentspolitik legt den Inhalt und den Umfang des Sortiments fest. Die Sortimentspolitik beinhaltet also die Gliederung des Sortiments nach Warengruppen, Artikeln und Sorten.

Zur ständigen Sortimentskontrolle werden EDV-gestützte Warenwirtschaftssysteme eingesetzt. Werden Sortimentslücken und nichtverkäufliche Waren aufgespürt, ist eine Sortimentsveränderung notwendig. Dem Händler stehen dazu folgende Maßnahmen zur Verfügung:

Im Rahmen der Sortimentspolitik sorgt ein Handelsunternehmen für eine möglichst optimale Gestaltung seines Gesamtangebots an Waren, Sach- und Dienstleistungen.

- **Sortimentsbereinigung**
  Bei der Sortimentsbereinigung (Elimination) werden bestimmte Artikel aus dem Sortiment gestrichen. Dadurch wird der Sortimentsumfang geringer.

- **Sortimentserweiterung**
  - Die Aufnahme zusätzlicher Warengruppen führt zu einer Sortimentsverbreiterung.
  - Die Aufnahme zusätzlicher Artikel in schon bestehende Warengruppen führt zu einer Sortimentsvertiefung.

- **Diversifikation**
  Diese liegt vor, wenn ein Unternehmen Warengruppen neu in das Sortiment aufnimmt, die mit dem bisherigen Sortiment keine oder nur geringe Verwandtschaft aufweisen.

Preispolitik

> **MERKSATZ**
>
> **Fragestellung der Preispolitik:**
> Welchen Preis werden die Kunden akzeptieren?

In der Preispolitik[1] wird zunächst festgelegt, wie viel ein Kunde für ein Produkt bezahlen muss. Die Preispolitik beschäftigt sich also mit der Festlegung des Verkaufspreises. Ein Unternehmer muss sich in der gegebenen Situation entscheiden, ob es die Kalkulation des Preises an seinen Unternehmenszielen, seinen Kosten, den Kunden oder an den Konkurrenten ausrichtet.

Zusätzlich müssen aber auch Konditionen wie Kreditbedingungen, Rabatte und Liefer- sowie Zahlungsbedingungen festgelegt werden.

Distributionspolitik

> **MERKSATZ**
>
> **Fragestellung der Distributionspolitik:**
> Auf welchem Weg soll das Produkt die anvisierte Kundengruppe erreichen?

---

1 siehe Kap. 1.5

Mit den Instrumenten der Distributionspolitik[1] steuert ein Unternehmen den Weg seiner Produkte zu den Kunden.

Es werden Entscheidungen getroffen über:

- **Vertriebsart**
  direkter Absatz an den Endverbraucher und/oder indirekter Absatz über z. B. Zwischenhändler

- **Vertriebssystem**
  betriebseigene Vertriebssysteme, z. B. Niederlassungen, Reisende, und/oder betriebsfremde Vertriebssysteme, z. B. Handelsvertreter

> **BEISPIEL**
>
> Die Hoffmann KG entscheidet sich, nicht nur an Einzelhändler zu verkaufen, sondern sich über einen Internetshop auch direkt an Endverbraucher zu wenden.

Kommunikationspolitik

> **MERKSATZ**
>
> **Fragestellung der Kommunikationspolitik:**
> Wie wird der Kunde zum Kauf animiert?

Bei der Kommunikationspolitik[2] geht es darum, den Kontakt mit den potenziellen Kunden aufzunehmen und die Kunden dazu zu bringen, die Leistungen des Unternehmens nachzufragen. Die Kommunikationspolitik plant und steuert also die Verständigung zwischen dem Unternehmen und seiner Umwelt beziehungsweise Teilen davon (= Zielgruppen).

Eine Maßnahme der Verkaufsförderung

Zur Kommunikationspolitik gehören die Teilinstrumente:

- Absatzwerbung,
- Verkaufsförderung (Salespromotion),
- Direktwerbung,
- Product-Placement,
- Öffentlichkeitsarbeit (Public Relations),
- Sponsoring,
- Human Relations.

Maßnahmen zur Effizienzverbesserung der Marketinginstrumente

Mit der Marktforschung und der Marktsegmentierung kann die Effizienz der verschiedenen Marketinginstrumente deutlich verbessert werden.

Marktforschung

Um Marketinginstrumente erfolgreich anwenden zu können, ist es dringend erforderlich, genaue Kenntnisse über den Absatzmarkt, die Zielgruppe sowie die Konkurrenzsituation zu erlangen. Dies ist Aufgabe der Marktforschung.[3] Darunter versteht man die systematische und objektive Gewin-

---

1 siehe Kap. 1.6
2 siehe Kap. 1.7
3 siehe Kap. 1.2

nung und Analyse von Informationen, die zur Erkennung und Lösung von Problemen im Bereich des Marketings dienen. Je mehr Informationen ein Unternehmen über den Markt hat – und je besser diese sind –, desto optimaler können die Marketinginstrumente eingesetzt werden.

Marktsegmentierung

Bei allen Marketingbemühungen eines Unternehmens steht der Absatz im Vordergrund. Jedes Unternehmen muss den Kreis derjenigen Betriebe bestimmen, die generell als Abnehmer in Frage kommen sollen.

Eine mögliche Vorgehensweise kann nun sein, alle möglichen Abnehmer als Kunden zu gewinnen: Der Absatzmarkt wird „mit der Gießkanne besprengt", die Marketingaktivitäten zielen in einheitlicher Weise auf alle Abnehmer. Durch dieses engmaschige Abnehmernetz ergeben sich in einigen Fällen Rationalisierungsvorteile bei der Kundenbearbeitung und -belieferung.

Bei der Marktsegmentierung wird dagegen der – in der Regel unübersichtliche – Markt nach bestimmten Gesichtspunkten in nach Möglichkeit einheitliche Untergruppen eingeteilt. Diese nennt man Marktsegmente. Die Marktsegmente können dann mithilfe direkt auf sie zugeschnittener Marketingmaßnahmen bearbeitet werden.

Vorteile der Marktsegmentierung:

- Durch speziell zugeschnittene Marketingaktivitäten fällt es leichter, neue Kunden zu gewinnen bzw. alte Kunden stärker zu binden.
- Wird der Einsatz der jeweiligen Marketinginstrumente auf die Zielgruppe genau abgestimmt, erfolgt dies effizient: Streuverluste werden vermieden.

Ein Beispiel für Kundensegmentierung bei Endverbrauchern

Es gibt sehr viele Kundentypologien. Eine sehr bekannte Kundentypologie stellen die Sinus-Milieus dar. Die Kunden werden nach ihrem Lebensstil unterschieden und den einzelnen Milieus zugeordnet.

von oben nach unten:
nach sozialer Lage in Schichten, auf der Grundlage von Alter, Bildung, Beruf und Einkommen

von links nach rechts:
nach der Grundorientierung, in einem Spannungsbogen von traditionell bis postmodern

Oben sind die gesellschaftlichen Leitmilieus angesiedelt, am linken Rand die traditionellen Milieus, in der Mitte die Mainstream-Milieus und rechts die hedonistischen (am Genuss orientierten) Milieus.

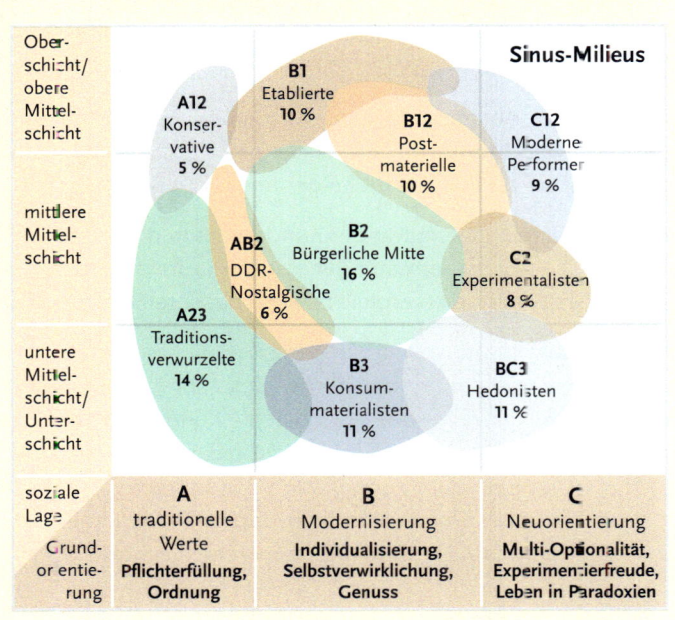

In Anlehnung an Materialien der Sinus Sociovision GmbH. Heidelberg

Kundenselektion

Die Marktsegmentierung kann auch zur Kundenselektion führen: Ein gut geführtes Unternehmen wird immer auch die Frage prüfen, inwieweit es sinnvoll ist, mit allen möglichen Kunden zusammenzuarbeiten. Sinn und Ziel einer Geschäftsbeziehung ist schließlich die Erzielung eines Gewinns. Die Praxis zeigt jedoch, dass dieses Ziel in zahlreichen Kunden-Lieferanten-Beziehungen nicht erreicht wird. Die Geschäftsbeziehung hat keinen wirtschaftlichen Erfolg. Für ein Unternehmen können also Nachteile auftreten, wenn jeder Auftrag angenommen werden würde. Viele dieser Aufträge verursachen nämlich mehr Kosten als Gewinn.

> **BEISPIEL**
>
> Bei Kunden, die eine schlechte Zahlungsmoral haben, fallen oft zusätzliche Kosten des Geldeinzugs an.

> **DEFINITION**
>
> Die Prüfung der Kunden unter Ergebnisaspekten und die anschließende Entscheidung, zu welchen potenziellen Kunden Geschäftsbeziehungen aufgenommen werden, wird als **Kundenselektion** bezeichnet. Der Kreis der möglichen Abnehmer wird damit eingeengt.

Ziel der Kundenselektion ist die Bestimmung einer Zielgruppe unter Aussonderung unrentabler Kunden. Die Marketingaktivitäten werden dann gezielt auf die gewinn-versprechenden Kunden gelenkt.

> **BEISPIEL**
>
> Die Textilgroßhandlung Zehren und Abmeier OHG vertreibt Damenmoden. Als gewinnbringende Produkte haben sich teure, aber qualitativ hervorragende Pullover erwiesen. Beliefert wird nur das jeweils beste Fachgeschäft ausschließlich in mittleren oder größeren Städten.

Werden der Absatz und die Absatzbemühungen planmäßig und bewusst nur auf gewinnbringende Kunden beschränkt, so liegt eine selektive Absatzpolitik vor. Für Kunden ohne ausreichenden Vertriebserfolg bieten sich die folgenden Instrumente an:

- **Vernachlässigung** der Kunden durch die Intensitätsabstufung der Geschäftsbeziehungen
  Die Absatzbemühungen wie Verkaufsförderung, Werbung usw. werden gezielt auf Kunden verlagert, die vergleichsweise bessere Erfolgsbeiträge bringen.

- **Ausschaltung** von Kundengruppen
  - direkt durch Abbruch der Geschäftsbeziehungen
  - Beliefert werden nur noch die Kunden, die zur Wirtschaftlichkeit und Rentabilität beitragen und die Liquidität nicht belasten.
  - indirekt durch ungünstige Konditionen
    Für bestimmte Kundengruppen werden z. B. die Preise angehoben oder die Lieferungs- und Zahlungsbedingungen verschlechtert.

Kriterien für die Marktsegmentierung

Für die Marktsegmentierung kann das Unternehmen grundsätzlich alle jene Merkmale heranziehen, auf die aus absatzpolitischen Gründen besonderen Wert gelegt wird. Sie versprechen Vorteile bei der Zusammenarbeit. Kunden können z. B. ausgewählt werden nach:

- Jahresumsatz
  - Es werden Umsatzgrößenklassen gebildet (z. B. bis 20.000,00 €; bis 100.000,00 €; über 100.000,00 € Jahresumsatz).
  - Es erfolgt eine Einteilung nach Losgrößen (5 000 Stück, 10 000 Stück usw.).

- **durchschnittliche Auftragsgröße**
  Einzelaufträge, Kleinabnehmer, Großabnehmer

- **Zahlungsmoral**
  Kunden, die gemahnt wurden; Kunden innerhalb des Zahlungsziels; Kunden innerhalb der Skontofrist

- **Geschäftstyp**
  Fachhandel, Discounter usw.

- **Dauer der Beziehung mit einem Kunden**

- **Absatzgebiete**
  z. B. Entfernungszonen, die kostengünstig oder -ungünstig zu beliefern sind

Marketingkonzept

Marketingmaßnahmen werden nur dann erfolgreich sein, wenn sie systematisch und sorgfältig geplant, durchgeführt und anschließend kontrolliert werden. Dieses Vorgehen wird durch konsequentes Aufstellen eines Marketingkonzepts unterstützt, das alle für eine Marketingmaßnahme wichtigen Informationen enthält.

Stufen eines Marketingkonzepts	
Marketerfolg	
Marketing-controlling	Es findet eine umfassende und systematische Kontrolle aller Marketingmaßnahmen statt.
Marketing-maßnahmen	Hier werden die Einzelmaßnahmen der kommunikationspolitischen Instrumente detailliert beschrieben.
Marketing-strategie	Es wird der Weg zu den Zielen festgelegt: Jetzt ist beispielsweise klar, welche Zielgruppen auf welchen Märkten mit welchen Marketinginstrumenten mit welchem Etat in den Blickpunkt des Vorgehens kommen.
Marketing-ziele	Kennt man die Marktsituation, können die Marketingziele formuliert werden. Unterschieden wird zwischen **quantitativen** (Absatz, Umsatz, Gewinn, Marktanteil usw.) und **qualitativer** Zielen (Image, Bekanntheit usw.). Diese Marketingziele müssen klar und eindeutig formuliert werden. Sie müssen mess- und überprüfbar sein. Um diese Bedingungen zu erfüllen, kann die aus dem Projektmanagement bekannte **SMART-Formel**[1] angewandt werden.
Situations-analyse	Die aktuelle Lage wird z. B. durch Marktforschung ausgewertet.

---

1 Vgl. Kapitel 3.2, S. 194

BEISPIEL

Gliederung eines Marketingkonzepts

I. Ausgangslage – Ist-Situation
1. Unternehmensdarstellung (Zahlen, Daten, Fakten, Historie)
2. Sortiment, Positionierung, Zielgruppe(n), Vertriebssystem
3. Marktumfeld, Wettbewerber, Preise, Kommunikationspolitik
4. Stärken, Schwächen (Geschäftsstärke)

II. Darstellung der Marketingidee
1. Kurzbeschreibung des neuen Produkts / Sortiments / Linie
2. USP
3. Vorteil / Nutzen für den Kunden
4. Prognose Markt, Umwelt
5. Zielmarkt (Größe, Mengen), Zielgruppen
6. Chancen, Risiken (Marktattraktivität)
7. Positionierung und Wettbewerber
8. Auswirkungen auf das Gesamtsortiment

III. Marketingziele
1. Umsatz, Mengen, Marktanteile, Wachstum, Plangewinn
2. strategische Komponenten

IV. Marketingkonzeption
1. Produkt, Sortiment (Breite, Tiefe), Beschreibung
2. Form, Farbe, Material, Verzierungen (Visualisierung, Proben)
3. Kosten- / Mengenschätzung
4. Zielgruppenbeschreibung
5. an wen, wo
6. geografische, demografische, Verhaltens-, psychografische Merkmale
7. Zielgruppenquantifizierung, Anzahl potenzieller Käufer x Kaufhäufigkeit
8. Distribution
9. Lieferung, Versand
10. Handelsstufe
11. Preispolitik
12. Verkaufspreise, Konditionen
13. Einkaufs-, Fertigungs- und Verkaufskalkulation
14. Kommunikationspolitik
15. Image, Logo, Slogan
16. Werbung (Aktion, Was, Wann, Wie)
17. persönlicher Verkauf (Aktion, Was, Wann, Wie)
18. VKF (Aktion, Was, Wann, Wie)
19. PR (Aktion, Was, Wann, Wie)
20. Kommunikationsbudget

V. Übersicht Timetable

VI. Abschlussbemerkungen

1. Geben Sie an, was man unter einem Verkäufermarkt versteht.
2. Entscheiden Sie, wodurch sich Käufer- und Verkäufermarkt unterscheiden.
   a) Beim Käufermarkt ist die Nachfrage kleiner als das Angebot; beim Verkäufermarkt ist das Angebot kleiner als die Nachfrage.
   b) Beim Käufermarkt ist die Nachfrage größer als das Angebot; beim Verkäufermarkt ist das Angebot kleiner als die Nachfrage.
   c) Beim Käufermarkt ist die Nachfrage kleiner als das Angebot; beim Verkäufermarkt ist das Angebot größer als die Nachfrage.
   d) Beim Käufermarkt ist die Nachfrage größer als das Angebot; beim Verkäufermarkt ist das Angebot größer als die Nachfrage.
   e) Es gibt keine Unterschiede.
3. Geben Sie an, welche Aufgabe der Einzelhandel auf einem Verkäufermarkt hat.
4. Führen Sie Merkmale auf, durch die der Käufermarkt gekennzeichnet ist.
5. Entscheiden Sie, ob ein Käufer- oder Verkäufermarkt vorliegt.
   a) Im November 1948 kommt der Einzelhändler Rudolf Neckermann überraschend in den Besitz von 500 Wintermänteln. Dies spricht sich rasend schnell herum. Angesichts des bevorstehenden kalten dritten Nachkriegswinters werden ihm die Mäntel von der Bevölkerung aus den Händen gerissen. Man schaut auch bei anderen Einzelhändlern vorbei, ob diese zufällig auch irgendwo welche Waren bekommen haben.
   b) In der Bundesrepublik Deutschland werden etwa 34 Milliarden Euro für Werbung ausgegeben (2020).
6. Ermitteln Sie, seit wann es in der Bundesrepublik einen Käufermarkt gibt.
7. Erläutern Sie, was man unter Marketing versteht.
8. Begründen Sie, warum Marketing für Unternehmen immer wichtiger wird.
9. Erläutern Sie den Begriff „Marketingmix".
10. Führen Sie die Instrumente auf, die zum Marketing gehören.
11. Begründen Sie, warum Unternehmen häufig eine Marktsegmentierung durchführen.
12. Geben Sie an, was ein Marketingkonzept ist.
13. Erläutern Sie die Stufen eines Marketingkonzepts.
14. In dieser Aufgabe soll das Kapitel mithilfe der Fragenkettenmethode bearbeitet werden.
    a) Lesen Sie das komplette Kapitel.
    b) Formulieren Sie eine Frage zu einem bestimmten Inhalt des Textes und halten Sie diese und die Antwort dazu schriftlich fest.
    c) Ihre Lehrkraft wählt einen Schüler oder eine Schülerin aus, der/die eine Frage an die Klasse stellt.
    d) Wer sich als Erstes meldet, beantwortet die Frage. War die Antwort richtig, darf er seine Frage der Klasse vorstellen.
    e) Alle, die einmal richtig geantwortet haben, brauchen nicht mehr zu antworten.
    f) Hat jeder geantwortet, ist diese Unterrichtsphase beendet.

Umworbene Kundschaft

Die werbestärksten Branchen in Deutschland 2020

Werbeaufwendungen (brutto) in Millionen Euro

Lebensmitteleinzelhandel	2459 Mio. €
Arzneimittel	1640
Verlage, sonstige Medien	1510
Unternehmenswerbung	1467
Pkw	1408
Handel*	1359
Online-Dienstleistungen	1313
Möbel, Einrichtungen	1006
Zeitungen	980
Lotterien, Lotto u. Toto	837
Publikumszeitschriften	833
Süßwaren	850
Versicherungen	733
TV	523
Körperschaften**	517
Mobilnetz	495
sonstiger Handel***	482
Haarpflege	441
Baustoffe, -zubehör	436
Kfz-Markt	421

* z. B. Unternehmens-Apps
** z. B. Behörden, Verbände
*** z. B. Einkaufszentren, Outlet-Center
Quelle: Nielsen, ARD-Werbung Sales & Services

© Globus 14468

1.2 Marktforschung

Herr Hoffmann trifft sich mit der Abteilung Verkauf. Es entwickelt sich folgendes Gespräch, das Dominik Schlote ganz interessiert verfolgt:

Michael Hoffmann: „Liebe Kolleginnen und Kollegen, wie Sie ja mitbekommen haben, gibt es in einem Bereich unseres Sortiments Absatzprobleme. Die Herrenmode läuft nicht optimal. Auch unser Außendienst berichtet, dass die Kunden etwas über unsere Artikel murren."

Frau Zahn: „Die Abteilung Einkauf sollte mal gewagtere und innovativere Kleidung einkaufen."

Herr Fellmann: „Wir wissen doch gar nicht, ob unsere Kunden mit besagten Sortimentsveränderungen einverstanden sind."

Frau Zahn: „Und wie kommen wir an die Kunden ran?"

Herr Weidner: „Wir müssen Marktforschung betreiben!"

Frau Voges: „Sollen wir ein Marktforschungsinstitut beauftragen? Ich denke nur an die Kosten, die bei der Beauftragung eines Instituts anfallen. Sollten wir uns deshalb nicht selbst mit der Marktforschung befassen?"

1. Stellen Sie fest, was Marktforschung ist.
2. Machen Sie Vorschläge, welche Methoden der Marktforschung die Hoffmann KG ergreifen könnte.

INFORMATION

Marktforschung und Markterkundung

Ohne hinreichende Kenntnisse über

- die Kunden,
- die Mitbewerber und
- das Umfeld des Unternehmens

besteht immer die Gefahr, dass ein Unternehmen schei-tert. Unternehmen benötigen Informationen, um das Marktgeschehen zu verstehen und eine Grundlage für begründete Entscheidungen zu haben. Deshalb ist es wichtig, dass ein Unternehmen Daten systematisch sammelt und diese dann richtig auswertet und interpretiert: Es betreibt **Marktforschung.**

DEFINITION

Marktforschung ist die systematische Beschaffung von Informationen über den Markt, auf deren Grundlage später Marketingentscheidungen getroffen werden sollen.

Nicht zu verwechseln mit der Marktforschung ist die **Markterkundung.** Hier werden gelegentlich – also von Fall zu Fall – und unsystematisch Informationen zusammengetragen.

Problemlösungsprozess im Bereich der Marktforschung

1. Ausgangslage
- Erkennen der Problemstellung
- Formulierung von Hypothesen

2. Beschaffung und Auswertung von Sekundärmaterial

3. Festlegung des Ziels der Marktuntersuchung

4. Bestimmung der Maßnahmen
- Informationsträger
- Erhebungsmethode

5. Mitteleinsatz
- Träger der Durchführung
- Budget

6. Vorbereitung der Durchführung
- detaillierte Ausgestaltung der Erhebung (Interviewfragen, Fragebogen, Testmaterial)
- Pretest
- Schulung der Befrager, Tester

7. Durchführung der Erhebung

8. Datenaufbereitung uns Auswertung

9. Erstellen des Schlussberichts mit Resultaten

10. Überprüfung der Zielerreichung

Vgl.: Jean-Paul Thommen: Managementorientierte Betriebswirtschaftlehre. Versus Verlag, Zürich 2004, S. 222

BEISPIELE
- Messebesuche
- Gespräche mit Kunden
- Weiterbildungsseminare

Dies ist in der Regel kostengünstiger als das systematische, planvolle und umfassende Vorgehen bei der Marktforschung. Diese wiederum stellt aber die besseren Ergebnisse zur Verfügung.

Entscheidungen im Bereich der Marktforschung

Unternehmen, die Marktforschung betreiben möchten, müssen verschiedene Entscheidungen treffen:

- Was soll untersucht werden?
- Über welchen Zeitraum sollen die gesammelten Informationen Auskunft geben?
- Welche Methoden der Informationsgewinnung sollen angewandt werden?

Ein Marktforschungsprojekt läuft normalerweise in mehreren Schritten ab. Die Arbeit der Marktforschung beginnt mit der Definition des Problems und endet mit einem Bericht und eventuellen Handlungsempfehlungen an den Auftraggeber:

- **Das Problem muss formuliert, Ziele müssen definiert werden.**
  Was ist das Ziel der Untersuchung? (z. B. Analyse der Kundenzufriedenheit)

- **Die Untersuchungsart muss festgelegt werden.**
  Mit welcher Marktforschungsmethode kann das Ziel erreicht werden?

- Die Zielgruppe wird festgelegt.
  Welchen Umfang soll die Untersuchung haben?

- **Das Erhebungsinstrument wird gestaltet.**
  Wie soll die Untersuchung im Detail durchgeführt werden?

- **Die Untersuchung wird durchgeführt.**
  Welche Besonderheiten sind hierbei zu beachten?

- **Die erhobenen Daten werden analysiert und interpretiert.**
  Welche Analyseverfahren werden angewendet?

- **Die Ergebnisse werden dargestellt.**
  Berichterstellung mit den wesentlichen Ergebnissen, den Schlussfolgerungen sowie Handlungsempfehlungen an den Auftraggeber

Methoden der Marktforschung im Hinblick auf den ausgewerteten Zeitraum

Marktanalyse, Marktbeobachtung und Marktprognose unterscheiden sich zeitbezogen.

Marktanalyse

Bei der Marktanalyse beschränkt sich die systematische Untersuchung des Markts auf einen bestimmten Zeitpunkt: Die Marktsituation und -struktur wird nur punktuell – also nur einmal – dargestellt.

Marktbeobachtung

Da sich Marktverhältnisse häufig ändern, reicht eine Marktanalyse oft nicht aus. Dann wird eine ständige Marktbeobachtung notwendig. Die Marktbeobachtung ist eine fortlaufende Beobachtung der Entwicklung und Veränderung des Markts in einem bestimmten Zeitraum.

Marktprognose

Mithilfe des vorliegenden Datenmaterials wird versucht, die zukünftige Marktentwicklung richtig abzuschätzen und vorauszuberechnen.

23

Methoden im Hinblick auf die verwendeten Informationsquellen

Sekundärforschung und Primärforschung bedienen sich verschiedener Informationsquellen.

Sekundäre Marktforschung

Weil sie schnell und kostengünstig zu Ergebnissen führt, wird oft zunächst die sekundäre Marktforschung angewendet.

> **DEFINITION**
>
> Bei der **sekundären Marktforschung** liegen die Daten bereits vor.

> **BEISPIEL**
>
> Frau Zahn erläutert Dominik Schlote die Sekundärforschung: „Bei der sekundären Marktforschung wird das bereits vorhandene Datenmaterial verwendet. Man kann sie daher salopp auch als Schreibtischforschung bezeichnen."

Die Daten wurden für andere Zwecke erhoben, werden jetzt aber für den Untersuchungsgegenstand der Marktforschung neu aufbereitet und interpretiert. Das Datenmaterial kann entweder aus betriebsinternen oder externen (betriebsfremden) Quellen entstammen.

Vorteile der sekundären Marktforschung liegen darin, dass das Datenmaterial jederzeit zur Verfügung steht und auch schnell und leicht ausgewertet werden kann.

Betriebsinterne Quellen	Externe Quellen
• Auftragseingänge	• amtliche Statistiken (Bund, Länder und Gemeinden)
• Absatzstatistiken	• Informationen der Wirtschaftsorganisationen und -verbände
• Bilanzen	• wirtschaftswissenschaftliche Institute und Marktforschungsinstitute
• Lagerstatistiken	• Nachschlagewerke
• Inventuren	• Fachliteratur
• Vertriebskostenrechnungen, Reklamationen	• Zeitungen und Zeitschriften
• Besuchsberichte des Außen- und Kundendienstes	• Messe- und Ausstellungskataloge
• Kundendateien	• Geschäftsberichte
• eigene Datenbanken	• Presseveröffentlichungen

Informationsgewinnung durch sekundäre Marktforschung für einzelne Marketingaktivitäten													
Information über	Absatzwege		Absatzform		Produkt- und Sortimentsgestaltung		Preisgestaltung		Lieferungs- und Zahlungsbedingungen		Werbung, PR, Verkaufsförderung		Kundendienst	
Informationsquellen	Konkurrenz	Eigene	Konkurrenz	Eigene	Konkurrenz	Eigene	Konkurrenz	Eigene	Konkurrenz	Eigene	Konkurrenz	Eigene	Konkurrenz	Eigene
I. Intern														
1. Umsatzstatistik		x		x		x		x		x		x		x
2. Auftragsstatistik		x		x		x		x				x		
3. Kostenrechnung						x		x				x		x
4. Kundenkartei				x		x				x		x		x
5. Kundenkorrespondenz		x		x		x		x		x		x		x

Informationsgewinnung durch sekundäre Marktforschung für einzelne Marketingaktivitäten														
Information über	Absatzwege		Absatzform		Produkt- und Sortimentsgestaltung		Preisgestaltung		Lieferungs- und Zahlungsbedingungen		Werbung, PR, Verkaufsförderung		Kundendienst	
Informationsquellen	Konkurrenz	Eigene	Konkurrenz	Eigene	Konkurrenz	Eigene	Konkurrenz	Eigene	Konkurrenz	Eigene	Konkurrenz	Eigene	Konkurrenz	Eigene
6. Absatzmittlerkartei		x				x	x		x					x
7. Vertreterbereich	x	x	x	x	x	x	x	x	x	x	x	x	x	x
8. Kundendienstberichte					x	x						x	x	x
9. Berichte des Einkaufs	x	x	x		x	x			x		x			
II. Extern														
10. Amtliche Statistik, Umsätze					x									
11. Amtliche Statistik, Preis							x							
12. Prospekte, Kataloge	x		x		x		x		x		x		x	
13. Geschäftsberichte	x		x		x				x					
14. Wirtschaftszeitungen	x		x		x		x		x		x		x	
15. Fachzeitschriften	x	x			x						x		x	
16. Adress-, Handbücher usw.		x		x							x	x		
17. Adressenbüros		x		x								x		
18. Messekataloge und -besuche	x		x		x		x		x		x		x	

Quelle: Heribert Meffert; Christoph Burmann; Manfred Kirchgeorg: Marketing. Gabler, Wiesbaden 2008, S.154

Als nachteilig kann sich auswirken, dass das Datenmaterial nicht unbedingt exklusiv ist. Es passt auch nicht immer zur zu lösenden Problemstellung. Daher wird nach der sekundären Marktforschung oft auch ein Verfahren der primären Marktforschung angewandt.

Primäre Marktforschung

Die primäre Marktforschung gewinnt Informationen direkt an ihrem Entstehungsort: Ein bestimmter Markt wird neu und erstmalig untersucht.

Die primäre Marktforschung bedient sich folgender Methoden:

- Befragung,
- Beobachtung,
- Experiment.

Befragung

Die Befragung ist die meist genutzte Erhebungsmethode in der Marktforschung. Sie bietet sich für eine Vielzahl an Fragestellungen und Zielgruppen an. Befragt werden können Kunden, andere Marktteilnehmer oder Mitarbeiter.

Es gibt vier grundsätzliche Arten der **standardisierten Befragung.** Dabei werden jeweils die Formulierung der Fragen, ihre Reihenfolge sowie die Antwortmöglichkeiten und das Interviewer-Verhalten genau festgelegt:

- **mündliche Befragung**
  Sie ist sehr zeitaufwendig und teuer, da die Fragen direkt von einem Interviewer gestellt werden.

- **telefonische Befragung**
  Bei telefonischen Befragungen erfolgt das Interview im Rahmen eins Telefongesprächs. Anfahrtszeit und -kosten entfallen zwar für den Interviewer, dennoch sind die Befragungskosten noch relativ hoch.

25

- **schriftliche Befragung**
  Hierzu wird ein gedruckter Fragebogen verschickt. Schriftliche Befragungen sind insgesamt günstiger als mündliche oder telefonische Befragungen, lediglich Versandkosten und -zeit fallen an. Im Vergleich ist jedoch die Rücklauf- und Antwortquote deutlich geringer.

- **Onlinebefragungen**
  Bei Onlinebefragungen wird ein Fragebogen auf einer Internetseite zur Verfü-

Multiple-Choice-Fragebogen

gung gestellt. Bei einer anderen Variante wird er per E-Mail verschickt.

Ein **Panel** ist eine Sonderform einer standardisierten Befragung. Dieser Begriff bezeichnet die mehrmalige Befragung einer identischen Gruppe von Personen bzw. Personengruppen zum selben Thema. Dadurch lassen sich schnell und leicht Veränderungen im Verhalten oder in der Meinungs-bildung einer Zielgruppe erkennen. Wichtige Arten sind:

- **Handelspanel**
  Handelspanels bestehen überwiegend aus Handelsunternehmen als Mittlern zwischen In-dustrie und Konsumenten. Sie untersuchen Lagerbestände und An- und Verkäufe bestimm-ter Artikel kontinuierlich über eine bestimmte Zeitperiode (z. B. ein Jahr lang alle zwei Mo-nate). Die zentrale Fragestellung lautet: Über welche Absatzwege werden welche Waren in welchen Mengen verkauft?

- **Verbraucherpanel**
  Verbraucherpanels erfassen, welche Käufe hauptsächlich von Einzelpersonen getätigt wer-den (Individualpanel) und welche Einkäufe sich auf den gesamten Haushalt beziehen (Haus-haltspanel). Sie haben die zentrale Fragestellung: Welcher Konsument bzw. Personenkreis kauft welche Güter?

Nicht standardisierte Befragungen können einen sehr freien Gesprächsverlauf nehmen, der sehr in die Tiefe bzw. in die Breite gehen kann. Dem Fragenden steht dabei nur ein Leitfaden zur Verfü-gung, der das Ziel des Interviews und eine Themengruppe enthält.

Beobachtungen

Eine Beobachtung wird immer nonverbal durchgeführt. Sie ist daher im Gegensatz zu einer Befra-gung von der Auskunftsbereitschaft der am Marktgeschehen beteiligten Personen unabhängig. Zielgerichtet wird das Verhalten interessierender Personen erfasst. Sinnlich wahrnehmbare Phä-nomene werden untersucht und aufgezeichnet.

Gegenstand der Beobachtung können Eigenschaften und Verhaltensweisen

- von Personen (z. B. Beobachten des Kaufverhaltens, von Passanten, von Lesern)
- oder von Sachen (Platzierung von Produkten in Regalen, Gerätebenutzung)

sein.

Experiment

Mit Experimenten können Zusammenhänge zwischen Ursachen und Wirkung erschlossen werden. Es werden gezielt bestimmte Bedingungen hergestellt und deren Auswirkungen beobachtet. So wird beispielsweise eine Versuchsanordnung mit vorgegebenen Rahmenbedingungen geschaffen. Dann verändert man einen ganz bestimmten Einflussfaktor, um die Reaktion darauf als Wirkung zu messen.

Einige wichtige Marketingbegriffe	
Absatzvolumen	Die Menge der verkauften Produkte in einem bestimmten Zeitraum
Umsatzvolumen	Der Gesamtbetrag der Einnahmen aus dem Verkauf von Produkten in einem bestimmten Zeitraum
Absatzpotenzial	Die maximale Menge von Produkten, die in einem bestimmten Markt oder einer Zielgruppe verkauft werden können
Marktvolumen	Die gesamte Anzahl von Produkten, die in einem bestimmten Marktsegment oder einer Branche insgesamt verkauft wurden
Marktpotenzial	Die maximale Menge von Produkten, die in einem bestimmten Marktsegment oder einer Branche insgesamt verkauft werden könnten, wenn alle potenziellen Kunden erreicht würden
Marktanteil	Der prozentuale Anteil, den ein Unternehmen oder eine Marke am gesamten Marktvolumen eines bestimmten Marktes oder Segments ausmacht

AUFGABEN

1. Begründen Sie, warum Unternehmen Marktforschung betreiben sollten.
2. Unterscheiden Sie die Markterkundung von der Marktforschung.
3. Unterscheiden Sie Methoden der Marktforschung hinsichtlich des Zeitraums der Erhebung.
4. Erläutern Sie den Unterschied zwischen Primär- und Sekundärforschung.
5. Führen Sie Beispiele für Informationsquellen der sekundären Marktforschung auf.
6. Erläutern Sie den Begriff „Panel".
7. Führen Sie Arten des Panels auf.
8. Erläutern Sie, auf welche Weisen Befragungen durchgeführt werden können.
9. Geben Sie an, wie im Rahmen der Marktforschung ein Experiment angewendet wird.
10. Entscheiden Sie, welche der unten stehenden Antworten ein Beispiel für Sekundärforschung ist.
    a) Fieldresearch
    b) Neues Zahlenmaterial wird gesammelt und ausgewertet.
    c) Bereits vorhandenes Zahlenmaterial wird ausgewertet.
    d) Neues Zahlenmaterial für eine bestehende Marktuntersuchung wird benötigt.
    e) Kundenbefragung
11. Sie werden gebeten, externe Datenquellen auszuwerten. Geben Sie an, was Sie unter betriebsexternen Datenquellen verstehen.
    a) Messeberichte
    b) Lagerbestandslisten, Warenpreislisten
    c) Berichte von Außendienstmitarbeitern
    d) Jahrbücher, Zeitungsberichte, Geschäftsberichte
    e) Bilanz
12. Geben Sie für die folgenden Beispiele an, um welches Verfahren der Marktforschung es sich handelt.
    a) Die Marfor GmbH – ein renommiertes Marktforschungsinstitut – untersucht laufend die Kundengewohnheiten auf dem Textilmarkt.
    b) In diesem Bericht gibt die Marfor GmbH Trendempfehlungen für das nächste Jahr.
    c) Ziel dieses Marktforschungsverfahrens ist das Erkennen von Ursache-Wirkungs-Zusammenhängen.

13. Mit großer Wahrscheinlichkeit können Sie an Ihrer Schule gegen den kleinen oder großen Hunger etwas an einem Kiosk oder einer Verkaufsstätte kaufen. Auch Schulbedarf ist dort oft zu haben. Betrieben wird der Kiosk/die Verkaufsstätte entweder von einem Hausmeister, anderen Personen oder evtl. auch von Schülergruppen im Rahmen von Projekten.

In dieser Aufgabe sollen Sie nun die Situation dieser Verkaufsstätte untersuchen. Von Interesse ist einerseits, was gekauft wird, und andererseits, was im Sortiment vermisst wird. Bilden Sie dazu vier Gruppen:

a) Gruppe 1 und 3 bereiten einen Fragebogen vor, mit dem die Käuferinnen und Käufer nach den Käufen gefragt werden. Die Gruppen 2 und 4 bereiten eine Beobachtung vor. Dazu gehört beispielsweise die Auswahl eines Standorts, von dem aus man mögliche Käuferinnen und Käufer beobachten kann, ohne dass dies auffällt.

b) Die Gruppen 1 und 2 führen ihre Maßnahme in der ersten Pause, die Gruppen 3 und 4 in der 2. Pause durch.

c) In der Woche darauf sollen die Ergebnisse ausgewertet werden.

Präsentieren Sie die Ergebnisse der Klasse.

14. a) Lesen Sie dieses Kapitel und erstellen Sie eine Mindmap mit den wichtigsten Informationen.

b) Bereiten Sie sich darauf vor, einen kurzen Vortrag über den Inhalt dieses Kapitels zu halten. Als Hilfsmittel dürfen Sie Ihre Mindmap verwenden.

ZUSAMMENFASSUNG

Marktforschung
= systematische und planvolle Beschaffung von Informationen über den Markt

Aussagen über Zeitraum

verwendete Informationsquellen

Marktanalyse
Untersuchung zu einem Zeitpunkt

Marktbeobachtung
Untersuchung eines Zeitraums

Marktprognose
Voraussage einer zukünftigen Marktentwicklung

primäre Marktforschung
• Erhebung neuer Daten:
• Arten:
  – Befragung
  – Beobachtung
  – Experiment

sekundäre Marktforschung
• Auswertung vorhandener Daten
• Arten
  – betriebsintern
  – betriebsextern

1.3 Produktpolitik

Der Freund von Carolin Saager, Axel Reisewitz, ist Auszubildender zum Industriekaufmann bei der Grünpunkt AG. Er ist momentan in der Marketingabteilung eingesetzt.

Axel Reisewitz: „... und dann kümmern wir uns gerade ganz stark im Rahmen des Marketings um die Produktpolitik, ein Marketingbereich, den der Großhandel ja nicht hat."

Carolin Saager: „Halt, halt! Natürlich kümmert sich auch der Handel um die Produktpolitik."

Axel Reisewitz: „So?"

Carolin Saager: „Schau dir mal diesen Zeitungsartikel an."

GF PARIS: „Eine Ware ist nicht besser, weil sie schöner verpackt ist und einen schönen Namen hat – wählen Sie unbeeinflusst von der Verpackung – das ist Freiheit – kaufen Sie Waren ohne Namen – sie sind ebenso gut, aber billiger – die freien Produkte finden Sie bei Carrefour." Die französische Supermarktkette dieses Namens hat 5 Mio. Euro in einen Werbefeldzug gesteckt, der vierzig Produkte – Speiseöl, Kaffee, Konfitüren, Waschmittel usw. – ohne Namen, d. h. ohne Marke, als „freie Produkte" lanciert und sich – wie man bei Carrefour versichert – bereits nach wenigen Wochen reichlich bezahlt machte. Die Namenlosen („No Names") hatten in der Folgezeit rasch Nachahmer gefunden – in den USA, Kanada und Europa. Die Idee, „gute, preiswerte Ware ohne Marketingballast", wird von breiten Verbraucherschichten (man spricht von 65 %) gutgeheißen. Mittlerweile bieten Einkaufsgenossenschaften und freiwillige Ketten etwa 1100 sogenannte „Weiße" an.

Axel Reisewitz: „Da ist aber produktpolitisch vom Einzelhandel die Rede."

Carolin Saager: „Wenn im Einzelhandel die Produktpolitik wichtig ist, dann kann sie im Großhandel und in der Industrie nicht unbedeutend sein ..."

Stellen Sie fest, welche generellen Überlegungen ein Unternehmen bei der Einführung von Produkten anstellen muss.

> **DEFINITION**
>
> Im Rahmen der **Produktpolitik** eines Unternehmens wird über Qualität, Technik, Form, Farbe und sonstige Ausstattung eines Produkts entschieden.

Die Produktpolitik umfasst im weiteren Sinn:

- Produktgestaltung,
- Planung des Produktlebenszyklus,
- Markenpolitik,
- Packungspolitik.

Die Produktpolitik ist überwiegend eine Aufgabe von Industrieunternehmen. Sehr oft versuchen jedoch auch Handelsunternehmen, aktiv auf die produktpolitischen Entscheidungen der Erzeugerunternehmen Einfluss zu gewinnen. Dies geschieht häufig durch Großhandlungen oder durch solche Einzelhandelsunternehmen, die aufgrund ihrer Größe und Marktmacht eine unmittelbare Wirkung auf die Industrieunternehmen erzielen können. Gegenstand der Einflussnahme kann die Qualität der Produkte, ihre logistische Handhabbarkeit (z. B. Transport- oder Stapelfähigkeit) oder die äußere Produktgestaltung sein. In einigen Bereichen können Großhandlungen jedoch auch direkt Maßnahmen der Produktpolitik anwenden.

Hauptziel der Produktpolitik ist es, dass die Käufer Produkte möglichst positiv beurteilen. Um das zu erreichen, gibt es verschiedene Möglichkeiten.

- **Produktgestaltung:** Festlegung u. a. der Eigenschaften, der Qualität, des Geschmacks, der Formen und Farben von Produkten
- **Planung des Produktlebenszyklus:** Es muss der richtige Zeitpunkt getroffen werden, veraltete Produkte aus dem Markt zu nehmen bzw. neue Produkte einzuführen.
- **Markenpolitik:** Durch Verwendung von Markenzeichen wird eine eindeutige Abhebung von der Konkurrenz versucht.
- **Packungspolitik:** Auch die äußere Gestaltung des Produkts spielt eine wichtige Rolle.

Coca-Cola ist kein Getränk. Coca-Cola ist Weltanschauung, ist „American Way of Life", Freiheit und Frohsinn. Die geriffelte 0,2-Liter-Flasche mit der Jugendstilschrift ist kein Behälter. Das ist ein Denkmal der Konsumgesellschaft oder (für Andy Warhol und Jasper Johns, für Rauschenberg und Mel Ramos) Kunst. Doch so viele Mythen verdecken den Blick aufs Geschäft. Und das lief so sagenumwoben in den letzten Jahren keineswegs. Der Konkurrent Pepsi holte beträchtlich auf und das „einzig wahre Getränk", Coca-Cola, drohte in den USA zur Nummer zwei unter den Durstlöschern zu werden.

Mit einem neuen Manager kam neuer Schwung in die Konzernzentrale. Als all seine Aktivitäten den vollen Erfolg nicht brachten, griff er zum letzten Mittel: Er änderte das ein Jahrhundert alte Rezept der braunen Brause. Coca-Cola ist nicht mehr das, was es einmal war. Die braune Brause schmeckt seit dem 8. Mai (vorerst nur in den USA) anders als vorher. Süßer vor allem. Das Rezept des Drinks wurde geändert und Durstige in 155 Ländern der Erde werden sich umstellen müssen – oder zu den Flaschen und Dosen der Konkurrenz greifen.

Quelle: „Coca-Cola – Ein altes Rezept löscht den Durst nach Dollars nicht mehr" von Dietmar Hawranek, Frankfurter Rundschau vom 18.05.1985 © Alle Rechte vorbehalten. Frankfurter Rundschau GmbH, Frankfurt.

Produktgestaltung

Die optimale Gestaltung eines Produkts trägt ganz entscheidend zu einem möglichen späteren Markterfolg eines Unternehmens bei. Die Festlegung der Erscheinungsform eines Produkts hat daher so zu erfolgen, dass seine Eigenschaften den Anforderungen und Wünschen der Marktteilnehmer gerecht werden. Art und Charakter des Produkts werden bestimmt durch:

- Qualität des Produkts,
- Farbe und Konsistenz des Produkts,
- Konstruktionsform oder Produktansatz,

- Produkteigenschaften und Produktnutzen,
- Zusatznutzen.

Die Produktgestaltung ist überwiegend eine Aufgabe der Industrie. Der Handel kann dabei jedoch einen gewissen Einfluss nehmen:

- Er kann die Hersteller über Entwicklungen auf dem Markt informieren, Einführungschancen prüfen und die Einführung neuer Produkte unterstützen.
- Er wirkt bei der Industrie auf Lieferung handelsgerechter Versandeinheiten und Verpackungen hin.

Produktprogramm oder Sortiment

Das Produktprogramm umfasst die Gesamtheit aller Produktlinien und Produkte eines Herstellers. Unter einer Produktlinie versteht man eine Gruppe von Einzelprodukten, die aufgrund bestimmter Merkmale in enger Beziehung zu einander stehen.

Das Sortiment ist die Gesamtheit aller Waren und Dienstleistungen, die ein Handelsbetrieb anbietet.

Lebenszyklus eines Produkts

Eine Aufgabe der Produktpolitik ist es, durch rechtzeitige Einführung verfeinerter, abgeänderter oder neuer Produkte den zukünftigen Absatz zu sichern bzw. zu erweitern. Jedes Unternehmen, dem es gelingt, neue Produkte zu entwickeln und vor der Konkurrenz auf den Markt zu bringen, erzielt einen beträchtlichen Wettbewerbsvorteil.

Produkte durchlaufen – vergleichbar dem Menschen – verschiedene Lebensalter. Die Kenntnis, in welcher Phase des Lebenswegs sich ein bestimmter Artikel gerade befindet, ermöglicht einen effizienten Einsatz der absatzpolitischen Instrumente.

Insbesondere bei Konsumgütern lässt sich der Lebenszyklus eines Produkts in folgende Phasen einteilen:

- **Einführungsphase**
  In der Einführungsphase sind die Umsätze gering, da das Produkt noch wenig bekannt ist. Auch hohe Werbeaufwendungen führen noch nicht dazu, dass das Produkt sich in der Gewinnzone befindet. Da der Anbieter gewissermaßen eine Monopolstellung hat, kann er einen hohen Produktpreis verlangen.

- **Wachstumsphase**
  In der Wachstumsphase steigen die Umsätze sehr stark an: Das Produkt kommt in die Gewinnphase. Die nach wie vor starke Werbung erfasst breite Käuferschichten. Konkurrenten treten als Nachahmer auf, sodass die Preise sinken.

- **Reifephase**
  In der Reifephase können die Umsätze zwar noch wachsen, aber die Wachstumsraten verringern sich. Der Preiswettbewerb verschärft sich.

- **Sättigungsphase**
  In der Sättigungsphase erreichen die Umsätze ihren höchsten Punkt. Der Gesamtgewinn ist am größten. Doch spätestens jetzt müssen entweder Pläne für ein neues Produkt fertig sein oder Verjüngungsmaßnahmen für das existierende Produkt ergriffen werden, die seinen Lebenszyklus verlängern.

- **Degenerationsphase**
  In der Degenerationsphase sind die Umsätze und Gewinne rückläufig.

Ein Unternehmen sollte möglichst über eine Mischung aus Produkten in unterschiedlichen Lebensphasen verfügen. Nur so lassen sich Umsatz- und Gewinnschwankungen im Rahmen des unternehmerischen Handelns im Zeitablauf ausgleichen.

Merkmal	Phasen des Produktlebenszyklus				
	Einführung	Wachstum	Reife	Sättigung	Degeneration
Umsatz	gering; langsam steigend	stark ansteigend	weitere, aber weniger starke Marktausdehnung (Zahl der Neukunden wird kleiner)	Umsatzvolumen stagniert auf hohem Niveau bzw. fällt leicht	rückläufig (stark fallend)
Begründung	• Marktwiderstände • organisatorische Probleme	Marktdurchdringung	• Konkurrenzdruck • Preisdruck	• Konkurrenzprodukte ziehen Kunden ab • Preisdruck	Kunden wandern in starkem Umfang ab
Kosten	hohe Kosten pro Stück	sinkende Stückkosten	weiter fallende Stückkosten		steigende Stückkosten
Begründung	• hohe Fixkosten für Werbung und Organisation • geringe Stückzahlen	Fixkostendegression, da Bekanntheitsgrad steigt			hohe Fixkosten
Erfolg	Verlust (Die Kosten für Werbung und Absatzförderung sind hoch; die verkaufte Menge ist noch niedrig.)	steigende Gewinne	langsam sinkende Gewinne	leichter Gewinnrückgang	fallende Gewinne, Verlust
Konkurrenten	keine oder wenige	• erste Konkurrenzprodukte • Zahl der Konkurrenten und Intensität der Konkurrenz nimmt zu	Kampf um Marktanteile	Kampf um Marktanteile verstärkt sich	• überlegene, neuartige Konkurrenzprodukte tauchen auf • Zahl der Konkurrenten mit gleicher Art der Produkte nimmt ab
operative Marketingziele	Produkt bekannt machen, Erstkäufe herbeiführen	größtmöglicher Marktanteil	größtmöglicher Gewinn bei gleichzeitiger Sicherung des Marktanteils		Kostensenkung und „Absahnen"

Das vorgestellte idealtypische (= theoretische) Lebenszyklusmodell kommt in der Praxis recht häufig vor und gibt wertvolle Denkanstöße und Anregungen für die Strategiefindung von Unternehmen. Es ist jedoch nicht allgemeingültig. Funktionen eines Produkts, Marketingstrategien, Zeitgeist und sonstige Faktoren können den Verlauf des Lebenszyklus entscheidend verändern. Solche realtypischen (= wirklichen) Verläufe können sein:

Markenpolitik

Einen großen Einfluss auf Erfolg oder Misserfolg eines neuen Produkts hat die Markenpolitik. Gelingt es, ein Produkt zu einer Marke zu machen, wird es aus einer Menge weitgehend austauschbarer Produkte herausgehoben: Das Produkt wird zu einer unverwechselbaren Einheit. Die Marke selber ist ein besonderes, rechtlich geschütztes Zeichen, das dazu dient, die Produkte eines Unternehmens eindeutig zu kennzeichnen.

> **DEFINITION**
>
> Unter **Marken** versteht man im engeren Sinn die sogenannten **Herstellermarken.** Hersteller als Inhaber der Marke versuchen, ihre Markenartikel gegenüber den Kunden zu präsentieren. Genutzt werden dazu alle möglichen Vertriebskanäle.
>
> Bei **Handelsmarken** befindet sich die Marke im Eigentum eines Handelsunternehmens. Der Markenartikel wird nur in den Verkaufsstätten des eigenen Unternehmens abgesetzt. Typische Handelsmarken sind beispielsweise Waschmittel Tandil von Aldi, Gut & Günstig von Edeka.

Ein Produkt kann mit verschiedenen Gestaltungselementen gegenüber anderen Produkten herausgehoben werden. Solche sogenannten **Markenbestandteile** können u. a. sein:

- Markennamen (z. B. Esprit)
- Markenzeichen
  - Formen (z. B. Autodesign beim VW Beetle)
  - Farben (z. B. rot/weiß bei Coca Cola)
  - Schrifttypen (z. B. Coca-Cola-Schriftzug)
  - Logos (z. B. das in Punkte eingebettete „T" der Telekom)
  - Charaktere (z. B. Meister Proper)
  - Slogans (z. B. „Persil – Da weiß man, was man hat", Ricola: „Wer hat's erfunden?")
  - typische Schlüsselmotive (z. B. Alpenpanorama für Almighurt)

Man unterscheidet folgende **Markenarten:**

- **Wortmarken**
  Hier werden Produkt-, Firmen- oder Fantasienamen mit einer speziellen Schrift verwendet. Sie bestehen aus einem (manchmal auch aus mehreren) Worten (Beispiel: Google).

- **Zeichenmarken**
  Dies sind Symbole, die aus Einzelbuchstaben, Wortabkürzungen oder Zahlen bestehen. Die Zeichen werden oft auf künstlerische Weise verbunden.

- **Bildmarken**
  Mit unterschiedlichsten Arten von Bildzeichen soll eine Verbindung zu einem Produkt oder einer Firma hergestellt werden.

Beispiel für eine Zeichenmarke

Ein Markenartikel ist ein Produkt, das mit solchen Zeichen versehen wurde. Die Merkmale der Markenartikel bringen den Unternehmen, aber auch den Kunden Vorteile:

Mit der Eintragung der Marke beim Deutsche Patent- und Markenamt erwirbt der Inhaber regelmäßig das alleinige Recht, die Marke für die geschützten Produkte zu benutzen. Marken können vom Markeninhaber jederzeit verkauft und veräußert werden. Der Inhaber einer Marke kann ferner ein Nutzungsrecht an seiner Marke – eine Markenlizenz – einräumen.

Um eine Erfindung, ein Markenzeichen oder ein Produktdesign als wirtschaftlich verwertbare Erzeugnisse geistiger Arbeit gegen den unberechtigten Zugriff anderer zu sichern, kann der Urheber (oder sein Rechtsnachfolger) **gewerbliche Schutzrechte** dafür in Anspruch nehmen.

Für eine öffentlich noch nicht bekannte, gewerblich anwendbare Erfindung, die den Stand der Technik deutlich verbessert, erteilt das Deutsche Patent- und Markenamt auf Antrag ein **Patent.** Der Patentinhaber sichert sich damit für einen Zeitraum von 20 Jahren das alleinige Recht, über seine Erfindung zu verfügen. Stellt das Amt nach eingehender Prüfung fest, dass die Erfindung schutzfähig ist, gibt es die Patenterteilung im Patentblatt bekannt und veröffentlicht die Patentschrift mit den Schutzansprüchen und der genauen Beschreibung der Erfindung. Alle Patentanmeldungen und -erteilungen werden in einem Patentregister verzeichnet. Der Patentschutz ist territorial auf die Bundesrepublik Deutschland begrenzt. Soll die Erfindung auch in anderen Ländern geschützt werden, sind gesonderte nationale Anmeldungen erforderlich – ein Weg, der durch Anmeldung z. B. eines Europäischen Patents abgekürzt werden kann.

Auch für den Schutz als **Gebrauchsmuster** muss eine Erfindung neu sein und über den bisherigen Kenntnisstand deutlich hinausgehen. Anders als im Patentverfahren prüft das Patentamt diese Voraussetzungen aber nicht schon vor Eintragung ins Gebrauchsmusterregister, sondern erst, wenn ihr Vorhandensein bestritten wird. Der Gebrauchsmusterschutz ist daher einfacher und kostengünstiger zu erwirken als ein Patent, aber auch mit gewissen Unsicherheiten behaftet. Seine Laufzeit beträgt drei Jahre und kann bis auf zehn Jahre verlängert werden. Als Gebrauchsmuster kommen vor allem kleinere technische Erfindungen in Frage, jedoch keine Verfahren. Besondere Schutzrechte bestehen für Halbleiter-Topographien.

Eine **Marke** soll die Waren oder Dienstleistungen eines Unternehmens unverwechselbar kennzeichnen und dadurch von Konkurrenzangeboten abheben. Mit ihrer Eintragung wird ein Schutz für zehn Jahre erworben, der beliebig oft verlängert werden kann.

Als **Geschmacksmuster** kann die Erscheinungsform eines Erzeugnisses oder eines Teils davon, sofern sie sich durch Neuheit und Eigenart auszeichnet, gegen Nachahmung geschützt werden. Die Schutzfrist dafür beläuft sich auf 25 Jahre; sie muss alle fünf Jahre durch Zahlung einer Gebühr aufrechterhalten werden. Beim Harmonisierungsamt in Alicante können Schutzrechte auf Marken und Geschmacksmuster auch für die EU als Ganze eingetragen werden.

Gewerbliche Schutzrechte	Patent	Gebrauchsmuster	Marke	Geschmacksmuster
Gegenstand des Rechtsschutzes:	**Erfindungen** (Gegenstände, Stoffe, Herstellungs- und Arbeitsverfahren)	**Erfindungen** (Neuerungen an Gegenständen, keine Verfahren)	**Wort-, Bild-, Hörmarken, 3D-Marken** zur Kennzeichnung und Unterscheidung von Waren oder Dienstleistungen	**Erscheinungsform** eines ganzen Erzeugnisses oder eines Teils davon
Voraussetzungen:	Neuheit, Erfindungshöhe, gewerbliche Anwendbarkeit	Neuheit, Erfindungshöhe, gewerbliche Anwendbarkeit	Unterscheidungskraft	Neuheit und Eigenart
Erteilung der Schutzrechte durch:	**Deutsches Patent- und Markenamt**			
Schutzdauer:	20 Jahre	3 Jahre (Verlängerung bis höchstens 10 Jahre)	10 Jahre (Verlängerung um jeweils weitere 10 Jahre)	25 Jahre (muss alle 5 Jahre aufrechterhalten werden)

nationale Schutzverfahren

ZAHLENBILDER

© Erich Schmidt Verlag

128 710

Packungspolitik

Ein wichtiger Teilbereich der Produktpolitik ist die Packungspolitik. Sie ist deshalb so bedeutend, weil der Anteil der Verpackungskosten an den Kosten eines Produkts bis zu 20 % ausmacht.

DEFINITION

Unter **Verpackung** wird die Umhüllung einer Ware zum Zweck des Schutzes verstanden.

Dabei wird zwischen Transport- und Verkaufsverpackung unterschieden. In beiden Fällen steht der Nutzen der Umhüllung im Vordergrund:

- Schutz des Produkts,
- Gewährleistung der Transport- und Lagerfähigkeit,
- einfache Verwendung.

DEFINITION

Wenn die Umhüllung zusätzlich noch der Kommunikation mit dem Kunden dient, so spricht man genauer von **Packung.**

Dies ist in den folgenden Fällen der Fall:
- Information über Produkteigenschaften,
- Anreiz zum Kauf,
- Information über Bestandteile und Inhaltsstoffe (gesetzliche Vorschriften!),
- Bedienungsanleitung,
- Markenidentifikation.

Funktionen einer Packung sind also:

- **Schutz**
  Die Umhüllung muss gewährleisten, dass die Ware in unversehrtem Zustand zum Käufer kommt.

- **Transport und Lagerung**
  Die Verpackung muss so beschaffen sein, dass die Ware problemlos zwischen den Wirtschaftsstufen befördert und in verschiedenen Lagern aufbewahrt werden kann.

- **Information**
  Die Umhüllung muss Auskunft über die Ware geben.

- **Werbung**
  Die Packung muss für den Artikel werben und anregend für den Kauf sein.

- **Service**
  Im Idealfall sollte die Handhabung der Ware erleichtert werden.

- **Umweltfreundlichkeit**
  Die Verpackung sollte ökologischen Ansprüchen genügen (also z. B. nach Möglichkeit recycelbar sein).

Ziel der Packungspolitik ist es, das Produkt sowohl verkaufs- als auch marktgerecht zu verpacken. Die Verpackung soll also einerseits dazu beitragen, durch ihre Attraktivität zum Kauf anzuregen, und andererseits die Transport- und Lagerfähigkeit gewährleisten.

1. Führen Sie die Bereiche der Produktpolitik auf.
2. Geben Sie an, wovon eine optimale Produktgestaltung abhängt.
3. Führen Sie die Lebensphasen auf, die ein Produkt normalerweise durchläuft.
4. Bringen Sie Beispiele für Produkte, die
   a) einen idealtypischen Verlauf,
   b) einen realtypischen Verlauf haben.
5. Geben Sie die Bestandteile von Marken an.
6. Unterscheiden Sie Handelsmarken von Markenartikeln.
7. Führen Sie Gründe auf, die für das Vorhandensein von Markenartikeln im Handel sprechen.
8. Nennen Sie
   a) Markenartikel,
   b) Handelsmarken
   aus Ihrem Erfahrungsbereich.
9. a) Lesen Sie das Kapitel.
   b) Sammeln Sie zu zweit zu jedem Buchstaben des Alphabets Begriffe zum Thema „Produktpolitik". Zu jedem Feld soll ein Begriff mit dem Anfangsbuchstaben gefunden werden. Notfalls kann der betreffende Buchstabe auch im Begriff erscheinen.

A
B
C
...
Produktgestaltung
...

   c) Überprüfen Sie, ob Sie alle Begriffe definieren können. Einigen Sie sich dann mit Ihrem Partner oder Ihrer Partnerin auf die zehn wichtigsten Begriffe.
   d) Vergleichen Sie die Ergebnisse mit denen Ihrer Nachbarn oder Nachbarinnen:
   - Haben Ihre Nachbarn Begriffe zu Buchstaben gefunden, zu denen Sie nichts gefunden haben?
   - Halten Ihre Nachbarn andere Begriffe aus der Produktpolitik für wichtiger als Sie? Können Sie diese auch definieren?
   e) Erstellen Sie zwei Wandzeitungen, die je einen Begriff anschaulich erläutern.
   f) Bereiten Sie sich darauf vor, Ihre Wandzeitungen im Plenum vorzustellen.

10. a) Erstellen Sie eine Mindmap, die alle wesentlichen Inhalte der Produktpolitik zusammenfasst.
    b) Bereiten Sie sich darauf vor, einen fünfminütigen Vortrag zur Produktpolitik zu halten.

11. Gehen Sie davon aus, dass Sie zur Designabteilung eines Unternehmens gehören.
    a) Bilden Sie zwei Arbeitsgruppen.
    b) Entwickelt werden sollen ein neues Design
    - für einen (neuen) Schreibtisch,
    - für ein (neues) Telefon.
    c) Stellen Sie ohne Vorurteile einen morphologischen Kasten auf.
    d) Drucken Sie Ihren morphologischen Kasten als Word-Tabelle aus.
    e) Bereiten Sie sich darauf vor, Ihren morphologischen Kasten zu präsentieren.

Morphologischer Kasten

Der morphologische Kasten ist eine Kreativitätstechnik, die man in der Produktpolitik, aber nicht nur da, anwenden kann. Beim morphologischen Kasten werden für ein neu zu entwickelndes Produkt Eigenschaften oder Bestandteile aufgelistet (z. B. Form, Material, Farbe, Beschriftung, Zusatzfunktionen usw.). Für jeden Aspekt werden dann möglichst viele verschiedene Ausprägungen (z. B. bei Material: Holz, Aluminium, Stein, Kunststoff usw.) gesammelt. Anschließend können aus den vorhandenen Möglichkeiten verschiedene Varianten zusammengestellt werden, die näher untersucht werden sollen. Dass bei der systematischen Kombination von Teillösungen auch von vornherein unsinnige Kombinationen ausprobiert werden, die noch niemand vorher gemacht hat, stellt eines der Grundelemente der Kreativität dar.

BEISPIEL

Entwicklung einer Zimmerlampe (vereinfacht):

Produktmerkmal	Teillösung 1	Teillösung 2	Teillösung 3	Teillösung 4
Farbe	blau	rot	schwarz	gelb
Material	Metall	Holz	Stein	–
Form	rund	eckig	oval	teils eckig
Strom sparen	verspiegeln	schwach selbstleuchtend	Zeituhr	Dynamo

Vorgehen:

1. Umschreiben Sie das Problem. Diese Aussage bildet die Überschrift über dem morphologischen Kasten.
2. Entwickeln Sie die Parameter (= Teilprobleme = im Beispiel oben die Produktmerkmale) des Problems durch Analyse und eventuelles Brainstorming.
3. Erarbeiten Sie Lösungsalternativen zu den Teilproblemen.
4. Kombinieren Sie die Lösungsvarianten der Teilprobleme zu Lösungsvarianten des Gesamtproblems.
5. Bewerten Sie die Lösungsvarianten und wählen Sie die sinnvollste aus. Füllen Sie Ihren morphologischen Kasten aus.

12. Bringen Sie eine Verpackung
    a) ggf. aus Ihrem Praktikumsbetrieb,
    b) aus Ihrem privaten Bereich
    in den Unterricht mit.
    Erläutern Sie jeweils, welche Funktionen einer Verpackung erfüllt werden.

13. Gute Slogans transportieren Botschaften von Marken.
    www.focus.de/finanzen/news/werbeslogans/markenquiz_aid_11344.html
    Stellen Sie fest, wie groß Ihre Markenkenntnisse sind.

Produktpolitik

= Entscheidung über die Ausstattung eines Produkts

Produktgestaltung	**Packungspolitik**	**Planung des Produkt-lebenszyklus**	**Markenpolitik**
Produktqualität und -eigenschaften	Umhüllung der Ware zur Absatzförderung	wirkungsvolle Planung des Lebenswegs von Produkten	Herausstellung eines Produkts gegenüber anderen

1.4 Sortimentspolitik

Der Artikelbericht der Warengruppe Damenoberbekleidung dient dem Verkaufsabteilungsleiter der Hoffmann KG, Herrn Staub, als Unterlage für die Kontrolle des Sortiments.

Stellen Sie fest, welche Sortiments-entscheidungen Herr Staub auf der Grundlage dieses Berichts treffen sollte.

```
Artikelbericht (Auszug)

    ART.-BERICHT VON  6. FEBRUAR BIS 12. FEBRUAR 20..    WARENGRUPPE: DOB

WARENART  1 ***** MÄNTEL *****

ARTIKEL-NR.  BEZEICHNUNG  VK-PREIS  VK-ST.   BESTAND VK  UMSATZ     KALK.%  ABW.%
INTERNE NR.               EK-PREIS  BESTAND  BESTAND EK  GEWINN     ERZ.%

       70200  BETTY JORDAN  369,00      5       369,00  1.845,00  54,6   83,3
       10001                187,40      1       187,42  1.008,00  54,6

       70400  DECO INTERN   359,00      2       718,00  718,00    52,8   50,0
       10004                169,50      2       339,00  379,00    52,8

       70410  KTM           256,60      5     2.042,80  1.283,00  52,4   38,4
       20001                126,10      8     1.008,00  652,50    52,4

       70000  STEIGER       179,00      4       358,00  716,00    55,6   66,6
       10002                 78,50      2       157,00  402,00    55,6


WARENART  2 ***** KLEIDER *****

ARTIKEL-NR.  BEZEICHNUNG  VK-PREIS  VK-ST.   BESTAND VK  UMSATZ     KALK.%  ABW.
INTERNE NR.               EK-PREIS  BESTAND  BESTAND EK  GEWINN     ERZ.%

       70400  DECO INTERN   205,00      3     1.230,00  615,00    56,3   33,3
       30001                 89,89      6       537,34  345,33    56,3

       70410  KTM           198,00      5       396,00  990,00    57,1   71,4
       30003                 84,90      2       169,80  565,50    57,1
```

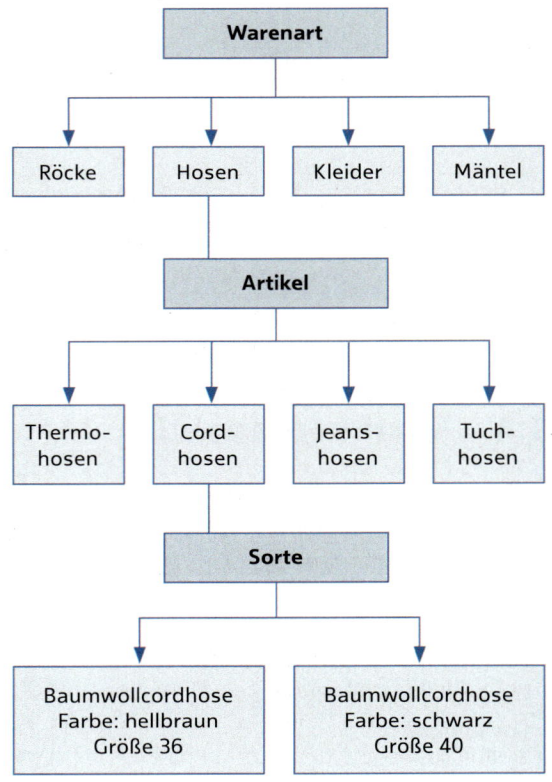

DEFINITION

Sortimentspolitik ist die bewusste, planmäßige Gestaltung des Sortiments. Ziel der Sortimentspolitik ist es, Inhalt und Umfang des Sortiments so zu gestalten, dass die geplanten Umsätze und Gewinne erreicht werden.

Sortimentsgliederung

DEFINITION

Das **Sortiment** ist die Gesamtheit aller Waren und Dienstleistungen, die ein Betrieb anbietet. Es besteht aus verschiedenen Sorten, die zu Artikeln, Warenarten und Warengruppen zusammengefasst werden können. In Industriebetrieben wird oft auch der Begriff **„Produktionsprogramm"** verwendet.

Die Sorte ist die kleinste Einheit des Sortiments. Gleichartige Sorten, die sich nur nach der Menge, Größe, Farbe und Musterung unterscheiden, bilden einen Artikel. Verschiedene, aber ähnliche Artikel werden zu Warenarten und Warengruppen zusammengefasst.

BEISPIEL

Sortiment	Warengruppen
Lederwaren	Koffer, Geldbörsen, Damentaschen, Herrentaschen
Schuhe	Damenschuhe, Herrenschuhe, Kinderschuhe
Bekleidung	Damenoberbekleidung, Herrenoberbekleidung, Damenwäsche, Herrenwäsche
Lebensmittel	Fleisch, Fisch, Molkereiprodukte usw.

Sortimentsumfang

Der Sortimentsumfang eines Unternehmens wird mit den Begriffen „Sortimentsbreite" und „Sortimentstiefe" beschrieben.

Sortimentsbreite

Die Sortimentsbreite wird durch die Zahl der Warenarten und Warengruppen bestimmt. Je mehr Warenarten und Warengruppen in einem Unternehmen angeboten werden, umso breiter ist sein Sortiment. Ein breites Sortiment enthält viele Warenarten und Warengruppen. Ein schmales Sortiment besteht nur aus einer oder wenigen Warenarten.

Sortimentstiefe

Die Sortimentstiefe wird durch die Artikel- und Sortenzahl bestimmt. Je mehr Artikel und Sorten innerhalb einer Warenart angeboten werden, umso tiefer ist ein Sortiment. Ein Unternehmen führt ein tiefes Sortiment, wenn es innerhalb der einzelnen Warenarten viele Artikel und Sorten anbietet. Werden innerhalb der einzelnen Warenarten nur wenige Artikel und Sorten angeboten, spricht man von einem flachen Sortiment.

Kern- und Randsortiment

Nach der Bedeutung für den Gesamtumsatz kann man das Sortiment eines Unternehmens unterteilen in Kern- und Randsortiment.

Kernsortiment

Das Kernsortiment ist der Sortimentsteil, auf den sich die Haupttätigkeit des jeweiligen Unternehmens erstreckt. Es erbringt in der Regel den überwiegenden Umsatzanteil.

Randsortiment

Das Randsortiment wird zur Abrundung des Kernsortiments geführt. Es erbringt in der Regel den geringeren Umsatzanteil.

BEISPIEL

Zum Kernsortiment eines Lebensmitteleinzelhandelsbetriebs gehören u. a. Molkereiprodukte, Nährmittel, Brot- und Backwaren, Obst und Gemüse, Fleisch- und Wurstwaren. Im Randsortiment führt dieses Geschäft Zeitschriften, Strümpfe und Schreibwaren.

Kundendienstleistungen

Kundendienstleistungen sind Nebenleistungen eines Unternehmens, die es zusätzlich zu seiner Hauptleistung, dem Verkauf von Waren, erbringt. Dazu gehören Leistungen, die in unmittelbarem Zusammenhang mit der Ware stehen, und warenunabhängige Leistungen, die der Bequemlichkeit des Kunden beim Einkauf dienen.

Warenbezogene Dienstleistungen von Unternehmen sind z. B.:

- Produktberatung und Produktinformationen,
- Gebrauchsanleitungen,
- Aufstellen und Inbetriebnahme von technischen Geräten (Maschinen, EDV-Systeme usw.),
- Garantiegewährung,
- Reparaturservice,
- Inspektions- und Wartungsservice (z. B. bei Büromaschinen und Kraftfahrzeugen),
- Ersatzteildienst,
- Ersatzbereitstellung im Falle der Reparatur oder Wartung,
- Warenmanipulation, z. B.:
  - Anarbeitung im Stahlhandel (Biegen, Bohren, Sägen und Ähnliches, Bearbeitungsvorgänge am Rohmaterial),
  - Übernahme von Reifungsprozessen (bei Bananen, Tee usw.),
  - Dauerlagerung von Waren unter produktadäquaten Bedingungen (z. B. bei Teppichen).

Nicht warenbezogene Dienstleistungen, die von Unternehmen angeboten werden können, sind z. B.:

- Übernahme von betrieblichen Funktionen der Kunden (Rechnungswesen, Werbung usw.),
- Überlassung von EDV-Kapazitäten,
- Unternehmensberatung,
- Personalschulung,
- Finanzierungshilfen.

Die zunehmende Bedeutung des Kunden-
dienstes hat ihre Ursachen in:

- dem steigenden Wettbewerb auf
  immer mehr gesättigten Märkten,
- der Schaffung von Wettbewerbs-
  vorteilen,
- den ständig komplizierter werden-
  den Produkten,
- dem wachsenden Wunsch der Kunden nach Problemlösungen, die
  sehr häufig Produkt und Dienstleistung einschließen,
- dem steigenden Wettbewerb zwischen gleichartigen Massengütern
  und dem sich daraus ergebenden
  Wunsch der Händler, sich von der
  Konkurrenz abzuheben.

Bestimmungsgrößen der Sortimentspolitik

Die Sortimentspolitik eines Unternehmens – in Industriebetrieben spricht man oft auch von der Produktionsprogrammpolitik – wird durch verschiedene Einflussgrößen bestimmt.

Die Entscheidung eines Unternehmens über seine **Sortimentsorientierung** bestimmt den Rahmen des Sortimentsinhalts. Sortimente lassen sich danach unterscheiden in:

- **herkunfts- oder stofforientierte Sortimente:**
  - Material (z. B. Lederwaren)
  - Region (z. B. Dritte-Welt-Laden, italienische Feinkost)
  - Branche (z. B. Elektronik)
  - Beschaffungsmarkt (z. B. Restposten)

- **bedarfsorientierte Sortimente:**
  - Bedarfsart (z. B. Gartencenter, Heimwerkermarkt, Apotheken)
  - Bedarfsträger (z. B. Babybekleidung, Hochzeitsausstatter)
  - Bedarfsanlass (z. B. Geschenkboutique)

Die zur Verfügung stehende **Lagerfläche** begrenzt die Zahl der in einem Sortiment geführten Warenarten, Artikel und Sorten. Zu einer Begrenzung des Sortimentsumfangs kann ebenfalls das zur Verfügung stehende **Kapital** führen. Bei der Sortimentsgestaltung muss das Unternehmen auch die Zusammensetzung der **Sortimente der Konkurrenz** beachten.

Der **Bedarf des angesprochenen Kundenkreises** ist eine wesentliche Einflussgröße für die Sorti-mentsgestaltung. Wenn Unternehmen keine Umsatz- und Gewinneinbußen erleiden wollen, müs-sen sie ihr Sortiment an Änderungen des Kundenbedarfs anpassen.

In der Bevölkerung hat das **Umweltbewusstsein** in den letzten Jahren stark zugenommen. Dies hat Auswirkungen auf ihr Einkaufsverhalten. Unternehmen können diesem Bewusstseinswandel durch die Aufnahme umweltverträglicher Waren in ihr Sortiment Rechnung tragen. Sie können z. B. Wa-ren, deren Herstellung, Verwendung oder Beseitigung die Gesundheit und Umwelt belasten, aus ihrem Sortiment herausnehmen und durch umweltverträgliche Waren ersetzen.

Sortimentskontrolle

Durch eine ständige Kontrolle des Sortiments sollen Informationen über Sortimentslücken und nicht oder nur schwer verkäufliche Warenarten, Artikel und Sorten gewonnen werden. Dazu können insbesondere folgende Methoden angewendet werden:

Fehl- und Nichtverkaufskontrolle

Von **Fehlverkäufen** wird gesprochen, wenn eine Ware, die grundsätzlich im Sortiment geführt wird, zum Zeitpunkt der Nachfrage durch den Kurden nicht auf Lager war. Von **Nichtverkäufen** spricht man, wenn Kunden eine Ware nachfragen, die im bestehenden Sortiment nicht geführt wird.

Sortimentskontrolle durch die kurzfristige Erfolgsrechnung

Die kurzfristige Erfolgsrechnung (KER) ist ein Teilgebiet des handelsbetrieblichen Rechnungswesens. Sie kann manuell oder mithilfe der elektronischen Datenverarbeitung (EDV) durchgeführt werden. Die mithilfe der EDV durchgeführte kurzfristige Erfolgsrechnung liefert u. a. warengruppen- und artikelgenaue Informationen über Umsatz, Abverkauf, Lagerbestand, Lagerumschlagshäufigkeit und Roherträge. Die Auswertung der kurzfristigen Erfolgsrechnung hilft, wirtschaftliche und unwirtschaftliche Artikel im Sortiment aufzuspüren.

BEISPIEL

Aus dem Artikelbericht der Warengruppe Damenoberbekleidung der Hoffmann KG kann Herr Staub für jeden Artikel den Verkaufspreis (VK-Preis) und Einkaufspreis (EK-Preis) pro Stück, die in der Zeit vom 6. Februar bis 12. Februar verkauften Stück (VK-Stück), den Lagerbestand in Stück (Bestand), den Lagerbestand bewertet zu Verkaufspreisen (Bestand VK) und zu Einkaufspreisen (Bestand EK), den Umsatz in der Zeit vom 6. Februar bis 12. Februar, den Rohertrag in Euro (Gewinn) und in Prozent (ERZ %) sowie den Abverkauf in Prozent (ABV %) entnehmen.

Aus dem Artikelbericht kann eine sogenannte **Renner-** und eine **Pennerliste** erstellt werden. Die Rennerliste enthält alle Artikel aus dem Artikelbericht, die gut verkauft wurden. Die Pennerliste listet die Artikel auf, die wenig verkauft wurden.

```
RENNER-PENNER-BERICHT                                    WARENGRUPPE: DOB

WARENART 1 ***** MÄNTEL ***** ABVERKAUF BESSER    60 %

ARTIKEL-NR.  BEZEICHNUNG   VK-PREIS  VK-ST.   BESTAND VK   UMSATZ   KALK. %  ABV. %
INTERNE NR.                EK-PREIS  BESTAND  BESTAND EK   GEWINN   ERZ. %

    70200    BETTY JORDAN   369,00      5        369,00    1845,00   54,6    83 3
    10001                   187,40      1        187,40    1008,00   54,6

    70000    STEIGER        179,00      4        358,00     716,00   55,6    66.6
    10002                    78,50      2        157,00     402,00   55,6

BERICHTSENDE
```

- -

```
RENNER-PENNER-BERICHT                                    FILIALE:  001

WARENART 1 ***** MÄNTEL ***** ABVERKAUF SCHLECHTER   60 %

ARTIKEL-NR.  BEZEICHNUNG   VK-PREIS  VK-ST.   BESTAND VK   UMSATZ   KALK. %  ABV. %
INTERNE NR.                EK-PREIS  BESTAND  BESTAND EK   GEWINN   ERZ. %

    70400    DECO INTERN    359,00      2        718,00     718,00   52,8    50,0
    10004                   169,50      2        339,00     379,00   52,8

    70410    KTM            256,60      5       2042,80    1283,00   52,4    38,4
    20001                   126,10      8       1008,80     652,50   52,4

BERICHTSENDE
```

Möglichkeiten der Sortimentsveränderung

Wenn durch Sortimentskontrollen Sortimentslücken oder nicht beziehungsweise schwer verkäufliche Artikel festgestellt werden, sind Veränderungen im Sortiment des Unternehmens erforderlich. Durch Bereinigung und Erweiterung versuchen Unternehmen, ihr Sortiment an das veränderte Nachfrageverhalten der Kunden anzupassen. Dadurch soll die Leistungsfähigkeit des Unternehmens erhöht werden.

Sortimentsbereinigung

Bei einer Sortimentsbereinigung werden bestimmte Artikel und Sorten aus dem Sortiment gestrichen. Dadurch wird der Sortimentsumfang verringert.

Sortimentserweiterung

Bei einer Sortimentserweiterung werden zusätzliche Artikel und Sorten in das Sortiment aufgenommen. Die Aufnahme zusätzlicher Artikel und Sorten in schon bestehende Warenarten und Warengruppen führt zu einer Vertiefung des Sortiments. Die Aufnahme zusätzlicher Warengruppen führt zu einer Sortimentsverbreiterung. Eine besondere Form der Sortimentserweiterung ist die Diversifikation.

Diversifikation

DEFINITION

Diversifikation bedeutet die Aufnahme bedarfsverwandter oder sonstiger Waren und Leistungen, die in keinem direkten Zusammenhang mit dem bisherigen Betätigungsfeld des Unternehmens stehen.

Dabei kann zwischen horizontaler, vertikaler und lateraler Diversifikation unterschieden werden.

- **horizontale Diversifikation**
  Bei der horizontalen Diversifikation dehnt das Unternehmen seine Aktivitäten auf Bereiche aus, die auf derselben Wirtschaftsstufe liegen. Mit den neu aufgenommenen Waren und Leistungen wendet sich das Unternehmen in der Regel an bereits vorhandene Kunden oder an Abnehmer, die sich auf derselben Wirtschaftsstufe wie diese befinden.

BEISPIEL

Ein Lebensmitteleinzelhändler nimmt Blumen in sein Sortiment auf.

- **vertikale Diversifikation**
  Bei der vertikalen Diversifikation werden Produkte der vor- oder nachgelagerten Wirtschaftsstufen in das Sortiment aufgenommen.

BEISPIEL

Eine Textilgroßhandlung kauft eine Wäschefabrik.

- **laterale Diversifikation**
  Bei der lateralen Diversifikation werden Produkte in das Sortiment aufgenommen, die in überhaupt keinem Zusammenhang zum bisherigen Sortiment stehen.

BEISPIEL

Ein Autohersteller kauft ein Softwareunternehmen.

Strategien in der Sortimentspolitik

Die Wettbewerbsstrategien nach Porter

Mit den Wettbewerbsstrategien, die von Michael E. Porter entwickelt wurden, können Unternehmen versuchen, sortimentspolitisch ihre **Wettbewerbsposition** zu verbessern.

Um sich vom Wettbewerb abzuheben und langfristig erfolgreich zu sein, können sie eine der drei folgenden Strategien anwenden:

- Bei der **Kostenführerschaft** strebt ein Unternehmen an, die niedrigsten Kosten im Vergleich zu den Mitbewerbern zu haben. Damit kann es preisgünstigere Produkte anbieten als die Konkurrenz auf dem Markt. Hier soll eine starke Position am Markt aufgrund des Preisvorteils erreicht werden.
- Bei einer **Differenzierungsstrategie** steht für ein Unternehmen die Entwicklung und das Angebot einzigartiger Produkte im Vordergrund, die sich von den Angeboten der Mitbewerber abheben. Angestrebt wird der Aufbau eines Kundenstamms, der gegebenenfalls auch bereit ist, höhere Preise für besondere Merkmale der Produkte bzw. für die Marken zu zahlen.
- Im Rahmen der **Fokussierungsstrategie** positioniert sich ein Unternehmen innerhalb eines spezifischen Teil- oder Nischenmarktes. Das Unternehmen bedient gezielt spezifische Zielgruppen.

Die Portfolio-Analyse als Instrument der Sortimentspolitik

Die Portfolio-Analyse, auch bekannt als die Vier-Felder-Matrix, ist ein Instrument der strategischen Unternehmensplanung, das von der Boston Consulting Group (BCG) entwickelt wurde, um das Portfolio eines Unternehmens zu bewerten und entsprechende strategische Entscheidungen zu treffen. Unternehmen nutzen die Portfolio-Analyse, um im Rahmen der Sortimentspolitik eigene Produkte strategisch zu bewerten und Investitionsstrategien zu entwickeln. Die Portfolio-Analyse kann jedoch auch für die Bewertung von Projekten oder Geschäftsbereichen herangezogen werden. Produkte (Projekte oder Geschäftsbereiche) werden vier Bereichen zugeordnet und häufig auch in einem Koordinatensystem dargestellt. Auf der x-Achse kann dabei der relative Marktanteil abgelesen werden, auf der y-Achse das Marktwachstum. Entsprechend werden die vier Gruppen positioniert:

DEFINITION

Stars (Sterne) sind Produkte, die zugleich eine hohe Marktwachstumsrate und eine hohe Markt-anteilsposition haben. Solche erfolgreichen und wachsenden Bereiche erfordern hohe Investitionen, um ihre starke Position aufrechtzuerhalten und von ihrem Wachstum zu profitieren.

Cash Cows (Milchkühe) sind Produkte mit einer hohen Marktanteilsposition in einem Markt, der ein geringes Wachstum aufweist. Sie haben daher ein vergleichsweise geringes Wachstumspotenzial, sorgen jedoch für hohe Gewinne. Bei solchen Produkten wird darauf geachtet, diese weiter im Sortiment zu halten und weiter Gewinn zu erzielen.

Question Marks (Fragezeichen) sind Produkte, die zwar eine hohe Marktwachstumsrate, aber eine niedrige Marktanteilsposition einnehmen. Bei solchen Produkten wird einerseits Potenzial für zukünftiges Wachstum gesehen, andererseits achtet man auch auf die Schwierigkeiten, die dem entgegenstehen. Die strategische Herausforderung besteht darin, zu entscheiden, ob in diese Bereiche investiert werden sollte, um sie zu „Stars" zu entwickeln, oder ob sie vernachlässigt oder sogar eliminiert werden sollten.

Poor Dogs (Arme Hunde) sind Produkte, die eine geringe Marktwachstumsrate und eine niedrige Marktanteilsposition aufweisen Diese Produkte sind in der Regel nicht profitabel. Oder sie haben ein begrenztes Potenzial, in Zukunft profitabel zu sein. Strategisch werden diese Produkte absehbar aus dem Sortiment genommen.

Wachstumsstrategie nach Ansoff

Im Rahmen der Sortimentspolitik steht man oft vor folgendem Problem:

- Einerseits muss entschieden werden, ob man bei den aktuellen Artikeln des Sortiments bleibt oder ob man neue Produkte einführt.
- Andererseits steht das Unternehmen vor der Frage: Bleibt man im gegenwärtigen Markt oder geht man in neue Märkte?

Hier hilft das Modell der Wachstumsstrategien, das von Igor Ansoff entwickelt wurde. Er unterscheidet vier Marktfelder. Ein Marktfeld ist eine Produkt-Markt-Kombination.

Die Auswahl der Marktfelder bildet nach seiner Ansicht den grundlegenden Ausgangspunkt der Sortimentspolitik des Unternehmens. Denkbar sind für ein Unternehmen verschiedene Marktfeldstrategien:

DEFINITION

- Bei der **Marktdurchdringungsstrategie** konzentriert sich das Unternehmen darauf, ein bewährtes Produkt auf einem vorhandenen Markt zu verkaufen. Durch Gewinnung weiterer Kunden soll der Umsatz gesteigert werden.
- Innerhalb der **Marktentwicklungsstrategie** versuchen Unternehmen, ein bereits vorhandenes beziehungsweise bekanntes Produkt auf einem neuen Markt zu etablieren. Als neuer Markt wird hierbei ein geografisch neuer Markt oder eine neue Zielgruppe verstanden.
- Bei der **Produktentwicklungsstrategie** geht es um die Schaffung neuer Produkte für den bestehenden Markt. Das Unternehmen nutzt seine Erfahrung und Ressourcen, um innovative Produkte zu entwickeln, die die Bedürfnisse der Kundschaft besser erfüllen oder neue Funktionen bieten.

- Mit der **Diversifikationsstrategie** – manchmal auch Innovationsstrategie genannt – versucht ein Unternehmen neue Produkte auf neuen Märkten zu erschließen. Dies kann in Form einer verwandten Diversifikation erfolgen, indem ähnliche Produkte für neue Kundensegmente angeboten werden, oder als unverwandte Diversifikation, bei der das Unternehmen in völlig neue Geschäftsbereiche eintritt, die nicht mit seinen bisherigen Aktivitäten verbunden sind.

Die Wachstumsstrategie nach Ansoff hilft Unternehmen, sortimentspolitisch ihre Expansionsmöglichkeiten zu identifizieren und gezielt zu verfolgen, um ihre Position auf den Märkten zu stärken.

AUFGABEN

1. Geben Sie an, was man unter einem Sortiment versteht.
2. Fassen Sie folgende Artikel in zwei Warengruppen zusammen: Frischmilch, Früchtejoghurt, Weintrauben, Goudakäse, Pfirsiche, Apfelsinen.
3. Geben Sie an, wodurch sich die Sorten folgender Artikel unterscheiden können:
   a) Jeanshosen,
   b) Kondensmilch,
   c) Mineralwasser.
4. Beschreiben Sie die Tiefe und Breite des folgenden Sortiments:
   - Damenschuhe in 30 verschiedenen Formen und Farben, Größe 36 bis 42
   - Herrenschuhe in 20 verschiedenen Formen und Farben, Größe 39 bis 48
5. Geben Sie an, welche der folgenden Artikel zum Kernsortiment einer Schuhgroßhandlung gehören:
   Damenschuhe, Stiefel, Ledergürtel, Einlegesohlen, Hausschuhe, Schnürsenkel, Geldbörsen.
6. Stellen Sie Kundendienstleistungen zusammen, die die Hoffmann KG ihrer Kundschaft anbieten sollte.
7. Führen Sie auf, welche Kundendienstleistungen Kundinnen und Kunden erwarten beim Kauf von
   a) Büroeinrichtungen,
   b) Maschinen,
   c) Kraftfahrzeugen,
   d) Baustoffen.
8. Erläutern Sie, durch welche Größen die Gestaltung eines Sortiments beeinflusst wird.
9. Unterscheiden Sie Fehlverkäufe und Nichtverkäufe.
10. Erklären Sie, welche Hilfe die kurzfristige Erfolgsrechnung bei der Sortimentskontrolle bietet.
11. Führen Sie ein Ziel auf, das ein Unternehmen durch eine Sortimentsbereinigung verfolgt.
12. Ermitteln Sie, welche Sortimentserweiterung als Diversifikation bezeichnet wird.
13. Stellen Sie das Sortiment Ihres Praktikumsbetriebs in Ihrer Klasse vor.
    a) Geben Sie einen Überblick über die Warengruppen, die Ihr Praktikumsbetrieb führt.
    b) Erläutern Sie die Einflussgrößen, die die Sortimentsgestaltung Ihres Praktikumsbetriebs bestimmen.
14. a) Erstellen Sie eine Übersicht der Kundendienstleistungen Ihres Praktikumsbetriebs.
    b) Präsentieren Sie die Übersicht in Ihrer Klasse und begründen Sie, warum Ihr Praktikumsbetrieb diese Dienstleistungen anbietet.

Sortiment

= Gesamtheit der angebotenen Waren und Dienstleistungen

Gliederung	Warengruppe, Warenart, Artikel, Sorte
Umfang	• Sortimentsbreite (breites und schmales Sortiment) • Sortimentstiefe (tiefes und flaches Sortiment
Bedeutung für den Gesamtumsatz	• Kernsortiment • Randsortiment
Kundendienstleistungen	• warenbezogene Dienstleistungen • nicht warenbezogene Dienstleistungen

Sortimentsgestaltung

Bestimmungsgrößen
- Branche
- Lagerfläche
- Kapital
- Sortiment der Konkurrenz
- Bedarf des Kundenkreises
- Umweltverträglichkeit der Waren

Sortimentskontrolle

durch:
- Fehl- und Nichtverkaufs-kontrolle
- kurzfristige Erfolgsrechnung
  - manuell
  - mithilfe der EDV

Sortimentsveränderungen
- Sortimentsbereinigung: Aufgabe einzelner Artikel und Sorten
- Sortimentserweiterung: Aufnahme zusätzlicher Artikel und Sorten
- Diversikation: Aufnahme von Warengruppen, die mit dem bisherigen Sortiment keine oder nur geringe Verwandtschaft aufweisen

1.5 Preispolitik

Die Hoffmann KG bezieht Badetücher von ihrem Lieferer zu einem Bezugspreis von 10,00 € je Stück. Sie kalkuliert diese Ware mit 30 % Handlungskosten und bietet sie ihren Kunden zum Nettoverkaufspreis von 19,36 € an. Bei diesem Preis verkauft sie von dieser Ware monatlich durchschnittlich 100 Stück.

Der Leiter der Verkaufsabteilung der Hoffmann KG, Herr Staub, überlegt, ob er den Nettoverkaufspreis auf 18,50 € senken soll. Bei diesem Preis erwartet er einen durchschnittlichen Absatz von 130 Stück monatlich.

Treffen Sie eine Entscheidung über den Verkaufspreis.

> **DEFINITION**
>
> Die **Preis- und Konditionenpolitik** umfasst alle Entscheidungen, die sich mit der Festsetzung der Preise (Preispolitik) und der Lieferungs- und Zahlungsbedingungen (Konditionenpolitik) für die vom Unternehmen angebotenen Leistungen beschäftigen.

Einflussgrößen der Preis- und Konditionenpolitik

Bei der Festlegung der Verkaufspreise muss die Kostensituation des Unternehmens berücksichtigt werden. Grundsätzlich müssen die Verkaufspreise langfristig die Gesamtkosten (Einstandspreise zuzüglich Handlungskosten) decken.

Bei der Preisgestaltung muss der Unternehmer neben seiner innerbetrieblichen Kostensituation eine Reihe außerbetrieblicher Einflussgrößen beachten. Dazu gehören besonders:

- Beschaffungskosten,
- Preisempfehlungen der Hersteller,
- Konkurrenzsituation,
- Verhalten der Kunden,
- gesetzliche Bestimmungen, z. B. Regelungen des Gesetzes gegen den unlauteren Wettbewerb[1].

---

1 siehe Kap. 1.9

Preisempfehlungen des Herstellers

DEFINITION

Preisempfehlungen des Herstellers sind unverbindliche Empfehlungen an den Handel, zu diesen Preisen zu verkaufen. Der Handel ist an diese Empfehlung nicht gebunden.

Unverbindliche Preisempfehlungen sind gesetzlich zulässig. Eine verbindliche Preisbindung durch den Hersteller ist gesetzlich nur bei Verlagserzeugnissen sowie bei verschreibungspflichtigen Pharmaerzeugnissen erlaubt.

Konkurrenzsituation

Die Preispolitik eines Unternehmens wird von der Konkurrenzsituation auf dem Markt beeinflusst. Auf einem Markt können Waren von vielen, wenigen oder nur einem Anbieter angeboten und von vielen, wenigen oder nur einem Nachfrager nachgefragt werden.

Häufige Marktformen sind die vollständige Konkurrenz und das Angebotsoligopol. Unternehmen machen ihre preispolitischen Maßnahmen oft von den erwarteten Preisreaktionen der Konkurrenten (Mitwettbewerber) abhängig. So verzichten sie teilweise auf Maßnahmen der Preispolitik, wenn damit zu rechnen ist, dass die Konkurrenten eine Preissenkung nachvollziehen, um ihren Marktanteil zu halten.

Bei der vollständigen Konkurrenz ist der Einfluss des einzelnen Anbieters auf das Zustandekommen des Marktpreises so gering, dass von ihm vorgenommene Preisänderungen keine Auswirkungen auf die Mitwettbewerber haben.

Beim Angebotsoligopol ist der Marktanteil eines Anbieters so groß, dass seine preispolitischen Maßnahmen den Absatz der Mitanbieter fühlbar beeinflussen. In diesem Fall muss der Anbieter damit rechnen, dass seine Mitanbieter seine preispolitischen Maßnahmen mit Gegenmaßnahmen (z. B. ebenfalls mit Preissenkungen) beantworten.

Verhalten der Kundschaft

Das Verhalten der Nachfragerinnen und Nachfrager auf Preisänderungen ist abhängig von der Art der Waren. Bei Waren des Grund- und Gewohnheitsbedarfs (z. B. Fleisch, Gemüse, Milch) und Produktionsgütern reagieren Kunden wesentlich stärker auf Preisänderungen als bei Prestigewaren (z. B. Schmuck, Pelzwaren) oder Waren des Hobbybedarfs. Damit eignen sich gängige Waren eher für Preisaktionen als Prestige- und Luxusprodukte.

Maßnahmen der Preis- und Konditionenpolitik

Sonderangebote

Bei Sonderangeboten werden einzelne normal kalkulierte Waren für kurze Zeit zu vergleichsweise niedrigen Preisen angeboten.

Sonderangebote dienen dazu,

- die Preiswürdigkeit des Sortiments des Anbieters zu verdeutlichen,
- den Verkauf von möglichen Ladenhütern zu beschleunigen und damit zusätzliche Kosten (Lagerkosten, Kapitalbindung, Verderb) zu vermeiden.

Gelegentlich werden Sonderangebote auch dazu benutzt, die Liquiditätslage des Anbieters kurzfristig zu verbessern.

Preisdifferenzierung

DEFINITION

Preisdifferenzierung liegt vor, wenn ein Unternehmen die gleiche Ware oder Dienstleistung zu unterschiedlichen Preisen anbietet.

Ziel der Preisdifferenzierung ist es, sich mit der Preisstellung unterschiedlichen Marktgegebenheiten anzupassen.

Formen der Preisdifferenzierung			
räumliche Preisdifferenzierung	**personelle Preisdifferenzierung**	**zeitliche Preisdifferenzierung**	**mengenmäßige Preisdifferenzierung**
Die gleiche Ware wird an verschiedenen Orten zu verschiedenen Preisen angeboten.	Die gleiche Ware wird unterschiedlichen Kundengruppen zu unterschiedlichen Preisen angeboten.	Die gleiche Ware oder Dienstleistung wird zu verschiedenen Zeiten zu unterschiedlichen Preisen angeboten.	Bei Abnahme größerer Mengen einer Ware wird ein günstigerer Preis gewährt.
BEISPIEL	**BEISPIEL**	**BEISPIEL**	**BEISPIEL**
Ein Filialunternehmen bietet seine Ware an Orten mit vielen Konkurenzbetrieben günstiger an als an Orten ohne Konkurrenzbetriebe.	Ein Großhandel gibt Ware an Handwerksbetriebe preiswerter ab als an andere Kundinnen und Kunden.	Zur zeitlichen Preisdifferenzierung gehören verbilligte Angebote von Saisonwaren außerhalb der Saison (z. B. niedrigere Preise für Badekleidung im Winter).	Ein Gärtnereibetrieb setzt den Stückpreis für Blumen einer Sorte ab dem Kauf von 100 Stück niedriger an als beim Kauf geringerer Mengen.

Rabattgewährung

DEFINITION

Rabatte sind Nachlässe von einheitlich festgelegten Bruttopreisen. Der einmal von einem Anbieter festgelegte Preis für eine Ware kann durch die Gewährung von Rabatten oder Naturalrabatten verändert werden.

Sie können u. a. gewährt werden:

- für die Abnahme größerer Mengen (Mengenrabatt),
- an langjährige Kundschaft (Treuerabatt),
- an Händler und Produktionsbetriebe (Wiederverkäuferrabatt),

- an Betriebsangehörige (Personalrabatt),
- für vorzeitige Zahlung (Skonto),
- wenn der Kunde oder die Kundin am Ende eines Jahres einen bestimmten Mindestumsatz erreicht oder überschritten hat (Bonus).

Naturalrabatte sind Rabatte, die in Form von Waren gewährt werden. Sie können als Draufgabe oder Dreingabe gewährt werden. Bei der Draufgabe muss der Kunde die bestellte Ware bezahlen und erhält zusätzliche Ware gratis. Bei der Dreingabe muss der Kunde nur einen Teil der gewünschten Ware bezahlen, der Rest ist gratis.

BEISPIEL

Ein Kunde kauft 120 Flaschen Wein. Der Großhandel gewährt einen Naturalrabatt von 10 Flaschen.

Draufgabe ⟶	Kunde wünscht:	120 Flaschen
	Kunde erhält:	130 Flaschen
	Kunde bezahlt:	120 Flaschen
Dreingabe ⟶	Kunde wünscht:	120 Flaschen
	Kunde erhält:	120 Flaschen
	Kunde bezahlt:	110 Flaschen

Konditionengewährung

DEFINITION

Konditionen sind die Lieferungs- und Zahlungsbedingungen, die zwischen Verkäufer und Käufer vereinbart werden.

Die Konditionenpolitik umfasst daher sämtliche Maßnahmen, die sich auf die Gestaltung der Lieferungs- und Zahlungsbedingungen beziehen.

Unternehmen bieten kundenfreundliche Konditionen an, um:

- neue Kundschaft zu gewinnen,
- Kundinnen und Kunden dauerhaft als Stammkundschaft zu erhalten,
- den Absatz mit bestehender Kundschaft zu erhöhen.

Absatzfördernde Lieferungs- und Zahlungsbedingungen sind:

- schnelle und kostenfreie Zustellung der gekauften Ware mit betriebseigenen und betriebsfremden Fahrzeugen, mit der Post oder mit der Bahn,
- Übernahme des Transportrisikos durch das anbietende Unternehmen,
- Vereinbarung, dass gebrauchte Anlagegüter (z. B. Computer) in Zahlung genommen werden,
- Vereinbarung eines Kommissionsgeschäfts,
- Einräumung von Zahlungsbedingungen, die eine nachträgliche Bezahlung der Ware erlauben.

- **Teilzahlungsverkäufe**
  Der Kaufpreis kann in Raten beglichen werden.

- **Zielverkäufe**
  Der Kaufpreis ist bis zu einem bestimmten Zeitpunkt zu zahlen, z. B. innerhalb 30 Tagen.

- **Valutierung**
  Bei der Valutierung wird die Rechnung vordatiert. Das bedeutet, dass auch die Zahlung erst zu einem späteren Zeitpunkt erfolgen muss und die Laufzeit für Skonto (= Preisnachlass für vorzeitige Zahlung) erst ab dem vordatierten Rechnungsdatum beginnt.

Durch die Einräumung von Zahlungsbedingungen, die eine nachträgliche Bezahlung der Ware erlauben, gewährt ein Unternehmen seiner Kundschaft einen Kredit.

Da kleine Absatzmengen nahezu die gleichen Absatzkosten verursachen wie größere Absatzmengen, vereinbaren Unternehmen mit ihren Abnehmerinnen und Abnehmern häufig Mindestabnahmemengen oder Mindestauftragswerte. Für den Fall, dass eine geringere Menge bestellt wird, wird ein Mindermengenzuschlag berechnet.

1. Erläutern Sie, von welchen Größen die Festsetzung der Verkaufspreise eines Unternehmens beeinflusst wird.
2. Bei welchen der folgenden Waren verhalten sich Kundinnen und Kunden beim Einkauf besonders preisbewusst? Begründen Sie Ihre Meinung.

   a) Büroeinrichtungen
   b) modische Kleidung
   c) Brot
   d) Waschmittel
   e) Schmuck
   f) Pkw

   g) Schuhe
   h) Unterwäsche
   i) Gemüsekonserven
   j) Werkzeugmaschinen
   k) Fotoapparate
   l) Filme

3. Geben Sie an, welche Ziele Unternehmen mit Sonderangeboten verfolgen.
4. Entscheiden Sie, um welche Formen der Preisdifferenzierung es sich in den folgenden Fällen handelt:

   a) Skier werden im Sommer zu günstigeren Preisen angeboten als zur Weihnachtszeit.
   b) Der Preis für eine Normalpackung beträgt 2,58 €. Der Preis für eine Doppelpackung beträgt nur 4,98 €.
   c) Die Obst- und Gemüsehandlung Frischkauf bietet in ihrer Osnabrücker Zweigniederlassung Blumenkohl zu 2,00 € je Kopf an. In ihrer Göttinger Zweigniederlassung verlangt sie nur 1,50 € je Kopf.

5. Beim Kauf von zehn Apfelsinen erhalten Kundinnen und Kunden in einem Supermarkt eine Apfelsine gratis. Geben Sie an, um welche Rabattart handelt es sich in diesem Fall handelt.
6. Zwei konkurrierende Textilgroßhandlungen bieten eine Ware zu gleichen Nettoverkaufspreisen an. Ihre Lieferungsbedingungen weisen jedoch Unterschiede auf:
   Unternehmen 1: Lieferung innerhalb von 14 Tagen nach Auftragseingang. Der Versand erfolgt auf Kosten des Verkäufers.

Unternehmen 2: Lieferung innerhalb von 10 Tagen nach Auftragseingang. Der Versand erfolgt auf Kosten und Gefahr des Käufers. Beantworten Sie die folgenden Fragen:

a) Unter welcher Voraussetzung würden Kundinnen und Kunden das Angebot des Unternehmens 1 vorziehen?

b) Unter welcher Voraussetzung würden Kundinnen und Kunden das Angebot des Unternehmens 2 vorziehen?

c) Wie müsste das Unternehmen 2 seine Konditionen ändern, damit die Kundschaft sein Angebot auf jeden Fall dem seines Konkurrenten vorzieht?

7. Ein Unterhaltungselektronik-Hersteller hat LCD-Fernsehgeräte in sein Sortiment (Produktionsprogramm) aufgenommen. Seine Stammkundschaft (Fernsehfachgeschäfte) zögert, diesen Artikel zu kaufen, da man nicht weiß, ob diese Fernsehgeräte bei der eigenen Kundschaft Anklang finden. Geben Sie an, welches Angebot das Elektronikunternehmen seiner Stammkundschaft machen sollte.

8. Ein Computerhandlung bietet einem Kunden ein neues leistungsfähiges Computersystem an. Der Kunde zeigt wenig Interesse, da er erst vor einem Jahr neue Computer für seine Verwaltung gekauft hat. Führen Sie auf, welches Angebot die Computerhandlung ihrem Kunden machen könnte.

9. Das Textilunternehmen Fiedt OHG bietet seiner Kundschaft die folgende Artikel preisgünstig an:

- Damenblazer in Bouclé-Optik, Gr. 36-46, zum Preis von 49,95 €
- Denim-Blazer, Gr. 36-46, zum Preis von 45,95 €
- Jacke im aktuellen Trench-Stil, Gr. 36-46, zum Preis von 59,95 €
- Baumwoll-Stretch-Hose, Gr. 48-52, zum Preis von 29,95 €
- Krempel-Jeans, Gr. 48-52, zum Preis von 39,95 €

Die Hoffmann KG möchte mit einer Sonderaktion auf das Angebot ihres Mitbewerbers Fiedt reagieren. Der Leiter der Verkaufsabteilung, Herr Staub, bittet die Praktikanten Katarzyna Popov und Dominik Schlote, eine entsprechende Sonderaktion vorzubereiten. Versetzen Sie sich in die Rolle von Katarzyna Popov oder Dominik Schlote.

a) Entwickeln Sie ein schlüssiges Konzept für die Sonderaktion.

b) Präsentieren Sie das Konzept Ihren Mitschülerinnen und Mitschülern.

10. a) Informieren Sie sich über aktuelle Sonderangebote Ihres Praktikumsbetriebs.

b) Informieren Sie sich über Gründe für diese Sonderangebote.

c) Stellen Sie die Ergebnisse in Ihrer Klasse vor. Benutzen Sie dabei ein Präsentationsmittel Ihrer Wahl.

ZUSAMMENFASSUNG

Einflussgrößen der Preis- und Konditionenpolitik

sind

Beschaffungskosten	Kostensituation des Unternehmens	Verhalten der Konkurrenten und Nachfrager	Preisempfehlungen der Hersteller	gesetzliche Bestimmungen

| **Maßnahmen der Preis- und Konditionenpolitik** | | | |

sind

Sonderangebote	**Preisdifferenzierung**	**Rabattgewährung**	**Konditionengewährung**
= Angebot einzelner Artikel zu reduzierten Preisen ohne Fristsetzung	= Angebot gleicher Waren und Dienstleistungen zu unterschiedlichen Preisen: • räumliche Preisdifferenzierung • personelle Preisdifferenzierung • zeitliche Preisdifferenzierung • mengenmäßige Preisdifferenzierung	= Gewährung von Preisnachlässen: • Mengenrabatt (Bar- und Naturalrabatt) • Wiederverkäuferrabatt • Treuerabatt • Personalrabatt • Skonto • Bonus	→ Zahlungsbedingungen → Lieferungsbedingungen

1.6 Distributionspolitik

EINSTIEG

Die Hoffmann KG plant ihre Waren zukünftig auch in Österreich anzubieten. Überlegt wird, wie man mögliche österreichische Kunden am besten erreichen kann.

1. Machen Sie Vorschläge, welche Vertriebswege die Hoffmann KG in Österreich wählen könnte.
2. Entscheiden Sie sich für Vertriebswege und begründen Sie dies.

INFORMATION

DEFINITION

Mit den Instrumenten der **Distributionspolitik** steuert ein Unternehmen den Weg des fertigen Produkts zur Kundschaft[1].

---

1 In diesem Kapitel wird eine sehr enge Definition der Distributionspolitik verwendet. Dabei geht es nur um die Gestaltung der Vertriebssysteme. In weiter gefassten Auslegungen der Distributionspolitik geht es auch um die logistischen Lager- und Transporttätigkeiten bis zur Auslieferung der Endprodukte an den Kunden. Darauf wird hier nicht eingegangen.

Früher konzentrierten sich die meisten Unternehmen auf einen einzigen Absatzweg. Dies wird Single-Channel-Distribution genannt. Heute benutzen – auch gefördert durch die Verbreitung des Internets – immer mehr Unternehmen mehrere Absatzwege gleichzeitig. Der Fachausdruck dafür ist Multi-Channel-Distribution. Im Rahmen der Distributionspolitik hat ein Unternehmen grundsätzlich die Wahl zwischen Möglichkeiten des direkten und des indirekten Absatzes.

BEISPIEL

Die Verkaufsabteilung der Hoffmann KG entscheidet sich, nicht nur im Showroom zu verkaufen, sondern auch über Katalog und Internetshop. Gleichzeitig besucht man alle Einzelhandelsbetriebe mit Reisenden.

Direkter Vertrieb

DEFINITION

Kennzeichen des **Direktvertriebs** ist es, dass das Produkt genau einmal den Eigentümer wechselt: Das Produkt wird also unmittelbar an einen Abnehmer oder eine Abnehmerin verkauft. Der Absatz erfolgt über betriebseigene Vertriebssysteme oder über Absatzhelfer.

Der direkte Absatz kann einem Unternehmen verschiedene **Vorteile** bringen:

- Es fallen die Kosten und Gewinnspannen der Zwischenhändler weg.
- Man begibt sich nicht in die Abhängigkeit von Handelsbetrieben.
- Man ist sehr nahe an der Kundschaft.
- Kundinnen und Kunden können sehr schnell beliefet werden, da der Weg über Zwischenhändler entfällt.

Der direkte Absatz kann aber auch **Nachteile haben:**

- Es fallen erhöhte Vertriebskosten an.
- Der Hersteller muss die Lagerhaltung (Hauptaufgabe des Handels ist nämlich die Überbrückung des Zeitraums zwischen Produktion und Verkauf) übernehmen.
- Der Hersteller muss sich Marktkenntnisse verschaffen, die ortsansässige Händler schon haben.
- Ein direkter Absatz belastet die Liquidität: Der Handel dagegen kauft in größeren Mengen auf Vorrat, wodurch dem Hersteller frühzeitig größere Geldbeträge zur Verfügung stehen.

Betriebseigene Vertriebssysteme
Betriebseigene Vertriebssysteme gehören dem Unternehmen an.

Geschäftsleitung

Dem Vertrieb kommt als letztes Glied der betrieblichen Wertschöpfungskette in Zeiten weithin gesättigter Märkte (Käufermärkte) eine entscheidende Rolle für das gesamte Betriebsergebnis des Unternehmens zu. Daher ist immer mindestens eine Person aus der Geschäftsleitung für diesen Bereich zuständig und verantwortlich. Hier werden die distributionspolitischen Zielvorgaben festgelegt. In die eigentlichen Absatzbemühungen schalten sich Mitglieder der Geschäftsleitung aber nur bei komplexen und sehr wichtigen Aufträgen ein.

Verkaufsabteilungen

In der Verkaufsabteilung erfolgt die zielgerichtete Steuerung des Absatzes eines Unternehmens. Hier wird der Verkaufsvorgang gestaltet.

Niederlassungen

Eine Verkaufsabteilung agiert zentral in der Regel vom Unternehmenssitz aus. Um aber in dem entsprechenden Markt besser und ständig präsent zu sein, können die Verkaufsbemühungen auch dezentral erfolgen. Hat ein Unternehmen regionale oder nationale Niederlassungen, gewinnt es eine größere Kundennähe.

Reisende

> **DEFINITION**
>
> **Reisende** sind Angestellte des Unternehmers und somit weisungsgebunden. Ihre Aufgabe ist es, für das Unternehmen Geschäfte zu vermitteln und abzuschließen.

Dazu betreuen sie den bestehenden Kundenstamm durch Besuche vor Ort, versuchen aber auch neue Kundschaft zu gewinnen. Reisende erhalten ein festes Grundgehalt und eine erfolgsabhängige Provision.

Absatzhelfer

Absatzhelfer sind betriebsfremde Vertriebssysteme, die einen direkten Absatz ermöglichen. Sie vermitteln Aufträge, erwerben aber kein Eigentum an den Produkten.

Handelsvertretung

Eine Handelsvertretung betreibt ein selbstständiges Gewerbe und ist ständig aufgrund einer vertraglichen Vereinbarung damit betraut, Geschäfte für ein anderes Unternehmen zu vermitteln oder sogar in dessen Namen abzuschließen.

> **DEFINITION**
>
> Einne **Handelsvertretung** ist für ein (oder mehrere) Unternehmen in fremden Namen und auf fremde Rechnung tätig.

Häufig haben Handelsvertretungen Gebietsschutz: Ihnen wird ein Gebiet zugeteilt, für das sie allein zuständig sind. Neben der Vermittlung von Verträgen können sie in einigen Fällen auch die folgenden Aufgaben übernehmen:

- Lagerhaltung,
- Auslieferung der Waren,
- Service und Kundendienst,
- Übernahme des Zahlungsausfallrisikos. Durch eine schriftliche Vereinbarung (und eine höhere Provision) kann der Handelsvertreter die Zahlungsfähigkeit des Kunden garantieren.

Handelsvertretungen stehen ständig in Beziehung zu ihrer Kundschaft. Sie besuchen oft ihre Kundinnen und Kunden und kennen sie daher gut. Ein Handelsvertreter oder eine Handelsvertreterin bekommt eine im Vergleich zu Reisenden erheblich höhere Provision (nur in Ausnahmefällen ein – geringes – Fixum).

Handelsmakler/-in

> **DEFINITION**
>
> **Handelsmakler/-innen** stellen den Kontakt zwischen mehreren möglichen Kauf- und Verkaufsinteressenten/-interessentinnen her, sodass diese die Chance zu einem Vertragsabschluss erhalten.

Ein/-e Handelsmakler/-in führt also Angebot und Nachfrage zusammen. Im Gegensatz zur Handelsvertretung schließt er/sie aber nicht selber die Verträge ab. Handelsmakler/-innen sind nur fallweise tätig. Zum Nachweis Ihrer Tätigkeiten führen sie ein Tagebuch. In der Regel bekommen sie von beiden Vertragspartnern eine Courtage genannte Provision. Beide Vertragspartner bekommen nach Abschluss des Geschäfts vom Handelsmakler eine Schlussnote, die alle wichtigen Angaben zum Geschäft enthält.

Handelskommissionär/-in

> **DEFINITION**
>
> Ein/-e **Kommissionär/-in** führt Geschäfte in eigenem Namen, aber auf Rechnung eines Dritten aus.

Er/Sie ist also selbstständige/-r Gewerbetreibende/-r, der/die gegen Provisionen Waren verkauft (manchmal auch einkauft). Die von ihm/ihr geknüpften Geschäftsbeziehungen werden nicht aufgedeckt.

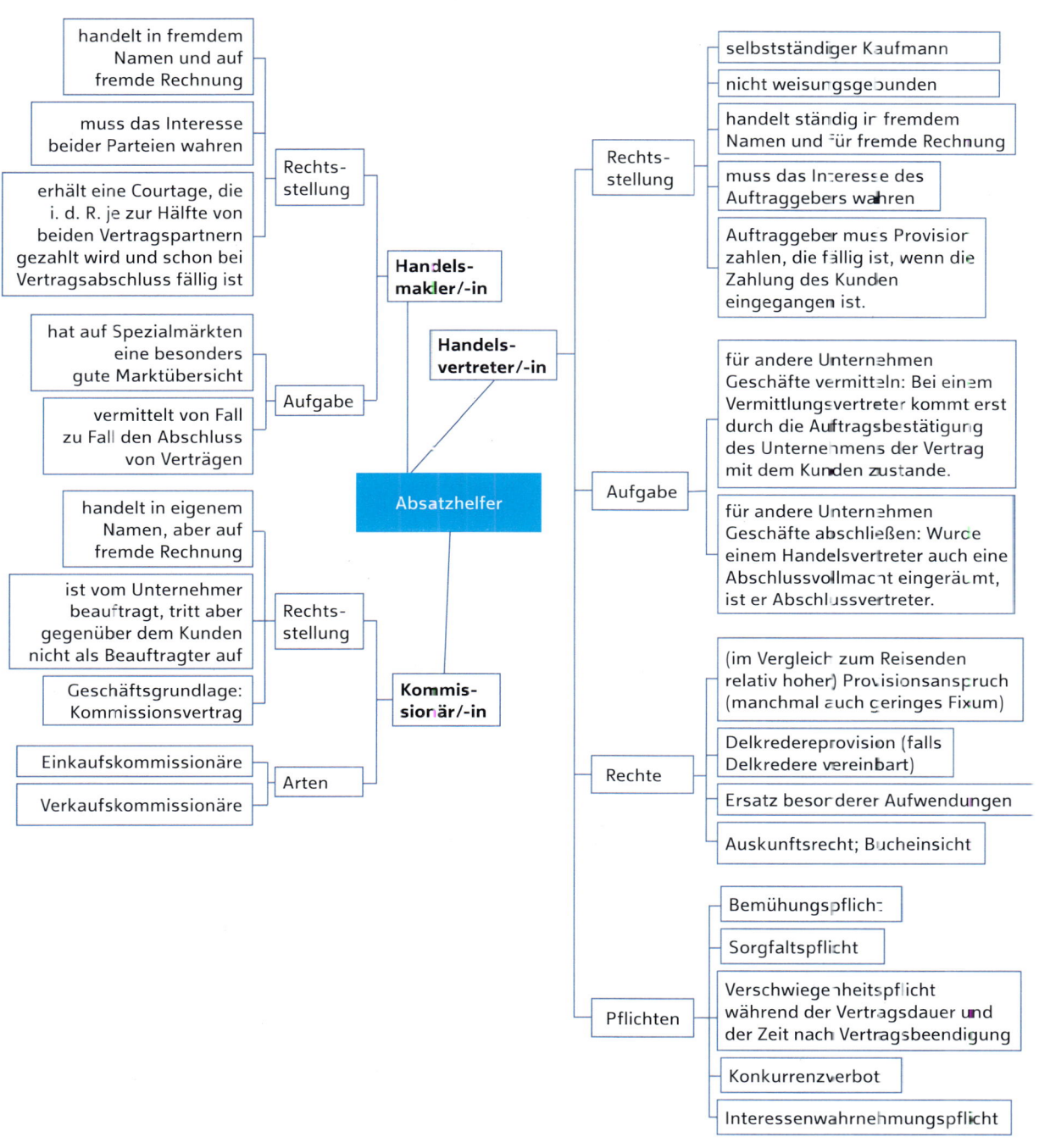

Eine Entscheidung, die häufig getroffen werden muss:

Soll ein Unternehmen einen Reisenden einstellen oder eine Handelsvertretung beauftragen?

Reisende haben üblicherweise, weil sie zum Unternehmen gehören, höhere Betriebs- und Produktkenntnis. Sie setzen sich in der Regel mehr für das Produkt ein. Die Handelsvertretung hat dagegen größere Ortskenntnis und verfügt über vielfältige Abnehmerbeziehungen. Wessen Einsatz wirtschaftlich eher vertretbar ist, kann berechnet werden.

BEISPIEL

Die Hoffmann KG plant, auch in Österreich anzubieten. Überlegt wird, entweder Reisende oder Handelsvertreungen einzusetzen. Dazu werden erst einmal die Kosten ermittelt.

Kosten für Reisende:

- 4.000,00 € Gehalt/Monat
- 2 % Umsatzprovision
- 500,00 € monatliche Spesen

Kosten für Handelsvertretung:

- 8 % Umsatzprovision
- 500,00 € monatliche Spesen

Dann wird der kritische Umsatz berechnet, indem man die Kosten der Reisenden denen der Handelsvertretung gegenüberstellt.

Kosten von Reisenden	=	Kosten von Handelsvertreter/-innen	
4.000,00 € + 500,00 € + 0,02x	=	500,00 € + 0,08x	| – 0,02x
4.500,00 €	=	500,00 € + 0,06x	| – 500,00 €
4.000,00 €	=	0,06x	| : 0,06
66.666,66 €	=	x	

Beim kritischen Umsatz von 66.666,66 € sind die Kosten für eine/-n Reisende/-n oder Vertreter/-in gleich. Oberhalb dieses Betrags lohnt sich der/die Reisende, bei Beträgen unterhalb eher der/die Handelsvertreter/-in.

Indirekter Vertrieb

DEFINITION

Beim **indirekten Vertrieb** werden zwischen produzierendem und abnehmendem Unternehmen externe, rechtlich selbstständige Unternehmen eingeschaltet.

Dies sind einerseits betriebsfremde Vertriebsorgane wie Groß- und Einzelhandel. Diese sind rechtlich und wirtschaftlich unabhängig. Daneben gibt es noch betriebsfremde, aber unternehmensgebundene Absatzorgane wie Vertragshandlungen und Franchiseunternehmen, die zwar rechtlich selbstständig, aber wirtschaftlich an den Hersteller gebunden sind.

Nach der Herstellung wechselt das Produkt also mehrfach den Eigentümer auf dem Weg zum endgültigen Abnehmer.

Vorteile des indirekten Absatzes:

- Man braucht sich als Hersteller nur auf einige wenige – z. B. Handelsunternehmen – konzentrieren, die dann allerdings die Betreuung des gesamten Markts übernehmen.
- Dadurch fallen auch geringere Distributionskosten an.
- Der Hersteller hat geringere Kosten, da die Handelsunternehmen die überwiegende Lagerhaltung und Beratung übernehmen.
- Da als Vertriebsweg Groß- und Einzelhandelsunternehmen eingeschaltet werden, benötigt die eigene Vertriebsabteilung nur eine einfachere Organisation.

Nachteile des indirekten Absatzes:

- Die Gewinnspanne des Herstellers sinkt.
- Es kann zu einer Abhängigkeit von Handelsunternehmen kommen.
- Bei Produkten, die von Endverbraucher/-innen gekauft werden, besteht die Gefahr einer Marktferne. Neue Entwicklungen und Tendenzen werden eventuell zu spät erkannt.

Einzel- und Großhandel

Handelsunternehmen sind Unternehmen des Einzel- und Großhandels. Sie bewirken den Austausch von Waren zwischen den Wirtschaftseinheiten. Aufgaben von Handelsunternehmen sind:

- Lenkung der Waren bis zum Endverbraucher oder zur Endverbraucherin,
- Bedarfsdeckung,
- Beratung,
- Service.

Sie verteilen also Waren kundennah durch ein bestehendes Netz von Verkaufsstellen weiter.

Unternehmensgebundene Absatzorgane

Hier arbeitet ein Hersteller mit Unternehmen zusammen, die durch spezielle Verträge in seine Marketing- und Vertriebsstrategie eingebunden sind.

Vertragshandlung

> **DEFINITION**
>
> Eine **Vertragshandlung** hat einen Vertrag mit einem Hersteller abgeschlossen, in dem sie sich langfristig verpflichtet, die Produkte eines Herstellers zu führen und deren Absatz zu fördern.

Vertragliche Vereinbarungen, auf den Vertrieb von Konkurrenzprodukten zu verzichten, stehen im Widerspruch zur Wettbewerbspolitik innerhalb der Europäischen Union. Wie eine Handelsvertretung ist die Vertragshandlung in das Vertriebssystem des Herstellers eingebunden. Sie kauft bei ihm die Produkte im eigenen Namen und verkauft sie dann ebenfalls im eigenen Namen an ihre Kundschaft. Vertragshandlungen bekommen oft das Alleinvertriebsrecht für eine bestimmte Region vom Hersteller eingeräumt. Die Hersteller haben dafür gewisse Kontrollrechte: Die Vertragshandlungen müssen beispielsweise Kundendaten oder Umsatzzahlen weiterleiten.

Franchising

> **DEFINITION**
>
> Beim **Franchising** erlaubt ein Unternehmen (der sogenannte Franchisegeber) anderen Unternehmen (den Franchisenehmern) unter seinem Namen Produkte oder Dienstleistungen auf eigenes Risiko zu vertreiben.

Der Franchisenehmer ist sehr stark an den Hersteller (Franchisegeber) gebunden. Er ist zwar rechtlich und wirtschaftlich selbstständig, muss aber zulassen, dass große Teile der Absatzpolitik durch den Franchisegeber gestaltet werden. Er darf üblicherweise nur Produkte des Franchisegebers zu einheitlichen Preisen verkaufen.

Der Franchisegeber bietet ein umfassendes Leistungspaket an:

- Verwendung des Firmennamens,
- Verkauf oder Herstellung von Waren nach bestimmten Verfahren und Standards,
- Einbindung in das umfassende Marketingkonzept des Herstellers (der Hersteller übernimmt z. B. die Werbung),
- Personalschulung,
- Einrichtung der Verkaufsräume nach vorgegebenen Kriterien des Herstellers.

Im Gegenzug muss der Franchisenehmer dem Franchisegeber in der Regel eine Gebühr in Form einer Umsatzbeteiligung bezahlen.

Franchise-Unternehmen in Deutschland

Franchise ist ein **kooperatives Vertriebssystem** zwischen einem bestehenden Unternehmen (Franchisegeber) und einem oder mehreren Unternehmensgründern (Franchisenehmer). Franchisenehmer dürfen ein etabliertes Geschäftskonzept **gegen eine Gebühr** nutzen.

im Jahr 2021

Franchise**geber** — Entwicklung zu 2020 — **-1,1 %**

920 Unternehmen

Franchise**nehmer** — **+2,2 %**

141 821 Unternehmer

Umsatz in Milliarden Euro — **+0,6 %**

135,8 Mrd. €

Die Franchise-Unternehmen mit den meisten Standorten*

Unternehmen	Standorte
McDonald's	1470
Schülerhilfe	1100
Fressnapf	879
Apollo Optik	829
Subway	660
Sanifair	550
mobilcom-debitel	543
Kamps	460
Raiffeisen-Markt	415
Autobahn Tank & Rast	410

Quelle: Deutscher Franchiseverband   *Stand Januar 2022

© Globus   015204

1. Erläutern Sie die Aufgaben der Distributionspolitik.
2. Geben Sie an, durch welches Merkmal der direkte Absatz gekennzeichnet ist.
3. Führen Sie Vor- und Nachteile des direkten Absatzes auf.
4. Entscheiden Sie, in welchem Fall die Texpro AG – ein Modeproduzent – einen direkten Absatzweg wählt.
   a) Texpro AG – Verkaufsniederlassung – Einzelhandel – Verbraucher/-in
   b) Texpro AG – Großhändler – Einzelhandel – Verbraucher/-in
   c) Texpro AG – Auslieferungslager – Verkaufsfiliale – Verbraucher/-in

d) Texpro AG – Auslieferungslager – Einzelhandel – Verbraucher/-in
e) Texpro AG – Reisende/-r – Einzelhandel – Verbraucher/-in
5. Unterscheiden Sie die verschiedenen Absatzmittler.
6. Stellen Sie den Unterschied zwischen Reisenden und Vertretern/Vertreterinnen heraus.
7. Die Hoffmann KG möchte ihre Waren auch in der Schweiz vertreiben. Die Absatzbemühungen sollen entweder durch Reisende oder durch Handelsvertreter/-innen unterstützt werden. Als Kosten werden ermittelt:

Kosten für Reisende/-n:
- 5.000,00 € Gehalt/Monat
- 1 % Umsatzprovision
- 800,00 € monatliche Spesen

Kosten für Handelsvertreter/-in:
- 6 % Umsatzprovision

a) Ermitteln Sie den kritischen Umsatz.
b) Geben Sie an, was der kritische Umsatz aussagt.
8. Die Hoffmann KG setzt Handlungsreisende zur Produktvermarktung ein.
Entscheiden Sie, was auf Handlungsreisende zutrifft.
a) Sie schließen in fremdem Namen und für eigene Rechnung Geschäfte ab.
b) Sie schließen in eigenem Namen und für fremde Rechnung Geschäfte ab.
c) Sie schließen in fremdem Namen und für fremde Rechnung Geschäfte ab.
d) Sie schließen in eigenem Namen und für eigene Rechnung Geschäfte ab.
e) Sie schließen in eigenem Namen Geschäfte ab.
9. Die Grotex GmbH möchte sich bei einem Einkauf in Asien der Hilfe eines anderen selbstständigen Kaufmanns bedienen. Die Grotex GmbH wünscht aber nicht, dass sie beim Abschluss des Kaufvertrags genannt wird. Entscheiden Sie, wer beauftragt wird.
a) Frachtführer
b) Spediteur
c) Betriebsrat
d) Kommissionär
e) Handlungsreisender
f) Handlungsgehilfe (= kaufmännischer. Angestellter)
10. Verdeutlichen Sie am Beispiel des Handels den indirekten Absatz.
11. „Beim Franchising ist die Bindung an wirtschaftliche Vorgaben des Herstellers erheblich geringer als beim Vertragshändler."
Beurteilen Sie diese Aussage.
12. Entscheiden Sie, welche Vertriebsform in den folgenden Fällen vorliegt.
a) Ein Unternehmen stellt anderen die Nutzung eines ausgefeilten und kompletten Geschäftskonzepts gegen Entgelt zur Verfügung.
b) Herr Blerim soll als sozialversicherungspflichtig angestellter Verkäufer im Außendienst der Bernd Meissner OHG den Umsatz im Bezirk Bayern/Baden-Württemberg mehren.
c) Aufgrund einer vertraglichen Verpflichtung vertreibt das Autohaus Teske in eigenem Namen für eigene Rechnung Waren des Automobilherstellers NMW. Durch die Integration in die Vertriebsstruktur des Herstellers entsteht für die Kundin Jessica Genschow der Eindruck, dass das Autohaus Teske ein Filialunternehmen von NMW ist.
d) Maren Runge ist selbstständige Gewerbetreibende, die damit beauftragt ist, für die Grotex GmbH Geschäfte zu vermitteln und in deren Namen abzuschließen. Sie arbeitet in fremdem Namen und für fremde Rechnung.

e) Die Ehefrau von Michael Hoffmann besitzt eine Galerie. Sie kauft und verkauft Bilder von Künstlerinnen und Künstlern. Manchmal wird sie darüber hinaus auch gebeten, mit einem Künstler oder einer Künstlerin einen Vertrag über die Anfertigung eines Porträts auszuhandeln und diesen zu vermitteln. Nach erfolgreicher Vermittlung erhält sie einen Geldbetrag, der als Courtage bezeichnet wird.

13. a) Bilden Sie acht Gruppen.

b) Jede der Gruppen bearbeitet eines der folgenden Themen:
   - Reisende
   - Handelsvertungen
   - kritischer Umsatz
   - Kommissionär/-in
   - Handelsmakler/-in
   - Handel
   - Vertragshandlung
   - Franchising

c) Stellen Sie auf einem Wandplakat die wesentlichen Merkmale Ihres Themas heraus.

d) Präsentieren Sie Ihr Thema vor der Klasse.

14. Erstellen Sie eine Exceldatei, die eine Berechnung des kritischen Umsatzes bei der Auswahlentscheidung zwischen Reisenden und Vertretern/Vertreterinnen ermöglicht.

ZUSAMMENFASSUNG

Distributionspolitik

= steuert den Weg der Ware zur Kundschaft

direkter Absatz
- unmittelbarer Verkauf an den Abnehmer
- Produkt wechselt einmal den Eigentümer.

indirekter Absatz
- Externe und rechtlich selbstständige Unternehmen werden zischen Hersteller und Abnehmer zwischengeschaltet.
- Das Produkt wechselt mehrfach den Eigentümer auf dem Weg zum Abnehmer.

betriebseigene Vertriebssysteme
- Verkaufsabteilungen
- Niederlassungen
- Reisende
- Geschäftsleitung

Absatzhelfer
- Handelsvertreter/-in
- Handelsmakler/-in
- Handelskommissionär/-in

Handel
- Großhandel
- Einzelhandel

unternehmensgebundene Absatzorgane
- Vertragshandel
- Franchising

1.7 Kommunikationspolitik

Herr Hoffmann berichtet der Abteilungsleitungsrunde:

„... Wir haben jetzt einmal die Ursachen für die schlechten Verkaufszahlen dieser Warengruppe im Einzelhandel untersucht: Unsere Reisenden waren dort weniger häufig als die der Konkurrenz. Die Artikel hatten auch im Einzelhandel höhere Preise. Im Gegensatz zu uns hatte die Konkurrenz den Geschäften passende Regale zur Verfügung gestellt und die Ware optimal präsentiert. Sie haben auch mehrmals Verkaufsaktionen durchgeführt. Ich glaube, wir sollten auch mal an Verkaufsförderungsmaßnahmen denken."

1. Geben Sie an, welche der aufgeführten Maßnahmen der Konkurrenz zur Verkaufsförderung gehören.
2. Schlagen Sie weitere Maßnahmen der Verkaufsförderung vor.

Die Kommunikationspolitik plant und steuert die Verständigung zwischen dem Unternehmen und seiner Umwelt beziehungsweise Teilen davon (= Zielgruppen).

Zur Kommunikationspolitik gehören die Teilinstrumente:

- Absatzwerbung,[1]
- Verkaufsförderung (Salespromotion),
- Direktwerbung,
- Öffentlichkeitsarbeit (Public Relations),
- Sponsoring,
- Human Relations,
- Product-Placement,
- persönlicher Verkauf.

Verkaufsförderung

Die Verkaufsförderung (Salespromotion) ist eine oft wirkungsvolle Ergänzung der klassischen Absatzwerbung. Ihr Ziel ist es, den am Absatz Beteiligten das Verkaufen zu erleichtern.

BEISPIEL

Carolin Saager erläutert Dominik Schlote den Unterschied zwischen Werbung und Verkaufsförderung: „Grob und salopp gesagt, soll Werbung die Kunden zur Ware bringen, Verkaufsförderung dagegen die Ware zum Kunden."

Kurzfristig soll mithilfe von Verkaufsförderungsaktionen der Absatz am Ort des Verkaufs erhöht oder die Bekanntmachung und Profilierung neuer Produkte erzielt werden.

---

1 siehe Kap. 1.3.

> **BEISPIELE**
>
> Kundinnen und Kunden werden in einem Einzelhandelsgeschäft auf ein Produkt aufmerksam gemacht oder zum Kauf angeregt. Umsatzsteigerungen sollen erreicht werden durch:
>
> - Gewinnspiele,
> - Produktproben,
> - Warengutscheine,
> - Produktvorführungen.

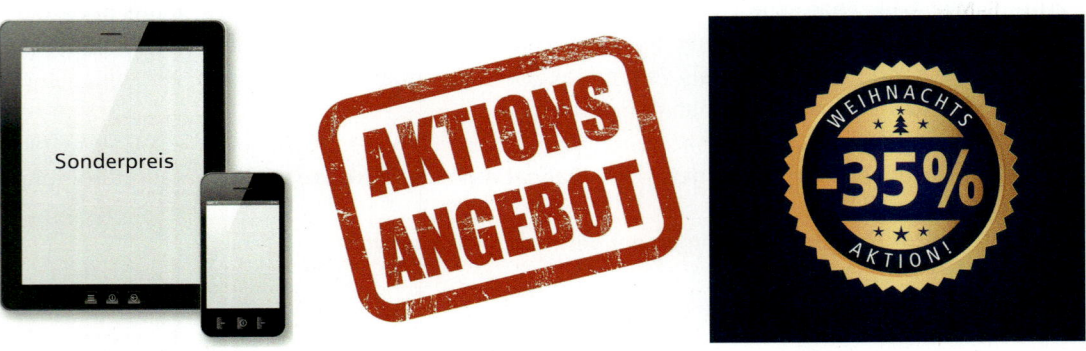

Verschiedene Maßnahmen der Verkaufsförderung

Abhängig von der Zielgruppe, an die sich die Verkaufsförderung jeweils richtet, können drei Arten der Verkaufsförderung unterschieden werden:

```
Proben ─┐
Preisausschreiben ─┤   endverbrau-        verkäufer-      ┌─ Schulung ─┬─ Verkäufer/-innen
Sonderpreise im Rahmen von Aktionen ─┤   cherorientierte    orientierte    │            ├─ Reisende
Zugaben und Werbegeschenke ─┘   Verkaufsför-      Verkaufs-     │            └─ Vertreter/-innen
                                 derung           förderung
                                                            ┌─ Prämiensystem zur
                                                            │  Belohnung eines
                                                            │  großen Einsatzes
              Maßnahmen der Verkaufsförderung               └─ Incentive-Reisen

Einsatz von Propagandalisten
zur Absatzförderung
durch Vorführung und Erklärung          handels-
                                        orientierte
z. B. Displays ─┐                       Verkaufs-
z. B. Prospekte ─┤   Bereitstellung von  förderung
z. B. Plakate ─┤    Werbematerialien
z. B. Warenständer ─┤  und Verkaufshilfen
z. B. Regalaufstecker ─┘  am Ort des Verkaufs
```

Direktwerbung

Im Gegensatz zur anonymen Massenwerbung werden bei der Direktwerbung die Zielpersonen direkt individuell angesprochen. Die direkte Ansprache schafft Vertrauen und verbindet. Diese Form der Werbung hat an Bedeutung stark zugenommen. Hierbei kommen beispielsweise folgende Instrumente zur Anwendung:

- personalisierte Briefe (adressierte oder unadressierte postalische Werbeansprache),
- telefonische oder faxgestützte Werbeansprache,
- E-Mail,
- SMS und Messenger wie Whatsapp oder Signal.

BEISPIEL

Die Hoffmann KG schreibt alle Eltern von Kommunions- und Konfirmationskindern vor Ort an und bietet Kommunions- und Konfirmationsanzüge und -kleider an.

Die Direktwerbung erlaubt es, genau festgelegte Zielgruppen anzusprechen. Im Vergleich zur eher anonymen Absatzwerbung kommt es daher zu geringeren Streuverlusten. Über die Rückläufe kann sehr schnell der Erfolg der Maßnahme kontrolliert werden. Als problematisch kann angesehen werden, dass Direktwerbung von den Angesprochenen eventuell als aufdringlich und nervend empfunden wird.

Öffentlichkeitsarbeit

DEFINITION

Im Mittelpunkt der **Öffentlichkeitsarbeit** (Public Relations, kurz: PR) steht die Bereitschaft des Unternehmens, umfassend über seine vielfältigen Aktivitäten zu informieren und mit der Öffentlichkeit in einen Dialog einzutreten. Damit soll die Einstellung der Öffentlichkeit zur Unternehmung positiv beeinflusst werden, was sich letztendlich auch auf die Erreichung der ökonomischen Kommunikationsziele (Umsätze, Marktanteile) auswirken soll.

Es wird nicht das Produkt, sondern das Unternehmen dargestellt. Bei der Öffentlichkeitsarbeit geht es einem Unternehmen darum, permanent und systematisch positive Beziehungen zum Kunden und Lieferanten aufzubauen. Die Öffentlichkeit soll von der Glaubwürdigkeit der Aussagen des Unternehmens überzeugt werden. Das Unternehmen zeigt auf, dass es sich seiner gesellschaftlichen Verpflichtungen bewusst ist. Auf diese Weise soll in der Öffentlichkeit ein positives Image geschaffen werden. Dies ist gerade in Zeiten eines harten Konkurrenzkampfs sowie ausgeprägter Käufermärkte besonders wichtig, denn es hat sich gezeigt, dass ein positives Unternehmensimage eine absatzfördernde Wirkung hat.

Herr Hoffmann erläutert den Praktikantinnen und Praktikanten: „Öffentlichkeitsarbeit kann man als die Kunst ansehen, es zu schaffen, dass über einen gut gesprochen wird, ohne dass man dafür allzu viel tun muss!"

Mögliche PR-Maßnahmen sind u. a.:

- Einrichtung von Pressestellen,
- Auftreten von Angestellten in der Öffentlichkeit (z. B. in Interviews),
- Veranstaltungen und Ausstellungen (z. B. Informationstage),
- Besichtigungen, Tag der offenen Tür (Aktivitäten für ausgewählte Zielgruppen),
- Zeitschriften und Broschüren (z. B. Werks- und Kundenzeitschriften, Jubiläumsschriften),
- Maßnahmen zur Förderung des Allgemeinwohls (z. B. Stiftungen, Spenden),
- Internet-PR.
  Sie nimmt stark zu und reicht von E-Mail-Newslettern bis zu Unternehmenshomepages.

Besondere Bedeutung gewinnt die Öffentlichkeit in Krisenzeiten für das Unternehmen.

BEISPIEL

Nach Bekanntwerden der BSE-Problematik („Rinderwahnsinn") startete die Fleischindustrie mehrere Maßnahmen zur Öffentlichkeitsarbeit.

Der PR-Gedanke wird bei der Gestaltung einer Corporate Identity (Unternehmensidentität) aufgegriffen. Ein einheitliches Bild des Unternehmens nach außen, eine Unternehmenskultur soll geschaffen werden. Dies geschieht z. B. durch Schaffung von einheitlichen Zeichen (Symbolen) des Unternehmens, die sich auf Briefbögen, Visitenkarten, Firmen-Pkws und -Lkws wiederfinden. Auch besondere Verhaltensregeln, die von den Mitarbeiterinnen und Mitarbeitern gegenüber Kunden, Lieferanten und der Öffentlichkeit einzuhalten sind, tragen zu einem einheitlichen Unternehmensbild bei.

Unterschiede zwischen Public Relations, Werbung und Verkaufsförderung		
	bezogen auf das Unternehmen	bezogen auf das Produkt
Information	Public Relations	Absatzwerbung
Aktion (über Information hinaus)		Salespromotion

Sponsoring

DEFINITION

Sponsoring beruht auf dem Prinzip von Leistung und Gegenleistung. Das Unternehmen (der Sponsor) unterstützt durch Finanz-, Sach- oder Dienstleistungen Personen, Organisationen oder Institutionen (Gesponserte) und erwartet dafür bestimmte Gegenleistungen (z. B. besondere Werbemöglichkeiten), die vertraglich abgesichert sind und zur Erreichung der Marketingziele beitragen sollen.

Mithilfe des Sponsorings versucht das Unternehmen, das positive Image des Gesponserten auf sich zu übertragen. Die Sponsoring-Aktivitäten erreichen auch Zielgruppen, die sich mit herkömmlichen Mitteln der Kommunikationspolitik nicht oder kaum ansprechen lassen.

Ziel aller Sponsoring-Aktivitäten ist:

- die Erzielung und Aufrechterhaltung von Kontakten zu bestimmten Zielgruppen,
- die Steigerung des Bekanntheitsgrades,
- die individuelle Gestaltung des Produkt- und/oder Unternehmensimages.

Sponsoring ist in fast allen Bereichen der Kommunikationspolitik möglich. Es kann in drei Bereichen erfolgen:

Sportsponsoring

> **BEISPIEL**
>
> Die Hoffmann KG unterstützt die E-Jugend eines örtlichen Fußballvereins. Auf den Spielertrikots erscheint der Namenszug Hoffmann KG.

Kultursponsoring

> **BEISPIEL**
>
> Die Hoffmann KG sponsert das örtliche Stadttheater. Im Programmheft wird jedes Theaterstück angekündigt mit „Die Hoffmann KG präsentiert …".

Sportsponsoring im hessischen Schulalltag

Sozialsponsoring

> **BEISPIEL**
>
> Die Hoffmann KG spendet für das Sommerfest eines Kinderheims.

Seit Anfang der 1970er-Jahre gewinnt Sponsoring an Bedeutung. Ein Grund hierfür ist z. B., dass klassische Werbeformen bei manchen Verbraucherinnen und Verbrauchern mehr und mehr abgelehnt werden.

Human Relations

> **DEFINITION**
>
> Unter **Human Relations** versteht man die Pflege zwischenmenschlicher Beziehungen innerhalb eines Unternehmens.

Die Maßnahmen der Human Relations dienen der Verbesserung der internen Kommunikation und fördern den Informationsaustausch und die Kommunikation mit den Beschäftigten. Sie richten sich nicht nur an Mitarbeitende, sondern auch an deren Angehörige sowie an frühere und potenzielle Beschäftigte. Ihr Ziel ist die Verbesserung der zwischenmenschlichen Beziehungen, der Motivation und des allgemeinen Betriebsklimas innerhalb eines Unternehmens. Der Human-Relations-Ansatz geht von der Annahme aus, dass durch die Interaktion der Beschäftigten deren Arbeitszufriedenheit und Motivation gesteigert wird und es dadurch auch zu einer Verbesserung der Leistung des Unternehmens kommt, z. B. im Absatzbereich.

Product-Placement

DEFINITION

Werden Waren oder Dienstleistungen bewusst in Kinofilme oder Fernsehsendungen integriert, so spricht man von **Product-Placement.**

Markenartikel werden dabei so platziert, dass sie vom Zuschauer nicht als Werbemaßnahme erkannt werden können. Die beworbenen Produkte tauchen als Requisiten in der Handlung auf und

werden vom Zuschauer unbewusst wahrgenommen. Im Mittelpunkt des Product-Placements steht also im Gegensatz zu Public Relations-Maßnahmen das Produkt, nicht das Unternehmen. Als Gegenleistung für die Platzierung stellt das Unternehmen, dessen Artikel in dem Medienprogramm untergebracht werden, Geld- oder Sachleistungen in Form von Produkten zur Verfügung.

Angewandt wird Product-Placement häufig bei sehr hochwertigen Markenartikeln. Kritisiert wird oft eine Irreführung der Verbraucher. Als problematisch wird ebenfalls die Gefahr eines Verstoßes gegen das Wettbewerbsrecht angesehen.

Product-Placement kommt oft in Kinofilmen zum Einsatz. Hier wird ein Mineralwasser in Szene gesetzt.

Persönlicher Verkauf

Viele Unternehmen bieten heute komplizierte Produkte an, die einen hohen Erklärungsbedarf haben. Die Absatzwerbung kann dies allein nicht leisten. Deshalb haben persönliche Beratungsgespräche zwischen Verkaufskraft und Kundin oder Kunde heute eine große Bedeutung.

Dieser Teil der Kommunikationspolitik versucht mit geschulten Verkäufern gezielt auf die Bedürfnisse der Kundschaft einzugehen, den Nutzen der Artikel zu verdeutlichen und sie somit zur Kaufentscheidung zu bringen.

Customer-Relationship-Management

Manchmal wird auch das Customer-Relationship-Management zur Kommunikationspolitik gezählt.

1. Entscheiden Sie, welche aufgeführten Marketingmaßnahmen zur Verkaufsförderung gehören:
   a) Werbung auf dem Trikot von Werder Bremen
   b) Werbefilm im Kino
   c) Preisausschreiben
   d) Firmenzeitschrift der Hoffmann KG
   e) Proben
   f) Werbeständer
   g) Prospekte
   h) Schulung des Verkaufspersonals
2. Unterscheiden Sie die Verkaufsförderung von der Absatzwerbung.
3. Die Hoffmann KG unterstützt das örtliche Handballteam. Machen Sie einen Vorschlag, wozu das Sponsoring hauptsächlich aus unternehmerischer Sicht dient.
   a) Verkauf der Produkte
   b) Nutzung steuerlicher Vorteile
   c) Verbesserung des Images
   d) Steigerung des Umsatzes
   e) Erkennen des Verhaltens der Konsumentinnen und Konsumenten

4. Erläutern Sie den Begriff „Direktwerbung".
5. Unterscheiden Sie die Absatzwerbung von der Öffentlichkeitsarbeit.
6. Erläutern Sie, was man unter Corporate Identity versteht.
7. Entscheiden Sie, welches Marketinginstrument hier angesprochen wird.
   a) „Ein gutes Betriebsklima wird als absatzsteigernd angesehen."
   b) „Dies ist die kreative Einbindung eines Markenartikels im Sinne der notwendigen Requisite in eine Spielfilmunterhaltung. Das Produkt wird dabei im Gebrauchs- oder Verbrauchsumfeld von bekannten Schauspielern – in der Regel von Hauptdarstellern – gezeigt, wobei die Marke für den Filmbetrachter deutlich erkennbar ist."
   c) „Ein relativ teures, aber wirksames Instrument ist die gekonnte Präsentation des Produkts im Rahmen eines Gesprächs zwischen einer Mitarbeiterin des Unternehmens und einem möglichen Kunden."
8. Berichten Sie in der Klasse, wenn Sie schon einmal an einer Verkaufsförderungsmaßnahme teilgenommen haben, um welche Art von Salespromotion es sich handelte.
9. Erkunden Sie ein Einzelhandelsgeschäft Ihrer Wahl. Beachten Sie, dass Sie dabei Ihre Schule repräsentieren.
   a) Stellen Sie fest, welche Verkaufsförderungsmaßnahmen angewendet werden, und notieren Sie diese.
   b) Erläutern Sie in der Klasse die jeweils gefundenen Verkaufsförderungsmaßnahmen.
10. Berichten Sie Ihrer Klasse, ob und wie Ihr Praktikumsunternehmen Sponsoring betreibt.

ZUSAMMENFASSUNG

Instrumente der Kommunikationspolitik

Product-Placement
Ein Produkt wird in Medienprogramme integriert, um den Absatz zu fördern.

Human Relations
Über die Förderung der Motivation der Mitarbeiter soll der Absatz gesteigert werden.

Public Relations
Öffentlichkeitsarbeit zur Imagepflege des Unternehmens

Persönlicher Verkauf
Verkäufer berät Kunde persönlich.

Sponsoring
Personen, Institutionen oder Veranstaltungen werden systematisch unterstützt, um eine Verbesserung des Images oder Bekanntheitsgrades zu erhalten.

Salespromotion
Förderung des Absatzes am Verkaufspunkt

Direktwerbung
Mit personalisierten Werbebotschaften wendet man sich direkt an den Kunden.

Absatzwerbung
soll Nachfrage nach einem bestimmten Produkt schaffen durch Informationen über das Produkt.

1.8 Werbung

Michael Hoffmann: „In einigen Filialen sowie bei einigen Warengruppen haben wir deutliche Umsatzeinbußen zu verzeichnen …"

Carolin Saager: „Dann müssen wir einfach etwas Werbung machen."

Michael Hoffmann: „Das sagt sich leicht. Dabei müssen wir allerdings allerhand beachten …"

Machen Sie Vorschläge, was man bei der Vorbereitung und Durchführung von Werbemaßnahmen beachten sollte.

Absatzwerbung

> **DEFINITION**
>
> **Absatzwerbung** – im normalen Sprachgebrauch auch Werbung genannt – stellt die von einem Unternehmen gesteuerte und geplante Form der Käuferbeeinflussung zur Erreichung der unternehmerischen Absatzziele dar. Werbung ist eine Kommunikationsform, die
>
> - unpersönlich (richtet sich grundsätzlich an alle) und
> - in räumlicher Distanz vom Verkaufsort
>
> durchgeführt wird.

Die Absatzwerbung verfolgt zunächst einmal vier aufeinander aufbauende Ziele:

- **Bekanntmachung**
  Potenziellen Kundinnen und Kunden wird die Existenz des Produkts bewusst gemacht.

- **Information**
  Der Kundschaft werden Produktmerkmale (technische Daten, Preise usw.) mitgeteilt.

- **Imagebildung**
  Produkt oder Unternehmen sollen bei der Zielgruppe positiv aufgenommen werden.

- **Handlungsauslösung**
  Menschen sollen zum Kauf bewegt werden.

Die Absatzwerbung ist das Bindeglied zwischen den Anbietern (den anbietenden Unternehmen) und den Nachfragerinnen und Nachfragern von Produkten (der Kundschaft). Sie nimmt gezielt Einfluss auf die Kaufentscheidungen.

„Wer nicht wirbt, stirbt!"

Quelle: Henry Ford. In: www.henry-ford.net/deutsch/zitate.html (01.09.2022).

Grundlage dieser zielgerichteten Kommunikation ist die ausgesendete Botschaft des verkaufenden Unternehmens mit dem Ziel, die Bedürfnisse der Käufer/-innen für ein bestimmtes Produkt zu wecken. Um dieses Ziel zu erreichen, muss die Werbung „werbewirksam" bei der Zielgruppe ankommen (Einwirkung auf Sinne, Aufmerksamkeit, Gedächtnis, Vorstellung, Gefühl). Damit dies geschieht, muss eine Werbemaßnahme genau geplant werden. Hierfür wird ein Werbeplan aufgestellt, der die Details für die Durchführung der Werbemaßnahme enthält.

Investitionen in Werbung nominal in Mrd. Euro (gerundet)				
	2018[1]	2019	2020	2021
gesamt Honorare, Werbemittelproduktion, Medienkosten	33,95	34,89	33,70	36,06
Veränderung zum Vorjahr	-	2,8 %	– 3,4 %	7,0 %
davon Netto-Werbeeinnahmen der Medien	24,98	25,01	23,78	25,87
Veränderung zum Vorjahr	-	0,2 %	– 4,9 %	8,8 %

Angaben nominal, gerundet in Mrd. Euro |[1] veränderte Basis, mit Vorjahren nicht vergleichbar.

Quelle: Zentralverband der deutschen Werbewirtschaft ZAW, 2022; https://zaw.de/wirtschaft-und-werbung/ (07.09.2022)

Werbeplan

Im Werbeplan sind folgende Aspekte enthalten:

- **Wer?**
  z. B. ein Unternehmen, ein Verbund von Unternehmen oder eine Werbeagentur

- (sagt) **was?**
  Inhalt der Werbebotschaft

- **mit welchem Ziel?**
  - ökonomische Werbeziele, z. B. Erhöhung des Marktanteils, Umsatzsteigerung
  - vorökonomische (kommunikative) Werbeziele, z. B. Erhöhung der Bekanntheit/des Images einer Marke

- **wann?**
  Bedacht werden sollte der günstigste Zeitpunkt der Werbemaßnahme:
  - Streuzeit (Werbezeit), z. B. eine bestimmte Jahreszeit
  - Beginn und Dauer der Werbemaßnahme

- **wem?**
  Die Zielgruppe (Streukreis) muss bestimmt werden: Der umworbene Personenkreis wird festgelegt.

- **wo?**
  Streugebiet (= geografischer Raum/Einsatzgebiet), z. B. lokal, international

- **wie?**
  Bestimmung der Werbemittel und Werbeträger

Der Werbeplan ist abhängig vom Werbeetat des Unternehmens. Dies ist der Betrag, der dem Unternehmen für Werbemaßnahmen zur Verfügung steht. Die Höhe des Werbeetats kann abhängen von:

- den Werbezielen,
- der finanziellen Lage des Unternehmens,
- den Werbemaßnahmen der Konkurrenten.

Werbegrundsätze

Steht der Werbeplan, werden die Werbemaßnahmen durchgeführt. Damit die Werbung effektiv ist, sollten die vier Werbegrundsätze beachtet werden:

- **Werbewirksamkeit**
  Werbeträger und -mittel sind so auszuwählen, dass sie den Konsumenten in Übereinstimmung mit den angestrebten Werbezielen optimal beeinflussen.

- **Werbewahrheit**
  Die Werbung wird unglaubwürdig, wenn sie nicht sachlich informiert oder sogar irreführend und täuschend ist. Werbung darf zudem nicht gegen die „guten Sitten" verstoßen, wie sie im Gesetz gegen den unlauteren Wettbewerb formuliert sind.

- **Werbeklarheit**
  Werbeaussagen müssen von allen Konsumentinnen und Konsumenten schnell und leicht verstanden werden können.

- **Werbewirtschaftlichkeit**
  Der Erfolg der Absatzwerbung muss in einem vernünftigen Verhältnis zu den aufgewendeten Kosten stehen. Dies zu überprüfen ist Gegenstand der Werbeerfolgskontrolle.

Wird gegen mehrere oder gegen einen dieser Werbegrundsätze verstoßen, ist der Erfolg der Werbemaßnahme stark gefährdet.

Arten der Werbung

Nach verschiedenen Kriterien können unterschiedliche Werbearten unterschieden werden.

Art der Werbung	Eigenschaften	Beispiel
... nach Gegenstand der Werbung		
Sachwerbung	• bezieht sich auf ein einzelnes Produkt • Name des anbietenden Unternehmens bleibt weitgehend im Hintergrund oder tritt nicht in Erscheinung	Werbung für ein Waschmittel
Firmenwerbung	• bezieht sich auf das Unternehmen als solches oder auf dessen gesamtes Produktionsprogramm • der Name des Unternehmens stark im Vordergrund • es ist jedoch noch ein gewisser Produktbezug vorhanden (anders bei Public Relations)	Werbespot für Automobile
... nach Anzahl der Werbenden		
Alleinwerbung	• geht von einem einzelnen Unternehmen aus (oft auch Einzelwerbung genannt) • Anbieter bewirbt seine eigenen Produkte	Die Hoffmann KG wirbt in einer Fachzeitschrift.

... nach Anzahl der Werbenden		
Sammelwerbung	• Mehrere Unternehmen werben gemeinsam. • Durch die Nennung aller werbenden Unternehmen ist jeweils klar erkennbar, wer wirbt. • bleibt hinsichtlich der Effizienz hinter der Alleinwerbung zurück, kann diese jedoch auf wirksame und preiswerte Art unterstützen	Die Einzelhandelsunternehmen einer Einkaufsstraße werben in einer gemeinsamen Anzeige in der örtlichen Tageszeitung. Die Kosten der Anzeige werden geteilt. Es ist jedoch nicht möglich, auf das Sortiment eines jeden Geschäfts speziell einzugehen.
Gemeinschafts-werbung	• Auch hier werben mehrere Unternehmen gemeinsam. • Unternehmen treten dabei namentlich aber nicht in Erscheinung. • Oft wird für Produkte eines bestimmten Wirtschaftszweigs geworben. • Häufige Verwendung von Werbesprüchen (Slogans), die sich bei den Angesprochenen tief ins Gedächtnis einprägen sollen	• Butter ist durch nichts zu ersetzen – außer durch Butter. • Trinkt mehr Milch. • Milch macht müde Männer munter. • Aus deutschen Landen frisch auf den Tisch.
... nach Anzahl der Umworbenen		
Direktwerbung	• unmittelbar an namentlich bekannte einzelne Personen oder Zielgruppen gerichtet • wird wegen der gestiegenen Bedeutung der Direktwerbung zunehmend als eigenständiges Instrument der Kommunikationspolitik neben der Absatzwerbung aufgefasst	
Massenwerbung	• Normalfall der Werbung • an einen anonymen und großen Personenkreis gerichtet • Vorteil: sehr große Breitenwirkung bei verhältnismäßig geringen Kosten • Nachteil: große Streuverluste möglich	
... im Hinblick auf den Produktlebenszyklus		
Einführungs-werbung	Ziel: Ein neuer Artikel soll auf dem Markt bekannt gemacht werden.	
Expansions-werbung	Ziel: Der Umsatz eines schon bekannten Produkts soll gesteigert werden.	
Erinnerungs-werbung	Ziel: Der Bekanntheitsgrad eines bereits gut auf dem Markt eingeführten Produkts soll erhalten werden.	

MERKSATZ

Im Normalfall werden Werbemaßnahmen **prozyklisch** betrieben. Dies bedeutet, dass bei hohen Umsätzen (zum Beispiel Hochkonjunkturphasen) in Zeiten der Hochkonjunktur bzw. hoher Umsätze hohe Werbeausgaben erfolgen. Im umgekehrten Fall wird bei niedrigen Umsätzen wenig für Werbung ausgegeben (zum Beispiel in Rezessionsphasen). Nicht immer, aber häufig werben Unternehmen **antizyklisch:** Steigen die Umsätze, wird die Intensität von Werbemaßnahmen zurückgefahren. Sinken die Umsätze dagegen, werden die Werbemaßnahmen ausgeweitet. Dadurch können saisonale Absatzschwankungen ausgeglichen werden. Zudem erhält man eine relativ ausgeglichene Kapazitätsauslastung.

Werbemittel und Werbeträger

Besondere Bedeutung kommt der Auswahl der Werbemittel und der Werbeträger in der Werbung zu.

Werbemittel	Werbeträger
= Erscheinungsform der Werbebotschaft	= Medien, die die Werbebotschaft an die Zielpersonen herantragen

Werbemittel

DEFINITION

Werbemittel sind alle in der Werbung eingesetzten Instrumente, um eine Werbebotschaft an die Zielgruppe zu bringen, wie Anzeigen, Prospekte, Plakate, Brief, Funkspots, Fernsehspots, Filme.

Werbeträger

DEFINITION

Unter einem **Werbeträger** wird das Medium verstanden, durch das ein Werbemittel an die Umworbenen herangetragen wird, z. B. Fernsehsendungen, Litfaßsäulen, Zeitungen und Zeitschriften, aber auch Onlinemedien oder auch Fahrzeuge, die zu zu Promotionszwecken eingesetzt werden.

Den Unternehmen stehen viele Werbeträger zur Verfügung. Sie werden nach Produkt und Zielgruppe ausgesucht.

BEISPIEL

Die Hoffmann KG hat sich entschieden, ihre Werbebotschaft mit dem Instrument (= Werbemittel) Anzeige an potenzielle Kunden zu bringen. Entschieden werden muss jetzt noch, durch welches Medium (= Werbeträger) die Anzeige den Kunden bekanntgemacht wird. Zur Auswahl stehen eine Anzeige in der Fachzeitung Textilwesen oder eine Anzeige in einer Beilage (Supplement), die verschiedene Fachzeitschriften beigelegt wird.

Wirksamkeit von Werbemaßnahmen

Die Werbewirksamkeit einer Werbemaßnahme hängt davon ab, ob es dem Werbenden gelingt, die Werbebotschaft so auszusenden, dass sich die umworbene Person (Personenkreis) angesprochen fühlt. Das bedeutet, dass dessen Bedürfnisse geweckt werden und dieser schließlich zum Kaufentschluss veranlasst wird. Dieser Verarbeitungsprozess kann mithilfe der AIDA -Formel dargestellt werden.

AIDA-Prinzip		
Attention = Aufmerksamkeit	Es muss ein erster Blick des möglichen Kunden gewonnen werden.	Aufmerksamkeit kann durch Hingucker erzielt werden: • nackte Haut • schöne Frauen/Männer • niedliche Tiere, Kinder • Fangfoto, das etwas zeigt, das neugierig macht • grelle Farben, große Sprüche • schiere Größe
Interest = Interesse	Der erste Blick des Betrachters soll gehalten werden.	Das Interesse des möglichen Kunden für die Werbung soll gebunden werden: Er soll vor der Werbung verweilen und sich mit ihr beschäftigen.

Desire
= Verlangen
	Das Verlangen des Betrachters nach dem beworbenen Produkt soll sowohl rational als auch emotional geweckt werden.	Der Betrachter bekommt Gründe dafür genannt, warum er das beworbene Produkt kaufen sollte:
		• rationale (= vernünftige) Gründe
		  Nennen der Vorteile des Artikels, z. B. günstiger Preis, Bestandteile
		• emotionale (= gefühlsmäßige) Gründe
		  Das Produkt bekommt ein bestimmtes Image zugewiesen, das auf den Käufer abfärben soll: Wenn das Produkt „cool" ist dann soll diese Eigenschaft auch auf den Käufer übergehen.

Action = Handlung	Die Kaufhandlung soll ausgelöst und erleichtert werden.	Werbung soll den Kunden drängen, möglichst umgehend zu kaufen. Zur Kaufhandlung kann durch folgende Maßnahmen geführt werden: • Produktabbildung • Kontaktinformationen • befristete Sonderangebote • Drängen durch „jetzt", „sofort" oder andere Aufforderungen

BEISPIEL

Stressfrei zum Wohlfühlwohnen

Fassadenarbeiten

Maler- und Tapezierarbeiten

Renovierungen

Unser Team:
- berät kompetent und innovativ
- arbeitet sauber und schnell
- hält vereinbarte Termine und kalkulierte Preise

Meisterbetrieb Franz Mars • Im Grund 3 • 12345 Gutleben
Telefon: 02239 7777 • www.franz-der-maler.de

I = Interest: Das Interesse der umworbenen Person wird durch das Versprechen geweckt, dass die Arbeiten im oder am Haus dem Auftraggeber keinen Stress verursachen und ein positives Gefühl erzeugen.

A = Attention: Die Fotos machen auf die Anzeige aufmerksam.

D = Desire: Der Wunsch, genau diesen Malerbetrieb zu beauftragen, wird unterstützt durch die Zusicherung von Kompetenz und Zuverlässigkeit.

A = Action: Der Adressat der Werbung soll einfach und schnell mit der Firma Kontakt aufnehmen können.

Werbeerfolgskontrolle

Jedes Unternehmen, das wirbt, möchte auch wissen, ob sich der Einsatz von Werbemaßnahmen – und der damit verbundene finanzielle Aufwand – auch gelohnt hat. In diesem Zusammenhang überprüft die Werbeerfolgskontrolle, ob die Ziele der Werbung erreicht wurden.

> „Fünfzig Prozent bei der Werbung sind immer rausgeworfenes Geld. Man weiß aber nicht, welche Hälfte das ist."

Quelle: Henry Ford. In: www.henry-ford.net/deutsch/zitate.html (01.09.2022).

Ein großes Problem der Werbeerfolgskontrolle ist, dass die ermittelten Kennzahlen nicht eindeutig auf die Wirkung von Werbemaßnahmen zurückzuführen sind. Nicht auszuschließen ist der Einfluss anderer Marketinginstrumente. Es gibt verschiedene Verfahren, die im Rahmen der Werbeerfolgskontrolle Anwendung finden.

Ermittlung der Werberendite

Der **Werbeerfolg** orientiert sich an einer Zielgröße, die vom Menschen beurteilt wird: Ist das formulierte Werbeziel erreicht bzw. wurde es übertroffen?

Ein Werbeerfolg kann erhebliche Umsatzsteigerungen bewirken. Er wird im Rahmen der Werbeerfolgskontrolle gemessen. Zu beachten ist, dass der Werbeerfolg auch durch nicht ökonomische Kriterien beeinflusst werden kann.

Der Werbegewinn – oft auch Werberendite genannt – dagegen ist eine ausschließlich ökonomische Kennzahl. Mit der Ermittlung der Werberendite versucht man, die Wirtschaftlichkeit der Werbung zu messen. Hier wird der ökonomische Erfolg ermittelt. Der durch die Werbung erzielte Umsatzzuwachs wird dabei ins Verhältnis zu den Werbekosten gebracht

$$\text{Werberendite} = \frac{\text{Umsatzzuwachs} \cdot 100}{\text{Werbekosten}}$$

BEISPIEL

Eine Werbemaßnahme der Hoffmann KG für eine bestimmte Warengruppe kostet 75.000,00 €. Der Jahresumsatz vor der Werbemaßnahme betrug 525.000,00 €, nach der Werbemaßnahme 750.000,00 €.

Umsatzzuwachs = 750.000,00 € – 525.000,00 €
= 225.000,00 €

$$\text{Werberendite} = \frac{225.000,00 \ € \cdot 100}{75.000,00 \ €} = 300 \ \%$$

Für jeden Euro, den die Hoffmann KG in die Werbemaßnahme investiert hat, bekam sie 3 00 € zusätzlichen Umsatz.

Ermittlung des außerökonomischen Werbeerfolgs

Ein außerökonomischer Werbeerfolg – der sich also nicht wie bei der Werberendite in positiven Auswirkungen auf den Umsatz niederschlägt – kann mit dem Recall- oder dem Recognitionverfahren gemessen werden.

- **Recallverfahren**
  Beim Recallverfahren (Erinnerungsverfahren) stellt man durch eine Befragung fest, ob sich Personen an eine Werbung erinnern können und welche Details sie behalten haben.

- **Recognitionverfahren**
  Im Rahmen des Recognitionverfahrens (Wiedererkennungsverfahrens) werden den teilnehmenden Personen z. B. einzelne Anzeigen aus Zeitungen, Zeitschriften oder Werbespots präsentiert, um zu ermitteln, was – in welchem Umfang – sie schon einmal gesehen haben.

AUFGABEN

1. Erläutern Sie, was man unter der Absatzwerbung versteht.
2. Definieren Sie, was ein Werbeplan ist.
3. Führen Sie die Informationen auf, die im Werbeplan enthalt sind.
4. Entscheiden Sie, was man unter dem Werbeetat versteht:
   a) rechtliche Vorgaben zur Gestaltung der Werbung seitens des Gesetzgebers
   b) finanzielle Mittel, die für eine bestimmte Werbekampagne zur Verfügung stehen
   c) Ermittlung des ökonomischen Werbeerfolgs
   d) Befriedigung der Kundenwünsche zwecks Gewinnerzielung
   e) Ermittlung des außerökonomischen Werbeerfolgs
5. Erläutern Sie, wovon der Werbeetat eines Unternehmens abhängt.
6. Unterscheiden Sie die Firmen- und die Sachwerbung.
7. Erläutern Sie die drei Werbearten nach der Zahl der Werbenden.
8. Erklären Sie, was das entscheidende Merkmal der Massenwerbung ist.
9. Geben Sie an, was man unter Einführungswerbung versteht.

10. Erläutern Sie das AIDA-Prinzip an Beispielen.

11. Erläutern Sie, was man unter der Werberendite versteht.

12. Eine Werbemaßnahme der Hoffmann KG für eine bestimmte Warengruppe kostet 200.000,00 €. Der Jahresumsatz vor der Werbemaßnahme betrug 1.600.000,00 €, nach der Werbemaßnahme 4.200.000,00 €. Berechnen Sie die Werberendite.

13. Stellen Sie das Hauptproblem der Werbeerfolgskontrolle dar.

14. Erstellen Sie eine Collage zum Thema: „Welche Erfahrungen verbinden Sie mit Werbung?".
    a) Schneiden Sie dazu aus Zeitungen oder Zeitschriften passende Überschriften, Abbildungen, Fotos usw. aus.
    b) Kleben Sie diese so auf eine Wandzeitung, dass sie Ihre Assoziationen wiedergeben.
    c) Bereiten Sie sich darauf vor, Ihre Collage der Klasse kurz vorzustellen.

15. Sie haben sich entschieden, im Rahmen Ihres Marketingkonzepts eine Werbeaktion mit einem Plakat für Schaufenster oder Litfaßsäulen und einer ganzseitige Anzeige für die örtliche Zeitung durchzuführen.
    a) Erstellen Sie einen Werbeplan.
    b) Fertigen Sie das Plakat und die Werbeanzeige an. Berücksichtigen Sie dabei die AIDA-Regel.
    c) Präsentieren Sie den Werbeplan, das Plakat und die Werbeanzeige.
    d) Untersuchen Sie bei den anderen Plakaten und Werbeanzeigen die Einhaltung der AIDA-Regel.
    e) Bereiten Sie sich darauf vor, bei dem Ihrer Ansicht nach gelungensten Werbemittel die AIDA-Regel vorzustellen.

16. Untersuchen Sie unterschiedliche Zeitungen bzw. Zeitschriften. Achten Sie auch unterwegs, beim Fernsehen oder im Kino auf Werbungen.
    ■ Finden Sie vier Beispiele für Absatzwerbung.
    ■ Führen Sie auf, welches Beispiel Sie für effektiv und gelungen halten.
    ■ Ordnen Sie den jeweiligen Werbemitteln die Werbeträger zu.

17. a) Bilden Sie in der Klasse Gruppen. Jede der Gruppen erstellt eine Wandzeitung oder eine Folie, die kurz über eines der Marketinginstrumente

    ■ Produktpolitik,   ■ Verkaufsförderung,
    ■ Sortimentspolitik,   ■ Sponsoring,
    ■ Preispolitik,   ■ Öffentlichkeitsarbeit
    ■ Distributionspolitik,   informiert.
    ■ Absatzwerbung,

    b) Beachten Sie die Regeln der Visualisierung („Ein Bild sagt oft mehr als 1 000 Worte.").
    c) Bereiten Sie sich darauf vor, Ihr Handlungsprodukt vorzustellen.

18. Um wieder Umsatzsteigerungen zu erzielen, sollen Sie in Gruppenarbeit für die Hoffmann KG ein Marketingkonzept erstellen. Nach Möglichkeit sollen alle Marketinginstrumente berücksichtigt werden.
    a) Machen Sie für jedes Marketinginstrument Vorschläge, die die Situation der Hoffmann KG verbessern könnten.
    b) Suchen Sie aus Ihren Vorschlägen diejenigen aus, die zu einem stimmigen Marketingkonzept passen könnten.
    c) Stellen Sie dieses Konzept Ihrer Klasse vor.

Absatzwerbung

= soll mögliche Verkäufer veranlassen, Bedürfnisse und Wünsche in Kaufhandlungen umzusetzen

Arten

Gegenstand der Werbung
- Sachwerbung
- Firmenwerbung

Anzahl der Werbenden
- Alleinwerbung
- Sammelwerbung
- Gemeinschafts-werbung

Anzahl der Umwor-benen
- Direktwerbung
- Massenwerbung

zeitlicher Auftritt im Produktlebenszyklus
- Einführungswerbung
- Expansionswerbung
- Erinnerungswerbung

abhängig vom **Werbeetat**

Werbeplan
legt Einzelheiten der Werbemaßnahme fest

u. a.

Werbemittel

die in der Werbung eingesetzten Instrumente, um eine Werbebotschaft an die Zielgruppe zu bringen

Werbeträger

das Medium , durch das ein Werbemittel an die Umworbenen herangetragen wird

Für eine möglichst große Wirksamkeit der Maßnahmen sollte beachtet werden:

AIDA-Prinzip

| Attention | Interest | Desire | Action |

Wirksamkeit wird überprüft durch die **Werbeerfolgskontrolle.**

1.9 Gesetzliche Regelungen des Wettbewerbs

Michael Hoffmann liest gerade in einer Fachzeitschrift und traut seinen Augen nicht. Ein amerikanisches Großhandelsunternehmen, das seit einem Jahr bundesweit als neuer Mitbewerber auftritt, hat eine große Anzeige geschaltet.

Frau Sander, die Sekretärin der Geschäftsführung, ist total erstaunt, als ihr Chef erzürnt mit der Zeitschrift aus seinem Zimmer kommt: „Na, das wollen wir ja mal sehen ...“

Texco fashion GmbH   Hoffmann KG

...

Zwei Drittel der Arbeitskräfte der Hoffmann KG sind Ungelernte. Bei uns werden Sie daher besser beraten.

...

Stellen Sie fest, ob hier ein Verstoß gegen das Gesetz gegen den unlauteren Wettbewerb vorliegt.

Gesetz gegen den unlauteren Wettbewerb

Idealerweise sollten sich Werbemaßnahmen nur an der Qualität und dem Preis der Waren orientieren. Oft bewusst, manchmal unbewusst verstoßen jedoch viele Unternehmen dagegen. Dadurch werden einerseits Mitbewerber um ihre Chancen betrogen, die potenziellen Kunden (andere Unternehmen, vor allem aber Verbraucher) andererseits getäuscht bzw. irregeführt.

Gegen ein solches unzulässiges Verhalten richtet sich das Gesetz gegen den unlauteren Wettbewerb (UWG). Als unlauteren Wettbewerb versteht man das unfaire Verhalten von Unternehmen, die gegen die guten Sitten im Geschäftsleben verstoßen.

Das Gesetz gegen den unlauteren Wettbewerb ist wegen seines weiten Anwendungsbereichs für jeden in der Wirtschaft Tätigen relevant:

- Es muss beachtet werden, damit man sich über das eigene Verhalten nicht angreifbar macht.
- Die Kenntnis des UWG ist wichtig, um unerwünschtes wettbewerbliches Verhalten Dritter abwehren zu können.

Gegen unlautere Handlungen vorgehen können:

- Mitbewerber,
- Interessenverbände von Marktteilnehmern.

BEISPIELE

- Wettbewerbsvereine
- Kammern
- Verbraucherschutzverbände

Verbraucher können dies jedoch nicht. Machte das UWG in früheren Fassungen nur Angaben zu werberechtlichen Verstößen, erfasst es heute jedes wettbewerbswidrige Verhalten. Es richtet sich gegen alle geschäftlichen Handlungen, die als unlautere Geschäftspraktiken bezeichnet werden können.

Als geschäftliche Handlung gilt jedes Verhalten einer Person, das in einem tatsächlichen Zusammenhang mit der Förderung des Absatzes oder des Bezugs von Waren oder Dienstleistungen steht. Erfasst werden Verhaltensweisen der Unternehmen vor, während und nach dem Vertragsschluss.

Generalklausel des UWG

§ 3 Verbot unlauterer geschäftlicher Handlungen
(1) Unlautere geschäftliche Handlungen sind unzulässig, wenn sie geeignet sind, die Interessen von Mitbewerbern, Verbrauchern oder sonstigen Marktteilnehmern spürbar zu beeinträchtigen.

Diese allgemein formulierte Generalklausel des UWG verbietet also grundsätzlich alle unlauteren geschäftlichen Handlungen, soweit es sich um keine Bagatellfälle handelt. Die in der Generalklausel genannten Wirtschaftsteilnehmenden werden folgendermaßen definiert:

- **Mitbewerber**
  Dies sind alle Unternehmen, die zu dem eigenen Unternehmen als Anbieter oder Nachfrager von Waren oder Dienstleistungen in einem konkreten Wettbewerbsverhältnis stehen.

- **Verbraucher/-innen**
  Darunter werden alle natürlichen Personen verstanden, die Rechtsgeschäfte abschließen, die weder beruflich noch gewerblich bedingt sind.

- **sonstige Marktteilnehmer/-innen**
  Dies sind neben Mitbewerbern und Verbrauchern/Verbraucherinnen alle Personen, die Waren oder Dienstleistungen anbieten oder nachfragen.

Schwarze Liste des UWG
Das UWG enthält zusätzlich einen Anhang mit stets unzulässigen Wettbewerbshandlungen. Dieser Katalog wird oft auch als Schwarze Liste bezeichnet. Diese Auflistung soll zu größerer Transparenz führen und es ermöglichen, unmittelbar dem UWG zu entnehmen, welches Verhalten in jedem Fall verboten ist.

Weitere Aussagen des UWG zur Werbung

Unabhängig davon, dass die Generalklausel des UWG bestimmte Wettbewerbshandlungen auch im Bereich der Werbung verbietet, wenn sie unlauter sind – sowie von vornherein bestimmte Werbemaßnahmen ausdrücklich im Rahmen der schwarzen Liste für nicht legal erklärt –, geht das UWG in weiteren Paragrafen noch einmal auf besondere Aspekte ein:

Unlautere geschäftliche Handlungen

- Herbeiführung einer vermeidbaren Täuschung der Abnehmer/-innen über die betriebliche Herkunft
- unangemessene Ausnutzung oder Beeinträchtigung der Wertschätzung der nachgeahmten Ware oder Dienstleistung
- unredliche Erlangung der für die Nachahmung erforderlichen Kenntnisse oder Unterlagen
- Anbieten von Waren oder Dienstleistungen, die eine Nachahmung der Waren oder Dienstleistungen eines Mitbewerbers darstellen
- gezielte Behinderung von Mitbewerbern
- geschäftliche Handlungen, die geeignet sind, geistige oder körperliche Gebrechen, das Alter, die geschäftliche Unerfahrenheit, die Leichtgläubigkeit, die Angst oder die Zwangslage von Verbrauchern/Verbraucherinnen auszunutzen
- ein Verhalten, das den Werbecharakter von geschäftlichen Handlungen verschleiert
- das Verhalten, bei Preisausschreiben oder Gewinnspielen mit Werbecharakter die Teilnahmebedingungen nicht klar und eindeutig anzugeben
- geschäftliche Handlungen, die geeignet sind, die Entscheidungsfreiheit der Verbraucher oder sonstiger Marktteilnehmer durch Ausübung von Druck, in menschenverachtender Weise oder durch sonstigen unangemessenen unsachlichen Einfluss zu beeinträchtigen
- Zuwiderhandlungen einer gesetzlichen Vorschrift, die auch dazu bestimmt ist, im Interesse der Marktteilnehmer das Marktverhalten zu regeln
- ein Verhalten, bei dem über die Waren, Dienstleistungen oder das Unternehmen eines Mitbewerbers oder über den Unternehmer oder ein Mitglied der Unternehmensleitung Tatsachen behauptet oder verbreitet werden, die geeignet sind, den Betrieb des Unternehmens oder den Kredit des Unternehmens zu schädigen (sofern die Tatsachen nicht erweislich wahr sind)
- das Verhalten, bei Verkaufsförderungsmaßnahmen wie Preisnachlässen, Zugaben oder Geschenken die Bedingungen für ihre Inanspruchnahme nicht klar und eindeutig anzugeben
- ein Verhalten, das die Kennzeichen, Waren, Dienstleistungen, Tätigkeiten oder persönlichen oder geschäftlichen Verhältnisse eines Mitbewerbers herabsetzt oder verunglimpft

Vergleichende Werbung

Werbung, die unmittelbar oder mittelbar einen Mitbewerber oder die von einem Mitbewerber angebotenen Waren (oder Dienstleistungen) erkennbar macht, nennt man vergleichende Werbung. Diese ist in Deutschland zulässig, wenn nicht gegen bestimmte Kriterien verstoßen wird. Auch Preisvergleiche sind erlaubt. Sie müssen allerdings nachprüfbar sein.

Eine vergleichende Werbung, die erlaubt ist

Vergleichende Werbung ist nicht zulässig, wenn sie ...

... nicht objektiv auf eine oder mehrere wesentliche, relevante, nachprüfbare und typische Eigenschaften oder den Preis dieser Waren oder Dienstleistungen bezogen ist.

... sich nicht auf Waren (oder Dienstleistungen) für den gleichen Bedarf oder dieselbe Zweckbestimmung bezieht.

... eine Ware oder Dienstleistung als Imitation oder Nachahmung einer unter einem geschützten Kennzeichen vertriebenen Ware oder Dienstleistung darstellt.

... die Waren, Dienstleistungen Tätigkeiten oder persönlichen oder geschäftlicher Verhältnisse eines Mitbewerbers herabsetzt oder verunglimpft.

... im geschäftlichen Verkehr zu einer Gefahr von Verwechslung zwischen dem Werbenden und einem Mitbewerber oder zwischen den von diesen angebotenen Waren oder Dienstleistungen oder den von ihnen verwendeten Kennzeichen führt.

... den Ruf des von einem Mitbewerber verwendeten Kennzeichens in unlauterer Weise ausnutzt oder beeinträchtigt.

Irreführende Werbung

Jede Werbemaßnahme muss klar und wahr sein. Es darf keine Gefahr der Irreführung von Verbrauchern entstehen. Dies kann schon zutreffen, wenn die Aussagen von einem kleineren, aber nicht unbeachtlichen Teil der Verbraucher missverstanden werden kann.

BEISPIEL

Ein Unternehmen hatte ein Mineralwasser auf den Markt gebracht und mit „Bio-Qualität" beworben, obwohl es den Anforderungen der Mineral- und Tafelwasserverordnung (MTVO) nicht genügt. Zahlreiche auf diese Bio-Qualität bezogene Aussagen wurden später gerichtlich untersagt.

Mondpreiswerbung

Ein Unternehmen darf nicht mit reduzierten Preisen werben, wenn der frühere (höhere) Preis nur für einen unangemessen kurzen Zeitraum gefordert wurde. Ziel des Verbots einer solchen Mondpreiswerbung ist es, dass das werbende Unternehmen den Preis einer Ware nur deshalb einmal hoch ansetzt, um ihn kurz darauf werbewirksam herabzusetzen. Da man normalerweise nicht weiß, wie lange die Preise gefordert wurden, muss das werbende Unternehmen den Zeitraum der Forderung der Preise beweisen, wenn dies umstritten ist.

Solch drastische Preissenkungen können ein Hinweis auf eine Mondpreiswerbung sein

Lockvogelangebote

Wenn ein Unternehmen für den Verkauf bestimmter Waren öffentlichkeitswirksam hervorhebt und wirbt, dass das Angebot besonders günstig ist, können die Kundinnen und Kunden erwarten, dass die Waren normalerweise in einer solchen Menge vorhanden sind, dass die zu erwartende Nachfrage gedeckt ist. Andernfalls wird der mögliche Käufer über die Leistungsfähigkeit des werbenden Unternehmens und dessen Warenvorrat irregeführt. Die Lockvogelwerbung wird dann unzulässig, wenn die beworbene Ware nicht oder nur in unzureichenden Mengen zur Verfügung steht. Das Unternehmen hat zumindest die Pflicht, darüber zu informieren, wenn es die Waren in einem angemessenen Zeitraum in einer angemessenen Menge zu den in der Werbung genannten Preisen nicht anbieten kann. Die „Angemessenheit" wird in der Rechtsprechung momentan unterschiedlich ausgelegt.

Unzumutbare Belästigung

Das UWG sieht unzumutbare Belästigungen grundsätzlich als nicht erlaubt an. Hierunter fallen unter anderem:

- **unerwünschte Werbemaßnahmen**
  Diese belästigen den Kunden unzumutbar, wenn deutlich wird, dass er erkennbar die Werbung nicht möchte.

> **BEISPIEL**
>
> Trotz eines Zettels „Bitte keine Werbung" am Briefkasten erhält Carolin Saager immer Prospekte einer bestimmten Firma. Hier liegt ein unlauteres Verhalten vor.

- **Telefonwerbung**
  Diese ist gegenüber Verbrauchern nur mit deren Einwilligung zulässig. Gegenüber Unternehmen ist sie erlaubt, wenn sie aufgrund einer vermutlichen Einwilligung erfolgt ist.

- **E-Mail-Werbung**
  Diese ist grundsätzlich ohne Einwilligung nicht zulässig. Hat aber ein Unternehmen z. B. im Zusammenhang mit einem Kaufvertrag die E-Mail-Adresse eines Kunden/einer Kundin er-

Mehr Beschwerden wegen unerlaubter Telefonwerbung

80 Tsd.
60
40
20
0

2010
43 505

2015
24 455

2018
62 247

2021
79 702

dpa•103589

Quelle: Bundesnetzagentur

halten, dürfen auch ohne Erlaubnis Werbe-E-Mails zu ähnlichen Waren geschickt werden. Dabei muss der Kunde/die Kundin darauf hingewiesen werden, dass er/sie der Werbung auch widersprechen kann.

- **Faxwerbung**
  Faxwerbung ist nur mit Zustimmung des Faxempfängers zulässig.

AUFGABEN

1. Erklären Sie, was unlauterer Wettbewerb ist.
2. Geben Sie an, als was geschäftliche Handlungen nach dem UWG verstanden werden.
3. Erläutern Sie, welche Aussage die Generalklausel des UWG trifft.
4. Unterscheiden Sie die Generalklausel des UWG von der schwarzen Liste.
5. Beurteilen Sie die Rechtslage in Deutschland bei vergleichender Werbung.
6. Geben Sie an, was unzumutbare Belästigungen im Sinne des UWG sind.
7. Entscheiden Sie, welche Werbemaßnahme grundsätzlich nicht verboten ist:
   a) Mondpreiswerbung
   b) Lockvogelwerbung
   c) Benutzung fremder Firmenbezeichnungen
   d) geschäftsschädigende Behauptungen
   e) Preisgegenüberstellung
8. Herr Hoffmann beobachtet aufmerksam das Verhalten der Texco fashion GmbH. In fünf Fällen überprüft er, ob es sich um unlauteren Wettbewerb handelt.
   a) Die Texco fashion GmbH verspricht Kunden bei Abnahme einer bestimmten Menge eines be-stimmten Artikels einen höheren Rabatt.
   b) Die Texco fashion GmbH wirbt anlässlich des 1-jährigen Firmenjubiläums in Zeitungsan-zeigen mit Sonderangeboten.
   c) Die Texco fashion GmbH wirbt in Zeitungsanzeigen für Badeanzüge, die in Nordkorea her-gestellt wurden, mit der Bezeichnung „Made in Germany".
   d) Die Texco fashion GmbH vergleicht in Werbeprospekten die Preise ihrer Artikel mit den Preisen der entsprechenden Artikel der Hoffmann KG. Der Preisvergleich ist zutreffend.
   e) Die Texco fashion GmbH bietet in einer Stellenanzeige Reisenden ein überdurchschnittli-ches Fixum an.
   Geben Sie an, in welchen Fällen Verstöße gegen das UWG vorliegen.
9. Besuchen Sie auf der Internetseite der Verbraucherschutzzentrale folgende Adresse:
   https://www.verbraucherzentrale.nrw/vorsicht-lockangebot.
   Suchen Sie auf dieser Seite nach Beispielen für Verstöße gegen das UWG und stellen Sie die-se Ihren Mitschülerinnen und Mitschülern vor.

Gesetz gegen den unlauteren Wettbewerb (UWG)

richtet sich gegen das unfaire Verhalten von Unternehmen, die gegen die guten Sitten im Geschäftsleben verstoßen

Generalklausel
- allgemein formuliert
- verbietet grundsätzlich alle unlauteren geschäftlichen Handlungen, soweit es sich um keine
Bagatellfälle handelt

schwarze Liste
zusätzliche konkrete Auflistung
stets unzulässiger Wettbewerbshandlungen

weitere Aussagen des UWG
- unzumutbare Belästigungen
- Mondpreiswerbung
- Lockvogelwerbung
- vergleichende Werbung
- irreführende Werbung

1.10 Marketing in den Online-Vertriebskanälen

Carolin Saager und Volkan Karaca treffen sich in der Mittagspause.

Carolin Saager: „Hast du schon gehört? Wir haben eine neue geschäftliche Partnerschaft!"

Volkan Karaca: „Nein, erzähl mal!"

Carolin Saager: „Die Heide AG verkauft uns Werbeflächen auf ihrer Internetseite. Wir stellen ihr Werbematerial, also Bilder und Texte unserer Artikel, zur Verfügung. Besucher der Heide AG werden über einen eingebauten Link zu unserem Webshop weitergeleitet."

Volkan Karaca: „Das ist mir noch ein bisschen abstrakt ..."

Carolin Saager: „Hier, ich zeichne dir das Verfahren des Affiliate Marketing mal auf. Im Endeffekt ist die Heide AG nichts anderes als ein Vertriebspartner unseres Unternehmens ..."

Carolin Saager nimmt einen Stift und Papier und schreibt und zeichnet. Ihre Skizze ist rechts abgebildet.

Erläutern Sie die Begriffe „Affiliate", „Advertiser" und „Nutzer".

Onlinemarketing umfasst alle Marketingmaßnahmen im Internet. Onlinemarketing ist für immer mehr Unternehmen ein mittlerweile nicht wegzudenkendes Werkzeug, um den Vertrieb der Produkte zu steigern bzw. zu ermöglichen. Das Internet bietet dazu viele unterschiedliche Möglichkeiten.

Website des Unternehmens

Von zentraler Bedeutung für das Onlinemarketing eines Unternehmens ist zunächst einmal die gelungene Gestaltung der Unternehmenswebsite. Auch der thematische Aufbau muss stimmig sein, wenn man neue Kundschaft gewinnen möchte bzw. bestehende Kundschaft fester an das Unternehmen binden möchte.

Display-Marketing (Bannerwerbung)

Anfänge der Bannerwerbung: So sahen die ersten Banner aus in den 90er-Jahren des vorigen Jahrhunderts aus.

Ein **Werbebanner** ist eine Grafik- oder Animationsdatei mit Werbetext, die in eine Website eingebunden ist. Sie verweist dort als Hyperlink auf die Webseite des Anbieters. Diese kann man mittels Klick dann direkt erreichen. In sehr vielen Fällen verdienen die Betreiber der Internetseite einen bestimmten Geldbetrag, wenn das Werbebanner eingeblendet wird. Manchmal fließt erst Geld, wenn Besucher/-innen den Werbebanner anklicken oder eine bestimmte Aktion ausgelöst wird (z. B. eine Bestellung).

> **DEFINITION**
>
> Ein **Werbebanner** ist eine digitale Werbefläche auf Internetseiten.

Beispiele, wie Werbebanner aussehen können

Für Unternehmen sind zwei Arten des Display-Marketing bedeutend:

- Das Unternehmen kann seinen Kundenstamm mithilfe von Werbebannern erweitern. Es erstellt diese spezielle Art von Werbeanzeigen im Internet selbst. Dann können diese auf der eigenen Internetseite geschaltet werden. Oder der eigene Werbebanner wird gegen Gebühr auf einer anderen Internetseite untergebracht, die ebenfalls die Zielgruppen des Unternehmens anspricht. Dadurch kann eine viel größere Reichweite dieser Marketingmaßnahme erreicht werden.

BEISPIEL

Die Hoffmann KG verbreitet mithilfe selbst erstellter Banner Werbeinhalte auf der eigenen sowie auf anderen Webseiten. Durch Verlinkungen werden Kundinnen und Kunden auf die eigene Seite geführt.

- ■ Mit Display-Marketing kann das Unternehmen auch zusätzliche Einnahmen erzeugen: Auf der eigenen Internetseite werden Banner von anderen Unternehmen gezeigt.

BEISPIEL

Unternehmen können so mithilfe des Google AdSense-Programms Geld verdienen: Nach einer Registrierung ordnet Google der Hoffmann KG Werbebanner externer Unternehmen zu, die zu deren Zielgruppe passen. Kundinnen und Kunden der Hoffmann KG sehen diese Banner auf der Website der Hoffmann KG.

Setzt ein Unternehmen auf Displaywerbung, muss es die sogenannte **Banner-Blindness** beachten: Der positive Effekt, der bei den Betrachtern durch die aufmerksamkeitsstarke Wirkung der Banner erreicht wird, relativiert sich durch das Überangebot an Bannern im Internet. Bei vielen Nutzern kommt es zu einer Reizüberflutung, sie werden bei der Informationssuche im Internet von den Bannern abgelenkt. Viele Nutzende des Internets sind von ihnen genervt und empfinden die Display Ads als lästig.

Der Erfolg einer Bannerwerbung kann mithilfe der **Click-Through-Rate** (CTR) gemessen werden. Diese wird im Deutschen auch als Klickrate bezeichnet. Man versteht darunter den Anteil der Klicks an der Zahl der Einblendungen (Impressions).

Formel zur Berechnung der Klickrate:

$$CTR = \frac{Klicks}{Impressions} \cdot 100$$

BEISPIEL

Ein Banner ist für 1 000 Nutzer sichtbar. 440 davon klicken darauf. Dies entspricht einer Click-Through-Rate von 44 %.

Customer Journey

Display-Advertising ist das Instrument im Onlinemarketing-Mix, mit dem die Customer Journey häufig beginnt. Dieser Begriff bezeichnet die „Reise" (engl. „journey") eines möglichen Kunden / einer möglichen Kundin über verschiedene Kontaktpunkte (engl. „touchpoints") mit einem Artikel, einer Marke oder einem Unternehmen. Die Customer Journey meint also die Schritte des Kunden / der Kundin bis zum letztendlichen Kauf eines Produkts.

Das Display-Advertising steht am Anfang der Customer Journey. Der Banner ist oft der erste **Touchpoint** (Kontaktpunkt), an dem Besucher/-innen der Webseite auf das Angebot aufmerksam werden, bevor sie sich auch anderswo informieren. In der Regel sind mehrere Touchpoints notwendig, bis aus Interessenten zahlende Kundschaft wird.

Zu den Zielen der Customer Journey gehören:

- mindestens die Steigerung der Leads. Ein **Lead** ist eine Information über Kundinnen und Kunden in Form eines Datensatzes.

Die 5 Phasen der Customer Journey

Quelle: Prohaska, Sebastian: Customer Journey – wie kundenorientiertes Marketing funktioniert, 16.11.2022. In: https://www.ithelps-digital.com/de/blog/online-marketing/customer-journey [20.01.2023]

BEISPIEL

Ein Lead sind die Daten eines Kunden der Hoffmann KG, der sich für einen Newsletter anmeldet.

- idealerweise die Bestellung im Webshop.

DEFINITION

Unter einem **Lead** wird die erfolgreiche Kontaktanbahnung bzw. der neue Kontakt eines Unternehmens verstanden, der durch eine Onlinemarketing-Maßnahme hergestellt wurde.

Online-Video-Advertising

Häufige Anwendung findet auch das Online-Video-Advertising: Dies ist eine Sonderform des Display-Marketings: Ähnlich wie bei klassischen Werbebannern werden werbliche Videoclips auf Internetseiten platziert.

BEISPIEL

Videos erregen deutlich mehr Aufmerksamkeit bei Kundinnen und Kunden und werden nicht so schnell wieder vergessen. Deshalb setzen Unternehmen auch Online-Video-Werbespots ein. Damit sie die größtmögliche Aufmerksamkeit erhalten, dauern sie nicht länger als 15 Sekunden.

Affiliate-Marketing

Eine Sonderform des Display-Marketings ist das Affiliate-Marketing: Betreiber von Websites empfehlen die Website eines anderen Anbieters.

Inhaber von Websites platzieren Produktempfehlungen auf ihren Websites, verlinken diese zu dem entsprechenden Anbieter und erhalten für ihre Empfehlung Geld, wenn der Klick auf einen Link zu einem Erfolg (Kauf, Newsletter-Bestellung, ...) führt. Der Vorteil für den Anbieter liegt darin, dass er eben nur im Erfolgsfall zahlt.

Häufig finden sich die Anbieter von Produkten und Dienstleistungen und die Webseitenbetreiber in Affiliate-Netzwerken zusammen. Der Anbieter hat dort eine Vielzahl von Partnern (engl. Affiliates), um seine Dienstleistung oder sein Produkt zu vermarkten.

BEISPIEL

Die Kevin Lutter OHG arbeitet als Vertriebspartner (Affiliate) für die Hoffmann KG. Auf der Webseite der Kevin Lutter OHG wird für die Artikel der Hoffmann KG geworben, indem dort z. B. Keyword-Verlinkungen zur Hoffmann KG gesetzt werden.
Sobald ein Kunde sich auf der Seite der Kevin Lutter OHG für das beworbene Produkt der Hoffmann KG interessiert, wird er über den Link auf die Seite der Hoffmann KG weitergeleitet. Nur dort kann er das Produkt kaufen. Die Kevin Lutter OHG verdient an diesem Prozess. Sie wird auf Provisionsbasis am Gewinn beteiligt.
Die Verbindung zwischen der Hoffmann KG (in der Fachsprache „Merchant" oder „Advertiser" genannt) und dem Affiliate Kevin Lutter OHG kam durch ein Affiliate-Netzwerk zustande. Diese bilden als Dienstleister eine Schnittstelle zwischen Merchants und Affiliates.

Es gibt Unterschiede zur normalen Bannerwerbung: Affiliate-Links sind nicht nur Banner, sondern auch Textlinks, die manchmal nur aus dem Unternehmenslogo oder der Firmenbezeichnung bestehen, die den Nutzer zum entsprechenden Angebot führt.

Es wird noch mehr darauf geachtet, dass der Werbeinhalt zum Inhalt der Webseite passt (Links korrespondieren mit dem Inhalt, bieten das passende Produkt zum Artikel etc.). Affiliate-Links werden häufiger auf privaten Webseiten geschaltet, z. B. Blogs, aber auch auf Bewertungsportalen.

Der Website-Betreiber (Publisher, Affiliate) nimmt Einfluss auf den Inhalt und nimmt nur Affiliate-Links auf, die zum Inhalt seiner Seite passen, ihn ergänzen, während Seiten, auf denen Bannerwerbung erscheint, lediglich darauf achten, dass die Banner nicht rechtswidrig oder imageschädigend sind.

Ein weiterer wesentlicher Unterschied zur klassischen Bannerwerbung besteht in der erfolgsorientierten Vergütung der Affiliate-Partner statt der sonst üblichen Abrechnung über den Tausenderkontaktpreis.

Mobiles Marketing

Mobiles Marketing gilt als einer der Trends im Onlinemarketing, da die mobile Nutzung des Internets steigt: Tablets, Smartphones oder andere tragbare Geräte werden als Überbringer von Werbung eingesetzt.

DEFINITION

Zum **mobilen Marketing** gehören alle kommunikativen Maßnahmen, mit denen ein Unternehmen gezielt über mobile Endgeräte das Verhalten von Kunden beeinflussen möchte.

Maßnahmen des mobilen Marketings werden unterstützt durch:

- **Apps:** Mit ihnen können Inhalte oft besser dargestellt werden als über normale Internetseiten. Zudem unterstützen die Apps verstärkt auch eine Bindung des Kunden an das Unternehmen.

Ausprägungen des Mobile Marketing

BEISPIEL

Lesende einer Anzeige der Hoffmann KG in einer Tageszeitung können mithilfe ihres Smartphones und einer entsprechenden App sofort die Internetseite der Hoffmann KG erreichen.

Einlesen eines QR-Codes mit dem QR-Code-Scanner des Smartphones

- **QR-Codes:** Die meisten mobilen Endgeräte verfügen über Software, mit denen QR-Codes gelesen werden können. Ein QR-Code (= Quick Response Code) hat die Form einer quadratischen Matrix. Aus dieser kann das mobile Gerät dann die enthaltenen Informationen lesen. Sie ermöglichen eine einfache Weiterleitung zu mobilen Inhalten für Kundinnen und Kunden.

Zu den Bereichen des Mobile Marketing gehören die mobile Übermittlung von Informationen, der mobile Verkauf inklusive der Auslieferung von mobilen sowie realen Produkten und Dienstleistungen und die mobile Gewinnung von Daten.

Tracking

Eine weitere wichtige Maßnahme des Onlinemarketing ist das Tracking: Dies ist die Verfolgung der Bewegung der Nutzerinnen und Nutzer im Internet. Mit dem Tracking werden also die Bewegungsdaten von Besuchenden der Internetseite erfasst. Anschließend wird daraus ein Kundenprofil erstellt, aus dem sich die Interessen und Vorlieben der Person ableiten lassen.

> **BEISPIEL**
>
> Für ein Unternehmen ist das Tracking von enormer Bedeutung. Ein Unternehmen gewinnt damit die unterschiedlichsten Informationen:
>
> - Das Unternehmen kann herausfinden, über welche Webseiten ein Besucher oder eine Besucherin auf die eigene Internetseite gekommen ist.
> - Es kann das Käuferverhalten untersuchen.
> - Es kann nachvollziehen, welche unterschiedlichen Käufergruppen seinen Webshop besuchen.
> - Es kann auch herausfinden, wie lange sich ein Kunde oder eine Kundin im Webshop (und wo dort) aufgehalten hat. Denn alle Aktionen, die der Kunde / die Kundin ausführt, werden aufgezeichnet.

Der Betreiber des Webshops muss seine Kundschaft jedoch über den Umfang, den Zweck und die Art der Datensammlung informieren. Er muss die Besucher/-innen der Internetseite eindeutig darauf hinweisen, dass sie der Sammlung von Daten widersprechen können (Widerspruchsrecht des Besuchers / der Besucherin).

Die Mindmap zeigt weitere Tracking-Möglichkeiten.

Targeting

Beim Targeting wird versucht, Onlinewerbung so genau wie möglich auf die Zielgruppe auszurichten. Frei übersetzt kann Targeting auch als „Zielgruppenansprache" bezeichnet werden. Ziel des Targetings ist es, so weit wie möglich Streuverluste bei den Werbemaßnahmen zu vermeiden. Angewandt werden die unterschiedlichsten Techniken zur Eingrenzung der Zielgruppe.

Einige wichtige Targeting-Methoden	
Technisches Targeting	Dieses basiert auf technischen Informationen (etwa das genutzte Device, der Browser, das Betriebssystem).
Soziodemografisches Targeting	Es werden Kriterien wie etwa Alter, Geschlecht, Beruf, Haushaltsnettoeinkommen oder berufliche Stellung herangezogen.
Retargeting	Besucher eines Webshops werden – meistens durch Cookies – gekennzeichnet. Beim Besuch anderer Webseiten werden diese Cookies dort identifiziert. Daraufhin werden ihnen dann die entsprechenden Artikel des früher besuchten Webshops erneut angezeigt.
Behavioral Targeting	Die Zielgruppenansprache erfolgt aufgrund der Analyse des Surfverhaltens des Besuchers (engl. behaviour = Verhalten).
Keyword Targeting	Gibt ein potenzieller Kunde im Internet in Suchmaschinen Suchbegriffe (= Keywords) ein, wird ihm die dazu passende Werbung angezeigt.

Einige wichtige Targeting-Methoden	
Contextual Targeting	Im Vorfeld einer Werbekampagne werden bestimmte Wörter ausgewählt, die zum Inhalt der Anzeigen passen. Liest der Nutzer im Internet einen Artikel zu einem bestimmten Thema, wird ihm dann die dazu passende Werbung eingeblendet.

Suchmaschinenoptimierung: Ranking von Ergebnissen in Suchmaschinen

Suchmaschinen sind ein sehr wichtiger Vertriebskanal für Händler. Sucht jemand dort einen Shop oder einen Artikel, müssen diese unter den ersten Suchergebnissen erscheinen, um wahrgenommen zu werden. Ein gutes Ranking (= eine Platzierung ganz oben in den Suchergebnissen) in Suchmaschinen erzeugt hohe Umsätze.

Suchmaschinen funktionieren ähnlich wie Bibliotheken. Denn auch dort findet man alle Informationen ordentlich sortiert nach vielen unterschiedlichen Themenbereichen. Während in Bibliotheken z. B. die Bibliothekarin bei der Bereitstellung der Informationen zuständig ist, helfen bei Suchmaschinen sogenannte **„Webcrawler"** (auch Bots, Spider genannt). Webcrawler sind Soft- und Hardware-Systeme, die kontinuierlich das World Wide Web nach neuen Inhalten durchsuchen und diese Informationen auf Servern ablegen.

Der **Algorithmus der Suchmaschine** legt dann das Ranking, also die Aufstellung der Suchergebnisse, anhand von vielen teilweise unbekannten Kriterien fest. Hierbei ist die erste Position einer SERP das relevanteste Suchergebnis zum Keyword und daher besonders für Unternehmen interessant. Für eine optimale Nutzung dieses Vertriebsweges muss ein Unternehmen mittlerweile eine professionelle **Suchmaschinenoptimierung** (SEO = Search Engine Optimization) betreiben.

Der Webshop wird im Rahmen der SEO so gestaltet, dass eine Suchmaschine die Seiten optimal lesen und auswerten kann. Angestrebt wird, dass der Webshop bzw. der auf ihm angebotene Artikel unter den ersten zehn angezeigten Suchergebnissen aufgeführt wird.

Social-Media-Marketing

Soziale Medien haben immer stärkere Bedeutung bekommen und können von Händlern ebenfalls zu Marketingzwecken genutzt werden. Unter Social-Media-Marketing versteht man in diesem Zusammenhang den Einsatz von sozialen Netzwerken und Netzgemeinschaften im Internet zu Umsatz- und Absatzsteigerungen.

- Durch kompetentes Auftreten in sozialen Netzen können die Bekanntheit der Produkte bzw. Dienstleistungen und das Image eines Unternehmens gestärkt werden.
- Bestandskunden können durch soziale Medien sehr gut angesprochen werden. In diesem Zusammenhang werden die sozialen Medien als Instrument zur Kundenbindung erfolgreich genutzt.
- Da die in sozialen Netzwerken ausgewiesenen Nutzer-Profile oft sehr detailliert sind, können Unternehmen dort sehr viel über ihre Zielgruppen erfahren.

Virales Marketing und Guerilla-Marketing

Der neueste Trend im Social-Media-Marketing ist das **virale Marketing**. Darunter versteht man das gezielte Auslösen und Kontrollieren von Mundpropaganda im Internet, um dadurch zur Vermarktung von Leistungen und Produkten des eigenen Unternehmens beizutragen.

BEISPIEL FÜR VIRALES MARKETING

Diese Werbung möchte mit diesem Slogan deutlich machen, dass unmögliche Dinge dennoch machbar sind.

Durch verschiedene Maßnahmen sollen potenzielle Kunden dazu gebracht werden, Informationen und positive Meinungen über Produkte und Dienstleistungen freiwillig weiterzuverbreiten. Wie ein „Virus" sollen Informationen über ein Produkt oder eine Dienstleistung innerhalb kürzester Zeit in den sozialen Netzwerken des Internets von Mensch zu Mensch weitergegeben werden.

Ganz eng verbunden mit dem viralen Marketing ist das **Guerilla-Marketing**. Guerilla-Marketing ist ein Marketingansatz, der auf unkonventionellen Methoden beruht und die Zielpersonen überrascht. Durch die damit einhergehende Aufmerksamkeit ist Guerilla-Marketing besonders effizient, zumal der Mitteleinsatz (Kosten), verglichen mit klassischen Werbekampagnen, meist eher niedrig ausfällt. Hierfür werden unkonventionelle und untypische Aktionen umgesetzt, die es so bisher noch nicht gab.

BEISPIEL FÜR GUERILLA-MARKETING

Pepsi nutzte eine viel besuchte Bushaltestelle, um den Passanten „Unglaubliches" zu präsentieren. Dafür wurde die Bushaltestelle mit einem großen Display und einer Kamera ausgestattet, sodass es für die Passanten auf den ersten Blick so aussah, als sei tatsächlich ein Tiger in Loncons Straßen unterwegs etc. Dies erschien selbstverständlich schnell auf YouTube und wurde auch in diversen Artikel aufgegriffen.

E-Mail-Marketing

Um Neukunden zu gewinnen oder Bestandskunden für neue Entwicklungen zu interessieren, werden durch direkte E-Mails gezielt Kunden angeschrieben. Beispielsweise können Kunden über **Newsletter** (elektronische Rundschreiben, die oft die Funktion von Kundenzeitschriften haben) über neue Angebote informiert werden.

Wegen der geringen Versandkosten, der hohen Versandgeschwindigkeit und den unterschiedlichsten Gestaltungsmöglichkeiten nimmt E-Mail-Marketing eine wichtige Rolle innerhalb des Onlinemarketings ein. Allerdings besteht die Gefahr, dass die E-Mails von den Spamfiltern der Adressaten ausgesondert und eventuell gelöscht werden.

Unerwünschte E-Mails landen leider nicht immer in den Spam-Filtern.

Zudem unterliegt die Versendung von E-Mails zu Werbe- und Informationszwecken besonderen gesetzlichen Beschränkungen: Unerwünschte Werbe-E-Mails sind nach dem Gesetz gegen den unlauteren Wettbewerb (UWG-Gesetz) als „unzumutbare Belästigung" grundsätzlich wettbewerbswidrig.

Eine unzumutbare Belästigung ist immer dann gegeben, wenn

- die Einwilligung des Adressaten für das Versenden der E-Mail fehlt,
- der Absender seine Identität verschleiert oder verheimlicht und
- die E-Mail keine gültige Adresse enthält, unter der der Empfänger das künftige Zusenden von E-Mails untersagen beziehungsweise unter der er sich abmelden kann („unsubscribe").

Influencer- und Onlinemarketing

Eine immer größere Bedeutung im Onlinemarketing nimmt das Influencer-Marketing ein. Immer mehr Unternehmen, die im Internet auftreten, – also z. B. auch Webshops – setzen auf Influencerinnen und Influencer, um in der digitalen Welt sichtbar zu werden.

> **DEFINITION**
>
> Eine **Inflluencerin** ist eine Persönlichkeit der realen Welt, die in den sozialen Medien ein hohes Ansehen genießt und dort stark präsent ist. Dadurch bekommen diese Personen für das Onlinemarketing eine große Bedeutung.

Influencer/-innen (wortwörtlich übersetzt: Beeinflusser/-innen) sind Meinungsmacher/-innen, deren Äußerungen in den sozialen Medien stark beachtet werden. Da sie als fachlich kompetent und sehr vertrauenswürdig gelten, können diese von Unternehmen zur Erreichung von Unternehmenszielen in ihre Marketingstrategie einbezogen werden.

BEISPIELE

- Ein berühmter Bergsteiger empfiehlt einen bestimmten Rucksack.
- Ein bekannter Koch aus dem Fernsehen empfiehlt in seinem Blog die Messer einer bestimmten Firma.

Hinter dem Influencer-Marketing steht das folgende **Kommunikationsmodell**:

- Das Unternehmen (Sender) verbreitet seine Marketingbotschaft.
- Die Influencer/-innen stellen eine Beziehung zu den eigentlichen Empfängerinnen und Empfängern (Kundschaft) der Botschaft her. Als von vielen Teilnehmenden der jeweiligen Social-Media-Plattform mit einer hohen Reputation akzeptierte Meinungsführer/-innen stellen sie eine Art Filter dar.

- Die Kundschaft akzeptiert die Botschaft umso mehr, je angesehener ein/-e Influencer/-in ist.
- Das Influencer-Marketing versucht für das Unternehmen Expertinnen und Experten für bestimmte Themengebiete zu gewinnen. Diese sollen sich dann positiv zu einer Marke bzw. zu einem bestimmten Produkt äußern.

Als Influencer/-innen können für Unternehmen eine Vielzahl von Personen infrage kommen:

BEISPIELE

- Nutzende sozialer Medien mit einer hohen Anzahl an Followern
- zufriedene Bestandskunden mit einem besonderen Fachwissen
- Journalistinnen und Journalisten
- Bloggerinnen und Blogger
- Youtuber/-innen
- Prominente
- Expertinnen und Experten
- Foren-Betreiber/-innen
- Sportlerinnen und Sportler

Eine Influencerin empfiehlt Kosmetikartikel.

Influencer/-innen sollen somit Einfluss auf die Bewertung und Beurteilung von Produkten und Marken nehmen. Hauptziel des Influencer-Marketings ist zunächst einmal also die Steigerung der Bekanntheit der Unternehmen bzw. der von ihnen vertriebenen Produkte und Marken. Durch entsprechende Verlinkung wird zudem das Ranking in Suchmaschinen verbessert. Nicht zuletzt färbt das positive Image der Influencer/-innen in ihren Communitys auf das Unternehmen ab.

DEFINITION

Ein **Follower** (dt.: Anhänger) folgt einer Unternehmensseite oder wie hier einer Person bzw. hat diese abonniert, um in der Folge sofort benachrichtigt zu werden, wenn neuer Content des Unternehmens/der Person verfügbar ist.

MERKSATZ

Der Erfolg der Onlinemarketing-Maßnahmen wird mit verschiedenen Kennzahlen gemessen. Dazu gehören unter anderem:

- Der **Tausend-Kontakte-Preis** gibt den Preis an, den ein Werbetreibender bezahlen muss, um seine Werbebotschaft tausend Personen (oder Haushalten) einer Zielgruppe zu präsentieren.
- Die Kennzahl **Seitenaufrufe** gibt Auskunft über die Gesamtanzahl der Zugriffe auf eine bestimmte Webseite innerhalb eines bestimmten Zeitraums.
- Mit der Kennzahl **Seitenverweildauer** bekommt man im Onlinemarketing die Information, wie viel Zeit im Durchschnitt ein Besucher oder eine Besucherin auf einer bestimmten Webseite verbringt, bevor er/sie die Seite verlässt. Die Seitenverweildauer wird in der Regel in Sekunden oder Minuten gemessen.

AUFGABEN

1. Geben Sie an, was Onlinemarketing bedeutet.
2. Erläutern Sie den Begriff „Display Advertising".
3. Erklären Sie, was ein Werbebanner ist.
4. Erläutern Sie die Ziele von Bannerwerbung.
5. Erklären Sie, was die Customer Journey ist.
6. Erläutern Sie den Begriff „Lead".
7. Definieren Sie den Begriff „Banner Blindness".
8. Beantworten Sie die folgenden Fragen:
   a) Wofür steht die Abkürzung „CTR"?
   b) Wie wird diese Zahl berechnet?
9. Bedeutet eine niedrige CTR, dass die Bannerwerbung sich nicht gelohnt hat? Erläutern Sie Ihre Antwort.
10. Von 3 000 Nutzern, für die ein Banner sichtbar war, klickten 1 200 darauf. Berechnen Sie die CTR.
11. Beschreiben Sie den Begriff „Affiliate Marketing".
12. Geben Sie an, was Online-Vertriebspartner sind.
13. Erläutern Sie, was Affiliates sind.
14. Nennen Sie drei Affiliate-Modelle.
15. Führen Sie Ziele auf, die Merchants und Affiliates verfolgen.
16. Definieren Sie, was Tracking ist.
17. Erläutern Sie, was Targeting ist.
18. Geben Sie eine eigene Definition von Suchmaschinenoptimierung.
19. Geben Sie das Ziel der Suchmaschinenoptimierung an.
20. Erklären Sie in Ihren eigenen Worten, was sich hinter dem Begriff „Social-Media-Marketing" verbirgt.
21. Nennen Sie mindestens vier Arten von Personen, die Influencer/-innen sein können.
22. Geben Sie drei Beispiele für Guerilla-Marketing an.

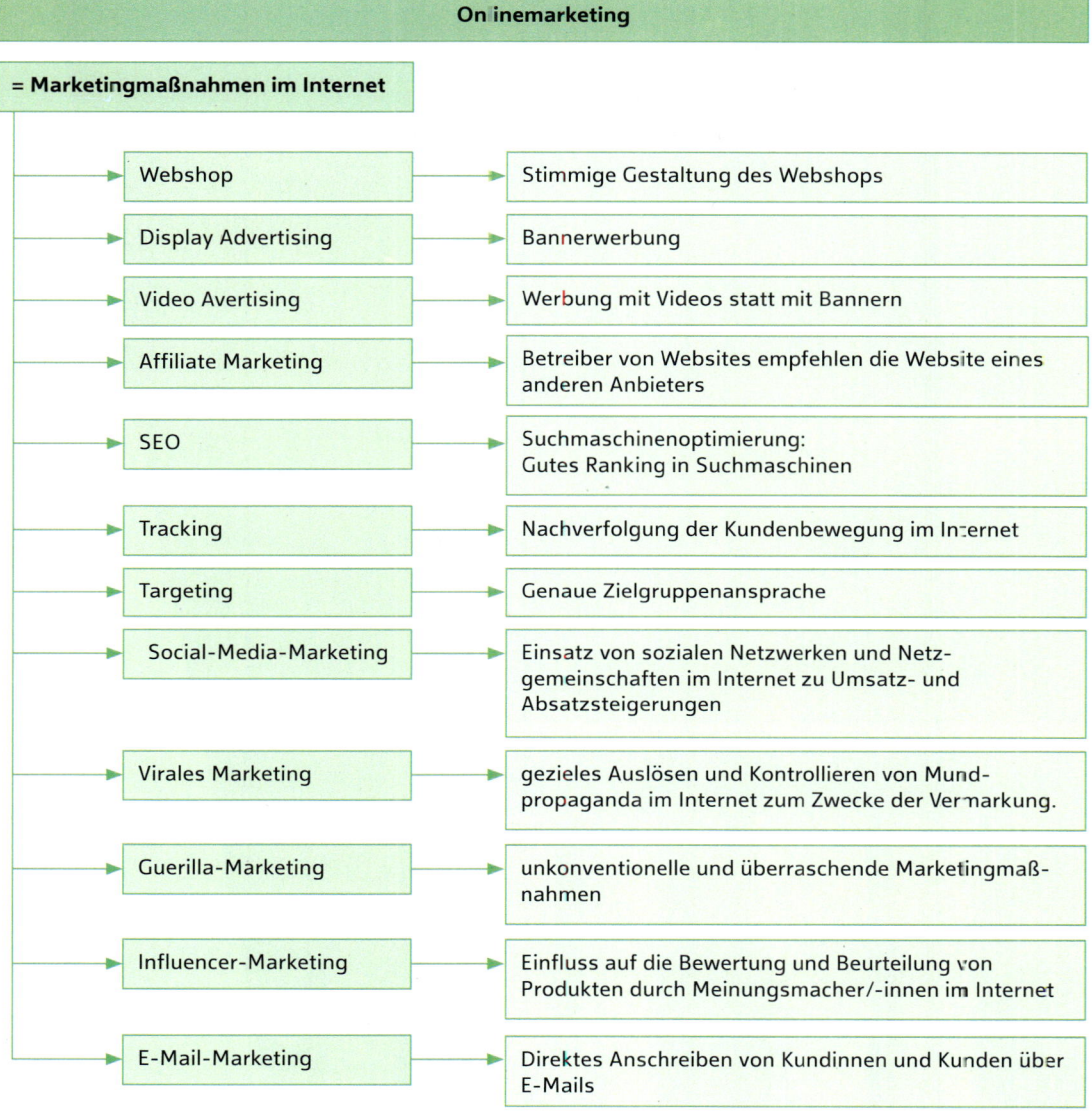

Onlinemarketing

= Marketingmaßnahmen im Internet

Webshop	Stimmige Gestaltung des Webshops
Display Advertising	Bannerwerbung
Video Avertising	Werbung mit Videos statt mit Bannern
Affiliate Marketing	Betreiber von Websites empfehlen die Website eines anderen Anbieters
SEO	Suchmaschinenoptimierung: Gutes Ranking in Suchmaschinen
Tracking	Nachverfolgung der Kundenbewegung im Internet
Targeting	Genaue Zielgruppenansprache
Social-Media-Marketing	Einsatz von sozialen Netzwerken und Netzgemeinschaften im Internet zu Umsatz- und Absatzsteigerungen
Virales Marketing	gezieles Auslösen und Kontrollieren von Mundpropaganda im Internet zum Zwecke der Vermarkung.
Guerilla-Marketing	unkonventionelle und überraschende Marketingmaßnahmen
Influencer-Marketing	Einfluss auf die Bewertung und Beurteilung von Produkten durch Meinungsmacher/-innen im Internet
E-Mail-Marketing	Direktes Anschreiben von Kundinnen und Kunden über E-Mails

2 Beschaffung und Lagerung

2.1 Beschaffungsplanung

Die Geschäftsführung der Hoffmann KG hat mit den Abteilungsleitungen die Planzahlen für die Umsätze festgelegt. Anschließend wird die Einkaufsabteilung beauftragt, die Beschaffungsplanung für das nächste Quartal vorzunehmen.

IN DER RICHTIGEN
PLANUNG DES EINKAUFS
LIEGT DER HALBE
GEWINN

1. Stellen Sie fest,
   a) welche Bereiche die Beschaffungsplanung umfasst,
   b) was im Rahmen der Beschaffungsplanung bedacht werden muss.
2. Begründen Sie die Bedeutung des Einkaufs für die Gewinnsituation.
3. Stellen Sie die optimale Bestellmenge für einen bestimmten Artikel fest. Die Beschaffungskosten betragen 40,00 € je Bestellung, unabhängig davon, wie viel bestellt wird. An Lagerkosten fallen 0,20 € je Stück an. Es sollen innerhalb eines bestimmten Zeitraums 1 500 Stück eines Artikels bestellt werden.
4. Die Geschäftsführung strebt in einer Warengruppe einen Umsatz von 500.000,00 € an. Sie möchte einen Kalkulationsabschlag von 35 % durchsetzen. Als Limitreserve plant sie 20 % ein. Wie hoch ist das Restlimit, wenn schon für 49.000,00 € Bestellungen vorliegen?

Im Rahmen der Beschaffungsplanung geht es für das beschaffende Unternehmen darum, die richtige Ware in der geforderten Menge und Qualität zum richtigen Zeitpunkt und zum günstigsten Preis beim richtigen Lieferanten einzukaufen. Zwei Arten von Informationen sind für Einkaufsentscheidungen von Bedeutung:

- Bedarfsinformationen, aus denen Menge, Art und Zeit des Einkaufs ermittelt werden,
- Informationen, die die Auswahl des günstigsten Lieferanten ermöglichen.

Bedarfsermittlung

Die Feststellung des Bedarfs ist die erste Voraussetzung für einen rationellen Einkauf. Der Bedarf ist die Warenmenge, die in angemessener Zeit durch den Betrieb voraussichtlich verkauft beziehungsweise verarbeitet werden kann.

Auch heute geschieht die Bedarfsfeststellung noch oft mit dem berühmten „Fingerspitzengefühl". Dieses kann richtig sein, erweist sich jedoch häufig als völlig irreführend. Daher werden in vielen

Betrieben Ein- und Verkaufsstatistiken geführt, aus denen Angestellte im Einkauf beträchtliche Schlüsse hinsichtlich der Entwicklung des Bedarfs ziehen können.

In diesem Zusammenhang werden z. B. Betriebe durch Computerprogramme, sogenannte EDV-gestützte Warenwirtschaftssysteme, unterstützt. Die EDV-gestützten Warenwirtschaftssysteme ermöglichen unter anderem eine Verkaufsdatenanalyse, mit der der zukünftige Bedarf ermittelt werden kann.

Sortiments- und Produktprogrammplanung (WAS?)

Zunächst einmal muss das Unternehmen festlegen, welche Waren überhaupt geführt beziehungsweise produziert werden sollen. Es wird versucht, solche Artikel im Rahmen seines Verkaufsprogramms zusammenzustellen, die die Kundschaft erwartet. Dadurch kommt es zur Sortimentsbildung beziehungsweise Festlegung des Produktprogramms.[1]

Bei der Überlegung, was eingekauft werden soll, werden also Artikel nach Art und Qualität ausgesucht. Dabei müssen die Erfahrungen der Vergangenheit beachtet werden. Kundenwünsche oder Verkaufserfolge eines Mitbewerbers mit einem bestimmten Artikel können z. B. dazu führen, dass ein Unternehmen ein neues Produkt in sein Sortiment aufnehmen möchte.

Aber auch Zukunftserwartungen müssen berücksichtigt werden. Hilfen hierzu bieten z. B. Marktuntersuchungen und Berichte von Außendienst und Handelsvertretungen.

Schon beim Einkauf der Waren sollte man an den Absatz denken. Obwohl er zeitlich der Beschaffung der Waren folgt, ist er als übergeordnetes Ziel das bestimmende Element. Es dürfen nur solche Waren eingekauft werden, die sich auch absetzen lassen.

Mengenplanung (WIE VIEL?)

Bei der Mengenplanung wird entschieden, wie viel eingekauft werden soll. Die exakte Schätzung des Bedarfsumfangs ist schwierig. Ziel der Mengenplanung ist die Ermittlung der kostengünstigsten Bestellmenge (optimale Bestellmenge).

Das Unternehmen steht bei der Feststellung von Beschaffungsmengen vor zwei grundsätzlichen Möglichkeiten. Es beschafft

- große Mengen in großen Zeitabständen oder
- kleine Mengen in kleinen Zeitabständen.

Zwischen diesen beiden extremen Wahlmöglichkeiten gibt es eine Fülle von weiteren Möglichkeiten. Zur Bestimmung der optimalen Bestellmenge muss das Unternehmen die Auswirkungen der verschiedenen möglichen Beschaffungsmengen auf die Höhe der Kosten untersuchen.

Dabei sind zwei Kostenarten zu unterscheiden:

- **Beschaffungskosten**
  Sie fallen z. B. für das Einholen des Angebots, das Schreiben der Bestellung oder die Wareneingangs- oder Rechnungsprüfung an. Mit zunehmender Bestellmenge werden die Beschaffungskosten je Wareneinheit geringer. Wird nur einmal innerhalb eines bestimmten Zeitraums bestellt, muss beispielsweise auch nur einmal eine Bestellung geschrieben werden. Bei größeren Bestellungen können außerdem mögliche Mengenrabatte in Anspruch genommen werden.

- **Lagerkosten**
  Sie nehmen bei einer Erhöhung der Beschaffungsmenge zu. Je mehr Ware bestellt und auf Lager genommen wird, desto mehr Personalkosten fallen z. B. für im Lager beschäftigte Personen an.

Diese beiden Kostenarten verlaufen also bei unterschiedlichen Beschaffungsmengen entgegengesetzt. Die Aufgabe der Mengenplanung besteht nun darin, die Beschaffungsmenge zu bestimmen,

1 siehe Kapitel 1.4

für die die Summe aus Beschaffungs- und Lagerhaltungskosten möglichst gering ist. Bei der optimalen Bestellmenge gleichen sich sinkende Bestellkosten und steigende Lagerhaltungskosten so aus, dass ein Minimum an Gesamtkosten entsteht.

Bestellkosten	Lagerkosten
• Gebühren (z. B. Porto, Telefon, Fax) • Material (z. B. Umschläge, Briefpapier, Druckerpatrone) • Personal (z. B. Buchhaltungspersonal, Schreibkräfte)	• Energiekosten (z. B. Strom, Heizung, Licht) • Gebäude • Personal (z. B. Beschäftigte im Lager) • Warenpflege
Wird selten, aber in großen Mengen bestellt:	
▼ niedrige Bestellkosten	▲ hohe Lagerkosten
Wird oft, aber in kleinen Mengen bestellt:	
▲ hohe Bestellkosten	▼ niedrige Lagerkosten

BEISPIEL

In einem Unternehmen betragen die Beschaffungskosten 35,00 € je Bestellung, unabhängig davon, wie viel bestellt wird. An Lagerkosten fallen 0,25 € je Stück an. Es sollen innerhalb eines bestimmten Zeitraums 1 000 Stück eines Artikels bestellt werden.

Anzahl der Bestellungen	Bestellmenge	Lagerhaltungskosten in €	Bestellkosten in €	Gesamtkosten in €
1	1 000	250,00	35,00	285,00
2	500	125,00	70,00	195,00
3	333	83,25	105,00	188,25
4	250	62,50	140,00	202,50
5	200	50,00	175,00	225,00

Die optimale Bestellmenge liegt bei 333 Stück. Dort entstehen Gesamtkosten von nur 188,25 €.

Die Höhe der Bestellmenge ist jedoch noch von weiteren Rahmenbedingungen abhängig:

- **wirtschaftliche Lage**
  Ist aufgrund konjunktureller Entwicklungen eine Verknappung von Artikeln zu erwarten, sollte das beschaffende Unternehmen sich mit größeren Mengen zu einem noch niedrigeren Preis eindecken.

- **Preis**
  Auf Märkten, die großen Preisschwankungen unterliegen, sollten bei niedrigen Preisen größere Mengen eingekauft werden.

- **Umsatz**
  Bei der Festlegung der Bestellmenge ist auch vom zu erwartenden Absatz auszugehen.

Bei der Planung der Einkaufsmenge kann auch die **Limitrechnung** angewandt werden. Sie ist ein Instrument, um die Finanzverhältnisse des Unternehmens zu kontrollieren und in Ordnung zu halten. Der Einkauf wird dadurch planbar und überprüfbar.

DEFINITION

Ein **Limit** gibt an, für wie viel Euro in einem bestimmten Zeitabschnitt Waren einer Warengruppe eingekauft werden dürfen. Diese Einkaufsgrenze sollte nicht überschritten werden.

BEISPIEL

Ein Unternehmen führt mit einem EDV-gestützten Warenwirtschaftssystem eine Limitrechnung für eine bestimmte Warengruppe durch.

– Limitrechnung (Plan) –				
Haus 1	Abt. 1	WGR 1	Plansaison 1	Jahr
Umsatz				100.000
– erzielte Kalk.	50,0 %			50.000
= Planumsatz EK				50.000
: Umschlag	5,0			
= Durchschn.-Lager				10.000
= Saisonlimit				50.000
– Limitreserve	10,0 %			5.000
= freies Limit				45.000
– Ist-Bestellungen				35.537
= Restlimit				9.463
– Freigabe 16. Nov.				2.000
= Restlimit neu				7.463

Plan-/Ist-Vergleich? – J/N Speichern Planzahlen?

– J/N Umsatzkontrolle? – J/N

Das Unternehmen strebt aufgrund früherer Umsatzzahlen für die Warengruppe innerhalb des Planungszeitraums einen Umsatz von 100.000,00 € an. Es hofft, einen Kalkulationsabschlag (erzielte Kalkulation) von 50 % durchsetzen zu können: Der Bruttogewinn soll also 50.000,00 € betragen. Für den Wareneinsatz (Planumsatz zu Einstandspreisen) müssen daher 50.000,00 € eingeplant werden.

Als Saisonlimit ergibt sich der Betrag von 50.000,00 €. Dies ist der Gesamtbetrag, der im Planungszeitraum ausgegeben werden darf. Das Saisonlimit wird aufgeteilt in die Limitreserve und das freie Limit. Die Limitreserve wird in der Regel als Prozentsatz ausgedrückt (10 % = 5.000,00 €) und ist für Sonderfälle – wie z. B. Sonderangebote oder kurzfristige Nachbestellungen – vorgesehen. Das freie Limit (45.000,00 €) ist der Betrag, für den im Rahmen vorhersehbarer Bestellungen eingekauft werden darf.

Vom freien Limit wird der bisherige Auftragswert (Ist-Bestellung = 35.537,00 €) abgezogen. Der für Bestellungen noch offene Betrag von 9.463,00 € ist das sogenannte Restlimit. In diesem vereinfachten Beispiel bestellt der Großhändler Waren für 2.000,00 €, sodass sich ein neues Restlimit von 7.463,00 € ergibt.

Zeitplanung (WANN?)

Hat man die Bestellmenge annähernd ermittelt, so tritt für die Einkäuferinnen und Einkäufer das nächste Problem auf: Wann soll eingekauft werden? Bei der Zeitplanung geht es um den richtigen Zeitpunkt der Bestellung.

BEISPIELE

- Ein Händler muss seine Waren so rechtzeitig einkaufen, dass sie zum Verkaufstermin vorhanden sind. Bei Nachbestellungen muss beachtet werden, dass die Ware im Verkauf nicht ausgeht.
- Ein Industriebetrieb muss Roh-, Hilfs- und Betriebsstoffe so rechtzeitig beschaffen, dass sie zum Produktionstermin zur Verfügung stehen.

Um dies zu erreichen, werden entweder das Bestellrhythmusverfahren oder das Bestellpunktverfahren angewandt:

- **Bestellrhythmusverfahren**
  Beim Bestellrhythmusverfahren wird nach Ablauf von bestimmten Zeitabständen (Tage, Wochen, Monate oder Quartale) überprüft, ob sich noch ausreichend Artikel auf Lager befinden. Die Kontrolle, ob nachbestellt werden muss, wird nicht bei jeder Entnahme von Ware durchgeführt, sondern nur zu bestimmten, vorgegebenen Zeitpunkten. Dieses Verfahren wird also durch den Zeitfaktor gesteuert.

- **Bestellpunktverfahren**
  Das häufiger angewandte Bestellpunktverfahren dagegen wird durch Verbrauchsmengen gesteuert. Eine Bestellung wird jedes Mal ausgelöst, wenn der Lagerbestand des Artikels nicht mehr ausreicht, um den während der Beschaffungszeit zu erwartenden Bedarf zu decken. Dazu sind Bestandsprüfungen nach jedem Lagerabgang nötig. Dies erfordert einen hoher Aufwand, der aber durch den Einsatz von EDV-Anlagen und entsprechenden Programmen automatisch bewältigt werden kann.

Der Zeitpunkt für eine Bestellung hängt weiterhin ab von:

- **Beschaffungsdauer**
  Ist die Ware einen Tag später da, kann man jeden Tag nachbestellen.

- **Lagerfähigkeit der Waren**
  Artikel, die nicht lange gelagert werden können, müssen häufig bestellt werden.

- **Preisentwicklung** auf dem Markt

- **Umsatzgeschwindigkeit**

Bezugsquellenermittlung (WO?)

Der Auswahl der Lieferanten muss besondere Aufmerksamkeit geschenkt werden. Von ihr hängt nämlich ganz entscheidend die Kostensituation eines Unternehmens ab. Grundsätzlich sollte dort eingekauft werden, wo es am günstigsten ist.

ABC-Analyse

Unternehmen müssen für ihre umfangreichen Sortimente oft bis zu 100000 verschiedene Artikel beschaffen. Diese alle mit dem gleichen Aufwand hinsichtlich

- Bestellmengen,
- Bestellpunkten,
- durchschnittlicher Lagerdauer,
- Sicherheitsbeständen usw.

Im Rahmen der Beschaffung dient die ABC-Analyse als Instrument zur Minderung des Beschaffungsrisikos.

zu planen und zu kontrollieren, verbieten die Kosten eines solchen Vorgehens.

Daher wird häufig ein Verfahren angewandt, das die Kosten einer Planung und Kontrolle einzelner Artikel mit deren Bedeutung am Beschaffungsumfang in Beziehung setzt.

Die ABC-Analyse ist ein Verfahren, das eine bestehende Grundgesamtheit (in der Regel sind dies Artikel; es können aber beispielsweise auch Kunden oder Lieferanten sein) hinsichtlich bestimmter Kriterien wie Umsatz oder Rentabilität in drei Klassen einteilt. Angestrebt wird dabei das Auffinden derjenigen Artikel, Lieferanten oder Kunden, die am meisten (Klasse A), durchschnittlich (Klasse B) oder wenig (Klasse C) zum Unternehmenserfolg beitragen.

- Die wenigen umsatzstarken und damit sehr risikoreichen A-Artikel werden ihrer Bedeutung entsprechend mit besonderer Aufmerksamkeit behandelt. Ein Unternehmen kann umso erfolgreicher disponieren, je mehr Anstrengungen es bei den A-Artikeln unternimmt: Die Kosten für eine intensive und genaue Kontrolle halten sich angesichts der relativ geringen Zahl dieser Artikel in vertretbaren Grenzen. Bei diesen wichtigen Artikeln kommt es dadurch zu sehr großen Einsparungen. So werden z. B. für A-Artikel häufig Bestellungen durchgeführt, um kostenverursachende Lagerbestände zu verringern.
- Die zahlreichen C-Artikel dagegen werden nur mit einem einfachen System kontrolliert, das dem Disponenten wenig Mühe macht. Selbst wenn sich dadurch ein geringfügig erhöhter Lagerbestand ergeben sollte, lassen sich durch die Verminderung des Arbeitsaufwands große Einsparungen erzielen. Ist ein Artikel also unwichtig, so ist der Verlust, der durch eine Verminderung der Überwachungsarbeit entstehen könnte, sehr niedrig zu bewerten. Kontrollen und Lagerhaltung werden daher stark vereinfacht.
- Für B-Artikel kommt ein Mittelweg zwischen der Behandlung der A-Artikel und der C-Artikel in Betracht.

Die ABC-Analyse ist ein wichtiges, nicht nur auf den Bereich der Beschaffung beschränktes Rationalisierungsinstrument. Sie hilft,

- sich auf wirtschaftlich bedeutende Artikel zu konzentrieren,
- hohen Arbeitsaufwand bei Artikeln untergeordneter Bedeutung zu vermeiden,
- die Transparenz der Lagerwirtschaft und Beschaffung und
- die Effizienz des Einkaufs zu steigern.

BEISPIEL

Für eine Warengruppe von zehn Artikeln soll eine ABC-Analyse durchgeführt werden. Dies geschieht in mehreren Schritten:

1. **Ermittlung des Stückpreises** in Euro und der Absatzmenge in Stück pro Jahr
2. **Berechnung des Umsatzes** in Euro pro Jahr
3. **Sortierung der Artikel** in absteigender Folge nach der Höhe ihres Umsatzes
4. **Berechnung des prozentualen Anteils** jedes Artikels am Gesamtumsatz

5. **Kumulierung der jeweiligen prozentualen Anteile jedes Artikels** am Umsatz: Der jeweilige prozentuale Anteil wird zu den vorhergehenden hinzugerechnet.
6. **Einteilung in A-, B-, C-Teile**
7. **Auswertung des Ergebnisses:** Mit 20 % der Artikel werden 60 % des Umsatzes erreicht: Nur zwei der insgesamt zehn Artikel bilden die A-Gruppe (Artikel 9 und 4). Die Hälfte der Artikel bildet die C-Gruppe (5, 8, 2, 10 und 1), die nur 10 % des gesamten Umsatzes erbringt.
8. **Anwendung von Maßnahmen:** Bei A-Artikeln könnten dies z. B. sein:

- genaue Dispositionsverfahren
- genaue Bestandsrechnung
- strenge Terminkontrollen
- sorgfältige Festlegung der wirtschaftlichen Bestellmengen
- genaue Überwachung der Verweildauer im Betrieb

1. Schritt

Artikel	Stückpreis in €	Absatzmenge in Stück pro Jahr
1	32,00	125
2	0,02	500 000
3	50,00	1000
4	2,50	50 000
5	0,60	25 000
6	1,00	60 000
7	0,40	100 000
8	20,00	625
9	1,75	100 000
10	0,17	50 000

2. Schritt

Umsatz in € pro Jahr
4.000,00
10.000,00
50.000,00
125.000,00
15.000,00
60.000,00
40.000,00
12.500,00
175.000,00
8.500,00

3. Schritt   **4. Schritt**   **5. Schritt**

Artikel		Umsatz in € pro Jahr	Prozent des Umsatzes	Kumulierter prozentualer Anteil am Gesamtumsatz
A	9	175.000,00	35	35
	4	125.000,00	25	60
B	6	60.000,00	12	72
	3	50.000,00	10	82
	7	40.000,00	8	90
	5	15.000,00	3	93
C	8	12.500,00	2,5	95,5
	2	10.000,00	2	97,5
	10	8.500,00	1,7	99,2
	1	4.000,00	0,8	100
Gesamtumsatz		500.000,00		

Die Ergebnisse einer ABC-Analyse lassen sich auch grafisch darstellen.

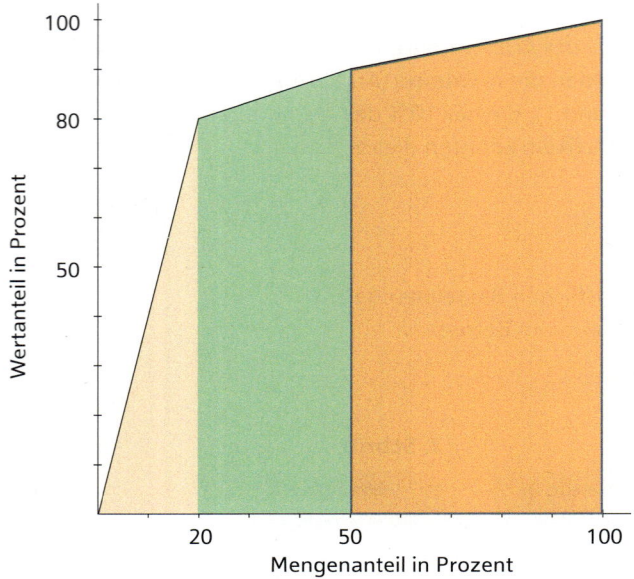

Hier in diesem Beispiel ist ablesbar, dass 20 % der Artikel für 80 % des Umsatzes sorgen.

AUFGABEN

1. Geben Sie das Ziel von Beschaffungstätigkeiten in einem Unternehmen an.
2. Führen Sie Maßnahmen auf, die bei der Einkaufsvorbereitung getroffen werden müssen.
3. Skizzieren Sie, wie sich eine Erhöhung der Bestellmenge auf die Beschaffungs- oder Lagerkosten auswirkt.
4. 400 Stück eines Artikels sollen bestellt werden. Die Lagerhaltungskosten betragen pro Stück 0,75 €, die Beschaffungskosten pro Bestellung 40,00 €. Ermitteln Sie die optimale Bestellmenge rechnerisch und grafisch.
5. Bei einem Onlinehändler betragen die Beschaffungskosten 135,00 € je Bestellung, unabhängig davon, wie viel bestellt wird. An Lagerkosten fallen 25 % des Werts der eingelagerten Ware an. Es sollen innerhalb eines bestimmten Zeitraums 12 000 Stück eines Artikels zum Einstandspreis von 3,00 € bestellt werden. Berechnen Sie die optimale Bestellmenge.
6. Begründen Sie, warum für den Einkauf von Artikeln häufig Limits festgesetzt werden.
7. Ein Unternehmen strebt in einer Warengruppe einen Umsatz von 400.000,00 € an. Es möchte einen Kalkulationsabschlag von 40 % durchsetzen. Als Limitreserve plant es 20 % ein. Berechnen Sie das Restlimit, wenn für 45.000,00 € schon Bestellungen vorliegen.
8. Unterscheiden Sie Bestellrhythmusverfahren und Bestellpunktverfahren.
9. Erstellen Sie mit Excel für drei typische Artikel des Sortiments Ihres Unternehmens im Lernbüro eine „Warendatei".

10. a) Legen Sie eine Excel-Tabellenkalkulation an, mit der Sie die optimale Bestellmenge berechnen können.

b) Lösen Sie zur Kontrolle mithilfe der Excel-Tabelle die folgende Aufgabe: Für eine bestimmte Warengruppe sollen 200 Stück bestellt werden. Die Lagerhaltungskosten betragen pro Stück 0,80 €, die Beschaffungskosten pro Bestellung 50,00 €. Wie hoch ist die optimale Bestellmenge?

c) Stellen Sie die Berechnung der optimalen Bestellmenge grafisch mithilfe von Excel dar.

ZUSAMMENFASSUNG

Beschaffungsplanung

Sortimentsplanung
Was soll eingekauft werden?

Mengenplanung
Wie viel soll eingekauft werden?

Zeitplanung
Wann soll eingekauft werden?

Bezugsquellenermittlung
Wo soll eingekauft werden?

2.2 Bezugsquellenermittlung

EINSTIEG

In der Zentrale der Hoffmann KG geht ein Schreiben eines ihrer Hauptlieferanten für Textilien – der Grotex GmbH – ein.

In dem Schreiben wird mitgeteilt, dass wegen eines Großbrandes bis auf Weiteres die Produktion eingestellt werden muss. Da der Bestand an Textilien nur noch einen Monat ausreicht, muss ein neuer Lieferant gesucht werden.

Suchen Sie nach Möglichkeiten, wie die Hoffmann KG einen neuen Lieferanten für Textilien finden kann.

Das beschaffende Unternehmen muss ständig den Beschaffungsmarkt beobachten und analysieren, wenn es wirtschaftlich arbeiten will. Dabei ist die Kernaufgabe, geeignete Bezugsquellen zu ermitteln. Bei der Bezugsquellenermittlung geht es darum, einen sicheren, schnellen, stets aktuellen Überblick über sämtliche infrage kommenden Lieferanten zu schaffen.

Auswahl von Erstlieferanten

Können bei Lieferanten, mit denen bereits Geschäftsbeziehungen bestehen, bestimmte Artikel nicht bezogen werden, muss sich das Unternehmen nach neuen Lieferanten umsehen.

Hilfen beim Aufsuchen günstiger Bezugsquellen sind:

- **Kataloge, Prospekte, Preislisten**
  Sie gehören zum grundlegenden Handwerkszeug des Einkaufs.

- **Fachzeitschriften**
  Hier finden sich oft Hinweise auf neue Entwicklungen und Produkte.

- **Adressenverzeichnisse**
  Diese liegen in Buchform vor, stehen aber auch im Internet zur Verfügung, z. B. „ABC der deutschen Wirtschaft", „Wer liefert was?", „Branchenverzeichnis des Telefonbuchs (Gelbe Seiten)".

- Besuch von **Messen und Ausstellungen**
  In diesem Zusammenhang bieten gerade Kataloge von Fachmessen eine fast lückenlose Übersicht.

- Unterlagen von **Vertreterbesuchen**

- **Datenbankrecherchen**
  Verschiedene Institutionen führen Datenbanken, in denen im Internet nach gewünschten Informationen gesucht werden kann.

- Die Hoffmann KG möchte mehrere neue Fotokopierer und das entsprechende Zubehör anschaffen. Herr Hickel schaut in ein Branchenadressbuch im Internet:
  Über den Index – eine Art Inhaltsverzeichnis – kann er die Seiten mit den Bezugsquellen für Fotokopierpapier ermitteln.

Fotografische
  Laborapparate 6/9440
Fotogroßlabors 9/3409
Fotohüllen 6/2260
Fotokartons 6/2291
Fotokeramik 5/3805
Fotokissen 2/2387
Fotokoffer 6/2311
Fotokopier
  -anstalten 9/4273
  -bedarf 5/1763
  -geräte 5/1753
  -papiere 5/1783
Fotolabor
  -einrichtungen 6/2285
  -flaschen 6/2287
  -taschen 6/2259
Fotolabors 9/3409
Fotolack-Beschriftungs-
  maschinen 5/6395
Fotolacke 4/2159

5

1783

Fotokopierpapiere
Photocopy paper
Papiers photocopiants
Carta per fotocopiatrics
Papeles para fotocopiadoras
HELLBUT & Co. GmbH
HELLBUT
VERPACKUNGEN
Grosser Kamp 8
22457 Barsbüttel/Hamburg
Tel. 040 6702950
Fax 040 6702957

RANK XEROX GMBH
RANK XEROX
Emanuel-Leutze-Str. 20
40547 Düsseldorf
Tel. 0211 59930
Fax 0211 8584647

- Ein importorientiertes, mittelständisches Einzelhandelsunternehmen sucht Schuhhersteller in
  Italien. In einer Datenbankrecherche werden die
  Suchworte „Italien", „Herrenschuhe", „Damenschuhe" oder „Kinderschuhe" verknüpft. Es wird
  ein Ergebnis von insgesamt 119 Dokumenten
  erzielt. Hier ein Beispiel für ein Firmenprofil:

```
DB  EURD, FIZ-Technik, Frankfurt: ABC Europa,
    (C)1988/06, ABC-Verlag
AN  E40724280
IN  SCARPA Calsaturificio, S.n.c., di Parisotto F.
    & C.
PS  Viale Tisiano, 26.
RE  I-31011 Asolo (TV).
CN  IT Italien
TL  Telefon: 0423 52132, Telegramm: SCARPA ASCLO.
PF  Schuhe fuer: Sport, Gebirgs- und Felswanderungen,
    Jagd, Gelaendemarsch, Telemark, Freizeit.
PE  Schuhe fuer Sport und Turnen, Skischuhe.
IC  Schuhe und Schuhteile.
MM  Francesco Parisotto, Luigi Parisotto.
    Geschäftsführung: Francesco Parisotto.
    Importleitung: Francesco Parisotto
    Exportleitung: Dr. Miro Cremasco.
YR  Gegruendet: 1938.
EM  Beschäftigte: 110.
BK  Bankverbindungen: Banca Nazionale Del Lavcro,
    Banca Catolica Del Veneto, Cassa Di Risparmio
    Marca Trivigiana.
```

Exakte Artikelinformationen sind im Bestel-
und Lieferverkehr eine absolut notwendige
Forderung. Für Handel und Industrie wurde
mit der nationalen Artikeldatenbank SINFOS
die Möglichkeit entwickelt, auf rationelle und
preisgünstige Weise Artikelstammdaten für
alle Interessenten bereitzustellen. Mittlerweile
ist dieses System international in das Global
Data Synchronization Network (GDSN) über-
gegangen. Über das **GDSN** können Produkt-
stammdaten global zwischen Herstellern und
Händlern ausgetauscht werden.

Die Hersteller senden ihre Artikelinformationen mittels Datenträgern (z. B. per DVD)
oder per Datenfernübertragung an die Artikel-
stammdatenbank. Die Handels- und Industriebetriebe rufen mit den gleichen Methoden
die benötigten Artikelinformationen (z. B. für
die Beschaffung) aus dem Datenpool ab.

Es können u. a. gezielte Abfragen nach
bestimmten Produktgruppen oder speziellen Artikeleigenschaften einzelner Produkte
durchgeführt werden. Zunehmende Bedeutung
gewinnt die SINFOS-Artikelstammdatenbank

auch für die Logistik. Informationen über Versandeinheiten sorgen für eine effektive Auslastung der Lieferfahrzeuge beziehungsweise
eine optimale Steuerung von Hochregallagern.

Ausschnitt aus dem Datenbestand über einen
Artikel in der SINFOS-Artikelstammdatenbank:

```
EAN der Verbrauchereinheit          40 05500 20920 1
Umsatzsteuer                        7 (7 %)
CCG-Klassifikation                  1245 (Instantgetr. auf
                                    Basis Kakao)
Artikel-Langtext                    Nesquik 400 g
Artikel-Kurztext                    Nesquik 400 g
Kassenbontext                       Nestle Nesquik
Hersteller                          Nestle Erzeugnisse
EAN der Verbrauchereinheit          40 05500 20920 1
Strichcode?                         1 (ja)
Länge (Tiefe)                       70 mm
Breite (Facing)                     120 mm
Höhe                                180 mm
Bruttogewicht                       500 g
Ladungsträger                       02 (Euro-Palette)
Fakturiereinheit                    1 Stück
Listenpreis der Fakturiereinheit    2,65 EUR
```

```
EAN der nächsthöheren Einheit
   (Transporteinheit)               40 05500 20921 8
Strichcode?                         1 (ja)
Länge (Tiefe)                       710 mm
Breite (Facing)                     240 mm
Höhe                                180 mm
Bruttogewicht                       12.000 g
EAN der nächstniedrigeren Einheit   40 05500 20920 1
Anzahl der nächstniedrigeren Einheit 24
Ladungsträger                       02 (Euro-Palette)
Anzahl Einheiten auf der Palette    20
Anzahl Lagen auf der Palette        4
Fakturiereinheit                    1 Stück
Listenpreis der Fakturiereinheit    63,60 EUR
Anzahl der Verbrauchereinheiten     24
Paletten-Ladehöhe                   720 mm ohne Holz
```

Lieferantenauswahl

Obwohl sich das beschaffende Unternehmen immer über neue Liefermöglichkeiten informieren
sollte, wird es oft auf bestehende Geschäftsverbindungen zurückgreifen. Dazu werden die eigenen
Einkaufsunterlagen der Vergangenheit ausgewertet. Häufig wird eine Bezugsquellendatei geführt,
die einen schnellen Überblick über die einmal ermittelten Bezugsquellen gibt. Sie kann als Waren-
oder Lieferantendatei geführt werden:

- **Lieferantendatei**
  Sie ist nach Lieferanten geordnet und enthält Informationen über deren lieferbare Waren.

- **Warendatei**
  Sie ist nach Waren geordnet und enthält Angaben über die betreffenden Lieferfirmen.

Moderne Unternehmen speichern die Einkaufsinformationen mithilfe computergestützter Warenwirtschaftssysteme in ihren EDV-Anlagen.

Kann das beschaffende Unternehmen einen gewünschten Artikel von mehreren Lieferanten beziehen, muss es diese beurteilen beziehungsweise bewerten. Dazu werden mehrere Beurteilungspunkte herangezogen:

- **Einhaltung der Qualität**
  Die Lieferung einwandfreier Qualität ist eine der wesentlichen Voraussetzungen für die Wahl eines Lieferanten. Würde das Unternehmen mangelhafte Ware verkaufen, könnte das seinen Ruf beeinträchtigen.

- **Einhaltung der Liefertermine**
  Hält der Lieferant die vereinbarten Liefertermine nicht ein, kann es zu Absatzstockungen beziehungsweise Produktionsausfällen kommen. Diese verursachen beträchtliche Kosten.

- **Einhaltung der Menge**
  Wenn ständig statt der vereinbarten Gesamtmenge Teilmengen angeliefert werden, verursacht dies im einkaufenden Unternehmen hohe Kosten.

- **Preis**
  Bei der Auswahl von Lieferanten spielt der Preis eine ausschlaggebende Rolle. Bevor jedoch ein Preisvergleich angestellt werden kann, müssen die vorgenannten Beurteilungsmerkmale überprüft werden. Wenn beispielsweise der gewünschte Liefertermin nicht eingehalten werden kann, ist ein Bezug selbst bei günstigem Preis nicht sinnvoll. Dasselbe gilt bei Abweichungen in der Qualität und der Menge.

- **Konditionen**
  Beim Preisvergleich sind selbstverständlich die Liefer- und Zahlungsbedingungen zu berücksichtigen.

- **geografische Lage**
  Sie muss insbesondere bei Artikeln beachtet werden, bei denen der Frachtkostenanteil erheblich ist.

- **Umwelt- und Gesundheitsverträglichkeit** der angebotenen Waren

Elektronische Adressverzeichnisse
Viele Adressverzeichnisse können auf elektronischem Weg eingesehen werden. Die Anbieter solcher Adressbücher ermöglichen eine direkte Suche über das Internet.

Primär- und Sekundärquellen
Die grundsätzlich möglichen Informationsquellen über Lieferanten, Waren und Dienstleistungen lassen sich einerseits durch eigene direkte und gezielte Erhebung von Beschaffungsmarktdaten (Primärquellen) und andererseits durch die Sammlung extern (außerhalb des Unternehmens) vorhandener Beschaffungsmarktdaten (Sekundärquellen) ermitteln.

A. Primärquellen

(eigene direkte und gezielte Erhebung von Beschaffungsmarktdaten)

- telefonische/schriftliche Lieferanten-befragung
- gezielte Anfragetätigkeit, Ausschreibung

B. Sekundärquellen

(Sammlung/gezielte Anfrage extern vorhandener Beschaffungsmarktdaten)

- Kataloge, Prospekte, Preislisten, Werbematerial
- Geschäftsberichte, Hauszeitschriften der Lieferanten
- Veröffentlichungen oder Anfragen
  - Banken, Auskunfteien
  - IHK, Wirtschaftsverbände
  - deutsche und ausländische Handelskammern, Handelsabteilungen der Botschaften, Konsulate
  - Markt-, Wirtschaftsforschungsinstitute
  - Makler, Vertreter

- Lieferantenbesuch
- Betriebsbesichtigung
- Probelieferungen
- Erfahrungsaustausch mit Wettbewerbern, Kollegen in Einkäuferverbänden
- Messebesuch
- Besuch von Fachtagungen

  - Informationsdienstleistungsunternehmen
  - statistische Ämter
  - nationale und internationale Einkäuferverbände
- Verzeichnisse
  - Bezugsquellennachweise
  - Firmenhandbücher
  - Branchenverzeichnisse
  - Adressverzeichnisse
- Fach-/Allgemeinpresse
  - Tageszeitungen
  - Fachzeitschriften
  - Börsen- und Marktberichte
- Messekataloge

AUFGABEN

1. Geben Sie an, welche Informationsquellen der Auswahl von Erstlieferanten dienen.
2. Führen Sie die Informationen auf, die eine Bezugsquellendatei enthält.
3. Skizzieren Sie, welche Kriterien herangezogen werden müssen, wenn ein Artikel von mehreren Lieferanten bezogen werden kann.
4. Führen Sie Vorteile auf, die eine Suche nach Bezugsquellen mithilfe elektronischer Medien hat.
5. Geben Sie an, nach welchen Kriterien Sie einen Lieferanten beurteilen würden.
6. Bearbeiten Sie in Gruppen jeweils eine der folgenden Leitfragen:
   - Welche Informationen benötigt die Hoffmann KG über Lieferanten? Halten Sie Ihre Ergebnisse auf Metaplankarten fest und beachten Sie hierbei die eingeführten Regeln zur Beschriftung von Karten.
   - Welche Anforderungen stellt die Hoffmann KG an Bezugsquellen? Halten Sie Ihre Ergebnisse in Form einer Mindmap auf Folie fest.
   Sie haben zehn Minuten Zeit zur Bearbeitung.
7. Untersuchen Sie in Gruppenarbeit eine der folgenden Seiten hinsichtlich der Eignung als Hilfsmittel zur Ermittlung von Bezugsquellen:
   - Gruppen 1 und 4: www.branchenbuch.com
   - Gruppen 2 und 3: www.mercateo.com

a) Zur Überprüfung der Leistungsfähigkeit sollen Recherchen durchgeführt werden:

- Gruppen 1 und 4:
  Begeben Sie sich auf die Suche nach Büromaterialzulieferern. Geben Sie in die Suchmaske den Suchbegriff „Bürobedarf" ein und starten Sie die Suche. Wie viele Einträge erhalten Sie:
  - bundesweit?
  - für Frankfurt am Main?
- Gruppen 2 und 3:
  Begeben Sie sich auf die Suche nach Büromaterialzulieferern. Geben Sie in die Suchmaske den Suchbegriff „Bürobedarf" ein und starten Sie die Suche. Wie viele Artikel sind erhältlich?

b) Erstellen Sie eine Wandzeitung. Beachten Sie dabei den Gliederungsvorschlag sowie die folgenden Punkte:

- Schreiben Sie groß und deutlich.
- Nutzen Sie Farben zur Strukturierung.
- Kopieren Sie Auszüge der jeweiligen Internetseiten (Schriftzüge, Symbole usw.) zur Illustration.
- Zur Fertigstellung Ihrer Wandzeitung haben Sie 45 Minuten Zeit.

Nebenstehend ein Gliederungsvorschlag für die Wandzeitung.

c) Für die mündliche Erläuterung teilen Sie die verschiedenen Bereiche Ihres Anbieters auf die Personen Ihrer Arbeitsgruppe auf (jeder Teilnehmer übernimmt einen Anteil bei der Vorstellung).

8. Entwerfen Sie jeweils ein Muster eines Lieferanten- oder Warendateieintrags für einen typischen Artikel beziehungsweise Lieferanten Ihres Praktikumsbetriebs.

ZUSAMMENFASSUNG

Bezugsquellenermittlung
= Suche nach Informationen über mögliche Lieferanten

Auswahl von Erstlieferanten	Bestehende Geschäftsbeziehungen
Informationen z. B. aus Katalogen, Fachzeitschriften, Messebesuchen, Adressverzeichnissen und Datenbankrecherchen	Informationen aus eigener Bezugsquellendatei

2.3 Anfrage

Volkan Karaca, der gerade in der Abteilung Einkauf tätig ist, wird zu Frau Janssen gerufen.

Volkan Karaca: „Guten Morgen, Frau Janssen. Herr Hickel sagte mir, dass Sie mich sprechen wollen."

Frau Janssen: „Guten Morgen, Herr Karaca. Ja, das ist richtig. Sie haben sicherlich von unserem Stammlieferanten Grotex GmbH gehört. Aufgrund eines Großbrands im Betrieb kann das Unternehmen nicht mehr fristgerecht die bestellten Textilien liefern."

Volkan Karaca: „Können wir die nicht woanders bestellen?"

Frau Janssen: „Das müssen wir, weil ein Großkunde in zwei Wochen beliefert werden muss. Die Grotex GmbH kann erst in einigen Monaten wieder liefern."

Volkan Karaca: „Na, dann mache ich mich gleich an die Arbeit und suche neue Lieferanten in Branchenverzeichnissen und dem Internet."

Frau Janssen: „Sie sind ja sehr motiviert. Das hat Herr Hickel aber bereits erledigt. Die Kierer KG und die Wodsack KG sind mögliche Lieferanten."

Volkan Karaca: „Super, dann bestellen wir doch direkt."

Frau Janssen: „So einfach geht das nicht. Wir müssen zunächst die Lieferkonditionen erfragen."

1. Beurteilen Sie, welche Konsequenzen eine verspätete Lieferung haben kann.
2. Schreiben Sie eine Anfrage über 100 Herrenfreizeithemden mit ½-Arm an die Wodsack KG, Soltaustr. 17, 31141 Hildesheim.

Wer sich entschließt, Ware einzukaufen, schreibt in der Regel zunächst eine Anfrage. Der Zweck dieser Anfrage kann unterschiedliche Ziele verfolgen. So ist es möglich, lediglich Informationen über die Lieferungsbedingungen (Lieferzeit, Zahlungsbedingungen) oder die Produktpalette des möglichen Lieferanten einzuholen. Häufig geht es aber auch um die Ermittlung des günstigsten Lieferanten.

Um die Preise von Lieferanten miteinander vergleichen zu können, benötigt man verschiedene Angebote. Somit ist ein wesentlicher Grund für die Anfrage die Bitte um ein konkretes Angebot. Nur so lässt sich ein aussagekräftiger Angebotsvergleich durchführen.

> **DEFINITION**
>
> Die **Anfrage** hat noch keine rechtliche Wirkung. Es liegt hier noch keine Willenserklärung vor, weil sie unverbindlich ist und noch nicht zum Kauf verpflichtet. Es soll lediglich ein Kaufvertrag angebahnt werden.

Formal kann die Anfrage schriftlich (z. B. Brief, Fax, E-Mail) oder mündlich (z. B. per Telefon) erfolgen. Tendenziell sind mündliche Anfragen eher bei langjährigen Geschäftsbeziehungen üblich. Die schriftlichen Anfragen sollten nach den Anforderungen der Norm DIN 5008 angefertigt werden. **Inhaltlich** können beispielsweise folgende Aspekte enthalten sein:

- Bitte um Übersendung eines Katalogs,
- Informationen über die Lieferbedingungen und/oder die Allgemeinen Geschäftsbedingungen,
- Preise,
- besondere Wünsche (z. B. Besuch des Außendienstes).

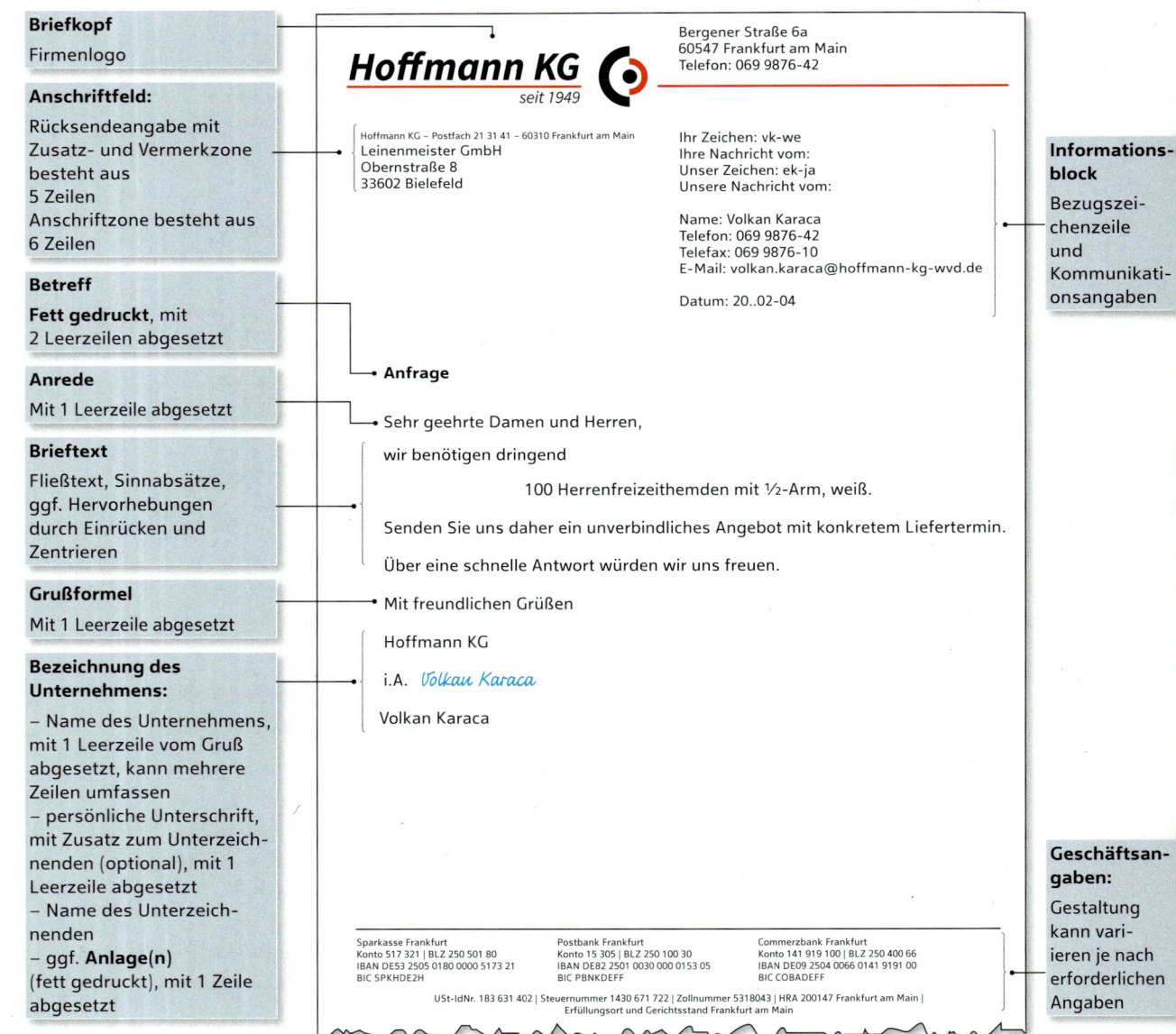

Briefkopf

Firmenlogo

Anschriftfeld:

Rücksendeangabe mit Zusatz- und Vermerkzone besteht aus 5 Zeilen
Anschriftzone besteht aus 6 Zeilen

Betreff

Fett gedruckt, mit 2 Leerzeilen abgesetzt

Anrede

Mit 1 Leerzeile abgesetzt

Brieftext

Fließtext, Sinnabsätze, ggf. Hervorhebungen durch Einrücken und Zentrieren

Grußformel

Mit 1 Leerzeile abgesetzt

Bezeichnung des Unternehmens:

– Name des Unternehmens, mit 1 Leerzeile vom Gruß abgesetzt, kann mehrere Zeilen umfassen
– persönliche Unterschrift, mit Zusatz zum Unterzeichnenden (optional), mit 1 Leerzeile abgesetzt
– Name des Unterzeichnenden
– ggf. **Anlage(n)** (fett gedruckt), mit 1 Zeile abgesetzt

Informationsblock

Bezugszeichenzeile und Kommunikationsangaben

Geschäftsangaben:

Gestaltung kann variieren je nach erforderlichen Angaben

Bergener Straße 6a
60547 Frankfurt am Main
Telefon: 069 9876-42

Hoffmann KG
seit 1949

Hoffmann KG – Postfach 21 31 41 – 60310 Frankfurt am Main
Leinenmeister GmbH
Obernstraße 8
33602 Bielefeld

Ihr Zeichen: vk-we
Ihre Nachricht vom:
Unser Zeichen: ek-ja
Unsere Nachricht vom:

Name: Volkan Karaca
Telefon: 069 9876-42
Telefax: 069 9876-10
E-Mail: volkan.karaca@hoffmann-kg-wvd.de

Datum: 20..02-04

Anfrage

Sehr geehrte Damen und Herren,

wir benötigen dringend

100 Herrenfreizeithemden mit ½-Arm, weiß.

Senden Sie uns daher ein unverbindliches Angebot mit konkretem Liefertermin.

Über eine schnelle Antwort würden wir uns freuen.

Mit freundlichen Grüßen

Hoffmann KG

i.A. *Volkan Karaca*

Volkan Karaca

Sparkasse Frankfurt
Konto 517 321 | BLZ 250 501 80
IBAN DE53 2505 0180 0000 5173 21
BIC SPKHDE2H

Postbank Frankfurt
Konto 15 305 | BLZ 250 100 30
IBAN DE82 2501 0030 0000 0153 05
BIC PBNKDEFF

Commerzbank Frankfurt
Konto 141 919 100 | BLZ 250 400 66
IBAN DE09 2504 0066 0141 9191 00
BIC COBADEFF

USt-IdNr. 183 631 402 | Steuernummer 1430 671 722 | Zollnummer 5318043 | HRA 200147 Frankfurt am Main |
Erfüllungsort und Gerichtsstand Frankfurt am Main

1. Sie arbeiten in der Einkaufsabteilung und benötigen kurzfristig neue Ware. Welche Form wählen Sie, um Ihrem Stammlieferanten eine Anfrage zu stellen? Begründen Sie Ihre Entscheidung.
2. Geben Sie an, welche Angaben und Inhalte wichtig sind, um eine schriftliche Anfrage zu stellen.
3. Beurteilen Sie, warum eine Anfrage rechtlich keine Wirkung hat.
4. Erstellen Sie zwei Anfragen am PC unter Berücksichtigung der Vorgaben der Norm DIN 5008. Berücksichtigen Sie dabei jeweils die folgenden Angaben:
   a) Wählen Sie bei der ersten Anfrage ein Produkt Ihres Unternehmens, das Sie bei einem bekannten Lieferanten bestellen. Die Lieferung sollte kurzfristig erfolgen.
   b) Wählen Sie bei der zweiten Anfrage ein Produkt aus, das Sie bei einem möglichen neuen Lieferanten kaufen wollen. Fragen Sie sämtliche Informationen nach, die Ihnen wichtig erscheinen.

2.4 Durchführung von Angebotsvergleichen

Die Hoffmann KG benötigt 100 Herrenfreizeithemden mit ½-Arm. Ihr liegen dazu die folgenden Angebote vor:

Der Leiter der Einkaufsabteilung, Herr Hetzel, bittet die Praktikanten Volkan Karaca und Katarzyna Popov, das günstigste Angebot auszusuchen.
Versetzen Sie sich in die Rolle von Volkan Karaca oder Katrzyna Popov und führen Sie den Angebotsvergleich durch.

Wesen des Angebots

> **DEFINITION**
>
> Ein **Angebot** ist eine Willenserklärung, Waren zu den angegebenen Bedingungen zu verkaufen.

Angebote richten sich an eine genau bestimmte Person oder Personengruppe. Deshalb sind Zeitungsanzeigen, Prospekte, Kataloge, Plakate, Werbefernsehen, Werbefunk und Schaufensterauslagen keine Angebote, sondern **Anpreisungen**.

Auch die Präsentation von Waren in Selbstbedienungsgeschäften gilt nicht als Angebot, sondern lediglich als Anpreisung. In Selbstbedienungsgeschäften kommt der Kaufvertrag erst durch das Bringen der Ware zur Kasse und das Kassieren des Kaufpreises zustande. Andererseits gilt die Aufstellung eines Automaten als Angebot an jeden, der die richtige Münze einwirft. Auch das Produktangebot in einem Onlineshop ist kein verbindliches Angebot, sondern eine sogenannte invitatio ad offerendum. Das heißt, dass das verkaufende dem einkaufenden Unternehmen anbietet, ihm einen Antrag zum Abschluss eines Vertrages zu machen. Erst wenn das Lieferunternehmen diesen Antrag annimmt, kommt es zu einem Vertrag.

Form des Angebots

Die Abgabe eines Angebots ist an keine Formvorschrift gebunden. Sie kann schriftlich (Brief, Telegramm, E-Mail), mündlich oder telefonisch erfolgen.

Bindungsfristen

Angebote, die ohne Einschränkungen gemacht wurden, sind grundsätzlich verbindlich.

Gesetzliche Bindungsfrist

Angebote müssen unverzüglich angenommen werden, wenn in dem Angebot keine Frist genannt wurde:

- **Mündliche** und **telefonische** Angebote sind deshalb nur so lange bindend, wie das Gespräch dauert.
- **Schriftliche** Angebote werden in dem Moment verbindlich, in dem sie dem Empfänger zugehen. Der Anbieter ist so lange an dieses Angebot gebunden, wie er unter verkehrsüblichen Bedingungen mit einer Antwort rechnen muss.

Die Bindungsfrist beträgt bei einem Angebotsbrief nach Handelsbrauch gewöhnlich eine Woche. Bei Angeboten per Fax und E-Mail beträgt sie 24 Stunden.[1]

> **BEISPIEL**
>
> Eine Tischlerei erhält von einem Holzhändler am 1. Dezember einen Angebotsbrief. Das Angebot ist nur bis zum 8. Dezember bindend. Der Holzhändler muss zu den Angebotsbedingungen nur dann liefern, wenn die Bestellung der Tischlerei bis zu diesem Zeitpunkt bei ihm eingetroffen ist.

---

1 Die Bindungsdauer eines Angebots unter Abwesenden hängt von der Beförderungsdauer des gewählten Beförderungsmittels (Post, Fax, E-Mail, Internet etc.) ab. In etwa gilt folgende Regel zur Berechnung: Gewöhnliche Beförderungszeit für das Angebot + Bearbeitungszeit des Angebots sowie Überlegungsfrist nach Wichtigkeit und Umfang des Angebots + übliche Beförderungszeit für die Annahmeerklärung. Der Annehmende muss ein ebenso schnelles Beförderungs- bzw. Kommunikationsmittel verwenden.

Vertragliche Bindungsfrist

Wird in einem Angebot eine Frist angegeben (z. B. „gültig bis 31. März 20.."), so muss die Bestellung bis Ablauf dieser Frist beim Anbieter eingegangen sein.

Freizeichnungsklauseln

Durch Freizeichnungsklauseln kann die Verbindlichkeit eines Angebots ganz oder teilweise ausgeschlossen werden.

BEISPIELE

„Preisänderungen vorbehalten" → Preis ist unverbindlich

„solange Vorrat reicht" → Menge ist unverbindlich

„freibleibend", „unverbindlich", „ohne Obligo" → das ganze Angebot ist unverbindlich

---

Erlöschen der Bindung

Der Anbieter ist nicht mehr an sein Angebot gebunden, wenn

- der Empfänger das Angebot ablehnt,
- die Bestellung zu spät eintrifft,
- die Bestellung vom Angebot abweicht.

Außerdem erlischt die Bindung an das Angebot, wenn der Anbieter sein Angebot rechtzeitig widerruft. Der **Widerruf** muss möglichst vor, spätestens aber mit dem Angebot beim Empfänger eingetroffen sein.

Inhalte des Angebots

Angebote können Vereinbarungen enthalten über:

- die angebotene Ware
  - Art, Beschaffenheit und Güte der Ware
  - Menge der Ware
  oder
- die angebotene Dienstleistung
- Angebotspreis und Preisabzüge
- Lieferungsbedingungen (Kosten der Versandverpackung, Versandkosten, Lieferzeit)
- Zahlungsbedingungen
- Eigentumsvorbehalt
- Erfüllungsort
- Gerichtsstand

Art, Beschaffenheit und Güte der Ware

Die Art der Ware wird durch handelsübliche Bezeichnungen gekennzeichnet. Die Beschaffenheit und Güte der Ware kann durch Abbildungen und Beschreibungen in Katalogen oder Prospekten, durch Güteklassen, Gütezeichen, Muster und Proben oder nach Augenschein festgelegt werden. Fehlt im Angebot eine Angabe über Beschaffenheit und Güte der Ware, so ist bei einer Gattungsschuld eine Ware mittlerer Art und Güte zu liefern (gesetzliche Bestimmung).

Menge der Ware

Normalerweise wird die Menge in handelsüblichen Maßeinheiten angegeben (z. B. kg, m, Stück). Der Anbieter kann in seinem Angebot Mindestbestellmengen und Höchstbestellmengen festlegen. Bei Angabe einer Mindestbestellmenge werden nur solche Bestellungen ausgeführt, die über diese Mindestmenge oder eine größere Bestellmenge lauten. Mit der Angabe einer Höchstbestellmenge beschränkt der Anbieter die Abgabemenge an einen Besteller.

Preis der Ware

Der Preis ist der in Geld ausgedrückte Wert einer Ware.
Er kann sich beziehen auf

- gesetzliche Maßeinheiten (kg, l, m, m², m³) oder
- handelsübliche Bezeichnungen (Stück, Kisten, Ballen usw.).

Preisabzüge

Rabatt

Rabatt ist ein Preisnachlass. Er wird gewährt als:

- Mengenrabatt für Abnahme größerer Mengen
- Wiederverkäuferrabatt für Handelsunternehmen
- Sonderrabatt bei bestimmten Anlässen (z. B. Jubiläum)
- Personalrabatt für Betriebsangehörige

Naturalrabatte sind Rabatte, die in Form von Waren gewährt werden. Hierbei kann es sich um eine Draufgabe oder Dreingabe handeln:

- **Draufgabe**
  Es wird eine bestimmte Menge zusätzlich unentgeltlich geliefert (z. B. 50 Stück bestellt, 60 Stück geliefert, 50 Stück berechnet).

- **Dreingabe**
  Es wird weniger berechnet, als geliefert wurde (z. B. 50 Stück bestellt, 50 Stück geliefert, 40 Stück berechnet).

Bonus

Ein Bonus ist ein nachträglich gewährter Preisnachlass, der in der Regel am Jahresende gewährt wird, wenn ein Kunde / eine Kundin einen Mindestumsatz erreicht oder überschritten hat.

Skonto

Skonto ist ein Preisnachlass für vorzeitige Zahlung.

Versandkosten

Zu den Versandkosten (Beförderungskosten) gehören:

- Hausfracht am Ort des Verkäufers, die durch den Transport von der Geschäftsniederlassung des Verkäufers zur Versandstation (z. B. Versandbahnhof) entsteht,
- Wiege- und Verladekosten,
- Fracht, die für den Transport von der Versandstation bis zur Empfangsstation zu zahlen ist,
- Entladekosten,
- Hausfracht am Ort des Käufers, die durch den Transport von der Empfangsstation bis zur Geschäftsniederlassung des Käufers entsteht.

Gesetzliche Regelung

Wenn zwischen dem Verkäufer und dem Käufer keine besondere Vereinbarung getroffen wurde, trägt der Käufer die Versandkosten. Das bedeutet:

- Beim **Platzkauf,** das heißt, wenn Verkäufer und Käufer ihren Geschäftssitz am selben Ort haben, muss der Käufer die Versandkosten ab der Geschäftsniederlassung des Verkäufers bezahlen.
- Beim **Versendungskauf,** das heißt, wenn Verkäufer und Käufer ihren Geschäftssitz nicht am selben Ort haben, muss der Verkäufer die Versandkosten bis zur Versandstation (=

Hausfracht am Versendungsort und Wiegekosten) bezahlen. Die Versandkosten ab Versandstation (Verladekosten, Fracht, Entladekosten, Hausfracht am Bestimmungsort) muss der Käufer bezahlen (Warenschulden sind Holschulden).

BEISPIEL

Die Hoffmann KG bestellt Mäntel bei der Mantelfabrik Meyer in Bielefeld. Die Mantelfabrik schickt die Mäntel mit der Eisenbahn. Für den Transport zum Versandbahnhof Bielefeld entstehen 20,00 € Hausfracht. Die Fracht der Bahn beträgt 200,00 €. Für den Transport von der Empfangsstation Hildesheim bis zur Filiale der Hoffmann KG berechnet der Bahnspediteur 25,00 € Hausfracht. Wenn keine vertragliche Vereinbarung über die Versandkosten erfolgte, muss die Hoffmann KG die 200,00 € Fracht zuzüglich 25,00 € Hausfracht in Hildesheim = 225,00 € bezahlen.

Vertragliche Regelungen

Abweichend von der gesetzlichen Regelung können zwischen Käufer und Verkäufer anderslautende vertragliche Regelungen vereinbart werden.

Vertragliche Regelungen der Versandkosten		
Beförderungsbedingungen	**Verkäufer zahlt**	**Käufer zahlt**
ab Werk, Lager oder Fabrik = gesetzliche Regelung beim Platzkauf	keine Versandkosten	alle Versandkosten
unfrei, ab hier, ab Versandstation, ab Bahnhof hier = gesetzliche Regelung beim Versendungskauf	Versandkosten bis zur Versandstation (Hausfracht am Versendungsort, Wiegekosten)	Versandkosten ab Versandstation (Verladekosten, Fracht, Entladekosten, Hausfracht am Bestimmungsort)
frachtfrei, frei dort, frei Bahnhof dort, frei	Versandkosten bis zur Empfangsstation (Hausfracht am Versandort, Verladekosten, Fracht)	Versandkosten ab Empfangsstation (Entladekosten, Hausfracht am Empfangsort)
frei Haus, frei Lager	alle Versandkosten	keine Versandkosten

Kosten der Versandverpackung

Gesetzliche Regelung

Wenn zwischen Käufer und Verkäufer keine besonderen Vereinbarungen getroffen wurden, trägt die Kosten der Versandverpackung grundsätzlich der Käufer.

Vertragliche Regelungen

Vertraglich kann vereinbart werden:

- Preis für **Reingewicht** (= Nettogewicht) **einschließlich Verpackung** (netto einschließlich Verpackung): Der Preis wird nur vom Gewicht der Ware (Rein- beziehungsweise Nettogewicht) berechnet. Die Verpackung erhält der Käufer unberechnet.
- Preis für **Reingewicht ausschließlich Verpackung** (netto ausschließlich Verpackung): Der Preis wird vom Reingewicht (Nettogewicht) berechnet. Die Verpackung wird dem Käufer

zusätzlich, normalerweise zum Selbstkostenpreis, in Rechnung gestellt (= gesetzliche Regelung).

- Preis für das **Bruttogewicht einschließlich Verpackung** (brutto für netto [b/n; bf n]): Für die Berechnung wird das Bruttogewicht (= Reingewicht + Verpackungsgewicht) zugrunde gelegt. Die Verpackung wird wie die Ware berechnet.

BEISPIEL

Das Nettogewicht einer Ware beträgt 20 kg. Das Verpackungsgewicht (Tara) beträgt 2 kg. Der Preis der Ware beläuft sich auf 2,00 € je kg. Der Selbstkostenpreis der Verpackung beträgt 1,00 €.

Vertragliche Regelung	Preis für Ware und Verpackung
Preis einschließlich Verpackung	Nettogewicht 20 kg · 2,00 € = 40,00 €
Preis zuzüglich 1,00 € Verpackung	Nettogewicht 20 kg · 2,00 € + 1,00 € = 41,00 €
brutto für netto (b/n)	Bruttogewicht 22 kg · 2,00 € = 44,00 €

Lieferzeit

Gesetzliche Regelung

Wurde zwischen den Vertragspartnern keine Lieferfrist vereinbart, dann ist der Verkäufer verpflichtet, die Ware unverzüglich zu liefern.

Vertragliche Regelungen

Abweichend von der gesetzlichen Regelung kann vereinbart werden:

- Lieferung innerhalb eines bestimmten Zeitraums, z. B. „Lieferung innerhalb von 14 Tagen",
- Lieferung bis zu einem bestimmten Termin, z. B. „Lieferung bis Ende August",
- Lieferung zu einem genau festgelegten Datum (Fix-kauf), z. B. „Lieferung am 5. Nov. 2C.. fix".

Zahlungsbedingungen

Gesetzliche Regelungen

Der Käufer ist verpflichtet, die Ware unverzüglich bei Lieferung zu bezahlen, wenn zwischen ihm und dem Verkäufer kein anderer Zahlungszeitpunkt vereinbart worden ist. Die Kosten der Zahlung (z. B. Überweisungsgebühren) muss der Käufer tragen.

Vertragliche Regelungen

Vertraglich kann zwischen Verkäufer und Käufer vereinbart werden:

- **Zahlung vor der Lieferung**
  Vor der Lieferung muss ein Teil des Kaufpreises oder der gesamte Kaufpreis bezahlt werden.

BEISPIELE

- Anzahlung
- Vorauszahlung

- **Zahlung bei Lieferung**
  Die Zahlung erfolgt Zug um Zug, das heißt, der Verkäufer händigt die Ware aus und der Käufer bezahlt den Kaufpreis.

BEISPIELE

- „sofort netto Kasse" = sofortige Zahlung ohne Abzug
- „gegen Nachnahme" = Aushändigung einer Warensendung nur gegen Zahlung

- **Zahlung nach der Lieferung**
  Der Käufer muss die Ware erst eine bestimmte Zeit nach der Lieferung bezahlen.

BEISPIELE

- Zielkauf, z. B. „Zahlung innerhalb 30 Tagen"
- Ratenkauf: Der Käufer kann den Kaufpreis in Raten begleichen.

Aspekte des Gesundheits- und Umweltschutzes

Unternehmen sollten bei ihrem Angebot auch die Gesundheits- und Umweltverträglichkeit der angebotenen Güter beachten. In der Bevölkerung hat in den letzten Jahren das Umweltbewusstsein stark zugenommen. Dies hat Auswirkungen auf ihr Einkaufsverhalten. Unternehmen können diesem Bewusstseinswandel Rechnung tragen, indem sie umweltverträgliche Produkte anbieten. Sie können z. B. Produkte, deren Herstellung, Verwendung oder Beseitigung die Gesundheit und Umwelt belasten, aus ihrem Produktionsprogramm oder Sortiment herausnehmen und durch umweltverträgliche Produkte ersetzen.

Quantitativer Angebotsvergleich

Um das günstigste Angebot für eine Ware zu ermitteln, vergleicht der Käufer die Angebote mehrerer Lieferanten.

Zunächst berechnet der Käufer die Bezugspreise der angebotenen Waren. Dazu werden erst von dem im Angebot des Lieferanten genannten Listenpreis für die angebotene Ware der Lieferantenrabatt und das Lieferantenskonto abgezogen und dann die Bezugskosten hinzugerechnet.

Lieferantenskonto ist ein Preisnachlass, den der Lieferant dem Kunden für vorzeitige Zahlung gewährt.

Bezugskosten sind:

- Versandkosten (Fracht, Hausfracht, Wiege- und Verladekosten, Entladekosten)
- Kosten der Versandverpackung
- Transportversicherungsprämien
- Zoll
- Einkaufsvermittlungsgebühren (Einkaufsprovision, Maklergebühr)

```
  Listeneinkaufspreis (ohne USt)
– Lieferantenrabatt
= Zieleinkaufspreis
– Lieferantenskonto
= Bareinkaufspreis
+ Bezugskosten (ohne USt)
= Bezugspreis (Einstandspreis)
```

BEISPIEL **für einen quantitativen Angebotsvergleich**

Die Hoffmann KG hat auf ihre Anfrage von zwei verschiedenen Anbietern Angebote über Freizeithemden mit ½ Arm erhalten. Da das Unternehmen 100 Stück benötigt, wird der Angebotsvergleich für diese Bestellmenge durchgeführt.

Artikel	Herrenfreizeithemden Gr. 36–45			
Menge	100 Stück			
Lieferant	Spengler & Sohn, Wetzlar		Leinenmeister, Bielefeld	
Listeneinkaufspreis	8,10 €/Stück	810,00 €	7,40 €/Stück	740,00 €
– Lieferantenrabatt ①	15 %	121,50 €		
Zieleinkaufspreis ②		688,50 €		740,00 €
– Lieferantenskonto ③		–	3 % innerhalb 14 Tg.	22,20 €
Bareinkaufspreis ④		688,50 €	–	717,80 €
+ Bezugskosten (Verpackungs- und Versandkosten)		10,00 €		–
Bezugspreis ⑤ (= Einstandspreis)	698,50 €		717,80 €	

Rechenweg

① Lieferantenrabatt $= \dfrac{\text{Listeneinkaufspreis} \cdot \text{Lieferantenrabatt (\%)}}{100}$

② Zieleinkaufspreis $=$ Listeneinkaufspreis – Lieferantenrabatt

③ Lieferantenskonto $= \dfrac{\text{Zieleinkaufspreis} \cdot \text{Lieferantenkonto (\%)}}{100}$

④ Bareinkaufspreis = Zieleinkaufspreis – Lieferantenkonto

⑤ Bezugspreis = Bareinkaufspreis + Bezugskosten

Skontonutzung

Der Kunde oder die Kundin darf vom Zieleinkaufspreis dann Skonto abziehen, wenn er die gelieferte Ware deutlich vor Ablauf des Zahlungsziels bezahlt. Dies lohnt sich auch dann, wenn er für die vorzeitige Zahlung bei seiner Bank einen Kredit aufnehmen muss, denn die Ersparnisse durch die Ausnutzung von Skonto sind in der Regel wesentlich höher als der Zinsaufwand, der durch die Kreditaufnahme entsteht.

BEISPIEL

Der Hoffmann KG liegt eine Rechnung der Tankert AG aus München über 6.000,00 € vor. Die Zahlungsbedingung lautet: „30 Tage Ziel. Bei Zahlung innerhalb von zehn Tagen 2 % Skonto."
Zur sofortigen Zahlung fehlt der Hoffmann KG die Liquidität. Sie könnte jedoch einen Bankkredit zu 10 % aufnehmen.

	6.000,00 €	Preis bei Zahlung nach 30 Tagen
–	120,00 €	2 % Skonto
=	5.880,00 €	Preis bei sofortiger Zahlung

Der Skontobetrag von 120,00 € ist als Zinsbetrag dafür zu sehen, dass die Hoffmann KG die Rechnung erst nach 30 Tagen dem Lieferanten bezahlen muss.
Es lohnt sich in diesem Fall, für 20 Tage (der Bankkredit wird ja erst am zehnten Tag benötigt) den Bankkredit aufzunehmen und den Skontoertrag sofort mitzunehmen. Die Kosten für die Aufnahme des Bankkredits betragen dann nach der Zinsformel 32,67 €.

$$Z = \frac{\text{Kapital} \cdot \text{Laufzeit in Tagen} \cdot \text{Zinssatz}}{100 \cdot 360}$$

$$Z = \frac{5.880,00 \ € \cdot 20 \cdot 10}{100 \cdot 360} = 32,67 \ €$$

Zieht man die Kosten für den Bankkredit (32,67 €) vom Skontoertrag (120,00 €) ab, ergibt sich eine Einsparung von 87,33 €.

Qualitativer Angebotsvergleich

Beim Angebotsvergleich achtet das einkaufende Unternehmen nicht nur auf quantitative Aspekte, also den Bezugspreis, sondern auch auf qualitative Aspekte. Solche qualitativen Aspekte, die das Unternehmen in seine Überlegungen bei der Kaufentscheidung einbezieht, können z. B. sein:

- Lieferzeit (z. B.: wie schnell wird geliefert; kann innerhalb einer geforderten Zeit geliefert werden),
- Zahlungsbedingungen (z. B. Zahlungsziel),
- Zahlungsmöglichkeiten (z. B. Zahlungsarten und Möglichkeit der Ratenzahlung),
- Qualität der Ware,
- Eigenschaften des Produkts,
- ökologische Aspekte (z. B. Umweltverträglichkeit der Ware, ökologische Herstellung, Fair Trade),
- Image des Lieferbetriebs (z. B. Bild in der Öffentlichkeit, mögliche Skandale, Kinderarbeit o. Ä.),
- Erfahrungen mit dem Lieferbetrieb (bisherige Geschäftsbeziehungen),
- Serviceangebot des Lieferbetriebs (möglicherweise Wartungsservice, Hotline o. Ä.),
- Lieferbedingungen (z. B. Umtausch, Reklamationen),
- Marktstellung des Lieferbetriebs.

Nutzwertanalyse

Qualitative Aspekte des Angebotsvergleichs können in der Regel nicht in Geld oder Geldeswert beziffert werden. Daher eignet sich die Nutzwertanalyse zur Beurteilung der bei einem Beschaffungsvorgang relevanten qualitativen Kriterien, die in den Angebotsvergleich einzubeziehen sind.

Vorgehen bei der Nutzwertanalyse

Bei der Nutzwertanalyse zur Beurteilung der qualitativen Kriterien, von denen eine Kaufentscheidung abhängt, wird wie folgt vorgegangen:

1. **Identifizierung** und Auflistung **der** für die bevorstehende (Kauf-)Entscheidung relevanten **Kriterien**
2. **Gewichtung** der einzelnen Kriterien nach ihrer Bedeutung für die anstehende (Kauf-)Entscheidung
   Es werden beispielsweise insgesamt 100 Gewichtungspunkte vergeben und diese werden auf die im ersten Schritt festgelegten relevanten Kriterien verteilt. Das wichtigste Kriterium erhält die höchste Anzahl an Gewichtungspunkten (z. B. 40), das zweitwichtigste Kriterium die zweithöchste Anzahl (z. B. 30) und so weiter. Die Art der Gewichtung kann auf beliebige Weise vorgenommen werden. Eine weitere Möglichkeit wäre, dass jedes Kriterium eine Gewichtung zwischen 1 (geringe Relevanz) und 10 (sehr hohe Relevanz) erhält. Kriterien, die von gleicher Bedeutung für die Entscheidung sind, können auch gleich gewichtet werden.
3. Identifizierung und **Festlegung** möglicher **K.-o.-Kriterien**
   K.-o.-Kriterien müssen unbedingt erfüllt sein, damit die Alternative (hier das Angebot) für die anstehende Entscheidung in Betracht gezogen wird.

> **BEISPIEL**
>
> Es ist bekannt, dass ein indischer Textillieferant seine Produkte u. a. durch Kinderarbeit herstellt. Da die Hoffmann KG Kinderarbeit strikt ablehnt, ist das Kriterium „keine Kinderarbeit" nicht erfüllt und somit kommt der indische Anbieter nicht mehr als Lieferant in Betracht. Alle anderen Kriterien müssen nicht weiter betrachtet und gewichtet werden.

Alternativen, die ein K.-o.-Kriterium nicht erfüllen, werden im weiteren Verlauf der Nutzwertanalyse nicht berücksichtigt, da sie nicht in Betracht kommen.

4. **Beurteilung der** einzelnen **Alternativen** (hier: Anbietern) hinsichtlich der Erfüllung der festgelegten Kriterien. Erfüllt eine Alternative ein Kriterium vollständig, so wird diese Alternative beispielsweise mit „3" Beurteilungspunkten bewertet, bei guter Erfüllung mit „2", bei weniger guter Erfüllung des Kriteriums mit „1" und bei schwacher oder gar keiner Erfüllung des Kriteriums mit „0". Die Beurteilungspunkte können auch nach einem beliebigen anderen System verteilt werden. Das System muss innerhalb einer Nutzwertanalyse aber bei allen Kriterien gleich sein.

5. **gewichtete Beurteilung** der Alternativen
   Bei jeder Alternative (Angebot) werden nun die Gewichtungspunkte jedes Kriteriums (siehe 2.) mit den jeweiligen Beurteilungspunkten (siehe 4.) multipliziert und das Ergebnis wird festgehalten.

6. **Addition der** in 5. **ermittelten gewichteten Beurteilungspunkte** für jede Alternative (jedes Angebot)

7. Auswahl der besten Alternative (**Treffen der Entscheidung**) aufgrund der erzielten Gesamtpunkte
   Die Alternative mit den meisten Punkten ist aus qualitativen Gesichtspunkten die beste Alternative. Alternativen, bei denen ein mögliches K.-o.-Kriterium nicht erfüllt wird, kommen nicht in Betracht (s. o.).

Die Ergebnisse des quantitativen Angebotsvergleichs können als ein gewichtetes Kriterium in den qualitativen Angebotsvergleich einfließen.

Umsetzung der Nutzwertanalyse in Excel

Ein Tabellenkalkulationsprogramm eignet sich hervorragend zur Durchführung von Nutzwertanalysen, da Formeln nur einmal eingegeben werden müssen und die Ergebnisse bei richtiger Formatierung automatisch berechnet werden. Die einmal erstellte Vorlage lässt sich dann mit wenig Anpassungsaufwand für weitere Nutzwertanalysen verwenden. Im Folgenden wird die Umsetzung der einzelnen Schritte (ohne Schritt 3 Einbeziehung von K.-o.-Kriterien) kurz erläutert.

	A	B	C
1	**Entscheidungskriterium**		
2	Lieferzeit		
3	Qualität der Ware		
4	Erfahrungen mit Lieferant		
5	...		

Schritt 1: Identifizierung der relevanten Kriterien

	A	B	C
1	Entscheidungskriterium	Gewichtungspunkte	
2	Lieferzeit	30	
3	Qualität der Ware	35	
4	Erfahrungen mit Lieferant	15	
5	...	...	

Schritt 2: Gewichtung der Kriterien

Schritt 4:
Beurteilung der
Alternativen

	A	B	C	D	E	F	G	H
1			Alternative A		Alternative B		Alternative C	
2	Entscheidungskriterium	Gewichtungspunkte	Erfüllung des Kriteriums		Erfüllung des Kriteriums		Erfüllung des Kriteriums	
3	Lieferzeit	30	3		2		1	
4	Qualität der Ware	35	1		0		3	
5	Erfahrungen mit Lieferant	15	2		1		1	
6	...	...	...		...		...	

Schritt 5:

gewichtete Beurteilung der Alternativen

		Alternative A		Alternative B		Alternative C	
Entscheidungskriterium	Gewichtungs-punkte	Erfüllung des Kriteriums	Gewichtete Beurteilung	Erfüllung des Kriteriums	Gewichtete Beurteilung	Erfüllung des Kriteriums	Gewichtete Beurteilung
Lieferzeit	30	3	90	2	60	1	30
Qualität der Ware	35	1		0		3	
Erfahrungen mit Lieferant	15	2		1		1	
...	...	...		...		...	

Kommentar 1:
=B3*C3

Kommentar 2:
=B3*E3

		Alternative A		Alternative B		Alternative C	
Entscheidungskriterium	Gewichtungs-punkte	Erfüllung des Kriteriums	Gewichtete Beurteilung	Erfüllung des Kriteriums	Gewichtete Beurteilung	Erfüllung des Kriteriums	Gewichtete Beurteilung
Lieferzeit	30	3	90	2	60	1	30
Qualität der Ware	35	1	35	0	0	3	105
Erfahrungen mit Lieferant	15	2	30	1	15	1	15
...	...	...		...		...	

Kommentar 1:
Zeile wegen Formatierung einfügen

Kommentar 2:
Formel bei jeder Alternative vervielfältigen

Schritt 6:

Addition der gewichteten Beurteilungen

		Alternative A		Alternative B		Alternative C	
Entscheidungskriterium	Gewichtungs-punkte	Erfüllung des Kriteriums	Gewichtete Beurteilung	Erfüllung des Kriteriums	Gewichtete Beurteilung	Erfüllung des Kriteriums	Gewichtete Beurteilung
Lieferzeit	30	3	90	2	60	1	30
Qualität der Ware	35	1	35	0	0	3	105
Erfahrungen mit Lieferant	15	2	30	1	15	1	15
...	...	...		...		...	
Summe	80		155		75		150

Kommentar 1:
=Summe(B4:B8)
alternativ mit der Schaltfläche "AutoSumme"

Kommentar 2:
=Summe(D4:D8)
alternativ mit der Schaltfläche "AutoSumme"

Schritt 7:

Identifizierung der besten Alternative und möglicherweise Entscheidung

		Alternative A		Alternative B		Alternative C	
Entscheidungskriterium	Gewichtungs-punkte	Erfüllung des Kriteriums	Gewichtete Beurteilung	Erfüllung des Kriteriums	Gewichtete Beurteilung	Erfüllung des Kriteriums	Gewichtete Beurteilung
Lieferzeit	30	3	90	2	60	1	30
Qualität der Ware	35	1	35	0	0	3	105
Erfahrungen mit Lieferant	15	2	30	1	15	1	15
...	...	...		...		...	
Summe	80		155		75		150

Identifizieren der qualitativ besten Alternative (Alternative mit den meisten gewichteten Punkten) und möglicherweise Entscheidung aufgrund der Nutzwertanalyse

1. Entscheiden Sie, in welchen der folgenden Fälle ein Angebot vorliegt.
   a) Ein Lebensmittelgeschäft lässt Handzettel mit aktuellen Sonderangeboten an die Haushalte in seinem Stadtbezirk verteilen.
   b) Ein Verkäufer bietet einem Kunden in der Elektroabteilung eines Cash-and-carry-Betriebs einen Staubsauger an.
   c) Ein Möbelhaus lässt seine Kataloge von der Post an alle Haushalte verteilen.
   d) Ein Winzer bietet einem Stammkunden telefonisch einen besonders günstigen Posten Rotwein an.

2. Der Textilproduzent Gauß macht seiner Stammkundin Frau Lorenzen in seinem Geschäft ein Angebot für zehn wertvolle Abendkleider. Beim Abschluss des Kaufvertrages könnte sie diese sofort mitnehmen. Frau Lorenzen kann sich jedoch nicht sofort entscheiden. Drei Tage später sucht sie den Textilproduzenten noch einmal auf, um die Abendkleider zu kaufen. Dieser hat die Kleider aber mittlerweile verkauft. Begründen Sie, warum er nicht mehr an das Angebot gebunden war.

3. Karl Lang, Mainz, macht seinen langjährigen Kunden Fritz Kaiser, Hannover, und Gertrud Meyer, Göttingen, ein schriftliches Angebot über „Margaret Öster" Feuchtigkeitscreme zu 3,00 € je Tube. Der Brief wird von ihm am 20. Mai zur Post gegeben. Beantworten Sie dazu die folgenden Fragen:
   a) Am 22. Mai bestellt Herr Kaiser 40 Tuben zu 2,80 € je Tube. Wie kann Herr Lang auf die Bestellung reagieren?
   b) Am 31. Mai bestellt Frau Meyer 100 Tuben zu 3,00 € je Tube. Warum muss Herr Lang nicht mehr liefern?

4. Erläutern Sie folgende Freizeichnungsklauseln:
   a) „freibleibend"
   b) „solange Vorrat reicht"
   c) „Preis freibleibend"

5. Ermitteln Sie, bis zu welchem Zeitpunkt ein schriftliches Angebot widerrufen werden kann.

6. Skizzieren Sie, was das Einräumen eines Zahlungsziels für den Käufer/die Käuferin einer Ware bedeutet.

7. Geben Sie an, welchen Teil der Transportkosten beim Bahnversand der Käufer trägt, wenn im Angebot des Lieferanten keine Angabe über die Transportkostenverteilung enthalten ist.

8. Die Lieferungsbedingung lautet „frachtfrei", die Fracht beträgt 50,00 €, die Hausfracht für die An- und Abfuhr je 10,00 €. Errechnen Sie, wie viel Euro der Käufer oder die Käuferin für den Transport bezahlt.

9. Geben Sie an, wann eine Ware bezahlt werden muss, wenn im Angebot keine Klausel darüber enthalten ist.

10. Ermitteln Sie, wer die Versandverpackung zahlt, wenn im Angebot keine Angabe darüber enthalten ist.

11. Erläutern Sie die Zahlungsbedingung „netto Kasse".

12. Ein Fruchtsaftproduzent bietet an: „Beim Kauf von 200 Flaschen erhalten Sie eine Flasche gratis!" Entscheiden Sie, um welchen Rabatt es sich hierbei handelt.

13. Stellen Sie fest, wann geliefert werden muss, wenn im Kaufvertrag keine Lieferfrist vereinbart wurde.

14. Eine Fruchtgroßhandlung erhält zwei Angebote. Entscheiden Sie, welches Angebot (bei gleicher Qualität und Lieferzeit) angenommen werden soll.

Angebot 1:
400 Kisten Äpfel; Nettogewicht: 8 600 kg; Preis (ohne USt) pro 100 kg Nettogewicht: 13,50 €; Mengenrabatt: 10 %; Skonto: 3 %; frachtfrei; Hausfracht (ohne USt): 95,20 €

Angebot 2:
400 Kisten Äpfel; Nettogewicht: 8 600 kg; Preis (ohne USt) pro 100 kg Nettogewicht: 11,50 €; Skonto: 1 %; Fracht (ohne USt): 420,00 €; Hausfracht (ohne USt): 80,00 €

15. Sie sind Angestellte(r) der Hoffmann KG. Die Personalabteilung soll mit Bürostühlen der Modellreihe „Comfort XL" ausgestattet werden. Es liegen ein Angebot der Kessler KG, Frankfurt, und ein Angebot der Bürosystem OHG, Darmstadt, vor:

Angebot der Kessler KG, Frankfurt:
Listenpreis: 395,00 € (ohne USt), Rabatt 12,5 %, Zahlungsziel: 60 Tage netto Kasse, bei Zahlung innerhalb von 20 Tagen 3 % Skonto, Bezugskosten: Lieferung frei Haus, Lieferzeit: sofort nach Auftragserteilung

Angebot der Bürosystem OHG, Darmstadt:
Listenpreis: 375,00 € (ohne USt), Rabatt 4 %, Zahlungsziel: 60 Tage netto Kasse, bei Zahlung innerhalb von 20 Tagen 1,5 % Skonto, Bezugskosten: 10,00 € (ohne USt), Lieferzeit: vier Wochen nach Auftragserteilung

Entscheiden Sie, welchem Lieferanten Sie den Auftrag erteilen. Begründen Sie Ihre Entscheidung.

16. Einem Großhändler liegen drei Angebote über Pfirsichkonserven (Dose zu 400 g) vor. Für welches dieser Angebote sollte er sich entscheiden, wenn er 100 Dosen in spätestens zwei Wochen benötigt?

Angebot 1:
0,60 € je Dose, netto einschließlich Verpackung, frei Haus, 10 % Rabatt bei Abnahme von 100 Dosen, Lieferung sofort, Zahlung innerhalb von 30 Tagen netto Kasse.

Angebot 2:
0,55 € je Dose, netto ausschließlich Verpackung, Verpackungskosten für 100 Dosen: 2,70 €, Lieferung ab Werk (Transportkosten für 100 Dosen: 4,90 €) innerhalb von 14 Tagen, 15 % Rabatt bei Abnahme von 100 Dosen, Zahlung innerhalb von 30 Tagen netto Kasse.

Angebot 3:
0,50 € je Dose, netto einschließlich Verpackung, Lieferung frei Haus innerhalb von drei Wochen, 15 % Rabatt bei Abnahme von 100 Dosen, Zahlung innerhalb von 14 Tagen abzüglich 3 % Skonto oder innerhalb 30 Tagen netto Kasse.

17. Im Büro des Geschäftsführers der Hoffmann KG sollen die Außenrollladen an beiden Bürofenstern ausgetauscht werden. Dazu liegen der Hoffmann KG zwei Angebote vor:

Angebot der Franke Bauelemente KG:
Listenpreis für zwei Rollladenpanzer 240,00 €, Montagematerial 48,00 €, Arbeitskosten für die Montage 98,40 €, Kosten für die Anfahrt 35,50 €, Zahlung 30 Tage netto Kasse, bei Zahlung innerhalb 10 Tagen 3 % Skonto.

Angebot der Leinemann Metall- und Kunststoffbau KG:
Listenpreis für zwei Rollladenpanzer 246,00 €, Montagematerial 52,00 €, Arbeitskosten für die Montage 96,00 €, Kosten für die Anfahrt 35,80 €, Zahlung 30 Tage netto Kasse, bei Zahlung innerhalb 10 Tagen 4 % Skonto.

Für welches Angebot sollte sich die Hoffmann KG entscheiden?

ZUSAMMENFASSUNG

Angebot	und	Anpreisung
• an eine **genau bestimmte** Person oder Personengruppe gerichtet • grundsätzlich **verbindlich**		• an die **Allgemeinheit** gerichtet • **unverbindlich**

Bindungsfristen bei

unbefristeten Angeboten (= gesetzlich)	befristeten Angeboten (= vertraglich)	Angeboten mit Freizeichnungsklauseln
• mündliche und telefonische Angebote: solange das Gespräch dauert • Angebotsbriefe: ca. 1 Woche • Angebote per Fax: 24 Stunden	bindend bis zum Ablauf der Frist	ganz oder teilweise unverbindlich

Erlöschen der Bindung an das Angebot bei

Ablehnung des Angebots	verspäteter Bestellung	vom Angebot abweichender Bestellung	rechtzeitigem Widerruf des Angebots

Inhalte des Angebots	gesetzliche Regelung	vertragliche Regelungen
Angaben zur angebotenen Dienstleistung		
Angaben zur Art, Beschaffenheit und Güte der angebotenen Ware	mittlere Art und Güte	• nach Augenschein • Güteklassen • Abbildungen und Beschreibungen • nach Probe
Menge	• Bezeichnung: m, kg, Stück usw. • Mindestbestellmenge	• Höchstbestellmenge

135

Angebotspreis		
Preisabzüge	**Rabatt** • Mengenrabatt • Wiederverkäuferrabatt • Sonderrabatt • Personalrabatt • Naturalrabatt (Draufgabe; Dreingabe) • Bonus	**Skonto**
Kosten der Versandverpackung	Kosten sind vom Käufer zu tragen	• netto, einschließlich Verpackung • netto, ausschl. Verpackung (= gesetzl. Regelung) • brutto, einschl. Verpackung (brutto für netto)
Versandkosten	Versandkosten trägt der Käufer	• ab Werk, ab Lager • ab hier, ab Bahnhof, hier, unfrei • frei Haus • frei dort, frei Bahnhof dort, frachtfrei
Lieferzeit	sofortige Lieferung	• Lieferung innerhalb eines bestimmten Zeitraums • Lieferung bis zu einem bestimmten Termin • Fixkauf
Zahlungsbedingungen	• sofortige Zahlung • Kosten der Zahlung trägt der Käufer	• Anzahlung • Vorauszahlung • „netto Kasse" • „gegen Nachnahme" • Zielkauf • Ratenkauf

Angebotsvergleich

	Vergleich der		
Vergleich der Angebote mehrerer Lieferanten, um das günstigste Angebot für eine Ware zu ermitteln.	• Bezugspreise • Qualität • Lieferzeiten	• Umwelt- und Gesundheitsverträglichkeit • Zahlungsbedingungen	• usw.

Ermittlung des Bezugspreises

   Listeneinkaufspreis (ohne USt)
– Lieferantenrabatt

= Zieleinkaufspreis
– Lieferantenskonto

= Bareinkaufspreis
+ Bezugskosten (ohne USt)

= Bezugspreis/Einstandspreis

2.5 Bestellung

Aufgrund des Angebots der Spengler & Sohn OHG vom 7. Februar 20.. (siehe S. 122) schickt die Hoffmann KG folgende Bestellung:

 Hoffmann KG
seit 1949

Bergener Straße 6a
60547 Frankfurt am Main
Telefon: 069 9876-42

Hoffmann KG – Postfach 21 31 41 – 60310 Frankfurt am Main
Leinenmeister GmbH
Obernstraße 8
33602 Bielefeld

Ihr Zeichen: vk-we
Ihre Nachricht vom:
Unser Zeichen: ek-ja
Unsere Nachricht vom:

Name: Volkan Karaca
Telefon: 069 9876-42
Telefax: 069 9876-10
E-Mail: volkan.karaca@hoffmann-kg-wvd.de

Datum: 20..02-04

Bestellung

Sehr geehrte Frau Baumeister,

wir danken Ihnen für Ihr Angebot. Wir bestellen Herrenfreizeithemden Bestell-Nr. 4537:

      20 Stück Größe 38
      20 Stück Größe 39
      40 Stück Größe 40
      20 Stück Größe 41

zum Stückpreis von 8,10 € einschließlich Verpackung, abzüglich 15 % Rabatt.

Die Lieferung soll innerhalb von zwei Wochen frachtfrei erfolgen. Die Zahlung erfolgt innerhalb von vier Wochen ab Rechnungsdatum ohne Abzug.

Wir hoffen auf baldige Lieferung.

Mit freundlichem Gruß

Hoffmann KG

i. A. *Volkan Karaca*

Volkan Karaca

Begründen Sie, warum durch diese Bestellung kein Kaufvertrag zustande gekommen ist.

Bestellung

DEFINITION

Eine **Bestellung** (Auftragserteilung) ist eine Aufforderung an einen Hersteller, Händler oder Dienstleister, Sachgüter oder Dienstleistungen zu den angegebenen Bedingungen zu liefern bzw. zu erbringen.

Die Abgabe einer Bestellung ist an keine Formvorschrift gebunden. Sie kann also ebenso wie ein Angebot schriftlich, mündlich oder telefonisch erfolgen.

Eine Bestellung beinhaltet Angaben über:

- Art, Beschaffenheit und Güte der Ware,
- Menge,
- Preis und Preisabzüge,
- Lieferbedingungen,
- Zahlungsbedingungen.

Wird in der Bestellung auf ein ausführliches Angebot Bezug genommen, erübrigt sich eine Wiederholung aller Angebotsbedingungen. Es genügt dann die Angabe von Warenart, Bestellmenge und Preis der Ware.

Bestellungen sind grundsätzlich verbindlich. Durch recht zeitigen Widerruf erlischt die Bindung an die Bestellung. Ein Widerruf muss spätestens mit der Bestellung beim Lieferanten eingetroffen sein.

Abweichend davon beträgt bei Verträgen, die zwischen Unternehmen und Verbrauchern unter ausschließlicher Verwendung von Fernkommunikationsmitteln (z. B. Internet, E-Mails, Telefon, Brief) abgeschlossen wurden, die Widerrufsfrist 14 Tage nach Erhalt der Ware.

Bestellt ein Käufer aufgrund eines verbindlichen Angebots rechtzeitig zu den angegebenen Angebotsbedingungen, so kommt ein Kaufvertrag zustande.

Bestellt ein Käufer, ohne dass ihm ein verbindliches Angebot vorliegt, so gilt diese Bestellung als Antrag auf Abschluss eines Kaufvertrags.

Bestellungsannahme

Für das Zustandekommen eines Kaufvertrags ist eine Bestellungsannahme notwendig, wenn der Bestellung kein Angebot vorausging oder wenn sie aufgrund eines freibleibenden Angebots erfolgte. Auch wenn die Bestellung vom vorausgehenden Angebot abweicht, kommt der Kaufvertrag erst durch eine Bestellungsannahme zustande.

Die Bestellungsannahme ist an keine Formvorschrift gebunden.

Der Verkäufer kann in den Fällen, in denen eine Bestellungsannahme erforderlich ist, auch auf eine ausdrückliche Auftragsbestätigung verzichten und sofort liefern. In diesem Fall gilt die Lieferung als Annahme der Bestellung (= schlüssige Handlung).

Bestellt ein Käufer aufgrund eines Angebots rechtzeitig zu den angegebenen Angebotsbedingungen, so ist eine Bestellungsannahme für das Zustandekommen des Kaufvertrags nicht erforderlich.

Onlinebestellungen

Güter und Dienstleistungen werden von Unternehmen zunehmend online mithilfe elektronischer Netze (EDI oder Internet) beschafft, da Onlinebestellungen eine Reihe von Vorteilen aufweisen:

- Der Erfassungsaufwand wird verringert.
- Die Bestellabwicklung wird beschleunigt.
- Erfassungsfehler werden reduziert.
- Der Postweg entfällt.
- Der Geschäftspartner oder die Geschäftspartnerin muss nicht persönlich erreichbar sein.
- Papier- und Postkosten sind geringer.

Ein Großteil aller deutschen Unternehmen mit mehr als zehn Beschäftigten erledigen ihren Einkauf ganz oder teilweise online. Dabei werden insbesondere folgende Formen des elektronischen Handels zwischen Unternehmen (Business-to-Business-E-Commerce [B2B-E-Commerce]) genutzt:

- EDI,
- B2B-Onlineshop,
- elektronischer (digitaler) Marktplatz.

EDI

EDI („Electronic Data Interchange") ist die rechnergestützte Zusammenarbeit von Unternehmen, die sich immer mehr von anderen Formen der Datenübertragung ins Internet verlagert. Hier findet ein elektronischer Dokumentenaustausch über Geschäftstransaktionen zwischen Betrieben statt. Daten wie z. B.

- Bestellungen,
- Rechnungen,
- Überweisungen,
- Warenerklärungen

werden in Form von strukturierten, nach vereinbarten Regeln formatierten (z. B. Edifact- oder Branchen-Normen) Nachrichten übertragen. Der Empfänger kann die Daten dann direkt – ohne eigene Erfassungsarbeiten – in seinen Anwendungsprogrammen (z. B. EDV-gestützten Warenwirtschaftssystemen, ERP-Programmen) weiterverarbeiten. Die elektronische Bestellung enthält dabei die gleichen Inhalte wie eine herkömmliche Bestellung auf Papier.

B2B-Onlineshop

Beim B2B-Onlineshop bietet ein Unternehmer anderen Unternehmen Güter und Dienstleistungen im Internet an. Bestellungen und Statusmeldungen beim Einkauf erfolgen über E-Mail oder über einen eigenen, nur für einen bestimmten Kunden / eine bestimmte Kundin zuständigen Bereich im Onlineshop.

Elektronischer Marktplatz

Elektronische Marktplätze sind Internetplattformen, auf denen mehrere Anbieter ihre Güter und Dienstleistungen anbieten. Die Anbieter sind auf dieser Plattform registriert und über eine Suchmaschine leicht zu finden.

Automatisierter Datenaustausch dominiert B2B-E-Commerce

[...] Während im B2C-Onlinehandel[1] Bestellungen über Onlineshops an der Tagesordnung stehen, dominiert im B2B-E-Commerce aktuell noch der automatisierte Datenaustausch. Das heißt, Bestellungen, Rechnungen oder Produktbeschreibungen werden online über ein vordefi-

---

1 Beim B2C-Onlinehandel bieten Unternehmen Verbrauchern Güter und Dienstleistungen im Internet an. (B2C = Business-to-Consumer)

niertes Format übermittelt und weiterverarbeitet. Mehr als vier Fünftel des E-Commerce-Marktvolumens werden auf diesem Weg der elektronischen Vernetzung generiert. Lediglich vier Prozent und damit aber immerhin noch 35 Milliarden Euro werden ähnlich wie im B2C-Handel über Onlineshops umgesetzt. „Der B2B-E-Commerce-Markt ist weitaus komplexer als der Onlinehan-

del mit Endverbrauchern. Hinzu kommt, dass die Waren im B2B-Bereich häufig erst ‚on demand‘ produziert werden. Und dennoch: Auch im B2B-Bereich werden Onlineshops, wie man sie als Privatkunde kennt, immer wichtiger. Auch hier gibt es den Bedarf an standardisierter Ware und die ‚usability‘ der Onlineshops gewinnt zunehmend an Bedeutung“, erklärt Hansjürgen Heinick.

Quelle: IFH RETAIL CONSULTANTS: Geschäftskunden sorgen für 870 Milliarden B2B-E-Commerce-Umsatz jährlich. In: www.ifhkoeln.de/Pressemitteilungen. 21.02.2013. https://www.ifhkoeln.de/pressemitteilungen/details/geschaeftskunden-sorgen-fuer-870-milliarden-euro-b2b-e-commerce-umsatz-jaehrlich/ [01.09.2022]. (verändert)

Zustandekommen des Kaufvertrages durch eine Onlinebestellung

Es gibt drei verschiedene Möglichkeiten, einen Kaufvertrag im Onlineshop abzuschließen:

1. Mit dem Absenden einer Bestellung im Shop gibt der Kunde oder die Kundin einen verbindlichen Antrag zum Abschluss eines Kaufvertrages ab. Der Verkäufer nimmt die Bestellung durch eine automatisch versandte Mail, eine Auftragsbestätigung, an. Der Verkäufer hat hier keine Möglichkeit, vor Abschluss des Vertrages eine Bonitätsprüfung oder Lieferbarkeitsprüfung vorzunehmen.
2. Mit dem Absenden einer Bestellung im Shop gibt der Kunde oder die Kundin einen verbindlichen Antrag zum Abschluss eines Kaufvertrages ab. Der Verkäufer schickt eine automatisch erstellte Eingangsbestätigung. Mit dieser Eingangsbestätigung nimmt er jedoch den Antrag des Kunden / der Kundin auf Abschluss eines Kaufvertrages noch nicht an. Er bestätigt mit dieser Mail nur den Eingang der Bestellung. Den Antrag nimmt er erst mit einer anschließend verschickten Auftragsbestätigung an. Der Verkäufer kann so vor dem Abschluss des Kaufvertrages eine ausreichende Bonität der Kundschaft und die Verfügbarkeit der Ware prüfen.
3. Schließlich gibt es die Möglichkeit wie bei eBay: Die Präsentation der Produkte im Internet gilt hier bereits als verbindliches Angebot des Verkäufers. Durch Bestellung nimmt der Kunde oder die Kundin das Angebot an. Damit kommt ein Kaufvertrag zwischen Verkäufer und Käufer zustande. Diese Regelung kann der Verkäufer in seinen Allgemeinen Geschäftsbedingungen festlegen.

AUFGABEN

1. Entscheiden Sie, in welchen der folgenden Fälle durch die Bestellung ein Kaufvertrag zustande kommt.
   a) Eine Kundin bestellt am 17. Juli aufgrund eines Angebots vom 15. Juli zu den angegebenen Angebotsbedingungen.
   b) Ein Kunde bestellt aufgrund eines Angebots vom 10. August am 12. August. Er ändert die Lieferungsbedingung „ab Werk“ in „unfrei“ ab.
   c) Ein Kunde bestellt am 7. März aufgrund eines freibleibenden Angebots vom 4. März.
   d) Eine Kundin bestellt am 4. April telefonisch aufgrund eines schriftlichen Angebots vom 2. April.
2. Nennen Sie die Angaben, die eine ausführliche schriftliche Bestellung enthalten sollte.
3. In welchen der folgenden Fälle ist eine Bestellungsannahme für das Zustandekommen eines Kaufvertrags erforderlich?
   a) Der Verkäufer macht ein freibleibendes Angebot. Der Käufer bestellt.
   b) Der Verkäufer unterbreitet ein schriftliches Angebot. Der Käufer bestellt rechtzeitig.

c) Der Verkäufer macht ein schriftliches Angebot. Der Käufer bestellt rechtzeitig mit abgeänderten Bedingungen.

d) Der Verkäufer macht ein telefonisches Angebot. Der Käufer bestellt am folgenden Tag schriftlich zu den während des Telefongesprächs vereinbarten Bedingungen.

4. Unterscheiden Sie die Formen des B2B-E-Commerce:
   - EDI
   - B2B-Onlineshop
   - elektronischer Marktplatz

5. Beurteilen Sie die Bedeutung der einzelnen Formen des B2B-E-Commerce für deutsche Unternehmen.

6. Erläutern Sie die Vorteile von Onlinebestellungen für Käuferinnen und Käufer.

7. Die Exclusiva GmbH bezieht regelmäßig Geschirr- und Frottiertücher von der Leistner Wäsche GmbH, Ritterstraße 37, 28865 Lilienthal.

   Da die Niederlassung Offenbach der Exclusiva GmbH nur noch wenige Geschirrtücher und Frottiertücher am Lager hat, beauftragt die Leiterin der Einkaufsabteilung, Frau Wulff, die Auszubildende Ronja Bunko, folgende Artikel bei der Leistner Wäsche GmbH zu bestellen:
   - 500 Geschirrtücher, Artikelnummer 112/2 zum Preis von 1,50 € je Stück und
   - 500 Walkfrottiertücher, Artikelnummer 156/3 zum Preis von 4,50 € je Stück

   Die Liefer- und Zahlungsbedingungen der Leistner Wäsche GmbH findet Ronja Bunko in der Lieferantendatei der Exclusiva GmbH.

   Versetzen Sie sich in die Rolle von Ronja Bunko und erstellen Sie einen Entwurf für das Bestellschreiben.

```
Lieferer: 46213    Leistner Wäsche GmbH    Datum: 17. Juni 20.

1. Anschrift:                Ritterstr. 37, 28865 Lilienthal
2. Artikel:                  Haushaltswäsche
3. Versandkosten:            frei Haus
4. Kosten der
   Versandverpackung:        netto einschl. Verpackung
5. Lieferzeit:               innerhalb 14 Tagen
6. Zahlungsbedingungen:      innerhalb 10 Tagen 3 % Skonto;
                             innerhalb 30 Tagen ohne Abzug
```

8. Erkunden Sie den Ablauf des Beschaffungsprozesses in Ihrem Praktikumsbetrieb. Stellen Sie den Ablauf dieses Beschaffungsprozesses in Ihrer Klasse vor. Benutzen Sie dazu ein Präsentationsmittel Ihrer Wahl.

9. Erstellen Sie eine Liste von B2B-Onlineshops, die Ihr Praktikumsbetrieb für seine Einkäufe nutzen könnte. Nutzen Sie für die Suche im Internet eine Suchmaschine.

ZUSAMMENFASSUNG

Bestellung
= Aufforderung an einen Hersteller, Händler oder Dienstleister, Sachgüter oder Dienstleistungen zu den angegebenen Bedingungen zu liefern bzw. zu erbringen.

Form	• schriftlich • mündlich • fernschriftlich • telefonisch
Inhalt	Wiederholung möglichst aller Angaben des Angebots, mindestens jedoch: • Warenart • Menge • Preis je Einheit
rechtliche Wirkung	• Die Bestellung muss dem Empfänger zugegangen sein. • Der Besteller ist an seine Bestellung gebunden. • Durch rechtzeitigen Widerruf erlischt die Bindung an die Bestellung.

```
                    Bestellungsannahme

                      notwendig, wenn

  die Bestellung vom Angebot   die Bestellung aufgrund eines   der Bestellung kein Angebot
         abweicht            freibleibenden Angebots erfolgte          vorausging
```

```
              Bestellungen mithilfe elektronischer Netze

         EDI                    B2B-Onlineshop              elektronischer Marktplatz

 = Electronic Data          = Angebot von Gütern und     = Internetplattformen, auf
   Interchange                Dienstleistungen eines       denen mehrere Anbieter
 (rechnergestützte            Unternehmens an andere       ihre Güter und Dienstleis-
  Zusammenarbeit von          Unternehmen im Internet      tungen anbieten
  Unternehmen)
```

2.6 Warenannahme

Im Zentrallager der Hoffmann KG:

Ein Spediteur bringt eine Sendung mit 500 Geschirrtüchern und 500 Walkfrottiertüchern der Leistner Wäsche GmbH, Ritterstraße 37, 28865 Lilienthal. Herr Berkan nimmt im Lager die Sendung entgegen. Ein Paket ist außen beschädigt.

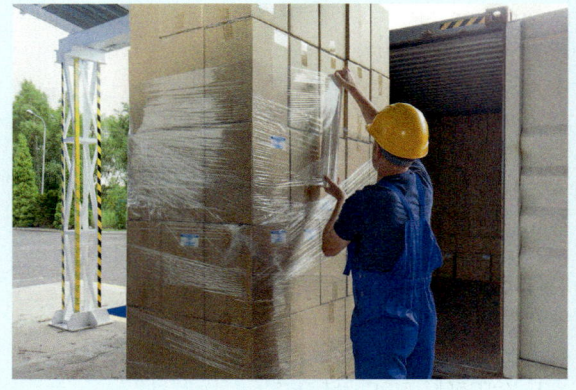

1. Führen Sie auf, wie ein Unternehmen bei der Annahme von Waren vorgehen muss.
2. Erstellen Sie eine Tatbestandsaufnahme für das beschädigte Paket.

Vorgehensweise beim Wareneingang

Bestellte Waren werden durch die Post oder die Bahn, durch Paketdienste oder gewerbliche Güterverkehrsunternehmen zugestellt. Vertragsmäßig gelieferte Ware muss abgenommen werden. Nicht immer jedoch ist die Lieferung einwandfrei. Die Ware kann Mängel aufweisen, die entweder der Hersteller zu verantworten hat oder die durch den Transport verursacht wurden. Damit das einkaufende Unternehmen als Käufer nicht das Recht zur Reklamation verliert, müssen beim Wareneingang verschiedene Prüfungen vorgenommen werden.

Kontrolle gegenüber dem Frachtführer

Es wird sofort – also auf der Stelle – mithilfe der Warenbegleitpapiere die Berechtigung der Lieferung kontrolliert. Es könnte sich z. B. um Irrläufer oder unverlangte Ware handeln. Irrläufer ergeben sich meist schon durch die falsche Adresse. Unverlangte Sendungen sind zu erkennen, wenn die Warenannahme im Betrieb (z. B. durch die Einkaufsabteilung) rechtzeitig über jeden zu erwartenden Eingang unterrichtet ist.

Auch die Verpackung muss sofort überprüft werden. Noch in Gegenwart des Überbringers ist festzustellen, ob die Verpackung in irgendeiner Weise beschädigt ist. Bei Artikeln, die nicht verpackt sind, ist das Äußere der Ware auf Mängel hin zu untersuchen.

Anschließend wird eine Mengenprüfung vorgenommen. Es wird dabei geklärt, ob die Anzahl beziehungsweise das Gewicht der Versandstücke mit den Versandpapieren übereinstimmt.

Kontrolle von Anschrift, äußerer Beschaffenheit und Richtigkeit des Transportmittels

Abgleich der gelieferten Waren nach Menge und Art mit Lieferscheinen

Dokumentation der Mängel auf Lieferscheinen

Bestätigung der Mängel durch Anlieferer

Empfangsbestätigung und Quittung

Als Papiere zur Kontrolle können im Wareneingang herangezogen werden:

- Lieferscheine,
- Ladescheine,
- Frachtbriefe,
- Paketkarten.

Ergeben sich bei den genannten Kontrollen Mängel, verlangt der/die Verantwortliche des beschaffenden Unternehmens eine **Tatbestandsaufnahme.** Diese richtet sich gegen das Transportunternehmen der Ware. Das Unternehmen ist dann berechtigt, die Abnahme der Ware zu verweigern oder die Ware nur unter Vorbehalt anzunehmen.

Kontrolle gegenüber dem Lieferanten

Auch der Zustand der Waren muss untersucht werden. Nach dem Auspacken der Ware ist zu prüfen, ob die gelieferten Artikel den im Kaufvertrag vereinbarten Eigenschaften entsprechen. Eine genaue Kontrolle lässt sich aus zeitlichen Gründen nicht immer sofort bei der Übergabe der Ware durchführen. Sie hat aber „unverzüglich" zu erfolgen. Unverzüglich bedeutet: Die Prüfung darf ohne wichtigen Grund nicht verzögert werden; die Ware muss zum nächstmöglichen Zeitpunkt auf eventuelle Mängel hin untersucht werden. Bei größeren Mengen kann eine Stichprobenkontrolle erfolgen.

Als Kontrollunterlagen bei dieser zweiten Prüfung im Wareneingang können herangezogen werden:

- Lieferscheine,
- Packzettel,
- Rechnungen,
- Versandanzeigen,
- Bestellunterlagen des Betriebs.

Kontrolle der Indentität:
Wurde die Ware richtig geliefert?

↓

Quantitätsprüfung:
Entspricht die gelieferte der bestellten Menge?

↓

Überprüfung der Qualität:
Hat die gelieferte Ware die vereinbarte Güte?

↓

Untersuchung der Beschaffenheit:
Fallen an der Ware Beschädigungen auf?

Stellt das beschaffende Unternehmen fest, dass die Ware beispielsweise beschädigt ist, teilt es dies dem Lieferanten mit. Die fehlerhafte Ware wird mit der **Mängelrüge** beim Lieferanten beanstandet, damit das Unternehmen keine Ansprüche verliert.

Ist die Ware einwandfrei, wird sie ins Lager oder in die Verkaufsräume gebracht. Gleichzeitig wird der Einkaufsabteilung und der Buchhaltung gemeldet, dass bestellte Ware eingetroffen ist.

EDV-gestützte Warenwirtschaftssysteme im Wareneingang

Damit die Arbeiten des Wareneingangs im belieferten Unternehmen lagergerecht erfüllt werden können, werden detaillierte Informationen pro Artikel über die bei Lieferanten getätigten Bestellungen benötigt. Das EDV-gestützte Warenwirtschaftssystem stellt die zum Zeitpunkt der Anlieferung notwendigen Daten für die Übernahme der Ware und deren Kontrolle zur Verfügung.

Bei fortgeschrittenen Warenwirtschaftssystemen wird der erwartete Wareneingang mit Angaben aus der Bestelldatei über die Menge, das Gewicht und das Volumen der Ware pro entsprechenden Lagerbereich und Lagergang angekündigt. Die Wareneingangsabteilung kann dann schon rechtzeitig alle erforderlichen Vorkehrungen treffen, um die Ware später rasch und reibungslos zu übernehmen, zu kontrollieren und einzulagern.

Aufgrund dieser Informationen sollte das belieferte Unternehmen:

- freie Abladestellen für die Lkw-Anlieferung bereithalten,
- ausreichenden Platz für das Abstellen der Ware reservieren,
- innerbetriebliche Transportmittel bereithalten,
- Personal- und Lagerkapazität vorhalten.

Die tatsächlich gelieferte Ware wird im Rahmen der Wareneingangserfassung hinsichtlich verschiedener Kriterien mit der vom EDV-gestützten Warenwirtschaftssystem früher erfassten Bestellung überprüft. Grundlage für die Annahme und Kontrolle der Ware sind die Warenbegleitpapiere.

Dabei muss das belieferte Unternehmen äußerst sorgfältig vorgehen: Im Wareneingang, bei der Wareneingangskontrolle und der entsprechenden Datenerfassung verursachte Fehler wirken sich in allen übrigen Bereichen der Warenwirtschaft des Unternehmens aus. Die nachfolgend an das EDV-gestützte Warenwirtschaftssystem angeschlossenen Betriebsstellen würden dann zwangsläufig auf falsche oder unvollständige Angaben zugreifen.

Im Normalfall erfolgt die Wareneingangserfassung als integrierte Bestellabwicklung. Dadurch wird die kostspielige Mehrfacherfassung von Daten an den verschiedenen Stellen des Unternehmens zum großen Teil vermieden. Es werden nur die Bestelldaten aufgerufen und bestätigt, lediglich Abweichungen werden neu erfasst und in das Warenwirtschaftssystem eingegeben.

Die festgestellten Abweichungen stellen die Grundlage für unterschiedliche Auswertungen des EDV-gestützten Warenwirtschaftssystems dar.

Untersucht werden in diesem Zusammenhang:

- **Termintreue**
  Terminüber- oder -unterschreitungen
- **Menge**
  Über- beziehungsweise Untermengen
- **Qualität**
  Vergleich bestimmter qualitativer Werte

Oft genügen diese beim Wareneingang gewonnenen Informationen. In vielen Fällen werden diese Daten jedoch in weitere Unterprogramme des Warenwirtschaftssystems übertragen und dort zu anderen Auswertungen weiterverarbeitet.

BEISPIELE

- Lieferantenauswahl nach den oben ausgeführten Kriterien
- Soll-Ist-Abweichungen bei bestimmten Warengruppen oder Produkten

1. Begründen Sie, warum das belieferte Unternehmen bei der Annahme von Waren bestimmte Kontrollen vornehmen muss.
2. Erklären Sie den Unterschied zwischen einer sofortigen und einer unverzüglichen Prüfung.
3. Geben Sie an, welche Kontrollen sofort vorgenommen werden müssen.
4. Erläutern Sie, was unverzüglich kontrolliert werden kann.
5. Schlagen Sie Maßnahmen vor, die das belieferte Unternehmen bei Beanstandungen zu ergreifen hat.
6. Führen Sie auf, welche Maßnahmen der Einkauf ergreifen muss, wenn das EDV-gestützte Warenwirtschaftssystem den Wareneingang von Ware ankündigt.
7. Beantworten Sie die Fragen: Wie unterstützen Warenwirtschaftssysteme den Wareneingangsbereich? Was muss das Unternehmen bei der Annahme von Waren beachten?
8. Es werden 18 000 Marmeladengläser angeliefert. Entscheiden Sie, welche Aussage richtig ist.
   a) Die Ware muss bei der Annahme in Anwesenheit des Unternehmers/der Unternehmerin geprüft werden.
   b) 15 % der Ware sind zu prüfen.
   c) Die Ware kann ohne Prüfung eingelagert werden, wenn das Speditionsunternehmen erklärt, die Ware sei sachgemäß verpackt worden.
   d) Bei Lieferung von Massengütern kann die Einlagerung der Ware ohne Kontrolle erfolgen.
   e) Die Ware muss durch Stichproben in angemessener Zahl geprüft werden.
9. Am 21. Juli trifft eine Lieferung bei der Hoffmann KG ein. Entscheiden Sie, was Sie in Anwesenheit des frachtführenden Unternehmens prüfen müssen, bevor Sie den Empfang der Ware quittieren.
   a) die äußere Verpackung
   b) den Preis der Ware
   c) die Art der Ware
   d) die Qualität der Ware
   e) die Beschaffenheit der Ware
10. a) Erkunden Sie, wie die Warenannahme in Ihrem Praktikumsbetrieb geregelt ist.
    b) Informieren Sie in einem Kurzreferat Ihre Klasse.

In der Warenannahme

muss die gelieferte **Ware kontrolliert** werden, damit der Betrieb nicht das Recht zur Reklamation verliert.

sofort

unverzüglich

d. h.
• auf der Stelle
• in Anwesenheit des Überbringers

d. h. ohne schuldhafte Verzögerung

bei Beanstandungen

Tatbestandsaufnahme

Mängelrüge

über
• **Berechtigung der Lieferung**
• **Zustand der Verpackung**
• **richtige Menge**

über
Zustand der Ware

Die Warenannahme wird unterstützt durch:

EDV-gestützte Warenwirtschaftssysteme

Bereitstellung von entscheidungsrelevanten Informationen im Vorfeld des Wareneingangs	Datenerfassung nur der Abweichungen des Wareneingangs von den Bestellungen	Auswertungen für den Wareneingangsbereich des Betriebs	Bereitstellung von Informationen für andere Bereiche der Warenwirtschaft

2.7 Bedeutung der Lagerhaltung

EINSTIEG

Anne Schulte ist im Rahmen ihrer Ausbildung bei der Fairtext GmbH, einem Tochterunternehmen der Hoffmann KG, seit Kurzem im Zentrallager eingesetzt. Mittlerweile hat sie dort schon verschiedene Tätigkeiten durchgeführt. Ihr Ausbilder weist sie auf die Bedeutung von Lagern für Unternehmen hin. Sie erfüllen für diese verschiedene Aufgaben.

Im Zentrallager werden die Waren an einem Ort gelagert.

1. Erläutern Sie die Funktionen des Lagers in einem Unternehmen.
2. Stellen Sie am Beispiel Ihres Praktikumsunternehmens die verschiedenen Lagerarten vor.
3. Suchen Sie Beispiele für Waren Ihres Praktikumssortiments, bei denen das Lager
   a) die Zeitspanne zwischen Ein- und Verkauf überbrückt,
   b) der Umformung bzw. Pflege von Waren dient.

INFORMATION

Lagerhaltung

DEFINITION

Unter einem **Lager** versteht man den Ort, an dem die Ware auf Vorrat aufbewahrt wird.

Kaum ein Unternehmen ist in der glücklichen Lage, jede gerade gelieferte Ware sofort wieder verkaufen zu können. Da das Unternehmen die Nachfrage nicht vorhersehen kann, ist es nahezu unmöglich, die Beschaffung und den Absatz von Waren zeitlich und mengenmäßig genau aufeinander abzustimmen. Es gelingt einem Betrieb fast nie, nur so viel einzukaufen, wie für den Verkauf gerade benötigt wird. Daraus ergibt sich die Notwendigkeit der Lagerhaltung, die Spannungen zwischen Wareneinkauf und -verkauf möglichst vermeiden soll.

Aufgaben der Lagerhaltung

Hauptziel der Lagerhaltung ist der Ausgleich zwischen Beschaffung und Absatz von Waren. In diesem Zusammenhang erfüllt das Lager verschiedene Aufgaben.

Sicherung der Verkaufsbereitschaft

Waren werden im Lager bereitgehalten, um die Kundschaft sofort und bedarfsgerecht versorgen zu können. Die Aufrechterhaltung des Verkaufsprozesses wird abgesichert: Das Lager soll also einerseits verhindern, dass Schwierigkeiten bei der Beschaffung von Waren (wie z. B. Lieferverzögerungen oder Transportschwierigkeiten) die Verkaufsbereitschaft stören. Andererseits werden aber auch Artikel auf Vorrat gehalten, um Nachfrageschwankungen abzufangen. Solche Unregelmäßigkeiten im Verkauf können aus modischen, saisonalen oder konjunkturellen Gründen auftreten.

Überbrückung der Zeit

Wenn Einkauf und Verkauf der Waren zeitlich auseinanderfallen, dient das Lager dazu, die Zeit so lange zu überbrücken, bis die Waren benötigt werden. Das Lager ermöglicht also den zeitlichen Ausgleich zwischen Beschaffung und Absatz.

> **BEISPIEL**
>
> Bestimmte Waren können nur zu bestimmten Jahreszeiten beschafft werden, der Verkauf muss aber ganzjährig stattfinden (z. B. Obst und Gemüse).

Ausnutzung von Preisvorteilen

Das Lager ermöglicht, Preis- und Kostenvorteile wahrzunehmen, die der Beschaffungsmarkt bietet. Sehr oft liegen die Preise der Lieferanten niedriger, wenn die Nachfrage zu bestimmten Zeiten nicht so groß ist. Dann empfiehlt es sich für das Unternehmen, die Waren günstig einzukaufen und auf Vorrat zu nehmen. Aber auch die Vorteile des Großeinkaufs kann man durch ein Lager nutzen. Die Einkaufspreise können sich erheblich verringern durch Mengenrabatte, die dem Unternehmen gewährt werden. Oft erreicht man überdies durch den Einkauf größerer Mengen, dass die Verpackungs- oder Beförderungskosten sinken oder ganz vom Lieferanten übernommen werden.

Pflege und Umformung von Waren

Eine weitere Aufgabe der Lagerhaltung ist die zweckmäßige Behandlung und Pflege der Ware, durch die deren Gebrauchsfähigkeit erhalten wird. Darüber hinaus wird im Lager oft noch nicht verwendungsfähige Ware in einen verkaufsfähigen Zustand gebracht. Hier finden Umpack-, Umfüll-, Misch- und Sortiervorgänge statt. Um der Kundschaft beispielsweise eine große Auswahl zu bieten, wird die Ware in den gewünschten Mengen bereitgestellt.

Veredelung von Waren

In seltenen Fällen soll im Lager eine qualitative Veränderung der Ware bewirkt werden. So wird dort Obst aufbewahrt, um zu reifen. Wein gewinnt an Wert, wenn er sorgsam gelagert wird.

Lagerarten

Lager findet man in unterschiedlichen Formen und Größen. Die Lager können nach verschiedenen Merkmalen unterschieden werden, wobei in der Praxis häufig Mischformen auftreten (s. Tabelle auf S. 149).

Aufgaben des Lagers			
Schutz der Ware	**Sicherung der Verkaufsbereitschaft**	**Räumliche Überbrückung**	**Zeitliche Überbrückung**
Die Qualität kann erhalten werden	Fähigkeit, die Waren jederzeit liefern zu können	Ausgleich der Entfernungen zwischen Herstellungsort und Verwendungsort	Ausgleich der Zeit zwischen Herstellung und Verwendung
Ausnutzen von Preisvorteilen	**Spekulation**	**Behandlung der Ware**	**Veredelung**
Durch Lagerung größerer Mengen verringert sich der Einkaufspreis	Waren, bei denen eine Preissteigerung erwartet wird, werden so lange eingelagert	An der Ware kann gearbeitet bzw. diese kann weiterverarbeitet werden	Die Qualität kann verbessert werden

Lagerarten

Einteilung nach dem Ort der Aufbewahrung	
Eigenlager	**Fremdlager**
Von einem Eigenlager spricht man, wenn der Betrieb seine Ware in eigenen Geschäftsräumen lagert.	Aus bestimmten Gründen verwenden Betriebe oft fremde Lagerräume in Lagerhäusern, bei Spediteuren oder Kommissionären für ihre Warenvorräte.

Einteilung nach dem Grad der Aufteilung der Lagergüter	
zentrales Lager	**dezentrales Lager**
Alle Waren werden an einem Ort gelagert.	Die Waren werden auf verschiedene Lager verteilt, beispielsweise auf die Lager von Filialen.

Einteilung nach ihrer Aufgabe		
Vorratslager	**Umschlagslager**	**Verteilungslager**
Hauptaufgabe ist es, eine hohe Kapazität für die Aufnahme von Waren zur Verfügung zu stellen. Als wichtigstes Ziel wird eine langfristige Pufferfunktion angestrebt, also die Zeitüberbrückung zwischen Produktion und Verwendung.	Diese Lagerart soll kurzfristig die Güter zwischen dem Umschlag von Transportmittel zu Transportmittel aufnehmen. Es dominieren die Bewegungsprozesse: Nicht so sehr eine hohe Lagerkapazität, sondern die Erzielung einer hohen Umschlagsgeschwindigkeit ist wichtigste Zielsetzung.	Hier sind Lager- und Bewegungsprozesse von gleicher Bedeutung. Wichtigste Zielsetzung ist die Leistungsfähigkeit zur Umstrukturierung des Güterflusses. Man unterscheidet: • **Zulieferungslager:** Güter werden von unterschiedlichen Lieferanten gesammelt und an einen oder mehrere Kunden/Kundinnen verteilt. Hauptaufgabe dieser beschaffungsorientierten Lagerart ist also eine hohe Konzentrationsleistung. • **Auslieferungslager:** Güter werden z. B. aus der Produktion gesammelt und an verschiedene Kunden/Kundinnen ausgeliefert. Sie sind absatzorientiert und streben eine hohe Auflöseleistung an.

spezielle Lagertypen für unterschiedliche Zwecke		
Reservelager	**Wareneingangslager**	**Kühllager**
Ein Reservelager dient der Aufnahme von Sicherheitsbeständen zur Aufrechterhaltung der Verkaufsbereitschaft.	Hier befinden sich Waren, die vom Wareneingang noch nicht für die eigentliche Lagerung bzw. den Verkauf freigegeben worden sind.	Sie dienen zur Aufbewahrung wärmeempfindlicher Waren.

AUFGABEN

1. Begründen Sie, warum Lager notwendig sind.
2. Erklären Sie, was man unter einem Lager versteht.
3. Unterscheiden Sie Lagerarten.
4. Unterscheiden Sie Lageraufgaben.
5. Erläutern Sie, ob bzw. wie in Ihrem Praktikumsbetrieb Ware behandelt oder veredelt wird.

6. Finden Sie Beispiele für Umpack-, Umfüll-, Misch- und Sortiervorgänge in Unternehmen.

7. Entscheiden Sie, welche Aufgabe die Lager verschiedener Unternehmen in den folgenden Fällen erfüllen.

   a) Schon im August werden Schokoladenweihnachtsmänner gelagert.

   b) Emmentaler-Käselaibe werden in Scheiben geschnitten und in 100-g-Plastikpackungen verpackt.

   c) Vor den Weihnachtsfeiertagen werden bei vielen Warengruppen die Bestände erhöht.

   d) Gleich nach der Herstellung werden verschiedene Weinsorten bei den Erzeugern gekauft und auf Lager genommen.

   e) Aufgrund des Brandes bei dem weltweit führenden Prozessorhersteller wird mit einer Verknappung und damit Verteuerung der Prozessoren gerechnet, was nach Ansicht des Einkaufspersonals zu einer Erhöhung der Einkaufspreise von Computern führen wird. Da gerade ein günstiges Angebot einer taiwanesischen Firma vorliegt, die sofort liefern kann, kauft man 200 Laptops sowie 400 Computer.

8. Geben Sie an, welche Aufgabe des Lagers jeweils in den folgenden Fällen angesprochen ist.

   a) Bestellt ein Verein bei der Böttger GmbH größere Mengen von Sportartikeln, werden diesem 15 % Mengenrabatt sowie die Übernahme der kompletten Transportkosten gewährt.

   b) Da die Baumwollernte dieses Jahr sehr schlecht war, erwartet die Uwe Otte KG aufgrund eines geringeren Angebots an diesem Rohstoff einen Anstieg der Preise. Sie kauft jetzt schon vorsichtshalber für die nächste Saison Baumwoll-Pullover und -Hemden.

   c) Sebastian Holpert isst unheimlich gerne Käse. Vor allem liebt er alten Gouda.

   d) Die Adrian Sieg Mode GmbH hat eine vergleichsweise große Menge an Anzügen auf Lager genommen. Hier gibt es einerseits häufig Lieferengpässe, andererseits aber auch oft überraschende Nachfragespitzen.

   e) Sebastian Holpert kauft nach der Arbeit in einem großen SB-Warenhaus Joghurt, Milch und Käse ein. Dieser wird in einem extra klimatisierten Raum angeboten.

9. Anne Schulte besichtigt gerade mit den anderen Auszubildenden ihrer Klasse das Zentrallager der Karl Cremer KG. Der Lagerleiter stellt das Lager vor: „Die Lagerhöhe unseres Lagers beträgt 12 m. Hier wird das gesamte Sortiment der Karl Cremer KG gelagert: Aus diesem großen Warenangebot können sich die einzelnen Filialen zielgerichtet die für ihre Kundschaft passenden Waren besorgen. Wir lagern unsere Ware weitgehend in den eigenen Geschäftsräumen, in Ausnahmefällen jedoch nutzen wir auch die Dienste von Lagerhaltern."
Ordnen Sie das Lager der Karl Cremer KG den Lagerarten zu.

10. Entscheiden Sie, welche Aufgabe das Lager in den folgenden Fällen erfüllt.

   a)   b)   c)

11. Klären Sie die Begriffe:
- Fremdlager,
- Wareneingangslager,
- Hochregallager

mithilfe einer Internetrecherche.

Aufgaben des Lagers (Lager = Ort, wo die Ware aufbewahrt wird)

Sicherung der Verkaufsbereitschaft	Überbrückung der Zeit	Ausnutzung von Preisvorteilen	Pflege und Behandlung der Ware	Veredelung
Das Lager gewährleistet eine optimale Belieferung der Kundinnen/Kunden.	Das Lager ermöglicht den Zeitausgleich zwischen Einkauf und Verkauf.	Das Lager ermöglicht günstige Einkäufe.	Im Lager wird die Ware verkaufsfertig.	Im Lager gewinnt die Ware an Qualität.

Lagerarten

nach dem Ort der Aufbewahrung	nach dem Grad der Aufteilung der Lagergüter	nach ihrer Aufgabe	nach Bauformen	spezielle Lager
• Eigenlager • Fremdlager	• zentrales Lager • dezentrales Lager	• Vorratslager • Umschlagslager • Verteilungslager	• Freilager • Flachlager • Etagenlager • Hochflachlager • Hochregallager • Bunker-/Silo-/Tanklager	• Reservelager • Wareneingangslager • Kühllager • Sonderlager durch gesetzliche Bestimmungen

2.8 Organisation des Lagers

Herr Kreipe, Lagerleiter in der Hoffmann KG, berichtet aus der Gründungszeit des Unternehmens:

„Damals hatten wir einige Schwierigkeiten. Unser Lager war zunächst einmal sehr klein. Ein Teil der Ware musste in den Kellerräumen eines anderen Gebäudes untergebracht werden. Auf der ungesicherten Kellertreppe kam es zu zwei Arbeitsunfällen. Oft musste Ware gesucht werden, weil wir nicht wussten, wo benötigte Artikel standen. Wertvolle Ware wurde offen in den Regalen aufbewahrt ..."

1. Machen Sie Vorschläge, wie ein Lager organisiert sein muss, um diese Schwierigkeiten zu vermeiden.

2. Stellen Sie fest, welche Gesichtspunkte bei der Lagerung von Waren beachtet werden müssen.
3. Geben Sie an, welche Tätigkeiten üblicherweise in Ihrem Lager durchgeführt werden.

INFORMATION

Ordnungsgemäße Durchführung aller im Lager anfallenden Tätigkeiten

Das Lager muss so organisiert sein, dass alle dort anfallenden Vorgänge des Warenhandlings (Warenhandhabung) ordnungsgemäß durchgeführt werden können. Im Rahmen des Warendurchlaufs durch den Betrieb fallen folgende Tätigkeiten im Lager an:

Warenannahme und Eingangskontrolle

In fast allen Unternehmen wird eine Annahme der vom Lieferanten ankommenden Waren durchgeführt. Das Personal des Unternehmens hat die per Lkw, Bahn, Schiff oder Flugzeug eintreffende Ware in der betrieblichen Anlieferzone zu übernehmen. Der nächste im Lager zu organisierende Schritt ist die körperliche Wareneingangskontrolle. Es muss festgestellt werden, ob die gelieferte Ware nach Art, Menge und Qualität der aufgegebenen Bestellung entspricht.

Physische Lagerführung

Im Großhandel beispielsweise stellt die Lagerführung die wesentliche Handelsfunktion dar. Dazu gehören im engeren Sinn die Teilaufgaben der

- Einlagerung der gelieferten Ware,
- der eigentlichen Lagerhaltung,
- der Warenpflege und
- der körperlichen Inventurdurchführung.

Aufgrund der erheblichen Durchflussmengen an Waren im Großhandel, aber auch in Industriebetrieben können diese Handelsaufgaben nur noch bei Anwendung einer spezialisierten Technik und Organisation wirtschaftlich bewältigt werden.

Kommissionierung

DEFINITION

Kommissionieren bedeutet das Zusammenstellen von Kundenaufträgen.

Die von der Kundschaft benötigten Waren müssen im Lager gesammelt und bis zum Versandplatz transportiert werden. Einer sinnvollen Organisation der Kommissionierung kommt eine große Bedeutung zu. Die Kommissionierung verursacht einerseits durch hohen Personal- und Sachmitteleinsatz hohe Kosten, beeinflusst aber andererseits durch den Grad der Fehlerfreiheit der Kommissionen die Kundenzufriedenheit beträchtlich. Daher müssen die Zusammenstellwege und -zeiten minimiert werden. In diesem Zusammenhang sind verschiedene Kommissioniersysteme entwickelt worden.

DEFINITION

Unter **Kommissioniersystemen** versteht man die Sammelmethoden, mit denen einzelne Artikelpositionen zu den vollständigen Kundenaufträgen zusammengestellt werden.

Warenpflege

Die gelagerten Waren stellen Vermögenswerte dar. Um Verderb und Beschädigungen zu vermeiden, müssen sie gepflegt werden. Die Warenpflege gehört zu den täglich anfallenden Aufgaben der Beschäftigten. Die Warenpflege umfasst alle Arbeiten, um die Waren in einen verkaufsfähigen Zustand zu versetzen bzw. zu erhalten. Aufgaben im Rahmen der Warenpflege sind:

- Verbesserung der Umschlagshäufigkeit und der Vermeidung von Bevorratungslücken

BEISPIELE

- ständige Bestandskontrolle, damit keine Lücken entstehen
- Kommt es dennoch einmal zu Lücken aufgrund fehlender Ware, sollte der Warenträger „vorübergehend" mit vorhandener Ware gefüllt werden – aber wirklich nur bis der Fehlbestand behoben ist.

- Bestandsauffüllung (Nachfüllen)

BEISPIELE

- Warenanordnung beim Nachfüllen beibehalten
- Waren übersichtlich stapeln, aneinanderreihen, auf Haken hängen
- das Packungsbild aus der Sicht der Kundschaft stets nach vorne platzieren
- mit Grifflücken die Kundschaft einladen und bequemes Entnehmen ermöglichen

- Gewährleistung eines angemessenen Erscheinungsbilds des Angebots

BEISPIELE

- nur einwandfreie Ware in die Warenträger bringen
- Ware ständig auf Beschädigungen prüfen
- beschädigte oder verdorbene Ware aussortieren
- Ware nur in der angemessenen Sauberkeit anbieten
- Ware reinigen bzw. entstauben
- Überprüfung von Ware auf Überschreitung des Verfallsdatums und evtl. Aussortieren
- Überprüfung der Ware auf korrekte Preisauszeichnung

Warenmanipulation

Häufig müssen im Lager Tätigkeiten durchgeführt werden, die die Waren erst in einen verkaufsfähigen Zustand (also zur Verwendungsreife) bringen.

> **BEISPIELE**
>
> - Reifelagerung (Wein, Cognac)
> - Mischung (Futtermittel, Tee)
> - Vorverpackung (Obst, Gemüse)
> - Sortierung (landwirtschaftliche Produkte)

Aufgrund der Vielzahl der Manipulationsvorgänge beispielsweise im Großhandel ergibt sich eine hohe Regelungsbedürftigkeit.

Innerbetrieblicher Transport

Die Ausgestaltung des innerbetrieblichen Warentransports hängt ganz entscheidend von der baulichen Struktur und der flächenmäßigen Ausdehnung einer Betriebsstätte ab. Für Transporte kommen Gabelstapler, Hubwagen, Elektrofördermittel, Kräne u. Ä. infrage. Daneben spielt im Hinblick auf Umlagerungen die Anzahl und regionale Verteilung der Verkaufsstellen von Mehrbetriebsunternehmen eine Rolle.

Anforderungen an ein Lager						
In einem gut funktionierenden Lager sind die Lagergrundsätze erfüllt						
Sauberkeit	Geräumigkeit	Übersichtlichkeit	Artgerechte Lagerung	Sachgerechte Lagereinrichtung	Sicherheit und Brandschutz	Umweltschutz

Lagergrundsätze

Damit die Aufgaben der Lagerhaltung optimal erfüllt werden können, müssen bei der Einrichtung des Lagers bestimmte allgemeingültige Grundsätze beachtet werden.

Geräumigkeit

Das Lager sollte groß genug sein, denn neben der eigentlichen Aufbewahrung werden Waren angenommen, ausgepackt und geprüft. Anschließend sollen die Waren eventuell noch sortiert, abgepackt, umgefüllt oder abgewogen werden. Schließlich müssen die Artikel mühelos entnommen und transportiert werden können. Für all diese Arbeiten wird ausreichend Platz benötigt. Ein zu enges oder zu kleines Lager würde zusätzliche Kosten durch Zeitverlust verursachen. Außerdem wäre der rationelle Einsatz von maschinellen Hilfsmitteln, wie z. B. Gabelstaplern, nicht möglich.

Übersichtlichkeit

Oft können Vorteile, die beim Einkauf der Ware gewonnen wurden, durch eine unübersichtliche Lagerung wieder verloren gehen. Wird in solchen Lagern ohne vorgeplante Lagerordnung gearbeitet, entsteht oft ein erhebliches Durcheinander. Das Lager sollte so gestaltet werden, dass die Ware schnell und sicher aufgefunden werden kann. In diesem Zusammenhang müssen im Lager Entscheidungen getroffen werden über

- die Lagerplatzzuordnung,
- das Verbrauchsfolgeverfahren,
- das Kommissionierungssystem.

Ziel einer optimalen **Lagerplatzzuordnung** ist es, den einzelnen Artikeln jenen Lagerort zuzuordnen, der die gesamten Kosten des Waren-
flusses zwischen Ein- und Auslagerung minimiert. Es werden zwei
Methoden unter-schieden:

- Bei der **festen Lagerplatzzuordnung** ist stets jedem Artikel ein
  fester Lagerort zugewiesen. Der Platzbedarf orientiert sich dabei
  am Höchstbestand, weswegen ein hoher Raumbedarf anfällt. Die
  im Lager zu führenden Güter werden nach einem systematischen
  Lagerplatznummernsystem platziert. Dabei kann ein Lagerplatz in
  etwa wie folgt gekennzeichnet sein:

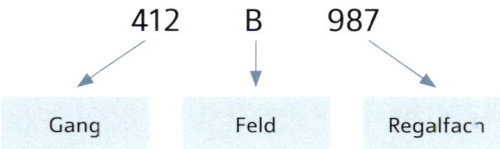

412	B	987
Gang	Feld	Regalfach

Vorteilhaft wirkt sich aus, dass eine große Übersichtlichkeit und Zugriffssich
heit im Lager besteht: Da jeder Artikel seiner angestammten Lagerplatz h
können Einlagerung und Kommissionierung notfalls auch ohne EDV-Unt
stützung durchgeführt werden. Oft wird in einem **Lagerplan** festgehalten,
wo ein bestimmter Artikel zu finden ist.

- Bei der **chaotischen Lagerplatzzuordnung** wird jede Ware
  dort eingelagert, wo zufällig ein genügend großer Platz
  frei ist. Diese Form der Lagerung verfolgt das Ziel einer
  optimalen Ausnutzung der Lagerkapazität. Da es letztlich
  vom Zufall abhängt, welchen Lagerplatz ein Artikel erhält,
  kann gleiche Ware an weit auseinanderliegenden Stellen gelagert sein. Diese Form der
  Lagerordnung erfordert durch die große Anzahl von Lagerplätzen den Einsatz der EDV
  zur Steuerung der Kontrolle von Ein- und Auslagerung.

Im Rahmen der **Verbrauchsfolgeverfahren** wird die Reihenfolge der Güter bei den Einlagerungs-
und Auslagerungsprozessen festgelegt. Die beiden wichtigsten Verfahren sind:

- **Fifo: „First in – first out"**
  Wenn nicht bestimmte Gründe dazu führen, ein anderes Verfahren zu verwenden, sollte
  das Unternehmen stets das Prinzip „first in – first out" beachten: Um Veralterung und Verderb bzw. Ladenhüter zu vermeiden, sollten die zuerst eingelagerten Waren auch zuerst
  ausgelagert werden.
- **Lifo: „Last in – first out"**
  In einigen Fällen ist es empfehlenswert, die zuletzt eingelagerten Vorräte zuerst auszula-
  gern, um einen schnellen Zugriff zu ermöglichen. Das Lifo-Verfahren wird in der Regel nur
  bei Schüttgütern wie Kohle oder Getreide angewandt.

Artgemäße Lagerung

Oft kommt es zu erheblichen Lagerverluster, weil die Ware nicht immer sachgerecht behandelt
wird. Einige Waren haben bestimmte Eigenschaften, auf die man bei der Lagerung Rücksicht nehmen muss. Sind die Lagerbedingungen den Eigenschaften der Ware angepasst, dann wird deren
Alterungsprozess verzögert. Deshalb muss die Ware – je nach ihrer Beschaffenheit – geschützt
werden vor:

- Licht
- Schädlinge
- Geschmacksverlust oder -übertragung
- Wärme
- Feuchtigkeit
- Austrocknung

Sachgerechte Lagereinrichtung

Eine grundlegende Aufgabe des Lagers besteht darin, alle Artikel so aufzubewahren, dass sie nicht beschädigt werden und dass alle Lagertätigkeiten reibungslos und wirtschaftlich ausgeführt werden können. Zu diesem Zweck ist jedes Lager mit verschiedenen Einrichtungen ausgestattet. Unter Lagereinrichtungen werden alle Hilfsmittel verstanden, die zum Aufbewahren der Artikel dienen. In diesem Zusammenhang wird jedes Unternehmen bedenken müssen, dass die Wirtschaftlichkeit der Lagereinrichtung weniger von den Anschaffungskosten abhängig ist als vielmehr von der zweckmäßigen Planung, der leichten Bedienbarkeit und der Möglichkeit zum Umbauen.

Umweltschutz

Ein umweltbewusstes Lager muss so gestaltet sein, dass keine Stoffe bzw. Güter ungewollt – also durch Versickern, Abfließen oder Ausströmen – in die natürliche Umwelt gelangen. Um diese Anforderung zu erfüllen, können technische Maßnahmen (z. B. Auffangbecken, Verschalungen), aber auch organisatorische Maßnahmen (u. a. Einführung eines Überwachungssystems für eingehendes Gefahrgut) ergriffen werden.

Sicherheit

Durch Vorsorge- und Sicherungsmaßnahmen kann im Lager die Gefahr eines Brandes, eines Diebstahls oder eines Unfalls vermindert werden.

Probleme im Lager

Abhängig von der betrieblichen Situation müssen im Lager oft bestimmte Probleme gelöst werden.

Lagerung oder Just-in-time?

Für Wirtschaftsunternehmen immer wichtiger ist das Just-in-time-Konzept. Dabei findet eine Optimierung der Transportketten statt: Die notwendige Ware soll erst zum benötigten Zeitpunkt in der erforderlichen Menge angeliefert werden. Wenden Lieferbetriebe und Kundenunternehmen das Just-in-time-Prinzip an, erfolgt der Warenfluss vom liefernden zum abnehmenden Unternehmen, ohne von Lagerhaltungsprozessen unterbrochen zu sein: Die Ware wird entsprechend den Wünschen der Kundschaft bezüglich Lieferservice, Preis und Qualität zeitgenau vom Lieferunternehmen zur Verfügung gestellt. Bei der Verwirklichung des Just-in-time-Prinzips können verschiedene Methoden angewandt werden:

- verbrauchssynchrone Anlieferung,
- nahe räumliche Ansiedlung von Lieferbetrieb und Kundenunternehmen,
- Zusammenlegung der Lager,
- Verlagerung der Lagerzeit auf die Transportmittel: Aus „rollenden Lagern" können die gewünschten Waren direkt entnommen werden;
- integrierte Warenwirtschaftssysteme: Die Warenwirtschaftssysteme der Unternehmen der unterschiedlichen Wirtschaftsstufen werden miteinander verknüpft.

Die Vorteile des Just-in-time-Prinzips für die Kundenunternehmen liegen in deutlichen Bestandssenkungen und Flächenreduzierungen im Lager. Auch die Personalkosten vermindern sich. Nachteile des Just-in-time-Prinzips: Es kommt zu einem höheren Verkehrsaufkommen, z. T. wird die

Lagerhaltung auf den Lieferbetrieb verschoben. Durch den hohen Steuerungsaufwand kommt es zu steigenden Warenkosten. Das Ausfallrisiko steigt ebenfalls.

Make-or-Buy-Entscheidungen in Industrieunternehmen

Jedes Industrieunternehmen hat die Auswahl zwischen zwei Fertigungsstrategien:

- Eigenfertigung: Soll es Materialien, die für die Herstellung eines Produkts notwendig sind, in Eigenproduktion herstellen?
- Fremdfertigung: Soll es diese Materialien bei externen Lieferunternehmen kaufen?

Bei dieser Entscheidung spielen unterschiedlichste Faktoren eine Rolle. Eine besondere Rolle kommt dabei dem Faktor Kosten zu. Auch hier hilft die Kostenrechnung in Form der Teilkostenrechnung. Die Entscheidung zwischen Eigenfertigung und Fremdfertigung kann rechnerisch bestimmt werden. Berücksichtigt werden muss, dass bei einer Fremdfertigung normalerweise nur variable Kosten anfallen, bei der Eigenfertigung dagegen noch verschiedene Fixkosten hinzukommen.

BEISPIEL

Die Fairtext GmbH kann Stoff bei einem Lieferanten zu einem Einstandspreis von 15,00 € beziehen. Stellt sie diesen in Eigenfertigung her, fallen Kosten von 12,00 € an. Es kommen jedoch noch 300.000,00 € fixe Kosten hinzu.

$$\text{Kosten (Fremdfertigung)} = 15 \cdot x$$
$$\text{Kosten (Eigenfertigung)} = 12 \cdot x + 300.000$$

Um den Betrag zu berechnen, ab dem sich eine Eigenfertigung lohnt, werden in Form einer Gleichung die Kosten der Fremdfertigung den Kosten der Eigenfertigung gegenübergestellt:

$$\text{Kosten (Fremdfertigung)} = \text{Kosten der Fremdfertigung}$$
$$15x = 12x + 300.000 \qquad |-12x$$
$$3x = 300.000 \qquad |: 3$$
$$x = 100.000$$

Ab einer Menge von 100.000 Stück lohnt sich also die Eigenfertigung.

Bei einer Menge von 100.000 Stück sind die Kosten der Eigenfertigung und des Fremdbezugs gleich. Ab dieser Menge würde sich also eine eigene Fertigung lohnen.

Nachhaltigkeit

Gerade im Lager spielen Aspekte der Nachhaltigkeit eine große Rolle. Nachhaltigkeit wird dabei verstanden als Handeln, das die Bedürfnisse der heutigen Generation befriedigt, ohne zu riskieren, dass künftige Generationen ihre Bedürfnisse nicht befriedigen können.

Zur Nachhaltigkeit kann ein Unternehmen beitragen durch

- Einhaltung sozialer und ökologischer Mindestanforderungen über die gesamte Lieferkette,
- Beachtung der Grundsätze des fairen Handels,
- energiesparende Maßnahmen im Bereich Logistik (Lagerhaltung und Transport), in Gebäuden und Geschäftsräumen,
- umweltfreundliche Sortimentsgestaltung,
- Materialeinsparungen in den Bereichen Logistik und Geschäftsausstattung,
- Abfallvermeidung und -entsorgung.

MERKSATZ

Eine große Bedeutung wird zukünftig in diesem Zusammenhang das **Lieferkettengesetz** spielen. Das Ziel des Lieferkettengesetzes ist es, Unternehmen für ihr Verhalten entlang ihrer gesamten Lieferkette verantwortlich zu machen und so einen Beitrag zu fairen, nachhaltigen und menschenrechtlichen Lieferketten weltweit zu leisten. Hierzu gehören beispielsweise der Schutz vor Kinderarbeit, das Recht auf faire Löhne ebenso wie der Schutz der Umwelt.

MERKSATZ

Maßnahmen zum umweltschonenden Umgang mit Abfällen, die in Unternehmen überwiegend im Lager anfallen, sind zum Teil im **Kreislaufwirtschaftsgesetz** festgehalten. Das lange Zeit vorherrschende Prinzip in der Wirtschaft war das der „Wegwerfgesellschaft". In der Wegwerfgesellschaft werden Waren und Verpackungen nach einmaligem Gebrauch oder Verbrauch entsorgt. In einer Kreislaufwirtschaft dagegen gelangen die in einer Ware enthaltenen Rohstoffe über den endgültigen Gebrauch oder Verbrauch der Ware hinaus wieder zurück in den Produktionsprozess. Abfälle werden wieder als Bestandteile neuer Waren verwendet (Recycling). Das Kreislaufwirtschaftsgesetz hat das gesamtgesellschaftliche Ziel, Herstellung und Verbrauch von Waren so zu gestalten, dass

- möglichst wenig Abfälle entstehen,
- entstandene Abfälle nach Möglichkeit wiederverwertet werden können und
- nicht recycelbare (= wiederverwertbare) Abfälle möglichst umweltverträglich

beseitigt werden.

AUFGABEN

1. Begründen Sie, warum ein Lager geräumig sein sollte.
2. Beschreiben Sie, wie ein übersichtliches Lager erreicht werden kann.
3. Erläutern Sie, was man unter einer artgemäßen Lagerung von Waren versteht.
4. Beschreiben Sie, wovor die nachstehenden Waren geschützt werden müssen.
   - a) Papier
   - b) Leder
   - c) Käse
   - d) Obst
   - e) Tabak
   - f) Filme
   - g) Holz
5. Unterscheiden Sie die verschiedenen Lagereinrichtungen.
6. Geben Sie Aufgaben an, die üblicherweise im Lager anfallen.

7. Erläutern Sie die folgenden Begriffe:
   a) Kommissioniersystem
   b) chaotische Lagerung
   c) Fifo
   d) Festplatzsystem
   e) Lagerplan
   f) Warenmanipulation

8. Führen Sie Vorteile auf, die die
   a) feste,   b) chaotische
   Lagerplatzzuordnung bietet.

9. Das Weihnachtsgeschäft steht vor der Tür. Für die großen Warenmengen, die deswegen eintreffen, wird im Lager der Fairtext GmbH sehr viel Platz benötigt. Entscheiden Sie, bei welcher Verhaltensweise die Beschäftigten gegen einen der Grundsätze zur ordnungsgemäßen Lagerung verstoßen.
   a) Sie lagern Kerzen nicht in der Nähe von Heizungen.
   b) Sie führen einen Lagerplan, um die Ware schneller wiederzufinden.
   c) Sie lagern die neue Ware hinter der älteren.
   d) Sie stellen neu eingetroffene Waren vor gleiche Artikel, um die Übersicht zu behalten.
   e) Sie decken Kleidungsstücke mit Folie ab, um sie vor Schmutz und Staub zu schützen.

10. Erklären Sie, was unter chaotischer Warenlagerung zu verstehen ist.
    a) Bei der EDV-gestützten Warenlagerung erfolgt die Belegung des nächsten freier Regalplatzes durch das System.
    b) Wareneingänge können aufgrund geringer Lagerfläche nicht ordentlich erfasst werden.
    c) Das Warenvolumen ist so groß, dass keine systematische Lagerung mehr erfolgen kann.
    d) Die Warenlagerung erfolgt nur in Sortimentsgruppen.

11. Die Hoffmann KG hat den Ablauf der Lagerarbeiten im Zentrallager umgestellt und automatisiert. Neue Waren werden nicht mehr an einem bestimmten Platz, wo sie immer liegen, abgelegt. Jetzt werden sie in unterschiedlichen, momentan leeren Regalen eingelagert
    a) Geben Sie an, welches Einlagerungssystem die Hoffmann KG früher verwendete
    b) Wie wird das neue Einlagerungssystem genannt?

12. a) Suchen Sie mithilfe der Kopfstandmethode Fehler, die man bei Tätigkeiten im Lager machen kann, bzw. Dinge, die dort schiefgehen können.
    b) Formulieren Sie für jeden gefundenen Fehler einen Oberbegriff, der ein positives Vorgehen kennzeichnet.

ZUSAMMENFASSUNG

Anforderungen an ein Lager				
Geräumigkeit	Übersichtlichkeit	artgemäße Lagerung	sachgerechte Lagereinrichtung	Sicherheit

2.9 Optimaler Lagerbestand

Der Lagerleiter, Herr Kreipe, und der Leiter der Einkaufsabteilung, Herr Hetzel, sind unterschiedlicher Meinung:

Herr Hetzel: „Aufgrund des vorhergesagten schönen Wetters ist mit einer verstärkten Nachfrage nach Sonnenschirmen zu rechnen. Wir wollen jeden möglichen Umsatz mitnehmen. Deshalb haben wir erheblich mehr als üblich bestellt."

Herr Kreipe: „Aber wir haben keinen Platz mehr im Lager. Wo soll ich die Ware unterbringen?"

Herr Hetzel: „In der Nachbarschaft ist doch ein Lagerraum frei."

Herr Kreipe: „Das bedeutet aber zusätzliche Kosten."

1. Führen Sie auf, welche Kosten für einen zusätzlichen Lagerraum in der Nachbarschaft anfallen könnten.
2. Begründen Sie, wer von beiden recht hat.

Optimaler Lagerbestand

Das Hauptproblem im Rahmen der Lagerhaltung ist die Ermittlung des **optimalen Lagerbestands.** Darunter versteht man den für den Betrieb günstigsten Lagervorrat. Dieser muss einerseits aus Kostengründen so klein wie möglich gehalten werden. Andererseits muss er aber auch groß genug sein, um die Lieferbereitschaft aufrechterhalten zu können. Optimal ist ein Lagerbestand dann, wenn die Nachteile eines zu großen sowie die eines zu niedrigen Lagerbestands vermieden werden können.

Lagerkosten		
Kosten für die Lagerbestände	**Kosten für die Lagerausstattung**	**Kosten für die Lagerverwaltung**
• Zinsen für das in den Lagerbeständen gebundene Kapital • Prämien für die Versicherung der Lagerbestände • Wertminderung der Warenvorräte durch Diebstahl, Schwund, Veralten und Verderb	• Raumkosten • Instandhaltung, Strom, Heizung • Abschreibungen auf Gebäude und Einrichtungen • Verzinsung des Kapitals, das in Gebäude und Einrichtung investiert wurde	• Löhne und Gehälter des Lagerpersonals • Büromaterial für die Lagerverwaltung

Nachteile eines unangemessenen Lagerbestands

Ein zu **großer Lagerbestand** würde zu unnötig hohen Lagerkosten führen. Eventuell müssten neue Lagerräume angemietet werden, neues Personal wäre einzustellen. Darüber hinaus besteht die Gefahr einer Wertminderung der Bestände. Liegt die Ware zu lange auf Lager, kann sie veralten, unmodern werden oder verderben. Auch darf das Unternehmen nicht übersehen, dass es in den hohen Warenvorrat Geld angelegt hat, das es anderswo im Betrieb hätte besser gebrauchen können. Da es dieses gebundene Kapital („totes Kapital") überdies nicht gewinnbringend bei einer Bank anlegen kann, entgehen ihm mögliche Zinseinnahmen.

Bei einem **zu kleinen Lagerbestand** könnte der Fall eintreten, dass Kundinnen und Kunden Waren, die sie benötigen, nicht kaufen können. Abgesehen von dem entgangenen Gewinn besteht für den Betrieb die Gefahr, dass die Kundschaft in Zukunft andere Unternehmen bevorzugt. Ein weiterer möglicher Nachteil eines zu kleinen Lagerbestands sind höhere Kosten beim Bezug kleinerer Mengen. Kauft ein Unternehmen nur eine geringe Stückzahl eines Artikels, muss es eventuell auf Mengenrabatt verzichten.

Bedeutung des optimalen Lagerbestands

Der optimale, d. h. den gegebenen Umständen nach „beste" Lagervorrat ist abhängig von der Marktlage, den Transportverhältnissen und auch von der Leistungsfähigkeit des Lieferanten. Je besser diese Voraussetzungen sind, umso kleiner kann der Lagerbestand sein, da ja jederzeit nachgekauft werden kann. Der optimale Lagerbestand lässt sich nicht eindeutig berechnen, weil das Unternehmen die Nachfrage nicht voraussehen kann. Es wird aber immer versuchen, im Lager so wirtschaftlich wie möglich zu planen und sich damit weitgehend dem optimalen Lagerbestand anzunähern. Dazu müssen jedoch die Bestände ständig kontrolliert und Lagerkennziffern gebildet werden.

Der optimale Lagerbestand		
vermeidet Nachteile eines zu hohen und zu niedrigen Lagerbestands		
Zu wenig Ware auf Lager: nein	Genau die richtige Lagermenge: ja	Zu viel Ware auf Lager: nein

Risiken der Lagerhaltung

Der optimale Lagerbestand gleicht sowohl die Nachteile eines zu großen als auch die Nachteile eines zu kleinen Lagerbestands aus. Hier fallen auch die Risiken der Lagerhaltung in einem vertretbaren Ausmaß an.

Jedes Warenlager birgt Risiken, die durch keine Versicherung abzudecken sind. Deshalb müssen die Beschäftigten darauf achten, diese Risiken gering zu halten.

1. Erläutern Sie, was man unter dem optimalen Lagerbestand versteht.
2. Führen Sie Nachteile eines zu großen Lagerbestands auf.
3. Nennen Sie die Nachteile eines zu kleinen Lagerbestands.
4. Nennen Sie Beispiele für Lagerkosten.
5. Begründen sie, warum sich der optimale Lagerbestand nicht eindeutig ermitteln lässt.
6. Erläutern Sie den Begriff „totes Kapital" im Zusammenhang mit den Lagerbeständen.
7. Geben Sie an, welche Aussage über den optimalen Lagerbestand richtig ist.
   a) Der optimale Lagerbestand ermöglicht das Ausnützen der günstigsten Einkaufskonditionen.
   b) Beim optimalem Lagerbestand werden Vergleiche zwischen Soll- und Ist-Beständen überflüssig.
   c) Der optimale Lagerbestand ermöglicht die größte Wirtschaftlichkeit der Lagerhaltung.
   d) Bei Erreichen des optimalen Lagerbestands muss neue Ware bestellt werden.
   e) Beim optimalem Lagerbestand ist die Umschlagshäufigkeit am geringsten.
8. Entscheiden Sie, welche Kostenart Sie den Lagerkosten zuordnen müssen.
   a) Kosten für die Zustellungen von Waren an Ihre Kundschaft
   b) Schutzverpackungen bei bestimmten Warengattungen
   c) Zinsen für das im Warenbestand gebundene Kapital
   d) Entsorgungskosten von Batterien bzw. Sondermüll
   e) Bezugskosten der Hausfracht bei Warenanlieferungen
9. Entscheiden Sie, in welchen Fällen Lagerkosten vorliegen.
   a) Kosten, wie z. B. Mahnkosten, die durch verspätete Bezahlung von Rechnungen durch Kundinnen und Kunden entstehen
   b) Ein Lagerregal verrostet.
   c) Kosten, die durch den Fuhrpark verursacht werden, z. B. Kfz-Steuer für Lkw
   d) Heizungskosten fürs Lager
   e) Kosten durch totes Kapital
   f) Kosten durch verzögerte Warenanlieferungen
   g) Zölle
10. Sie sind in der Geschäftsführung der Freizeitartikel Großhandels GmbH in Wetzlar. Zwei Warengruppen bereiten Ihnen Sorgen. Welche Entscheidungen könnten Sie treffen?
    a) Im Frühjahr wurden große Mengen an Garten- und Grillbedarf bestellt. Dieser Sommer ist – anders als vorhergesagt – jedoch kalt und total verregnet. Die Artikel verzeichnen kaum einen Absatz.
    b) Sehr beliebt bei Kindern ist die Fernsehserie „telehubbies". Im Einkauf entscheidet man sich für den Kauf größerer Mengen an T-Shirts, Schlafanzügen, Bettwäsche und Handtüchern mit solchen Motiven. Nachdem ein anderer Sender zur gleichen Zeit „Die Sendung mit der Laus" ausstrahlt, geht der Absatz dieser Artikel sprunghaft zurück.

ZUSAMMENFASSUNG

Optimaler Lagerbestand
= Warenvorrat, bei dem die größte Wirtschaftlichkeit erreicht wird

vermeidet

Nachteile eines zu hohen Kapitalbestands
• Kapitalbindung
• Lagerkosten

Nachteile eines zu niedrigen Lagerbestands
• entgangener Gewinn
• Kundenverlust

2.10 Bestandskontrolle

Volkan Karaca erfährt in einem Gespräch mit dem Lagerleiter, Herrn Kreipe: „Seitdem wir unsere Lagervorräte systematisch kontrollieren, haben sie sich um ungefähr ein Drittel verringert. Dadurch konnte das im Lager gebundene Kapital erheblich gesenkt werden. Das bringt Liquidität und macht Mittel frei für andere Dinge, die wichtig sind ..."

Herr Kreipe fährt fort: „Wir wollen die Badeshorts ‚Nizza' der Firma Schlie neu ins Sortiment aufnehmen. Für unvorhergesehene Fälle sollen immer 150 Stück vorrätig sein. Die Firma Schlie hat nach unserem Warenwirtschaftssystem eine Lieferzeit von 30 Tagen. Wir rechnen mit einem Absatz von 10 Stück pro Tag. Ich brauche jetzt die Bestandsgrößen ..."

1. Führen Sie auf, welche Bestände im Lager regelmäßig kontrolliert werden müssen.
2. Berechnen Sie die Bestandsgrößen.
3. Stellen Sie die Bestandsgrößen grafisch dar.

Die rechtzeitige und mengenmäßig richtige Lagerergänzung ist eines der schwierigsten Probleme in einem Betrieb. Um einen angemessenen und wirtschaftlichen Lagervorrat zu erreichen, müssen die Bestände ständig überwacht werden. Die dazu notwendige Bestandskontrolle kann sowohl körperlich als auch buchmäßig mithilfe von Listen, Karteien und Bildschirmanzeigen erfolgen. Ziel der Bestandskontrolle ist eine möglichst genaue Ergänzung der Warenvorräte. Aus Kostengründen soll nur so viel Ware gelagert werden, wie in absehbarer Zeit benötigt wird. Um dies zu erreichen, wird die Ware oft erst dann bestellt, wenn der Vorrat eines Artikels unter einen vorher festgelegten Bestand gesunken ist. Bei diesem häufig angewandten Verfahren sind verschiedene Bestandsarten zu unterscheiden.

Mindestbestand

DEFINITION

Jedes Unternehmen sollte immer über einen Reservebestand an Ware verfügen, der einen störungsfreien Ablauf der Betriebstätigkeit ermöglicht. Dieser Bestand wird auch **Mindestbestand** oder **eiserner Bestand** genannt.

Der Mindestbestand darf – mit Zustimmung der Geschäftsleitung – nur dann angetastet werden, wenn die Verkaufsbereitschaft gefährdet ist. Dies kann der Fall sein, wenn

- der tatsächliche Absatz der Waren größer ist als der geplante Absatz,
- aus nicht vorhersehbaren Gründen die Beschaffung von Waren länger dauert als geplant. Hervorgerufen werden können solche Lieferstörungen beispielsweise durch Streiks oder schlechte Witterungsverhältnisse.

Der Mindestbestand wird aufgrund von Erfahrungswerten festgelegt. Er sollte jedoch nicht zu hoch angesetzt werden. Zu viel in der Ware gebundenes Kapital wäre praktisch stillgelegt und würde zudem Zinsen kosten.

Lagerbestände

Lager Höchstbestand		*Maximal zur Verfügung stehender Lagerplatz*
Tatsächlicher Bestand		*Aktuelle Warenmenge auf Lager*
Meldebestand		*Menge, bei der nachbestellt werden muss*
Mindestbestand		*Eiserne Reserve*

Meldebestand

Neben dem Mindestbestand muss auch die Warenmenge berücksichtigt werden, die ausreicht, die Zeitspanne zwischen Bestellung und Auslieferung einer Ware zu überbrücken. Bei Erreichen des sogenannte **Meldebestands** muss das Unternehmen sofort nachbestellen. Zwar verkauft es während der Beschaffungszeit weiterhin Ware, bei einem pünktlichen Eintreffen der bestellten Artikel wird das Lager jedoch rechtzeitig wieder aufgefüllt. Der Mindestbestand muss also nicht angegriffen werden.

WIR MÜSSEN DRINGEND BADESHORTS NACHORDERN!

> **DEFINITION**
>
> Der **Meldebestand** entspricht dem erfahrungsgemäßen Verkauf während der Beschaffungszeit zuzüglich des Mindestbestands, der ja immer gehalten werden soll.

Er lässt sich folgendermaßen berechnen:

Meldebestand = (täglicher Absatz · Lieferzeit) + Mindestbestand

> **BEISPIEL**
>
> Ein Unternehmen verkauft täglich durchschnittlich 40 Stück eines bestimmten Artikels. Die Lieferzeit für diesen Artikel beträgt 10 Tage. Als Mindestbestand wurden von der Unternehmensleitung 100 Stück festgelegt.
> Meldebestand = (40 · 10) + 100 = 500 Stück
> Ist der Lagerbestand auf 500 Stück gesunken, muss bestellt werden. Es wäre falsch, erst zu ordern, wenn der Artikel ausgegangen ist. Da der Artikel dann wegen der Lieferzeit 10 Tage nicht vorrätig wäre, würde die Kundschaft verärgert zur Konkurrenz wechseln.

Höchstbestand

Durch die Festlegung eines Höchstbestands soll ein überhöhter Lagervorrat vermieden werden, der zu einer extremen Steigerung der Lagerkosten führen würde.

> **DEFINITION**
>
> Der **Höchstbestand** gibt an, welche Menge von Artikeln insgesamt auf Lager sein darf, ohne dass dem Betrieb unnötige Lagerkosten entstehen.

Der Höchstbestand ist abhängig von den Lagermöglichkeiten, die zur Verfügung stehen. Da er meist nach dem Eingang der bestellten Menge erreicht wird, lässt sich der Höchstbestand auch berechnen.

Höchstbestand = Mindestbestand + Bestellmenge

> **BEISPIEL**
>
> Nach Erreichen des Meldebestands von 500 Stück werden 3 000 Stück neu bestellt. Nach 10 Tagen trifft die Ware ein. Beim Eintreffen der Ware befindet sich nur noch der Mindestbestand von 100 Stück auf Lager. Höchstbestand = 100 + 3 000 = 3 100

Bestandskontrolle und Bestellzeitpunkt

Für die Bestandskontrolle ist eine aktuelle und richtige Bestandsfortschreibung sehr wichtig. Dadurch wird auch eine Zeitplanung ermöglicht, mit der man den Bestellzeitpunkt für Waren optimal festlegen kann.

> **DEFINITION**
>
> Der **Bestellzeitpunkt** ist der Tag, an dem der Meldebestand erreicht wird.

> **BEISPIEL**
>
> Ein Unternehmen hat einen Artikel im Sortiment, von dem täglich durchschnittlich 20 Stück verkauft werden. Die Lieferzeit für diesen Artikel beträgt 5 Tage. Es soll ständig ein Mindestbestand von 40 Stück gehalten werden. Der Höchstbestand beträgt 400 Stück.

Die Bedingungen des Beispiels sind vereinfacht. In der Praxis sind solche Fälle nur selten anzutreffen. Bei vielen Artikeln kommt es nämlich zu stark schwankenden Umsätzen, wodurch die Arbeit der Einkäuferinnen und Einkäufer erschwert wird. Diese müssen ihre Entscheidungen bei Unterschreiten des Meldebestands oft überdenken oder diesen auch neu festlegen.

> **BEISPIEL**
>
>
>
> **Erläuterung zum Schaubild:**
>
> Am Morgen des ersten Arbeitstags hat der Warenvorrat noch den Höchstbestand von 400 Stück (1). Setzt das Unternehmen durchschnittlich 20 Stück pro Tag ab, dann befinden sich am Ende des 1. Tags nur noch 380 Stück auf Lager (2). Am Abend des 13. Tags wird der Meldebestand von 140 Stück erreicht (3). Dieser Tag ist der Bestellzeitpunkt. Innerhalb der Lieferfrist von 5 Tagen verkauft das Unternehmen weitere 100 Stück der Ware, sodass am Ende des 18. Tags nur noch 40 Stück auf Lager liegen (4). Diese 40 Stück stellen den Mindestbestand dar, der unter normalen Umständen nicht unterschritten werden darf. Der Bestellzeitpunkt (bzw. Meldebestand) ist so gewählt, dass an dem Tag, an dem der Mindestbestand erreicht wird, neue Ware geliefert wird. Am Abend des 18. Tags – dem Lieferzeitpunkt – befinden sich wieder 400 Stück auf Lager (5).

1. Erläutern Sie die Aufgabe der Bestandskontrolle.
2. Geben Sie an, in welchen Fällen die Verkaufsbereitschaft gefährdet sein kann.
3. Erläutern Sie, wozu der Mindestbestand dient.
4. Skizzieren Sie, welche Bedeutung der Meldebestand hat.
5. In einem Fachgeschäft werden täglich durchschnittlich 120 Stück eines bestimmten Artikels verkauft. Die Lieferzeit beträgt 20 Tage. Als Mindestbestand wurden 200 Stück festgelegt. Berechnen Sie, wie hoch der der Meldebestand ist.
6. Die Hoffmann KG verkauft von einer Ware täglich durchschnittlich 45 Stück. Die Lieferzeit beträgt 14 Tage.
   Berechnen Sie, wie viel Stück der Meldebestand beträgt, wenn der Mindestbestand (eiserner Bestand) für 10 Tage reichen soll.
7. Volkan Karaca hat für einen Artikel einen eisernen Bestand von 45 Stück ermittelt. Der Meldebestand für diesen Artikel ist mit 144 Stück berechnet. Aus der Statistik ergibt sich ein täglicher Absatz von 9 Stück.
   Berechnen Sie, von wie viel Tagen Lieferzeit Volkan bei der Berechnung des Meldebestands ausgegangen ist.
8. Entscheiden Sie, welcher Zusammenhang zwischen Lagerbestand und Lieferzeit besteht.
   a) Je höher der Lagerbestand ist, desto länger muss die Lieferzeit sein.
   b) Je kürzer die Lieferzeit ist, desto größer muss der Lagerbestand sein.
   c) Je kürzer die Lieferzeit ist, desto geringer kann der Lagerbestand sein.
   d) Je länger die Lieferzeit ist, desto geringer kann der Lagerbestand sein.
   e) Je niedriger der Lagerbestand ist, desto länger kann die Lieferzeit sein.
9. Entscheiden Sie, welche Abhängigkeit zwischen Meldebestand und anderen Lagerbestandszahlen besteht.
   a) Der Meldebestand entspricht in der Regel dem durchschnittlichen Lagerbestand.
   b) Der Meldebestand wird auch als „eiserner Bestand" bezeichnet.
   c) Der Meldebestand und der Mindestbestand sind in der Regel gleich groß.
   d) Der Meldebestand ist in der Regel höher als der Mindestbestand.
   e) Der Meldebestand ist in der Regel niedriger als der Mindestbestand.
   f) Der Meldebestand wird auch als optimaler Lagerbestand bezeichnet.
10. Kurz vor Weihnachten in der Hoffmann KG: Ein Lieferant bietet 2000 Versandeinheiten Verpackungsmaterialien an. Normalerweise werden 200 Versandeinheiten bestellt. Die Hoffmann KG nimmt dieses Angebot an. Führen Sie Folgen auf.
    a) Es kommt zur Erhöhung des Meldebestands.
    b) Es gibt weniger totes Kapital.
    c) Der Mindestbestand kann erhöht werden.
    d) Der Höchstbestand könnte überschritten werden.
11. Der Auszubildende Sebastian Holpert kontrolliert mithilfe des Warenwirtschaftssystems die Meldebestände verschiedener Artikel. Entscheiden Sie, wann sich eine Erhöhung des jeweiligen Meldebestand empfiehlt.
    a) Der Lieferant schafft es durch Umstrukturierungsmaßnahmen, seine Lieferzeit erheblich zu minimieren. Der Tagesabsatz bleibt unverändert.
    b) Durch den Bau eines neuen Lagers erweitert die Fairtext GmbH ihre Lagerkapazität.
    c) Die Fairtext GmbH hat an ihrem Standort neue Konkurrenten bekommen.
    d) Aufgrund von Marketingmaßnahmen steigt der tägliche Absatz der Artikel. Die Lieferzeit bleibt unverändert.
    e) Da es im Lager lange Zeit keine Notsituationen mehr gab, wird entschieden, den Mindestbestand herabzusetzen. Der Tagesabsatz und die Lieferzeit bleiben gleich.

12. Ein Lieferant der Hoffmann KG informiert die Einkaufsabteilung, dass aufgrund von Umstrukturierungen die Lieferzeit der Artikel von 12 auf 6 Tage verkürzt werden konnte. Geben Sie die Auswirkungen auf die Hoffmann KG an.

   a) Die Erhöhung des Lagerbestandes bewirkt eine Erhöhung des Lagerrisikos.

   b) Durch die Erhöhung des Lagerrisikos kann der Mindestbestand herabgesetzt werden.

   c) Weil sich die Kapitalbindung verringert, kann der Meldebestand herabgesetzt werden.

   d) Die Verringerung des Lagerbestandes bewirkt eine Erhöhung des Lagerrisikos.

   e) Weil sich die Kapitalbindung verringert, muss der Meldebestand erhöht werden.

13. Am 1. Juli hat die Hoffmann KG noch 300 Stück einer bestimmten Pulloversorte auf Lager. Der Mindestbestand bei diesem Artikel beträgt 90 Stück. Die Hoffmann KG verkauft durchschnittlich 16 Stück pro Tag. 18 Tage dauert die Lieferzeit.

Berechnen Sie, nach wie viel Arbeitstagen die Hoffmann KG voraussichtlich neue Ware bestellen muss.

14. Erstellen Sie eine Excel-Tabelle, die nach Eingabe

   ■ des Mindestbestands,

   ■ der Lieferzeit,

   ■ des Höchstbestands,

   ■ des täglichen Absatzes

   ■ den Meldebestand berechnet.

15. Berechnen Sie mithilfe der Excel-Tabelle den Meldebestand bei Vorliegen folgender Bedingungen:

   ■ täglicher Absatz: 10

   ■ Lieferzeit: 5 Tage

   ■ Mindestbestand: 20 Stück

   ■ Höchstbestand: 200 Stück

16. Stellen Sie die Lösung der Aufgabe mithilfe von Excel grafisch dar.

ZUSAMMENFASSUNG

Bestandskontrolle
dient der rechtzeitigen und mengenmäßig richtigen Lagerergänzung

Mindestbestand	Meldebestand	Höchstbestand
Reserve zur Aufrechterhaltung der Verkaufsbereitschaft	• Bestand, bei dem bestellt werden muss, damit neue Ware spätestens beim Erreichen des Mindestbestands angeliefert wird. • Meldebestand = (täglicher Absatz · Lieferzeit) + Mindestbestand • Der Tag, an dem der Meldebestand erreicht wird, ist der Bestellzeitpunkt.	Bestand, bis auf dessen Höhe das Lager aufgefüllt werden darf

2.11 Lagerkennziffern

EINSTIEG

Herr Kreipe, der Lagerleiter, liest in einer Unternehmensmitteilung, dass ein bestimmter Artikel im Durchschnitt aller Unternehmensfilialen 25 Tage auf Lager liegt. Herr Kreipe untersucht daraufhin die Situation in seinem Lager. Die durchschnittliche Lagerdauer des Artikels beträgt hier 32 Tage.

1. Stellen Sie fest, welche Aussagen solche Kennzahlen zulassen.
2. Schlagen Sie Maßnahmen vor, wie die Hoffmann KG betriebswirtschaftlich reagieren soll.
3. Berechnen Sie aus der jeweiligen durchschnittlichen Lagerdauer die Umschlagshäufigkeit.

INFORMATION

Lagerkennziffern

Ein Artikel verursacht umso mehr Lagerkosten, je länger er auf Lager liegt. Das Unternehmen wird also versuchen, die Lagerdauer der Ware so kurz wie möglich zu halten. Um die Wirtschaftlichkeit der Vorratshaltung kontrollieren zu können, werden in der Praxis regelmäßig Lagerkennziffern errechnet.

Durchschnittlicher Lagerbestand

Während eines ganzen Jahres ergeben sich aufgrund von Lagerzugängen oder -abgängen unterschiedliche, zum Teil stark voneinander abweichende Lagerbestände. Deshalb wird zur Übersicht aus Einzelwerten ein Mittelwert errechnet.

Durchschnittlicher Lagerbestand	Lagerumschlagshäufigkeit
Wie hoch sind die Warenvorräte im Durchschnitt des Jahres?	Wie oft wird der durchschnittliche Lagerbestand pro Jahr ausgewechselt?

Durchschnittliche Lagerdauer	Lagerzins
Wie lange liegen die Bestände auf Lager?	Wie viel Zinsen würde das in den Beständen gebundene Kapital bei den Banken bringen?

> **DEFINITION**
>
> Der **durchschnittliche Lagerbestand (DLB)** gibt für einen bestimmten Zeitabschnitt an, wie groß der Vorrat eines bestimmten Artikels im Durchschnitt ist. Zur Ausschaltung von Zufallsergebnissen wird in der Regel vom durchschnittlichen Jahresbestand ausgegangen.

Die Genauigkeit dieser Kennziffer hängt davon ab, wie viele Bestände zur Berechnung herangezogen werden. Werden die Vorräte im Lager nur im Rahmen einer Jahres-inventur kontrolliert, dann stehen nur der Anfangsbestand zum 1. Januar des Jahres und der Endbestand zum 31. Dezember des Jahres zur Bildung des durchschnittlichen Lagerbestands zur Verfügung:

$$\text{Durchschnittlicher Lagerbestand} = \frac{\text{Anfangsbestand} + \text{Endbestand}}{2}$$

Der durchschnittliche Lagerbestand (DLB) kann sowohl mengen- als auch wertmäßig errechnet werden.

Als **Mengenkennziffer** wird der durchschnittliche Lagerbestand in Stück angegeben.

> **BEISPIEL**
>
> Eine Großhandlung für Bürobedarf vertreibt u. a. auch Aktenordner. Am Anfang des Jahres hatte der Betrieb einen Vorrat von 520 Stück, am Ende des Jahres betrug der Bestand 800 Stück.
>
> $$DLB = \frac{520 + 800}{2} = 660 \text{ Stück}$$
>
> Als durchschnittlicher Lagerbestand werden 660 Stück ermittelt.

Der durchschnittliche Lagerbestand als **Wertkennziffer** sagt dagegen aus, in welcher Höhe Kapital durch die Lagervorräte im Durchschnitt gebunden ist.

> **BEISPIEL**
>
> Am 1. Jan. eines Jahres hat ein Industriebetrieb Batterien im Wert von 4.200,00 € auf Lager. Am 31. Dez. wird ein Bestand von 2.800,00 € ermittelt.
>
> $$DLB = \frac{4.200,00 + 2.800,00}{2} = 3.500,00 \text{ €}$$
>
> Es befinden sich also durchschnittlich Batterien im Wert von 3.500,00 € auf Lager.

Genauer und empfehlenswerter ist die Berechnung des durchschnittlichen Lagerbestands auf der Grundlage der 12 Monatswerte. Die Formel für den durchschnittlichen Lagerbestand lautet dann:

$$\textbf{Durchschnittlicher Lagerbestand} = \frac{\text{Jahresanfangsbestand + 12 Monatsendbestände}}{13}$$

> **BEISPIEL**
>
> Im Sortiment einer Großhandlung befinden sich auch DVDs. Aus der Lagerdatei ergaben sich während des Jahres folgende Bestände:
>
> Anfangsbestand am 1. Jan.: 220 Stück
>
> Monatsendbestände:
>
> | | | | |
> |---|---|---|---|
> | Jan.: 450 | Mai: 180 | Sept.: 228 |
> | Febr.: 212 | Juni: 352 | Oktober: 245 |
> | März: 311 | Juli: 413 | Nov.: 196 |
> | April: 298 | Aug.: 381 | Dez.: 284 |
>
> DLB = (220 + 450 + 212 + 311 + 298 + 180 + 352 + 413 + 381 + 228 + 245 + 196 + 284) : 13
>
> $$DLB = \frac{3770}{13} = 290 \text{ Stück}$$
>
> Durchschnittlich lagen 290 Stück auf Lager.

Artikel: DVDs Gutton 90			
Meldebestand: 210		**Höchstbestand: 480**	
Tag	**Eingang**	**Ausgang**	**Bestand**
1. Jan.			220
7. Jan.	230		450
3. Febr.		100	350
17. Febr.		138	212
9. März		20	192
23. März	150		342
25. März		31	311
7. April		13	298
20. Mai		118	180
25. Juni	180		360
28. Juni		8	352
15. Juli	100		452
21. Juli		39	413
28. Aug.		32	381
2. Sept.		153	228
5. Okt.		50	178
23. Okt.	67		245
11. Nov.		49	196
1. Dez.	150		346
15. Dez.		62	284

$$\text{Durchschnittlicher Lagerbestand} = \frac{\text{Wareneinsatz}}{\text{Umschlagshäufigkeit}}$$

Umschlagshäufigkeit

> **DEFINITION**
>
> Die **Umschlagshäufigkeit** gibt an, wie oft der Lagerbestand eines Artikels innerhalb eines Jahres erneuert wird.

Wurde der durchschnittliche Lagerbestand **mengenmäßig** ermittelt, dann lässt sich die Umschlagshäufigkeit nach folgender Formel berechnen.

$$\text{Umschlagshäufigkeit} = \frac{\text{Jahresabsatz}}{\text{durchschnittlicher Lagerbestand}}$$

> **BEISPIEL**
>
> Ein Industrieunternehmen hat während eines Jahres von einem Artikel 2 320 Stück verkauft. Der durchschnittliche Lagerbestand dieser Ware betrug 290 Stück.
>
> $$\text{Umschlagshäufigkeit} = \frac{2\,320}{290} = 8$$
>
> Die Umschlagshäufigkeit dieses Produkts beträgt 8. Achtmal wurde der durchschnittliche Lagerbestand innerhalb eines Jahres verkauft und ersetzt.

Liegt der durchschnittliche Lagerbestand wertmäßig vor, wird die Umschlagshäufigkeit in dieser Form ermittelt:

$$\text{Umschlagshäufigkeit} = \frac{\text{Wareneinsatz}}{\text{durchschnittlicher Lagerbestand zu Einstandspreisen}}$$

> **BEISPIEL**
>
> Der Wareneinsatz eines Unternehmens für eine Warengruppe betrug 450.000,00 €. Der durchschnittliche Lagerbestand lag bei 75.000,00 €.
>
> $$\text{Umschlagshäufigkeit} = \frac{450.000,00\ €}{75.000,00\ €} = 6$$
>
> Der Warenvorrat dieser Warengruppe wurde also sechsmal im Jahr umgesetzt.

Durchschnittliche Lagerdauer

Kennt man die Umschlagshäufigkeit eines Artikels, kann man auch dessen durchschnittliche Lagerdauer angeben.

> **DEFINITION**
>
> Die **durchschnittliche Lagerdauer** zeigt, wie lange Ware durchschnittlich bevorratet wird. Sie misst die Zeitspanne zwischen der Ankunft der Ware im Lager und der Ausgabe bzw. dem Verkauf.

$$\text{Durchschnittliche Lagerdauer} = \frac{360}{\text{Umschlagshäufigkeit}}$$

Eine Erhöhung der Umschlagshäufigkeit bewirkt eine Verkürzung der durchschnittlichen Lagerdauer.

BEISPIEL

- Ein bestimmter Artikel hat eine Umschlagshäufigkeit von 8.

Durchschnittliche Lagerdauer $= \dfrac{360}{8} = 45$ Tage

Es ergibt sich eine durchschnittliche Lagerdauer von 45 Tagen.

- Die Umschlagshäufigkeit wurde von 8 auf 10 erhöht.

Durchschnittliche Lagerdauer $= \dfrac{360}{10} = 36$ Tage

Wenn die Ware jetzt zehnmal im Jahr umgesetzt wird, liegt sie nur noch durchschnittlich 36 Tage auf Lager.

Lagerzinssatz

Eine ebenfalls häufig verwendete Lagerkennziffer ist der Lagerzinssatz.

DEFINITION

Mit dem **Lagerzinssatz** werden die Zinskosten erfasst, die durch die Investition in Warenvorräte entstehen. Diese Kennzahl gibt somit Auskunft über das in den Lagerbeständen angelegte Kapital.

Das dort gebundene, tote Kapital würde bei den Geschäftsbanken Zinsen erbringen.

MERKSATZ

Berechnungsmöglichkeiten für den Lagerzinssatz:

a) $= \dfrac{\text{Jahreszinssatz}}{\text{Umschlagshäufigkeit}}$

b) $= \dfrac{\text{Jahreszinssatz} \cdot \text{durchschnittliche Lagerdauer}}{360}$

c) $= \dfrac{\text{Jahreszinssatz} \cdot \text{durchschnittlicher Lagerbestand}}{\text{Wareneinsatz}}$

BEISPIEL

Ein Industrieunternehmen möchte für eine Warengruppe den Lagerzinssatz ermitteln. Momentan liegt der marktübliche Jahreszins der Banken bei 3 %. Die durchschnittliche Lagerdauer der Produkte dieser Warengruppe beträgt 60 Tage.
Der Lagerzinssatz wird nach der folgenden Formel berechnet:

$$\text{Lagerzinssatz} = \dfrac{\text{Marktüblicher Jahreszinssatz} \cdot \text{durchschnittliche Lagerdauer}}{360}$$

$$\text{Lagerzinssatz} = \dfrac{3 \cdot 60}{360} = 0{,}5\,\%$$

Der Lagerzinssatz beträgt 0,5 %. Diese Kennzahl sagt aus, wie viel Prozent Zinsen (nämlich 0,5 %) das gebundene Kapital, das im Lagerbestand steckt, während der durchschnittlichen Lagerdauer kostet. Zu hohe Lagerbestände binden in einem Unternehmen unnötig Kapital, das dort an anderen Stellen sinnvoller eingesetzt werden könnte. Mit dem Lagerzinssatz kann in diesem Zusammenhang ermittelt werden, wie viel Zinsen dem Unternehmen zugeflossen wären, wenn das Kapital stattdessen beispielsweise zu einem marktüblichen Zinssatz bei einer Bank angelegt worden wäre.

Lagerkennziffern		
Durchschnittlicher Lagerbestand	**Umschlagshäufigkeit**	**Durchschnittliche Lagerdauer**
15 Stück	*6-mal*	*60 Tage*
Wie viel Ware liegt normalerweise (= im Durchschnitt) auf Lager?	Wie oft im Jahr wird die Ware im Lager ausgetauscht?	Wie viele Tage liegt die Ware auf Lager?

BEISPIEL

Ein Industrieunternehmen hat einen Wareneinsatz von 1.350.000,00 €. Der durchschnittliche wertmäßige Lagerbestand beträgt 180.000,00 €. Der Jahreszinssatz der Banken liegt bei 9 %.

Berechnung der Umschlagshäufigkeit:

$$\frac{1.350.000,00}{180.000,00} = 7,5$$

Berechnung der durchschnittlichen Lagerdauer:

$$\frac{360}{7,5} = 48 \text{ Tage}$$

Berechnung des Lagerzinssatzes nach Formel:

a) $\dfrac{9}{7,5} = 1,2\ \%$ oder   b) $\dfrac{9 \cdot 48}{360} = 1,2\ \%$

Je höher der Lagerzinssatz, desto größer ist der Zinsverlust infolge auf Lager liegender Ware.

Mithilfe des Lagerzinssatzes und des durchschnittlichen Lagerbestands können die Lagerzinsen ermittelt werden. Sie betragen 1,2 % von 180.000,00 €.

$$\text{Lagerzinsen} = \frac{180.000,00 \cdot 1,2}{100} = 2.160,00$$

Für die 180.000,00 €, die das Unternehmen in Ware investierte, bekäme es Zinsen von 2.160,00 €, wenn es den Geldbetrag bei einer Bank zu 9 % anlegen würde.

Bedeutung der Lagerkennziffern

Für das Unternehmen sind die Lagerkennziffern von besonderer Bedeutung. Im Zeitvergleich zeigen sie zunächst Entwicklungstendenzen des Unternehmens, einer Warengruppe oder eines Artikels auf.

MERKSATZ

Die Umschlagshäufigkeit einzelner Warengruppen kann äußerst unterschiedlich sein. Branchenuntersuchungen zeigen, dass die Lagerumschlagshäufigkeit im Lebensmittelbereich etwa bei 14, bei Schuhen nur bei ca. 2 liegt.

> **BEISPIEL**
>
> Die durchschnittliche Lagerdauer für eine Warengruppe betrug im Vorjahr 45 Tage; in diesem Jahr liegt sie bei 50 Tagen.
> Der Industriebetrieb erkennt, dass sich die durchschnittliche Lagerdauer dieser Warengruppe verschlechtert hat. Er wird untersuchen, wie es zu dieser negativen Entwicklung kommen konnte, und eventuell Maßnahmen ergreifen.

Aber auch im überbetrieblichen Vergleich lassen sich interessante Erkenntnisse gewinnen. So wird für fast alle Branchen eine typische Umschlagshäufigkeit ermittelt, anhand der man die Wirtschaftlichkeit eines Betriebs beurteilen kann.

> **BEISPIEL**
>
> Als Lagerumschlagshäufigkeit einer Branche wurde die Kennzahl 12 ermittelt. Ein Industrieunternehmen dieser Branche hat die Umschlagshäufigkeit 8. Dieser Betrieb weist ein schlechteres Ergebnis als der Durchschnitt aller Unternehmen dieser Branche auf. Es müssen nun die Ursachen für diese Abweichung erforscht werden. Diese könnten u. a. liegen:
> - in einer schlechten Bestellorganisation
> - an zu hohen Mindestbeständen
> - an Ladenhütern
> - an einer Sortimentszusammensetzung, die sich vom Durchschnitt in der Branche unterscheidet

Ein Unternehmen sollte immer versuchen, eine hohe Umschlagshäufigkeit zu erzielen. Diese bewirkt nämlich, dass der Einsatz von Kapital für den Warenvorrat geringer wird.

> **BEISPIEL**
>
> Zwei vergleichbare Betriebe einer Branche haben in einer Warengruppe einen Wareneinsatz von je 200.000,00 €. Für den ersten Betrieb wurde eine Umschlagshäufigkeit von 10, für den zweiten eine von 4 ermittelt.
>
> **1. Betrieb:**
>
> $$\text{Umschlagshäufigkeit} = \frac{\text{Wareneinsatz}}{\text{durchschnittlicher Lagerbestand}}$$
>
> $$10 = \frac{200.000,00\ €}{\text{DLB}}$$
>
> $$\text{DLB} = \frac{\text{Wareneinsatz}}{\text{Umschlagshäufigkeit}}$$
>
> $$\text{DLB} = \frac{200.000,00\ €}{10} = 20.000,00\ €$$
>
> **2. Betrieb:**
>
> $$\text{Umschlagshäufigkeit} = \frac{\text{Wareneinsatz}}{\text{durchschnittlicher Lagerbestand}}$$
>
> $$10 = \frac{200.000,00\ €}{\text{DLB}}$$
>
> $$\text{DLB} = \frac{\text{Wareneinsatz}}{\text{Umschlagshäufigkeit}}$$
>
> $$\text{DLB} = \frac{200.000,00\ €}{4} = 50.000,00\ €$$

Beim ersten Betrieb waren im Lager durchschnittlich nur 20.000,00 € gebunden, beim zweiten aber 50.000,00 €. Obwohl er im Jahr dieselbe Menge an Waren verkaufte, hat der erste Betrieb im Gegensatz zu seinem Mitbewerber 30.000,00 € Kapital zusätzlich frei für andere Zwecke.

Da durch eine höhere Umschlagshäufigkeit das in die Artikel investierte Kapital in kürzeren Abständen zurückfließt, werden auch die Lagerkosten geringer. Dies wirkt sich positiv auf die Gewinnsituation des Betriebs aus.

BEISPIEL

Der erste Betrieb mit dem durchschnittlichen Lagerbestand von 20.000,00 € braucht für seine Warenvorräte weniger Verderb und Schwund zu fürchten als das zweite Unternehmen (mit durchschnittlichen 50.000,00 € auf Lager). Er wird auch weniger Lagerraum und Lagerpersonal benötigen.

Eine Erhöhung der Umschlagshäufigkeit bzw. eine Verkürzung der durchschnittlichen Lagerdauer kann u. a. erreicht werden durch:

- permanente Lagerbestandsüberwachung,
- Festlegung von Höchstbeständen,
- Straffung des Warenangebots,
- Kauf auf Abruf.

AUFGABEN

1. Erläutern Sie, was man unter dem durchschnittlichen Lagerbestand versteht.
2. Erklären Sie, worüber die Lagerumschlagshäufigkeit Auskunf gibt.
3. Geben Sie an, wie die durchschnittliche Lagerdauer berechnet wird.
4. Aus der Lagerdatei der Textilgroßhandlung Erwin Lottermann OHG ergaben sich für Herrenanzüge einer bestimmten Größe während des Jahres folgende Bestände:
   Anfangsbestand: 130 Stück
   Monatsendbestände:

Januar:	55	Mai:	34	September:	27
Februar:	12	Juni:	37	Oktober:	28
März:	40	Juli:	32	November:	88
April:	27	August:	11	Dezember:	21

   Der Jahresabsatz betrug 170 Stück.
   Berechnen Sie:
   a) den durchschnittlichen Lagerbestand
   b) die Lagerumschlagshäufigkeit
   c) die durchschnittliche Lagerdauer
5. Entscheiden Sie, welche Aussage zum durchschnittlichen Lagerbestand richtig ist.
   a) Es ist der Bestand, der immer vorhanden sein muss, um einen störungsfreien Betriebsablauf zu sichern.
   b) Es ist der Bestand, der durch die Inventur festgestellt wird.

c) Es ist der Bestand, der aus dem Inventurbestand und den im Laufe des Jahres vorhandenen Monatsbeständen errechnet wird.

d) Es ist der Bestand, der am Jahresende vorhanden ist.

e) Es ist der Bestand, der aus Kostengründen nicht überschritten werden sollte.

6. Das Warenwirtschaftssystem sowie die Finanzbuchführung weisen für eine Abteilung der Hoffmann KG die folgenden Zahlen aus:

Warenanfangsbestand	40.000,00 €
12 Monatsendbestände	545.000,00 €
Umsatz zu Einstandspreisen	350.000,00 €
Reingewinn	48.000,00 €
Eigenkapital	800.000,00 €

Berechnen Sie, wie viel Euro der durchschnittliche Lagerbestand beträgt.

7. Geben Sie an, welche Angabe die Hoffmann KG zur Berechnung der Umschlagshäufigkeit (Umschlagsgeschwindigkeit) einer Warengruppe benötigt.

a) den Höchstbestand der Waren

b) den Mindestbestand der Waren

c) den Warenumsatz

d) den Wareneinsatz

e) den Meldebestand der Waren

8. Durch eine Marketingmaßnahme konnte die Fairtext GmbH den Warenabsatz innerhalb einer Warengruppe um 20 % steigern.

Geben Sie an, wie sich dies auf die Umschlagshäufigkeit auswirkt.

a) Eine Steigerung des Warenabsatzes bewirkt keine Veränderung der Umschlagshäufigkeit, weil sich verkaufte Mengen nur auf den Lagerbestand auswirken.

b) Die Umschlagshäufigkeit steigt, wenn die durchschnittliche Lagerdauer entsprechend der Absatzsteigerung um 20 % steigt.

c) Die Umschlagshäufigkeit sinkt, wenn der durchschnittliche Lagerbestand sich nicht verändert.

d) Die Umschlagshäufigkeit steigt, wenn der durchschnittliche Lagerbestand entsprechend der Absatzsteigerung um 20 % steigt.

e) Die Umschlagshäufigkeit steigt, wenn sich der durchschnittliche Lagerbestand nicht verändert.

f) Die Umschlagshäufigkeit sinkt, wenn die durchschnittliche Lagerdauer entsprechend der Absatzsteigerung um 20 % sinkt.

9. Die Umschlagshäufigkeit einer Warengruppe ist 50.

Berechnen Sie, wie viel Tage die durchschnittliche Lagerdauer beträgt.

10. Die Umschlagshäufigkeit eines Artikels soll verbessert werden, ebenso die davon abhängige durchschnittliche Lagerdauer.

Entscheiden Sie, durch welche Maßnahme die durchschnittliche Lagerdauer verkürzt werden kann.

a) Sie nehmen Waren mit hoher Umschlagshäufigkeit aus dem Sortiment.

b) Sie kaufen größere Mengen zur Nutzung der Nachlässe.

c) Sie erhöhen die Mindestbestände.

d) Sie vereinbaren mit den Lieferanten möglichst Kauf auf Abruf.

e) Sie erhöhen die Höchstbestände

11. Zur Berechnung der Umschlagshäufigkeit liegen folgende Kennzahlen vor:

	Vorjahr	Aktuelles Jahr
Durchschnittl. Lagerbestand	1.600.000,00 €	1.800.000,00 €
Wareneinsatz	12.000.000,00 €	14.040.000,00 €
Umschlagshäufigkeit	7,5	

Um wie viel Prozent hat sich die Umschlagshäufigkeit im aktuellen Jahr im Vergleich zum Vorjahr verändert?

12. Der Buchführung entnehmen Sie die folgenden Kontenstände:

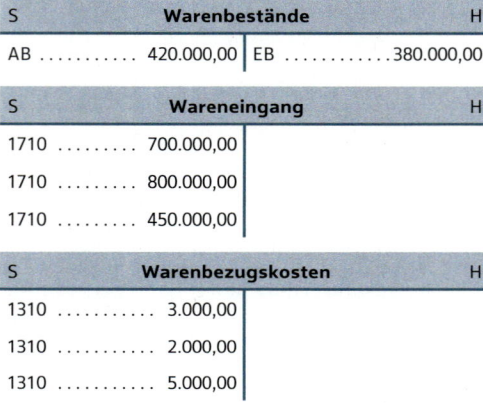

S	Warenbestände	H
AB 420.000,00	EB 380.000,00	

S	Wareneingang	H
1710 .... 700.000,00		
1710 .... 800.000,00		
1710 .... 450.000,00		

S	Warenbezugskosten	H
1310 .... 3.000,00		
1310 .... 2.000,00		
1310 .... 5.000,00		

Errechnen Sie
a) den durchschnittlichen Lagerbestand,
b) die Lagerumschlagshäufigkeit,
c) die durchschnittliche Lagerdauer,
d) den Lagerzinssatz (Marktzinssatz = 10 %).

13. Im Branchendurchschnitt haben Uhren- und Schmuckgeschäfte eine Lagerumschlagshäufigkeit von 2, Lebensmitteleinzelhandelsgeschäfte von 15 und Blumengeschäfte von 30.
a) Errechnen Sie jeweils die durchschnittliche Lagerdauer.
b) Erklären Sie die Unterschiede bei der Lagerumschlagshäufigkeit bzw. bei der durchschnittlichen Lagerdauer.

Lagerkennziffern

Durchschnittlicher Lagerbestand (DLB)

- gibt Auskunft über den durchschnittlichen Warenvorrat während eines Jahres
- Berechnungsmethoden:

$$\frac{\text{Anfangs-} + \text{End-} \text{bestand}}{2}$$

$$\frac{\text{Jahres-} + \text{12 Monats-} \text{anfangs-} + \text{end-} \text{bestand} \quad \text{bestände}}{13}$$

$$\frac{\text{Waren-} \text{einsatz}}{\text{Umschlags-} \text{häufigkeit}}$$

Lagerumschlagshäufigkeit (LUH)

- informiert darüber, wie oft der Warenvorrat während eines Jahres umgesetzt wurde
- Berechnungsmethoden:

$$\frac{\text{Jahresabsatz}}{\text{durchschnittlicher Lagerbestand}}$$

$$\frac{\text{Wareneinsatz}}{\text{durchschnittlicher Lager-} \text{bestand zu Einstandspreisen}}$$

Durchschnittliche Lagerdauer (DLD)

- sagt aus, wie lange eine Ware auf Lager liegt
- Berechnungsmethode:

$$\frac{360}{\text{Lagerumschlagshäufigkeit}}$$

Lagerzinssatz

- erfasst die Zinskosten des in den Warenvorräten gebundenen Kapitals
- Berechnungsmethoden:

$$\frac{\text{Jahres-} \text{zinssatz} \cdot \text{DLD}}{360}$$

$$\frac{\text{Jahres-} \text{zinssatz}}{\text{LUH}}$$

$$\frac{\text{Jahres-} \text{zinssatz} \cdot \text{DLB}}{\text{Wareneinsatz}}$$

2.12 Arbeitsschutzvorschriften im Lager

„Aua!"
Carolin Saager hält sich den Knöchel. Sie hat große Schmerzen. Beim Betreten des Lagers der Hoffmann KG konnte sie einem Gabelstapler nicht mehr ausweichen und ist gestürzt. Der Eingang zum Lager ist eng und unübersichtlich.

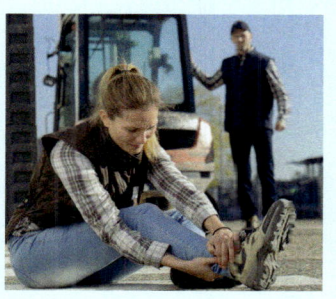

1. Führen Sie eine mögliche Ursache für diesen Arbeitsunfall auf.
2. Geben Sie Maßnahmen an, die die Hoffmann KG ergreifen kann, um einen solchen Arbeitsunfall künftig zu vermeiden.

Bedeutung von Sicherheitsmaßnahmen

Arbeiten im Zusammenhang mit dem Lagern und Transportieren von Gütern gehören zu den unfallträchtigsten Tätigkeiten in Unternehmen.

Laut der Deutschen Gesetzlichen Unfallversicherung (DGUV) wurden im Jahr 2022 insgesamt 791 698 Arbeitsunfälle gemeldet. Gerade in den Lagern geschehen jedes Jahr überdurchschnittlich viele Unfälle.

Daher kommt dem Thema Arbeitssicherheit gerade hier eine besonders große Rolle zu. Arbeitsplätze im Lager müssen so gestaltet werden, dass es dort wenig bis kaum Gefahrenmöglichkeiten gibt.

So etwas darf in einem Lager nicht passieren!

Sehr viele Ursachen für Unfälle lassen sich durch entsprechende Sicherheitsmaßnahmen vermeiden.

Verletzungen an Kanten und Waren werden durch ein striktes Lagersystem ohne überstehende Kanten reduziert.	Quetschungen werden vermieden, wenn entweder Mensch oder Maschine eine Ware bewegen, niemals beide gleichzeitig.	Abstürze werden durch eine Sicherung der betreffenden Beschäftigten verhindert.	Klare Lauf- und Fahrwege beugen Kollisionen zwischen Personen und Staplern vor.
Übermäßiger Zeitdruck und der folgende Leichtsinn lassen sich durch eine saubere Organisation der Arbeitsabläufe auf ein normales Maß reduzieren.	Gegen herabfallende Ladung gibt es spezielle Vorrichtungen am Regal selbst.	Rammschutz an den Regalpfosten	Verwendung entsprechender Kleidung am Arbeitsplatz: • Helm • Sicherheitsschuhe • Warnweste • Handschuhe • Schutzbrille
Regelmäßige Regalprüfungen durch Sicherheitsfachleute	Kein Zustellen von Rettungs- und Fluchtwegen	Beachten der geltenden Arbeitsschutz- und Sicherheitsvorschriften	Zulässige Belastungsgrenzen von Regalen und/oder Regalflächen dürfen nicht überschritten werden.

Im Lager gilt immer der Grundsatz „Safety first"! Dies wird erreicht durch eine Vielzahl von Maßnahmen.

Sicherheit und Brandschutz

Durch bestimmte Vorsorge- und Sicherungsmaßnahmen kann im Lager die Gefahr eines Brandes, eines Diebstahls oder eines Unfalls vermindert werden.

Jeder **Brand** im Lager würde einen erheblichen wirtschaftlichen Verlust verursachen, weil gerade dort große Warenmengen vorrätig sind. Aus diesem Grund ist die Feuersicherung eine wichtige Aufgabe. Die Mehrzahl der Brandursachen lässt sich völlig beseitigen, wenn die geltenden **Brandschutzvorschriften** genau eingehalten werden. Darüber hinaus können auch technische Brandschutzvorrichtungen wie Feuerlöscher, Sprinkler- und Alarmanlagen die Brandgefahr vermindern.

Einbrüche oder Diebstähle werden erschwert, indem das Lager beispielsweise durch Schlösser und Stahltüren besonders gesichert wird. Weiterhin empfehlen sich Kontrollen und **Überwachungsmaßnahmen** (im Verkaufslager z. B. Fernsehanlagen und Spiegel). Besonders ist darauf zu achten, dass außer dem Lagerpersonal niemand das Reservelager betritt.

Die Arbeitsbedingungen im Lager müssen den Vorschriften des **Arbeitsschutzes** entsprechen. Die Mitarbeitenden des Lagers müssen so weitgehend wie möglich vor Einflüssen geschützt werden, die schädlich auf ihre Gesundheit einwirken oder sie anderweitig gefährden können. Für die Unfallverhütung haben die Berufsgenossenschaften Unfallverhütungsvorschriften ausgearbeitet, zu deren Bekanntmachung der Arbeitgeber verpflichtet ist.

Die Unfallverhütungsvorschriften enthalten Regelungen über

- das Verhalten, das die Beschäftigten zur Verhütung von Arbeitsunfällen im Lager an den Tag legen sollen,
- Einrichtungen, Anordnungen und Maßnahmen, die die Arbeitgeber in den Betrieben zu treffen haben.

Die Sicherheitskennzeichnung im Lager weist auf mögliche Gefahren und Risiken hin.

Eine große Bedeutung kommt der Vermeidung von Feuer im Lager zu. Brände, die den Warenvorrat eines Unternehmens vernichten, können schnell dessen Existenz gefährden.

Brände können entstehen, wenn drei Faktoren zusammenkommen:

- Sauerstoff ist vorhanden.
- Es muss ein brennbarer Stoff vorhanden sein. Dabei hängt die Gefahr der Brandentstehung von der chemischen Fähigkeit des Stoffes ab, sich mit Sauerstoff zu verbinden.
- Eine Zündquelle, durch die der brennbare Stoff auf seine Zündtemperatur erhitzt wird, ist gegeben.

Um Brände zu verhindern, wird bereits beim Bau von Lagern darauf geachtet, dass durch bauliche Einrichtungen die Entstehung von Bränden vermieden oder die Ausweitung von Bränden zumindest eingedämmt wird. Dieser **bauliche Brandschutz** sieht z. B. vor:

- den Einsatz nicht brennbarer Stoffe und von Feuerschutztüren,
- die Errichtung und Ausweisung von Flucht- und Rettungswegen,
- den Einbau von Brandmeldern und Feuerlöschanlagen.

Zum **allgemeinen Brandschutz** gehören Maßnahmen, die bei der täglichen Arbeit Brände zu vermeiden helfen:

- Es wird darauf geachtet, dass im Lager nicht geraucht wird.
- Regelmäßige Brandschutzübungen lassen einerseits mögliche Schwachstellen erkennen, machen andererseits die im Lager arbeitenden Personen mit dem richtigen Verhalten im Brandfall vertraut.
- Ganz wichtig ist es, dass keine Notausgänge bzw. Fluchtwege verstellt sind.

Im Brandfall ist das **richtige Verhalten** für den Erfolg der Rettungsmaßnahmen wichtig:

- Es ist unbedingt Ruhe zu bewahren. Eine Panik ist zu vermeiden.
- Betroffene Personen müssen sich selbst und andere in Sicherheit bringen:

Dieses Schild weist auf den Fluchtweg hin.

  - sich über die Fluchtwege unverzüglich zu den Sammelstellen begeben,
  - andere Personen warnen und mitnehmen,
  - Brandschutztüren schließen,
  - keine Aufzüge nutzen,
  - wenn eine Person in Brand gerät, mithilfe von Decken und Kleidungsstücken (Sauerstoffentzug!) einen Löschungsversuch vornehmen.

	Richtig	Falsch
Brand in Windrichtung angreifen!		
Flächenbrände vorn und unten beginnend ablöschen!		
Tropf- und Fließbrände von oben nach unten löschen!		
Wandbrände von unten nach oben löschen!		
Ausreichend Feuerlöscher gleichzeitig einsetzen, nicht nacheinander!		
Rückzündung beachten!		
Nach Gebrauch Feuerlöscher nicht wieder an den Halter hängen. Neu füllen lassen!		

Bei der Brandbekämpfung geht es um jede Sekunde, die richtige Bedienung des Feuerlöschers ist äußerst wichtig.

Feuermelder

- Die Feuerwehr muss über Feuermeldeeinrichtungen oder über den Notruf 112 alarmiert werden.
  Hilfreich sind dabei die folgenden vier Informationen:
  - Wo (Adresse) ist der Brand?
  - Was (Lager/Büro/Wohnhaus usw.) brennt?
  - Für wie viele Menschen besteht Gefahr?
  - Wer ist Melder des Brandes?
- Nur falls keine Gefahr mehr besteht, sind erste Löschmaßnahmen zu ergreifen.

AUFGABEN

1. Führen Sie Gründe für Unfälle auf.
2. Geben Sie mindestens acht Maßnahmen an, die die Sicherheit im Lager unterstützen.
3. Führen Sie drei Faktoren auf, die zusammenkommen müssen, damit Brände entstehen können.
4. Erläutern Sie, welche Maßnahmen zum baulichen Brandschutz gehören.
5. Erläutern Sie Maßnahmen des allgemeinen Brandschutzes.
6. Erklären Sie, wie man sich im Brandfall richtig verhalten sollte.

7. Beurteilen Sie die folgenden Situationen:
   a) Im Lager der Fairtext GmbH ist ein Brand entstanden. Frauke Schröder greift den Brand mit einem Feuerlöscher in Windrichtung an.
   b) Frauke Schröder bekommt nacheinander zwei weitere Feuerlöscher von zwei Kollegen gereicht, um den Brand weiter zu löschen.
   c) Bei einem Tropfbrand im Lager der Eggeling OHG wird von unten nach oben gelöscht.
   d) Ein Wandbrand in der Bauer GmbH wird von unten nach oben gelöscht.
8. Mete Öczan lagert gerade Ware im Lager ein. Er entdeckt plötzlich ein Feuer, das durch ein verschmortes Kabel entstanden ist. Geben Sie an, welche Maßnahmen er ergreifen sollte.
   a) Mete Öczan löst Feueralarm aus, indem er einen Feuermelder einschlägt.
   b) Mit einem Wassereimer löscht Mete Öczan sofort das Feuer.
   c) Ruhig meldet Mete Öczan das Feuer an die Lagerleitung.
   d) Über ein Telefon meldet Mete Öczan den Schwelbrand der Feuerwehr.

9. Führen Sie in Gruppenarbeit oder zu zweit eine Internetrecherche durch. Sammeln Sie Informationen über Sicherheitskennzeichnungen im Lager.

10. Erstellen Sie anschließend ein Wandplakat, das jeweils mindestens fünf
    - Verbotszeichen,
    - Warnzeichen,
    - Gebotszeichen,
    - Rettungszeichen
    und entsprechende Erläuterungen dazu enthält.

ZUSAMMENFASSUNG

Projektmanagement

3

Projektmanagement

3.1 Projekte

Auf ihrer wöchentlichen Sitzung analysiert die Geschäftsleitung der Hoffmann KG die Unternehmenssituation. Man ist sich einig, dass die Steuerung des Unternehmens im Rahmen der herkömmlichen Aufbauorganisation vor dem Hintergrund komplexer und unübersichtlicher Marktsituationen nicht mehr optimal zu bewältigen ist. Um flexibel und schnell auf Entwicklungen reagieren zu können, möchte die Hoffmann KG in Zukunft wichtige Fragen und Probleme vermehrt im Rahmen von Projekten bearbeiten. Die Personalabteilung wird deshalb beauftragt, eine Stelle für die Koordination des Projektmanagements auszuschreiben.

Hoffmann KG seit 1949

Für die Leitung verschiedener Projekte in unserem Unternehmen suchen wir einen engagierten

Beauftragten (m/w/d) für das Projektmanagement

Mit einem Team aus erfahrenen Mitarbeitenden steuern und koordinieren Sie in den jeweiligen Projekten die Realisierung der in den Pflichtenheften definierten Anforderungen, überwachen die vereinbarten Ziele bzw. Maßnahmenpakete und leiten entsprechende Korrekturmaßnahmen bei auftretenden Abweichungen ein. Dazu erkennen und fördern Sie die Realisierung von Synergieeffekten bei abteilungs- und bereichsübergreifenden Projekten.

Für diese anspruchsvolle Tätigkeit erwarten wir eine kaufmännische Ausbildung. Erfahrung im Bereich Projektmanagement setzen wir voraus. Sie beherrschen die notwendigen Projektmanagementtools und besitzen gute englische Sprachkenntnisse. Persönlich zeichnen Sie sich durch Ihren dynamischen und zielstrebigen Arbeitsstil, Ihre Kommunikations- und Teamfähigkeit sowie Ihre Eigeninitiative aus. Darüber hinaus verfügen Sie über entsprechende Führungserfahrung bzw. Führungspotenzial.

Wenn Sie an dieser Position interessiert sind, bewerben Sie sich bitte schriftlich bei unserer Personalabteilung in Hannover.

Hoffmann KG
Bergener Straße 6a · 60547 Frankfurt am Main
Tel.: 069 9876-42, · Fax: 069 9876-0
E-Mail: info@hoffmannkg-wvd.de

---

1. Erläutern Sie den Begriff „Projekt".
2. Stellen Sie Unterschiede zwischen der Arbeit in Projekten und der normalen Arbeit in einer Abteilung eines Unternehmens heraus.

Projekte gibt es in vielen Bereichen des Lebens, so z. B. auch in der Wirtschaft und in der Schule. Gerade in der Wirtschaft, die heute durch einen ständigen Verbesserungsprozess der Unternehmen gekennzeichnet ist, kommt Projekten ein immer höherer Stellenwert zu: Mit ihnen können nämlich komplexe und komplizierte Vorhaben der Betriebe zielgerichtet und effektiv abgewickelt werden.

Ein Projekt liegt vor, wenn Folgendes gilt:

- Das Vorhaben ist zeitlich durch einen Anfangs- und einen Endtermin bestimmt.
- Es liegt eine eindeutige, überprüfbare Zielvorgabe vor.
- Oft geht es um die einmalige Lösung eines Problems.
- Das Vorhaben macht eine eigene Organisationsform notwendig.
- Das Vorhaben hat eine große Bedeutung für die Unternehmenspolitik.
- Es stehen im Unternehmen nur begrenzte Ressourcen zur Verfügung.
- Das Vorhaben ist in der Regel abteilungsübergreifend.
- Es werden besondere Methoden bzw. Arbeitstechniken eingesetzt, da im Vorhaben komplexe und verzahnte Arbeitsabläufe stattfinden.

Projektmerkmale nach DIN 699 01

Normale Arbeit	Projektarbeit
• sich wiederholende Routinetätigkeiten	• Sonderaufgaben, die Einmaligkeitscharakter haben
• überwiegend Linienorganisation	• Projektorganisation
• Hierarchien	• weitgehende Hierarchiefreiheit
• Beschäftigte erledigen straff organisierte Standardaufgaben	• spezielle Aufgaben

Unter Projekten versteht man also zeitlich befristete Vorhaben, in denen umfangreiche und vielschichtige Aufgabenstellungen behandelt werden. Verschiedene Personen – also Unternehmensmitarbeitende oder die Schülerinnen und Schüler einer Gruppe – arbeiten während eines Projekts zusammen.

BEISPIEL

Projekte sind nicht neu, im Gegenteil, es hat sie schon immer gegeben. Der Bau der Pyramiden, die Errichtung des Eiffelturms, die Organisation einer Olympiade oder auch einer Betriebsfeier sind Beispiele für Leistungen mit Projektcharakter.

Zunehmende Bedeutung der Projekte

Projekte in Unternehmen sind nicht mehr die Ausnahme, sondern die Regel. Ihre Bedeutung nimmt in einem außergewöhnlichen Tempo zu. Im Gegensatz zur Arbeit in herkömmlichen Organisationsformen erlaubt die Arbeit in Projekten ein erheblich lösungsorientierteres und selbstständigeres Handeln. Unternehmen werden dadurch schneller und innovativer. Untersuchungen zeigen, dass Projekte sowohl für das Lösen von Aufgaben des Kerngeschäfts auch für die strategische Weiterentwicklung der Unternehmen eine hohe oder sehr hohe Bedeutung haben.

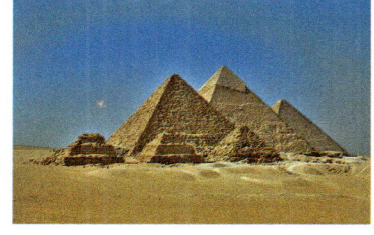

Pyramiden konnten nur in der Organisationsform eines Projekts geschaffen werden.

BEISPIEL

Besonders in wissensintensiven Unternehmen wird zunehmend in Projekten gearbeitet. Die für eine Produktentwicklung oder einen Beratungsauftrag benötigten Spezialisten werden eine Zeitlang zusammengeführt, nach dem Projekt gehen sie wieder auseinander. Für diese Vorgehensweise haben Unternehmen auch einen triftigen Grund: Sie ermöglicht es, schnell und flexibel auf individuelle Kundenanforderungen und sich rasch wandelnde Märkte zu reagieren.

Projekte in der Wirtschaft

In der betrieblichen Praxis hat sich für die Bewältigung umfangreicher und neuartiger Probleme die Arbeit in Projekten durchgesetzt. Im Rahmen herkömmlicher Abteilungsstrukturen können die dazu notwendigen Arbeiten nicht durchgeführt werden. Viele Aufgabenstellungen können heute daher nur noch fach- und bereichsübergreifend gelöst werden. Aus diesem Grund werden bspw. größere Entwicklungsvorhaben von Unternehmen immer mehr in Form von Projekten geplant und realisiert. Das Know-how einzelner Spezialisten wird zusammengeführt.

In der Wirtschaft unterscheidet man zwei Arten von Projekten:

- Bei **internen Projekten** wird der Anstoß zur Durchführung eines Projekts dadurch gegeben, dass im Unternehmen besondere Maßnahmen durchgeführt werden. Die Initiative zur Durchführung eines Projekts kommt aus dem Unternehmen selbst.

BEISPIEL

Die Hoffmann KG hat die in Baden-Württemberg operierende kleine Kette „Südgeschenke" übernommen. Ein Projektteam bekommt die Aufgabe, die erfolgreiche Integration der bisherigen Südgeschenke-Filialen in die Familie der Hoffmann KG vorzunehmen.

- Bei **externen Projekten** kommt der Anstoß zur Projektgründung von außen. Ein Kunde außerhalb des Unternehmens fordert Unternehmensleistungen ab, für die es noch keine Standardlösungen gibt.

Projekte in der Wirtschaft unterliegen vor dem Hintergrund der Gewinnmaximierung einem großen Erfolgsdruck. Sie werden reglementiert durch Kosten- und Zeitvorgaben. Die verstärkte Anwendung des Projektmanagements in Unternehmen verändert die Anforderungen an die Mitarbeitenden: Sie müssen in der Planung und Durchführung von Projekten qualifiziert und erfahren sein.

Schulprojekte

In der Schule können i. d. R. keine Unternehmensprojekte durchgeführt werden. Um sich dennoch auf die in der Arbeitswelt vorherrschende Projektarbeit vorzubereiten, kann in der Schule mit Unterrichtsprojekten gearbeitet werden. Unternehmens- und Unterrichtsprojekte sind in vielen Merkmalen identisch, unterscheiden sich jedoch in einigen Aspekten.

Vorteile bietet die Arbeit in Unterrichtsprojekten, weil der Projektunterricht häufig mehr Chancen bietet als andere Unterrichtsformen, um auf Projekte in der Wirtschaft vorzubereiten.

Das ausgewählte Thema – das sich nicht durch Fächergrenzen beschränken lassen sollte – muss sehr komplex und vielschichtig sein und gleichzeitig die Schülerinnen und Schüler interessieren: Es darf der Klasse also nicht aufgezwungen werden. Ein Projekt kann nur effizient durchgeführt werden, wenn sich alle daran beteiligen. Dabei steht die Selbstverantwortung und Selbstorganisation durch die Klasse im Vordergrund. Die Schülerinnen und Schüler müssen die gesamte

Organisation selbst leisten. Wichtigste Voraussetzungen in diesem Zusammenhang sind Kooperation und Arbeitsteilung. Letztlich muss das Projekt immer zu einem Ergebnis führen, das anderen mitgeteilt wird.

Projekte	
Flexible Abwicklung von Aufträgen zur Lösung komplexer, meist neuartiger Aufgaben	
Wirtschaftsprojekte (Unternehmensprojekte)	*Unterrichtsprojekte*
Es zählt das Projektergebnis, die Erreichung und Umsetzung der gesteckten Ziele.	Von großer Bedeutung ist der Arbeitsprozess selbst. Im Vordergrund steht der Zuwachs an fachlicher, methodischer und sozialer Kompetenz der Lernenden.

BETEILIGTE AN EINEM PROJEKT

Projektcoach/-in
• berät die Projekt-
  leitung

Projektauftraggeber/-in
• wünscht die Durchfüh-
  rung
• erwartet ein Ergebnis

Mitarbeiter/-in im Projektteam
• Übernahme der
  operativen Arbeit

Projektleitung
• gesamtverantwortlich für die erfolgreiche Durchführung
• lenkt das Projekt
• Zusammenstellung des Projektteams
• Kommunikation, Steuerung, Marketing
• verantwortlich für die richtige Einteilung von Ressourcen (Zeit, Sachmittel, Personal)

Projektmanagement

Projekte werden gesteuert durch das Projektmanagement. Darunter versteht man alle Tätigkeiten, um ein Projekt zu einem erfolgreichen Abschluss zu führen. Dazu gehören also alle Planungs-, Kontroll- und Informationstätigkeiten sowie alle Entscheidungen, die notwendig sind, um das Projekt zu realisieren. Das Projektmanagement wird unterstützt durch das Projektcontrolling. Für einen sinnvollen und ökonomischen Ablauf des Projekts wird regelmäßig Bilanz über den Projektablauf gezogen. Bei unerwünschten Entwicklungen kann dann korrigierend eingegriffen werden.

BEISPIEL

Bereits in der 2. Phase des Projekts ist das Budget für das gesamte Projekt um 300 % überzogen. Damit ist der Erfolg des gesamtem Projekts erheblich gefährdet.

Projektverlauf

Jedes Projekt weist Unterschiede zu anderen Projekten auf. Dennoch lässt sich jedes Projekt hinsichtlich des Ablaufs in fünf Phasen untergliedern. In jeder dieser Phasen müssen bestimmte Teilergebnisse auf dem Weg zum erfolgreichen Gesamtprojektergebnis erzielt werden.

- In der **Nullphase** kommt aufgrund eines Problems die Idee auf, die Lösung mithilfe eines Projekts zu erzielen.
- In der **Projektstartphase** wird zunächst das Problem analysiert. Anschließend werden die Ziele des Projekts definiert.
- Soll das Projekt erfolgreich realisiert werden, muss das Projekt in überschaubare Einheiten gegliedert werden. In der **Projektplanungsphase** werden zum Beispiel die einzelnen Arbeitspakete sowie die Bearbeitungszeiten ermittelt, die Grundlage für die spätere Durchführung des Projekts sind.
- Das in früheren Phasen Geplante wird in der **Durchführungsphase** umgesetzt.
- Die **Projektabschlussphase** beendet das Projekt formell.

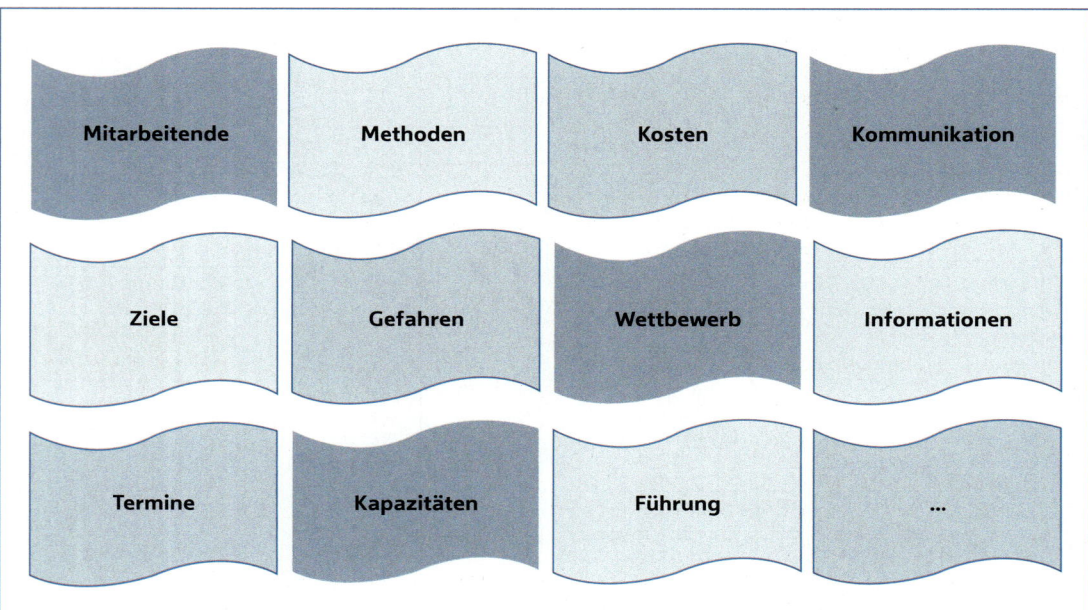

Viele Aspekte müssen beim Projektmanagement berücksichtigt werden.

Agiles Projektmanagement

Bei komplexen und unübersichtlichen Projekten ist es schwierig, im Rahmen des klassischen Projektmanagements alle Arbeitsschritte zu Projektbeginn im Detail zu planen. Dadurch entsteht das Risiko, dass das fertige Projektergebnis letztlich nicht den Anforderungen des Auftraggebers entspricht.

Um solche Nachteile im Vorgehen nach dem klassischen Projektmanagement abzumildern, wurde das agile Projektmanagement entwickelt. Dieses stellt zum einen eine höhere Flexibilität im Vorgehen sicher, zum anderen sorgt es für Planungssicherheit, vorrangig bezüglich Zeit und Kosten.

Beim agilen Projektmanagement erfasst man Anforderungen dauerhaft in schnellen Iterationen (Iteration = Prozess mehrfacher Wiederholungen) und priorisiert diese. Diese kurzen, sich wiederholenden Entwicklungs- und Bearbeitungsschritte werden Sprints genannt.

Der Projektumfang ist im Gegensatz zu den Faktoren Zeit und Geld flexibel und das Projektergebnis wird bereits im Laufe des Projekts in Teilprodukten bereitgestellt.

Projektmanagement

Klassisches Projektmanagement

Vorteile

- Schritt-für-Schritt-Durchführung der Projektphasen
- hohe Planungssicherheit
- einfache Projektsteuerung und Fortschrittskontrolle
- besonders für umfangreiche Projekte ohne regelmäßige Änderungen der Anforderungen und Prioritäten geeignet

Nachteile

- weniger flexibel aufgrund des starren Vorgehens in Phasen
- Fehler im Projekt werden ggf. spät erkannt
- Der Nutzen des Projektergebnisses tritt erst sehr spät oder nach Projektabschluss ein
- Das Projektergebnis entspricht nicht den Anforderungen, da eine detaillierte Vorabplanung häufig schwierig ist.

Agiles Projektmanagement

Vorteile

- Innerhalb kurzer, sich wiederholender Entwicklungs- und Bearbeitungsschritte – sogenannten **Sprints** – werden Anforderungen erfasst, detailliert und priorisiert. Die fertiggestellten Teilprojektergebnisse werden getestete und dann an den Auftraggeber ausgeliefert.
- Veränderte Anforderungen werden schnell erkannt und es kann entsprechend schnell reagiert werden.
- Anforderungen werden (mehrfach) gemeinsam zwischen Auftraggeber und Auftraggeber genau besprochen und somit besser verstanden.
- Regelmäßiges Priorisieren der Anforderungen stellt sicher, dass die wichtigsten Anforderungen zuerst geliefert werden.

Nachteile

- Zu Projektbeginn ist noch nicht absehbar wie das Projektergebnis aussehen wird.
- Agile Projekte haben nicht immer einen festen Endzeitpunkt.
- Agile Projekte neigen dazu, dass immer mehr Anforderungen aufgenommen werden und somit die Projektlaufzeit verlängert wird
- Neue Anforderungen, die sich aus der Nutzung der Teilergebnisse ergeben, werden aufgenommen.

AUFGABEN

1. Geben Sie an, was Projekte sind.
2. Nennen Sie Beispiele für Projekte.
3. Unterscheiden Sie interne und externe Projekte in der Wirtschaft.
4. Begründen Sie, warum in der Schule keine Unternehmensprojekte durchgeführt werden können.
5. Führen Sie Vorteile von Unterrichtsprojekten auf.
6. Geben Sie an, welche Art von Projekt in den beiden folgenden Beispielen vorliegt.
   a) In der Regel ist die Geschäftsführung der Auftraggeber des Projekts. Das Projektziel ist dabei häufig die Optimierung von Fertigungsabläufen oder der Aufbau eines neuen Geschäftsfeldes.
   b) Bei dieser Art von Projekt wird vom Kunden/von der Kundin (Auftraggeber/-in) ein Produkt oder eine Dienstleistung in Auftrag gegeben.
7. Unterscheiden Sie das agile vom klassischen Projektmanagement.
8. Für die erfolgreiche Durchführung eines Projekts müssen Sie in relativ kurzer Zeit eine Vielzahl von Methoden und Arbeitstechniken einsetzen. Sie haben bisher eine Reihe von Methoden kennengelernt, die in den einzelnen Phasen eines Projekts Anwendung finden können.
   a) Überprüfen Sie in Ihren Arbeitsgruppen, ob Sie noch die wichtigsten Merkmale der jeweiligen Methode beherrschen und diese ohne Schwierigkeiten anwenden können. Bei Problemen ziehen Sie bitte dieses Buch, eigene Aufzeichnungen und/oder das Internet heran. Auch Ihre Lehrerin/Ihr Lehrer wird Ihnen sicher gern helfen.
   b) Erstellen Sie in Gruppenarbeit einen Reader mit dem Inhalt: „Wichtige Methoden für das Arbeits- und Berufsleben". Halten Sie sich dabei an die Vorgehensweise in den einzelnen Phasen eines Projekts.
   Bereiten Sie sich darauf vor, diesen Reader zu präsentieren.
9. Lesen Sie den folgenden Text. Erstellen Sie dann eine Mindmap, die dessen Inhalt wiedergibt.

Projects require structured management. You can recognize a project by its typical characteristics:

- In a project, there is a clear and measurable goal of what is to be achieved.
- Most tasks in companies are not subject to a time limit. They are simply day-to-day business. Projects, on the other hand, are defined by deadlines, they have fixed dates for their beginning and their end.
- A project requires its own organization. Project managers are allowed to involve employees from other departments. Projects are interdisciplinary and cross-departmental.

- Projects break new ground. They even solve problems that have not occurred yet.
- Projects have only limited resources.
- There is a great danger of failure in projects.

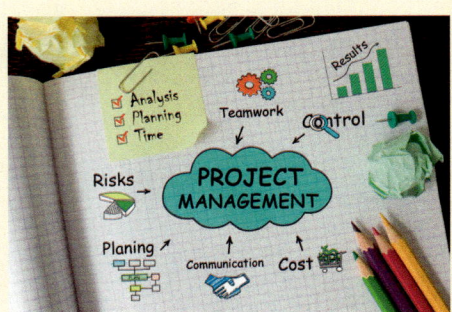

Unternehmensprojekt

| Zusammenarbeit von Spezialisten aus mehreren Bereichen bzw. Abteilungen | zeitlich begrenzt | Das Vorhaben weist eine gewisse Einmaligkeit auf. | Das Vorhaben hat ein definiertes Ziel. | Das Vorhaben unterliegt einem gewissen Risiko. |

Phasen eines Projekts

Nullphase

Projektstart

Projektplanung

Projektdurchführung

Projektabschluss

3.2 Projektstart

Frau Schwab kommt zu Carolin Saager:

„Hallo, Frau Saager, ich habe Ihnen etwas mitgebracht: Eine Einladung in das Projektteam ‚Hoffmann goes Schweiz!'. Die Hoffmann KG möchte in die Schweiz expandieren. Wir sind gerade dabei, das Projekt zu starten. Momentan stellen wir ein Projektteam zusammen. Da einerseits Praktikanten lernen müssen, in Projektteams zu arbeiten, und Sie andererseits eine Schweizer Mutter haben und sowohl Französisch als auch Italienisch sprechen, haben wir Sie in das Projektteam aufgenommen. Hier ist die Tagesordnung für die Kickoff-Sitzung."

Hoffmann KG seit 1949

Einladung zu Projektteam-Sitzung

Thema der Sitzung: Projekt-Kick-Off

Projektleitung: Frau Schwab

Projektbezeichnung: Hoffmann KG goes Schweiz!

Teilnehmende	Abteilung
Herr Sternecker	Stabsstelle Orga
Frau Jonas	Rechnungswesen
Herr Harriefeld	Einkauf
Herr Zeggel	Logistik
Herr Raub	Verkauf
Frau Saager	momentan Verkauf

Zeit:	Datum:	Ort:
10:00 –12:00 Uhr	17. November	Zentrale, Raum 18

Tagesordnung	Zuständig	Zeit/min
1. Begrüßung	Schwab	05
2. Vorstellung der Projektleitung	Schwab	10
3. Vorstellung Projektziel	Schwab	15
4. Vorstellung Projektbeteiligte	Team	30
5. Rollenverteilung	Team	20
6. Erarbeitung der Projektregeln	Team	20
7. Absprache: Termine und Vorgehen	Team	20

Stellen Sie fest, welche Schritte in der Projektstartphase durchzuführen sind.

Die Nullphase im Unternehmen

Durch Problemzwänge oder durch die (Veränderungs-)Wünsche eines Auftraggebers kann es zu der Projektidee kommen.

Die Entscheidung zur Durchführung eines Projekts kommt dann zustande, wenn das zu lösende Problem so komplex und übergreifend ist, dass auch Mitarbeitende anderer Abteilungen hinzugezogen werden müssen: Die gesamte Problemlösung kann nicht mehr isoliert in den einzelnen Abteilungen von dem dortigen Personal im Rahmen der normalen Tätigkeiten (bzw. zusätzlich dazu) erledigt werden.

Das Projekt wird realisiert, wenn die Fragen nach der Durchführbarkeit und dem Durchführungswillen positiv beantwortet werden können: Für eine bestimmte Zeit (nämlich die Projektlaufzeit) wird eine Organisation eingerichtet, die die Zusammenarbeit der daran Beteiligten regelt.

Idealtypischer Ablauf der Nullphase	
Teilschritt der Phase	**Erläuterung**
Projektidee	Die Projektidee kann auf drei verschiedene Arten im Unternehmen entstehen: • Im Unternehmen kommt die Idee auf, ein zu lösendes Problem mithilfe eines Projekts zu lösen. Die Projektidee wird also von den möglichen Projektteilnehmenden eingebracht. • Eine vorgesetzte Stelle beauftragt verschiedene Beschäftigte aus unterschiedlichen Abteilungen damit, ein Projekt zu realisieren. • Ein firmenfremder Auftraggeber vergibt einen Auftrag an das Unternehmen. Der Auftrag wird von einem Projektteam abgewickelt.
Austausch über die Projektidee	In einer offenen und wertfreien Atmosphäre sollte eine Erörterung der Projektidee mit allen möglichen Beteiligten erfolgen. Zu vermeiden ist in dieser Phase die Verwendung von Killerphrasen.
Überlegungen zum Projektteam (Teamorganisation)	Die möglichen Teilnehmenden sowie die Projektleitung werden gesucht.
Formulierung der Projektidee	Es wird ein grober Entwurf der Projektidee erstellt.
Entscheidung über die Projektidee	Abhängig davon, wer das Projekt angeregt hatte, sind zwei Varianten denkbar: • Die Projektbeteiligten erzielen Einigkeit, zu versuchen, die Projektidee im Rahmen eines Projekts umzusetzen. • Die Entscheidungsträger im Unternehmen geben einem Projektteam den Auftrag, ein Projekt zu realisieren.

„Es ist nicht so, wie es sein sollte. Eine Lösung muss her!"

„In unserer Abteilung allein schaffen wir das nicht! Vielleicht sollten wir es mit einem Projekt versuchen?!"

Die Nullphase (Vorprojektphase)

Die Projektinitiative in der Schule

Der Nullphase im Unternehmensprojekt entspricht die Projektinitiative in der Schule. Die Projektinitiative ist Ausgangspunkt für das Projekt: Das Projekt beginnt mit einer offenen Ausgangssituation. Sowohl Lehrerinnen und Lehrer als auch Schülerinnen und Schüler können durch eine Idee ein Projekt anregen. Im Idealfall geht das Projekt komplett von den Schülerinnen und Schülern aus. Im Normalfall wird jedoch oft die grobe Themenauswahl von der Lehrkraft vorgenommen. Die Schülerinnen und Schüler sollen und können jedoch ihre Vorstellungen und Kreativität einbringen. Die Phase der Projektinitiative versteht sich also als Angebot an die Klasse und dient der Themenfindung: Es wird erst einmal abgeklärt, was die Klasse überhaupt tun will. In dieser Phase prallen nicht selten die unterschiedlichsten Vorstellungen in der Klasse aufeinander. Die Themenfindung kann bereits zum Stolperstein eines Projekts werden.

In vielen Prozessen der Ideenfindung haben sich als Methoden das Brainstorming und das Mindmapping durchgesetzt. Es ist in dieser Projektphase wichtig, dass alle Vorschläge

- zugelassen,
- nicht kommentiert
- und nicht als gut oder schlecht bewertet werden.

Vermieden werden soll zunächst eine vertiefende Diskussion. Als Ergebnis dieser Phase sollten alle Vorschläge gut sichtbar dargestellt werden. Die Projektinitiative versteht sich also als Angebot. Ob daraus ein Projekt entsteht, entscheidet sich in der folgenden Phase.

Der Projektstart (Definitionsphase) im Unternehmen

In der Phase des Projektstarts wird das Ziel der vom Projektteam zu lösenden Aufgabe genau festgelegt und formuliert. Dazu erfolgt eine Analyse der zu lösenden Probleme.

Es wird dann in eindeutiger Weise schriftlich festgehalten,

- welche Ergebnisse in welcher Form erwartet werden,
- in welcher Zeit sie vorzuliegen haben,
- welche Rahmenbedingungen (z. B. Kosten, Organisation usw.) zu beachten sind,
- wie der Erfolg des Projekts zu überprüfen ist.

Die Zielfestlegung in einem Projekt ist extrem wichtig: Sie müssen klar und abgestimmt definiert werden. Dadurch wird die Gefahr von Missverständnissen z. B. zwischen Auftraggeber und Projektteam über den Erfolg des Projekts minimiert. Je genauer die Ziele des Projekts definiert sind, desto eher können sich alle Beteiligten zudem mit ihnen identifizieren. Deshalb sollte man bei der Formulierung von Projektzielen die folgenden Regeln beachten:

- Das Ziel muss das erwünschte Ergebnis klar, unmissverständlich und prägnant beschreiben.
- Das Ziel darf zwar komplex und anspruchsvoll sein, muss aber in jedem Fall erreichbar und realisierbar sein.
- Das Ziel muss einen Zeitpunkt der Zielerreichung enthalten.
- Das Ziel darf nicht im Widerspruch zu anderen Zielen stehen.
- Das Ziel muss messbar sein: Dadurch kann später festgestellt werden, ob es tatsächlich erreicht wurde.

BEISPIEL

Ziel: „Die Filiale Halle der Hoffmann KG wird Marktführer in ihrer Region." Dieses Projektziel enthält weder einen Zeitbezug („Bis wann soll dieses Ziel erreicht werden?") noch ist festgelegt, woran die Zielerreichung gemessen wird (Umsatzhöhe, Gewinnhöhe; Marktanteil usw.). Durch die unklare Formulierung dieses Projektziels kann es später zu Auseinandersetzungen über den Zielerreichungsgrad zwischen Auftraggeber und Projektteam kommen.

Für die Überprüfung eindeutig formulierter Projektziele hat sich die Formulierung mithilfe der **SMART**-Formel bewährt:

Abkürzung	Englischer Begriff	Deutscher Begriff	Bedeutung
S	Specific	Spezifisch	Das Ziel sollte eindeutig formuliert werden. Es darf kein Spielraum für Interpretationen bleiben.
M	Measurable	Messbar	Es muss erkennbar sein, ab wann das Ziel erreicht wird. Die Zielerreichung muss also messbar sein.
A	Achievable	Angemessen und aktiv erreichbar	Das Ziel sollte durch das Projektteam beeinflussbar sein. Dadurch werden die Ziele akzeptiert.
R	Relevant	Realistisch	Auch wenn das Ziel anspruchsvoll ist, sollte es erreichbar sein.
T	Timely	Terminiert	Für die Zielerreichung muss ein klarer Endtermin festgelegt werden.

Um Projekte gut zu einem erfolgreichen Abschluss zu bringen, sind also messbare Zieldefinitionen wichtig. An diesen kann später Erfolg oder Misserfolg von Auftraggeber und Auftragnehmer übereinstimmend beurteilt werden. In diesem Zusammenhang spielen bei externen Projekten zwei Instrumente eine große Rolle: das Lastenheft und das Pflichtenheft.

Das **Lastenheft** beschreibt das Problem aus Sicht des Auftraggebers (z. B. des Kunden) und wird von diesem erstellt. Der Auftraggeber stellt hier seine Anforderungen an das Projekt dar. Das Lastenheft bringt den Auftraggeber also dazu, seine relativ groben und unstrukturierten Vorstellungen vom Projekt in ein umsetzbares Konzept zu verwandeln. Es hilft auch in späteren Phasen, das Projekt zu strukturieren. Für den Auftraggeber kann das Lastenheft als Grundlage für das Einholen von Angeboten verwendet werden.

Das **Pflichtenheft** stellt dann die Lösung aus Sicht des Projektteams vor und wird von diesem erstellt. Das Projektteam legt dar, wie das vom Auftraggeber vorgegebene Lastenheft umgesetzt wird. Es beschreibt, wie und womit die vom Auftraggeber gestellten Anforderungen erfüllt und realisiert werden. Das Pflichtenheft bildet oft die Basis für die vertraglich festgehaltenen Leistungen des Auftragnehmers.

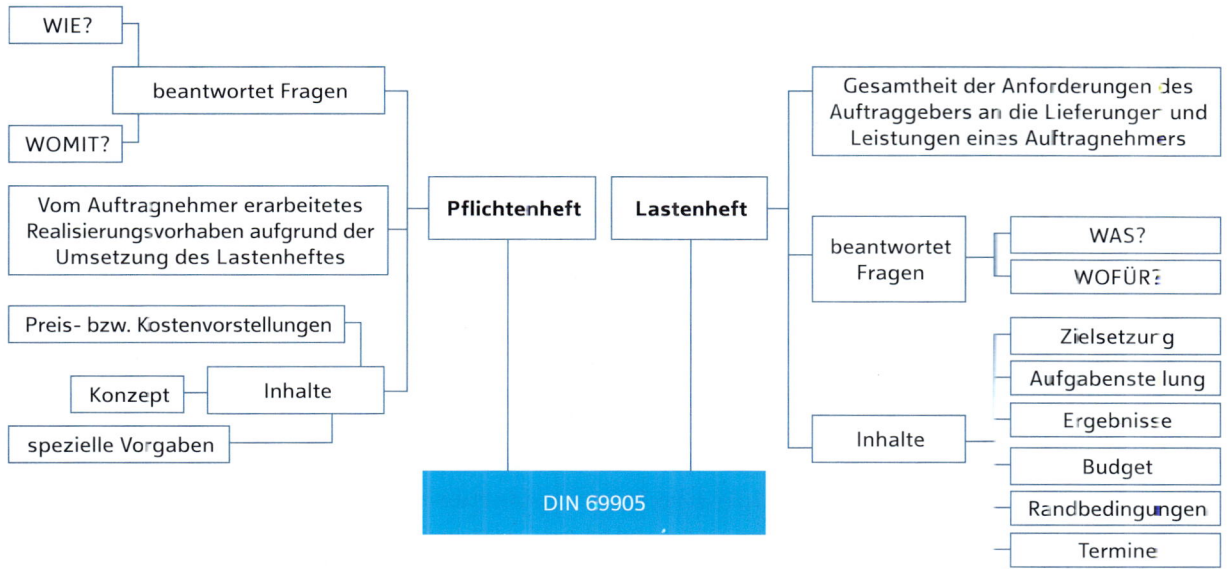

Die Hoffmann KG benötigt eine neue, eigens für sie programmierte Softwarelösung für das Rechnungswesen. Im Lastenheft werden alle Forderungen an das Produkt (das Programm) sowie alle erhofften Leistungen des Auftragnehmers festgehalten. Das Lastenheft wird den Anfragen an mehrere Softwarefirmen beigelegt. Die Firma softec möchte Auftragnehmer werden und untersucht das Lastenheft. Anschließend schickt sie mit dem Angebot das Pflichtenheft mit den vorgegebenen Realisierungsvorgaben an die Hoffmann KG zurück.

Der Projektstart endet häufig mit einer sogenannten **„Kick-off"**-Sitzung: Dort werden die Projektteammitglieder miteinander bekanntgemacht. Vorgestellt und diskutiert werden Projektziele, -inhalte, -termine und -rahmenbedingungen.

Nachdem Inhalte und Ziele festgelegt wurden, können die „Ärmel hochgekrempelt" werden – die eigentliche Arbeit beginnt.

Idealtypischer Ablauf der Projektstartphase	
Teilschritt der Phase	**Erläuterung**
Untersuchung des Problems a) Problemklärung b) Ursachenforschung	Das Projekt wird durchgeführt, um ein betriebliches Problem zu lösen. Damit das erfolgreich geschieht, müssen erst einmal alle Facetten des Problems geklärt und erfasst werden: Das Problem wird genau analysiert. Anschließend wird nach den Ursachen für das Problem gefragt.
Untersuchung der Vorgaben des Auftraggebers	Bei externen Projekten werden häufig schon detaillierte Anforderungen durch den Auftraggeber gestellt. Diese sind in einem sogenannten **Lastenheft** festgehalten. Mit diesen können die Projektziele leichter und präziser formuliert werden.
Formulierung der Projektziele	Bei der Zielformulierung muss mit großer Sorgfalt vorgegangen werden: Es müssen klare und eindeutige Ziele gefunden werden, damit sie für eine Verständigung unter allen Beteiligten nutzbar sind.

Idealtypischer Ablauf der Projektstartphase	
Teilschritt der Phase	**Erläuterung**
Skizzierung einer möglichen Problemlösung	Der Auftragnehmer stellt in einem groben Entwurf dar, wie das Projektergebnis aussehen kann. Dieses Lösungskonzept wird oft im sogenannten **Pflichtenheft** festgehalten.
Prüfung der Durchführbarkeit	Es wird noch einmal überprüft, ob die Problemlösung überhaupt durch eine Arbeit in Projektform erzielt werden kann. Analysiert wird dazu, ob • das Projektergebnis tatsächlich realisierbar ist (Kann das Projektergebnis überhaupt erreicht werden?), • mögliche Risiken bestehen (Birgt die Durchführung des Projekts Gefahren, die sonst nicht bestehen würden?), • der Aufwand für das Projekt zu groß ist (Stehen Kosten und Ergebnisse in einem angemessenen Verhältnis?).
Ernennung der Projektleitung	Spätestens jetzt muss eine Projektleitung ernannt werden. Sie trägt die Verantwortung für das Erreichen der Projektziele. Ihre Hauptaufgabe ist es, das Projekt im Hinblick auf die operative Planung und Steuerung eigenverantwortlich zu leiten.
Projektauftrag	In einem Schriftstück vereinbaren Auftraggeber und Auftragnehmer (rechts-)verbindlich die Rahmenbedingungen, unter denen das Projekt ablaufen soll.
Zusammenstellung des Projektteams	Aus unterschiedlichen Abteilungen werden Beschäftigte für das Projektteam rekrutiert. Sie müssen einerseits über aufgabenbezogene fachliche und methodische Fähigkeiten, andererseits auch über viele persönliche Kompetenzen verfügen (z. B. Teamfähigkeit).
Klärung der Regeln, Ressourcen und Informationswege	Eine der wichtigsten Erfolgsfaktoren für das Gelingen eines Projekts ist der reibungslose Informationsaustausch zwischen den Projektbeteiligten. Auch eine angemessene Projektinfrastruktur trägt dazu bei. Geklärt werden muss in diesem Zusammenhang: • welche Regeln allgemein im Projekt herrschen sollen, • welche Regeln für den Informationsaustausch gelten sollen (Wer muss wem bis wann in welcher Form berichten?), • welche Informationsmittel verwendet werden sollen (Welche Medien sollen für den Informationsaustausch zwischen den Projektmitgliedern verwendet werden?), • welche Ressourcen benutzt werden können (Welche Arbeitsmittel, Räumlichkeiten und Dienstleistungen anderer stehen zur Verfügung?).
Kick-off-Meeting	Die eigentliche Projektarbeit im Team beginnt bei diesem ersten Treffen der Teammitglieder. Neben dem gegenseitigen Kennenlernen geht es um die Erstinformation des gesamten Teams über das Projekt.

Es finden regelmäßige Treffen (z. B. jeden Mittwoch um 10 Uhr) statt.

Alle Teilnehmenden sind pünktlich.

Jeder nimmt an allen Sitzungen teil.

Jeder bereitet sich auf die Sitzungen vor.

Jeder beteiligt sich umschichtig an der Erstellung der Protokolle.

Jede Sitzung wird mit Ergebnissen beendet.

Regeln für die Projektsitzungen

Regeln für die Projektarbeit

Es werden klar formulierte und überprüfbare Aufgaben vergeben.

Es wird konstruktiv und engagiert gearbeitet

Probleme werden sofort gemeldet.

Aufgaben werden zuverlässig erledigt.

Es werden regelmäßig alle notwendigen Daten erfasst.

Beispiele für Projektregeln

Regeln für die Zusammenarbeit

Konflikte werden offen an- und besprochen.

Jede/Jeder kann ausreden und ihr/ihm wird zugehört.

Es wird miteinander (und nicht übereinander) geredet.

Es werden keine Monologe gehalten.

Probleme werden auf der Sachebene gelöst.

Die Projektskizzierung beim Unterrichtsprojekt

Die Projektskizzierung ähnelt der Projektstartphase bei Unternehmensprojekten. Sie besteht im Wesentlichen aus dem Sammeln von Ideenvorschlägen, aber auch kritischen Anmerkungen und Bedenken bezüglich des angestrebten Projekts. Nach den ersten Ideenvorschlägen sollten sich die Teilnehmenden – also Lernende und Lehrkräfte – mit dem Thema näher auseinandersetzen. Das Thema wird jetzt endgültig festgelegt. Für einen erfolgreichen Arbeitsprozess muss sich die Klasse als Gruppe in dem gewählten Thema wiederfinden. In dieser Phase wird also eine einschränkende Auswahl getroffen.

Die Schülerinnen und Schüler nehmen zur Projektinitiative Stellung und bringen damit auch ihre Bedürfnisse, insbesondere ihre Betätigungswünsche, zum Ausdruck. Die Projektbeteiligten setzen sich mit dem zeitlichen Rahmen und den Spielregeln für den Umgang miteinander auseinander. Gegen den Willen eines Teils der Klasse sollte ein Projektthema nicht durchgesetzt werden. Ein solcher Versuch führt häufig zu Enttäuschungen sowohl auf Seite der Schülerinnen und Schüler als auch bei den Lehrkräften. Entscheidend ist hier also, dass die Idee von allen Schülerinnen und Schülern angenommen wird. Anschließend wird eine Projektskizze gestaltet, auf die sich alle einigen können.

Eine Klasse führt ein Projekt durch. Die Klasse hat sich auf das Thema „Aspekte der Umwelt- und Gesundheitsverträglichkeit in der Industrie" geeinigt. Anschließend stellt man die folgende Projektskizze auf:

1.	Start (Kick-off)	12.03.
2.	Internetrecherche und erste Materialanalyse	12.03.–23.03.
3.	Endgültiger Projektplan	23.03.
4.	Abstimmung mit Steuerungsperson und Aufgabenverteilung	25.03.
5.	Recherche (u. a. Anfragen bei Umweltschutzverbänden)	ab 25.03.
6.	Expertengespräch mit Verbraucherschützer (Verbraucherzentrale)	02.04.
7.	Expertengespräch mit Vertretern eines Vereins für fairen Handel	16.04.
8.	Treffen mit Steuerungsperson (Zwischenergebnisse)	21.04.
9.	Ausarbeitung und Präsentationsvorbereitung	ab 23.04.
10.	Treffen mit Steuerungsperson	11.05.
11.	Probepräsentation	27.05.
12.	Präsentation	02.06.
13.	Evaluation	09.06.

Auszug aus der Projektskizze des Projekts „Aspekte der Umwelt- und Gesundheitsverträglichkeit in der Industrie" (Durchführung März bis Juni).

VON DER PROJEKTIDEE ZUR PROJEKTSKIZZE

| Lehrplan | Lehrbuch | aktuelles gesel schaft- liches Problem | aktueller Anlass | eine Betroffenheit erzeugende Situation |

| von Lehrkraft eingebracht | **Projektidee** | von Schüler/-in ausgewählt |

Überprüfung der Akzeptanz der Projektidee
Brainstorming zur Stoffsammlung

| Eignet sich das Projekt für den Unterricht? | Ist das Projekt für die Beteiligten interessant? | Eignet sich das Projekt für die Gruppenarbeit? |

Formulierung der konkreten Projektaufgabe

Projektskizze

1. Geben Sie an, was man man unter der Nullphase eines Projekts versteht.
2. Führen Sie die Tätigkeiten auf, die in der Phase des Projektstarts in Wirtschaftsprojekten durchgeführt werden.
3. „Die Bearbeitungszeit von Reklamationen ist deutlich zu reduzieren."
   a) Beurteilen Sie dieses Projektziel.
   b) Finden Sie ggf. eine bessere Zielformulierung.
4. Erläutern Sie, was eine Kick-off-Sitzung ist.
5. Machen Sie Vorschläge, wie es zur Projektidee in Unterrichtsprojekten kommen kann.
6. Führen Sie auf, welche Punkte eine Projektskizze umfasst.
7. Sie sind Unternehmensberater oder Unternehmensberaterin für Projektmanagement. Beurteilen Sie die folgenden Zieldefinitionen und machen Sie Verbesserungsvorschläge.
   a) Das Projekt gilt als erfolgreich, wenn der Auftraggeber mit dem Buchführungsprogramm zufrieden ist.
   b) Die Maschine für die Fahrradproduktion wird nach der Erstellung des Fabrikgebäudes aufgebaut.
   c) Das neue Fahrradmodell Cycle-Extreme soll in nächster Zeit am Markt eingeführt werden.
   d) Die Rationalisierung der Logistik soll zufriedenstellend abgeschlossen werden.
   e) Das ERP-Programm soll schnell installiert werden.

Nach der Entscheidung über die Durchführung des Projekts

Nullphase

- Projektidee
- Austausch über die Projektidee
- Überlegungen über das Projektteam
- Formulierung der Projektidee
- Entscheidung über die Projektidee

wird das Projekt gestartet

Projektdefinitionsphase

- Untersuchung des Problems
  - Problemklärung
  - Ursachenforschung
- Untersuchung der Vorgaben des Auftraggebers
- Formulierung der Projektziele
- Skizzierung einer möglichen Problemlösung
- Prüfung der Durchführbarkeit
- Ernennung des Projektleiters
- Projektauftrag
- Zusammenstellung des Projektteams
- Klärung der Regeln, Ressourcen und Informationswege
- Kick-off-Meeting

3.3 Projektplanung

Frau Schwab spricht Carolin Saager an.

Frau Schwab: „Hallo Carolin es ist so
weit. Wir können jetzt in die Projektplanung einsteigen. In dieser Phase
müssen wir das Projekt in Teilaufgaben
zerlegen. Dazu werden wir demnächst
einen Projektstrukturplan erstellen.
Zu meiner Unterstützung können Sie
sich ja schon einmal in diese Thematik
eindenken ..."

Carolin Saager: „Ja, klar, mache ich."

Frau Schwab: „Am besten fertigen Sie für unsere neue Filiale in Bern einen ersten Projektstrukturplan als vorläufigen Entwurf an. Sie wissen, dass wir dort auf einem gekauften Grundstück
Geschäftsräume und ein Lager bauen werden. Zur Repräsentation sollen auch die Außenanla-
gen schön gestaltet werden."

1. Führen Sie auf, welche Schritte ein Projektteam im Rahmen der Projektplanung
   durchführen muss.
2. Erstellen Sie einen Projektstrukturplan.

Projektplanung in Wirtschaftsprojekten

Innerhalb dieser Phase wird die Projektarbeit inhaltlich und terminlich genau strukturiert. Zunächst
einmal müssen die für das Projekt erforderlichen **Arbeitspakete** erkannt und erfasst werden. Ein
Arbeitspaket stellt eine geschlossene, nicht mehr unterteilbare Aufgabenstellung innerhalb des
Projekts dar. Darauf aufbauend wird ein **Projektstrukturplan** angefertigt. Dieser zeigt für das Projekt die einzelnen Teilprojekte und die jeweils dazugehörenden Arbeitspakete auf.

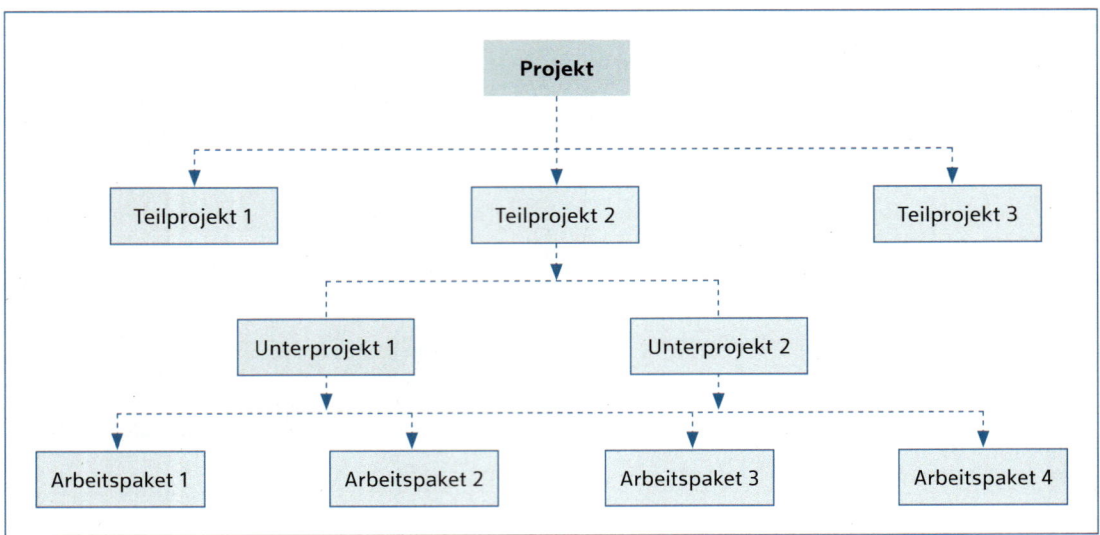

Ein Beispiel für einen Projektstrukturplan

Das Projektteam führt anschließend die **Planung des Projektablaufs** durch. Es durchdenkt also zukünftige Arbeiten im Projekt. Anschließend erfolgt die **Visualisierung des Projektablaufs:** Grafische Darstellungen erlauben es, komplexe Zusammenhänge im Projekt schnell und intuitiv zu präsentieren und zu verstehen. Auch die Termine, zu denen Ergebnisse vorliegen müssen, werden definiert. Dabei werden wesentliche Zwischenziele – die sogenannten **Meilensteine** – formuliert, die dafür Verantwortlichen werden festgelegt. In diesem Zusammenhang sind Arbeitspakete nötig, um die Meilensteine zu erreichen. Schließlich muss das Projektteam im Rahmen der **Ressourcenplanung** die für die Durchführung notwendigen Sachmittel und Personen ermitteln und eine **Kostenkalkulation** durchführen.

Projektrisiken

Projekte sind außergewöhnliche Vorhaben. Solche außergewöhnlichen Vorhaben sind durch drei Risiken gekennzeichnet:

- **Qualitätsrisiko:** Es besteht die Gefahr, dass die Projektziele nicht in vollem Umfang erreicht werden können.
- **Kostenrisiko:** Es besteht die Gefahr, dass das Projekt teurer wird als geplant.
- **Terminrisiko:** Es besteht die Gefahr, dass das Projekt nicht rechtzeitig abgeschlossen wird.

Diese drei Risiken bestehen – in unterschiedlichem Ausmaß – bei jedem Projekt. Um sie zu minimieren, müssen die kritischen Faktoren des Projekts bereits im Vorfeld erkannt und ggf. Gegenmaßnahmen geplant werden. Dabei geht man am besten in drei Schritten vor:

1. Projektrisiken erkennen
2. Projektrisiken hinsichtlich der Kategorien Eintrittswahrscheinlichkeit und Auswirkungen auf das Projekt bewerten
3. Gegenmaßnahmen planen

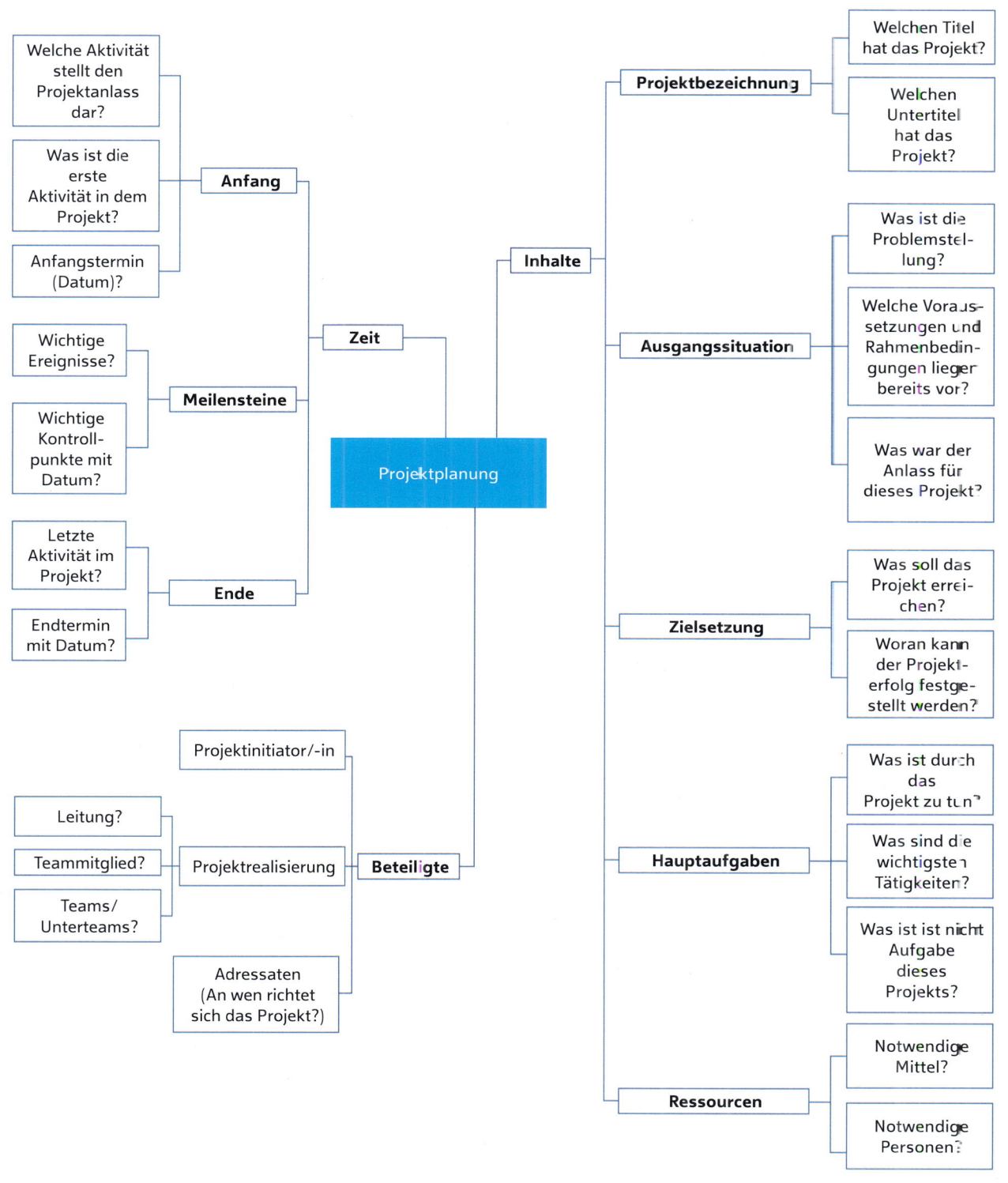

Idealtypischer Ablauf der Projektplanungsphase	
Teilschritt der Phase	**Erläuterung**
Identifikation und Beschreibung von Arbeitspaketen (Aufgabenbeschreibung)	Zunächst einmal muss man einen Überblick über die im Projekt zu erledigenden Aufgaben gewinnen. Damit strukturiert man das Projekt und macht es transparent. Eine solches Vorgehen gibt dem Projektteam später eine klare Richtung vor. Die Projektplanung beginnt mit dem Erkennen und Beschreiben von Arbeitspaketen. Arbeitspakete sind abgrenzbare Aufgaben, die nicht weiter sinnvoll unterteilt werden können. Um die Arbeitspakete zu identifizieren, hat es sich als sinnvoll erwiesen, stufenweise vorzugehen. Die gesamten Tätigkeiten sind in einer hierarchischen Form zu ordnen: • Ausgangspunkt des Vorgehens ist das Hauptprojektziel (also die Aufgabe, die das gesamte Projektteam betrifft). • Dieses wird in Teilaufgaben zerlegt, die hierarchisch wiederum in Unteraufgaben zerlegt werden können. • Ein Arbeitspaket liegt vor, wenn eine Unteraufgabe nicht mehr zerlegt werden kann. Dies ist der Fall, wenn das Arbeitspaket in sich abgeschlossen ist. Das Arbeitspaket ist dann in Art und Umfang übersichtlich und von anderen Tätigkeiten (Arbeitspaketen) im Projekt klar abgrenzbar. Alle festgestellten Arbeitspakete ergeben zusammengefasst den gesamten Leistungsumfang des Projekts. Für ein Arbeitspaket ist später dann eine Gruppe oder ein einzelner Mitarbeiter bzw. eine Mitarbeiterin zuständig.
Erstellen des Projektstrukturplans	Nach dem Erkennen der Arbeitspakete wird ein Projektstrukturplan erstellt. Dieser unterteilt das Projekt visuell in einzelne Blöcke, die für das Projektteam verständlich sind. Der Projektstrukturplan gliedert das Projekt ausgehend von der Projektaufgabe in Teilprojekte und Arbeitspakete. Er enthält sämtliche zur Erreichung des Projektziels durchzuführende Arbeitspakete. Die Zergliederung der gesamten Projektaufgabe lässt sich • objektorientiert • funktionsorientiert vornehmen. Oft kommen in einem Projektstrukturplan beide Gliederungsprinzipien vor; man spricht dann von einem gemischtorientierten Projektstrukturplan.
Planung des Projektablaufs	Steht der Projektstrukturplan, wird im nächsten Schritt der eigentliche Projektablauf geplant. Für jedes einzelne Arbeitspaket wird festgehalten, • wie viel Zeit das einzelne Arbeitspaket normalerweise verbraucht: Zu vermitteln ist also die Dauer der einzelnen Tätigkeiten, • wie die einzelnen Arbeitspakete logisch und zeitlich sinnvoll zusammenhängen. Geklärt wird, in welcher Reihenfolge die Arbeitspakete zu erledigen sind.
Visualisierung des Projektablaufs	Um einen besseren Überblick über komplexe Projekte zu bekommen, wird das Ergebnis einer Projektablaufplanung i. d. R. visualisiert, d. h. grafisch dargestellt. Zunächst wird immer eine **Vorgangsliste** (Aktivitätenliste) erstellt. Diese ist eine Tabelle, die folgende Informationen in vier Spalten aufnimmt: • eine Vorgangsnummer, • eine eindeutige Bezeichnung für den Vorgang, • die Dauer des jeweiligen Arbeitspakets und • den Vorgänger des Arbeitspakets, der zum Beginn unbedingt beendet sein muss.

Idealtypischer Ablauf der Projektplanungsphase	
Teilschritt der Phase	**Erläuterung**
	Darauf aufbauend können für die grafische Darstellung des zeitlichen Ablaufs drei Visualisierungsinstrumente erstellt werden: • **Termintabelle:** Eine Termintabelle enthält die Arbeitspakete in der Reihenfolge ihrer Bearbeitung mit den jeweiligen Anfangs- und Endbeständen. Termintabellen werden oft nur in einfachen Projekten verwendet. • **Balkendiagramm:** Dieses ist erheblich übersichtlicher als die Termintabelle. Auf einer Zeitachse werden die einzelnen Arbeitspakete durch waagerecht verlaufende Balken dargestellt. Deren Länge lässt die Dauer der jeweiligen Tätigkeiten erkennen. • **Netzplan:** Ein wichtiger Nachteil von Balkendiagrammen ist, dass nur schwer erkennbar ist, wie die Arbeitspakete miteinander zusammenhängen. Deshalb verwenden die meisten Projektteams in komplexen Projekten immer Netzpläne. Diese stellen sämtliche Arbeitspakete und deren Abhängigkeiten voneinander in einer Form dar, die einer Netzstruktur ähnelt.
Ressourcenplanung	Um den mit den Visualisierungsmitteln erstellten Projektablauf später erfolgreich durchführen zu können, muss das Projektteam nun noch überlegen, welche Ressourcen dazu benötigt werden: Geklärt werden sollte zunächst, welche Mitarbeitenden des Unternehmens für die Erledigung des jeweiligen Arbeitspakets zuständig sind. Eventuell können auch unternehmensfremde Personen hinzugezogen werden. Weiterhin müssen die benötigten Räumlichkeiten reserviert werden. Auch die erforderlichen Sachmittel wie z. B. Computer und Programme sind festzustellen.
Kostenkalkulation	Die Daten aus der Projektablauf- und Ressourcenplanung werden hinzugezogen, um die Kosten des Projekts zu berechnen. Dadurch kann entschieden werden, ob es sich überhaupt lohnt, das Projekt durchzuführen. Andererseits dient die Kostenkalkulation dem Controlling: Die eingeplanten Kosten für die einzelnen Arbeitspakete sind später in der Phase der Projektdurchführung zu überwachen. Eventuelle Überschreitungen des Kostenrahmens können andere Projekte bzw. sogar die finanzielle Lage des Unternehmens gefährden.
Qualitätsplanung	Nicht nur die Termine oder die Kosten eines Projekts müssen eingehalten werden, auch die Qualität des Projektergebnisses muss vorher definierten Ansprüchen genügen. Um die Zufriedenheit des Auftraggebers sicherzustellen, sollten im Rahmen der Qualitätsplanung Qualitätsmaßstäbe festgelegt werden. Es gibt verschiedene Verfahren, die die Beibehaltung einer hohen Qualität bzw. eine Steigerung der Qualität zum Ziel haben.

Projektplanung in Unterrichtsprojekten

In dieser Phase entsteht aus der Projektskizze ein konkreter Projektplan. Mit dem Projektplan wird das Betätigungsfeld genau festgelegt. Er dient während der Projektarbeit als Orientierungshilfe: Arbeitsschritte und -formen werden geplant, die notwendigen Ressourcen (Personen, Zeit, Materialien, Medien) ermittelt. Diese Phase kann auch genutzt werden, um sich auf ein Endprodukt zu konzentrieren (z. B. Präsentation, Videofilm, Ausstellung).

Projektplanung von Unterrichtsprojekten

Übersicht über den Projektgegenstand

Formulierung sinnvoller Arbeitsaufträge

Billigung von Arbeitsgruppen

Festlegung der Gruppengröße

Festlegung der Arbeitsweise

arbeitsteilige Gruppenarbeit

arbeitsgleiche Gruppenarbeit (Parallelarbeit)

AUFGABEN

1. Geben Sie an, was Arbeitspakete sind.
2. Erläutern Sie den Begriff „Meilenstein".
3. Erläutern Sie die Aufgabe eines Projektstrukturplans.
4. Führen Sie Projektrisiken auf, die bei der Planung berücksichtigt werden müssen.
5. Nennen Sie die Informationen einer Vorgangsliste (Aktivitätenliste).
6. Unterscheiden Sie Balkendiagramme und Netzpläne.
7. Geben Sie an, welche Ressourcen im Rahmen des Projekts bedacht werden müssen.
8. Führen Sie Ziele der Kostenkalkulation in einem Projekt auf.
9. a) Rufen Sie die Internetadresse www.e-teaching.org/projekt/organisation/ressourcen/zeit auf.
   b) Untersuchen Sie die dort aufgeführten Informationen zur Netzplantechnik.
   c) Bereiten Sie sich darauf vor, einen Vortrag zur Netzplantechnik zu halten.

10.

Der Zeitfaktor ist ein wesentlicher Aspekt beim Projektablauf.

Arbeitsabläufe im Rahmen von Projekten können sehr schön mithilfe von **Balkendiagrammen** visualisiert werden.

Diese ermöglichen eine einfach zu erstellende Terminplanung von Arbeitspaketen und Meilensteinen, die in Form von Balken über eine Zeitskala dargestellt werden.

BEISPIEL

In der Finanzbuchhaltung eines Industrieunternehmens haben die verschiedenen Mitarbeitenden ihre Urlaubswünsche angemeldet: Dies sind der Abteilungsleiter Müller, seine Stellvertreterin Meier und die Sachbearbeitenden Schulze, Brunotte, Putzig und Gutfried. Der Urlaub soll in einer Zeit von 8 Wochen genommen werden. In der Personalabteilung wird daraufhin zunächst der gewünschte Urlaubsplan als Balkendiagramm erstellt:

Woche / Mitarbeitende	1	2	3	4	5	6	7	8
Müller	X	X	X	X				
Meier				X	X			
Schulze			X	X				
Brunotte				X	X			
Putzig					X	X		
Gutfried						X	X	

Balkendiagramme eignen sich besonders für die Terminplanung. Die Balkendauer gibt die Zeitdauer eines Vorgangs an. Müller und Schulze haben Kinder und können daher ihren Urlaub nur in den Schulferien (1. bis 6. Woche) nehmen. Die Unternehmensleitung gibt zudem die Anweisung, dass immer ein Vorgesetzter und möglichst die Hälfte der Sachbearbeiter im Betrieb anwesend sein sollen. Daraufhin erstellt die Personalabteilung das folgende Diagramm:

Woche / Mitarbeitende	1	2	3	4	5	6	7	8
Müller	X	X	X	X				
Meier					X	X		
Schulze			X	X				
Brunotte				X	X			
Putzig					X	X		
Gutfried						X	X	

Die Hoffmann KG plant, in Österreich eine Filiale zu eröffnen. Dazu wird ein Projektteam gebildet. Nachdem in einem Wiener Gewerbegebiet ein Grundstück gefunden wurde, soll nun das Betriebsgebäude errichtet werden. Das Projektteam plant die Zeit bis zur Fertigstellung:

Für Ausschachtarbeiten werden 2 Wochen eingerechnet. Der Rohbau wird mit 11 Wochen eingeplant. Ist er hochgezogen, werden die Installationsarbeiten (8 Wochen) vorgenommen und gleichzeitig der Dachstuhl (2 Wochen) aufgesetzt und dann die Dachdeckerarbeiten (1 Woche) ausgeführt. Erst wenn diese drei Arbeiten vorgenommen wurden, können Fenster und Türen eingesetzt werden (1 Woche). Anschließend können der Innenputz (2 Wochen) und der Außenputz (3 Wochen) parallel angebracht werden. Ist das geschehen, werden gleichzeitig die Zufahrt zur Rampe erstellt (1 Woche) sowie die Malerarbeiten (2 Wochen) vorgenommen.

2 Wochen werden letztlich noch für die Tätigkeiten der Betriebseröffnung (Beschicker des Lagers, Einzug) benötigt.

Erstellen Sie für dieses Projekt ein Balkendiagramm.

11.

Vor allem bei größeren Projekten wird die **Netzplantechnik** – in der Regel unter EDV-Einsatz – zur Darstellung von Projektabläufen angewandt.

Ein Netzplan zeigt – genau wie das Balkendiagramm – die zeitliche und logische Aufeinanderfolge von Vorgängen. Er zeigt drastisch die Ablaufstruktur eines Arbeitsprozesses. Mit einem Netzplan kann man Engpässe und mögliche Störungen frühzeitig erkennen und entsprechende Gegenmaßnahmen einleiten.

Ein Netzplan ist hervorragend dazu geeignet, bei einer größeren Anzahl an Arbeitspaketen eines Projekts die inneren Abhängigkeiten zwischen den einzelnen Arbeitspaketen abzubilden. Aus einem Netzplan können die Projektbeteiligten Folgendes ablesen:

- Wie lange wird das ganze Projekt dauern? Welche Risiken treten dabei auf?
- Welche kritischen Aktivitäten des Projekts können das gesamte Projekt verzögern, wenn sie nicht rechtzeitig fertig werden?
- Ist das Projekt im Zeitplan, wird es früher oder später fertig?
- Wenn das Projekt früher fertig werden soll, was ist am besten zu tun?
- Wie kann man eine Beschleunigung des Projekts mit den geringsten Kosten erreichen?

Der Grundgedanke der Netzplantechnik liegt in der Erkenntnis, dass wenige Tätigkeiten, die den längsten Pfad durch das Netzwerk bilden, den Erfolg des gesamten Projekts beeinflussen können. Werden diese „kritischen" Aktivitäten frühzeitig erkannt, können die Projektbeteiligten frühzeitig Gegenmaßnahmen ergreifen.

Der Netzplan erlaubt eine

- Konzentration auf die kritischen Tätigkeiten,
- Umplanung unkritischer Vorgänge, ohne dass das gesamte Projekt negativ beeinflusst wird.

Beispiel für eine Netzplanerstellung:

Die Erstellung eines Netzplans erfolgt in fünf Schritten:

Schritt 1:
Vorgangsliste (Aktivitätenliste) erstellen
Für die Erstellung eines Netzplans werden alle Vorgänge eines Projekts in einer Vorgangsliste mit dem jeweiligen unmittelbaren Vorgänger und Nachfolger erfasst:

Vorgangs-nummer	Vorgang	Unmittel-barer Vorgänger	Unmit-telbarer Nach-folger
1	Aus-schachten	–	2
2	Rohbau	1	3, 4
.	.	.	.
.	.	.	.
.	.	.	.

Schritt 2:
Vorgangsknoten erstellen
Aus der Aktivitätenliste kann der eigentliche Netzplan erstellt werden. Dabei wird zunächst jeder einzelne Vorgang durch einen Vorgangsknoten dargestellt:

Schritt 3:
Vorgangsknoten in Beziehung setzen
Ein Pfeil kennzeichnet im Netzplan die Beziehung zwischen Vorgänger und Netzplan:

(Ausschnitt aus einem Netzplan)

Schritt 4:
Anfangs- und Endzeitpunkt der einzelnen Vorgänge ermitteln
Man ermittelt zunächst für jeden Vorgangsknoten den jeweiligen **frühesten Anfangszeitpunkt** (FAZ) und **frühesten Endzeitpunkt** (FEZ). Der FAZ gibt an, wann jeder einzelne Vorgang jeweils beginnen kann. Der FEZ informiert über den Zeitpunkt, wann der Vorgang frühestens beendet sein kann. Der FAZ

wird am Vorgangsknoten oben links, der FEZ oben rechts eingetragen.

Anschließend wird der **späteste Anfangszeitpunkt** (SAZ) und der **späteste Endzeitpunkt** (SEZ) des jeweiligen Vorgangsknotens unten links bzw. unten rechts eingetragen. Der SAZ gibt an, wann der Vorgang spätestens zu beginnen hat, damit die Gesamtprojektdauer nicht gefährdet wird. Der SEZ informiert darüber, bis wann ohne Beeinträchtigung des Projekts der Vorgang spätestens beendet sein muss.

(Ausschnitt aus einem Netzplan)

Bei der Berechnung der Werte gelten die folgenden Regeln:

- Bei der Ermittlung von FAZ und FEZ beginnt man beim ersten Vorgang und geht dann vorwärts zu den nächsten.
- Der erste Vorgang erhält den FAZ 0.
- Der FEZ ergibt sich dann immer nach der folgenden Formel: FAZ + Vorgangsdauer = FEZ.

- Der FEZ des letzten Vorgangs bestimmt die Dauer des gesamten Projekts.
- Man beginnt bei der Bestimmung von SEZ und SAZ beim letzten Vorgang und geht dann rückwärts zum **jeweils letzten Vorgang**.
- Der FEZ des Endvorgangs entspricht dem SEZ des Endvorgangs.
- Der SAZ wird dann jeweils ermittelt nach der Formel: SAZ = SEZ – Vorgangsdauer.

Schritt 5:
Kritischen Weg ermitteln
Für jeden Vorgang berechnet man die Gesamtpufferzeit nach der Formel

$$\text{Gesamtpufferzeit} = \text{SAZ} - \text{FAZ}$$

Ist diese größer als null, hat man eine entsprechende Zeitreserve. Entspricht jedoch der SAZ dem FAZ (die Gesamtpufferzeit ist gleich null), ist der Vorgang kritisch: Da man keine Zeitreserven hat, führt jede Verzögerung dieses Vorgangs zu einer Verlängerung der Gesamtprojektdauer.

In einem Projekt wird also besonders auf den kritischen Weg geachtet. Diesen erhält man, wenn alle kritischen Vorgänge verbunden werden.

Im obigen Ausschnitt aus einem Netzplan gehören die Vorgänge 2, 3 und 6 zum kritischen Weg.

Das Projektteam „Neue Filiale in Österreich" entscheidet sich, den Verlauf des Projekts mit einem Netzplan darzustellen.
a) Erstellen Sie Aktivitätenliste und Netzplan.
b) Bestimmen Sie den kritischen Weg.
12. a) Sammeln Sie mithilfe eines Brainstormings mögliche Projektrisiken. Stellen Sie sich die Frage: Was könnte alles schiefgehen? Halten Sie die gefundenen Projektrisiken fest.
b) Untersuchen Sie die Internetadresse https://dieprojektmanager.com/risikomanagement-in-projekten/.
Sammeln Sie alle Gegenmaßnahmen für die dort aufgeführten Projektrisiken. Halten Sie sie auf einem Medium Ihrer Wahl fest.
c) Bereiten Sie sich auf eine Präsentation zu dem Thema „Projektrisiken und Gegenmaßnahmen" vor.

Projektplanung
Inhaltliche und terminliche Strukturierung des Projektablaufs

Identifikation und Beschreibung von Arbeitspaketen

Erstellen des Projektstrukturplans

Planung des Projektablaufs

Visualisierung des Projektablaufs

Ressourcenplanung

Kostenkalkulation

Qualitätsplanung

3.4 Projektdurchführung

Carolin Saager trifft Mete Öczan.

Mete: „Na, Carolin wie läuft es bei euch im Projekt?"

Carolin: „Och, eigentlich ganz gut. Bald sind unsere Schweizer Filialen eröffnet. Wenn da nicht nur immer dieser Papierkram wäre. Jetzt hat mich Frau Schwab gebeten, mitzuhelfen, einen Projektstatusbericht zu erstellen. Der muss regelmäßig an den Projektauftragge- ber – in diesem Fall also an unsere Geschäfts- leitung – geschickt werden, sagte Frau Schwab.

Ich finde das merkwürdig: Ich dachte bisher immer, wir sollten unser Projekt zum Erfolg führen. Stattdessen werden wir gezwungen, Formulare auszufüllen ..."

Beurteilen Sie die Meinung von Carolin Saager.

Projektdurchführung in Wirtschaftsprojekten

In dieser Phase wird die Erreichung der Projektziele sichergestellt: Während der Projektdurchführung werden die Arbeitspakete in der festgelegten Reihenfolge unter Beachtung der Zeitvorgaben planmäßig abgearbeitet. Entscheidungen im Projektablauf werden kontinuierlich dokumentiert. Es erfolgt eine ständige Kontrolle zwischen den erreichten (Ist-Zustand) und den am Anfang formulierten Zielen (Soll-Zustand). Abhängig von der Qualität der erreichten Zwischenziele kann das Projekt auf unterschiedliche Weise vorangetrieben werden.

Die Projektdurchführung orientiert sich am festgelegten Projektplan und ist das Herzstück eines Projekts. Nachdem die notwendigen Planungsarbeiten im Projekt geleistet wurden, kann mit der Umsetzung begonnen werden.

In der Phase der Projektdurchführung koordiniert die Projektleitung alle Elemente eines Projekts. In dieser Phase hat sie die Aufgabe, den Projektverlauf im Sinne der Projektplanung aktiv zu steuern und zu beeinflussen. Es muss regelmäßig geprüft werden, ob das Projekt nach Plan läuft: Die Projektleitung gleicht ständig den ursprünglich geplanten und den aktuellen Projektverlauf ab. Sollten diese Verläufe nicht übereinstimmen, sind geeignete Steuerungsmaßnahmen einzuleiten. In der Phase der Projektdurchführung sind also

- Planabweichungen festzustellen (Soll-Ist-Vergleich),
- gegebenenfalls Ursachen zu analysieren,
- gegebenenfalls Konsequenzen zu ziehen.

Die Projektleitung muss auch sicherstellen, dass alle am Projekt Beteiligten ein Feedback über den Stand des Projekts bekommen.

Hilfsmittel des Projektmanagements in der Phase der Projektdurchführung	
Hilfsmittel	**Erläuterung**
Meilensteinorientierte Fortschrittsmessung	Es wird die zeitliche und qualitative Zielerfüllung von Meilensteinen überprüft. Mit einer solchen Analyse kann der Projektfortschritt regelmäßig ermittelt werden. Für jedes Arbeitspaket gibt es laut Projektplan einen Sollwert. Diesem wird der an einem Stichtag ermittelte Istwert der Termine und Kosten gegenübergestellt.
Projektstatusbericht	Der Projektstatusbericht gibt dem Auftraggeber oder den Entscheidern eines Unternehmens Auskunft über den Stand des Projekts. Solche Berichte können erfolgen • periodisch (monatlich), • bei gravierenden Abweichungen von Terminen oder Kosten, • wenn ein Meilenstein erreicht wurde.
Projektdokumentation	Neben dem Projektergebnis wird eine Projektdokumentation erstellt. Die Dokumentation ist eine wesentliche Grundlage für die Präsentation, aber auch die Reflexion und Evaluation des Projekts. Sie sollte daher Informationen über alle wichtigen Ergebnisse, Stadien des Arbeitsprozesses und Erfahrungen der Projektbeteiligten liefern.

Besteht die Gefahr, dass Termine oder Kosten überschritten werden, gibt es verschiedene Gruppen von Steuerungsmaßnahmen:

- Zeitliche Beeinflussung der Dauer von Arbeitspaketen: die Anzahl der Arbeitsstunden erhöhen oder weiteres Personal rekrutieren; eventuell Teilaufgaben fremd vergeben.
- Änderung der Reihenfolge von Arbeitspaketen: Arbeitspakete parallel laufen lassen bzw. diese sich überlappen lassen.
- Verschiebung von Terminen: Als letzte Möglichkeit kommt das Verschieben der Meilensteine bzw. sogar des Endtermins in Betracht.

Dokumentation
wichtig für die Koordination und das Controlling **während des Projekts**	von großer Bedeutung für die auf Außenwirkung oder die gegenseitige inhaltliche Information ausgerichtete Projektpräsentation zum **Ende des Projekts**	einerseits Grundlage für die das Projekt abschließende Projektevaluation, andererseits als Unterstützung für **spätere Projektvorhaben**

BEISPIEL

Projektstatusbericht	
Projekt: *Hoffmann goes Schweiz!*	**Anlass:** *Monatsbericht März 20..*
Datum: *1.4.20..*	**Projektleiterin:** *Frau Schwab*

Stand der Gesamtleistung: *Das Projekt läuft insgesamt planmäßig. Alle Meilensteine in diesem Monat wurden erreicht. Abweichungen gibt es im Projektabschnitt „Bekanntmachen der Hoffmann KG".*

Stand der einzelnen Arbeitspakete:

Arbeitspaket 1:

...

Arbeitspaket 2:

Bekanntmachen der Hoffmann KG: Stand auf der Schweizer Geschenkartikelmesse

	planmäßig	*abweichend*	*kritisch*	*Bemerkungen*
Termine			X	*Lieferant von Material für den Messestand ist überraschend zahlungsunfähig und kann nicht mehr liefern*
Kosten		X		*Günstigster Anbieter im Angebotsvergleich*
Qualität	X			

Arbeitspaket 3:

...

Arbeitspaket 4:

...

...

Probleme und Risiken: *Beschaffung der Materialien für den Messestand könnte nicht rechtzeitig erfolgen und wahrscheinlich teurer als erwartet werden.*

Projektstatusbericht

Maßnahmen: *Beauftragung des Lieferanten, der im Rahmen des qualitativen Angebotsvergleichs eine sofortige Lieferung garantiert. Dieser ist auch bereit, im Fall einer verspäteten Lieferung eine Konventionalstrafe zu zahlen.*

Erwartete Wirkungen: *Fristgerechter Aufbau des Messestandes bei leicht erhöhten Kosten*

Möchte man zu einer optimalen Problemlösung kommen, ist es sinnvoll, verschiedene Lösungsansätze mithilfe von Projektmanagementsoftware durchzuspielen. Mit solchen Programmpaketen kann man

- den Projektstrukturplan darstellen,
- den Einsatz aller Projektressourcen festlegen und der Projektentwicklung anpassen,
- die Entwicklung der Termine und Kosten verfolgen,
- die Projektplanung anpassen.

Microsoft Project ist eine Software zum Planen, Steuern und Überwachen von Projekten. Mit einem solchen Programm kann eine Vielzahl von Aufgaben des Projektmanagements erledigt werden. Die Schwerpunkte liegen dabei auf:

- Terminmanagement,
- Ressourcenmanagement,
- Projektüberwachung,
- Erstellung von Berichten.

Während des Projektverlaufs müssen in regelmäßigen Abständen Vergleiche zwischen Planungsdaten (Solldaten) und den tatsächlichen Zwischenständen durchgeführt werden. Betrachtet werden müssen besonders

- die Qualität,
- die Kosten,
- die Ressourcen,
- die Termine.

Werden Abweichungen zwischen Soll- und Ist-Daten festgestellt, sind sofort Korrekturmaßnahmen einzuleiten.

In diesen Zusammenhang haben sich in Projekten **Balanced-Scorecard-Systeme** bewährt. Allgemein versteht man unter der Balanced Scorecard ein Kennzahlensystem, mit dem man den Erfolg einer Strategie kontrollieren und auch erhöhen möchte: Durch Kennzahlen wird der Erfolg einer Strategie messbar gemacht. Diese Methodik kann auch auf Projekte übertragen werden. Eine **Projekt-Scorecard** dient der Steuerung eines Projekts mithilfe von Kennzahlen.

Projektbewertungsblatt						
Erfolgsmerkmal	P.	Messgrösse	Mindestwert	Abzug	Erzielter Wert	P.
Projektabschlusstermin	25	Projekt-Enddatum	31. Dezember	pro angefangene Woche Verzug: - 5 Pte.	13. Januar	15
Budgeteinhaltung	10	Projektrechnung	2600.- +/- 10%	pro begonnene Fr. 100.- über 2760.- - 3 Pte	2950.-	7
Qualität des Projektprodukts	20	5 Einschätzfragen mit Skalat-5	Mittel aus 5 Schätzungen mind 3.5	Für jede angefangene 0.5 geringer: - 3 Pte	3.2	17
Kundenzufriedenheit	20	5 Einschätzfragen mit Skalat-5	Mittel aus 5 Schätzungen mind 3.5	Für jede angefangene 0.5 geringer: - 3 Pte	3.3	17
Sponsorzufriedenheit	25	3 Einschätzfragen mit Skalat-5	Mittel aus 3 Schätzungen mind 3.5	Für jede angefangene 0.5 geringer: - 4 Pte	4.4	25
Mögliche Punkte	**100**			**Total erreichte Punkte**		**81**

Ein anderer Begriff für „Projekt-Scorecard" ist „Projektbewertungsblatt".

Die Entscheidungsmatrix

Eine Entscheidungsmatrix ist ein nützliches Werkzeug in der Phase der Projektdurchführung, um komplexe Entscheidungen im Projektmanagement zu treffen. Sie ermöglicht es, verschiedene Optionen anhand bestimmter Kriterien zu bewerten und zu vergleichen, um die bestmögliche Entscheidung zu treffen. Der Ablauf bei dieser sehr einfachen und schnell zu realisierenden Auswahlmethode ist wie folgt:

- In den Spalten einer Tabelle werden die verschiedenen Alternativen (Entscheidungsoptionen) benannt.
- In den Zeilen führt man dann die jeweils verschiedenen Eigenschaften auf, über die die Alternativen verfügen.
- Die Erfüllung der einzelnen Kriterien wird in den Zeilen jeweils mit „Ja" (bzw. Haken) oder „Nein" (bzw. kein Haken) angegeben. Durch diese übersichtliche Darstellung kann man schnell erkennen, was die einzelnen Alternativen an Leistungsmerkmalen erfüllen.
- In der letzten Zeile der Entscheidungsmatrix wird aufsummiert, wie viele Kriterien die jeweilige Alternative erfüllt.

Produktmerkmal	Alternative		
	Softwareprodukt 1	**Softwareprodukt 2**	**Softwareprodukt 3**
1	ja	nein	ja
2	ja	ja	ja
3	nein	ja	ja
4	ja	ja	nein
5	nein	ja	ja
6	nein	nein	ja
Gesamt	3	4	5

Projektdurchführung in Unterrichtsprojekten

Die Projektteilnehmerinnen und -teilnehmer setzen sich in dieser Phase des Unterrichtsprojekts aktiv mit ihrem Arbeitsgebiet auseinander: Hier wird das angestrebte Projektergebnis erarbeitet. Dazu müssen Informationen gesammelt, aufbereitet, festgehalten und weitergegeben werden.

Während dieser Phase besteht – zumindest potenziell – die Gefahr, dass das Projekt aus dem Ruder läuft. Als Lösungsmöglichkeit bietet es sich an, sogenannte „Fixpunkte" einzubauen, um Planungskorrekturen zwischen den Gruppen vornehmen zu können. Beispielsweise unterbrechen die Projektmitglieder bei Bedarf ihre Arbeit, um Fragen zu klären, sich gegenseitig zu informieren, nächste Arbeitsschritte zu planen oder um vorläufige Resultate mitzuteilen.

MERKSATZ

Die Dokumentation eines Projekts sollte folgende Punkte beinhalten:

- Gesamtergebnisse
- Teilergebnisse
- Projektverlauf
- ggf. Reflexion der Zusammenarbeit mit externen Partnerinnen/Partnern
- Anregungen zur Weiterentwicklung
- Darlegung der verwendeten Methoden und Vorgangsweisen z. B. in Form einer Übersicht
- Stimmen der Beteiligten
- ggf. Fotos
- ggf. Reaktionen der „Öffentlichkeit"
- schon vorhandene Evaluierungsergebnisse

Eine Abschlussdokumentation ist einfach zu erstellen, wenn während der gesamten Projektdauer konsequent alle relevanten Unterlagen gesammelt werden.

BEISPIELE

- Planungsunterlagen
- Protokolle
- persönliche Notizen
- Arbeitsblätter usw.

Die Phase der Projektdurchführung ist durch einen klar erkennbaren Abschluss gekennzeichnet: Das Projektergebnis wird einer „Öffentlichkeit" vorgestellt. Dazu müssen die Schülerinnen und Schüler wichtige Präsentations- und Visualisierungstechniken anwenden. Dabei müssen immer die beiden folgenden Fragen beachtet werden:

- Welche Zielgruppe soll vom Projektteam angesprochen werden?
- Was will das Projektteam mitteilen bzw. erreichen?

BEISPIELE

Die normale Präsentation ist die Vorstellung der Arbeitsergebnisse durch die einzelnen Projektgruppen und eine sich eventuell anschließende Diskussion. Denkbar ist jedoch u. a. auch die Präsentation

- einer Ausstellung,
- einer Informationsbroschüre oder eines Readers,
- eines Videos,
- eines Theaterstücks,
- einer Internetseite (Homepage).

Die geplanten Vorhaben werden von den Schülerinnen und Schülern selbstständig durchgeführt. Die Lehrkraft beschränkt sich auf die Rolle als

- Koordinator/-in,
- Experte/Expertin
- und ggf. Konfliktmanager/-in.

Am Ende dieser Projektphase steht ein sichtbares Ergebnis, sei es in Form eines Produkts oder einer Dienstleistung.

AUFGABEN

1. Erläutern Sie die Aufgabe der Projektdurchführungsphase.
2. Erläutern Sie, was ein Projektstatusbericht ist.
3. Geben Sie an, wann Projektstatusberichte erstellt werden.
4. Begründen Sie, warum es in einem Projekt sinnvoll ist, eine Dokumentation zu erstellen.

5. Machen Sie Vorschläge, welche Steuerungsmaßnahmen denkbar sind, wenn die Gefahr besteht, dass Termine oder Kosten überschritten werden.
6. Geben Sie an, welche Aufgaben mit Projektmanagementsoftware erledigt werden können.
7. Führen Sie Tätigkeiten bei der Durchführung von Unterrichtsprojekten auf.
8. Erklären Sie, was man unter einer Projekt-Scorecard versteht.
9. Stellen Sie fest, ob in
   a) Ihrem Praktikumsbetrieb,   b) Ihrer Schule
   eine Software für Projektmanagement vorhanden ist.
10. Eine sehr bekannte Projektmanagementsoftware ist MS-Project. Arbeiten Sie sich in das Programm ein mithilfe des YouTube-Tutorials unter der Internetadresse https://www.youtube.com/watch?v=Y-KsiUGjJmY

ZUSAMMENFASSUNG

Projektdurchführung
Erreichung der Projektziele mit den Hilfsmitteln

| Meilensteinorientierte Fortschrittsmessung | Projektstatusbericht | Projektdokumentation |

Steuerungsmaßnahmen bei Problemen

| zeitliche Beeinflussung der Dauer von Arbeitspaketen | Änderung der Reihenfolge von Arbeitspaketen | Verschiebung von Terminen |

3.5 Projektabschluss

EINSTIEG

Carolin Saager trifft Frau Schwab auf dem Flur.

Frau Schwab: „Ach, Carolin hallo, ich war gerade auf dem Weg zu Ihnen. Wie Sie ja wissen, haben wir unser Hauptprojektziel in der Phase der Projektdurchführung termingerecht erreicht. Die ersten drei Filialen in der Schweiz sind mittlerweile eröffnet. Jetzt müssen wir unser Projekt noch zum Abschluss bringen. Da brauche ich mal Ihre Unterstützung."

Führen Sie die in der Abschlussphase notwendigen Schritte auf.

Projektabschluss in Wirtschaftsprojekten

Im Rahmen des Projektabschlusses wird dem inner- oder außerbetrieblichen Auftraggeber das Projektergebnis präsentiert. Weiterhin wird der Ablauf der Projektphasen analysiert: Es werden Stärken und Schwächen der Projektentwicklung dokumentiert.

Der Projektabschluss wird durchgeführt, wenn das vom Projektteam klar definierte Projektziel erreicht wurde. In der Phase des Projektabschlusses erfolgen zwei Schritte:

- Das Projekt wird offiziell beendet und dokumentiert.
- Das Projekt wird deorganisiert und endgültig abgewickelt.

Erreicht werden soll durch diese Phase:

- Wenn die Projekte gut gelaufen sind, sollen sie positiv gewürdigt werden.
- Sind die Projektergebnisse nicht zufriedenstellend, sollte das Projekt dennoch phasengerecht zu Ende gebracht werden.

Vor diesem Hintergrund ist die Abschlussphase ein wichtiger Baustein organisationellen Lernens. Hier wird die Grundlage für zukünftige erfolgreiche Projekte gelegt. In der Projektabschlussphase wird in strukturierter Form eine Rückschau vorgenommen.

Idealtypischer Ablauf der Abschlussphase	
Teilschritt der Phase	**Erläuterung**
Projektabnahme	Zunächst einmal wird das Projekt abgenommen. Das Projektteam und die Auftraggeber stellen fest, ob die Projektziele erreicht wurden. Diese Erfolgsbewertung wird in einem **Abnahmeprotokoll** festgehalten. Ziel der Projektabnahme ist der offizielle Abschluss des Projekts sowie die Entlastung des Projektleiters und des Projektteams.
Evaluation des Projekts	Nach der Projektabnahme erfolgt die Evaluation des Projekts. Untersucht werden sollten unter anderem folgende Fragen: • War der Auftraggeber zufrieden mit dem Projektergebnis? • War der Auftraggeber zufrieden mit dem Projektverlauf? • Was ist in dem Projekt gut gelaufen? • Was ist in dem Projekt warum nicht gut gelaufen? • Was kann in Zukunft bei Projekten besser gemacht werden? • Was haben die Projektbeteiligten bzw. die Organisation während der Projektarbeit gelernt? Die Evaluation erfolgt häufig in einer **Projektabschlusssitzung.**

Idealtypischer Ablauf der Abschlussphase	
Projektabschlussbericht	Das Ergebnis der Evaluation ist der Projektabschlussbericht. Hier liegt der Projektleiter Rechenschaft ab über Verlauf und Ergebnisse des Projekts. Die einzelnen Projektmitglieder haben hier auch die Möglichkeit einer persönlichen Stellungnahme. Der Projektabschlussbericht kann folgenden Aufbau haben: • Projektauftrag • Projektziele • Verlauf des Projekts • Soll-/Ist-Vergleich hinsichtlich der Qualitäts-, Zeit- und Kostenplanung • Bericht über eventuelle Störungen • Vorschläge für weitere Vorgehensweise Oft enthält der Projektabschlussbericht auch eine **Nachkalkulation:** Die ursprünglichen Planvorgaben (Termine, Kosten) werden den im Projektverlauf veränderten Plangrößen gegenübergestellt. So können die tatsächlichen Kosten aller Einzelaufgaben (Arbeitspakete) und somit schließlich die Gesamtkosten ermittelt werden. Ziel ist es herauszufinden, ob sich das Projekt finanziell gelohnt hat.
Interne Deorganisation	Schließlich muss noch der Schritt der internen Deorganisation folgen. Die Projektorganisation muss abgebaut werden, die Mitglieder des Projektteams müssen wieder in ihre alten Abteilungen integriert werden. Die Projektleitung wird formal von der Unternehmensleitung bzw. dem Projektsteuerungsgremium entlastet. Intern endet das Projekt oft durch eine inoffizielle Abschlussfeier des Projektteams.

Projektabschlussbericht

Projekt: *Hoffmann goes Schweiz*

Stand: 02.05.20..

1 Abstract (Zusammenfassung)

2 Einleitung

3 Geplantes Vorgehen
3.1 Gegenstand und Motivation
3.2 Problemstellung
3.3 Zielsetzung
3.4 Frage- und Aufgabenstellung
3.5 Arbeitspakete und Prüfsteine
3.6 Netzplan

4 Abweichungen vom geplanten Vorgehen
4.1 Zielsetzung
4.2 Termine
4.3 Kosten
4.4 Weitere Ressourcen
4.5 Behandlung der Abweichungen

5 Ergebnisse
5.1 Überblick
5.2 Ergebnisse aus Arbeitspaket 1
5.3 Ergebnisse aus Arbeitspaket 2
...

6 Evaluation
6.1 Evaluation der Vorgehensweise
6.2 Evaluation der Projektergebnisse
6.2.1 Erreichen des Projektziels 1
6.2.2 Erreichen des Projektziels 2
...

7 Ausblick

8 Dank an das Projektteam
Anhang
Erhebungsbögen
Abnahmeprotokoll
Übergabeprotokoll
...

Eine mögliche Gliederung für einen Projektabschlussbericht

Die SWOT-Analyse als Hilfsmittel der Projektabschlussphase

Für eine Analyse, wie ein Projekt läuft bzw. gelaufen ist (und wie es sich gegebenenfalls verändern bzw. verbessern könnte), bietet sich das Controllinginstrument der SWOT-Analyse an. Hiermit wird ausgewertet, welche internen Stärken und Schwächen das Projekt hat, aber auch welchen Chancen und Risiken es unterliegt.

Im Rahmen der SWOT-Analyse gibt es vier Betrachtungspunkte:

- **S**trenghts (Stärken),
- **W**eaknesses (Schwächen),
- **O**pportunities (Chancen),
- **T**hreats (Risiken).

Die vier Aspekte der SWOT-Analyse werden oft in einer Tabelle bzw. Matrix dargestellt:

Stärken (Strengths):	Schwächen (Weaknesses):
Hier werden die internen positiven Faktoren, die das Projekt begünstigen oder ihm einen Wettbewerbsvorteil verschaffen, identifiziert.	Gesucht werden die internen Faktoren, die das Projekt beeinträchtigen oder seine Effektivität einschränken.
Chancen (Opportunities):	**Risiken (Threats):**
Hier wird versucht, externe Gelegenheiten oder potenzielle Vorteile, die das Projekt nutzen kann, aufzuspüren.	Identifiziert werden sollen die externen Faktoren, die das Projekt gefährden könnten.

Die Ergebnisse der SWOT-Analyse helfen, Handlungsfelder für Verbesserungen im Projekt zu finden, dessen Potenziale effizient zu nutzen und mögliche Gefahren zu erkennen und einzugrenzen.

Gescheiterte Projekte

Ein Projektabbruch ist eine herausfordernde Situation, die sorgfältig und professionell behandelt werden muss, um mögliche Auswirkungen auf das Unternehmen zu minimieren. Folgende Maßnahmen sollten in einem solchen Fall ergriffen werden:

- Es sollte eine umfassende Projektbewertung durchgeführt werden, um die Gründe für den Abbruch zu verstehen und aus den Erfahrungen zu lernen.
- Alle relevanten Projektbeteiligten oder daran interessierten Personen bzw. Institutionen sollten in einer klaren und transparenten Weise über den Projektabbruch informieren.
- Es sollte geklärt werden, wie die Ressourcen, die dem Projekt zugewiesen wurden, am besten freigegeben oder umverteilt werden können.
- Im Abschlussbericht sollten die Gründe für den Abbruch zusammenfasst werden. Damit können anschließend Lehren aus dem Projekt gezogen werden.

Ursachen für erfolglose Projekte		
fehlendes Gesamtkonzept	kein Phasenkonzept (bestimmte Phasen werden nicht sauber durchgeführt)	fehlende Kommunikation zwischen den Beteiligten
keine klare Aufgabenstellung	schlechtes Projektmanagement und -controlling	unklare Verteilung von Verantwortung
keine eindeutige Aufgaben- und Kompetenzabgrenzung	keine bzw. unzureichende Dokumentation	keine methodische Vorgehensweise

Projektabschluss in Unterrichtsprojekten

Diese Phase dient der Überprüfung der Projektergebnisse und der Weiterentwicklung der Qualität künftiger Projekte. Grundlage für die Zielformulierungen in der Planungsphase waren die Fragestellungen: Was wollen wir zu welchem Zweck und mit welchen Mitteln erreichen?

Prozessbegleitend und am Ende des Projekts werden diese Ziele auf Basis der gesammelten Daten hinsichtlich ihrer Erreichung bzw. Umsetzung systematisch bewertet.

In den Phasen der Projektreflexion werden die Erfahrungen der Beteiligten und die laufenden Prozesse besprochen. Die Projektreflexion ist ein unabdingbares Element der Evaluation. Sie erfolgt grundsätzlich durch die Projektbeteiligten selbst. Um Betriebsblindheit zu vermeiden, ist es jedoch in manchen Bereichen der Evaluation unerlässlich, auch Außenstehende einzubeziehen.

Eine Reflexion des Projekts hilft,

- Fehler aufzudecken bzw. deren Ursachen zu erkennen,
- sich Probleme der Arbeitsgruppen (z. B. hinsichtlich der Effizienz der Teamarbeit) klarzumachen,
- den Mitgliedern der Arbeitsgruppen jeweils die eigenen Stärken oder Schwächen zu zeigen,
- zukünftige Projekte besser durchzuführen.

Insgesamt wird die Projektkompetenz jedes Klassenmitglieds gestärkt.

AUFGABEN

1. Geben Sie das Ziel der Projektabschlussphase an.
2. Begründen Sie, warum der Projektabschluss auch als „wichtiger Baustein organisationellen Lernens" bezeichnet wird.
3. In der Evaluation eines Projekts wird dieses als erfolglos beurteilt. Führen Sie vier mögliche Ursachen dafür auf.
4. Erläutern Sie das Ziel der Projektabnahme.
5. Zeigen Sie auf, welche Fragen im Rahmen der Projektevaluation beantwortet werden sollten.
6. Erläutern Sie die Aufgabe der Nachkalkulation.
7. Geben Sie an, was man unter der internen Deorganisation versteht.
8. Führen Sie Gründe für die Reflexion von Unterrichtsprojekten auf.
9. Fassen Sie die in der Phase des Projektabschlusses notwendigen Teilschritte in einer Mindmap zusammen.

10. Lösen Sie den folgenden kleinen Abschlusstest zum Projektmanagement:

1. Was ist kein Merkmal eines Projekts?
   a) Hier arbeiten Spezialistinnen und Spezialisten zusammen.
   b) Das Projekt ist zeitlich begrenzt.
   c) Ein Projekt ist ein einmaliges Vorhaben.
   d) Durch genaue Planung und Organisation kommt es immer zur Planerfüllung.
   e) Durch rechtzeitige Absprachen ergibt sich eine Risikominderung.

2. Was ist eine Projektphase?
   a) Meilenstein
   b) Kick-off-Sitzung
   c) Dokumentation
   d) Projektabschluss
   e) Netzplanung

3. In welcher Phase eines Projekts wird die Projektarbeit inhaltlich und terminlich genau strukturiert?
   a) Projektstart
   b) Projektplanung
   c) Projektdurchführung
   d) Projektabschluss
   e) Nullphase

4. Die Kick-off-Sitzung ist die erste gemeinsame Sitzung des Projektteams nach der Erteilung des Projektauftrags. Was wird hier nicht besprochen bzw. festgelegt?
   a) Vereinbarung von Spielregeln
   b) Zusammenstellung des Projektteams
   c) Herstellen eines gleichen Informationsstands
   d) Kennenlernen der Projektmitglieder
   e) Verteilung von Aufgaben

5. Was kennzeichnet den Begriff „Meilenstein"?
   a) eine einfach zu erstellende Terminplanung von Arbeitspaketen
   b) ein wesentliches Zwischenziel in einem Projekt
   c) den Projektstart
   d) die Präsentation des Projektergebnisses
   e) die Projektidee

6. Was versteht man unter der Nullphase?
   a) Es wird erkannt, dass ein Problem vorliegt, und dieses Problem soll mithilfe eines Projekts gelöst werden.
   b) Die Nullphase ist der Punkt, an dem das Projekt beendet ist.
   c) Die Nullphase kennzeichnet den Zeitpunkt, an dem alle Projektmitglieder vor einem scheinbar unlösbaren Problem stehen und jeder sprichwörtlich „null Plan" hat.
   d) Die Nullphase ist der Punkt, an dem das Projekt beginnt.
   e) Es wird erkannt, dass während des Projekts keine Probleme auftauchen dürften (null Problem).

7. Was kennzeichnet der Pfeil in einem Netzplan?
   a) Der Pfeil zeigt die Beziehung zwischen Vorgänger und Nachfolger an.
   b) Der Pfeil markiert in der Darstellung die Stelle des kritischen Weges, wo die meisten Probleme auftauchen könnten.
   c) Der Pfeil gibt an, wann jeder einzelne Vorgang jeweils beginnen kann.
   d) Der Pfeil informiert, wann der Vorgang frühestens beendet sein kann.
   e) Der Pfeil informiert, welche Gruppe für diesen Arbeitsbereich zuständig ist.

8. Wie berechnet sich der früheste Endzeitpunkt (FEZ) in einem Netzplan?
   a) SAZ − FAZ = FEZ
   b) FAZ + FEZ − SAZ = FEZ
   c) FAZ + Dauer des Vorgangs = FEZ
   d) Dauer des Vorgangs − SEZ = FEZ
   e) FAZ −SAZ + (Dauer des Vorgangs + SEZ) = FEZ

Projektabschlussphase

- beendet das Projekt
- wichtiger Baustein organisationellen Lernens

Projektabnahme

Evaluation des Projekts

Projektabschlussbericht

Interne Deorganisation

4 Wertschöpfung und Leistungserstellung

4.1 Fertigung

Die Hoffmann KG verkauft nicht nur Textilien, sie stellt auch in begrenztem Umfang Jeans aus Baumwolle in unterschiedlichen Größen her. Die einzelnen Arbeitsschritte erfolgen zeitlich in 5-Minuten-Schritten aufeinander abgestimmt.

Stellen Sie fest, welche Organisationsform der Produktion vorliegt.

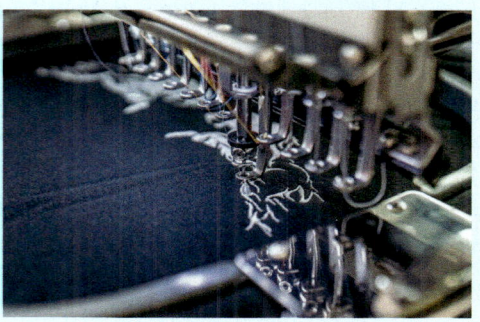

Im Rahmen der Produktion werden Leistungen im Betrieb erzeugt. Es entstehen Sachgüter oder Dienstleistungen. Der Produktionsprozess ist ein Wertschöpfungsprozess, bei dem als Input Produktionsfaktoren eingesetzt werden, die dann mithilfe unterschiedlicher Verfahren kombiniert werden. Somit wird schließlich ein Output geschaffen.

Produktion als Kombination der betriebswirtschaftlichen Produktionsfaktoren

Bei der Produktion von Sachgütern durchlaufen diese in der Regel einen Umformungsprozess, bis sie in der gewünschten und einer verwertbaren Form vorliegen. Die für diesen Veränderungsprozess vom Rohstoff über das Halbfabrikat bis zum Fertigprodukt benötigten Produktionsfaktoren teilt man ein in Werkstoffe, Betriebsmittel und Arbeitskraft.

Werkstoffe

Werkstoffe sind all diejenigen Stoffe, die bei der Produktion verbraucht werden:

- **Rohstoffe** sind der wesentliche Bestandteil des Produkts.

  > **BEISPIEL**
  >
  > Die Hoffmann KG benötigt Aluminiumblech für die Herstellung eines Fahrradrahmens.

- **Hilfsstoffe** haben einen geringen Wertanteil und gehen damit als geringfügiger Bestandteil in das Produkt ein, z. B. Schrauben.
- **Betriebsstoffe** werden im Produktionsprozess verbraucht, gehen aber nicht in das Produkt ein, z. B. Strom für den Betrieb der Maschinen.

Betriebsmittel

Dies sind alle Maschinen oder andere Anlagen, die benötigt werden, um die Produkte auftragsgemäß zu erstellen.

Arbeitskraft

Bedient werden die Betriebsmittel mit menschlicher Arbeitskraft, den sog. ausführenden Arbeitskräften, z. B. den Beschäftigten der beiden Produktionsabteilungen der Hoffmann KG. Die Verwaltung und Steuerung eines Unternehmens wird von den **leitenden** Arbeitskräften übernommen, z. B. Geschäftsführung und Abteilungtung. Hier handelt es sich um die sogenannte **dispositive** Arbeit.

Die Kombination der Produktionsfaktoren kann nach unterschiedlichen Produktionsverfahren erfolgen.

BEISPIEL

Bei der Hoffmann KG wird u. a. mit der Sortenfertigung gearbeitet.

Produktionsplanung und -steuerung (Fertigungsplanung und -steuerung)

Die Produktionsabteilungen erstellen Güter, die dann vom Vertrieb verkauft werden. Es muss sichergestellt werden, dass im Rahmen der Fertigung Termine, Mengen und Kosten eingehalten werden. Von entscheidender Bedeutung ist daher die genaue Planung der Produktion. Zur Optimierung der Fertigung müssen Entscheidungen getroffen werden über:

- das Produktionsprogramm,
- den Materialbedarf,
- den Ablauf des Produktionsprozesses.

Im Rahmen der Produktionssteuerung werden dann die geplanten Fertigungsaufträge freigegeben, gesteuert und überwacht.

Eine optimale Produktionsplanung und -steuerung geht heute nicht mehr ohne EDV-Einsatz. Dazu verwenden Industrieunternehmen spezielle Softwarepakete: die Produktionsplanungs- und -steuerungssysteme (PPS).

Voraussetzung für die Produktion ist die Festlegung des jeweiligen Fertigungstyps. Darunter versteht man die Unterteilung des Produktionsprozesses nach bestimmten Kriterien, z. B. nach:

- der Menge gleichartiger Produkte,
- der räumlichen Anordnung der Maschinen und Arbeitsplätze,
- dem Absatz der Produkte

Losgröße

Früher versuchte ein Industrieunternehmen aus ökonomischen Gründen, Artikel nach Möglichkeit in großen Mengen zu produzieren. Mittlerweile können auch Produkte mit der Losgröße 1 (Auflage, Anzahl) wirtschaftlich hergestellt werden.

Unter der Losgröße wird die Menge von Produkten oder Teilen verstanden, die direkt hintereinander ohne eine Unterbrechung der Produktion hergestellt werden. Bisher wurde es als sinnvoll angesehen, relativ große Lose herzustellen, um damit höhere Umrüstzeiten und Rüstkosten zu vermeiden. Es entstanden dadurch große Lagerbestände und Lagerkosten.

Durch die Digitalisierung kann dies vermieden werden. Das angestrebte Ziel ist die Losgröße 1 – die Einzelfertigung zu den Kosten einer Massenfertigung (bzw. die optimale Losgröße). Diese Strategie wird oft auch als Mass Customization oder kundenindividuelle Massenproduktion bezeichnet. Jedem Kunden und jeder Kundin wird genau das Produkt geliefert, das er/sie wünscht – zum Preis eines vergleichbaren Standardprodukts. Ermöglicht wird dies durch die intelligente Verbindung moderner Produktionstechnik mit Konzepten des Electronic Commerce.

Die Vorteile einer massenhaften Produktion werden mit denen einer kundenindividuellen Einzelfertigung verbunden. Im Rahmen solcher Konzepte werden in den auf die industrielle Massenproduktion bisher eingestellten Unternehmen nicht mehr die Fertigungsplaner die Maschinen in der Fabrik steuern, sondern die Kundinnen und Kunden selbst mit ihren ganz persönlichen Wünschen und Begierden.

Fertigungsverfahren: Fertigungstypen nach der Menge gleichartiger Produkte

Die Fertigungsverfahren bezeichnen die ablauf- und mengenbezogenen Vorgehensweisen, wie in einem Unternehmen Produkte hergestellt werden.

Einzelfertigung

Bei der Einzelfertigung wird ein Produkt auf Bestellung einmalig hergestellt. Es gibt kein festes Fertigungsprogramm.

> **BEISPIEL**
> - Brückenbau: Tiefbauunternehmen stellen einzelne Brücken her.
> - Zahnersatz: Dentallabors fertigen Kronen und Implantate nach Maß an.

Unterschieden werden können:

- **einmalige Einzelfertigung**
  Jedes Produkt ist ein Einzelstück.
- **wiederholte Einzelfertigung**
  Es werden im Laufe der Zeit weitgehend ähnliche Produkte hergestellt.

In der Tischlerei werden individuelle Möbel hergestellt.

Arbeitet ein Unternehmen mit Einzelfertigung, wird es universell einsetzbare und schnell einsatz-bereite Maschinen verwenden. Für deren Bedienung werden Beschäftigte benötigt, die qualifiziert und flexibel sind. Dadurch kann sich das Unternehmen schnell an Marktveränderungen anpassen. Hauptnachteil der Einzelfertigung sind die hohen Stückkosten.

Serienfertigung

Die Serienfertigung wird häufig auch Variantenfertigung genannt. Dabei stellt ein Unternehmen größere, aber begrenzte Stückzahlen her. Hierzu müssen die Maschinen entsprechend umgerüstet werden. Die dadurch entstehenden Kosten heißen Rüstkosten.

> **BEISPIEL**
>
> - Eine Textilfabrik produziert zunächst Anzüge, dann Kleider, dann Hosen.

Der Hauptvorteil der Serienfertigung gegenüber der Einzelfertigung liegt in den deutlich gerin-geren Stückkosten. Rationalisierungseffekte ergeben sich auch, weil wegen der gleichbleibenden Arbeitsabläufe die Herstellung einfacher ist. Weitere Vorteile:

- Die Beschaffung der Roh-, Hilfs- und Betriebsstoffe ist in größeren Mengen günstiger.
- Es können Universalmaschinen verwendet werden.
- Bei gleichbleibenden Arbeitsabläufen können eher angelernte Arbeitskräfte eingestellt werden.

Die Hauptnachteile der Serienfertigung sind:

- Sie weist eine geringere Flexibilität auf.
- Spezielle Kundenwünsche können nicht mehr optimal berücksichtigt werden.
- Die Serienfertigung geht zulasten der Individualität der Produkte.

Sortenfertigung

Die Sortenfertigung ähnelt der Serienfertigung. Bei der Serienfertigung können hintereinander Serien auch unterschiedlicher Produkte hergestellt werden. Dies erfordert dann hohe Umrüstzei-ten und -kosten. Im Rahmen der Sortenfertigung werden nacheinander unterschiedliche Sorten hergestellt. Die Produkte dieser Sorten sind sich sehr ähnlich, auch der Arbeitsprozess ist relativ gleich. Der Unterschied zur Serienfertigung liegt also darin, dass nicht verschiedene Produktarten, sondern nur verschiedene Varianten einer Produktart hergestellt werden.

> **BEISPIEL**
>
> In einer Brauerei werden verschiedene Biersorten parallel auf verschiedenen Anlagen oder zeitlich nacheinander auf denselben Anlagen gefertigt. In der Brauerei wird nichts anderes als Bier hergestellt.
>
>
>
> Blick in eine Brauerei

Massenfertigung

Bei der Massenfertigung wird ein stets gleiches Produkt in nahezu unbegrenzter Stückzahl herge-stellt. Dabei wird immer wieder derselbe Fertigungsvorgang wiederholt. Daher fallen in der Regel keine Umrüstkosten an. Es besteht die Möglichkeit, den Produktionsprozess weitgehend zu automatisieren.

BEISPIEL

In einem Werk in Leverkusen wird Zahnpasta in sehr großen Mengen hergestellt.

Vorteile der Massenfertigung:

- Bei dieser Art der Fertigung sind die Stückkosten am geringsten.
- Die Maschinen können optimal ausgenutzt werden.

Nachteile der Massenfertigung:

- Durch den Einsatz von Spezialmaschinen ist diese Art der Fertigung sehr unflexibel. Deren Kauf erzeugt einen hohen Kapitalbedarf.
- Durch monotone Arbeit sind die Beschäftigten sehr belastet.
- Produktionsumstellungen – z. B. aufgrund von Nachfrageänderungen – sind sehr aufwendig und kostspielig.

Fertigungsorganisationstypen: Fertigungstypen nach der räumlichen Anordnung der Maschinen und Arbeitsplätze

Bei den Fertigungsorganisationstypen geht es um die organisatorische Gestaltung von Fertigungsabläufen. Man versteht darunter die Anordnung der Arbeitssysteme und die zwischen ihnen bestehenden Transportbeziehungen.

Fließfertigung

Bei der Fließfertigung wird versucht, einen möglichst ständigen und ununterbrochenen Produktionsablauf zu erreichen. Dazu wird die Arbeit in möglichst kleine Arbeitsschritte zerlegt, denen bestimmte Zeiten – die Taktzeiten – zugeordnet werden. Die Maschinen werden dann so angeordnet bzw. eingesetzt, dass es zwischen diesen möglichst geringe Übergänge gibt.

Vgl. REFA (Verband für Arbeitsstudien und Betriebsorganisation e. V.): Methodenlehre des Arbeitsstudiums. Teil 3 Kostenrechnung/Arbeitsgestaltung. Carl Hanser Verlag, München 1985, S. 259.

Bei Fließfertigung handelt es sich um eine lückenlose Folge von Vorgängen, die ein Werkstück durchläuft und die von mehreren Menschen ausgeführt wird, deren Arbeitssysteme räumlich und zeitlich aufeinander abgestimmt sind.

Die Fließbandfertigung wird überwiegend angewandt in der Massenfertigung.

Bei der Transferstraßenfertigung ist der Mensch
von Fließbandtätigkeiten befreit.

Man unterscheidet folgende Arten der Fließfertigung:

- Fließbandfertigung,
- Reihenfertigung,
- Transferstraßenfertigung.

Fließbandfertigung

Die zu erstellenden Produkte bzw. deren Teile werden mit einem Fließband von einem zum nächsten Arbeitsplatz transportiert. Die Arbeitskraft muss vorbestimmte Taktzeiten einhalten.

Reihenfertigung

Die Betriebsmittel sind auch hier nach dem Ablauf der Fertigung angeordnet, die Arbeitsschritte werden jedoch ohne strenge Zeitvorgabe durchgeführt. Möglich sind sowohl das Überspringen von Fertigungsstationen als auch ein Zurückspringen. Benötigt werden dazu Zwischenlager. Die Reihenfertigung wird vor allem bei einer großen Produktvielfalt angewendet.

Transferstraßenfertigung

Die zu erstellenden Produkte bzw. deren Teile werden mit einem Fließband von einem zum nächsten Arbeitsplatz transportiert. Auch deren Bearbeitung und Kontrolle erfolgt vollautomatisch. Die Arbeitskräfte haben überwiegend nur noch überwachende Aufgaben und sind von der zeitlichen Bindung an der Anlage befreit.

Fließfertigung	
Vorteile	**Nachteile**
<ul><li>Fließfertigung ist eine wesentliche Voraussetzung für vollautomatische Mehrfachproduktion.</li><li>Aufgrund einer hohen Produktion wird das Gesetz der Massenproduktion wirksam: Niedrige Stückkosten ergeben auch niedrige Absatzpreise.</li><li>Vor Beginn der Serie ist nur einmal eine intensive Fertigungsplanung notwendig.</li><li>Durch die gleiche Herstellung der Produkte wird die Kalkulation vereinfacht.</li><li>Durch eng aneinander gerückte Arbeitsplätze kommt es zu einer Platzersparnis.</li><li>Die Möglichkeit, unqualifizierte Arbeitskräfte einzusetzen, bringt einen geringen Lohnkostenaufwand.</li></ul>	<ul><li>Die komplette Produktionsanlage besteht aus teuren Spezialmaschinen, die sich dadurch nicht für die Herstellung anderer Produkte eignen. Dies kann bei einer Nachfrageänderung zu Problemen führen, da die Maschinen dann nicht mehr benötigt werden.</li><li>Der Ausfall von Maschinen hat größere Auswirkungen.</li><li>Für die Arbeitskräfte stellt die Fließfertigung eine monotone Arbeit dar mit geringer geistiger Beanspruchung sowie einseitiger körperliche Beanspruchung. Dies kann zu Motivationsproblemen führen. Aus diesem Grund geht der Trend zur vollautomatisierten Transferstraßenfertigung.</li><li>Die durch die Fließfertigung ermöglichte Massenproduktion kann zu einer Umweltbelastung führen. In der Industrie wird daher zunehmend über Verfahren nachgedacht, die umweltbelastende Nebeneffekte eines Produktionsprozesses vermeiden. Verringert werden soll auch der Rohstoff- und Energieverbrauch.</li></ul>

Werkstattfertigung

Maschinen oder Arbeitsplätze, die ähnliche Tätigkeiten vornehmen, werden zu Werkstätten zusammengefasst. Das zu erstellende Produkt muss dabei mehrere Werkstätten durchlaufen. Die Werkstattfertigung hat ihre Anwendungsschwerpunkte bei der Montage in der Einzelfertigung sowie in der Vorfertigung.

Arbeitsplätze mit gleichen oder ähnlichen Tätigkeiten werden bei der Werkstattfertigung räumlich zusammengefasst.

nach: REFA (Verband für Arbeitsstudien und Betriebsorganisation e. V.): Methodenlehre des Arbeitsstudiums. Teil 3 Kostenrechnung/Arbeitsgestaltung. Carl Hanser Verlag, München 1985, S. 255

Bei der Werkstattfertigung sind die Arbeitssysteme eines Betriebs mit gleicher oder ähnlicher Arbeitsaufgabe räumlich zusammenhängend angeordnet.

Werkstattfertigung	
Vorteile	**Nachteile**
• leichtes Anpassen an Mengenschwankungen	• unterschiedliche Auslastung (Leerkosten)
• Flexibilität	• hohe variable Kosten
• geringe Fixkosten	• lange Transportwege
	• Zwischenlager (hohe Lagerkosten, hohe Kapitalbindung)

Gruppenfertigung

Die Gruppenfertigung ist eine Zwischenform von Fließ- und Werkstattfertigung. Zwar werden Maschinen oder Arbeitsplätze nach dem Werkstattprinzip in Gruppen zusammengefasst, innerhalb der Gruppen sind diese jedoch nach dem Fließfertigungsprinzip angeordnet.

Als nachteilig können sich insgesamt höhere Kosten und eine etwas verringerte Produktivität erweisen.

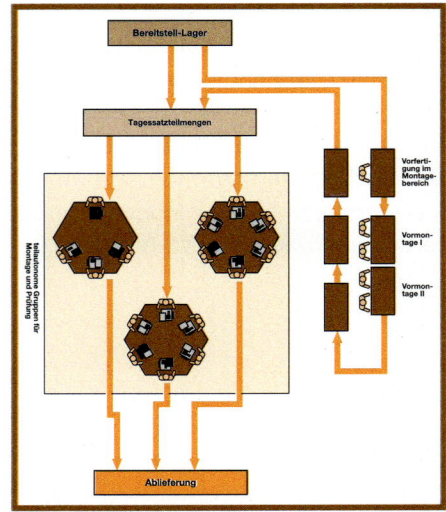

Verschiedene Produktionsmittel und Arbeitsvorrichtungen werden zu Gruppen zusammengefasst.

Vorteile der Gruppenfertigung	
gegenüber der Werkstattfertigung	**gegenüber der Fließfertigung**

• kürzere Transportwege
• schnellerer Produktionsdurchlauf
• geringere Kosten für Zwischenlager
	• größere Anpassungsfähigkeit
	• Für die Beschäftigten ist die Arbeit interessanter:
	  – weniger Monotonie
	  – besserer Kontakt der Beschäftigten untereinander
	• geringe Störanfälligkeit

DEFINITION

Flexible Fertigungsinseln

Eine neue Organisationsform in der Produktion sind flexible Fertigungsinseln. Maschinen und Arbeitsplätze sind hier mehr nach arbeitsorganisatorischen Gesichtspunkten zusammengefasst. In diesen arbeiten in der Regel zehn Beschäftigte, die ihren Arbeitsprozess weitgehend organisieren. Im Gegensatz zur Gruppenfertigung teilen sich hier die Beschäftigten umfangreiche Arbeitsaufgaben weitgehend selbst zu. Die durch die höhere Eigenverantwortung entstehende Motivation wiegt meistens eine mögliche schlechtere Maschinenauslastung auf.

Fertigungstypen nach dem Absatz der Produkte

Auftragsfertigung

Bei der Auftragsfertigung wird der Produktionsprozess auf Anfrage durchgeführt. Sie findet vor allem Anwendung in der Investitionsgüterindustrie.

Lagerfertigung

In der Konsumgüterindustrie wird die Lagerfertigung angewendet. Die produzierten Güter werden auf Lager genommen. Die von der Kundschaft nachgefragten Produkte werden dann aus dem Lager entnommen. Der Hauptvorteil der gleichmäßigen Auslastung der Kapazitäten wird manchmal durch hohe Lagerkosten zunichte gemacht.

1. Erklären Sie, welche Arten von Leistungen im Rahmen der Produktion erzeugt werden.
2. Erläutern Sie, welche betriebswirtschaftlichen Produktionsfaktoren in ein Produkt ein flieβen.
3. Erläutern Sie am Beispiel der Textilproduktion der Hoffmann KG das Zusammenwirken der einzelnen betrieblichen Produktionsfaktoren.
4. Geben Sie an, was Sie unter einem PPS-System verstehen.
5. Nennen und erläutern Sie die verschiedenen Fertigungstypen.
6. Geben Sie an, was man unter Einzelfertigung versteht.
7. Unterscheiden Sie Serien- und Sortenfertigung.
8. Begründen Sie, warum bei der Sortenfertigung keine hohen Umrüstkosten anfallen.
9. Erläutern Sie die drei Arten der Fließfertigung.
10. Erklären Sie, welche Vor- und Nachteile die Werkstattfertigung hat.
11. Erläutern Sie:
    a) Gruppenfertigung,
    b) flexible Fertigungsinseln,
12. Erläutern Sie, welche Fertigungstypen nach dem Absatz der Produkte unterschieden werden.
13. Geben Sie an, welche Fertigungstypen angesprochen sind:
    a) Diese Art Fertigung ist dadurch gekennzeichnet, dass die Anordnung der Arbeitsplätze und Anlagen der Reihenfolge der am Produkt durchzuführenden Tätigkeiten entspricht.
    b) Hier werden Maschinen und Arbeitsplätze mit gleichartigen Arbeitsverrichtungen zu einer fertigungstechnischen Einheit zusammengefasst.

ZUSAMMENFASSUNG

Fertigungstypen in der Produktion

= Verfahren, die den Produktionsprozess nach bestimmten Kriterien unterteilen

nach der Menge gleichartiger Produkte

| Einzelfertigung | Serienfertigung | Sortenfertigung | Massenfertigung |

nach der räumlichen Anordnung der Maschinen und Arbeitsplätze

| Werkstattfertigung | Gruppenfertigung | Fließfertigung |

nach dem Absatz der Produkte

| Lagerfertigung | Auftragsfertigung |

4.2 Geschäftsbuchführung und Kosten- und Leistungsrechnung

EINSTIEG

Kurz vor Jahresende. Carolin Saager unterstützt Frau Diedrichs im Rechnungswesen.

Carolin Saager: „So, jetzt nur noch diesen außerordentlichen Zinsertrag gebucht, dann haben wir für heute die Buchführungsarbeiten erledigt. Dann können wir uns ja langsam dem Jahresabschluss zuwenden."

Frau Diedrichs: „Langsam, langsam ... Rechnungswesen besteht nicht nur aus der Geschäftsbuchführung, wir müssen uns noch um die Kosten- und Leistungsrechnung kümmern."

Carolin Saager: „Kosten- und Leistungsrechnung: Was ist das überhaupt? Wozu brauchen wir das?"

Geben Sie an, wozu Unternehmen eine Kosten- und Leistungsrechnung durchführen.

INFORMATION

Das Rechnungswesen hat die Aufgabe, für ein Unternehmen Informationen zur Verfügung zu stellen. Es besteht in den meisten Unternehmen aus mindestens zwei Bereichen, der Geschäftsbuchführung einerseits, der Kosten- und Leistungsrechnung andererseits.

Geschäftsbuchführung

Die Geschäftsbuchführung (oft auch Finanzbuchführung genannt) ist die lückenlose, planmäßige und ordnungsgemäße Aufzeichnung aller Geschäftsfälle eines Unternehmens. Alle unternehmensbezogenen Vorgänge, die sich in Zahlenwerten ausdrücken lassen, werden sachlich und zeitlich geordnet erfasst und mithilfe von Konten gebucht und dokumentiert.

Aufgezeichnet werden

- der aktuelle Stand und die Veränderungen des Anlage- und Umlaufvermögens bzw. des Eigen- und Fremdkapitals;
- die angefallenen Aufwendungen und Erträge.

Die Geschäftsbuchführung bildet die finanziellen Beziehungen des Unternehmens zu seiner Umwelt ab. Sie ist zudem die Grundlage für den handels- und steuerrechtlich geforderten Jahresabschluss: Die Ergebnisse fließen also in die Bilanz sowie in die Gewinn- und Verlustrechnung des Unternehmens ein. Je nach Größe bzw. Gesellschaftsform des Unternehmens werden dabei jeweils bestimmte rechtliche Anforderungen an den Jahresabschluss gestellt.

Die Geschäftsbuchführung stellt also die Vorgänge in dem Unternehmen in einem Zahlenwerk dar. Dabei hat sie überwiegend die Aufgabe eines externen Informationsinstruments. Außenstehende – z. B. Steuerprüfer – müssen transparent den Erfolg des Unternehmens (Gewinn oder Verlust) beurteilen können.

Die Geschäftsbuchführung liefert Informationen für:

- Eigentümer/-innen,
- Gläubiger/-innen,
- Belegschaft,
- Lieferbetriebe,
- Kundschaft,
- Finanzämter,
- andere Behörden
- und die Öffentlichkeit.

Ermittlungsziel der Geschäftsbuchführung
Aufwendungen des Unternehmens
– Erträge des Unternehmens
= Unternehmenserfolg (Gewinn oder Verlust)
→ jährliche Ermittlung

Intern liefert sie zwar auch einige Informationen. Hier liegt ihre Bedeutung jedoch in der Bereitstellung der Ausgangsdaten für die anderen Bereiche des Rechnungswesens, der Kosten- und Leistungsrechnung sowie der Finanzrechnung.

Teilbereiche des Rechnungswesens			
Geschäftsbuchführung	**Kosten- und Leistungsrechnung**	**Statistik**	**Planung**
- unterliegt gesetzlichen Vorschriften - erfasst die Vermögens- und Kapitalbestände (und deren Veränderung), um so den Erfolg eines Rechnungszeitraums (Jahr, Monat) zu ermitteln - ermöglicht es externen Geschäftspartnern sowie dem Staat, die wirtschaftliche Lage des Unternehmens sofort zu erkennen - hat eine Rechenschafts- und Dokumentationsaufgabe - ist Datenquelle für die anderen Bereiche des Rechnungswesens - wird überwiegend in **Konten** durchgeführt	- überwacht die Wirtschaftlichkeit der betrieblichen Tätigkeit - vermittelt einen Überblick über den innerbetrieblichen Wertefluss bzw. Werteverzehr - richtet sich an interne Nachfrager von Informationen - muss keine gesetzlichen Anforderungen erfüllen - wird überwiegend in **Tabellen** durchgeführt	- liefert in Form von **Kennzahlen** wichtige Informationen einerseits zur Überprüfung des Betriebsgeschehens, andererseits für die zukünftige Unternehmensplanung	- Die Vorschaurechnung stellt die Soll-Zahlen für begrenzte Zeiträume oder Projekte auf. - Mithilfe in der Vergangenheit gewonnener Daten können Strategien für die Zukunft entwickelt werden. - Aufgabe ist die Entscheidungsvorbereitung für unterschiedliche Organisationseinheiten des Unternehmens.

Kosten- und Leistungsrechnung

Die Geschäftsbuchführung ermittelt das Gesamtergebnis des Unternehmens. Dieses kann oft auch zufällig entstanden sein. Das Unternehmen bekommt dann keine Informationen darüber, ob es in seinem Kerngeschäft tatsächlich erfolgreich war.

235

BEISPIEL

Die Gewinn- und Verlustrechnung der Großhandlung Kalemi GmbH zeigt einen Gesamtgewinn von 1.200.000,00 €. Dieser wird stark beeinflusst durch einen außerordentlichen Ertrag in Höhe von 2.000.000,00 €, der beim Verkauf von Wertpapieren durch eine extrem starke Kurssteigerung zustande kam. Berücksichtigt man diesen außerordentlichen Ertrag nicht, wird deutlich, dass die Großhandlung nicht gut gearbeitet hat. In ihrem eigentlichen Kerngeschäft – nämlich Ware einzukaufen, zu lagern und zu verkaufen – hat die Kalemi GmbH sogar einen Verlust von 800.000,00 € gemacht.

Die Geschäftsbuchführung ermöglicht also nur eine pauschale Kontrolle der Wirtschaftlichkeit – und das auch überwiegend nur jährlich. Das Unternehmen benötigt jedoch eine ständige und sehr detaillierte Kontrolle: Es braucht Angaben über die Wirtschaftlichkeit einzelner Teilbereiche oder auch Produkte. Vor diesem Hintergrund entstand die Kosten- und Leistungsrechnung. Die Kosten- und Leistungsrechnung ist im Gegensatz zur Geschäftsbuchführung eine betriebsinterne, kalkulatorische und kurzfristige Rechnung, die sich zudem nicht an gesetzliche Vorschriften halten muss.

„Wer zu spät an die Kosten denkt, ruiniert sein Unternehmen. Wer immer zu früh an die Kosten denkt, tötet die Kreativität." Philip Rosenthal (1916–2001), dt. Unternehmer

Quelle: VNR Verlag für die Deutsche Wirtschaft AG (Hrsg.). In: www.zitate.de.
https://www.zitate.de/autor/Rosenthal%2C+Philip [22.02.2021].

Die manchmal auch Betriebsbuchführung genannte Kosten- und Leistungsrechnung ermittelt das Betriebsergebnis. Dieses ergibt sich durch Gegenüberstellung des durch die eigentliche betriebliche Tätigkeit verursachten Wertzuwachs (= Leistungen) mit dem aus dem gleichen Grund entstandenen Werteverzehr (= Kosten). Die Kosten- und Leistungsrechnung dient somit der verursachungsgerechten Zurechnung der Kosten auf die einzelnen Leistungen, um Informationen für die Verbesserung der Wirtschaftlichkeit des Betriebes zu bekommen.

Ermittlungsziel der Kosten- und Leistungsrechnung
Kosten des Betriebs
– Leistungen des Betriebs
= Betriebsergebnis → ständige kurzfristige Ermittlung

Die Hauptaufgaben der Kosten- und Leistungsrechnung sind:

- **Unterstützung der Preisgestaltung:**
  Die Kosten- und Leistungsrechnung ermittelt die Selbstkosten eines produzierten oder angebotenen Artikels. Von diesen geht man bei der Gestaltung des Verkaufspreises aus. Die Selbstkosten umfassen alle Kosten des Unternehmens, die bis zur Vermarktung des Artikels bzw. Produkts anfallen. Sie sind die Grundlage für die Gestaltung des Verkaufspreises.
- **Controlling:**
  Eine reine Ermittlung der Selbstkosten reicht in Unternehmen nicht aus. Sie müssen auch ständig kontrolliert werden. Will man am Markt bestehen, müssen die Kosten permanent gesenkt und der Marktsituation angepasst werden.
- **Grundlage für Entscheidungen:**
  Erkenntnisse, die aus der Kosten- und Leistungsrechnung gezogen werden, zählen zu den wichtigsten Grundlagen für die Entscheidungen eines Unternehmens.

Aufbau der Kosten- und Leistungsrechnung

Kostenartenrechnung

Die Kostenartenrechnung trennt alle im Betrieb anfallenden Kosten einer Abrechnungsperiode von den insgesamt im Unternehmen verursachten Aufwendungen und erfasst sie systematisch nach Art ihrer Entstehung. Es wird also durch Herausfiltern aus den Aufwendungen und Erträgen ermittelt, welche Kosten und welche Leistungen im Betrieb entstanden sind.

> **DEFINITION**
>
> Die **Kostenartenrechnung** beantwortet die Frage: Welche Kosten sind in welcher Höhe entstanden?

Kostenstellenrechnung

In der Kostenstellenrechnung wird ermittelt, welche Stellen im Betrieb (z. B. das Lager oder die Produktion) welche Kosten verursachen: Alle angefallenen Kosten werden den in Anlehnung an die Aufbauorganisation des Betriebs gebildeten Kostenstellen zugeordnet.

> **DEFINITION**
>
> Die **Kostenstellenrechnung** beantwortet die Frage: Wo (also in welcher Organisationseinheit) im Betrieb sind Kosten entstanden?

Kostenträgerrechnung

Mit der Kostenträgerrechnung wird berechnet, wie teuer es für den Betrieb ist, ein bestimmtes Produkt (bzw. eine bestimmte Dienstleistung) anzubieten.

> **DEFINITION**
>
> Die **Kostenträgerrechnung** beantwortet die Frage: Wofür sind die Kosten angefallen?

Begrifflichkeiten der Kosten- und Leistungsrechnung

Die Kosten- und Leistungsrechnung arbeitet mit verschiedenen Begrifflichkeiten, um genaue Informationen zu liefern. Diese Fachbegriffe dürfen nicht verwechselt werden, damit es nicht zu Verfälschungen bei der Interpretation kommen kann.

Begrifflichkeiten	Veränderung von Beständen	Bereich des Rechnungswesens
Einzahlungen/Auszahlungen	Liquide Mittel (Kasse und Bank)	Geschäftsbuchführung
Einnahme/Ausgabe	Geldvermögen	
Ertrag/Aufwand	Gesamtvermögen	
Leistung/Kosten	Betriebsnotwendiges Vermögen	Kosten- und Leistungsrechnung

Es müssen also einerseits die Begriffe „Aufwand", „Kosten", „Auszahlung" und „Ausgaben" trennscharf unterschieden werden.

Begriff	Erläuterung	BEISPIEL
Auszahlung	• Bar- oder Buchgeld verlässt den Betrieb • Liquide Mittel (Bankguthaben und Kasse) des Unternehmens vermindern sich • Zahlungsmittelabflüsse nach außen	Volkan Karaca kauft für die Hoffmann KG ein spezielles Briefpapier im örtlichen Schreibwarenhandel bar ein.
Ausgabe	• Ausgänge in Geldeinheiten, die auf den Finanzkonten gebucht werden. • Ausgaben vermindern das Nettogeldvermögen • Ausgaben = Auszahlungen + Forderungsabgang + Schuldenzugang	Die Hoffmann KG kauft Waren auf Ziel ein.
Aufwand	• Wert aller vom gesamten Unternehmen erzeugten Vermögensabgänge, durch die das Eigenkapital vermindert wird • In Geld gemessener gesamter Verbrauch von Gütern und Dienstleistungen • Werteverzehr	Die Hoffmann KG spendet an eine gemeinnützige Organisation.
Kosten	• Betriebsbedingter Werteverzehr • Aufwand, der aus dem betrieblichen Leistungsprozess heraus entstanden ist	Am 30. des Vormonats zahlt die Hoffmann KG die Löhne der Mitarbeiter.

Andererseits haben auch die Begriffe „Einzahlungen", „Einnahme", „Ertrag" und „Leistung" unterschiedliche Bedeutungen.

Begriff	Erläuterung	BEISPIEL
Einzahlung	• Bar- oder Buchgeld kommt in den Betrieb • Liquide Mittel (Bankguthaben und Kasse) des Unternehmens vermehren sich • Zahlungsmittelzuflüsse (Geldstrom) von außen	Die Hoffmann KG verkauft auf einer Messe ein Ausstellungsstück gegen Barzahlung.
Einnahme	• Eingänge in Geldeinheiten, die auf den Finanzkonten gebucht werden • Einnahmen vergrößern das Nettogeldvermögen • Einnahmen = Einzahlungen + Forderungszugang + Schuldenabgang	Die Hoffmann KG verkauft an die ELKO AG Waren auf Ziel
Ertrag	• Wert aller vom gesamten Unternehmen erzeugten Vermögenszuwächse, durch die das Eigenkapital vermehrt wird • In Geld gemessener gesamter Verbrauch von Gütern und Dienstleistungen • Wertezufluss	Die Hoffmann KG bezieht Dividenden aus Aktien.
Leistung	• Betriebsbedingter Wertezufluss • Wertzugang aller in Erfüllung des eigentlichen Betriebszwecks erstellten Gütern oder Dienstleistungen eines Zeitraums	Die Hoffmann KG erzielt einen Umsatzerlös in einer neuen Warengruppe in Höhe von 230.035,00 €.

Die Unterscheidung zwischen den einzelnen Begrifflichkeiten ist in der Kosten- und Leistungsrechnung von besonderer Bedeutung. Es müssen genau abgegrenzt werden:

EINZAHLUNGEN UND EINNAHMEN

Einzahlung	Einzahlung, aber keine Einnahme	Ein Kunde der Hoffmann KG begleicht seine Rechnung in Höhe von 10.000,00 €.	
	Einzahlung und Einnahme	Barverkauf einer Ware auf einer Messe	Einnahme
	Einnahme, aber keine Einzahlung	Verkauf von Waren auf Ziel durch die Hoffmann KG	

AUSZAHLUNGEN UND AUSGABEN

Auszahlung	Auszahlung, aber keine Ausgabe	Die Hoffmann KG begleicht eine Verbindlichkeit in Höhe von 20.000,00 € per Banküberweisung.	
	Auszahlung und Ausgabe	Barverkauf auf einer Messe	
	Ausgabe, aber keine Auszahlung	Einkauf von Waren auf Ziel durch die Hoffmann KG	Ausgabe

EINNAHMEN UND ERTRÄGE

Einnahme			Ertrag
	Einnahme, aber kein Ertrag	Die Hoffmann KG verkauft Regale zum Buchwert von 2.500,00 €	
	Einnahme und Ertrag	Ein Firmen-Pkw mit dem Buchwert von 3.000,00 € wird für 5.000,00 € verkauft.	
	Ertrag, aber keine Einnahme	Die Hoffmann KG bedruckt T-Shirts und nimmt sie auf Lager (verkauft werden sie im nächsten Jahr)	

AUSGABEN UND AUFWENDUNGEN

Ausgabe			Aufwand
	Ausgabe, aber kein Aufwand	Die Hoffmann KG kauft einen neuen Lkw für 67.000,00 €	
	Ausgabe und Aufwand	Die Hoffmann KG kauft für die die Herstellung personalisierter (durch entsprechenden Aufdruck) T-Shirts 100 unbedruckte Exemplare und verbraucht sie im gleichen Jahr.	
	Aufwand, aber keine Ausgabe	Die Hoffmann KG schreibt ein Gebäude planmäßig ab	

EINNAHMEN UND ERTRÄGE

Erträge			Leistungen
	Erträge, aber keine Leistungen	Einem Kunden der Hoffmann KG werden Verzugszinsen in Rechnung gestellt.	
	Erträge und Leistungen	Die Hoffmann KG bedruckt Textilien und verkauft diese auch.	
	Leistungen, aber keine Erträge	Differenzen bei der unterschiedlichen Bewertung der Vorräte zwischen Geschäftsbuchführung und Kosten- und Leistungsrechnung	

AUSGABEN UND AUFWENDUNGEN

Aufwand			Kosten
	Aufwand, aber keine Kosten	Die Hoffmann KG spendet für die Opfer einer Hochwasserkatastrophe.	
	Aufwand und Kosten	Die Hoffmann KG versichert die Warenvorräte.	
	Kosten, aber kein Aufwand	In der Hoffmann KG wird der Unternehmerlohn für Herrn Hahnenkamp, der im Unternehmen mitarbeitet, einkalkuliert.	

1. Geben Sie an, aus welchen Teilbereichen das Rechnungswesen besteht.
2. Unterscheiden Sie die Kosten- und Leistungsrechnung von der Geschäftsbuchführung.
3. Geben Sie die drei Bereiche der Kosten- und Leistungsrechnung an.
4. Definieren Sie die Begriffe
    a) Auszahlungen,
    b) Einnahmen,
    c) Ertrag,
    d) Kosten.
5. Entscheiden Sie, welcher Begriff der Kostenrechnung gemeint ist:
    a) Zufluss von Zahlungsmitteln
    b) Darunter versteht man den bewerteten Verbrauch von Gütern und Dienstleistungen in einem bestimmten Zeitraum.
    c) Diese Minderungen des Geldvermögens eines Unternehmens setzen sich zusammen aus den Abgängen liquider Mittel sowie kurzfristiger Forderungen und dem Zugang von Verbindlichkeiten.
6. Entscheiden Sie bei den folgenden Buchungssätzen, um welche(n) Grundbegriff(e) der Kosten- und Leistungsrechnung (bzw. des Rechnungswesens) es sich handelt:
    a) Aufwendungen für Ware und Vorsteuer an Bank
    b) Aufwendungen für Ware und Vorsteuer an Verbindlichkeiten
    c) Forderungen an Umsatzerlöse und Umsatzsteuer
7. Beurteilen Sie die folgenden Fälle aus Sicht der Hoffmann KG:
    a) Letzte Woche wurden von der Hoffmann KG mehrere Kartons farbiges Kopierpapier bei einem Schreibwarengroßhändler bestellt. Diese sind heute Morgen zusammen mit der Rechnung über 420,00 € abzüglich 3 % Skonto bei sofortiger Zahlung geliefert worden. Carolin Saager nimmt gerade die Überweisung vor.
    b) Die Hoffmann KG hat Ware an die Larstadt Warenhaus AG geliefert. Die Ware muss erst in 90 Tagen bezahlt werden.
    c) Gestern wurde in ein Lagergebäude der Hoffmann KG eingebrochen. Gestohlen wurden Anzüge einer italienischen Nobelmarke im Wert von 120.000,00 €.
    d) Es werden fünf neue Drucker auf Ziel (120 Tage) gekauft.
    e) Heute Morgen wurde ein Darlehen zurückgezahlt, mit dem ein Lagergebäude der Hoffmann KG finanziert wurde.
8. In der Kosten- und Leistungsrechnung müssen Einnahmen, Erträge und Einzahlungen sowie Ausgaben, Aufwand und Auszahlungen genauestens voneinander getrennt werden. Welche Situation liegt in den folgenden Fällen jeweils vor?
    a) Die Hoffmann KG begleicht ihre Schulden in Höhe von 50.000,00 € per Banküberweisung bei der Kinke AG.
    b) Ein Firmen-Lkw hat momentan einen Buchwert von 6.000,00 €. Er wird nun für 4.000,00 € verkauft.
    c) Herr Kreipe lässt die Warenvorräte im Lager der Hoffmann KG versichern.
    d) Die Hoffmann KG bedruckt T-Shirts. Diese werden auch verkauft.
    e) Das Firmengebäude der Hoffmann KG wird planmäßig abgeschrieben.
    f) Ein Firmen-Pkw mit einem Buchwert von 4.000,00 € wird für 4.000,00 € verkauft.
    g) Die Hoffmann KG kauft Waren auf Ziel ein.
    h) Der Kunde Gerhard Frost begleicht seine Rechnung in Höhe von 252,00 €.
    i) Dem Kunden Ernst Merke werden von der Hoffmann KG Verzugszinsen in Rechnung gestellt.
    j) Die Hoffmann KG spendet einer Hilfsorganisation 5.000,00 € für die Opfer einer Erdbebenkatastrophe.

9. Die Teilbereiche des Rechnungswesens arbeiten mit unterschiedlichen Mitteln. Welche sind dies in den folgenden Beispielen?

a) Daten der Vergangenheit c) Tabellen

b) Kennzahlen d) Konten

Rechnungswesen

Geschäfts-buchführung	Kosten- und Leistungsrechnung	Statistik	Planungs-rechnung
• erfasst alle Geschäftsvorfälle • liefert Basisinformationen für die anderen Bereiche des Rechnungswesens • für externe zwecke (aufgrund handels- und steuerrechtlicher Vorschriften) • ermittelt das Gesamtergebnis des Unternehmens	• überwiegend für interne Zwecke • überwacht die Wirtschaftlichkeit der betrieblichen Tätigkeit • ermittelt das Betriebsergebnis	Kennzahlenermittlung für Kontrolle und Planung	Vorausschaurechnung zur Entscheidungsvorbereitung

Verwendet unterschiedliche Begrifflichkeiten

Auszahlungen/Einzahlungen	Ausgaben/Einnahmen	Aufwendungen/Erträge	Kosten/Leistungen
Liquide Mittel (Bargeld/Bankguthaben)	Geldvermögen	Gesamtvermögen	Betriebsnotwendiges Vermögen

```
         ┌─────────────────────────────────────────────┐
         │  Drei Bereiche der Kosten- und Leistungsrechnung  │
         └─────────────────────────────────────────────┘
                    │             │             │
   ┌────────────────────┐  ┌────────────────────┐  ┌────────────────────┐
   │ Kostenartenrechnung │  │ Kostenstellenrechnung │  │ Kostenträgerrechnung │
   └────────────────────┘  └────────────────────┘  └────────────────────┘
   │ Welche Kosten werden │  │ Wo werden die Kosten │  │ Wodurch werden die Kosten │
   │ verursacht?          │  │ verursacht?          │  │ verursacht?          │
   └──────────────────────┘  └──────────────────────┘  └──────────────────────┘
```

4.3 Kostenarten

EINSTIEG

Carolin Saager schaut Frau Diedrichs interessiert über die Schulter:

Carolin Saager: „Wieso arbeiten Sie denn nicht mit einem Konto? Das sieht mir ja nach einer Tabelle aus!"

Frau Diedrichs: „Stimmt. Das ist eine Ergebnistabelle. Ich verrechne gerade kalkulatorische Abschreibungen."

Carolin Saager: „Kalkulatorische Kosten, Ergebnistabelle: Ich glaube, da müssen Sie mir noch einiges erklären.
Ich dachte, ich könnte mittlerweile die Buchführung."

Frau Diedrichs: „Die können Sie prima, aber hier geht es um die Kostenartenrechnung."

Erläutern Sie, warum im Rechnungswesen mit Ergebnistabellen gearbeitet wird.

INFORMATION

Ziel der **Kostenartenrechnung** ist die artmäßige Erfassung aller Kosten: Alle kalkulierbaren Kosten werden nach ihrem Charakter aufgeschlüsselt.

In der Geschäftsbuchführung verbucht jedes Unternehmen Aufwendungen, die mit dem eigentlichen Betriebszweck nichts zu tun haben. Als erstes werden daher in der Kostenartenrechnung die Aufwendungen von den Kosten getrennt. Anschließend müssen jedoch noch Kosten hinzugerechnet werden, die entweder überhaupt keinen Aufwand darstellen oder sich in der Höhe von den entsprechenden Aufwendungen unterscheiden. Diese Kosten nennt man kalkulatorische Kosten.

Abgrenzung von Aufwand und Kosten

Unter Aufwand versteht man den gesamten Verzehr von Gütern bzw. Dienstleistungen innerhalb eines bestimmten Zeitraums. In einem ersten Schritt muss von dem gesamten Aufwand der neutrale Aufwand abgezogen werden.

Der neutrale Aufwand

Neutraler Aufwand wird in der Geschäftsbuchführung erfolgswirksam verbucht. Da er jedoch grundsätzlich nicht im Zusammenhang mit der Erreichung des Betriebszwecks steht, darf er in der Kostenrechnung nicht beachtet werden.

Zum neutralen Aufwand gehören:

- **Betriebsfremder Aufwand:**
  Diese Aufwandsart entsteht nicht im Zusammenhang mit der eigentlichen betrieblichen Tätigkeit.

BEISPIELE

- Die Hoffmann KG spendet für ein Waisenhaus in Guatemala.

- Die Hoffmann KG besitzt ein größeres Aktienpaket einer niederländischen Textilfabrik. Hier kommt es zu Verlusten.

- **Außerordentlicher Aufwand:**
  Zwar entsteht dieser Aufwand betrieblich bedingt, er tritt aber nur vereinzelt, unregelmäßig oder zufällig auf.

BEISPIELE

- Ein Lkw wird von der Hoffmann KG unter dem Buchwert verkauft.

- Ein wichtiger Kunde der Hoffmann KG wird insolvent. Es entsteht ein Forderungsverlust in Höhe von 12.000,00 €.

- **Periodenfremder Aufwand:**
  Dieser betrieblich bedingte Aufwand entsteht nicht in dem Abrechnungszeitraum, sondern zu einem späteren Zeitpunkt.

BEISPIEL

Die Hoffmann KG muss 17.000,00 € Steuern nachzahlen.

Grundkosten und Zweckaufwand

Hat man vom gesamten Aufwand den neutralen Aufwand abgezogen, bleibt der **Zweckaufwand** über. Dieser Begriff der Geschäftsbuchführung wird in der Kosten- und Leistungsrechnung **Grundkosten** genannt. Dies sind Kosten, die in gleicher Höhe sowohl als Aufwand in die Geschäftsbuchführung eingehen als auch als Kosten in der Kostenrechnung verrechnet werden. Grundkosten sind also Kosten, die ebenfalls Aufwendungen sind.

BEISPIEL

Die Hoffmann KG verbucht in einer Warengruppe Aufwendungen für Waren in Höhe von 87.000,00 €. In der Kostenrechnung wird dies in gleicher Höhe als Grundkosten verrechnet.

Kalkulatorische Kosten

Manche Kosten sind in der Geschäftsbuchführung nicht oder nicht in dem Umfang enthalten, der nötig ist, um richtige betriebliche Entscheidungen treffen oder realistische Verkaufspreise kalkulieren zu können.

Kalkulatorische Kosten entsprechen also nicht direkt einer Aufwandsart der Geschäftsbuchführung. Sie werden in der Kosten- und Leistungsrechnung bei der Ermittlung des Betriebsergebnisses hinzugerechnet, um vorweggenommene Kosten bereits in die Kalkulation der Verkaufspreise einfließen zu lassen. Unternehmen verwenden – ohne Rücksicht auf handels- oder steuerrechtliche Vorschriften nehmen zu müssen – die kalkulatorischen Kosten zur Abbildung des tatsächlichen Werteverzehrs der für die Leistungserstellung eingesetzten Produktionsfaktoren. Im Gegensatz zu den Kosten der Geschäftsbuchführung liegen ihnen keine Verträge oder Rechnungen zugrunde.

Kalkulatorische Kosten setzen sich zusammen aus Zusatzkosten und Anderskosten.

Zusatzkosten
Zusatzkosten steht überhaupt kein Aufwand gegenüber.

Kalkulatorische Miete
In der Kosten- und Leistungsrechnung wird die kalkulatorische Miete für Räumlichkeiten berechnet, die zwar betrieblichen Zwecken dienen, aber keine Mietzahlungen verursachen. Dadurch wird die Kalkulation eines Unternehmens mit eigenen Gebäuden mit der Kostenrechnung eines Unternehmens, das Räumlichkeiten gemietet hat, vergleichbar: Beide Unternehmen können auf der gleichen Kostengrundlage kalkulieren.

Kalkulatorische Zinsen des Eigenkapitals
Wenn nur die tatsächlich gezahlten Zinsen für das Fremdkapital in die Kalkulation der Verkaufspreise eingehen würden, bekäme ein Unternehmer nicht die Zinsen für sein bereitgestelltes Eigenkapital über die Verkaufspreise in das Unternehmen zurück. Für eine genaue Kalkulation muss also von dem gesamten betriebsnotwendigen Kapital (Fremdkapital, aber auch Eigenkapital) ausgegangen werden. Die kalkulatorischen Zinsen sorgen also dafür, dass in den Verkaufspreisen die Zinsen sowohl für das im Betrieb arbeitende fremde als auch für das eigene Kapital enthalten sind.

Kalkulatorischer Unternehmerlohn
Wenn Einzelunternehmer oder Gesellschafter von Personengesellschaften (KG/OHG) in dem Unternehmen mitarbeiten, werden diese Arbeiten nicht als Betriebsausgaben in Form von Personalkosten in der Geschäftsbuchführung erfasst. Um einerseits Kapital- und Personalgesellschaften gleichzustellen, andererseits eine korrekte und realistische Kalkulation zu bekommen, müssen die kalkulierten Verkaufspreise diese im Prinzip eingesparten Personalkosten enthalten.

Anderskosten

Wird in der Kostenrechnung der Güterverbrauch anders berechnet als in der Geschäftsbuchführung, liegen Anderskosten vor.

Kalkulatorische Wagnisse

Besondere Risiken in der betrieblichen Tätigkeit werden durch kalkulatorische Wagnisse in der Kostenrechnung abgebildet.

> **BEISPIEL**
>
> In die Geschäftsbuchführung der Hoffmann KG fließt ein Forderungsausfall in der tatsächlich angefallenen Höhe ein. In der Kostenrechnung werden jedoch vorsichtig kalkulierte Durchschnittswerte angesetzt.

Kalkulatorische Abschreibungen

Den Unternehmen werden in der Geschäftsbuchführung vom Gesetzgeber handels- und steuerrechtliche Vorschriften für die Berechnung der Abschreibungshöhe vorgegeben. Oft kann jedoch der Fall eintreten, dass die Abschreibungshöhe im Hinblick auf den tatsächlichen Werteverzehr eines Anlageguts zu hoch oder zu niedrig ist. Die kalkulatorischen Abschreibungen sorgen deshalb für eine Erfassung der tatsächlichen Wertminderung der Anlagegüter.

Kalkulatorische Zinsen des Fremdkapitals

Unterscheiden sich die tatsächlich zu bezahlenden Fremdkapitalzinsen (verbucht in der Geschäftsbuchführung) von den in der Kostenrechnung angesetzten Beträgen, liegen kalkulatorische Fremdkapitalzinsen vor.

Kosten

Jetzt sind die gesamten Kosten des Betriebes ermittelt. Sie ergeben sich durch Zusammenrechnung der Grundkosten mit den Zusatz- sowie Anderskosten.

Abgrenzungen von Erträgen und Leistungen

Die Berechnung der Leistungen erfolgt analog dem Vorgehen bei der Abgrenzung von Aufwand und Kosten. Im Zuge eines Prozesses werden die Leistungen von den Erträgen getrennt. Zudem werden noch Zusatz- und Andersleistungen hinzugerechnet.

Erträge

Erträge stellen den Wertzuwachs an Gütern und Dienstleistungen innerhalb eines bestimmten Zeitraums dar. Von diesen werden zunächst die neutralen Erträge abgegrenzt.

Neutrale Erträge

Neutrale Erträge, die grundsätzlich nicht im Zusammenhang mit der Erreichung des eigentlichen Betriebszwecks im untersuchten Zeitraum stehen, setzen sich aus folgenden Erträgen zusammen:

- **Betriebsfremde Erträge**
  Betriebsfremde Erträge haben keinen Bezug zur eigentlichen betrieblichen Tätigkeit.

> **BEISPIEL**
>
> Die Hoffmann KG ist an einer Schweizer Unternehmung beteiligt, die einen beträchtlichen Gewinn ausschüttet.

- **Außerordentliche Erträge**

  Außerordentliche Erträge werden zwar betrieblich bedingt, treten aber nur unregelmäßig, vereinzelt und oft zufällig auf.

> **BEISPIEL**
>
> Die Hoffmann KG verkauft einen Pkw über dem Buchwert.

- **Periodenfremde Erträge**

  Periodenfremde Erträge sind betrieblich verursachte Erträge, die jedoch in einem andern Zeitraum anfallen.

> **BEISPIEL**
>
> Die Hoffmann KG bekommt überraschend im Vorjahr gezahlte Steuern zurückerstattet.

Grundleistungen und Zweckerträge

Wurden von den gesamten Erträgen die neutralen Erträge abgezogen, bleibt der Zweckertrag übrig. In der Leistungsrechnung ist dies die Grundleistung.

Kalkulatorische Leistungen

Zur Berechnung der gesamten Leistungen werden zu den Grundleistungen noch die Andersleistungen und die Zusatzleistungen hinzugerechnet.

Zusatzleistungen

Zusatzleistungen steht kein Ertrag in der Geschäftsbuchführung entgegen.

> **BEISPIEL**
>
> Die Hoffmann KG nutzt bei der Textilbedruckung ein eigenes Patent.

Andersleistungen

Werden in der Geschäftsbuchführung und in der Leistungsrechnung Leistungen unterschiedlich bewertet, werden Andersleistungen in die Berechnung aufgenommen.

> **BEISPIEL**
>
> Ein Grundstück der Hoffmann KG in Rostock hat einen enormen Wertzuwachs bekommen. In der Geschäftsbuchführung darf in der Bilanz nur der Wert bis maximal zum ursprünglichen Anschaffungspreis angesetzt werden. Die Leistungsrechnung dagegen darf auch den Marktpreis als Andersleistung einkalkulieren.

Einteilung der Kosten

Nach Abgrenzung der Kosten von den Aufwendungen unterteilt die Kostenartenrechnung die Kosten nach einer Vielzahl von Kriterien. Die identifizierten Kosten werden also – um später besser Informationen gewinnen zu können – nach bestimmten Merkmalen eingeteilt: Von be sonderer Bedeutung für die Kostenrechnung sind einerseits die Unterscheidung von Einzel- und Gemeinkosten, andererseits die Unterteilung der Kosten in fixe und variable Kosten.

Aufteilung der Kosten nach der Zurechenbarkeit

Einzelkosten

Einzelkosten nennt man Kosten, die einem einzelnen Kostenträger (z. B. einem Artikel) direkt zugerechnet werden können. Oft werden sie auch als direkte Kosten bezeichnet.

> **BEISPIEL**
>
> Ein Artikel verursacht im Lager der Hoffmann KG direkt nachweisbare Lagerkosten von 0,75 € pro Stück im Jahr.

Gemeinkosten

Gemeinkosten werden durch mehrere oder alle Kostenträger im Betrieb verursacht. Sie fallen für den Betrieb insgesamt an, können aber nicht direkt einem Kostenträger zugerechnet werden. Sie werden oft auch indirekte Kosten genannt.

> **BEISPIEL**
>
> Herr Trzensik, Hausmeister der Hoffmann KG, verursacht Personalkosten, die nicht direkt einem Kostenträger zugeordnet werden können.

Aufteilung der Kosten nach der Veränderbarkeit des Leistungsumfangs

Kosten werden hier danach aufgeteilt, wie sie sich bei einer Änderung der betrieblichen Auslastung verhalten. Wirtschaftswissenschaftler und -wissenschaftlerinnen sprechen im Zusammenhang mit dieser Variation des Leistungsumfangs oft auch vom Beschäftigungsgrad.

Fixe Kosten

Diese Kosten bleiben bei Schwankungen der Auslastung konstant.

> **BEISPIEL**
>
> Die Hoffmann KG hat in Darmstadt ein Lagergebäude angemietet. Die Miete fällt an, egal, ob das Lager leer oder gefüllt ist.

Die fixen Kosten können grafisch dargestellt werden (siehe Abbildung links) und bleiben bei zunehmender Produktionsmenge gleich.

BEISPIEL

Unabhängig davon, ob in einem Industriebetrieb z. B. 3 000 oder 6 000 Stück hergestellt werden (oder in einem Handelsbetrieb dieselben Stückzahlen verkauft werden), bleiben die fixen Kosten (z. B. 20.000,00 € für Miete von Räumen oder für Gehälter) gleich.

Untersucht man den Verlauf der **fixen Stückkosten**, ermittelt man, wie viel fixe Kosten für ein hergestelltes Stück anfallen.

Je mehr ein Unternehmen herstellt, desto geringer werden die **fixen Stückkosten**.

BEISPIEL

Bei einer Produktion (Ausbringung) von 3 000 Stück fallen 6,66 € fixe Kosten pro Stück an. (Rechnung: 10.000,00 € / 3 000 Stück = 6,66 €) Wird die Produktion dagegen auf 6 000 Stück gesteigert, sinken die fixen Kosten pro Stück auf 3,33 €.

Variable Kosten

Variable Kosten verändern sich als mengenabhängige Kosten bei Änderung der Produktions- bzw. Absatzmenge.

BEISPIEL

Je mehr ein Industrieunternehmen im Bereich der Textilproduktion anfertigt, desto größer werden die Beschaffungskosten für die Rohstoffe.

Bei einer Erhöhung der Produktionsmenge steigen also die variablen Kosten.

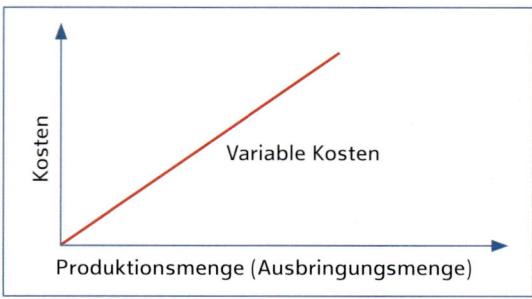

BEISPIEL

Fallen für ein Stück eines Produkts 5,00 € variable Kosten pro Stück an, ergeben sich variable Kosten für die Erstellung von 1 000 Stück in Höhe von 5.000,00 €.

Die **variablen Stückkosten** bleiben immer gleich, egal, wie viel Stück hergestellt werden

> **BEISPIEL**
>
> Egal, ob ein Stück oder 1 000 Stück produziert werden, die variablen Kosten pro Stück betragen immer 5,00 €.

Verlauf variabler Kosten

Variable Kosten sind zwar beschäftigungsabhängig (also direkt beeinflusst durch die Ausbringungsmenge), können aber einen unterschiedlichen Verlauf haben:

Bei **proportionalen** Kosten verändern sich die variablen Kosten im gleichen Verhältnis wie die Ausbringungsmenge.

Degressive Kosten liegen vor, wenn die Kosten langsamer als z. B. die Produktionsmenge steigen.

> **BEISPIEL**
>
> Beim Bezug von Rohstoffen kann die Hoffmann KG durch Abnahme größerer Mengen Mengenrabatte und bessere Bezugskonditionen erzielen.

Bei **progressiven** Kosten nehmen die variablen Kosten bei steigender Ausbringungsmenge stärker zu.

> **BEISPIEL**
>
> Lohnkosten verteuern sich durch Überstundenzuschläge. Es kommt vermehrt zu Reparaturen aufgrund der Überbeanspruchung von Maschinen.

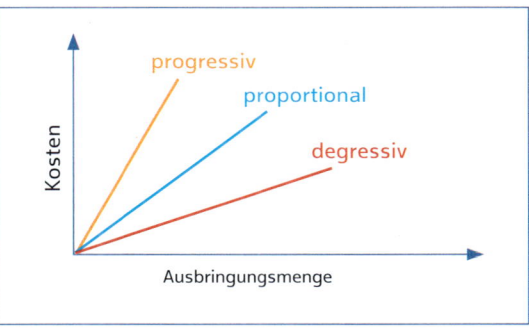

Ein Sonderfall sind die **sprungfixen** Kosten: Ab einer bestimmten Ausbringungsmenge ändert sich – sprunghaft – die Höhe der Fixkosten.

> **BEISPIEL**
>
> Ab einer gewissen Ausbringungsmenge muss ein Industrieunternehmen ein weiteres Gebäude für die Fertigung anmieten.

Gesamtkosten

Die Beziehung zwischen fixen und variablen Kosten lässt sich auch grafisch darstellen.

BEISPIEL

Carolin Saager soll die Gesamtkosten eines Bereichs des Darmstädter Lagers berechnen. Frau Diedrichs nennt ihr als fixen Anteil dieses Bereichs an der Lagermiete den Betrag von 3.500,00 €. Pro gelagerten Artikel fallen noch 0,70 € pro Stück an.

Carolin macht sich noch einmal klar:

Gesamtkosten = Fixe Kosten + variable Kosten Sie stellt daher die folgende Gleichung auf:

$y = 3\,500{,}00 + 0{,}70 \cdot x$

Wenn sie nun die Gesamtkosten für einen durchschnittlichen Lagerbestand von 12 000 Stück berechnen soll, ergibt sich folgende Rechnung:

$y = 3.500{,}00\ € + 0{,}70\ € \cdot 12\,000$

$y = 3.500{,}00\ € + 8.400{,}00\ €$

$y = 11.900{,}00\ €$

Die Gesamtkosten der Lagerung betragen somit 11.900,00 €.

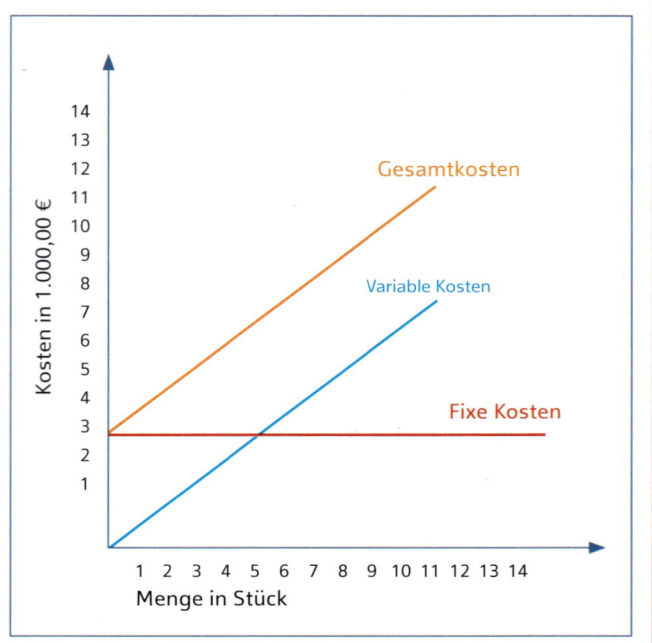

Das Gesetz der Massenproduktion

Je mehr ein Unternehmen produziert, desto stärker wird sich dessen Kostenstruktur verbessern. Dies sagt das Gesetz der Massenproduktion aus: Je höher die Ausbringungsmenge bei der Produktion von Gütern ist, desto geringer werden die gesamten Stückkosten.

BEISPIEL

Die Hoffmann KG produziert personalisierte T-Shirts zu variablen Kosten in Höhe von 30,00 € je Stück. In einem Monat fallen 14.000,00 € fixe Kosten an. Im Juli produziert die Hoffmann KG 4 000 Stück, im August wird die Fertigung auf 6 000 Stück gesteigert. Carolin Saager bekommt den Auftrag, die Kostensituation zu untersuchen.

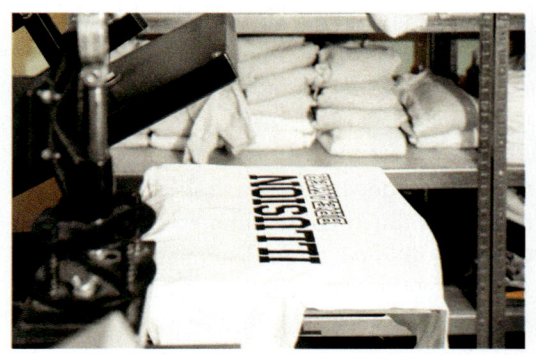

		€	
		Juli	**August**
Variable Kosten	Stückzahl · 30,00 €	12.000,00	13.000 00
Fixe Kosten		14.000,00	14.000 00
Gesamtkosten	Variable und fixe Kosten	26.000,00	32.000 00
Gesamtkosten pro Stück	Gesamtkosten Herstellungsmenge	650,00	533 00

Carolin erkennt, dass hier das Gesetz der Massenproduktion vorliegt: Mit steigender Produktionsmenge sinken die Gesamtkosten pro Stück.

Die Ergebnistabelle

Der Gewinn oder Verlust aus dem Gewinn- und Verlustkonto der Geschäftsbuchführung sagt noch nichts über den Erfolg der eigentlichen betrieblichen Tätigkeit aus. Zur Ermittlung dieses Betriebsergebnisses (Betriebsgewinn oder Betriebsverlust) benötigt das Unternehmen die genaue Höhe der Kosten und Leistungen. Dazu wird in der Kosten- und Leistungsrechnung die Ergebnistabelle verwendet. Zur Berechnung des Betriebsergebnisses grenzt diese die neutralen Aufwendungen und Erträge von den Kosten und Leistungen ab und erfasst diese gegliedert und systematisch geordnet.

Als wesentliches Instrument der Kostenartenrechnung hat die Ergebnistabelle die folgende Struktur.

GESCHÄFTSBUCHFÜHRUNG				KOSTEN- UND LEISTUNGSRECHNUNG						
Rechnungskreis I				Rechnungskreis II						
Erfolgsbereich				Abgrenzungsbereich					KLR-Bereich	
				Unternehmensbezogene Abgrenzungen	Kostenrechnerische Korrekturen				Betriebsergebnisrechnung	
Kto. Nr.	Kontenbezeichnung	Aufwendungen	Erträge	Aufwendungen	Erträge	Aufwendungen	Erträge	Kosten	Leistungen	

Der erste größere Teil der Ergebnistabelle (der linke Bereich) erfasst unter der Überschrift „Rechnungskreis I" die Salden aller Aufwands- und Ertragskonten aus den Erfolgskonten der Geschäftsbuchführung. Er bildet den Inhalt des Gewinn- und Verlustkontos einschließlich des Gesamtergebnisses ab.

Der zweite größere Bereich der Ergebnistabelle ermöglicht unter der Überschrift „Rechnungskreis II" sowohl die Berechnung der Abgrenzungsergebnisses als auch die des Betriebsergebnisses. Dieser gesamte Bereich fasst alle Berechnungen der Kosten- und Leistungsrechnung zusammen.

Es findet hier noch eine Untergliederung statt in

1. Abgrenzungsrechnung:

- Aus dem Rechnungskreis I werden einerseits unter der Überschrift „Unternehmensbezogene Abgrenzungen" die neutralen Aufwendungen und Erträge übernommen. die nichts mit dem betrieblichen Leistungsprozess zu tun haben. Ermittelt wird das neutrale Ergebnis (neutraler Verlust oder neutraler Gewinn).
- Mithilfe der kostenrechnerischen Korrekturen werden die eigenen kalkulatorischen Kosten (z. B. für die Abschreibung) in die Kostenrechnung aufgenommen. Da die kalkulatorischen Kosten die betriebliche Wirklichkeit besser abbilden, ist es realistischer, diese auch in das Betriebsergebnis einfließen zu lassen.
- Kalkulatorische Kosten, die in der Kosten- und Leistungsrechnung als Kosten verrechnet werden, erscheinen in den kostenrechnerischen Korrekturen quasi als Erträge. Diese werden den Aufwendungen gegenübergestellt, die in der Geschäftsbuchführung des Rechnungskreises I erfasst wurden. Sie werden einerseits also in der Kostenrechnung als Kosten angesetzt, andererseits aber auch außerordentliche Erträge, damit das Gesamtergebnis nicht verfälscht wird.

2. Betriebsergebnisrechnung:
Aus dem Rechnungskreis I werden alle Kosten und Leistungen eingetragen. Ermittelt wird das Betriebsergebnis.

BEISPIEL

Carolin Saager soll für die Filiale in Kassel eine Ergebnistabelle aus der Gewinn- und Verlustrechnung erstellen. Kalkulatorische Kosten und Leistungen muss sie zunächst nicht berücksichtigen.

S		Gewinn- und Verlustkonto	H
2010 Außerord. Aufwendungen	34.500,00	2420 Betriebsfremde Erträge	262.800,00
2030 Periodenfremder Aufwand	120.000,00	26 So. Zinsen und ä. Erträge	107.700,00
2040 Verluste a. D. Abgang v. AV	17.100,00	8010 Warenverkauf	4.500.000,00
3010 Wareneingang	2.880.000,00		
40 Personalkosten	810.000,00		
42 Steuern und Beiträge	293.700,00		
44 Werbe- und Reisekosten	33.660,00		
48 Allgemeine Verwaltungskosten	56.760,00		
GEWINN	624.780,00		
	4.870.500,00		4.870.500,00

Carolin stellt die folgende Ergebnistabelle auf:

		GESCHÄFTSBUCHFÜHRUNG		KOSTEN- UND LEISTUNGSRECHNUNG					
		Rechnungskreis I		Rechnungskreis II					
		Erfolgsbereich		Abgrenzungsbereich				KLR-Bereich	
				Unternehmensbez. Abgrenzungen		Kostenrechnerische Korrekturen		Betriebsergebnisrechnung	
Kto. Nr.	Kontenbezeichnung	Aufwendungen in €	Erträge in €	Aufwendungen in €	Erträge in €	Aufwendungen in €	Erträge in €	Kosten in €	Leistungen in €
2010	Außero. Aufwend.	34.500,00		34.500,00					
2030	Periodenfremder Aufw.	120.000,00		120.000,00					
2040	Verluste a.D. Abgang v. AV	17.100,00		17.100,00					
3010	Wareneingang	2.880.000,00						2.880.000,00	
40	Personalkosten	810.000,00						810.000,00	
42	Steuern und Beiträge	293.700,00						293.700,00	
44	Werbe- und Reisekosten	33.660,00						33.660,00	
48	AVK	56.760,00						56.760,00	
2420	Betriebsfr. Erträge		262.800,00		262.800,00				
26	So. Zinsen und ä. Erträge		107.700,00		107.700,00				
8010	Warenverkauf		4.500.000,00						4.500.000,00
	Summen:	4.245.720,00	4.870.500,00	171.600,00	370.500,00			4.074.120,00	4.500.000,00
	Salden	624.780,00	0	198.900,00				425.880,00	
		4.870.500,00	4.870.500,00	370.500,00	370.500,00			4.500.000,00	4.500.000,00

Sie ermittelt folgende Ergebnisse:

Gesamtergebnis =	Abgrenzungsergebnis	+ Betriebsergebnis
hier: Gesamtgewinn	hier: Abgrenzungsgewinn	+ hier: Betriebsgewinn
624.780,00 € =	198.900,00 €	+ 425.880,00 €

Berücksichtigung der kalkulatorischen Kosten in der Ergebnistabelle

Auch die kalkulatorischen Kosten müssen in der Ergebnistabelle berücksichtigt werden.

BEISPIEL

Frau Diedrichs erklärt Carolin Saager mit einem einfachen Beispiel (zum besseren Verständnis), wie sie dabei vorzugehen hat. Sie nimmt an, dass das Unternehmen als einzigen Ertrag 600.000,00 € für Umsatzerlöse erzielt hat. Als einzige Aufwendung wurde in der Geschäftsbuchführung nur eine Abschreibung in Höhe von 200.000,00 € gebucht. In der Kostenrechnung müssen aber 250.000,00 € kalkulatorisch abgeschrieben werden. Carolin muss in der Spaltengruppe „Kostenrechnerische Korrekturen" die auf das Gesamtunternehmen bezogenen Aufwendungen der Finanzbuchführung von den betriebsbezogenen Aufwendungen abgrenzen. Muss sie wie in diesem Fall in der Kosten- und Leistungsrechnung höhere Kosten verrechnen als Aufwendungen in der Geschäftsbuchführung, so wird sie das im Vergleich zum Gesamtergebnis zu gering ausgewiesene Betriebsergebnis durch den Ausweis eines entsprechenden Mehrertrags ausgleichen und neutralisieren.

		GESCHÄFTSBUCHFÜHRUNG			KOSTEN- UND LEISTUNGSRECHNUNG					
		Rechnungskreis I			Rechnungskreis II					
		Erfolgsbereich			Abgrenzungsbereich				KLR-Bereich	
					Unternehmensbez. Abgrenzungen		Kostenrechnerische Korrekturen		Betriebsergebnis-rechnung	
Kto. Nr.	Kontenbe-zeichnung	Aufwen-dungen in €	Erträge in €	Aufwen-dungen in €	Erträge in €	Aufwen-dungen in €	Erträge in €	Kosten in €	Leistungen in €
	Umsatz-erlöse		600.000,00							600.000,00
	Abschrei-bungen	200.000,00				200.000,00	250.000,00	250.000,00		
	Summen:	200.000,00	600.000,00			200.000,00	250.000,00	250.000,00	600.000,00
	Salden	400.000,00				50.000,00		350.000,00	
		600.000,00				250.000,00	250.000,00	600.000,00	600.000,00

Als Ergebnis liest sie ab:

Gesamtergebnis =	Abgrenzungsergebnis	+ Betriebsergebnis
hier: Gesamtgewinn	hier: Abgrenzungsgewinn	hier: Betriebsgewinn
400.000,00 € =	50.000,00 €	+ 350.000,00 €

BEISPIEL

Carolin Saager erfährt gerade noch rechtzeitig, dass die vorläufig aufgestellte Gewinn- und Verlustrechnung korrigiert wurde: Abschreibungen in Höhe von 100.000,00 € mussten noch berücksichtigt werden. Die Gewinn- und Verlustrechnung sieht nun folgendermaßen aus:

S	Gewinn- und Verlustkonto		H
Außerord. Aufwend.	34.500,00	Betriebsfremde Erträge	262.800,00
Periodenfremder Aufw.	120.000,00	So. Zinsen und ä. Erträge	107.700,00
Verluste a. D. Abgang v.AV	17.100,00	Warenverkauf	4.500.000,00
Abschreibungen	100.000,00		
Wareneingang	2.880.000,00		
Personalkosten	810.000,00		
Steuern und Beiträge	293.700,00		
Werbe- und Reisekosten	33.660,00		
Allgemeine Verwaltungskosten	56.760,00		
GEWINN	52.4780,00		
	4.870.500,00		4.870.500,00

Frau Diedrichs weist Carolin Saager darauf hin, dass in der Kostenrechnung aber noch 150.000,00 € kalkulatorisch abgeschrieben werden müssen. Sie stellt die folgende Ergebnistabelle auf:

GESCHÄFTSBUCHFÜHRUNG		KOSTEN- UND LEISTUNGSRECHNUNG						
Rechnungskreis I		Rechnungskreis II						
Erfolgsbereich		Abgrenzungsbereich				KLR-Bereich		
		Unternehmensbez. Abgrenzungen		Kostenrechnerische Korrekturen		Betriebsergebnisrechnung		
Kontenbezeichnung	Aufwendungen in €	Erträge in €	Aufwendungen in €	Erträge in €	Aufwendungen in €	Erträge in €	Kosten in €	Leistungen in €
Außero. Aufwend.	34.500,00	0,00	34.500,00					
Periodenfremder Aufw.	120.000,00	0,00	120.000,00					
Verluste a. D. Abgang v.AV	17.100,00	0,00	17.100,00					
Abschreibungen	100.000,00				100.000,00	150.000,00	150.000,00	
Wareneingang	2.880.000,00	0,00					2.880.000,00	
Personalkosten	810.000,00	0,00					810.000,00	
Steuern und Beiträge	293.700,00	0,00					293.700,00	
Werbe- und Reisekosten	33.660,00	0,00					33.660,00	
AVK	56.760,00	0,00					56.760,00	
Betriebsfr. Erträge	0,00	262.800,00		262.800,00				
So. Zinsen und ä. Erträge	0,00	107.700,00		107.700,00				
Warenverkauf	0,00	4.500.000,00						4.500.000,00
Summen:	4.345.720,00	4.870.500,00	171.600,00	370.500,00	100.000,00	150.000,00	4.224.120,00	4.500.000,00
Salden	524.780,00	0,00	198.900,00			50.000,00	275.880,00	
	4.870.500,00	4.870.500,00	370.500,00	370.500,00	150.000,00	150.000,00	4.500.000,00	4.500.000,00

Als Ergebnis liest Carolin ab:

Gesamtergebnis =	Abgrenzungsergebnis	+ Betriebsergebnis
Hier: Gesamtgewinn	Hier: Abgrenzungsgewinn	+ hier: Betriebsgewinn
524.780,00 =	248.900,00 (198.900,00 + 50.000,00)	+ 275.880,00

1. Erklären Sie, was man unter neutralem Aufwand versteht.
2. Ermitteln Sie, was zum neutralen Aufwand gehört.
3. Erläutern Sie, was man unter Grundkosten versteht.
4. Beurteilen Sie die folgende Aussage:
   „In der Kosten- und Leistungsrechnung werden auch Kosten angesetzt, die keinen Aufwendungen in der Geschäftsbuchführung entsprechen."
5. Entscheiden Sie, um welche Kosten es sich handelt.
   a) Ein Lkw der Hoffmann KG wird mit 2.000,00 € in der Bilanz abgeschrieben.
   b) In der Kostenrechnung wird der Lkw der Hoffmann KG aber mit 3.000,00 € abgeschrieben, da der der Wiederbeschaffungswert in der Zwischenzeit gegenüber dem ursprünglichen Anschaffungswert erheblich gestiegen ist.
   c) Herr Hoffmann arbeitet mit in der Hoffmann KG.
   d) Für das von Herrn Hoffmann in die Hoffmann KG eingebrachte Eigenkapital werden 30.000,00 € Zinsen, für die vom Unternehmen eigentlich keine verpflichtende Zinszahlungen zu leisten sind, in die Kostenrechnung aufgenommen.
6. Carolin Saager soll die Gesamtkosten einer Warengruppe im Lager Wiesbaden ermitteln. Der Anteil an der Lagermiete beträgt 12.000,00 €. Pro Stück betragen die Lagerkosten 1,75 €. Durchschnittlich waren im Untersuchungszeitraum 40 000 Stück auf Lager.
7. Geben Sie an, was eine Ergebnistabelle ist.
8. Unterscheiden Sie die Rechnungskreise I und II.
9. Beurteilen Sie den Ausschnitt aus der folgenden Ergebnistabelle:

GESCHÄFTSBUCHFÜHRUNG			KOSTEN- UND LEISTUNGSRECHNUNG						
Rechnungskreis I			Rechnungskreis II						
Erfolgsbereich			Abgrenzungsbereich					KLR-Bereich	
			Unternehmensbez. Abgrenzungen		Kostenrechnerische Korrekturen			Betriebsergebnisrechnung	
Kontenbezeichnung	Aufwendungen in €	Erträge	Aufwendungen	Erträge in €	Aufwendungen in €	Erträge		Kosten in €	Leistungen
Abschreibungen	40.000,00			40.000,00					
Kalkulatorische Abschreibungen					50.000,00			50.000,00	

10. Entscheiden Sie in den folgenden Fällen, ob jeweils Einzelkosten oder Gemeinkosten vorliegen.
    a) Die Hoffmann KG hat im Wareneinkauf einer bestimmten Warengruppe Aufwendungen für Ware in Höhe von 456.954,00 €.
    b) An alle Auszubildenden der Hoffmann KG in allen Filialen werden dieses Jahr insgesamt 678.900,00 € Ausbildungsvergütung ausgezahlt.
    c) In einer Fachzeitschrift schaltet die Hoffmann KG eine Anzeige, um sich bekannt zu machen.

d) Für den Versand der Artikel einer Warengruppe wird bei einem spezialisierten Lieferanten Verpackungsmaterial bestellt.

e) Am Anfang des Jahres ordert die Hoffmann KG eine Palette mit Kopierpapier für die Kopiergeräte und Drucker des Unternehmens.

11. Beurteilen Sie die folgende Aussage: „Bei fixen Stückkosten bleiben die Kosten bei steigender oder fallender Absatzmenge gleich."

12. Entscheiden Sie in den folgenden Fällen, ob jeweils fixe oder variable Kosten vorliegen.

a) Die für die Hoffmann KG arbeitenden Vertreterinnen und Vertreter erhalten ihre Provision.

b) In einer Filiale der Hoffmann KG werden 150.000,00 € Gehälter ausgezahlt.

c) Die Hoffmann KG hat im Wareneinkauf einer bestimmten Warengruppe Aufwendungen für Ware in Höhe von 456.954,00 €.

d) Beim Versand bestimmter Waren fallen Ausgangsfrachten in Höhe von 640,00 € an.

e) In Gießen wird ein Lagergebäude von der Hoffmann KG angemietet.

f) Das neu gebaute Geschäftsgebäude der Hoffmann KG in Fulda wird versichert.

13. Die Hoffmann KG muss überraschend Gewerbesteuer für das letzte Jahr nachzahlen. Entscheiden Sie, was vorliegt.

a) Zusatzkosten
b) Anderskosten
c) Grundkosten
d) betriebsfremder Aufwand
e) periodenfremder Aufwand
f) außerordentlicher Aufwand

14. In die Kostenrechnung der Hoffmann KG werden auch kalkulatorische Zinsen einkalkuliert. Geben Sie an, worum es sich bei kalkulatorischen Zinsen handelt.

a) Anderskosten
b) Zusatzkosten
c) Aufwand
d) Auszahlungen
e) Ausgaben

15. Erstellen Sie aus folgender Gewinn- und Verlustrechnung (Angaben in 1.000,00 €) eine Ergebnistabelle. Kostenrechnerische Korrekturen müssen Sie in dieser Aufgabe nicht vornehmen.

S	Gewinn- und Verlustkonto		H
Aufwend. f. Waren	3.570	Umsatzerlöse	10.500
Personalkosten	6.314	Zinserträge	21
Außerord. Aufwand	49		
Mietaufwand (Lager)	343		
Gewinn	245		
	10.521		10.521

16. Für eine Filiale der Hoffmann KG wurde die folgende GuV-Rechnung (in 1.000,00 €) erstellt.

S	Gewinn- und Verlustkonto		H
Aufw. f. Ware	29.106	Umsatzerlöse	43.158
Zinsaufwand	660	Zinserträge	630
Personalkosten	7.182		
Abschreibungen	900		
Raumkosten (Lager)	2.418		
Allg. Verwalt.-Kosten	846		
Gewinn	2.676		
	43.780		43.780

In der Kostenrechnung müssen noch berücksichtigt werden:

- Kalkulatorischer Unternehmerlohn 786.000,00 €
- Kalkulatorische Abschreibungen 1.080.000,00 €
- Kalkulatorische Zinsen 780.000,00 €

17. Für eine andere Filiale der Hoffmann KG wurde die folgende GuV-Rechnung (in 1.000,00 €) erstellt.

S	Gewinn- und Verlustkonto			H
Aufw. für Ware	1.425	Umsatzerlöse	5.040	
Personalkosten	3.645	Mieterträge	828	
Abschreibungen	195	Zinserträge	225	
Außerord. Aufw.	48			
Allg. Verwalt.-Kosten	207			
Gewerbesteuer	81			
Zinsaufwand	90			
Gewinn	402			
	6.093		6.093	

In die Kostenrechnung müssen noch einbezogen werden:

- Kalkulatorische Wagnisse 10.000,00 €
- Kalkulatorische Abschreibungen 210.000,00 €
- Kalkulatorische Zinsen 108.000,00 €

18. Die Berechnung des Betriebsergebnisses kann durch Anwendung von Tabellenkalkulations-programmen erheblich erleichtert werden.

a) Erstellen Sie mithilfe von Excel eine Vorlage für eine Ergebnistabelle.

b) Überprüfen Sie die Ergebnisse der Aufgaben 15 bis 17 mithilfe der von Ihnen erstellten Exceltabelle.

19. Die Hoffmann KG produziert mittlerweile auch in geringem Umfang Hosen einer bestimmten Art selbst zu variablen Kosten in Höhe von 12,00 € je Stück.

In einem Monat fallen 9.000,00 € fixe Kosten an.

Im März produziert die Hoffmann KG 3000 Stück, im April wird die Fertigung auf 16000 Stück gesteigert.

Zeigen Sie anhand dieser Daten mithilfe einer Berechnung die Gültigkeit des Gesetzes der Massenproduktion.

20. Bei einem bestimmten Artikel der Hoffmann KG liegt der folgende Kostenverlauf vor:

Ausbringungsmenge in Stück	Gesamtkosten in €
100	200,00
200	360,00
300	480,00
400	560,00
500	600,00

a) Geben Sie an, welcher Kostenverlauf vorliegt.

b) Erstellen Sie einen grafischen Kostenverlauf mithilfe von Excel.

ZUSAMMENFASSUNG

Kostenartenrechnung

ermittelt, welche Kosten im Betrieb entstanden sind.

trennt Aufwendungen (Erträge) von Kosten (Leistungen)	**trennt Aufwendungen (Erträge) von Kosten (Leistungen)**	**identifiziert die Art der Kosten**	**ermittelt das Betriebsergebnis**
Aussonderung • betriebsfremder • außerordentlicher • periodenfremder Aufwendungen (Erträge)	• Zusatzkosten: Zusatzkosten steht überhaupt kein Aufwand gegenüber • Anderskosten: Kosten werden in anderer Höhe als in der Geschäftsbuchführung angesetzt	• z. B. Einzelkosten/ Gemeinkosten • z. B. fixe/variable Kosten	Betriebsergebnis: Erfolg der eigentlichen betrieblichen Tätigkeit

Instrument: Betriebsergebniskontrolle

GESCHÄFTSBUCHFÜHRUNG	**KOSTEN- UND LEISTUNGSRECHNUNG**	
Rechnungskreis I	Rechnungskreis II	
Erfolgsbereich	Abgrenzungsbereich	KLR-Bereich
Unternehmensergebnis	**Neutrales Ergebnis**	**Betriebsergebnis**

4.4 Kostenstellenrechnung

Carolin Saager erzählt Frau Diedrichs vom letzten Auszubildendenseminar der Hoffmann KG, das in Offenbach stattfand, bei dem die Praktikanten teilnehmen durften.

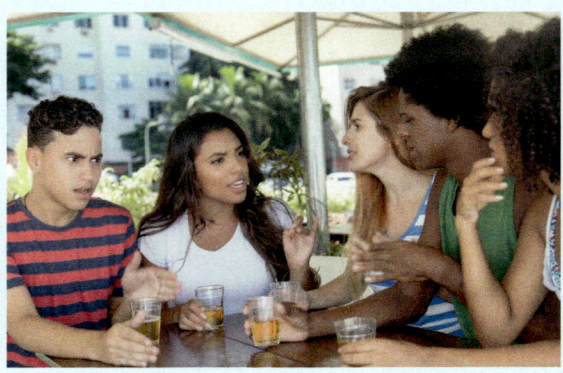

Carolin Saager: „... und dann haben sich zwei Auszubildende unserer stationären Geschäfte aus Darmstadt und Wiesbaden fast in die Haare gekriegt. Es ging um die Fragen, welcher Standort besser gearbeitet hat und welche Abteilung jeweils nicht so gut war ...“

Frau Diedrichs: „Wir könnten uns ja mal aus dem jeweiligen Betriebsabrechnungsbogen der Kostenstellenrechnung die Zahlen besorgen – und die Fragen tatsächlich beantworten.“

Carolin Saager: „Ach ja, das geht?“

Frau Diedrichs: „Ja, hier sind die Zahlen aus Darmstadt und Wiesbaden:“

Darmstadt	Plan	Ist
Material	290.000,00 €	310.000,00 €
Fertigung	560.000,00 €	624.000,00 €
Vertrieb	185.000,00 €	160.000,00 €
Verwaltung	78.000,00 €	89.000,00 €

Wiesbaden	Plan	Ist
Material	280.000,00 €	335.000,00 €
Fertigung	540.000,00 €	720.000,00 €
Vertrieb	82.000,00 €	84.000,00 €
Verwaltung	88.000,00 €	91.000,00 €

Carolin Saager: „Ja genau. Jetzt kann ich die Fragen auch beantworten. Aber das mit der Kostenstellenrechnung – das interessiert mich.“

1. Stellen Sie fest und begründen Sie, welche Filiale erfolgreicher gearbeitet hat.
2. Ermitteln Sie, welche Abteilung nicht effizient gearbeitet hat.

Die **Kostenstellenrechnung** übernimmt die Aufgabe, die Kosten so zu erfassen, dass sie jeder Leistungseinheit eines Unternehmens (= Kostenstelle) zugeordnet werden können. Sie ordnet die Kosten also ihren Verursachungsbereichen zu. Die Kostenstellenrechnung identifiziert also wirtschaftliche bzw. unwirtschaftliche Bereiche des Betriebsprozesses. Sie dient damit einerseits der Gewinnung weiterer Informationen für die Kostenträgerrechnung, andererseits können dadurch einzelne Funktionsbereiche des Betriebes durch innerbetriebliche Vergleiche kontrolliert werden. Auch liefert sie Informationen für zukunftsorientierte Entscheidungen.

Kostenstellen

In der Kostenstellenrechnung wird das Unternehmen in kleine Teilbereiche – meistens sind dies Organisationseinheiten der Aufbauorganisation – zerlegt. Diesen werden die dort verursachten Kosten zugeordnet. Mit den ermittelten Kosten kann die betriebliche Tätigkeit kontrolliert werden.

Wird beispielsweise eine Kostenüberschreitung bei einer Kostenstelle festgestellt, muss der für die Kostenstelle Verantwortliche Maßnahmen ergreifen. Die Kostenstellenrechnung ist ein wichtiges Mittel zur Unternehmenssteuerung durch den möglichen Vergleich zwischen Ist- und Soll-Zahlen.

Die Kostenstellenrechnung gliedert das gesamte Unternehmen in Abrechnungseinheiten, wo jeweils Kosten entstehen. Die Einteilung nach Kostenstellen kann nach unterschiedlichen Merkmalen erfolgen.

Sehr oft erfolgt die Einteilung der Kostenstellen nach den Funktionsbereichen eines Unternehmens.

BEISPIEL

Die Textil AG hat folgende Kostenstellen:

Funktionsbereiche	Beispiele für mögliche Kostenstellen
Einkauf	• Einkauf • Wareneingang • Lager
Produktion	• Vorbereitung • Montage • Endkontrolle
Verwaltung	• Personal • Rechnungswesen • EDV
Vertrieb	• Auftragsbearbeitung • Versand

Jede Kostenstelle kann entweder eine Hilfskostenstelle oder Hauptkostenstelle sein.

Hauptkostenstelle

Bei den Hauptkostenstellen erfolgt die eigentliche betriebliche Tätigkeit, nämlich die direkte Leistungserstellung.

Nebenkostenstelle

Sie unterstützen die Hauptkostenstellen bei der Erzeugung von deren Leistungen. In vielen Unternehmen werden die verwendeten Kostenstellen in einem Kostenstellenplan aufgeführt.

Verteilung der Gemeinkosten

Im Vordergrund der Kostenstellenrechnung steht die Verteilung der Gemeinkosten auf die Kostenstellen. Gemeinkosten sind Kosten, die unbedingt nötig sind, um ein Produkt (bzw. eine Leistung) zu erstellen, können aber diesem Kostenträger nicht direkt zugeordnet werden. Gemeinkosten sind oft Kosten, die mit der Verwaltung, Kontrolle und Steuerung des Unternehmens zu tun haben.

BEISPIELE

Zu den Gemeinkosten gehören u. a. die Kosten, die verursacht werden durch

- das Rechnungswesen,
- das Controlling,
- die Marketingabteilung,
- die Personalabteilung,
- das Qualitätsmanagement.

Je komplexer die Organisation oder das Leistungsspektrum des Unternehmens ist, desto häufiger fallen i. d. R. Gemeinkosten an.

Der einstufige Betriebsabrechnungsbogen

Das wichtigste Instrument der Kostenstellenrechnung ist der Betriebsabrechnungsbogen, oft mit BAB abgekürzt. Gelöst wird mit ihm ein Hauptproblem der Kostenrechnung: Er schlüsselt nämlich die Kostenarten, die sich auf mehrere Leistungen beziehen, entsprechend ihrer Kostenverursachung auf. In tabellarischer Form werden die auf jede Kostenstelle entfallenen Gemeinkosten als Zuschlagssatz (Zuschlagskalkulation) auf die in der Kostenstelle verursachten Einzelkosten ermittelt. Mit den ermittelten Gemeinkostenzuschlagssätzen können später in der Kostenträgerrechnung Informationen darüber gewonnen werden, wie viel das Produkt kostet.

Werden die Gemeinkosten in einem Schritt umgelegt, liegt ein einstufiger Betriebsabrechnungsbogen vor. Dessen Struktur sieht immer in etwa wie folgt aus:

Betriebsabrechnungsbogen						
Gemein-kosten-arten	Zahlen aus der Kostenarten-rechnung	Verteilungs-grundlagen	Kostenstellen			
			Material	Fertigung	Verwaltung	Vertrieb
		Umlage nach Schlüsseln	Verschiedene Kosten für die Beschaffung der Roh-, Hilfs- und Betriebsstoffe	Verschiedene Kosten der Produktion	Verschiedene Kosten der kaufmännischen Verwaltung	Verschiedene Kosten des Vertriebs und des Fertigwarenlagers
Summe der Gemeinkosten			Summe der Materialgemeinkosten	Summe der Fertigungsgemeinkosten	Summe der Verwaltungsgemeinkosten	Summe der Vertriebsgemeinkosten
Zuschlagsgrundlage						
Zuschlagssatz						

Dabei haben die einzelnen Spalten und Zeilen die folgende Bedeutung:

- In der ersten Spalte des Betriebsabrechnungsbogens werden die in der Kostenartenrechnung ermittelten Kostenarten aufgeführt.
- Die zweite Spalte führt die Höhe der jeweiligen Kostenart auf.
- In die dritte Spalte wird die Verteilungsgrundlage für die Gemeinkosten eingetragen. Dieser Kostenschlüssel muss nachvollziehbar sein.
- Die folgenden Spalten stehen für die jeweiligen Kostenstellen. In sehr vielen Unternehmen wird mit den Kostenstellenbereichen Material, Verwaltung, Fertigung und Vertrieb gearbeitet.
- Die ermittelten Gemeinkosten werden dann nach den festgelegten Verteilungsgrundlagen auf die Kostenstellen bzw. Kostenstellenbereiche umgelegt.
- In der Zeile „Summe der Gemeinkosten" werden die gesamten angefallenen Gemeinkosten dieser Kostenstelle angegeben.
- In die Zeile „Zuschlagsgrundlage" werden die in den einzelnen Kostenstellen angefallenen Einzelkosten eingetragen.
- Anschließend kann in der Zeile „Zuschlagssätze" der jeweilige Zuschlagssatz ermittelt werden. Für dessen Berechnung gilt allgemein:

$$\text{Zuschlagssatz} = \frac{\text{Gemeinkosten}}{\text{Zuschlagsgrundlage}} \cdot 100$$

BEISPIEL

Frau Diedrichs erläutert Carolin Saager das Prinzip des Betriebsabrechnungsbogens am Beispiel des kleinen Unternehmens ihres Mannes. Dort sind als Gemeinkosten angefallen:

Gehälter: 200.000,00 €
Abschreibungen: 80.000,00 €
Mieten: 40.000,00 €

Diese sind auf die vier Kostenstellen

- Material,
- Fertigung,
- Vertrieb,
- Verwaltung zu verteilen.

Als Verteilungsgrundlage für die Umlage der Gemeinkosten auf die jeweilige Kostenstelle wird angewandt der Verteilungsschlüssel *(Material:Fertigung:Verwaltung:Vertrieb):*

1:2:1:1 bei den Gehältern,
2:5:1:2 bei den Abschreibungen
1:2:7:8 bei den Mieten.

Als Zuschlagsbasis (Einzelkosten, die bei den Kosten angefallen sind) wurden ermittelt:

Material: 500.000,00 €
Fertigung: 850.000,00 €
Vertrieb: 1.600.000,00 €
Verwaltung: 1.000.000,00 €

Es ergibt sich der folgende Betriebsabrechnungsbogen:

Betriebsabrechnungsbogen						
Gemeinkostenarten	Zahlen aus der Kostenartenrechnung	Verteilungsgrundlagen	Kostenstellen			
			Material	Fertigung	Verwaltung	Vertrieb
Gehälter	200.000,00 €	1:2:1:1	40.000,00 €	80.000,00 €	40.000,00 €	40.000,00 €
Abschreibungen	80.000,00 €	2:5:1:2	16.000,00 €	40.000,00 €	8.000,00 €	16.000,00 €
Miete	40.000,00 €	1:2:7:8	8.000,00 €	16.000,00 €	56.000,00 €	64.000,00 €
Summe der Gemeinkosten	320.000,00 €		64.000,00 €	136.000,00 €	104.000,00 €	120.000,00 €

Zuschlagsgrundlage			500.000,00 €	850.000,00 €	1.600.000,00 €	1.600.000,00 €
Zuschlagssatz			12,8 %	16 %	6,5 %	7,5 %

Den Zuschlagssatz von 12,8 % berechnet Frau Diedrichs unter Anwendung der Formel

$$\text{Zuschlagssatz} = \frac{\text{Gemeinkosten}}{\text{Zuschlagsgrundlage}} \cdot 100$$

$$\text{Zuschlagssatz} = \frac{64.000}{500.000} \cdot 100 = 12,8 \%$$

Der Zuschlagssatz von 12,8 % bedeutet, dass jeder Einkauf von Material in Höhe von 100,00 € mit 12,80 € Materialgemeinkosten belastet wird. Als Materialkosten gehen dann später 112,80 € in die Produktkalkulation ein.

Berechnung der Gemeinkostenzuschlagssätze

Um später die Gemeinkosten auf einzelne Erzeugnisse verteilen zu können, werden im Rahmen des Betriebsabrechnungsbogens die Gemeinkostenzuschlagssätze ermittelt. Diese Prozentsätze beziehen sich i. d. R. auf bestimmte Zuschlagsgrundlagen.

Zuschlagssatz	Zuschlags-grundlage	Berechnung
Materialgemeinkosten-zuschlagssatz	Fertigungs-material	$\text{Materialgemeinkostenzuschlag} = \dfrac{\text{Materialgemeinkosten}}{\text{Fertigungsmaterial}} \cdot 100$
Fertigungsgemeinkos-tenzuschlagssatz	Fertigungslöhne oder Stoffkosten	$\text{Fertigungsgemeinkostenzuschlag} = \dfrac{\text{Fertigungsgemeinkosten}}{\text{Fertigungslöhne}} \cdot 100$
Verwaltungsgemein-kostenzuschlagssatz	Herstellkosten	$\text{Verwaltungsgemeinkostenzuschlag} = \dfrac{\text{Verwaltungsgemeinkosten}}{\text{Zuschlagsgrundlage}} \cdot 100$
Vertriebsgemein-kostenzuschlagssatz	Herstellkosten	$\text{Vertriebsgemeinkostenzuschlag} = \dfrac{\text{Vertriebsgemeinkosten}}{\text{Herstellkosten}} \cdot 100$

BEISPIEL

Frau Diedrichs und Carolin Saager berechnen im Rahmen des BAB die einzelnen Gemeinkosten-zuschläge. Sie arbeiten mit den folgenden Werten:
Materialgemeinkosten (540.000,00 €) und Fertigungsmaterial (2.428.000,00 €)
Fertigungsgemeinkosten (190.000,00 €) und Fertigungslöhne (900.000,00 €)
Vertriebsgemeinkosten (74.000,00 €) und Herstellkosten (1.420.000,00 €)
Verwaltungsgemeinkosten (132.000,00 €) und Herstellkosten (1.420.000,00 €).

Als Gemeinkostenzuschlagssätze ergeben sich:

Gemeinkosten-zuschlagssatz:	Materialgemein-kostenzuschlags-satz	Fertigungsgemein-kostenzuschlags-satz	Verwaltungsge-meinkostenzu-schlagssatz	Vertriebsgemein-kostenzuschlags-satz
Berechnung:	$\dfrac{540.000}{2.428.000} \cdot 100$	$\dfrac{190.000}{900.000} \cdot 100$	$\dfrac{132.000}{1.420.000} \cdot 100$	$\dfrac{74.000}{1.420.000} \cdot 100$
Ergebnis:	22,24 %	21,11 %	9,29 %	5,2 %

1. Erläutern Sie, was eine Kostenstelle ist.
2. Führen Sie die Aufgabe der Kostenstellenrechnung auf.
3. Führen Sie Merkmale auf, nach denen Kostenstellen eingeteilt werden.
4. Nennen Sie die vier üblichen Hauptkostenstellen (Grundkostenstellen).
5. Unterscheiden Sie Hauptkostenstellen und Nebenkostenstellen.
6. Erläutern Sie den Begriff „Gemeinkosten".
7. Geben Sie an, was ein Betriebsabrechnungsbogen ist.
8. Carolin Saager entnimmt einem BAB 19,8 % als Wert für den Materialgemeinkostenzuschlagssatz. Erläutern Sie diesen Wert.
9. Carolin Saager entnimmt einem BAB als Wert für die Fertigungsgemeinkosten 762.000,00 € und als Wert für die Fertigungslöhne 3.654.000,00 €. Berechnen Sie den Fertigungsgemeinkostenzuschlagssatz.
10. Geben Sie an, welche der folgenden Stellen Hilfskostenstellen sind:
    a) Herr Kühn im Einkauf
    b) Der Facility-Manager (= Hausmeister) Herr Trzensik
    c) Frau Kielhorn in der Warenannahme
    d) Frau Unger in der Betriebskantine
    e) Herr Schneider im Einkauf
11. Die Kostenstellenrechnung zweier Filialen stellt folgende Informationen zur Verfügung:

Marburg	Plan	Ist
Material	856.000,00 €	902.000,00 €
Fertigung	1.004.900,00 €	987.000,00 €
Vertrieb	328.000,00 €	321.000,00 €
Verwaltung	510.900,00 €	502.300,00 €

Hersfeld	Plan	Ist
Material	760.000,00 €	732.000,00 €
Fertigung	845.000,00 €	965.000,00 €
Vertrieb	224.000,00 €	213.000,00 €
Verwaltung	458.000,00 €	454.000,00 €

Stellen Sie fest und begründen Sie, welche Filiale erfolgreicher gearbeitet hat.
Ermitteln Sie, welche Abteilung nicht effizient gearbeitet hat.

12. Berechnen Sie die einzelnen Gemeinkostenzuschläge mithilfe der in einem BAB enthaltenen Werte:
    ■ Materialgemeinkosten (480.000,00 €) und Fertigungsmaterial (2.228.000,00 €),
    ■ Fertigungsgemeinkosten (210.000,00 €) und Fertigungslöhne (1.900.000,00 €),
    ■ Vertriebsgemeinkosten (174.000,00 €) und Herstellkosten (1.520.000,00 €),
    ■ Verwaltungsgemeinkosten (162.000,00 €) und Herstellkosten (222.000,00 €).
13. In einer Filiale der Hoffmann KG sind folgende Gemeinkosten angefallen:

Gehälter   120.000,00 €
Steuern   80.000,00 €
Kalkulatorische Kosten   180.000,00 €
Energie   36.000,00 €

Diese sind auf die vier Kostenstellen zu verteilen:
    ■ Material
    ■ Fertigung
    ■ Vertrieb
    ■ Verwaltung

Als Verteilungsgrundlage für die Umlage der Gemeinkosten auf die jeweilige Kostenstelle wird folgender Verteilungsschlüssel angewandt:

Gehälter:	1:2:6:1
Steuern:	1:4:3:2
Kalkulatorische Kosten:	3:4:6:2
Energie:	1:5:2:1

Als Zuschlagsbasis (Einzelkosten, die bei den Kosten angefallen sind) wurden ermittelt:

Material:	440.000,00 €
Fertigung:	548.000,00 €
Vertrieb:	328.000,00 €
Verwaltung:	187.000,00 €

14. Aus der Geschäftsbuchführung und den Vorarbeiten der Kostenstellenrechnung sind folgende Zahlen bekannt:

Gemeinkostenarten	Zahlen aus der Kostenarten-rechnung	Verteilungsgrundlagen
Gehälter	98.000,00 €	1:2:5:2
Hilfslöhne	72.000,00 €	3:5:1:1
Energie	132.000,00 €	1:5:1:1
Instandhaltung	68.600,00 €	2:6:1:1
Steuern	156.000,00 €	3:9:2:1
Sonstige Kosten	434.000,00 €	2:4:1:1
Kalkulatorische Kosten	144.000,00 €	4:10:3:3

Zuschlagsgrundlagen:

Material	1.800.000,00 €
Fertigung	848.000,00 €
Verwaltung	624.000,00 €
Vertrieb	624.000,00 €

Erstellen Sie einen einstufigen Betriebsabrechnungsbogen.

15. Erstellen Sie mit den folgenden Informationen einen einstufigen Betriebsabrechnungsbogen.

Gemeinkostenarten	Zahlen aus der Kosten-artenrechnung	Verteilungsgrundlagen
Gehälter	60.000,00 €	1:2:6:1
Instandsetzungen	20.000,00 €	1:3:-:1
Steuern	80.000,00 €	1:4:3:2
Energie	64.000,00 €	1:5:1:1
Sonstige Kosten	160.000,00 €	1:1:6:2
Kalkulatorische Abschr.	40.000,00 €	7:21:7:5
Kalkulatorischer Unternehmerlohn	80.000,00 €	1:2:5:2
Kalkulatorische Zinsen	48.000,00 €	3:5:2:2

Zuschlagsgrundlagen:

Material	4.237.000,00 €
Fertigung	2.939.000,00 €
Verwaltung	446.000,00 €
Vertrieb	446.000,00 €

16. Nehmen Sie die Verteilung der Kosten in dem folgenden Beispiel vor.
In einem Unternehmen werden folgende Verteilungsschlüsselgrößen verwendet:

Schlüsselgrößen	Abteilungsanteile		
	Verwaltung	Abteilung 1	Abteilung 2
Anteil am Wareneinsatz	0,00 %	53,00 %	47,00 %
Beschäftigtenzahl	26	40	20
Fläche in m²	80	200	120
Fahrkilometer	400	500	1.100

Angefallene und zu verteilende Kosten:

Kostenarten	Verteilungsschlüssel	Betrieb (gesamt)
primäre Kosten		
Wareneinsatz	%	240.000,00 €
Personalkosten	Beschäftigte	172.000,00 €
Reparaturkosten	Umsatz	9.396,00 €
Raumkosten	m²	27.000,00 €
Betriebssteuern	Umsatz	16.000,00 €
Zinsen	Wareneinsatz	2.938,00 €
Werbekosten	Umsatz	6.650,00 €
Fuhrparkkosten	Fahrkilometer	3.000,00 €
Abschreibungen	m²	2.100,00 €
Energiekosten	Beschäftigte	1.700,00 €
sonstige Kosten	Umsatz	5.000,00 €
Verteilung der Verwaltungskosten	Beschäftigte	

17. Nehmen Sie die Verteilung der Kosten in dem folgenden Beispiel vor.
In einem Unternehmen werden folgende Verteilungsschlüsselgrößen verwendet:

Schlüsselgrößen	Abteilungsanteile		
	Verwaltung	Abteilung 1	Abteilung 2
Anteil am Wareneinsatz in %	0,00	58,00	42,00
Beschäftigtenzahl	5	9	6
Fläche in m²	70,00	300,00	280,00
Fahrkilometer	200,00	300,00	600,00

Die Kostenstruktur stellt sich wie folgt dar:

Kosten/Leistungen	Verteilungsschlüssel	Betrieb (gesamt)
Kosten		
Wareneinsatz	%	120.000,00 €
Personalkosten	Beschäftigte	60.000,00 €
Raumkosten	m²	5.000,00 €
Betriebssteuern	Umsatz	8.000,00 €
Zinsen	Wareneinsatz	3.000,00 €
Werbekosten	Umsatz	7.000,00 €
Fuhrparkkosten	Fahrkilometer	1.500,00 €
Energiekosten	Beschäftigte	2.000,00 €
Verteilung Verw.kosten	Beschäftigte Abt.	

4.5 Kostenträgerrechnung

EINSTIEG

Die Hoffmann KG führt in einer Warengruppe die Artikel Betty Jordan, Deco International, KTM und Steiger. Das Warenwirtschaftssystem liefert für diese Artikel folgende Daten:

	Betty Jordan	Deco Int.	KTM	Steiger
Absatzmenge in Stück	5	2	5	4
Nettoverkaufspreis in € je Stück	369,00	214,00	256,60	179,00
Bezugspreis in € je Stück	187,40	212,50	126,10	181,20
Kosten der Warenabgabe in € je Stück	2,00	2,00	2,00	2,00

Prüfen Sie, welche Entscheidungen die Hoffmann KG auf der Grundlage dieser Daten treffen sollte.

Bei der **Kostenträgerrechnung** werden die Kosten auf die Kostenträger umgelegt.

Die Kostenträgerrechnung ist die Methode der Kosten- und Leistungsrechnung, die insgesamt den größten Beitrag zur Steuerung von Unternehmen liefert. Die Kostenträgerrechnung ermittelt, für welches Produkt in welcher Höhe Kosten angefallen sind: Sie ermittelt also den Erfolg des Kostenträgers. Unter Kostenträger versteht man die Leistungen, deren Erstellung die Kosten verursacht hat.

Zeitliche Anwendung der Kostenträgerrechnung		
Vorkalkulation	**Zwischenkalkulation**	**Nachkalkulation**
• Vor der Leistungserstellung (z. B. Produktion) • Berechnung der Verkaufspreise (für Angebote)	• Zeitlich zwischen Vorkalkulation und Fertigungsende • Überwachung des Fertigungsprozesses • Ermöglicht bei Fehlentwicklung sehr schnelle Maßnahmen der Gegensteuerung	• Am Ende des Fertigungsprozesses soll die Wirtschaftlichkeit ermittelt werden. • Überprüft die Richtigkeit der Vor- und Zwischenkalkulation

Arten der Kostenträgerrechnung

Die Kostenträgerrechnung kann als Vollkostenrechnung oder als Teilkostenrechnung durchgeführt werden:

- Die **Vollkostenrechnung** berücksichtigt alle Kosten, also sowohl die fixen als auch die variablen Kosten. Diese werden dann auf die Kostenträger verrechnet. Die Vollkostenrechnung dient überwiegend der Ermittlung der Selbstkosten im Rahmen der Kalkulation.
- Bei der **Teilkostenrechnung** werden nur Teile der Gesamtkosten – in der Regel sind dies die variablen Kosten – erfasst und anschließend den Kostenträgern zugerechnet. Die Teilkostenrechnung dient hauptsächlich der Unterstützung betriebswirtschaftlicher Entscheidungen: Man kann mit ihr z. B. Deckungsbeiträge, kurzfristige Preisuntergrenzen und den Break-even-Point ermitteln.

Vollkostenrechnung

Bei der Vollkostenrechnung werden alle Kosten auf die Produkte umgelegt. Sie unterstützt die Kalkulation der Verkaufspreise. Dazu berechnet sie:

- **die Herstellkosten:**
  Zu diesen gehören alle anfallenden Kosten bis zur Fertigstellung der Produkte bzw. Aufnahme der Waren in das Lager. Die Herstellkosten umfassen also die Materialkosten und die Fertigungskosten.

- **die Selbstkosten:**
  Zu den Herstellkosten kommen noch die Vertriebs- und Verwaltungskosten hinzu. Die Selbstkosten umfassen also alle Kosten, die anfallen, um ein Produkt herzustellen bzw. zu lagern und am Markt anzubieten.

Möchte das Unternehmen einen Betriebsgewinn erzielen, muss der Verkaufspreis oberhalb der Selbstkosten liegen. Diese werden ermittelt durch Anwendung des Schemas zur Berechnung der Selbstkosten:

271

Materialeinzelkosten		
+ Materialgemeinkosten		
=	Materialkosten	
+ Fertigungseinzelkosten		
+ Fertigungsgemeinkosten		
	Fertigungskosten	
		= Herstellkosten
+ Verwaltungsgemeinkosten		
+ Vertriebsgemeinkosten		
		= Selbstkosten

BEISPIEL

Die Hoffmann KG ist seit einiger Zeit in die Fertigung personalisierter Textilien eingestiegen. Sie produziert nun auch pro Tag 500 Stück personalisierte Handschuhe. Dabei werden ein Rohstoff und zwei Hilfsstoffe verwendet. Diese haben folgende Bezugspreise:

- 2,00 €
- 0,65 €
- 0,35 €

An weiteren Einzelkosten wurde ermittelt:
Der Lohn, der für die Zeit zur Erstellung eines Handschuhs bezahlt wird, beträgt 4,00 €.
Aus der Kostenstellenrechnung bekommt Carolin Saager die folgenden Werte:

- Materialgemeinkostensatz 20 %
- Fertigungsgemeinkostensatz 30 %
- Verwaltungsgemeinkostensatz 10 %
- Vertriebsgemeinkostensatz 20 %.

Carolin soll die Selbstkosten dieses Artikels ermitteln. Gleichzeitig soll sie überprüfen, ob bei einem Verkaufspreis von 13,00 € ein Gewinn erzielt wird.
Carolin Saager verwendet das Schema zur Ermittlung der Selbstkosten. Die Materialeinzelkosten in Höhe von 3,00 € bekommt sie, indem sie die Bezugspreise der in der Produktion verwendeten Materialien (2,00 € + 0,65 € + 0,35 €) addiert.

Materialeinzelkosten		3,00 €		
+ Materialgemeinkosten	20 %	0,60 €		
			Materialkosten	3,60 €
+ Fertigungseinzelkosten		4,00 €		
+ Fertigungsgemeinkosten	30 %	1,20 €		
			Fertigungskosten	5,20 €
				= Herstellkosten 8,80 €
+ Verwaltungsgemeinkosten	10 %	0,88 €		
+ Vertriebsgemeinkosten	20 %	1,76 €		
				2,64 €
				= Selbstkosten 11,44 €

Als Wert für die Selbstkosten ermittelt Carolin 11,44 €.
Bei einem geplanten Verkaufspreis von 14,00 € würde die Hoffmann KG pro Stück einen Gewinn von 2,56 € erzielen.
Wenn die Produktion pro Tag 500 Stück beträgt, erwirtsc haftet die Hoffmann KG einen Gewinn von 1.280,00 € pro Tag (500 · 2, 56 €).

Deckungsbeitragsrechnung im Rahmen der Teilkostenrechnung

Mit der Deckungsbeitragsrechnung werden die Beträge ermittelt, mit denen die einzelnen Artikel, Warenarten und Warengruppen eines Sortiments zur Deckung der umsatzunabhängigen Kosten (fixen Kosten) eines Betriebs beitragen.

Voraussetzung für die Deckungsbeitragsrechnung ist, dass alle Kosten des Betriebs in fixe und variable Kosten getrennt werden:

Die **fixen** Kosten sind die Kosten der Betriebsbereitschaft. Sie entstehen unabhängig vom Umsatz, also selbst dann, wenn überhaupt keine Waren verkauft wurden.

> **BEISPIEL**
>
> Personalkosten, Mieten, Abschreibungen auf Sachanlagen, Abgaben und Pflichtbeiträge

Die **variablen** Kosten eines Betriebs verändern sich mit dem Umsatz. Sie steigen mit zunehmendem Umsatz und sinken bei einem Umsatzrückgang.

> **BEISPIEL**
>
> - Kosten des Wareneinsatzes (= Bezugspreis der verkauften Waren)
> - Die variablen Handlungskosten, z. B.
>   - Kosten der Warenabgabe und Warenzustellung (Frachten, Aufwendungen für Verpackungsmaterial)
>   - Vertriebsprovisionen

Diese Kosten lassen sich den einzelnen Artikeln, Warenarten und Warengruppen direkt zuordnen.

> **BEISPIEL**
>
> | | Artikel 1 | Artikel 2 |
> |---|---|---|
> | Wareneinsatzkosten | 89,89 € | 84,90 € |
> | + 10 % Provision | 8,99 € | 8,49 € |
> | = variable Kosten | 98,99 € | 93,99 € |
>
> Die variablen Kosten setzen sich also zusammen aus den Kosten des Wareneinsatzes (Bezugspreisen) und den variablen Handlungskosten (in diesem Fall Provisionen).

Die drei Grundideen der Deckungsbeitragsrechnung

- Ein Verkaufspreis sollte mindestens die variablen Kosten des Produkts abdecken.
- Über die variablen Kosten hinausgehende Beträge liefern einen Beitrag (= Deckungsbeitrag) zur Abdeckung der Fixkosten.
- Ist der Deckungsbeitrag größer als die fixen Kosten, wird ein Betriebsgewinn erzielt.

Um die Deckungsbeiträge für die einzelnen Artikel, Warenarten und Warengruppen zu ermitteln, werden von den Verkaufserlösen der Artikel die jeweils durch sie verursachten variablen Kosten abgezogen. Die Deckungsbeiträge können je Stück oder für eine Periode ermittelt werden.

Ermittlung des Deckungsbeitrags je Stück

Nettoverkaufspreis
– Bezugspreis

= Rohgewinn je Stück

– Variable Handlungskosten je Stück

= Deckungsbeitrag je Stück

BEISPIEL MANTEL VON KTM

Nettoverkaufspreis	256,60 €
Bezugspreis	126,10 €
= Rohgewinn je Stück	130,50 €
– Variable Handlungskosten/Stück	2,00 €
= Deckungsbeitrag je Stück	128,50 €

Der Verkauf eines Exemplars dieses Artikels trägt also mit 128,50 € zur Deckung der fixen Kosten der Hoffmann KG bei.

Ermittlung des Deckungsbeitrags für eine Periode

Umsatzerlöse (= Nettoverkaufspreis · verkaufte Menge)
– Wareneinsatz
= Rohgewinn für die Periode
– Variable Handlungskosten für die Periode
= Deckungsbeitrag für die Periode

BEISPIEL MANTEL VON KTM

Umsatzerlöse (= Nettoverkaufspreis · verkaufte Menge)	1.283,00 €
– Wareneinsatz	630,50 €
= Rohgewinn für die Periode	652,50 €
– Variable Handlungskosten für die Periode	10,00 €
= Deckungsbeitrag für die Periode	642,50 €

Der Verkauf dieser Artikel trug demnach in dieser Periode mit insgesamt 642,50 € zur Deckung der fixen Kosten der Hoffmann KG bei.

Sortimentspolitische Entscheidungen auf der Grundlage der Deckungsbeitragsrechnung

Jeder Artikel, dessen Umsatzerlöse über den durch ihn verursachten variablen Kosten liegen, erbringt einen positiven Beitrag zur Deckung der fixen Kosten eines Betriebs und leistet damit einen positiven Beitrag zum Betriebserfolg.

Wenn ein Unternehmen über genügend freie Kapazitäten verfügt, ist es daher immer sinnvoll, alle Artikel mit positiven Deckungsbeiträgen im Sortiment zu belassen.

Ein Artikel, dessen Umsatzerlöse niedriger sind als die durch ihn verursachten variablen Kosten, erbringt einen negativen Beitrag zur Deckung der fixen Kosten und schmälert damit den Betriebserfolg. Durch die Herausnahme dieses Artikels aus dem Sortiment kann das Unternehmen seinen Betriebserfolg verbessern.

BEISPIEL

Die Hoffmann KG führt in der Artikelgruppe „Badetücher" die Artikel MEWA, GOSSA, FRIWA und JOFA. Das Warenwirtschaftssystem der Hoffmann KG liefert für diese Artikel folgende Daten:

	Umsatzerlöse	Wareneinsatz	variable Handlungskosten
MEWA	50.000,00 €	36.500,00 €	15.150,00 €
GOSSA	80.000,00 €	44.200,00 €	18.200,00 €
FRIWA	120.000,00 €	72.000,00 €	22.160,00 €
JOFA	74.000,00 €	41.500,00 €	17.300,00 €

Für die einzelnen Artikel ergeben sich folgende Deckungsbeiträge:

Artikel	MEWA	GOSSA	FRIWA	JOFA
Umsatzerlöse	50.000,00 €	80.000,00 €	120.000,00 €	74.000,00 €
./. Wareneinsatz	36.500,00 €	44.200,00 €	72.000,00 €	41.500,00 €
= Rohgewinn	13.500,00 €	35.800,00 €	48.000,00 €	32.500,00 €
./. variable Handlungskosten	15.150,00 €	18.200,00 €	22.160,00 €	17.300,00 €
= Deckungsbeitrag	– 1.650,00 €	17.600,00 €	25.840,00 €	15.200,00 €
Summe der Deckungsbeiträge	56.990,00 €			

Der Artikel MEWA weist einen negativen Deckungsbeitrag auf. Wenn dieser Artikel aus dem Sortiment herausgenommen wird, fallen die durch ihn verursachten variablen Kosten nicht mehr an. Durch die Herausnahme dieses Artikels aus dem Sortiment verbessert sich die Summe der Deckungsbeiträge um 1.650,00 € auf 58.640,00 €.

Ist das Ergebnis (wie bei GOSSA, FRIWA und JOFA) über 0, liegt ein **positiver Deckungsbeitrag** vor. Ist der Wert wie bei MEWA unter Null, liegt ein **negativer Deckungsbeitrag** vor: Das Unternehmen verliert mit jedem zusätzlich verkauften Stück des Artikels Geld.

Ermittlung der Preisuntergrenze mithilfe der Deckungsbeitragsrechnung

Ein Unternehmen kann langfristig nur bestehen, wenn seine Gesamtkosten (fixe und variable Kosten) über den Verkaufspreis abgedeckt werden. Zahlreiche Situationen verlangen von den Unternehmen jedoch für einzelne Artikel oder Artikelgruppen eine Preisstellung, bei der vorübergehend oder ganz auf die Deckung von Teilen der Kosten verzichtet wird (Verkaufspreis < Selbstkostenpreis).

BEISPIELE

- Einführungspreise für neue Produkte
- Preissenkungen aufgrund niedrigerer Konkurrenzpreise
- Preise im Rahmen von Verkaufsförderungsaktionen

In solchen Situationen muss die Preisuntergrenze ermittelt werden, bis zu der eine Preissenkung für das Unternehmen möglich und wirtschaftlich sinnvoll ist. Diese kurzfristige Preisuntergrenze für einen Artikel liegt dort, wo der Verkaufspreis sämtliche durch diesen Artikel direkt verursachten Kosten deckt.

Bei der Berechnung der **kurzfristigen Preisuntergrenze** ermittelt man den Mindestpreis für ein Produkt, der die variablen Kosten abdeckt. Ein Preis in dieser Höhe sichert die Existenz des Unternehmens für eine begrenzte Zeit. Dieser Preis deckt die variablen Kosten ab, die dem Unternehmen durch die Produktion entstehen.

Die kurzfristige Preisuntergrenze wird mit der folgenden Formel berechnet:

$$\text{Kurzfristige Preisuntergrenze} = \frac{\text{Summe der variablen Kosten}}{\text{Stückzahl}}$$

Wird dagegen die **langfristige Preisuntergrenze** berechnet, ermittelt man den Mindestpreis eines Produktes, der die Stückkosten abdeckt. Damit entspricht die langfristige Preisuntergrenze den Selbstkosten. Dadurch ist sichergestellt, dass sie das Unternehmen über längere Zeit erhalten kann, ohne Verluste oder Gewinne zu erzielen.

Die langfristige Preisuntergrenze wird mit der folgenden Formel berechnet:

$$\text{Langfristige Preisuntergrenze} = \frac{\text{Summe der variablen Kosten} + \text{Fixkosten}}{\text{Stückzahl}}$$

BEISPIEL

Die Indus AG hat 10 000 Stück eines bestimmten Artikels produziert, der demnächst verkauft werden soll. Aus der Kostenrechnung liegen folgende Daten vor:

- Rohstoffkosten (variable Kosten): 40.000,00 €
- Transportkosten (variable Kosten): 12.000,00 €
- Vertriebskosten (variable Kosten): 30.000,00 €
- Verwaltungskosten (Fixkosten): 60.000,00 €
- Gehaltskosten (Fixkosten): 80.000,00 €

Es wird zunächst die kurzfristige Preisuntergrenze berechnet:

$$\text{Kurzfristige Preisuntergrenze} = \frac{\text{Summe der variablen Kosten}}{\text{Stückzahl}}$$

$$\text{Kurzfristige Preisuntergrenze} = \frac{40.000 + 12.000 + 30.000}{10\ 000} = 8,20\ €$$

Die kurzfristige Preisuntergrenze liegt bei 8,20 €.

Wenn die Produkte mindestens zu diesem Stückpreis verkauft werden, sind die variablen Kosten gedeckt.
Dann wird die langfristige Preisuntergrenze errechnet:

$$\text{Langfristige Preisuntergrenze} = \frac{\text{Summe der variablen Kosten} + \text{Fixkosten}}{\text{Stückzahl}}$$

$$\text{Langfristige Preisuntergrenze} = \frac{(40.000 + 12.000 + 30.000) + (60.000 + 80.000)}{10\ 000} = 22,20\ €$$

Die langfristige Preisuntergrenze beträgt 22,20 €.

Um alle Gesamtkosten pro Stück zu decken, muss die Indus AG ihre Produkte mindestens zu diesem Preis verkaufen.

Die kurzfristige Preisuntergrenze lässt sich auch mithilfe der Deckungsbeitragsrechnung bestimmen.

Bei der Ermittlung der Preisuntergrenze mithilfe der Deckungsbeitragsrechnung wird auf die Deckung der fixen Handlungskosten verzichtet und nur die Deckung der variablen Kosten des Artikels angestrebt. Der Verzicht auf die Deckung der fixen Kosten lässt sich damit begründen, dass diese Kosten dem Betrieb auch entstanden wären, wenn er den betreffenden Artikel nicht führen würde beziehungsweise der Kundenauftrag abgelehnt worden wäre.

BEISPIEL

Kundinnen und Kunden der Hoffmann KG sind bereit, für Tischdecken der Marke „Exclusiv" höchstens 23,00 € je Tischdecke zu zahlen.
Die Hoffmann KG kann diese Tischdecken zu einem Bareinkaufspreis je Stück von 20,00 € beziehen. Die Bezugskosten je Stück betragen 2,00 €, die variablen Handlungskosten (Manipulationskosten des Artikels) 0,50 € je Tischdecke.
Ermittlung der Preisuntergrenze:

Bareinkaufspreis	20,00 €
+ Bezugskosten	2,00 €
= Bezugspreis (Einstandspreis)	22,00 €
+ variable Handlungskosten	0,50 €
= Preisuntergrenze	22,50 €

Die Preisuntergrenze für die Tischdecke der Marke „Exclusiv" beträgt 22,50 €. Ein der Preisuntergrenze entsprechender Verkaufspreis deckt sämtliche durch diesen Artikel entstandenen variablen Kosten ab.
Der Verkauf der Tischdecken lohnt sich für die Hoffmann KG, da der Verkaufspreis von 23,00 € über der ermittelten Preisuntergrenze von 22,50 € liegt. Er deckt nicht nur die variablen Kosten des Artikels, sondern leistet darüber hinaus einen positiven Deckungsbeitrag von 0,50 € je verkauftem Stück zur Deckung der fixen Kosten der Hoffmann KG.

Ermittlung des Break-even-Points

Der Break-even-Point gibt an, ab welcher Absatzmenge **alle** Kosten (also sowohl die fixen als auch die variablen Kosten) durch die Umsatzerlöse gedeckt sind. Ermittelt wird somit, ab welcher verkauften Stückzahl das Unternehmen die Gewinnschwelle erreicht.

BEISPIEL

Die Hoffmann KG produziert einen Wintermantel mit variablen Kosten in Höhe von 96,00 € pro Stück. Es fallen in einer Periode insgesamt 48.000,00 € fixe Kosten an. Carolin Saager soll ermitteln, welche Stückzahl bei einem Verkaufspreis von 144,00 € verkauft werden muss, um die Gewinnschwelle zu erreichen.
Carolin ermittelt zunächst den Deckungsbeitrag pro Stück:

Nettolistenverkaufspreis pro Stück	144,00 €
− variable Kosten pro Stück	96,00 €
= Deckungsbeitrag pro Stück	48,00 €

Mit dem Deckungsbeitrag pro Stück kann sie nun den Break-even-Pont berechnen:

$$\text{Break-even-Point} = \frac{\text{Fixkosten}}{\text{Deckungsbeitrag/Stück}} \cdot 100$$

$$\frac{48.000,00 \ €}{48,00 \ €} = 1\,000 \text{ Stück}$$

Ab einer Menge von 1 000 Stück erreicht die Hoffmann KG also die Gewinnschwelle.

Die Produktionsprogrammplanung

Die Deckungsbeitragsrechnung kann bei der Bestimmung des kostenminimalen Produktionsprogramms helfen. Unter dem Produktionsprogramm werden die zu produzierenden Mengen von Produkten (möglich sind aber auch Produktgruppen) verstanden.

Die Produktionsprogrammplanung dient also dazu, die wirtschaftlichen Erzeugnisse in das Produktionsprogramm aufzunehmen. Dabei sind zwei Situationen denkbar:

- die Produktionsprogrammoptimierung bei freier Kapazität,
- die Produktionsprogrammplanung bei einem spezifischen Engpass.

Bei der Produktionsprogrammplanung bei freier Kapazität gibt es im Unternehmen keinen Engpass.

In einer solchen Situation sollte das Unternehmen alle Produkte anfertigen, die einen positiven Deckungsbeitrag pro Stück haben. Produkte, die einen negativen Deckungsbeitrag pro Stück aufweisen, sollten aus dem Produktionsprogramm genommen werden.

BEISPIEL

Die Gamö GmbH produziert hochwertige Gartenmöbel. Gefertigt werden

- Gartenstühle Tessin: Sie erzielen einen Verkaufserlös von 200,00 € pro Stück. Bei der Produktion sind variable Kosten von 210,00 € je Stück angefallen.
- Gartenstühle Bretagne: Sie erzielen einen Verkaufserlös von 500,00 € pro Stück. Bei der Produktion sind variable Kosten von 320,00 € je Stück angefallen.
- Gartenstühle Riviera: Sie erzielen einen Verkaufserlös von 400,00 € pro Stück. Bei der Produktion sind variable Kosten von 240,00 € je Stück angefallen.

Caroline Löchelt berechnet die Deckungsbeiträge:

Produkt	Verkaufserlöse (€/Stck)	Variable Kosten (€/Stck)	Deckungsbeitrag (€/Stck)
Tessin	200	210	– 10
Bretagne	500	320	+ 180
Riviera	400	240	+ 160

Das Unternehmen entscheidet sich, die Produktion der Gartenstühle Tessin einzustellen, dagegen die Produktion der Gartenstühle Bretagne und Riviera so weit wie möglich auszuweiten. Werden bei der Produktion der Gartenstühle Bretagne und Riviera die gleichen Kapazitäten genutzt, so erfolgt zunächst die Produktion der Gartenstühle Bretagne, da diese den höheren Deckungsbeitrag aufweisen.

Bei der Produktionsprogrammplanung bei knapper Kapazität liegt ein Engpass vor. Dies ist der Fall, wenn die betrieblichen Kapazitäten für ein absatzoptimales Produktionsprogramm nicht ausreichen. In einer solchen Situation muss in der Produktion entschieden werden, welche Produkte vorrangig produziert werden, um das Betriebsergebnis zu maximieren. Der normale (absolute) Deckungsbeitrag reicht dazu nicht aus. Das entscheidende Kriterium zur Bestimmung der Rangfolge in der Produktion bei einem Engpass ist der relative Deckungsbeitrag. Dies ist der auf eine Fertigungsstunde umgerechnete absolute Deckungsbeitrag.

Als Formel für den relativen Deckungsbeitrag ergibt sich dann:

$$\text{Relativer Deckungsbeitrag} = \frac{\text{Stückpreis} - \text{variable Stückkosten}}{\text{Engpassfertigungszeit pro Stück}}$$

BEISPIEL

Caroline Löchelt soll auch eine Produktionsprogrammplanung für Stuhlpolster vornehmen. Sie hat schon folgende Daten ermittelt:

Produkt Stuhlpolster	Fertigungszeit pro Stück (Std/Stück)	Erwarteter Absatz (Stück/Abrechnungsperiode)	Preis (€/Stück)	variable Stückkosten (€/Stück)
Sylt	0,4	8 000	120	80
Föhr	0,25	7 000	110	60
Amrum	0,15	12 000	70	50

Alle drei Produkte werden an einer Maschine hergestellt, deren maximale Kapazität 5 000 Fertigungsstunden umfasst.

Caroline berechnet nun die relativen Deckungsbeiträge für die drei Produkte:

$$\text{Relativer Deckungsbeitrag Sylt} = \frac{120 - 80}{0,4} = 100 \ \text{€/Stunde}$$

$$\text{Relativer Deckungsbeitrag Föhr} = \frac{110 - 60}{0,25} = 200 \ \text{€/Stunde}$$

$$\text{Relativer Deckungsbeitrag Amrum} = \frac{70 - 50}{0,15} = 133 \ \text{€/Stunde}$$

Caroline Löchelt kann nun nach der Ermittlung der relativen Deckungsbeiträge die Produktrangfolge im Hinblick auf die Ermittlung eines optimalen Produktprogramms erkennen:

- Am vorteilhaftesten ist die Produktion des Polsters „Föhr" mit einem relativen Deckungsbeitrag in Höhe von 200 €/Stunde.
- Es folgt das Produkt „Amrum".
- Den letzten Rang nimmt das Produkt „Sylt" ein.

Dann werden nacheinander die Produkte in das Produktionsprogramm aufgenommen. Dazu werden die Zeiten für die Produktion des jeweiligen Produkts ermittelt:

- Zunächst das Polster „Föhr": Um die erwartete Absatzmenge von 7 000 Stück anzufertigen, sind 0,25 Stunden erforderlich. Die Maschine ist mit der Herstellung dieses Produktes also mit 1 750 Fertigungsstunden belegt.

- Dann das Polster „Amrum": Für die Produktion der 12 000 Polster werden 1 800 Fertigungsstunden berechnet.
- Das Produkt „Sylt" würde die Maschine mit 3 200 Fertigungsstunden belegen.

Da die maximale Kapazität der Maschine 5 000 Fertigungsstunden umfasst, können die Produkte „Föhr" und „Amrum" mit Produktionsmengen in Höhe des erwarteten Absatzes belegt werden. Das Produkt „Sylt" kann dagegen nur noch 1 450 Fertigungsstunden die Maschine in Anspruch nehmen.

Zusatzaufträge

Oft muss in Unternehmen entschieden werden, ob man einen Zusatzauftrag eines Kundenunternehmens annimmt oder ablehnt. Ein Zusatzauftrag ist ein Auftrag, der zusätzlich zum aktuellen Produktionsprogramm angenommen werden kann. Durch die Annahme von Zusatzaufträgen können freie Kapazitäten eines Unternehmens genutzt werden.

Um diese Frage zu entscheiden, muss man zunächst untersuchen, ob

- der Zusatzauftrag keine zusätzlichen Fixkosten verursacht
- oder ob zusätzliche Fixkosten anfallen.

Wenn der Deckungsbeitrag pro Stück positiv ist, können Aufträge, die keine zusätzlichen Fixkosten verursachen, immer angenommen werden.

BEISPIEL

Die Indus AG stellt ein Produkt her, dessen Stückkosten mit 30,00 € ermittelt wurden. An variablen Kosten fallen 22,00 € pro Stück an.

Ein Kundenunternehmen fragt an, ob zusätzlich weitere 2 000 Stück zu einem Preis von 25,00 € hergestellt werden können. Produktionstechnisch hat die Indus AG genug Kapazitäten, um die Produktion zu steigern.

Untersucht wird zunächst einmal die Situation, dass der Zusatzauftrag keine zusätzlichen Fixkosten verursacht:

- Würde die Indus AG die *Vollkostenrechnung* als Entscheidungsgrundlage verwenden, ob man den Zusatzauftrag tatsächlich annehmen möchte, würde die Entscheidung negativ ausfallen: Der Auftrag würde abgelehnt werden, weil der Preis unter den Stückkosten liegt.
- Die Indus AG arbeitet aber tatsächlich mit der *Teilkostenrechnung*. Sie schaut sich die variablen Stückkosten an: Weil diese mit 22,00 € pro Stück unter dem Preis von 25,00 € pro Stück liegen, ist der Deckungsbeitrag pro Stück positiv. In diesem Fall wird die Indus AG den Auftrag annehmen.

Anja Maibaum untersucht nun, wie sich die Situation ändert, wenn bei der Annahme des Zusatzauftrages zusätzlich 3.000,00 € Fixkosten entstehen würden. Sie berechnet die Stückzahl, ab der sich die Annahme des Zusatzauftrages lohnt:

$$\frac{\text{Fixkosten}}{\text{Deckungsbeitrag}} = \frac{3.000}{3} = 1.000$$

(pro Stück)

Anja Maibaum stellt fest, dass sich die Annahme des Zusatzauftrages ab einer Produktionsmenge von 1 000 Stück lohnt.

Vergleich von Vollkostenrechnung und Teilkostenrechnung

Fall	Bei der Produktion von Laufsocken fallen 400,00 € fixe Kosten an. Die variablen Kosten betragen 3,30 € je Paar. Produziert werden 600 Paar.	
Art der Kostenträgerrechnung	**Vollkostenrechnung**	**Teilkostenrechnung**
Berechnung	Einzelkosten (variabel) 3,30 € + Gemeinkosten (fix) 0,66 € (400,00 €/600 Paar) Vollkosten pro Paar 3,96 €	Einzelkosten (variabel) 3,30 €
Ergebnis	Die Selbstkosten eines Paars Laufsocken betragen 3,96 €.	Die Teilkosten pro Paar betragen 3,30 €.
Zielsetzung	Kalkulation der Verkaufspreise	Unterstützung betriebswirtschaftlicher Entscheidungen
Fazit	Im Rahmen der Kalkulation muss der Verkaufspreis pro Paar höher als 3,96 € angesetzt werden, um einen Gewinn pro Paar erzielen zu können.	Soll beispielsweise geprüft werden, ob ein Auftrag der Ambiente Warenhaus AG über 200 Stück zu einem Verkaufspreis in Höhe von 5,00 € pro Paar angenommen werden sollte, wird der Deckungsbeitrag berechnet: Nettoverkaufspreis 5,00 € – Gesamte variable Kosten 3,30 € = Deckungsbeitrag 1,70 € Als Deckungsbeitrag ergibt sich 1,70 € pro Paar. Würde der Auftrag angenommen, beträgt der Deckungsbeitrag für den gesamten Auftrag 340,00 € (200 Paar · 1,70 €).

AUFGABEN

1. Erläutern Sie die Aufgabe der Kostenträgerrechnung.
2. Führen Sie die drei Phasen auf, innerhalb derer die Kostenträgerrechnung angewandt wird.
3. Unterscheiden Sie die Vollkostenrechnung von der Teilkostenrechnung.
4. Erläutern Sie die Begriffe
   a) Herstellkosten,
   b) Selbstkosten.
5. Geben Sie an, was ein Deckungsbeitrag ist.
6. Ermitteln Sie, aus welchen Bestandteilen sich die variablen Kosten zusammensetzen.
7. Stellen Sie den Zusammenhang her zwischen Deckungsbeiträgen und dem Betriebserfolg.
8. Führen Sie auf, wo die kurzfristige Preisuntergrenze für einen Artikel des Sortiments liegt.
9. Geben Sie an, was man unter dem Break-even-Point versteht.
10. Carolin Saager hat als Fixkosten für eine Warengruppe 70.500,00 € und als Deckungsbeitrag pro Periode 108.700,00 € ermittelt.
    Berechnen Sie den Betrag, mit dem diese Warengruppe am Betriebsergebnis beteiligt ist.
11. Die Indux AG produziert pro Monat 900 Anzüge. Dabei werden ein Rohstoff und zwei Hilfsstoffe mit folgende Bezugspreisen verwendet:
    - 90,00 €
    - 6,00 €
    - 2,00 €
    An weiteren Einzelkosten wurde ermittelt:
    Der Lohn, der für die Zeit zur Erstellung eines Anzugs bezahlt wird, beträgt 48,00 €.
    Aus der Kostenstellenrechnung bekommt Carolin Saager die folgenden Werte:
    - Materialgemeinkostensatz 30 %
    - Fertigungsgemeinkostensatz 25 %

- Verwaltungsgemeinkostensatz 15 %
- Vertriebsgemeinkostensatz 25 %

Ermitteln Sie mithilfe des Kalkulationsschemas zur Bestimmung der Selbstkosten die Selbstkosten dieses Artikels.

Überprüfen Sie, ob bei einem Verkaufspreis von 400,00 € ein Gewinn pro Stück erzielt wird. Ermitteln Sie ggf. den Gesamtgewinn.

12. Die Indux AG produziert pro Monat 1 400 Mützen. Dabei werden ein Rohstoff und ein Hilfsstoff verwendet. Diese haben folgende Bezugspreise:

- 6,10 €
- 0,80 €

An weiteren Einzelkosten wurden ermittelt:

Der Lohn, der für die Zeit zur Erstellung einer Mütze bezahlt wird, beträgt 3,80 €.

Aus der Kostenstellenrechnung bekommt eine Mitarbeiterin die folgenden Werte:

- Materialgemeinkostensatz 15 %
- Fertigungsgemeinkostensatz 35 %
- Verwaltungsgemeinkostensatz 15 %
- Vertriebsgemeinkostensatz 20 %

Ermitteln Sie mithilfe des Kalkulationsschemas zur Bestimmung der Selbstkosten die Selbstkosten dieses Artikels.

Überprüfen Sie, ob bei einem Verkaufspreis von 18,00 € ein Gewinn pro Stück erzielt wird. Ermitteln Sie ggf. den Gesamtgewinn.

13. Die Hoffmann KG will die Artikel „Benzol 201" und „Petrol 102" als Sonderangebote im Rahmen einer Verkaufsförderungsaktion anbieten. Die Hoffmann KG kalkuliert mit folgenden Daten:

	Benzol 201	Petrol 102
Listeneinkaufspreis	120,00 €	110,00 €
Lieferantenrabatt	40 %	50 %
Lieferantenskonto	3 %	2 %
Bezugskosten	2,00 €	2,00 €
variable Handlungskosten	5,00 €	4,00 €

Ermitteln Sie die Preisuntergrenzen für die Artikel „Benzol 201" und „Petrol 102".

14. Ein Unternehmen führt folgende Artikel:

Artikel	1	2	3	4
Absatz (Stück)	4000	24000	84000	54000
Nettoverkaufspreis (€)	100,00	120,00	70,00	80,00
Variable Handlungskosten je Stück (€)	40,00	100,00	30,00	50,00

Das Unternehmen gewährt seiner Kundschaft auf alle Erzeugnisse 3 % Skonto und 5 % Rabatt.

a) Ermitteln Sie die Deckungsbeiträge je Artikel und die Summe der Deckungsbeiträge.

b) Zur Verbesserung des Betriebsergebnisses will ein Unternehmen das Sortiment verändern. Welche Sortimentsveränderung empfehlen Sie?

15. Die Indux AG produziert einen Anorak mit variablen Kosten in Höhe von 72,00 € pro Stück. Es fallen in einer Periode insgesamt 54.000,00 € fixe Kosten an.

Ermitteln Sie, welche Stückzahl bei einem Verkaufspreis von 230,00 € verkauft werden muss, um die Gewinnschwelle zu erreichen.

16. Entwickeln Sie ein Excel-Arbeitsblatt zur Ermittlung der Deckungsbeiträge der Artikel einer Artikelgruppe, die Ihr Praktikumsbetrieb in seinem Sortiment führt.

17. Die Sanitärhandlung Becker OHG führt in ihrem Sortiment drei verschiedene Waschtischarmaturen:

Armatur	Umsatzerlöse	Variable Kosten
WA123	70.000,00 €	63.000,00 €
WA264	80.000,00 €	59.000,00 €
WA186	90.000,00 €	92.000,00 €

Begründen Sie, welche Sortimentsveränderung die Sanitärhandlung Becker OHG durchführen sollte, um das Betriebsergebnis zu verbessern.

18. Julia Steiger bekommt den Auftrag, erstmals im Rahmen einer Vorkalkulation die Selbstkosten eines Artikels der Indux AG, der neu gefertigt wird, vorzunehmen. Aus der Kostenarten- und Kostenstellenrechnung stellt sie die folgenden Daten für die geplante Absatzmenge zusammen:

Materialkosten:	120.000,00 €
Materialgemeinkosten:	60.000,00 €
Fertigungsentgelte:	400.000,00 €
Fertigungsgemeinkosten:	120.000,00 €
Verwaltungsgemeinkosten:	40.000,00 €
Vertriebsgemeinkosten:	140.000,00 €

Pro Stück des Artikels fallen 600,00 € Materialkosten und 400,00 € Fertigungsentgelte an.
a) Ermitteln Sie den Materialkostenzuschlag und den Fertigungsgemeinkostenzuschlag.
b) Berechnen Sie die Herstellkosten.
c) Ermitteln Sie die Höhe des Verwaltungsgemeinkostenzuschlagssatzes und des Vertriebsgemeinkostensatzes.
d) Berechnen Sie die Selbstkosten pro Stück.

19. Ein Artikel soll bei der Hoffmann KG von Dominik Schlote kalkuliert werden. Zur Ermittlung der Selbstkosten verwendet er die folgenden Daten:

Materialkosten	40.000,00 €
Materialgemeinkosten	5.000,00 €
Fertigungsentgelte	150.000,00 €
Fertigungsgemeinkosten	40.000,00 €
Verwaltungsgemeinkosten	30.000,00 €
Vertriebsgemeinkosten	2.000,00 €

Pro Stück des Artikels fallen 72,00 € Materialkosten und 80,00 € Fertigungsentgelte an.

20. Sie bekommen den Auftrag, den Deckungsbeitrag für einen Anzug zu ermitteln. Es liegen folgende Daten vor:

Variable Handlungskosten	100,00 €
Bezugspreis	615,00 €
Barverkaufspreis	1.200,00 €

21. Dominik Schlote bearbeitet gerade die Warengruppe Luxus-Sakkos. Aus dem ERP-System hat er sich die folgende Liste ausgedruckt:

	Hoss	Uno
Einkaufsmenge in Stück	550	320
Bezugspreis in €/Stück	780,00	700,00

	Hoss	Uno
Absatzmenge in Stück	530	310
Barverkaufspreis in €/Stück	1.020,00	980,00
Deckungsbeitrag in €/Stück	210,00	225,00

Ermitteln Sie die variablen Kosten des Produkts von Hoss.

Erechnen Sie für den Artikel von Uno die Preisuntergrenze.

22. Dominik Schlote hat folgende Informationen über eine Warengruppe, in der pro Periode 6 000 Stück abgesetzt werden:

Umsatzerlöse:	1.260.000,00 €
Wareneinsatz:	480.000,00 €
Variable Handlungskosten:	140.000,00 €

a) Ermitteln Sie den Nettoverkaufspreis pro Stück.

b) Berechnen Sie die variablen Kosten je Stück.

c) Ermitteln Sie den Deckungsbeitrag pro Stück.

d) Geben Sie an, wo die kurzfristige Preisuntergrenze pro Stück liegt.

ZUSAMMENFASSUNG

Kostenträgerrechnung

ermittelt, in welcher Höhe Kosten für einen Kostenträger (z. B. Produkt) entstanden sind.

Vollkostenrechnung

- Umlage **aller** Kosten (sowohl fix als auch variabel) auf die Produkte
- dient der Ermittlung der *Selbstkosten* im Rahmen der Verkaufskalkulation

Berechnung

```
  Materialkosten
+ Fertigungskosten
= Herstellkosten
+ Verwaltungsgemeinkosten
+ Vertriebsgemeinkosten
= Selbstkosten
```

Teilkostenrechnung

- Nur **Teile** der Gesamtkosten (i. d. R. variable Kosten) werden auf die Produkte umgelegt
- dient der Unterstützung betriebswirtschaftlicher Entscheidungen
- ermittelt den *Deckungsbeitrag* (Betrag, mit dem einzelne Artikel oder Warengruppen eines Sortiments zur Deckung der Fixkosten beitragen)

Berechnung

Deckungsbeitrag pro Stück:
```
  Nettoverkaufspreis
– Umsatzerlöse
= Rohgewinn je Stück
– variable Handlungskosten je Stück
= Deckungsbeitrag je Stück
```

Deckungsbeitrag je Periode:
```
  Umsatzerlöse
– Wareneinsatz
= Rohgewinn je Periode
– variable Handlungskosten je Periode
= Deckungsbeitrag je Periode
```

Gesamtwirtschaftliche Rahmenbedingungen

5

5.1   Stabilitätsgesetz 1 – „Magisches Viereck"

Sowohl in der Wirtschaftskrise 2008/2009 als auch in der Corona-Pandemie musste aufgrund von starken Nachfragerückgängen z. B. in der Automobilindustrie die Produktion in dem Bereich gedrosselt werden. Folge war, dass die staatlich geförderte Kurzarbeit bei vielen Beschäftigten der Autoproduktion angewendet werden musste. Falls sich die Marktlage in den folgenden Monaten nicht geändert hätte, hätten den entsprechenden Mitarbeitenden Kündigungen gedroht.

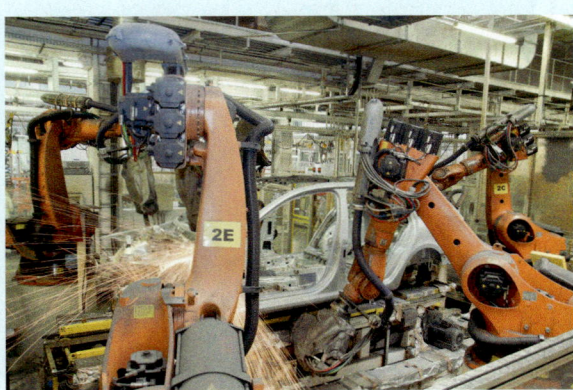

1. Erläutern Sie, warum in einer Wirtschaftskrise die Nachfrage nach vielen Gütern zurückgeht.
2. Machen Sie Vorschläge, wie die Nachfrage angekurbelt werden könnte.
3. Geben Sie an, welche Gefahren mit den in Aufgabe 2 genannten Vorschlägen verbunden sind.
4. Erklären Sie, warum der Staat die Kurzarbeit fördert.

Stabilitätsgesetz

Das entscheidende Merkmal der sozialen Marktwirtschaft der Bundesrepublik Deutschland ist, dass rein marktwirtschaftliche Prinzipien (alles wird durch den Markt geregelt → Selbststeuerungskräfte) vom Staat an bestimmten Stellen reguliert werden müssen, um vor allem Nachteile für den Menschen zu reduzieren. Diese Regulierungen und Rahmenbedingungen werden durch verschiedene Gesetze gesteuert. Eines dieser Gesetze ist das **Gesetz zur Förderung und Stabilität des Wachstums der Wirtschaft (Stabilitätsgesetz → StabG)** aus dem Jahr 1967.

DEFINITION

§ 1 StabG

Bund und Länder haben bei ihren wirtschafts- und finanzpolitischen Maßnahmen die Erfordernisse des gesamtwirtschaftlichen Gleichgewichts zu beachten. Die Maßnahmen sind so zu treffen, dass sie im Rahmen der marktwirtschaftlichen Ordnung gleichzeitig zur Stabilität des Preisniveaus, zu einem hohen Beschäftigungsstand und außenwirtschaftlichem Gleichgewicht bei stetigem und angemessenem Wirtschaftswachstum beitragen.

In der nachfolgenden Grafik ist dargestellt, welche Zahlen zu den in § 1 StabG genannten Zielen in den Jahren 2018 bis 2022 für Deutschland festgestellt wurden.

Ziel: Angemessenes Wachstum

Kennzahlen

Ein Ziel des Stabilitätsgesetzes ist ein angemessenes Wachstum. Dieses wird gemessen, indem die Wachstumsraten des Bruttoinlandsprodukts der verschiedenen Zeiträume (z. B. ein Jahr) betrachtet werden.

> **DEFINITION**
>
> Das **Bruttoinlandsprodukt** (BIP) misst die Leistung einer Volkswirtschaft während eines festgelegten Zeitraums. Es werden alle im Inland hergestellten Waren und Dienstleistungen wertmäßig erfasst, wenn diese nicht als Vorleistung für andere Produkte verwendet werden. Die Berechnung des BIP erfolgt auch bezogen auf die Leistung des einzelnen Einwohners (BIP je Einwohner). Dabei wird das BIP eines Jahres durch die Anzahl der Einwohner geteilt.

Von einem Wirtschaftswachstum wird immer dann gesprochen, wenn die Wirtschaftsleistung (das BIP) im laufenden Jahr größer ist als im Vorjahr. So ist beispielsweise in der Grafik „Die Leistung unserer Wirtschaft" für das Jahr 2009 ein reales Wirtschaftswachstum von –5,7 % festgestellt worden. Dies bedeutet, dass im Vergleich zu 2008 das BIP um 5,7 % gesunken ist. Somit wurde in 2009 das Ziel des angemessenen Wirtschaftswachstums (aufgrund der Wirtschaftskrise) nicht erfüllt. Auch im Jahr 2020 schrumpfte die Wirtschaft aufgrund der Coronakrise ähnlich stark real um 3,7 %.

$$\text{Wachstumsrate} = \left(\frac{\text{BIP}}{\text{BIP des Vorjahrs}} - 1 \right) \cdot 100$$

In der Bundesrepublik gab es in Zeiten des Wirtschaftswunders in den 1950er- und 1960er-Jahren Wachstumsraten von zum Teil über 10 %. Seitdem hat es immer wieder kleinere oder größere Krisen gegeben, die in manchen Jahren auch ein negatives Wachstum zur Folge hatten. Heute spricht man von einem angemessenen Wachstum bei Wachstumsraten von etwa 1,5–2 %.

Auswirkungen auf die Volkswirtschaft
An den Krisen ist zu erkennen, dass eine Volkswirtschaft auf ein stetiges und angemessenes Wirtschaftswachstum angewiesen ist.

Ein angemessenes Wirtschaftswachstum hat Einfluss auf

- den Beschäftigungsstand (niedrigere Arbeitslosigkeit),
- die Sozialleistungen des Staates (höhere Steuereinnahmen, Sozialversicherungen)
- und somit auf die Lebensqualität.

Grenzen des Wachstums
Es stellt sich die Frage, ob die Wirtschaft immer weiter wachsen kann oder ob es Grenzen des Wachstums gibt. In einer 1972 vom Club of Rome veröffentlichten Studie („The Limits of Growth") wurden die Grenzen des Wachstums in verschiedenen Szenarien untersucht. Die Wachstumsmodelle wurden im Hinblick auf die Ziele Umweltschutz und Wirtschaftswachstum diskutiert. Das Wirtschaftswachstum wird vielerorts auf Kosten der Umwelt realisiert. Laut dieser Studie sind bei den meisten der untersuchten Szenarien die Rohstoffe im Jahr 2100 erschöpft.

Diese Studie und die Ölkrise in den 1970er-Jahren haben ein Umdenken in vielen Industrieländern in Gang gesetzt. Auch die Kohlendioxid-Emissionen und die damit verbundene Schädigung der Ozonschicht wurden später festgestellt. Seitdem wird der Umweltschutz als notwendiger Faktor für ein nachhaltiges Wirtschaften betrachtet. Ob dieses Umdenken vieler Länder in Zeiten des Klimawandels (manche Umweltverbände sprechen von Klimakrise) ausreicht, wird von vielen Umweltverbänden bezweifelt.

Ziel: Preisstabilität

Kennzahlen und Warenkorb

Um die Preisstabilität festzustellen, ist es erforderlich, einen Preisindex zu definieren und zu erstellen. In Deutschland liefert der Verbraucherpreisindex die Informationen über die Preissteigerung bzw. die Teuerungsrate, bei dem alle Haushaltstypen, alle Regionen von Deutschland und sämtliche dort nachgefragten Waren und Dienstleistungen einbezogen sind.

Was ist die Inflationsrate?

Die Inflationsrate zeigt an, wie die Preise für Waren und Dienstleistungen, die ein typischer Haushalt in Deutschland kauft, im Zeitablauf steigen.

Beobachter in knapp **100** Regionen (Städte u. Gemeinden) erfassen …

in repräsentativen **Geschäften** und im **Internet** …

jeden Monat über **300 000 Einzelpreise** der am häufigsten gekauften Produkte/Dienstleistungen.

Diese werden zu **650 Güterarten** zusammengefasst.

Sie bilden den immer gleich zusammengesetzten **Warenkorb.**

Aus den Preisänderungen wird ein **gewichteter Mittelwert (Inflationsrate)** gebildet: Je größer der Anteil eines Produktes an den Gesamtausgaben des Haushalts ist, umso größer ist auch sein Gewicht im Warenkorb (Beispiel: Miete und Wohnungskosten machen allein 32,5 % aus).

Gewichtung im Warenkorb (in Promille)

Verkehr 129,05
(z. B. Fahrzeuge, Bahn- und Flugtickets, Kraftstoffe)

Freizeit, Unterhaltung, Kultur 113,36
(z. B. Sportartikel, TV-Geräte, Bücher, Kinokarten)

Nahrungsmittel, alkoholfreie Getränke 96,85

andere Waren und Dienstleistungen 74,25
(z. B. Friseur, Versicherungsbeiträge)

Möbel, Haushaltsgeräte u. a. 50,04

Beherbergung, Gaststätten 46,77

324,70 ‰ **Wohnung, Wasser, Strom, Gas**
(z. B. Mieten, Reparaturen, Müllgebühren)

9,02 **Bildungswesen**
(z. B. Studien-, Kindergartengebühren)

26,72 **Post, Telekommunikation**
(z. B. Porto, Telefon, Internet)

37,77 **alkohol. Getränke, Tabak**

45,34 **Bekleidung, Schuhe**

46,13 **Gesundheit**
(z. B. Medikamente, Brillen, Zahnersatz)

Quelle: Statistisches Bundesamt   Stand Januar 2022

015142   © Globus

DEFINITION

Der **Verbraucherpreisindex** für Deutschland misst die durchschnittliche Preisentwicklung aller Waren und Dienstleistungen, die von privaten Haushalten für Konsumzwecke gekauft werden.

Die Berechnung des Verbraucherpreisindex erfolgt auf Basis eines sogenannten Warenkorbs. Dieser Warenkorb enthält alle Waren und Dienstleistungen, die beim deutschen Konsum relevant sind. Die sich ändernden Entwicklungen im Konsum machen eine ständige Aktualisierung und Neugewichtung des Warenkorbs erforderlich, damit auch die relevanten Konsumgüter in den Index einbezogen werden. Daher wird dieser Warenkorb alle fünf Jahre angepasst.

In der Realität gehen in 94 Regionen in Deutschland viele Beobachter Monat für Monat in die Geschäfte und notieren sich Preise der Güter dieses Warenkorbs. Mithilfe repräsentativer Stichproben und statistischer Verfahren werden die Daten monatlich vom Statistischen Bundesamt erhoben und veröffentlicht (vgl. www.destatis.de).

Das Statistische Bundesamt hat auf der oben genannten Internetseite auch ein Preis-Kaleidoskop aufgeführt, das interaktiv zu bedienen ist und die aktuellen Preisveränderungen vieler Produktarten des Warenkorbs im Vergleich zum Vormonat aufführt (https://service.destatis.de/Voronoi/PreisKaleidoskop.svg).

Die folgende Grafik zur Jahres-Teuerungsrate zeigt die Preissteigerung in Deutschland von Oktober 2020 bis Oktober 2021 gegenüber dem Vorjahresmonat. Das Ziel der Preisstabilität laut Stabilitätsgesetz ist erreicht, weil die berechneten Steigerungsraten als moderat zu bewerten sind. Dieses Ziel hat sich auch die Europäische Zentralbank (EZB) gesetzt. Die höheren Inflationsraten seit etwa Juli 2021 bewertet die EZB als „temporäre Schwankung". Allerdings gab es Inflationsraten von etwa 5 % seit 1992 nicht mehr.

Die Entwicklung der Verbraucherpreise

Veränderungen jeweils gegenüber dem Vorjahresmonat in %

Verkehr, Auto, öffentl. Nahverkehr	+17,5
Wohnung, Strom, Wasser u. a.	+8,8
Nahrungsmittel, Getränke	+5,9
Beherbergung, Gaststätten	+5,6
Freizeit, Unterhaltung	+5,0
Einrichtung, Haushaltsgeräte	+4,7
Alkohol, Tabakwaren	+4,0
Bekleidung, Schuhe	+2,0
andere Waren u. Dienstleistungen	+2,0
Bildungswesen	+1,5
Gesundheitspflege	+0,9
Post und Telekommunikation	-0,1

Preistreiber im März

Heizöl	+144,0%
Kraftstoffe	+47,4%
Gas	+41,8%

Quelle: Statistisches Bundesamt

dpa•104014

Zur Berechnung des Preisindex legt das Statistische Bundesamt ein Basisjahr zugrunde, momentan das Basisjahr 2015 mit einem Indexwert von 100. Die Inflationsrate berechnet sich aus den Veränderungen des Preisindex. Die Zahl, die in der Regel veröffentlicht wird, ist die Inflationsrate.

$$\text{Preisindex} = \frac{\text{Wert aktueller Warenkorb}}{\text{Wert Warenkorb Basisjahr}} \cdot 100$$

$$\text{Inflationsrate} = \left(\frac{\text{Wert aktueller Warenkorb}}{\text{Wert Warenkorb Vorjahr}} - 1\right) \cdot 100$$

oder

$$\text{Inflationsrate} = \left(\frac{\text{aktueller Indexwert}}{\text{Indexwert Vorjahr}} - 1\right) \cdot 100$$

BEISPIEL

Jahr	Warenkorb	Preisindex	Inflationsrate
Basisjahr	1.600,00 €	100	–
1. Folgejahr	1.632,00 €	102	2,0 %
2. Folgejahr	1.680,00 €	105	2,9 %

Kaufkraft

Wenn in einer Volkswirtschaft die Preise steigen, ist noch nicht gesagt, dass die Kaufkraft der privaten Haushalte sinkt. Steigen beispielsweise die Preise um 1 %, die Löhne und Gehälter (also die Einkünfte der privaten Haushalte) im gleichen Zeitraum aber um 2 %, dann ist auch die Kaufkraft gestiegen. Die Kaufkraft des Geldes zeigt also an, welche Gütermenge man mit der zur Verfügung stehenden Geldmenge erwerben kann.

BEISPIEL

Andreas Seeger freut sich, dass seine Ausbildungsvergütung zum Jahresende um 1 % erhöht wurde, ihm jetzt also mehr Geld zur Verfügung steht. Abends erzählt er dies seiner Mutter. Die Mutter sagt: „Schön … aber gerade heute habe ich in der Zeitung gelesen, dass die Preissteigerung in diesem Jahr 1,8 % betragen hat. Daher hast du insgesamt weniger Geld zur Verfügung und deine Kaufkraft ist leicht gesunken."

Spricht man von der Kaufkraft und Lohnentwicklungen, sind folgende Begriffe von Bedeutung:

- **Bruttolohn**
  der zwischen Arbeitgeber und Arbeitnehmer vereinbarte Gesamtlohn

- **Nettolohn**
  Bruttolohn abzüglich der Sozialabgaben, Steuern (Lohnsteuer) und ggf. der privaten Vorsorge

- **Reallohn**
  entspricht der Kaufkraft. In der Regel ist dies der Nettolohn (in dem Zusammenhang auch Nominallohn genannt) unter Berücksichtigung der Preisentwicklung.

Geldwertstörungen

Eine Preisstabilität soll erreicht werden, damit es in einer Volkswirtschaft nicht zu einer Inflation oder Deflation kommt. Beide Szenarien sind sogenannte Geldwertstörungen und haben einen negativen Einfluss auf die Wirtschaft und somit auf den Wohlstand einer Gesellschaft.

Die Lohnillusion

Durchschnittlicher monatlicher Verdienst je Arbeitnehmer in Deutschland in Euro

Quelle: Statistisches Bundesamt, eigene Berechnungen   *in Preisen von 1991   Globus 015324

Inflation

Bei der Inflation sinkt der Wert des Geldes, weil aufgrund der Preissteigerung nicht mehr so viel gekauft werden kann wie vorher. Die Inflation kann daher auch als eine Form der Geldentwertung verstanden werden.

DEFINITION

Bei einer Inflation ist mehr Geld als Sachgüter vorhanden, die **Preise** steigen. Der Anstieg des allgemeinen Preisniveaus führt zur Geldentwertung und zu Kaufkraftschwund.

Es wird von einer **nachfrageinduzierten Inflation** gesprochen, wenn die Nachfrage nach Gütern und Dienstleistungen steigt ohne eine entsprechende Ausweitung des Angebots. Durch die hohe Nachfrage steigen die Preise.

BEISPIELE

- Konsumnachfrageinflation = private Haushalte haben eine erhöhte Nachfrage nach Konsumgütern
- Investitionsnachfrageinflation = Unternehmen haben eine erhöhte Nachfrage nach Investitionsgütern
- Staatsnachfrageinflation = der Staat hat eine erhöhte Nachfrage nach Gütern und Dienstleistungen

Bei einer **angebotsinduzierten Inflation** nehmen die Anbieter Preiserhöhungen vor, weil etwa die Kosten gestiegen sind oder weil sie ihre Gewinne erhöhen möchten.

BEISPIELE

- Kostendruckinflation = Preise steigen wegen erhöhter Produktionskosten
- Rohstoffkosteninflation = Preise steigen wegen teurer werdender Rohstoffe
- Gewinninflation = Preise steigen wegen höherer Gewinnforderungen

Es wird unterschieden zwischen einer leichten und einer schweren Inflation. Eine leichte Inflation hat jährliche Preissteigerungsraten von 0–5 %, die schwere Inflation hat Preissteigerungsraten über 5 %. Während die leichte Inflation, wie sie auch momentan in Deutschland herrscht, kaum drastische Auswirkungen auf wesentliche Bereiche der Wirtschaft hat, ist dies bei der schweren Inflation durchaus der Fall.

Inflation											
Auswirkung auf die Preisentwicklung						**Auswirkung auf die Kaufkraft**					

BEISPIEL

Ein Gut, das heute 10,00 € kostet, hat in der Zukunft folgende Preise:

Preis-entwicklung	jährliche Inflations-rate	1 %	2 %	5 %	10 %	30 %
		leichte Inflation		schwere Inflation		
nach 1 Jahr		10,10	10,20	10,50	11,00	13,00
nach 5 Jahren		10,51	11,04	12,76	16,11	37,13
nach 10 Jahren		11,05	12,19	16,29	25,94	137,86

BEISPIEL

Das Geld, das heute noch 100 % seines Werts hat, hat in der Zukunft folgenden Prozentwert:

Kaufkraft-entwicklung	jährliche Inflations-rate	1 %	2 %	5 %	10 %	30 %
		leichte Inflation		schwere Inflation		
nach 1 Jahr		99,0	98,0	95,2	90,9	76,9
nach 5 Jahren		95,1	90,6	78,4	62,1	26,9
nach 10 Jahren		90,5	82,0	61,4	38,6	7,3

Hyperinflation nach dem Ersten Weltkrieg

In den 1920er-Jahren kam es zu einer schweren Inflation (Hyperinflation), weil zu Beginn der Weimarer Republik die Geldpresse in Deutschland viel Geld druckte, um die Staatsschulden (Reparationszahlungen) im Ausland zu begleichen. Außerdem kam es aufgrund des Krieges zu Güterengpässen.

→ Einer steigenden Geldmenge stand ein Rückgang der Sachgüter gegenüber.

Folgen der Hyperinflation:

- Inlandswährung fällt als Tauschmittel aus.

- Ersatz der Inlandswährung durch Auslandswährung
- Es werden nur noch Güter getauscht.

Deflation

Die Deflation ist quasi das Gegenteil der Inflation. In dieser Situation sinkt das allgemeine Preisniveau langfristig, weil beispielsweise weniger Waren und Dienstleistungen nachgefragt werden.

Es könnte der Eindruck entstehen, dass dies, zumindest für die privaten Haushalte, gut sein wird. Es besteht aber die Gefahr, dass die privaten Haushalte mit dem Kauf warten, da das Konsumgut nächste Woche eventuell noch günstiger sein wird usw. Ähnlich könnten die Unternehmen reagieren, indem sie z.B. zögern, Investitionsgüter zu erwerben. Dadurch würden die Nachfrage und der Konsum weiter sinken, als Folge sinkt dann wiederum die Produktion und die Arbeitslosigkeit steigt.

> **DEFINITION**
>
> Bei einer **Deflation** ist weniger Geld als Sachgüter vorhanden, die Preise sinken. Das Sinken des allgemeinen Preisniveaus führt zur Geldwertsteigerung und zur Kaufkraftsteigerung einer Währungseinheit.

Ziel: Außenwirtschaftliches Gleichgewicht

Gründe für den Außenhandel

Der Außenhandel ist in jeder Volkswirtschaft seit langer Zeit notwendig, um beispielsweise Güter, die nicht oder nicht im ausreichenden Maße vorhanden sind, zu importieren. Umgekehrt wird auch exportiert, um die im Ausland fehlenden Güter zu liefern.

In der heutigen globalisierten Welt sind die Motive des Außenhandels überwiegend in den Kostenstrukturen begründet (z.B. günstigere Textilproduktion in Asien) und in den guten Absatzmöglichkeiten im Ausland (z.B. Automarkt in China). Man spricht beim Außenhandel auch von einer internationalen Arbeitsteilung.

Zahlungs-, Leistungs- und Handelsbilanz

Die Gesamtheit der Außenbeziehungen nennt sich Außenwirtschaft. Alle Forderungen und Verbindlichkeiten der Außenwirtschaft werden in einer Zahlungsbilanz zusammengefasst. Die Zahlungsbilanz umfasst alle Geld- und Kapitalströme mit dem Ausland. Dabei wird diese in verschiedene Teilbilanzen unterteilt.

Nachfolgend werden nur die Zahlungsbilanz, die Leistungsbilanz und die Handelsbilanz erläutert, weil diese für den Außenhandel die größte Bedeutung darstellen.

- **Zahlungsbilanz**
  Darunter fallen alle wirtschaftlichen Wechselbeziehungen, die innerhalb eines Jahres in einer Volkswirtschaft im Inland und im Ausland stattgefunden haben.

- **Leistungsbilanz**
  Sie stellt mit ihren vier Bereichen (vgl. Schaubild) den Kernbereich der Zahlungsbilanzanalyse dar. Die Leistungsbilanz umfasst vor allem Güter- und Dienstleistungsströme zwischen In- und Ausland.

- **Handelsbilanz**

  Die Handelsbilanz stellt die größte Position bei der Leistungsbilanz dar. Hier sind die Waren- und Güterströme zwischen In- und Ausland zusammengefasst. Es erfolgt eine wertmäßige Gegenüberstellung von Importen und Exporten.

  > **DEFINITION**
  >
  > Der **Außenbeitrag** der Handelsbilanz ergibt sich als Saldo (Differenz) zwischen Exporten und Importen von Waren und Dienstleistungen.

Von einem **aktiven Außenbeitrag** bzw. einem Handelsbilanz- oder Leistungsbilanzüberschuss wird gesprochen, wenn die Leistungen an das Ausland größer sind als die Leistungen vom Ausland, das heißt, die Exporte sind höher als die Importe. Umgekehrt wird von einem **passiven Außenbeitrag** gesprochen, wenn die Importleistungen die Exportleistungen übersteigen.

In Deutschland ist der Außenbeitrag aktiv, man spricht auch von einem Außenhandelsüberschuss. Nachfolgend sind die Handelsbilanz und der Außenbeitrag Deutschlands seit 2008 abgebildet und für 2020 der Außenbeitrag zwischen einigen ausgewählten Ländern mit Deutschland.

Positive Handelsbilanz durch Exportüberschuss	
Export	Import
	Saldo

Negative Handelsbilanz durch Importüberschuss	
Export	Import
Saldo	

Gefahren eines außenwirtschaftlichen Ungleichgewichts

Die Leistungsbilanzen aller Volkswirtschaften weltweit ergeben in der Zusammenrechnung Null. Wenn es in einer Volkswirtschaft einen Leistungsbilanzüberschuss gibt, dann nimmt dieses Land mehr Geld aus dem Ausland ein, als es zahlen muss. Folglich muss es in einigen anderen Ländern ein Leistungsbilanzdefizit geben. Da beim Defizit mehr Geld abfließt als hinzukommt, müssen die „Defizitländer" sich das Geld bei den „Überschussländern" leihen. Damit wächst die Gefahr einer Schuldenkrise. Dies entspricht umgekehrt den Problemen, die eine Volkswirtschaft mit einem zu hohen passiven Außenbeitrag hat.

Neben den genannten Gefahren der Schuldenkrise ist es wichtig, die Exportabhängigkeit nicht zu hoch werden zu lassen. Wie aus der oben stehenden Grafik zu erkennen ist, betrug in Deutschland der aktive Außenbeitrag (Saldo der Leistungsbilanz) 2019 über 7 % des BIP. Die Corona-Krise und die Folgen des Ukraine-Kriegs haben die Schwächen dieser Exportabhängigkeit offengelegt. Es wird daher von Experten gefordert, die Binnennachfrage zu stärken. Ansätze können hier reale Lohnzuwächse sein. Das Ziel des Stabilitätsgesetzes ist hier gefährdet, da es nur moderate Salden von etwa +/– 2 % des BIP geben sollte. Langfristig muss die deutsche Wirtschaft dies wieder erreichen.

Ziel: Hoher Beschäftigungsstand

Vollbeschäftigung

Ein weiteres wirtschaftspolitisches Ziel ist es laut Stabilitätsgesetz, einen möglichst hohen Beschäftigungsstand zu erreichen. Nach dem Zweiten Weltkrieg gab es in Deutschland eine Vollbeschäftigung. In den 1960er-Jahren gab es sogar eine Unterbeschäftigung, das heißt, die Zahl der offenen Stellen war größer als die Zahl der Arbeitslosen. Gelöst wurde dieses Problem seinerzeit dadurch, dass Arbeitskräfte aus dem Ausland nach Deutschland kamen.

> **DEFINITION**
>
> **Vollbeschäftigung** liegt vor, wenn alle Erwerbspersonen in Beschäftigung sind.

Diese Definition wird von Politikern und Wissenschaftlern unterschiedlich interpretiert. So galt in den 1950er- bis 1980er-Jahren eine Arbeitslosenquote von 2 % als Vollbeschäftigung. Seit den 1990er-Jahren werden 4–6 % als Messlatte genommen So gibt es beispielsweise Meinungen unter Experten, dass in Deutschland immer zirka eine Million Menschen arbeitslos sein werden, weil sie entweder auf dem Arbeitsmarkt aufgrund fehlender Qualifikationen nicht vermittelbar sind oder sich gerade auf Arbeitssuche zwischen zwei Arbeitsstellen befinden.

Arbeitsmarktkennzahlen

Die Bundesagentur für Arbeit unterscheidet im Rahmen ihrer periodischen Erhebung statistischer Daten zum Arbeitsmarkt verschiedene Personenkreise.

Zur Beurteilung des Beschäftigungsstands bzw. des Arbeitsmarkts sind verschiedene Kennzahlen von Bedeutung. Viele dieser Kennzahlen werden von der Bundesagentur für Arbeit und vom Statistischen Bundesamt in regelmäßigen Zeiträumen veröffentlicht. Dazu gehören:

- **Erwerbsquote**
  Als Erwerbsquote wird der prozentuale Anteil an Erwerbspersonen (= alle Personen, die sich am Erwerbsleben beteiligen wollen) bezogen auf die Gesamtbevölkerung bezeichnet.

$$\text{Erwerbsquote} = \frac{\text{Erwerbstätige + Arbeitslose}}{\text{Bevölkerung insgesamt}} \cdot 100$$

- **Arbeitslosenquote**
  Als Arbeitslosenquote wird der prozentuale Anteil an registrierten Arbeitslosen bezogen auf die Erwerbspersonen bezeichnet.

$$\text{Arbeitslosenquote} = \frac{\text{Arbeitslose}}{\text{Erwerbstätige + Arbeitslose}} \cdot 100$$

Arbeitslosigkeit

Die Arbeitslosigkeit ist ein Dauerthema in Politik und Gesellschaft. Es gibt verschiedene Gründe, weshalb diese in einer Volkswirtschaft möglichst niedrig sein sollte.

Formen der Arbeitslosigkeit

Um die Arbeitslosigkeit wirksam bekämpfen zu können, muss zunächst eine Analyse der Formen der Arbeitslosigkeit stattfinden.

Es gibt:

- **saisonale** Arbeitslosigkeit
  Innerhalb eines Jahres kommt es je nach Branche (z. B. Baugewerbe, Tourismus) zu saisonalen Schwankungen. Tendenziell ist die Arbeitslosenquote in Deutschland im Winter und während der Urlaubszeit (Juli, August) saisonal etwas höher.

- **konjunkturelle** Arbeitslosigkeit
  Wenn die gesamtwirtschaftliche Nachfrage nach Gütern und Dienstleistungen sinkt, fällt das Wirtschaftswachstum geringer aus. Es kann dadurch konjunkturbedingt zu einer höheren Arbeitslosigkeit kommen.

- **strukturelle, sektorale** Arbeitslosigkeit
  Wenn etwa bestimmte Industriezweige nicht mehr benötigt werden, führen diese strukturellen Veränderungen häufig zu einer erhöhten Arbeitslosigkeit (z. B. Kohleförderung). Die Wertschöpfungsprozesse werden in andere Wirtschaftssektoren verlagert.

Die Arbeitsmarkt-Prognose
Angaben für Deutschland in Millionen

2011 12 13 14 15 16 17 18 19 20 21 2022*

Erwerbstätige
45,27 45,29
44,25
44,91
45
43,12
43 42,35
41 41,54 Mio.

4
2,98 Mio. 2,90 2,69 2,70 2,36
2,34
Arbeitslose 2,61
2 2,27

0
*ifo-Prognose, Stand Dezember 2021
Quelle: Stat. Bundesamt, Bundesagentur für Arbeit, ifo Institut
© Globus 015158

- **regionale** Arbeitslosigkeit
  Der oben genannte Strukturwandel kann sich nur auf bestimmte Regionen beziehen. Regionale Unternehmen sind eventuell nicht mehr wettbewerbsfähig und die Arbeitslosigkeit steigt regional.

- **friktionelle** Arbeitslosigkeit
  Beim Übergang von einer Arbeitsstelle zu einer anderen kommt es zu zeitlichen Verzögerungen. In dieser relativ kurzen Übergangszeit ist ein Arbeitnehmer arbeitslos.

Es ist das Ziel der Bundesagentur für Arbeit, möglichst viele Erwerbspersonen in den ersten Arbeitsmarkt zu bringen.

DEFINITION

Unter dem **ersten Arbeitsmarkt** wird der reguläre Arbeitsmarkt verstanden, bei dem seitens des Staates keine Zuschüsse zu Arbeitsverhältnissen gezahlt werden. Der **zweite Arbeitsmarkt** hat als Ziel, die Betroffenen (wieder) an den ersten Arbeitsmarkt heranzuführen. Zum zweiten Arbeitsmarkt zählen alle staatlich subventionierten Arbeitsverhältnisse.

Folgen der Arbeitslosigkeit

Eine hohe Arbeitslosigkeit ist für eine Volkswirtschaft eine starke Belastung. So fehlen der Solidargemeinschaft nicht nur die Beschäftigten, die in Renten-, Kranken-, Pflege- und Arbeitslosenversicherung einzahlen, sondern es steigen auch die Aufwendungen und somit der Beitragssatz der Arbeitslosenversicherung. Durch die dann gestiegenen Lohnnebenkosten kann es zu weiteren Entlassungen und somit zu einer noch höheren Arbeitslosenquote kommen.

Für jeden persönlich ist der Zustand der Arbeitslosigkeit häufig eine wirtschaftliche Bedrohung. Folge des fehlenden Einkommens ist eine sinkende Nachfrage. Dadurch kommt es zu Umsatzeinbußen bei den Unternehmen und es kann zu weiteren Entlassungen und somit zu einer noch höheren Arbeitslosenquote kommen.

Maßnahmen zur Bekämpfung der Arbeitslosigkeit

Bei den Maßnahmen zur Bekämpfung der Arbeitslosigkeit wird zwischen den Maßnahmen der Bundesagentur für Arbeit und denen der Politik (Bundes- und Landesregierungen, Tarifparteien) unterschieden.

Die Bundesagentur für Arbeit hat eine Vielzahl von Maßnahmen im Programm, um die Arbeitslosen kurz-, mittel- oder langfristig wieder in den ersten Arbeitsmarkt zu bringen.

BEISPIELE

- Vermittlung von Arbeitsplätzen
- Bewerbungstraining
- Erstattung der Bewerbungskosten
- Umschulungsmaßnahmen
- Weiterbildungsmaßnahmen
- Beratungen

Auch die Politik sowie die Tarifparteien haben durch verschiedene Maßnahmen Einfluss auf die Höhe der Arbeitslosigkeit genommen.

Im Rahmen der Wirtschaftskrise in den Jahren 2008 und 2009 hat die Bundesregierung zwei **Konjunkturpakete** verabschiedet.

- **Konjunkturpaket I:**
  Am 5. November 2008 beschloss die Bundesregierung, Investitionen und Aufträge von Unternehmen, privaten Haushalten und Kommunen in einer Größenordnung von rund 50 Milliarden Euro in den Jahren 2009 und 2010 zu fördern. Außerdem wurden im Umfang von zirka 20 Milliarden Euro Maßnahmen zur Sicherung der Finanzierung und Liquidität bei Unternehmen die Finanzierung von Investitionen gewährt.

- **Konjunkturpaket II:**
  Im Januar 2009 legte die Regierung ein zweites Konjunkturpaket auf, das ab März 2009 galt. Dieser „Pakt für Beschäftigung und Stabilität" umfasste noch einmal verschiedene Maßnahmen im Wert von etwa 50 Milliarden Euro. Durch diese Maßnahmen sollten Impulse zur Stützung der Binnenkonjunktur und zur nachhaltigen Stärkung des Landes gegeben werden.

Auch im Rahmen der Coronakrise seit 2020 hat die Bundesregierung verschiedene Konjunkturpakete aufgelegt. So gab es steuerliche Hilfen für Unternehmen und Beschäftigte. Das umfasste beispielsweise Sonderabschreibungen für Unternehmen, aber auch für Beschäftigte bzw. für alle Bürgerinnen und Bürger.

BEISPIEL

Der Staat hat die Umsatzsteuer im zweiten Halbjahr 2020 von 19 % auf 16 % gesenkt. Dadurch sind die Produkte günstiger geworden. Das hat wiederum den Konsum gefördert und dadurch sowohl die Unternehmen als auch die Konsumenten unterstützt.

Ein weiteres Instrument gegen Entlassungen infolge der Wirtschaftskrise 2008/2009 war die **Kurzarbeit-Regelung**. Diese Kurzarbeiter-Regelung ist auch als Instrument während der Coronakrise ab dem Jahr 2020 in Deutschland angewendet worden. Dabei konnten Arbeitgeber Kurzarbeitergeld bei der Bundesagentur für Arbeit (BA) beantragen, wenn der Arbeitsausfall mindestens ein Drittel der beschäftigten Arbeitnehmer betraf und bei ihnen mindestens 10 % des monatlichen Bruttoentgelts ausfielen. Das Kurzarbeitergeld betrug 60 % bzw. 67 % des Monatsentgelts und wurde anteilig für einsatzfreie Zeiten gezahlt. Während der Coronakrise wurden teilweise auch höhere Prozentwerte vereinbart.

Während dieser Maßnahmen konnten sowohl die Beschäftigten als auch die Unternehmen konjunkturelle Engpässe, das heißt Auftragsrückgänge überbrücken. Vorteil war, dass die Arbeitslosenversicherung nicht belastet wurde und die Unternehmen ihre Mitarbeitenden nicht entlassen mussten. In auftragsstarken Jahren (wie z. B. ab 2021/2022) können somit Aufträge kompetent und zuverlässig mit dem erfahrenen Personal erfüllt werden.

Bei den Tarfparteien hat die **Lohnzurückhaltung** in Deutschland nach Angaben verschiedener Wirtschaftsforschungsinstitute in den letzten Jahren die Wettbewerbsfähigkeit erhöht. Dies führte einerseits zu einer Abnahme der Arbeitslosigkeit, andererseits kam es durch die sinkenden Reallöhne zu einer schwachen Binnennachfrage. Hier ziehen Arbeitgeber und Gewerkschaften aber unterschiedliche Schlüsse.

1. Geben Sie an, welche wirtschaftspolitischen Ziele im Stabilitätsgesetz von 1967 formuliert wurden.
2. Erläutern Sie, weshalb es wichtig ist, als Bezugsgröße für das Wachstum nicht nur das gesamte in einer Volkswirtschaft erwirtschaftete BIP, sondern auch das BIP je Einwohner zu betrachten.
3. Erklären Sie, warum ein hohes Bildungsniveau als „human capital" neben Neu- und Erweiterungsinvestitionen als eine Voraussetzung für Wachstum angesehen wird.
4. Zeigen Sie Maßnahmen auf, mit denen die Politik versuchen kann, das Wachstum anzuregen.
5. Leiten Sie das Hauptziel aus der Studie des Club of Rome von 1972 ab.
6. Der Index des BIP in Deutschland betrug im Jahr 2008 110,39 Indexpunkte und im Jahr 2009 105,18 Indexpunkte. Errechnen Sie, wie hoch im Jahr 2009 die Wachstumsrate war.
7. Veränderungen des Preisniveaus werden unter anderem mit dem Index der Lebenshaltungskosten aller privaten Haushalte auf der Basis eines Warenkorbs angegeben.
   a) Nennen Sie ein Gut in diesem Warenkorb, das in jüngster Vergangenheit im Preis gestiegen ist, und erläutern Sie die Ursache.
   b) Nennen Sie ein Gut in diesem Warenkorb, das in jüngster Vergangenheit im Preis gefallen ist, und erläutern Sie die Ursache.
   c) Geben Sie Gründe dafür an, Inhalt und Gewichtung des Warenkorbs von Zeit zu Zeit zu aktualisieren.
8. In der folgenden Tabelle sind die Preisindizes der Jahre 2016 bis 2020 in Deutschland angegeben. Bestimmen Sie die Inflationsraten der Jahre 2017 bis 2020.

Jahr	Index
2016	100,5
2017	102,0
2018	103,8
2019	105,3
2020	105,8

9. Es ist manchmal zu hören, dass die sogenannte Lohn-Preis-Spirale die Stabilität des Preisniveaus beeinflusst.
   a) Nennen Sie die „Akteure", die an der Lohn-Preis-Spirale mitwirken.
   b) Geben Sie die Gruppe an, die zumeist negativ von der Lohn-Preis-Spirale betroffen ist. Nennen Sie Gründe.
10. In einer Volkswirtschaft stehen sich Gütermenge und Geldmenge gegenüber. Zeigen Sie auf, in welcher Situation die Gefahr einer Inflation besteht.
11. Bei einer Inflation gibt es Gewinner und Verlierer. Nennen Sie jeweils drei Beispiele.
12. Ein Produkt kostet heute 5,00 €. Errechnen Sie, was es in zehn Jahren bei einer durchschnittlichen Inflationsrate von jährlich 2 % kostet.
13. Berechnen Sie, wie viel das Geld in acht Jahren noch „wert" ist, wenn die Inflationsrate jährlich 2 % beträgt.

14. Nennen Sie jeweils drei typische Waren, die die Bundesrepublik Deutschland importiert und exportiert.

15. Der Außenhandel hat für eine Volkswirtschaft viele Vorteile, aber auch Nachteile. Nennen Sie jeweils drei Vorteile und drei Nachteile.

16. Begründen Sie, warum Fachleute mittelfristig einen Abbau des hohen deutschen Leistungsbilanzüberschusses fordern.

17. Erläutern Sie, wie die Bundesrepublik Deutschland ihren Leistungsbilanzüberschuss reduzieren könnte.

18. In der Bundesrepublik sind mehrere namhafte Autohersteller ansässig. Die Binnennachfrage müsste angesichts dieses Angebots eigentlich zu befriedigen sein. Dennoch werden viele Fahrzeuge aus Ländern wie Frankreich, Italien, Schweden und Japan importiert. Erläutern Sie, warum dies so ist.

19. Der auf die Beschäftigung abzielende Eckpunkt im magischen Viereck lautet nicht „Vollbeschäftigung", sondern „hoher Beschäftigungsstand". Begründen Sie, weshalb dies der Fall ist.

20. Die klassischen Formen der Arbeitslosigkeit (saisonal, konjunkturell, strukturell, regional und friktionell) können um die technologische und die lohnkostenbedingte Arbeitslosigkeit erweitert werden. Erklären Sie, was Sie darunter verstehen.

21. Nehmen Sie zu der Aussage „Durch eine erhöhte Investitionstätigkeit der Unternehmen nimmt die Beschäftigung zu" Stellung.

22. Erläutern Sie, wie Sie Ihre eigenen Chancen auf dem Arbeitsmarkt erhöhen können.

23. Geben Sie an, welche Folgen eine hohe Arbeitslosenquote für eine Volkswirtschaft haben kann.

24. Die Preisveränderungen werden mithilfe des Warenkorbs ermittelt. Recherchieren Sie auf der Seite www.destatis.de/Voronoi/PreisKaleidoskop.svg, welche Waren des Warenkorbs die höchsten Preissteigerungen verursachen und welche Waren besonders günstig geworden sind.

25. Sehen Sie sich den Film von der Europäischen Zentralbank zum Thema Preisstabilität an (siehe www.ecb.int/ecb/educational/pricestab/html/index.de.html). Beantworten Sie anschließend folgende Fragen:

    a) Bis zu welchem Preisanstieg wird im Euroraum von Preisstabilität gesprochen?

    b) Warum erhöht der Brotverkäufer seine Preise?

    c) Warum ist eine zu hohe Geldmenge gefährlich für eine Volkswirtschaft?

    d) Wer ist Verlierer der Inflation?

    e) Welche Maßnahmen ergreift eine Zentralbank, um die Preise stabil zu halten?

    f) Warum ist Vertrauen in die Preise so wichtig für die Wirtschaft?

    g) Weshalb ist auch die Deflation gefährlich für die Wirtschaft?

angemessenes Wirtschaftswachstum

- Kennzahlen
  - Wachstum ergibt sich aus dem BIP

$$\text{Wachstumsrate} = \left(\frac{BIP}{BIP \text{ des Vorjahrs}} - 1 \right) \cdot 100$$

- Wachstum beeinflusst:
  - Beschäftigungsstand
  - Sozialleistungen
  - Lebensqualität
- Wachstumsgrenzen
  - Studie „The Limits of Growth"
  - Rohstoffe nicht unbegrenzt verfügbar
  - Umweltschutz als notwendiger Faktor

Preisstabilität

- Kennzahlen:
  - Verbraucherpreisindex (ø Preisentwicklung auf Basis des Warenkorbs)
  - Inflationsrate (Veränderung der Preise im Zeitablauf)
- Warenkorb (enthält sämtliche Waren und Dienstleistungen, die für die Konsumwelt in Deutschland relevant sind)
- Kaufkraft (abhängig von Lohn- und Preisentwicklungen)
- Gefahren:
  - Inflation (Geldmenge größer als Gütermenge, Preise steigen)
  - Deflation (Gütermenge größer als Geldmenge, Preise sinken)

Stabilitätsgesetz (magisches Viereck)

außenwirtschaftliches Gleichgewicht

- Zahlungsbilanz, insbesondere die Teilbilanzen Leistungsbilanz und Handelsbilanz
- Außenbeitrag = Export – Import
- positive Handelsbilanz (Exportüberschuss)
- negative Handelsbilanz (Importüberschuss)
- Gefahren eines außenwirtschaftlichen Ungleichgewichts:
  - mögliche Schuldenkrise (bei negativer Handelsbilanz)
  - Exportabhängigkeit (bei positiver Handelsbilanz)

hoher Beschäftigungsstand

- Kennzahlen:
  - Erwerbsquote
  - Arbeitslosenquote
- Vollbeschäftigung: Alle Erwerbspersonen sind in Beschäftigung.
- Formen der Arbeitslosigkeit: saisonal, konjunkturell, strukturell, regional und friktionell
- Folgen der Arbeitslosigkeit
  - volkswirtschaftlich (Mindereinnahmen/ Mehrausgaben, steigende Beitragssätze und Lohnnebenkosten)
  - persönlich (weniger Einkommen, sinkende Nachfrage)
- Maßnahmen (von der Bundesagentur für Arbeit oder vom Staat)

5.2 Stabilitätsgesetz 2 – „Magisches Sechseck"

EINSTIEG

Carolin Saager und Katarzyna Popov haben von Frau Schwab, Abteilungsleiterin der Verwaltung, den Auftrag bekommen, das Leitbild der Hoffmann KG kritisch zu betrachten. Dabei fällt ihnen eine Formulierung auf:

> **Leitbild der Hoffmann KG**
>
> ...
>
> Um der großen sozialen Verantwortung für diese Menschen gerecht zu werden, versuchen wir, Beschaffungsregeln einzuhalten, die die Einhaltung von Sozial- und Umweltstandards gewährleisten.
>
> ...

Carolin und Katarzyna verstehen nicht, welchen finanziellen Nutzen die Hoffmann KG von der Einhaltung von Sozial- und Umweltstandards haben könnte. Sie meinen, dass die Einhaltung dieser Standards der Hoffmann KG keinen Gewinn bringt und daher nichts im Leitbild zu suchen hat.

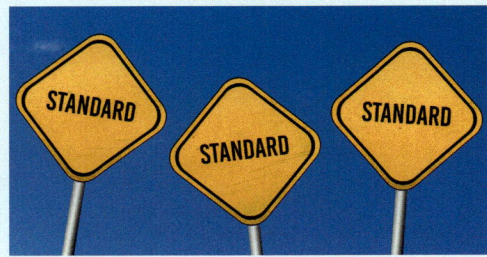

1. Geben Sie an, was Sie unter Sozial- und Umweltstandards verstehen.
2. Ermitteln Sie, welche Sozial- und Umweltstandards bei der Hoffmann KG relevant sind, welche in Ihrem Praktikumsunternehmen.
3. Beurteilen Sie die Haltung von Carolin Saager und Katarzyna Popov.

INFORMATION

Magisches Sechseck

Im Kapitel 5.1 wurden die vier wirtschaftspolitischen Ziele des Stabilitätsgesetzes, das sogenannte „magische Viereck", beschrieben:

- angemessenes Wirtschaftswachstum,
- Preisstabilität,
- außenwirtschaftliches Gleichgewicht,
- hoher Beschäftigungsstand

Im Laufe der letzten Jahre haben in der Wirtschaftspolitik neben diesen Zielen aber noch zwei weitere Ziele sehr an Bedeutung gewonnen:

- gerechte Einkommensverteilung,
- Erhaltung einer lebenswerten Umwelt.

In Verbindung mit diesen sechs Zielen wird auch vom **magischen Sechseck** gesprochen. Die Herausforderung der Wirtschaft besteht darin, alle Ziele zu erfüllen. Allerdings kommt es bei der Zielerfüllung häufig zu Zielkonflikten.

Ziel: Gerechte Einkommensverteilung

Einkommensverteilung und Armut

Die privaten Haushalte beziehen ihre Einkommen aus unterschiedlichen Quellen:

- Einkommen aus nichtselbstständiger Arbeit (Arbeitseinkommen),
- Einkommen aus selbstständiger Arbeit (Unternehmenseinkommen),
- Einkommen aus vorhandenem Vermögen (Vermögenseinkommen),
- Einkommen durch Zahlungen des Staates (Transfereinkommen).

Wie das Einkommen verteilt ist

Haushalte in Deutschland 2021 mit einem monatlichen Nettoeinkommen* in Höhe von ...

Einkommensgruppen

unter 1100 €
7500 € und mehr
1100 bis unter 1500 €
6,3 10,1 %
9,5
4000 bis unter 7500 €
24,4
Anteile in Prozent
12,7
1500 bis unter 2000 €
23,2
13,8
2600 bis unter 4000 €
2000 bis unter 2600 €

*Summe aller Einkünfte inkl. Sozialleistungen, Kapitalerträge u. a., abzüglich Steuern und Sozialabgaben
Quelle: GfK GeoMarketing (Bevölkerungsstrukturdaten)

015216 Globus

Die Einkommensverteilung – also die Frage, wie das Gesamteinkommen aller Haushalte auf die einzelnen Haushalte/Personen verteilt ist – zählt neben dem Bruttoinlandsprodukt und dem durchschnittlichen Einkommen pro Kopf zu den Wohlstandsindikatoren einer Volkswirtschaft.

Zur Feststellung der Ungleichheit bei der Einkommensverteilung wird häufig eine Darstellung gewählt, wie sie unten aufgeführt ist. Es werden Einkommensgruppen (z. B. 1.100,00 € bis unter 1.500,00 €) gebildet, die dann im Verhältnis prozentual zur Gesamtgruppe dargestellt werden.

Aus dieser Grafik ist die ungleiche Verteilung der Einkommen in Deutschland zu erkennen. So verfügen etwa 33,4 % Haushalte über ein monatliches Nettoeinkommen von weniger als 2.000,00 €.

Sorge bereiten aber vor allem die 20,4 % Haushalte, die unter 1.500,00 € Einkommen erzielen. Das ist etwas mehr als ein Fünftel der Haushalte. Vor allem die Mehrpersonenhaushalte werden bei diesen Einkommen in Deutschland Schwierigkeiten haben, ihren Lebensunterhalt zu bestreiten. Hier besteht ein konkretes Armutsrisiko.

Weltweit gilt nach der der Weltbank die folgende Definition der Armut: Als arm gilt, wer im Durchschnitt von weniger als 1,90 $ am Tag leben muss.

Die globale Wohlstandspyramide

Vermögen in US-Dollar	Anteil an allen Erwachsenen	Anteil am globalen Vermögen
über 1 Million $	0,9 %	43,9 %
100 000 bis 1 Million	9,8	38,9
10 000 bis 100 000	32,6	15,5
weniger als 10 000	56,6	1,8

Lesebeispiel
56,6 % besitzen weniger als 10 000 US-Dollar. Zusammen kommen sie damit auf 1,8 % des gesamten globalen Vermögens.

dpa•GlobusSteps 13700

Quelle: Global Wealth Report 2019, Credit Suisse

Das „Millennium-Ziel" der Weltbank, seit 1990 die Armut bis 2015 zu halbieren, wurde bereits im Jahr 2010 erreicht. Die Armut ist aber in vielen Entwicklungs- und Schwellenländern nach wie vor auf einem hohen Niveau. Große Fortschritte in der Armutsbekämpfung sind vor allem in Ostasien und China erreicht worden. Bis 2030 will die Weltbank erreichen, dass es keine extreme Armut mehr auf der ganzen Welt gibt.

Maßnahmen für eine gerechte Einkommensverteilung
Der Staat kann die Einkommensverteilung beeinflussen. Es sind verschiedene Grundprinzipien einer gerechten Einkommensverteilung zu erkennen:

- **Leistungsprinzip**
  Die Einkommen sollten entsprechend der erbrachten Leistung verteilt werden.

- **Gleichheitsprinzip**
  Jeder Bürger sollte das gleiche Einkommen erhalten.

- **Bedarfsprinzip**
  Jeder erhält das Einkommen, das er benötigt.

In einer sozialen Marktwirtschaft, wie beispielsweise in Deutschland, herrscht grundsätzlich das Leistungsprinzip. Die Löhne und Gehälter sind in der Regel nach Qualifikation und Leistungsbereitschaft gestaffelt. Zwar gibt es auch Bestrebungen zum Gleichheitsprinzip (Stichwort: bedingungsloses Grundeinkommen), die Umsetzung ist aber kaum realisierbar. Auch die Anwendung des Bedarfsprinzips scheitert, weil die steigenden Bedürfnisse des Einzelnen nicht produziert und finanziert werden können.

Die Verteilungspolitik in Deutschland hat zwei wesentliche **Steuerungsinstrumente**:

- Transferleistungen,
- progressives Steuersystem.

Transferleistungen

Zu den Transferleistungen gehören z. B. Kindergeld, Wohngeld, Bürgergeld, Arbeitslosengeld.

BEISPIEL

Peter Tetzlaff, Vater einer vierköpfigen Familie, die bislang von Bürgergeld gelebt hat, hat neuerdings eine Stelle als Hilfsarbeiter. Sein Verdienst beträgt 14,50 € pro Stunde. Das reicht leider nicht, um für sich und seine Familie alle Kosten zu decken. Daher bekommt die Familie neben dem Kindergeld außerdem noch 149,00 € Wohngeld. Herr Tetzlaff hat aber Hoffnung, dass sich dieser Zustand bald ändert: Mit seinem Chef hat er über eine Lohnerhöhung gesprochen – bald bekommt er einen Euro mehr pro Stunde.

Das Sozialsystem in Deutschland sorgt dafür, dass die Bevölkerung finanziell abgesichert ist. Dieses wird über Steuern und Sozialabgaben (z. B. Krankenversicherung, Arbeitslosenversicherung) finanziert. Ein Sozialstaat hat, je nach Ansicht, unterschiedliche Wirkungen:

- **Neoklassische Sicht**
  Vollbeschäftigung wird nicht erreicht, weil die Sozialleistungen einigen Bürgern ausreichen und sie daher nicht motiviert sind, arbeiten zu gehen.

- **Keynesianische Sicht**
  Die Binnennachfrage steigt, weil die Einkommen der Bürger steigen und die Sozialleistungen ein Stabilisator in Krisenzeiten sind (z. B. bei hoher Arbeitslosigkeit).

Beide Sichtweisen sehen ein gutes Sozialsystem als notwendig an, um Kranken, Alten und Arbeitsunfähigen ein Einkommen zu gewährleisten.

Progressives Steuersystem

Das in der sozialen Marktwirtschaft herrschende Leistungsprinzip beschert den Leistungsstarken ein höheres Einkommen. Das progressive Steuersystem verfolgt den Grundsatz: je höher das Einkommen, desto höher der Prozentsatz der Einkommenssteuer.

So mussten beispielsweise in Deutschland im Jahr 2022 auf jährlich zu versteuernde Einkommen von weniger als 9.984,00 € bzw. 19.968,00 € für Verheiratete (Grundfreibetrag zum Existenzminimum) keine Steuern gezahlt werden. Für Einkommen oberhalb dieses Betrags mussten mit steigender Höhe zwischen 14 % und 42 % („Reichensteuer": 45 %) Einkommenssteuer abgeführt werden.

Ziel des progressiven Steuersystems ist es, die Leistungsstarken stärker in die Verantwortung zu nehmen und die Leistungsschwachen durch eine geringere Steuerlast zu entlasten. Auf diesem Weg erfolgt auch eine Umverteilung der Einkommen – eine Maßnahme für eine gerechtere Einkommensverteilung.

Ziel: Erhaltung einer lebenswerten Umwelt

Umweltpolitik

In Kapitel 5.1 ist bereits erwähnt worden, dass die Studie des Club of Rome („The Limits of Growth")
von 1972 sowie die Ölkrise die Wirtschaft zum Umdenken in der Umweltpolitik bewegt haben. Im
Jahr 1986 wurde aufgrund der Reaktorkatastrophe von Tschernobyl am 26. April 1986 das BMUV
(= Bundesministerium für Umwelt, Naturschutz, nukleare Sicherheit und Verbraucherschutz) gegründet. Im Jahr 1994 wurde der Umweltschutz mit dem Artikel 20 a auch ins Grundgesetz geschrieben.

DEFINITION

Die **Umweltpolitik** hat die Aufgabe, Maßnahmen zu ergreifen, die dem Menschen eine Umwelt sichern, welche ein gesundes Leben in einem menschenwürdigen Verhältnis gewährleistet.
Boden, Wasser, Luft, Tiere und Pflanzen sind dabei besonders zu schützen, vom Menschen verursachte Beeinträchtigungen müssen behoben werden.

Maßnahmen der Umweltpolitik

Zur Zielerreichung werden drei umweltpolitische Maßnahmen unterschieden:

- **Auflagenpolitik**
  Aufstellung von Grenzwerten und Verboten für die Industrie. Die Auflagenpolitik wird durch
  zahlreiche Gesetze und Verordnungen bestimmt.

- **Abgabenpolitik**
  Für die Umweltnutzung muss eine Abgabe geleistet werden, z. B. Abwasser- und Müllabgaben, Ökosteuer. Dazu gehören auch Subventionszahlungen des Staates zur Förderung von umweltschonenden Technologien.

- **Zertifikate**
  Hierbei werden Umweltzertifikate an Unternehmen vergeben, die damit das Recht erhalten, eine bestimmte Menge an Schadstoffen der Umwelt zuzuführen. Mit diesem erworbenen Recht auf Schadstoffausstoß können die Unternehmen dann auch handeln (siehe auch „Emissionshandel").

Das BMUV führt im Rahmen der Umweltpolitik eine Vielzahl von weiteren umweltpolitischen Aktivitäten durch, die hier nicht alle aufgeführt werden können. Dazu gehören beispielsweise:

- Förderung der erneuerbaren Energien,
- Emissionshandel,
- Förderung zur Sanierung von Privathäusern.

Förderung der erneuerbaren Energien
Bei der Förderung der erneuerbaren Energien wurde im Jahr 2000 das Gesetz für den Vorrang erneuerbarer Energien (EEG) in Kraft gesetzt. Ziel des EEG ist die Förderung des Ausbaus der erneuerbaren Energien zur Stromerzeugung und die Erhöhung des Anteils erneuerbarer Energien an der Stromversorgung. Es sollte mindestens eine Verdopplung bis 2010 entsprechend den Zielen der EU und Deutschlands (vgl. BMUV) erreicht werden.

Die Novellierung des Gesetzes im Jahr 2009 schrieb einen Anteil der erneuerbaren Energien bis 2020 an der gesamten Stromerzeugung von 30 % fest. Dieses Ziel ist 2017 erreicht worden. Aufgrund der fortschreitenden Klimakrise hat die Bundesregierung in der Legislaturperiode 2017 bis 2021 beschlossen (Gesetzesnovelle vom 31.08.2021), die Treibhausgase bis 2030 um 65 %, bis 2040 um 88 % und bis 2045 komplett – „Klimaneutralität" – zu reduzieren. Kritiker der Bundesregierung halten diese Ziele für zu niedrig. Zur Klimaneutralität gehört in jedem Fall auch, die Stromerzeugung entsprechend auf 100 % erneuerbare Energien umzustellen. Dazu hat die Bundesregierung Förderungen beschlossen.

Die Förderung umfasst Abnahmegarantien und Einspeisevergütungen von Strom aus:

- Windkraft,
- Solarstrahlung (Solaranlagen und Fotovoltaik),
- Biomasse,
- Geothermie.

311

Bezahlt werden die Fördermaßnahmen von den Stromkonsumenten als EEG-Umlage. 6,79 Cent mussten für jede Kilowattstunde im Jahr 2018 gezahlt werden. Für das Jahr 2019 wurde eine Reduzierung auf 6,41 Cent pro Kilowattstunde festgelegt.

Die Förderung der erneuerbaren Energien hat dazu geführt, dass die Zahl der Arbeitsplätze in Deutschland von etwa 106 700 im Jahr 2000 auf etwa 416 000 im Jahr 2011 gestiegen ist. Mittlerweile sanken die Beschäftigtenzahlen wieder auf knapp 300 000 im Jahr 2019.

Anzahl der Beschäftigten im Bereich erneuerbare Energien

Abweichungen in der Summe durch Rundung

Quelle: https://www.erneuerbare-energien.de/EE/Redaktion/DE/Downloads/zeitreihe-der-beschaeftigungszahlen-seit-2000.html

Emissionshandel

Im Kyoto-Protokoll, einem UN-Klimaabkommen von 1997, wurde der weltweit erste völkerrechtlich verbindliche Vertrag zur Eindämmung des Klimawandels geschlossen. Es verpflichtet Industriestaaten, ihren Ausstoß von sechs klimaschädlichen Treibhausgasen im Zeitraum von 2008 bis 2012 im Durchschnitt um 5,2 % zu senken. Die EU wollte bis 2012 ihre Treibhausemissionen sogar um 8 % senken. Um dieses Ziel zu erreichen, wurde 2005 der Emissionshandel eingeführt. Der Europäische Emissionshandel (EU-ETS) schließt neben den 27 EU-Staaten auch die Länder Großbritannien, Norwegen, Schweiz und Liechtenstein ein, seit 2012 ist auch der innereuropäische Luftverkehr mit einbezogen.

Beim Emissionshandel wird eine Obergrenze festgelegt, wie viel Treibhausgas in einem bestimmten Zeitraum von einem Staat ausgestoßen werden darf. In dieser Höhe gibt der Staat Emissionsberechtigungen an verschiedene Unternehmen aus. Nur wenn ein Unternehmen die Rechte erworben hat, darf es Treibhausgas ausstoßen. Die Unternehmen können die Berechtigungen nutzen oder damit handeln (anderen Unternehmen weiterverkaufen). Wenn die Unternehmen ihre tatsächlich ausgestoßenen CO_2-Mengen nicht ausgleichen können und auch keine Rechte von anderen Unternehmen erwerben, müssen sie mit Strafen rechnen.

Vorteile des Emissionshandels sind:

- Er ist verursachungsgerecht,
- bringt nur eine geringe Belastung der Umwelt und
- die Verringerung der Zuteilung schafft Anreize für einen sparsamen CO_2-Ausstoß.

Jedes Jahr werden die Emissionsrechte um einen be-stimmten Prozentsatz gekürzt. Dadurch soll gewährleistet sein, dass das im Kyoto-Protokoll festgelegte Ziel auch erreicht wird.

Die Begrenzung des CO_2-Schadstoffausstoßes ist noch effizienter, wenn weltweit alle Länder dabei mitmachen. Gerade die steigenden Bedürfnisse ehemaliger Entwicklungsländer wie China oder Indien haben aber in den letzten Jahren trotz der Einsparbemühungen zu einem starken weltweiten Anstieg der CO_2-Belastung geführt, wobei der Pro-Kopf-Verbrauch dieser Länder trotzdem noch weiter unterhalb des Verbrauchs in den Industrieländern liegt. Bei weiteren Klimakonferenzen wie beispielsweise in Paris 2015 wurden zwar weltweite Einigungen zum Abbau von Emissionen erzielt, diese sind aber im Nachhinein wieder von einigen Ländern, vor allem von den USA, gekündigt worden. Der US-amerikanische Präsident Joe Biden ist aber nach seiner Wahl 2021 dem Abkommen wieder beigetreten. Bei der Klimakonferenz 2021 in Glasgow wurden Maßnahmen aller beteiligten Länder beschlossen, durch die das sogenannte „1,5-Grad-Ziel" erreicht werden soll.

Gesamt-Cap und Emissionen im Europäischen Emissionshandel

Millionen Tonnen Kohlendioxid-Äquivalente

Quelle: Umweltbundsamt 2021, Deutsche Emissionshandelsstelle, eigene Berechnungen auf Basis von Daten der Europäischen Umweltagentur und der Europäischen Kommission (2013/448/EU); Stand 08.07.2021

Förderung zur Sanierung von Privathäusern

Die Bundesregierung hat ein Programm der Förderung zur Sanierung von Privathäusern in Gang gebracht, das den Energieverbrauch eines Privathaushalts deutlich reduzieren soll. Fast 90 % des Energieverbrauchs eines privaten Haushalts in Deutschland werden für Heizung und Warmwasser verwendet. Bei Altbauten kann dieser Energieverbrauch um bis zu 90 % verringert werden, im Durchschnitt um 50 %. Zur Sanierung werden den Investoren zinsgünstige Kredite zur Verfügung gestellt.

Zielbeziehungen im Rahmen des magischen Sechsecks

Die wirtschaftspolitischen Ziele des magischen Sechsecks können nicht getrennt voreinander betrachtet werden, denn sie stehen unmittelbar in Beziehung zueinander.

Zielkomplementarität

Von Zielkomplementarität spricht man, wenn sich ein wirtschaftspolitisches Ziel positiv auf ein anderes wirtschaftspolitisches Ziel auswirkt.

BEISPIELE

- Ein angemessenes Wirtschaftswachstum wirkt sich positiv auf den Beschäftigungsstand aus.
- Ein stärker werdender Euro führt dazu, dass die Exportüberschüsse in Deutschland gedrosselt werden. Dadurch bleiben die Preise stabil, weil sich das Angebot im Inland erhöht.

Zielkonflikte

Häufiger als die Zielkomplementarität der wirtschaftspolitischen Ziele ist deren Zielkonflikt. Die Realisierung eines wirtschaftspolitischen Hauptziels wirkt problematisch auf ein anderes Hauptziel.

BEISPIELE

- Um die Inflation zu drosseln, fragen die öffentlichen Haushalte weniger nach. Dies führt unter Umständen zu einem Konflikt mit einem angemessenen Wirtschaftswachstum und einem hohen Beschäftigungsgrad.
- Ein stärker werdender Euro (allg.: die Aufwertung einer Währung) kann auch negative Auswirkungen haben, da dies zu einer negativen Handelsbilanz führen kann. Die fehlenden Exporte haben unter Umständen eine höhere Arbeitslosigkeit und ein Abschwächen des Wirtschaftswachstums zur Folge.

Gerade auch bei den „neuen" wirtschaftspolitischen Hauptzielen „gerechte Einkommensverteilung" und „Erhaltung einer lebenswerten Umwelt" kommt es oft zu Konflikten mit anderen Zielen.

BEISPIELE

- Die Förderung der erneuerbaren Energien führt zu einer Verteuerung der Strompreise. Durch die erhöhten Preise wird die Konkurrenzfähigkeit gegenüber dem Ausland geschwächt, es wird weniger Strom exportiert. Dies hat wiederum Auswirkungen auf das außenwirtschaftliche Gleichgewicht.
- Die Sozialleistungen werden durch Steuern finanziert, Steuererhöhungen sind notwendig. Dies führt zu teureren Inlandsprodukten und somit weniger Exporten.
- Ein hohes Wachstum hat einen erhöhten Verbrauch von Ressourcen zur Folge. Dies schädigt die Umwelt.
- Ein gerechtes Einkommen soll durch höhere Löhne erzielt werden. Das führt zu höheren Preisen.

Es ist in der Regel nicht möglich, eine Zielkomplementarität zwischen den sechs Hauptzielen zu erreichen. Meist wird das Ziel in den Mittelpunkt der wirtschaftspolitischen Handlung gestellt, das am meisten gefährdet ist.

AUFGABEN

1. Nennen Sie zu den Einkommensquellen der privaten Haushalte jeweils mindestens ein Beispiel.
2. Umweltzerstörung und -verschmutzung als Folgen des Wachstumsstrebens werden überwiegend der materiellen Industrieproduktion zugeschrieben. Erläutern Sie an zwei Beispielen, warum sich diese Folgen nicht nur in den entwickelten Industriestaaten niederschlagen.
3. Beschreiben Sie, wie der Staat die Umverteilung des Einkommens beeinflussen kann.
4. „Um das Armutsrisiko in Deutschland zu verringern, müssen die Sätze für das Bürgergeld nur deutlich angehoben werden." Nehmen Sie zu dieser Aussage kritisch Stellung.

5. In Deutschland tragen 10 % der Bevölkerung – die Gruppe der am besten Verdienenden – über 50 % der Steuerlast. Halten Sie dies für eine gerechte Verteilung? Begründen Sie Ihre Antwort.

6. Die Einspeisevergütung bei Fotovoltaikanlagen wird jedes Jahr um einen bestimmten Prozentsatz gesenkt. Erläutern Sie, warum die Bundesregierung diese Maßnahme durchführt. Welche negativen Effekte ergeben sich daraus für den Umweltschutz?

7. Erläutern Sie, wieso der Emissionshandel zu einer Reduzierung der Treibhausgase führt.

8. Erstellen Sie die folgende Tabelle und überlegen Sie, ob es sich bei dem in der Tabelle angegebenen Zielpaar um einen Zielkonflikt oder eine Zielkomplementarität handelt. Begründen Sie Ihre Entscheidung.

Zielpaar	Beziehung	Begründung
Preisniveaustabilität und hoher Beschäftigungsstand	?	?
Preisniveaustabilität und Wirtschaftswachstum	?	?
Preisniveaustabilität und außenwirtschaftliches Gleichgewicht	?	?
hoher Beschäftigungsstand und Wirtschaftswachstum	?	?
hoher Beschäftigungsstand und außenwirtschaftliches Gleichgewicht	?	?
Wirtschaftswachstum und außenwirtschaftliches Gleichgewicht	?	?

9. Umweltschutz und Wirtschaftswachstum müssen sich nicht ausschließen. Stellen Sie an einem Beispiel dar, wie der Umweltschutz das Wirtschaftswachstum positiv beeinflussen kann.

10. Erstellen Sie eine Kurzpräsentation in PowerPoint, in der Sie drei umweltpolitische Maßnahmen der Bundesregierung darstellen.
Recherchieren Sie dazu auf der Internetseite des Bundesministeriums für Umwelt, Naturschutz, nukleare Sicherheit und Verbraucherschutz. (www.bmuv.de)

11. In mehreren deutschen Städten ist die Feinstaubbelastung deutlich zu hoch, es drohen Fahrverbote für Dieselfahrzeuge in den Innenstädten. Der Grenzwert darf an maximal 35 Tagen im Jahr überschritten werden. Zu diesem Thema lädt ein großer Fernsehsender verschiedene Expertinnen und Experten, die unterschiedliche Interessen vertreten, zu einer Podiumsdiskussion ein:

- Vertreterin vom **Umweltverband**
  Die Vertreterin fordert die Autoindustrie dazu auf, endlich etwas gegen die hohe Feinstaubbelastung zu unternehmen, indem die Technologie umweltfreundlich angepasst wird: „Die Fahrverbote müssen so lange beibehalten werden, bis sich die Schadstoffe der Fahrzeuge reduzieren. Elektroautos sind die Lösung. Die Forschung und die Produktion dieser Autos kann aufgrund hoher Gewinne der Industrie nun endlich vorangetrieben werden."

- Vertreter der **Autoindustrie**
  Der Vertreter sieht die Forderung der Umweltverbände als momentan unrealistisch an, die Technik sei noch nicht so weit und eine Umstellung oder Nachrüstung verursache hohe Kosten: „Bei solchen Ideen könnten Entlassungen die Folge sein."

- **Gewerkschaft**svertreterin:
  Die Vertreterin argumentiert mit den hohen Gewinnen der Autoindustrie, die auf neue Technologien umstellen sollte, dabei erwähnt sie aber auch die Lohnzurückhaltung der Beschäftigten: „Jetzt sind die Mitarbeitenden an der Reihe, auch von der guten Konjunktur zu profitieren."

- **Mediziner**
  Der Lungenarzt der Medizinischen Hochschule Hannover stellt die negativen Folgen einer langfristigen Feinstaubbelastung für Menschen heraus: „Die hohe Feinstaubbelastung ist Gift für die Stadtbewohner/-innen, vor allem für die Kinder."

- Vertreterin der **Bundesagentur für Arbeit**

  Der Vertreterin sind der Erhalt und der Ausbau der Arbeitsplätze wichtig. Sie ist zwar für neue Technologien, sieht aber auch die Gefahren: „Die Umstellung von Verbrennungs- auf Elektromotoren benötigt nicht so viele Arbeitsplätze. Andererseits darf Deutschland den Anschluss an eine solche Technologie im internationalen Vergleich nicht verpassen."

- **Verkehrsminister**

  Der Verkehrsminister sieht eine neue Technologie nur dann als realisierbar an, wenn diese auch gefördert wird. Die Kundinnen und Kunden werden die anfangs relativ teuren Autos ansonsten nicht kaufen: „Die Infrastruktur wie Tankstellen usw. muss erst vom Staat vorfinanziert werden, dazu fehlen im aktuellen Haushalt die Mittel. Abgesehen davon hat die Förderung auch andere negative Effekte ..."

a) Bilden Sie sechs Gruppen.

b) Jede Gruppe wird einem der sechs Vertreter/-innen zugeordnet.

c) Versetzen Sie sich in die Rolle der ausgewählten Person.

d) Überlegen Sie weitere Argumente für die dargestellte Position und wählen Sie eine Vertreterin/einen Vertreter aus Ihrer Gruppe aus, die/der die Position in der späteren Podiumsdiskussion vertritt. Die Diskussion wird von einer Moderatorin/einem Moderator des Fernsehsenders (eine Schülerin/ein Schüler oder die Lehrkraft) geleitet.

e) Halten Sie alle Argumente auf Metaplankarten fest.

f) Während der Podiumsdiskussion sollen Sie Ihre Argumente schlüssig vertreten und die anderen Teilnehmerinnen und Teilnehmer von Ihrer Position überzeugen. Seien Sie auf Gegenargumente gefasst und versuchen Sie, diese zu entkräften. Greifen Sie dazu auf die Rollenbeschreibung und Ihre Notizen (Metaplankarten) zurück.

g) Eines Ihrer Gruppenmitglieder steht Ihnen im Hintergrund als Expertin/Experte zur Verfügung.

h) Die anderen Gruppenmitglieder verfolgen die Podiumsdiskussion als Beobachtende und halten dort mögliche Argumente oder Ergebnisse schriftlich fest.

12. Nach der Definition der Weltbank gilt als arm, wer im Durchschnitt von weniger als 1,90 US-$ am Tag leben muss. Vergleichen Sie mithilfe des Internets die Definition der Weltbank mit der Armutsdefinition, wie sie in den Industrieländern verwendet wird. Gehen Sie dabei auch auf die Begriffe „relative" und „absolute Armut" ein.

Magisches Sechseck

angemessenes Wirtschaftswachstum

Preisstabilität

Zielkomplementarität
(ein Ziel wirkt positiv auf ein anderes Ziel)

außenwirtschaftliches Gleichgewicht

hoher Beschäftigungs- grad

Zielkonflikt
(ein Ziel wirkt negativ auf ein anderes Ziel)

gerechte Einkommens- verteilung

Erhaltung einer lebens- werten Umwelt

- **Wohlstandsindikator**

- **Einkommensquellen**
  - Arbeitseinkommen
  - Unternehmenseinkommen
  - Vermögenseinkommen
  - Transfereinkommen

- **Armutsrisiko**
  - Deutschland: weniger als 60 % des mittleren Einkommens
  - weltweit: weniger als 1,25 US-$ pro Tag

- **Maßnahmen/Prinzipien**
  - Leistungsprinzip
  - Gleichheitsprinzip
  - Bedarfsprinzip

- **Steuerungsinstrumente**
  - Transferleistungen
  - progressives Steuersystem

- **Grundlagen für eine Umwelt- politik**
  - Studie des Club of Rome (The Limits to Growth)
  - Reaktorkatastrophe von Tschernobyl
  - Umweltverschmutzungen (z. B. „Ozonloch")

- **umweltpolitische Maßnahmen**
  - Auflagenpolitik
  - Abgabenpolitik
  - Zertifikate

- **Beispiele**
  - Emissionshandel
  - Förderung erneuerbarer Energien
  - Förderung zur Sanierung von Privathäusern

- **internationale Probleme**
  keine grundsätzliche Einigung aller Länder beim globalen Umweltschutz

5.3 Fiskal- und Konjunkturpolitik

EINSTIEG

Frau Bertram, Abteilungsleiterin des Rechnungswesens, kommt ins Büro von Dominik Schlote und Carolin Saager mit einer Statistik zu den Umsatzzahlen für Sportartikel der letzten 20 Jahre.

Sie gibt den beiden den Auftrag, diese Statistik näher zu untersuchen.

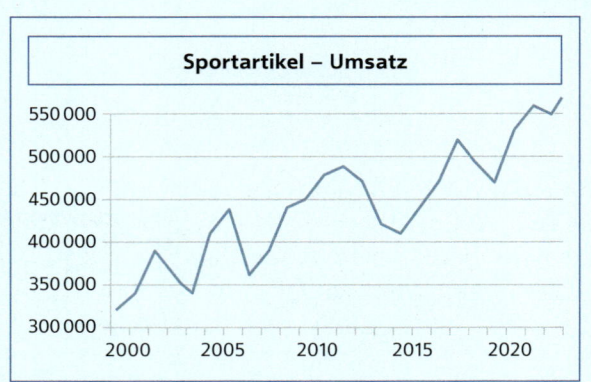

1. Halten Sie fest, was Ihnen bei der oben stehenden Umsatzstatistik auffällt.
2. Begründen Sie, wieso es zu solchen Umsatzschwankungen im Sportartikelmarkt kommt.

INFORMATION

Konjunkturschwankungen

Eine Volkswirtschaft ist aufgrund von wirtschaftlichen Aktivitäten stets bestimmten Schwankungen ausgesetzt.

> **DEFINITION**
>
> Als **Konjunkturschwankungen** werden in einer Volkswirtschaft über einen bestimmten Zeitraum bestehende Änderungen (Auf und Ab) der wirtschaftlichen Aktivitäten bezeichnet.

Konjunkturzyklus

Die konjunkturellen Schwankungen haben in der Regel ein bestimmtes Grundmuster. Dieses Grundmuster, auch **Konjunkturzyklus** genannt, lässt sich in vier Phasen einteilen:

- Aufschwung (Expansion),
- Hochkonjunktur (Boom),
- Abschwung (Rückschlag, Rezession),
- Tiefstand (Depression).

Phase 1: Aufschwung

Im Aufschwung finden eine Erholung und/oder eine Expansion (Ausweitung) statt. Die Akteure des wirtschaftlichen Handelns (Wirtschaftssubjekte) wie Unternehmen, Konsumenten oder der Staat bekommen wieder mehr Vertrauen in zukünftige Entwicklungen. Der Konsum, die Investitionen und das Volkseinkommen steigen in dieser Phase, die Arbeitslosigkeit sinkt.

Phase 2: Hochkonjunktur

In der Hochkonjunktur sind alle Produktionsfaktoren ausgelastet, die Nachfrage ist höher als die Produktionsmenge, was zu Engpässen führt. Die Zinsen steigen, weil die Unternehmen auch mit steigendem Fremdkapital investieren, um die Kapazitäten zu erhöhen. Kosten und Löhne steigen, es kommt zu Preissteigerungen und einer höheren Inflationsgefahr. Die Konjunktur ist am Maximum angelangt, sie „boomt".

Phase 3: Abschwung

Im Abschwung kommt es zu einem Rückgang der Nachfrage und der Produktion, weil hohe Preise und hohe Zinsen die Wirtschaft „gebremst" haben. Wegen schwindender Gewinne und fehlender Auslastung werden Beschäftigte entlassen, die Arbeitslosenquote steigt. Theoretisch können in dieser Phase auch die Löhne sinken. Durch die hohe Arbeitslosenquote sinkt das Volkseinkommen und damit die Binnennachfrage.

Phase 4: Tiefstand

In der Phase des Tiefstands bzw. der Depression ist der Tiefpunkt im Konjunkturzyklus erreicht. Es herrschen Massenarbeitslosigkeit, ein niedriger Investitionswille und wenig Konsum. Weil die Unternehmen wenig verkaufen, ist hier die Auslastung der Produktion sehr gering.

Saisonale Schwankungen und Trends

Neben den Konjunkturzyklen gibt es noch weitere Schwankungen der Konjunktur:

Saisonale Schwankungen sind häufig jahreszeitlich bedingt und dauern meist nur einige Wochen oder Monate. Verantwortlich für diese Schwankungen können unterschiedliche Ursachen sein: Urlaubszeit, Wetter, Feiertage usw.

Trends bezeichnen allgemein den zeitlichen Verlauf bzw. die zeitliche Entwicklung in eine Richtung.

BEISPIEL

Der Produktionsindex des Statistischen Bundesamtes stellt die Entwicklungen zwischen 2017 und 2021 dar. Bis Ende 2019 ist ein steigender Trend zu erkennen, im Jahr 2020 erfolgte aufgrund der Coronakrise ein starker Rückgang. Im Jahr 2021 stieg der Index wieder.

Saisonal ist zu erkennen, dass jährlich im Frühjahr eine Belebung der Produktion stattfindet, die Mitte des Jahres etwas zurückgeht (Urlaub). Am Jahresende geht die Produktion saisonal bedingt wieder etwas zurück. Der Produktionsindex ist ein wichtiger Indikator für die konjunkturelle Entwicklung in Deutschland.

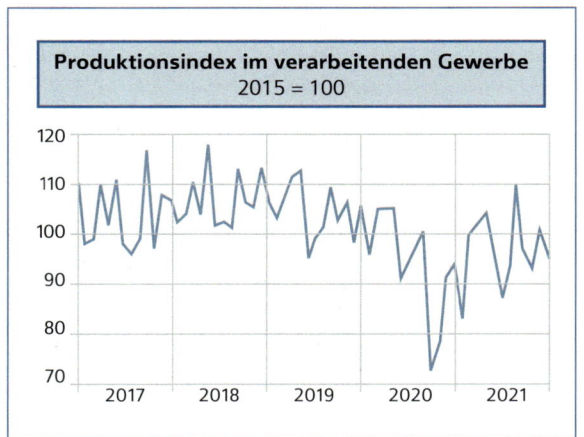

Zahlenmaterial entnommen aus: https://www.destatis.de/ DE/Themen/Wirtschaft/Konjunkturindikatoren/ Schluesselindikatoren/Grafik/Interaktiv/ produktionsindex.html, 24.01.2022.

Konjunkturindikatoren

In Deutschland werden seitens des Statistischen Bundesamts und verschiedener Wirtschaftsforschungsinstitute mehrere Indikatoren permanent beobachtet, um daraus Rückschlüsse auf den Konjunkturverlauf bzw. die Konjunkturschwankungen ziehen zu können. Die Indikatoren können dabei in drei Gruppen unterschieden werden:

- **Frühindikatoren**
  Sie zeigen an, wie der Verlauf in absehbarer Zukunft (wenige Monate) sein könnte.

  BEISPIELE

  Auftragseingänge der Industrie, Baugenehmigungen, Aktienkurse

- **Präsensindikatoren**
  Sie zeigen und beschreiben den momentanen Stand der Konjunktur.

  BEISPIELE

  Produktion, Volkseinkommen, Umsätze im Handel

- **Spätindikatoren**
Sie hinken dem Konjunkturzyklus hinterher und wirken erst später nach.

> **BEISPIELE**
>
> Preise, Löhne, Beschäftigung, Arbeitslosenquote

Konjunkturphasen und Indikatorenverlauf			
Indikatoren Konjunkturphasen	Frühindikatoren	Präsensindikatoren	Spätindikatoren
Aufschwung	steigend	langsam steigend	konstant, langsam steigend
Hochkonjunktur	schnell steigend	steigend	schnell steigend
Abschwung	schnell fallend	fallend	langsam fallend
Tiefstand	langsam fallend	langsam fallend	langsam fallend, konstant

Vgl. Woll, Artur: Allgemeine Volkswirtschaftslehre. Verlag Vahlen, München 1990, S. 524.

Die oben stehende Tabelle zeigt eine Übersicht, wie sich Konjunkturindikatoren in den vier Phasen des Konjunkturzyklus entwickeln. Das folgende Beispiel verdeutlicht, wie die Tabelle zu interpretieren ist.

> **BEISPIEL**   **Frühindikator Baugenehmigungen**
>
> In der Aufschwungphase steigt die Zahl der Baugenehmigungen an, während der Hochkonjunktur ist das Volumen der Baugenehmigungen noch stärker. In der Abschwungphase ist ein starkes Fallen der Zahl der Baugenehmigungen zu beobachten und während der Tiefphase fällt die Zahl der Baugenehmigungen nur noch langsam.

Nachfrage- und angebotsorientierte Konjunkturpolitik

In der volkswirtschaftlichen Diskussion ist manchmal von angebotsorientierter und nachfrageorientierter Konjunkturpolitik die Rede. Gemeint sind damit zwei verschiedene Ansätze zur Beeinflussung der wirtschaftlichen Aktivität eines Landes, insbesondere um Konjunkturschwankungen zu steuern und das Wirtschaftswachstum zu fördern.

Nachfrageorientierte Konjunkturpolitik

Die nachfrageorientierte Konjunkturpolitik hat zum Ziel, die Gesamtnachfrage in der Wirtschaft zu beeinflussen, um die Konjunktur zu stabilisieren und die Produktion zu fördern. Der Schwerpunkt liegt dabei auf der Beeinflussung der Gesamtnachfrage in der Volkswirtschaft. Zu den Instrumenten der nachfrageorientierten Politik gehören:

- Fiskalpolitik: Diese umfasst Maßnahmen der Bundesregierung zur Änderung der Steuern und Ausgaben, um die Gesamtnachfrage zu steuern.
- Geldpolitik: Bundesbank und Europäische Zentralbank können den Geldumlauf und die Zinssätze verändern, um die Kreditvergabe zu erleichtern oder zu erschweren. Durch Senkung der Zinssätze und Lockerung der Geldpolitik lässt sich die Investitionsbereitschaft der Unternehmen und der Konsum der Haushalte ankurbeln.

Angebotsorientierte Konjunkturpolitik

Die angebotsorientierte Konjunkturpolitik konzentriert sich hingegen auf die Angebotsseite der Wirtschaft, um das Wirtschaftswachstum zu fördern und die Produktivität zu steigern. Der Schwerpunkt liegt auf der Steigerung der Kapazität und Effizienz der Unternehmen. Zu den Instrumenten der angebotsorientierten Politik gehören:

- Strukturpolitik: Die Regierung kann Maßnahmen ergreifen, um die Rahmenbedingungen für Unternehmen zu verbessern.
- Arbeitsmarktpolitik: Durch Maßnahmen wie Flexibilisierung des Arbeitsrechts und der Arbeitsmärkte, Förderung der Ausbildung und Qualifikation der Arbeitnehmenden kann die Arbeitsproduktivität gesteigert werden.

Fiskalpolitik

Der Staat ist daran interessiert, die konjunkturellen Schwankungen möglichst gering zu halten. Es gibt eine Reihe von Maßnahmen, die der Staat im Rahmen der Konjunkturpolitik ergreifen kann, um bei Krisensituationen positiv auf die Wirtschaft einzuwirken. Eine dieser Maßnahmen ist die Fiskalpolitik.

> **DEFINITION**
>
> **Fiskalpolitik** ist ein wirtschaftspolitisches Instrument des Staates, bei dem durch Änderungen von Einnahmen und Ausgaben des Staates konjunkturelle Schwankungen ausgeglichen werden sollen.

Fiskalpolitische Grundprinzipien

In der Vergangenheit wurde in vielen Staaten eine **prozyklische** Fiskalpolitik betrieben. Hier war das vorrangige Ziel des Staates, den eigenen Haushalt auszugleichen. Ein großes Problem dieser Politik war, dass in Abschwungphasen die Steuereinnahmen zurückgingen. Deshalb verminderte der Staat seine Ausgaben und Investitionen, wodurch sich die wirtschaftliche Lage aber noch verschlimmerte.

Heute ist eine **antizyklische** Einnahmen- und Ausgabenpolitik in den meisten Staaten bei der Fiskalpolitik vorgesehen. Nach dem bedeutenden Ökonom John Maynard Keynes (1883–1946) soll der Staat antizyklisch handeln und vor allem in Zeiten der Rezession auf der Ausgabenseite, das heißt der Nachfrageseite, die Konjunktur positiv beeinflussen. Die Form der antizyklischen Konjunkturpolitik wird deshalb auch keynesianische Konjunkturpolitik genannt.

Antizyklische Politik bedeutet demnach, dass gegenläufige Maßnahmen zum eigentlichen Konjunkturverlauf ergriffen werden:

- geringe staatliche Investitionen in der Hochkonjunktur,
- hohe staatliche Investitionen und staatliche Nachfrage in der Rezession und im Tiefstand.

Wenn sich ein Aufschwung abzeichnet, sollte der Staat seine wirtschaftsfördernden Ausgaben wie Aufträge, Subventionen oder Investitionen möglichst schon langsam begrenzen. In der Hochkonjunktur sollten Steuererhöhungen in Betracht gezogen werden. Steuererhöhungen sind stets unpopulär in der Bevölkerung, werden aber in der Hochkonjunktur von den Wirtschaftssubjekten am besten getragen. In dieser Phase kann der Staat Gelder für Wirtschaftsfördermaßnahmen aufbauen, die er in schwächeren Zeiten wieder einsetzt.

Instrumente der Fiskalpolitik

Es wird im Rahmen einer antizyklischen Wirtschaftspolitik zwischen einer einnahmenorientierten und einer ausgabenorientierten Fiskalpolitik unterschieden. Mit beiden Instrumenten kann der Staat die Nachfrage fördern oder hemmen.

Einnahmenpolitik

Die Einnahmenpolitik kann über die Steuern die Nachfrage beeinflussen: Je höher die Steuern, desto niedriger ist die Nachfrage – und umgekehrt.

Ein weiteres Mittel der Einnahmenpolitik ist der Einfluss über die Abschreibungsregeln. Hohe Abschreibungssätze bei den Investitionsgütern fördern die Wirtschaft, weil beispielsweise dadurch Gewinne und die damit verbundenen Steuerlasten reduziert werden können. Die Unternehmen können ihrerseits neu investieren.

Ausgabenpolitik

Bei der Ausgabenpolitik wirken staatliche Investitionen nachfragefördernd, die Rücknahme von staatlichen Investitionen nachfragehemmend. Die Gestaltungsmöglichkeiten des Staates sind hier aber begrenzt, da viele Investitionstätigkeiten von den Ländern und Gemeinden getätigt werden.

Subventionen und Transferleistungen wirken bei einer Erhöhung negativ auf der Ausgabenseite des Staates, erhöhen aber das Einkommen der privaten Haushalte und somit die Binnennachfrage.

Die Investitionen des Staates könnten durch eine Kreditaufnahme finanziert werden. Wird die Kreditaufnahme aber durch Steuererhöhungen finanziert, könnte dies die positiven Effekte der Investitionserhöhung wieder aufheben.

Probleme der Fiskalpolitik bei der Anpassung an die wirtschaftliche Situation

Für den Staat besteht ständig die Notwendigkeit, die Fiskalpolitik an aktuelle Probleme der Wirtschaftspolitik anzupassen. Dabei muss er die Folgen beachten. Mit Steuererhöhungen im Rahmen der Einnahmenpolitik sind auch Probleme verbunden. So kann eine Steuererhöhung in einer folgenden Abschwungphase häufig nicht wieder unmittelbar rückgängig gemacht werden. Steuererhöhungen für die Industrie könnten diese auch dazu bewegen, ins steuergünstigere Ausland abzuwandern. Dadurch würde sich die Konjunktur (z. B. die Arbeitslosenquote) noch weiter verschlechtern.

Die Erhöhung der Kreditaufnahme zur Anregung der Wirtschaft (Deficitspending) im Rahmen der Ausgabenpolitik kann zu einem höheren Haushaltsdefizit (**Staatsverschuldung**) führen.

Insgesamt ist der Einfluss der Politik in vielen Bereichen eher begrenzt. Grenzen staatlicher Fiskalpolitik sind etwa beim Einfluss auf die Lohnentwicklung zu erkennen. Hier lässt beispielsweise die gesetzlich vorgegebene Tarifautonomie ein Eingreifen des Staates nicht zu. Viele Experten schreiben die gute Konjunktur in Deutschland nach der Finanzkrise 2008/2009 auch einer angemessenen Wirtschaftspolitik der Bundesregierung zu. Strukturelle Veränderungen auf dem Arbeitsmarkt sowie moderate Lohnabschlüsse werden hier als Argument aufgeführt.

AUFGABEN

1. Im Alten Testament heißt es: „Siehe, sieben reiche Jahre werden kommen (...). Und nach denselben werden sieben Jahre teure Zeit kommen (...)." Erläutern Sie, was diese Aussage mit dem Konjunkturzyklus zu tun hat.
2. Zeichnen Sie einen klassischen Konjunkturzyklus und tragen Sie die vier Konjunkturphasen ein.
3. Geben Sie an, welche Möglichkeiten der Staat und gegebenenfalls die Zentralbank eines Staates haben, um einer Depression entgegenzuwirken.
4. Erläutern Sie, ob saisonale Schwankungen nachhaltigen Einfluss auf Konjunkturschwankungen nehmen können. Nehmen Sie für Ihre Antwort die Grafik auf Seite 319 zur Hilfe.
5. Nennen Sie Ursachen für Konjunkturschwankungen.
6. Begründen Sie, warum die Arbeitslosenquote zu den Spätindikatoren gehört.
7. Die Konjunktur eines Landes befindet sich im Abschwung. Machen Sie fest, woran man diese Entwicklung erkennen kann.
8. Beschreiben Sie, wie der Staat mithilfe der Variation der Abschreibungssätze die Konjunktur fördern kann.
9. Erklären Sie, was man unter antizyklischer Fiskalpolitik versteht.
10. Eine Volkswirtschaft befindet sich in einer Rezession. Beschreiben Sie ausführlich, welche fiskalpolitischen Mittel der Staat einsetzen sollte, um dieser Rezession entgegenzuwirken.
11. Ordnen Sie die sechs genannten Maßnahmen des Staates jeweils einer der vier angegebenen Auswirkungen (a–d) zu.

    Maßnahmen des Staates:
    1. Erhöhung der Einkommenssteuer
    2. Erhöhung der Abschreibungssätze für Unternehmen
    3. Streichung oder Kürzung von Subventionen an Verbraucherinnen und Verbraucher
    4. Zollabbau zur Erleichterung der Einfuhr ausländischer Waren
    5. Streichung oder Kürzung von Subventionen an Industrieunternehmen
    6. Gewährung von Subventionen an Verbraucher/-innen, z. B. Kinder- und Wohngeld

Auswirkungen dieser Maßnahmen:
a) Erhöhung der Nachfrage nach Gütern und Dienstleistungen
b) Erhöhung des Angebots von Gütern und Dienstleistungen
c) Verringerung des Angebots von Gütern und Dienstleistungen
d) Verringerung der Nachfrage nach Gütern und Dienstleistungen

12. In den verschiedenen Konjunkturphasen verändern sich mehrere wirtschaftliche Indikatoren. Erstellen Sie eine Tabelle wie in dem unten stehenden Beispiel. Geben Sie in diese stichwortartig an, wie sich die in der Tabelle genannten Indikatoren in den einzelnen Phasen jeweils verhalten.

Phasen / Aspekte	Aufschwung	Boom	Abschwung	Rezession
Auftragsbestände	?	?	?	?
Arbeitslosigkeit	?	?	?	?
Löhne, Gehälter	?	?	?	?
Verbraucherpreise	?	?	?	?

13. Lesen Sie den nachfolgenden Zeitungsartikel aus dem Jahr 2010, der kurz nach der weltweiten Wirtschaftskrise der Jahre 2008/09 geschrieben wurde. Beantworten Sie nachfolgende Fragen:
a) Welche Konjunkturindikatoren werden im Zeitungsartikel genannt?
b) Welcher Konjunkturindikator wird als „Motor" für den Aufschwung bezeichnet?
c) Welche Ursachen für den Aufschwung haben Herr Brüderle und die Wirtschaftsexperten erkannt?
d) Was war die „tiefste Rezession der Nachkriegsgeschichte", von der der Bundeswirtschaftsminister sprach?
e) Was empfehlen Sie der Bundesregierung, wie sie in den nächsten Monaten auf diesen Aufschwung reagieren sollte?
f) Warum wirken niedrige Zinsen positiv auf den Aufschwung?

Brüderle und der XL-Aufschwung

Erstmals seit Jahren ist in Deutschland das Inlandswachstum stärker als das Exportwachstum. Wirtschaftsminister Brüderle lobt die positive Entwicklung der deutschen Wirtschaft – und erwartet im kommenden Jahr steigende Löhne.

FRANKFURT/DÜSSELDORF/BERLIN. Bestens gelaunt hat Bundeswirtschaftsminister Rainer Brüderle (FDP) gestern die neue Wachstumsprognose präsentiert. „Die Nachrichten vom Arbeitsmarkt sind ein Grund zum Feiern", sagte er. Deutschland erlebe nach der tiefsten Rezession der Nachkriegsgeschichte in diesem Jahr „einen XL-Aufschwung wie aus dem Lehrbuch". Und erstmals seit Jahren wachse die inländische Wirtschaft stärker als die Exporte.

Nach der neuen offiziellen Regierungsprognose wächst die Wirtschaft in diesem Jahr um 3,4 Prozent, im nächsten um 1,8 Prozent. Das sind für dieses Jahr zwei Prozentpunkte mehr als die Bundesregierung noch im Frühjahr erwartet hatte. [...] „Die Binnenkonjunktur ist jetzt die entscheidende Kraft", sagte Brüderle.

Die eigentliche Ursache, meint der Liberale, sei die umfassende Restrukturierung, die im letzten Jahrzehnt in den deutschen Betrieben stattgefunden hat. Die Konjunkturpakete hätten zusätzlich geholfen, während der Krise die Kapazitäten zu halten und Arbeitsplätze zu sichern. „Deshalb konnte die Produktion jetzt schnell wieder hochgefahren werden", so Brüderle. Er ist überzeugt, dass die gute Binnenkonjunktur anhalten werde – weil die Lage am Arbeitsmarkt so gut sei wie seit zwei Jahrzehnten nicht mehr. Bereits in diesem Herbst werde die Zahl der Arbeitslosen unter drei Millionen sinken. In diesem Jahr würden 110 000 Menschen zusätzlich Erwerbstätige, im nächsten Jahr weitere 140 000.

Wegen der Steuererleichterungen der alten und der neuen Regierung seien die Nettolöhne in diesem Jahr mit 3,9 Prozent stärker gestiegen als die Bruttolöhne mit 1,2 Prozent. 2011 dürften sich die Arbeitnehmer auf deutliche Lohnerhöhungen freuen, sagte Brüderle voraus. [...]

Ökonomen stützen Brüderles These. „Die deutsche Wirtschaft steht wieder auf zwei Beinen", sagt der Chefvolkswirt der Dekabank, Ulrich Kater. Vor allem zwei Fakten sprächen dafür, dass die Binnenwirtschaft im kommenden Jahr einen starken Wachstumsbeitrag leisten wird: Zum einen sei mit einer Nominallohnsteigerung von knapp drei Prozent zu rechnen. Zum anderen sei weiter von „zu niedrigen Zinsen für Deutschland" auszugehen. „Beides kurbelt den privaten Konsum an", schlussfolgert Kater. [...] [D]ie niedrigen Zinsen [...] erhöhten außerdem die Investitionsanreize.

[...] [D]er Volkswirt von HSBC Trinkaus, Lothar Heßler, [sagt,] [a]lle drei Töpfe stünden „unter Dampf" – Exporte, Investitionen und der private Konsum. Der Aufschwung habe schneller als in früheren Konjunkturzyklen auf die Investitionen übergegriffen, nun springe auch der Konsum früher an als gedacht. Seit dem Rezessionsende sei das Bruttoinlandsprodukt in Deutschland um 3,7 Prozent gewachsen, nur 1,2 Punkte seien auf die Außenwirtschaft zurückzuführen.

Wie bedeutend der Beitrag der Binnenwirtschaft bereits 2010 ist, unterstreicht Volkswirt Kater: Er rechnet mit einem Wachstumsbeitrag von 2,2 Punkten – etwa zwei Drittel des Wachstums. 2011 dürfte der Beitrag nach seiner Einschätzung noch höher ausfallen: 1,5 Prozentpunkte. Das wären bei einem BIP-Zuwachs von zwei Prozent 75 Prozent des gesamten Wachstums.

Quelle: Marschall, Dorit; Heilmann, Dirk; Riedel, Donata: Brüderle und der XL-Aufschwung. In: Handelsblatt Nr. 205 vom 22.10.2010, Seite 14.

Konjunktur

= allgemeine Bezeichnung für die wirtschaftliche Lage einer Volkswirtschaft

Konjunkturschwankungen

- **Phasen des Konjunkturzyklus**
  - Aufschwung (Expansion)
  - Hochkonjunktur (Boom)
  - Abschwung (Rezession)
  - Tiefstand (Depression)
- **weitere Schwankungen**
  - saisonale Schwankungen (oft jahreszeitlich bedingt)
  - Trends (langfristige zeitliche Entwicklung in eine Richtung)

Konjunkturindikatoren

Beobachtung durch Statistisches Bundesamt und verschiedene Wirtschaftsforschungsinstitute

- Frühindikatoren (Verlauf in absehbarer Zukunft)
- Präsensindikatoren (momentaner Stand der Konjunktur)
- Spätindikatoren (wirken erst später)

vom Staat beeinflusst durch

Fiskalpolitik

= wirtschaftspolitisches Instrument des Staates, bei dem durch Änderungen von Einnahmen und Ausgaben des Staates konjunkturelle Schwankungen ausgeglichen werden sollen

antizyklische Konjunkturpolitik

entgegen der aktuellen Konjunktur ausgerichtet

- Aufschwung/Hochkonjunktur: staatliche Investitionen, Subventionen und Aufträge drosseln; ggf. Steuern erhöhen
- Abschwung/Tiefstand: staatliche Investitionen, Subventionen und Aufträge erhöhen

prozyklische Konjunkturpolitik

nach der aktuellen Konjunktur ausgerichtet

- Ziel: Ausgleich des Staatshaushalts
- Problem: Rückgang der Steuereinnahmen in Abschwungphasen.
- Folge: Verminderung der Staatsausgaben und Investitionen und Verschlimmerung der wirtschaftlichen Lage

Fiskalpolitische Instrumente
Steuerung der gesamtwirtschaftlichen Nachfrage

Einnahmenpolitik

Ausgabenpolitik

Probleme der Fiskalpolitik

- Steuererhöhung kann nicht unmittelbar rückgängig gemacht werden.
- Steuererhöhung kann zur Abwanderung ins steuergünstigere Ausland führen.
- Erhöhung der Kreditaufnahme (Deficitspending) führt evtl. zu einem höheren Haushaltsdefizit.

5.4 Geldpolitik der EZB

Die beiden Geschäftsführer der Hoffmann KG, Michael Hoffmann und Susanne Hahne, sitzen in der Hausbank der Hoffmann KG mit dem Bankberater Herrn Mutzke zusammen, um die Finanzierung einer schon länger geplanten Erweiterung einer Lagerhalle für den Onlineversand zu besprechen.

Michael Hoffmann und Susanne Hahne: „Guten Morgen, Herr Mutzke."

Herr Mutzke: „Guten Morgen, Frau Hahne, guten Morgen, Herr Hoffmann. Sie haben ja schon vor einigen Wochen eine Anfrage über einen Kredit über 400.000,00 € gestellt. Sind Sie mit der Entscheidung vorangekommen?"

Michael Hoffmann: „Ja, es ist eine Entscheidung gefallen: Wir müssen die Lagerhalle bauen, damit unsere Wettbewerbsfähigkeit langfristig sichergestellt ist."

Herr Mutzke: „Da spricht bezüglich der Kreditwürdigkeit von unserer Seite aus nichts dagegen."

Susanne Hahne: „Das ist gut. Wir wollen die Investition bei Ihrer Bank tätigen, weil Sie die besten Konditionen haben und wir Ihnen als kompetenten Partner vertrauen."

Herr Mutzke: „Da muss ich Ihnen leider etwas mitteilen: Der beim letzten Gespräch aktuelle Zinssatz ist etwas gestiegen. Die EZB hat die Leitzinsen um ein halbes Prozent erhöht, dementsprechend steigt auch der Zinssatz um 0,5 %."

Michael Hoffmann: „Das ist ja sehr bedauerlich. Da weiß ich nicht, ob wir dann noch investieren sollten ..."

1. Geben Sie an, warum die Europäische Zentralbank (EZB) die Zinsen senkt oder erhöht.
2. Begründen Sie, welche Entscheidung die Hoffmann KG bezüglich der Investition oder des Investitionszeitpunkts treffen sollte.

Das Europäische System der Zentralbanken

Das Europäische System der Zentralbanken (ESZB) setzt sich aus der Europäischen Zentralbank (EZB) sowie den jeweiligen nationalen Zentralbanken (NZB) der 27 EU-Mitgliedsstaaten zusammen, unabhängig davon, ob der Euro eingeführt wurde oder nicht. Sowohl die EZB (19 Mitgliedsstaaten, die den Euro eingeführt haben) als auch das ESZB wurden am 1. Juni 1998 geschaffen, wobei sich die EZB als das „Herzstück" des Eurosystems und des ESZB bezeichnet. Die EZB hat ihren Sitz in Frankfurt.

Die nationalen Zentralbanken der EU-Staaten, die nicht an der Währungsunion teilnehmen, behalten ihre währungspolitischen Befugnisse und werden nicht in die Durchführung der einheitlichen Geldpolitik der EZB einbezogen.

> **DEFINITION**
>
> Unter **Geldpolitik** werden alle wirtschaftspolitischen Maßnahmen verstanden, die die Zentralbank einer Volkswirtschaft ergreift, um ihre Wirtschaftsziele zu erreichen.

Beschlussorgane der EZB

- **Direktorium**
  Präsident, Vizepräsident, vier weitere Mitglieder
  Das Direktorium führt die laufenden Geschäfte, führt die Geldpolitik durch und bereitet die EZB-Sitzungen vor.

- **EZB-Rat**
  Direktorium und NZB-Präsidenten der 19 EU-Staaten, die den Euro eingeführt haben
  Der EZB-Rat trifft sich zweimal im Monat zur Festlegung der Geldpolitik und zur Verabschiedung von Leitlinien und Beschlüssen.

- **Erweiterter EZB-Rat**
  EZB-Rat und NZB-Präsidenten aller 27 EU-Staaten
  Der erweiterte Rat übt eine beratende Funktion aus.

Euro

Am 1. Januar 1999 wurde der Euro als Zahlungsmittel der Länder der europäischen Währungsunion eingeführt. An diesem Tag wurden die Wechselkurse der einzelnen Währungen festgelegt (z. B. das Umtauschverhältnis zwischen der D-Mark und dem französischen Franc).

An diesem Tag hat außerdem die EZB die Verantwortung für die Geldpolitik von den NZB der Länder der Währungsunion übernommen. Der Euro ist seitdem offizielles Zahlungsmittel für etwa 340 Millionen Bürger.

1. Januar 1999: Einführung des Euros als Buchgeld
1. Januar 2002: Einführung der Euro-Banknoten und -Münzen

Zu den sogenannten Euroländern, also den Ländern, die den Euro als Zahlungsmittel innerhalb der EU eingeführt haben, zählen 19 Länder der EU (Stand 2023).

Es gibt auch mehrere Nicht-EU-Länder, die in ihren Ländern den Euro als Zahlungsmittel nutzen.

Nicht-EU-Länder mit dem Euro als Zahlungsmittel:	Andorra, Kosovo, Monaco, Montenegro, San Marino, Vatikan

Im Jahre 1992 wurden im Vertrag von Maastricht Kriterien zur Erreichung des gemeinsamen Ziels, die Wirtschaft und den Euro stabil zu halten, festgelegt. Diese sogenannten **Konvergenzkriterien** (Maastricht-Kriterien) sind in Artikel 121 des EG-Vertrags festgehalten:

- **Preisentwicklung**
  Inflationsraten von nicht mehr als 1,5 % über denen der drei „besten" Euroländer

- **finanzpolitische Entwicklung**
  Das Haushaltsdefizit darf nicht höher als 3 % des BIP sein. Das Verhältnis öffentliche Schulden zum BIP darf 60 % nicht überschreiten (Ausnahme: das Verhältnis ist hinreichend rückläufig).

- **Wechselkursentwicklung (nach WKM II)**

  Wenn ein EU-Land dem Euro beitreten will, muss dessen Währung eine festgelegte Wechselkursbandbreite von 30 % einhalten (+/– 15 %). Praktisch bedeutet dies, dass seit mindestens zwei Jahren vor dem Beitritt zur Währungsunion keine Auf- oder Abwertung gegenüber dem Euro von mehr als 15 % stattgefunden hat.

- **Entwicklung der langfristigen Zinssätze**

  Artikel 121 des EG-Vertrags sieht Zinssätze von nicht mehr als 2 % über den Zinssätzen der drei „besten" Euroländer vor.

Die EZB kontrolliert diese vier Kriterien, die zur Beurteilung der wirtschaftlichen Stabilität eines Landes herangezogen werden. Alle EU-Mitgliedsstaaten, die den Euro als Zahlungsmittel einführen wollen, müssen diese Kriterien der dritten Stufe der Europäischen Währungsunion erfüllen.

Dänemark möchte nicht an der Währungsunion teilnehmen, und Schweden hat in einem Volksentscheid den Beitritt abgelehnt. Die beiden Länder erfüllen aber die Konvergenzkriterien. Andere Länder, die später der EU beigetreten sind, streben einen Beitritt an. Einige haben dies bereits geschafft, so sind beispielsweise Estland seit dem 1. Januar 2011, Lettland seit 2014 und Litauen seit 2015 Mitglieder der Europäischen Währungsunion.

Wie stark ist der Euro?

Bei der Stärke einer Währung wird zwischen Außen- und dem inneren Wert unterschieden.

Der **Außenwert** wird gemessen in fremder Währung, er drückt sich im Wechselkurs aus. Ende Dezember des Jahres 2021 bekommt der Besitzer eines Euros beim Tausch gut 1,13 US-Dollar. Bei der Einführung des Euro waren es 1,17 US-Dollar – der Euro hat sich also gut gehalten. Zwischendurch gab es allerdings starke Kursschwankungen.

Ein starker Euro ist gut für Touristen im Ausland und für die Einfuhr von Waren. Umgekehrt haben es die Exporteure schwer, wenn der Wechselkurs des Euro steigt, denn der ausländische Käufer muss mehr Geld ausgeben und kauft dann anderswo.

Der innere Geldwert lässt sich anhand der Preissteigerungsrate messen. Wenn die Preise etwa für Strom klettern, verliert das Geld an Wert. Seit der Euro-Einführung haben die Preise in Deutschland jährlich nur um zwei Prozent zugelegt. Das spricht gegen die These vom „Teuro". Zu Zeiten der angeblich so stabilen D-Mark lag die durchschnittliche Inflationsrate bei vier Prozent.

Der Euro-Kurs

Wert des Euro in US-Dollar (Referenzkurs der EZB)

Quelle: Europäische Zentralbank

Schuldenlast in der EU

Stand der öffentlichen Verschuldung Ende 2020 in Prozent des Bruttoinlandsprodukts

Land	%
Griechenland	205,6 %
Italien	155,8
Portugal	133,6
Spanien	120,0
Zypern	118,2
Frankreich	115,7
Belgien	114,1
Kroatien	88,7
Österreich	83,9
Slowenien	80,8
Ungarn	80,4
Deutschland	69,8
Finnland	69,2
Slowakei	60,6
Irland	59,5
Polen	57,5
Niederlande	54,5
Malta	54,3
Litauen	47,3
Rumänien	47,3
Lettland	43,5
Dänemark	42,2
Schweden	39,9
Tschechien	38,1
Bulgarien	25,0
Luxemburg	24,9
Estland	18,2

Maastricht-Kriterium max. 60 %

Quelle: Eurostat

© Globus 014665

Aufgaben der EZB

Die Aufgaben der EZB bzw. der Zentralbanken der Staaten sind vielfältig.

Vorrangige Aufgabe: Gewährleistung der Preisstabilität

> **MERKSATZ**
>
> Die EZB strebt an, mittelfristig eine Preissteigerungsrate von unter, aber nahe 2 % beizubehalten.

Dies gelingt beispielsweise, indem Vertrauen in eine Währung geschaffen wird. Denn wenn das Vertrauen der Menschen in eine Währung hoch ist, kann eine Wertsteigerung allein dadurch erreicht werden, dass diese Währung als Tauschmittel akzeptiert wird. Also arbeitet die EZB daran, das Vertrauen in den Euro zu festigen und zu erhöhen.

Noch zu Beginn des 19. Jahrhunderts verwendeten die meisten großen Volkswirtschaften den Goldstandard. Das bedeutet, dass die im Umlauf befindlichen Banknoten einem bestimmten Anteil der Goldreserven eines Landes entsprachen. Man konnte in dieser Zeit theoretisch den Wert einer Banknote bei seiner Zentralbank in Gold eintauschen. Damals musste eine Zentralbank dafür sorgen, dass genügend Gold als Reserve vorhanden war.

Heute wird der Wert des Geldes von seiner Kaufkraft bestimmt. Die Kaufkraft gibt an, welche Güter mit einem bestimmten Geldbetrag gekauft werden können.

Zweite Aufgabe: richtiges Verhältnis Geldmenge und Wert der Güter

Die Kaufkraft ist nur gewährleistet, wenn die Geldmenge im richtigen Verhältnis zum Wert der Güter steht, die man damit kaufen kann. Der Wert der Währung kann so geschützt werden.

Weitere Aufgaben

Um das komplexe System in der Eurozone funktionsfähig zu halten, muss die EZB eine Reihe weiterer Aufgaben wahrnehmen. Die EZB

- legt die Geldpolitik in der Eurozone fest und führt sie aus;
- gibt Banknoten aus;
- führt Devisengeschäfte durch (An- und Verkauf von fremden Währungen und Verwalten der eigenen Währung);
- trägt zur Solidität (Zuverlässigkeit) und Vertrauenswürdigkeit der Kreditinstitute bei;
- trägt zur Wahrung der Stabilität des Finanzsystems bei;
- gewährleistet das reibungslose Funktionieren der Transaktionen und Zahlungen im Eurogebiet.

Zur Erfüllung all dieser Aufgaben ist es notwendig, dass die EZB mit den nationalen Zentralbanken aller Euroländer intensiv zusammenarbeitet.

Europäischer Finanzstabilisierungsmechanismus (EFSM)

Die Verordnung des EFSM (auch als „Euro-Rettungsschirm" bezeichnet) ermächtigt die Europäische Kommission, Kredite an Mitgliedsländer zu vergeben, die in finanzielle Schwierigkeiten geraten sind. Solche Kredite sind beispielsweise an Griechenland vergeben worden, das seit 2010 unter einer Staatsschuldenkrise leidet.

Analysen und Erhebungen des ESZB

Messung der Preisstabilität

Das vorrangige Ziel der Preisstabilität wird gemessen von Eurostat (Statistisches Amt der Europäischen Union) in Zusammenarbeit mit den statistischen Ämtern der EU-Länder (z.B. dem Statistischen Bundesamt in Deutschland). Maßgeblich ist dabei der Harmonisierte Verbraucherpreisindex (HVPI), der seit 1995 in Zeitreihen zur Verfügung steht. Der HVPI beinhaltet einen europäischen Warenkorb, der sich beispielsweise aus Nahrungsmitteln, Industrieerzeugnissen, Energie oder auch Dienstleistungen zusammensetzt. Die Zeitreihen des HVPI werden jährlich miteinander verglichen, um Inflationsmessungen durchzuführen. Die Preissteigerungen sollten dabei 2 % zum Vorjahr nicht übersteigen.

Geldmengenbegriffe des Eurosystems

Geldmenge M1
- Bargeldumlauf
- täglich fällige Einlagen

Geldmenge M2
- Einlagen mit vereinbarter Laufzeit bis zu zwei Jahren
- Einlagen mit vereinbarter Kündigungsfrist bis zu drei Monaten

Geldmenge M3
- Schuldverschreibungen mit vereinbarter Laufzeit bis zu zwei Jahren
- Geldmarktfondanteile
- Repogeschäfte (= Wertpapiergeschäfte)

Geldmengenbegriffe des Eurosystems

Die zwei Säulen der geldpolitischen Strategie

Bei der Entscheidungsfindung stützt sich die EZB auf eine wirtschaftliche und eine monetäre Analyse, die die zwei Säulen der geldpolitischen Strategie darstellen.

Die zwei Säulen der geldpolitischen Strategie	
Wirtschaftliche Analyse	**Monetäre Analyse**
Beurteilung und Analyse der kurz- bis mittelfristigen Bestimmungsfaktoren (Indikatoren) der Preisentwicklung	Beurteilung und Analyse langfristiger Zusammenhänge zwischen Geld- und Gütermenge sowie Preisen
<ul><li>Indikatoren<ul><li>– Löhne/Gehälter</li><li>– Ölpreis</li><li>– Wechselkurse</li><li>– langfristige Zinssätze</li><li>– Messgrößen für die Wirtschaft</li><li>– Umfragen zum Vertrauen</li><li>– Wohnungspreise</li><li>– Entwicklung an den internationalen Finanzmärkten</li></ul></li><li>Erkennen und Beurteilen von Schocks, die die Wirtschaft treffen (z.B. starker Anstieg der Ölpreise)</li><li>Abbildung maßgeblicher gesamtwirtschaftlicher Faktoren (z.B. Situation auf dem europäischen Arbeitsmarkt)</li></ul>	<ul><li>Die Geldmenge dient als mittel- bis langfristige Bezugsgröße.</li><li>langfristige Verbindung zwischen Geldmenge und Preisen in der Eurozone</li><li>Feststellung von finanziellen Ungleichgewichten bzw. Vermögenspreisblasen (wegen überhöhter Güterpreise)</li></ul> **BEISPIEL** Die Finanzkrise 2008 ist auch auf eine Vermögensblase im Bereich der Immobilienpreise in den USA zurückzuführen. Hier wurden über lange Jahre hohe Umsätze mit Immobilien erzielt, wobei die Preise den eigentlichen inneren Wert deutlich übertrafen. Als die Preise zusammenbrachen, platzte auch die Vermögensblase.

Aus den Analysen dieser zwei Säulen nimmt der EZB-Rat eine Gesamtbeurteilung der Risiken für die Preisstabilität vor und kann nun gegebenenfalls Maßnahmen ergreifen, um die zukünftige Entwicklung der Preise zu beeinflussen.

Die geldpolitischen Maßnahmen der EZB greifen in der Regel zeitverzögert, das heißt mit einer Verzögerung von ein bis drei Jahren. Somit ist der Einfluss, den die EZB auf das Preisniveau ausübt, mittel- bis langfristig zu planen. Dabei ist vorausschauendes Handeln wichtig, um im Vorfeld die richtigen Entscheidungen zu treffen.

Instrumente der Geldpolitik

Zur Regulierung der umlaufenden Geldmenge steht der EZB eine Reihe von geldpolitischen Instrumenten zur Verfügung.

Offenmarktpolitik

Offenmarktgeschäfte gehören zu den sogenannten **Refinanzierungsinstrumenten**. Allgemein kann bei Offenmarktgeschäften vom Kauf oder Verkauf von festverzinslichen Wertpapieren (Offenmarktpapiere) durch die Zentralbanken am **offenen Markt** gesprochen werden. Jede Geschäftsbank kann demnach von der EZB Wertpapiere kaufen oder an die EZB verkaufen. Kauft eine Geschäftsbank Offenmarktpapiere, so steht das Geld nicht mehr für Kreditvergaben zur Verfügung, die Geldmenge sinkt. Beim Verkauf von Offenmarktpapieren erhalten die Geschäftsbanken Geld und die Geldmenge steigt, weil dieses Geld für die Kreditvergabe verwendet wird.

> **DEFINITION**
>
> Als **Refinanzierung** wird die Aufnahme fremder (Geld-)Mittel von Kreditinstituten verstanden, die damit ihrerseits selbst Kredit vergeben.

Die Offenmarktgeschäfte des Euroraums können in vier Gruppen unterteilt werden:

- Hauptrefinanzierungsgeschäfte,
- längerfristige Refinanzierungsgeschäfte,
- Feinsteuerungsoperationen,
- strukturelle Operationen.

Die geldpolitischen Instrumente der EZB

Offenmarktpolitik	Ständige Fazilitäten	Mindestreservepflicht
• **Hauptrefinanzierungs-geschäfte** (Laufzeit: eine Woche) • **Längerfristige Refinanzierungsgeschäfte** • **Feinsteuerungsoperationen** • **Strukturelle Operationen**	• **Einlagefazilität** (Zinssätze im Allgemeinen unter Marktzinsniveau) • **Spitzenrefinanzierungsfazilität** (Zinssätze im Allgemeinen über Marktzinsniveau)	

Hauptrefinanzierungsgeschäfte (HRG)

Das wichtigste Instrument im Rahmen der Offenmarktgeschäfte sind die Hauptrefinanzierungsgeschäfte. Hier gewährt die EZB den Geschäftsbanken Kredite mit einer einwöchigen Laufzeit. Dadurch wird dem Markt Liquidität zugeführt, das heißt, der Markt erhält **flüssige Mittel**.

DEFINITION

Unter **Hauptrefinanzierungsgeschäft** wird ein regelmäßiges Offenmarktgeschäft verstanden, das in Form einer (meist auf eine Woche) befristeten Transaktion ausgeführt wird.

Die Zentralbanken müssen im Gegenzug für diese Kredite Zinsen zahlen und bei der EZB als Sicherheit angemessene Vermögenswerte hinterlegen. Die Kredite werden bei Fälligkeit zurückgezahlt und die Zentralbanken erhalten die hinterlegten Sicherheiten zurück.

Die Hauptrefinanzierungsgeschäfte weisen folgende operativen Merkmale auf:

- Diese Liquiditätszuführung ist zeitlich befristet (Laufzeit in der Regel eine Woche).
- Sie werden regelmäßig jede Woche durchgeführt.
- Sie werden dezentral von den nationalen Zentralbanken durchgeführt.
- Die Durchführung läuft über sogenannte „Standardtender" (siehe Exkurs auf der nächsten Seite).
- Die zugelassenen Geschäftspartner (z. B. in den Mitgliedsstaaten zugelassene Kreditinstitute) können Gebote für die Hauptrefinanzierungsgeschäfte abgeben.
- Es sind Sicherheiten von den Geschäftspartnern zur Unterlegung der Hauptrefinanzierungsgeschäfte zugelassen.

Längerfristige Refinanzierungsgeschäfte
Die längerfristigen Refinanzierungsgeschäfte weisen im Grunde dieselben operativen Merkmale auf wie die Hauptrefinanzierungsgeschäfte. Lediglich die Laufzeit ist unterschiedlich. Die Durchführung erfolgt monatlich und die Laufzeit beträgt in der Regel drei Monate. Hierdurch werden dem Finanzsektor zusätzliche längerfristige Refinanzierungsmittel zur Verfügung gestellt.

Feinsteuerungsoperationen
Feinsteuerungsoperationen werden zur Steuerung der Marktliquidität und der Zinssätze genutzt. Dadurch sollen die Auswirkungen unerwarteter Liquiditätsschwankungen auf die Zinssätze ausgeglichen werden. So kann es beispielsweise zu unerwarteten Marktentwicklungen kommen, die ein schnelles Handeln erfordern. Dem Markt kann flexibel Liquidität zugeführt oder weggenommen werden.

Strukturelle Operationen
Strukturelle Operationen können regelmäßig oder unregelmäßig durchgeführt werden. Hier soll die strukturelle Position des Finanzsektors gegenüber dem Eurosystem beeinflusst werden. Das Eurosystem kann strukturelle Operationen über die Ausgabe (Emission) von Schuldverschreibungen, befristete Transaktionen oder endgültige Käufe bzw. Verkäufe durchführen.

Tenderverfahren

Die Offenmarktgeschäfte werden in aller Regel über das sogenannte Tenderverfahren abgewickelt. Die EZB unterscheidet bezüglich der Durchführungszeit zwei verschiedene Tenderverfahren: Standardtender und Schnelltender. Dabei lassen sich beide Verfahren in sechs Schritte gliedern.

Verfahrensschritte bei Tenderverfahren

Schritt 1: Tenderankündigung

a) Ankündigung durch die EZB über Wirtschaftsinformationsdienste

b) Ankündigung durch die nationalen Zentralbanken über nationale Wirtschaftsinformationsdienste und direkt gegenüber einzelnen Geschäftspartnern (wenn dies notwendig erscheint)

Schritt 2: Vorbereitung und Abgabe von Geboten durch die Geschäftspartner

Schritt 3: Zusammenstellung der Gebote durch das Eurosystem

Schritt 4: Tenderzuteilung und Bekanntmachung der Tenderergebnisse

a) Zuteilungsentscheidung der EZB

b) Ankündigung der Zuteilungsergebnisse über Wirtschaftsinformationsdienste und die Website der EZB

Schritt 5: Bestätigung der einzelnen Zuteilungsergebnisse

Schritt 6: Abwicklung der Transaktionen

Quelle: Europäische Zentralbank: Durchführung der Geldpolitik im Euro-Währungsgebiet. 14.12.2011, S. 22. www.ecb.europa.eu/pub/pdf/other/gendoc201109de.pdf?b21113b4515f0a9fd71a78b73d268043 [16.11.2021], verändert.

Die Hauptrefinanzierungsgeschäfte, die längerfristigen Refinanzierungsgeschäfte und die strukturellen Operationen werden in der Regel in Form von Standardtendern durchgeführt.

Normaler Zeitrahmen für die Verfahrensschritte bei Standardtendern

15:30 Uhr Tenderankündigung
9:30 Uhr Frist für die Abgabe von Geboten seitens der Geschäftspartner
11:15 Uhr Bekanntmachung der Tenderergebnisse

Anmerkung: Die Zahlen beziehen sich auf die oben genannten Verfahrensschritte.
Quelle: Europäische Zentralbank: Durchführung der Geldpolitik im Euro-Währungsgebiet. 1. Januar 2012, S. 23.
www.ecb.europa.eu/pub/pdf/other/gendoc201109de.pdf?b21113b4515f0a9fd71a78b7 3d268043 [16.11.2021].

Standardtender

Die EZB kann an jedem beliebigen Eurosystem-Geschäftstag beschließen, Feinsteuerungsoperationen durchzuführen. Bei Feinsteuerungsoperationen werden **Schnelltender** verwendet. Die Schnelltender werden bereits 90 Minuten nach Tenderankündigung durchgeführt. An solchen Operationen nehmen nur nationale Zentralbanken von Mitgliedsstaaten teil.

Normaler Zeitrahmen für die Verfahrensschritte bei Schnelltendern

Tenderankündigung
Frist für die Abgabe von Geboten seitens der Geschäftspartner
Bekanntmachung der Tenderergebnisse

Anmerkung: Die Zahlen beziehen sich auf die links genannten Verfahrensschritte.
Quelle: Europäische Zentralbank: Durchführung der Geldpolitik im Euro-Währungsgebiet. 1. Januar 2012, S. 23.
www.ecb.europa.eu/pub/pdf/other/gendoc201109de.pdf?b21113b4515f0a9fd71a78b7 3d268043 [16.11.2021].

Schnelltender

Bei den Tenderverfahren werden zwei unterschiedliche Techniken angewendet:

- Mengentenderverfahren
- Zinstenderverfahren

Mengentenderverfahren
Beim Mengentenderverfahren wird der Zinssatz bereits im Voraus von der EZB festgelegt. Die teilnehmenden Kreditinstitute bieten nur den Geldbetrag (die Geldmenge), mit der sie sich am Verfahren beteiligen wollen.

Ständige Fazilitäten

Die ständigen Fazilitäten (= Kreditmöglichkeiten, die bei Bedarf in Anspruch genommen werden können) sind ein Instrument, mit deren Hilfe Kreditinstitute liquide Mittel kurzfristig bereitgestellt bekommen oder Liquidität abgeben können. Diese kurzfristigen Geschäfte werden auch als Übernachtanlagen bezeichnet.

Die Bezeichnung *ständige Fazilitäten* weist darauf hin, dass sie den Geschäftsbanken jederzeit zur Verfügung stehen.

Es gibt zwei Arten von Fazilitäten, mit denen die EZB die Geldmenge regulieren kann:

- **Einlagefazilität**
  Banken können gebildete Guthaben kurzfristig bei ihrer nationalen Zentralbank anlegen. Der Zinssatz hierfür liegt immer unter dem Hauptrefinanzierungssatz.
  Wirkung auf die Geldmenge:
  Durch die kurzfristige Anlage von Geld nimmt die Liquidität der Geschäftsbanken ab. Die Geldmenge sinkt.

- **Spitzenrefinanzierungsfazilität**
  Banken können bei ihrer nationalen Zentralbank einen kurzfristigen Kredit aufnehmen. Der Zinssatz hierfür liegt immer über dem Mindestbietungssatz.
  Wirkung auf die Geldmenge:
  Durch die Aufnahme kurzfristiger Kredite können die Geschäftsbanken ihre Liquidität erhöhen. Die Geldmenge steigt.

Der Leitzinssatz der EZB steuert die Geld- und Kapitalmärkte in der EU. Diese Zinssätze legen fest, unter welchen Bedingungen die Kreditinstitute sich Geld bei den Zentralbanken leihen können. Daher kann die EZB durch die Steuerung der Zinssätze auf wirtschaftliche Veränderungen (z. B. Inflation oder Deflation) innerhalb der EU Einfluss nehmen. Der wichtigste Zinssatz in der EU ist der Hauptrefinanzierungssatz.

Leitzinsen der EZB (Stand: 09.08.2023)
- Einlagesatz:
  3,5 %
- Hauptrefinanzierungssatz:
  4,25 %
- Spitzenrefinanzierungssatz:
  4,25 %

Mindestreservepflicht

Die EZB verlangt von den Geschäftsbanken, dass diese über einen bestimmten Zeitraum einen durchschnittlichen Mindestreservebetrag halten müssen, d. h., sie müssen einen bestimmten Teil der Einlagen als verzinstes Zwangsguthaben bei ihrer nationalen Zentralbank halten. Mit dieser Mindestreserve sollen die Zinssätze am Geldmarkt stabil gehalten werden. Ein weiteres Ziel der Mindestreserve ist es, einer unkontrollierten Geldmengenausweitung vorzubeugen.

DEFINITION

Bei der **Mindestreserve** handelt es sich um Einlagen, die Geschäftsbanken in liquider Form bei ihrer nationalen Zentralbank anlegen müssen.

Wirkung der Mindestreservepflicht auf die Geldmenge:

- Bei einer niedrigen Mindestreserve steigt die Geldmenge (Zinsen sinken). Bei einer Senkung der Mindestreservesätze spricht man daher auch von einer expansiven Politik.
- Bei einer hohen Mindestreserve sinkt die Geldmenge (Zinsen steigen). In diesem Zusammenhang ist von einer restriktiven (einschränkenden) Politik die Rede.

BEISPIEL

Die EZB erhöht den Mindestreservesatz von 1,5 % auf 2 %. Nun sind alle Banken verpflichtet, 2 % des Werts ihrer Einlagen und kurzfristigen Schuldverschreibungen bzw. ausgegebenen Geldpapiere bei ihrer Zentralbank zu hinterlegen. Dieses mehr zurückgelegte Geld fehlt nun den Banken, um es als Kredit weiterzugeben. Dadurch wird dem Markt quasi Geld entzogen.

Grenzen der Geldpolitik der EZB

Die Instrumente der Geldpolitik, die seitens der EZB eingesetzt werden, können aber auch ihre gewünschte Wirkung verfehlen. Hier sollen zwei Szenarien aufgezeigt werden, die diese mögliche Gefahr verdeutlichen:

BEISPIEL 1   Rezession

Aufgrund der schwächelnden Wirtschaftslage will die EZB mit einer Leitzinssenkung die Rezessionsphase bekämpfen. Da momentan das Geschäftsklima sehr negativ ist und die Erwartungen der Unternehmen für die Zukunft pessimistisch sind, werden trotz der günstigen Gelder keine Kredite aufgenommen und keine neuen Investitionen getätigt.

Folge: Keine Erhöhung der Geldmenge, die Wirtschaft wird nicht gefördert.

Bei einer Zinssenkung kann auch Kapital ins Ausland transferiert werden, weil es dort höhere Zinssätze gibt. Dadurch könnte unter Umständen sogar die Geldmenge sinken.

BEISPIEL 2   Hochkonjunktur

Aufgrund der starken Wirtschaftslage will die EZB mit einer Leitzinserhöhung die Geldmenge reduzieren, um einer drohenden Inflation entgegenzuwirken. Da momentan das Geschäftsklima sehr positiv ist und die Erwartungen der Unternehmen für die Zukunft optimistisch sind, werden trotz der teuren Gelder neue Kredite aufgenommen und weitere Investitionen getätigt.

Folge: Weiter andauernde Erhöhung der Geldmenge, Inflationsgefahr steigt weiter.

Eine Zinserhöhung kann ausländisches Kapital anlocken, weil hier die Zinsen höher sind. Dadurch steigen Geldmenge und Inflationsgefahr weiter.

1. Nennen Sie je drei Vorteile (Chancen) und Nachteile (Risiken), die mit der Einführung des Euros verbunden sein können.

2. Erklären Sie die folgenden Begriffe:
   - Konvergenzkriterien
   - Leitzinsen
   - Kaufkraft
   - Einlagefazilität
   - Mindestreserve

3. Belegen Sie, warum das Verhältnis zwischen der Geldmenge und dem Wert der Güter so wichtig in einer Volkswirtschaft ist.

4. Beschreiben Sie, welche Aufgabe der Harmonisierte Verbraucherpreisindex HVPI hat.

5. Erläutern Sie, warum die EZB Indikatoren wie den Ölpreis oder die Löhne und Gehälter in der Eurozone zur Durchführung wirtschaftlicher Analysen beobachtet.

6. Geben Sie an, durch welche Maßnahme die EZB das Wirtschaftswachstum fördern kann:
   a) Sie erhöht die Inflationsrate.
   b) Sie erhöht den Mindestreservesatz.
   c) Sie verkauft Wertpapiere an die Geschäftsbanken.
   d) Sie senkt den Einlagesatz und den Spitzenrefinanzierungssatz.

7. Nennen Sie Instrumente, mit denen die EZB einer drohenden Geldentwertung (Inflation) entgegenwirken kann.

8. Geben Sie an, welche Ziele die EZB mit der Mindestreservepolitik verfolgt.

9. Stellen Sie stichwortartig dar, welche Störfaktoren die Ziele einer Leitzinsveränderung negativ beeinflussen können.

10. Recherchieren Sie auf der Internetseite der EZB (www.ecb.europa.eu/ecb/html/index.de.html) folgende Fragen und bereiten Sie die Antworten mithilfe einer PowerPoint-Präsentation vor.
    a) Wie heißen die aktuellen Mitglieder des EZB-Direktoriums?
    b) Welche Mitglieder zählen zum EZB-Rat?
    c) Stellen Sie die Aufgaben des EZB-Direktoriums den Aufgaben des EZB-Rats gegenüber. Welche Unterschiede stellen Sie fest?
    d) Welche Mitglieder aus Deutschland zählen zum erweiterten Rat? Welche Funktion hat/haben dieser/diese Vertreter?
    e) Die EZB muss Rechenschaft für ihr Handeln ablegen. Daher unterliegt sie klar definierten Berichtspflichten. Welche Berichtspflichten sind damit gemeint?

11. Beschreiben und interpretieren Sie die folgende Karikatur:

Europäisches System der Zentralbanken ESZB

= EZB + nationale Zentralbanken (NZB)

Beschlussorgane

- Direktorium (Präsident, Vize-präsident, vier weitere Mitglieder)
- EZB-Rat (Direktorium + NZB-Präsidenten der EU-Staaten, die den Euro eingeführt haben)
- erweiterter EZB-Rat (EZB-Rat + NZB-Präsidenten aller 27 EU-Staaten)

Euro

- 1. Januar 1999 Einführung als Buchgeld
- 1. Januar 2002 Einführung der Banknoten und Münzen
- 19 Euroländer
- Konvergenzkriterien
  - Preisentwicklung
  - finanzpolit. Entwicklung
  - Wechselkursentwicklung
  - Entwicklung langfr. Zinsen

Aufgaben der ESZB

- Gewährleistung der Preis-stabilität
- Durchführung der Geldpolitik
- Durchführung von Devisen-geschäften
- Solidität der Kreditinstitute
- reibungsloses Funktionieren der Transaktionen und Zahlungen

Analysen und Erhebungen des ESZB

Messung der Preisstabilität

- Harmonisierter Verbraucherpreisindex (HVPI)
- jährlicher Vergleich der Zeitreihen

Ziel: Preissteigerung soll unter 2 % bleiben.

Wirkungsweise: Einfluss des ESZB auf das Preisniveau greift mittel- bis langfristig

zwei Säulen der geldpolitischen Strategie

- **wirtschaftliche Analyse** Beurteilung und Analyse der **kurz- bis mittelfristigen** Bestimmungsfaktoren (Indikatoren) der Preisentwicklung
- **monetäre Analyse** Beurteilung und Analyse **langfristiger** Zusammenhänge zwischen Geld- und Gütermenge sowie Preisen

Geldpolitik

Instrumente der Geldpolitik

- Offenmarktgeschäfte (Durchführung mithilfe des Tender-verfahrens)
- ständige Fazilitäten
- Mindestreservepflicht

Grenzen der Geldpolitik (Beispiele)

- Rezession Zinssenkung → Kapitalausfuhr (keine Erhöhung der Geldmenge)
- Hochkonjunktur Zinserhöhung → Kapitaleinfuhr (fortdauernde Erhöhung der Geldmenge, Inflationsgefahr)

5.5 Der Außenhandel

Geschäftsführer Michael Hoffmann liest die folgenden Notizen im Wirtschaftsteil seiner Tageszeitung:

Strafzölle auf Hosen

Verbraucher müssten in der Europäischen Union weit mehr für Hosen aus Japan und Südkorea zahlen. Für einen großen Teil von Lieferungen aus diesen beiden asiatischen Ländern wurden von der Kommission der Europäischen Union jetzt provisorische Strafzölle zwischen 6,9 % und 34,2 % verhängt. Als Begründung wurde angegeben, dass diese Zölle europäische Produzenten vor Dumping-Preisen bewahren sollen. Die meisten dieser Hosen seien nämlich nach Ansicht der Kommission in Europa zu Preisen verkauft worden, die Wahrheit unter den Preisen in Europa liegen. So habe die Dumpingrate bei japanischen Jeans zwischen zwei und 46 %, bei koreanischen Jeans zwischen 20 und 24 % gelegen.

Textilstreit – Über 100 Millionen Kleidungsstücke gestrandet

Über 100 Millionen Kleidungsstücke liegen inzwischen in Häfen oder bei Zollstellen in Europa. Dabei handelt es sich um Textilien aller Art (zum Beispiel Jeans, Pullover, Damenkleider, Büstenhalter usw.). In Verhandlungen zwischen der Europäischen Union und der Volksrepublik China soll nun eine Vereinbarung getroffen werden, wie es nach dem ausschöpfen der Textilquoten weitergehen soll. „Der Spiegel" berichtet am Samstag, dass für die meisten Textilien die Lieferquoten ausgeschöpft sind. Daher gilt mittlerweile für acht von insgesamt zehn Kategorien ein Einfuhrverbot.

Erörtert werden soll bei den Konsultationen ein umschichten der Ware auf noch nicht ausgeschöpfte Quoten. Dies gilt allerdings nicht als befriedigende Lösung: es bleiben weiterhin Millionen von Kleidungsstücken in den Häfen liegen, wenn man beispielsweise die unerfüllte Quote für Handtücher mit Pullovern ausfüllt.

Innerhalb der Europäischen Union ist man sich uneinig darüber, wie es weitergehen soll. S „wurden Fehler gemacht": Mit Beginn des Jahres ist das Textilabkommen mit China daher ausgelaufen. Die Volksrepublik strebt eine Erhöhung der Einfuhrquoten an. Gibt es darüber keine Einigung könnte es wegen der Engpässe im Bereich der Textilien zu Preiserhöhungen kommen.

1. Führen Sie Vorteile für ein Unternehmen auf, wenn es im Außenhandel tätig ist.
2. Unterscheiden Sie die verschiedenen Arten des Außenhandels.
3. Stellen Sie fest, welche Bedeutung der Handel mit dem Ausland für die Bundesrepublik Deutschland hat.
4. Stellen Sie fest, welche außenwirtschaftspolitischen Maßnahmen von Japan und Südkorea bzw. Chinaeinerseits, der Europäischen Union andererseits in beiden Fällen angewandt wurden.
5. Führen Sie weitere protektionistische Maßnahmen auf.
6. Geben Sie Gründe dafür an, warum derartige Maßnahmen ergriffen werden.
7. Stellen Sie fest, welche Auswirkungen dies auf die Hoffmann KG haben könnte.

Der Außenhandel ist für die Bundesrepublik Deutschland von zentraler Bedeutung. Die Bundes-republik ist stark exportabhängig. Etwa ein Drittel unseres Bruttoinlandsprodukts wird im Export verdient. Auf der anderen Seite ist unsere Volkswirtschaft auch in hohem Maße von Importen ab-hängig. Die Einfuhren machen einen bedeutenden Teil des Bruttoinlandsprodukts aus. Der Außen-beitrag – die Differenz zwischen Export und Import von Waren und Dienstleistungen – lag in den vergangenen Jahren immer zwischen 2 % und 6 %. Fast kein anderes Land exportierte so viel wie die Bundesrepublik; sie nahm im Welthandel immer einen der ersten drei Ränge ein.

Wesen des Außenhandels

Der Außenhandel ist der grenzüberschreitende Austausch von Waren und Dienstleistungen zwi-schen verschiedenen Ländern. Er ermöglicht dabei einen Ausgleich zwischen Volkswirtschaften, in denen Güter

- in großer Menge,
- zu günstigen Preisen,
- in besonderer Qualität

hergestellt werden, und Volkswirtschaften, die diese Güter zwar benötigen, aber sie nur

Deutschlands wichtigste Handelspartner

Angaben für 2022 in Milliarden Euro

Die größten Lieferanten (Einfuhr)

Land	Mrd. €
China	191,1 Mrd. €
Niederlande	123,0
USA	91,7
Polen	77,4
Italien	72,3
Frankreich	69,8
Norwegen	63,0
Belgien	62,3
Tschechien	58,6
Österreich	57,7
Schweiz	55,2
Großbritannien	37,5
Spanien	37,4
Russland	35,3
Ungarn	33,3
Irland	28,1

Die größten Kunden (Ausfuhr)

Mrd. €	Land
156,1 Mrd. €	USA
116,1	Frankreich
110,6	Niederlande
106,8	China
90,3	Polen
88,9	Österreich
87,4	Italien
73,4	Großbritannien
70,6	Schweiz
61,3	Belgien
54,4	Tschechien
48,8	Spanien
32,2	Ungarn
29,1	Schweden
27,0	Türkei
23,4	Dänemark

Globus 015982   vorläufige Angaben   Quelle: Statistisches Bundesamt (Februar 2023)

- in geringer Menge,
- zu hohen Preisen,
- in schlechterer Qualität

produzieren können.

Arten des Außenhandels

Nach den **Außenhandelsgütern** lassen sich folgende Formen der internationalen Wirtschaftsbeziehungen unterscheiden:

- **Warenverkehr**
  Der Warenverkehr umfasst grundsätzlich alle beweglichen Sachen, die gehandelt werden können. Davon ausgenommen sind Wertpapiere und Zahlungsmittel. Der Warenverkehr gilt als Außenhandel im engsten Sinn.

- **Dienstleistungsverkehr**
  Darunter fallen alle wirtschaftlichen Tätigkeiten, die nicht in der Erzeugung von Sachgütern, sondern in persönlichen Leistungen bestehen.

BEISPIEL

- Erlöse aus Schiffsreparaturen an ausländischen Frachtern
- internationale Verwertung inländischer Autorenrechte
- internationale Bank- und Versicherungsleistungen
- Reisen von Inländern ins Ausland usw.

- **Kapitalverkehr**
  Der Kapitalverkehr umfasst alle zwischenstaatlichen Übertragungen von Geldkapital. Dazu zählen vor allem die Aufnahme von Krediten, die Erträge aus internationalen Kapitalanlagen, der Erwerb oder Verkauf von Vermögenstiteln sowie die Gründung von Unternehmen.

In **räumlicher Sicht** ergibt sich folgende Unterscheidung:

- **Export**
  Das ist die Ausfuhr von Waren und Dienstleistungen in das Ausland. Bei einem **direkten** Export verkauft der Hersteller die Ware selbst an den ausländischen Käufer.
  Wird die Ausfuhr für den Hersteller von einem Ausfuhrhändler vorgenommen, der sich auf das Auslandsgeschäft spezialisiert hat, liegt ein **indirektes** Exportgeschäft vor.

- **Import**
  Von Einfuhrgeschäften spricht man, wenn Waren und Dienstleistungen aus dem Ausland bezogen werden.

- **Transit**
  Beim Transit im engeren Sinn (häufig auch „Transitverkehr" oder „Durchverkehr" genannt) wird Ware durch ein Land hindurchgeleitet, ohne dort gelagert, verändert, be- oder verarbeitet zu werden. Es erfolgt also eine reine Warendurchfuhr durch das Transitland, ohne dass ein Zwischenhändler an dem Warengeschäft beteiligt ist. Es werden lediglich die Transportwege des Transitlandes genutzt.
  Der Transit im weiteren Sinn (oft als „Transithandel" oder „Durchhandel" bezeichnet) umfasst alle geschäftlichen Transaktionen, bei denen Waren aus einem Ursprungsland durch einen Transithändler in einem dritten Land an einen Käufer in einem Einfuhrland veräußert werden.

Ursachen internationalen Handels

Ursachen für die Aufnahme außenwirtschaftlicher Beziehungen sind vor allem die ungleichmäßige Ausstattung der einzelnen Wirtschaftsräume mit natürlichen Ressourcen und unterschiedlichen klimatischen Gegebenheiten. Auch Unterschiede in der Bevölkerungszahl, dem Lebensstandard, der technologischen Entwicklung sowie den organisatorischen Fähigkeiten begünstigen internationale Wirtschaftsbeziehungen.

Die Bundesrepublik ist ein hoch entwickelter Industriestaat. Sie verfügt über keine ausreichenden Rohstoffe und auch die im eigenen Wirtschaftsgebiet erzeugten Nahrungsmittel reichen für eine Versorgung der Bevölkerung nicht aus. Die deutsche Industrie ist daher auf vielen Gebieten auf die Einfuhr ausländischer Waren angewiesen. Ohne diese käme die industrielle Produktion in der Bundesrepublik zum Erliegen. Ausländische Erzeugnisse können aber nur importiert werden, wenn die nationale Volkswirtschaft durch eigene Leistungen die zur Bezahlung der Einfuhr notwendigen Devisen verdient hat. Für die Bundesrepublik ist daher der Export – insbesondere von qualitativ hochwertigen Gütern – von lebenswichtiger Bedeutung.

BEISPIEL

Länder mit großen heimischen Märkten (z. B. USA) und entsprechend hoher Nachfrage haben Vorteile bei der Produktion bestimmter Güter.

Vorteile des Außenhandels

Der Außenhandel ermöglicht es, die Vorteile einer weltweiten Arbeitsteilung zu realisieren. Durch eine gezielte Förderung und Ausnutzung der wirtschaftlichen Unterschiede und Ungleichgewichte wird eine Spezialisierung in den verschiedensten Bereichen angestrebt. Diese ermöglicht eine Massenproduktion mit sinkenden Stückkosten.

Der durch den internationalen Handel bewirkte Ausgleich von Überschuss und Mangel an bestimmten Gütern in den verschiedenen Volkswirtschaften führt in der Regel zu einem höheren Lebensstandard. Den Käufern wird ein größeres Produktsortiment zur Auswahl angeboten. Sie können am billigsten Punkt der Welt einkaufen. Für die Produzenten ergibt sich die Möglichkeit, auch am teuersten Ort ihre Waren zu verkaufen. Darüber hinaus erhöht der internationale Handel den Wettbewerb zwischen den Produzenten und verstärkt die Neigung zu Produkt- und Prozessinnovation.

BEISPIEL

Wird ein gewinnversprechendes Produkt auf den Markt gebracht, versuchen die internationalen Mitbewerber, durch Mehrung der Produktvorteile oder durch günstigere Preise am Erfolg teilzuhaben.

Ein weiterer positiver Aspekt des Außenhandels liegt in der zunehmenden wirtschaftlichen, aber auch politischen Zusammenarbeit und Verflechtung. Dadurch kann der internationale Handel zum Teil politische Spannungen abbauen.

Freihandel oder Protektionismus

Die internationale Handelspolitik kennt zwei einander entgegengesetzte Prinzipien. Im **System des Freihandels** gibt es einen völlig unbehinderten internationalen Güteraustausch. Die Ländergrenzen haben eine rein politische Bedeutung und stellen für die zwischenstaatlichen Handelsbeziehungen keine Schranke dar. Jeder kann in der ganzen Welt kaufen oder verkaufen. Dies kann sehr häufig zu besseren Konditionen geschehen als im Inland. Somit wird der größte Nutzen nicht nur für sich selbst, sondern auch für alle Übrigen erzielt. In- und Ausländer werden also gleich behandelt.

Es ist unter Volkswirten unbestritten, dass der Freihandel vorteilhaft ist: Die Gesamtproduktion der Welt wird bei gegebener Ausstattung mit Produktionsfaktoren maximiert. Es gibt jedoch einige Argumente, die das Prinzip des Freihandels kritisch beleuchten:

- Der Freihandel garantiert nicht die optimale Entwicklung der Produktionsstruktur der Länder. Aus dem Außenhandel resultierende Überschüsse werden nicht „gerecht" verteilt.

> **BEISPIEL**
>
> Land A hat sich auf die Produktion von Rindfleisch, Land B auf die Produktion von Stahl spezialisiert. Da durch die fortschreitende Industrialisierung der Bedarf an Stahl laufend wächst, die Nachfrage nach Rindfleisch hingegen eine natürliche Grenze erreicht, hätte diese internationale Arbeitsteilung für Land A langfristig die Folge, dass die Nachfrage nach seinem Exportgut stagniert, seine Importwünsche hingegen laufend steigen werden.

- Wie die bisherige Entwicklung des Welthandels zeigt, verlieren die Anbieter von landwirtschaftlichen Produkten gegenüber den Anbietern von Industrieprodukten. Die Nachfrage nach Industrieprodukten und deren Preise steigen weitaus schneller als die Nachfrage nach landwirtschaftlichen Gütern und Rohstoffen und deren Preise.
  Weil auf die Dauer nur eine Steigerung der Arbeitsproduktivität durch Mechanisierung und Industrialisierung eine Zunahme des materiellen Wohlstandes bewirken kann, müssen alle Länder die Entwicklung einer heimischen Industrie anstreben. Dies geht aber nur, wenn gegen das Prinzip des Freihandels verstoßen wird. Solche Schutzmaßnahmen sollen vor der erdrückenden Konkurrenz der entwickelten ausländischen Industrienationen schützen.

> **BEISPIEL**
>
> Der Industrialisierungsprozess in Deutschland während des 19. Jahrhunderts ist entscheidend durch Schutzzölle auf Waren erleichtert worden, die den Konkurrenzkampf mit der damals führenden englischen Industrie zu bestehen halfen.

- Extreme Spezialisierung der Wirtschaftsstruktur eines Landes ist im Interesse langfristiger Stabilität zu vermeiden.

> **BEISPIEL**
>
> Ein Land, das nur Kakao exportiert, ist vollständig von der Entwicklung der Kakaopreise auf dem Weltmarkt abhängig.

- Bestimmte Wirtschaftszweige sollen vor Abhängigkeit geschützt werden.

> **BEISPIEL**
>
> Kann ein Produkt im Ausland ständig und auf lange Sicht günstiger als im Inland herge-stellt werden, so besteht die Möglichkeit, dass die inländische Produktion eingestellt, die betroffenen Betriebe aufgelöst werden. Dadurch ist das Land auf den Bezug dieser Güter aus dem Ausland zunehmend angewiesen. Unter diesem Aspekt (neben Nachteilen wie Ar-beitslosigkeit usw.) sind ohne staatliche Einflussnahme die wirtschaftliche Unabhängigkeit und Selbstversorgung (Autarkie) gefährdet.

Im **System des Protektionismus** wird der internationale Handel durch verschiedene Eingriffe erschwert oder begünstigt.

Der Staat gewährt inländischen Produzenten eine Vorzugsstellung. Dies kann durch Erschwerung der Einfuhr geschehen, die eine Konkurrenzbeschränkung für die inländischen Unternehmen be-wirkt. Dadurch kann es jedoch zur Entstehung von Monopolen oder Kartellen kommen, was zulas-ten der Konsumenten geht.

Aber auch Erleichterungen der Ausfuhr können die Verbraucher z. B. durch eine Verschlechterung der Inlandsversorgung oder inflationistische Tendenzen schädigen.

Ob bzw. unter welchen Voraussetzungen eine Behinderung des freien internationalen Warenaus-tauschs gerechtfertigt sein kann, ist eine jahrhundertealte Streitfrage.

Protektionismus	
Tarifäre Handelshemmnisse	**Nichttarifäre Handelshemmnisse**
direkte protektionistische Maßnahmen der Außen-handelsbeschränkung	indirekte protektionistische Maßnahmen zur Beschränkung des Außenhandels
<ul><li>Zölle</li><li>mengenmäßige Beschränkungen der Einfuhren (= Kontingente)</li><li>Verbote von Im- oder Exporten</li><li>Verbrauchsteuern</li><li>Exportsubventionen</li><li>Einfuhrabgaben</li><li>Selbstbeschränkungsabkommen zwischen Staaten</li><li>Subventionen</li></ul>	<ul><li>Normen und Standards (z. B. DIN-Norm), Kenn-zeichnungspflicht (Made in ...)</li><li>Diskriminierung bei der Zollabwicklung</li><li>Androhung von handelspolitischen Maßnahmen (z. B. Zölle)</li><li>Verwaltungsverfahren</li><li>psychologische Beeinflussung der Konsumenten zum Kauf von einheimischen Produkten</li><li>Anforderung an Qualifikation von Dienstleistungsanbietern</li></ul>

Grundsätzliche Strategien in der Außenwirtschaftspolitik

Freihandel

Verbesserung der wirtschaftlichen Situation von Konsumenten und Produzenten durch Förderung der internationalen Arbeitsteilung.

- Jedes Land beschränkt sich auf die Produktion der Güter, die es am besten und billigsten herstellen kann.
- Abbau sämtlicher Handelshemmnisse
- Die Produktionsfaktoren Arbeit und Kapital können dorthin gelangen, wo ihre Produktivität am höchsten ist.
- Die Güter können ohne Einschränkung an die Orte gelangen, wo sie für den größten Nutzen sorgen.

Protektionismus

Verbesserung der wirtschaftlichen Situation von Konsumenten und Produzenten durch Schutz der einheimischen Produktion und des eigenen Marktes.

- Schutz der inländischen Produzenten vor der ausländischen Konkurrenz
- Bekämpfung der Arbeitslosigkeit durch Bevorzugung nationaler Erzeugnisse
- umfangreiche Zölle als Mittel der staatlichen Einnahmequellen

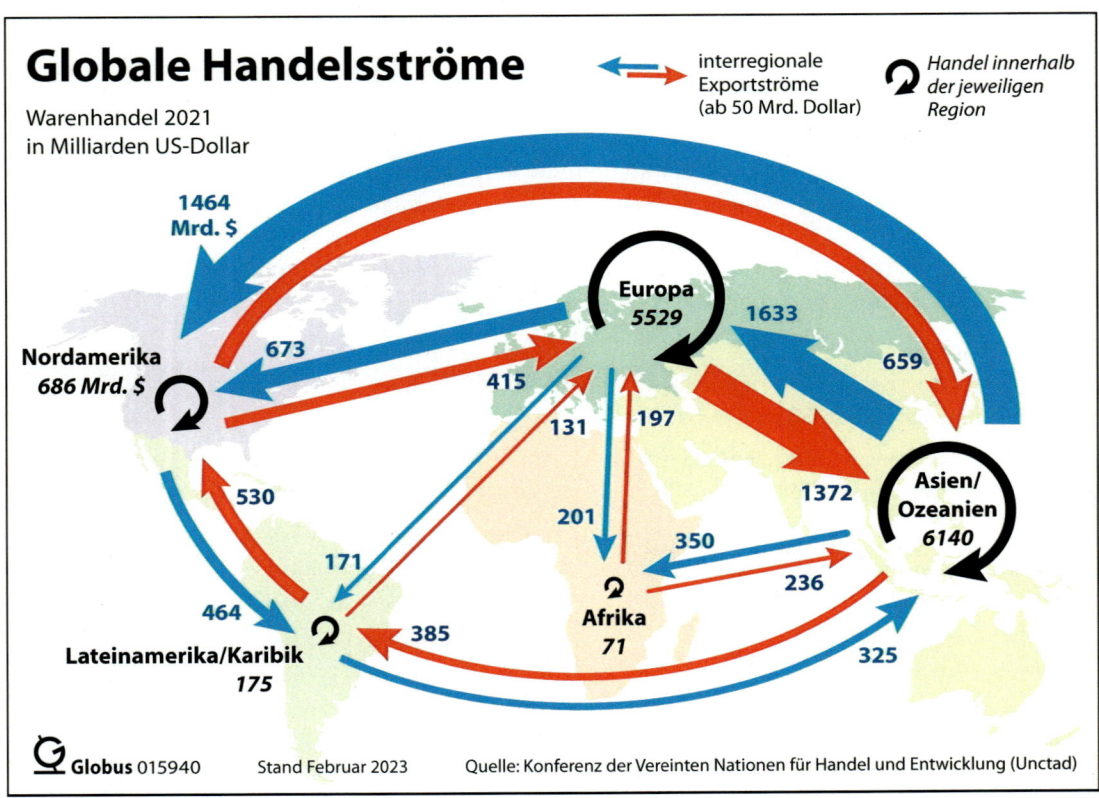

Globale Handelsströme

Warenhandel 2021 in Milliarden US-Dollar

interregionale Exportströme (ab 50 Mrd. Dollar)

Handel innerhalb der jeweiligen Region

1464 Mrd. $

Europa 5529 · 1633 · 659

Nordamerika 686 Mrd. $

673 · 415 · 131 · 197 · 1372

Asien/Ozeanien 6140

530 · 171 · 201 · 350 · 236

464 · 385 · Afrika 71 · 325

Lateinamerika/Karibik 175

Globus 015940 · Stand Februar 2023 · Quelle: Konferenz der Vereinten Nationen für Handel und Entwicklung (Unctad)

1. Erläutern Sie die Bedeutung des Außenhandels für die Bundesrepublik Deutschland.
2. Nennen Sie Ursachen dafür, dass Außenhandel betrieben wird.
3. Unterscheiden Sie die Arten des Außenhandels.
4. Beschreiben Sie, welche Vorteile der Außenhandel den Teilnehmenden einer Volkswirtschaft bringt.
5. Ermitteln Sie, welche Branchen vom Außenhandel besonders stark abhängig sind.
6. Führen Sie auf, was man im Außenwirtschaftsverkehr unter
   a) Freihandel,
   b) Protektionismus versteht.
7. Nennen Sie Gründe
   a) für den Freihandel,
   b) für den Protektionismus.
8. Erkunden Sie in Ihrem Praktikumsbetrieb, welche Waren in welchem Ausmaß importiert bzw. exportiert werden.
9. Untersuchen Sie, woher der größte Teil der deutschen Importe kommt und wohin die meisten Ausfuhren gehen. Gehen Sie dafür auf folgenden Link:

   www.destatis.de/DE/Themen/Wirtschaft/Aussenhandel/Publikationen/Downloads-Aussenhandel/statistischer-bericht-aussenhandel-2070100211105.html [26.01.2022].

10. Erarbeiten Sie in der Klasse eine Ausstellung zum Thema „Chancen und Grenzen des Freihandels". Eine solche Ausstellung kann in mehreren Arbeitsgruppen vorbereitet werden:

    Gruppe A: Freihandel
    Sie halten schriftlich fest, was Sie unter Freihandel verstehen. Suchen Sie ein Foto aus einer Zeitung heraus, das für Sie Freihandel ausdrückt. Es ist auch möglich, den Begriff anhand von Gegenständen zu veranschaulichen. Die Ergebnisse werden auf Wandzeitungen aufgeschrieben oder aufgeklebt, die Gegenstände werden aufgestellt.

    Gruppe B: Protektionismus
    Sie halten schriftlich fest, was Sie unter Protektionismus verstehen. Suchen Sie ein Foto aus einer Zeitung heraus, das für Sie Protektionismus ausdrückt. Es ist auch möglich, den Begriff anhand von Gegenständen zu veranschaulichen. Die Ergebnisse werden auf Wandzeitungen aufgeschrieben oder aufgeklebt, die Gegenstände werden aufgestellt.

    Gruppe C: Freihandel und Protektionismus in der Presse
    Ziel ist, zu zeigen, wie in den Zeitungen über Freihandel und Protektionismus berichtet wird. Schneiden Sie Zeitungsartikel, Schaubilder usw. aus und ordnen Sie diese den verschiedenen Aspekten von Freihandel und Protektionismus zu.

    Gruppe D: Freihandel im Alltag
    Suchen Sie Beispiele in den Bereichen Musik, Sport, Tourismus, Kleidung usw.

11. Erstellen Sie eine Mindmap, die Vor- und Nachteile des Protektionismus enthält. Sie können dazu den folgenden Text zur Hilfe nehmen.

Jeder macht das, was er am besten kann

Professor Jürgen Heinrich erklärt die ökonomische Bedeutung des Begriffs „Freihandel"

DORTMUND. Deutschland lebt vom Handel. Allein im Monat März haben deutsche Unternehmen Waren im Wert von 65 Milliarden Euro ins Ausland verkauft. Damit profitiert die Volkswirtschaft hierzulande enorm vom Freihandel, also vom völlig unbehinderten internationalen Austausch von Gütern. Beim Freihandel gibt es keine Zölle, keine mengenmäßigen Beschränkungen und keine Grenzkontrollen. Waren können ohne besondere Genehmigung das Land verlassen oder nach Deutschland eingeführt werden. Es gibt keine Hemmnisse bei der Abfertigung und keine Hürden in Form von bürokratischen Regeln zu Gesundheit, Technik oder Verbraucherschutz.

In Europa ist Freihandel im Rahmen des europäischen Binnenmarktes weitgehend erreicht. Weltweit wird dieser Zustand durch allgemeine Zollsenkungen im Rahmen der Welthandelsorganisation WTO angestrebt und durch die Errichtung von Freihandelszonen (zum Beispiel in Nordamerika oder Asien) gefördert. Freihandel ist damit das zentrale Element und der zentrale Beweggrund der Globalisierung der Weltwirtschaft.

Freihandel nutzt die Vorteile weltweiter Arbeitsteilung. Kein Mensch produziert das alles selbst, was er braucht: Kein Bauer stellt seine Traktoren selbst her, kein Bäcker baut selbst Getreide an, kein Leser schreibt sich selbst seine Zeitung. Jeder produziert das, was er gut und billig produzieren kann, und tauscht dies dann gegen die Erzeugnisse der anderen. Dies gilt auch und gerade für Länder und über Ländergrenzen hinweg. „Wenn uns ein fremdes Land mit einer Ware wohlfeiler versehen kann, als wir sie selbst zu machen imstande sind, so ist es besser, dass wir sie ihm mit einem Teile vom Erzeugnis unseres eigenen Gewerbefleißes, in welchem wir vor dem Auslande etwas voraushaben, abkaufen", schrieb der Ökonom Adam Smith 1776.

Freihandel nutzt also die Unterschiede in den Produktionskosten zwischen Menschen, Firmen, Regionen und Ländern. Jedes Land produziert das, was es am besten und billigsten kann. Unterschiede in den Produktionskosten entstehen auf den ersten Blick dadurch, dass Rohstoffe ungleich verteilt sind oder dass das Klima dem einen Land erlaubt, günstig Kaffee anzubauen, während das andere Land besser Kartoffeln erzeugt.

Wichtiger sind aber Unterschiede in der Ausstattung mit den Produktionsfaktoren Arbeit, Boden und Kapital. Ein Land, das – wie zum Beispiel Argentinien oder Kanada – über viel und damit billigen Boden verfügt, kann relativ günstig solche Produkte erstellen, die in der Produktion viel Boden verbrauchen, also etwa Rindfleisch, Getreide oder Holz. Ein anderes Land, das über viel und damit billige Arbeitskräfte verfügt – wie zum Beispiel China oder Indien –, kann relativ günstig Produkte erstellen, die in der Produktion viel Arbeit verbrauchen, wie etwa Textilien oder Möbel. Und ein Land wie Deutschland, das über viele und hoch entwickelte Maschinen verfügt, kann relativ günstig solche Produkte erstellen, die maschinenintensiv produziert werden, wie beispielsweise Autos oder Werkzeugmaschinen.

Am wichtigsten sind aber die allgemeinen Spezialisierungsvorteile jeder Arbeitsteilung. Wenn Firmen sich auf die Produktion bestimmter Produkte spezialisieren, können sie diese Produkte in großer Serie unter Einsatz spezieller Maschinen günstiger produzieren, als wenn sie viele unterschiedliche Produkte in kleiner Serie erstellen. Sie nutzen so die Kostenvorteile der großbetrieblichen Massenproduktion. So spezialisieren sich nur wenige Firmen und Länder zum Beispiel auf die Produktion von Flugzeugen oder Lokomotiven. Sie realisieren damit Kostenvorteile und tauschen die Produkte anschließend über Ländergrenzen hinweg. In diesem Effekt liegt der entscheidende Vorteil der europäischen Integration, der entscheidende Vorteil der Osterweiterung und der entscheidende Vorteil der Globalisierung: Die Produkte werden billiger, die Preise sinken. Einer politischen Integration bedarf es dazu nicht. Freihandel ist genauso gut zwischen ganz unterschiedlichen Kulturen und politischen Systemen möglich.

Freihandel ist sogar dann für die beteiligten Länder vorteilhaft, wenn eines der Länder in der Produktion aller Güter einen Kostenvorteil hat. Wichtig ist nur, dass relative Kostenvorteile existieren. Dies hat David Ricardo (1772–1823), neben Adam Smith der führende Vertreter der englischen Klassik, in einem der berühmtesten ökonomischen Lehrsätze dargelegt. Dieses Theorem der komparativen Kostenvorteile kann an

einem einfachen Beispiel (das von Paul A. Samuelson stammt) erklärt werden: Ein berühmter Rechtsanwalt sei gleichzeitig Weltmeister im Maschinenschreiben, kann also beides besser als jede andere Person. Dennoch lohnt es sich für ihn, sich auf die juristische Beratung zu spezialisieren und eine Bürokraft für Schreibarbeiten zu beschäftigen. Der Grund: In der Zeit, die er für Büroarbeiten einspart, verdient er so sehr viel mehr Geld für Rechtsberatung, dass er die Bürokraft bezahlen kann und noch einen Überschuss erzielt. Seine komparativen Vorteile, also seine vergleichsweisen Vorteile, liegen in der Rechtsanwendung. Die komparativen Vorteile der Bürokraft liegen im Schreiben.

Quelle: Heinrich, Jürgen: Jeder macht das, was er am besten kann. In: Handelsblatt, Karriere, Nachrichten. 18.05 2004. www.handelsblatt.com/karriere/nachrichten/jeder-macht-das-was-er-am-besten-kann/2331206-all.html [05.09.2022].

ZUSAMMENFASSUNG

Ungleichgewichte zwischen den verschiedenen Volkswirtschaften führen zu einer weltweiten Arbeitsteilung:

Außenhandel

- grenzüberschreitender Austausch von Waren und Dienstleistungen zwischen verschiedenen Ländern
- Vorteile: – Massenproduktion – höherer Lebensstandard – Arbeitsplätze
  – zusätzliche Gewinne – größere Produktauswahl – Zwang zur politischen Zusammenarbeit

Möglichkeiten der Ausgestaltung des Außenhandels

Freihandel

= völlig unbehinderter Warenaustausch

Protektionismus

= Eingriffe des Staates in den Außenhandel
Zweck: Schutz vor ausländischer Konkurrenz

6 Investition und Finanzierung

6.1 Überblick über Finanzierungsmöglichkeiten in Unternehmen

EINSTIEG

Michael Hoffmann und Susanne Hahne überdenken gerade die Situation der Hoffmann KG:

Susanne Hahne: „Insgesamt stehen wir ja sehr gut da. Wir sind stark gewachsen. Die Produktion von Textilien, aber auch die Herstellung vor Fahrrädern ist vom Markt sehr gut angenommen worden."

Michael Hoffmann: „Ja gut, aber wir haben auch Konkurrenz bekommen. Insgesamt ist zudem das Preisniveau abgebröckelt und unsere Kundschaft möchte die Ware schneller geliefert bekommen. Dies alles gefährdet unsere Stellung. Wenn wir nicht bald etwas tun, kann es bei der Fahrradproduktion zu Lieferengpässen kommen. Außerdem sind die Kosten der Herstellung zu hoch."

Susanne Hahne: „Stimmt schon, aber was sollen wir machen?"

Michael Hoffmann: „Wir sollten einmal nachdenken über neue, leistungsfähigere Produktionsmaschinen ..."

Susanne Hahne: „Wo nehmen wir die Mittel her? Wir haben gerade in das neue Lager in Magdeburg investiert!"

Schlagen Sie Möglichkeiten vor, wie die Hoffmann KG an finanzielle Mittel kommen kann.

INFORMATION

Investitionen

Um produktiv, wirtschaftlich und rentabel arbeiten zu können, benötigt ein Unternehmen Betriebsvermögen. Dazu gehören einerseits das Anlagevermögen und andererseits das Umlaufvermögen:

- Gegenstände des **Anlagevermögens** werden auf Dauer angeschafft. Mit dem Anlagevermögen wird die dauernde Betriebsbereitschaft des Unternehmens aufrechterhalten.
- Zum **Umlaufvermögen** gehören alle Vermögenswerte eines Unternehmens, die immer wieder kurzfristig umgeschlagen werden. Dazu zählen unter anderem Vorräte, Wertpapiere und Forderungen aus Warenlieferungen.

Um wettbewerbsfähig zu bleiben, muss ein Unternehmen in das Anlage- und Umlaufvermögen investieren. Dazu wird Kapital verwendet. Finanzielle Mittel werden zielgerecht eingesetzt, um Gegenstände des Vermögens, die den Unternehmenszwecken dienen, anzuschaffen.

> **DEFINITION**
>
> Eine **Investition** bedeutet die Beschaffung von Gegenständen des Anlage- und/oder Umlaufvermögens. Jede Investition hat damit Auswirkungen auf die Aktivseite der Bilanz.

Investitionsanlässe können sein:

- Gründung des Unternehmens,
- Ersatz von Gütern des Anlagevermögens,
- Rationalisierungserfordernisse,
- Notwendigkeit von Erweiterungsinvestitionen.

Beachtet werden sollte bei Investitionen (Investitionsplanung):

- Die Investition sollte Vorteile bringen. Durch zielgerichteten Einsatz finanzieller Mittel sollten beispielsweise Erträge erwirtschaftet werden.
- Die Risiken sollten berechenbar sein und reduziert werden.

Investitionsrechnungsverfahren

Um auch langfristig erfolgreich zu sein und gegenüber dem Wettbewerb zu bestehen, sind (regelmäßige) Investitionen notwendig. Unternehmen geben im Falle von Investitionen sehr viel Geld für die Anschaffung von Sachgütern aus. Dies macht eine langfristige Planung erforderlich. Vor diesem Hintergrund müssen sie alle finanziellen Aspekte einer Investition rational beurteilen. Für eine Entscheidungsfindung müssen die finanziellen Auswirkungen von Investitionsausgaben mengenmäßig so weit wie möglich festgestellt werden.

Hilfsmittel dafür ist die Anwendung von Investitionsrechenverfahren. Es ist Ziel solcher Instrumente, Entscheidungsempfehlungen zu geben. Die Investitionsrechnung hilft, Investitionsentscheidungen im Hinblick auf die (monetären) Unternehmensziele vorzubereiten.

Verwendung finden unterschiedliche Verfahren der Investitionsrechnung, die sich durch das Ausmaß des Arbeitsaufwandes bzw. der Genauigkeit differenzieren lassen:

- **Statische Investitionsrechnungsverfahren** sind zwar relativ ungenau, lassen sich aber vergleichsweise einfach umsetzen. Dies liegt daran, dass ein Jahr der Nutzungsdauer des Anlageguts für die Investitionsbeurteilung ausgewählt wird. Nur für diese Periode werden die zu erwartenden durchschnittlichen Kosten und eventuellen Erlöse berücksichtigt.

Statische Investitionsrechnungsverfahren			
Kostenvergleichs-rechnung	Gewinnvergleichs-rechnung	Rentabilitätsrech-nung	Amortisationsrech-nung
Bei diesem Verfahren werden verschiedene Investitionsmöglichkeiten einander gegenübergestellt und anhand ihrer Kosten verglichen. Andere Einflussfaktoren werden nicht berücksichtigt.	Hier werden nicht nur die Kosten untersucht, einbezogen werden auch die Umsätze. Dadurch kann schnell der jeweilige Gewinn berechnet werden (Umsatz – Kosten), der Grundlage für die Beurteilung verschiedener Investitionsalternativen ist.	Bei der Rentabilitätsrechnung wird ermittelt, wie hoch die Verzinsung des eingesetzten Kapitals ausfällt. Verglichen werden die Renditen der Investitionsalternativen.	Bei der Amortisationsrechnung wird ermittelt, wie lange es dauert, bis die finanziellen Mittel, die investiert wurden, über den Gewinn in das Unternehmen zurückfließen.

Statische Investitionsrechnungen lassen sich also aufgrund des geringen Aufwands für die Datenbeschaffung und die Berechnung vergleichsweise leicht durchführen. Sie haben jedoch Grenzen, da aufgrund der Betrachtung einer durchschnittlichen Periode mit einer gewissen Ungenauigkeit gerechnet wird. Hinzu kommt, dass der Zeitwert des Geldes nicht berücksichtigt wird.

BEISPIEL

1.000,00 €, die ein Unternehmen aufgrund einer Investition in einem bestimmten Jahr erzielt, sind im Prinzip mehr wert als 1.000,00 €, die zwei Jahre später erzielt werden. Der Grund liegt darin, dass die 1.000,00 € zwei Jahre lang hätten angelegt werden können.

Darüber hinaus werden nur quantitative Größen verglichen, qualitative Aspekte werden nicht berücksichtigt.

- Im Rahmen **dynamischer Investitionsrechnungsverfahren** werden Umsatz-, Kosten- und Gewinndaten über einen langen Zeitraum (zum Teil bis zu zehn Jahren) herangezogen. Durch die sich dadurch ergebende Berücksichtigung der Schwankungen von Kosten und Erlösen kommt es zu einer größeren Genauigkeit. Diese geht aber zulasten eines größeren Arbeitsaufwands.

Finanzierung

Die benötigten finanziellen Mittel für Investitionen müssen beschafft werden. Dies ist Aufgabe der Finanzierung.

DEFINITION

Mit Maßnahmen der **Finanzierung** wird der Bedarf des Unternehmens an Kapital gedeckt. Dadurch wird die Passivseite der Bilanz berührt.

Kapitalbedarfsrechnung

Der Kapitalbedarf wird mithilfe der Kapitalbedarfsrechnung bestimmt. Dies ist eine Art langfristiger Vorschaurechnung, die den Kapitalbedarf als Soll- bzw. Plangrößen darstellt.

BEISPIEL

Die Hoffmann KG möchte eine neue Filiale in Weimar eröffnen. Herr Hoffmann ermittelt den zu erwartenden Kapitalbedarf aufgrund der folgenden Angaben:

Die Grundstückskosten sowie die Baukosten betragen 2.000.000,00 €. Für die Betriebs- und Geschäftsausstattung müssen 600.000,00 € aufgewendet werden. Herr Hoffmann geht von einer Grundausstattung an Waren in Höhe von 1.000.000,00 € aus. Er rechnet damit, dass dann täglich für durchschnittlich 20.000,00 € Waren eingekauft werden.

Die Hoffmann KG bekommt von ihren Lieferanten 60 Tage Ziel eingeräumt, gewährt ihrer Kundschaft selbst 30 Tage Ziel. An Erfahrungswerten aus anderen Filialen lässt Herr Hoffmann in die Berechnung einflie-

Ermittlung des Anlagekapitalbedarfs		
Grundstück und Gebäude	2.000.000,00 €	
Betriebs- und Geschäftsausstattung	600.000,00 €	
Warengrundausstattung	1.000.000,00 €	
		3.600.000,00 €
Ermittlung des Umlaufkapitalbedarfs		
Waren	400.000,00 €	20.000,00 € (50 + 30 − 60)
Handlungskosten	320.000,00 €	4.000,00 € (50 + 30)
		720.000,00 €
Gesamtkapitalbedarf		**4.320.000,00 €**

ßen, dass die durchschnittliche Lagerdauer für einen Artikel 50 Tage beträgt und Handlungskosten (= alle Kosten der betrieblichen Tätigkeit wie z. B. Personalkosten, Raumkosten) von 4.000,00 € pro Tag anfallen.

Finanzierungsarten

Wird das benötigte Kapital dem Unternehmen aus Finanzierungsquellen außerhalb des Unternehmens zugeführt, liegt eine Außenfinanzierung vor. Bei einer Innenfinanzierung dagegen wird das benötigte Kapitel im betrieblichen Leistungsprozess erwirtschaftet.

Außenfinanzierung

Das Kapital kommt von außen in die Unternehmung.

Eigenfinanzierung

Bei der Eigenfinanzierung wird dem Unternehmen

- entweder durch den Einzelunternehmer,
- durch die Gesellschafter einer Personengesellschaft oder
- durch die Anteilseigener einer Kapitalgesellschaft.

Eigenkapital von außen zugeführt: die Kapitaleinlage der Gesellschafter wird also erhöht. Bei der Eigenfinanzierung haben bzw. erwerben die Kapitalgeber Mitentscheidungsrechte und das Recht auf Gewinn. Man spricht daher auch von Beteiligungsfinanzierung.

Fremdfinanzierung

Bei der Fremdfinanzierung wird Kapital durch Aufnahme von Krediten oder auch durch Ausgabe von Anleihen beschafft. Anleihen, auch Schuldverschreibungen oder Obligationen genannt, sind festverzinsliche Wertpapiere mit einer Laufzeit von bis zu 30 Jahren. Ein Unternehmen, das Anleihen herausgibt, bekommt vom Käufer Kapital und verpflichtet sich, dafür jährliche Zinsen zu zahlen und am Ende der Laufzeit den Anleihenbetrag zurückzuzahlen. Es wird also Fremdkapital bei Betriebsfremden aufgenommen. Dadurch entsteht ein schuldrechtliches Verhältnis zwischen

Die Aufnahme von Krediten gehört zur Fremdfinanzierung.

dem Kapitalgeber als Gläubiger und dem Fremdkapital aufnehmenden Unternehmen als Schuldner. Die Fremdfinanzierung wird daher auch Kreditfinanzierung genannt.

Innenfinanzierung

Bei der Innenfinanzierung kommt das benötigte Kapital aus der Unternehmung.

Selbstfinanzierung

Die Selbstfinanzierung erfolgt durch Zurückbehaltung von Gewinnen im Unternehmen:

- **Selbstfinanzierung aus offenen Gewinnen**
  Hierbei verbleibt der in einem Wirtschaftsjahr erwirtschaftete und im Gewinn- und Verlust-konto ausgewiesene Gewinn im Unternehmen: Damit erhöht er das Eigenkapital.

- **Selbstfinanzierung aus versteckten Gewinnen**
  Hierbei sind die Gewinne zwar vorhanden, erscheinen aber nicht im Gewinn- und Verlust-konto. Dies kann erreicht werden, wenn Aufwendungen in der Gewinn- und-Verlust-Rech-nung höher angesetzt werden, als sie in der Wirklichkeit angefallen sind. Der ausgewie-sene Gewinn wird über Abschreibungsbeträge, die über die tatsächliche Wertminderung hinausgehen, oder durch überhöhte Rückstellungen gemindert. Diese Beträge stehen dem Unternehmen dann für Investitionen zur Verfügung.

BEISPIEL

Ein Unternehmen hat im Zusammenhang mit Gewährleistungen erfahrungsgemäß Kosten von 0,1 % des Umsatzes. Es bildet aus Vorsichtsgründen eine Rückstellung für solche Fälle, allerdings in Höhe von 0,8 % des Umsatzes. Durch diese Überbewertung entsteht eine stille Reserve.

Abschreibungsfinanzierung

Abschreibungen sollen den jährlichen Wertverlust von Anlagegütern erfassen. Da sie in die Ver-kaufspreise einkalkuliert werden, kommen die Abschreibungsgegenwerte als liquide Mittel über die Verkaufserlöse in das Unternehmen zurück. Diese liquiden Mittel werden im Normalfall ange-sammelt und führen erst dann zu Ausgaben, wenn die Lebensdauer der Anlagegüter beendet ist und Ersatzinvestitionen notwendig sind.

Finanzierungsmatrix	Eigenfinanzierung	Fremdfinanzierung
Innenfinanzierung	• Einbehaltung von Gewinn • Umschichtungen von Vermögen • Abschreibungsfinanzierungen	• Rückstellungen
Außenfinanzierung	• Erhöhung von Einlagen • Neubeteiligungen	• Leasing • Factoring • Aufnahme von Krediten

Einen Überblick über die unterschiedlichen Finanzierungsarten gibt die sogenannte Finanzierungsmatrix.

Finanzplan

Viele Unternehmen arbeiten mit einem Finanzplan (Liquiditätsplan). Mit einem Finanzplan wird kurzfristig die Erhaltung der Zahlungsfähigkeit überwacht. Dies geschieht durch Planung der zukünftigen Ein- und Auszahlungen. Die Zahlungen stehen bereits fest und werden detailliert aufgeführt.

BEISPIEL

In der Rostocker Filiale der Hoffmann KG soll ein Finanzplan (Liquiditätsplan) für die Monate April, Mai und Juni aufgestellt werden:

Der gesamte Zahlungsverkehr wird über ein Bankkonto abgewickelt. Bei der Bank besteht ein Dispositionskredit über 50.000,00 €. Zum 31. März besteht ein Bankguthaben von 50.000,00 €.

Der Finanzstatus zum 31. März weist folgende Planzahlen auf:

Ausgaben zur Begleichung von Verbindlichkeiten
- im April: 300.000,00 €
- im Mai: 400.000,00 €
- im Juni: 450.000,00 €

Umsatzerlöse nach Ziel
- im April: 150.000,00 €
- im Mai: 400.000,00 €
- im Juni: 650.000,00 €

Ausgaben für Einkauf, Produktion und Verwaltung
- im April: 100.000,00 €
- im Mai: 140.000,00 €
- im Juni: 220.000,00 €

Einnahmen aus Warenverkäufen bar
- im April: 250.000,00 €
- im Mai: 50.000,00 €
- im Juni: 150.000,00 €

Einnahmen von 25.000,00 € im Mai durch den Verkauf einer gebrauchten Maschine.

	April	Mai	Juni
Stand Bankkonto Anfang des Monats	50.000,00 €	50.000,00 €	– 15.000,00 €
Einzahlungen: Umsatzerlöse (Ziel)	150.000,00 €	400.000,00 €	650.000,00 €
Warenverkäufe (bar)	250.000,00 €	50.000,00 €	150.000,00 €
Verkauf gebrauchte Maschine		25.000,00 €	
Summe der Einzahlungen	400.000,00 €	475.000,00 €	800.000,00 €
Auszahlungen: Verbindlichkeiten	300.000,00 €	400.000,00 €	450.000,00 €
Einkauf, Produktion, Verwaltung	100.000,00 €	140.000,00 €	220.000,00 €
Summe der Auszahlungen	400.000,00 €	540.000,00 €	670.000,00 €
= Endbestand Bankkonto	50.000,00 €	– 15.000,00 €	115.000,00 €

Kennzahlen der Bilanzanalyse zur Beurteilung von Finanzierungsentscheidungen

Eine Bilanzanalyse liefert wichtige Kennzahlen für die Beurteilung von Finanzierungs- und Investitionsentscheidungen. Diese Kennzahlen werden innerhalb des Unternehmens etwa von der Geschäftsführung, aber auch von Unternehmensfremden (Banken, Investoren oder Auskunfteien wie die Schufa oder Creditreform) analysiert und ausgewertet.

Verschuldungsgrad

Die Kennzahl Verschuldungsgrad gibt Auskunft über das Verhältnis von Fremdkapital zu Eigenkapital:

$$\text{Verschuldungsgrad} = \frac{\text{Fremdkapital}}{\text{Eigenkapital}} \cdot 100$$

Bei einem Verschuldungsgrad von 100 % würde sämtliches Fremdkapital genau durch das Eigenkapital gedeckt sein. Ein Wert von über 100 % zeigt, dass das Unternehmen mehr Schulden hat, als es Eigenkapital besitzt.

> **BEISPIEL**
>
> Die Popman GmbH weist in der Bilanz ein Fremdkapital in Höhe von 1.400.000,00 € sowie ein Eigenkapital in Höhe von 800.000,00 € aus.
>
> $$\text{Verschuldungsgrad} = (1.400.000/800.000) \cdot 100 = 175\,\%$$
>
> Der Verschuldungsgrad beträgt somit 175 %.

Deckungsgrade

Deckungsgrade informieren darüber, inwieweit das von einem Unternehmen benötigte Anlagevermögen durch langfristig zur Verfügung stehendes Eigen- und Fremdkapital gedeckt ist. Unterschieden werden mehrere Arten von Deckungsgraden.

Der **Deckungsgrad 1** gibt Auskunft über die Eigenfinanzierungskraft des Unternehmens. Dazu setzt man das Eigenkapital ins Verhältnis zum Anlagevermögen.

Die Verschuldung eines Unternehmens – und damit die Abhängigkeit zum Beispiel von einer Bank – ist umso geringer, je höher der Deckungsgrad 1 ist.

$$\text{Deckungsgrad 1} = \frac{\text{Eigenkapital}}{\text{Anlagevermögen}} \cdot 100$$

Der **Deckungsgrad 2** gibt die Höhe des Anteils des Anlagevermögens an, der durch eigene Mittel und durch langfristige Fremdmittel gedeckt ist. Dazu wird zusätzlich zum Eigenkapital das langfristige Fremdkapital (z. B. langfristige Darlehen oder Hypothekenkredite) ins Verhältnis zum Anlagevermögen gesetzt.

$$\text{Deckungsgrad 2} = \frac{(\text{Eigenkapital} + \text{langfristiges Fremdkapital})}{\text{Anlagevermögen}} \cdot 100$$

BEISPIEL

In einem Unternehmen sollen für begründete Finanzierungsentscheidungen die Kennzahlen Verschuldungsgrad, Deckungsgrad 1 und Deckungsgrad 2 ermittelt werden.

Aus der Bilanz ergeben sich folgende Zahlen:
- Anlagevermögen 2.400.000,00 €
- Eigenkapital 1.000.000,00 €
- Fremdkapital 3.000.000,00 €
- langfristiges Fremdkapital 400.000,00 €

Es ergeben sich die folgenden Kennzahlen:

$$\text{Verschuldungsgrad} = \frac{3.000.000}{1.000.000} \cdot 100 = 300\ \%$$

$$\text{Deckungsgrad 1} = \frac{1.000.000}{2.400.000} \cdot 100 = 41{,}66\ \%$$

$$\text{Deckungsgrad 2} = \frac{(1.000.000 + 400.000)}{2.400.000} \cdot 100 = 58{,}33\ \%$$

AUFGABEN

1. Geben Sie an, was man unter einer Investition versteht.
2. Erläutern Sie den Begriff „Finanzierung".
3. Unterscheiden Sie Eigen- und Fremdfinanzierung.
4. „Deren Buchung als Kosten ist ja nicht mit Geldabgang verbunden – der fand schon früher bei dem Kauf einer Maschine statt."
   Nennen Sie die Finanzierungsart, die hier angesprochen wird.
5. Geben Sie die Arten der Selbstfinanzierung an.
6. Die Hoffmann KG möchte ein neues Zentrallager für den süddeutschen Raum in Heilbronn errichten. Die Unternehmensleitung überlegt, auf welchen Wegen dies finanziert werden kann.
   a) Nennen Sie mindestens zwei Beispiele für die Innenfinanzierung.
   b) Nennen Sie mindestens zwei Beispiele der Eigenfinanzierung.
   c) Führen Sie Nachteile der Kreditfinanzierung gegenüber der Beteiligungsfinanzierung auf.
7. Entscheiden Sie bei den folgenden Geschäftsvorfällen, welche Finanzierungsart vorliegt.
   a) Aufnahme einer neuer OHG-Gesellschafterin
   b) Aufnahme eines kurzfristigen Bankkredits
   c) Kauf eines Lkw aus Abschreibungsgegenwerten
   d) Kauf von Waren auf Ziel für 5.000,00 €
   e) Einstellung des Gewinns in die freiwilligen Rücklagen
   f) Ausgabe neuer Aktien durch eine Aktiengesellschaft
8. Die Hoffmann KG möchte eine neue Filiale in Dresden eröffnen. Herr Hoffmann ermittelt den zu erwartenden Kapitalbedarf aufgrund der folgenden Angaben:
   - Die Grundstücks- sowie die Baukosten betragen 4.000.000,00 €.
   - Für die Betriebs- und Geschäftsausstattung müssen 700.000,00 € aufgewendet werden.
   - Herr Hoffmann geht von einer Grundausstattung an Waren in Höhe von 1.500.000,00 € aus.

- Er rechnet damit, dass dann täglich für durchschnittlich 20.000,00 € Waren eingekauft werden.
- Die Hoffmann KG bekommt von ihren Lieferanten 60 Tage Ziel eingeräumt, gewährt ihrer Kundschaft selbst 30 Tage Ziel.
- An Erfahrungswerten aus anderen Filialen berücksichtigt Herr Hoffmann, dass die durchschnittliche Lagerdauer für einen Artikel 50 Tage beträgt und pro Tag 6.000,00 € Handlungskosten anfallen.

Berechnen Sie den Kapitalbedarf.

9. Michael Hoffmann bittet die Verantwortlichen der neuen Heilbronner Filiale, einen Finanzplan (Liquiditätsplan) für die Monate Oktober, November und Dezember aufzustellen:

Der gesamte Zahlungsverkehr wird über ein Bankkonto abgewickelt. Bei der Bank besteht ein Dispositionskredit über 50.000,00 €. Zum 30. September besteht ein Bankguthaben von 50.000,00 €.

Der Finanzstatus zum 30. September weist folgende Planzahlen auf.

Ausgaben zur Begleichung von Verbindlichkeiten

- im Oktober: 400.000,00 €
- im November: 300.000,00 €
- im Dezember: 250.000,00 €

Umsatzerlöse nach Ziel

- im Oktober: 200.000,00 €
- im November: 400.000,00 €
- im Dezember: 750.000,00 €

Ausgaben für Einkauf, Produktion und
Verwaltung

- im Oktober: 100.000,00 €
- im November: 140.000,00 €
- im Dezember: 220.000,00 €

Einnahmen aus Warenverkäufen bar

- im Oktober: 275.000,00 €
- im November: 50.000,00 €
- im Dezember: 200.000,00 €

10. Geben Sie an, welche Finanzierungsart vorliegt.
    a) Dies ist eine Finanzierung des Unternehmens aus eigener Kraft.
    b) Die über den Verkauf der Produkte zurückfließenden Anteile der Abschreibungen werden unmittelbar wieder für Investitionen in Anlagegüter verwendet.
    c) Gewinne des Unternehmens (entweder in der Bilanz ausgewiesen oder als stille Reserven vorhanden) werden nicht an die Eigenkapitalgeber ausgeschüttet.

11. Erstellen Sie eine Excel-Tabelle, mit der Sie den Kapitalbedarf berechnen können.

12. Erstellen Sie eine Excel-Tabelle, mit der Sie eine Finanzplanung durchführen können.

13. In einem Unternehmen sollen für begründete Finanzierungsentscheidungen die Kennzahlen Verschuldungsgrad, Deckungsgrad 1 und Deckungsgrad 2 ermittelt werden.

Aus der Bilanz ergeben sich folgende Zahlen:

- Anlagevermögen 4.800.000,00 €
- Eigenkapital 2.000.000,00 €
- Fremdkapital 9.000.000,00 €
- langfristiges Fremdkapital 800.000,00 €

Berechnen Sie die Kennzahlen.

6.2 Kreditfinanzierung

Vor fünf Jahren hat Michael Hoffmann seinem langjährigen Geschäftspartner Peter Noll 200.000,00 € geliehen.

Das Unternehmen von Peter Noll war jahrzehntelang finanziell sehr gesund. Vor drei Jahren aber geriet es überraschend in finanzielle Schwierigkeiten, die vor 15 Monaten zur Insolvenz führten. Peter Noll kann bis heute den Kredit an Michael Hoffmann nicht zurückzahlen.

Stellen Sie fest, auf welche Arten sich Michael Hoffmann gegen einen möglichen Zahlungsausfall hätte absichern können.

Kredit

Reichen eigene Mittel zur Finanzierung eines Investitionsvorhabens nicht aus, bietet sich die Aufnahme eines Kredits an. Bei einem Kredit werden Geldbeträge (manchmal auch Waren oder Dienstleistungen) von einer anderen Person auf Zeit gegen Zinszahlungen im Vertrauen auf eine Rückzahlung überlassen. Dies geschieht durch Abschluss eines Kreditvertrags zwischen dem Kreditgeber (dem Gläubiger oder Kreditor) und dem Kreditnehmer (dem Schuldner oder Debitor).

Kreditarten nach der Laufzeit

Nach der Dauer der Überlassung von Fremdkapital können kurzfristige, mittelfristige und langfristige Kredite unterschieden werden:

- **kurzfristige Kredite**
  Der Kreditnehmer muss das überlassene Fremdkapital innerhalb von sechs Monaten zurückzahlen.

- **mittelfristige Kredite**
  Mittelfristige Kredite haben eine Laufzeit von sechs Monaten bis vier Jahren. Sie dienen ähnlich wie die kurzfristigen Kredite häufig der Finanzierung von Umlaufvermögen.

- **langfristige Kredite**
  Zu den langfristigen Krediten zählen alle Kredite mit einer Laufzeit von über vier Jahren. Sie werden oft aufgenommen für die Finanzierung von Gütern des Anlagevermögens (z. B. für den Kauf oder Bau von Immobilien).

Kreditarten nach der Verfügbarkeit

Kredite können auf unterschiedliche Art und Weise zur Verfügung gestellt werden:

- Kontokorrentkredit,
- Darlehen,
- Lieferantenkredit.

Kontokorrentkredit

Beim Kontokorrentkredit räumt der Kreditgeber dem Kreditnehmer einen bestimmten Höchstbetrag ein, die sogenannte Kreditlinie. Abhängig von seinem Finanzierungsbedarf kann dann der Kreditnehmer in wechselndem Umfang maximal bis zu diesem Höchstbetrag einen Kredit in Anspruch nehmen: Bis zu dieser Höhe darf das Konto des Kreditnehmers überzogen werden.

Für Unternehmen ist ein Kontokorrentkredit sehr komfortabel. Er kann jederzeit kurzfristig in Anspruch genommen werden. Berechnet werden ihm daher vom Kreditgeber – meist sind dies Banken – nur die tatsächlich beanspruchten Zinsen.

Darlehen

Ein Darlehen ist in der Regel ein langfristiger Kredit, bei dem ein Geldbetrag entweder in einer Summe oder in bestimmten Teilbeträgen an den Schuldner ausgezahlt wird. Häufig wird ein Darlehen für Investitionen im Bereich des Anlagevermögens aufgenommen.

Großunternehmen können Darlehen aufnehmen bei den folgenden **Darlehensgebern:**

- Banken,
- Versicherungsunternehmen,
- Bausparkassen,
- moderne Finanzdienstleister.

Darlehen können sich unterscheiden durch

- Laufzeit,
- Verzinsung,
- Sonderkonditionen und
- Tilgungsweise.

Nach der Art der Tilgung unterscheidet man:

- **Fälligkeitsdarlehen**
  Das Fälligkeitsdarlehen wird oft auch Festdarlehen genannt. Der Kredit wird am Ende der Laufzeit in einer Summe getilgt.

- **Abzahlungsdarlehen (Ratentilgung)**
  Die Rückzahlung des Kredits erfolgt in Raten zu festgelegten Terminen. Dabei bleiben die Tilgungsbeträge gleich. Weil die Restschuld dadurch sinkt, ergeben sich sinkende Zinszahlungen. Die finanzielle Belastung des Schuldners wird daher von Jahr zu Jahr geringer.

- **Annuitätendarlehen**
  Über die gesamte Laufzeit werden an den Gläubiger gleich hohe – sich aus den Zins- und Tilgungsanteilen zusammensetzende – Beträge zurückgezahlt. Weil durch die Tilgung die Restschuld immer geringer wird, sinkt bei den gleich bleibenden Zahlungen des Schuldners die Zinsbelastung, und der Tilgungsbetrag steigt.

BEISPIEL

Um Güter des Anlagevermögens in der neuen Filiale in Weimar finanzieren zu können, nimmt die Hoffmann KG ein Darlehen über 200.000,00 € aufz. Die Laufzeit beträgt vier Jahre, der Zinssatz 10 %.

Fälligkeitsdarlehen

			Tilgung 200.000,00 €
Zinsen 20.000,00 €	Zinsen 20.000,00 €	Zinsen 20.000,00 €	Zinsen 20.000,00 €
1. Jahr	2. Jahr	3. Jahr	4. Jahr

Abzahlungsdarlehen

Zinsen 20.000,00 €			
	Zinsen 15.000,00 €		
		Zinsen 10.000,00 €	
			Zinsen 5.000,00 €
Tilgung 50.000,00 €	Tilgung 50.000,00 €	Tilgung 50.000,00 €	Tilgung 50.000,00 €
1. Jahr	2. Jahr	3. Jahr	4. Jahr

Annuitätendarlehen

Tilgung 43.094,00 €	Tilgung 47.404,00 €	Tilgung 52.144,00 €	Tilgung 57.358,00 €
Zinsen 20.000,00 €			
	Zinsen 15.690,00 €		
		Zinsen 10.950,00 €	
			Zinsen 5.736,00 €
1. Jahr	2. Jahr	3. Jahr	4. Jahr

Merkmal	Kontokorrentkredit	Darlehen
typisches Einsatzfeld	Deckung kurzfristiger Liquiditätsschwankungen	Anschaffung von Gütern des Anlagevermögens
Laufzeit	kurzfristig	mittelfristig langfristig
Verfügbarkeit des Geldbetrags	sofort	Da erst ein Vertrag abgeschlossen werden muss, steht der Geldbetrag erst mit einer Verzögerung zur Verfügung.
Rückzahlung	Über den Zeitpunkt entscheidet der Kreditnehmer.	zum vereinbarten Termin
Sicherung	keine Sicherung im Normalfall bei einem vom Kreditinstitut einseitig eingeräumten Überziehungsrahmen	im Normalfall abgesichert z. B. durch Hypothek, Zession, Sicherungsübereignung, Bürgschaft
Kosten	vergleichsweise hoher Zinssatz	niedriger als beim Kontokorrentkredit
Beendigung	nach Wegfall des Überziehungsrahmens	nach der letzten Tilgungsrate
Inanspruchnahme	Entscheidung durch Kreditnehmer	nach vertraglicher Einigung beider Vertragspartner

Bei der Vergabe von Darlehen muss nicht nur der Zinssatz, sondern auch die Auszahlungshöhe beachtet werden: Oft wird nämlich der Darlehensbetrag nicht in voller Höhe, sondern nach Abzug eines bestimmten Abschlags ausgezahlt. Dieser wird **Disagio** genannt.

BEISPIEL

In zwei unterschiedlichen Darlehensverträgen über jeweils 100.000,00 € enthält der eine die Formulierung „3 % Disagio", der andere die Klausel „97 % Auszahlungskurs".

In beiden Verträgen geht es zwar um den Darlehensbetrag von 100.000,00 €, es werden beiden Darlehensnehmern aber nur 95.000,00 € ausgezahlt.

Beide Darlehensnehmer müssen jedoch die Darlehenssumme von 100.000,00 € zurückzahlen und den Betrag auch verzinsen.

Darlehen werden oft also nicht in Höhe der Darlehenssumme ausgezahlt. Mit dem Disagio deckt die Bank die Kosten der Darlehensbearbeitung sofort mit der Darlehenssumme: Um tatsächlich die kompletten 100.000,00 € ausgezahlt zu bekommen, muss faktisch ein höheres Darlehen aufgenommen werden.

Kreditnehmer dürfen nicht nur auf den von den Darlehensgebern angebotenen Soll-Zinssatz achten. Dieser berücksichtigt weder ein eventuelles Disagio noch weitere anfallende Kreditkosten: Für Vergleiche zwischen mehreren Angeboten für ein Darlehen ist der Soll-Zinssatz daher nicht geeignet. Dafür bietet sich viel eher der sogenannte **Effektivzins** (effektiver Jahreszinssatz) an.

Sowohl der Effektivzins als auch der Sollzins müssen vom Darlehensgeber bei jedem Angebot angegeben werden. Die Darstellung des Effektivzinses wird gesetzlich über die Preisangabenverordnung geregelt. Weil bei dem Effektivzins alle Kosten des Kredits zusammengeführt werden, ist er höher als der Sollzins und damit aussagekräftiger für den Darlehensnehmer.

BEISPIEL

Eine Bank verlangt für ein Darlehen einen Sollzins von 3 % pro Jahr. Zusätzlich berechnet das Kreditinstitut noch Bearbeitungsgebühren und bietet ein Disagio an. Dadurch steigen die Darlehenskosten um 0,4 % pro Jahr. Es ergibt sich ein effektiver Jahreszins von 3,4 %. Dies ist der Wert, den der Kreditnehmer zur Beurteilung der Angebote anderer Darlehensgeber beachten muss.

Lieferantenkredit

Mithilfe eines Lieferantenkredits können Warenverkäufe finanziert werden. Diese Art des Kredits ist eine kurzfristige Form der Finanzierung. Dabei vereinbart der Einkäufer von Waren mit dem Lieferanten ein **Zahlungsziel.** Dies ist eine Frist, die der Lieferant für die Bezahlung der Rechnung setzt. In den meisten Fällen beträgt das Zahlungsziel 30, 60 oder 90 Tage. Da der Käufer innerhalb dieser Zahlungsfrist nicht zahlen muss, gewährt ihm der Lieferant einen Kredit.

Zahlt ein Kunde oder eine Kundin die gelieferte Ware deutlich vor Ablauf des Zahlungsziels, darf er/sie sich oft ein sogenanntes **Skonto** abziehen. Wartet er/sie jedoch die volle Frist zur Bezahlung ab, muss er/sie auf die Nutzung des Skonto verzichten.

Trotz der späteren Zahlung dürfen Käufer/-innen ab dem Zeitpunkt der Lieferung über die Ware frei verfügen. Der Lieferant erhofft sich dadurch, dass die Ware innerhalb der Zahlungsfrist verkauft wird. Dadurch kann der Käufer/die Käuferin dann die Rechnung begleichen. Der Lieferant sichert sich bis dahin aber oft durch einen Eigentumsvorbehalt ab.

Kundinnen und Kunden sollten beachten, dass der Lieferantenkredit zwar sehr bequem, aber eine der teuersten Finanzierungsmöglichkeiten überhaupt ist. Es ist häufig sinnvoller, einen Kontokorrentkredit aufzunehmen, mit dem man die Rechnung innerhalb der Skontofrist bezahlen kann.

> **BEISPIEL**
>
> Der Hoffmann KG liegt eine Rechnung der Firma Bernhard Müller OHG aus Heidelberg über 6.000,00 € vor. Die Zahlungsbedingung lautet: „30 Tage Ziel. Bei Zahlung innerhalb von zehn Tagen 2 % Skonto."
> Zur sofortigen Zahlung fehlt der Hoffmann KG die Liquidität. Sie könnte jedoch einen Bankkredit zu 10 % aufnehmen.
>
> | | |
> |---|---|
> | 6.000,00 € | Preis bei Zahlung nach 30 Tagen |
> | − 120,00 € | 2 % Skonto |
> | = 5.880,00 € | Preis bei Zahlung innerhalb 10 Tage |
>
> Der Skontobetrag von 120,00 € ist als Zinsbetrag dafür zu sehen, dass die Hoffmann KG die Rechnung erst nach 30 Tagen dem Lieferanten bezahlen muss.
> Es lohnt sich in diesem Fall, für 20 Tage (der Bankkredit wird ja erst am zehnten Tag benötigt) den Bankkredit aufzunehmen und den Skontoertrag sofort mitzunehmen. Die Kosten für die Aufnahme des Bankkredits betragen dann nach der Zinsformel 32,67 €.
>
> $$Z = \frac{\text{Kapital} \cdot \text{Laufzeit in Tagen} \cdot \text{Zinssatz}}{100 \cdot 360}$$
>
> $$Z = \frac{5.880,00 \,€ \cdot 20 \cdot 10}{100 \cdot 360} = 32,67 \,€$$
>
> Zieht man die Kosten für den Bankkredit (32,67 €) vom Skontoertrag (120,00 €) ab, ergibt sich eine Einsparung von 87,33 €.

Kreditarten nach der Sicherheit

Einfacher Personalkredit

Wenn nur die Person des Kreditnehmers dem Kreditgeber als Sicherheit dient, liegt ein einfacher Personalkredit vor. Der Kredit wird also lediglich aufgrund der Kreditwürdigkeit des Schuldners gewährt. Personalkredite werden oft auch als Blankokredit oder als reiner Personalkredit bezeichnet.

Der Kreditgeber wird vor der Vergabe des Kredits eine umfangreiche Prüfung der Kreditfähigkeit und der Kreditwürdigkeit vornehmen. Dies geschieht mithilfe zahlreicher Unterlagen und Materialien, die der Kreditgeber sich selbst beschafft oder vom Schuldner erhält.

Verstärkte Personalkredite

Bei verstärkten Personalkrediten haftet neben der Person des Kreditnehmers mindestens noch eine weitere Person für die Erfüllung der Verbindlichkeit.

Bürgschaft

Bei einer Bürgschaft haftet eine weitere Person als Bürge für die Rückzahlung des Kredits. Der Kreditgeber hat damit für seine Forderung zwei Schuldner.

> **DEFINITION**
>
> Bei einer **Bürgschaft** verpflichtet sich der Bürge in einem Vertrag mit dem Gläubiger, für die Schuld des eigentlichen Kreditnehmers einzustehen.

> **BEISPIEL**
>
> Vor einiger Zeit befand sich die Hoffmann KG für kurze Zeit überraschend in Zahlungsschwierigkeiten. Sie konnte daraufhin aber einen Kredit bei der örtlichen Commerzbank aufnehmen, die zur Absicherung die Stellung eines Bürgen forderte. Michael Hoffmann konnte dafür den mit ihm befreundeten Gerd Spindler gewinnen.
>
>

Der Bürge muss die Bürgschaftserklärung schriftlich abgeben. Bei einem Handelsgeschäft dürfen Kaufleute die Bürgschaft auch in mündlicher bzw. elektronischer Form abgeben. Aus Beweissicherungsgründen fordern Kreditgeber heute aber immer die Abgabe schriftlicher Erklärungen mithilfe standardmäßiger Vordrucke.

Es gibt zwei Arten von Bürgschaften:

- **selbstschuldnerische Bürgschaft**
  Bürgschaften von Kaufleuten sind immer selbstschuldnerisch. Banken verlangen aber von allen Kundinnen und Kunden grundsätzlich selbstschuldnerische Bürgschaften. Bei dieser Form der Bürgschaft muss der Bürge ausdrücklich auf die Einrede der Vorausklage verzichten, das heißt, der Gläubiger darf sofort die Zahlung vom Bürgen verlangen,

wenn der eigentliche Schuldner seinen Zahlungsverpflichtungen nicht nachkommt. Der Kreditgeber muss also weder eine erfolglose Zwangsvollstreckung in das Vermögen des Kreditnehmers nachweisen noch sich erst einmal an andere Sicherheiten des Kreditnehmers halten. Die selbstschuldnerische Bürgschaft bietet dem Gläubiger mehr Sicherheiten als eine gewöhnliche Bürgschaft. Für den Bürgen dagegen ist sie mit mehr Risiken verbunden. Denn sobald er den Bürgschaftsvertrag unterzeichnet hat, muss er sofort zahlen, wenn der Schuldner in Zahlungsverzug gerät.

- **Ausfallbürgschaft**
  Bei der Ausfallbürgschaft haftet der Bürge nur, soweit der Gläubiger seine Forderung durch Zwangsvollstreckung in das gesamte Vermögen des Schuldners nicht einzutreiben vermochte. Die Haftung erfolgt also erst dann, wenn der Ausfall nach Ausschöpfen aller gerichtlichen Möglichkeiten endgültig feststeht. Bei Insolvenz des Schuldners kann der Gläubiger erst nach Feststellung der Höhe des Ausfalls den Bürgen in Anspruch nehmen.

Die Verpflichtung aus der Bürgschaft ist abhängig (akzessorisch) von der Verbindlichkeit des eigentlichen Schuldners. Das bedeutet:

- Der Umfang der Bürgschaft richtet sich, wenn nichts anderes vereinbart worden ist, nach der Hauptschuld.
- Stehen dem Schuldner Einwendungen gegen den Gläubiger zu, kann diese auch der Bürge geltend machen.
- Die Bürgschaft erlischt mit der Hauptschuld, z. B. durch Erfüllung. Der Bürge wird vorher von der Bürgschaftsverpflichtung nur dann befreit, wenn er sich lediglich für eine bestimmte Zeit verpflichtet hat.

BEISPIEL

Die Verbindlichkeit des Bürgen verringert sich, wenn die Verbindlichkeit des Schuldners geringer wird. Umgekehrt erhöht sich die Bürgschaftsverpflichtung, falls die Schuld des Kreditnehmers, z. B. durch Zinsen, größer wird.

Zession

DEFINITION

Eine **Zession** ist die Abtretung von Forderungen des Kreditnehmers gegenüber Dritten (sogenannter Drittschuldner) an den Kreditgeber zur Absicherung eines von ihm gewährten Kredits.

Dazu wird neben dem eigentlichen Kreditvertrag zwischen dem Kreditgeber und dem Kreditnehmer ein Zessionsvertrag abgeschlossen. Durch diesen geht die Forderung des Kreditnehmers gegenüber dem Drittschuldner an den Kreditgeber über. Damit hat der Kreditgeber zwei Ansprüche:

- Anspruch aus dem Kreditvertrag an den Kreditnehmer,
- Anspruch aus dem Zessionsvertrag an den Drittschuldner.

BEISPIEL

Die Hoffmann KG kann eine größere Menge Waren sehr preisgünstig einkaufen. Sie nimmt dafür einen kurzfristigen Kredit auf. Zur Absicherung tritt sie eigene Forderungen, die sie gegenüber der Firma Tina Hempe e. Kffr. in München hat, an die Commerzbank ab.

Die ursprüngliche Forderung des Zedenten (Forderung 1) an den Drittschuldner bekommt bei der Zession der Zessionär (Forderung 2).

Abhängig davon, inwieweit der Drittschuldner von der Abtretung benachrichtigt wird, werden zwei Arten der Zession unterschieden:

- **offene Zession**
  Bei der offenen Zession wird dem Drittschuldner mitgeteilt, dass die Forderungen abgetreten worden sind. Damit kann dieser mit schuldbefreiender Wirkung nur noch an den Kreditgeber zahlen. Der Nachteil einer offenen Zession liegt darin, dass der Drittschuldner von der Kreditaufnahme erfährt. Dies ist für den Kreditnehmer oft mit einer Rufschädigung verbunden.

- **stille Zession**
  Bei der stillen Zession wird der Drittschuldner über die Abtretung nicht informiert. Der Kreditnehmer leitet die Zahlungen des Drittschuldners zur Begleichung der Verbindlichkeiten aus dem Kreditvertrag weiter an den Kreditgeber. Es besteht hier die Gefahr, dass der Kreditnehmer die gleiche Forderung gegenüber einem Drittschuldner mehrfach abtritt oder den Forderungsbetrag einfach nicht weiterleitet.

Zessionen unterscheiden sich auch dadurch, wie viele Forderungen abgetreten werden:

- **Einzelzession**
  Bei einer Einzelzession wird lediglich eine Zession an den Kreditgeber abgetreten. Diese Form der Absicherung wird nur dann gewählt, wenn ein einmaliger und kurzfristiger Kreditbedarf besteht.

- **Mantelzession**
  Bei der Mantelzession tritt der Kreditnehmer mehrere bereits bestehende Forderungen an seine Kundschaft zur Sicherung an den Kreditgeber ab. Er verpflichtet sich, laufend andere Forderungen abzutreten, wenn sich der alte Forderungsbestand durch Zahlung verringert hat. Dazu werden in regelmäßigen Zeitabständen, z. B. monatlich, Listen mit der Beschreibung der Forderungen eingereicht. Mit Einreichung der Liste ist die Abtretung wirksam. Diese Art der Zession wird bei den Banken zunehmend unbeliebter.

- **Globalzession**
  Bei der Globalzession tritt der Kreditnehmer alle gegenwärtigen und zukünftigen Forderungen gegenüber bestimmten Kundinnen und Kunden, z. B. die mit den Anfangsbuchstaben N bis Z, ab. Der Kreditgeber wird Gläubiger der Forderung zum Zeitpunkt ihrer Entstehung.

Wechselkredit

Ein Wechselkredit diente früher häufig der Finanzierung von Warengeschäften. Dabei verpflichtet sich der Käufer (der Bezogene) durch Unterschrift einer vom Verkäufer ausgestellten Urkunde (dem Wechsel), eine bestimmte Geldsumme zu einem festgelegten Zeitpunkt (dem sogenannten Verfalltag) an ihn oder eine im Wechsel genannte Person zu zahlen.

Benötigt der Verkäufer nun selbst liquide Mittel, kann er den Wechsel jederzeit – also auch vor dem Verfalltag – an eine Bank verkaufen. Die Bank stellt damit Geld zur Verfügung, das sie erst am Verfalltag vom Bezogenen erhält. Für diese Kreditgewährung berechnet sie sogenannte Diskontzinsen.

Der Wechsel ist ein sehr sicherer Kredit. Der Bank gegenüber haften alle Beteiligten für die Einlösung des Wechsels. Zudem kann der Wechselgläubiger bei gerichtlichen Auseinandersetzungen seine Ansprüche unter erleichterten Bedingungen durchsetzen.

Realkredite

Bei einem Realkredit dient – neben der Person des Kreditnehmers – eine reale Sache als Sicherheit.

Lombardkredit (Verpfändung)

Der Lombardkredit wird oft auch Pfandkredit genannt. Zur Absicherung eines Kredits bekommt der Kreditgeber als Sicherheit vom Kreditnehmer einen Gegenstand aus dessen beweglichem Vermögen als Pfand. Als Pfandgegenstände eignen sich Rechte oder bewegliche Sachen, die dem Kreditnehmer gehören.

Der Lombardkredit ist vor allem geeignet für bewegliche, wertbeständige Sachen. Dies können u. a. Waren, Edelmetalle, Schmuck oder Wertpapiere sein.

BEISPIEL

Die Hoffmann KG nimmt bei der örtlichen Commerzbank einen Kredit auf. Zur Absicherung des Kredits wird vereinbart, dass die Hoffmann KG der Commerzbank Aktien der Ambiente Warenhaus AG als Faustpfand übergibt.

Durch die Übergabe des Pfands wird der Kreditgeber Besitzer der verpfändeten Sache. Der Kreditnehmer bleibt jedoch Eigentümer. Die Beleihungshöhe (= der Wert, der dem Pfandgegenstand zugeordnet wird) ist davon abhängig, wie leicht das Pfand zu veräußern ist.

Die Verwertung der Pfandgegenstände muss vorher angedroht werden. Wird der Kredit nicht zurückgezahlt, kann der Kreditgeber die Pfandgegenstände nach Ablauf einer Wartefrist öffentlich versteigern lassen oder nach einer öffentlichen Bekanntmachung über die Börse verkaufen. Der Kreditgeber bekommt dann den Verkaufserlös.

Sicherungsübereignung

Auch bei der Sicherungsübereignung dienen Gegenstände aus dem beweglichen Vermögen des Kreditnehmers als Kreditsicherung. Allerdings gehen sie in das Eigentum des Kreditgebers über. Der Kreditnehmer bleibt aber weiterhin Besitzer: Er übergibt die Sache nicht.

Es handelt sich dabei vor allem um Gegenstände, die der Kreditnehmer benötigt, um seiner Geschäftstätigkeit weiter nachgehen zu können. Aus den dadurch entstehenden Gewinnen kann dann der Kredit getilgt werden.

BEISPIEL

Die Hoffmann KG nimmt bei der örtlichen Commerzbank einen Kredit auf. Zur Absicherung des Kredits wird vereinbart, dass die Hoffmann KG der Commerzbank die Kfz-Briefe von zwei Firmen-Lkw übergibt.

Mit der Tilgung der Schuld geht das Eigentum automatisch wieder auf den Kreditnehmer über. Wird der Kredit aber nicht zurückgezahlt, darf der Gläubiger den ihm gehörenden Gegenstand verkaufen.

Hypothek

Bei einer Hypothek wird unbewegliches Vermögen zur Absicherung meist langfristiger Kredite verpfändet. Da ein Grundstück und die damit verbundenen Gebäude nicht direkt als Faustpfand übergeben werden können, wird das Grundpfandrecht daher in ein amtliches Register eingetragen: das Grundbuch. Dieses ist ein vom Amtsgericht geführtes Verzeichnis aller Grundstückseigentümer einer Gemeinde.

Bei einer **Buchhypothek** erfolgt nur eine Eintragung in das Grundbuch. Bei einer **Briefhypothek** wird dem Gläubiger zusätzlich ein Hypothekenbrief übergeben.

Bei einem durch eine Hypothek abgesicherten Kredit besteht immer auch eine persönliche Haftung des Kreditnehmers. Er muss also beim Kreditausfall persönlich mit seinem ganzen Vermögen aufkommen. Das Grundstück dient dann nur zusätzlich als Pfand (dingliche Haftung).

Zahlt der Kreditnehmer den Kredit nicht zurück, kann der Kreditgeber das Grundstück zwangsversteigern oder auch zwangsverwalten lassen.

Oft ist ein Grundstück auch mit mehreren Hypotheken belastet. Die Hypothek, die als erste eingetragen wurde, hat bei der Rückzahlung den ersten Rang: Dieser Kredit wird aus dem Versteigerungsbeitrag als erster vollständig zurückgezahlt. Dann folgt der Kredit, dessen Hypothek sich auf dem zweiten Rang befindet. Da der Erlös aus der Versteigerung eventuell nicht ausreicht, um auch Hypotheken mit einem höheren Rang zurückzuzahlen, müssen für diese in der Regel höhere Zinsen gezahlt werden als für Kredite, die mit dem ersten Rang abgesichert sind.

BEISPIEL

Für das Grundstück eines Unternehmens wurden vor sieben Jahren eine erste Hypothek mit 150.000,00 €, vor fünf Jahren eine zweite Hypothek über 120.000,00 € und vor drei Jahren mit 60.000,00 € eine dritte Hypothek in das Grundbuch eingetragen. In diesem Jahr ging das Unternehmen in Insolvenz. Das Grundstück sowie die dazu gehörigen Gebäude wurden für 250.000,00 € zwangsversteigert.

Die zuerst eingetragene Hypothek hat den ersten Rang. Ausgezahlt werden die kompletten 150.000,00 €. Für die an zweiter Stelle stehende Hypothek werden nur noch 100.000,00 € ausgezahlt. Die dritte Hypothek geht leer aus.

Grundschuld

Bei einer Grundschuld gibt es ebenfalls ein Pfandrecht an einem Grundstück. Es besteht lediglich eine dingliche Haftung: Es haftet nur das Grundstück. Eine Forderung, die abgesichert werden soll, kann – muss aber nicht – vorliegen. Weil sie dadurch leichter zu handhaben ist, wird die Grundschuld mittlerweile in der Praxis häufiger verwendet als die Hypothek.

Die Eintragung einer Grundschuld dient dem Kreditgeber des Bauprojekts als Sicherheit.

BEISPIEL

Ein Kreditnehmer hat seine Schulden vollständig beglichen. Dadurch ist die Hypothek erloschen. Der Kreditgeber muss dies dem zuständigen Notar mitteilen, der die Löschung der Hypothek im Grundbuch beim Amtsgericht veranlasst.

Ein anderer Kreditnehmer hat ebenfalls seine Verbindlichkeiten aus einem Kreditvertrag zurückgezahlt. Mit dem Kreditgeber war aber vereinbart, dass die Grundschuld nach der Rückzahlung des Kredits bestehen bleibt. Falls der Kreditnehmer irgendwann wieder einen Kreditvertrag abschließen möchte, braucht er nicht erneut eine Grundschuld ins Grundbuch eintragen zu lassen. Es werden dadurch sehr hohe Notarkosten und ein erheblicher Zeitaufwand eingespart.

AUFGABEN

1. Definieren Sie den Begriff „Kredit".
2. Unterscheiden Sie kurz-, mittel- und langfristige Kredite.
3. Erläutern Sie den Unterschied zwischen Darlehen und Kontokorrentkredit.
4. „Der Kredit wird in konstanten Raten zurückgezahlt. Dabei verringert sich der Zinsanteil der Rate zugunsten des Tilgungsanteils."
   Geben Sie an, welche Art von Darlehen vorliegt.
5. Führen Sie einen Vorteil und einen Nachteil des Lieferantenkredits auf.
6. Die Hoffmann KG erhält Waren im Wert von 150.000,00 €. Die Zahlungsbedingung des Lieferanten lautet: „Zahlbar innerhalb von 30 Tagen netto Kasse oder 2 % Skonto bei Zahlung innerhalb von 10 Tagen." Die Hoffmann KG möchte zur Begleichung der Eingangsrechnung einen Kontokorrentkredit bei der Bank in Anspruch nehmen. Der Zinssatz für diesen beträgt momentan 15 % p. a. Entscheiden Sie, ob sich die Aufnahme des Kredits lohnt, um den Skonto mitzunehmen.
7. Geben Sie an, was man unter einem einfachen Personalkredit versteht.
8. Führen Sie Informationsquellen auf, die der Kreditgeber im Rahmen einer Kreditwürdigkeitsprüfung nutzen kann.

9. Erklären Sie, was eine Bürgschaft ist.

10. Unterscheiden Sie die selbstschuldnerische Bürgschaft von der Ausfallbürgschaft.

11. Erläutern Sie den Begriff „Zession".

12. „Hierbei verzichtet der neue Gläubiger bei der Abtretung auf eine Benachrichtigung des Drittschuldners." Beantworten Sie die folgenden Fragen zu dieser Aussage:

   a) Welche Art der Zession ist hier angesprochen?

   b) Welche Nachteile kann diese Zessionsart haben?

13. Unterscheiden Sie Lombardkredit und Sicherungsübereignung.

14. Erläutern Sie, was eine Hypothek ist.

15. Für das Grundstück eines Unternehmens wurden vor sieben Jahren eine erste Hypothek mit 200.000,00 €, vor fünf Jahren eine zweite Hypothek über 240.000,00 € und vor drei Jahren mit 80.000,00 € und 100.000,00 € eine dritte und vierte Hypothek in das Grundbuch eingetragen. In diesem Jahr ging das Unternehmen in Insolvenz. Das Grundstück sowie die dazugehörigen Gebäude wurden für 460.000,00 € zwangsversteigert.

   Berechnen Sie, wie viel die einzelnen Gläubiger ausbezahlt bekommen.

16. „Eine Grundschuld ist eine Schuld ohne Grund."

   Erläutern Sie diese Aussage.

17. Sie gehen davon aus, dass Sie 7.000,00 € für den Kauf eines Pkw benötigen. Sie verfügen aber leider über kein eigenes Kapital. Besuchen Sie mit einer Mitschülerin/einem Mitschüler ein Kreditinstitut Ihrer Wahl.

   Bringen Sie dort in Erfahrung:

   a) Wie viel kostet der Kredit (Zinsen)?

   b) Zu welchen Konditionen würde er gewährt?

18. Bearbeiten Sie den Inhalt dieses Kapitels mit der Methode des Gruppenlesens.

   a) Bilden Sie aus drei Personen bestehende Gruppen.

   b) Die drei Personen werden abwechselnd – parallel zu den Abschnitten des Textes – die Gruppenleitung übernehmen.

   c) Die erste Person, die die Gruppenleitung übernimmt, sorgt dafür, dass der erste Abschnitt in Einzelarbeit still gelesen wird.

   d) Anschließend sorgt die Gruppenleitung für folgendes Vorgehen:

   - Die Gruppenleitung fragt nach schwierigen Wörtern bzw. gegebenenfalls nach Sätzen, die nicht verstanden wurden. Zusammen wird in der Gruppe versucht, die Erklärung zu finden.
   - Das zweite Gruppenmitglied stellt Fragen zu den verschiedenen Inhalten des Abschnitts. Die anderen Gruppenmitglieder beantworten diese.
   - Das dritte Gruppenmitglied fasst den Inhalt des Abschnitts kurz zusammen.
   - Da nun ein neuer Absatz ansteht, wechselt die Gruppenleitung.

Diese auch „reziprokes" Lesen genannte Methode hat gegenüber dem Lesen in der reinen Einzelarbeit verschiedene Vorteile: Durch diese Art der aktiven Auseinandersetzung mit dem Text wird der Text besser verstanden. Untersuchungen haben auch gezeigt, dass deutlich mehr Informationen behalten werden.

6.3 Leasing

Herr Hoffmann: „Hallo Herr Mitschke, wie läuft es denn?"

Herr Mitschke: „Eigentlich ganz gut. Wir haben durch die Einführung der neuen Warenwirtschaftssoftware immense Rationalisierungsvorteile festgestellt. Auch unsere Informationsbasis wird dadurch erheblich verbessert. Aber – und deswegen bin ich vorbeigekommen – wir haben ein Problem!"

Herr Hoffmann: „Nanu, worum geht es denn?"

Herr Mitschke: „Ein Teil unserer EDV-Geräte schafft die Anforderungen, die die neue Software stellt, nur mit Schwierigkeiten. Wenn unser Datenvolumen steigt – und damit ist durch die Gründung unserer neuen Filialen zu rechnen – ist eventuell hier und da in der Zentrale mit Systemabstürzen zu rechnen."

Herr Hoffmann: „Diese Anschaffungen passen mir finanziell aber gar nicht ins Konzept. Durch die neuen Filialen sind wir kapitalmäßig schon ganz schön belastet."

Herr Mitschke: „Das habe ich auch schon gedacht. Vielleicht sollten wir uns mal dieses Angebot der Hannoverschen Leasinggesellschaft anschauen. Die bieten für uns passende EDV-Anlagen unseres favorisierten Computerherstellers zum Leasen an."

1. Erklären Sie, welche Vorteile das Leasing der EDV-Anlagen für die Hoffmann KG hat.
2. Stellen Sie fest, welche Art Leasing hier ange

INFORMATION

Leasing

Möchte ein Unternehmen für die Finanzierung eines Anlageguts weder Eigenkapital hinzuziehen noch einen Kredit aufnehmen, bietet sich das Leasing an. Das Leasing ist eine spezielle Art der Fremdfinanzierung. Ein Unternehmen erwirbt sich langfristige Nutzungsrechte an beweglichen und unbeweglichen Wirtschaftsgütern durch einen Mietvertrag.

Dabei übernimmt der Mieter, der Leasingnehmer, den Gegenstand vom Vermieter, dem Leasinggeber.

Für die Miete, z. B. einer Maschine oder eines Lkw, muss eine monatliche, manchmal auch vierteljährliche Leasingrate gezahlt werden. Deren Höhe richtet sich nach:

- der Laufzeit des Leasingvertrags,
- den vom Leasinggeber zu erbringenden Serviceleistungen.

DEFINITION

Unter **Leasing** versteht man das Mieten von Gegenständen des Anlagevermögens gegen Entgelt über einen bestimmten Zeitraum.

BEISPIELE

Geleast werden häufig:
- Büromaschinen
- Autos
- Immobilien
- EDV-Ausstattungen
- Produktionsanlagen

Der Unterschied zur eigentlichen Miete liegt darin, dass der Leasingnehmer nach Ablauf der Nutzungsdauer in der Regel mehrere Möglichkeiten hat, über das Leasingobjekt zu verfügen (Kauf-, Tausch-, Verlängerungsoption).

Darüber hinaus beinhalten die meisten Leasingverträge Serviceleistungen des Leasinggebers, die in einem Mietvertrag gewöhnlich nicht enthalten sind.

Die Leasingrate geht beim Leasingnehmer als Aufwand in die Gewinn-und-Verlust-Rechnung ein, der Gegenstand wird aber nicht ins Anlagevermögen in der Bilanz aufgenommen.

Eigentümer des Gegenstands ist nach wie vor die Leasinggesellschaft. Der Leasinggeber erhält nach Ablauf der Leasingdauer den überlassenen Gegenstand zurück.

Arten des Leasings

Abhängig von verschiedenen Kriterien können mehrere Arten des Leasings unterschieden werden.

Operate-Leasing und Finance-Leasing

Abhängig von der Art und Weise der Vertragsgestaltung kann man Operate-Leasing und Finance-Leasing unterscheiden.

Operate-Leasing

Das Operate-Leasing ist eine kurzfristige Vermietung von Wirtschaftsgütern. Es gibt keine fest vereinbarten Grundmietzeiten, beide Vertragsparteien können den Operate-Leasingvertrag jederzeit kündigen. Für diese Art des Leasings wird sich ein Leasingnehmer nur dann interessieren, wenn er das Anlagegut nur für kurze Zeit nutzen möchte. Ein Kauf kommt daher für ihn nicht infrage. Das gesamte Investitionsrisiko wird vom Leasinggeber getragen. Bis die Investitionskosten sich amortisiert haben, muss er das Anlagegut in der Regel mehrmals vermieten.

Finance-Leasing

Beim Finanzierungsleasing (Finance-Leasing) kann der Leasingvertrag während der Laufzeit von beiden Seiten nicht gekündigt werden. Durch den Abschluss langfristiger Verträge hat der Leasingnehmer das Investitionsrisiko, da er das Anlagegut – im Gegensatz zum Operate-Leasing – nicht jederzeit zurückgeben kann.

In der Variante der **Vollamortisation** wird die finanzierte Sache innerhalb der Grundmietzeit beinahe vollständig abbezahlt. Sie geht damit dann nahezu vollständig in das Eigentum des Leasingnehmers über. Am Ende der Grundmietzeit verbleibt dann meist nur noch ein geringer Restwert, der noch zu entrichten ist.

Bei der **Teilamortisation** wird während der Laufzeit des Leasingvertrags (also innerhalb der Grundmietzeit) nur ein Teil des Sachwerts durch die Leasingraten abgedeckt. Durch im Vertrag festgehaltene Verpflichtungen ist jedoch auch hier eine volle Deckung der Gesamtkosten des Leasinggebers gewährleistet: Entweder wird der Verkaufserlös des Leasingobjekts oder aber eine Schlusszahlung des Leasingnehmers zum Ausgleich herangezogen. Bei dieser Art von Verträgen hat der Leasinggeber – vertraglich vereinbart – oft ein sogenanntes Andienungsrecht: Zum möglichen Ausgleich des Wertverlusts wird dem Leasinggeber das Recht, aber nicht die Pflicht gewährt, am Ende der Leasingzeit vom Leasingnehmer zum vereinbarten Restwert den Kauf des Leasingobjekts zu verlangen.

Direktes und indirektes Leasing

Nach Anzahl der Beteiligten unterscheidet man indirektes und direktes Leasing.

Indirektes Leasing

Beim indirekten Leasing finanziert eine Leasinggesellschaft eine vom Leasingnehmer getroffene Investitionsentscheidung. Mit dem Leasingnehmer, dem Leasinggeber – also der Leasinggesellschaft – sowie dem Hersteller des Leasingguts gibt es hier drei Beteiligte.

Das Leasingobjekt wird beim Hersteller vom Leasingnehmer ausgewählt. Der Leasinggeber (die Leasinggesellschaft) erwirbt dieses daraufhin und überlässt es dem Leasingnehmer gegen Zahlung der Leasingrate. Das Leasinggut wird vom Hersteller direkt an den Leasingnehmer geliefert.

Direktes Leasing

Beim direkten Leasing gibt es nur zwei Beteiligte. Hier übernimmt der Hersteller die Finanzierung des Leasingobjekts und wird somit zum Leasinggeber. Das Hauptziel des Herstellers ist dabei die Absatzförderung: Es geht ihm darum, Kundschaft zu gewinnen und an sein Unternehmen zu binden.

Immobilien-, Mobilien- und Plantleasing

Eine weitere Unterscheidung der Leasingarten ist nach Art der Leasingobjekte möglich.

Immobilienleasing

Beim Immobilienleasing erhält der Nutzer – statt die Immobilie zu kaufen – ein vertraglich eingeräumtes langfristiges Nutzungsrecht an einem Gebäude. Der Leasingnehmer kann das Gebäude nach seinen Vorstellungen planen und errichten. Der Leasinggeber kauft die Immobilie, die der Leasingnehmer dann mietet. Immobilien-Leasing hat sich als langfristige Investitionsfinanzierung bei hochwertigen Gewerbe- und Büroimmobilien bewährt.

Mobilienleasing

Beim Mobilienleasing handelt es sich um das Leasing beweglicher Güter. Werden Investitionsgüter geleast, so nennt man dies Equipment-Leasing. Leasingnehmer sind in der Regel gewerbliche Nutzer.

Plantleasing

Das Plantleasing ist eine Mischform aus Immobilien- und Mobilienleasing. Geleast werden ganze Industrieanlagen und Gebäude, aber auch deren Einrichtungen.

Investitions- und Konsumgüterleasing

Hauptanwendungsgebiet des Leasings ist das **Investitionsleasing.** Leasingnehmer ist ein Unternehmen, das Leasingobjekt ein Investitionsgut.

Beim **Konsumgüterleasing** sind – meist in Verbindung mit Servicepaketen – Konsumgüter Vertragsgegenstand. Diese Art des Leasings wird häufig durch Privatleute genutzt.

Sale-and-lease-back-Leasing

Das Sale-and-lease-back-Leasing ist eine Sonderform des Leasings. Beim Sale-and-lease-back-Leasing wird das Leasingobjekt vom Eigentümer zunächst an den Leasinggeber verkauft. Dieser verleast das Leasinggut dann an den früheren Eigentümer, den Leasingnehmer, zurück. Der Kauf- und der Leasingvertrag bilden bei dieser Form des Leasinggeschäfts eine rechtliche Einheit.

Leasingobjekte des Sale-and-lease-back-Vertrags können sowohl Wirtschaftsgüter sein, die von dem späteren Leasingnehmer neu erworben worden sind, als auch Wirtschaftsgüter, die sich bereits länger in seinem Eigentum befunden haben.

Vorteile des Leasings

Für Leasingnehmer können die folgenden Vorteile von Bedeutung sein:

- Der Hauptvorteil des Leasings liegt darin, dass, auch wenn das nötige Kapital zum Kauf fehlt, die Finanzierung von Gütern möglich ist. Das Unternehmen benötigt daher weniger Kapital, die Liquiditätslage verbessert sich. Zusätzlich verbessern sich verschiedene Bilanzkennzahlen. Dadurch bekommt der Leasingnehmer leichter Kredite. Sein Image verbessert sich.
- Wird im Leasingvertrag der Austausch der alten Leasingobjekte durch jeweils technisch neuere vereinbart, kann der Leasingnehmer das Risiko der technischen Überalterung auf den Leasinggeber übertragen.
- Häufig übernimmt der Leasinggeber zusätzliche Dienstleistungen wie Wartungen oder Reparaturen.
- Der Leasingnehmer hat kein Verwertungsrisiko am Ende der Vertragslaufzeit.
- Die Belastung durch gewinnabhängige Steuern wird durch die Leasingraten geringer. Leasingraten sind als Betriebsausgaben steuerlich voll absetzbar, wenn das Leasingobjekt steuerlich dem Leasinggeber zugeordnet ist.
- Leasing bietet Planungssicherheit: Die Vertragslaufzeit und die Höhe der Leasingraten stehen von Beginn an fest. Die Leasingrate wird auch langfristig nicht von Zinsänderungen oder Rating-Veränderungen beeinflusst. Sie dient so als sichere Kalkulationsgrundlage.

Unterschiede der Finanzierungsformen Leasing, Kreditkauf, Barkauf

Leasing	Kreditkauf	Barkauf
sofortige Zahlung, Geldmittel werden gebunden	bequeme Monatsraten	bequeme Rückgabe, immer das neueste Modell

Nachteile des Leasings

Nicht immer überwiegen die Vorteile des Leasings. Zu prüfen ist in jedem Fall, ob sich die folgenden Nachteile möglicherweise negativ auf die Finanzierungssituation des Unternehmens auswirken:

- Die Gesamtkosten beim Leasing sind in der Regel größer als beim fremdfinanzierten Kauf des Anlageguts: Langfristig ist der Aufwand beim Leasing um ca. 20 % bis 40 % höher als der Zinsaufwand beim Kauf. Neben Abschreibungen und Zinsen sind in die Leasingrate auch der Verwaltungsaufwand, die Gewinnspanne und die Risikoprämie des Leasinggebers einkalkuliert.

- Zumindest beim Finanzierungsleasing ist der Leasingnehmer während der Grundmietzeit an das Leasingobjekt gebunden. Die langfristigen und unkündbaren Verträge können sich bei schlechter Auftragslage dann negativ auswirken.

- Es kann zu einer bestimmten Abhängigkeit vom Leasinggeber kommen.

Vergleich der Leasingkosten mit den Kosten einer Kreditfinanzierung

Die Entscheidung, ob ein Anlagegut durch Leasing oder durch eine Kreditaufnahme finanziert wird, sollte genau abgewogen werden. Beide Finanzierungsmöglichkeiten bieten Vor- und Nachteile.

BEISPIEL

Die Hoffmann KG benötigt einen neuen Lkw. Dieser wird für 90.000,00 € angeboten. Geplant ist eine Nutzungsdauer von 6 Jahren: Für den Wertverlust wird deshalb ein jährlicher Abschreibungsbetrag von 15.000,00 € eingeplant. Die Hoffmann KG überlegt nun, wie sie diese Anschaffung finanzieren kann. Sie hat zwei Möglichkeiten:

Sie finanziert mit Leasing:

Die Hannoversche Leasinggesellschaft bietet einen Vertrag mit einer Grundmietzeit von vier Jahren an. Die jährliche Leasingrate

Jahr der Nutzung	Zu zahlende Leasingrate in €	Aufwand für die Hoffmann KG in €
1. Jahr	25.000,00	25.000,00
2. Jahr	25.000,00	25.000,00
3. Jahr	25.000,00	25.000,00
4. Jahr	25.000,00	25.000,00
5. Jahr	10.000,00	10.000,00
6. Jahr	10.000,00	10.000,00
Gesamt	120.000,00	120.000,00

würde 25.000,00 € betragen. Anschließend müsste noch einmal ein neuer Leasingvertrag mit einer jährlichen Leasingrate von 10.000,00 € abgeschlossen werden.

Die Kosten für sechs Jahre Lkw-Nutzung würden beim Leasing 120.000,00 € betragen.

Sie finanziert mit Kredit:

Die Commerzbank Hannover bietet ein Darlehen mit einer Laufzeit von sechs Jahren an. Neben der jährlichen Tilgung von 15.000,00 € müssen 5 % Zinsen für den jeweiligen Restdarlehensbetrag zu Beginn des Jahres berücksichtigt werden.

Jahr der Nutzung	Restdarlehen zu Beginn des Jahres in €	Tilgung in €	Zinsen in €	Insgesamt aufzuwendender Betrag in €
1. Jahr	90.000,00	15.000,00	4.500,00	19.500,00
2.Jahr	75.000,00	15.000,00	3.750,00	18.750,00
3.Jahr	60.000,00	15.000,00	3.000,00	18.000,00
4.Jahr	45.000,00	15.000,00	2.250,00	17.250,00
5.Jahr	30.000,00	15.000,00	1.500,00	16.500,00
6. Jahr	15.000,00	15.000,00	750,00	15.750,00
Gesamt		90.000,00	15.750,00	115.750,00

Die Kosten für sechs Jahre Lkw-Nutzung durch Kreditfinanzierung betragen 115.750,00 €.
Die Entscheidung zwischen Leasing oder Kreditaufnahme zur Finanzierung eines Anlagegutes hängt also immer von verschiedenen Faktoren ab:

- Ein ganz wichtiges Entscheidungskriterium ist der Kostenfaktor: In unserem Beispiel ist die Aufnahme eines Kredites zur Finanzierung eines Anlagegutes die kostengünstigere Alternative im Vergleich zur Finanzierung durch Leasing. Zu beachten ist noch, dass bei der Kreditfinanzierung oft noch weitere Kosten hinzukommen können wie z.B. Bearbeitungsgebühren, Disagios usw.
- Möchte man den Lkw als Eigentümer nutzen, sollte man sich für eine Kreditfinanzierung entscheiden. Bei einer kurzen Leasingvertragszeit kann man den bis dahin gemieteten Lkw entweder zum Restwert kaufen oder einen neuen leasingvertrag abschließen. Der Vorteil dabei wäre, dass man dann wieder einen neuen und technologisch sich auf dem letzten Stand befindenden Lkw bekommt.
- In vielen Fällen ist die teurere Alternative das Leasing. Dennoch gibt es einige Gründe, sich dennoch dafür entscheiden. Da das Leasing kein Eigenkapital bindet, ändern sich verschiedene Bilanzkennzahlen (z.B. der Verschuldungsgrad) nicht. Die Möglichkeit, Kredite aufzunehmen, verschlechtert sich dadurch nicht.
- In einigen Fällen gibt es auch steuerliche Vorteile durch das Leasing.

AUFGABEN

1. Nehmen Sie Stellung zu folgender Aussage: „Leasing ist doch nur eine andere Form des Kredits."
2. Führen Sie auf, welche Anlagegüter oft geleast werden.
3. Zahlt der Leasingnehmer beim direkten Leasing seine Leasingraten an denselben Empfänger wie beim indirekten Leasing? Begründen Sie Ihre Antwort.
4. Geben Sie Merkmale des Finanzierungsleasings an.
5. Erläutern Sie die Begriffe
   a) Plantleasing,
   b) Immobilienleasing,
   c) Sale-and-lease-back-Leasing.
6. Das Leasing bietet viele Vor-, aber auch einige Nachteile. Stellen Sie diese jeweils für folgende Situationen tabellarisch gegenüber:
   a) Die Hoffmann KG least fünf Lkws für ihren Fuhrpark.
   b) Volkan Karaca least einen VW Polo.

7. Entscheiden Sie, welche Art von Leasing vorliegt.
   a) Eine Leasinggesellschaft ist zwischen Hersteller und Leasingnehmer geschaltet.
   b) Hochwertige Fernseher, Waschmaschinen oder Kühlschränke werden vermietet.
   c) Der Leasingvertrag hat langfristigen Charakter.
   d) Der Hersteller ist gleichzeitig der Leasinggeber.

8. Frau Hahne möchte ein Auto im Wert von 40.000,00 € leasen. Das Angebot für den Leasing-vertrag sieht eine 48-monatige Laufzeit vor. Es sind 5.000,00 € Anzahlung zu leisten. Die Lea-singrate ist vorschüssig monatlich zu zahlen. Der Zinssatz beträgt 8 %.
   Gehen Sie zu folgender Internetadresse: www.zinsen-berechnen.de/leasingrechner.php
   Lassen Sie sich dort die Leasingrate berechnen.

9. Erstellen Sie eine Powerpoint-Präsentation. Diese soll Ihre Mitschülerinnen und Mitschüler über die verschiedenen Leasingarten informieren.

ZUSAMMENFASSUNG

Leasing

= das Mieten von Gegenständen des Anlagevermögens gegen Entgelt über einen bestimmten Zeitraum

Anzahl der Beteiligten
- **direktes Leasing**
  Hersteller ist Leasinggeber
- **indirektes Leasing**
  Leasinggeber ist eine vom Hersteller unabhängige Leasinggesellschaft

Art der Leasingobjekte
- **Immobilienleasing**
  Gebäude und Grundstücke
- **Mobilienleasing**
  bewegliche Sachen
- **Plantleasing**
  Mischform aus Mobilien- und Immobilienleasing

Art der geleasten Güter
- **Investitionsgüterleasing**
  Unternehmen least Investitionsgut
- **Konsumgüterleasing**
  (meist) Privatleute leasen Konsumgut

Art der Vertragsgestaltung
- **Operate-Leasing**
  kurzfristiger, kündbarer Mietvertrag
- **Finanzierungsleasing**
  unkündbare, langfristige Verträge

6.4 Vergrößerung des Eigenkapitals einer Aktiengesellschaft mithilfe der Innenfinanzierung

EINSTIEG

Carolin Saager sitzt mit ihren Freunden Anja Kruse und Ahmed Anschar in einem Café. Sie besprechen Neuigkeiten aus ihrem beruflichen Umfeld.

Ahmed Anschar: „Hallo Anja, hast du schon gehört: Unser Unternehmen will in starke neue Produktionsstätten investieren!"

Anja Kruse: „Ja, aber ich weiß nicht, wie wir das machen wollen. Wir wollen weder Kredite bei unseren Banken aufnehmen, noch soll es zu einer Kapitalerhöhung kommen. Wie soll das losgehen?"

Ahmed Anschar: „Doch, das kann klappen: zum Beispiel mit der offenen Selbstfinanzierung!"

Anja Kruse: „Was ist das denn?"

Ahmed Anschar: „Bei der offenen Selbstfinanzierung behalten Unternehmen erwirtschaftete Gewinne ein und schütten diese nicht an ihre Anteilseigner aus. Dadurch haben sie die Möglichkeit, diese Gewinne für neue Investitionen zu nutzen."

Erläutern Sie, wie die Aktiengesellschaft, bei der Ahmed ausgebildet wird, mithilfe der Innenfinanzierung das Eigenkapital vergrößern kann.

INFORMATION

Benötigen Aktiengesellschaften finanzielle Mittel zur Finanzierung von Investitionen, haben sie die Möglichkeit, neben verschiedenen anderen Finanzierungsmethoden diese Mittel auch im Rahmen der normalen Geschäftsprozesse des Unternehmens aus den eigenen Erlösen zu gewinnen. In diesem Fall wird ein Verfahren der **Innenfinanzierung**, nämlich die **offene Selbstfinanzierung,** angewandt: Dabei wird ein Gewinn aus dem Vorjahr dem Eigenkapital zugeführt. Bei Aktiengesellschaften ist dessen Höhe in der Bilanz durch den Eigenkapitalposten „Gewinnrücklage" ersichtlich.

Selbstfinanzierung
Es gibt zwei Arten der Selbstfinanzierung:

- die verdeckte Selbstfinanzierung,
- die offene Selbstfinanzierung.

Die verdeckte Selbstfinanzierung

Durch Überbewertung von Aktivposten bzw. Unterbewertung von Passivposten werden stille Rücklagen gebildet. Diese stellen zusätzliches Eigenkapital dar, das in der Bilanz nicht ausgewiesen wird und für Außenstehende nicht aus der Bilanz ersichtlich ist.

> **BEISPIEL**
>
> Die Freiburger Feinkost AG bildet stille Rücklagen, indem sie einerseits die Positionsrückstellungen wertmäßig überhöht und bestimmte Vermögensteile mit einer überhöhten Abschreibung unterbewertet.
>
> Die stillen Rücklagen treten weder in der Bilanz noch in der Buchführung offen in Erscheinung. Erst bei Verkauf beispielsweise der unterbewerteten Anlagegüter wird der versteckte Gewinn offen sichtbar.

Die offene Selbstfinanzierung

Die offene Thesaurierung geht direkt aus der Bilanz des Unternehmens hervor. Sie wird oft auch **Gewinnthesaurierung** genannt.

Wenn Gewinne nicht ausgeschüttet, sondern dem Eigenkapital hinzugezählt werden, muss beachtet werden, dass das Eigenkapital aus unterschiedlichen Positionen besteht.

Gliederung des Eigenkapitals

Das Eigenkapital einer Aktiengesellschaft enthält verschiedene Bilanzpositionen. Über diese Posten des Eigenkapitals kann unterschiedlich verfügt werden.
Das auf der Passivseite der Bilanz auszuweisende Eigenkapital setzt sich aus folgenden einzelnen Posten zusammen:

> **DEFINITION**
>
> EIGENKAPITAL
>
> I. gezeichnetes Kapital
> II. Kapitalrücklage

III. Gewinnrücklagen
    1. gesetzliche Rücklage
    2. Rücklage für Anteile an einem herrschenden oder mehrheitlich beteiligten Unternehmen
    3. satzungsmäßige Rücklagen
    4. andere Gewinnrücklagen
IV. Gewinnvortrag/Verlustvortrag
V. Jahresüberschuss/Jahresfehlbetrag

Gezeichnetes Kapital

Das gezeichnete Kapital ist ein handelsrechtlicher Begriff. Darunter wird das Grundkapital der Aktiengesellschaft verstanden. Die Haftung der Gesellschaft ist auf die Höhe des gezeichneten Kapitals gegenüber den Gläubigern der Aktiengesellschaft beschränkt.

Aktiengesellschaften geben den hinterlegten Wert ihres Grundkapitals in Form von Aktien aus. Das gezeichnete Kapital muss mindestens 50.000 € betragen. Als Mindestanteil am Grundkapital ist 1 € vorgegeben.

Bei der Kapitaleinlage muss nicht sofort der komplette Betrag hinterlegt werden. Es reicht eine Einlage in Höhe von 50 % des Betrages. Solange die andere Hälfte noch nicht gezahlt ist, wird diese in der Bilanz im Anlagevermögen als ausstehende Einlage und damit als Forderung gegenüber den Gesellschaftern (Aktionären) ausgewiesen.

Nur die Hauptversammlung der Aktiengesellschaft kann einer Erhöhung (oder gegebenenfalls auch Herabsetzung) des gezeichneten Kapitals zustimmen: Es kommt dadurch vergleichsweise selten zu Änderungen des Grundkapitals.

Kapitalrücklagen

Kapitalrücklagen sind Einlagen, die von den Aktionären zusätzlich zum gezeichneten Kapital geleistet werden. Dazu gehören vor allem die finanziellen Mittel, die bei der Ausgabe von Aktien über den Nennbetrag hinaus erzielt werden. Damit gibt es einen Differenzbetrag bei der Ausgabe der Aktien. Dieser muss der Kapitalrücklage zugeführt werden.

DEFINITION

Bei der Neuausgabe von Aktien bezeichnet das Agio den Ausgabeaufschlag – also den Betrag, um den der Ausgabepreis den Nennwert der Aktie übersteigt. Wenn bei einer Neuemission der Börsenwert der Aktien höher ist als das in der Bilanz ausgewiesene Eigenkapital, wird diese Differenz über das Agio abgewickelt, da das Agio nicht als gezeichnetes Kapital verbucht wird, sondern als Kapitalrücklage.

BEISPIEL

Die Freiburger Feinkost Aktiengesellschaft gibt neue Aktien heraus. Diese haben den Nennbetrag von 10 € pro Aktie. Der Ausgabekurs beträgt aber 13 €. Der Differenzbetrag zwischen Nennwert und Ausgabekurs der Aktie ist das sogenannte **Agio**, oft auch als Aufgeld bezeichnet. Dieser Betrag von 3 € wird – multipliziert mit der Menge der herausgegebenen Aktien – in die Kapitalrücklage eingestellt.

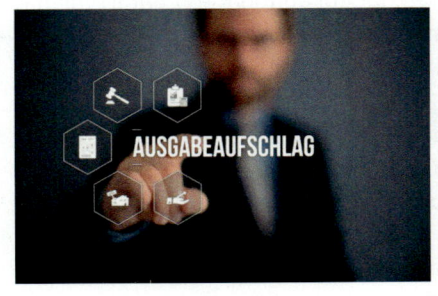

Festkapital

Das gezeichnete Kapital und die Kapitalrücklage zusammen werden oft auch als Festkapital bezeichnet. Dieses darf im Normalfall nicht an die Aktionäre ausgezahlt werden.

Gewinnrücklagen

Gewinnrücklagen ergeben sich durch das Zurückbehalten von Gewinnen. In der Bilanz einer Aktiengesellschaft wird die Position Gewinnrücklagen noch in vier weitere Positionen untergliedert:

- **Gesetzliche Rücklage**
  5 % des Jahresüberschusses der Aktiengesellschaft müssen aufgrund einer Vorschrift des Handelsgesetzbuches einbehalten werden, bis die gesetzliche Rücklage sowie die Kapitalrücklage zusammen 10 % des Eigenkapitals erreicht haben. Diese Vorschrift dient dem Gläubigerschutz. Die Aktiengesellschaft sorgt für das Risiko vor, dass es Verluste geben kann. Die gesetzliche Rücklage darf nur zur Deckung von Verlusten (sowie zur Kapitalerhöhung aus Gesellschaftsmitteln) herangezogen werden.
- **Rücklage für Anteile an einem herrschenden oder mehrheitlich beteiligten Unternehmen**
  Für Anteile an einem anderen Unternehmen (werden auf der Aktivseite der Bilanz gebucht) sieht das Handelsgesetzbuch vor, dass die Aktiengesellschaft auf der Passivseite der Bilanz eine Rücklage mit dem entsprechenden Wert bildet. Diese Rücklage ist bereits bei der Aufstellung der Bilanz zu bilden. Sie muss verändert werden, wenn Anteile verkauft werden oder es zu Wertveränderungen auf der Aktivseite der Bilanz kommt.
- **Satzungsmäßige Rücklage**
  Satzungsmäßige Rücklagen werden nicht aufgrund gesetzlicher Vorschriften gebildet, sondern weil die Satzung der Aktiengesellschaft dies vorsieht. Diese Rücklagen können ohne Grund oder auch zweckgebunden gebildet werden.
- **Andere Gewinnrücklagen**
  Daneben werden in der Bilanz im Bereich des Bilanzpostens Eigenkapital noch andere Gewinnrücklagen ausgewiesen. Dies sind Rücklagen, die auf Beschluss der Hauptversammlung ohne gesetzliche Verpflichtungen gebildet werden.

Der Gewinnvortrag/Verlustvortrag

Der Bilanzposten „Gewinnvortrag/Verlustvortrag" enthält den Teil des Eigenkapitals, der weder ausgeschüttet wurde noch dem Bilanzposten ‚Andere Gewinnrücklagen" zugerechnet wurde

- Beim Gewinnvortrag handelt es sich um Gewinne früherer Geschäftsjahre, die weder ausgeschüttet noch den Rücklagen zugeführt wurden.
- Ein Verlustvortrag liegt bei einem noch nicht durch spätere Gewinne oder aufgelöste Rücklagen ausgeglichenen Jahresfehlbetrag eines früheren Wirtschaftsjahres vor.

Der Jahresüberschuss/Jahresfehlbetrag

Schließlich muss auf der Passivseite der Bilanz im Rahmen des Eigenkapitals noch der Jahresüberschuss ausgewiesen werden. Dieser ergibt sich, wenn die betrieblichen Erträge eines Geschäftsjahres die Aufwendungen übersteigen. Ein Jahresfehlbetrag liegt vor, wenn die betrieblichen Aufwendungen eines Geschäftsjahres wertmäßig größer sind als die erzielten Erträge.

Bilanzgewinn

Arbeitet eine Aktiengesellschaft erfolgreich, erzielt sie im Geschäftsjahr einen Jahresüberschuss. Der Jahresüberschuss bzw. Jahresfehlbetrag ergibt sich aus der Gegenüberstellung von Aufwand und Erträgen: Sind die Erträge größer als der Aufwand, liegt ein Jahresüberschuss vor. Ist dagegen der Erfolg des Geschäftsjahres in der Aktiengesellschaft negativ (die Aufwendungen der Aktiengesellschaft sind größer als die Erträge), liegt ein Jahresfehlbetrag vor.

Die Aktionäre dürfen über die Verwendung des Jahresüberschusses nicht in der Hauptversammlung befinden. Der Jahresüberschuss bildet aber den Ausgangspunkt für die Berechnung des sogenannten Bilanzgewinns, auf dessen Grundlage die Entscheidung zur Gewinnverwendung in der Aktiengesellschaft fällt.

Der Bilanzgewinn ist der Betrag, den die Aktiengesellschaft an die Aktionäre maximal ausschütten kann.

Der Vorstand der Aktiengesellschaft macht einen Vorschlag, wie der Bilanzgewinn verwendet werden darf. Es gibt zwei Möglichkeiten:

- **Ausschüttung**
  Bei der Ausschüttung bekommen die Aktionäre den Bilanzgewinn in Form einer Dividende.

- **Gewinnthesaurierung**
  Bei der Gewinnthesaurierung wird der Bilanzgewinn dazu verwendet, notwendige Investitionen zu tätigen.

Die Entscheidung über die Gewinnverwendung treffen dann die Aktionäre in der Hauptversammlung.

Der Bilanzgewinn ergibt sich, wenn vom Jahresüberschuss bestimmte Posten abgezogen werden:

DEFINITION

Jahresüberschuss/Jahresfehlbetrag
+/- Gewinn- oder Verlustvortrag aus dem Vorjahr
+   Entnahme aus Kapitalrücklage
+ Entnahme aus Gewinnrücklagen
- Einstellung in Gewinnrücklagen
= Bilanzgewinn/Bilanzverlust

BEISPIEL

Die Freiburger Feinkost Aktiengesellschaft erzielte im abgelaufenen Geschäftsjahr einen Jahresüberschuss von 60 Millionen €. Es muss jedoch aus dem Vorjahr ein Verlust in Höhe von 10 Millionen € ausgeglichen werden.

Der Vorstand möchte, dass die Aktionäre nicht unter diesem Verlust durch eine niedrigere Dividendenauszahlung leiden müssen. Er entscheidet sich deshalb dazu, weitere 7 Millionen € aus der Kapitalrücklage und 8 Millionen € aus der Gewinnrücklagen zu entnehmen.

Es wird folgende Rechnung vorgenommen:

Jahresüberschuss/ Jahresfehlbetrag	60.000.000 €
+/- Gewinn- oder Verlustvortrag aus dem Vorjahr	-10.000.000 €
+ Entnahme aus Kapitalrücklage	+ 7.000.000 €
+ Entnahme aus Gewinnrücklagen	+ 8.000.000 €
- Einstellung in Gewinnrücklagen	- 0 €
= Bilanzgewinn/Bilanzverlust	= 62.000.000 €

Der Bilanzgewinn der Aktiengesellschaft liegt basierend auf dieser Rechnung bei 62 Millionen € und übersteigt den Jahresüberschuss in Höhe von 60 Millionen € um 2 Millionen €. Der Vorstand wird auf der jährlichen Hauptversammlung einen Bilanzgewinn von 62 Millionen € vermelden. Die Aktionäre können nun entscheiden, ob dieser Betrag im Unternehmen verbleibt oder als Dividende ausgeschüttet wird.

1. Erläutern Sie die offene Selbstfinanzierung.
2. Begründen Sie, warum die Gewinnthesaurierung ein Verfahren
   a) der Innenfinanzierung,
   b) der Eigenfinanzierung
   ist.
3. Die offene Selbstfinanzierung wird oft auch Gewinnthesaurierung genannt.
   Zu welcher Finanzierungsart gehört sie?
   a) Fremdfinanzierung
   b) Außenfinanzierung
   c) Eigenfinanzierung
   d) Innenfinanzierung
4. Führen Sie die Posten des Eigenkapitals einer Aktiengesellschaft auf.
5. Geben Sie an, wie hoch das gezeichnete Kapital einer Aktiengesellschaft sein muss.
6. Geben Sie an, welche Einlagen in die Kapitalrücklagen eingestellt werden müssen.
7. Erklären Sie, was man unter dem Begriff „Festkapital" versteht.
8. Erläutern Sie, in welche Posten die Bilanzposition Gewinnrücklagen unterteilt werden kann.
9. Erklären Sie, was ein Jahresfehlbetrag ist.
10. Geben Sie an, wodurch sich der Bilanzgewinn vom Jahresüberschuss unterscheidet.
11. Die Tübinger Würstchen Aktiengesellschaft hat für das abgelaufene Geschäftsjahr einen Jahresüberschuss von 90 Millionen € festgestellt. Ausgeglichen werden muss ein Verlust in Höhe von 20 Millionen € aus dem Vorjahr. Der Vorstand beschließt, 6 Millionen € aus der Kapitalrücklage und 7 Millionen € aus der Gewinnrücklage zu entnehmen. Berechnen Sie den Bilanzgewinn.

6.5 Vergrößerung des Eigenkapitals einer Aktiengesellschaft mithilfe der Außenfinanzierung

Nachdem Dominik Schlote zunächst im Sportteil die neuesten Nachrichten über seinen Lieblingsfußballverein gelesen hat, schaut er in den Wirtschaftsteil der Tageszeitung.

Dort sieht er den folgenden Artikel:

Neue Aktien der Darmstädter Büroartikel AG

Die Darmstädter Büroartikel AG startet am 28. Januar ihre Kapitalerhöhung mit Bezugsangebot für bestehende Aktionäre. Einen Tag später können auch Privatanleger und institutionelle Investoren die neuen Aktien zeichnen. Angeboten werden insgesamt bis zu 1.306.629 Aktien, was einem Bruttoemissionsvolumen von bis zu 14,1 Mio. Euro entspricht. Der Mittelzufluss soll laut Darmstädter Büroartikel AG für den weiteren Ausbau der Produktionsstätten verwendet werden. Altaktionäre können in der Zeit vom 28. Januar bis zum 10. Februar 20.. neue Aktien zum Angebotspreis von 10,80 Euro je Aktie beziehen. Das Bezugsverhältnis beträgt 7:1, dies bedeutet, dass für 7 alte Aktien eine neue Aktie bezogen werden kann.

Nicht bezogene Aktien werden Privatanlegern und institutionellen Anlegern in der Zeit vom 29. Januar bis voraussichtlich zum 11. Februar 20.. zur Zeichnung im Rahmen eines öffentlichen Angebots und einer Privatplatzierung zum selben Preis angeboten. Somit können auch Anleger, die bisher keine Aktien der Darmstädter Büro Artikel AG halten, an der Kapitalerhöhung teilnehmen. Zeichnungen sind über Banken möglich oder können auch direkt bei der Frankfurter Wertpapierbörse platziert werden.

Erläutern Sie, wie mithilfe der Außenfinanzierung das Eigenkapital einer Aktiengesellschaft vergrößert werden kann.

Vor allem um ihre Geschäftstätigkeit auszubauen und neue Tätigkeitsfelder zu erschließen, benötigen Aktiengesellschaften finanzielle Mittel. Diese können einerseits im Rahmen der Innenfinanzierung aus dem Unternehmen selbst kommen. Andererseits kann auch Kapital aus unternehmensfremden Quellen in die Aktiengesellschaft fließen: Werden der Bilanz also finanzielle Mittel von außen zugeführt, liegt eine **Außenfinanzierung** vor.

Bei einer Außenfinanzierung gibt zwei grundlegende Formen:

- Eine Aktiengesellschaft nimmt bei einer Bank Kredite auf. Weil dadurch Fremdkapital ins Unternehmen fließt, liegt hier eine Fremdfinanzierung vor.
- Gibt die Aktiengesellschaft Aktien aus, vergrößert sich das Eigenkapital des Unternehmens. Man spricht in solchen Fällen von einer Eigenfinanzierung.

Eigenfinanzierung

Bei einer Eigenfinanzierung wird Eigenkapital von außen in die Aktiengesellschaft eingebracht. Dies geschieht oft durch die Ausgabe von Aktien im Rahmen einer Kapitalerhöhung. Dadurch werden die Kapitalgeber Miteigentümer an der Aktiengesellschaft.

Die neuen Eigentümer beteiligen sich am Grundkapital, wenn sie Eigenkapital erwerben.

Bei der Erhöhung des Grundkapitals werden vier verschiedene Möglichkeiten unterschieden:

Die Eigenfinanzierung beschreibt in einem Unternehmen die Finanzierung von Anlagegütern mit Eigenkapital.

- die ordentliche Kapitalerhöhung,
- die genehmigte Kapitalerhöhung,
- die bedingte Kapitalerhöhung und
- die Kapitalerhöhung aus Gesellschaftsmitteln.

Die ordentliche Kapitalerhöhung

Eine ordentliche Kapitalerhöhung kann bewirkt werden, wenn die Hauptversammlung mit einer Dreiviertelmehrheit der vertretenen Aktien die Ausgabe neuer Aktien beschließt. Jeder Aktionär hat dabei ein Bezugsrecht auf den Bezug der jungen Aktien.

Die genehmigte Kapitalerhöhung

Wenn der Vorstand mit der Zustimmung des Aufsichtsrats die Genehmigung bekommt, das Grundkapital der Aktien (bis zu 50 % des bisherigen Grundkapitals) erhöhen zu dürfen, liegt eine genehmigte Kapitalerhöhung vor. Der Vorstand hat durch einen maximal fünf Jahre dauernden Beschluss einen größeren Spielraum für die Finanzplanung der Aktiengesellschaft gewonnen.

Die bedingte Kapitalerhöhung

Eine bedingte Kapitalerhöhung kann in einer Aktiengesellschaft nur dann vorgenommen werden, wenn eine bestimmte Voraussetzung erfüllt ist. Um sie vornehmen zu können, muss in der Hauptversammlung eine Dreiviertelmehrheit vorliegen. Der Nennbetrag des bedingten Kapitals darf 50 % des Grundkapitals nicht überschreiten.

BEISPIEL

Das Grundkapital der Badischen Papier AG beträgt 2 Millionen €. Deshalb darf das bedingte Kapital nicht größer sein als 1 Million €.

Bedingte Kapitalerhöhungen dürfen nur in den folgenden Fällen vorgenommen werden:

- Es wird ein Zusammenschluss mit anderen Unternehmen vorbereitet.
- Es sollen Ansprüche auf Wandelung in Aktien erfüllt werden, die sich aus Optionsanleihen oder Wandelschuldverschreibungen ergeben.
- Arbeitnehmern werden Bezugsrechte gewährt (Belegschaftsaktien).

Die Kapitalerhöhung aus Gesellschaftsmitteln

Die Kapitalerhöhung aus Gesellschaftsmitteln wird oft auch nominelle Kapitalerhöhung genannt. Bei der Kapitalerhöhung aus Gesellschaftsmitteln fließen eigentlich keine finanziellen Mittel in Form zusätzlicher Einlagen in die Aktiengesellschaft. Es werden vielmehr Mittel der Aktiengesellschaft (Gewinn- und Kapitalrücklagen) in Grundkapital umgewandelt. Das zusätzliche Grundkapital wird zumeist in Form von Gratisaktien an die Aktionäre ausgegeben.

Aufgaben einer Kapitalerhöhung aus Gesellschaftsmitteln können sein:

- eine Verbesserung der Kreditwürdigkeit durch die Erhöhung des Grundkapitals,
- eine (beabsichtigtes) Senkung des Aktienkurses.

BEISPIEL

Die Württembergische Möbelfabrik AG hat momentan die folgende Bilanz (stark vereinfacht):

Aktiva	Bilanz vor der Kapitalerhöhung		Passiva
Anlagevermögen	0	**Eigenkapital**	
....		Gezeichnetes Kapital	2.000.000
Umlaufvermögen		Kapitalrücklage	1.000.000
Bank	4.600.000	Gewinnrücklagen	1.600.000
...			
		Fremdkapital	0
		....	
	4.600.000		4.600.000

Sie nimmt nun eine Kapitalerhöhung aus Gesellschaftsmitteln vor: Dazu möchte sie 2 Millionen € Rücklagen in Grundkapital in Form von Nennwertaktien zu je einem Euro das Stück umwandeln. Die Württembergische Möbelfabrik AG verwendet dafür die komplette Gewinnrücklage in Höhe von 1.600.000 € sowie einen Teil der Kapitalrücklage in Höhe von 400.000 €. Nach der Kapitalerhöhung ergibt sich die folgende Bilanz (wieder in sehr stark vereinfachter Form):

Aktiva	Bilanz nach der Kapitalerhöhung		Passiva
Anlagevermögen	0	**Eigenkapital**	
....		Gezeichnetes Kapital	4.000.000
Umlaufvermögen		Kapitalrücklage	600.000
Bank	4.600.000	Gewinnrücklagen	0
...			
		Fremdkapital	0
		....	
	4.600.000		4.600.000

Der Gesamtbetrag des Eigenkapitals bleibt bei 4.600.000 € und verändert sich damit nicht. Die Höhe des Grundkapitals (in der Bilanz als gezeichnetes Kapital ausgewiesen) dagegen steigt von 2 Millionen auf 4 Millionen €. Gleichzeitig steigt auch die Anzahl der Aktien im Nennwert von einem Euro. Die Anzahl der Aktien beträgt nun 4 Millionen.

Die bisherigen Aktionäre, die bisher 2 Millionen Aktien mit einem Nennwert von einem Euro hielten, erhalten jetzt weitere 2 Millionen Gratisaktien, damit sich ihr jeweiliger Anteil am Unternehmen nicht verändert: Besaß jemand bisher eine Aktie von 2 Millionen Aktien mit einem Nennwert von einem Euro, kann er nun über zwei Aktien von 4 Millionen Aktien mit dem Nennwert von einem Euro verfügen.

Lässt man volkswirtschaftliche Einflüsse auf die Kursentwicklung unberücksichtigt, wird der Aktienkurs um 50 % sinken: Der Wert des Unternehmens hat sich nicht verändert, aber die Anzahl der Aktien stieg um das Doppelte.

Die Emission von Aktien

Wenn Aktiengesellschaften Geld benötigen, geben sie Aktien aus. Der Vorgang der Ausgabe von Wertpapieren wird Emission genannt.

Eigenkapitalbildung mit Stückaktien und Nennwertaktien

Eine Aktie ist ein Anteil an einem Unternehmen. Mit einer Aktie kann man einen Anteil an einem Unternehmen gewinnen. Das Unternehmen muss sich bei der Emission entscheiden, ob es Stückaktien oder Nennwertaktien herausgeben möchte. Dabei stellen Nennwertaktien und Stückaktien lediglich eine alternative Möglichkeit dar, sich am Grundkapital einer Aktiengesellschaft zu beteiligen.

Wenn sich eine Aktiengesellschaft entschließt, von der einen zur anderen Aktienform zu wechseln, ändert sich wirtschaftlich und wertmäßig überhaupt nichts (unter der Voraussetzung, dass die Anzahl der ausgegebenen Aktien und damit die Höhe des Grundkapitals unverändert bleibt).

- **Nennwertaktien**

  Eine Nennwertaktie ist eine Aktie, die auf eine feste Summe – den sogenannten Nennwert – lautet. Der Nennwert einer Aktie muss mindestens einen Euro betragen. Unter diesem Betrag dürfen keine Aktien ausgegeben werden. Abhängig vom Anteil seiner gehaltenen Aktien ergibt sich für jeden Aktionär die Beteiligungsquote am Unternehmen.

  > **BEISPIEL**
  >
  > Die Freiburger Feinkost Aktiengesellschaft hat ein Grundkapital von 30.000.000 €. Der Aktionär Sven Hausener hat 1000 Nennwertaktien mit einem Nennwert von 500 € in seinem Depot. Damit hat er einen Anteil an der AG zu einem Gesamtnennwert von 500.000 € (10.000 Aktien * 500 € Nennwert pro Aktie).

- **Stückaktien**

  Eine Stückaktie besitzt keinen Nennwert. Sie gibt einen als Bruch ausgedrückten Anteil am gezeichneten Kapital an. Dieser ergibt sich, wenn das gezeichnete Kapital durch die Gesamtanzahl der ausgegebenen Aktien geteilt wird.

  > **BEISPIEL**
  >
  > Die Karlsruher Bürobedarf Aktiengesellschaft verfügt bei ihrer Gründung über ein Grundkapital von genau 150.000 €. Die fünf Gründer entschließen sich dazu, ausschließlich Stückaktien auszugeben. Jeder Gesellschafter soll dabei genau 10.000 Stückaktien erhalten. Folglich ergibt sich, dass jede einzelne Aktie einen Anteil von 1/150.000 am Grundkapital darstellt. Da insgesamt 50.000 Aktien emittiert werden, hat damit jede Stückaktie im Prinzip einen Wert von 3,00 €.

Neuemission oder Aktienemission im Rahmen einer Kapitalerhöhung

Eine solche Ausgabe von Aktien kann stattfinden als

- Neuemission,
- Aktienemission im Rahmen einer Kapitalerhöhung.

Das bedeutet Folgendes:

- **Neuemission**

  Bei einer Neuemission gibt eine Aktiengesellschaft zum ersten Mal überhaupt Aktien aus, um diese anschließend an der Börse handeln zu lassen.

393

■ **Aktienemission im Rahmen einer Kapitalerhöhung**

Bei einer Aktienemission im Rahmen einer Kapitalerhöhung gibt es schon Aktien, da die Aktiengesellschaft schon eine Zeit lang besteht. Dies sind die sogenannten **alten Aktien**. Darunter versteht man die Aktien, die es schon vor der Kapitalerhöhung gab. Jetzt soll durch Ausgabe von weiteren Aktien die Aktienanzahl erhöht werden. Es werden also im Rahmen der Kapitalerhöhung sogenannte **junge Aktien** ausgegeben.

Die Aktiengesellschaft – beim Prozess der Ausgabe von Aktien oft **Emittent genannt** – beauftragt eine oder auch mehrere ihrer Banken. Die Kreditinstitute versuchen die Aktien an mögliche Käufer zu vermitteln. Sie legen auch den Ausgabepreis mithilfe verschiedener Verfahren fest.

AUFGABEN

1. Führen Sie die zwei grundlegenden Formen der Außenfinanzierung bei Aktiengesellschaften auf.
2. Begründen Sie, warum bei der Ausgabe von Aktien durch eine Aktiengesellschaft eine Form der Eigenfinanzierung vorliegt.
3. Führen Sie die vier Möglichkeiten einer Erhöhung des Grundkapitals in einer Aktiengesellschaft auf.
4. Unterscheiden Sie Stückaktien und Nennwertaktien.
5. Unterscheiden Sie eine Neuemission von einer Aktienemission im Rahmen einer Kapitalerhöhung.

ZUSAMMENFASSUNG

Emission von Aktien

- Ausgabe von Anteilen an Aktiengesellschaft
- Verfahren der Eigenfinanzierung
- Eigenkapital wird von außen in die Aktiengesellschaft eingebracht

Neuemission

Aktienemission im Rahmen einer Kapitalerhöhung

- Ausgabe von Aktien bei Gründung des Unternehmens

- ordentliche Kapitalerhöhung
- genehmigte Kapitalerhöhung
- bedingte Kapitalerhöhung
- Kapitalerhöhung aus Gesellschaftsmitteln

6.6 Kennzahlen aus der Bilanz und der Gewinn- und Verlustrechnung

Carolin Saager bekommt den Auftrag, verschiedene Kennzahlen zur Beurteilung der wirtschaftlichen Situation des Unternehmens aus der Bilanz sowie der Gewinn- und Verlustrechnung zu gewinnen.

AKTIVA		Bilanz		PASSIVA
A. Anlagevermögen			**A. Eigenkapital**	
1. Grundstücke und Gebäude	300.000,00		401.000,00	401.000,00
2. Fuhrpark	60.000,00		**B. Umlaufvermögen**	
3. Betriebs- und Geschäftsausstattung	110.000,00		1. Darlehen	15.000,00
			2. Verbindlichkeiten	270.000,00
		470.000,00		285.000,00
B. Umlaufvermögen				
1. Warenbestände	30.000,00			
2. Forderungen	22.000,00			
3. Kasse	45.000,00			
4. Kreditinstitute	119.000,00			
		216.000,00		
		636.000,00		686.000,00

S	Gewinn- und Verlustrechnung		H
Sonstige Aufwendungen	350.000,00	Umsatzerlöse	2.400.000,00
Abschreibungen	2.000.000,00	Sonstige Erträge	50.000,00
Zinsaufwand	44.000,00		
Gewinn	56.000,00		
	2.450.000,00		2.450.000,00

Berechnen Sie die Kennzahlen, mit denen ein Unternehmen bewertet werden kann.

Nicht nur aus der Kosten- und Leistungsrechnung, sondern allein aus der Bilanz und der Gewinn- und Verlustrechnung (GuV) kann ein Unternehmen wichtige Informationen zur Beurteilung der Unternehmenssituation gewinnen. Diese sind in wichtigen Kennzahlen enthalten. Diese werden oft auch als KPIs (**Key Performance Indicators**) bezeichnet. Sie helfen

- die Entwicklung des Unternehmens im zeitlichen Ablauf zu beurteilen,
- das Unternehmen mit anderen Unternehmen zu vergleichen,
- für bestimmte unternehmerische Entscheidungen wichtige Informationen zu gewinnen.

Eine Bilanz informiert über die Zusammensetzung des Vermögens und die Herkunft des Kapitals. Aus der Gewinn- und Verlustrechnung lassen sich Erkenntnisse über die Art der Erträge und Kosten ziehen.

Bilanz und Gewinn- und Verlustrechnung gemeinsam erfüllen interne und externe Informationsaufgaben. Verschiedene Interessengruppen haben einen Informationsbedarf zur Vermögens-, Finanz- und Ertragslage eines Unternehmens. Die externen Interessenten an Informationen sind

- die Eigentümer, die das Eigenkapital zur Verfügung stellen
- Gläubiger, die dem Unternehmen unterschiedliche Arten des Fremdkapitals geben
- das Personal des Unternehmens
- staatliche Behörden wie zum Beispiel das Finanzamt
- eventuell auch die Öffentlichkeit.

Unternehmensintern haben alle Führungsebenen Bedarf an Erkenntnissen aus der Bilanz und der GuV, um optimale Entscheidungen treffen zu können.

BEISPIEL

Carolin Saager liegen die Bilanz sowie die Gewinn- und Verlustrechnung vor:

AKTIVA		Bilanz			PASSIVA
A. Anlagevermögen			**A. Eigenkapital**		
1. Grundstücke und Gebäude	600.000,00			952.000,00	952.000,00
2. Fuhrpark	180.000,00		**B. Umlaufvermögen**		
3. Betriebs- und Geschäfts- ausstattung	24.000,00		1. Darlehen	410.000,00	
			2. Verbindlichkeiten	370.000,00	
		1.022.000,00			780.000,00
B. Umlaufvermögen					
1. Warenbestände	500.000,00				
2. Forderungen	80.000,00				
3. Kasse	38.000,00				
4. Kreditinstitute	92.000,00				
		710.000,00			
		1.732.000,00			1.732.000,00

S	Gewinn- und Verlustrechnung		H
Sonstige Aufwendungen	500.000,00	Umsatzerlöse	1.270.000,00
Abschreibungen	150.000,00	Sonstige Erträge	40.000,00
Zinsaufwand	22.000,00		
Gewinn	638.000,00		
	1.310.000,00		1.310.000,00

Sie kann sich nun an die Berechnung unterschiedlicher Kennzahlen machen.

Rentabilität

Der wirtschaftliche Erfolg eines Unternehmens kann mit den verschiedenen Kennziffern der Rentabilität gemessen und kontrolliert werden. Die Rentabilitätskennziffern stellen den erzielten Gewinn eines Unternehmens den dazu eingesetzten unterschiedlichen Kapitalarten gegenüber.

Eigenkapitalrentabilität

Die Eigenkapitalrentabilität zeigt, inwieweit das Eigenkapital des Unternehmens in Bezug auf den Gewinn rentabel eingesetzt werden konnte: Der Gewinn wird also in Beziehung zum Eigenkapital betrachtet. Diese in Prozent ausgedrückte Kennzahl zeigt also im Prinzip, wie hoch sich die im Eigenkapital angelegten finanziellen Mittel der Unternehmenseigentümer verzinst haben. Die Eigenkapitalrentabilität wird deshalb oft auch als **Unternehmerrentabilität** bezeichnet.

$$\text{Eigenkapitalrentabilität} = \frac{\text{Gewinn}}{\text{investiertes Eigenkapital}} \cdot 100\,\%$$

BEISPIEL

$$\text{Eigenkapitalrentabilität} = \frac{638.000,00\,€}{952.000,00\,€} \cdot 100\,\% = 67,01\,\%$$

Gesamtkapitalrentabilität

Die **Gesamtkapitalrentabilität** gibt Auskunft über die Gewinnsituation des Unternehmens. Sie zeigt beispielsweise an, wie attraktiv das Unternehmen für Investoren ist. Sie wird oft auch **Unternehmungsrentabilität** genannt.

Die Eigenkapitalrentabilität untersucht das Unternehmen lediglich aus Sicht der Eigentümer, die Gesamtkapitalrentabilität berücksichtigt dagegen alle Kapitalgeber: Der Gewinn stellt die Vergütung der Eigenkapitalgeber dar, die Fremdkapitalzinsen die Vergütung der Fremdkapitalgeber.

$$\text{Gesamtkapitalrentabilität} = \frac{\text{Gewinn} + \text{Fremdkapitalzinsen}}{\text{Gesamtkapital}} \cdot 100\,\%$$

BEISPIEL

$$\text{Gesamtkapitalrentabilität} = \frac{638.000,00\,€ + 22.000,00\,€}{1.310.000,00\,€} \cdot 100\,\% = 50,38\,\%$$

Eine niedrige Gesamtkapitalquote kann für Fremdkapitalgeber die Gefahr bedeuten, dass die vom Unternehmen erzielten Gewinne nicht mehr zur Zahlung der Zinsen und zur Tilgung der Schulden ausreichen. Die Eigenkapitalgeber müssen befürchten, dass sie für ihr höheres Risiko nicht angemessen entlohnt werden.

Umsatzrentabilität

Die Umsatzrentabilität informiert über den umsatzbezogenen Gewinnanteil. dar. Diese auch Umsatzrendite genannte Kennzahl gibt Auskunft darüber, wie viel Gewinn das Unternehmen in Bezug auf 1,00 € Umsatz gemacht hat.

BEISPIEL

Eine Umsatzrendite von 20 % bedeutet, dass mit jedem umgesetzten Euro ein Gewinn von 20 Cent erzielt wurde. Eine steigende Umsatzrentabilität deutet bei unverändertem Verkaufspreis auf eine zunehmende Produktivität im Unternehmen hin, während eine sinkende Umsatzrentabilität auf sinkende Produktivität und damit auf steigende Kosten hinweist.

$$\text{Umsatzrentabilität} = \frac{\text{Gewinn}}{\text{Umsatzerlöse}} \cdot 100\,\%$$

BEISPIEL

$$\text{Umsatzrentabilität} = \frac{638.000,00\,€}{1.270.000,00\,€} \cdot 100\,\% = 50,23\,\%$$

Vor allem im Zeitablauf kann die Umsatzrentabilität wichtige Informationen über die Produktivität und die Kostenentwicklung liefern.

> **BEISPIEL**
>
> In einer Filiale der Hoffmann KG ist die Umsatzrentabilität von 5 % auf 13 % gestiegen. Bei unverändertem Verkaufspreis ist dies ein Hinweis auf eine zunehmende Produktivität in dieser Filiale. Anders sieht die Situation in einer zweiten Niederlassung aus. Dort sank die Umsatzrentabilität von 23 % auf 1 %. Dies deutet auf steigende Kosten und eine geringere Produktivität hin.

Liquidität

Unter der Liquidität eines Unternehmens versteht man dessen Fähigkeit und Bereitschaft, seinen bestehenden Zahlungsverpflichtungen termingerecht und betragsgenau nachzukommen.

> **BEISPIEL**
>
> Ist die Hoffmann KG liquide, dann verfügt sie über genügend finanzielle Mittel, um Zahlungspflichten wie Gehälter und Löhne oder Zinsen zu erfüllen.

Der Aufgabe der Liquiditätssicherung ist für einen Onlinehändler von großer Bedeutung. Deshalb muss er ständig kontrollieren, ob in Zukunft Zahlungsschwierigkeiten zu erwarten sind. Dazu nutzt er Liquiditätskennzahlen.

Liquidität 1. Grades

Diese Kennzahl gibt das Verhältnis der gesamten flüssigen Mittel mit dem kurzfristigen Fremdkapital eines Unternehmens an. Mit ihr kann ausgewertet werden, inwieweit ein Unternehmen seine derzeitigen kurzfristigen Zahlungsverpflichtungen allein durch seine liquiden Mittel erfüllen kann.

> **BEISPIEL**
>
> Hat man für sein Unternehmen eine Liquidität ersten Grades von 45 % ermittelt, weiß man, dass z. B. Verbindlichkeiten gegenüber einem Lieferanten mit und 45 % der gesamten flüssigen Mittel bezahlt werden können.

Zu den flüssigen Mitteln zählen alle sofort verfügbaren Geldmittel des Unternehmens:

- die Kassenbestände,
- das Bankguthaben,
- eventuell auch Besitzwechsel.

Zum kurzfristigen Fremdkapital gehören alle Schulden, die innerhalb eines Jahres zurückgezahlt werden müssen. Hierbei handelt es sich vor allem um die verschiedenen Arten der Verbindlichkeiten.

$$\text{Liquidität 1. Grades} = \frac{\text{flüssige Mittel}}{\text{kurzfristiges Fremdkapital}} \cdot 100\,\%$$

> **BEISPIEL**
>
> $$\text{Liquidität 1. Grades} = \frac{38.000,00\,€ + 92.000,00\,€}{370.000,00\,€} \cdot 100\,\% = 35,13\,\%$$

In der Praxis geht man davon aus, dass die Liquidität ersten Grades nicht mehr als 5 % bis 10 % betragen sollte.

Liquidität 2. Grades

Bei der Liquidität 2. Grades werden die flüssigen Mittel um die kurzfristigen Forderungen ergänzt und anschließend mit dem kurzfristigen Fremdkapital ins Verhältnis gesetzt.

$$\text{Liquidität 2. Grades} = \frac{\text{flüssige Mittel + kurzfristige Forderungen}}{\text{kurzfristiges Fremdkapital}} \cdot 100\,\%$$

BEISPIEL

$$\text{Liquidität 2. Grades} = \frac{38.000,00\,€ + 92.000,00\,€ + 80.000,00\,€}{370.000,00\,€} \cdot 100\,\% = 35,13\,\%$$

Eine gute Liquidität 2. Grades liegt bei etwa 100 % bis 120 %. Bei einem kleineren Wert kann ein Teil der kurzfristigen Verbindlichkeiten nicht durch kurzfristig zur Verfügung stehende Vermögensbestandteile ausgeglichen werden. Dadurch kann ein Liquiditätsengpass entstehen.

Liquidität 3. Grades

Die Liquidität 3. Grades informiert darüber, zu welchem Anteil das kurz- und mittelfristge Fremdkapital durch das Umlaufvermögen gedeckt ist.

$$\text{Liquidität 3. Grades} = \frac{\text{flüssige Mittel + kurzfristige Forderungen + Vorräte}}{\text{kurzfristiges Fremdkapital}} \cdot 100\,\%$$

BEISPIEL

$$\text{Liquidität 3. Grades} = \frac{710.000,00\,€}{370.000,00\,€} \cdot 100\,\% = 191\,\%$$

Die hohe Liquiditätszahl deutet auf hohe Lagerbestände hin. In den 710.000,00 € (38.000,00 € + 92.000,00 € + 80.000,00 € + 500.000,00 €) sind allein für 500.000,00 € Warenbestände enthalten.

Die Liquidität 3. Grades sollte bei gesunden Unternehmen etwa zwischen 120 % und 150 % betragen. Liegt ein erheblich kleinerer Wert vor, muss gegebenenfalls ein Teil des Anlagevermögens verkauft werden, um die Lieferanten bezahlen zu können. Auch die Preiskalkulation sollte in solchen Fällen überprüft werden. Bei einem Wert über 150 % sollte die Höhe der Lagerbestände kontrolliert werden: Diese binden Kapital.

Vermögensstrukturkennzahlen

Anlagenintensität

Die Anlagenintensität gibt Auskunft über den Anteil des Anlagevermögens am Gesamtvermögen.

$$\text{Anlagenintensität} = \frac{\text{Anlagevermögen}}{\text{Gesamtvermögen}} \cdot 100\,\%$$

BEISPIEL

$$\text{Anlagenintensität} = \frac{10.222.000,00\,€}{1.732.000,00\,€} \cdot 100\,\% = 59\,\%$$

Eine zu hohe Anlagenintensität kann im Falle größerer Marktveränderungen für ein Unternehmen gefährlich werden: dazu viel Kapital langfristig im Anlagevermögen gebunden ist, kann bei einem eventuellen kurzfristigen Finanzierungsbedarf nicht schnell und flexibel reagiert werden.

Umlaufintensität
Die Umlaufintensität informiert über das Verhältnis des Umlaufvermögens zum Gesamtvermögen.

$$\text{Umlaufintensität} = \frac{\text{Umlaufvermögen}}{\text{Gesamtvermögen}} \cdot 100\ \%$$

BEISPIEL

$$\text{Umlaufintensität} = \frac{710.000,00\ €}{1.732.000,00\ €} \cdot 100\ \% = 41\ \%$$

Eine hohe Umlaufintensität ergibt sich aus einem hohen Anteil des Umlaufvermögens am Gesamtvermögen. Daraus lässt sich eine kurzfristige Kapitalbindung ablesen: Die Forderungen an Abnehmer/-innen und die Warenbestände können verhältnismäßig schnell in liquide Mittel umgewandelt werden.

Working Capital
Eine weitere Kennzahl zur Beurteilung der Zahlungsfähigkeit eines Unternehmens ist das Working Capital. Diese Kennzahl misst die Differenz zwischen dem gesamten Umlaufvermögen und den kurzfristigen Verbindlichkeiten.

$$\text{Working Capital} = \text{Umlaufvermögen} - \text{kurzfristiges Fremdkapital}$$

BEISPIEL

Working Capital = 710.000,00 € − 370.000,00 € = 340.000,00 €

Bei einem positiven Ergebnis ist die Zahlungsfähigkeit des Unternehmens gesichert.

Kapitalstrukturkennzahlen
Die Ausstattung des Unternehmens mit Kapital (dargestellt auf der Passivseite der Bilanz) werden mit den Kapitalstrukturkennzahlen analysiert.

Eigenkapitalquote
Die Eigenkapitalquote gibt den Anteil des Eigenkapitals am Gesamtkapital an.

$$\text{Eigenkapitalquote} = \frac{\text{Eigenkapital}}{\text{Gesamtkapital}} \cdot 100\ \%$$

BEISPIEL

$$\text{Eigenkapitalquote} = \frac{952.000,00\ €}{1.732.000,00\ €} \cdot 100\ \% = 54,9\ \%$$

Wird eine hohe Eigenkapitalquote festgestellt, ist das Unternehmen vergleichsweise unabhängig gegenüber Kapitalgebern. Es ist finanziell stabil ausgestattet. In einem solchen Fall wird die Bonität des Unternehmens durch Banken besser bewertet, wenn es einen Kredit aufnehmen möchte.

Fremdkapitalquote

Die **Fremdkapitalquote** gibt Auskunft über den Anteil des Fremdkapitals am Gesamtkapital. Aus ihr lassen sich Erkenntnisse über die Verschuldung des Unternehmens ablesen.

$$\text{Fremdkapitalquote} = \frac{\text{Fremdkapital}}{\text{Gesamtkapital}} \cdot 100\%$$

BEISPIEL

$$\text{Fremdkapitalquote} = \frac{780.000,00\ €}{1.732.000,00\ €} \cdot 100\% = 45,03\%$$

Eine hohe Fremdkapitalquote deutet darauf hin, dass mit steigender Verschuldung des Unternehmens sowohl das Risiko einer Zahlungsunfähigkeit als auch einer Überschuldung des Unternehmens zunehmen.[1]

Cashflow

In vielen Unternehmen wird oft auch noch der Cashflow (wortwörtlich etwa übersetzt: Kassen- oder Geldzufluss) berechnet. Diese Kennzahl gibt an, in welchem Ausmaß ein Unternehmen finanzielle Mittel aus eigener Kraft erwirtschaftet hat. Der Cashflow informiert über die Möglichkeiten der Selbstfinanzierung durch das Unternehmen. Der Cashflow misst, inwieweit die regelmäßigen betrieblichen Einnahmen die regelmäßigen betrieblichen Ausgaben übersteigen.

$$\text{Cashflow} = \text{Jahresüberschuss} + \text{Abschreibungen auf Anlagen}$$

BEISPIEL

Cashflow = Jahresüberschuss + Abschreibungen auf Anlagen = 638.000,00 € + 150.000,00 € = 888.000,00 €

Ein hoher Cashflow bedeutet eine hohe Kreditwürdigkeit des Unternehmens.

AUFGABEN

1. Erläutern Sie, wozu Kennzahlen dienen.
2. Begründen Sie, wer ein Interesse an Kennzahlen hat, die aus der Bilanz und der Gewinn- und Verlustrechnung gewonnen werden.
3. Ein Unternehmen hat einen Gewinn in Höhe von 459.328,00 € erzielt. Das Eigenkapital dieses Unternehmens beträgt 1.257.003,00 €, das Gesamtkapital 3.000.498,00 €. Die Umsatzerlöse betrugen 4.348.000,00 €. Der GUV-Rechnung kann entnommen werden, dass das Unternehmen 11.000,00 € für Fremdkapitalzinsen aufbringen musste. Ermitteln Sie
   a) die Eigenkapitalrentabilität,
   b) die Gesamtkapitalrentabilität;
   c) die Umsatzrentabilität.
4. Ein Unternehmen hat auf dem Bankkonto 73.827,00 € und in der Kasse 6.752,00 €. Die Forderung gegenüber Lieferanten betragen 122.400,00 €. Auf Lager liegen Warenbestände im Wert von 628.748,00 €. Die Verbindlichkeiten betragen 210.000,00 €. Berechnen Sie die
   a) Liquidität 1. Grades,
   b) Liquidität 2. Grades,
   c) Liquidität 3. Grades.

---

1 Zum Verschuldungsgrad vgl. auch Kapitel 6.1.

5. Das Gesamtvermögen der Sven Moenke GmbH beträgt 4.000.748,00 €. Es setzt sich zusammen aus 2.985.244,00 € Anlagevermögen und 2.584.496,00 € Umlaufvermögen. Das Unternehmen hat für 452.023,00 € Verbindlichkeiten. Ermitteln Sie

   a) die Anlagenintensität,
   b) die Umlaufintensität,
   c) das Working Capital.

6. Das Gesamtkapital der Hanzlich KG setzt sich aus 2.458.973,00 € Eigenkapital und 4.278.747,00 € Fremdkapital zusammen. Berechnen Sie
   a) die Eigenkapitalquote,
   b) die Fremdkapitalquote.

7. Die Hilgarth GmbH hat einen Jahresüberschuss von 328.098,00 € erzielt. Abschreibungen auf Anlagen wurden im Wert von 128.000,00 € vorgenommen. Berechnen Sie den Cashflow.

8. Ermitteln Sie aus den folgenden Daten die wichtigsten Kennzahlen.

AKTIVA		Bilanz		PASSIVA
A. Anlagevermögen			A. Eigenkapital	2.229.165,00 2.229.165,00
1. Grundstücke und Gebäude	1.345.654,00			
2. Fuhrpark	24.543,00		B. Umlaufvermögen	
3. Betriebs- und Geschäftsausstattung	49.800,00		1. Darlehen	59.700,00
			2. Verbindlichkeiten	98.034,00
		1.419.997,00		157.734,00
B. Umlaufvermögen				
1. Warenbestände	178.002,00			
2. Forderungen	16.540,00			
3. Kasse	6.520,00			
4. Kreditinstitute	756.840,00			
		966.902,00		
		2.386.899,00		2.386.899,00

S	Gewinn- und Verlustrechnung		H
Sonstige Aufwendungen	2.750.600,00	Umsatzerlöse	3.260.000,00
Abschreibungen	52.000,00	Sonstige Erträge	4.040,00
Zinsaufwand	44.000,00		
Gewinn	417.440,00		
	3.264.040,00		3.264.040,00

9. Ermitteln Sie aus den folgenden Daten die wichtigsten Kennzahlen.

AKTIVA		Bilanz			PASSIVA
A. Anlagevermögen			**A. Eigenkapital**		
1. Grundstücke und Gebäude	290.590,00			555.327	555.327,00
2. Fuhrpark	120.000,00		**B. Umlaufvermögen**		
3. Betriebs- und Geschäftsaus-	22.000,00		1. Darlehen	33.200	
stattung			2. Verbindlichkeiten	46.580	
		432.590,00			79.780,00
B. Umlaufvermögen					
1. Warenbestände	43.000,00				
2. Forderungen	3.400,00				
3. Kasse	38.100,00				
4. Kreditinstitute	118.017,00				
		202.517,00			
		635.107,00			635.107,00

S	Gewinn- und Verlustrechnung		H
Sonstige Aufwendungen	1.450.600,00	Umsatzerlöse	1.600.000,00
Abschreibungen	52.000,00	Sonstige Erträge	21.000,00
Zinsaufwand	44.000,00		
Gewinn	74.400,00		
	1.621.000,00		1.621.000,00

10. Carolin Saager will für die Hoffmann KG mehrere betriebliche Kennzahlen berechnen. Entscheiden Sie, welche Daten sie zur Berechnung der Eigenkapitalrentabilität benötigt
    a) Wareneinsatz, Gewinn
    b) Gewinn, Eigenkapital
    c) Warenumsatz, Eigenkapital
    d) Aufwand, Kosten, Eigenkapital
    e) Fremdkapital, Gewinn

11. Wie kann man den Begriff „Rentabilität" kurz umschreiben? Suchen Sie die richtige Antwort.
    a) Abschluss günstiger Einkaufskonditionen
    b) Sortimentsoptimierung durch Sortimentserweiterung
    c) Die Verzinsung des im Unternehmen eingesetzten Kapitals
    d) Die Abstimmung von Ökonomie und Ökologie
    e) Effiziente Ausweitung des Kapitals

12. Entscheiden Sie, welches wirtschaftliche Ziel die Hoffmann KG mit einer guten Rentabilität verfolgt.
    a) Die Verkaufspreise sollen alle Kosten decken.
    b) Das eingesetzte Kapital soll sich möglichst hoch verzinsen.
    c) Die Erträge sollen die Aufwendungen möglichst nicht überschreiten.
    d) Die gekauften Waren sollen einen möglichst hohen Ertrag erwirtschaften.
    e) Das Verhältnis von Kosten zu Umsatz soll möglichst hoch sein.

13. Berechnen Sie die Eigenkapitalrentabilität, die Gesamtkapitalrentabilität und die Umsatzrentabilität der „Warenwelt Textilien" der Exclusiva GmbH aus den folgenden Zahlen:
    Unternehmergewinn 452.000,00 €
    Eigenkapital 3.465.000,00 €
    Zinsen für Fremdkapital 35.250,00 €
    Fremdkapital 5.365.000,00 €
    Verkaufserlöse, netto 4.520.000,00 €

14. Entscheiden Sie, wie der Begriff „Unternehmerrentabilität" auch bezeichnet wird:

    a) Eigenkapitalrentabilität

    b) Unternehmerlohn

    c) Gesamtkapitalrentabilität

    d) Fremdkapitalrentabilität

    e) Prozentualer Anteil des Unternehmergewinns am Gesamtumsatz

15. Geben Sie an, welcher Ansatz zur Ermittlung der Gesamtkapitalrentabilität zutreffend ist.

    a) Reingewinn : Eigenkapital · 100

    b) Reingewinn : Nettoumsatz · 100

    c) Ertrag : Aufwand · 100

    d) (Reingewinn + Zinsaufwand) : (Eigenkapital + Fremdkapital · 100)

    e) (Reingewinn + Zinsaufwand) : (Eigenkapital + Fremdkapital) · 100

16. In der Buchhaltung der Hoffmann KG wurden für den Jahresabschluss folgende Werte ermittelt:

Wareneinsatz 2.400.000,00 €

Kosten 1.200.000,00 € (davon 20.000,00 € für Fremdkapitalzinsen)

Verkaufserlöse (netto) 3.880.000,00 €

Berechnen Sie die Unternehmerrentabilität, wenn das eingesetzte Eigenkapital 2.500.000,00 € beträgt.

17. Die Auszubildende Ronja Bunko soll für ein übernommenes Unternehmen verschiedene Kennzahlen ermitteln:

AKTIVA		Bilanz 31.12.20..			PASSIVA
0230	Gebäude	980.000,00	0610	EK	544.338,00
0340	Fuhrpark	76.817,00	0820	Darlehen	1.616.184,00
0330	BGA	353.633,00	1710	Verb. a. LL	216.830,00
3910	Waren	542.000,00			
1010	Forderungen a. LL	1.894,00			
1310	Kreditinstitute	312.800,00			
1320	PoBa	100.000,00			
1510	Kasse	10.208,00			
		2.377.352,00			2.377.352,00

Soll		Gewinn- und Verlustkonto 31.12.20..			Haben
3010	Wareneingang	1.450.000,00	8010	Warenverkauf	2.745.000,00
4400	Werbe- und Reisekosten	24.500,00			
4200	Steuern, Beiträge, Vers.	37.000,00			
2120	Zinsaufwendungen	72.700,00			
4010	Löhne	940.000,00			
4910	Abschreibungen	55.900,00			
0610	EK	164.900,00			
		2.745.000,00			2.745.000,00

Sonstige Angaben zu der Filiale

Beschäftigte	30
Verkaufsfläche in m²	223
Lagerfläche in m²	1.400
Unternehmerlohn für die Filiale	15.000,00 €

Bilanz

Gewinn- und Verlustrechnung

liefern für das Unternehmen wichtige Informationen in Form von

Kennzahlen

**Rentabilitäts-
kennzahlen**

- Eigenkapitalrentabilität
- Gesamtkapitalrentabilität
- Umsatzrentabilität

**Liquiditätskenn-
zahlen**

- Liquidität 1. Grades
- Liquidität 2. Grades
- Liquidität 3. Grades

**Vermögensstruk-
turkennzahlen**

- Anlagenintensität
- Umlaufintensität
- Working Capital

**Kapitalstruktur-
kennzahlen**

- Eigenkapitalquote
- Fremdkapitalquote
- Verschuldungsgrad

7 Personalprozesse

7.1 Überblick personalwirtschaftliche Aufgaben

Die Auszubildende Stefanie Beyer durchläuft während ihrer Ausbildung alle Abteilungen der Hoffmann KG. Am ersten Tag in der Verwaltungsabteilung wird sie der Personalsachbearbeiterin Frau Schneegans zugeordnet.

Frau Schneegans: „Ja, Frau Beyer, Sie waren bisher in den Abteilungen Einkauf, Lager und Verkauf eingesetzt, wie ich Ihrer Personalakte entnommen habe. Von Ihren Abteilungsleitern wurden Sie dort sehr gut beurteilt. Das wird sich natürlich in Ihrem Arbeitszeugnis niederschlagen. Haben Sie sich schon überlegt, ob Sie nach der Ausbildung bei uns weitermachen wollen?

Herr Kretschmar geht in absehbarer Zeit in Ruhestand und hofft, dass Sie sich dann bewerben. Sie wissen auch, dass wir uns in unseren Arbeitsverträgen zu übertariflichen Zahlungen verpflichten ...

Mit diesen Worten in Sachen der Hoffmann KG habe ich Ihnen aber auch schon einen kurzen Überblick über die Aufgaben im Personalbereich gegeben ...“

1. In welchen Fällen sind Sie in Ihrem Praktikumsbetrieb schon mit der Personalabteilung in Kontakt gekommen?

2. Stellen Sie fest, welche Aufgaben in einer Personalabteilung durchgeführt werden.

Personalwesen

DEFINITION

Aufgabe des **Personalwesens** ist die Betreuung der Mitarbeitenden. In diesem Bereich werden alle Entscheidungen und Maßnahmen getroffen, die mit Anwerbung und Auswahl, Einsatz und Führung, Vergütung und Motivation sowie der Entlassung von Mitarbeitenden zusammenhängen.

Das Personalwesen umfasst die nachfolgenden Aufgaben:

- Personalplanung,
- Personalbeschaffung,
- Personalverwaltung,
- Personalentwicklung,
- Personalbeurteilung,
- Personalentlohnung,
- Personalfreisetzung.

Das Personalwesen ist ein funktionsübergreifendes Teilsystem eines Unternehmens, das für alle Funktionsbereiche Bedeutung hat. Dennoch wird meistens eine Personalabteilung eingerichtet, an die Verwaltungs- und Entscheidungsbefugnisse übertragen werden.

Auf die meisten Aufgaben werden die weiteren Kapitel detailliert eingehen, einige Punkte werden hier nur kurz angerissen.

Personalverwaltung

In der Personalverwaltung werden die routinemäßigen Daueraufgaben, die sich auf die Arbeitnehmerinnen und Arbeitnehmer beziehen, zusammengefasst. Aufgabe der Personalverwaltung ist es,

- Verträge zu schließen und umzusetzen, die Mitarbeitende betreffen. Dabei kann es z. B. um die Gestaltung des Arbeitsvertrags, die Umsetzung von Betriebsvereinbarungen oder tarifvertraglicher Regelungen gehen.

MERKSATZ

Personalabteilungen können unterschiedliche Arbeitsverträge abschließen. Bekannte Arten von Arbeitsverträgen sind unter anderem:

- Ein **unbefristeter Arbeitsvertrag** hat keine festgelegte Enddauer. Er wird auf unbestimmte Zeit abgeschlossen und kann von beiden Parteien in der Regel unter Einhaltung einer Kündigungsfrist beendet werden.
- In einem **befristeten Arbeitsvertrag** wird die Beschäftigungsdauer vorab festgelegt. Das Arbeitsverhältnis endet automatisch nach Ablauf der vereinbarten Frist, ohne dass eine Kündigung erforderlich ist.
- Ein **projektbezogener Vertrag** wird für bestimmte Projekte abgeschlossen. Das Arbeitsverhältnis endet, wenn das Projekt abgeschlossen ist.
- Ein **Minijob-Vertrag** wird bei geringfügig entlohnten Arbeitsverhältnissen abgeschlossen, bei denen der Arbeitnehmer oder die Arbeitnehmerin bestimmte Einkommensgrenzen nicht überschreiten darf.
- Ein **Praktikumsvertrag** ist ein spezieller Arbeitsvertrag für Praktikantinnen und Praktikanten.

- die Einhaltung der Verträge zu überwachen. Bei dieser Aufgabe des Personalwesens müssen die Interessen des Arbeitgebers gewahrt werden, ohne die Fürsorgepflicht den Beschäftigten gegenüber zu verletzen. Bei Vertragsverletzungen durch Mitarbeitende gibt es ein abgestuftes Sanktionssystem (Sanktion = Abstrafung). Es fängt bei mündlichen bzw. schriftlichen Verweisen an und geht über Abmahnungen bis hin zu Kündigungen. Dabei müssen die Mitbestimmungsrechte des Betriebsrats beachtet werden.
- die Erfüllung der Arbeitgeberpflichten sicherzustellen. Dazu gehören unter anderem:
  - Entgeltabrechnung und -zahlung,
  - Gewährung aller tarifvertraglichen, durch Betriebsvereinbarung geregelten und einzelvertraglich festgeschriebenen Leistungen,
  - Weiterleitung von Beiträgen an die Sozialversicherungsträger,
  - Beratung der Mitarbeitenden in Fragen der Sozialversicherung,
  - Einhaltung aller Vorschriften des Arbeitsschutzrechts,
  - Angebot eines angemessenen, ergonomischen Ansprüchen genügenden Arbeitsplatzes.
- die Personalakte des Arbeitnehmers/der Arbeitnehmerin zu führen. In der Personalakte spiegeln sich die Beziehungen zwischen Arbeitgeber und Mitarbeiter/-in wider. Sie enthält die Bewerbungsunterlagen, sämtliche Verträge, die Beurteilungen und die gesamte Korrespondenz (z. B. Beförderungsschreiben, Abmahnungen, Gewährung von Sonderurlaub usw.) mit dem Mitarbeiter/der Mitarbeiterin. Mitarbeitende sind berechtigt, Einsicht in ihre Personalakte zu erhalten.

Die Aufgaben der Personalverwaltung werden heute in der Regel mithilfe der Datenverarbeitung erledigt.

Personalbeurteilung

Eine systematische und objektive Personalbeurteilung ist die Grundlage jeder Personalarbeit in einem Unternehmen. Bei der Personalbeurteilung müssen die Fähigkeiten und die Leistung der Mitarbeitenden mit geeigneten Methoden und anhand einheitlicher Merkmale bewertet werden. Die Beurteilung sollte sich nicht auf vergangenheitsbezogene Erkenntnisse beschränken, sondern auch Entwicklungsmöglichkeiten, anzustrebende Verhaltensänderungen und Vereinbarungen darüber enthalten, was von Arbeitgeberseite und Arbeitnehmerseite innerhalb einer bestimmten Zeit zu tun ist.

Gründe für die Beurteilung von Mitarbeitenden:

- Ohne eine Beurteilung sollten Mitarbeitende nicht befördert werden.
- Will das Unternehmen Beschäftigte im Rahmen der Personalentwicklung fördern, geht dies nicht ohne Informationen über die Eigenschaften der betreffenden Person.
- Grundlage der Zahlung eines „gerechten Lohns" ist eine genaue Leistungsbeurteilung des Arbeitnehmers oder der Arbeitnehmerin.
- Verlässt ein Mitarbeiter/eine Mitarbeiterin das Unternehmen, so ist das Unternehmen gesetzlich verpflichtet, ein fehlerfreies Zeugnis auszustellen. Das ist ohne vorhergehende Leistungsbeurteilung nicht möglich.

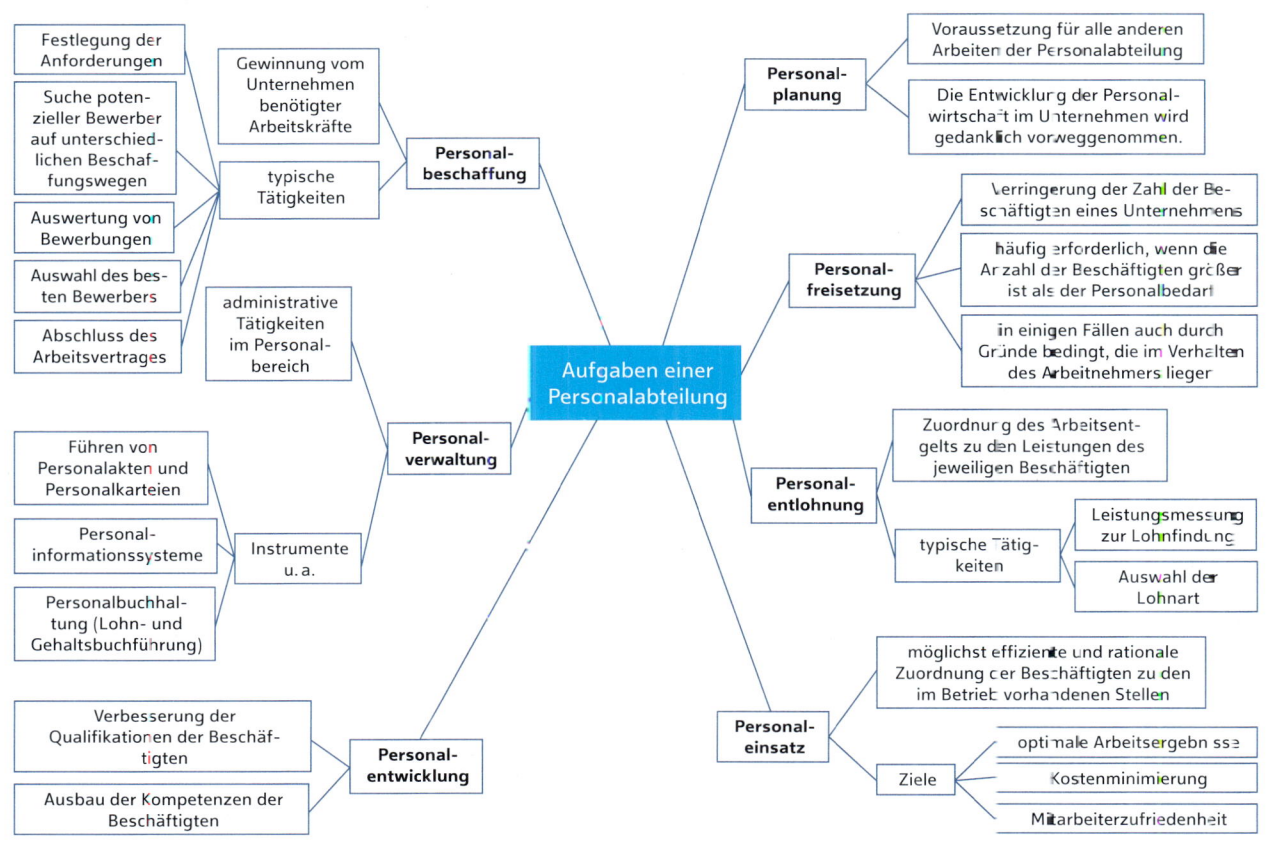

1. Erläutern Sie den Begriff „Personalwesen".
2. Erläutern Sie die Aufgaben der Personalverwaltung.
3. Führen Sie den Inhalt einer Personalakte auf.
4. Erläutern Sie, warum die Personalbeurteilung eine wichtige Aufgabe des Personalwesens ist.

7.2 Personalbeschaffung

EINSTIEG

Die Hoffmann KG möchte in ihrer Filiale in Darmstadt folgende Stellen neu besetzen:

- Verkäufer m/w/d
- Gruppenleiter m/w/d Produktion
- Abteilungsleiter m/w/d

Stefanie Beyer wird von Frau Schwab, der Leiterin des Personalwesens der Hoffmann KG, beauftragt, die Entwürfe für die Stellenanzeigen zu erstellen. Jakub Nowak erhält den Auftrag, Kriterien für die Beurteilung der Bewerbungsunterlagen zusammenzustellen.

1. Geben Sie an, welche Informationen die Stellenanzeigen enthalten sollten.
2. Beschreiben Sie, nach welchen Kriterien die eingehenden Bewerbungsunterlagen untersucht werden sollten.

INFORMATION

Formen der Personalbeschaffung

Die Personalbeschaffung baut auf der Personalplanung auf. Dieser Teil des Personalwesens befasst sich mit der Bereitstellung der für das Unternehmen erforderlichen Arbeitskräfte.

Die Personalbeschaffung erfolgt mittlerweile immer häufiger mit Instrumenten des E-Recruitments. Darunter versteht man den Einsatz des Internets für den Prozess der Personalgewinnung. Genutzt werden unter anderem soziale Medien, Jobportale, Unternehmenswebseiten und Internetseiten, um geeignete Bewerberinnen und Bewerber für offene Positionen zu finden und anzusprechen.

Verwendung finden Technologien und Plattformen, um

- Stellenanzeigen zu veröffentlichen,
- Bewerbungen elektronisch entgegenzunehmen,
- Bewerberprofile zu verwalten
- und den gesamten Bewerbungsprozess zu unterstützen.

Mit E-Recruitment wird es Unternehmen möglich, ihre Stellenangebote einer breiten Zielgruppe zugänglich zu machen und die Effizienz und Geschwindigkeit der Personalgewinnung zu erhöhen.

Im Rahmen der Personalbeschaffung fällt zunächst einmal die Personalanforderung an. Sie kann auf externen oder internen Beschaffungswegen erfolgen.

Interne Beschaffungswege

Soll die Stelle innerbetrieblich besetzt werden, nutzt man interne Beschaffungswege.

> **BEISPIEL**
>
> - innerbetriebliche Stellenausschreibungen
> - Versetzungen
> - Mehrarbeit

Die Vorteile einer internen Personalbeschaffung liegen einerseits in der kürzeren Einarbeitungszeit und andererseits darin, dass die Leistung der eigenen Mitarbeitenden bekannt sind. Ein Nachteil kann eine eventuell auftretende „Betriebsblindheit" sein. Sie verhindert vielleicht erhoffte Innovationen (= neue Ideen und deren Umsetzung). In kleinen Betrieben sind die Grenzen einer internen Personalbeschaffung schnell erreicht.

Externe Beschaffungswege

Bei Verwendung externer Beschaffungswege versucht man, betriebsfremde Bewerberinnen und Bewerber zu gewinnen. Externe Beschaffungswege sind auf den Teil des Arbeitsmarkts gerichtet, der außerhalb des Unternehmens liegt. Bewerberinnen und Bewerber können dort gewonnen werden durch:

- Einschaltung von Beschaffungsmittlern (Agenturen für Arbeit, Personalberatungen),
- gezielte Auswertung von Stellengesuchen z. B. in Zeitungen,
- eigene Stellenanzeigen,
- Kontakte zu Ausbildungseinrichtungen (Berufsschulen, Hochschulen).

Anschließend müssen die eingehenden Bewerbungen vom Personal suchenden Unternehmen bearbeitet werden. Dies geschieht besonders durch die inhaltliche Auswertung der Bewerbungsunterlagen. Zu den Bewerbungsunterlagen zählen das Bewerbungsschreiben, der Lebenslauf und die Schul- und Arbeitszeugnisse.

Aus allen Bewerbungen muss dann die für die Stelle am besten geeignete Person ausgewählt werden. Die Auswahlentscheidung nimmt eine zentrale Stellung ein. Fehler, die hier gemacht werden, belasten ein Unternehmen unter Umständen jahrzehntelang und können auch für die Mitarbeitenden selbst dauerhafte Unzufriedenheit bedeuten. Es gibt eine Reihe von Auswahlinstrumenten, die in unterschiedlicher Kombination eingesetzt werden:

- Einstellungsgespräche,
- Fragebogen,
- Testverfahren und
- Assessment-Center.

Assessment-Center sind meistens mehrtägige Veranstaltungen, bei denen mehrere Bewerberinnen und Bewerber eine Vielzahl von praxisgerechten Aufgaben bearbeiten müssen. Die Einstellungsentscheidung trifft ein Kreis von Beobachtenden.

Bewerber in Vorstellungsgesprächen sollten auf die Punkte in der nebenstehenden Checkliste vorbereitet sein.

Anforderungsprofil (Stellenbeschreibung)

Je klarer das Anforderungsprofil für eine zu besetzende Stelle formuliert wird, umso einfacher wird die Auswahlentscheidung für eine bestimmte Bewerberin bzw. einen bestimmten Bewerber sein. Das Anforderungsprofil für eine Stelle enthält Angaben über:

■ Hauptaufgaben der Position,
■ erforderliche Kenntnisse und Fähigkeiten, z. B. einschlägige Ausbildung, berufliche Fachkenntnisse, Sprachkenntnisse,
■ erforderliche Kompetenzen, z. B. Belastbarkeit, Durchsetzungsfähigkeit, Konfliktfähigkeit, sicheres Auftreten, Kundenorientierung,
■ wünschenswerte Erfahrungen, z. B. Führungserfahrung, Organisationserfahrung.

Checkliste

10. Fragen nach der Einstellung zum Leben
1. informiert sein
2. Bekleidung
3. Unterlagen
9. Fragen zum Freizeitverhalten
Vorstellungsgespräch: Struktur und Ablauf
8. Fragen zum Beruf und zur beruflichen Einstellung
4. Pünktlichkeit
7. Fragen zur Familie und zur Persönlichkeit
6. Smalltalk
5. Verhalten/ Einstellung während des Gesprächs

BEISPIEL

Im Einzelhandel beispielsweise nehmen kaufmännische Angestellte unterschiedliche Aufgabenbereiche wahr. Sie sind unter anderem als Verkäufer, 1. Verkäufer, Substitutin und Abteilungsleiterin tätig. Diese Aufgabenbereiche stellen an die Qualifikation der Angestellten unterschiedliche Anforderungen.

Stellenanzeige (Stellenausschreibung)

Die Stellenanzeige ist das wichtigste Mittel der externen Personalbeschaffung. In eine Stellenanzeige gehören folgende Informationen:

■ Schlagzeile mit Positionsbezeichnung,
■ Informationen zum Unternehmen (z. B. Name, Rechtsform, Standort, Branche, Unternehmensgröße),
■ Hauptaufgabe der zu besetzenden Stelle,
■ erforderliche Qualifikationen und Kompetenzen,
■ Konditionen (z. B. Arbeitszeiten, Fortbildungsmöglichkeiten, Urlaub),
■ Hinweise für die Bewerbung (Adresse, Ansprechpartner mit Telefonnummer, erforderliche Unterlagen, frühestmöglicher Eintrittstermin, Bewerbungsfrist).

Stellenanzeigen werden außer in der Tagespresse und Fachzeitschriften zunehmend auch im Internet veröffentlicht.

Neben Stellenanzeigen gibt es weitere Möglichkeiten der externen Stellenbeschaffung:

■ die Einschaltung von Beschaffungsmittlern (Agenturen für Arbeit, Personalberatungen),
■ die Auswertung von Stellengesuchen,
■ Kontakte zu Ausbildungseinrichtungen (Berufsschulen, Hochschulen).

Bestimmungen des Allgemeinen Gleichbehandlungsgesetzes (AGG)

Bei Stellenausschreibungen und der Auswahl neuer Mitarbeiterinnen und Mitarbeiter müssen die Bestimmungen des Allgemeinen Gleichbehandlungsgesetzes (AGG) beachtet werden.

Das Allgemeine Gleichbehandlungsgesetz (AGG) verbietet Benachteiligungen aus Gründen

- der ethnischen Herkunft,
- des Geschlechts,
- der Religion oder Weltanschauung,
- einer Behinderung,
- des Alters oder
- der sexuellen Identität.

Ungleichbehandlungen sind jedoch zulässig, wenn

- sie dazu dienen, bestehende Ungleichheiten aus Gründen der Rasse oder ethnischen Herkunft, des Geschlechts, der Religion oder Weltanschauung, einer Behinderung, des Alters oder der sexuellen Identität zu verhindern oder auszugleichen.

BEISPIELE

- bevorzugte Einstellung von Frauen
- bevorzugte Einstellung von Schwerbehinderten

- wesentliche und entscheidende berufliche Anforderungen eine Ungleichbehandlung erfordern.

BEISPIELE

- Notwendigkeit besonderer Fremdsprachenkenntnisse im Außenhandel
- bestimmte körperliche Erfordernisse für einzelne Berufsgruppen, z. B. volle Sehkraft für Piloten
- körperliche Belastbarkeit, z. B. im Gerüstbau

- Ungleichbehandlungen im Hinblick auf das Alter sind zulässig, wenn die Ungleichbehandlung objektiv und angemessen ist und dadurch ein berechtigtes Ziel verfolgt wird.

BEISPIELE

Eine Ungleichbehandlung ist unter bestimmten Voraussetzungen zulässig, wenn

- damit die berufliche Eingliederung von Jugendlichen, älteren Beschäftigten oder Personen mit Fürsorgepflichten gefördert wird,
- ein mögliches Einstellungshöchstalter aufgrund spezifischer Ausbildungsanforderungen einer Tätigkeit erforderlich ist oder
- sich die Notwendigkeit einer angemessenen Beschäftigungszeit vor dem Eintritt in den Ruhestand ergibt.

Um nicht gegen das Allgemeine Gleichstellungsgesetz zu verstoßen, muss deshalb bei der Formulierung von Stellenausschreibungen darauf geachtet werden, dass sie

- geschlechtsneutral formuliert werden,
- keine Altersgrenzen enthalten,

- Menschen mit Behinderungen nicht ausschließen,
- keine Anforderungen hinsichtlich der Rasse oder ethnischen Herkunft der Bewerber enthalten.

Personalauswahl

Die Personalauswahl muss durch den Vergleich des Anforderungsprofils der zu besetzenden Stelle mit dem Leistungsprofil der Bewerberin oder des Bewerbers erfolgen. Dadurch kann der Bewerber ermittelt werden, der für die Stelle am besten geeignet ist.

Auch bei der Vorauswahl darf es nicht zu unzulässigen Ungleichbehandlungen kommen. Es dürfen also nicht alle männlichen oder alle weiblichen Bewerber aussortiert werden. Das Gleiche gilt für Bewerberinnen und Bewerber mit Behinderung, bestimmter Herkunft und außerhalb bestimmter Altersgrenzen. Ebenfalls unzulässig ist das Aussortieren aller Bewerbungen ohne Foto, mit abgekürztem Vornamen oder ohne Geburtsdatum.

Die Personalauswahl erfolgt u. a. anhand von:

- Stellenanforderungen,
- Bewerbungsunterlagen,
- Vorstellungsgesprächen,
- Fragebögen,
- Tests,
- Assessment-Centern.

Bewerbungsunterlagen

Bei den meisten Bewerbungen ist eine schriftliche Bewerbung üblich. Die Bewerbung soll Informationen enthalten, die dem Arbeitgeber bzw. dessen Personalbeauftragten eine Vorauswahl unter den Bewerbern erleichtert.

Zu den schriftlichen Bewerbungsunterlagen gehören:

- Bewerbungsschreiben,
- Lebenslauf,
- beglaubigte Zeugnisabschriften oder -kopien (schulische Zeugnisse, Zeugnis der Abschlussprüfung, Zeugnisse der bisherigen Arbeitgeber, Zeugnisse über zusätzlich erworbene Qualifikationen, z. B. Europäischer Computer-Führerschein oder Computer-Pass).

So sollte eine gute Bewerbungsmappe aussehen.

Beurteilung der eingegangenen Bewerbungen

Bei der Beurteilung der eingegangenen Bewerbungsunterlagen sollten

- alle Bewerbungen aussortiert werden, die bereits aufgrund ihrer äußeren Erscheinung zeigen, dass sich die Bewerbenden wenig Mühe gegeben haben (z. B. Rechtschreibfehler, Fettflecken, lose und schlechte Kopien),
- Vollständigkeit, sorgfältige Zusammenstellung und Strukturierung der Bewerbungsunterlagen geprüft werden,
- der Gesamteindruck der Zeugnisse berücksichtigt werden und
- die Unterlagen auf notwendige und wünschenswerte Kriterien des Anforderungsprofils hin überprüft werden.

Vorstellungsgespräch

Nach einer Vorauswahl werden die Bewerbenden von dem einstellenden Unternehmen zu einem Vorstellungsgespräch eingeladen. In diesem Gespräch will der zukünftige Arbeitgeber einen persönlichen Eindruck von den Bewerbenden gewinnen. Er will sich davon überzeugen, inwieweit die Kenntnisse und Fähigkeiten des Bewerbers den Anforderungen der ausgeschriebenen Stelle entsprechen.

Phasen des Vorstellungsgesprächs

1. **Gesprächseröffnung**
   - Begrüßen Sie den Bewerber.
   - Stellen Sie sich vor.
   - Schaffen Sie eine angenehme Atmosphäre („Eisbrecher-Fragen").
   - Bedanken Sie sich für die Bewerbung.
   - Sagen Sie dem Kandidaten, warum Sie ihn eingeladen haben.

2. **Information des Bewerbers**
   - Stellen Sie Ihr Unternehmen vor (Branche, Unternehmensgröße, Konzernstruktur, Mitarbeiterzahl, Kunden, Zielsetzung).
   - Halten Sie Informationsmaterial über Ihr Unternehmen bereit.
   - Sagen Sie dem Kandidaten, warum die Stelle neu zu besetzen ist.

3. **Interview des Bewerbers**
   - Bewerbungsmotive
   - Sie fragen z. B.:
     - „Warum wollen Sie sich beruflich verändern?"
     - „Was hat Ihnen an Ihrer bisherigen Tätigkeit besonders gefallen, was überhaupt nicht?"
     - „Woher kennen Sie unser Unternehmen?"
     - „Welche Erwartungen verbinden Sie mit einer Bewerbung bei uns?"
   - Fachphase
     - Fragen Sie nach den Qualifikationen des Bewerbers: „Wo liegen Ihre größten Stärken und Schwächen?"

   - Geben Sie detaillierte Informationen zur Stelle und zur Aufgabe: direkter Vorgesetzter, Vollmachten, Entwicklungspotenzial usw.
   - Nennen Sie die Anforderungen und Kompetenzen, die die Stelle verlangt.
   - persönlicher Hintergrund
   - Achtung: Sie dürfen nur nach privaten Dingen fragen, die in direktem Zusammenhang mit der ausgeschriebenen Stelle stehen.
   - Sie fragen z. B.
     - „Wo sehen Sie sich in Ihrer beruflichen Entwicklung in zwei/drei Jahren?"
     - „Welche außerberuflichen Interessen haben Sie (Bücher, Verein, Sport usw.)?"
     - „Was waren bisher Ihre größten Erfolge/Misserfolge?"

4. **Vorstellung der Vertragsbedingungen**
   - Eintrittstermin
   - Sozial- und Nebenleistungen
   - Probezeit
   - Einarbeitung
   - Gehalt
   - Fortbildungsmöglichkeiten
   - Arbeitsvertrag

5. **Gesprächsabschluss**
   - Beantworten Sie die Fragen des Bewerbers.
   - Bedanken Sie sich für das Gespräch.
   - Versprechen Sie dem Kandidaten, dass Sie ihn nach Ihrer Entscheidung umgehend benachrichtigen werden.

Quelle: Maess, Kerstin; Maess, Thomas (Hrsg.): Personaljahrbuch 2001. Luchterhand, Neuwied 2001, S. 178.

Fragebogen

In vielen Unternehmen ist es üblich, Arbeitnehmerinnen und Arbeitnehmern vor ihrer Einstellung einen Fragebogen vorzulegen. Das Fragerecht des Arbeitgebers ist jedoch beschränkt. Grundsätzlich darf er nur nach solchen Tatsachen fragen, die mit dem angebotenen Arbeitsplatz zusammen-hängen.

Erlaubt sind Fragen nach:

- dem beruflichen Werdegang,
- der vorherigen Gehaltshöhe,
- chronischen Krankheiten oder Berufskrankheiten.

Unzulässig sind unter anderem Fragen nach:

- Alter oder Geburtsdatum,
- Schwangerschaft,
- Familienplanung,
- Mitgliedschaft in einer Partei oder Gewerkschaft,
- etwaiger Behinderung oder einem Schwerbehindertenausweis,
- Zugehörigkeit zu einer Religionsgemeinschaft oder Weltanschauung.

Erlaubte Fragen müssen Arbeitnehmerinnen und Arbeitnehmer wahrheitsgemäß beantworten.

Auf unzulässige Fragen dürfen Bewerberinnen und Bewer-ber wahrheitswidrig antworten. Der Arbeitsvertrag kann wegen einer solchen Falschauskunft auch nicht angefoch-ten werden.

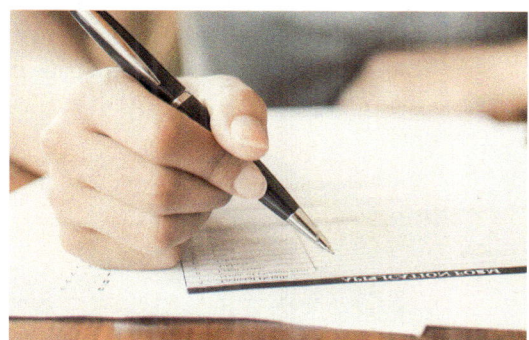

Testverfahren

Im Rahmen der Personalauswahl werden Leistungs-, Intel-ligenz- und Persönlichkeitstests eingesetzt. Manche Tests werden von Wissenschaftlern wegen mangelnder Aussa-gekraft als sehr fragwürdig angesehen.

Assessment-Center

Im Assessment-Center werden verschiedene Auswahlmethoden verbunden. Mithilfe praktischer Übungen wird versucht, den Berufsalltag zu simulieren (= so zu tun, als wäre es ein richtiger Ar-beitstag), um so aus dem Verhalten der Bewerberinnen und Bewerber einen Einblick in deren Eig-nung für die zu besetzende Stelle zu erhalten.

Um ein möglichst großes Maß an Objektivität zu erzielen, wird das gezeigte Verhalten normaler-weise von mehreren Beobachtenden beurteilt.

Bestandteile des Assessment-Centers sind insbesondere:

- die sogenannte Postkorb-Übung zur Erfassung von Planungs- und Organisationsgeschick,
- Rollenspiele, z. B. zum Erkennen der Teamfähigkeit,
- Präsentationen, z. B. zum Erkennen von Argumen-tationsfähigkeit und sprachlichem Ausdruck,
- Bewerber-Interviews,
- ein Abschlussgespräch zur Erläuterung von Ergeb-nissen und zur Begründung von Entscheidungen.

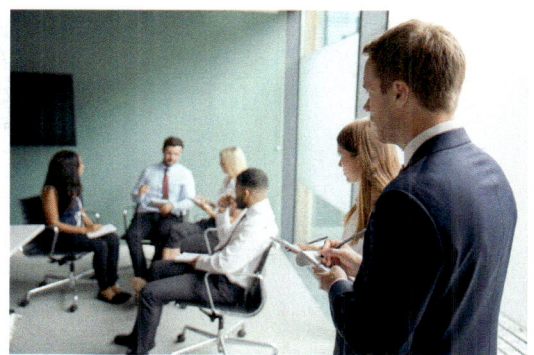

In einem Assessment-Center

1. Stellen Sie die Anforderungsprofile für folgende Stellen zusammen:
   a) Gruppenleiter (m/w/d) in der Produktion der Hoffmann KG
   b) Abteilungsleiter (m/w/d) der Hoffmann KG
2. Welche Unterlagen müssen einem Bewerbungsschreiben beigefügt werden?
3. Erläutern sie die verschiedenen Verfahren, die bei der Personalauswahl eingesetzt werden können.
4. Auf die Anzeige für die Stelle „Sachbearbeiter m/w/d – Einkauf" haben sich acht Bewerberinnen bzw. Bewerber gemeldet.
   Führen Sie mit drei dieser Bewerberinnen/Bewerber Vorstellungsgespräche in einem Rollenspiel durch.

   a) Bilden Sie zur Vorbereitung des Rollenspiels eine Gruppe aus vier Personen, die sich auf die Rolle des Personalmitarbeiters der Hoffmann KG vorbereiten.
   b) Bilden Sie weitere Gruppen aus je vier Personen, die sich auf die Rolle der Bewerberinnen oder Bewerber vorbereiten.
   c) Bilden Sie eine Gruppe aus vier Personen, die einen Beobachtungsbogen für das Rollenspiel entwickelt.
   d) Führen Sie drei Bewerbungsgespräche als Rollenspiele durch.
   e) Werten Sie die Rollenspiele mithilfe eines vorbereiteten Beobachtungsbogens aus.

Instrumente der Personalauswahl

Stellenanzeige — u. a. mit Beschreibung des Anforderungsprofils

Bewerbungsunterlagen
- Bewerbungsschreiben
- Lebenslauf
- Lichtbild des Bewerbers
- Zeugniskopie

Vorstellungsgespräch — zur Feststellung, ob die Qualifikation des Bewerbers den Anforderungen der Stelle genügt

Fragebogen

Tests

Assessment-Center

7.3 Personalplanung

EINSTIEG

Frau Schwab, die Leiterin der Personalabteilung, spricht Stefanie Beyer an:

„Guten Morgen, Frau Beyer, für die Sitzung mit Herrn Hoss und den anderen Abteilungsleitern brauche ich gleich den Nettopersonalbedarf der Filiale Darmstadt. Können Sie den bitte schnell berechnen? Ich muss gleich zu einem Vorstellungsgespräch und schaffe das zeitlich nicht mehr. Die notwendigen Zahlen habe ich mir aus Darmstadt kommen lassen."

In der Filiale der Hoffmann KG in Darmstadt werden demnächst ein Rückkehrer aus dem Freiwilligen Sozialen Jahr und drei aus der Elternzeit als Zugang erwartet. Vier Auszubildende werden übernommen. Als sichere Abgänge werden zwei „Bufdis" (Mitarbeitende beim Bundesfreiwilligendienst) und zwei in den Mutterschutz gehende Beschäftigte erwartet. Vier Ruheständler müssen ersetzt werden. Erfahrungsgemäß ist in einem Planungszeitraum in Darmstadt mit weiteren sechs Arbeitskräften zu rechnen, die aus bestimmten Gründen das Unternehmen verlassen. Der aktuelle Personalstand beträgt zurzeit 43 Mitarbeitende. Laut Stellenplan hat das Unternehmen einen Personalbedarf von 52 Mitarbeitenden.

Ermitteln Sie den Nettopersonalbedarf der Filiale Darmstadt.

INFORMATION

Die Personalplanung gewinnt immer mehr an Bedeutung, da der Produktionsfaktor „Arbeit" einer der größten Kostenfaktoren in einem Unternehmen ist.

DEFINITION

Mit der **Personalplanung** werden die zukünftigen Erfordernisse im Personalbereich des Unternehmens ermittelt und die daraus resultierenden Maßnahmen für die Zukunft festgelegt.

Ziel der Personalplanung ist es,

- die richtigen Mitarbeitenden
- zur richtigen Zeit
- am richtigen Platz

im Unternehmen einsetzen zu können.

Die Personalplanung gibt also Antworten auf die Fragen:

- Wie viele Mitarbeitende
- mit welchen Qualifikationen
- werden wo
- und wann
- für welche Aufgabenbereiche im Unternehmen benötigt?

Bedeutung der Personalplanung

Unternehmen müssen ständig ihren Personalbestand und damit auch den Personalbedarf neu planen:

- Durch Personalüberhänge entstehen dem Unternehmen hohe Kosten. Dies ist der Fall, wenn der Personalbedarf zu hoch geschätzt und als Folge neues Personal eingestellt wurde.
- Bei einer Personalunterdeckung können Mitarbeitende das Arbeitsaufkommen aufgrund der Engpasssituation nicht mehr erfüllen.

Vorteile einer genauen Personalbedarfsplanung	
für das Unternehmen	**für die Beschäftigten**
• frühes Erkennen von Personalengpässen oder Personalüberkapazitäten • anforderungs- und eignungsgerechtes Einsetzen des Personals • bessere Kalkulation der Personalkosten • bessere Nachvollziehbarkeit personalpolitischer Entscheidungen • Nachteile (wie z. B. unnötige Kosten) durch ungeplante und deshalb oft teurere personelle Maßnahmen entfallen.	• bessere Vorbereitung der Beschäftigten auf Arbeitsplatzänderungen • bessere Entwicklungs- und Aufstiegschancen durch die größere Nachvollziehbarkeit • Vermeidung von Härten bei Kündigungen und Umsetzungen

Bei der Personalbedarfsplanung muss das Unternehmen beachten, dass der Betriebsrat ein Mitwirkungsrecht hat.

Der Betriebsrat hat das Recht:

- umfassend und rechtzeitig über den gegenwärtigen und zukünftigen Personalbedarf vom Arbeitgeber informiert zu werden,
- den Arbeitgeber im Hinblick auf die Personalbedarfsplanung (z. B. auf damit verbundene Härten) zu beraten und eigene Vorschläge für eine Personalbedarfsplanung machen.

Die Mitwirkung und Mitbestimmungsrechte des Betriebsrats und der Jugend- und Auszubildendenvertretung sind im Betriebsverfassungsgesetz von 1972 geregelt.

Aufgaben des Betriebsrats			

Mitwirkung (= Anhörung oder Unterrichtung) + **Mitbestimmung** (= Mitentscheiden)

bei wirtschaftlichen Angelegenheiten   bei personellen Angelegenheiten   bei sozialen Angelegenheiten

Der Betriebsrat	– achtet auf Gleichbehandlung aller Betriebsangehörigen,	– überwacht die Einhaltung von Arbeitsgesetzen, Verordnungen, Tarifverträgen und Betriebsvereinbarungen,	– schließt mit dem Arbeitgeber Betriebsvereinbarungen ab,	– führt regelmäßig Betriebsversammlungen durch.

Jugend- und Auszubildendenvertretung (JAV)		

- Sie vertritt in Betrieben mit mindestens fünf Arbeitnehmern unter 18 Jahren oder Auszubildenden unter 25 Jahren die Interessen der Jugendlichen und Auszubildenden im Betrieb.
- Sie wird von allen Arbeitnehmern unter 18 Jahren und Auszubildenden unter 25 Jahren für 2 Jahre gewählt.
- Wählbar sind Arbeitnehmer und Auszubildende, die noch nicht 25 Jahre alt sind.

Rechte des einzelnen Arbeitnehmers		

- Informations- und Anhörungsrecht in Angelegenheiten, die seine Person oder seinen Arbeitsplatz betreffen
- Recht, seine Personalakte einzusehen
- Beschwerderecht

Personaleinsatzplanung

DEFINITION

Das Ziel der **Personaleinsatzplanung** im Rahmen der Personalplanung ist die bestmögliche Eingliederung der verfügbaren Mitarbeitenden in den betrieblichen Leistungsprozess.

Die Personaleinsatzplanung erfüllt verschiedene Aufgaben:

- Sie strebt die optimale Zuordnung von Beschäftigten und Arbeitsplätzen (Stellen) an. Es wird versucht, das Anforderungsprofil einer Stelle mit dem Fähigkeitsprofil einer Mitarbeiterin bzw. eines Mitarbeiters zur Deckung zu bringen.
- Sie dient zur schnellen und übersichtlichen zeitlichen Planung von Mitarbeitenden für die Abteilungen des Unternehmens. Sie strebt die Herstellung der Übereinstimmung des in einem bestimmten Zeitraum gegebenen Bedarfs an Personal mit den für diese Zeit an be-

stimmten Arbeitsplätzen eingeplanten Mitarbeitenden an. Dabei wird im Interesse des Personals versucht, die Arbeitszeiten flexibel zu gestalten. Um auch die Interessen des Arbeitgebers zu berücksichtigen, wird dies durch die Erhöhung der Betriebszeiten ermöglicht. Die Personaleinsatzplanung bereitet Daten so auf, dass für die künftige Arbeitszeitgestaltung geplant werden kann.

Bei der Personalbedarfsplanung sind zwei Bereiche zu unterscheiden:

- qualitative Personalbedarfsplanung
- quantitative Personalbedarfsplanung

Qualitative Personalbedarfsplanung

Bei der qualitativen Personalbedarfsplanung (Was für Fähigkeiten und Kenntnisse benötigen die Mitarbeitenden?) wird mithilfe von Arbeitsanalysen und Arbeitsbeschreibungen ermittelt, welche Anforderungen an mögliche Stelleninhaber gerichtet werden müssen. Es geht also um die Fähigkeiten, die ein zukünftiger Stelleninhaber aufweisen sollte.

> **BEISPIEL**
>
> Aufgrund der gestiegenen Menge an ein- und ausgehender Post möchte die Hoffmann KG eine weitere Stelle für die Postbearbeitung einrichten. Es wird zunächst ermittelt, welche Aufgaben an diesem Arbeitsplatz zu erledigen sind. Der jeweilige Stelleninhaber benötigt bestimmte Qualifikationen, um diese Aufgaben bewältigen zu können. Deshalb fasst man alle für diese Stelle erforderlichen Qualifikationen in einem Anforderungsprofil zusammen.

Ein idealtypischer Ablauf einer qualitativen Personalbedarfsplanung könnte wie folgt aussehen:

- Es werden zunächst zukünftige Tätigkeitsfelder des Unternehmens ermittelt.
- Anschließend werden die zur Leistungserstellung notwendigen Aufgaben festgelegt.
- In einem dritten Schritt wird untersucht, ob sich die neuen Aufgaben bzw. Anforderungen wesentlich von den bisherigen Aufgaben und Anforderungen unterscheiden. Wenn das der Fall ist, werden die Aufgaben sinnvoll gebündelt. Die Stelle bekommt bezüglich der Anforderungen einen neuen Zuschnitt. Wenn sich die Aufgaben nicht wesentlich von den bisherigen Aufgaben unterscheiden, kann eine Stellenfortschreibung erfolgen: Die Anforderungen an den Stelleninhaber bleiben weitgehend gleich.
- Nach einer sinnvollen Bündelung der Aufgaben wird noch die entsprechende Arbeitsmenge ermittelt und zugeordnet, sodass eine neue besetzungsfähige Stelle gebildet werden kann.

Hilfsmittel der qualitativen Personalbedarfsplanung sind u. a.:

- **Berufsklassifizierungen**
  Die Berufsklassifizierung ist das einfachste Instrument der qualitativen Personalbedarfsplanung. Zur Stellenbeschreibung werden lediglich Berufsbezeichnungen genutzt.

> **BEISPIEL**
>
> Kaufmann/Kauffrau im Einzelhandel, Kfz-Mechatroniker, Kaufmann/Kauffrau im E-Commerce

- **Stellenbeschreibungen**
  Eine Stellenbeschreibung ist ein schriftliches Dokument, das die Arbeitsgebiete, Funktionen, Kompetenzen sowie die Einordnung der Stelle in der Unternehmenshierarchie festhält.

- **Anforderungsprofile**
  Bei diesem sehr genauen Instrument der Personalbedarfsplanung werden die Anforderungen an einen neuen zu planenden Arbeitsplatz grafisch dargestellt.

Quantitative Personalbedarfsplanung

Bei der quantitativen Personalbedarfsplanung (Wie viele Mitarbeitende benötigen wir?) wird der Arbeitsumfang ermittelt und die Anzahl der dafür benötigten Mitarbeitenden bestimmt. Ausgehend vom momentanen Mitarbeiterbestand wird der voraussichtliche Personalbedarf prognostiziert (= vorausbestimmt). Auf dieser Grundlage können rechtzeitig Beschaffungsmaßnahmen eingeleitet werden.

Ein Anforderungsprofil für eine Stelle in einer Softwarelösung für das Personalwesen

Die quantitative Personalplanung ermittelt den Nettopersonalbedarf. Der Nettopersonalbedarf ist der tatsächliche Bedarf an Mitarbeitenden in einem bestimmten Zeitraum. Der Bruttopersonalbedarf gibt an, wie viele Mitarbeitende ein Unternehmen benötigt, um seine Ziele zu erreichen.

> **DEFINITION**
>
> Nettopersonalbedarf = Bruttopersonalbedarf + Abgänge − Zugänge

Dabei wird wie folgt vorgegangen:

- Als Erstes muss der Bruttopersonalbedarf berechnet werden. Man nennt den Bruttopersonalbedarf oft auch Sollpersonalbedarf: Diese Kennzahl gibt die Zahl der Mitarbeitenden im Unternehmen an, die benötigt werden, um alle Aufgaben zu erledigen bzw. alle Stellen zu besetzen. Der Bruttopersonalbedarf ergibt sich in der Regel aus dem Stellenplan eines Unternehmens.
- Anschließend wird der Ist-Personalbestand festgestellt. Dieser gibt die aktuelle Zahl der Beschäftigten wieder.
- Im nächsten Schritt werden die Abgänge aus dem Unternehmen berücksichtigt. Diese können verursacht werden z. B. durch:
  - Kündigung,
  - Ruhestand,
  - Freiwilliges Soziales Jahr etc.,
  - Bundesfreiwilligendienst,
  - Schwangerschaft,
  - Tod,
  - Versetzung,
  - Beförderung.
- Schließlich muss noch die Zahl der Zugänge ermittelt werden. Berücksichtigt werden müssen also z. B.:
  - Rückkehrer vom Freiwilligen Sozialen Jahr,
  - Rückkehrer vom Bundesfreiwilligendienst,
  - Rückkehrer aus Mutterschutz bzw. Elternzeit,
  - geplante Neueinstellungen.
- Die ermittelten Informationen werden am besten in einer Tabelle festgehalten, um den Nettopersonalbedarf für einen zukünftigen Zeitraum zu ermitteln.

Abhängig von der Berechnung des Nettopersonalbedarfs kann die Personalabteilung ganz konkrete Maßnahmen ergreifen:

- Wird ein Nettopersonalbedarf von null ermittelt, wird der Bruttopersonalbedarf vollständig vom künftigen Personalbestand gedeckt.
- Liegt ein Nettopersonalbedarf vor, der größer als null ist, sollten Personalbeschaffungsmaßnahmen ergriffen werden.
- Ist der Nettopersonalbedarf dagegen kleiner als null, bedeutet dies, dass ein Personalüberhang vorliegt und ggf. entsprechende Maßnahmen ergriffen werden müssen.

BEISPIEL

Herr Hoffmann arbeitet in einer Erfa-Gruppe (Erfahrungsaustauschgruppe) mit Unternehmern anderer Branchen zusammen. Dort stellt gerade Stefan Rindelhardt die Baumarktkette Rindelhardt vor:

„Die Filialen in der Baumarktkette Rindelhardt GmbH sind in regionale Bezirke zusammengefasst. Ich zeige mal am Beispiel des Bezirks Südniedersachsen unsere quantitative Personalplanung." Er präsentiert folgende Tabelle:

Soll-Personalbedarf laut Stellenplan (Bruttopersonalbedarf)		900 Beschäftigte
./. aktueller Personalstand		830 Beschäftigte
= Personalunterdeckung		70 Beschäftigte
+ zu ersetzende Abgänge		42 Beschäftigte
a) sichere Abgänge		
• Freiwilliges soziales Jahr/Bundesfreiwilligendienst	10	
• Mutterschutz	8	
• Ruhestand	10	
b) erfahrungsgemäße Fluktuation	14	
./. feststehende Zugänge		28 Beschäftigte
• Rückkehrer Freiwilliges Soziales Jahr/Bundesfreiwilligendienst	4	
• Rückkehrer Elternzeit	6	
• Übernahme aus Ausbildungsverhältnis	18	
= Nettopersonalbedarf		84 Beschäftigte

Die Personalabteilung muss für den Planungszeitraum 84 neue Mitarbeitende gewinnen.

AUFGABEN

1. Erläutern Sie, was man unter der Personalbedarfsplanung versteht.
2. Begründen Sie, warum es wichtig ist, dass Unternehmen ständig und systematisch den Personalbestand untersuchen.
3. Unterscheiden Sie qualitative und quantitative Personalbedarfsplanung.
4. Nennen Sie Hilfsmittel, die der qualitativen Personalbedarfsplanung zur Verfügung stehen.
5. Führen Sie Rechte auf, die der Betriebsrat im Zusammenhang mit der Personalbedarfsplanung hat.
6. Stellen Sie den Nettopersonalbedarf der Hoffmann KG fest. Die Hoffmann KG hat die folgenden Zahlen ermittelt:

Es werden demnächst zehn Rückkehrer vom Bundesfreiwilligendienst und zwei aus der Elternzeit als Zugang erwartet. Vier Auszubildende werden übernommen. Als sichere Abgänge kennt man 22 Teilnehmer am Freiwilligen Sozialen Jahr/Bundesfreiwilligendienst und neun in der Mutterschutz gehende Beschäftigte. 41 Ruheständler müssen ersetzt werden. Erfahrungsgemäß ist in einem Planungszeitraum mit weiteren zehn Arbeitskräften zu rechnen, die aus bestimmten Gründen das Unternehmen verlassen. Der aktuelle Personalstand beträgt 570 Mitarbeitende. Laut Stellenplan hat das Unternehmen einen Personalbedarf von 600 Mitarbeitenden.

7. Ermitteln Sie mithilfe einer selbst erstellten Excel-Tabelle den Nettopersonalbedarf der Baustoff-Fachmarktkette Koberstein GmbH:

Dort werden demnächst vier Rückkehrer vom Bundesfreiwilligendienst und vier aus der Elternzeit als Zugang erwartet. 14 Auszubildende werden übernommen. Als sichere Abgänge werden neun Bufdis und zwei in den Mutterschutz gehende Beschäftigte erwartet. 14 Ruheständler müssen ersetzt werden. Erfahrungsgemäß ist in einem Planungszeitraum mit weiteren zehn Arbeitskräften zu rechnen, die aus bestimmten Gründen das Unternehmen verlassen. Der aktuelle Personalstand beträgt 534 Mitarbeitende. Laut Stellenplan hat das Unternehmen einen Personalbedarf von 672 Mitarbeitenden.

8. Erstellen Sie in Gruppenarbeit mithilfe von Excel ein Anforderungsprofil für eine Stelle in einem kaufmännischen Ausbildungsberuf Ihrer Wahl.

   a) Untersuchen Sie, welche zehn Anforderungen den neu zu schaffenden Arbeitsplatz am besten darstellen.

   b) Vergleichen Sie, inwieweit Sie und Ihr Partner bzw. Ihre Partnerin den Anforderungen entsprechen.

   c) Halten Sie dies in der Excel-Tabelle grafisch fest.

9. Laut Stellenplan hat das Unternehmen in der Filiale Kassel einen Personalbedarf von 184 Mitarbeitenden. Der aktuelle Personalstand beträgt momentan 168 Mitarbeitende. Dort werden demnächst drei Rückkehrer vom Bundesfreiwilligendienst und fünf aus der Elternzeit als Zugang erwartet. Fünf Auszubildende werden dort übernommen. Als sichere Abgänge werden vier Bufdis und zwei in den Mutterschutz gehende Beschäftigte erwartet. Fünf Ruheständler müssen ersetzt werden. Erfahrungsgemäß ist in einem Planungszeitraum in Kassel mit weiteren acht Arbeitskräften zu rechnen, die aus bestimmten Gründen das Unternehmen verlassen. Berechnen Sie den Nettopersonalbedarf für die Filiale in Kassel.

ZUSAMMENFASSUNG

Personalbedarfsplanung
- ermittelt den zukünftigen Bedarf an Mitarbeitenden im Unternehmen
- stellt Mitarbeitende zur Verfügung

- in der benötigten Anzahl
- am richtigen Ort
- zur richtigen Zeit
- für die benötigte Dauer

- für die richtigen Aufgabenbereiche
- mit den benötigten Anforderungen und Qualifikationen

quantitative Personalplanung
Wie viele Mitarbeitende werden benötigt?

qualitative Personalplanung
Welche Anforderungen müssen mögliche Stelleninhaber erfüllen?

7.4 Menschliche Arbeitsleistung und Personalentwicklung

Herr Hoffmann macht sich Sorgen: Einige Arbeitskräfte sind häufig krank, andere kommen immer zu spät, und insgesamt hat er das Gefühl, dass es vielen an Motivation zur Arbeit fehlt.

Was motiviert bei der Arbeit?

Umfrage: „Was motiviert Sie persönlich am meisten bei der Arbeit?"
(Mehrfachnennungen möglich; Angaben in Prozent)

gutes Verhältnis zu Kolleginnen und Kollegen **75**

spannende Tätigkeit **52**

flexible Arbeits- und Arbeitszeitmodelle **46**

Sonstiges **4,5**

gute Karrierechancen **11,5**

Zusatzangebote des Arbeitgebers (z. B. Versicherungen, Dienstwagen) **12**

Erfolgsprämien **12,5**

hohes Gehalt **33**

Datenquelle: EY-Jobstudie, März 2023. Befragt wurden 1 550 Beschäftigte in Deutschland.

Zudem hat er das Problem, dass er mit der Hoffmann KG expandieren möchte. Allerdings sieht er sich dem Fachkräftemangel auf dem Arbeitsmarkt entgegen.

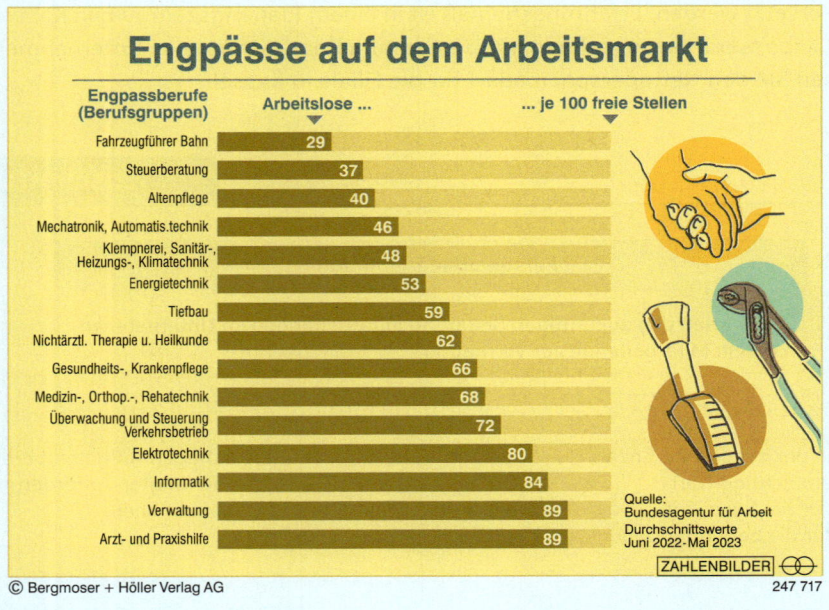

Engpässe auf dem Arbeitsmarkt

Engpassberufe (Berufsgruppen)	Arbeitslose ... je 100 freie Stellen
Fahrzeugführer Bahn	29
Steuerberatung	37
Altenpflege	40
Mechatronik, Automatis.technik	46
Klempnerei, Sanitär-, Heizungs-, Klimatechnik	48
Energietechnik	53
Tiefbau	59
Nichtärztl. Therapie u. Heilkunde	62
Gesundheits-, Krankenpflege	66
Medizin-, Orthop.-, Rehatechnik	68
Überwachung und Steuerung Verkehrsbetrieb	72
Elektrotechnik	80
Informatik	84
Verwaltung	89
Arzt- und Praxishilfe	89

Quelle: Bundesagentur für Arbeit
Durchschnittswerte Juni 2022- Mai 2023

ZAHLENBILDER

247 717

© Bergmoser + Höller Verlag AG

Ermitteln Sie, mit welchen Maßnahmen die Geschäftsführung der Hoffmann KG die Einsatzbereitschaft ihrer Mitarbeiterinnen und Mitarbeiter erhöhen könnte.

Leistungsbereitschaft und Leistungsvermögen

Viele Unternehmen sehen momentan einem enormen Arbeitsaufwand auf sich zukommen. Der Bewältigung dieser zusätzlichen Arbeitsaufgaben kann einerseits dadurch begegnet werden, dass die vorhandenen Mitarbeiter und Mitarbeiterinnen mit verschiedenen Maßnahmen der Fort- und Weiterbildung als auch der Personalentwicklung motiviert werden. Ebenfalls kann versucht werden, neues Personal zu gewinnen. Vor dem Hintergrund des Fachkräftemangels muss die Arbeit im Unternehmen für zukünftige Fachkräfte attraktiv gemacht werden. Dies kann unter anderem geschehen durch flexible Arbeitszeitregelungen oder die Anwendung moderner Führungsstile.

Mitarbeitermotivation

Zwischen der Einsatzbereitschaft der Beschäftigten, der Kundenzufriedenheit und dem Unternehmensergebnis besteht ein Zusammenhang. Höher motivierte Mitarbeiterinnen und Mitarbeiter bemühen sich stärker um die Zufriedenheit der Kunden. Das führt in der Regel zu besseren Unternehmensergebnissen. Das wiederum führt zu mehr Anerkennung und Einsatzbereitschaft bei den Beschäftigten.

Immer mehr Unternehmen erkennen, dass zufriedene Mitarbeiterinnen und Mitarbeiter eine entscheidende Grundlage für Markterfolg sind, und handeln dementsprechend.

Möglichkeiten der Mitarbeitermotivation sind:

- **eine der Leistung angemessene Bezahlung**
  Neben dem Grundentgelt fördern leistungsbezogene Zulagen (z. B. Umsatzprämien) die Leistungsbereitschaft der Mitarbeitenden.

- **vermögenswirksame Leistungen, betriebliche Sozialleistungen wie Betriebsrente, Berufsunfähigkeitsversicherung**

- **Mitarbeiterbeteiligung am Unternehmenserfolg**
  z. B. Aktienoptionen

- **Mitarbeiterbeteiligung an Entscheidungen**
  Mitarbeitende, die in den für ihren Arbeitsbereich wichtigen Entscheidungsprozess mit einbezogen werden, bringen normalerweise bessere Leistungen. Die Beschäftigten fühlen sich ernst genommen. Sie können ihr Erfahrungswissen mit einbringen. Ihr Selbstwertgefühl steigt.

- **Anerkennung der Mitarbeiterleistungen**
  Die meisten Beschäftigten haben in ihrem Arbeitsalltag viele Aufgaben zu bewältigen. Den weitaus größten Teil davon erledigen sie fehlerfrei. Das muss anerkannt werden. Schon ein kleines Dankeschön kann Wunder wirken. Nichts spornt Menschen mehr an als die Überzeugung, dass sich die Vorgesetzten wirklich für ihr Wohlergehen interessieren.

- **herausfordernde Aufgaben**
  Anspruchsvolle Aufgaben regen die persönliche Entwicklung der Beschäftigten und deren Lust am Job an.

- **flexible Arbeitszeiten**

  Jeder Mensch hat seinen eigenen Rhythmus. Wenn er diesen bei der Arbeitszeitgestaltung mehr berücksichtigen darf, werden seine Voraussetzungen, Leistungen zu erbringen, verbessert.

- **Förderung des Betriebsklimas**

  Eine positive Stimmung im Unternehmen ist Grundvoraussetzung für motivierte Mitarbeitende.

BEISPIEL

Jahresarbeitszeit bei bekanntem Maschinenbauer

Ein bekanntes Maschinenbauunternehmen hat für seine Mitarbeiterinnen und Mitarbeiter die Wochenarbeitszeit abgeschafft. Eingeführt wurde nun die Jahresarbeitszeit: Danach sollten die Beschäftigten insgesamt 1610 Stunden arbeiten – diese Stundenzahl darf um höchstens 25 Stunden überschritten und um 40 Stunden unterschritten werden. Innerhalb des Geschäftsjahres kann jeder (abhängig zum Beispiel vom Arbeitsanfall oder der Zahl der geleisteten Überstunden) die Arbeitszeit so verteilen, wie er möchte.

Fort- und Weiterbildung

Veränderung der Anforderungen

Die in der Ausbildung erworbenen Qualifikationen (Kenntnisse, Fertigkeiten und Fähigkeiten) reichen nicht aus, um ein ganzes Berufsleben lang im Beruf bestehen zu können. Veränderungen und neue Entwicklungen in der Arbeitswelt führen zu veränderten Anforderungen an die Qualifikation der Beschäftigten in einem Unternehmen.

Qualifikationsänderungen ergeben sich u. a. aus:

- der Einführung neuer Techniken, z. B. EDV-gestützte Warenwirtschaftssysteme,
- steigenden Ansprüchen der Kunden, z. B. nach mehr Beratung und mehr Service,
- häufigen Veränderungen im Produktionsprogramm oder Sortiment, z. B. durch Modeänderungen oder neue technische Entwicklungen,
- neuen Vertriebswegen, z. B. der Nutzung von E-Commerce.

Weiterbildung am Arbeitsplatz

Mitarbeiterinnen und Mitarbeiter, die ihre Fachkenntnisse und beruflichen Fähigkeiten mithilfe ihres Unternehmens fortlaufend verbessern können, arbeiten motivierter. Einen Teil der neuen Kenntnisse und Fertigkeiten können sich die Beschäftigten am Arbeitsplatz aneignen, z. B.:

- durch innerbetriebliche Schulungen,
- durch Fragen an erfahrene Kolleginnen und Kollegen sowie und Vorgesetzte,
- durch Studium von Produkt- und Verkaufsinformationen, Prospekten und Katalogen der Hersteller.

Ihre Fachkenntnisse können Beschäftigte erweitern durch:

- Fachbücher und Fachzeitschriften,
- Schulungsmaterial der Hersteller,
- Informationsmaterial von Fachverbänden und Gütezeichengemeinschaften.

Fort- und Weiterbildungsmaßnahmen

Für Personen, die im Beruf vorankommen wollen, ist die Teilnahme an Fort- und Weiterbildungs-maßnahmen unumgänglich. Möglichkeiten der Fort- und Weiterbildung bieten u. a.:

- betriebsinterne Weiterbildungsmaßnahmen,
- die Industrie- und Handelskammern,
- Fachschulen:
  An verschiedenen Fachschulen kann man sich in einem bis zu zweijährigem Studium zum Betriebswirt in einer bestimmten Fachrichtung ausbilden lassen.
- Volkshochschulen:
  In Volkshochschulen können Ar-beitskräfte nützliche Zusatzkennt-nisse auf vielen Gebieten (z. B. Fremdsprachen, EDV) erwerben und eventuell vorhandene Wissenslü-cken (z. B. in Mathematik, Buchfüh-rung, Rechtschreibung) auffüllen.

Lernen kann Spaß machen

- Weiterbildungseinrichtungen:
  Diese bieten u. a. Verkaufstrainings-kurse, Lehrgänge zu Fragen der Wa-renbeschaffung, Gesprächstechnik, Datenverarbeitung, Absatzplanung, des kaufmännischen Rechnungswe-sens, Steuerrechts, Personalwesens an.

Anpassungsweiterbildung

Da Veränderungen und neue Entwicklungen in der Arbeitswelt (z. B. Onlinehandel, KI) regelmäßig zu veränderten Anforderungen an die Qualifikation von Beschäftigten führen, reichen die in der Ausbildung erworbenen Qualifikationen nicht für das gesamte Berufsleben aus. Durch die Teilnah-me an Fort- und Weiterbildungsmaßnahmen können sich Arbeitnehmerinnen und Arbeitnehmer so weiterentwickeln, dass sie den veränderten Anforderungen an ihrem Arbeitsplatz gerecht werden.

Aufstiegsweiterbildung

Für Beschäftigte, die beruflich weiterkommen möchten, ist die Teilnahme an Weiterbildungsmaß-nahmen unerlässlich.

> **BEISPIEL**
>
> Für Einzelhandelskaufleute beispielsweise ist es sinnvoll, die Prüfung zum Geprüften Handels-fachwirt/zur Geprüften Handelsfachwirtin oder zum Handelsassistenten/zur Handelsassistentin vor einem Prüfungsausschuss der Industrie- und Handelskammer (IHK) abzulegen. Vorausset-zung für die Zulassung zu dieser Prüfung ist die bestandene Abschlussprüfung in einem kauf-männischen Ausbildungsberuf und eine anschließende, mindestens zweijährige Berufspraxis.

Personen, die keine erfolgreich abgeschlossene Berufsausbildung in einem kaufmännischen Aus-bildungsberuf besitzen, müssen hier eine mindestens fünfjährige Berufspraxis nachweisen, um zur Prüfung zugelassen zu werden. Mit ihrer erfolgreich bestandenen Prüfung zum Geprüften Han-delsfachwirt/zur Geprüften Handelsfachwirtin weisen Kaufleute im Einzelhandel nach, dass sie ge-hobene Aufgaben in einem Unternehmen wahrnehmen können (z. B. Koordinationsaufgaben und Leitungsaufgaben auf der mittleren Führungsebene).

Da der externe Weiterbildungsmarkt sehr unübersichtlich und die unterschiedlichen Weiterbildungsangebote so vielschichtig und schwer vergleichbar sind, ist die Information und die Auswahl geeigneter Veranstaltungen nicht einfach. Wichtige Informationsquellen sind:

- öffentliche Weiterbildungsberatungsstellen,
- die IHK-Datenbank WiS – Das Weiterbildungsinformationssystem (www.wis.ihk.de),
- die Datenbank für Aus- und Weiterbildung der Agentur für Arbeit KURS (www.arbeits-agentur.de).

Arbeitszeitgestaltung

Die Abstimmung der Arbeitszeiten mit dem tatsächlichen Arbeitsaufkommen ist eine der wichtigsten Anforderungen an den Personaleinsatz. Mit einer Vielzahl von **Arbeitszeitsystemen** lassen sich individuelle, sowohl für das Unternehmen als auch für die Beschäftigten vertretbare Lösungen finden.

Starre Arbeitszeitsysteme

Die klassische Form der Arbeitszeitregelung ist die starre Arbeitszeit. Die Beschäftigten haben dabei einen gleichbleibend festen Arbeitsbeginn und ein festes Arbeitsende.

BEISPIEL

Die Hoffmann KG in ihrer Verwaltung hatte bis jetzt ein starres Arbeitszeitsystem. Dies beinhaltete eine bestimmte Anzahl von Wochenstunden (38,5 Wochenstunden), die für alle Mitarbeitende des Betriebs galten, und gleichzeitig eine bestimmte tägliche Arbeitszeit (Montag bis Donnerstag acht Arbeitsstunden pro Tag, Freitag 6,5 Arbeitsstunden) mit festem Arbeitsbeginn und Arbeitsende.

9:00 Uhr	Pause	Pause	Pause	**18:00 Uhr**

Zeit

15 Min.
10:30–10:45 Uhr

30 Min.
13:30–14:00 Uhr

15 Min.
16:00–16:15 Uhr

Strukturprinzipien starrer Arbeitszeitsysteme			
Pünktlichkeit	**Fremdsteuerung**	**Gleichzeitigkeit**	**Uniformität**
Anfang und Ende der Arbeitszeit sind durch die betriebliche Ordnung genau festgelegt.	Die Beschäftigten haben keinen Einfluss auf die verbindlich vorgeschriebene Zeitordnung.	Alle Erwerbstätigen sind möglichst zur gleichen Zeit erwerbstätig bzw. treten zur gleichen Zeit ihre Freizeit an.	Die Arbeitszeitordnungen sind weitgehend einheitlich und gleichförmig.

Solche starren Arbeitszeitsysteme erfüllen häufig weder betriebliche Erfordernisse noch kommen sie den Mitarbeiterbedürfnissen entgegen.

Starre Arbeitsformen sind angesichts des steigenden Konkurrenzdrucks und wachsender Personalkosten also nicht mehr zeitgemäß. Wer auch in Zukunft wettbewerbsfähig bleiben will, muss die Arbeit im Unternehmen so organisieren, dass Personal und Maschinen optimal für die Bewältigung der anstehenden Aufträge eingesetzt werden können. Deshalb werden heute in immer mehr Unternehmen flexible Arbeitszeitmodelle angewandt.

Flexible Arbeitszeitmodelle

Modelle flexibler Arbeitszeitgestaltung

Arbeitszeitkonten
Verbuchung der persönlichen Arbeitszeiten; Ausgleich der Zeitguthaben oder -schulden innerhalb bestimmter Fristen.

Gleitzeit
Anwesenheitspflicht in der Kernzeit; Arbeitsbeginn und -ende sind innerhalb der Gleitzeitspanne variabel.

Funktionszeit
Zeit, in der ein Betriebsbereich funktionsfähig sein muss; die individuellen Arbeitszeiten legt das Team eigenständig fest.

Vertrauensarbeitszeit
Aufgabenorientierte Arbeitszeitorganisation ohne formelle Zeiterfassung; e genverantwortliche Zeiteinteilung der Beschäftigten.

Teilzeitarbeit
Arbeitszeit ist kürzer als bei vergleichbarer Vollzeitbeschäftigung – täglich, wöchentlich, saisonal oder in mehrjährigen Zeiträumen.

Arbeit auf Abruf
Grundvereinbarung über die durchschnittliche Wochenstundenzahl. Abruf der Arbeitsleistung je nach Bedarf.

Wahlarbeitszeit
Auf Stoßzeiten abgestimmter Personalbedarfsplan; daraus Wahl der Einsatzzeiten nach Absprache mit Kollegen.

Telearbeit
Arbeit zu Hause oder an Außenstandorten. Relativ freie Zeiteinteilung. Verbindung zum Betrieb durch Datenleitungen usw.

ZAHLENBILDER

© Erich Schmidt Verlag

240 051

Mithilfe flexibler Arbeitszeitmodelle ist es möglich, die traditionellen und starren Arbeitszeitregelungen beweglicher zu gestalten, um auf branchen-, betriebs- und mitarbeiterspezifische Umstände und Bedürfnisse reagieren zu können. Flexble Arbeitszeitmodelle zeichnen sich in Abgrenzung zu den starren Arbeitszeitformen in erster Line dadurch aus, dass

- die Arbeitszeitbedingungen und Anwesenheiten der Beschäftigten unterschiedlich sein können,
- die Beschäftigten die eigenen Arbeitszeiten mitgestalten können,
- die individuellen Arbeitszeiten zum Teil erheblich von den Betriebszeiten abweichen können.

Chronometrische Arbeitszeitmodelle
Chronometrische Arbeitszeitmodelle sind Arbeitszeitregelungen, die die Dauer der Arbeitszeit verändern.

Teilzeitarbeit
Teilzeitarbeit liegt vor, wenn die Menge der individuell vereinbarten Arbeitszeit einer Arbeitnehmerin oder eines Arbeitnehmers geringer ist als die regelmäßige (tarifliche) Arbeitszeit für vergleichbare Vollzeitkräfte. Der zugrunde liegende Vergleichszeitraum kann hierbei einer Tag eine

Woche, einen Monat oder gar ein Jahr betragen. Der Anteil der Teilzeitbeschäftigten nahm im Laufe der letzten Jahre stetig zu.

Altersteilzeit

Bei der Altersteilzeit (gleitender Ruhestand) bestimmt nicht mehr nur das kalendarische Alter die Ruhestandsgrenzen. Es wird vielmehr ein zeitlicher Rahmen gesteckt, in dem Arbeitskräfte selbst bestimmen, wann sie die erwerbswirtschaftliche Tätigkeit beenden. Die Beschäftigten sollen den Austritt aus dem Erwerbsleben schrittweise, also gleitend, vornehmen können, um sich auf den Wechsel ihrer Lebensumstände entsprechend vorbereiten zu können. Sie erhalten die Gelegenheit, die eigene Arbeitszeit bei Eintritt bestimmter Voraussetzungen (z. B. ab einem gewissen Lebensalter) über einen längeren Zeitraum hinweg ständig zu verkürzen, bis sie vollständig aus dem Erwerbsleben ausscheiden. Hauptvorteile eines solchen Modells sind u. a.:

- Die abnehmende Belastbarkeit älterer Beschäftigter wird durch den gleitenden Übergang in den Ruhestand ausgeglichen.
- Den älteren Beschäftigten wird eine bessere Vorbereitung auf den Ruhestand ermöglicht. Der sogenannte Pensionierungsschock kann vermieden werden.
- Das Unternehmen kann dadurch länger auf Erfahrungen und Qualifikationen der Beschäftigten zugreifen.

Chronologische Arbeitszeitmodelle

Bei chronologischen Arbeitszeitmodellen können die individuellen Arbeitszeiten hinsichtlich ihrer Lage verändert werden. Dabei erfolgt oft eine Entkopplung von Arbeitszeit der Beschäftigten und Betriebszeit des Unternehmens.

Schichtarbeit

Bei Schichtarbeit wird die Arbeit zu verschiedenen Tages- und/oder Nachtzeiten von verschiedenen Arbeitskräften nacheinander am selben Arbeitsplatz verrichtet. Diese Art der Arbeitszeitform ermöglicht es, die individuelle Arbeitszeit von der Betriebszeit abzukoppeln. Gleichzeitig können die Betriebszeiten sowie die Kapazitäten erweitert werden, ohne die Kapazitätsstruktur des Unternehmens technisch und baulich zu verändern.

Gleitzeit

Bei der gleitenden Arbeitszeit haben die einzelnen Mitarbeitenden keinen festen Arbeitsbeginn und kein festes Arbeitsende. Sie können diese Termine in bestimmten Grenzen selbst wählen. Bei diesem Arbeitszeitmodell wird in der Regel lediglich eine Kernzeit (Funktionszeit) festgelegt, in der alle Arbeitnehmerinnen und Arbeitnehmer anwesend sein müssen. Die Arbeitszeiten vor und nach dieser Kernzeit – die sogenannten Gleitzeiten – sind frei gestaltbar. Sie müssen nur insgesamt die vereinbarte Wochenarbeitszeit ergeben. Eine Zeiterfassung ist bei der gleitenden Arbeitszeit erforderlich.

BEISPIEL

Ein Mitbewerber der Hoffmann KG, die Ledig KG, hat das folgende Arbeitszeitmodell:

- In der Eingleitspanne von 6:30 Uhr bis 9:00 Uhr können die Arbeitskräfte den Beginn der Arbeitszeit selbst bestimmen.
- Der Zeitraum zwischen 9:00 und 15:00 Uhr gilt als Kernzeit: Jeder Mitarbeitende muss anwesend sein.
- In der Ausgleitspanne zwischen 15:00 und 19:00 Uhr kann das Ende der Arbeit selbst bestimmt werden.

Vertrauensarbeitszeiten

In einigen Unternehmen mit einer offenen Unternehmenskultur gibt es auch Vertrauensarbeitszeitmodelle. In solchen Unternehmen gelten die Mitarbeitenden mit ihrem Wissen und Können als wichtigstes Firmenkapital. Die Anerkennung der Leistung der Beschäftigten hängt von ihren Arbeitsergebnissen, nicht aber von ihrer Anwesenheit im Unternehmen ab. Die Beschäftigten haben dort volle Zeitsouveränität. Das Unternehmen vertraut darauf, dass sie ihre Aufgaben erfüllen, und verzichtet auf die Kontrolle der Arbeitszeit. Die Mitarbeitenden können in solchen Unternehmen eigenverantwortlich entscheiden, wann (und wo) sie ihre Aufgaben erfüllen.

Wahlarbeitszeit

Bei der Wahlarbeitszeit wird ein Einsatzplan erstellt, in den sich die Arbeitskräfte eintragen können bzw. in dem sie eingetragen werden. Abhängig von Vorgaben der Unternehmensleitung können die Beschäftigten ihre Arbeitszeit individuell in der Arbeitsgruppe, Filiale oder Abteilung festlegen. Ziel ist es, dass zu Stoßzeiten mehr Beschäftigte im Unternehmen sind als zu beschäftigungsarmen Zeiten.

Gesetzliche Vorgaben

In größeren Betrieben wurden in Deutschland Arbeitszeiten von Beschäftigten oft immer schon durch entsprechende EDV-Systeme erfasst. In kleineren Betrieben war das häufig nicht der Fall. Nach einem Urteil des Europäischen Gerichtshofs von 2019 müssen Arbeitgeber in den EU-Mitgliedsländern, die entsprechende gesetzliche Regelungen vornehmen müssen, dafür sorgen, dass die Arbeitszeiten sämtlicher Mitarbeitenden erfasst werden, Dies gilt auch für Arbeiten im Homeoffice oder Außendienst.

Kombinierte Arbeitszeitmodelle

Merkmal kombinierter Arbeitszeitmodelle ist die Entkopplung von individueller Arbeitszeit und Betriebszeit durch eine Veränderung der Lage und der Dauer der Arbeitszeit.

Jobsharing

Beim Jobsharing teilen sich zwei (oder mehr) Beschäftigte einen Arbeitsplatz und stimmen ihre Arbeitszeit individuell miteinander ab. Die Beschäftigten sind verpflichtet, in eigener Absprache für eine dauernde Besetzung des Arbeitsplatzes im Rahmen der üblichen Betriebszeit zu sorgen. Voraussetzung dafür ist ein gutes Planungs- und Organisationsvermögen der beteiligten Beschäftigten. Das Unternehmen profitiert, indem Wissen, das mit diesem Arbeitsplatz verbunden ist, im Unternehmen bleibt, auch wenn eine Arbeitskraft ausscheiden sollte. Bei hohem Arbeitsaufkommen stehen so mehr Kapazitäten zur Verfügung und ausgefallene Arbeitskräfte können sich besser vertreten lassen.

Arbeitszeitkonto

Bei diesem Arbeitszeitmodell kann die vertraglich vereinbarte Arbeitszeit innerhalb bestimmter Vorgaben über- bzw. unterschritten werden. Die jeweils mehr oder weniger geleisteten Arbeitsstunden werden dann auf einem individuellen für die Mitarbeiterin oder den Mitarbeiter angelegten Arbeitszeitkonto erfasst. In Arbeitszeitkonten werden also Guthaben oder Fehlzeiten festgehalten, die je nach betrieblichen und privaten Anforderungen innerhalb eines vorgegebenen Zeitraums ab- bzw. aufgebaut werden kann. Sowohl der Betrieb als auch die Beschäftigten sind damit in der Lage, flexibler auf konkrete Anforderungen im Geschäfts- wie auch im Privatleben zu reagieren.

Kapazitätsorientierte variable Arbeitszeit (Arbeit auf Abruf)

Im Rahmen der kapazitätsorientierten variablen Arbeitszeit (Kapovaz) wird dem Arbeitgeber aufgrund von Einzelarbeitsverträgen das Recht eingeräumt, die Arbeitsleistung der Beschäftigten entsprechend den gegebenen betrieblichen Anforderungen festzusetzen. Das bedeutet, dass eine Arbeitnehmerin nur dann arbeitet, wenn im Betrieb für sie Arbeit anfällt und der Arbeitgeber sie abruft. In der restlichen Zeit kann die Arbeitnehmerin frei über ihre Zeit verfügen und ist nicht im Betrieb anwesend.

Im Gegenzug zur verhältnismäßig flexiblen Verfügbarkeit garantiert der Arbeitgeber ein im Vorfeld vertraglich vereinbartes Arbeitszeitkontingent von einer im Durchschnitt zu leistenden wöchentlichen Arbeitszeit (z. B. 20 Stunden). Es liegt also ein dauerhaftes Arbeitsverhältnis vor. Ob die vereinbarte durchschnittliche wöchentliche Arbeitszeit abhängig von der Bedarfslage mehr oder minder regelmäßig, in Blöcken oder am Stück mit entsprechend langen Freizeitblöcken abzuleisten ist, entscheidet aber der Arbeitgeber anhand des Arbeitsaufkommens. Er muss jedoch eine vorgeschriebene Abruffrist von mindestens vier Tagen einhalten. Besondere Verbreitung findet Kapovaz im Einzelhandel und in Produktionsbetrieben – hier besonders in Kombination mit Schichtarbeitssystemen.

Sabbatical

Ein Sabbatical ist eine Art Langzeiturlaub. Vor dem Antreten des Sabbaticals leistet der Arbeitnehmer über einen längeren genau festgelegten Zeitraum Mehrarbeit. Deren Wert wird aber nicht

ausgezahlt, sondern auf einem Langzeitkonto gutgeschrieben. Durch eine schrittweise Auszahlung seiner Entlohnung aus diesem Guthaben finanziert der Arbeitnehmer anschließend sein Sabbatical. Oft entschließen sich Arbeitnehmer aus persönlichen Gründen für ein Sabbatical, z. B. Hausbau, längere Reisen, Neuorientierung, Vermeidung eines Burnouts, Betreuung von Kindern oder pflegebedürftigen Angehörigen. Ein Sabbatical kann auch für die berufliche Weiterbildung genutzt werden, z. B. Fortbildung, Studium, zusätzliche Ausbildung, Auslandsaufenthalt zum Erlernen einer neuen Sprache.

„Ja, bin bereit für mein Sabbatical!"

Führungsstile

Das Arbeitsverhalten und die Leistungsbereitschaft von Beschäftigten kann auch durch die Anwendung eines richtigen Führungsstils durch Vorgesetzte gefördert werden.

Unter Führungsstil versteht man in diesem Zusammenhang die Art und Weise, wie eine Vorgesetzte oder ein Vorgesetzter Entscheidungen trifft, übermittelt, koordiniert und kontrolliert. Durch den jeweils angewandten Führungsstil prägt die/der Vorgesetzte die Beziehung zu den Beschäftigten.

In der Praxis sind unterschiedliche Haltungen und Grundeinstellungen vorgesetzter Instanzen gegenüber Untergebenen anzutreffen. Diese Führungsstile sind aber immer Ausprägungen entweder des autoritären oder des kooperativen Führungsstils.

Autoritärer Führungsstil

Beim autoritären Führungsstil trifft die Führungskraft Entscheidungen ohne Mitwirkung der Untergebenen. Den Mitarbeitenden bleibt lediglich die Ausführung der Anordnungen.

BEISPIEL

In der Elektrogroßhandlung Kunze & Wienecke ist der Umsatz einer Warengruppe weit hinter den Erwartungen zurückgeblieben. Herr Kunze beschließt daher, alle Preise zu senken. Er teilt seinen Beschäftigten diese Maßnahme mit und schreibt jedem genau vor, wie er dabei vorzugehen hat. Vorschläge der Mitarbeitenden, wie mit anderen Maßnahmen eine Umsatzsteigerung zu erreichen wäre, verbittet sich Herr Kunze in scharfer Form.

Kooperativer Führungsstil

Beim kooperativen Führungsstil versteht sich die Führungskraft als Koordinatorin. Sie entscheidet in Abstimmung mit den Mitarbeitenden. Ihre Anordnungen lassen den Mitarbeitenden angemessene Spielräume, daher können diese weitgehend selbstständig arbeiten.

> **BEISPIEL**
>
> Eine zweite Warengruppe musste in der Elektrogroßhandlung Kunze & Wienecke einen Umsatzrückgang verzeichnen. Herr Wienecke ruft seine Angestellten zu einer Besprechung zusammen. Er bittet um Vorschläge, wie eine Umsatzsteigerung erreicht werden könnte. Nach einer längeren Diskussion einigt man sich auf die Durchführung bestimmter Maßnahmen. Herr Wienecke fasst die Ergebnisse zusammen und schließt die Sitzung.

In der Praxis gibt es meistens Mischformen des kooperativen und autoritären Führungsstils in unterschiedlichen Ausprägungen.

Personalentwicklung: Bindung von Mitarbeitenden in Zeiten des Fachkräftemangels

Zur Durchführung der anfallenden Arbeiten benötigt ein Unternehmen optimal geeignete Beschäftigte. Diese Förderung versucht die Personalentwicklung zu erreichen. Zur Personalentwicklung gehören alle Maßnahmen, mit denen die Qualifikationen der Mitarbeitenden verbessert werden können. Die Personalentwicklung versucht also, die vorhandenen Leistungsmöglichkeiten der in einem Unternehmen Beschäftigten zu erfassen und optimal zu nutzen. Sie erstreckt sich auf:

- Aufstiegsentwicklung (Laufbahn, Karriere),
- Qualifikationsentwicklung (Erweiterung des Fachwissens, Spezialistenentwicklung),
- Persönlichkeitsentwicklung.

Die Personalentwicklung kann eine entscheidende Rolle bei der Bewältigung des Fachkräftemangels spielen. Momentan haben viele Unternehmen Schwierigkeiten, qualifizierte Mitarbeitende für offene Stellen zu finden. Mit bestimmten gezielten Maßnahmen kann die Personalentwicklung Kompetenzen und Fähigkeiten der vorhandenen Mitarbeitenden stärken, ihre Leistungsfähigkeit verbessern und sie auf zukünftige Herausforderungen vorzubereiten.

> **AUFGABEN**

1. Geben Sie an, durch welche Anreize sich die Leistungsbereitschaft der Arbeitnehmerinnen und Arbeitnehmer in einem Unternehmen erhöhen lässt.
2. Begründen Sie, warum Beschäftigte an Anpassungsfortbildungen teilnehmen sollten.
3. Erstellen Sie eine Liste von Weiterbildungsmaßnahmen, die den beruflichen Aufstieg eines Arbeitnehmers/einer Arbeitnehmerin fördern.
4. Ermitteln Sie, wodurch Ihre Mitschülerinnen und -schüler an ihrem Arbeitsplatz besonders motiviert werden können.
   a) Entwickeln Sie mit Ihren Mitschülerinnen und Mitschülern einen Fragebogen zur Erfassung der Arbeitsmotivation.
   b) Beantworten Sie den Fragebogen anonym.
   c) Werten Sie die Fragebögen aller Schülerinnen und Schüler Ihrer Klasse aus und stellen Sie das Ergebnis als tabellarische Übersicht auf einer Folie dar.
5. Geben Sie an, welche Möglichkeiten ein Unternehmen hat, wenn die Anforderungen an eine Stelle größer sind als die Qualifikationen der/des Beschäftigten?
6. Unterscheiden Sie Jobenlargement und Jobenrichment.

7. Erläutern Sie, was starre Arbeitszeiten sind.

8. Skizzieren Sie, welche Zielsetzungen flexible Arbeitszeitmodelle verfolgen.

9. Unterscheiden Sie chronologische von chronometrischen Arbeitszeitmodellen.

10. Erläutern Sie kurz zwei chronometrische Arbeitszeitmodelle.

11. Unterscheiden Sie zwischen Kern- und Gleitzeit.

12. Entscheiden Sie, für welchen Begriff die folgende Definition gilt:
    - „Dieses Arbeitszeitmodell liegt dann vor, wenn
    - eine Arbeitgeberin oder ein Arbeitgeber mit zwei oder mehreren Beschäftigten vereinbart, dass diese sich die Arbeitszeit an einem Arbeitsplatz teilen,
    - zwischen diesen eine enge organisatorische und/oder inhaltliche Verknüpfung besteht,
    - diese die Aufteilung von Lage und Verteilung der Arbeitszeit untereinander selbst bestimmen."

13. Geben Sie an, in welchen Bereichen sehr häufig die kapazitätsorientierte, variable Arbeitszeit angewandt wird.

14. Entscheiden Sie, welches Arbeitszeitmodell in dem folgenden Text angesprochen wird.

> Sandra träumt schon seit Langem davon, eine Weltreise zu machen – einfach weg, kopfüber ins Abenteuer! Mal raus aus dem Beruf, raus aus dem Alltag. Nicht ganz, nicht für immer, nur für eine gewisse Zeit. Für ihren Traum tut sie auch etwas: Sie hat darüber schon mit ihrem Chef gesprochen und sammelt ihre Überstunden auf einem extra Arbeitszeitkonto, Außerdem verzichtet sie seit einiger Zeit auf einen Teil ihres Gehalts, das ihr der Arbeitgeber dann während ihrer Weltreise regelmäßig überweist. Schließlich muss sie ja von etwas leben! Gespart hat sie außerdem auch noch etwas. „Welt, ich komme!"

15. Besuchen Sie die Internetseite www.arbeitsratgeber.com/gleitzeit-flexible-arbeitszeitgestaltung/
    Klären Sie die Begriffe „einfache" und „qualifizierte Gleitzeit".

16. Machen Sie Vorschläge, welche Gleitzeitform sich in den folgenden Fällen anbietet:
    a) Die Wagesmacher GmbH hat von 9:30 Uhr–15:15 Uhr großen Kundenzulauf.
    b) Mehrere Kolleginnen in der Nikolov KG haben Kinder. Die Tagesmütter stehen allerdings an zwei Nachmittagen in der Woche nicht zur Verfügung.

17. Entscheiden Sie, welches Arbeitszeitmodell in den folgenden Fällen vorliegt. Führen Sie jeweils einen Vorteil und einen Nachteil des jeweiligen Modells auf.

a)

c)

b)

d)

18. Erläutern Sie, warum die Gestaltung des Führungsverhaltens eine wichtige Aufgabe der Organisation ist.
19. Begründen Sie jeweils, welcher Führungsstil vorliegt:
    a) Den Sachbearbeitern werden die Entscheidungen der Abteilungsleiterin schriftlich ohne zusätzliche Information mitgeteilt.
    b) Ein Abteilungsleiter bespricht ein anstehendes Problem gemeinsam mit seinen Sachbearbeiterinnen.
    c) Ein Vorgesetzter ordnet eine Maßnahme an. Auf Einwände und Hinweise seiner Untergebenen reagiert er mit den Worten: „Noch bin ich hier der Abteilungsleiter!"
20. Nennen Sie jeweils zwei Vor- und Nachteile des a) autoritären und b) kooperativen Führungsstils.
21. Beschreiben Sie, welcher Führungsstil in Ihrem Praktikumsbetrieb vorherrscht. Begründen Sie Ihre Einschätzung.
22. Diskutieren Sie, ob bei der Anwendung der Führungstechniken grundsätzlich ein kooperativer Führungsstil notwendig ist.

ZUSAMMENFASSUNG

Motivation
für Arbeitnehmerinnen und Arbeitnehmer sind besonders:

- eine ihrer Leistung angemessene Bezahlung
- Mitarbeiterpartizipation
- Anerkennung ihrer Leistungen
- herausfordernde Aufgaben
- positives Betriebsklima
- Fort- und Weiterbildung
- flexiblere Arbeitszeiten

Starre Arbeitszeiten

- traditionelles Arbeitszeitsystem
- gleichbleibend feste Arbeitszeiten

Wunsch nach besserer Anpassung an Interessen des Unternehmens und der Mitarbeitenden

Flexible Arbeitszeitmodelle

Veränderung der

| Dauer der Arbeitszeit | Lage der Arbeitszeit | Dauer *und* Lage der Arbeitszeit |

Chronometrische Arbeitszeitmodelle

- Teilzeitarbeit
- Altersteilzeit

Chronologische Arbeitszeitmodelle

- Schichtarbeit
- Gleitzeit

Kombinierte Arbeitszeitmodelle

- Jobsharing
- Arbeitszeitkonto
- Kapovaz
- Sabbatical

```
                        ┌─────────────────────────────────┐
                        │             Führung             │
                        ├─────────────────────────────────┤
                        │ = Beeinflussung des Verhaltens  │
                        │   von Untergebenen zur          │
                        │   Erreichung eines festgelegten │
                        │   Unternehmensziels             │
                        └─────────────────────────────────┘
```

Führungsstil	Entscheidungssystem
= Verfahren der Weisungserteilung	= Art und Weise, wie es in einer aus mehreren Personen bestehenden Instanz zu Entscheidungen kommt

autoritärer Führungsstil	kooperativer Führungsstil	Direktorialsystem	Kollegialsystem
alleinige Entscheidung des Vorgesetzten	Mitbeteiligung der Untergebenen an der Entscheidung	Eine Person entscheidet allein.	Entscheidungen werden von mehreren Personen getroffen.

7.5   Personalentlohnung

EINSTIEG

Stefanie Beyer ist zurzeit in der Abteilung Rechnungswesen der Hoffmann KG tätig. Frau Bertram, die Leiterin des Rechnungswesens, beauftragt sie, die Gehaltsabrechnung für folgende Sachbearbeiterinnen und Sachbearbeiter der Verwaltungsabteilung zu erstellen:

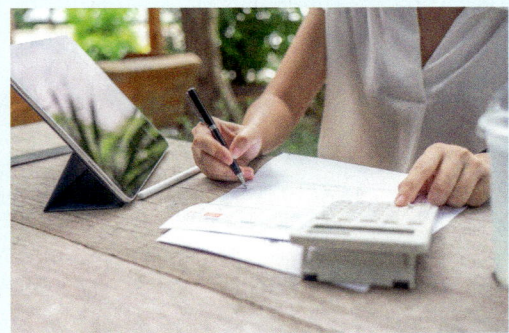

- Herr Wehrheim, Bruttomonatsverdienst 2.420,00 €, verheiratet, zwei Kinder, Steuerklasse IV, evangelisch
- Herr Wilkinson, Bruttomonatsverdienst 2.420,00 €, ledig, keine Kinder, Steuerklasse I, keine Kirchenzugehörigkeit
- Frau Wolicki, Bruttomonatsverdienst 2.760,00 €, verheiratet, keine Kinder, Steuerklasse IV, keine Kirchenzugehörigkeit
- Frau Adam, Bruttomonatsverdienst 1.325,00 €, verheiratet, ein Kind, Steuerklasse III, katholisch

Versetzen Sie sich in die Rolle von Stefanie Beyer und ermitteln Sie die Nettogehälter der Angestellten der Verwaltungsabteilung.

Dieser Bereich des Personalwesens ist für die Zahlung eines leistungsgerechten Arbeitsentgelts an die Beschäftigten zuständig. Das Arbeitsentgelt ist der Preis für geleistete unselbstständige Arbeit. Den Beschäftigten wird für die Überlassung ihrer Arbeitskraft an den Betrieb Arbeitsentgelt gezahlt. Das Arbeitsentgelt ist für sie Einkommen, für den Betrieb dagegen bedeutet er Kosten. Wegen dieser gegensätzlichen Bedeutung werden von den Unternehmen möglichst niedrige, von den Beschäftigten möglichst hohe Arbeitsentgelte angestrebt.

Die Schwierigkeit der Ermittlung eines „richtigen Maßstabs" für den Lohn hat zu zahlreichen Entlohnungsverfahren geführt, die sich meist unmittelbar aus der Praxis heraus entwickelt haben. Grundformen der Entlohnungsverfahren sind:

- Zeitlohn,
- Akkordlohn,
- Prämienlohn.

Zeitlohn

DEFINITION

Beim **Zeitlohn** wird die Anwesenheit der Mitarbeitenden im Betrieb bezahlt. Es besteht keine direkte Beziehung zur Arbeitsleistung.

Beispiele für den Zeitlohn sind das Monatsgehalt von Angestellten und der Stundenlohn von Arbeitern. Bei beiden Arbeitnehmergruppen erfolgt die Entlohnung durch Zahlung eines je Zeiteinheit gleich hohen Geldbetrags ohne Rücksicht auf die während dieser Zeit erbrachte Leistung.

BEISPIEL

Zwei Angestellte mit gleichem Aufgabenbereich bekommen trotz unterschiedlicher Leistungen das gleiche Monatsgehalt.

Maßgebend für die Entgeltzahlung ist also die im Betrieb aufgewandte Arbeitszeit und nicht die geleistete Arbeitsmenge.

Der Zeitlohn wird dort angewandt, wo

- die Qualität eine Rolle spielt. Dies ist z. B. bei komplizierten Arbeiten der Fall, bei denen es mehr auf Sorgfalt und Gewissenhaftigkeit als auf Schnelligkeit und Leistungsmenge ankommt.
- gefährliche Tätigkeiten vorliegen.
- Leistungsanreize auf Kosten der Sicherheit erfolgen könnten.
- eine Bemessung des Lohns wegen der Kompliziertheit der Arbeitsleistung nicht möglich ist.

BEISPIEL

Bei Bürotätigkeiten oder Beratungsberufen ist das Arbeitsergebnis nur schwer zu messen.

Betrachtet man das Arbeitsentgelt als betrieblichen Kostenfaktor, so führt der Zeitlohn dazu, dass die pro hergestelltem Produkt anfallenden Lohnkosten umso höher sind, je höher der Zeitverbrauch des Beschäftigten ist.

BEISPIEL

Das Arbeitsentgelt eines Arbeiters bei einem Lieferer der Hoffmann KG beträgt 12,00 €. Misst man seine Leistung an der Stückzahl der je Stunde gefertigten Produkte, so ergibt sich laut nebenstehender Tabelle:

Stück/Stunde	Lohnkosten in € je Stück
0,5	24,00
1	12,00
2	6,00
3	4,00
4	3,00
5	2,40
6	2,00

Zeitlohn	
Vorteile	**Nachteile**
• geringer Berechnungsaufwand • einfache Kontrolle des Stundennachweises • Vermeidung eines Leistungsdrucks, der Qualitätsminderungen der Erzeugnisse und höhere Unfallgefahren bewirken könnte	• Leistungsanreize fehlen: Der Zeitlohn widerspricht dem Grundsatz leistungsgerechter Entlohnung, weil er unabhängig von der erbrachten Leistung bezahlt wird. Der einzelne Arbeitnehmer kann durch Erhöhung seiner Leistung die Höhe seines Arbeitsentgelts nicht beeinflussen. • Kontrollen sind erforderlich. • Der Betrieb trägt das volle Risiko einer Minderleistung.

Akkordlohn

Beim Akkordlohn wird eine Übereinstimmung zwischen der Entlohnung des einzelnen Beschäftigten und seiner Leistung angestrebt.

DEFINITION

Bei der Berechnung der **Akkordlöhne** orientiert man sich an den tariflichen Mindestlöhnen, die auch bei einer geringen Leistung des Arbeitnehmers gezahlt werden müssen. Zu diesem kommt ein häufig auch in Tarifverträgen geregelter Akkordzuschlag hinzu. Damit wird die höhere Arbeitsintensität der Akkordarbeit im Vergleich zur Zeitarbeit abgegolten.

Mindestlohn und Akkordzuschlag ergeben zusammen den Stundenverdienst des Akkordarbeitenden bei Normalleistung. Dieser wird auch Akkordrichtsatz genannt.

BEISPIEL

Mindestlohn	15,00 € je Stunde
+20 % Akkordzuschlag	3,00 €
Akkordrichtsatz	18,00 €

Beim Stückgeldakkord wird der Arbeitnehmer nach der von ihm je Zeiteinheit abgelieferten Stückzahl fertiger Produkte entlohnt. Der Akkordrichtsatz als Grundlohn wird in einen Akkordsatz je Stück umgerechnet. Der Stückgeldakkord wird sehr häufig im Baugewerbe und in der Industrie angewandt.

BEISPIEL

Neun Stück beträgt die Normalleistung eines Arbeitnehmers pro Stunde. Er arbeitet 38 Stunden in der Woche. Der Akkordrichtsatz beträgt 18,00 €.

$$\text{Stückakkordsatz} = \frac{\text{Akkordrichtsatz}}{\text{Normalleistung je Stunde}} = \frac{18,00 \text{ €}}{9} = 2,00 \text{ €}$$

Als Wochenlohn ergibt sich z. B.

	Stückakkordsatz pro Stunde	• Stückzahl	• Wochen- arbeitszeit	= Wochenlohn
unter Normalleistung	2,00 €	7	38	532,00 € → 570,00 €
Normalleistung	2,00 €	9	38	684,00 €
über Normalleistung	2,00 €	11	38	836,00 €

Unterhalb der Normalleistung ergibt sich rein rechnerisch ein Wochenlohn von 532,00 €, es wird aber der tariflich garantierte Mindestlohn (38 · 15,00 €) von 570,00 € gezahlt.

Akkordlohn	
Vorteile	**Nachteile**
• Leistungsanreiz: Lohn und Leistung sind eng verknüpft. • hohe Ausnutzung der Betriebsmittel	• Die Kräfte des Mitarbeitenden können stark überanstrengt werden. • Akkordlohn kann durch einseitige Mengenleistung zu Verschleiß der Betriebsmittel und zu Ausschussproduktion führen. • Durch Vorgabezeiten und Gruppendruck können soziale Spannungen erhöht werden.

BEISPIEL

Beim Gruppenakkordsystem wird der von der Gruppe erzielte Gesamtlohn gleichmäßig auf die einzelnen Arbeitenden verteilt. Bestehen zwischen den einzelnen Arbeitenden Leistungsunterschiede, kann dies zu Problemen innerhalb der Gruppe führen.

Prämienlohn

Eine Prämie ist eine zusätzlich zum Zeitlohn gezahlte Belohnung als Anerkennung besonderer betrieblicher Leistungen des Beschäftigten.

Eine Prämie kann bei diesem Verfahren gezahlt werden, wenn

- die pro Zeiteinheit erreichte Leistung über eine festgelegte Norm hinausgeht,
- eine veranschlagte Zeit unterschritten wird.

Weitere Gründe für eine Entlohnung durch Prämien können qualitativer Art sein:

- Verbesserungsvorschläge,
- Umsatzprämien für verkaufte Ladenhüter,
- Unterschreiten zulässiger Abfallquoten,
- Ersparnisse an Energie.

Prämienlöhne unterscheiden sich von den Akkordlöhnen dadurch, dass dem Beschäftigten nicht der volle Ertrag seiner Mehrleistung zugutekommt. Der Lohn setzt sich aus einem Grundlohn, der in der Regel ein Zeitlohn ist, und einer Prämie als Sondervergütung zusammen. Der Mehrertrag der Leistung wird nach einem bestimmten Schlüssel zwischen Arbeitnehmer und Betrieb aufgeteilt. Daraus ergibt sich, dass bei Mehrleistung das Arbeitsentgelt des Arbeitnehmers in geringerem Maß ansteigt als beim Akkordlohn.

Für den Beschäftigten ist der Leistungsanreiz bei diesem System geringer als beim Akkordlohn. Das Prämienlohnsystem kann jedoch vielseitiger angewandt werden. Dies ist beispielsweise bei Arbeiten der Fall, die nicht akkordfähig sind.

Erfolgsbeteiligung

Das Streben nach gerechter Entlohnung und nach Erhöhung des Interesses der Beschäftigten am Betrieb hat den sogenannten Beteiligungslohn – also die Erfolgsbeteiligung – entwickelt.

Unter Erfolgsbeteiligung versteht man alle auf freiwilliger Basis getroffenen Betriebsvereinbarungen, wonach die Arbeitskräfte über das garantierte Arbeitsentgelt hinaus Anteile an dem vom Betrieb erzielten Gewinn erhalten.

Die Gewinnbeteiligung ist in drei **Formen** möglich:

- **Barausschüttung**
  Die Arbeitskräfte bekommen den Gewinn ausbezahlt. Dadurch verliert der Betrieb jedoch liquide (flüssige) Mittel.

- **Umwandlung in Eigenkapital**
  Die Arbeitskräfte erhalten Eigenkapitalanteile in Höhe ihrer Gewinnanteile. Durch die Ausgabe von Aktien werden sie beispielsweise zu echten Miteigentümern.

- **Umwandlung in Fremdkapital**
  Die Gewinnanteile werden dem Betrieb als verzinsliche Darlehen zur Verfügung gestellt.

Ziele der Gewinnbeteiligung sind:

- Angebot eines Leistungsanreizes,
- Entwicklung eines partnerschaftlichen Verhältnisses zwischen Unternehmensführung und Arbeitnehmer,
- Einschränkung der Fluktuation (hier: Abwanderung, Wechsel des Arbeitgebers) der Arbeitskräfte.

Dies kann insbesondere dann erreicht werden, wenn die Höhe der Gewinnbeteiligung von der Dauer der Betriebszugehörigkeit abhängig gemacht wird.

1. Begründen Sie, warum die Entlohnung für die Beschäftigten einerseits und den Betrieb andererseits unterschiedliche Bedeutung hat.
2. Entscheiden Sie, in welchen Situationen sollte
   a) Zeitlohn,
   b) Akkordlohn
   gezahlt werden.
3. Entscheiden Sie, welche Lohnform jeweils vorliegt:
   a) Der Arbeitnehmer kann seinen Verdienst selbst beeinflussen.
   b) Zwei Mitarbeiter erhalten den gleichen Lohn, obwohl der eine nur die halbe Leistung erbringt.
   c) Ein Mitarbeiter erhält neben seinem Grundlohn für eine besondere Leistung einen extra Geldbetrag.
   d) Ein Einzelhandelsunternehmen für Kfz-Ersatzteile in Rüsselsheim hat sich eine neue Abteilung aufgebaut, in der Fahrräder aus angelieferten Großteilen produziert werden. Ein Mitarbeiter der Produktkontrolle soll die gefertigten Teile auf Mängel und Fehler prüfen. Im Durchschnitt kontrolliert er 80 Teile pro Tag.
   e) Die technisch messbare Gesamtleistung aller Mitglieder einer Arbeitsgruppe wird bezahlt.
   f) 20 % der Gewinnsteigerung werden in Form von Aktien an die Mitarbeitenden verteilt.
4. Norbert Kunze, Autoverkäufer, bekommt einen garantierten Mindestlohn von 2.500,00 €. Es wird erwartet, dass er drei Pkws im Monat verkauft. Um sein Einkommen zu erhöhen, verkauft er mehr Autos.
   a) Geben Sie an, nach welchem Lohnsystem er entlohnt wird.
   b) Führen Sie Vorteile auf, die dieses Lohnsystem einerseits dem Betrieb, andererseits Herrn Kunze bietet.

7.6 Beendigung von Arbeitsverhältnissen

Frau Claudia Adam, 30 Jahre alt, ist seit zehn Jahren bei der Hoffmann KG als Sachbearbeiterin beschäftigt. Eines Tages erhält sie von der Personalabteilung des Unternehmens folgendes Schreiben:

Hoffmann KG – Bergener Straße 6a – 60547 Frankfurt am Main
Frau
Claudia Adam
Sperberweg 3
64291 Darmstadt

Kündigung

Sehr geehrte Frau Adam,
wie Sie sicher wissen, ist die Umsatzentwicklung in unserer Filiale in Darmstadt im letzten Jahr weit hinter unseren Erwartungen zurückgeblieben. Dies zwingt uns, auch im Personalbereich Kosten einzusparen.
Wir sind deshalb gezwungen, Ihnen fristgerecht zum nächsten Monatsende zu kündigen. Ihre Arbeitspapiere liegen in der Personalabteilung für Sie zur Abholung bereit.
Mit freundlichen Grüßen
Hoffmann KG
i. V.

Tanja Schwab
Tanja Schwab

Prüfen Sie, ob das Arbeitsverhältnis von Frau Adam mit diesem Schreiben tatsächlich beendet ist.

Arten der Beendigung des Arbeitsverhältnisses

Ein Arbeitsverhältnis kann durch Kündigung, Auflösungsvertrag oder Vertragsablauf beendet werden.

- **Kündigung**

> **DEFINITION**
>
> Die **Kündigung** ist eine einseitige empfangsbedürftige Willenserklärung, durch die das Arbeitsverhältnis beendet wird.

Ein auf unbestimmte Zeit eingegangenes Arbeitsverhältnis kann vom Arbeitgeber, aber auch vom Arbeitnehmer/von der Arbeitnehmerin, gekündigt werden. Die Kündigung muss in schriftlicher Form erfolgen.

Die Schriftform ist sowohl für die Kündigung von Arbeitgeberseite als auch für die Kündigung von Arbeitnehmerseite vorgeschrieben. Die schriftliche Kündigung muss eigenhändig unterschrieben werden. Schriftliche Kündigungen, die nicht eigenhändig oder nicht von einer kündigungsberechtigten Person unterzeichnet wurden, sind nichtig. Eine eigenhändig unterzeichnete, aber per Telefax übermittelte Kündigung entspricht ebenfalls nicht dem gesetzlichen Schriftformerfordernis des § 126 BGB.

- **Aufhebungsvertrag**
  In der betrieblichen Praxis wird die Kündigung in vielen Fällen durch eine Beendigung des Arbeitsverhältnisses im gegenseitigen Einvernehmen ersetzt. Diese Einigung zwischen Arbeitgeber und Arbeitnehmer/-in wird als **Aufhebungsvertrag** bezeichnet. In diesem Fall endet das Arbeitsverhältnis zu dem von beiden Parteien vereinbarten Zeitpunkt.

- **Vertragsablauf**
  Wenn ein Arbeitsvertrag nur befristet abgeschlossen wurde (maximale Laufzeit zwei Jahre), endet das Arbeitsverhältnis nach Vertragsablauf, ohne dass eine Kündigung ausgesprochen wurde. Befristete Arbeitsverträge und Aufhebungsverträge müssen schriftlich abgeschlossen werden.

Kündigung

Ordentliche Kündigung

DEFINITION

Bei einer **ordentlichen Kündigung** müssen bestimmte Kündigungsfristen eingehalten werden, die sich aus dem Gesetz und aus den Tarif- bzw. Einzelarbeitsverträgen ergeben.

Die gesetzlichen Kündigungsfristen gelten, wenn zwischen Arbeitgeber und Arbeitnehmer/-in keine Kündigungsfristen vereinbart wurden und auch keine tarifvertraglichen Vereinbarungen gelten.

Für gewerbliche Beschäftigte und Angestellte beträgt die gesetzliche Kündigungsfrist vier Wochen zum 15. eines Monats oder vier Wochen zum Monatsende. Diese Frist muss bei Kündigungen durch den Arbeitgeber und auch bei Kündigungen durch von Arbeitnehmerseite eingehalten werden. Wird die Frist nicht eingehalten, ist die Kündigung unwirksam.

Für langjährig Beschäftigte gelten bei der Kündigung durch den Arbeitgeber längere Kündigungsfristen:

Bei der Berechnung der Beschäftigungsdauer werden nur die Jahre berücksichtigt, die der/die Beschäftigte nach Vollendung des 25. Lebensjahrs im Betrieb beschäftigt war.

Die Tarifparteien können Kündigungsfristen vereinbaren, die von den gesetzlichen Kündigungsfristen abweichen. Zwischen dem einzelnen Arbeitgeber und dem/der einzelnen Arbeitnehmer/-in können im Einzelarbeitsvertrag die gesetzlichen Kündi-

Beschäftigungsdauer	Kündigungsfrist
(ab Vollendung 25. Lebensjahr)	(jeweils zum Monatsende)
2–5 Jahre	1 Monat
5–8 Jahre	2 Monate
8–10 Jahre	3 Monate
10–12 Jahre	4 Monate
12–15 Jahre	5 Monate
15–20 Jahre	6 Monate
20 Jahre und mehr	7 Monate

gungsfristen verlängert, aber nicht verkürzt werden (Ausnahme: Bei Aushilfstätigkeiten bis zu drei Monaten Dauer darf die Grundkündigungsfrist vertraglich verkürzt werden.).

Tabelle der gesetzlichen Kündigungsfristen								
Betriebs-zugehö-rigkeit[1] →	unter 2 Jahren	2 Jahre	5 Jahre	8 Jahre	10 Jahre	12 Jahre	15 Jahre	20 Jahre
Kündi-gungsfrist →	4 Wochen zum 15. oder ME	1 Monate/ ME	2 Monate/ ME	3 Monate/ ME	4 Monate/ ME	5 Monate/ ME	6 Monate/ ME	7 Monate/ ME
Spalte 1 ↓	Letzter Tag, an dem die Kündigung zugehen muss, um zu dem Termin in Spalte 1 wirksam zu werden[2]							
zum	am	am	am	am	am	am	am	am
15. Jan.	18. Dez.	–[2]	–	–	–	–	–	–
31. Jan.	3. Jan.	31. Dez.[3]	30. Nov.	31. Okt.	30. Sept.	31. Aug.	31. Juli	30. Juni
15. Febr.	18. Jan.	–	–	–	–	–	–	–
28. Febr.[4]	31. Jan.[5]	31. Jan.	31. Dez.	30. Nov.	31. Okt.	30. Sept.	31. Aug.	31. Juli
15. März	15. Febr.	–	–	–	–	–	–	–
31. März	3. März	28. Febr.[6]	31. Jan.	30. Dez.	30. Nov.	31. Okt.	30. Sept.	31. Aug.
15. April	18. März	–	–	–	–	–	–	–
30. April	2. April	31. März	28. Febr.[6]	31. Jan.	31. Dez.	30. Nov.	31. Okt.	30. Sept.
15. Mai	17. April	–	–	–	–	–	–	–
31. Mai	3. Mai	30. April	31. März	28. Febr.[6]	31. Jan.	31. Dez.	30. Nov.	31. Okt.
15. Juni	18. Mai	–	–	–	–	–	–	–
30. Juni	2. Juni	31. Mai	30. April	31. März	28. Febr.[6]	31. Jan.	31. Dez.	30. Nov.
15. Juli	17. Juni	–	–	–	–	–	–	–
31. Juli	3. Juli	30. Juni	31. Mai	30. April	31. März	28. Febr.[6]	31. Jan.	31. Dez.
15. Aug.	18. Juli	–	–	–	–	–	–	–
31. Aug.	3. Aug.	31. Juli	30. Juni	31. Mai	30. April	31. März	28. Febr.[6]	31. Jan.
15. Sept.	18. Aug.	–	–	–	–	–	–	–
30. Sept.	2. Sept.	31. Aug.	31. Juli	30. Juni	31. Mai	30. April	31. März	28. Febr.[6]
15. Okt.	17. Sept.	–	–	–	–	–	–	–
31. Okt.	3. Okt.	30. Sept.	31. Aug.	31. Juli	30. Juni	31. Mai	30. April	31. März
15. Nov.	18. Okt.	–	–	–	–	–	–	–
30. Nov.	2. Nov.	31. Okt.	30. Sept.	31. Aug.	31. Juli	30. Juni	31. Mai	30. April
15. Dez.	17. Nov.	–	–	–	–	–	–	–
31. Dez.	3. Dez.	30. Nov.	31. Okt.	30. Sept.	31. Aug.	31. Juli	30. Juni	31. Mai

[1] Die Kündigungsfristen werden auch verlängert, wenn der Arbeitnehmer nicht im selben Betrieb lang genug beschäftigt war, sondern in einem anderen Betrieb des Unternehmens.

[2] Da ab zweijähriger Betriebszugehörigkeit eine Kündigung nur zum Monatsende zulässig ist, kommt in diesen Fällen der 15. eines Monats als Kündigungstermin nicht mehr in Betracht.

[3] Eine zum Monatsende mit Monatsfrist ausgesprochene Kündigung muss spätestens bis zum Ablauf des letzten Tags des vorangehenden Monats (24 Uhr) zugegangen sein. Eine wenn auch nur kurz nach Mitternacht, d. h. im neuen Monat, zugegangene Kündigung wirkt erst am Schluss des folgenden Monats. Dies gilt auch, wenn ein Arbeitnehmer in Spätschicht arbeitet, die erst nach Mitternacht endet (BAG, Urteil vom 15. Juli 1969, DB 1969 S. 1851).

[4] im Schaltjahr zum 29. Februar

[5] im Schaltjahr am 1. Februar

[6] im Schaltjahr am 29. Februar

Außerordentliche Kündigung

> **DEFINITION**
>
> Bei einer **außerordentlichen Kündigung** wird das Arbeitsverhältnis ohne Einhaltung einer Kündigungsfrist (= fristlos) gekündigt.

Eine fristlose Kündigung darf nur aus wichtigem Grund erfolgen. Ein wichtiger Grund liegt vor, wenn dem Arbeitgeber oder dem/der Beschäftigten die Fortsetzung des Arbeitsverhältnisses bis zum Ablauf der ordentlichen Kündigungsfrist nicht mehr zugemutet werden kann. Der wichtige Grund muss auf Tatsachen beruhen. Diese Tatsachen muss der/die Kündigende nachweisen. Vermutungen oder Verdächtigungen reichen für eine fristlose Kündigung nicht aus.

Anlässe für eine **außerordentliche Kündigung durch den Arbeitgeber** sind z. B.

- beharrliche Arbeitsverweigerung,
- dauernde Verspätungen,
- Diebstahl,
- Unterschlagungen,
- Beleidigungen,
- Tätlichkeiten,
- Verrat von Geschäftsgeheimnissen,
- Gefährdung des Betriebsfriedens durch Streitigkeiten mit Kolleginnen und Kollegen.

Anlass für eine **außerordentliche Kündigung durch den/die Arbeitnehmer/-in** ist z. B. die Weigerung des Arbeitgebers, das vereinbarte Gehalt zu zahlen.

Eine außerordentliche Kündigung ist nur wirksam, wenn sie innerhalb von vierzehn Tagen nach Bekanntwerden des wichtigen Grundes erfolgt ist.

Mitwirkung des Betriebsrats bei der Kündigung

Wenn es in einem Betrieb einen Betriebsrat gibt, muss ihn der Arbeitgeber vor jeder beabsichtigten Kündigung anhören. Dies gilt sowohl für ordentliche als auch außerordentliche Kündigungen. Im Rahmen der Anhörung muss der Arbeitgeber dem Betriebsrat auch die Kündigungsgründe mitteilen. Eine Kündigung ohne vorherige Anhörung des Betriebsrats ist unwirksam.

Der Betriebsrat kann einer Kündigung innerhalb einer Woche, nachdem ihn der Arbeitgeber unterrichtet hat, widersprechen. Der Widerspruch verhindert die Kündigung jedoch nicht. Sie bleibt trotzdem wirksam.

Kündigungsschutz

In Betrieben, in denen mehr als fünf Mitarbeitende beschäftigt sind (die Auszubildenden nicht mitgerechnet), genießen die Beschäftigten den Kündigungsschutz nach den Vorschriften des Kündigungsschutzgesetzes, sofern

- sie das 18. Lebensjahr vollendet haben und
- länger als sechs Monate ohne Unterbrechung in demselben Betrieb oder Unternehmer beschäftigt sind.

Arbeitnehmerinnen und Arbeitnehmer, deren Arbeitsverhältnis nach dem 31. Dezember 2003 begonnen hat, genießen diesen Kündigungsschutz nur in Betrieben, die mehr als zehn Personen beschäftigen.

Arbeitnehmer dürfen nicht entlassen werden, wenn die Kündigung sozial ungerechtfertigt ist. Eine Kündigung gilt als sozial ungerechtfertigt,

- wenn sie nicht in der Person oder
  dem Verhalten des/der Beschäftigten begründet ist oder
- wenn es für die Kündigung keine
  dringenden betrieblichen Erfordernisse gibt.

So sollte eine Kündigung natürlich nicht aussehen ...

Kündigungsgründe

Gründe in der Person des Arbeitnehmers/der Arbeitnehmerin

Gründe in der Person, die eine Kündigung rechtfertigen können, sind z. B. mangelnde Eignung und
mangelnde Ausbildung. Eine lang andauernde oder häufig auftretende Krankheit ist dann ein Kün-
digungsgrund, wenn die krankheitsbedingten Fehlzeiten zu einer unzumutbaren Beeinträchtigung
der betrieblichen Interessen führen.

Gründe im Verhalten des Arbeitnehmers/der Arbeitnehmerin

Gründe im Verhalten sind z. B.

- wiederholte Unpünktlichkeit,
- mehrfaches Fehlen ohne ausreichenden Grund,
- Beleidigungen,
- Verstöße gegen die Gehorsams- und Verschwiegenheitspflicht.

Eine Kündigung aus Gründen im Verhalten des Arbeitnehmers/der Arbeitnehmerin ist im Allgemeinen nur gerechtfertigt, wenn der/die Beschäftigte wiederholt seine/ihre Pflichten verletzt hat und
deshalb schon verwarnt worden ist (sogenannte **Abmahnung**).

Eine **Abmahnung** muss sich immer auf ein konkretes vertragswidriges Verhalten des Arbeitneh-
mers/der Arbeitnehmerin beziehen. Damit sie wirksam ist, muss die Abmahnung folgende Anforderungen erfüllen:

- Das pflichtwidrige Verhalten muss in der Abmahnung unter Angabe von Ort, Datum und
  Zeit genau beschrieben werden (= Dokumentationsfunktion der Abmahnung).
- Der Arbeitnehmer/die Arbeitnehmerin muss in der Abmahnung aufgefordert werden, das
  genau beschriebene, pflichtwidrige Verhalten zu unterlassen (= Ermahnungsfunktion der
  Abmahnung).
- Dem Arbeitnehmer/der Arbeitnehmerin müssen in der Abmahnung die arbeitsrechtlichen
  Konsequenzen für den Fall einer Wiederholung des pflichtwidrigen Verhaltens angedroht
  werden (= Warnfunktion der Abmahnung).

Dringende betriebliche Erfordernisse

Dringende betriebliche Erfordernisse, die eine Kündigung rechtfertigen können, sind z. B.

- Absatzschwierigkeiten,
- Einsparen von Arbeitsplätzen durch Rationalisierungsmaßnahmen,
- Stilllegung des Betriebs oder einer Abteilung.

Das Vorliegen eines Kündigungsgrunds muss vom Arbeitgeber nachgewiesen werden.

Sozialauswahl

Bei betriebsbedingten Kündigungen muss der Arbeitgeber immer eine Sozialauswahl treffen. Er soll die sozial am wenigsten schutzbedürftige Person entlassen. Das ist derjenige/diejenige, der/die voraussichtlich am schnellsten wieder eine Arbeitsstelle findet und von dessen/deren Einkommen möglichst wenig andere Personen (Ehegatte, Kinder) abhängig sind.

Die Auswahlmerkmale der Sozialauswahl sind in § 1 Abs. 3 des Kündigungsschutzgesetzes (KSchG) festgelegt:

- Dauer der Betriebszugehörigkeit,
- Lebensalter,
- Unterhaltspflichten und
- Schwerbehinderung des/der Betroffenen.

Die Arbeitsgerichte werden im Kündigungsschutzprozess die Kündigung für sozialwidrig und unwirksam erklären, wenn der Arbeitgeber diese vier Merkmale bei der Auswahl des/der zu kündigenden Mitarbeitenden nicht in seinen Vergleich einbezieht oder sie falsch abwägt.

Der Arbeitgeber muss dem Gericht im Rahmen eines Kündigungsschutzprozesses erläutern, dass er sich bei der Kündigung von Person XY etwas gedacht hat.

Das Mittel, um die Sozialauswahl durchschaubar und für das Gericht nachvollziehbar zu machen, ist ein **Punkteschema**. Es hilft herauszufinden, welche Arbeitnehmer/-innen vergleichbar und am wenigsten schutzbedürftig sind. Bei einem Punkteschema werden die vier Merkmale, die bei der Sozialauswahl bedeutsam sind, aufgelistet. Jedes Merkmal wird mit einer bestimmten Anzahl von Punkten bewertet. Mithilfe dieses Schemas erhält jede Arbeitnehmerin und jeder Arbeitnehmer im Betrieb eine bestimmte Punktezahl. Der Arbeitgeber kann anhand der Ergebnisse eine Rangfolge erstellen. Je höher die Punktezahl, desto sozial geschützter ist derjenige oder diejenige. Je niedriger die Punktzahl, desto höher sind die Risiken einer Kündigung.

Das folgende Beispiel ist ein Schema, das das Bundesarbeitsgericht (BAG) für zulässig erachtet:

BEISPIEL   **für ein Punkteschema**

Kriterium	Punkte
Lebensalter für jedes vollendete Jahr nach dem 18. Lebensjahr	1 Punkt
Betriebszugehörigkeit für jedes Beschäftigungsjahr	1 Punkt
Unterhaltspflichten Ehegatte/eingetragener Lebenspartner	2 Punkte
Unterhaltsberechtigtes, auf der Lohnsteuerkarte eingetragenes Kind	3 Punkte
Schwerbehinderung/Gleichstellung 50 %	5 Punkte
je weiterer 10 % GdB [Grad der Behinderung]	1 Punkt

Quelle: Groll, Katrin: Betriebsbedingte Kündigung: Punkteschema zur richtigen Sozialauswahl. In: rechthaber.com. 15.8.2012. www.rechthaber.com/betriebsbedingte-kundigung-punkteschemata-zur-richtigen-sozialauswahl [05.09.2022].

Kündigungsschutz

Kündigungsschutzverfahren

Hält ein Arbeitnehmer oder eine Arbeitnehmerin die Kündigung seines/ihres Arbeitsverhältnisses für sozial ungerechtfertigt, kann er/sie das Arbeitsgericht anrufen. Er/Sie kann innerhalb von drei Wochen nach Zustellung der Kündigung Klage beim Arbeitsgericht erheben (= **Kündigungsschutzklage**).

Wenn der/die Gekündigte die Klagefrist verstreichen lässt, ist die Kündigung wirksam.

Wenn das Arbeitsgericht im Klagefall feststellt, dass die Kündigung sozial ungerechtfertigt war, muss der Arbeitnehmer bzw. die Arbeitnehmerin weiterbeschäftigt werden. Häufig haben sich die Parteien durch die Führung des Arbeitsgerichtsprozesses jedoch so zerstritten, dass die Fortsetzung des Arbeitsverhältnisses für die Beteiligten nicht zumutbar ist. In solchen Fällen kommt es meistens zu einem Vergleich:

- Der Arbeitnehmer/Die Arbeitnehmerin verzichtet auf die Weiterbeschäftigung.
- Der Arbeitgeber zahlt an den/die Arbeitnehmer/-in eine gerichtlich festgesetzte Abfindung.

Kündigungsschutz für besonders geschützte Beschäftigte

Besondere Kündigungsschutzbestimmungen gelten für Betriebsratsmitglieder, Jugend- und Auszubildendenvertretungsmitglieder, Schwerbehinderte, werdende Mütter und Wehrpflichtige.

Betriebsrats- und Jugend- und Auszubildendenvertretungsmitgliedern darf nicht ordentlich gekündigt werden. Ihnen darf nur außerordentlich gekündigt werden, wenn ein wichtiger Grund vorliegt. Der Kündigungsschutz beginnt für Mitglieder von Betriebsräten und Jugend- und Auszubildendenvertretungen mit dem Beginn ihrer Amtszeit und endet ein Jahr nach Beendigung der Amtszeit.

Schwerbehinderten, deren Arbeitsverhältnis seit mindestens sechs Monaten besteht, darf grundsätzlich nur nach vorheriger Zustimmung der Hauptfürsorgestelle gekündigt werden.

Frauen darf während einer Schwangerschaft und bis zu vier Monate nach der Entbindung nicht gekündigt werden. Der Kündigungsschutz für werdende Mütter gilt auch dann, wenn dem Arbeitgeber zum Zeitpunkt der Kündigung die Schwangerschaft der Arbeitnehmerin nicht bekannt war. Wenn die Arbeitnehmerin den Arbeitgeber bis spätestens zwei Wochen nach Zugang der Kündigung über die Schwangerschaft informiert, muss sie weiterbeschäftigt werden. Schwangeren und jungen Müttern darf während der Kündigungsschutzfrist ausnahmsweise gekündigt werden, wenn die für den Arbeitsschutz zuständige oberste Landesbehörde (z. B. in Hessen das Hessische Ministerium für Soziales und Integration) oder die von ihr beauftragte Stelle die Kündigung für zulässig erklärt.

Beschäftigten, die die **Elternzeit** in Anspruch nehmen, darf der Arbeitgeber während dieser Zeit nicht kündigen.

Einem **Arbeitnehmer, der freiwilligen Wehrdienst leistet**, darf in der Zeit von der Zustellung des Einberufungsbescheids bis zur Beendigung des Wehrdienstes und während einer Wehrübung nicht ordentlich gekündigt werden.

Erteilung eines Zeugnisses

Alle Beschäftigten können bei Beendigung des Arbeitsverhältnisses von ihrem Arbeitgeber ein schriftliches Zeugnis verlangen.

Das Zeugnis muss genaue und zutreffende Angaben über die Art der Beschäftigung und über die Dauer des Arbeitsverhältnisses enthalten (= **einfaches Zeugnis**). Nur wenn es eine Arbeitnehmerin oder ein Arbeitnehmer ausdrücklich verlangt, darf das Zeugnis auch Angaben über ihre/seine Leistungen und die Führung enthalten (= **qualifiziertes Zeugnis**).

BEISPIEL **für Zeugniscodes**

Beurteilungsmaßstäbe des RKW (Rationalisierungskuratorium der Deutschen Wirtschaft)

- stets zu unserer vollsten Zufriedenheit erledigt = sehr gut
- stets zu unserer vollen Zufriedenheit erledigt = gut
- zu unserer vollen Zufriedenheit erledigt = befriedigend
- zu unserer Zufriedenheit erledigt = ausreichend
- im Großen und Ganzen zur Zufriedenheit erledigt = mangelhaft
- hat sich bemüht, die ihm übertragenen Arbeiten zur Zufriedenheit zu erledigen = ungenügend

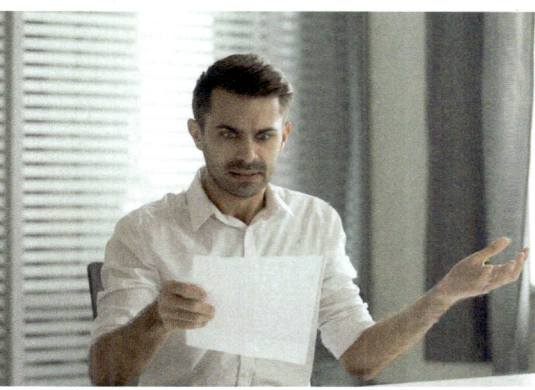

Es gilt genau zu prüfen, wie das Zeugnis formuliert ist und was darin stehen darf.

Herausgabe der Arbeitspapiere

Bei der Beendigung des Arbeitsverhältnisses muss der Arbeitgeber alle Arbeitspapiere an den Arbeitnehmer oder die Arbeitnehmerin herausgeben:

- Sozialversicherungsnachweis,
- Lohnsteuerbescheinigung,
- Lohnnachweis,
- Arbeitszeugnis,
- gegebenenfalls Sozialversicherungsausweis,
- Bescheinigung über bereits erteilten Urlaubsanspruch,
- Arbeitsbescheinigung.

AUFGAEEN

1. Unterscheiden Sie die Arten der Beendigung eines Arbeitsverhältnisses.
2. Ein Arbeitgeber will einem Angestellten, der zwei Jahre bei ihm beschäftigt war, zum 31. März kündigen. Mit dem Angestellten wurde keine vertragliche Kündigungsfrist vereinbart. Erläutern Sie, wann er dem Angestellten die Kündigung spätestens mitteilen muss.
3. Eine Angestellte will am 1. Oktober die Stelle wechseln. Geben Sie an, wann sie spätestens kündigen muss, wenn in ihrem Arbeitsvertrag über die Kündigung keine besondere Vereinbarung getroffen wurde.
4. Ein Angestellter arbeitet seit zehn Jahren in einem Handelsunternehmen. Er ist 32 Jahre alt. Der Geschäftsinhaber will ihm zum 30. September kündigen. Erklären Sie, wann er dem Angestellten die Kündigung spätestens mitteilen muss.
5. Geben Sie an, welche Mindestfrist bei einzelvertraglich vereinbarten Kündigungsfristen nicht unterschritten werden darf.
6. Nennen Sie Gründe für eine außerordentliche Kündigung.
7. Eine Angestellte, der fristgerecht zum 31. März gekündigt wurde, ist mit der Kündigung nicht einverstanden. Erklären Sie, was sie tun kann.

8. Geben Sie an, in welchem Zeitraum Mitgliedern von Betriebsräten und Jugend- und Auszubildendenvertretungen nicht ordentlich gekündigt werden darf.

9. Erläutern Sie, welchen besonderen Kündigungsschutz Schwerbehinderte genießen.

10. Geben Sie den Zeitraum an, in dem einer weiblichen Angestellten nicht gekündigt werden darf.

11. Nennen Sie die Unterschiede zwischen einem einfachen und einem qualifizierten Zeugnis.

12. Geben Sie die Arbeitspapiere an, die der Arbeitgeber bei Beendigung eines Arbeitsverhältnisses an den Angestellten/die Angestellte herausgeben muss.

13. Herr Landsberg ist seit zwölf Jahren im Lager der Firmenzentrale der Hoffmann KG in Frankfurt als Lagerarbeiter tätig. Seine Aufgabe erledigt er immer sorgfältig und zuverlässig. Am 14. März 20.. kündigt Herr Landsberg bei der Hoffmann KG.
Versetzen Sie sich in die Rolle einer Personalsachbearbeiterin der Hoffmann KG.
   a) Stellen Sie die Entlassungsunterlagen von Herrn Landsberg zusammen.
   b) Erstellen Sie den Entwurf für ein qualifiziertes Arbeitszeugnis für Herrn Landsberg.

14. Frau Adam ist mit ihrer Kündigung durch die Hoffmann KG (siehe Kündigungsschreiben S. 444) nicht einverstanden. Sie bittet den Betriebsrat der Hoffmann KG, ihr zu helfen.
Versetzen Sie sich in die Rolle eines Betriebsratsmitglieds der Hoffmann KG. Führen Sie in einem Rollenspiel ein Beratungsgespräch durch. Erläutern Sie dabei
   a) die Einflussmöglichkeiten, die der Betriebsrat bei einer Kündigung hat;
   b) die Möglichkeiten von Frau Adam, sich gegen die Kündigung zu wehren.

ZUSAMMENFASSUNG

Beendigung des Arbeitsverhältnisses durch

Vertragsablauf	Kündigung	Aufhebungsvertrag

= einseitige schriftliche Auflösung eines Arbeitsverhältnisses

- **ordentliche Kündigung** = Kündigung unter Einhaltung von Kündigungsfristen
- **außerordentliche Kündigung** = fristlose Kündigung bei Pflichtverletzungen von Arbeitnehmer/-in oder Arbeitgeber

Erfassen von Geschäftsprozessen II **8**

8.1 Buchung verkaufter Erzeugnisse

Die Azubis Anne Schulte und Sebastian Holpert bekommen von Frau Tegtmeyer zwei Rechnungen: eine Eingangsrechnung der Pagro AG Sportartikel und eine Ausgangsrechnung an die Firma Holzhäuser. Die beiden Auszubildenden sollen diese Rechnungen buchen und abschließen. Außerdem sollen sie verstehen, welche Warenkonten es bei der Fairtext GmbH gibt und wie diese abgeschlossen werden.

Frau Tegtmeyer: „Sie haben bislang beim Einkauf von Waren immer über das Bestandskonto ‚Warenbestände' (Waren) gebucht. Der Einkauf von Waren ist aber ein Aufwand und muss dann über das GuV-Konto abgeschlossen werden."

1. Stellen Sie fest, wie bei den Rechnungen der Fairtext GmbH bislang gebucht wurde.
2. Überlegen Sie, was Frau Tegtmeyer damit meinen könnte, dass die Wareneinkäufe als Aufwand gebucht werden müssen.
3. Die Fairtext GmbH entwickelt sich durch die vermehrte Aufnahme von Produktionstätigkeiten immer mehr zu einem Industrieunternehmen. Sie hat deshalb beschlossen, ihr Rechnungswesen demnächst auf die Industriebuchführung umzustellen.
   Beurteilen Sie die sich daraus ergebenden Änderungen.

Buchung von Handelswaren

Auf der Absatzseite können Industrieunternehmen auf zweierlei Arten durch den Verkauf von Erzeugnissen Erlöse erzielen:

- Die Industrieunternehmen treten praktisch auf wie Handelsbetriebe: Sie kaufen also fertige Waren ein und verkaufen sie dann wieder weiter.
- Die eigentliche, viel häufiger vorkommende Tätigkeit von Industriebetrieben liegt jedoch im Einkauf von Werkstoffen, die dann in der Produktion zu fertigen Produkten weiterverarbeitet werden. Diese werden anschließend verkauft.

Das Geschäft mit Handelswaren ist in Handelsbetrieben das wesentliche Tätigkeitsfeld. Dazu gehören neben den Warenverkäufen und der Warenlagerung auch die Wareneinkäufe. Aber auch Industriebetriebe haben Handelswaren in ihrem Sortiment. Diese werden eingekauft und unverändert ohne Be- und Verarbeitung weiterverkauft. Sie runden als Zubehör oder Ergänzungsartikel das eigene Sortiment an selbst produzierten Fertigerzeugnissen ab.

Bei Einkäufen und Verkäufen von Waren ist - im Gegensatz zur Realität - bisher davon ausgegangen worden, dass die Warengeschäfte nicht erfolgswirksam sind. Es ist jedoch das Bestreben jedes Unternehmens, Gewinn zu erzielen. Um dies abbilden zu können, wird in der Praxis mit drei Warenkonten gearbeitet:

- dem Warenbestandskonto,
- dem Konto Wareneingang,
- dem Konto Warenverkauf.

Bislang wurde bei Wareneingängen auf dem Konto „Warenbestände" (vereinfacht „Waren" genannt) gebucht. In der Praxis hat sich aber das aufwandsrechnerische Verfahren (Just-in-time-Verfahren) in vielen Unternehmen bewährt. Dabei werden Wareneinkäufe direkt als Aufwand gebucht. Man geht davon aus, dass die eingekauften Waren sofort „verbraucht", d.h., verkauft werden. Hierfür verwendet man das Konto „Wareneingang". Das Konto „Wareneingang" wird am Ende des Wirtschaftsjahres über das GuV-Konto abgeschlossen.

BEISPIEL

Die Eingangsrechnung Pagro AG wird als Aufwand verbucht.

Buchungssatz	Soll	Haben
Wareneingang	3.400,00	
an Verb. a. LL		3.400,00

MERKSATZ

Wareneinkäufe werden sofort als Aufwand gebucht auf dem Aufwandskonto → Wareneingang.

Warenverkäufe

Beim Verkauf von Handelswaren wird das Konto „Warenverkauf" verwendet. Dieses Konto ist ein Ertragskonto, wird über das GuV-Konto abgeschlossen und wirkt positiv auf das Eigenkapital. Verkäufe erhöhen den Gewinn.

BEISPIEL

Die Ausgangsrechnung an die Holzhäuser GmbH & Co. KG wird als Ertrag gebucht.

Buchungssatz	Soll	Haben
Ford. a. LL	2.800,00	
an Warenverkauf		2.800,00

Unternehmen verkaufen oft verschiedene Warengruppen an ihre Kundschaft. Um die Vielzahl an Transaktionen übersichtlicher zu gestalten und eine Auswertung der Wirtschaftlichkeit einzelner Warengruppen zu ermöglichen, werden in der Praxis oft gesonderte Warenkonten verwendet.

Exkurs: Unterkonten der Warenkonten

Der Kontenrahmen sieht folgende Möglichkeiten vor:

KONTEN FÜR DEN WARENEINKAUF:

3000 Warengruppe I
Unterkonten:
     3010 Wareneingang
     3020 Warenbezugskosten
     ...

3100 Warengruppe II
Unterkonten:
     3110 Wareneingang
     3120 Warenbezugskosten
     ...

3200 Warengruppe III
...

3300 Warengruppe IV
...

KONTEN FÜR DEN WARENVERKAUF:

8000 Warengruppe I
Unterkonten:
     8010 Warenverkauf
     8050 Rücksendungen v. Kd.
     ...

8100 Warengruppe II
Unterkonten:
     8110 Warenverkauf
     8150 Rücksendungen v. Kd.
     ...

8200 Warengruppe III
...

8300 Warengruppe IV
...

Konsequenterweise ist auch das Warenbestandskonto in die Warengruppen unterteilt:
3900 Warenbestände
     3910 Warengruppe I
     3920 Warengruppe II
     3930 ...

BEISPIEL

In der Fairtext GmbH gibt es unter anderem zwei Warengruppen: Textil und Geschenkartikel. Die Wareneinkäufe und die Warenverkäufe im Textilbereich stellen die Warengruppe I dar. Sie werden auf den Konten der Warengruppe I gebucht. Die Geschenkartikel stellen die Warengruppe II dar. Sie werden auf den Konten der Warengruppe II erfasst.

Durch die konsequente Erfassung von Umsätzen in den unterschiedlichen Warengruppen kann das Unternehmen die Rentabilität der einzelnen Warengruppen erkennen. Es kann auch die Bestände jederzeit exakt überprüfen.

Wareneinsatz und Warenbestände

In den Unternehmen ist es in der Regel nicht so, dass alle eingekauften Waren direkt wieder verkauft werden. Es gibt ein Warenlager mit entsprechenden Warenbeständen. Dabei kommt es im Laufe eines Jahres zu täglichen Veränderungen. **Bestandsmehrungen** oder **Bestandsminderungen** müssen im Rahmen der Bestandsaufnahme buchhalterisch berücksichtigt werden.

Wareneinsatz

Um den tatsächlichen „Verbrauch" der Waren festzustellen, wird der Wareneinsatz ermittelt.

> **DEFINITION**
>
> Der **Wareneinsatz** sind die abgesetzten Waren, bewertet zu Einkaufspreisen.

> **BEISPIEL**
>
> Der Wareneinsatz ist im Einstiegsbeispiel aus der Verkaufsmenge der Ausgangsrechnung und aus dem Einkaufspreis der Eingangsrechnung zu ermitteln:
> 80 Boxershorts · 17,00 € = 1.360,00 €

> **MERKSATZ**
>
> **Der Wareneinsatz wird wie folgt ermittelt:**
>
>   Warenanfangsbestand
> + Einkäufe
> – Warenschlussbestand (lt. Inventur)
> = Wareneinsatz

Aus dieser Formel lässt sich erkennen, dass der Wareneinsatz von den Einkäufen sowie den Bestandsveränderungen (Warenschlussbestand – Warenanfangsbestand) abhängig ist. Die Bestandsveränderungen werden, neben den Einkäufen, auch auf das Aufwandskonto „Wareneingang" gebucht. Bei der buchhalterischen Anwendung des aufwandsrechnerischen Verfahrens ist somit zwischen Bestandsmehrungen und Bestandsminderungen zu unterscheiden.

Bestandsmehrung

> **DEFINITION**
>
> Sind die Warenbestände zum Ende eines Geschäftsjahres höher als zu Beginn des Geschäftsjahres, so spricht man von einer **Bestandsmehrung**.

Eine Bestandsmehrung tritt immer dann ein, wenn die Mengen der Warenzugänge (Einkäufe) im Laufe eines Zeitraums (in der Regel eines Geschäftsjahres) größer sind als die Mengen der Warenabgänge (Verkäufe). Eine Bestandsmehrung wirkt wie ein Ertrag, weil weniger Waren eingesetzt als eingekauft wurden. Es wurden somit weniger Waren verbraucht, als bereits im Laufe des Jahres als Aufwand gebucht wurden.

> **MERKSATZ**
>
> Warenzugänge > Warenabgänge → Bestandsmehrung Bestandsmehrungen wirken wie ein Ertrag.

BEISPIEL

Bei der Fairtext GmbH sind zu Anfang des Wirtschaftsjahres 550 Boxershorts, Gr. L im Bestand. Nach Einkäufen von 200 Boxershorts und Verkäufen von 80 Boxershorts während des Wirtschaftsjahres sind am Ende des Wirtschaftsjahres 670 Boxershorts im Bestand.

Bestand alt (Anfangsbestand):
550 · 17,00 € = 9.350,00 €
Bestand neu (Endbestand):
670 · 17,00 € = 11.390,00 €
Bestandsmehrung = 2.040,00 €

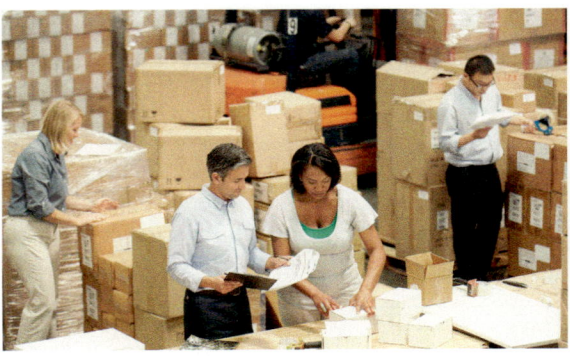

Der Schlussbestand der Waren wird aufgrund einer Vielzahl von Warenbewegungen am Geschäftsjahresende durch eine Inventur ermittelt und dem Inventar entnommen. Die exakte Buchung dieses Falls finden Sie in dem nachfolgenden Schaubild.

BEISPIELHAFTE SCHRITTFOLGE DER BUCHUNGEN BEI BESTANDSMEHRUNG

Soll	Wareneingang		Haben
Einkauf ①	3.400,00	Warenbestände	2.040,00
		GuV ④	1.360,00
	3.400,00		3.400,00

Soll	Warenbestände		Haben
EBK	9.350,00	SBK lt. Inventur	11.390,00
Wareneingang ③	2.040,00	②	
	11.390,00		11.390,00

Soll	Warenverkauf		Haben
GuV ⑤	2.800,00	Verkauf	2.800,00

Soll	GuV		Haben
Wareneingang	1.360,00	Warenverkauf	2.800,00
...	...	...	...
...	...	...	...

Soll	SBK		Haben
⑥ ...	...	...	...
...	...	...	...
Warenbestände	11.390,00	...	...
...	...		
...	...		

1. Buchen des Einkaufs auf das Konto „Wareneingang"
2. Ermittlung des Warenschlussbestands durch Inventur

3. Der sich ergebende Saldo auf dem Konto „Warenbestände" muss auf das Konto „Warenein-gang" gebucht werden.

Buchungssatz	Soll	Haben
Warenbestände	2.040,00	
an Wareneingang		2.040,00

4. Der Saldo auf dem Konto „Wareneingang" muss auf das Konto „GuV" gebucht werden.

Buchungssatz	Soll	Haben
GuV	1.360,00	
an Wareneingang		1.360,00

5. Der Saldo des Kontos „Warenverkauf" wird auf das Konto „GuV" gebucht.
6. Der Schlussbestand des Kontos „Warenbestände" wird auf das Konto „SBK" gebucht.

Bestandsminderung

DEFINITION

Sind die Warenbestände zum Ende eines Geschäftsjahres niedriger als zu Beginn des Geschäftsjahres, so spricht man von einer **Bestandsminderung**.

Eine Bestandsminderung tritt immer dann ein, wenn die Mengen der Warenzugänge (Einkäufe) im Laufe eines Geschäftsjahres kleiner sind als die Mengen der Warenabgänge (Verkäufe). Eine Be-standsminderung wirkt wie ein Aufwand.

MERKSATZ

Warenzugänge < Warenabgänge → Bestandsminderung Bestandsminderungen wirken wie ein Aufwand.

BEISPIEL

Bei der Fairtext GmbH sind zu Beginn des Wirtschaftsjahres 300 Damen-Laufschuhe Modell „Julia" im Bestand. Nach Einkäufen von 100 Damen-Laufschuhen und Verkäufen von 150 Damen-Laufschuhen im Wirtschaftsjahr sind am Ende des Wirtschaftsjahres 250 Damen-Lauf-schuhe im Bestand.
Bestand alt (Anfangsbestand):
$300 \cdot 28,00 €$ $= 8.400,00 €$
Bestand neu (Endbestand):
$250 \cdot 28,00 €$ $= 7.000,00 €$
Bestandsminderung $= 1.400,00 €$
Der Wareneinsatz ergibt sich hier wie folgt:
150 Damen-Laufschuhe $\cdot 28,00 € = 4.200,00 €$

In dem nachfolgenden Schaubild soll dargestellt werden, wie sich die Buchungen bei Bestands-minderungen verhalten.

BEISPIELHAFTE SCHRITTFOLGE DER BUCHUNGEN BEI BESTANDSMINDERUNG

Buchungssatz

Buchungssatz	Soll	Haben
Wareneingang	2.800,00	
an Verb. a. LL		2.800,00

Buchungssatz

Buchungssatz	Soll	Haben
Ford. a. LL	7.200,00	
an Warenverkauf		7.200,00

1. Buchen des Einkaufs auf das Konto „Wareneingang".
2. Ermittlung des Warenschlussbestands durch Inventur.
3. Der sich ergebende Saldo auf dem Konto „Warenbestände" muss auf das Konto „Wareneingang gebucht werden.

Buchungssatz	Soll	Haben
Wareneingang	1.400,00	
an Warenbestände		1.400,00

4. Der Saldo auf dem Konto „Wareneingang" muss auf das Konto „GuV" gebucht werden.

Buchungssatz	Soll	Haben
GuV	4.200,00	
an Wareneingang		4.200,00

5. Der Saldo des Kontos „Warenverkauf" wird auf das Konto „GuV" gebucht.
6. Der Schlussbestand des Kontos „Warenbestände" wird auf das Konto „SBK" gebucht.

1. Nennen Sie die Kontenart der folgenden Konten:
   a) Warenbestände
   b) Wareneingang
   c) Warenverkauf
2. Erläutern Sie den Begriff „Wareneinsatz".
3. Erklären Sie, wie der Wareneinsatz beim aufwandsrechnerischen Verfahren ermittelt wird.
4. Die Fairtext GmbH hat zum Ende des Geschäftsjahres 01 folgende Zahlen ausgewiesen:
   Wareneinkäufe vom 01.01.–31.12.: 1.400.000,00 €
   Warenverkäufe vom 01.01.–31.12.: 2.200.000,00 €
   Anfangsbestand Waren 01.01.: 350.000,00 €
   Schlussbestand Waren 31.12.: 420.000,00 €
   a) Buchen Sie diesen Sachverhalt entsprechend dem Schaubild im Informationstext auf folgende Konten: Warenbestände, Wareneingang, Warenverkauf, GuV, SBK
   b) Ermitteln Sie den Wareneinsatz.
   c) Geben Sie die Buchungssätze zur Buchung des Saldos des Kontos „Warenbestand" auf das Konto „Wareneingang" und zur Buchung des Saldos des Kontos „Wareneingang" auf das Konto „GuV" an.
5. Die Fairtext GmbH hat zum Ende des Geschäftsjahres 02 folgende Zahlen ausgewiesen:
   Wareneinkäufe vom 01.01.–31.12.: 1.600.000,00 €
   Warenverkäufe vom 01.01.–31.12.: 2.340.000,00 €
   Anfangsbestand Waren 01.01.: 420.000,00 €
   Schlussbestand Waren 31.12.: 130.000,00 €
   a) Buchen Sie diesen Sachverhalt entsprechend dem Schaubild im Informationstext auf folgende Konten: Warenbestände, Wareneingang, Warenverkauf, GuV, SBK.
   b) Ermitteln Sie den Wareneinsatz.
   c) Geben Sie die Buchungssätze zur Buchung des Saldos des Kontos „Warenbestände" auf das Konto „Wareneingang" und zur Buchung des Saldos des Warenaufwands auf das GuV-Kontos an.

6. Die Fairtext GmbH weist zu Beginn eines Geschäftsjahres folgende Anfangsbestände aus: (siehe Tabelle rechts)

Anfangsbestände	
Gebäude	1.425.000,00
Fuhrpark	840.000,00
BGA	630.000,00
Waren	320.000,00
Forderungen a. LL	849.750,00
Bank	72.000,00
Postbank	34.000,00
Kasse	4.550,00
Eigenkapital	?
Hypotheken	855.000,00
Darlehen	665.000,00
Verbindlichkeiten a. LL	432.120,00

Abschlussangaben

- Warenendbestand lt. Inventur 345.000,00 €
- Alle weiteren Buchwerte entsprechen den Inventurwerten.

Geschäftsfälle

1. Bareinkauf von Büromaterial, 238,00 €
2. Kauf von Waren auf Ziel, Warenwert 38.080,00 €
3. Barverkauf von Waren, 5.950,00 €
4. Überweisung der Gehälter, 22.500,00 €
5. Rückzahlung eines Darlehens durch Banküberweisung, 10.000,00 € (8.000,00 € Tilgung, 2.000,00 € Zinsen)
6. Barzahlung einer Handwerkerrechnung, 1.785,00 €
7. Verkauf von Waren auf Ziel, 47.600,00 €
8. Barkauf von Waren, 2.380,00 €
9. Zinsgutschrift der Bank, 800,00 €
10. Zahlung der monatlichen Miete für eine Lagerhalle durch Postbanküberweisung, 2.600,00 €
11. Kauf von zwei Schreibtischen für die Geschäftsführung auf Ziel, 3.332,00 €
12. Bezahlung der Lieferantenrechnung aus Fall 2 durch Banküberweisung
13. Kunde zahlt Rechnung durch Postbanküberweisung, 4.760,00 €
14. Kauf von Waren auf Ziel, 7.735,00 €
15. Verkauf von Waren gegen Bankscheck, 4.165,00 €

Zu verwendende Erfolgskonten:

Zinsaufwendungen; Zinserträge; Wareneingang; Mieten; Gehälter; Instandhaltung; Bürobedarf; Warenverkauf

Abschlussangaben

- Warenendbestand lt. Inventur 345.000,00 €
- Alle weiteren Buchwerte entsprechen den Inventurwerten.

Aufgaben

a) Erstellen Sie eine ordnungsgemäße Eröffnungsbilanz zum 01.01.20..
b) Erstellen Sie ein Eröffnungsbilanzkonto.
c) Eröffnen Sie die entsprechenden Bestandskonten.
d) Erstellen Sie ein Grundbuch und buchen Sie die nachfolgenden Geschäftsfälle auf den entsprechenden Bestands- und Erfolgskonten in Grund- und Hauptbuch.
e) Schließen Sie die Konten ab und erstellen Sie eine ordnungsgemäße Schlussbilanz.
f) Ermitteln Sie den Wareneinsatz für das laufende Geschäftsjahr.
g) Geben Sie die Buchungssätze zur Buchung des Saldos des Kontos „Warenbestände" auf das Konto „Wareneingang" und zur Buchung des Saldos des Wareneingangs auf das GuV-Konto an.

7. Die Fairtext GmbH hat zum Jahresbeginn die unten stehende Eröffnungsbilanz ausgewiesen.

a) Bilden Sie zu den folgenden Sachverhalten die Buchungssätze.
b) Übertragen Sie die Buchungssätze in das Hauptbuch.
c) Schließen Sie die Erfolgskonten im Hauptbuch ab und ermitteln Sie den Erfolg des Unternehmens.

AKTIVA		Eröffnungsbilanz zum 01.01.20..	PASSIVA
I. Anlagevermögen		I. Eigenkapital	356.642,00
1. Grundstücke	216.690 00	II. Fremdkapital	
2. Techn. Anlagen u. Maschinen	83.250 00	1. Hypotheken	87.500,00
3. Fuhrpark	45.000 00	2. Verbindlichkeiten a. LL	7.850,00
II. Umlaufvermögen			
1. Waren	66.352 00		
2. Forderungen a. LL	10.500 00		
3. Bank	27.400 00		
4. Kasse	2.800 00		
	451.992,00		451.992,00

1. Es werden Waren für 11.900,00 € auf Ziel verkauft.
2. Verkauf eines Betriebs-Pkw für 11.305,00 €. Der Betrag geht auf dem Bankkonto ein.
3. Für den Empfangsbereich werden Zeitungen für 26,75 € bar gekauft.
4. Es wird diverse Fachliteratur für 476,00 € auf Ziel gekauft.
5. Geldeingang für die Waren aus Sachverhalt 1 auf dem Bankkonto
6. Die Zinsen in Höhe 230,00 € und die Tilgung eine Kredits in Höhe von 1.000,00 € werden vom Bankkonto abgebucht.
7. Die Fachliteratur aus Sachverhalt 4 wird vom Bankkonto bezahlt.
8. Die Löhne der Beschäftigten werden in Höhe von 13.300,00 € vom Bankkonto überwiesen.
9. Verkauf von Waren für 13.209,00 €. Die Zahlung erfolgt bar.
10. Die Grundsteuer für das Betriebsgrundstück in Höhe von 450,00 € wird vom Bankkonto abgebucht.
11. Es werden Materialien für die Büros gekauft. Der Kaufpreis in Höhe von 78,00 € wird bar bezahlt.
12. Der Kaufpreis in Höhe von 790,00 € für einen Warenverkauf wird bar vereinnahmt.
13. Die Kosten für diverse Schreibtischmaterialien werden in Höhe von 952,00 € vom Bankkonto abgebucht.
14. Ein Lohnvorschuss in Höhe von wird 780,00 € vom Bankkonto abgebucht.
15. Einkauf von Waren auf Ziel, 12.400,00 €

Zu verwendende Erfolgskonten:

Warenverkauf, Sonstige Erlöse, Löhne, Bürobedarf, Diverse Aufwendungen (Fachliteratur), Grundsteuer, Zinsaufwendungen

Abschlussangaben

- Warenendbestand lt. Inventur 75.352,00 €
- Alle weiteren Buchwerte entsprechen den Inventurwerten.

8. Die Fairtext GmbH weist zu Beginn eines Geschäftsjahres folgende Anfangsbestände aus:

Anfangsbestände			
Grundstücke	935.000,00	Bank	19.600,00
Technische Anlagen und Maschinen	279.000,00	Kasse	4.235,00
Fuhrpark	135.000,00	Eigenkapital	?
Betriebs- und Geschäftsausstattung	74.000,00	Hypotheken	420.000,00
Waren	98.000,00	Darlehen	335.000,00
Forderungen a. LL	100.000,00	Verbindlichkeiten a. LL	64.200,00

a) Erstellen Sie eine ordnungsgemäße Eröffnungsbilanz zum 02.01.20..
b) Erstellen Sie ein Eröffnungsbilanzkonto, indem Sie die entsprechenden Eröffnungsbuchungen durchführen und die Anfangsbestände auch auf den Bestandskonten aufführen.

c) Eröffnen Sie die entsprechenden Bestandskonten, indem Sie die Eröffnungsbuchungen auf die Bestandskonten übertragen.

d) Erstellen Sie ein Grundbuch und buchen Sie die nachfolgenden Geschäftsfälle auf den entsprechenden Bestands- und Erfolgskonten in Grund- und Hauptbuch.

  1. Bareinkauf von Kopierpapier, 357,00 €
  2. Kauf von Waren auf Ziel, Warenwert 15.470,00 €
  3. Aufnahme eines Darlehens bei der Bank, Bankgutschrift 15.000,00 €
  4. Ein Kunde zahlt seine Rechnung durch Banküberweisung, 9.500,00 €.
  5. Verkauf von Waren auf Ziel, 29.750,00 €
  6. Zahlung der Löhne durch Banküberweisung, 14.800,00 €
  7. Der Pächter einer von der Fairtext GmbH verpachteten Parkfläche überweist die fällige Pacht, 450,00 €.
  8. Bankabbuchung der Zinsen für ein aufgenommenes Darlehen, 380,00 €
  9. Barzahlung (Taxiquittung) für eine Geschäftsfahrt von Herrn Hertien von Hannover nach Hamburg, 150,00 €
  10. Banküberweisung der Kfz-Steuer, 1.150,00 €

Zu verwendende Erfolgskonten:

Warenverkauf, Mieterträge, Löhne, Bürobedarf, Werbe- und Reisekosten, KFZ-Steuer, Zinsaufwendungen.

Abschlussangaben

- Warenendbestand lt. Inventur 107.000,00 €
- Alle weiteren Buchwerte entsprechen den Inventurwerten

9. Die Fairtext GmbH weist zu Beginn eines Geschäftsjahres folgende Anfangsbestände aus (siehe Tabelle rechts):

Anfangsbestände	
Fuhrpark	180.000,00
BGA	240.000,00
Waren	64.000,00
Forderungen a. LL	47.000,00
Bank	36.000,00
Postbank	24.000,00
Kasse	6.200,00
Eigenkapital	?
Darlehen	160.000,00
Verbindlichkeiten a. LL	84.000,00

Aufgaben

a) Erstellen Sie eine ordnungsgemäße Eröffnungsbilanz zum 01.01.20..

b) Erstellen Sie ein Eröffnungsbilanzkonto.

c) Eröffnen Sie die entsprechenden Bestandskonten.

d) Erstellen Sie ein Grundbuch auf Basis der nachfolgend dargestellten Belege. Buchen Sie diese auf den entsprechenden Bestands- und Erfolgskonten in Grund- und Hauptbuch.

e) Schließen Sie die Konten ab und erstellen Sie eine ordnungsgemäße Schlussbilanz.

f) Ermitteln Sie den Wareneinsatz für das laufende Geschäftsjahr.

g) Geben Sie die Buchungssätze zur Buchung des Saldos des Kontos „Warenbestände" auf das Konto „Wareneingang" und zur Buchung des Saldos des Wareneingangs auf das GuV-Konto an.

Zu verwendende Erfolgskonten:

Zinsaufwendungen; Zinserträge; Wareneingang; Mieten; Warenverkauf

Abschlussangaben

- Warenendbestand lt. Inventur 62.300,00 €
- Alle weiteren Buchwerte entsprechen den Inventurwerten.

Beleg 1

Elser GmbH & Co. KG

Telefon: 07542 9090-0
Telefax: 07542 9090-10
E-Mail: lange@elser-wvd.de

Elser GmbH & Co. KG | Wangener Str. 22 | 88069 Tettnanng

Fairtext GmbH
Walsroder Str. 6 a
60313 Frankfurt am Main

Kunden-Nr.:	10500
Lieferdatum:	20.02.20..
Bestelldatum:	15.02.20..
Sachbearbeiter/-in:	Frau Lange
Rechnungs-Nr.:	09675
Rechnungsdatum:	22.02.20..

Rechnung

Pos.	Artikel-Nr.	Artikelbezeichnung	Menge und Einheit	Einzelpreis	Gesamtpreis
1	40300	Herrenfreizeithemden	90 Stück	50,00 €	4.500,00 €
2	40615	Herren-Sakkos	60 Stück	105,00 €	6.300,00 €
		Gesamtpreis			10.800,00 €

Beleg 2

Postbank Frankfurt				250 100 30		**Konto-Auszug**	
		Konto-Nr.	Auszug-Nr.	Datum	Alter Kontostand		
Buch.-Tag	Tag der Wert-stellung	15 305		23.02.20..		24.000,00 €	
21.02.20.. 22.02.20..	21.02.20.. 22.02.20..	Zinsen, Darlehen Nr. 54867 Fa. Hornung, Miete für Lagerhalle Monat Februar				1.600,00 € – 980,00 € –	
					Neuer Kontostand 21.420,00 € +		
Herrn, Frau, Fa. Fairtext GmbH Walsroder Str. 6 a 60313 Frankfurt am Main				BIC PBNKDEFF IBAN DE82 2501 0030 000 0153 05			

Beleg 3

Textilgroßhandlung

Telefon: 069 4155-0
Telefax: 069 4155-10
Internet: www.fairtext-wvd.de
E-Mail: weidner@fairtext-wvd.de

Fairtext GmbH · Walsroder Str. 6 a · 60313 Frankfurt am Main

Textilgroßhandel
Schneider KG
Schiffgraben 12
30625 Hannover

Kunden-Nr.:	10010
Lieferdatum:	24.02.20..
Bestelldatum:	18.02.20..
Sachbearbeiter/-in:	Thorsten Weidner
Rechnungs-Nr.:	98705
Rechnungsdatum:	26.02.20..

Rechnung

Pos.	Artikel-Nr.	Artikelbezeichnung	Menge und Einheit	Einzelpreis	Gesamtpreis
1	404166	Holzfällerhemden, Farbe sortiert	150 Stück	60,00 €	9.000,00 €
2	131085	Hosenanzug	80 Stück	35,00 €	2.800,00 €
3	404180	Jogginganzug	100 Stück	32,00 €	3.200,00 €
Gesamtpreis					15.000,00 €

Beleg 4

Textilgroßhandlung

Telefon: 069 4155-0
Telefax: 069 4155-10
Internet: www.fairtext-wvd.de
E-Mail: weidner@fairtext-wvd.de

Fairtext GmbH · Walsroder Str. 6 a · 60313 Frankfurt am Main

Textilgroßhandel
Schneider KG
Schiffgraben 12
30625 Hannover

Kunden-Nr.:	10010
Lieferdatum:	26.02.20..
Bestelldatum:	20.02.20..
Sachbearbeiter/-in:	Thorsten Weidner
Rechnungs-Nr.:	99318
Rechnungsdatum:	28.02.20..

Rechnung

Pos.	Artikel-Nr.	Artikelbezeichnung	Menge und Einheit	Einzelpreis	Gesamtpreis
1	262097	Damen-Ledergürtel	300 Stück	15,00 €	4.500,00 €
Gesamtpreis					4.500,00 €

Betrag dankend erhalten
Weidner

Beleg 5

Nachhaltige Produkte GmbH

Telefon: 0511 5050-0
Telefax: 0511 5050-10
E-Mail: beckmann@nhp-wvd.de

Nachhaltige Produkte GmbH · Brühlstr. 7 · 30165 Hannover

Fairtext GmbH
Walsroder Str. 6a
60313 Frankfurt am Main

Kunden-Nr.:	10500
Lieferdatum:	28.02.20..
Bestelldatum:	22.02.20..
Sachbearbeiter/-in:	Frau Beckmann
Rechnungs-Nr.:	02656
Rechnungsdatum:	28.02.20..

Rechnung

Pos.	Artikel-Nr.	Artikelbezeichnung	Menge und Einheit	Einzelpreis	Gesamtpreis
1	56905	Stoffballen, naturbelassen	100 Stück	20,00 €	2.000,00 €

Betrag dankend erhalten
A. Beckmann

| Gesamtpreis | | | | | 2.000,00 € |

Beleg 6

Postbank Frankfurt			250 100 30		Konto-Auszug	
		Konto-Nr.	Auszug-Nr.	Datum	Alter Kontostand	
Buch.-Tag	Tag der Wert-stellung	15 305		28.02.20..	36.000,00 €	
26.02.20..	26.02.20..	Zinsen			420,00 €	+
27.02.20..	27.02.20..	Pagro AG, RG-Nr. 49568			6.840,00 €	–
28.02.20..	28.02.20..	Guttex GmbH, RG-Nr. 940358			5.320,00 €	+
					Neuer Kontostand	
					34.900,00 €	+

Herrn, Frau, Fa.
Fairtext GmbH
Walsroder Str. 6a
60313 Frankfurt am Main

BIC   PBNKDEFF
IBAN   DE82 2501 0030 000 0153 05

Warenbuchungen

nach dem aufwandsrechnerischen Verfahren
→ Wareneinkäufe werden direkt als Aufwand gebucht

bei Bestandsmehrungen

Soll	Warenbestände	Haben
Anfangsbestand	Schlussbestand	
Bestandsmehrung		

Soll	Wareneingang	Haben
Einkäufe	Bestandsmehrung	
	Wareneinsatz	

Soll	Warenverkauf	Haben
GuV	Verkäufe	

Soll	GuV	Haben
Wareneinsatz	Verkäufe (Umsatzerlöse)	
... ...	...	...

Soll	SBK	Haben
... ...	...	...
... ...	...	...
Waren (Schlussbestand)	...	...
... ...		

Buchungssatz	Soll	Haben
Warenbestände		
an Wareneingang		

Buchungssatz	Soll	Haben
GuV		
an Wareneingang		

bei Bestandsminderungen

Soll	Warenbestände	Haben
Anfangsbestand	Schlussbestand	
	Bestandsmehrung	

Soll	Wareneingang	Haben
Einkäufe	Wareneinsatz	
Bestandsmehrung		

Soll	Warenverkauf	Haben
GuV	Verkäufe	

Soll	GuV	Haben
Wareneinsatz	Verkäufe (Umsatzerlöse)	
... ...	...	...

Soll	SBK	Haben
... ...	...	...
... ...	...	...
Waren (Schlussbestand)	...	...
... ...		

Buchungssatz	Soll	Haben
Wareneingang		
an Warenbestände		

Buchungssatz	Soll	Haben
GuV		
an Wareneingang		

8.2 Bedeutung der Umsatzsteuer

Anne Schulte soll Frau Tegtmeyer dabei helfen, die Umsatzsteuer-Voranmeldung für den Monat Februar 20.. zu erstellen. Anne hat allerdings noch keine Kenntnisse über die Umsatzsteuer. Daher soll sie sich erst einmal grundlegend über das Wesen und die Systematik der Umsatzsteuer informieren.

Erläutern Sie, wie man die Umsatzsteuerzahllast rechnerisch ermittelt.

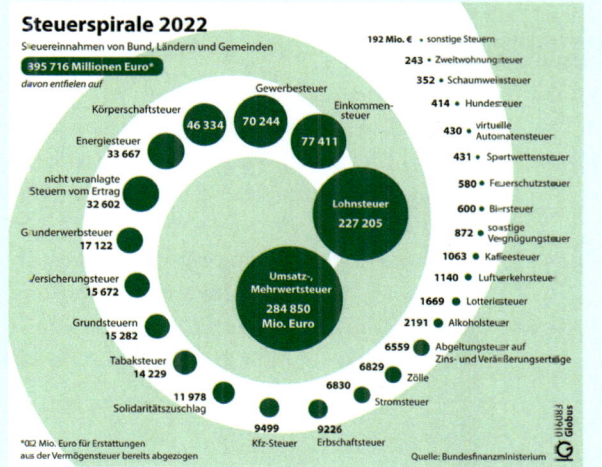

Wesen der Umsatzsteuer

Die Umsatzsteuer ist eine der Steuern, mit denen der deutsche Staat am meisten Geld einnimmt. Sie ist eine Gemeinschaftssteuer. Das bedeutet, die Steuereinnahmen stehen Bund, Ländern und Gemeinden zu. Für Unternehmen ist sie neben den Ertragssteuern (Einkommensteuer, Lohnsteuer, Kapitalertragsteuer) die wichtigste Steuer. Die Umsatzsteuer ist eine indirekte Steuer. Das bedeutet, dass Steuerträger und Steuerschuldner nicht dieselbe Person sind. Sie ist eine Jahressteuer, wird also für das Kalenderjahr festgesetzt. Die Berechnung nimmt das Unternehmen im ersten Schritt selbst vor und meldet die Umsatzsteuer an (= Anmeldesteuer).

Steuersätze und Befreiungen

Der allgemeine Umsatzsteuersatz beträgt aktuell (Stand: Oktober 2023) 19 %. Einige Umsätze werden nur mit einem ermäßigten Steuersatz von 7 % belegt und andere sind ganz von der Umsatzsteuer befreit. Der folgende Überblick zeigt einige ermäßigt besteuerte und steuerbefreite Umsätze.

ermäßigter Steuersatz 7 %	steuerbefreite Umsätze keine USt
BEISPIELE • Hotelumsätze • Bücher, Zeitungen • Kaffee • Blumen • Milch • Lebensmittel • öffentliche Verkehrsmittel	BEISPIELE • Ausfuhrlieferungen • Zinsen • Versicherungsumsätze • Grundstücksverkäufe • medizinische Heilbehandlungen • langfristige Vermietung

Systematik der Umsatzsteuer

Die Umsatzsteuer ist in Deutschland als eine Allphasen-Netto-Umsatzsteuer ausgestaltet. Dieser Begriff ist leicht erklärt. Es wird in jeder Phase des Leistungsprozesses (Allphasen) der Nettowert

(Netto) mit der Umsatzsteuer besteuert. Das Unternehmen erhält die Umsatzsteuer also zusätzlich zu dem von ihm kalkulierten Nettoverkaufspreis. In Rechnungen wird daher in der Regel der Nettopreis ausgewiesen und anschließend die Umsatzsteuer unter Angabe des jeweiligen Steuersatzes hinzugerechnet. Im Ergebnis ergibt sich dann der vom Kunden oder der Kundin tatsächlich zu zahlende Bruttopreis.

BEISPIEL

Phase 1: Ein Landwirt verkauft die von ihm hergestellte Baumwolle an einen Stoffhersteller für 100,00 € zuzüglich 19,00 € Umsatzsteuer.

Phase 2: Der Stoffhersteller verarbeitet die Baumwolle zu einem Stoff für Herrenhemden. Anschließend verkauft er den Stoff für 150,00 € zuzüglich 28,50 € Umsatzsteuer an die Textila AG.

Phase 3: Die Textila AG erstellt aus dem Stoff Herrenhemden und verkauft sie für 300,00 € zuzüglich 57,00 € Umsatzsteuer an die Tom Hoss KG.

Phase 4: Die Hoffmann KG verkauft die Hemden an verschiedene private Endverbraucher/-innen für insgesamt 595,00 € brutto (inklusive 95,00 € Umsatzsteuer).

BEISPIEL

	Phase des Leistungsprozesses	Eingangs-rechnung	Ausgangs-rechnung	Vorsteuer	Umsatz-steuer	Finanzamt (Zahllast)
1	Urproduktion	nicht vorhanden	100,00 € + USt 19,00 € 119,00 €	keine	19,00 €	19,00 € –0,00 € 19,00 €
2	Verarbeitung	100,00 € + USt 19,00 € 119,00 €	150,00 € + USt 28,50 € 178,50 €	19,00 €	28,50 €	28,50 € –19,00 € 9,50 €
3	Weiterverarbeitung	150,00 € + USt 28,50 € 178,50 €	300,00 € + USt 57,00 € 357,00 €	28,50 €	57,00 €	57,00 € –28,50 € 28,50 €
4	Einzelhandel	300,00 € + USt 57,00 € 357,00 €	500,00 € + USt 95,00 € 595,00 €	57,00 €	95,00 €	95,00 € –57,00 € 38,00 €
5	Privatabnehmer/-in (Endverbraucher/-in)	500,00 € + USt 95,00 € 595,00 €	nicht vorhanden			

Auf jeder Stufe (Allphasen) des Leistungsprozesses wird der Nettowert der Ware mit Umsatzsteuer belegt. Auch der Begriff „Mehrwertsteuer" ergibt sich aus dem Beispiel. In der Spalte „Finanzamt (Zahllast)" ist der Betrag angeführt, der von dem Unternehmen der jeweiligen Phase an das Finanzamt abgeführt werden muss. Bei genauerer Betrachtung stellt man fest, dass in jeder Phase die Umsatzsteuer auf den entstandenen Mehrwert an das Finanzamt abgeführt werden muss.

BEISPIEL

Die Hoffmann KG kauft Hemden für 300,00 € netto und verkauft sie an Endverbraucher/-innen für 500,00 €. Durch den teureren Verkauf wird von der Tom Hoss KG ein Mehrwert von 200,00 € erwirtschaftet. Auf den Einkauf fällt eine Umsatzsteuer in Höhe von 57,00 € an, die die Hoffmann KG als Vorsteuer vom Finanzamt erstattet bekommt. Auf der anderen Seite fällt für den Verkauf eine Umsatzsteuer in Höhe von 95,00 € an, die an das Finanzamt weiterzuleiten ist.

> Wenn man die beiden Beträge voneinander abzieht, erhält man die Zahllast, also den Betrag, der tatsächlich an das Finanzamt gezahlt wird:
>
> 95,00 € − 57,00 € = 38,00 €
>
> Dies ist gleichzeitig exakt die Umsatzsteuer, die auf den Mehrwert, der von Hoffmann KG geschaffen wurde, anfällt. Im Ergebnis wird also der Mehrwert von 200,00 € besteuert.

Der Grund für dieses komplizierte System wird nicht sofort deutlich. Die Verteilung der Umsatzsteuer auf die verschiedenen Stufen des Leistungsprozesses hat viele Vorteile für den Staat. Der Staat bekommt bereits auf jeder Stufe die Umsatzsteuer, die auf den geschaffenen Mehrwert entfällt. Das Geld ist somit früher in der Staatskasse. Außerdem wird das Risiko des Ausfalls der Umsatzsteuer (z. B. durch Insolvenzen oder Steuerhinterziehung) dadurch verringert, dass die Zahlung auf mehrere Unternehmen verteilt wird.

Da die Umsatzsteuer für das Unternehmen erfolgsneutral ist, wird das Unternehmen als **Steuerschuldner** bezeichnet. Das heißt, dass es die vereinnahmte Umsatzsteuer an das Finanzamt abführen muss. Der/Die Endverbraucher/-in (Privatkunde/Privatkundin) ist wirtschaftlich mit der Umsatzsteuer belastet, da er/sie die Umsatzsteuer nicht als Vorsteuer vom Finanzamt erstattet bekommt. Man bezeichnet diese Gruppe als **Steuerträger**.

MERKSATZ

Der Steuerschuldner leitet die Steuer an das Finanzamt weiter.
Der Steuerträger ist wirtschaftlich mit der Steuer belastet (Endverbraucher).

Rechnungen

Unternehmen müssen ordnungsgemäße Rechnungen über die von ihnen erbrachten Leistungen ausstellen. Gleichzeitig können sie sich die vor ihnen gezahlten Umsatzsteuerbeträge für bezogene Eingangsleistungen als Vorsteuer vom Finanzamt erstatten lassen (sogenannter **Vorsteuerabzug**).

Um diese Erstattung in Anspruch zu nehmen, muss wiederum eine ordnungsgemäße Rechnung im Sinne von § 14 Abs. 4 UStG vorliegen. Nach dieser Vorschrift muss eine ordnungsgemäße Rechnung grundsätzlich folgende Angaben enthalten:

- vollständiger Name und Anschrift des leistenden Unternehmens und des Leistungsempfängers,
- Steuernummer oder Umsatzsteuer-Identifikationsnummer des leistenden Unternehmens,
- Ausstellungsdatum,
- Rechnungsnummer (fortlaufend und einmalig),
- Menge und Art der gelieferten Gegenstände oder Umfang und Art der erbrachten sonstigen Leistung,
- Zeitpunkt der Lieferung oder sonstigen Leistung,
- Entgelt, das heißt der Nettopreis,
- anzuwendender Steuersatz (7 %, 19 % oder Hinweis auf Steuerbefreiung).

Zu dieser Thematik existieren zahlreiche Sondervorschriften, die hier im Einzelnen nicht erläutert werden können. Insbesondere gibt es Besonderheiten und Erleichterungen bei:

- Rechnungen über Kleinbeträge bis 250,00 brutto (§ 33 UStDV),
- Fahrausweisen, die als Rechnungen gelten (§ 34 UStDV),
- Sachverhalten, in denen der Leistungsempfänger die Umsatzsteuer schuldet (§§ 13b, 14a UStG).

Ermittlung der Zahllast/des Erstattungsanspruchs

Bei der Erstellung der Schlussbilanz wird die Umsatzsteuer bisher als eine Verbindlichkeit gegenüber dem Finanzamt auf der Passivseite dargestellt. Die Vorsteuer wird auf der Aktivseite als eine Forderung gegenüber der Finanzbehörde ausgewiesen. Es ist sinnvoll, dass bei der Abrechnung mit der Finanzverwaltung die bestehende Umsatzsteuerverbindlichkeit mit der Vorsteuerforderung verrechnet wird.

Dies geschieht in der Umsatzsteuer-Voranmeldungen, die ein Unternehmen in der Regel monatlich elektronisch an das Finanzamt übermittelt, und auch bei der Ermittlung der Umsatzsteuer am Jahresende. Je nach Höhe der Umsatz- und Vorsteuer kann sich eine Zahllast oder ein Erstattungsanspruch ergeben.

Meistens ist die Umsatzsteuer größer als die erstattungsfähige Vorsteuer. In diesem Fall ergibt sich eine Umsatzsteuerzahllast. Die Umsatzsteuerzahllast ist eine Verbindlichkeit für das Unternehmen.

Ist die Vorsteuer größer als die Umsatzsteuer, so entsteht ein Vorsteuerüberhang oder Erstattungsanspruch. Der Erstattungsanspruch ist somit eine Forderung des Unternehmens gegenüber dem Finanzamt.

DEFINITION

Umsatzsteuer − Vorsteuer > 0,00 € = **Umsatzsteuerzahllast** (= Verbindlichkeit)

Umsatzsteuer − Vorsteuer < 0,00 € = **Vorsteuerüberhang/Erstattungsanspruch** (Forderung)

Umsatzsteuervoranmeldungen

Das Unternehmen ist dazu verpflichtet, die Umsatzsteuer selbst zu berechnen und im Rahmen von Umsatzsteuervoranmeldungen beim Finanzamt zu erklären. Die Umsatzsteuer ist somit eine Anmeldesteuer.

Die Umsatzsteuervoranmeldungen müssen in der Regel monatlich erfolgen. Sie müssen jeweils bis zum 10. Tag des Folgemonats beim Finanzamt elektronisch eingereicht werden. Die Abgabe der Voranmeldung erfolgt mithilfe des kostenlos von der Finanzverwaltung zur Verfügung gestellten Onlinesystems ELSTER (Elektronische Steuererklärung). In Ausnahmefällen kann die Abgabe auch vierteljährlich und in Papierform erfolgen.

Das Unternehmen berechnet jeden Monat seine Zahllast, indem es die Vorsteuerbeträge von der geschuldeten Umsatzsteuer abzieht.

Die vom Unternehmen berechnete Umsatzsteuerzahllast ist ebenfalls bis zum 10. Tag des Folgemonats bei der Finanzkasse einzuzahlen. Bei Zahlung per Banküberweisung räumt die Finanzverwaltung eine dreitägige Schonfrist ein.

BEISPIEL

Die Umsatzsteuerzahllast für den Monat September 20.. beträgt 1.320,00 €. Der Betrag muss bis zum 10. Oktober 20.. entrichtet werden. Wird per Überweisung gezahlt, muss das Geld am 13. Oktober 20.. auf dem Konto der Finanzkasse eingehen.

Es gibt keine Zahlungsaufforderung. Fällt das Ende der Schonfrist auf einen Samstag, Sonntag oder Feiertag, verschiebt sich das Fristende auf den nächstfolgenden Werktag.

BEISPIEL

Der 13. Oktober 20.. ist ein Samstag. Folglich muss das Geld bei Banküberweisung am nächstfolgenden Werktag, also am Montag, dem 15. Oktober 20.., auf dem Konto der Finanzkasse eingehen.

Ein Vorsteuerüberhang wird von der Finanzkasse zeitnah an das Unternehmen überwiesen.

Unternehmen können gegen Leistung einer Sondervorauszahlung eine Dauerfristverlängerung für die Abgabe der Umsatzsteuervoranmeldungen beim Finanzamt beantragen. Die Dauerfristverlängerung beträgt jeweils einen Monat.

BEISPIEL

Die Umsatzsteuervoranmeldung für den Monat Juni 20.. muss bis zum 10. Juli 20.. beim Finanzamt eingereicht werden. Durch eine Dauerfristverlängerung muss die Voranmeldung für Juni 20.. erst bis zum 10. August 20.. übermittelt werden. Auch die Zahllast muss erst zum 10. August 20.. beglichen werden.

Umsatzsteuerjahreserklärung

Das Unternehmen muss für jedes Kalenderjahr bis zum 31. Juli des Folgejahres eine Umsatzsteuerjahreserklärung beim Finanzamt abgeben. Bei Erstellung durch ein Steuerberatungsunternehmen verlängert sich die Abgabefrist bis zum 28. Februar des übernächsten Jahres.

BEISPIEL

Die Umsatzsteuererklärung für das Jahr 2021 muss von der Fairtext GmbH bis zum 28. Februar 2023 abgegeben werden, da sie eine Steuerberatung mit der Erstellung beauftragt hat.
Würde die Fairtext GmbH die Umsatzsteuererklärung selbst erstellen, müsste die Erklärung bis zum 31. Juli 2022 abgegeben werden.

In der Jahreserklärung werden alle Umsatz- und Vorsteuerbeträge des abgelaufenen Kalenderjahres erklärt. Sollte sich trotz der Umsatzsteuervoranmeldungen eine Zahllast ergeben, so muss diese spätestens einen Monat nach Einreichung der Erklärung beim Finanzamt beglichen werden. Ein Erstattungsanspruch wird vom Finanzamt zeitnah überwiesen.

MERKSATZ

Umsatzsteuervoranmeldung:
- in der Regel monatlich abzugeben
- Termin: 10. Tag des Folgemonats
- wird elektronisch an das Finanzamt übermittelt
- Dauerfristverlängerung von einem Monat möglich
- Steuer wird selbst berechnet
- Vorauszahlung ist am 10. Tag des Folgemonats fällig

Umsatzsteuerjahreserklärung:
- bis zum 31.07. des Folgejahres abgeben
- mit Steuerberater Frist bis zum 28.02. des übernächsten Jahres

1. Geben Sie jeweils drei Beispiele für Lieferungen und sonstige Leistungen an, die im Inland steuerbar im Sinne des Umsatzsteuergesetzes sind.

2. Bilden Sie jeweils zwei konkrete Sachverhalte (ohne Berechnungen und Zahlen), die
   a) mit dem allgemeinen Steuersatz besteuert werden,
   b) mit dem ermäßigten Steuersatz besteuert werden,
   c) von der Umsatzsteuer befreit sind.

3. Erstellen Sie einen Text, in dem Sie die Begriffe „Umsatzsteuer", „Mehrwertsteuer" und „Vorsteuer" erläutern.

4. Erläutern Sie mit eigenen Worten, was man unter dem Begriff „Allphasen-Netto-Umsatzsteuer" versteht.

5. a) Prüfen Sie die Ordnungsmäßigkeit der folgenden Eingangsrechnung der Fairtext GmbH.
   b) Erläutern Sie an dem Beispiel, warum es so wichtig ist, dass die Ordnungsmäßigkeit der Rechnung geprüft wird.

Sportiva GmbH

Sportiva GmbH, Sportivaweg 1, 91074 Herzogenaurach

Fairtext GmbH
Walsroder Str. 6 a
60313 Frankfurt am Main

Ihre Nachricht vom:	07.12.20..
Ihr Zeichen:	ph/sh
Unsere Nachricht vom:	17.12.20..
Unser Zeichen:	kr
Name:	Sven Krauß
Telefon:	09132 12845-9
E-Mail:	krauß@sportiva-wvd.de
Internet:	www.sportiva-wvd.de
Rechnungsnummer:	2-357-20..
Datum:	17.12.20..

Rechnung

Wir lieferten Ihnen am 17.12.20..:

Artikelnr.	Bezeichnung	Menge	Einzelpreis in EUR	Gesamtpreis in EUR
6462 049	Joggingshorts „FastLane", Damen schwarz, Größe S	30	27,99	839,70
6462 050	Joggingshorts „FastLane", Damen schwarz, Größe M	20	27,99	559,80
			Summe	1.399,50 €
			19 % USt	265,90 €
			Rechnungsbetrag	1.665,40 €

Der Rechnungsbetrag ist zahlbar bis zum 31.12.20.. Ein Skontoabzug ist gemäß den vereinbarten Bedingungen nicht zulässig.

Sportiva GmbH	Steuernummer: 27/200/23735	Commerzbank Herzogenaurach
Sportivaweg 1	USt-IdNr.: DE34872837	Kontonummer: 300 100 257
91074 Herzogenaurach		BLZ: 250 400 66

6. a) Prüfen Sie die Ordnungsmäßigkeit der folgenden Eingangsrechnung der Fairtext GmbH.
   b) Erläutern Sie an dem Beispiel, wie mit der Rechnung umzugehen ist.

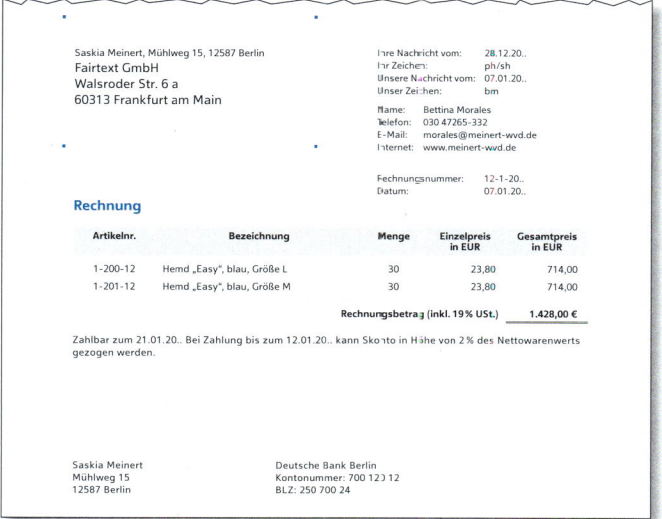

Saskia Meinert, Mühlweg 15, 12587 Berlin

Fairtext GmbH
Walsroder Str. 6 a
60313 Frankfurt am Main

Ihre Nachricht vom:	28.12.20..
Ihr Zeichen:	ph/sh
Unsere Nachricht vom:	07.01.20..
Unser Zeichen:	bm
Name:	Bettina Morales
Telefon:	030 47265-332
E-Mail:	morales@meinert-wvd.de
Internet:	www.meinert-wvd.de
Rechnungsnummer:	12-1-20..
Datum:	07.01.20..

Rechnung

Artikelnr.	Bezeichnung	Menge	Einzelpreis in EUR	Gesamtpreis in EUR
1-200-12	Hemd „Easy", blau, Größe L	30	23,80	714,00
1-201-12	Hemd „Easy", blau, Größe M	30	23,80	714,00
			Rechnungsbetrag (inkl. 19% USt.)	1.428,00 €

Zahlbar zum 21.01.20.. Bei Zahlung bis zum 12.01.20.. kann Skonto in Höhe von 2% des Nettowarenwerts gezogen werden.

Saskia Meinert   Deutsche Bank Berlin
Mühlweg 15   Kontonummer: 700 123 12
12587 Berlin   BLZ: 250 700 24

ZUSAMMENFASSUNG

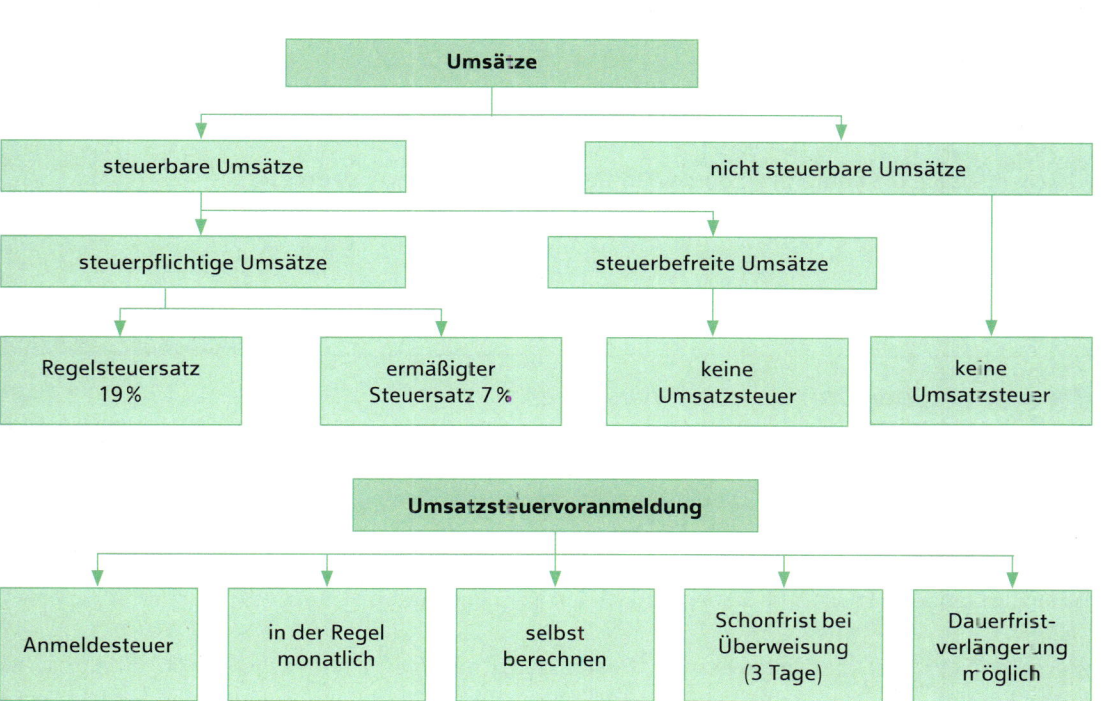

8.3 Buchen von Geschäftsfällen mit Umsatzsteuer

Anne Schulte hat die Eingangsrechnung vom Autohaus Bach über einen Pkw von 33.320,00 € erneut vor sich liegen. Sie erhält nun von Frau Tegtmeyer den Auftrag, den Beleg zu buchen.

Autohaus Bach

Telefon: 0511 1234-56
Telefax: 0511 1234-57
E-Mail: auto@bach-wvd.de

Autohaus Bach · Birkenwald 44 · 30449 Hannover
Fairtext GmbH
Frau Neumann
Walsroder Str. 6a
60313 Frankfurt am Main

Kunden-Nr.:	19875
Lieferdatum:	28.07.20..
Bestelldatum:	28.07.20..
Sachbearbeiter/-in:	Herr Marx

Rechnungs-Nr.:	86970
Rechnungsdatum:	30.07.20..

Rechnung

Pos.	Artikel-Nr.	Artikelbezeichnung	Menge und Einheit	Einzelpreis	Gesamtpreis
1	125125	PKW Kolf Sport Neuwagen	1	28.000,00 €	28.000,00 €

Gesamtpreis			28.000,00 €
Umsatzsteuer		19%	5.320,00 €
Rechnungsbetrag			**33.320,00 €**

Rechnungsbetrag zahlbar innerhalb von 14 Tagen netto.

1. Nennen Sie die Konten, die durch den Geschäftsfall berührt werden.
2. Formulieren Sie den Buchungssatz für den vorliegenden Beleg.

Berechnung der Umsatz- und Vorsteuer

Bisher wurde die in den Rechnungen ausgewiesene Umsatzsteuer bei den Buchungssätzen noch nicht erfasst. Allerdings fallen die Umsatz- oder die Vorsteuer bei einem Großteil der täglich zu buchenden Geschäftsfälle an. Da die Umsatzsteuer zusätzlich zu dem Nettopreis berechnet wird und anfällt, ist sie für eine korrekte Erfassung der betroffenen Geschäftsfälle auch im Buchungssatz zusätzlich zu erfassen. Die Umsatzsteuer muss vom Unternehmen als Steuerschuldner an das Finanzamt abgeführt werden. Daher wird sie auf dem Passivkonto „Umsatzsteuer" erfasst.

Im ersten Schritt ist die ausgewiesene Umsatzsteuer auf ihre rechnerische Richtigkeit zu prüfen (siehe vorherige Kapitel). In vielen Belegen ist sie aufgrund von Sonderregelungen bei der Rechnungsausstellung sogar selbst durch das Unternehmen zu ermitteln, da sie nicht direkt auf dem Beleg ausgewiesen ist.

BEISPIEL

Die Fairtext GmbH kauft Büromaterial ein. Auf dem Beleg steht: „10 x Kopierpapier je 4,99 € = 49,90 € inkl. 19% USt".

Für die Buchung muss nun die Umsatzsteuer aus dem Bruttobetrag dieser Kleinbetragsrechnung herausgerechnet werden.

Der Bruttopreis beträgt 49,90 €. Darin sind 19% Umsatzsteuer enthalten. Es müssen nun also die 19% aus dem Bruttopreis herausgerechnet werden. Der

	Prozent	Euro
Bruttopreis	119%	49,90
Umsatzsteuer	19%	?
Nettopreis	100%	?

Bruttopreis setzt sich aus dem Nettopreis (100%) und der Umsatzsteuer (19%) zusammen. Insgesamt handelt es sich also um 119%. Es ist eine Berechnung mit einem vermehrten Grundwert erforderlich.

Die gängigste Methode ist, dass man zunächst den Nettopreis wie folgt berechnet:
49,90 € : 1,19 = 41,93 € netto

Die Umsatzsteuer ergibt sich dann als Differenz aus Bruttopreis und Nettopreis:
49,90 € – 41,93 € = 7,97 € USt

Die USt lässt sich auch direkt berechnen: 49,90 € : 119 x 19 = 7,97 €

Wenn Artikel mit dem ermäßigten Steuersatz von 7% besteuert werden, tritt an die Stelle der entsprechende Wert.

BEISPIEL

Die Fairtext GmbH kauft Äpfel für die Kantine ein. Auf dem Beleg steht: „30 Äpfel, 4,99 € je kg = 12,84 € inkl. 7% USt".

	Prozent	Euro
Bruttopreis	107%	12,84
Umsatzsteuer	7%	?
Nettopreis	100%	?

Der Nettopreis wird wie folgt berechnet: 12,84 € : 1,07 = 12,00 € netto

Die Umsatzsteuer ergibt sich dann als Differenz aus Bruttopreis und Nettopreis:
12,84 € – 12,00 € = 0,84 € USt

Die USt lässt sich auch hier direkt berechnen: 12,84 € : 107 x 7 = 0,84 €

Insbesondere bei Geschäftsfällen, in denen Umsatzerlöse erzielt werden, muss das Unternehmen die Umsatzsteuer selbst berechnen, die es auf der Ausgangsrechnung gegenüber seiner Kundschaft ausweist. In diesen Fällen ist der Nettopreis bekannt und die Umsatzsteuer und der Bruttopreis werden berechnet.

BEISPIEL

Die Fairtext GmbH verkauft einen Herrenanzug für 500,00 € netto.

Die Umsatzsteuer darauf wird wie folgt berechnet: $500,00 \, € \cdot \dfrac{19}{100} = 95,00 \, €$

Der Bruttowert lässt sich ähnlich berechnen: $500,00 \, € \cdot \dfrac{119}{100} = 595,00 \, €$

Bei der Berechnung handelt es sich lediglich um eine Anwendung der Prozentrechnung. Eine andere Variante zur Berechnung sieht wie folgt aus:

Berechnung der Umsatzsteuer: 500,00 € · 0,19 = 95,00 €

Berechnung des Bruttowertes: 500,00 € · 1,19 = 595,00 €

Buchung der Umsatzsteuer

Die Umsatzsteuer ist in der Buchhaltung in der Regel für alle Ausgangsumsätze des Unternehmens zu erfassen. Sie wird zusätzlich zum Umsatzerlös gebucht. Es ergibt sich dadurch ein zusammengesetzter Buchungssatz. Die Umsatzsteuer wird als Verbindlichkeit gegenüber dem Finanzamt erfasst. Sie stellt für das Unternehmen einen durchlaufenden Posten dar. Moderne Buchführungsprogramme verfügen über eine Umsatzsteuerautomatik. Die Umsatzsteuer wird dann bei jedem Umsatz, der auf einem Konto mit dieser Automatik erfasst wird, selbstständig durch das Programm erfasst. Dies erleichtert die Erfassung von Belegen in der Buchführung.

Die Umsatzsteuer stellt für das Unternehmen in der Buchführung einen durchlaufenden Posten dar. Das Unternehmen vereinnahmt die Umsatzsteuer nur, um sie an das Finanzamt weiterzuleiten. Aus diesem Grund wirkt sich die Erfassung der Umsatzsteuer nicht auf den Gewinn des Unternehmens aus.

BEISPIEL

Die Fairtext GmbH verkauft 80 Jogginganzüge für je 80,00 € netto an die Füchse Berlin Handball GmbH.

Die Umsatzsteuer beträgt: 6.400,00 € netto · 19 % = 1.216,00 €

Die Buchung im Grundbuch lautet:

Buchungssatz	Soll	Haben
Ford. a. LL	7.616,00	
an Warenverkauf		6.400,00
an Warenverkauf		1.216,00

Überblick über die Buchung im Hauptbuch:

S	Forderungen a. LL	H	S	Warenverkauf	H
Warenverkauf 6.400,00				Ford. a. LL 6.400,00	
Ust 1.216,00					

			S	Umsatzsteuer	H
				Ford. a. LL 1.216,00	

Buchung der Vorsteuer

Die buchhalterische Erfassung ist bei den meisten Eingangsrechnungen eines Unternehmens erforderlich. Die von den Lieferanten ausgewiesene Umsatzsteuer wird in der Buchhaltung des Unternehmens als Vorsteuer ausgewiesen. Die Erfassung erfolgt auf dem Aktivkonto „Vorsteuer". Es handelt sich bei der gezahlten Vorsteuer um eine Forderung gegenüber dem Finanzamt.

BEISPIEL

Die Eingangsrechnung vom Autohaus Bach weist einen Nettopreis für den Pkw von 28.000,00 € und eine Umsatzsteuer über 5.320,00 € aus. Somit ergibt sich ein Rechnungsbetrag von 33.320,00 €.

Somit lautet der Buchungssatz:

Buchungssatz	Soll	Haben
Fuhrpark	28.000,00	
Vorsteuer	5.320,00	
an Verb. a. LL		33.320,00

S	Fuhrpark	H		S	Verbindlichkeiten a. LL	H
Verb. a. LL 28.000,00					Fuhrpark 28.000,00	
					VSt 5.320,00	

S	Vorsteuer	H
Verb. a. LL 5.320,00		

1. Bilden Sie die Buchungssätze für die folgenden Geschäftsfälle.
   1. Die Fairtext GmbH verkauft Waren für 1.000,00 € zzgl. 19 % USt auf Ziel.
   2. Die Fairtext GmbH verkauft Waren für 416,50 € brutto, 19 % USt, gegen Banküberweisung.
   3. Waren im Wert von 963,00 € inklusive 7 % Umsatzsteuer werden gegen Barzahlung verkauft.
   4. Ein altes Auto wird für 2.000,00 € zzgl. 19 % USt auf Ziel verkauft.
2. Bilden Sie die Buchungssätze für die folgenden Geschäftsfälle.
   1. Die Fairtext GmbH kauft Waren für 4.000,00 € zzgl. 19 % USt auf Ziel.
   2. Die Fairtext GmbH kauft Waren für 2.737,00 € brutto, 19 % USt, gegen Banküberweisung.
   3. Waren im Wert von 85,60 € inklusive 7 % Umsatzsteuer werden gegen Barzahlung eingekauft.
   4. Ein Kopierer wird für 600,00 € zzgl. 19 % USt auf Ziel gekauft.
3. Bilden Sie die Buchungssätze für die folgenden Geschäftsfälle.
   1. Wareneinkauf auf Ziel 24.000,00 € + 19 % USt
   2. Warenverkauf auf Ziel 18.000,00 € + 19 % USt
   3. Warenverkauf gegen Banküberweisung 110.000,00 € + 19 % USt
   4. Tilgung des Bankdarlehns über 30.000,00 €, der Betrag wird dem laufenden Bankkonto belastet.
   5. Banküberweisung an den Lieferanten über 32.500 € für eine erfasste Rechnung
   6. Banküberweisung von Kunden über 23.000,00 € für eine erfasste Rechnung
   7. Banküberweisung der Grundsteuer: 2.000,00 €
   8. Barzahlung einer Reinigungskraft 1.500,00 €
   9. Kauf eines Beamers auf Ziel, 2.500,00 € netto + 19 % USt.

10. Banküberweisung der Zinsen für ein Darlehen, 700,00 €, und der Tilgung, 1.000,00 €
11. Eine Provision an einen Vermittler in Höhe von 300,00 € zzgl. 19 % USt wird bar bezahlt.
12. Die Kfz-Steuer für betriebliche Pkw wird in Höhe von 1.200,00 € per Lastschrift gezahlt.
13. Die Reparatur des Hochregals wird sofort durch Bankscheck bezahlt: 2.200,00 € + 19 % USt.
14. Die Rechnung des Steuerberaters über 1.000,00 € + 19 % USt für die Buchführung geht ein.
15. Verkauf von Waren bar für 1.000,00 € + 19 % USt.
16. Fachzeitschriften für das Personal werden in Höhe von 80,25 € inkl. 7 % USt bar eingekauft.

4. Bilden Sie die Buchungssätze für die folgenden Geschäftsfälle.

1. Der Beitrag für die betriebliche Haftpflichtversicherung wird per Banküberweisung bezahlt, 3.600,00 €.
2. Wareneingang auf Ziel in Höhe von 14.280,00 € brutto inklusive 19 % USt.
3. Papier für den Drucker in der Einkaufsabteilung wird gekauft und bar bezahlt, 110,00 € laut Rechnung.
4. Ein unbebautes Grundstück wird für 20.000,00 € auf Ziel verkauft.
5. Eingangsrechnung über 100 Anzüge, Stückpreis 110,00 €. Vereinbarungsgemäß sind 40 Anzüge sofort per Banküberweisung zu bezahlen, die restlichen Anzüge sind erst in zwei Wochen zu bezahlen. Preise sind netto ausgewiesen.
6. Die monatliche Leasingrate für den Fotokopierer wird vom Bankkonto abgebucht, 511,70 € inkl. 19 % USt.
7. Eine bereits gebuchte Eingangsrechnung wird wie folgt beglichen: 500,00 € Barzahlung, 1.500,00 € Postbanküberweisung und Umwandlung der Restschuld (10.000,00 €) in ein Darlehen.
8. Eingangsrechnung für die Reparatur der Außentür der Lagerhalle, 1.460,00 € zzgl. 19 % USt.
9. Ein Teil der Ladenfläche wird an einen Einzelhändler vermietet, Bankgutschrift Miete 800,00 €.
10. Eine Kundin bezahlt eine bereits gebuchte Forderung per Banküberweisung, 900,00 € zzgl. 19 % USt.
11. Das Speditionsunternehmen schickt eine Eingangsrechnung über 300,00 € + 19 % USt für den Transport von Waren an ein Kundenunternehmen der Fairtext GmbH.

5. Bilden Sie die Buchungssätze für die folgenden Geschäftsfälle. Die Umsatz- und Vorsteuer sind hier selbst zu berechnen.

1. Postbanklastschrift für Löhne über 35.000,00 €
2. Zieleinkauf von Reinigungsmaterial: 500,00 € netto
3. Zielverkauf von Sportbekleidung an einen Sportverein: 1.000,00 € netto
4. Verkauf einer Maschine für 1.785,00 € brutto bar
5. Einkauf von Büromöbeln für 11.900,00 € brutto. Zahlung erfolgt direkt vom Bankkonto.
6. Zinsen werden auf dem Bankkonto gutgeschrieben: 500,00 €.
7. Die Miete für die Lagerräume in Höhe von 3.000,00 € (ohne USt) wird vom Postbankkonto gezahlt.
8. Barzahlung des Einkaufs von Büromaterial: 23,80 € brutto
9. Aufnahme eines Darlehens i. H. v. 10.000,00 €. Der Betrag wird dem Bankkonto gutgeschrieben.
10. Eingang der Miete für eine betriebliche Wohnung auf dem Bankkonto: 500,00 €
11. Ein Kunde begleicht eine Rechnung in Höhe von 11.900,00 € (brutto) über das Postbankkonto.
12. Kauf eines Pkw für 25.000,00 € zzgl. Umsatzsteuer gegen ein Darlehen

6. Das Ziel dieser Aufgabe ist es, dass Sie verschiedene kleine Lerningapps für Ihre Klasse erstellen. Mit den Apps können Sie zum Beispiel die Inhalte wiederholen.

a) Erstellen Sie eine interaktive Lernaufgabe für Ihre Klassenkameradinnen und Klassenkameraden. Gehen Sie dabei wie folgt vor:

■ Besuchen Sie die Homepage www.learningapps.org.

■ Informieren Sie sich mithilfe der Suchfunktion auf der Homepage über Quize zur Umsatz- und Vorsteuer.

■ Spielen Sie ausgewählte Quize durch.

■ Gehen Sie nun auf „App erstellen".

■ Wählen Sie in der Gruppe ein geeignetes Quizformat für Ihre Aufgabe aus. Nutzen Sie dabei die Erfahrungen aus den vorherigen Spielen (was hat Ihnen gefallen und was nicht?).

■ Erstellen Sie eine Learningapp für Ihre Mitschülerinnen und Mitschüler.

b) Spielen Sie die erstellten Learningapps Ihrer Klassenkameraden.

c) Geben Sie den anderen Gruppen Rückmeldungen zu ihren Apps.

d) Arbeiten Sie die Rückmeldungen der anderen Gruppen in die von Ihnen erstellte App ein.

ZUSAMMENFASSUNG

Erfassung der Umsatzsteuer

Umsatzsteuer führt zu zusammengesetztem Buchungssatz

Ausgangsumsätze (Ausgangsrechnungen, Verkäufe)	Eingangsumsätze (Eingangsrechnungen, Käufe)

auf dem Konto Umsatzsteuer	im Haben	Verbindlichkeit gegenüber dem Finanzamt	auf dem Konto Vorsteuer	im Soll	Forderung gegenüber dem Finanzamt

8.4 Berechnung der Umsatzsteuerzahllast

Sebastian Holpert soll Frau Tegtmeyer dabei helfen, die Umsatzsteuer-Voranmeldung für den Monat Februar 20.. zu erstellen. Hierfür gibt Frau Tegtmeyer ihm die Daten der Konten „Umsatzsteuer" und „Vorsteuer" und bittet Sebastian, die Umsatzsteuerzahllast zu ermitteln.

Soll		Vorsteuer	Haben		Soll	Umsatzsteuer	Haben
1) Verb. a. LL	290,00	7) Kasse	390,00			2) Ford. a. LL	1.900,00
3) Bank	384,00					5) Bank	750,00
4) Kasse	745,05					6) Ford. a. LL	2.690,00
12) Verb. a. LL	369,00					9) Ford. a. LL	8.500,05
14) Verb. a. LL	2.380,00					18) Bank	5.800,00
17) Kasse	580,00						
19) Verb. a. LL	1.900,00						
23) Bank	840,00						

1. Erläutern Sie, wie man die Umsatzsteuerzahllast buchhalterisch ermittelt.
2. Ermitteln Sie die Umsatzsteuerzahllast.

In den vorangegangenen Kapiteln wurde bereits in Grundzügen erläutert, wie die Umsatzsteuerzahllast bzw. der Erstattungsanspruch im Rahmen der Umsatzsteuervoranmeldungen ermittelt wird.

> **MERKSATZ**
>
> Umsatzsteuer – Vorsteuer = Umsatzsteuerzahllast/Erstattungsanspruch

Die konkrete Ermittlung innerhalb der Buchführung wird im weiteren Verlauf dieses Kapitels erläutert.

Buchhalterische Ermittlung der Zahllast

Die Ermittlung der Umsatzsteuerzahllast bzw. des Vorsteuerüberhangs muss auch in der Buchhaltung nachvollzogen werden. Im Hauptbuch erfolgt die Ermittlung dadurch, dass die Konten „Umsatzsteuer" und „Vorsteuer" zunächst übereinander abgeschlossen werden, um die Verrechnung von Umsatz- und Vorsteuer vorzunehmen. Durch diesen Schritt wird die Umsatzsteuer, die an das Finanzamt abzuführen ist, mit der Vorsteuer, die vom Finanzamt erstattet wird, verrechnet. Das verbliebene Konto wird dann über das Schlussbilanzkonto abgeschlossen. Dadurch wird in der Schlussbilanz nur entweder eine Umsatzsteuerzahllast als Verbindlichkeit passiviert oder ein Vorsteuerüberhang als Forderung aktiviert.

Hierzu sind drei Arbeitsschritte erforderlich:

1. Ermittlung der **Salden der Konten** „Vorsteuer" (Soll – Haben) und „Umsatzsteuer" (Haben – Soll)
2. **Abschluss des Kontos** mit dem **kleineren Saldo** (zumeist „Vorsteuer") **über** das Konto mit dem **größeren Saldo** (zumeist „Umsatzsteuer")
3. Abschluss des verbleibenden Kontos über „**Schlussbilanzkonto**"

Passivierung der Zahllast

Ist der Saldo auf dem Umsatzsteuerkonto größer als der Saldo auf dem Vorsteuerkonto, wird zunächst das Konto „Vorsteuer" über das Konto „Umsatzsteuer" abgeschlossen. Im nächsten Schritt wird „Umsatzsteuer" im Soll über das Konto „Schlussbilanzkonto" im Haben abgeschlossen. Die Umsatzsteuerverbindlichkeit wird also auf der Haben-Seite des Schlussbilanzkontos ausgewiesen. Die Bezeichnung der Verbindlichkeit lautet „Umsatzsteuer", da sie aus dem Abschluss dieses Kontos entstanden ist. In der Schlussbilanz wird die Verbindlichkeit auf der Passivseite unter „Sonstige Verbindlichkeiten" ausgewiesen. Daher wird in einem solchen Fall auch von der „Passivierung der Zahllast" am Jahresende gesprochen.

BEISPIEL

1. Ermittlung der **Salden der Konten** „Vorsteuer" (Soll – Haben) und „Umsatzsteuer" (Haben – Soll)

Soll	Vorsteuer		Haben	Soll	Umsatzsteuer		Haben
1) Verb. a. LL	560,00	7) Bank	39,00	8) Ford. a.LL	115,00	2) Ford. a.LL	570,00
3) Kasse	120,50					5) Bank	1.900,00
4) Bank	780,00					6) Ford. a.LL	2.300,00

Saldo „Vorsteuer": 560,00 € + 120,50 € + 780,00 € – 39,00 € = 1.421,50 €

Saldo „Umsatzsteuer": 570,00 € + 1.900,00 € + 2.300,00 € – 115,00 € = 4.655,00 €

2. Abschluss des Kontos mit dem **kleineren Saldo** (hier „Vorsteuer") **über** das Konto mit dem **größeren Saldo** (hier „Umsatzsteuer")

Soll	Vorsteuer		Haben	Soll	Umsatzsteuer		Haben
1) Verb. a.LL	560,00	7) Bank	39,00	8) Ford. a.LL	115,00	2) Ford. a.LL	570,00
3) Kasse	120,50	9) USt	1.421,50 →	9) VSt	1.421,50	5) Bank	1.900,00
4) Bank	780,00					6) Ford. a.LL	2.300,00
	1.460,50		**1.460,50**				

Im Grundbuch wird dieser Arbeitsschritt durch folgende Buchung nachvollzogen:

Nr.	Konto	Soll	Haben
9.	Umsatzsteuer	1.421,50	
	an Vorsteuer		1.421,50

3. Abschluss des verbleibenden Kontos über „**Schlussbilanzkonto**"

Soll	Vorsteuer		Haben	Soll	Umsatzsteuer		Haben
1) Verb. a.LL	560,00	7) Bank	39,00	8) Ford. a. LL	115,00	2) Ford. a.LL	570,00
3) Kasse	120,50	9) USt	1.421,50	9) VSt	1.421,50	5) Bank	1.900,00
4) Bank	780,00			10) SBK	3.233,50	6) Ford. a.LL	2.300,00
	1.460,50		**1.460,50**		**4.770,00**		**4.770,00**

Diese Buchung wird im Grundbuch wie folgt nachvollzogen:

Nr.	Konto	Soll	Haben
10.	Umsatzsteuer	3.233,50	
	an Schlussbilanzkonto		3.233,50

Die Umsatzsteuerzahllast, also die Verbindlichkeit gegenüber dem Finanzamt, wird auf der Haben-Seite des Schlussbilanzkontos ausgewiesen:

Soll		Schlussbilanzkonto	Haben
Grundstücke	45.000,00	Eigenkapital	211.466,50
Gebäude	365.000,00	Darlehen	330.000,00
Fuhrpark	78.000,00	Verbindlichkeiten a. LL	37.500,00
BGA	32.000,00	**Umsatzsteuer**	**3.233,50**
Forderungen a. LL	41.000,00		
Bank	18.000,00		
Kasse	3.200,00		
	582.200,00		**582.200,00**

Aktivierung des Vorsteuerüberhangs

Die Ermittlung des Vorsteuerüberhangs und die buchhalterische Abbildung folgen demselben Schema wie bei der Umsatzsteuerzahllast. Allerdings ist der Saldo auf dem Umsatzsteuerkonto kleiner als der Saldo auf dem Vorsteuerkonto, und somit wird zunächst das Konto „Umsatzsteuer" über das Konto „Vorsteuer" abgeschlossen. Im nächsten Schritt wird „Vorsteuer" im Haben über das Konto „Schlussbilanzkonto" im Soll abgeschlossen. Der Erstattungsanspruch, also die Forderung gegenüber dem Finanzamt, wird somit auf der Soll-Seite des Schlussbilanzkontos abgebildet. Die Bezeichnung der Forderung lautet „Vorsteuer", da sie aus dem Abschluss dieses Kontos entstanden ist. In der Schlussbilanz wird die Forderung auf der Aktivseite unter „Sonstige Vermögensgegenstände" ausgewiesen. Daher wird in einem solchen Fall auch von der „Aktivierung des Vorsteuerüberhangs" am Jahresende gesprochen.

BEISPIEL

1. **Ermittlung der Salden** der Konten „Vorsteuer" (Soll – Haben) und „Umsatzsteuer" (Haben – Soll):

Soll	Vorsteuer		Haben	Soll	Umsatzsteuer		Haben
1) Verb. a. LL	1.878,00	7) Bank	50,00	8) Ford. a. LL	48,00	2) Ford. a. LL	320,00
3) Kasse	19.000,00					5) Bank	4.900,00
4) Bank	2.500,00					6) Ford. a. LL	2.300,00

Saldo „Vorsteuer": 1.878,00 + 19.000,00 + 2.500,00 – 50,00 = 23.328,00
Saldo „Umsatzsteuer": 320,00 + 4.900,00 + 2.300,00 – 48,00 = 7.472,00

2. Abschluss des Kontos mit dem **kleineren Saldo** (hier „Umsatzsteuer") **über** das Konto mit dem **größeren Saldo** (hier „Vorsteuer")

Soll	Vorsteuer		Haben	Soll	Umsatzsteuer		Haben
1) Verb. a. LL	1.878,00	7) Bank	50,00	8) Ford. a. LL	48,00	2) Ford. a. LL	320,00
3) Verb. a. LL	19.000,00	9) USt	7.472,00 ◄ 9) VSt	7.472,00	5) Bank	4.900,00
4) Bank	2.500,00					6) Ford. a. LL	2.300,00
					7.520,00		7.520,00

Im Grundbuch wird dieser Arbeitsschritt durch folgende Buchung nachvollzogen:

Nr.	Konto	Soll	Haben
9.	Umsatzsteuer	7.472,00	
	an Vorsteuer		7.472,00

Der Buchungssatz im Grundbuch ist also identisch mit dem Buchungssatz bei der Ermittlung der Zahllast.

3. Abschluss des verbleibenden Kontos über „**Schlussbilanzkonto**"

Soll	Vorsteuer		Haben	Soll	Umsatzsteuer		Haben
1) Verb. a. LL	1.878,00	7) Bank	50,00	8) Ford. a. LL	48,00	2) Ford. a. LL	320,00
3) Verb. a. LL	19.000,00	9) USt	7.472,00	9) VSt	7.472,00	5) Bank	4.900,00
4) Bank	2.500,00	10) SBK	15.856,00			6) Ford. a. LL	2.300,00
	23.378,00		23.378,00		7.520,00		7.520,00

Diese Buchung wird im Grundbuch wie folgt nachvollzogen:

Nr.	Konto	Soll	Haben
10.	Schlussbilanzkonto	15.856,00	
	an Vorsteuer		15.856,00

Der Vorsteuerüberhang, also die Forderung gegenüber dem Finanzamt, wird auf der Soll-Seite des Schlussbilanzkontos ausgewiesen:

Soll	Schlussbilanzkonto		Haben
Grundstücke	45.000,00	Eigenkapital	230.556,00
Gebäude	365.000,00	Darlehen	330.000,00
Fuhrpark	78.000,00	Verbindlichkeiten a. LL	37.500,00
BGA	32.000,00		
Forderungen a. LL	41.000,00		
Vorsteuer	**15.856,00**		
Bank	18.000,00		
Kasse	3.200,00		
	598.056,00		598.056,00

1. Ermitteln Sie in den folgenden Fällen die Zahllast im Hauptbuch. Geben Sie auch die Buchungen im Grundbuch an.

   a)

Soll	Vorsteuer		Haben	Soll	Umsatzsteuer		Haben
1) Verb. a. LL	1.280,00	7) Bank	23,50	8) Ford. a. LL	93,00	2) Bank	3.580,00
3) Verb. a. LL	560,00					5) Bank	219,00
4) Bank	2.350,00					6) Ford. a. LL	1.860,00

b)

Soll	Vorsteuer		Haben
4) Verb. a. LL	480,00	7) Bank	78,90
6) Bank	2.890,00		
8) Kasse	3.695,00		
11) Verb. a. LL	580,00		

Soll	Umsatzsteuer		Haben
2) Bank	650,00	1) Bank	6.500,00
9) Ford. a. LL	184,00	3) Bank	420,00
		5) Ford. a. LL	3.680,00
		10) Ford. a. LL	200,00

c)

Soll	Vorsteuer		Haben
2) Verb. a. LL	195,00	7) Bank	380,00
3) Bank	3.200,00		
5) Bank	7.600,00		
8) Verb. a. LL	1.900,00		
10) Bank	11.900,00		

Soll	Umsatzsteuer		Haben
		1) Ford. a. LL	2.800,00
		4) Ford. a. LL	680,00
		6) Ford. a. LL	1.900,00
		9) Bank	5.700,00

2. Buchen Sie die folgenden Sachverhalte im Grundbuch.
   1. Die Fairtext GmbH kauft Waren für 10.000,00 € zzgl. 1.900,00 € Umsatzsteuer auf Ziel ein.
   2. Ein betrieblicher Pkw wird für 7.000,00 € zzgl. 19 % Umsatzsteuer verkauft. Der Kaufpreis geht auf dem Bankkonto ein.
   3. Die Rückzahlung eines Bankdarlehens von 2.000,00 € erfolgt vom Bankkonto. Von dem Betrag entfallen 200,00 € auf die Zinsen. Der Rest entfällt auf die Tilgung.
   4. Waren werden für 13.000,00 € zzgl. 19 % Umsatzsteuer auf Ziel verkauft.
   5. Eine Maschine wird für 30.000,00 € zzgl. 5.700,00 € USt auf Ziel gekauft.
   6. Die Fairtext GmbH kauft Verpackungskartons auf Ziel. Der Kaufpreis beträgt brutto 5.950,00 € (inkl. 19 % USt).
   7. An einen Großkunden werden Geschenkartikel für 23.800,00 € brutto auf Ziel verkauft.
   8. Die Zahlung für die Waren aus Sachverhalt 4 geht auf dem Bankkonto ein.
   9. Für die anstehenden Wartungen der Lagersysteme werden Schmierstoffe (Öl, Fett usw.) eingekauft. Der Kaufpreis beträgt 1.000,00 € netto zzgl. 19 % USt. Die Zahlung erfolgt bar.
   10. Ein Schreibtisch wird für 595,00 € brutto (19 % USt.) gekauft. Die Zahlung erfolgt sofort per Bankscheck.
   11. Für die Büros werden diverse Verbrauchsmaterialien gekauft (Papier, Stifte und andere Materialien). Die Zahlung von 200,00 € zzgl. 38,00 € USt erfolgt bar.
   12. Die Löhne für die Beschäftigten in Höhe von 16.000,00 € werden vom Bankkonto überwiesen.
   13. Die Telefonrechnung von 250,00 € zzgl. 19 % USt wird vom Bankkonto abgebucht.
   14. Die Kfz-Steuer für die betrieblichen Fahrzeuge von 480,00 € wird vom Bankkonto abgebucht.
   15. Auf eine Spareinlage bei der Bank erhält die Fairtext GmbH 230,00 € Zinsen auf dem Bankkonto gutgeschrieben.
   16. Die Zahlung für die Geschenkartikel aus Sachverhalt 7 geht auf dem Bankkonto ein.
   17. Für die Reparatur und Wartung von Maschinen werden 2.380,00 € bar an einen Wartungsservice gezahlt.
   18. Ermitteln Sie die Umsatzsteuerzahllast.

3. Erstellen Sie ein Erklärvideo in Form einer Bildschirmaufnahme, das die Ermittlung der Umsatzsteuerzahllast behandelt. Sie können das Video zum Beispiel mit einer Bildschirmaufnahme, der Bildschirmaufzeichnung in PowerPoint oder anderen Anwendungen vornehmen. Sie sollen selbst nicht auf dem Video zu sehen sein: Es ist lediglich der Bildschirm (bzw. die Anwendung) zu sehen und die Stimme, die das Vorgehen erläutert. Klären Sie in dem Video folgende Fragen:
   - Wie wird die Umsatzsteuerzahllast ermittelt?
   - Was ist ein Vorsteuerüberhang und wie wird er ermittelt?

   Erläutern Sie die Ertragslage eines Unternehmens, wenn es in einer Umsatzsteuervoranmeldung in einem Monat einen Vorsteuerüberhang ermittelt.

Ermittlung und Buchung der Umsatzsteuerzahllast

Grundbuch

1.) **Umsatzsteuer** **an** **Vorsteuer**
2.) **Umsatzsteuer** **an** **SBK**

Hauptbuch

Ermittlung und Buchung des Vorsteuerüberhangs

Grundbuch

1.) **Umsatzsteuer** **an** **Vorsteuer**
2.) **SBK** **an** **Vorsteuer**

Hauptbuch

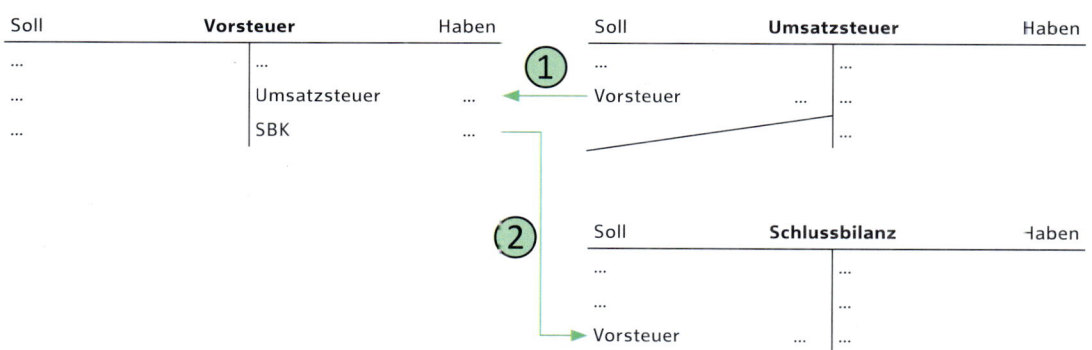

8.5 Planung der Belegbearbeitung

EINSTIEG

Die unten stehende Rechnung ist bei der Fairtext GmbH eingegangen. Sebastian Holpert wird damit beauftragt, die notwendigen Bearbeitungsschritte vorzunehmen.

Stockmann OHG

Telefon: 07231 454545-45
Telefax: 07231 454545-11
E-Mail: marx@Stockmann-wvd.de

Stockmann OHG · Bachstr. 38 · 75180 Pforzheim

Fairtext GmbH
Walsroder Str. 6a
60313 Frankfurt am Main

Eingegangen am: 01.08.20..

Kunden-Nr.:	10366
Lieferdatum:	29.07.20..
Bestelldatum:	25.07.20..
Sachbearbeiter/-in:	Herr Marx
Rechnungs-Nr.:	90512
Rechnungsdatum:	31.07.20..

Rechnung

Pos.	Artikel-Nr.	Artikelbezeichnung	Menge und Einheit	Einzelpreis	Gesamtpreis
1	27282	Damenpullover	300 Stück	56,00 €	16.800,00 €
2	19501	Damenbluse	400 Stück	25,50 €	10.200,00 €
3	34205	Herrenanzug	500 Stück	110,00 €	55.000,00 €

Gesamtpreis			82.000,00 €
Rabatt		5 %	4.100,00 €
Warenwert			77.900,00 €
Umsatzsteuer		19 %	14.801,00 €
Rechnungsbetrag			**92.701,00 €**

Rechnungsbetrag zahlbar innerhalb von 30 Tagen netto.
Bei Zahlung innerhalb von 7 Werktagen gewähren wir 1,5 % Skonto.

1. Erläutern Sie, warum es sinnvoll ist, Bearbeitungsvorgänge beim Eingang einer Rechnung zu organisieren und zu vereinheitlichen.
2. Geben Sie an, welche Bearbeitungsschritte mit einer eingehenden Rechnung vorzunehmen sind.

INFORMATION

Ablauf der Belegbearbeitung

Ablauf der Belegbearbeitung

Belegeingang aus Einkauf und Verkauf → Prüfen → Sortieren → (Vor-)Kontieren → Buchen → Ablage

Prüfen

Jede Eingangsrechnung eines Unternehmens wird vor der Bezahlung überprüft. Der Geldstrom zum Kunden/zur Kundin wird somit, bevor er angewiesen wird, überwacht. Die Belegprüfung stellt sicher, dass die bestellten Waren gemäß den Konditionen des Angebots geliefert worden sind. Die Prüfung erfolgt in vielen Unternehmen im Rahmen eines festgelegten Prozesses, welcher allerdings unternehmensspezifisch ist.

Die Überprüfung beinhaltet häufig zwei Schritte. Zunächst wird die sachliche Richtigkeit der Rechnung geprüft. Als nächstes erfolgt die rechnerische Überprüfung und schließlich die Bezahlung der Rechnung. Für eine sorgfältige Belegprüfung müssen alle der Rechnung zugrundeliegenden Dokumente vorliegen. Dies sind insbesondere die Bestellung und der Lieferschein. Bezieht sich eine Bestellung ausdrücklich auf ein konkretes Angebot, muss auch dieses zur Belegprüfung herangezogen werden.

Sachliche Prüfung

Die sachliche Prüfung der Rechnung wird in den meisten Unternehmen von der Person vorgenommen, die die Bestellung vorgenommen hat. Bei der Prüfung der sachlichen Richtigkeit einer Rechnung wird der Beleg hinsichtlich der folgenden Aspekte geprüft:

Prüfungsinhalt	Prüfungshandlung
• Wurde die gelieferte Ware/Dienstleistung überhaupt bestellt?	• Abgleich mit Bestellung (z. B. Auftrags-/Bestellnummer)
• Stimmen Art und Umfang der gelieferten Ware/erbrachten Dienstleistung?	• Abgleich mit Bestellung und Lieferschein (z. B. Artikelnummer, Anzahl, Gewicht, Größe)
• Werden die korrekten Einzelpreise ausgewiesen?	• Abgleich mit Bestellung
• Wurden die Liefer-/Leistungsvereinbarungen eingehalten?	• Abgleich mit Bestellung (ggf. Angebot)
• Erfüllt die Rechnung die umsatzsteuerlichen Anforderungen an eine ordnungsgemäße Rechnung?	• Abgleich mit § 14 (4) UStG (und ggf. Sondervorschriften) siehe Exkurs Umsatzsteuer in der Belegprüfung

Stellt der Bearbeiter die sachliche Richtigkeit des überprüften Belegs fest, so notiert er dies direkt auf dem Beleg (z. B. Stempel: „sachlich richtig") und versieht den Prüfungsvermerk mit seiner Unterschrift/seinem Kürzel.

Rechnerische Prüfung

Bei der rechnerischen Prüfung einer Eingangsrechnung wird die Berechnung der Positionen nachvollzogen. Hierzu werden beispielsweise die in Rechnung gestellten Verkaufspreise, die Umsatzsteuer, mögliche Rabatte und die Berücksichtigung eventueller Anzahlungen geprüft.

BEISPIEL

Sebastian muss bei der Prüfung der Rechnung der Stockmann OHG folgende Beträge prüfen:

- 300 Stk. · 56,00 € = 16.800,00 €
  400 Stk. · 25,50 € = 10.200,00 €
  500 Stk. · 110,00 € = 55.000,00 €
  16.800,00 € + 10.200,00 € + 55.000,00 € = 82.000,00 €

- $82.000,00 € \cdot \dfrac{5}{100} = 4.100,00 € \rightarrow$ Rabatt

- 82.000,00 € – 4.100,00 € = 77.900,00 € Warenwert

- $77.900,00 € \cdot \dfrac{19}{100} = 14.801,00 €$ USt

- 77.900,00 € + 14.801,00 € = 92.701,00 € = Überweisungsbetrag

Bei Skontonutzung kommen folgende Berechnungen hinzu:

- $92.701,00 € \cdot \dfrac{1,5}{100} = 1.390,52 €$

- 92.701,00 € – 1.390,52 € = 91.310,48 € = Überweisungsbetrag

---

Nach der abschließenden Prüfung erhält die Eingangsrechnung den Vermerk „rechnerisch richtig" und die verantwortliche Person zeichnet diesen Vermerk ab. Der Vermerk erfolgt direkt auf der Rechnung. Häufig wird die erforderliche Buchung in der Buchhaltung des Unternehmens auch sofort vorgenommen.

Exkurs: Grundlagen der Umsatzsteuer in der Belegprüfung

Unternehmen können sich die gezahlten Umsatzsteuerbeträge als Vorsteuer vom Finanzamt erstatten lassen (sog. Vorsteuerabzug). Um diese Erstattung in Anspruch zu nehmen, muss dem Unternehmen jedoch eine ordnungsgemäße Rechnung im Sinne von § 14 Abs. 4 UStG vorliegen. Hiernach muss eine Rechnung grundsätzlich folgende Angaben enthalten:

- Vollständiger Name und Anschrift des leistenden Unternehmens sowie des Leistungsempfängers
- Steuernummer oder Umsatzsteuer-Identifikationsnummer des leistenden Unternehmens
- Ausstellungsdatum
- Rechnungsnummer (fortlaufend und einmalig)
- Menge und Art der gelieferten Gegenstände oder Umfang und Art der erbrachten sonstigen Leistung

- Zeitpunkt der Lieferung oder sonstigen Leistung
- Entgelt, das heißt der Nettopreis
- anzuwendender Steuersatz (7 %, 19 % oder Hinweis auf Steuerbefreiung)

Zu dieser Thematik existieren zahlreiche Sondervorschriften, die hier im Einzelnen nicht erläutert werden können. Insbesondere gibt es Besonderheiten und Erleichterungen bei:

- Rechnungen über Kleinbeträge bis 250,00 € brutto (§ 33 UStDV)
- Fahrausweisen, die als Rechnungen gelten (§ 34 UStDV)
- Rechnungen in besonderen Fällen § 14a UStG

In bestimmten Fallgruppen schuldet der Leistungsempfänger die Umsatzsteuer (§§ 13b, 14a UStG). Somit enthalten die Rechnungen keine ausgewiesene Umsatzsteuer.

Berechnung der Umsatzsteuer

Bei der Berechnung der Umsatzsteuer ist besondere Sorgfalt nötig, denn zunächst muss der Sachverhalt richtig erkannt werden. Darüber hinaus muss das folgende Berechnungsschema stets beachtet werden.

	Prozent	BEISPIELE
		Stufe 3
Nettowert	100 %	300,00 €
+ 19 % USt	+ 19 %	+ 57,00 €
= Bruttowert	= 119 %	= 357,00 €

Die Prozentwerte bleiben bei diesem Berechnungsschema immer gleich. Der Nettowert beträgt stets 100 %. Der Bruttowert beträgt stets 119 %. Eine Ausnahme bilden Umsätze, die nur mit dem ermäßigten Steuersatz belegt sind. Hier beträgt die Umsatzsteuer nur 7 % und somit entspricht der Bruttowert 107 %.

BEISPIEL 1

Die Fairtext GmbH verkauft einen Grill für 500,00 € netto.

Die Umsatzsteuer darauf wird wie folgt berechnet:

$$500,00 \text{ €} \cdot \frac{19}{100} = 95,00 \text{ €}$$

Der Bruttowert lässt sich ähnlich berechnen:

$$500,00 \text{ €} \cdot \frac{119}{100} = 595,00 \text{ €}$$

Bei der Berechnung handelt es sich lediglich um eine Anwendung der Prozentrechnung. Eine andere Variante zur Berechnung sieht wie folgt aus:

Berechnung der Umsatzsteuer:
500,00 € · 0,19 = 95,00 €
Berechnung des Bruttowertes:
500,00 € · 1,19 = 595,00 €

Ist nun aber in einer Rechnung, aus welchen Gründen auch immer, nur der Bruttobetrag angegeben, so ist die Umsatzsteuer aus diesem Betrag herauszurechnen.

BEISPIEL 2

Die Fairtext GmbH verkauft einen alten Bürostuhl aus der Verwaltung für einen Rechnungsbetrag von 47,60 € inklusive 19 % USt.

Es handelt sich um eine Kleinbetragsrechnung. Daher ist die Umsatzsteuer nicht gesondert ausgewiesen.

Dem Beleg ist zu entnehmen, dass 19 % Umsatzsteuer enthalten sind. Es ist wie folgt zu rechnen:

Berechnung des Nettowerts:

$$47,60 \text{ €} \cdot \frac{100}{119} = 40,00 \text{ €}$$

Berechnung der Umsatzsteuer:

$$47,60 \text{ €} \cdot \frac{19}{119} = 7,60 \text{ €}$$

Eine andere Möglichkeit, den Nettowert zu berechnen, sieht wie folgt aus:

Berechnung des Nettowerts:
47,60 € : 1,19 = 40,00 €

Konsequenzen der Belegprüfung

Werden im Rahmen der Belegprüfung sachliche und/oder rechnerische Fehler in der Rechnung festgestellt, ist der Verfasser der Rechnung unverzüglich zu kontaktieren. Die Fehler müssen angezeigt und besprochen werden. Dies erfolgt in der Regel telefonisch. Der Rechnungsaussteller wird dann zur Ausstellung einer neuen, fehlerfreien Rechnung aufgefordert. Es sollte geklärt werden, wie mit dem offenen Betrag und den Skontofristen verfahren wird.

Ausgangsrechnungen

Die Überprüfung von Ausgangsrechnungen ist nicht so weit verbreitet und reglementiert wie die Prüfung von Eingangsrechnungen. Sie erfolgt in der Regel durch den Bearbeiter, der im Unternehmen die Ausgangsrechnung erstellt. Es werden keine Vermerke auf der Rechnung vorgenommen, die die Prüfungshandlungen dokumentieren. Die korrekte Ausstellung von Rechnungen ist jedoch wichtig, damit die Kundschaft das Unternehmen als zuverlässigen Handelspartner wahrnimmt und die Rechnungen in ihrem Unternehmen problemlos bearbeiten kann. Hierzu gehört auch, dass das Unternehmen die Umsatzsteuer, die es in Rechnung stellt, korrekt ausweist. Es muss also seinerseits ebenfalls Rechnungen ausstellen, die den Anforderungen des § 14 Abs. 4 UStG entsprechen.

Sortieren

Im Anschluss an die Belegprüfung erfolgt die Sortierung der Belege. Eine Möglichkeit der Sortierung ist die Sortierung nach der Belegart. Hierbei werden zumeist die Eingangsrechnungen (Kreditorenbelege) von den Ausgangsrechnungen (Debitorenbelege) strikt getrennt. Dies ist darin begründet, dass ihre weitere buchhalterische Erfassung unterschiedlich ist. Eine Sortierung nach Eigen- und Fremdbelegen wäre auch denkbar.

(Vor-)Kontieren

Unter Vorkontierung oder Kontierung versteht man eine erste vorläufige Bearbeitung des Belegs durch die Stelle, an der der Beleg eingeht. Der Bearbeiter bringt einen Kontierungsstempel auf dem Beleg an und vermerkt, auf welchen Konten der Geschäftsfall gebucht werden soll (= Vorkontierung). Dieser Schritt erleichtert der Buchhaltungsabteilung die weitere Bearbeitung des Belegs. Die vorgenommene Kontierung wird lediglich überprüft und in der Regel dann gebucht.

BEISPIEL

Gebucht		
Konto	Soll	Haben
Waren	*77.900,00*	
Vorsteuer	*14.801,00*	
an Verb. a. LL		*92.701,00*
Datum:	Kürzel:	

Buchen

Unter Buchen versteht man die Erfassung des Belegs in der Buchhaltung, d. h. die Eingabe des Buchungssatzes in die Buchhaltung. Der Buchungssatz wird durch die Erfassung im Grund- und Hauptbuch abgebildet. Die Buchung wird mit einem Buchungsvermerk auf dem Beleg bestätigt.

BEISPIEL		
Gebucht		
Konto	Soll	Haben
Waren	77.900,00	
Vorsteuer	14.801,00	
an Verb. a. LL		92.701,00
Datum: 01.08.20..	Kürzel: Strahler	

Ablage

Im Anschluss an die Erfassung in der Buchführung wird jeder Beleg gemäß dem Ablagesystems des Unternehmens abgelegt. Das Ablagesystem ist von Unternehmen zu Unternehmen unterschiedlich. Die Ablage kann zum Beispiel nach Kreditoren, Debitoren, Konten oder auch chronologisch erfolgen. Belege, Kontoauszüge und Rechnungen sowie die Buchhaltung sind gem. § 147 Abs. 3 S. 1 Abgabenordnung (AO) in der Regel zehn Jahre aufzubewahren. Mit der ordnungsgemäßen Ablage ist die Belegbearbeitung abgeschlossen.

AUFGABEN

1. Geben Sie an, welche Prüfungen im Rahmen der sachlichen Belegprüfung vorgenommen werden.
2. Erläutern Sie, welche Prüfungen im Rahmen der rechnerischen Belegprüfung erfolgen.
3. Erläutern Sie, wie verfahren werden sollte, wenn sich im Rahmen der Belegprüfung Probleme ergeben.
4. Nennen Sie die Schritte der Belegbearbeitung in der korrekten Reihenfolge.
5. Erläutern Sie, warum die zeitnahe Prüfung von Eingangsrechnungen wichtig ist und warum diese unbedingt vor der Zahlung erfolgen sollte.
6. Geben Sie an, welche Informationen einem Kontierungsstempel zu entnehmen sind.
7. Geben Sie die Anforderungen an eine ordnungsgemäße Rechnung an.
8. Berechnen Sie die Umsatzsteuer nach dem allgemeinen Steuersatz auf die folgenden Nettobeträge:
   a) 200,00 €
   b) 750,00 €
   c) 12.000,00 €
   d) 140.000,00 €
   e) 15,00 €
   f) 7.500,00 €
9. Berechnen Sie die Umsatzsteuer nach dem ermäßigten Steuersatz auf die folgenden Nettobeträge:
   a) 200,00 €
   b) 1.500,00
   c) 5.600,00 €
   d) 32.000,00 €
   e) 7,00 €
   f) 143.000,00 €
10. Berechnen Sie die Umsatzsteuer nach dem allgemeinen Steuersatz aus den folgenden Bruttobeträgen:
    a) 238,00 €
    b) 1.011,50 €
    c) 3.570,00 €
    d) 32.725,00 €
    e) 14,28 €
    f) 89.250,00 €

11. Berechnen Sie die Umsatzsteuer nach dem ermäßigten Steuersatz aus den folgenden Brutto-
    beträgen:
    a) 321,00 €
    b) 10.165,00 €
    c) 727,60 €
    d) 369.150,00 €
    e) 24,61 €
    f) 38.787,50 €

ZUSAMMENFASSUNG

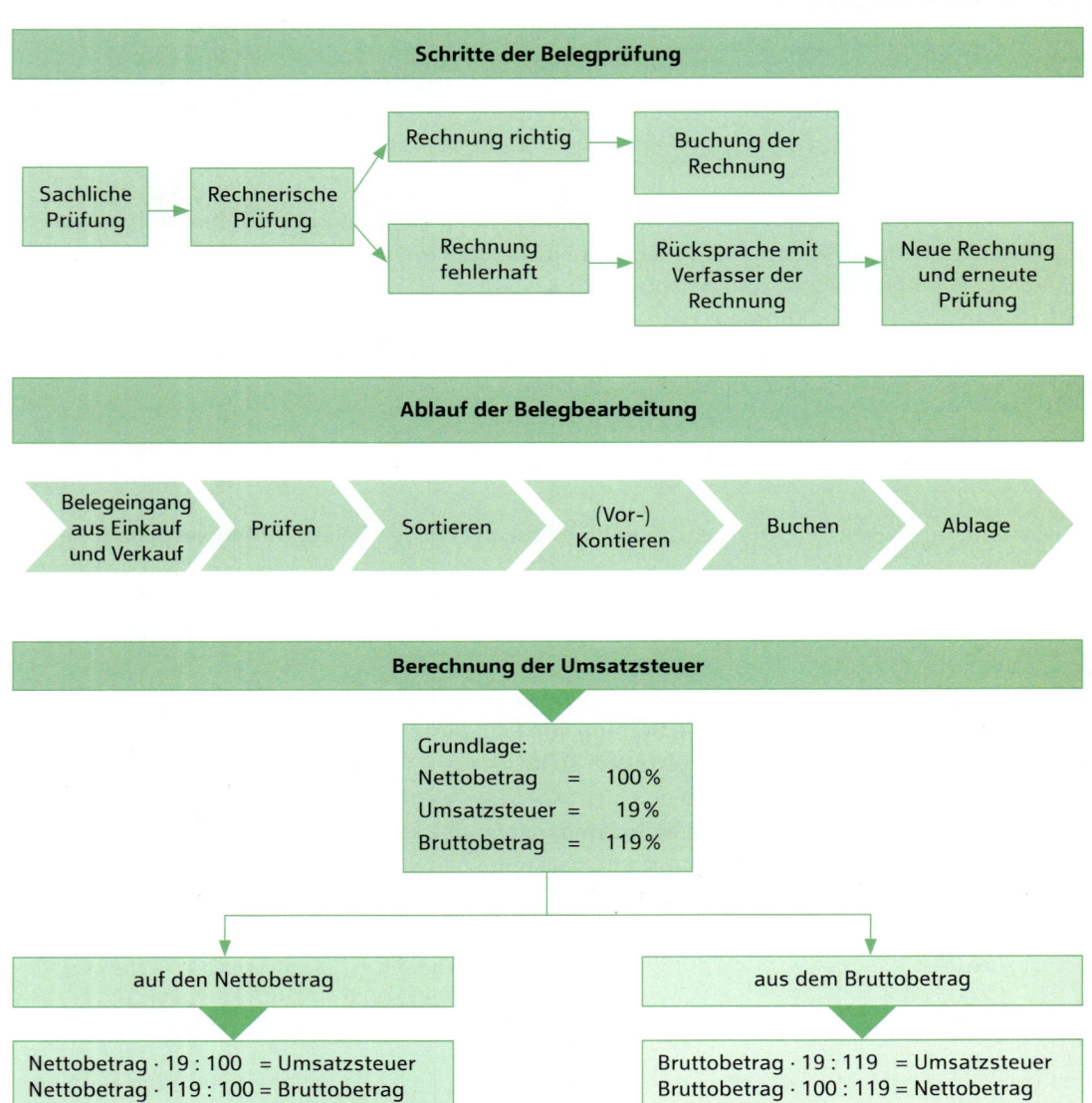

Schritte der Belegprüfung

Sachliche Prüfung → Rechnerische Prüfung → Rechnung richtig → Buchung der Rechnung

Rechnung fehlerhaft → Rücksprache mit Verfasser der Rechnung → Neue Rechnung und erneute Prüfung

Ablauf der Belegbearbeitung

Belegeingang aus Einkauf und Verkauf → Prüfen → Sortieren → (Vor-)Kontieren → Buchen → Ablage

Berechnung der Umsatzsteuer

Grundlage:
Nettobetrag   =   100 %
Umsatzsteuer =   19 %
Bruttobetrag =   119 %

auf den Nettobetrag

Nettobetrag · 19 : 100   = Umsatzsteuer
Nettobetrag · 119 : 100 = Bruttobetrag

aus dem Bruttobetrag

Bruttobetrag · 19 : 119   = Umsatzsteuer
Bruttobetrag · 100 : 119 = Nettobetrag

8.6 Aufbau und Organisation der Buchführung

EINSTIEG

Anne Schulte soll sich auf die weiteren Arbeiten in der Abteilung Rechnungs-wesen der Fairtext GmbH vorbereiten. Hierzu hat ihr ihre Abteilungsleiterin die Aufgabe gegeben, sich mit dem Aufbau und der Organisation der Buchführung vertraut zu machen, schließlich müsse sie bald auch im EDV-System buchen. Hierfür ist es wichtig, dass sie sich mit den Kontenrahmen vertraut macht.

1. Geben Sie an, wie die Buchführung grundsätzlich organisiert ist.
2. Erläutern Sie, was man unter Kontenrahmen und Kontenplan versteht.
3. Verschaffen Sie sich einen ersten Überblick über den Kontenrahmen, der sich als Faltblatt am Ende des Buches befindet.

INFORMATION

Aufbau und Organisation der Buchführung

Zu jedem Wertstrom im Unternehmen gibt es einen Beleg. Dieser Beleg verursacht in der Buchfüh-rung eine Buchung. Auch bei kleinen Unternehmen fallen pro Kalenderjahr schnell eine Vielzahl von mehreren tausend Buchungen an. Um bei diesen umfangreichen Informationen und Daten einen Überblick zu behalten, ist es wichtig, dass die Buchführung gut organisiert ist. Die Organisation der Buchführung erfolgt daher gemäß den Grundsätzen ordnungsgemäßer Buchführung auf zwei Arten.

Zeitliche Organisation (Grundbuch)

Die Buchungen werden in zeitlicher (chronologischer) Reihenfolge geordnet. Dies geschieht da-durch, dass alle Belege nach dem Datum sortiert und fortlaufend nummeriert im sogenannten Grundbuch festgehalten werden.

> **DEFINITION**
>
> Im **Grundbuch (Journal)** werden alle Geschäftsfälle in Form von Buchungen (Buchungssätzen) in zeitlicher (chronologischer) Reihenfolge geordnet und festgehalten.

Das Grundbuch wird auch als Journal bezeichnet. Im Grundbuch findet man folgende Informationen:

- fortlaufende Buchungsnummer,
- Verweis zu dem Beleg (Belegnummer),

- Datum der Buchung,
- Buchungstext (kurze Beschreibung des Geschäftsfalls),
- Kontierung mit entsprechenden Beträgen (Angabe der Konten mit den dazugehörigen Beträgen).

Bisher wurde anstelle der Kontierung (**Kontennummern**) die Kontenbezeichnung (**Kontenname**) erfasst. Durch die zeitliche Organisation kann das Unternehmen z. B. mühelos überprüfen, ob und wie ein Beleg in der Buchführung erfasst wurde. Mithilfe des Belegdatums und der Belegnummer findet er die dazugehörige Buchung sehr schnell im Grundbuch. Er kann bereits aus der Darstellung im Grundbuch identifizieren, zu welcher Art von Wertestrom die Buchung gehört.

BEISPIEL

Beispiel für die Aufzeichnung eines Wertestroms im Grundbuch; hier Kauf eines Schreibtisches, Zahlung per Banküberweisung. Auf die Ermittlung der richtigen Kontennummern wird im weiteren Verlauf des Kapitels eingegangen.

Nr.	Datum	Belegnummer	Buchungs-text	Buchungssatz		Betrag	
				Soll	Haben	Soll	Haben
...							
123	21.01.20..	ER89	Kauf Schreib-tisch	0330	1310	1.000,00	1.190,00
...				1410		190,00	

Sachliche Organisation (Hauptbuch)

Das Unternehmen möchte jederzeit problemlos sehen können, wofür es seine Mittel aufgewendet hat, wie hoch seine Umsätze sind und wie hoch der Stand seiner aktuellen Vermögenswerte und Schulden ist. Insbesondere möchte es die Geldströme, die im Unternehmen eingehen und die das Unternehmen verlassen, exakt verfolgen können. Aus dem Grundbuch kann man diese Informationen nur mit viel Aufwand gewinnen. Daher unterliegt die Buchführung einer sachlichen Organisation. Die sachliche Organisation erfolgt auf Konten im Hauptbuch.

DEFINITION

Das **Hauptbuch** ist die sachliche Organisation aller Sachkonten (Bestandskonten und Erfolgskonten) der Geschäftsbuchführung. Durch Abschluss der einzelnen Konten lassen sich der Gewinn oder Verlust sowie die (Schluss-)Bilanz ermitteln.

Kontenrahmen

Als Grundlage zur Führung des Hauptbuchs dient der Kontenrahmen. Er ist ein Verzeichnis aller Konten, die in einem Unternehmen benötigt werden können. Jedes Konto besitzt eine eindeutig zugeordnete Nummer. Die dort erfassten Geschäftsfälle sind somit von anderen Geschäftsfällen sachlich getrennt erfasst.

Durch die oftmals brancheneinheitliche Verwendung eines Kontenrahmens ist es möglich, unterschiedliche Unternehmen einer Branche anhand ihrer Buchführung miteinander zu vergleichen. Außerdem erleichtert die sachliche Ordnung auf den Konten einen Vergleich innerhalb des Unternehmens über mehrere Jahre. Es werden in betriebswirtschaftlichen Auswertungen häufig die Vorjahreswerte der einzelnen Konten angegeben und die Abweichung dargestellt. Es gibt verschiedene Kontenrahmen, die von unterschiedlichen Unternehmenszweigen verwendet werden.

In den Kontenrahmen wird jeweils immer eines von zwei grundsätzlichen Ordnungsprinzipien verwendet:

- das **Prozessgliederungsprinzip**
  Hier erfolgt die Gliederung der Konten und Kontenklassen nach den Betriebsabläufen Der Aufbau des Kontenrahmens folgt also den Stufen der betrieblichen Leistungserstellung.

> **BEISPIELE**
>
> - der Gemeinschaftskontenrahmen der Industrie (GKR): Wie der Industriekontenrahmen geht auch der Gemeinschaftskontenrahmen auf den Bundesverband der Deutschen Industrie (BDI) zurück und ist ebenfalls für Industrieunternehmen gültig. Verwendet werden kann er von Unternehmen, die das Prozessgliederungsprinzip bevorzugen.
>
> - der SKR 03 (Standardkontenrahmen), der von der DATEV festgelegt wird;
>
> - der vom Bundesverband Großhandel, Außenhandel, Dienstleistungen (BGA) e. V. herausgegebene Kontenrahmen für den Groß- und Außenhandel.

Die Gliederung des Kontenrahmens ist an den Geschäftsablauf angelehnt (Prozessgliederung). Die Reihenfolge der einzelnen Konten entspricht also weitestgehend der Reihenfolge im Geschäftsablauf. Vereinfacht sieht der Geschäftsablauf in einem Handelsunternehmen wie folgt aus:

Im Kontenrahmen finden sich diese Bestandteile des Geschäftsprozesses in genau dieser Reihenfolge wieder:

Konten-klasse	Bezeichnung	Erläuterung
0	Anlage- und Kapitalkonten	Das Anlagevermögen, das vorhandene **Kapital** und die finanziellen Verbindungen zu anderen Unternehmen bilden die Grundlage für das wirtschaftliche Handeln eines Unternehmens.
1	Finanzkonten	
2	Abgrenzungskonten	Abgrenzung der eigentlichen Geschäftstätigkeit von anderen Sachverhalten, die den Erfolg beeinflussen
3	Warenkonten	Auf der Basis der finanziellen Mittel (Kontenklassen 0 und 1 werden **Waren beschafft**. Die Waren bilden die Grundlage des wirtschaftlichen Erfolgs.
4	Kostenarten	Neben den Aufwendungen für Waren müssen auch **andere Kosten** aus den finanziellen Mitteln gezahlt werden (z. B. Löhne, Mieten)
5	Kostenstellen	wird nicht näher erläutert
6	Umsatzkostenverfahren	wird nicht näher erläutert

Konten-klasse	Bezeichnung	Erläuterung
7	frei	
8	Warenverkaufskonten	Die **Waren** werden im Geschäftsprozess schlussendlich **verkauft**. Dadurch generiert das Unternehmen die Umsatzerlöse. Der Geschäftsprozess ist abgeschlossen
9	Abschlusskonten	Auf den Abschlusskonten wird ermittelt, ob die geschäftliche Tätigkeit erfolgreich war. Die Konten werden hier am Ende des Wirtschaftsjahres zusammengefasst und es wird der **Gewinn/Verlust** ermittelt.

Anlage- und Kapitalkonten	Finanz-konten	Abgren-zungskonten	Waren-einkaufs- und Warenbestandskonten	Kostenarten	Kosten-stellen	Waren-verkaufs-konten	Eröffnungs- und Abschluss-konten
Konten-klasse 0	Konten-klasse 1	Konten-klasse 2	Konten-klasse 3	Konten-klasse 4	Konten-klasse 5	Konten-klasse 8	Konten-klasse 9

Der Kontenrahmen weist jedem Konto eine vierstellige eindeutige Nummer zu. Die Nummerierung der Konten erfolgt nach Zugehörigkeit zu einer Kontenklasse. Die Konten der Kontenklasse 1 beginnen immer mit einer 1, z. B. das Konto „Verbindlichkeiten aus Lieferungen und Leistungen" mit der Kontennummer 1710, auf welchem alle offenen Verbindlichkeiten eines Unternehmens gegenüber seinen Lieferanten erfasst werden.

- das **Abschlussgliederungsprinzip**
Die Gliederung der Konten und Kontenklassen wird nach der Gliederung des Jahresabschlusses vorgenommen. Der Aufbau des Kontenrahmens ergibt sich also aus den Gliederungsvorschriften des Handelsgesetzbuches (HGB) zur Bilanz bzw. zur Gewinn- und Verlustrechnung.

> **BEISPIELE**
>
> - Industriekontenrahmen (IKR): Dieser geht auf den Bundesverband der deutschen Industrie zurück und wird überwiegend von Industrieunternehmen angewendet. Ein Beispiel dafür befindet sich am Ende dieses Buches als Faltblatt.
> - der SKR 04 (Standardkontenrahmen), der von der DATEV festgelegt wird;
> - der Einzelhandelskontenrahmen (EKR), der von der Hauptgemeinschaft des deutschen Einzelhandels (HDE) festgelegt wird.

Kontenplan

Der Kontenrahmen stellt eine Rahmenvorgabe für die Unternehmen dar. Für verschiedene Branchen gibt es unterschiedliche, spezielle Kontenrahmen. Aus dieser Rahmenvorgabe erstellt dann jedes Unternehmen seinen speziellen, auf das Unternehmen abgestimmten Kontenplan. Der Kontenplan ist das Verzeichnis der in der Buchführung eines Unternehmens tatsächlich verwendeten Konten. Er enthält zumeist weniger Konten als der Kontenrahmen, da nicht in jedem Unternehmen sämtliche Konten des Kontenrahmens benötigt werden. Durch das Hinzufügen von Unterkonten kann der Kontenrahmen auch erweitert werden.

In der Praxis werden in jedem Buchungssatz die Kontennummern zu den angesprochenen Konten in der Buchführung erfasst. Dies ist eine enorme Arbeitserleichterung, da die Kontenbezeichnungen selbst nicht erfasst werden müssen.

BEISPIEL

Für das obige Beispiel aus diesem Kapitel wurde der Großhandelskontenrahmen verwendet:

Nr.	Datum	Belegnummer	Buchungs-text	Buchungs-satz		Betrag	
				Soll	Haben	Soll	Haben
123	21.01.20..	ER89	Kauf Schreib-tisch	0330	1310	1.000,00	1.190,00
...				1410		190,00	

bedeutet cas für eine Buchung im Grundbuch:

Buchungssatz	Soll	Haben
0330 BGA	1.000,00	
1410 Vorsteuer	190,00	
an 1310 Bank		1.190,00

Die Eingabe in der elektronischen Buchführungssoftware beschränkt sich sogar auf:

Buchungssatz	Soll	Haben
0330	1.000,00	
1410	190,00	
an 1310		1.190,00

Hierbei gibt es sogenannte Automatikkonten, die sogar die Vorsteuer selbst ermitteln und auto-matisch auf dem Konto 1410 erfassen.

Im Hauptbuch stellt sich die Buchung wie folgt dar:

Die Kontenbezeichnung muss im Hauptbuch nicht mehr unbedingt erfasst werden. Es werden lediglich die Buchungssatznummer und die Kontennummern der Gegenkonten erfasst.

Großhandelskontenrahmen (Prozessgliederungsprinzip)		Industriekontenrahmen (IKR, Abschlussgliederungsprinzip)[1]	
• Herausgeber: Bundesverband des Groß- und Außenhandels • Anwendung im Groß- und Außenhandel • Weit verbreitet, da er in Volkshochschulen, Bildungseinrichtungen und vielen berufsbildenden Schulen zur Ausbildungszwecken verwendet wird. Beispiel auf den beiden folgenden Seiten		• Entwickelt vom Bundesverband der Deutschen Industrie • Anwendung in Industrie und Handwerk Beispiel: Faltblatt am Ende des Buches	
Konten-klasse	Kontenarten	Konten-klasse	Kontenarten
0	Anlage- und Kapitalkonten	0	Immaterielle Vermögensgegenstände und Sachanlagen
1	Finanz- und Privatkonten	1	Finanzanlagen
2	Abgrenzungskonten	2	Umlaufvermögen und Rechnungsabgrenzung
3	Wareneingangs- und Bestandskonten	3	Eigenkapitalkonten und Rückstellungen
4	Konten der Kostenarten	4	Verbindlichkeiten und Rechnungsabgrenzung
5	Konten der Kostenstellen	5	Erträge
6	Konten für Umsatzkostenverfahren	6	Betriebliche Aufwendungen
7	Frei	7	Weitere Aufwendungen
8	Umsatzerlöse	8	Ergebnisrechnungen
9	Abschlusskonten	9	Kosten- und Leistungsrechnung

Gegenüberstellung von Großhandels-und Industriekontenrahmen

---

1 Vgl. Faltblatt am Ende des Buches.

Kontenplan der Fairtext GmbH[1]

Kontenklassen

0 Anlage- und Kapitalkonten

01 Immaterielle Vermögensgegenstände (z. B. Firmenwert)
02 Grundstücke und Gebäude
0210 Grundstücke
0230 Gebäude
03 Anlagen, Maschinen, Betriebs-
und Geschäftsausstattung
0310 Technische Anlagen und
Maschinen
0330 Betriebs- und Geschäftsausstattung (BGA)
0340 Fuhrpark
0350 Geleistete Anzahlungen
0360 Anlagen im Bau
0370 Geringwertige Wirtschaftsgüter (GWG)
0371 GWG-Sammelposten
04 Finanzanlagen
0430 Beteiligungen
0450 Wertpapiere des Anlagevermögens
0460 Sonstige Ausleihungen
(Darlehen)
05 Abschreibungen und
Wertberichtigungen
0510 Abschreibungen auf Sachanlagen
0520 Wertberichtigungen bei
Forderungen
0521 Einzelwert-
berichtigungen (EWB)
0522 Pauschalwert-
berichtigungen (PWB)
06 Eigenkapital
0610 Gezeichnetes Kapital oder
Eigenkapital
07 Sonderposten mit Rücklage-
anteil und Rückstellungen
0720 Rückstellungen
08 Verbindlichkeiten
0820 Verbindlichkeiten gegenüber
Kreditinstituten
(z. B. Darlehen)
0830 Hypotheken
09 Rechnungsabgrenzungsposten
0910 Aktive Rechnungs-
abgrenzungsposten
0920 Disagio
0930 Passive Rechnungs-
abgrenzungsposten

1 Finanzkonten

10 Forderungen
1010 Forderungen a. LL
1020 Zweifelhafte Forderungen
11 Sonstige Vermögensgegenstände
1130 Sonstige Forderungen
1140 Geleistete Anzahlungen auf
Vorräte
1160 Forderungen an Mitarbeiter
12 Wertpapiere des Umlaufvermögens
13 Banken
1310 -1319 Kreditinstitute (= Bank)
1320 Postbank
14 Vorsteuer
1410 Vorsteuer (19 %)
1411 Vorsteuer für i. E.[2]
1420 Vorsteuer (7 %)
1430 Einfuhrumsatzsteuer
15 Zahlungsmittel
1510 Kasse
1520 Schecks
16 Privatkonten
1610 Privatentnahmen
1620 Privateinlagen
17 Verbindlichkeiten
1710 Verbindlichkeiten a. LL
1750 Erhaltene Anzahlungen auf
Bestellungen
18 Umsatzsteuer
1810 Umsatzsteuer (19 %)
1811 Umsatzsteuer für i. E.[2]
1820 Umsatzsteuer (7 %)
19 Sonstige Verbindlichkeiten
1910 Verbindlichkeiten
aus Steuern
1940 Sonstige Verbindlichkeiten
1980 Zollverbindlichkeiten

---

2 i. E. = innergemeinschaftliche Erwerbe

2 Abgrenzungskonten

20 Sonstige Aufwendungen
2020 Betriebsfremde Auf-
wendungen
2030 Periodenfremde Auf-
wendungen
2040 Verluste aus dem Abgang
von AV
2050 Verluste aus dem Abgang
von UV (außer Vorräte)
2060 Sonstige Aufwendungen
(z. B. Kursverluste,
Kassenfehlbeträge außergewöhnliche Aufwendungen)
2080 Anlagenabgänge
21 Zinsen und ähnliche
Aufwendungen
2110 Zinsaufwendungen
2130 Diskontaufwendungen
2140 Zinsähnliche Aufwendungen
2150 Aufwendungen
aus Kursdifferenzen
22 Steuern vom Einkommen
2210 Körperschaftsteuer sowie
SolZ[3]
2230 Kapitalertragsteuer
23 Forderungsverluste
2310 Übliche Abschreibungen
auf Forderungen
2320 Außergewöhnliche
Abschreibungen auf
Forderungen
2330 Zuführungen zu
Einzelwertberichtigungen
2340 Zuführungen zu
Pauschalwertberichtigungen
24 Sonstige Erträge
2420 Betriebsfremde Erträge
2430 Periodenfremde Erträge
2460 Sonstige Erträge (z. B. Sach-
bezüge, Kassenüberschüsse,
außergewöhnl. Erträge)
25 Erträge aus Beteiligungen, Wertpapieren und Ausleihungen des
Finanzanlagevermögens
2510 Erträge aus Beteiligungen
2520 Erträge aus Wertpapieren
des AV
26 Sonstige Zinsen und ähnliche
Erträge
2610 Zinserträge
2630 Diskonterträge
2640 Zinsähnliche Erträge
2650 Erträge aus Kursdifferenzen
27 Sonstige betriebliche Erträge
2700 Erlöse aus Anlagenabgängen
2710 Erträge a. d. Abgang von AV

---

1 Auf der Grundlage des vom **Bundesverband des Groß- und Außenhandels (BGA)**, Bonn 1988, und unter voller Berücksichtigung des von der **Aufgabenstelle für kaufmännische Abschlussprüfungen (AKA)**, IHK Nürnberg, herausgegebenen Großhandelskontenrahmens (1988).
Die Konten **8818** und **8828 Kundenskonto** sind im Kontenrahmen nicht aufgeführt, ebenso wie die **Unterkonten** der
Kontengruppen 37 und 38. Sie entsprechen **den Unterkonten** der **Kontengruppen 30 und 80**.

Kontenklassen

3 Wareneinkaufskonten Warenbestandskonten

30 **Warengruppe I**
   3010 Wareneingang
   3020 Warenbezugskosten
   3030 Leihemballagen
   3050 Rücksendungen an Lieferanten
   3060 Nachlässe von Lieferanten
   3070 Lieferantenboni
   3080 Lieferantenskonti

31 **Warengruppe II**
   3110 Wareneingang
   3120 Warenbezugskosten
   3150 Rücksendungen an Lieferanten
   3160 Nachlässe von Lieferanten
   3170 Lieferantenboni
   3180 Lieferantenskonti

32 **Warengruppe III**

33 **Warengruppe IV**

37 **Wareneingang aus i. E.**[2]

38 **Wareneinfuhr (aus Drittländern)**

39 **Warenbestände**
   3910 Warengruppe I
   3920 Warengruppe II

Fortsetzung Kontenklasse 2

2720 Erträge aus dem Abgang von UV (außer Vorräte)
2730 Erträge aus Zuschreibungen
2731 Zuschreibungen im AV
2732 Zuschreibungen im UV
2740 Erträge aus abgeschriebenen Forderungen
2750 Erträge aus der Auflösung von Wertberichtigungen zu Forderungen
2751 Auflösung von Einzelwertberichtigungen (EWB)
2752 Auflösung von Pauschalwertberichtigungen (PWB)
2760 Erträge aus der Auflösung von Rückstellungen
2770 Sonstige betriebliche Erträge (z. B. Kursgewinne)
2771 Erträge aus Versicherungsentschädigungen
2780 Entnahme von sonstigen Gegenständen und Leistungen

4 Konten der Kostenarten

40 **Personalkosten**
   4010 Löhne
   4020 Gehälter
   4030 Aushilfslöhne
   4040 Gesetzliche soziale Aufwendungen
   4050 Freiwillige soziale Aufwendungen
   4060 Aufwendungen für Altersversorgung
   4070 Vermögenswirksame Leistungen

41 **Mieten, Pachten, Leasing**

42 **Steuern, Beiträge, Versicherungen**
   4210 Gewerbesteuer
   4211 Gewerbesteuernachzahlungen – Vorjahre
   4212 Gewerbesteuererstattungen – Vorjahre
   4220 Kfz-Steuer
   4230 Grundsteuer
   4240 Sonstige Betriebsteuern
   4250 Betriebsteuernachzahlungen – Vorjahre
   4251 Betriebsteuererstattungen – Vorjahre
   4260 Versicherungen
   4270 Beiträge
   4280 Gebühren und sonstige Abgaben

43 **Energie, Betriebsstoffe**

44 **Werbe- und Reisekosten**

45 **Provisionen**

46 **Kosten der Warenabgabe**
   4610 Verpackungsmaterial
   4620 Ausgangsfrachten
   4630 Gewährleistungen

47 **Betriebskosten, Instandhaltung**
   4710 Instandhaltung
   4730 Sonstige Betriebskosten

48 **Allgemeine Verwaltung**
   4810 Bürobedarf
   4820 Porto- und Telekommunikationskosten
   4830 Kosten der Datenverarbeitung
   4840 Rechts- und Beratungskosten
   4850 Personalbeschaffungskosten
   4860 Kosten des Geldverkehrs
   4890 Diverse Aufwendungen

49 **Abschreibungen**
   4910 Abschreibungen auf Sachanlagen
   4920 Abschreibungen auf GWG
   4930 Abschreibungen auf Sammelposten
      4931 Abschreibungen auf SP Jahr 1
      4932 Abschreibungen auf SP Jahr 2
      4933 ... usw.
   4940 Außerplanmäßige Abschreibungen auf Sachanlagen
   4950 Abschreibungen auf Finanzanlagen des AV
   4960 Abschreibungen auf Wertpapiere des UV

5 Konten der Kostenstellen[3]

Für die Konten der Kostenstellen sind betriebs- und branchenbedingt unterschiedliche Aufteilungen möglich. Die nachfolgende Untergliederung nach Funktionen ist beispielhaft aufgeführt:
– Einkauf
– Lager
– Vertrieb
– Verwaltung
– Fuhrpark
– Be-/Verarbeitung

3 Anmerkung: Die Kostenstellenrechnung wird in der Praxis stets **tabellarisch** und nicht kontenmäßig durchgeführt. Die Kontenklasse 5 bleibt deshalb in der Regel frei.

6 Konten für Umsatzkostenverfahren[4]

4 Anmerkung: Diese Kontenklasse bleibt in der Regel frei, da Großhandelsunternehmen ihre GuV-Rechnung meist nach dem Gesamtkostenverfahren erstellen.

7 Freie Kontenklasse

8 Warenverkaufskonten/ Umsatzerlöse

80 **Warengruppe I**
   8010 Warenverkauf
   8050 Rücksendungen von Kunden
   8060 Nachlässe an Kunden
   8070 Kundenboni
   8080 Kundenskonti

81 **Warengruppe II**
   8110 Warenverkauf
   8150 Rücksendungen von Kunden
   8160 Nachlässe
   8170 Kundenboni
   8180 Kundenskonti

87 **Sonstige Erlöse**
   8710 Entnahme von Waren
   8720 Provisionserträge
   8730 Mieterträge

88 **Außenhandelserlöse**
   8810 Erlöse aus innergemeinschaftlicher Lieferung
   8820 Erlöse aus Warenausfuhr (in Drittländer)

9 Abschlusskonten

9100 Eröffnungsbilanzkonto
9150 Saldenvorträge (Sammelkonto)
9200 Warenabschlusskonto
9300 Gewinn- und Verlustkonto
9400 Schlussbilanzkonto

1. Erläutern Sie, was man unter „Journal" versteht und welche Angaben das Journal enthält.
2. Erklären Sie den Zusammenhang von Kontenrahmen und Kontenplan.
3. Geben Sie mit eigenen Worten an, warum sowohl eine zeitliche als auch eine sachliche Ordnung der Buchführung sinnvoll sind.
4. In welcher Kontenklasse (Angabe der Kontonummer und kurze Begründung) des Großhandelskontenrahmens suchen Sie das Konto:

   a) Fuhrpark
   b) Gehälter
   c) Bürobedarf
   d) Forderungen a. LL

   e) Grundstücke
   f) Darlehen
   g) Warenverkauf
   h) Zinserträge?

5. Formulieren Sie einen Geschäftsfall, der sich hinter den folgenden Buchungen mit Kontennummern des Großhandelskontenrahmens verbirgt:

	Konto Soll	Konto Haben	Soll	Haben
1	3010		10.000,00	
	1410		1.900,00	
		1710		11.900,00
2	0340		30.000,00	
	1410		5.700,00	
		1710		35.700,00
3	1010		23.800,00	
		8010		20.000,00
		1810		3.800,00
4	1310		73,00	
		2610		73,00
5	1510		1.000,00	
		1310		1.000,00
6	0820		800,00	
	2110		80,00	
		1310		880,00
7	4810		200,00	
	1410		38,00	
		1510		238,00
8	4010		4.500,00	
		1310		4.500,00

	Konto Soll	Konto Haben	Soll	Haben
9	4840		1.500,00	
	1410		285,00	
		1710		1.785,00
10	4220		380,00	
		1310		380,00
11	4210		2.300,00	
		1910		2.300,00
12	3110		9.800,00	
	1410		1.862,00	
		1710		11.662,00
13	1010		30.000,00	
		0210		30.000,00
14	4260		780,00	
		1710		780,00
15	1910		2.300,00	
		1310		2.300,00
16	1320		20.000,00	
		0820		20.000,00
17	1010		23.800,00	
		8210		20.000,00
		1810		3.800,00

6. In welcher Kontenklasse des Industriekontenrahmens (Angabe der Kontonummer und kurze Begründung) suchen Sie das Konto:
   - Zinserträge
   - Eigenkapital
   - Mieten, Pachten
   - Umsatzerlöse für Waren
   - Bank (Guthaben bei Kreditinstituten)
   - Verpackungsanlagen und -maschinen

7. Formulieren Sie einen Geschäftsfall, der sich hinter den folgenden Buchungen (IKR-Kontenrahmen) verbirgt:

a)		6021	
		2601	
			an 4200
b)		2800	
			an 0540
			4800
c)		8010	
			an 2000

ZUSAMMENFASSUNG

Organisation der Buchführung

zeitlich	sachlich
Grundbuch	**Hauptbuch**
	Kontenrahmen
	Kontenplan
in Form von Buchungssätzen	in Form von Konten

Kontenplan

Überblick der Konten, die in der Buchführung eines Unternehmens tatsächlich verwendet werden

weniger Konten als im Kontenrahmen	übersichtlicher als Kontenrahmen	spezieller als Kontenrahmen	Kontenbezeichnungen wie im Kontenrahmen

8.7 Verschiedene Bücher der Buchführung

Der Geschäftsführer der Fairtext GmbH, Pascal Hahnenkamp, kommt ins Büro der Abteilung Rechnungswesen. Herr Hahnenkamp möchte schnellstmöglich die Offene-Posten-Liste (O-P-Liste) des Kunden Holzhäuser GmbH & Co. KG aus Mülheim sowie die aktuellen O-P-Listen aller Lieferanten erhalten.

Die Auszubildende Anne Schulte wird beauftragt, diese Informationen zusammenzustellen.

1. Erläutern Sie den Begriff „O-P-Liste".
2. Nennen Sie weitere Arten von Büchern und/oder Listen, die ein Unternehmen führen sollte.

Grund-, Haupt- sowie Inventar- und Bilanzbücher

In Band 1 wurden Anforderungen an eine ordnungsgemäße Buchführung dargestellt. Nach § 238 HGB ist jeder Kaufmann verpflichtet, Bücher zu führen. Um den Grundsätzen ordnungsgemäßer Buchführung zu entsprechen, muss ein Unternehmen verschiedene Bücher führen.

Bereits bekannte Bücher der Buchführung sind:

- **Grundbuch:** Im Grundbuch (Journal) werden alle Geschäftsfälle in Form von Buchungen (Buchungssätzen) in zeitlicher (chronologischer) Reihenfolge geordnet und festgehalten.
- **Hauptbuch:** Das Hauptbuch ist die sachliche Organisation aller Sachkonten (Bestandskonten und Erfolgskonten) der Geschäftsbuchführung. Durch Abschluss der einzelnen Konten lassen sich der Gewinn oder Verlust sowie die (Schluss-)Bilanz ermitteln.
- **Inventar- und Bilanzbuch:** Im Inventar- und Bilanzbuch werden Inventare, Bilanzen und GuV-Rechnungen vergangener Jahre aufbewahrt.

Nebenbücher der Buchführung

Bei verschiedenen Konten des Hauptbuchs ist es aus Unternehmenssicht zum Teil notwendig, weitere Informationen dazuzugewinnen. Diese Details zu den Konten werden Nebenbücher genannt.

Nebenbücher sind beispielsweise:

- Kontokorrentbücher mit Debitoren- und Kreditorenbuch,
- Anlagenverzeichnis,
- Kassenbücher,
- Lohn- und Gehaltsbuchhaltung,
- ...

Debitoren- und Kreditorenbücher

In nahezu jedem Unternehmen gibt es eine Kontokorrentbuchhaltung. Dabei wird zwischen **Debitoren** (Kundinnen/Kunden) und **Kreditoren** (Lieferanten) unterschieden.

In den Unternehmen spricht man von sogenannten **offenen Posten**, wenn es noch unbezahlte Rechnungen gibt. Das **Debitorenkonto** ist eine detaillierte, tabellarische Aufstellung des Kontos „Forderungen aus Lieferungen und Leistungen" für alle Kundinnen und Kunden einzeln.

DEFINITION

Ein **Debitorenkonto** (lat. „debere" = schulden, müssen, verdanken) ist die Aufstellung der Forderungen aus Lieferungen und Leistungen jedes Kunden/jeder Kundin eines Unternehmens.

BEISPIEL

Die Auszubildende Anne Schulte bekommt das Debitorenkonto des Kunden Holzhäuser GmbH & Co. KG aus dem ERP-System.

Kunde: Holzhäuser GmbH & Co. KG					Konto: 10001
Datum	Beleg	Buchungstext	Soll	Haben	Saldo
		Saldovortrag	8.900		8.900,00
02.01.	AR 003	VK v. Waren	1.900	4.000	10.800,00
12.01.	BK 034	Banküberweisung	5.500		6.800,00
17.01.	AR	VK v. Waren			12.300,00

Mithilfe des Debitorenkontos lässt sich schnell ermitteln, wie hoch die Schulden (= „Außenstände") der einzelnen Kundinnen und Kunden sind. Zur besseren Übersicht werden regelmäßig aktuelle Saldenlisten, sogenannte **Offene-Posten-Listen** (O-P-Listen, auch OPOS-Listen) von den Debitoren erstellt.

BEISPIEL

Die Auszubildende Anne Schulte hat am 17.01. nachfolgende Saldenliste der Debitorenkonten für Herrn Hahnenkamp ausgedruckt:

Bestände der Kunden (O-P-Liste der Debitoren)		
Kd.-Nr.	Debitor (Kunde)	Saldo
10001	Holzhäuser GmbH & Co. KG	12.300,00
10002	Franz Stallmann Fashion OHG.	24.800,00
10003	Silke Bachmann e. Kffr.	3.400,00
10004	STOLCO eG	28.400,00
10005	Adlatus GmbH	27.600,00
	Gesamtbetrag:	96.500,00

Ein Unternehmen muss auch immer seine Liquidität im Blick behalten. Kundinnen und Kunden, die eine schlechte Zahlungsmoral aufweisen, müssen identifiziert werden, damit schnell gemahnt werden kann. Dabei ist eine Offene-Posten-Liste sehr hilfreich. Durch ein gut organisiertes Mahnwesen kann die Zahlungsmoral dieser Kundschaft erhöht und somit die Liquidität des Unternehmens verbessert werden. Unter Umständen müssen in der Folge auch die Zahlungsbedingungen bei einigen Kundinnen und Kunden angepasst werden (z. B. nur noch gegen Vorkasse).

Das **Kreditorenkonto** ist, ähnlich dem Debitorenkonto, eine detaillierte Aufstellung des Hauptbuch-Kontos „Verbindlichkeiten aus Lieferungen und Leistungen" für jeden einzelnen Lieferanten. Auch diese wir in der Regel in Tabellenform erstellt, die der Form des Debitorenkontos ähnelt.

DEFINITION

Ein **Kreditorenkonto** (lat. „credere" = glauben, anvertrauen, vertrauen) ist die Aufstellung der Verbindlichkeiten aus Lieferungen und Leistungen aller Kundinnen und Kunden eines Unternehmens.

Mithilfe des Kreditorenkontos lassen sich die Schulden (Verbindlichkeiten) eines Unternehmens, die es gegenüber seinen Lieferanten hat, schnell feststellen. Auch hier werden zur besseren Übersicht aktuelle Saldenlisten (O-P-Listen) erstellt.

BEISPIEL

Die Auszubildende Anne Schulte hat nachfolgende Saldenliste der Kreditorenkonten für Herrn Hahnenkamp ausgedruckt:

Bestände der Lieferanten (O-P-Liste der Kreditoren)		
Lf.-Nr.	Kreditor (Lieferant)	Saldo
21001	Tankert AG	7.900,00
21002	Robert König GmbH	12.800,00
21003	Paulmann KG	1.400,00
21004	StaWa AG	18.800,00
21012	Bätje OHG	17.900,00
	Gesamtbetrag:	58.800,00

Ziele bei der Erstellung von O-P-Listen sind neben der übersichtlichen und informativen Aufarbeitung der umfangreichen Verbindlichkeiten die Einhaltung von Zahlungsfristen und das optimale Ausschöpfen der Zahlungsziele. Ein wirtschaftlich arbeitendes Unternehmen wird seine Rechnungen erst dann bezahlen, wenn sie auch tatsächlich fällig werden. Dadurch wird auch die Liquidität des Unternehmens erhöht.

In der Praxis haben viele Unternehmen EDV-Systeme, die das Erstellen von Kreditoren- und Debitorenlisten sowie von Saldenlisten deutlich vereinfachen.

Weitere Nebenbücher

Ein weiteres Nebenbuch ist das **Anlagenverzeichnis**. Hier werden weitere Informationen zum Anlagevermögen detaillierter aufgeführt. Dabei gibt es meist eine Anlagenkartei für eine einzelne Anlage. Hier werden etwa Anschaffung, Abschreibungssätze der einzelnen Jahre u. Ä. aufgeführt. Jede einzelne Anlagenkartei wird dann in einem Anlagenverzeichnis geführt.

Das z. B. in fast jedem Großhandelsunternehmen geführte **Kassenbuch** ist ein Nebenbuch des Hauptbuch-Kontos „Kasse". Nach § 146 AO sind Kasseneinnahmen und Kassenausgaben täglich zu erfassen. Das bedeutet in der Praxis, dass jede einzelne Ein- und Auszahlung, die im Laufe eines Tages bar getätigt wird, im Kassenbuch festgehalten wird.

Das **Lohn- und Gehaltsbuch** ist ein Nebenkonto des Kontos „Löhne und Gehälter". In diesem Buch werden die geleisteten Zahlungen an alle Mitarbeitenden gesondert festgehalten. Dadurch kann beispielsweise eine Mitarbeiterin in die Lohnbuchhaltung gehen und detaillierte Informationen zu bestimmten Gehaltszahlungen oder -terminen erhalten.

Es gibt noch viele weitere Nebenbücher wie Warenbücher, Lagerbücher usw. Alle Nebenbücher haben das Ziel, detailliertere Informationen zu erfassen, die aus den Sammelkonten des Hauptbuches nicht zu entnehmen sind.

AUFGABEN

1. Erläutern Sie, welche Inhalte in den nachfolgenden Büchern geführt werden:
   a) Grundbuch,
   b) Hauptbuch,
   c) Inventar- und Bilanzbuch.
2. Stellen Sie dar, warum Nebenbücher in der Buchführung geführt werden.
3. In der Buchhaltung werden heute, am 28. Februar 20.., noch nicht überwiesene Debitoren-Rechnungen aufgelistet:

RG-Nr.	RG-Datum	Betrag	Zahlungsbed.
1812	23.01.20..	4.560,00 €	Ziel 30 Tage
1819	26.01.20..	290,00 €	Ziel 45 Tage
1825	28.01.20..	980,00 €	sofort fällig
1832	23.01.20..	1.465,00 €	Ziel 30 Tage

Überprüfen Sie die Rechnungen darauf hin, ob das Zahlungsziel bereits überschritten ist, und ermitteln Sie den gesamten fälligen Euro-Betrag.
4. Herr Hahnenkamp möchte am 17.01.20.. eine Übersicht zu den offenen Posten von vier Kundenunternehmen. Diese sind nachfolgend aufgeführt.

Debitor: Holzhäuser GmbH			
Datum	Beleg	Vorgang	Betrag
		Saldenvortrag	2.495,00 €
03.01.20..	AR012	VK v. Waren	1.325,00 €
11.01.20..	BK031	Banküberw.	3.820,00 €
14.01.20..	AR043	VK v. Waren	6.475,00 €

Debitor: Franz Stallmann Fashion OHG			
Datum	Beleg	Vorgang	Betrag
		Saldenvortrag	8.475,00 €
02.01.20..	BK004	Banküberw.	5.215,00 €
10.01.20..	AR029	VK v. Waren	4.450,00 €
15.01.20..	AR048	VK v. Waren	975,00 €

Debitor: Silke Bachmann e. Kffr.			
Datum	Beleg	Vorgang	Betrag
		Saldenvortrag	2.415,00 €
05.01.20..	AR021	VK v. Waren	1.200,00 €
11.01.20..	AR032	VK v. Waren	520,00 €
13.01.20..	BK044	Banküberw.	1.820,00 €

Debitor: STOLCO eG			
Datum	Beleg	Vorgang	Betrag
		Saldenvortrag	10.200 00 €
03.01.20..	AR016	VK v. Waren	4.200 00 €
13.01.20..	BK045	Banküberw.	3.100 00 €
16.01.20..	AR051	VK v. Waren	7.400 00 €

a) Erstellen Sie für diese vier Kundenunternehmen jeweils ein Debitorenkonto.

b) Erstellen Sie eine O-P-Liste (Saldenliste), die die Außenstände der vier Unternehmen enthält. Führen Sie auch die Gesamt-Außenstände auf.

5. Prüfen Sie, welcher Vorgang nicht Aufgabe der Debitorenkontrolle ist.

a) Überwachung der Zahlungseingänge

b) Vereinbarung des Zahlungszieles

c) Überprüfung der Skontoabzugsberechtigung

d) Einleitung des Mahnverfahrens bei Überschreiten des Zahlungsziels

e) Verhinderung der Verjährung von Forderungen

6. Nennen Sie mindestens drei Gründe, weshalb ein Unternehmen ein Kassenbuch führen sollte.

7. Erläutern Sie zwei Gründe, weshalb ein Unternehmen ein Lohn- und Gehaltsbuch führen sollte.

ZUSAMMENFASSUNG

Organisation der Buchführung

zeitlich — sachlich

Grundbuch — Hauptbuch

Kontenrahmen

Kontenplan

in Form von Buchungssätzen — in Form von Konten

Debitorenlisten · Anlagenbuch / Anlagenverzeichnis · Kassenbuch · Lohn- und Gehaltsbuch

Kreditorenlisten · Warenbuch · Lagerbuch · Weitere Bücher

Ziel: Detailliertere Informationen, die aus den Sammelkonten des Hauptbuches nicht zu entnehmen sind

8.8 Buchung von im Industrieunternehmen selbst produzierten Erzeugnissen

Frau Tegtmeyer bereitet bei der Fairtext GmbH die Umstellung der Buchführung auf die Industriebuchführung vor. Anne Schulte hat eine Frage.

Anne Schulte: „Gibt es denn große Unterschiede zu unserer bisherigen Handelsbuchführung, wenn wir jetzt umstellen?"

Frau Tegtmeyer: „Nein, eigentlich nicht. Im Prinzip läuft das Ganze genau wie beim Einkauf und Verkauf von Handelswaren ab. Das kennen Sie ja schon. Es werden eigentlich nur weitere, aber den jeweiligen Sachverhalt besser beschreibende Konten und Kontenbezeichnungen verwendet ..."

Skizzieren Sie kurz, welche Buchungen im Zusammenhang mit der Herstellung von Erzeugnissen in einem Industrieunternehmen nötig sind.

Der Normalfall in Industrieunternehmen ist, dass sie – im Gegensatz zum Handel – Produkte selbst herstellen. Dazu benötigen sie **Werkstoffe**. Darunter versteht man in der Industrie alle Materialien, die in Herstellungsprozessen verarbeitet werden und schließlich in die Endprodukte eingehen.

Werkstoffe werden während der Produktion verbraucht. Unterschieden werden:

- **Rohstoffe**
  Diese Materialien gehen als wesentlicher Bestandteil in ein fertiges Erzeugnis ein.

  > **BEISPIEL**
  > - Holz in einem Schreibtisch
  > - Baumwolle in einem T-Shirt

- **Hilfsstoffe**
  Werkstoffe, die nicht Hauptbestandteil eines Produktes sind, sondern zusätzlich das Produkt ausmachen, werden Hilfsstoffe genannt.

  > **BEISPIELE**
  > - Schrauben und Leim beim Schreibtisch
  > - Dichtungen
  > - Farben

- **Betriebsstoffe**
  Betriebsstoffe gehen nicht in ein Fertigerzeugnis ein, sind aber unbedingt für dessen Produktion erforderlich.

> **BEISPIELE**
>
> - Öl für die Schmierung von Maschinen
> - Trebstoff für den Antrieb von Maschinen

- **Fremdbauteile und Vorprodukte**
  Fremdbauteile und Vorprodukte sind eigentlich fertige Produkte, die aber während der Herstellung in das neue Fertigprodukt eingebaut werden.

> **BEISPIELE**
>
> - Ein Autowerk bezieht ein Autoradio von einem anderen Hersteller und baut dieses ins Automodell ein.
> - Glühbirnen sind nötig für die Beleuchtung beim Auto.

Das Rechnungswesen in Industriebetrieben hat – wie die Buchführung in Handelsbetrieben – die Aufgabe, die Geschäftsbeziehung zu Außenstehenden abzubilden. Dokumentiert werden Rechtsgeschäfte zum Beispiel mit

- Kundschaft,
- Lieferanten,
- Banken,
- Unternehmen des Transportgewerbes,
- Dienstleistern.

Hier entspricht die Industriebuchführung weitgehend der bisher vorgestellten Handelsbuchführung: Wenn der Industriebetrieb fertige Güter einkauft und diese später ohne jede Weiterverarbeitung wieder verkauft, wird dies wie in der Handelsbuchführung dokumentiert gebucht. Solche Vorgänge wurden schon vorgestellt.

Das Besondere an der Industriebuchführung liegt darin, dass der innerbetriebliche Wertefluss während der Produktion erfasst werden muss. Gebucht werden muss der Einkauf von Werkstoffen, also von Rohstoffen, Hilfsstoffen und Betriebsstoffen. Diese fließen in die Produktion ein. Danach werden die Fertigerzeugnisse auf Lager genommen und dann später verkauft. Diese Vorgänge der Industriebuchführung werden jetzt vorgestellt.

Prinzipiell entspricht das Vorgehen der Buchungen beim Einkauf von Werkstoffen und beim Verkauf der Fertigerzeugnisse den Abläufen bei der Erfassung der Handelskäufe.

Buchung der eingekauften Werkstoffe

Während des Jahres werden die Einkäufe von Werkstoffen auf entsprechenden Aufwandskonten gebucht.

> **BEISPIEL**
>
> Eine Textilfabrik kauft Mitte Juli gegen Rechnung Stoff zum Preis von 10.000,00 € netto ein.
>
> Da es sich dabei um einen Rohstoff handelt, erfolgt die Buchung auf dem Konto „Aufwendungen für Rohstoffe".
>
> Der Buchungssatz lautet also:
>
> | | | |
> |---|---|---|
> | Aufwendungen für Rohstoffe | 10.000,00 | |
> | Vorsteuer | 1.900,00 | |
> | an Verbindlichkeiten | | 11.190,00 |

Auch für die anderen Werkstoffe neben den Rohstoffen werden Aufwandskonten geführt:

- Aufwendungen für Hilfsstoffe,
- Aufwendungen für Betriebsstoffe,
- Aufwendungen für Vorprodukte/Fremdbauteile.

BEISPIEL

Die Fairtext GmbH bezieht im März für die Produktion von Textilien für 2.000,00 € Knöpfe. Diese werden auf dem Konto „Aufwendungen für Hilfsstoffe" gebucht.

Der Buchungssatz lautet also:

Aufwendungen für Hilfsstoffe	2.000,00	
Vorsteuer	380,00	
an Verbindlichkeiten		2.380,00

Buchung der verkauften Erzeugnisse

Werden während des Geschäftsjahres im Unternehmen hergestellte Erzeugnisse verkauft, wird dies auf dem Ertragskonto „Umsatzerlöse für eigene Erzeugnisse" gebucht.

BEISPIEL

Die Fairtext GmbH verkauft im April an einen Einzelhändler T-Shirts gegen Rechnung für 47.600,00 € brutto.

Der Buchungssatz lautet:

Forderungen	47.600,00	
an Umsatzerlöse für eigene Erzeugnisse		40.000,00
Umsatzsteuer		1.600,00

Buchungen der Bestandsveränderungen beim Jahreswechsel

Einmal im Jahr muss ein Industrieunternehmen eine Inventur vornehmen. Dabei wird auch der Bestand an den verschiedenen Werkstoffen ermittelt. Für die Erfassung dieser Bestände werden die Bestandskonten

- Rohstoffe,
- Vorprodukte/Fremdbauteile,
- Hilfsstoffe,
- Betriebsstoffe

geführt. Dort werden die Bestandsveränderungen bei jedem Werkstoff ermittelt, die sich als Differenz zwischen dem Anfangsbestand zu Beginn des Jahres und dem durch die Inventur ermittelten Endbestand am Jahresschluss ergeben. Die Bestandsveränderungen werden immer auf die entsprechenden Aufwandskonten gebucht.

BEISPIELE

Zu Beginn des Geschäftsjahres wurden auf dem Bestandskonto Hilfsstoffe ein Anfangsbestand von 30.000,00 € und am Ende des Jahres ein Endbestand in Höhe von 20.000,00 € ermittelt. Dies bedeutet, dass während des laufenden Jahres 10.000,00 € dem Lager für die Produktion entnommen wurden. Es liegt eine **Bestandsminderung** vor. Diese wird wie folgt gebucht:

Aufwendungen für Hilfsstoffe	10.000,00	
an Hilfsstoffe		10.000,00

Bei den Rohstoffen wurden zu Beginn des Jahres ein Anfangsbestand von 25.000,00 € und zum Schluss des Jahres ein Endbestand von 60.000,00 € festgestellt und auf dem Bestandskonto Rohstoffe gebucht. Ersichtlich wird daraus, dass während des laufenden Jahres 35.000,00 € mehr Rohstoffe eingekauft als im Herstellungsprozess eingesetzt wurden. Der Lagerbestand an Rohstoffen hat sich also um 35.000,00 € erhöht: Es liegt eine **Bestandmehrung** vor. Der dafür benötigte Buchungssatz lautet:

Rohstoffe	35.000,00	
an Verbindlichkeiten		35.000,00

Abschlussbuchungen am Jahresende

Sind die jeweiligen Bestandsveränderungen auf den entsprechenden Bestandskonten für die Werkstoffe erfasst und auf die dazugehörigen Aufwandskonten gebucht worden, müssen noch die Abschlussbuchungen am Jahresende vorgenommen werden:

- Die in der Inventur ermittelten Endbestände an Werkstoffen werden auf das SBK übertragen.
- Es werden die Salden auf den Aufwandskonten für die Werkstoffe berechnet und in die GuV-Rechnung übertragen. Als Aufwendungen führen sie dort zu einer Verschlechterung der Gewinnsituation.

Soll	Hilfsstoffe		Haben
Anfangsbestand	30.000,00	Endbestand laut Inventur	20.000,00
		Bestandsminderung	10.000,00
	30.000,00		30.000,00

Soll	Rohstoffe		Haben
Anfangsbestand	25.000,00	Endbestand laut Inventur	60.000,00
Bestandsmehrung	35.000,00		
	60.000,00		60.000,00

Soll	GUV		Haben
Aufwendungen für Rohstoffe	145.000,00		
Aufwendungen für Hilfsstoffe	20.000,00		
	165.000,00		0,00

Soll	Aufwendungen für Hilfsstoffe		Haben
Einkauf März	10.000,00	GuV	20.000,00
Bestandsminderung	10.000,00		
	20.000,00		20.000,00

Soll	Aufwendungen für Rohstoffe		Haben
Einkauf Juli	10.000,00	Bestandsmehrung	35.000,00
Einkauf August	170.000,00	GuV	145.000,00
	180.000,00		180.000,00

Soll	SBK		Haben
Rohstoffe	60.000,00		
Hilfsstoffe	20.000,00		
	80.000,00		0,00

Der Zwischenstand beim Führen des Hauptbuches: Lediglich die Verbuchung der Umsatzerlöse auf das die GuV-Konto ist noch nicht erfolgt.

- Der Saldo des Kontos „Umsatzerlöse" wird auf das GuV-Konto übertragen.

Fertige und unfertige Erzeugnisse

Auch bei fertigen und unfertigen Erzeugnissen müssen am Jahresende die Bestandsveränderungen gebucht werden:

- Zu den fertigen Erzeugnissen zählen die Waren im Unternehmen, die schon produziert worden sind, zwar verkaufsbereit sind, aber noch nicht verkauft wurden. Diese werden auf dem aktiven Bestandskonto „Fertige Erzeugnisse" gebucht.
- Zu den unfertigen Erzeugnissen zählen alle Produkte, die im Rahmen der Fertigung noch nicht in einen verkaufsbereiten Zustand gebracht worden sind. Diese Produkte werden auf dem aktiven Bestandskonto „Unfertige Erzeugnisse" gebucht.

Am Ende des Jahres wird bei diesen beiden Bestandskonten jeweils der Schlussbestand mit dem Anfangsbestand verglichen. Stellt man eine Differenz fest, muss diese ebenfalls buchhalterisch erfasst werden. Dazu wird im Rechnungswesen jeweils ein spezielles Erfolgskonto für die Bestandsveränderungen bei den fertigen oder unfertigen Erzeugnissen („Bestandsveränderungen fertige Erzeugnisse" und „Bestandsveränderungen unfertige Erzeugnisse") geführt. Gebucht werden kann jedoch auch auf einem Sammelkonto „Bestandsveränderungen" für beide Erzeugnisarten.

BEISPIELE

Auf dem Konto „Fertige Erzeugnisse" wird am Ende des Geschäftsjahres eine Bestandsminderung festgestellt:

Anfangsbestand: 36.000,00 €
Endbestand: 10.000,00 €

Der Endbestand ist also am Bilanzstichtag um 26.000 € niedriger als der Anfangsbestand. Es ergibt sich der folgende Buchungssatz:

			26.000	
Bestandsveränderungen fertige Erzeugnisse	an	Fertige Erzeugnisse		26.000

Aus Sicht der Gewinn- und Verlustrechnung stellt eine Bestandsminderung einen betriebswirtschaftlichen Aufwand dar. Dieser muss natürlich erfolgswirksam erfasst und gebucht werden.

Unter der Annahme, dass dies die einzige Buchung auf dem Konto „Bestandsveränderungen fertige Erzeugnisse" ist, muss der entstandene Aufwand in der Gewinn- und Verlustrechnung berücksichtigt werden:

			26.000	
GuV-Konto	an	Bestandsveränderungen fertige Erzeugnisse		26.000

Auf dem Konto „Unfertige Erzeugnisse" wird dagegen am Ende des Geschäftsjahres eine Bestandsmehrung festgestellt:

Anfangsbestand: 4.000,00 €
Endbestand: 20.000,00 €

Der Endbestand ist also am Bilanzstichtag um 16.000 € höher als der Anfangsbestand. Es ergibt sich der folgende Buchungssatz:

Unfertige Erzeugnisse			16.000	
	an	Bestandsveränderungen unfertige Erzeugnisse		16.000

Unter der Annahme, dass dies die einzige Buchung auf dem Konto „Bestandsveränderungen unfertige Erzeugnisse" ist, muss der entstandene Ertrag in der Gewinn- und Verlustrechnung berücksichtigt werden:

Bestandsveränderungen unfertige Erzeugnisse			16.000	
	an	GuV-Konto		16.000

1. Definieren Sie den Begriff „Werkstoffe".
2. Unterscheiden Sie Rohstoffe, Hilfsstoffe, Betriebsstoffe sowie Fremdbauteile und Vorprodukte.
3. Entscheiden Sie, welche Art Werkstoff in den folgenden Fällen vorliegt:
   a) Schmiermittel für eine Maschine
   b) Autoreifen, die an ein Auto montiert werden
   c) Wasser, das zur Kühlung im Produktionsprozess benötigt wird
   d) Wolle in einer Textilfabrik, die Pullover herstellt
   e) Lebensmittelfarben bei der Herstellung bestimmter Lebensmittel
4. Beurteilen Sie die Unterschiede zwischen Industrie- und Handelsbuchführung.
5. Auf dem Konto Betriebsstoffe wird am 31. Dezember des Jahres ein Bestand von 82.320,00 € ermittelt. Am Anfang des Jahres gab es einen Anfangsbestand von 47.300,00 €.
   a) Erläutern Sie, welche Bestandsveränderung vorliegt.
   b) Stellen Sie den entsprechenden Buchungssatz für die Buchung der Bestandsveränderung auf.
6. Anne Schulte schaut sich die Geschäftsfälle im Zusammenhang mit den Vorprodukten/Fremderzeugnissen an. Sie erkennt die folgenden Vorgänge:
   1. Zu Beginn des Jahres gab es einen Anfangsbestand von 112.000,00 €, am Ende des Jahres wurde in der Inventur ein Endbestand von 189.000,00 € ermittelt.
   2. Es gab
      ▪ im Juni einen Einkauf von Vorprodukten/Fremderzeugnissen in Höhe von 24.000,00 €,
      ▪ im Oktober wurden Vorprodukte/Fremderzeugnisse in Höhe von 152.000,00 € eingekauft.
   3. Während des gesamten Jahres wurden Fertigerzeugnisse im Wert von 448.000,00 € verkauft.
      a) Erstellen Sie für diese Geschäftsfälle Buchungssätze im Grundbuch.
      b) Führen Sie im Hauptbuch die Konten
         ▪ Vorprodukte/Fremderzeugnisse,
         ▪ Aufwendungen für Vorprodukte/Fremderzeugnisse,
         ▪ Umsatzerlöse,
         ▪ SBK,
         ▪ GuV-Konto.
      Alle anderen Hauptbuchkonten werden vernachlässigt.
      c) Schließen Sie die Hauptbuchkonten so weit wie möglich ab.

Buchung von in Industrieunternehmen selbst produzierten Erzeugnissen

Ablauf wie bei der Handelsbuchführung

Einkaufseite des Unternehmens

Verkaufsseite des Unternehmens

Wegen der unterschiedlichen Arten der Werkstoffe, die in die Produktion der Erzeugnisse eingehen, werden für die Werkstoffe verschiedene Aufwandskonten

Buchung auf dem Konto „Umsatzerlöse"

geführt für:
- Rohstoffe
- Hilfsstoffe
- Betriebsstoffe
- Vorprodukte/Fremderzeugnisse

8.9 Buchhalterische Besonderheiten beim Einkauf von Waren

Anne Schulte und Sebastian Holpert haben die nebenstehende Eingangsrechnung der Firma Kinke AG bekommen. Zunächst einmal soll die Rechnung unter Berücksichtigung der Fracht und der Verpackung im Grundbuch erfasst werden. Nach zehn Tagen soll die Bezahlung erfolgen. Dabei sollen Anne und Sebastian beim Buchen den Skontoabzug berücksichtigen.

1. Erläutern Sie, warum die Kinke AG Fracht und Verpackung berechnet.
2. Ermitteln Sie, wie hoch die Fracht- und Verpackungskosten inklusive Umsatzsteuer sind.

Anschaffungsnebenkosten (Bezugskosten)

§ 255 (1) HGB Anschaffungskosten sind die Aufwendungen, die geleistet werden, um einen Vermögensgegenstand zu erwerben und ihn in einen betriebsbereiten Zustand zu versetzen, soweit sie dem Vermögensgegenstand einzeln zugeordnet werden können. Zu den Anschaffungskosten gehören auch die Nebenkosten sowie die nachträglichen Anschaffungskosten. Anschaffungspreisminderungen sind abzusetzen.

Das bedeutet, dass die Anschaffungskosten zum einen aus dem Warenwert der gekauften Waren bestehen, zum anderen aus den Anschaffungsnebenkosten. Für die Bewertung der Waren für die Aufstellung des Inventars und der Bilanz ist dies von Bedeutung.

Zu diesen Anschaffungsnebenkosten (Bezugskosten) gehören z. B.:

- Frachtkosten (z. B. Transport, Rollgeld),
- Verpackungskosten,

- Portokosten,
- Zölle,
- Transportversicherungen,
- Provisionen.

Die Anschaffungsnebenkosten werden buchhalterisch gesondert erfasst, damit das Unternehmen eine Übersicht über die Anschaffungsnebenkosten behält. Dies erfolgt in der Regel über das Konto „3020 Warenbezugskosten".

Das Konto Warenbezugskosten ist ein **Aufwandskonto** und ein **Unterkonto** des Kontos „3010 Wareneingang". Die Bezugskosten werden somit über dieses Konto abgeschlossen.

BEISPIELHAFTE SCHRITTFOLGE DER BUCHUNGEN BEI BESTANDSMEHRUNG

Für die von der Fairtext GmbH bei der Firma Kinke AG bestellten Winterjacken sind neben dem Warenwert von 27.630,00 € auch noch Frachtkosten von 600,00 € sowie Verpackungskosten von 280,00 € zu zahlen (vgl. Einstieg).

Daraus ergibt sich folgender Buchungssatz:

Buchungssatz	Soll	Haben
3010 Wareneingang	27.630,00	
3020 Warenbezugskosten	880,00	
1410 Vorsteuer	5.416,90	
an 1710 Verb. a. LL		33.926,90

Die Fracht- und Verpackungskosten werden zu einer Position „3020 Warenbezugskosten" zusammengefasst.

Am Ende des Geschäftsjahres wird das Konto „3020 Warenbezugskosten" wie folgt abgeschlossen:

Der Buchungssatz dazu lautet:

Buchungssatz	Soll	Haben
3010 Wareneingang	880,00	
an 3020 Warenbezugskosten		880,00

Rücksendungen von eingekauften Waren

Es kann bei der Lieferung von Handelswaren oder von Rohstoffen zu Mängeln kommen. Diese müssen beim Lieferanten entsprechend reklamiert werden, wobei Reklamationsfristen zu beachten sind.

Wird ein Mangel direkt bei der Lieferung entdeckt, wird die Ware in der Regel gar nicht angenommen. Bei der Erstellung der Rechnung werden die reklamierten Mengen meist direkt berücksichtigt. Dies ist aus Buchhaltungssicht unproblematisch.

Wird der Mangel erst nach Rechnungsstellung entdeckt, muss eine Korrekturbuchung erfolgen.

Bei Rücksendungen an den Lieferanten werden die Korrekturbuchungen zur ursprünglichen Buchung nun umgekehrt erfasst. Dabei wird das Konto „3050 Rücksendungen an Lieferanten" verwendet.

ursprüngliche Buchung →	Korrekturbuchung
3010 Wareneingang 1410 Vorsteuer an 1710 Verb. a. LL	1710 Verb. a. LL an 3050 Rücks. an Liefer. an 1410 Vorsteuer

BEISPIELHAFTE SCHRITTFOLGE DER BUCHUNGEN BEI BESTANDSMEHRUNG

Von den an die Firma Fairtext GmbH gelieferten Winterjacken DAVOR der Firma Kinke AG hatten 50 Stück nicht die von der Fairtext GmbH bestellte Größe und wurden daher wieder abgeholt. Seitens der Kinke AG geht nachfolgende Gutschrift bei der Fairtext GmbH ein:

Daraus ergibt sich folgender Buchungssatz:

Buchungssatz	Soll	Haben
1710 Verb. a. LL	4.284,00	
an 3050 Rücksendungen an Lieferanten		3.600,00
an 1410 Vorsteuer		684,00

Die Korrekturbuchungen werden zur ursprünglichen Buchung umgekehrt erfasst.

Preisnachlässe

Rabatte und Boni

Es gibt in der Geschäftswelt unterschiedliche Möglichkeiten des Preisnachlasses.

Rabatte sind Preisnachlässe auf den Listenpreis. Rabatte werden bei der Preiskalkulation berücksichtigt und direkt vom Gesamtpreis abgezogen. In der Buchhaltung werden Rabatte nicht erfasst.

BEISPIEL

Die Fairtext GmbH hat bei der Kinke AG Waren zum Gesamtpreis von 30.700,00 € gekauft. Die Kinke AG gewährt darauf einen Preisnachlass von 10 % (3.070,00 €). Der (Netto-)Warenwert beträgt somit 27.630,00 €.

Es gibt auch noch nachträglich gewährte Nachlässe. Dazu gehören etwa **Boni** und **Nachlässe** aus nachträglich reklamierten Lieferungen.

Die Buchungen erfolgen hier wie bei Rücksendungen als Korrekturbuchungen, hier über das Konto „3060 Nachlässe von Lieferanten" oder das Konto „3070 Lieferantenboni".

DEFINITION

Ein **Bonus** (Mehrzahl Boni) ist ein nachträglich gewährter Preisnachlass, der in der Regel am Jahresende gewährt wird, wenn das Kundenunternehmen einen Mindestumsatz erreicht oder überschritten hat.

BEISPIEL **Nachträgliche Mängelrüge**

Nach Bezahlung einer Lieferantenrechnung hat die Fairtext GmbH festgestellt, dass mehrere gelieferte Produkte einen leichten Fehler hatten. Die Produkte wurden nicht zurückgeschickt, sondern es wurde eine Gutschrift von netto 800,00 € mit dem Lieferanten vereinbart.
Aus der ursprünglichen Buchung:
3010 Aufw. f. Waren
1410 Vorsteuer
an 1710 Verb. a. LL

wird die Korrekturbuchung:

Buchungssatz	Soll	Haben
1710 Verb. a. LL	952,00	
an 3060 Nachl. v. Lief.		800,00
an 1410 Vorsteuer		152,00

Skonto

Viele Unternehmen gewähren ihrer Kundschaft Skonto. Skonto ist ein besonderer Preisnachlass für vorzeitige Zahlung. Wenn beispielsweise ein Kunde regulär nach 30 Tagen seine Rechnung bezahlen muss, kann er sich bei Zahlung innerhalb einer bestimmten Frist einen bestimmten Prozentsatz vom Rechnungsbetrag abziehen (üblich ist, abhängig von der Branche, eine Frist von 7–60 Tagen mit Prozentsätzen von 1 % bis 3 %). Beim Buchen wird das Konto „3080 Lieferantenskonti" verwendet.

BEISPIEL

Die Fairtext GmbH bezahlt die Eingangsrechnung der Firma Kinke AG mit einem Rechnungsbetrag von 33.926,90 € nach zehn Tagen am 07.06.20.. unter Abzug von 2 % Skonto durch Banküberweisung (vgl. Einstieg).

Es wird wie folgt gebucht:

Buchungssatz	Soll	Haben
1710 Verb. a. LL	33.926,90	
an 3080 Lief.-Skonti		570,20
an 1410 Vorsteuer		108,34
an 1310 Bank		33.248,36

Rechenweg:

gesamter Skontoabzug: $33.926{,}90 \ € \cdot \frac{2}{100} = 678{,}54 \ €$ → Überweisungsbetrag: 33.926,90 € − 678,54 € = 33.248,36 €

Vorsteuerkorrektur: $678{,}54 \ € \cdot \frac{19}{119} = 108{,}34 \ €$ → Korr. Aufw. f. Waren: 678,54 € − 108,34 € = 570,20 €

Im Rahmen der Berücksichtigung des Skontoabzugs bei der Bezahlung der oben stehenden Lieferantenrechnung sind mehrere Korrekturbuchungen erforderlich. Folgendes ist zu beachten:

- Nach Bezahlung der Rechnung wird die Verbindlichkeit mit dem Gesamtbetrag im Soll gebucht, da sie durch die Zahlung vollständig erloschen ist.
- Der Überweisungsbetrag des Bankkontos ist um den Skontobetrag (2 %) reduziert zu berechnen.
- Der gesamte Skontoabzug ist ein Bruttobetrag. Er setzt sich zusammen aus dem
  - Nettoskontobetrag (hier 570,20 €) und
  - der Vorsteuerkorrektur (hier 108,34 €).

Besondere Buchungen bei Einkäufen im Industriebetrieb

Die besonderen Fälle im Einkauf entsprechen denen der Handelsbuchführung. Wegen der unterschiedlichen Arten der Werkstoffe werden zur genaueren Erfassung der Kosten lediglich tiefer gehend verschiedene Aufwandskonten für die Roh-, Hilfs- und Betriebsstoffe sowie die Vorprodukte/Fremderzeugnisse geführt. Entsprechend werden zu diesen gegebenenfalls entsprechende Unterkonten für die Spezialfälle gebildet.

Rücksendungen

Da eine Rücksendung nichts anderes als eine Umkehrung der Lieferung darstellt, wird auch buchhalterisch der Buchungssatz einfach mit einer Korrekturbuchung quasi „umgedreht". Die Bestände und Verbindlichkeiten verringern sich und die Vorsteuer muss auch korrigiert werden.

BEISPIEL

Die Hoffmann KG hat schon länger im Gegensatz zur Fairtext GmbH die Industriebuchführung eingeführt.

Sie hat vor Kurzem für 20.000 € netto Hilfsstoffe auf Rechnung eingekauft.

Der Buchungssatz lautete:

Aufwendungen für Hilfsstoffe	20.000,00	
Vorsteuer	380,00	
an Verbindlichkeiten		20.380,00

Da ein Teil der Hilfsstoffe Mängel aufweist, schickt die Hoffmann KG diesen Teil im Wert von 5.000,00 € an den Lieferanten zurück. Gebucht wird daraufhin:

Verbindlichkeiten	5.085,00	
an Aufwendungen für Ware		5.000,00
Vorsteuer		85,00

Rabatt als Preisnachlass

Normale Rabatte werden auch in der Industriebuchführung nicht gesondert gebucht. Der sich nach Abzug des Rabattes ergebende Preis wird gebucht.

BEISPIEL

Die Hoffmann KG bekommt eine Rechnung über den Bezug von 200 Fremdbauteilen. Angeboten wurden diese zu einem Stückpreis von 40,00 € netto mit der Klausel „ Bei einer Bestellung von mehr als 100 Stück gewähren wir einen Mengenrabatt von 30 %". Auf der Rechnung ist vom Lieferanten statt des Listeneinkaufspreises von 8.000,00 € daher der Bareinkaufspreis von 5.600 € als Netto-Rechnungsbetrag ausgewiesen.

Die Hoffmann KG bucht:

Aufwendungen für Vorprodukte/Fremderzeugnisse	5.600,00 €	
Vorsteuer	1.064,00 €	
an Verbindlichkeiten		6.664,00 €

Boni im Einkauf

Da noch nicht feststeht, ob man die Voraussetzungen für die Bonusgewährung erfüllt, muss zunächst der volle Einkaufspreis buchhalterisch erfasst werden. Erst zum Zeitpunkt einer bestimmten Umsatzhöhe kann der gewährte Bonus gebucht werden.

BEISPIEL

Die Hoffmann KG hat beim Lieferanten Stoppelmayer AG im laufenden Geschäftsjahr bis jetzt Rohstoffe im Wert von 600.000,00 € eingekauft. Mit der Stoppelmayer AG wurde bei den letzten Einkaufsverhandlungen vereinbart, dass bei Erreichen einer Umsatzhöhe von 500.000,00 € eine nachträgliche Umsatzrückvergütung (= Bonus) von 3 % erfolgen soll.

Während des laufenden Jahres hat die Hoffmann KG ganz normal die Einkäufe gebucht:

Aufwendungen für Rohstoffe	600.000,00 €	
Vorsteuer	114.000,00 €	
an Verbindlichkeiten		714.000,00 €

Nun erfolgt die Gewährung des Bonus und anschließend dessen Buchung:

Verbindlichkeiten	21.420,00 €	
an Nachlässe für Rohstoffe	18.000,00 €	
Vorsteuer		3.420,00 €

Das entsprechende Nachlasskonto wird am Ende des Geschäftsjahres über das jeweilige Aufwandskonto abgeschlossen.

BEISPIEL

Nachlässe für Rohstoffe	18.000,00 €	
an Aufwendungen für Rohstoffe		18.000,00 €

Skontobuchungen im Einkauf

Die Vorgehensweise, sich durch vorzeitige Zahlung einen Skontobetrag vom Rechnungsbetrag abziehen zu können, ist identisch mit den Abläufen beim Erreichen einer Umsatzrückvergütung (Bonus): Auch hier vermindert sich nachträglich der Einkaufspreis, wodurch es zu einer nachträglichen Korrektur der Vorsteuer kommt.

BEISPIEL

Die Hoffmann KG bezieht bei einem Wiesbadener Lieferanten Betriebsstoffe für 90.000,00 € netto. Im Kaufvertrag ist die Zahlungsbedingung „90 Tage Ziel, bei Zahlung innerhalb von zehn Tagen Abzug von 2 % Skonto" enthalten.

Nach Erhalt der Rechnung bucht die Hoffmann KG sofort:

Aufwendungen für Betriebsstoffe	90.000,00 €	
Vorsteuer	17.100,00 €	
an Verbindlichkeiten		107.100,00 €

Nach acht Tagen nimmt die Hoffmann KG die Überweisung der Schulden vor:

Verbindlichkeiten	107.100,00 €	
an Nachlässe für Betriebsstoffe		1.800,00 €
Vorsteuer		342,00 €

Auch hier erfolgt der Kontenabschluss des jeweiligen Nachlasskontos über das entsprechende Aufwandskonto.

BEISPIEL

Nachlässe für Betriebsstoffe	1.800,00 €	
an Aufwendungen für Betriebsstoffe		1.800 €

Bezugskosten

Aufgrund verschiedener gesetzlicher Vorschriften sind die auf der Einkaufsseite beschafften Werkstoffe in der Bilanz auf die Aktivseite zu Anschaffungskosten einzustellen. Die Anschaffungskosten (zum Bezugs- bzw. Einstandspreis) setzen sich zusammen

- aus dem eigentlichen Einkaufspreis (wird oft auch Anschaffungspreis genannt und gibt den reinen Warenwert wieder)
- und den Bezugskosten (werden oft auch als Anschaffungsnebenkosten bezeichnet).

Buchhalterisch wird der eigentliche Einkaufspreis zunächst auf dem Aufwandskonto für den jeweiligen Werkstoff erfasst. Aus Informationsgründen werden Bezugskosten auf einem entsprechenden Unterkonto „Bezugskosten für ..." gebucht. Am Ende des Geschäftsjahres schließt man diese Unterkonten über die jeweiligen Aufwandskonten für Werkstoffeinkäufe ab.

BEISPIEL

Ein Lieferant stellt der Hoffmann KG im September Hilfsstoffe im Wert von 20.000,00 € netto in Rechnung. Zusätzlich berechnet er noch 300,00 € netto Fracht und 50,00 € netto Verpackungskosten.

Die Hoffmann KG bucht im September:

Aufwendungen für Hilfsstoffe	20.000,00 €	
Bezugskosten für Hilfsstoffe	350,00 €	
Vorsteuer	3.866,50 €	
an Verbindlichkeiten		24.216,50 €

Am Jahresende wird in der Hoffmann KG das Bezugskostenkonto abgeschlossen:

	Betrag (€)	
Aufwendungen für Hilfsstoffe	Betrag (€)	
an Bezugskosten für Hilfsstoffe		Betrag (€)

Gutschriften

Oft bekommt ein Unternehmen vom Lieferanten eine Gutschrift. Dies kann zum Beispiel der Fall sein, wenn das kaufende dem verkaufenden Unternehmen eine Transportverpackung gegen Kostenerstattung zurückgibt.

BEISPIEL

Die Tom Hoss KG hat für den Bezug von Rohstoffen die folgende Rechnung bekommen.

Warenwert netto	20.000,00 €
+ Fracht	800,00 €
+ Verpackung (Paletten)	200,00 €
= Summe netto	21.000,00 €
+ 19 % Umsatzsteuer	3.990,00 €
= Rechnungsbetrag brutto	24.990,00 €

Die Tom Hoss KG bucht:

Rohstoffe		20.000,00	
Bezugskosten		800,00	
Verpackung		200,00	
Vorsteuer		3.990,00	
	an Verbindlichkeiten		24.990,00

Die Tom Hoss KG gibt die Verpackung zurück.
Gebucht wird nun:

Verbindlichkeiten		238,00	
	an Verpackung		200,00
	an Vorsteuer		38,00

Die Gutschrift für die zurückgegebene Verpackung wird *anschließend* auf dem Konto Verpackung im Haben gebucht. Es findet also im Nachhinein eine Korrekturbuchung statt. Die Steuer wird auf dem Konto Vorsteuer ebenfalls im Haben berichtigt. Diese Vorgehensweise nennt man **Bruttoverfahren.**

Möglich ist aber auch, die Gutschrift durch die Rückgabe des Verpackungsmaterials sowie die dadurch erforderliche Vorsteuerkorrektur *sofort* vorzunehmen. Dies ist das sogenannte **Nettoverfahren**.

Rohstoffe		20.000,00	
Bezugskosten		800,00	
Vorsteuer		3.952,00	
	an Verbindlichkeiten		24.952,00

Die Buchung des Verpackungsmaterials und die Gutschrift heben sich durch die Korrekturbuchung gegenseitig auf, sodass in diesem Fall auf dem Konto Verpackung keine Buchung ausgewiesen wird.

AUFGABEN

1. Die Firma BaBa GmbH hat der Fairtext GmbH zwei Tage nach der Bestellung vom 05 06.20.. 1 000 Herrenfreizeithemden zum Einzelpreis von 34,00 € geliefert. Auf den Gesamtpreis gewährt die Firma BaBa GmbH 15 % Rabatt. Es werden 110,00 € Fracht berechnet. Die Zahlungsbedingungen lauten: „Rechnungsbetrag zahlbar innerhalb von 20 Tagen netto. Bei Zahlung innerhalb von acht Tagen gewähren wir 2 % Skonto."
   a) Erstellen Sie die Rechnung vom 08.06.20.. der BaBa GmbH an die Fairtext GmbH auf Basis der angegebenen Daten. Fehlende Daten können frei ergänzt werden.
   b) Buchen Sie die Rechnung aus Sicht der Fairtext GmbH.
   c) Die Rechnung wird acht Tage später von der Fairtext GmbH mit Skontoabzug durch Banküberweisung bezahlt. Buchen Sie diesen Vorgang.
   d) Zwei Wochen nach Bezahlung der Rechnung stellt sich heraus, dass 20 Herrenfreizeithemden mangelhaft sind. Diese werden ohne Neulieferung zurückgeschickt. Die Firma BaBa GmbH erstellt eine entsprechende Gutschrift. Buchen Sie diesen Vorgang aus Sicht der Fairtext GmbH.
2. Es liegt folgender Buchungssatz mit einigen fehlenden Zahlen aus dem Grundbuch der Fairtext GmbH vor:

Buchungssatz	Soll	Haben
1710 Verb. a. LL	20.825,00	
an 3080 Lieferantenskonti		
an 1410 Vorsteuer		
an 1310 Bank		20.200,25

   a) Geben Sie an, welcher Geschäftsfall diesem Buchungssatz zugrunde liegt.
   b) Berechnen Sie den Skontosatz in Prozent.
   c) Ermitteln Sie die Höhe der Beträge, die im Haben auf den Konten 3080 und 1410 gebucht werden müssen.

3. Der Lieferant Pagro AG hat der Fairtext GmbH Damenlaufschuhe geliefert und Folgendes am 15.06.20.. in Rechnung gestellt:

Warenwert: 6.000,00 €

Umsatzsteuer: 1.140,00 €

Rechnungsbetrag: 7.140,00 €

Die Zahlungsbedingungen lauten: „Rechnungsbetrag zahlbar innerhalb von 21 Tagen netto. Bei Zahlung innerhalb von zehn Tagen gewähren wir 1,5 % Skonto."

Nachdem die Fairtext GmbH am 17.06.20.. 40 Damenlaufschuhe reklamiert hat, geht folgende Gutschrift am 18.06.20.. ein:

a) Erstellen Sie den Buchungssatz der Eingangsrechnung aus Sicht der Fairtext GmbH.

b) Erstellen Sie den Buchungssatz zur Buchung der Gutschrift aus Sicht der Fairtext GmbH.

c) Die Fairtext GmbH will die Rechnung am 25.06.20.. unter Berücksichtigung der Gutschrift und Skonto per Banküberweisung bezahlen. Geben Sie den Buchungssatz an.

4. Die Fairtext GmbH hat von der Tischlerei Schild eine Rechnung über die Reparatur der Eingangstür im Gesamtwert inkl. Umsatzsteuer von 1.190,00 € bekommen. Bei vorzeitiger Zahlung werden 2 % Skonto gewährt.

a) Buchen Sie die Eingangsrechnung.

b) Buchen Sie die vorzeitige Zahlung unter Berücksichtigung des Skontos.

5. Die Fairtext GmbH weist zu Beginn eines Geschäftsjahres folgende Anfangsbestände aus:

Abschlussangaben

- Warenendbestand lt. Inventur 73.600,00 €
- Alle weiteren Buchwerte entsprechen den Inventurwerten.

Weitere zu verwendende Konten:

1410 Vorsteuer, 2110 Zinsaufw., 3010 Wareneingang; 3020 Warenbezugskosten, 3050 Rücksendungen an Lieferanten, 3060 Nachlässe von Lieferanten, 3080 Lieferantenkonto, 4100 Mieten, 8010 Warenverkauf, 9100 EBK, 9300 GuV, 9400 SBK

Anfangsbestände	
Fuhrpark	152.000,00
BGA	188.000,00
Waren	78.500,00
Forderungen a. LL	84.500,00
Bank	46.000,00
Postbank	29.000,00
Kasse	4.320,00
Eigenkapital	?
Darlehen	132.800,00
Verbindlichkeiten a. LL	74.800,00
Umsatzsteuer	5.400,00

Geschäftsfälle

1. Einkauf von Waren auf Ziel, Listenpreis 16.000,00 €, gewährter Rabatt 10 %, berechnete Transportkosten durch den Lieferanten 600,00 €

2. Postbanküberweisung für die Zinsen eines Darlehens, 1.400,00 €, und die monatliche Miete für eine Lagerhalle, 550,00 €

3. Rechnungsverkauf von Waren, Bruttowert (inkl. 19 % USt) 21.896,00 €

4. Gutschrift nach Rücksendung von Waren, netto 5.200,00 €

5. Barverkauf von Waren, netto 2.800,00 €

6. Bezahlung einer Lieferantenrechnung unter Abzug von 3 % Skonto, Rechnungsbetrag 12.495,00 €

7. Banküberweisung der Zahllast, 5.400,00 €

8. Barkauf von Waren, brutto 3.570,00 €

9. Bezahlung einer Lieferantenrechnung unter Beachtung von 2 % Skonto durch Postbanküberweisung, Rechnungsbetrag 5.700,00 €

10. Zahlung einer Lieferantenrechnung durch Postbanküberweisung, Rechnungsbetrag 11.900,00 €, Skontoabzug 2 %

11. nachträgliche Mängelrüge, Lieferant erstellt Gutschrift, netto 2.000,00 €

Aufgaben

a) Erstellen Sie eine ordnungsgemäße Eröffnungsbilanz zum 01.01.20..

b) Erstellen Sie ein Eröffnungsbilanzkonto.

c) Eröffnen Sie die entsprechenden Bestandskonten.

d) Erstellen Sie ein Grundbuch und buchen Sie die oben stehenden Geschäftsfälle auf den entsprechenden Bestands- und Erfolgskonten in Grund- und Hauptbuch.

e) Schließen Sie die Konten ab und erstellen Sie eine ordnungsgemäße Schlussbilanz.

6. Entwickeln Sie insgesamt sechs mögliche Geschäftsfälle aus dem Geschäftsbereich der Fairtext GmbH zum Thema Bezugskosten, Rücksendungen und Preisnachlässe. Tauschen Sie diese Geschäftsfälle mit Ihrem Banknachbarn oder Ihrer Banknachbarin und stellen Sie dann die entsprechenden Buchungssätze auf.

7. Bei der Fairtext GmbH wurde eine Textilmaschine von der Firma Steiger KG repariert. Der Rechnungsbetrag beträgt insgesamt 1.368,50 €. Die Steiger KG gewährt 2 % Skonto bei Zahlung innerhalb von zehn Tagen (Zahlungsziel 30 Tage).

a) Bestimmen Sie den Skontobetrag.

b) Lohnt sich für die Fairtext GmbH der Skontoabzug bei vorzeitiger Zahlung? Begründen Sie dies indem Sie den effektiven Zinssatz des Skontoabzugs bestimmen.

c) Erstellen Sie die beiden Buchungssätze bei Rechnungseingang und bei Zahlung der Rechnung nach zehn Tagen durch Banküberweisung.

8. In der Hoffmann KG fallen verschiedene Buchungen auf der Einkaufsseite an.
Erstellen Sie die Buchungssätze.

a) Ein Lieferant stellt der Hoffmann KG im September Betriebsstoffe in Rechnung. Zusätzlich berechnet er noch 238,00 € brutto Fracht und 71,40 € brutto Verpackungskosten.

b) Am Jahresende wird das Bezugskostenkonto abgeschlossen. Dort befindet sich nur der Betrag aus Aufgabe a).

c) Ein Teil gerade gekaufter Rohstoffe wird zurückgeschickt, da Mängel in der Art vorliegen. Der Wert der Retouren beträgt 15.000,00 €.

d) Im Posteingang befindet sich eine Rechnung über den Bezug von 600 Fremdbauteilen. Angeboten wurden diese zu einem Stückpreis von 90,00 € netto mit der Klausel „Bei einer Bestellung von mehr als 100 Stück gewähren wir einen Mengenrabatt von 20 %". Auf der Rechnung ist vom Lieferanten statt des Listeneinkaufspreises von 54.000,00 € daher der Bareinkaufspreis von 43.200,00 € als Netto-Rechnungsbetrag ausgewiesen.

e) Bei einem Lieferanten wurden im laufenden Geschäftsjahr bis jetzt Hilfsstoffe im Wert von 856.800,00 € brutto eingekauft. Bei den letzten Einkaufsverhandlungen wurde verabredet, dass bei Erreichen einer Umsatzhöhe von 400.000,00 € eine nachträgliche Umsatzrückvergütung (= Bonus) von 4 % erfolgen soll.

f) Das entsprechende Nachlasskonto aus Aufgabe e) wird am Ende des Geschäftsjahres abgeschlossen. Dort wurde nur die Buchung aus Aufgabe e) bisher erfasst.

Buchhalterische Besonderheiten beim Einkauf

Bezugskosten

→ Anschaffungsnebenkosten müssen gesondert erfasst werden.

Konto Bezugskosten

3020 Warenbezugskosten

Beispiel Buchungssatz

3020 Warenbezugskosten

1410 Vorsteuer

an 4400 Verbindl. a. LL

Rücksendungen

→ Warenrücksendungen i. d. R. bei Entdeckung eines Mangels durch Kundinnen und Kunden

- bei Lieferung oder
- später (nach Rechnungseingang oder Bezahlung)

Konto Rücksendungen

3050 Rücksendungen an Lieferanten

Beispiel Buchungssatz

4400 Verbindl. a. LL

an 3050 Rücks. an Lieferanten

an 1410 Vorsteuer

Preisnachlässe

Rabatte

→ werden buchhalterisch nicht erfasst

Nachlass von Lieferanten

→ häufig nach Mängelrüge durch Lieferanten gewährt

Konto Nachlass

3060 Nachlass von Lieferanten

Boni

→ nachträglicher Preisnachlass i. d. R. am Jahresende

Konto Boni

3070 Lieferantenboni

Skonto

→ Preisnachlass für vorzeitige Zahlung

→ Skontoabzug besteht aus

– Nettoskontobetrag und

– Vorsteuerkorrektur

Konto Skonti

3080 Lieferantenskonti

Beispiel Buchungssatz

4400 Verbindl. a. LL

an 3080 Lieferantenskonti

an 1410 Vorsteuer

an 2800 Bank

8.10 Buchhalterische Besonderheiten beim Verkauf von Waren

Anne Schulte und Sebastian Holpert haben die nachfolgende Verkaufsrechnung vom 24. Juni an die Firma Beckermann Moden aus Duisburg vor sich liegen.

Das Kundenunternehmen reklamiert die Damenbluse Modell „Julia" nach Erstellung der Rechnung, da diese aufgrund des Transports mehrere Beschädigungen haben. Die Fairtext GmbH holt diese Blusen daraufhin am 26. Juni wieder ab. Es erfolgt eine entsprechende Gutschrift am selben Tag.

Im weiteren Verlauf zahlt die Firma Beckermann Moden die Rechnung am 2. Juli unter Berücksichtigung der Rücksendung und des Skontoabzugs.

fairtext GmbH
Textilgroßhandlung

Telefon: 069 4155-0
Telefax: 069 4155-10
Internet: www.fairtext-wvd.de
E-Mail: vosges@fairtext-wvd.de

Fairtext GmbH · Walsroder Str. 6 a · 30625
60313 Frankfurt am Main
Beckermann Moden
Im Feld 48
47228 Duisburg

Kunden-Nr.:	10607
Lieferdatum:	22.06.20..
Bestelldatum:	14.06.20..
Sachbearbeiter/-in:	Nadine Vosges
Rechnungs-Nr.:	3268
Rechnungsdatum:	24.06.20..

Rechnung

Pos.	Artikel-Nr.	Artikelbezeichnung	Menge und Einheit	Einzelpreis	Gesamtpreis
1	18201	Herrenfreizeithemd, Modell „City"	50 Stück	35,00 €	2.100,00 €
2	18202	Herrenblazer, Modell „Star"	100 Stück	44,00 €	4.400,00 €
3	19202	Damenbluse, Modell „Julia"	50 Stück	30,00 €	1.500,00 €
Gesamtpreis					8.000,00 €
Rabatt				15%	1.200,00 €
Warenwert					6.800,00 €
+ Fracht					300,00 €
= Zwischensumme					7.100,00 €
Umsatzsteuer				19%	1.349,00 €
Rechnungsbetrag					8.449,00 €

Rechnungsbetrag zahlbar innerhalb von 8 Tagen nach Rechnungseingang mit 2% Skonto oder nach 30 Tagen netto.

Anne und Sebastian bekommen den Auftrag, alle Vorgänge an den verschiedenen Tagen zu buchen.

1. Erläutern Sie, wie in Ihrem Unternehmen auf Reklamationen reagiert wird.
2. Nennen Sie die Buchungen, die bei der Zahlung von Kundinnen und Kunden allgemein zu berücksichtigen sind.

Vertriebskosten

Beim Verkauf von Waren fallen häufig Vertriebskosten an. Zu den Vertriebskosten gehören unter anderem:

- Transportkosten,
- Verpackungsmaterial,
- Provisionen.

Häufig werden Waren „ab Werk" verkauft. Somit trägt der Käufer die Transportkosten. Wenn der Verkäufer den Transport übernimmt (entweder mit eigenen Fahrzeugen oder mittels Frachtführer), kann er dem Kunden oder der Kundin dies in Rechnung stellen. Nicht selten kommen noch Verpackungskosten hinzu. Auch Provisionen werden manchmal weiterbelastet. Diese Vertriebskosten sind buchhalterisch im Verkauf dem Kunden/der Kundin direkt als Warenverkauf zu berechnen, weil es ein Verrechnungsverbot für Erträge und Aufwendungen gibt (vgl. § 246 Abs. 2 HGB).

BEISPIEL

Die Fairtext GmbH berechnet der Firma Beckermann Moden neben dem Warenwert (abzüglich 15 % Rabatt) von 6.800,00 € auch Frachtkosten von 300,00 €. (siehe Einstieg).
Daraus ergibt sich folgender Buchungssatz:

Buchungssatz	Soll	Haben
1010 Ford. a. LL	8.449,00	
an 8010 Warenverkauf		7.100,00
an 1810 USt		1.349,00

Die Frachtkosten werden zum ursprünglichen Warenwert addiert.

Die Vertriebskosten entstehen meist vor oder während der Rechnungserstellung an die Kundschaft. Diese Kosten müssen vom Unternehmen als Aufwand gebucht werden.

BEISPIEL

Die Fairtext GmbH hat eine Eingangsrechnung von der Spedition Müller für die nach Duisburg gelieferten Waren erhalten.

Buchungssatz	Soll	Haben
4620 Ausgangsfrachten	300,00	
1410 Vorsteuer	57,00	
an 1710 Verb. a. LL		357,00

Rücksendungen

Während des Verkaufsprozesses kann es zu Rücksendungen durch Kundinnen und Kunden kommen. Zum einen können dies Rücksendungen von Verpackungsmaterialien sein. Dadurch wird nachträglich das Konto „8010 Warenverkauf" vermindert. Zum anderen kann es bei der Lieferung von Waren zu Mängeln kommen. Diese werden entsprechend reklamiert, wobei Reklamationsfristen zu beachten sind.

Analog zum Einkauf gilt:

- **Kunde/Kundin reklamiert bei Lieferung.**
  Wird die Ware erst gar nicht angenommen, wird dies bei Rechnungsstellung direkt berücksichtigt (keine Korrekturbuchung notwendig).

- **Kunde/Kundin reklamiert nach der Lieferung.**
  Korrekturbuchungen sind nach Rechnungsstellung erforderlich.

Erhält ein Unternehmen Rücksendungen von Kunden/Kundinnen, muss die ursprüngliche Buchung umgekehrt werden.

Ursprüngliche Buchung	Korrekturbuchung
1010 Forderungen a. LL	8050 Rücksendungen von Kunden
an 8010 Warenverkauf	1810 Umsatzsteuer
an 1810 Umsatzsteuer	an 1010 Forderungen a. LL

BEISPIEL

Die von der Fairtext GmbH gelieferten 50 Damenblusen Modell „Julia" wurden bei der Firma Beckermann Moden abgeholt. Die Fairtext GmbH hat nachfolgende Gutschrift an die Firma Beckermann Moden geschickt:

Daraus ergibt sich folgender Buchungssatz:

Buchungssatz	Soll	Haben
8050 Rücksendungen von Kunden	1.275,00	
1810 Umsatzsteuer	242,25	
an 1010 Forderungen a. LL		1.517,25

Das Konto „8050 Rücksendungen" wird am Geschäftsjahresende über das Konto „8010 Warenverkauf" abgeschlossen.

Preisnachlässe

Rabatte und Kundenboni

Preisnachlässe werden nicht nur seitens der Lieferanten gewährt. Auch im Verkauf gibt es Preisnachlässe, die vorab bereits vom Verkäufer in der Preiskalkulation berücksichtigt werden.

Rabatte sind Preisnachlässe auf den Listenpreis. Berücksichtigt werden Rabatte bei der Preiskalkulation und direkt vom Gesamtpreis abgezogen. In der Buchhaltung werden Rabatte nicht erfasst.

> **BEISPIEL**
>
> Die Fairtext GmbH hat dem Kundenunternehmen Beckermann Moden auf den Warenwert von 8.000,00 € einen Rabatt von 15 % gewährt (1.200,00 €). Der (Netto-)Warenwert beträgt somit 6.800,00 €.

Es gibt auch noch nachträglich gewährte Nachlässe an Kundinnen und Kunden. Dazu gehören etwa Kundenboni oder **Nachlässe** aus nachträglich reklamierten Lieferungen. Die Buchungen erfolgen hier wie bei eingegangenen Rücksendungen als Korrekturbuchungen.

Kundenboni werden auf dem Konto „8070 Kundenboni" und Nachlässe auf dem Konto „8060 Nachlässe" erfasst. Beide Konten sind Unterkonten des Kontos „8010 Warenverkauf" und werden über dieses Konto am Geschäftsjahresende abgeschlossen.

> **BEISPIEL** Nachträgliche Mängelrüge des Kunden
>
> Nachdem ein Kundnunternehmen bei der Fairtext GmbH bezahlt hat, stellt dieses fest, dass mehrere Produkte mit einem leichten Produktionsfehler geliefert wurden. Die Produkte werden nicht zurückgeschickt, sondern es wird eine Gutschrift von netto 400,00 € mit der Fairtext GmbH vereinbart.
>
> Aus der ursprünglichen Buchung
> 1010 Forderungen a. LL
> an 8010 Warenverkauf
> an 1810 Umsatzsteuer
> wird die Korrekturbuchung:
>
> | Buchungssatz | Soll | Haben |
> |---|---|---|
> | 8060 Nachlässe an Kunden | 400,00 | |
> | 1810 Umsatzst. | 76,00 | |
> | an 1010 Ford. a. LL | | 476,00 |
>
> Am Jahresende wird das Konto „8060 Nachlässe an Kunden" durch den Buchungssatz
>   8010 Warenverkauf
>   an 8060 Nachlässe an Kunden
> abgeschlossen.

Skonto

Häufig gewährt der Verkäufer seinen Kundinnen und Kunden Skonto bei vorzeitiger Zahlung vor dem eigentlichen Zahlungsziel. Üblich sind Prozentsätze zwischen 1 % bis 3 %. Bei Bezahlung der Rechnung durch Kundinnen und Kunden werden neben den Skontoabzügen meist auch Gutschriften berücksichtigt. Auch Kundenskonti werden auf einem eigenen Konto, dem Konto „8080 Kundenskonti", erfasst.

> **BEISPIEL**
>
> Die Fairtext GmbH hat dem Kundenunternehmen Beckermann Moden eine Rechnung vom 24. Juni mit dem Rechnungsbetrag über 8.449,00 € sowie eine Gutschrift zwei Tage später mit dem Betrag von 1.517,25 € erstellt und gesendet.

Es wurde ein Zahlungsziel von 30 Tagen gewährt. Die Firma Beckermann Moden bezahlt die Rechnung bereits nach acht Tagen am 2. Juli unter Abzug von 2 % Skonto durch Banküberweisung.

Es wird wie folgt gebucht:

Buchungssatz	Soll	Haben
1310 Bank	6.793,11	
8080 Kundenskonti	116,50	6.931,75
1810 Umsatzst.	22,14	
an 1010 Ford. a. LL		

Rechenweg:

Ermittlung des Forderungsbetrags:

8.449,00 € – 1.517,25 € = 6.931,75 €

gesamter Skontoabzug: $6.931,75 \ € \cdot \frac{2}{100} = 138,64 \ €$

→ Überweisungsbetrag: 6.842,50 € – 138,64 € = 6.793,11 €

Vorsteuerkorrektur:

$138,64 \ € \cdot \frac{19}{119} = 22,14 \ €$ → Korr. Aufw. f. Waren: 138,64 € – 22,14 € = 116,50 €

Am Ende des Geschäftsjahres wird das Konto „8080 Kundenskonti" wie folgt abgeschlossen:

```
S            8010 Warenverkauf            H

...              ...  | ...                    ...
1010 Ford. a. LL  1.275,00 | 1010 Ford. a. LL   7.100,00
8080 Kunden-       116,50  |
  skonti                   |


S            8080 Kundenskonti            H

1010 Ford. a. LL  116,50 | 8010 Warenverkauf  116,50
```

Der Buchungssatz dazu lautet:

8010 Warenverkauf

an 8080 Kundenskonti

Bei der Berücksichtigung des Skontoabzugs bei der Bezahlung der oben stehenden Kundenrechnung sind mehrere Korrekturbuchungen erforderlich. Folgendes ist zu beachten:

- Nach Bezahlung der Rechnung wird die Forderung mit dem Gesamtbetrag im Soll gebucht.
- Der Überweisungsbetrag des Bankkontos ist um den Skontosatz (2 %) reduziert zu berechnen.
- Der gesamte Skontoabzug setzt sich zusammen aus dem
  - Nettoskontobetrag (hier 116,50 €) und
  - der Umsatzsteuerkorrektur (hier 22,14 €).

Spezialfälle beim Verkauf von Erzeugnissen in Industrieunternehmen

Auch auf der Absatzseite des Industrieunternehmens entsprechen die Buchungen für die speziellen Fälle im Zusammenhang mit dem Verkauf von Erzeugnissen prinzipiell denen der Handelsbuchführung.

Rücksendungen

Schicken Kundenunternehmen Fertigerzeugnisse an das Lieferunternehmen zurück, muss die ursprüngliche Buchung der Umsatzerlöse korrigiert werden. Durch die Rücksendung kommt es zu einer Erlösschmälerung, die in Form einer Stornobuchung erfasst werden muss.

BEISPIEL

Die Hoffmann KG hatte ursprünglich an ein Kundenunternehmen eigene Erzeugnisse auf Ziel mit einem Nettowert von 40.000,00 € verkauft.

Gebucht wurde:

Forderungen	47.600,00 €	
an Umsatzerlöse		40.000,00 €
Umsatzsteuer		7.600,00 €

Einige Zeit später schickt das Kundenunternehmen einen Teil der Lieferung im Rahmen einer Mängelrüge an die Hoffmann KG zurück. Der Wert der zurückgeschickten Erzeugnisse beträgt netto 6.000,00 €.
Es erfolgt daraufhin folgende Rückbuchung:

Umsatzerlöse	6.000,00 €	
Umsatzsteuer	1.140,00 €	
an Forderungen		7.140,00

Rabatte auf der Verkaufsseite

Bei Rabatten auf der Verkaufsseite eines Unternehmens gilt die gleiche Regelung wie auf der Einkaufsseite: Sofortrabatte werden nicht gebucht.

BEISPIEL

Die Hoffmann KG hat einem Kundenunternehmen eigene Erzeugnisse für 60,00 € je Stück netto auf Ziel angeboten. Das Angebot enthielt die Lieferungsbedingungen „Bei Abnahme von über 200 Stück gewähren wir einen Mengenrabatt von 30 %". Das Kundenunternehmen bestellt daraufhin 400 Stück.

Normalerweise hätten vom Kundenunternehmen 24.000,00 € netto für den reinen Warenwert gefordert werden müssen. Da er mit 400 Stück aber den 30-prozentigen Mengenrabatt in Anspruch nehmen kann, wird ihm in der Ausgangsrechnung ein Bruttorechnungsbetrag von 19.992,00 € in Rechnung gestellt. Dieser setzt sich zusammen aus dem Nettowarenwert von 16.800,00 € und der Umsatzsteuer in Höhe von 3.192,00 €.

Gebucht wird also:

Forderungen	19.992,00 €	
an Umsatzerlöse		16.800,00 €
Umsatzsteuer		3.192,00 €

Skontobuchung auf der Verkaufsseite

Nimmt ein Kunde oder eine Kundin den angebotenen Abzug eines Skontobetrages wegen einer vorzeitigen Überweisung des Rechnungsbetrages in Anspruch, zahlt er/sie letztlich nicht den beim Verkauf ursprünglich gebuchten Rechnungsbetrag. Da es im Nachhinein dadurch zu einer Erlösschmälerung kommt, muss eine Korrekturbuchung erfolgen. Diese erfolgt über ein Erlösberichtigungskonto, das zum Ende des Jahres wieder über das Umsatzerlöskonto abgeschlossen wird. Zusätzlich ist zu beachten, dass sich dadurch auch die Bemessungsgrundlage der Umsatzsteuer nachträglich ändert.

BEISPIEL

Die Hoffmann KG verkaufte eigene Erzeugnisse zum Nettowert von 70.000,00 €. Gebucht wurde daraufhin:

Forderungen	83.300,00 €	
an Umsatzerlöse		70.000,00 €
an Umsatzsteuer		13.300,00 €

Im Angebot vereinbart war die Zahlungsbedingung „90 Tage Ziel, bei Zahlung innerhalb von zehn Tagen Abzug von 2 % Skonto". Nach fünf Tagen geht auf dem Bankkonto der Hoffmann KG der um 2 % Skonto verminderte Rechnungsbetrag ein. Es erfolgt die folgende Buchung:

Bank	81.634,00 €	
Erlösberichtigung	1.400,00 €	
Umsatzsteuer	266,00 €	
an Forderungen		83.300,00 €

Am Ende des Geschäftsjahres schließt die Hoffmann KG das Erlösberichtigungskonto über das Umsatzerlöskonto ab:

Umsatzerlöse	1.400,00 €	
an Erlösberichtigung		1.400,00 €

Buchung einer Umsatzrückvergütung auf der Verkaufsseite

Wird auf der Verkaufsseite eines Industrieunternehmens einem Kundenunternehmen eine Umsatzrückvergütung (Bonus) gewährt, liegt eine nachträgliche Erlösschmälerung vor. Diese wird zunächst auf dem Konto Erlösberichtigungen erfasst, das zum Jahresende wieder über das Konto Umsatzerlöse abgeschlossen wird. Beachtet werden muss, dass auch hier die Umsatzsteuer zu korrigieren ist.

BEISPIEL

Ein Kundnunternehmen der Hoffmann KG hat mittlerweile eine verabredete Umsatzhöhe von 300.000,00 € im Geschäftsjahr überschritten, ab der die Regelung einer fünfprozentigen Umsatzrückvergütung gelten soll: Es hat im laufenden Jahr momentan schon einen Umsatz von netto 450.000,00 € erzielt.

Die Hoffmann KG überweist per Banküberweisung einen entsprechenden Bonus. Gebucht wird daraufhin:

Erlösberichtigung	22.500,00 €	
Umsatzsteuer	4.275,00 €	
an Bank (Guthaben bei Kreditinstituten)		26.775,00 €

Am Ende des Geschäftsjahres schließt die Hoffmann KG das Erlösberichtigungskonto über das Umsatzerlöskonto ab:

Umsatzerlöse	22.500,00 €	
an Erlösberichtigung		22.500,00 €

Versand- und Verpackungskosten auf der Verkaufsseite

Fallen beim Verkauf von Fertigerzeugnissen Kosten für den Transport der Ware zum Kunden/zur Kundin oder Kosten für Verpackungsmaterial an, muss dies auf dem entsprechenden Aufwandskonto gebucht werden. Solche Aufwendungen werden auf den Konten

- Frachten und Fremdlager sowie
- Aufwendungen für Verpackungsmaterial

gebucht.

BEISPIEL

Die Hoffmann KG verkauft Erzeugnisse an die Lottermann OHG zu einem Bruttorechnungsbetrag von 53.550,00 € „frei Haus".
Gebucht wird:

Forderungen	53.550,00 €	
an Umsatzerlöse		45.000,00 €
an Umsatzsteuer		8.550,00 €

Im Zuge dieses Verkaufs muss sie Fracht und Rollgeld für 300,00 € netto bar entrichten sowie Verpackungsmaterial im Wert von 100,00 € netto per Banküberweisung bezahlen. Die Hoffmann KG bucht daraufhin:

Frachten und Fremdlager	300,00 €	
Vorsteuer	57,00 €	
an Kasse		357,00 €
Aufwendungen für Verpackungsmaterial	100,00 €	
Vorsteuer	19,00 €	
an Bank		91,00 €

AUFGABEN

1. Die Fairtext GmbH hat der Firma STOLCO eG (Kunden-Nr. 10004) zwei Tage nach der Bestellung vom 25.06.20.. 40 Multifunktionsjacken (Art.-Nr. 2200010) zum Einzelpreis von 60,00 € und 30 Klima-Aktiv-Jacken (Art.-Nr. 5500046) zum Einzelpreis von 90,00 € geliefert. Auf den Gesamtpreis gewährt die Fairtext GmbH der STOLCO eG 20 % Rabatt. Es werden 220,00 € Fracht (Nettopreis) berechnet. Die Zahlungsbedingungen lauten: „Rechnungsbetrag zahlbar innerhalb von 30 Tagen netto. Bei Zahlung innerhalb von zehn Tagen gewähren wir 2 % Skonto."
   a) Erstellen Sie die Rechnung vom 27.06.20.. der Fairtext GmbH an die Firma STOLCO eG auf Basis der angegebenen Daten. Fehlende Daten können frei ergänzt werden.
   b) Buchen Sie die Rechnung aus Sicht der Fairtext GmbH.
   c) Die Fairtext GmbH erhält die Rechnung vom Spediteur über 220,00 €. Buchen Sie diese Eingangsrechnung.
   d) Die Rechnung wird zehn Tage später von der STOLCO eG mit Skontoabzug durch Banküberweisung bezahlt. Buchen Sie diesen Vorgang.
   e) Zwei Wochen nach Bezahlung der Rechnung stellt sich heraus, dass zehn Multifunktionsjacken einen Produktionsfehler aufweisen. Diese werden ohne Neulieferung zurückgeschickt. Die Fairtext GmbH erstellt eine entsprechende Gutschrift. Buchen Sie diesen Vorgang aus Sicht der Fairtext GmbH.
2. Es liegt folgender Buchungssatz mit einigen fehlenden Zahlen aus dem Grundbuch der Fairtext GmbH vor:

Buchungssatz	Soll	Haben
1310 Bank	16.939,65	
8080 Kundenskonti		17.374,00
1810 Umsatzsteuer		
an 1010 Ford. a. LL		

a) Geben Sie an, welcher Geschäftsfall diesem Buchungssatz zugrunde liegt.

b) Berechnen Sie den Skontosatz in Prozent.

c) Ermitteln Sie die Höhe der Beträge, die im Soll auf den Konten „8080 Kundenskonti" und „1810 Umsatzsteuer" gebucht werden müssen.

3. Die Fairtext GmbH hat der Franz Stallmann Fashion OHG 100 Damenpullover „Elle" geliefert und Folgendes am 28.06.20.. in Rechnung gestellt:

Warenwert:	2.250,00 €
Umsatzsteuer:	427,50 €
Rechnungsbetrag:	2.677,50 €

Die Zahlungsbedingungen lauten: „Rechnungsbetrag zahlbar innerhalb von 30 Tagen netto. Bei Zahlung innerhalb von 10 Tagen gewähren wir 2 % Skonto".

Nachdem die Stallmann OHG am 01.07.20.. 20 Damenpullover reklamiert hat und die Damenpullover zurückgegangen sind, erstellt die Fairtext GmbH die folgende Gutschrift.

a) Erstellen Sie den Buchungssatz der Ausgangsrechnung aus Sicht der Fairtext GmbH.

b) Erstellen Sie den Buchungssatz zur Buchung der Gutschrift aus Sicht der Fairtext GmbH.

c) Die Stallmann OHG bezahlt die Rechnung am 08.07.20.. unter Berücksichtigung der Gutschrift und des Skontos per Banküberweisung. Erstellen Sie den Buchungssatz.

4. Die Fairtext GmbH hat mit dem Kundenunternehmen Guttex GmbH vereinbart, dass dieser sich bei Abholung und Barzahlung von bestellten Textilien 3 % Skonto abziehen darf. Am 15.07.20.. holt die Guttex GmbH Textilien im Warenwert (netto) von 4.200,00 €. Buchen Sie den Vorgang.

5. Die Fairtext GmbH weist zu Beginn eines Geschäftsjahres folgende Anfangsbestände aus:

Anfangsbestände	
Fuhrpark	233.000,00
BGA	145.000,00
Waren	112.000,00
Forderungen a. LL	97.800,00
Bank	34.700,00
Postbank	33.200,00
Kasse	7.600,00
Eigenkapital	?
Darlehen	157.600,00
Verbindlichkeiten a. LL	66.400,00
Umsatzsteuer	6.800,00

Abschlussangaben

- Warenendbestand lt. Inventur 99.700,00 €
- Alle weiteren Buchwerte entsprechen den Inventurwerten.

Weitere zu verwendende Konten:

1410 Vorsteuer, 2110 Zinsaufwendungen, 3010 Wareneingang, 3020 Warenbezugskosten, 3050 Rücksendungen an Lieferanten, 3060 Nachlässe von Lieferanten, 3080 Lieferantenskonti, 4100 Mieten, 8010 Warenverkauf, 8060 Nachlässe an Kunden, 8080 Kundenskonti, 9100 EBK, 9300 GuV, 9400 SBK

Geschäftsfälle

1. Kunde zahlt Rechnung durch Banküberweisung
   Rechnungsbetrag   6.188,00 €
   Skontoabzug   2 %
2. Einkauf von Waren auf Ziel, Listenpreis 7.400,00 €, gewährter Rabatt 15 %, berechnete Transportkosten durch den Lieferanten 310,00 € netto
3. Kontoauszug der Postbank: Überweisung der Zinsen eines Darlehens, 800,00 €, und die monatliche Miete für ein Büro, 950,00 €
4. Rechnungsverkauf von Waren, Bruttowert (inkl. 19 % USt) 17.493,00 €
5. Gutschrift vom Lieferanten nach Rücksendung von Waren, netto 5.200,00 €
6. Barverkauf von Waren, netto 6.200,00 €. Es wird ein Skontosatz von 2,5 % gewährt.
7. Bezahlung einer Lieferantenrechnung unter Abzug von 3 % Skonto, Rechnungsbetrag 5.900,00 €
8. Banküberweisung der Zahllast, 6.800,00 €
9. Kunde überweist die Rechnung aus Fall 4 unter Abzug von 2 % Skonto.
10. Barkauf von Waren, brutto 1.785,00 €. Der Lieferant gewährt bei Barzahlung 2 % Skonto.
11. Die Fairtext GmbH bezahlt eine Lieferantenrechnung unter Beachtung von 1,5 % Skonto durch Postbanküberweisung, Rechnungsbetrag 9.282,00 €.
12. Zahlung einer Lieferantenrechnung durch Banküberweisung, Rechnungsbetrag 3.094,00 €, Skontoabzug 2 %
13. Nachträgliche Mängelrüge, Lieferant erstellt Gutschrift, netto 2.000,00 €
14. Nachträgliche Mängelrüge durch den Kunden. Die Fairtext GmbH erstellt eine Gutschrift, netto 850,00 €.

Aufgaben

a) Erstellen Sie eine ordnungsgemäße Eröffnungsbilanz zum 01.01.20..
b) Erstellen Sie ein Eröffnungsbilanzkonto.
c) Eröffnen Sie die entsprechenden Bestandskonten.
d) Erstellen Sie ein Grundbuch und buchen Sie die oben stehenden Geschäftsfälle auf den entsprechenden Bestands- und Erfolgskonten in Grund- und Hauptbuch.
e) Schließen Sie die Konten ab und erstellen Sie eine ordnungsgemäße Schlussbilanz.

6. In der Hoffmann KG fallen verschiedene Buchungen auf der Verkaufsseite an.
Erstellen Sie die Buchungssätze.

a) Im Rahmen eines Geschäfts mit einem Kundenunternehmen fallen Fracht und Rollgeld für 714,00 € brutto und Aufwendungen für Verpackungsmaterial Wert von 50,00 € netto an. Beides wird per Banküberweisung bezahlt.

b) Ein Kunde hat im laufenden Jahr momentan schon einen Umsatz von brutto 476.000,00 € erzielt. Per Banküberweisung wird ihm ein Bonus von 3 % überwiesen.

c) Eine Kundin schickt einen Teil der Lieferung eigener Erzeugnisse im Rahmen einer Mängelrüge an die Hoffmann KG zurück. Der Bruttowert der zurückgeschickten Erzeugnisse beträgt 10.710,00 €.

d) Die Hoffmann KG verkaufte einem Kundenunternehmen eigene Erzeugnisse zum Rechnungsbetrag von 89.250,00 €. Im Angebot vereinbart war die Zahlungsbedingung „60 Tage Ziel, bei Zahlung innerhalb von 15 Tagen Abzug von 2 % Skonto". Nach vier Tagen geht auf dem Bankkonto der um 2 % Skonto verminderte Rechnungsbetrag ein.

e) Einem Kunden wurde ein Angebot gemacht für einen Bruttoverkaufspreis von 91,40 € pro Stück. Das Angebot enthielt die Lieferungsbedingung „Bei Abnahme von über 100 Stück gewähren wir einen Mengenrabatt von 220 %". Der Kunde bestellt daraufhin 200 Stück.

f) Am Ende des Geschäftsjahres wird das Erlösberichtigungskonto über das Umsatzerlöskonto abgeschlossen. Auf diesem Konto befinden sich nur die Buchungen aus den Aufgaben b) und d).

7. Entwickeln Sie insgesamt sechs mögliche Geschäftsfälle aus dem Verkauf von Waren der Fairtext GmbH zum Thema Transport- und Verpackungskosten, Rücksendungen und Kundenskonto. Tauschen Sie diese Geschäftsfälle mit Ihrer Banknachbarin oder Ihrem Banknachbarn und stellen Sie dann die entsprechenden Buchungssätze auf.

ZUSAMMENFASSUNG

Buchhalterische Besonderheiten beim Verkauf

Vertriebskosten

- Transportkosten
- Verpackungsmaterial
- Provisionen

werden direkt als Warenverkauf für Waren gebucht.

Beispiel Buchungssatz

1010 Forderungen a. LL
an 8010 Warenverkauf
an 1810 Umsatzsteuer

Rücksendungen

→ Warenrücksendungen i. d. R. bei Entdeckung eines Mangels durch Kundinnen/Kunden

- bei Lieferung an Kunden oder
- später (nach Rechnungsausgang oder Bezahlung)

Korrekturbuchung notwendig

Beispiel Buchungssatz

8050 Rücks. v. Kunden
1810 Umsatzsteuer
an 1010 Forderungen a. LL

Preisnachlässe

Rabatte

→ werden buchhalterisch nicht erfasst

Boni

→ nachträglicher Preisnachlass i. d. R. am Jahresende

Skonto

Kundenskonto über das Konto 8080 Kundenskonti

Beispiel Buchungssatz

1310 Bank
8080 Kundenskonti
1810 Umsatzsteuer
an 1010 Forderungen a. LL

„8080 Kundenskonti" wird über das Konto „8010 Warenverkauf" abgeschlossen.

8.11 Privatbuchungen

Silke Bachmann ist Kundin der Fairtext GmbH. Sie betreibt ihr Unternehmen in der Rechtsform des Einzelunternehmens. Es handelt sich hierbei um eine Damenboutique.

Damit Frau Bachmann ihren Lebensunterhalt bestreiten kann, entnimmt sie wöchentlich vom betrieblichen Bankkonto 500,00 €, indem sie das Geld auf ihr privates Bankkonto überweist.

Simone Seifert ist Auszubildende im ersten Lehrjahr bei Silke Bachmann und ist mit der Buchung des folgenden Belegs für die Privatentnahme beauftragt.

Eigenbeleg	Nr. 1
Empfänger: *Silke Bachmann*	**Betrag in €:** *500,00 €*
Verwendungszweck: *monatliche Privatentnahme*	
Ort, Datum: *Essen, 6. Juni 20..*	**Unterschrift:** *S. Bachmann*

1. Erläutern Sie, warum die Buchung der Privatentnahme erforderlich ist.
2. Geben Sie an, ob sich die Privatentnahme auf den Gewinn auswirken darf.
3. Geben Sie den Buchungssatz für die Privatentnahme an.

Ein Unternehmer betreibt sein Unternehmen, um Geld zu verdienen. Von dem erwirtschafteten Geld bestreitet der Unternehmer seinen privaten Lebensunterhalt. Somit ist es üblich, dass privat veranlasste Sachverhalte stattfinden. Da sich die privat veranlassten Geschäftsfälle auf die Vermögenssphäre (das Eigenkapital) des Unternehmens auswirken, ist es notwendig die Sachverhalte in der Buchführung zu erfassen.

Eine Erfassung von privat veranlassten Sachverhalten erfolgt in Personengesellschaften (KG, OHG, GmbH & Co. KG, GbR) und bei Einzelunternehmen. Bei Kapitalgesellschaften (insb. GmbH, UG, AG) existiert kein privater Bereich, da Kapitalgesellschaften eigenständige juristische Personen sind. Die Angestellten der Kapitalgesellschaft erhalten von der Gesellschaft Arbeitslohn.

MERKSATZ

Bei Einzelunternehmen und Personengesellschaften sind private Vorgänge buchhalterisch zu erfassen.
Kapitalgesellschaften sind eigenständige juristische Personen. Sie haben keinen Privatbereich. Eine Erfassung privater Vorgänge unterbleibt daher.

Bei privat veranlassten Sachverhalten wird in zwei Arten unterschieden:

Privatentnahmen

Im Einkommensteuergesetz § 4 Abs. 1 S. 2 ist der Begriff „Entnahmen" wie folgt definiert:

DEFINITION

Entnahmen sind alle Wirtschaftsgüter (Barentnahmen, Waren, Erzeugnisse, Nutzungen und Leistungen), die der Steuerpflichtige dem Betrieb für sich, für seinen Haushalt oder für andere betriebsfremde Zwecke im Laufe des Wirtschaftsjahres entnommen hat.

Aus dieser Definition ergeben sich vier verschiedene Arten von Entnahmen:

- Geldentnahmen,
- Sachentnahmen,
- Nutzungsentnahmen,
- Leistungsentnahmen.

Geldentnahmen

Geldentnahmen stellen den häufigsten Fall der Entnahme dar. Es ist üblich, dass der Unternehmer/ die Unternehmerin seinem/ihrem Unternehmen Geld entnimmt, um damit seinen/ihren Lebensunterhalt zu bestreiten. Geldentnahmen können als Barentnahme aus der Kasse des Unternehmens erfolgen.

BEISPIEL

Frau Bachmann entnimmt der Kasse 500,00 €, um ihre privaten Einkäufe zu bezahlen.

Eine weitere Form der Geldentnahme ist die Überweisung vom betrieblichen Bankkonto

BEISPIEL

Frau Bachmann überweist vom betrieblichen Bankkonto 500,00 € auf ihr privates Bankkonto, um ihre privaten Einkäufe zu bezahlen.

Geldentnahmen können auch direkt durch Abbuchung vom betrieblichen Bankkonto erfolgen.

> **BEISPIEL**
>
> Die private Krankenversicherung in Höhe von 400,00 € wird vom betrieblichen Bankkonto abgebucht.

Sachentnahmen

Bei Sachentnahmen werden durch den Unternehmer/die Unternehmerin Gegenstände oder Waren aus dem Unternehmen entnommen und für den privaten Gebrauch verwendet. Eine Form der Sachentnahmen ist die **Gegenstandsentnahme.** Hierbei werden Gegenstände des Anlagevermögens aus dem Unternehmen entnommen.

> **BEISPIEL**
>
> Frau Bachmann entnimmt dem Unternehmen einen Pkw, um ihn ihrer Tochter zum Geburtstag zu schenken.

Eine weitere Form der Sachentnahme ist die **Warenentnahme**. Hierbei werden dem Unternehmen Waren, die eigentlich für den Weiterverkauf an die Kundschaft bestimmt sind, entnommen.

> **BEISPIEL**
>
> Frau Bachmann entnimmt dem Unternehmen eine Bluse, um sie einer Freundin zu Weihnachten zu schenken.

Eine weitere Form der Gegenstandsentnahme ist die **Erzeugnisentnahme**. Hier wird ein Gegenstand entnommen, der im eigenen Unternehmen selbst hergestellt wurde.

> **BEISPIEL**
>
> Peter Pührt e. K. entnimmt seinem Unternehmen einen Herrenanzug, der im eigenen Unternehmen gefertigt wurde, um ihn zur Hochzeit seiner Tochter zu tragen.

Nutzungsentnahmen

Eine Nutzungsentnahme liegt vor, wenn ein Unternehmer einen Gegenstand des Unternehmens auch für private Zwecke nutzt. Dies ist häufig bei Gegenständen des Anlagevermögens der Fall, die nicht zu 100 % betrieblich genutzt werden.

> **BEISPIEL**
>
> Der dem Betriebsvermögen zugeordnete Pkw wird von Frau Bachmann zu 30 % für private Fahrten genutzt.

Eine solche Nutzungsentnahme muss erfasst werden, da die Ausgaben für den Gegenstand den Gewinn in voller Höhe als Betriebsausgabe mindern.

> **BEISPIEL**
>
> Tankrechnungen für den betrieblichen Pkw, der zu 30 % privat genutzt wird, werden in voller Höhe als Betriebsausgabe erfasst. Die Vorsteuer wird ebenfalls in voller Höhe geltend gemacht.

Leistungsentnahmen

Eine Leistungsentnahme liegt vor, wenn ein Unternehmer seinem Unternehmen eine Leistung entnimmt. Dies geschieht häufig in Form von Arbeitskraft des Personals.

> **BEISPIEL**
>
> Da vormittags weniger Kundenverkehr im Laden von Frau Bachmann herrscht, erledigt eine ihrer Angestellten die Einkäufe für Frau Bachmann und geht mit deren Hund zum Tierarzt.

In diesen Fällen wird der Arbeitslohn als Betriebsausgabe erfasst, während die Arbeitskraft tatsächlich aber für private Zwecke des Unternehmers verwendet wird.

Privateinlagen

In § 4 Abs. 1 S. 8 Einkommensteuergesetz ist der Begriff „Privateinlagen" wie folgt definiert:

> **DEFINITION**
>
> **Einlagen** sind alle Wirtschaftsgüter (Bareinzahlungen und sonstige Wirtschaftsgüter), die der Steuerpflichtige dem Betrieb im Laufe des Wirtschaftsjahres zugeführt hat.

Aus dieser Definition ergeben sich zwei Arten von Privateinlagen:

- Geldeinlagen,
- Sacheinlagen.

Geldeinlagen

Bei einer Geldeinlage werden finanzielle Mittel in das Unternehmen eingebracht. Dies kann sowohl in bar als auch in Form einer Überweisung erfolgen.

> **BEISPIEL**
>
> Zur Stärkung des Eigenkapitals überweist Frau Bachmann von ihrem privaten Tagesgeldkonto 10.000,00 € auf das betriebliche Bankkonto ihres Unternehmens.

Sacheinlagen

Bei einer Sacheinlage werden – ähnlich wie bei Sachentnahmen – Gegenstände zum dauerhaften Verbleib in das Unternehmen eingebracht.

> **BEISPIEL**
>
> Da die Kaffeemaschine in der Personalküche irreparabel kaputt ist, stellt Frau Bachmann ihren privaten Kaffeevollautomaten in die Personalküche. Der Automat soll dort verbleiben, da Frau Bachmann sich für ihre Küche ein neues Gerät kauft.

Buchhalterische Erfassung von Geldentnahmen und Geldeinlagen

Durch die Privatentnahme von finanziellen Mitteln wird das Eigenkapital des Unternehmens vermindert. Eine Gewinnauswirkung ergibt sich jedoch nicht, da es sich um eine Aktiv-Passiv-Minderung handelt und somit kein Erfolgskonto angesprochen wird.

Privatentnahmen werden auf dem Konto „1610 Privatentnahmen" erfasst. Privateinlagen werden auf dem Konto „1620 Privateinlagen" erfasst. Die beiden Konten werden am Ende des Wirtschaftsjahres über das Eigenkapitalkonto abgeschlossen.

BEISPIEL

1. Frau Bachmann entnimmt der Kasse 500,00 €, um ihre privaten Einkäufe zu bezahlen.
2. Frau Bachmann überweist vom betrieblichen Bankkonto 1.000,00 € auf ihr privates Bankkonto, um ihre privaten Einkäufe zu bezahlen.
3. Die private Krankenversicherung in Höhe von 400,00 € wird vom betrieblichen Bankkonto abgebucht.
4. Zur Stärkung des Eigenkapitals überweist Frau Bachmann von ihrem privaten Tagesgeldkonto 10.000,00 € auf das betriebliche Bankkonto ihres Unternehmens.

Nr.	Konto		Konto	Soll	Haben
1	1610 Privatentnahme			500,00	
		an	1510 Kasse		500,00
2	1610 Privatentnahme			1.000,00	
		an	1310 Bank		1.000,00
3	1610 Privatentname			400,00	
		an	1310 Bank		400,00
4	1310 Bank			10.000,00	
		an	1620 Privateinlage		10.000,00

Soll	1610 Privatentnahmen	Haben		Soll	1620 Privateinlagen	Haben
1) 1510 Kasse	500,00					4) 1310 Bank 10.000,00
2) 1310 Bank	1.000,00					
3) 1310 Bank	400,00					

Der Abschluss der beiden Privatkonten erfolgt am Ende des Wirtschaftsjahres direkt über das Eigenkapitalkonto. Durch die privaten Sachverhalte verändert sich somit das Eigenkapital des Unternehmens. Da keine Erfolgskonten angesprochen werden, bleibt der Gewinn unverändert.

---

1. Finden Sie zu jeder Form der Privatentnahme ein Beispiel aus Ihrem Praktikumsbetrieb.
2. **a)** Bilden Sie die Buchungssätze im Grundbuch zu den folgenden Sachverhalten:
    1. Der Unternehmer legt 200,00 € in die Kasse ein.
    2. Es werden zur Finanzierung des Kaufes einer neuen Schlafzimmergarnitur 5.000,00 € vom betrieblichen Bankkonto abgebucht.
    3. Die Einkommensteuererstattung für das Vorjahr in Höhe von 2.000,00 € wird auf dem betrieblichen Bankkonto gutgeschrieben.
    4. Für den Geburtstag einer Schulfreundin des Unternehmers werden Blumen gekauft. Der Kaufpreis in Höhe von 50,00 € zzgl. 3,50 € USt wird aus der Kasse entnommen.
    5. Die Beiträge für die private Krankenversicherung der Unternehmerin werden in Höhe von 350,00 € vom Bankkonto abgebucht.
    6. Für den Lebensunterhalt werden zu Beginn des Monats 3.000,00 € vom Bankkonto abgebucht.
    7. Für den Sommerurlaub des Unternehmers werden 4.000,00 € vom Bankkonto abgebucht.
    8. Die Einkommensteuervorauszahlung für das zweite Quartal in Höhe von 6.000,00 € wird vom Bankkonto abgebucht.
    9. Die UR-Versicherung bucht folgende Beiträge ab:
        - Kfz-Versicherung Betriebs-Pkw 800,00 €
        - Kfz-Versicherung Lkw 1.200,00 €
        - Kfz-Versicherung Pkw der Tochter 900,00 €
        - Haftpflichtversicherung Unternehmer 300,00 €
        - Lebensversicherung Unternehmer 100,00 €
    10. Das Finanzamt bucht die Kfz-Steuer ab:
        - Kfz-Steuer Betriebs-Pkw 300,00 €
        - Kfz-Steuer Lkw 400,00 €
        - Kfz-Steuer Pkw der Tochter 200,00 €
    b) Führen Sie die Privatkonten im Hauptbuch und schließen Sie diese ab.
    c) Geben Sie die Veränderung des Eigenkapitals durch die privaten Sachverhalte an
3. Teilen Sie sich in zwei Hälften und bilden Sie jeweils Partnerteams.

    a) Ein Mitglied jeder Klassenhälfte erstellt eine Mindmap mithilfe der Homepage www.mindmeister.com (Registrierung nötig, Nutzung der kostenlosen Basic-Version).
    b) Eine Mindmap bekommt den Titel „Privateinlagen" und eine Mindmap den Titel „Privatentnahmen".
    c) Laden Sie die anderen Partnerteams Ihrer Klassenhälfte in die Mindmap ein (Funktion „Share").
    d) Jede Klassenhälfte erarbeitet nun eine Mindmap mit den wichtigen Inhalten zu ihrem Begriff (Definition, Erläuterung, Buchung, Beispiele ...).
    e) Stimmen Sie sich innerhalb Ihrer Klassenhälfte bezüglich der Arbeitsschritte (Arbeitsteilung, gegenseitige Kontrolle etc.) ab.
    f) Stellen Sie die Mindmap der anderen Klassenhälfte vor. Ergänzen Sie auf der Grundlage der Vorstellung Ihre Mindmap.
    g) Laden Sie alle Mitglieder der Klasse zu der Mindmap ein.

Buchung von Privatentnahmen und Privateinlagen

S	1610 Privatentnahmen	H
	Eigenkapital	
Zugänge		
Summe	Summe	

S	1620 Privateinlagen	H
	Eigenkapital	
		Zugänge
Summe	Summe	

S	0610 Eigenkapital	H
	Anfangsbestand	
1610 Privatentnahmen		
	1620 Privateinlagen	
Schlussbestand		
Summe	Summe	

8.12 Wertminderungen im Anlagevermögen (Abschreibungen)

Die Hoffmann KG hat am 15.05.20.. einen neuen Lieferwagen auf Ziel gekauft. Die Anschaffung wurde korrekt gebucht. Volkan Karaca soll prüfen, welche Buchungen im weiteren Verlauf der Nutzung des Wagens nötig werden.

1. Geben Sie die Buchungen an, die bei Kauf und Zahlung des Lieferwagens vom Bankkonto vorgenommen wurden.
2. Überlegen Sie sich, warum es notwendig sein wird, dass im Zeitverlauf weitere Buchungen im Zusammenhang mit dem Lieferwagen vorgenommen werden.
3. Geben Sie die Buchung an, die am Ende des Wirtschaftsjahres der Anschaffung des Lieferwagens erfolgen muss. Halten Sie auch die Berechnungen schriftlich fest.
4. Geben Sie die Buchung an, die jeweils am Ende der Folgejahre (mit Ausnahme des letzten Jahres der Nutzungsdauer) erfolgen muss.

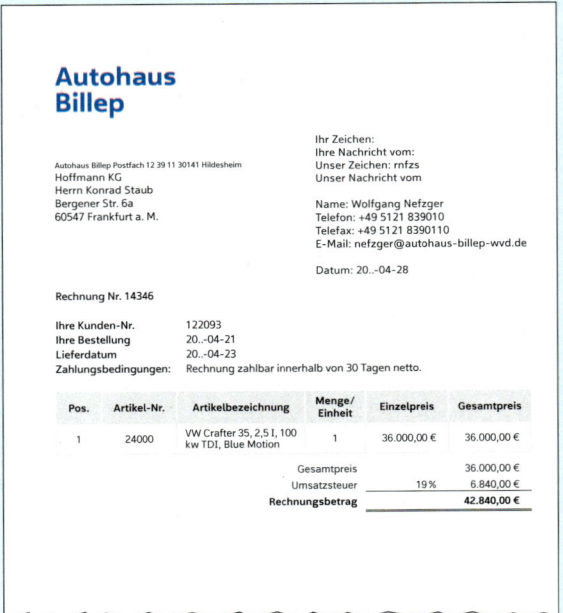

Autohaus Billep

Autohaus Billep Postfach 12 39 11 30141 Hildesheim
Hoffmann KG
Herrn Konrad Staub
Bergener Str. 6a
60547 Frankfurt a. M.

Ihr Zeichen:
Ihre Nachricht vom:
Unser Zeichen: rnfzs
Unser Nachricht vom

Name: Wolfgang Nefzger
Telefon: +49 5121 839010
Telefax: +49 5121 8390110
E-Mail: nefzger@autohaus-billep-wvd.de

Datum: 20..-04-28

Rechnung Nr. 14346

Ihre Kunden-Nr.	122093
Ihre Bestellung	20..-04-21
Lieferdatum	20..-04-23
Zahlungsbedingungen:	Rechnung zahlbar innerhalb von 30 Tagen netto.

Pos.	Artikel-Nr.	Artikelbezeichnung	Menge/Einheit	Einzelpreis	Gesamtpreis
1	24000	VW Crafter 35, 2,5 l, 100 kw TDI, Blue Motion	1	36.000,00 €	36.000,00 €
			Gesamtpreis		36.000,00 €
			Umsatzsteuer	19%	6.840,00 €
			Rechnungsbetrag		42.840,00 €

Abschreibungen

Vermögensgegenstände des Anlagevermögens werden in der Buchhaltung mit den Anschaffungs- oder Herstellungskosten bilanziert.

BEISPIEL

Angenommen, die Hoffmann KG kauft den Lieferwagen (siehe Einstieg) für 36.000,00 € zzgl. 6.840,00 € Umsatzsteuer zum 01.01.20.. auf Ziel.

Grundbuch:

Fuhrpark	36.000,00 €	
VoSt	6.840,00 €	
an Verb. aLL		42.840,00 €

In den Büchern stehen Vermögensgegenstände bisher stets mit dem Wert, den sie als Neuware haben. Dieses Vorgehen ist jedoch nur für den Anschaffungszeitpunkt korrekt. Im Zeitverlauf nimmt der Wert von Gegenständen des Anlagevermögens dadurch ab, dass sie betrieblich genutzt werden und dass sie älter werden.

BEISPIEL

Bei einem Verkauf des Lieferwagens nach einem Jahr könnte das Unternehmen nicht mehr 36.000,00 € netto als Erlös erzielen. Ein Käufer würde für diesen Gebrauchtwagen bedeutend weniger zahlen.

Der Wertverlust des Anlagevermögens muss auch in der Buchführung berücksichtigt werden. Diese Wertminderung wird auf dem Aufwandskonto „Abschreibungen auf Sachanlagen" erfasst.

DEFINITION

Die buchhalterische Erfassung von Wertminderungen des Anlagevermögens wird als **Abschreibung** bezeichnet.

Als allgemeingültige Bezeichnung gilt auch der aus dem Steuerrecht stammende Begriff **„Absetzung für Abnutzung"**, welcher mit **„AfA"** abgekürzt werden kann.

Durch die Erfassung auf einem Aufwandskonto wird der Wertverlust gewinnwirksam erfasst. Er wird also vom Gewinn „abgesetzt". Daraus lässt sich die Bezeichnung „Absetzung für Abnutzung" herleiten.

Der Abschreibungskreislauf

Anschaffungskosten

Eine große Rolle spielt im Bereich der Abschreibungen die richtige Berechnung der Anschaffungskosten.

Anschaffungskosten sind die Aufwendungen, die geleistet werden, um einen Vermögensgegenstand zu erwerben und ihn in einen betriebsbereiten Zustand zu versetzen, soweit sie dem Vermögensgegenstand einzeln zugeordnet werden können.

Anschaffungspreis

+   Anschaffungsnebenkosten
+   nachträgliche Anschaffungskosten
−   Anschaffungspreisminderungen
=   Anschaffungskosten

BEISPIEL

Der Anschaffungspreis für einen Firmen-Pkw der Hoffmann KG beträgt 50.000,00 €.

Es fallen 4.000,00 € Anschaffungsnebenkosten an. Dazu zählen in diesem Fall die Kosten für die Auslieferung, die Anmeldung und eine Umrüstung des Pkw.

Hinzu kommen noch 2.000,00 € nachträgliche Anschaffungskosten für den Einbau eines tourenplanungsgerechten Navigationsgeräts.

Gewährt wird ein Preisnachlass wegen eines Farbfehlers auf den Anschaffungspreis in Höhe von 3.000,00 €.

Anschaffungspreis			50.000,00 €
+	Anschaffungsnebenkosten	+	4.000,00 €
+	nachträgliche Anschaffungskosten	+	2.000,00 €
−	Anschaffungspreisminderungen	−	3.000,00 €
=	Anschaffungskosten	=	53.000,00 €

Arten von Abschreibungen

Es gibt verschiedene Arten von Abschreibungen, z. B.:

- lineare AfA,
- degressive AfA,

- Leistungs-AfA,
- außerplanmäßige AfA.

Im weiteren Verlauf wird nur die lineare AfA detailliert betrachtet, da sie die häufigste Form der AfA darstellt.

Höhe und Berechnung der linearen Abschreibung

Bei der linearen Abschreibung wird von einem gleichmäßigen Wertverlust über die betriebsgewöhnliche Nutzungsdauer des Vermögensgegenstandes ausgegangen. Die lineare Abschreibung ist somit ein über die Nutzungsdauer gleichbleibender Betrag bzw. Prozentsatz der Anschaffungskosten.

Berechnung der linearen AfA:

$$\text{jährl. AfA in Euro} = \frac{\text{Anschaffungskosten}}{\text{betriebsgewöhnliche Nutzungsdauer}}$$

$$\text{jährl. AfA in Prozent} = \frac{1}{\text{betriebsgewöhnliche Nutzungsdauer}} \cdot 100$$

Der berechnete Betrag wird auf volle Euro aufgerundet. Ein Abschreibungsprozentsatz wird auf zwei Nachkommastellen kaufmännisch gerundet.

Betriebsgewöhnliche Nutzungsdauer

Für die Berechnung der Abschreibung wird die betriebsgewöhnliche Nutzungsdauer eines Gegenstands zugrunde gelegt.

> **DEFINITION**
>
> Die **betriebsgewöhnliche Nutzungsdauer** ist der Zeitraum, über den ein Gegenstand im Betrieb unter normalen Umständen genutzt werden kann.

Zur Vereinheitlichung und Vereinfachung werden von der Finanzverwaltung sehr umfangreiche AfA-Tabellen herausgegeben und regelmäßig aktualisiert. In diesen Tabellen ist die betriebsgewöhnliche Nutzungsdauer für sehr viele Gegenstände angegeben. Bei der Berechnung der Abschreibung ist diese Nutzungsdauer anzunehmen. Eine Abweichung ist nur in absoluten Ausnahmefällen möglich. Sie ist zu begründen und nach Möglichkeit mit der Finanzverwaltung abzustimmen.

In der folgenden Tabelle ist die betriebsgewöhnliche Nutzungsdauer von einigen häufig vorkommenden Gegenständen angegeben:

Gegenstand	Nutzungsdauer
Adressier-/Kuvertier-/Frankiermaschinen	8 Jahre
Anhänger	11 Jahre
Büromöbel	13 Jahre
Computer/Notebooks und Peripheriegeräte (Drucker, Scanner, Bildschirme)	3 Jahre

Gegenstand	Nutzungsdauer
EC-/Kreditkartenleser	8 Jahre
Faxgerät	6 Jahre
Geschirr- und Gläserspülmaschinen	7 Jahre
Kommunikationsendgerät (Telefon)	8 Jahre
Kühlschränke	10 Jahre
Lichtreklame	9 Jahre
Lastkraftwagen	9 Jahre
Mobilfunkendgeräte	5 Jahre
Overhead-Projektor	8 Jahre
Personenkraftwagen	6 Jahre
Reißwölfe (Aktenvernichter)	8 Jahre
Vervielfältigungsgeräte	7 Jahre
Vitrinen	9 Jahre
Zeiterfassungsgeräte	8 Jahre

BEISPIEL

Die jährliche Abschreibung für den Lieferwagen berechnet sich wie folgt:

Anschaffungskosten: 36.000,00 €

betriebsgewöhnliche Nutzungsdauer: 9 Jahre

jährliche Abschreibung in Euro:

36.000,00 € : 9 Jahre = 4.000,00 € pro Jahr

auf volle Euro aufgerundet: 4.000,00 € pro Jahr

jährliche Abschreibung in Prozent:

$\frac{1}{9} \cdot 100 = 11,11$ % pro Jahr

AfA im Jahr der Anschaffung

Ein Vermögensgegenstand ist ab dem Zeitpunkt der Anschaffung oder Herstellung abzuschreiben. Die Abschreibung ist monatsweise zu berechnen. Der Monat der Anschaffung ist in die Abschreibung einzubeziehen. Auch im Jahr der Anschaffung ist die berechnete Abschreibung aus Vereinfachungsgründen auf volle Euro aufzurunden.

BEISPIEL

Der Lieferwagen wird erst am 15.05.20.. angeschafft. Die Abschreibung im Jahr der Anschaffung erfolgt ab dem 15.05.20.. Der Mai ist bei der Berechnung der Abschreibung als voller Monat einzubeziehen. Im Jahr der Anschaffung beträgt die Abschreibung somit: 4.000,00 € · 8 Monate : 12 Monate = 2.666,67 € aufgerundet also 2.667,00 €

In den Folgejahren wird jeweils der volle Jahresbetrag in Höhe von 4.000,00 € abgeschrieben (siehe oben).

Ob der Gegenstand auch tatsächlich ab dem Zeitpunkt der Anschaffung betrieblich genutzt wird, ist nicht relevant.

BEISPIEL

Der Lieferwagen wird am 15.05.20.. angeschafft. Aufgrund der schlechten Auftragslage wird er erstmalig im Juni 20.. betrieblich genutzt. Für den Mai kann die AfA in voller Höhe geltend gemacht werden, da auf den Zeitpunkt der Anschaffung abgestellt wird (und nicht auf den Zeitpunkt der erstmaligen betrieblichen Verwendung).

Buchung der AfA

Die Buchung der AfA auf Vermögensgegenstände des Anlagevermögens erfolgt auf dem Konto „6520 Abschreibungen auf Sachanlagen". In der Buchhaltungssoftware wird die AfA in der Regel laufend gebucht, das heißt monatlich. Aus Vereinfachungsgründen erfolgt die Buchung der AfA für das abgelaufene Wirtschaftsjahr einmalig am Jahresende.

Der Buchungssatz lautet allgemein dargestellt:

Buchungssatz	Soll	Haben
6520 AfA		
an Vermögenskonto		

BEISPIEL Buchung der AfA

Die Abschreibung für das Jahr der Anschaffung für den Lieferwagen aus der Ausgangssituation wird am 31.12.20.. gebucht:

Buchungssatz	Soll	Haben
6520 AfA	2.667,00	
an 0840 Fuhrpark		2.667,00

Die Buchung in den Folgejahren erfolgt entsprechend mit dem jährlichen AfA-Betrag.

Ende der AfA

Der AfA-Zeitraum kann auf zwei verschiedene Arten enden. Entweder ist die betriebsgewöhnliche Nutzungsdauer vorüber oder der Gegenstand wird vor Ablauf der betriebsgewöhnlichen Nutzungsdauer verkauft.

Ende der Nutzungsdauer

Die Abschreibungen sollen bezwecken, dass der Wertverlust, das Unternehmen durch die betriebliche Nutzung von Vermögensgegenständen entsteht, Niederschlag im Unternehmensergebnis hat. Der Wertverlust eines Gegenstands kann nur maximal so groß wie seine Anschaffungs- oder Herstellungskosten sein. Somit darf die Summe aller AfA-Beträge für einen Gegenstand nur maximal so groß sein, wie die tatsächlichen Nettoanschaffungs- bzw. Nettoherstellungskosten.

Aufgrund der Systematik der AfA (Verteilung der Anschaffungskosten auf die betriebsgewöhnliche Nutzungsdauer) ergibt sich im letzten Jahr der betriebsgewöhnlichen Nutzungsdauer in der Regel ein Teilbetrag der jährlichen Abschreibung. Dieser entspricht dem Restbuchwert, der zum 01.01. des letzten Jahres der Nutzungsdauer noch in den Büchern steht.

BEISPIEL

Der Lieferwagen wurde am 15.05.20.. angeschafft und im Erstjahr mit 2.667,00 € und in den Jahren 01 bis 08 mit jeweils 4.000,00 € abgeschrieben.

Die betriebsgewöhnliche Nutzungsdauer endet am 14.05. des Nutzungsjahres 09. Am 01.01. des Jahres 09 ist der Restbuchwert des Lieferwagens mit 36.000,00 € – 2.667,00 € – 8 Jahre · 4.000,00 € = 1.333,00 € im Anlagenverzeichnis des Unternehmens.

Die AfA 09 kann also maximal 1.333,00 € sein.

Wird ein Vermögensgegenstand auch über die betriebsgewöhnliche Nutzungsdauer im Unternehmen genutzt, darf er nicht vollständig aus dem Anlageverzeichnis verschwinden, da er sich tatsächlich noch im Betriebsvermögen befindet und betrieblich genutzt wird.

Aus diesem Grund wird der Gegenstand im letzten Jahr der Nutzungsdauer bei weiterem Verbleib im Betriebsvermögen auf 1,00 € abgeschrieben. Man nennt diesen 1,00-Euro-Betrag **Erinnerungswert**. Ein Dritter, der die Bücher sieht oder prüft (z. B. ein Wirtschaftsprüfer, die Bank oder ein Finanzbeamter), sieht also, dass zum Betriebsvermögen ein Gegenstand gehört, der bereits auf 1,00 € abgeschrieben ist.

BEISPIEL

Die Abschreibung des Lieferwagens im Jahr 09 beträgt nur 1.332,00 € (Zeitraum vom 01.01. des Nutzungsjahres 00 bis 30.04. des Nutzungsjahres 09). Es verbleibt im Anlagenverzeichnis sichtbar ein Erinnerungswert von 1,00 € für den Lieferwagen.

MERKSATZ

Der Erinnerungswert bleibt so lange im Anlagenverzeichnis, bis der Gegenstand aus dem Betriebsvermögen verschwindet, z. B. durch Verkauf oder Verschrottung.

Verkauf vor Ablauf der betriebsgewöhnlichen Nutzungsdauer

Wird ein Gegenstand vor Ablauf der betriebsgewöhnlichen Nutzungsdauer verkauft, so darf die AfA nicht weiterhin geltend gemacht werden. Im Zeitpunkt der Veräußerung verschwindet der Vermögensgegenstand aus dem Betriebsvermögen und somit aus dem Anlageverzeichnis.

MERKSATZ

Der Monat der Veräußerung gehört nicht mehr zum AfA-Zeitraum. Für ihn darf daher keine Abschreibung mehr geltend gemacht werden.

Verkauf zum Restbuchwert

Wird ein Vermögensgegenstand während der betriebsgewöhnlichen Nutzungsdauer verkauft, so endet mit dem Ausscheiden aus dem Betriebsvermögen die AfA. Der Abgang des Vermögensgegenstandes ist im Anlagenverzeichnis und der Buchführung zu dokumentieren. Durch die daraus resultierende Buchung entsteht keine Gewinnauswirkung, wenn der Verkaufspreis netto exakt dem aktuellen Restbuchwert im Zeitpunkt der Veräußerung entspricht.

BEISPIEL Verkauf zum Restbuchwert

Der Lieferwagen wird am 31.12. des Jahres 01 für 33.333,00 € zzgl. 6.333,27 € Umsatzsteuer auf Ziel verkauft.

Der Nettoverkaufspreis entspricht exakt dem Restbuchwert des Lieferwagens am 31.12. des Jahres 01 . Die Buchung des Verkaufs sieht wie folgt aus:

Buchungssatz	Soll	Haben
2400 Ford. a. LL	39.666,27	
an 0840 Fuhrpark		33.333,00
an 4800 USt		6.333,27

Verkauf über dem Restbuchwert

Liegt der Verkaufspreis eines Vermögensgegenstands über dem Restbuchwert, so wird ein Gewinn erzielt. Dies liegt darin begründet, dass die zuvor vorgenommenen Abschreibungen offensichtlich größer waren als die tatsächliche Wertminderung des Gegenstands während der betrieblichen Nutzung. In einem solchen Fall wird in Höhe des Betrags, um den der Verkaufserlös den Restbuchwert übersteigt, ein Gewinn erzielt, welcher auf dem Ertragskonto „5410 Sonstige Erlöse" erfasst wird.

BEISPIEL Verkauf über Restbuchwert

Der Lieferwagen wird am 31.12. des Jahres 01 für 35.000,00 € zzgl. 6.650,00 € Umsatzsteuer auf Ziel verkauft.

Der Nettoverkaufspreis liegt 1.667,00 € über dem Restbuchwert des Lieferwagens am 31.12 des Jahres 01. Die Buchung des Verkaufs sieht wie folgt aus:

Buchungssatz	Soll	Haben
Ford. a. LL	41.650,00	
an Fuhrpark		33 333,00
an Sonstige Erlöse		1.667,00
an USt		6.650,00

Verkauf unter dem Restbuchwert

Liegt der Verkaufspreis eines Vermögensgegenstands unter dem Restbuchwert, so wird ein Verlust erzielt. Dies liegt darin begründet, dass die zuvor vorgenommenen Abschreibungen offensichtlich niedriger waren, als die tatsächliche Wertminderung des Gegenstands während der betrieblichen Nutzung. In einem solchen Fall wird in Höhe des Betrags, um den der Restbuchwert den Verkaufserlös übersteigt, ein Verlust erzielt, welcher auf dem Aufwandskonto „6960 Verluste aus dem Abgang von Vermögensgegenständen" erfasst wird.

BEISPIEL Verkauf unter Restbuchwert

Der Lieferwagen wird am 31.12. des Jahres 01 für 30.000,00 € zzgl. 5.700,00 € Umsatzsteuer auf Ziel verkauft.
Der Nettoverkaufspreis liegt 3.333,00 € unter dem Restbuchwert des Lieferwagens am 31.12. des Jahres 01. Die Buchung des Verkaufs sieht wie folgt aus:

Buchungssatz	Soll	Haben
Ford. a. LL	35.700,00	
Verl. Abgang VG	3.333,00	
an Fuhrpark		33.333,00
an USt		5.700,00

Verkauf nach Ablauf der betriebsgewöhnlichen Nutzungsdauer

Wird ein Gegenstand nach Ablauf der betriebsgewöhnlichen Nutzungsdauer verkauft, so muss der Abgang des Vermögensgegenstandes dokumentiert werden. Dies erfolgt durch Ausbuchung des Erinnerungswertes von 1,00 € und Erfassung des übersteigenden Erlöses als Ertrag zuzüglich der Umsatzsteuer. Da die AfA bereits ausgelaufen ist, gibt es bezüglich der AfA keine Besonderheiten.

> **BEISPIEL**
>
> Der Lieferwagen wird am 31.12. des Jahres 10 für 1.000,00 € zuzüglich 190,00 € Umsatzsteuer auf Ziel verkauft.
>
> Der Lieferwagen ist bereits auf den Erinnerungswert von 1,00 € abgeschrieben. Die buchhalterische Erfassung des Vorgangs sieht wie folgt aus:
>
> | Buchungssatz | Soll | Haben |
> |---|---|---|
> | Ford. a. LL | 1.190,00 | |
> | AfA | 1,00 | |
> | an Fuhrpark | | 1,00 |
> | an Sonst. Erlöse | | 1.000,00 |
> | an USt | | 190,00 |

Degressive Abschreibung

Die degressive Abschreibung erfolgt nach einem Prozentsatz des Restbuchwerts. Sie ist aktuell im Handels- und Steuerrecht zulässig. Sie wird zeitweise eingeführt, um den Unternehmen in den ersten Jahren nach einer Anschaffung eine möglichst hohe Abschreibung und somit eine Steuerersparnis zu ermöglichen.

Vermögensgegenstände, die nach dem 31.12.2019 und vor dem 01.01.2022 angeschafft worden sind, dürfen degressiv mit 25 % – maximal die zweieinhalbfache lineare Abschreibung – abgeschrieben werden.

> **BEISPIEL**
>
> Ein Lieferwagen mit Anschaffungskosten in Höhe von 36.000,00 € wird am 01.01. angeschafft und degressiv mit 25 % abgeschrieben.
>
> Die degressive Abschreibung sieht wie folgt aus:
>
> | | |
> |---|---|
> | Kaufpreis 01.01. | 36.000,00 |
> | – Abschreibung 01 25 % von 36.000,00 € | –9.000,00 |
> | Restbuchwert 31.12.01 | 27.000,00 |
> | – Abschreibung 02 25 % von 27.000,00 € | –6.750,00 |
> | Restbuchwert 31.12.02 | 20.250,00 |
> | – Abschreibung 03 25 % von 20.250,00 € | –5.062,50 |
> | Restbuchwert 31.12.03 | 15.187,50 |
> | – Abschreibung 04 25 % von 15.187,50 € | –3.796,88 |
> | .... | |

Die Vermögensgegenstände werden im letzten Jahr Nutzungsdauer auf den Erinnerungswert von 1,00 € abgeschrieben.

Wechsel der Abschreibungsmethode

Der Wechsel von der degressiven zur linearen Abschreibung ist zulässig und sinnvoll, sobald die lineare Abschreibung höher ist.

Die lineare Abschreibung berechnet sich in diesen Fällen immer wie folgt:

$$\frac{\text{Restbuchwert}}{\text{Restnutzungsdauer}}$$

BEISPIEL

Die lineare Abschreibung würde bei dem Lieferwagen aus dem vorherigen Beispiel wie folgt berechnet:

Jahr 01: $\dfrac{36.000}{9 \text{ Jahre}} = 4.000,00 \text{ €} <$ degressive Abschreibung 9.000,00 €

Jahr 02: $\dfrac{27.000}{8 \text{ Jahre}} = 3.375,00 \text{ €} <$ degressive Abschreibung 6.750,00 €

Jahr 03: $\dfrac{20.250}{7 \text{ Jahre}} = 2.892,86 \text{ €} <$ degressive Abschreibung 5.062,50 €

Jahr 04: $\dfrac{15.187,50}{6 \text{ Jahre}} = 2.531,25 \text{ €} <$ degressive Abschreibung 3.796,88 €

Jahr 05: $\dfrac{11.390,62}{5 \text{ Jahre}} = 2.278,12 \text{ €} <$ degressive Abschreibung 2.847,66 €

Jahr 06: $\dfrac{8.542,97 \text{ €}}{4 \text{ Jahre}} = 2.135,74 \text{ €} =$ degressive Abschreibung 2.135,74 €

Da im Jahr 06 die lineare und die degressive Abschreibung exakt gleich hoch sind, führen beide Abschreibungsmethoden zu demselben Ergebnis.

Jahr 07: $\dfrac{6.407,23}{3 \text{ Jahre}} = 2.135,74 \text{ €} >$ degressive Abschreibung 1.601,81 €

Ab dem Jahr 07 würde der Lieferwagen linear abgeschrieben werden, wenn ein möglichst niedriger Gewinn ausgewiesen werden soll.

Leistungs-AfA

Bei der Leistungs-AfA erfolgt die Abschreibung nicht regelmäßig im Zeitverlauf, sondern anteilig nach der Intensität der betrieblichen Nutzung. Bei Anschaffung des Vermögensgegenstands legt man fest, wie lange (z. B. Betriebsstunden, Kilometer) der Gegenstand voraussichtlich betrieblich genutzt werden kann. Die AfA erfolgt dann entsprechend der anteiligen Nutzung in den einzelnen Wirtschaftsjahren.

BEISPIEL

Es wird am 01.01.20.. eine neue Maschine für 100.000,00 € netto angeschafft. Die betriebliche Nutzungsdauer beträgt 20 000 Betriebsstunden. Nach Ablauf der 20 000 Stunden wird die Maschine verschrottet.

Die Maschine wird wie folgt genutzt:
1. Jahr: 5 000 Stunden
2. Jahr: 4 000 Stunden
3. Jahr: 4 000 Stunden
4. Jahr: 6 000 Stunden
5. Jahr: 1 000 Stunden

Die AfA für die einzelnen Wirtschaftsjahre errechnet sich wie folgt:

AfA 1. Jahr:

       5 000 Stunden : 20 000 Stunden · 100 = 25 %

       100.000,00 € · 25 % = 25.000,00 €

AfA 2. Jahr:

       4 000 Stunden : 20 000 Stunden · 100 = 20 %

       100.000,00 € · 20 % = 20.000,00 €

AfA 3. Jahr:

       4 000 Stunden : 20 000 Stunden · 100 = 20 %

       100.000,00 € · 20 % = 20.000,00 €

AfA 4. Jahr:

       6 000 Stunden : 20 000 Stunden · 100 = 30 %

       100.000,00 € · 30 % = 30.000,00 €

AfA 5. Jahr:

       1 000 Stunden : 20 000 Stunden · 100 = 5 %

       100.000,00 € · 5 % = 5.000,00 €

Die AfA-Beträge ergeben insgesamt die Anschaffungskosten von 100.000,00 €.

Außerplanmäßige AfA

Eine außerplanmäßige Abschreibung (aAfA) wird vorgenommen, wenn ein Vermögensgegenstand während der betriebsgewöhnlichen Nutzungsdauer außergewöhnlich an Wert verliert und die normale AfA den Wertverlust nicht abbilden kann. Gründe für eine außergewöhnliche AfA können technischer oder wirtschaftlicher Art sein. Die aAfA wird auf dem Aufwandskonto „6550 außergewöhnliche Abschreibungen auf Sachanlagen" erfasst. Die außerplanmäßige Abschreibung entfaltet somit die Gewinnauswirkung voller Höhe.

BEISPIEL

Ein vollständig betrieblich genutzter Pkw (betriebsgewöhnliche Nutzungsdauer sechs Jahre) wird am 01.01... für 60.000,00 € zzgl. 19 % USt angeschafft. Die Abschreibung erfolgt im ersten Jahr linear mit 10.000,00 €.

Am 02.01. des Jahres 01 verunglückt ein Mitarbeiter des Unternehmens mit dem Pkw auf einer Dienstreise. Der Pkw erleidet einen Totalschaden und wird verschrottet.

Die lineare AfA ergibt in diesem Fall kein Sinn, da der Pkw aus tatsächlichen Gründen am 02.01. des Jahres 01 eine Wertminderung erleidet. Der Pkw ist am 02.01. des Jahres 01 in Höhe des vollständigen Restbuchwerts abzuschreiben.

Buchungssatz	Soll	Haben
6550 Außergew. Abschr.	50.000,00	
an 0840 Fuhrpark		50.000,00

Geringwertige Wirtschaftsgüter

Das Unternehmen darf

- abnutzbare bewegliche Wirtschaftsgüter des Anlagevermögens,
- die einer selbstständigen Nutzung fähig sind und
- deren Anschaffungs-/Herstellungskosten 800,00 € netto nicht übersteigen,

im Wirtschaftsjahr der Anschaffung oder Herstellung in voller Höhe abschreiben, sogenannte **Geringwertige Wirtschaftsgüter (GWG)**. Diese Wirtschaftsgüter sind beim Kauf zunächst auf dem Konto „0890 Gering-

wertige Vermögensgegenstände der Betriebs- und Geschäftsausstattung" (kurz: GWG) zu erfassen. Die Abschreibung erfolgt am Ende des Wirtschaftsjahres über das Aufwandskonto „6540 Abschreibungen auf geringwertige Wirtschaftsgüter" und ist somit erfolgswirksam.[1] Aus Vereinfachungsgründen dürfen geringwertige Wirtschaftsgüter, deren Anschaffungs-/Herstellungskosten 250,00 € netto nicht übersteigen direkt als Aufwand erfasst werden.

BEISPIEL

Die Hoffmann KG kauft am 20.07... eine Frankiermaschine für 300,00 € zzgl. 57,00 € Umsatzsteuer auf Ziel.

Die Nettoanschaffungskosten betragen 300,00 € und sind somit kleiner als 800,00 €. Es handelt sich daher bei der Frankiermaschine um ein GWG. Sie darf im Jahr der Anschaffung sofort abgeschrieben werden.

Buchungssätze	Soll	Haben
bei **Anschaffung:**		
GWG	300,00	
Vorsteuer	57,00	
an Verb. a. LL	357,00	
am **Ende des Geschäftsjahres:**		
Abschr. auf GWG	300,00	
an GWG		300,00

---

1. Berechnen Sie für die folgenden Anschaffungen
   a) die laufende jährliche lineare AfA,
   b) die lineare AfA im Jahr der Anschaffung.
   c) Geben Sie die Buchungssätze für Aufgabenteil a) und b) an.
   1. Anschaffung eines Smartphones für 600,00 € zzgl. 19 % USt am 17.03. des Jahres
   2. Kauf einer Frankiermaschine am 03.09. des Jahres für 4.760,00 € brutto
   3. Erwerb eines Zeiterfassungsgerätes für 600,00 € zzgl. 114,00 € USt am 31.12. des Jahres
   4. Kauf einer neuen Büroeinrichtung am 02.11. des Jahres für 13.149,50 € brutto
   5. Kauf eines neuen betrieblichen Pkw für 31.800,00 € netto am 23.02. des Jahres
2. Am 12.04. des Jahres 00 wird ein Computer für 900,00 € netto auf Ziel angeschafft.
   a) Berechnen Sie die lineare AfA und die Restbuchwerte für die Jahre 00 bis 03.
   b) Geben Sie die Buchungssätze im Grundbuch für die Abschreibungen an.
   c) Führen Sie das Hauptbuch zu dem Konto „0870 Betriebs- und Geschäftsausstattung" für die Jahre 00 bis 03 im Hauptbuch.

---

1 Auf die Sammelpostenregelung wird aus didaktischen Gründen hier verzichtet.

d) Der Computer wird im Jahr 04 für 100,00 € zzgl. USt gegen Barzahlung verkauft. Geben Sie den Buchungssatz im Grundbuch an.

e) Stellen Sie den Sachverhalt aus d) im Hauptbuch dar.

3. Die Hoffmann KG verkauft eine Maschine mit einem Restbuchwert von 4.500,00 €
   a) für 7.000,00 € zzgl. USt.
   b) für 3.000,00 € zzgl. USt.
   c) für 4.500,00 € zzgl. USt.

   Geben Sie die Buchungssätze zu den Sachverhalten im Grundbuch an.

4. Der Jahresabschluss der Hoffmann KG muss erstellt werden. Die unter der Liste aufgeführten Sachverhalte wurden bisher in der Buchführung noch nicht berücksichtigt.

   Bilden Sie zu den unten aufgeführten Sachverhalten alle notwendigen Buchungssätze (also auch die Abschreibungen, wenn nötig).

   1. Die Hoffmann KG verkauft an einen Großabnehmer Waren zur Neueröffnung einer Zweigniederlassung auf Ziel. Die Rechnung beläuft sich auf 24.990,00 € brutto. Umsatzsteuer ist auf alle Waren mit dem Regelsteuersatz angefallen.
   2. Die Hoffmann KG kauft Blusen für 1.300,00 € zzgl. 19 % USt auf Ziel ein.
   3. 80 Fahrräder werden an einen Großabnehmer für jeweils 400,00 € netto auf Ziel verkauft. Die Fahrräder haben in der Produktion 230,00 € netto gekostet.
   4. Der Kaufpreis für die Blusen aus Sachverhalt 2 wird unter Abzug von 3 % Skonto vom Bankkonto gezahlt.
   5. Die Bezahlung der Fahrräder aus Sachverhalt 3 erfolgt zeitnah – und daher mit einem Skontoabzug von 2 % – auf das Bankkonto.
   6. Für eine Werbekampagne werden der Hoffmann KG 2.737,00 € brutto inkl. 19 % USt von der Werbeagentur in Rechnung gestellt.
   7. Die Miete für eine Lagerhalle über 500,00 € wird vom Bankkonto gezahlt.
   8. Ein neuer Lieferwagen (Nutzungsdauer neun Jahre) wird am 17.10.20.. für einen Rechnungsbetrag von 42.840,00 € auf Ziel gekauft.
   9. Die Versicherung für die Lagerbestände wird in Höhe von 5.600,00 € vom Bankkonto abgebucht.
   10. Ein Kunde ist mit einem Fahrrad, das er für 700,00 € zzgl. 19 % USt gekauft hatte, nicht zufrieden. Er sendet es noch vor der Zahlung zurück.
   11. Die Bank bucht am Jahresende vom Konto ab:
       - Darlehenstilgung von 2.000,00 €
       - Darlehenszinsen von 220,00 €
       - Kontoführungsgebühren von 25,00 €
   12. Am Jahresende müssen folgende, im letzten Jahr angeschaffte Wirtschaftsgüter noch abgeschrieben werden:
       - Computer (Nutzungsdauer drei Jahre), angeschafft am 30.04... für 900,00 € netto
       - Schreibtisch (Nutzungsdauer 13 Jahre), angeschafft am 17.06... für 1.092,00 € netto
       - Faxgerät (Nutzungsdauer sechs Jahre), angeschafft am 02.11... für 864,00 € netto
       - Produktionsmaschine (Nutzungsdauer zehn Jahre), angeschafft am 23.09... für 16.800,00 € netto

       Die Anschaffungsvorgänge wurden bereits korrekt erfasst. Alle anderen Abschreibungen auf ältere Wirtschaftsgüter wurden bereits korrekt vorgenommen.
   13. Im Rahmen der Inventur wurden folgender Schlussbestand ermittelt:
       Waren 87.000,00 € (Anfangsbestand: 113.000,00 €)
   14. Ermitteln Sie die Umsatzsteuerzahllast, wenn das Konto „4800 Umsatzsteuer" vor Erfassung der Sachverhalte einen Saldo von 54.587,00 € im Haben ausgewiesen hat und das Konto „2600 Vorsteuer" 10.748,30 € im Soll. Die übrigen Schlussbestände entsprechen den Anfangsbeständen.

5. Suchen Sie auf der Homepage des Bundesfinanzministeriums nach den AfA-Tabellen.
   a) Wählen Sie die AfA-Tabelle für den Wirtschaftszweig Ihres Praktikumsbetriebs oder einen interessanten Wirtschaftszweig aus und suchen Sie sich drei Wirtschaftsgüter aus, deren Nutzungsdauer Sie der Klasse vorstellen.
   b) Geben Sie die betriebsgewöhnliche Nutzungsdauer für folgende Wirtschaftsgüter mithilfe der AfA-Tabellen an. Suchen Sie zunächst im Internet die richtige AfA-Tabelle:
      - Tabakschneidemaschinen
      - Schokoladenpulver-Füllmaschinen
      - Lederpresse
      - Gemüsewaschmaschinen
      - Milchkuh
      - Jauchepumpe
      - Motoren- und Aggregateprüfstände
      - Röntgengeräte
      - Räucherschränke

ZUSAMMENFASSUNG

Abschreibungen

lineare AfA	Leistungs-AfA	außerplanmäßige AfA	GWG
Jährliche AfA = Anschaffungs- bzw. Herstellungskosten/ betriebsgewöhnliche Nutzungsdauer	Jährliche AfA = anteilige Nutzung/ (voraussichtliche) Gesamtnutzung	Vollabschreibung des Restbuchwerts bei technischer oder wirtschaftlicher Abnutzung	Vollabschreibung im Wirtschaftsjahr der Anschaffung/Herstellung

AfA im Zeitverlauf

	Anschaffung 15.05.20..	31.12.20..	31.12.20.1	31.12.20.8	31.12.20.9

AfA im Jahr der Anschaffung	AfA im Folgejahr	AfA in Folgejahren	AfA im letzten Jahr der Nutzungsdauer	Folgejahre
AK: 50 000,00 € ND: 9 Jahre AfA: 50.000,00 € : 9 Jahre = 5.556,00 €/Jahr 5.556,00 € · 8 : 12 = 3.704,00 €	AfA: 50.000,00 € : 9 Jahre = 5.556,00 €/Jahr	AfA: 50.000,00 € : 9 Jahre = 5.556,00 €/Jahr	AfA: RBW: 1.848,00 € Erinnerungswert 1,00 € = AfA 1.847,00 €	Erinnerungswert von 1,00 € bleibt bis zur Veräußerung/ Verschrottung in den Büchern enthalten
AK: 50.000,00 € – AfA ..: 3.704,00 € Rest-BW 46.296,00 €	RBW Vj.: 46.296,00 € – AfA .1: 5.556,00 € = RBW 31.12. 40.740,00 €	RBW Vj.:40.740,00 € – 7 · AfA .2 bis .8: 38.892,00 € = RBW 31.12. 1.848,-	RBW Vj.: 1.848,00 € – AfA .9: 1.847,00 € = RBW 31.12. 1,00 €	

9 Unternehmensformen und handlungsrechtliche Rahmenbedingungen

9.1   Gründung eines Unternehmens

Melanie Soldner ist seit zehn Jahren in einer Filiale der Hoffmann KG als stellvertretende Abteilungsleiterin tätig. In den letzten Jahren konnte sie etwas Geld zurücklegen. Ihr Hobby ist Kaffee. Sie trinkt ihn gern in jeder Variation und interessiert sich für das gesamte Thema rund ums Kaffeetrinken. Als ihr vom Centermanagement des Hessenzentrums günstig Geschäftsraume zur Eröffnung eines Coffeeshops angeboten werden,

beschließt sie, ihr Hobby zum Beruf zu machen, das einmalige Angebot anzunehmen und sich selbstständig zu machen.

Zeigen Sie auf, welche Überlegungen Melanie Soldner bei ihrem Schritt in die Selbstständigkeit anstellen muss.

Persönliche Voraussetzungen

Wer ein Einzelhandelsunternehmen gründen oder übernehmen will, muss voll geschäftsfähig sein. Denn nur dann kann er Rechtsgeschäfte selbstständig abschließen.

Um sein Einzelhandelsunternehmen erfolgreich führen zu können, muss er Erfahrungen im Verkauf und umfassende Warenkenntnisse in der Branche mitbringen, in der er sich selbstständig machen will. Außerdem sollte er über ausreichende Kenntnisse

- des Vertragsrechts,
- der Handelsbräuche,
- des Rechnungs- und Steuerwesens,
- des Wettbewerbsrechts und
- des Arbeits- und Sozialrechts

verfügen.

Einen besonderen **Sachkundenachweis** muss er nur erbringen, wenn er mit

- frei verkäuflichen Arzneimitteln,
- unedlen Metallen (z. B. Eisen),
- Milch,
- Hackfleisch oder
- Waffen

handeln will

Sachliche Voraussetzungen

Standort des Unternehmens

Die Wahl des Standorts ist eine Grundsatzentscheidung bei der Gründung eines Unternehmens. Sie bestimmt den späteren wirtschaftlichen Erfolg des Unternehmens maßgeblich mit. Der Standort beeinflusst den zukünftigen Umsatz und die Kosten des Unternehmens. Deshalb muss die Standortentscheidung sorgfältig geplant werden.

Kapital

Wer sich selbstständig machen will, benötigt neben einer tragfähigen Geschäftsidee ein ausreichendes Startkapital für die Ausstattung seines Geschäfts mit den notwendigen Einrichtungsgegenständen und Waren.

Der Kapitalbedarf ist u. a. von folgenden Einflussgrößen abhängig:

- **Branche:** Ein Elektronikfachmarkt benötigt mehr Kapital als ein Papierwarengeschäft.
- **Größe:** Eine Textilfabrik benötigt mehr Kapital als ein Textilfachgeschäft.
- **Umschlagshäufigkeit:** Je höher die Umschlagshäufigkeit ist, desto niedriger kann normalerweise der Lagerbestand sein. Ein geringer Lagerbestand bindet nur wenig Kapital, ein hoher Lagerbestand viel Kapital.
- **Liefererkredite:** Je länger das Zahlungsziel des Lieferers ist, desto weniger Kapital benötigt der Einzelhändler zur Finanzierung seiner Warenstände.
- **Kundenkredite:** Einzelhandelsbetriebe, die ihrer Kundschaft Waren auf Kredit verkaufen, haben einen höheren Kapitalbedarf als Betriebe, die ihre Ware nur gegen sofortige Zahlung abgeben.

Das für die Unternehmensgründung nötige Kapital stammt zum Teil aus dem privaten Vermögen des Unternehmers bzw. der Unternehmerin (= **Eigenkapital**). Das zusätzlich erforderliche Kapital (= **Fremdkapital**) kann von außen beschafft werden (siehe Kapitel 6.1). Der Kapitalbedarf kann berechnet werden.

Unternehmen müssen laufende Kosten begleichen, Investitionen tätigen und Gewinne erzielen. Deshalb müssen sie über finanzielle Mittel verfügen. Um zu erfahren, welche Mittel benötigt werden, müssen Unternehmen den Kapitalbedarf ermitteln.

Berücksichtigen muss ein Unternehmen den Kapitalbedarf für das

- **Anlagevermögen**: Hierunter fallen alle Vermögensgegenstände, die dem Geschäftsbetrieb dauernd dienen und nicht nur kurzfristig im Betrieb bleiben.
- **Umlaufvermögen**: Auch für Vermögensgegenstände, die nicht dazu bestimmt sind, dem Geschäftsbetrieb dauernd zu dienen, muss ein Unternehmen Kapital einsetzen.

Verfügt ein Unternehmen über keine Kenntnisse zum eigenen Kapitalbedarf, kann dies existenzbedrohende Folgen haben: Die die liquiden Mittel könnten knapp werden. Im schlimmsten Fall droht die Insolvenz. Vermieden müssen also in jedem Fall negative Folgen einer Über- oder Unterfinanzierung:

- **Überfinanzierung:** Als überfinanziert gilt ein Unternehmen, das Kapital ohne Verwendung im Unternehmen hält. Dadurch können z. B. unnötige Zinskosten entstehen.
- **Unterfinanzierung:** Diese liegt vor, wenn das aufgenommene Kapital zu niedrig ist. Als Folge ergeben sich zwar eine geringere Verschuldung und niedrigere Tilgungsraten für eventuelle Kredite. Es ergeben sich jedoch Nachteile, wenn das eingesetzte Kapital vor dem Erreichen der Gewinnzone aufgebraucht ist.

Im Rahmen der Betrachtung des Kapitalbedarfs muss ein Unternehmen auch die **Kapitalbindung** beachten. Diese ist gegeben, wenn einem Unternehmen Kapital nicht unmittelbar zur Verfügung steht, weil es gegenwärtig in Vermögensgegenständen gebunden ist. Deshalb kann das Unternehmen über einen gewissen Zeitraum nicht auf dieses gebundene Kapital zugreifen: Es können keine Investitionen getätigt werden, weil die Liquidität dadurch begrenzt ist. Geschaut werden muss vor diesem Hintergrund auf die Kapitalbindungskosten. Wenn das für die Beschaffung oder Herstellung der Lagerbestände eingesetzte Kapital nicht anderweitig gewinnbringend verwandt werden kann, wird es aus der Sicht des Unternehmens als Kosten – nämlich als Kapitalbindungskosten – angesehen.

BEISPIEL

Ein Unternehmen hat in einer Warengruppe Vorräte in Höhe von 500.000,00 €. Bei einem Lagerzinssatz von 4 % betragen die Kapitalbindungskosten 20.000,00 €.
Sie werden in diesem Fall wie folgt berechnet:

$$\text{Kapitalbindungskosten} = \text{Kapital} \cdot \text{Lagerzinssatz}$$
$$20.000\,€ = 500.000 \cdot 4$$

Businessplan
Wenn man ein Unternehmen gründen möchte, ist es sinnvoll, einen Businessplan oder Geschäftsplan aufzustellen.

Denn ohne einen professionell erstellten Businessplan ist es für den Unternehmensgründer heute kaum möglich, Kapitalgeber zu gewinnen.

DEFINITION

Der **Businessplan** ist eine schriftliche Zusammenfassung der wichtigsten Punkte eines Gründungsvorhabens.

Der Businessplan ermöglicht es Kapitalgebern (z. B. Banken, Investoren), sich einen schnellen und umfassenden Gesamtüberblick über das Gründungsvorhaben zu verschaffen.
Ein Businessplan enthält

Ein guter Businessplan überzeugt auch die Geldgeber.

- die Beschreibung der Geschäftsidee,
- Angaben zum Unternehmen, das gegründet werden soll,

- Angaben zum geplanten Waren- und Dienstleistungsangebot,
- Angaben zu möglicher Kundschaft,
- Angaben zu möglichen Wettbewerbern (Konkurrenten),
- Angaben zum geplanten Standort des Unternehmens,
- Angaben zur geplanten Marketingstrategie (Preisstrategie, Vertriebskonzept, Werbeaktivitäten),
- Angaben zur Rechtsform des zu gründenden Unternehmens,
- Informationen über die Mitarbeiterinnen und Mitarbeiter (u. a. Anzahl und Qualifikation),
- Angaben zu Risiken und Chancen der Unternehmensentwicklung.

Außerdem gehören zum Businessplan

- ein Investitionsplan,
- ein Finanzierungsplan,
- ein Liquiditätsplan und
- eine Ertragsvorschau oder Rentabilitätsrechnung.

Im **Investitionsplan** wird aufgeführt, welche Anlagegüter benötigt werden, um die Geschäftsidee zu verwirklichen. Im **Finanzierungsplan** wird der Kapitalbedarf (Eigenkapitalanteil, Fremdkapitalbedarf) für das Gründungsvorhaben zusammengestellt. Im **Liquiditätsplan** werden die zukünftigen Einzahlungen und Auszahlungen gegenübergestellt. In der **Ertragsvorschau** werden die zukünftigen Erträge und Aufwendungen des Unternehmens geschätzt, um Aussagen über die Wirtschaftlichkeit des zu gründenden Unternehmens treffen zu können.

Rechtliche Voraussetzungen

Die Gewerbeordnung erlaubt es jedermann, ein selbstständiges Gewerbe zu betreiben. Unternehmen dürfen bis auf die Ausnahmen, in denen ein besonderer Sachkundenachweis erforderlich ist, ohne besondere Genehmigung betrieben werden.

Meldepflichten bei der Unternehmensgründung

Die Eröffnung eines Betriebs muss der zuständigen Ortsbehörde (Gewerbeaufsichtsamt) unverzüglich angezeigt werden (= **Gewerbeanzeige**).

Außerdem muss der Betrieb bei folgenden Stellen angemeldet werden:

- dem zuständigen Finanzamt,
- der zuständigen Berufsgenossenschaft,
- der zuständigen Industrie- und Handelskammer,
- der zuständigen Agentur für Arbeit, wenn für Mitarbeitende Fördermittel aus der Arbeitslosenversicherung bezogen werden können.

Kaufleute müssen sich beim Amtsgericht zur Eintragung in das **Handelsregister** anmelden

> **DEFINITION**
>
> Das **Handelsregister** ist ein öffentliches Verzeichnis aller Kaufleute in einer Region.

Das Handelsregister wird von den zuständigen Amtsgerichten (Registergerichten) elektronisch geführt. Es kann von allen interessierten Personen im Internet eingesehen werden.

MERKSATZ

Kaufmannseigenschaften Istkaufmann (= Kaufmann kraft Gesetz)

Kaufmann im Sinne des Handelsgesetzbuches ist, wer ein Handelsgewerbe betreibt. Handelsgewerbe ist jeder Gewerbebetrieb, der nach Art und Umfang einen in kaufmännischer Weise eingerichteten Geschäftsbetrieb erfordert. Personen, die ein Handelsgewerbe betreiben, sind auch ohne Eintragung in das Handelsregister Kaufleute. Personen, die einen Gewerbebetrieb betreiben, der keine kaufmännische Organisation erfordert (Kleingewerbebetriebe, zum Beispiel Kioske) und Inhaber von land- und forstwirtschaftlichen Betrieben sind keine Istkaufleute.

Kannkaufmann

Inhaber von Gewerbebetrieben, die keine kaufmännische Organisation erfordern (Kleingewerbe betreibende) sowie Inhaber land- und forstwirtschaftlicher Betriebe und deren Nebenbetriebe (zum Beispiel Mühlen, Brennereien, Molkereien) können sich in das Handelsregister eintragen lassen. Sie werden dadurch Kaufleute.

Formkaufmann (= Kaufmann kraft Rechtsform)

Alle Kapitalgesellschaften und Genossenschaften sind unabhängig von der Art ihrer Tätigkeit Kaufleute.

Das Handelsregister ist in zwei Abteilungen unterteilt:

In der **Abteilung A** (HRA) werden

- Einzelkaufleute und Betriebe der öffentlichen Hand, soweit sie gewerblich tätig sind (= Eigenbetriebe),
- offene Handelsgesellschaften (OHG),
- Kommanditgesellschaften (KG) einschließlich GmbH & Co. KG und
- Europäische Wirtschaftliche Interessenvereinigungen (EWIV)

geführt.

In der **Abteilung B** (HRB) werden

- Aktiengesellschaften (AG),
- Kommanditgesellschaften auf Aktien (KGaA),
- Gesellschaften mit beschränkter Haftung (GmbH),
- Unternehmergesellschaften (UG),
- Versicherungsvereine auf Gegenseitigkeit (VVaG),
- Europäische Gesellschaften (SE),
- Pensionsfondsvereine auf Gegenseitigkeit (PVaG) und
- Zweigniederlassungen ausländischer Kapitalgesellschaften

geführt.

Das Handelsregister enthält u. a. folgende Informationen:

- Firma (Name des Unternehmens),
- Rechtsform,
- Unternehmenssitz,
- Gegenstand des Unternehmens,
- Geschäftsführung,
- Prokura,
- Art der Vertretungsberechtigung,

- Stammkapital (bei einer GmbH),
- Grundkapital (bei einer AG),
- Kommanditkapital (bei einer KG).

MERKSATZ

Firma

Unter einer Firma versteht man den Namen eines Kaufmanns, unter dem er seine Geschäfte betreibt. Die Firma ist aus dem Handelsregister ersichtlich. Unter dieser Bezeichnung seines Unternehmens hat der Kaufmann Ansprüche, geht Verpflichtungen ein, kann klagen und verklagt werden.

Für die Firmenbildung gibt es einige Grundsätze zu beachten, z. B.:

- Die Firma muss Unterscheidungskraft besitzen.
- Sie darf nicht irreführend sein.
- Sie muss durch einen **Rechtsformzusatz** (z. B. KG, GmbH) die Haftungsverhältnisse offenlegen.

Schutz der Geschäftsideen

Haben Gründerinnen oder Gründer von Unternehmen interessante Geschäftsideen, sollten sie diese (bzw. ihre Erfindungen) vor Nachahmern und wirtschaftlichen Bedrohungen rechtlich schützen. Die erfolgreiche Anmeldung von Patenten ist ein wichtiges Schutzrecht zur Stärkung der eigenen Wettbewerbsposition.

Unternehmenssteuern

Unternehmerinnen oder Unternehmer müssen an das Finanzamt Steuern entrichten. Bei einem Einzelhandelsbetrieb wie einem Coffeeshop sind dies Einkommensteuer oder Körperschaftsteuer, Gewerbesteuer und Umsatzsteuer.

Einkommensteuer

Einzelunternehmer und Gesellschafter von Personengesellschaften müssen von ihrem Einkommen Einkommensteuer bezahlen. Ihr steuerpflichtiges Einkommen ergibt sich aus den Einkunftsarten, die im § 2 Einkommensteuergesetz aufgeführt sind. Die Gewinne aus Handelsbetrieben müssen danach als Einkünfte aus Gewerbebetrieb versteuert werden.

Die Einkommensteuer ist eine Personensteuer. Bei ihrer Ermittlung werden die persönlichen Verhältnisse des Steuerpflichtigen (z. B. Familienstand, Anzahl der Kinder, Alter) und besondere Umstände, die seine wirtschaftliche Leistungsfähigkeit beeinträchtigen (z. B. Unterstützung mitteloser Angehöriger), berücksichtigt. Besteuert wird das zu versteuernde Einkommen eines Kalenderjahres.

Körperschaftsteuer

Juristische Personen (z. B. Aktiengesellschaften, Gesellschaften mit beschränkter Haftung, Genossenschaften) sind nicht einkommensteuerpflichtig. Ihr Einkommen unterliegt der Körperschaftsteuer.

Gewerbesteuer

Jeder inländische Gewerbebetrieb ist gewerbesteuerpflichtig. Grundlage für die Festsetzung der Gewerbesteuer ist der Gewerbeertrag des Gewerbebetriebs. Zur Ermittlung der Gewerbesteuerschuld eines Betriebs wird vom zuständigen Finanzamt der Steuermessbetrag nach dem Gewerbeertrag festgesetzt.

Bei Gewerbebetrieben, die von natürlichen Personen oder Personengesellschaften (z. B. OHG, KG) betrieben werden, bleibt ein Gewerbeertrag von 24.500,00 € steuerfrei. Kapitalgesellschaften (AG, GmbH) erhalten keinen Steuerfreibetrag. Bei Gewerbebetrieben, die von natürlichen Personen oder Personengesellschaften betrieben werden, und bei Kapitalgesellschaften beträgt die Steuermesszahl einheitlich 3,5 % des auf volle 100,00 € nach unten abgerundeten Gewerbeertrags.

Durch die Multiplikation des Steuermessbetrags mit dem von den einzelnen Gemeinden festgesetzten Hebesatz erhält man die fällige Gewerbesteuerschuld. Der Hebesatz wird vom Stadtrat oder Gemeinderat der einzelnen Städte und Gemeinden festgesetzt. Dadurch kann jede Stadt oder Gemeinde die Höhe der Gewerbesteuer unmittelbar beeinflussen. Auf diese Weise können von Gemeinde zu Gemeinde unterschiedliche Gewerbesteuerbelastungen der Betriebe entstehen.

Die Gewerbebetriebe sind verpflichtet, vierteljährlich am 15. Februar, 15. Mai, 15. August und 15. November Gewerbesteuervorauszahlungen zu entrichten. Die in einem Erhebungszeitraum gezahlten Vorauszahlungen werden auf die Gewerbesteuerschuld des Gewerbebetriebs für den Erhebungszeitraum angerechnet.

BEISPIEL für die Ermittlung der Gewerbesteuerschuld

einer Personengesellschaft
  Gewerbeertrag 50.000,00 €
− Freibetrag 24.500,00 €
  Verbleiben 25.500,00 €
· Steuermesszahl 3,5 %
= Steuermessbetrag 892,50 €
· Hebesatz der Gemeinde 400 %
= Gewerbesteuerschuld 3.570,00 €

einer Kapitalgesellschaft
  Gewerbeertrag 50.000,00 €

· Steuermesszahl 3,5 %
= Steuermessbetrag 1.750,00 €
· Hebesatz der Gemeinde 400 %
= Gewerbesteuerschuld 7.000,00 €

Umsatzsteuer

Lieferungen und Leistungen, die ein Unternehmen im Inland gegen Entgelt im Rahmen seiner betrieblichen Tätigkeit ausführt, unterliegen der Umsatzsteuer. Das Unternehmen ist verpflichtet, die Umsatzsteuer an das Finanzamt zu zahlen. Es trägt sie aber nicht selbst, sondern wälzt sie über den Verkaufspreis auf seine Kundschaft ab.

Das Unternehmen muss innerhalb von zehn Tagen nach Ablauf eines Kalendermonats beim Finanzamt eine Umsatzsteuervoranmeldung einreichen, wenn die Umsatzsteuerschuld für das vorangegangene Kalenderjahr mehr als 7.500,00 € betrug. Sonst beträgt der Voranmeldezeitraum drei Monate. Die für den Voranmeldezeitraum von ihm errechnete Zahllast muss es gleichzeitig als Umsatzsteuervorauszahlung leisten. Nach Ablauf eines Kalenderjahres muss das Unternehmen eine Umsatzsteuererklärung bis zum 31. Mai des Folgejahres abgeben.

Betriebliche Versicherungen

Um gegen große Schäden gesichert zu sein, sollte ein Unternehmen sicherstellen, dass es gegen

- Schäden, die ihm, seinem Personal oder seinem Betrieb zugefügt werden, und
- Schäden, die durch seinen Betrieb oder seine Angestellten verursacht werden können,

ausreichend versichert ist.

1. Geben Sie an, welche persönlichen Voraussetzungen jemand erfüllen muss, der ein Unternehmen gründen will.
2. Führen Sie auf, für welche Waren ein Händler einen besonderen Sachkundenachweis erbringen muss.
3. Erläutern Sie, wovon der Kapitalbedarf eines Unternehmens abhängig ist.
4. Geben Sie an, wo ein neu gegründeter Betrieb angemeldet werden muss.
5. Erklären Sie, was ein Handelsregister ist.
6. Geben Sie an, wo das Handelsregister geführt wird.
7. Entscheiden Sie, welche Unternehmen in die Abteilung A des Handelsregisters eingetragen werden.
8. Führen Sie auf, welche Unternehmen in die Abteilung B des Handelsregisters eingetragen werden.
9. Zeigen Sie auf, welche Informationen über ein Unternehmen man dem Handelsregister entnehmen kann.

10. Nach der Beendigung der Schulzeit und ggf. einer Ausbildung bietet sich Ihnen die Chance, sich selbstständig zu machen.
    a) Bilden Sie in Ihrer Klasse Gruppen zu je drei Personen.
    b) Entwickeln Sie gemeinsam eine Geschäftsidee für die Gründung eines Unternehmens.
    c) Planen Sie die Schritte in die Selbstständigkeit mithilfe des PC-Lernprogramms „Existenzgründungsberater", abrufbar im Internet unter https://www.existenzgruender.de/DE/Home/inhalt.html
    d) Präsentieren Sie Ihre Planungsüberlegungen mit einem selbst gewählten Präsentationsmittel.

Voraussetzungen für die Gründung eines Einzelhandelsunternehmens		
persönliche Voraussetzungen	**sachliche Voraussetzungen**	**rechtliche Voraussetzungen**

• Geschäftsfähigkeit
• gute Warenkenntnisse
• Verkaufserfahrung
• ausreichende kaufmännische Fachkenntnisse
• Sachkundenachweis beim Handel mit bestimmten Waren
	• günstiger Standort
	• Kapital
	  – Eigenkapital
	  – Fremdkapital
		• Gewerbeanzeige
		• Anmeldung
		  – beim Finanzamt
		  – bei der Berufsgenossenschaft
		  – bei der Industrie- und Handelskammer
		• Anmeldung von Kaufleuten beim Amtsgericht zur Eintragung ins Handelsregister

9.2 Einzelunternehmen

Melanie Soldner hat dank ihres guten Businessplans auch noch Geld von der Bank erhalten. Sie verfügt nun über das notwendige Kapital für ihren Start in die Selbstständigkeit. Sie mietet die von der Leitung des Hessenzentrums angebotene Fläche an und beginnt mit der Einrichtung ihres Coffeeshops. Für ihren Einstieg in die Selbstständigkeit hat sie die Rechtsform der Einzelunternehmung gewählt: Sie nennt ihr Unternehmen „Melanies Coffeeshop e. K.".

Stellen Sie fest, durch welche Merkmale eine Einzelunternehmung gekennzeichnet ist

> **DEFINITION**
>
> Eine **Einzelunternehmung** ist ein Unternehmen, dessen Eigenkapital von einer Person aufgebracht wird.

Diese Unternehmensform hat also nur einen Inhaber, der für die Unternehmung mit seinem ganzen Privatvermögen haftet. Da der Eigentümer daher das Unternehmensrisiko allein zu tragen hat, steht ihm als Ausgleich auch der gesamte erzielte Gewinn zu.

Der Eigentümer leitet die Einzelunternehmung sowohl im Innenbereich als auch in der Vertretung nach außen alleinverantwortlich. Er kann aber verschiedene Aufgaben der Geschäftsführung an von ihm dazu ermächtige Personen (Handlungsbevollmächtigte oder Prokuristen) übertragen.

201 115

© Bergmoser – Höller Verlag AG

Seit 1. August 1998 müssen alle neu gegründeten im Handelsregister eingetragenen Unternehmen einen eindeutigen Rechtsformzusatz führen. Dies gilt auch für einen Einzelkaufmann oder eine Einzelkauffrau. Sie haben die Wahl, „e. K.", „e. Kfm." (eingetragener Kaufmann) oder „e. Kffr." (eingetragene Kauffrau) zu führen (§ 19 Abs. 1 HGB). Auch fantasievolle, werbewirksame und ins Auge springende Unternehmensnamen sind erlaubt.

BEISPIELE

Für die Einzelunternehmung Müller wäre also möglich:
„Heinz Müller e. Kfm."
„Heinz Müller e. K. – English Fashion Shop"
„Die feine englische Art e. K."

Die meisten Betriebe in der Bundesrepublik (ca. 90 %) sind Einzelunternehmungen. Sie beschäftigen aber nur ungefähr ein Drittel aller Arbeitnehmer. Es handelt sich dabei in der Regel um Kleinbetriebe mit wenigen Beschäftigten. Die Bedeutung dieser Unternehmungsform geht stark zurück.

Dies ist auch auf den Hauptnachteil der Einzelunternehmungen zurückzuführen. Ihre mangelnde Kapitalstärke bewirkt oft, dass notwendige Betriebsinvestitionen nicht durchgeführt werden können, die eventuell für die Zukunft des Unternehmens sehr wichtig sind. Ebenfalls negativ wirkt sich aus, dass das Geschick des Betriebs unlösbar mit dem Schicksal des Einzelunternehmers verbunden ist.

Die Einzelunternehmung hat aber auch Vorteile. Der Unternehmer kann seine Entscheidungen selbstständig, frei und vor allem schnell treffen. Das hat für das Marktgeschehen positive Auswirkungen. Der Einzelunternehmer ist unabhängig von kontrollierenden Organen und ist niemandem Rechenschaft schuldig. Es gibt auch keine Meinungsverschiedenheiten in der Geschäftsführung, wie es bei Gesellschaftsunternehmen häufig der Fall ist.

AUFGABEN

1. Geben Sie an, welche Bedeutung die Einzelunternehmung hat.
2. Entscheiden Sie, ob Einzelunternehmungen folgendermaßen firmieren können:
   a) „E. Surmann – Haushaltwaren"
   b) „Max Büsing – Spirituosen"
   c) „4812 – Parfümerie"
   d) „Gänseblümchen e. K."

3. Öffnen Sie folgende Website: https://www.existenzgruender.de/DE/Gruendung-vorbereiten/Rechtsformen/inhalt.html
   Erstellen Sie mit Word eine Tabelle nach folgendem Muster (Querformat):

Art der Rechtsform	wesentliche Merkmale	Vorteile	Nachteile

4. Überprüfen Sie Ihre „Qualitäten" als Unternehmer/als Unternehmerin. Rufen Sie dazu den Persönlichkeitstest „Sind Sie ein Unternehmertyp?" im Internet auf und bearbeiten Sie ihn:
   https://deutschlands-gruender.de/home/sind-sie-ein-unternehmertyp/

Einzelunternehmung

Eine Person bringt das Eigenkapital auf, leitet das Unternehmen und trägt das Risiko allein.

Gründerzahl	einer
Mindestkapital	keine Regelung
Haftung	unbeschränkt mit Privat- und Geschäftsvermögen
Geschäftsführung und -vertretung	der Einzelkaufmann allein
Gewinnverteilung	an den Einzelkaufmann allein

9.3 Personengesellschaften

Das Unternehmen „Melanies Coffee-shop e. K." – ist schnell sehr erfolgreich, und dementsprechend hoch wird die Arbeitsbelastung von Melanie Soldner. Aus Rückmeldungen von Kundinnen und Kunden erfährt sie, dass diese zu ihren exklusiven Kaffees auch gern die pas-

senden Snacks und auch Frühstück bestellen möchten. Melanie überlegt also, ihr Unternehmen auf eine breitere Kapitalbasis zu stellen und außerdem um ein Restaurant zu ergänzen.

In dieser Situation trifft sie zufällig Sigrid Kurz, die, nachdem sie mehrere Jahre in einer Bäckerei mit Frühstücksservice gearbeitet hat, eine neue, anspruchsvolle Beschäftigung sucht. Da Frau Kurz sehr sparsam ist und zudem vor Kurzem einen Lottogewinn erzielt hat, verfügt sie über ein Kapital von 120.000,00 €.

Melanie versteht sich auf Anhieb gut mit Sigrid und schlägt ihr die Gründung einer offenen Handelsgesellschaft vor. Sie nennen sich „Soldner Coffeeshop OHG".

Stellen Sie fest, welche Überlegungen zur Gründung einer offenen Handelsgesellschaft führen.

Gesellschaften entstehen immer dann, wenn sich mindestens zwei Personen zum Erreichen eines genau bestimmten Zwecks zusammenschließen. Die Gründung erfolgt durch einen Gesellschafts-vertrag.

DEFINITION

Personengesellschaften sind dadurch gekennzeichnet, dass die persönliche Mitarbeit und Haftung der Unternehmer/-innen im Vordergrund stehen.

Der Zusammenschluss zu Personengesellschaften beruht auf dem persönlichen Vertrauen, das sich die einzelnen Gesellschafter entgegenbringen. Deshalb ist der Fortbestand einer Personengesellschaft grundsätzlich von der unveränderten Zusammensetzung des Personenkreises abhängig, der sich zu der Gesellschaft zusammengeschlossen hat. Das bedeutet u. a.: Im Zweifel endet die Gesellschaft mit dem Tod eines Gesellschafters, da sich grundsätzlich keiner der Gesellschafter gegen seinen Willen einen anderen Gesellschafter aufzwingen lassen muss.

Die Gründung einer Personengesellschaft erfordert einen geringen Kapitalbedarf und ist vergleichsweise einfach durchzuführen. Die Geschäftsführung ist auf einen oder mehrere Inhaber zugeschnitten. Kredite können wegen der persönlichen Haftung wenigstens einer Person leicht beschafft werden.

Offene Handelsgesellschaft

Ist die Kapitalgrundlage einer Einzelunternehmung zu schwach, kommt es oft zur Gründung einer offenen Handelsgesellschaft (abgekürzt OHG).

DEFINITION

Die **OHG** ist eine vertragliche Vereinigung von mindestens zwei Personen, die Eigenkapital zum Betrieb eines Handelsgewerbes zur Verfügung stellen. Alle Gesellschafter sind zur Geschäftsführung berechtigt und verpflichtet.

Gesellschafter und Haftung

Die Inhaber der OHG haften für die Verbindlichkeiten der Gesellschaft mit ihrem gesamten Privatvermögen und nicht nur mit ihren Anteilen am Gesellschaftsvermögen. Die Haftung ist also **unbeschränkt**. Darüber hinaus haftet jeder Gesellschafter **unmittelbar**. Die Gläubiger der OHG können jeden Gesellschafter daher direkt, ohne zuvor bei der Gesellschaft einen Ausgleich der Verbindlichkeiten gesucht zu haben, in Anspruch nehmen. Dabei liegt es im Ermessen der Gläubiger, ob ein Gesellschafter die Schulden der OHG in voller Höhe oder nur zu einem Teil begleichen soll. Jeder Gesellschafter haftet mit den anderen Gesellschaftern als Gesamtschuldner (**solidarische** Haftung).

Eine Regelung zur Beschränkung der Haftung ist zwar im Innenverhältnis möglich (Gesellschaftsvertrag), Dritten gegenüber (Außenverhältnis) jedoch unwirksam.

BEISPIEL

Die Gesellschafter einer OHG schließen einen Gesellschaftsvertrag. Einer der Gesellschafter soll im Fall einer Insolvenz nicht mit seinem Privatvermögen haften.
Rechtliche Wirkung: Dieser Gesellschafter haftet gegenüber den Gläubigern weiterhin unbeschränkt.

Ergebnisverteilung

Wegen der unbeschränkten Haftung wird das Risiko der Gesellschafter nicht von den Kapitaleinlagen, sondern von der Höhe des vorhandenen Privatvermögens bestimmt. Deshalb ist eine Gewinnverteilung nur nach Kapitalanteilen in der Regel nicht angemessen. Falls nichts anderes vereinbart wurde, gilt die gesetzliche Regelung, wonach sowohl die Kapitaleinlage als auch die Arbeitsleistung der Teilhaber bei der Verteilung der Gewinne berücksichtigt werden sollen. Die Gesellschafter erhalten zunächst vom Reingewinn der OHG 4 % ihrer Einlage als Kapitalverzinsung. Der sich ergebende Gewinnrest wird als Entgelt für die Arbeitsleistung nach Köpfen verteilt.

BEISPIEL

Eine OHG hat drei Gesellschafter: Herr Anton hat am Unternehmen einen Anteil von 300.000,00 €, Frau Badener hat sich mit 180.000,00 € beteiligt und die Kapitaleinlage von Herrn Chemulus beträgt 120.000,00 €. Der zu verteilende Gewinn des Jahres beträgt 220.000,00 €.

Gesellschafter	Kapitaleinlage	4%	Rest	Gesamt
Anton	300.000,00	12.000,00	65.333,00	77.333,00
Badener	180.000,00	7.200,00	65.333,00	72.533,00
Chemulus	120.000,00	4.800,00	65.333,00	70.133,00
Gesamt	**600.000,00**	**24.000,00**	**196.000,00**	**220.000,00**

Firmierung

Die Firma (Name) muss einen Hinweis auf die Rechtsform enthalten (z. B. „offene Handelsgesellschaft" oder „oHG" oder „OHG"), im Übrigen aber darf der Name Fantasiebezeichnungen enthalten; die Nennung des Namens eines Gesellschafters ist nicht mehr erforderlich.

Kündigung von Gesellschaftern

Die Kündigung eines Gesellschafters kann, wenn die Gesellschaft für unbestimmte Zeit eingegangen worden ist, nur für den Schluss eines Geschäftsjahrs erfolgen. Sie muss mindestens sechs Monate vor diesem Zeitpunkt stattfinden. Die Ansprüche gegen einen Gesellschafter aus Verbindlichkeiten der Gesellschaft verjähren fünf Jahre nach dem Ausscheiden des Gesellschafters

Auflösung

Die OHG wird aufgelöst:

- durch den Ablauf der Zeit, für die sie eingegangen worden ist,
- durch den Beschluss der Gesellschafter,
- durch die Eröffnung des Insolvenzverfahrens über das Vermögen der Gesellschaft,
- durch den Tod eines Gesellschafters, sofern sich aus dem Gesellschaftsvertrag nicht anderes ergibt.

ZAHLENBILDER
201 125

© Bergmoser + Höller Verlag AG

Bedeutung

Die Unternehmensform der OHG hat besondere Bedeutung für klein- und mittelständische Unternehmen. Sie ist vor allem geeignet, wenn ein überschaubarer Kreis von Gesellschaftern ihr Kapital und ihre volle Arbeitskraft einsetzen wollen. Zwischen ihnen muss ein enges Vertrauensverhältnis bestehen. Wegen der strengen Haftungsgrundsätze genießt die OHG in der Regel hohen Kredit. Das volle Haftungsrisiko, das die Gesellschafter einer OHG zu tragen haben, ist der Hauptgrund dafür, dass Gesellschaftsgründer oft nach Unternehmensformen suchen, die eine geringere Haftungsgefahr mit sich bringen.

Kommanditgesellschaft

BEISPIEL

Die Verkaufsräume von Herrn Müller und Frau Kurz haben sich als zu klein erwiesen. Für die Anmietung und Einrichtung eines neuen, größeren Geschäfts benötigen die beiden Kapital, das sie allein nicht aufbringen können. Zwei Bekannte von Herrn Müller, der Rechtsanwalt Werner Naumann und die Steuerberaterin Anneliese Otto, sind bereit, sich zu beteiligen. Sie möchten allerdings im Geschäft nicht mitarbeiten und auch nicht mit ihrem Privatvermögen haften. Herr Müller schlägt die Gründung einer Kommanditgesellschaft vor.

Gesellschafter und Haftung

Die Kommanditgesellschaft (abgekürzt KG) unterscheidet sich von der OHG dadurch, dass bei einem oder einem Teil der Gesellschafter die Haftung gegenüber den Gesellschaftsgläubigern auf den Betrag einer bestimmten Vermögenseinlage beschränkt bleibt. Es gibt daher in einer KG zwei Arten von Gesellschaftern, von denen mindestens je einer vorhanden sein muss:

- **Komplementäre (= Vollhafter)**
  Sie haben als persönlich haftende Gesellschafter die gleiche Stellung wie die Gesellschafter einer OHG. Sie haften mit ihrem ganzen Vermögen. Das Recht, Entscheidungen im Unternehmen zu treffen, liegt allein bei ihnen. Auch nach außen vertreten nur die Komplementäre die Gesellschaft.

- **Kommanditisten (= Teilhafter)**
  So heißen die Gesellschafter, deren Haftung den Gesellschaftsgläubigern gegenüber auf den Betrag ihrer Kapitaleinlage beschränkt ist. Ihnen stehen gewisse Kontrollrechte zu. Sie dürfen Bilanzabschriften und Bucheinsichten verlangen.

Ergebnisverteilung

Bei der Gewinnverteilung bekommt zunächst einmal jeder Gesellschafter 4 % seines Kapitalanteils. Der Gewinnrest wird in einem angemessenen Verhältnis,

© Bergmoser + Höller Verlag AG

das in dem Gesellschaftsvertrag festgelegt wird, verteilt. Dabei steht den Komplementären, die die Geschäftsführung innehaben und zudem mit ihrem ganzen Vermögen haften, im Allgemeinen ein größerer Gewinnanteil zu als den Kommanditisten.

Die Verteilung eines Verlusts wird im Gesellschaftsvertrag geregelt. An dem Verlust darf der Kommanditist aber nur bis zum Betrag seines Kapitalanteils beteiligt werden.

Firmierung
Die Firma (Name) muss einen Hinweis auf die Rechtsform enthalten (z. B. „Kommanditgesellschaft" oder „KG"), im Übrigen aber darf der Name Fantasiebezeichnungen enthalten; die Nennung des Namens des Komplementärs ist nicht mehr erforderlich.

> **BEISPIEL**
>
> „Gänseblümchen KG" für einen Bücherladen oder ein Bekleidungsgeschäft für Kindertextilien

Bedeutung
Die Kommanditgesellschaft hat im Wirtschaftsleben ständig an Bedeutung gewonnen. Die Möglichkeit der Aufnahme neuer Gesellschafter ist größer als bei der OHG. Kommanditisten gehen nicht das Risiko ein, auch ihr Privatvermögen bei Verlusten der Gesellschaft zu verlieren. Durch den Eintritt von Kommanditisten erhöht sich das Eigenkapital des Unternehmens, wodurch die Kreditwürdigkeit gestärkt wird.

Stille Gesellschaft

> **BEISPIEL**
>
> Der Rechtsanwalt Naumann, Kommanditist der Müller KG, ist mit einer Kapitaleinlage noch an einem anderen Unternehmen beteiligt. In einem Vertrag mit dem Einzelunternehmer Gerd Vesper wurde vereinbart, dass Herr Naumann in keiner Weise haften und das Verhältnis zu der Firma „Gerd Vesper – Eisenwaren e. Kfm." nach außen nicht in Erscheinung treten soll.

Gesellschafter und Haftung
Viele Einzelunternehmungen nehmen zur Erweiterung ihrer Kapitalgrundlage einen stillen Gesellschafter auf. Dieser ist nur mit einer Kapitaleinlage, die in das Vermögen der Firma übergeht, an der Einzelunternehmung beteiligt. Er muss kein Kaufmann sein. Der stille Gesellschafter haftet nicht persönlich, auch nicht mit seiner Einlage. Gläubiger können sich nicht an den stillen Gesellschafter, sondern nur an den Geschäftsinhaber wenden.

Rechte des stillen Gesellschafters
Die Einlage des stillen Gesellschafters bildet einen Teil des langfristigen Fremdkapitals. Da der stille Gesellschafter – im Gegensatz zum Kommanditisten – nicht Mitinhaber, sondern lediglich Darlehensgeber ist, kann er selbst als Insolvenzgläubiger auftreten.

Der stille Gesellschafter hat keinen Einfluss auf die Geschäftsführung. Er ist nicht befugt, unternehmerische Entscheidungen zu treffen. Er hat auch bei außergewöhnlichen Geschäften kein Widerspruchsrecht, sondern ist bei Pflichtverletzungen auf Schadensersatzansprüche gegen den tätigen Teilhaber oder notfalls auf die Kündigung der Gesellschaft angewiesen. Da die stille Gesell-

Im Gegensatz zu anderen Gesellschaftern muss bei der stillen Gesellschaft kein Eintrag in ein Handelsregister erfolgen. Dies hat für einen stillen Gesellschafter zur Folge, dass er vollkommen anonym bleiben kann.

schaft nach außen hin nicht in Erscheinung tritt, wird auch keine neue Firma gegründet.

> **BEISPIEL**
>
> Auch nach Aufnahme des stillen Gesellschafters Naumann lautet die Firma „Gerd Vesper – Eisenwaren e. Kfm."

Ergebnisverteilung

Bei einer stillen Gesellschaft muss der stille Gesellschafter am Gewinn beteiligt sein. Die Gewinnverteilung erfolgt nach Vereinbarung. Die Beteiligung am Verlust kann dagegen ausgeschlossen werden.

Bedeutung

Die stille Gesellschaft bietet sich als Unternehmensform an, wenn jemand mit seiner Beteiligung nach außen unerkannt bleiben will. Sie dient dem Zweck, mittels einer Vermögenseinlage Gewinn zu erzielen. Stille Gesellschafter sind auch bei einer OHG oder KG denkbar.

AUFGABEN

1. Führen Sie Merkmale der OHG auf.
2. Geben Sie an, welche Vor- und Nachteile eine OHG für die Gesellschafter hat.
3. Die Schulz & Otto OHG hat einen Jahresgewinn von 90.000,00 € erwirtschaftet. Herr Schulz hat sich mit 400.000,00 €, Herr Otto mit 150.000,00 € am Unternehmen beteiligt.
   Errechnen Sie den Gewinn der beiden Gesellschafter in Euro, wenn der Gesellschaftsvertrag über die Gewinnverteilung nichts aussagt.
4. Erläutern Sie am Beispiel der OHG die folgenden Begriffe:
   a) unbeschränkte Haftung
   b) unmittelbare Haftung
   c) solidarische Haftung
5. Erläutern Sie, was eine Kommanditgesellschaft ist.
6. Erklären Sie die Begriffe
   a) Komplementäre,
   b) Kommanditisten.
7. Führen Sie Vorteile und Nachteile einer Kommanditgesellschaft auf für
   a) die Komplementäre,
   b) die Kommanditisten.
8. Erläutern Sie die Firmierung einer
   a) OHG,
   b) Kommanditgesellschaft.
9. Erklären Sie, welche Stellung ein stiller Gesellschafter im Insolvenzfall seiner Gesellschaft hat.
10. a) Erstellen Sie mithilfe von Excel eine Tabellenkalkulation, mit der Sie die gesetzliche Gewinnverteilung in einer OHG berechnen können.
    b) Testen Sie Ihre Kalkulation mit der folgenden Aufgabe:
       Herr Böttger bringt 60.000,00 €, Frau Greiser 40.000,00 € und Herr Dessin 20.000,00 € in die OHG ein. Erfreulicherweise machen sie im ersten Jahr 100.000,00 € Gewinn.

11. In dieser Aufgabe führen Sie eine Skriptkooperation zum Thema Personengesellschaften durch:

Ablauf

- Suchen Sie sich eine Partnerin oder einen Partner.
- Teilen Sie das Kapitel in zwei Teile auf: Teil 1 umfasst den Abschnitt „Offene Handelsgesellschaft", Teil 2 besteht aus dem Abschnitt „Kommanditgesellschaft".
- Lesen Sie den Ihnen zugeteilten Teil in zirka zehn Minuten gründlich durch.
- Fassen Sie den Inhalt auf maximal einer handgeschriebenen Seite strukturiert oder thesenartig zusammen (zirka zehn Minuten).
- Tragen Sie nun Ihrem Partner/Ihrer Partnerin den Inhalt in fünf Minuten mündlich vor. Sie sollten versuchen, den Text nicht nur einfach vorzulesen, sondern möglichst frei zu sprechen. Ebenso müssen Sie entscheiden, welche Informationen relevant und welche nicht so wichtig sind.
- Verständnisfragen sind zugelassen.
- Nun ist der/die andere an der Reihe, den Inhalt Ihres Vortrags in zirka fünf Minuten wiederzugeben. Achten Sie darauf, dass dies möglichst vollständig geschieht, und korrigieren beziehungsweise ergänzen Sie die Ausführungen bei Bedarf.
- Sind alle Fragen zu Ihrem Fachtext geklärt, erfolgt ein Rollenwechsel. Ihr Partner oder Ihre Partnerin trägt Ihnen nun seinen/ihren Text vor und Sie geben den Text mit eigenen Worten wieder.
- Gibt es zu Ihren Texten Fragen, werden diese anschließend im Plenum besprochen.

Bearbeitungszeit insgesamt: 45 Minuten

ZUSAMMENFASSUNG

Personen-gesellschaften	Offene Handelsgesellschaft alle Gesellschafter haften persönlich	Kommanditgesellschaft mindestens ein Vollhafter (Komplementär) und mindestens ein Teilhafter (Kommanditist)	Stille Gesellschaft Beteiligung an einer Einzelunternehmung, OHG oder KG, ohne dass dies öffentlich bekannt wird
Mindestgründerzahl	zwei	zwei	zwei
Mindestkapital	–	–	–
Haftung	alle Gesellschafter unbeschränkt, unmittelbar, solidarisch	Komplementär wie bei der OHG, Kommanditist mit Einlage	stiller Gesellschafter nur mit Einlage
Geschäftsführung und -vertretung	jeder Gesellschafter	nur Komplementäre falls keine vertragliche	nur Geschäftsinhaber
Gewinnverteilung	falls keine vertragliche Regelung: 4 % der Kapitaleinlage, Rest nach Köpfen	Regelung: 4 % der Kapitaleinlage, Rest im angemessenen Verhältnis	angemessene Anteile

9.4 Kapitalgesellschaften

Melanie Soldner, mittlerweile Gesellschafterin der Soldner Coffeeshop OHG, hat Sorgen. Auch andere Unternehmen in der Nähe des Hessenzentrums sind mittlerweile auf die Idee gekommen, Frühstück und kleine Snacks anzubieten. Die Umsatzzahlen des bisher erfolgreichen Unternehmens gehen stark zurück. Auch die bisherige Internetseite muss grundlegend modernisiert werden.

Da die Situation zurzeit nicht gerade rosig ist, macht sich Melanie vorsichtshalber Gedanken um die Zukunft. Im Insolvenzfall würden sie und Sigrid Kurz als Gesellschafter wegen der vollen Haftung ihr ganzes Privatvermögen aufs Spiel setzen. Melanie sucht eine Unternehmensform, bei der sie als Gesellschafterin nicht persönlich haften muss. Nachdem sie einige Erkundigungen eingezogen hat, wandelt sie mit Zustimmung von Sigrid Kurz die bisherige Firma in die Soldner Coffeeshop GmbH um.

Klären Sie, warum Melanie Soldner die Unternehmensform der GmbH wählt.

Kapitalgesellschaften unterscheiden sich von den Einzelunternehmungen und den Personengesellschaften dadurch, dass das zum Betrieb erforderliche Kapital hier nicht von Einzelpersonen unter ihrem Namen gegeben wird. Stattdessen erwirbt ein nicht mit Namen genannter größerer Personenkreis Anteile. Kapitalgesellschaften sind dadurch anonymer als Einzelunternehmungen und Personengesellschaften.

DEFINITION

Bei den **Kapitalgesellschaften** haften die Kapitalgeber nicht mit dem eigenen privaten Vermögen, sondern nur mit der Kapitaleinlage.

Die Höhe der Kapitalbeteiligung ist die Grundlage für Haftung, Stimmrecht und Gewinnbeteiligung der Gesellschafter.

Die Gesellschafter sind meist nur an der Geldanlage und nicht an der Führung des Unternehmens interessiert. Die Geschäftsführung wird daher von besonderen, gesetzlich vorgeschriebenen Organen wahrgenommen.

Gesellschaft mit beschränkter Haftung

Die Gesellschaft mit beschränkter Haftung (abgekürzt GmbH) ist eine Kapitalgesellschaft, die nicht nur zum Betrieb eines Handelsgewerbes, sondern zu jedem gesetzlich zulässigen Zweck errichtet werden kann. Die GmbH hat eine eigene Rechtspersönlichkeit. Sie ist eine juristische Person,

GmbH

Gesellschaft mit beschränkter Haftung

Gründung

Gesellschaftsvertrag

ggf. notarielles Musterprotokoll mit Mindestangaben

Stammkapital mindestens 25 000 €

Firma, z.B.:

Kabel Elektro GmbH

Eintragung ins Handelsregister

Geschäftsführung

Gesellschafterversammlung

Weisung Kontrolle

Geschäftsführer

bei mehr als 500 Arbeitnehmern:

Aufsichtsrat

Gewinn/Verlust

Beteiligung nach Geschäftsanteilen

keine Gewinnausschüttung, bis Verlust abgedeckt ist

Haftung

Haftung der Gesellschaft: beschränkt auf das Gesellschaftsvermögen

ggf. private Haftung des Geschäftsführers oder der Gesellschafter bei Verletzung gesetzlicher Pflichten

Finanzierung

Kapitalerhöhung: Zuführung neuen Eigenkapitals durch bisherige oder neu eintretende Gesellschafter

Fremdfinanzierung

BANK

u.a. durch Bankkredite, Privatdarlehen, Lieferantenkredit

Besteuerung

GmbH: selbstständiges Steuersubjekt

mit Körperschaftsteuerpflicht

Einkommensteuerpflicht der Gesellschafter

ZAHLENBILDER

201 135

© Bergmoser + Höller Verlag AG

die selbstständig ihre Rechte und Pflichten hat. Sie kann beispielsweise Eigentum und Rechte an Grundstücken erwerben, vor Gericht klagen und verklagt werden.

Kapitalaufbringung

Das Gesellschaftskapital wird Stammkapital genannt und muss mindestens 25.000,00 € betragen. Stammeinlagen sind die Beiträge der einzelnen Gesellschafter zum Stammkapital. Die Höhe der Stammeinlage kann für die einzelnen Gesellschafter unterschiedlich groß sein.

Haftung

Für die Verbindlichkeiten der Gesellschaft haftet den Gläubigern grundsätzlich nur die GmbH mit ihrem Gesellschaftsvermögen. Die Gesellschafter haften nicht mit ihrem Privatvermögen.

Ergebnisverteilung

Die Gesellschafter haben Anspruch auf den von der GmbH erzielten Reingewinn. Falls der Gesellschaftsvertrag nichts anderes bestimmt, wird dieser nach dem Verhältnis der Geschäftsanteile verteilt.

Organe der GmbH

Die gesetzlich vorgesehenen Organe zur Vertretung, Überwachung und Beschlussfassung der GmbH sind:

Geschäftsführung

Durch die Geschäftsführung handelt die GmbH.

Gesellschafterversammlung

Die Gesellschafterversammlung, die in der Regel durch die Geschäftsführer einberufen wird, ist das oberste Organ der GmbH. Hier entscheiden die Gesellschafter über alle grundsätzlichen Angelegenheiten.

Aufsichtsrat

Als Kontrollorgan kann ein Aufsichtsrat eingerichtet werden. Gesetzlich vorgeschrieben ist er nur für Gesellschaften mit beschränkter Haftung, die mehr als 500 Arbeitnehmer beschäftigen.

Firmierung

Die Firma der GmbH muss sich durch einen eindeutigen Zusatz „GmbH" identifizieren lassen. Wie bei anderen Rechtsformen sind auch bei der Gesellschaft mit beschränkter Haftung Fantasiefirmennamen möglich.

Bedeutung

Die GmbH wird als Unternehmensform oft gewählt, wenn eine einzelne Person oder ein überschaubarer Kreis mehrerer Personen ein kaufmännisches Unternehmen führen wollen, bei dem keiner die volle Haftung übernehmen will. Sie ist daher hauptsächlich bei kleineren und mittleren Unternehmen anzutreffen. Auch die meisten Neugründungen erfolgen als Gesellschaften mit beschränkter Haftung.

Neben der eingeschränkten Haftung hat die GmbH weitere Vorzüge:

- Die Zahl der Gesellschafter ist unbegrenzt.
- Das zur Gründung notwendige Mindestkapital beträgt lediglich 25.000,00 €.
- Die gesetzlichen Vorschriften, die für eine GmbH gelten, sind relativ einfach zu erfüllen. Daher kann die GmbH über den Gesellschaftsvertrag den Besonderheiten des Einzelfalls besonders gut angepasst werden.

Haftungsbeschränkte Unternehmergesellschaft

Am 26. Juni 2008 wurde vom Deutschen Bundestag das Gesetz zur Modernisierung des GmbH-Rechts und zur Bekämpfung von Missbräuchen (MoMiG) beschlossen. Die neue GmbH-Variante entsteht bereits mit der Einzahlung von einem Euro durch die Gesellschafter. Diese UG (haftungsbeschränkt) darf ihre jährlichen Gewinne allerdings nicht in vollem Umfang ausschütten, sondern muss das Mindeststammkapital der normalen GmbH von 25.000,00 € nach und nach ansparen.

GmbH & Co. KG

Eine spezielle Unternehmensform stellt die GmbH & Co. KG dar. Sie ist eigentlich eine Personengesellschaft, als deren Komplementär eine Kapitalgesellschaft – nämlich die GmbH – auftritt. Der Unter-

BEISPIEL

Müller GmbH & Co. KG

schied zur KG liegt darin, dass in dieser Gesellschaft eine juristische Person die Unternehmung führt. Dadurch gelingt es, die unmittelbare und unbeschränkte Haftung des Komplementärs in eine mittelbare und beschränkte Haftung zu verwandeln.

Die Firma der GmbH & Co. KG muss die volle Bezeichnung der GmbH enthalten. Außerdem ist ein das Vorhandensein eines Gesellschaftsverhältnisses andeutender Zusatz („& Co. KG") enthalten.

Aktiengesellschaft

> **BEISPIEL**
>
> Herr Schmitt, Inhaber der „Feinkost GmbH", hat eine Marktlücke entdeckt, die verspricht, viel Gewinn abzuwerfen: die Gründung eines Unternehmens, das hormonfreies Kalbfleisch produziert und vertreibt. Vier seiner Bekannten sind von dieser Idee begeistert und möchten sich beteiligen. Die Aufzucht von Kälbern verursacht jedoch zunächst einmal riesige Kosten. Da Herr Schmitt und die anderen Gesellschafter den für die nötigen Investitionen erforderlichen Kapitalbetrag nicht allein aufbringen können, suchen sie eine große Zahl weiterer Kapitalgeber, die zur Finanzierung des Vorhabens beitragen wollen. Zu diesem Zweck gründen sie eine Aktiengesellschaft.

Die Aktiengesellschaft (abgekürzt AG) ist eine Kapitalgesellschaft. Zur Gründung einer AG ist nur eine Person nötig. In der Satzung (dem Gesellschaftsvertrag) wird die Höhe des Grundkapitals festgelegt, das mindestens 50.000,00 € betragen muss.

Kapitalaufbringung
Das Kapital der AG wird durch den Verkauf von Aktien aufgebracht.

> **DEFINITION**
>
> **Aktien** sind Urkunden über Anteils- und Besitzrechte an einer Aktiengesellschaft. Der Aktionär – der Inhaber von Aktien – ist somit Teilhaber am Vermögen und den Erträgen einer Aktiengesellschaft.

Die Aktien können einen unterschiedlichen Nennwert haben. Der Nennwert ist der auf einer Aktie aufgedruckte Betrag in Euro. Er drückt aus, mit welchem Euro-Betrag ein Aktionär am Grundkapital der AG beteiligt ist. Zum Nennwert wird eine Aktie meistens bei der Gründung der Aktiengesellschaft ausgegeben. Der Mindestnennwert beträgt 1,00 €.

> **BEISPIEL**
>
> Die Nordwestdeutsche Südfrüchte AG hat ihr Grundkapital von 5.000.000,00 € in 100000 Aktien zum Nennwert von je 50,00 € gestückelt. Herr Otte besitzt eine dieser Aktien. Dadurch ist er zu 1/100000 am Vermögen und an den Erträgen des Unternehmens beteiligt. Außerdem hat er dadurch eine von insgesamt 100000 Stimmen auf der Hauptversammlung, dem jährlichen Treffen der Aktionäre.

Haftung
Die Anteilseigner haften – im Gegensatz zu einer Personengesellschaft – nicht mit ihrem persönlichen Vermögen für die Verbindlichkeiten des Unternehmens, sondern ausschließlich mit ihrer Kapitaleinlage.

Ergebnisverteilung

Ein Aktionär erhält den auf ihn entfallenden Gewinn nur zum Teil in Form der Dividende ausbezahlt.

> **DEFINITION**
>
> Die **Dividende** ist der auf die einzelne Aktie entfallende Anteil des Jahresüberschusses der AG.

Sie ist das Entgelt dafür, dass der Aktionär dem Unternehmen Geld zur Verfügung stellt, mit dem es arbeiten kann.

Der größere Teil des Gewinns wird jedoch einbehalten und wieder in die AG investiert, um deren wirtschaftliche Leistungsfähigkeit zu verbessern. Werden ständig finanzielle Mittel in eine Aktiengesellschaft investiert, so wird das Unternehmen natürlich immer wertvoller. Dadurch steigt in der Regel auch der tatsächliche Wert der Aktie über den Nennwert. Der Preis der an der Börse gehandelten Aktie steigt. Dieser Börsenpreis wird auch Kurs oder Kurswert genannt.

Für den Kapitalanleger hat die Aktie den Vorteil, dass er immer am Gewinn des Unternehmens beteiligt ist. Einerseits fließt ihm der Gewinn in Form der Dividende zu. Werden Jahresüberschüsse aber einbehalten, dann steigt in der Regel der Kurs der Aktie. In diesem Fall lässt sich ein Gewinn erzielen, indem der Aktionär seine Aktien verkauft.

Aktienarten

Die in der Bundesrepublik Deutschland übliche Form der Aktie ist die **Inhaberaktie**. Bei ihr sind alle Rechte aus der Aktie (z. B. auf Dividendenzahlung) allein an den Besitzer der Aktie und nicht an eine namentlich bestimmte Person geknüpft. Eine Inhaberaktie kann jederzeit wie eine bewegliche Sache veräußert werden.

Seltener ist die Ausgabe von **Namensaktien**, bei denen der Name des Inhabers auf der Aktie vermerkt ist. An der Ausgabe von Namensaktien kann die Aktiengesellschaft ein Interesse haben, wenn sie anhand des Aktienbuchs den Bestand der Aktionäre überwachen will. Nur der im Aktienbuch eingetragene Besitzer einer Aktie gilt als Aktionär.

Organe der Aktiengesellschaft

Eine Aktiengesellschaft muss über folgende Organe verfügen:

Hauptversammlung

Die Hauptversammlung ist die Zusammenkunft aller Aktionäre, die regelmäßig alle Jahre mindestens einmal einberufen wird. Die Aktionäre üben überwiegend hier ihre Rechte aus. Sie entscheiden u. a. über die Verwendung des ausgewiesenen Jahresgewinns oder über die Änderung von Grundkapital und Satzung. Die Hauptversammlung wählt mindestens die Hälfte der Mitglieder des Aufsichtsrats sowie den Aufsichtsratsvorsitzenden. Der Vorstand hat über die geschäftliche Lage zu berichten und sich vor den Aktionären zu verantworten.

Aufsichtsrat

Der Aufsichtsrat soll als Kontrollorgan der AG den Vorstand überwachen. Er wird auf vier Jahre gewählt. Der Aufsichtsrat besteht aus mindestens drei Personen, die nicht im Vorstand sein dürfen. Zu seinen Pflichten gehört die Berufung beziehungsweise Entlastung des Vorstands. Zusätzlich hat er den Jahresabschluss und den Geschäftsbericht zu prüfen.

Für die Zusammensetzung des Aufsichtsrats gilt das Betriebsverfassungsgesetz von 1952 für alle Unternehmen mit Ausnahme von Großunternehmen sowie Unternehmen des Bergbaus und der Eisen- und Stahlindustrie. Es sieht vor, dass in jeder AG mit mehr als 500 Beschäftigten zwei Drittel der Aufsichtsratmitglieder von den Aktionären, ein Drittel von den Belegschaftsangehörigen gewählt werden. Für Großunternehmen mit über 2000 Beschäftigten gilt das Mitbestimmungsgesetz von 1976. Dort stehen den Aktionärsvertretern im Aufsichtsrat ebenso viele Arbeitnehmervertreter (darunter ein Vertreter der leitenden Angestellten) gegenüber.

Vorstand

Der Vorstand führt als Leitungsorgan der Gesellschaft die Geschäfte. Er wird auf höchstens fünf Jahre bestellt, wobei aber eine wiederholte Bestellung zulässig ist. Der Vorstand vertritt die AG gerichtlich und außergerichtlich. Der Vorstand kann aus einer oder mehreren Personen bestehen, die nicht Aktionäre zu sein brauchen. Im Allgemeinen gehören dem Vorstand Fachleute („Manager") an, die keine Aktien des Unternehmens besitzen.

Es gehört zu den wesentlichen Merkmalen der Aktiengesellschaft, dass die Unternehmensleitung und die Mitgliedschaft an der Aktiengesellschaft grundsätzlich getrennt sind: Der einzelne Aktionär trägt zwar das wirtschaftliche Risiko – das allerdings auf den bei Erwerb der Aktien erbrachten Kapitaleinsatz beschränkt ist –, er ist aber nicht an der Unternehmensleitung beteiligt.

Firmierung

Die Firma muss den Zusatz „Aktiengesellschaft" enthalten.

BEISPIELE

Nordwestdeutsche Südfrüchte AG, Bayerische Motoren Werke AG, Inktomi AG, Bookmark AG

Bedeutung

Die Aktiengesellschaft ist die geeignete Unternehmensform für Großunternehmen. Durch den Verkauf von Aktien an viele Personen kann der hohe Kapitalbedarf gedeckt werden. Das Vermögen Einzelner würde dafür nicht ausreichen.

Der Erwerb von Aktien wird für diese Personen interessant durch:

- die einfache Form der Beteiligung,
- das geringe Risiko,
- die freie Übertragbarkeit der Aktien,
- den geringen Preis der einzelnen Aktie,
- die Möglichkeit, sich ohne kaufmännische Fähigkeiten an einem Wirtschaftsunternehmen zu beteiligen.

Unternehmen, die als Einzelunternehmen, Personengesellschaften oder Kapitalgesellschaften gegründet wurden, wechseln später manchmal ihre Rechtsform. Gründe dafür können sein:

- steuerliche Erwägungen,
- Aufnahme neuer Mitunternehmer/-innen,
- Vermeidung der persönlichen Haftung (z. B. durch Wechsel von einer Personengesellschaft zu einer Kapitalgesellschaft),
- Verbesserung der Kreditwürdigkeit (z. B. durch Wechsel von einer Kapitalgesellschaft zu einer Personengesellschaft)

1. Nennen Sie die Merkmale einer GmbH.
2. Zählen Sie die Organe der GmbH auf.
3. Beschreiben Sie die Vorteile der Unternehmensform GmbH.
4. Erklären Sie, was eine Einmann-GmbH ist.
5. Beschreiben Sie die Merkmale der GmbH & Co. KG.
6. Beschreiben Sie die Merkmale der Aktiengesellschaft.
7. Erklären Sie die folgenden Begriffe:
   a) Aktie
   b) Nennwert
   c) Kurs
   d) Grundkapital
   e) Dividende
8. Geben Sie fünf Beispiele für die Firma einer Aktiengesellschaft.
9. Erläutern Sie, in welcher Situation die Unternehmensform der AG gewählt wird.
10. Die von Aktiengesellschaften herausgegebenen Aktien werden in der Regel an Börsen gehandelt. Zur Vertiefung des Wissens über Aktien sollen Sie in sechs Gruppen die folgenden Arbeitsaufträge bearbeiten:

    a) Gruppe 1 und 4:
       Welche Aktienarten gibt es und worin unterscheiden sich diese? Welche weiteren Wertpapiere können für die Anlegenden interessant sein?
    b) Gruppe 2 und 5:
       In welche Marktsegmente gliedert sich die Börse und welche Indizes zeigen Anlegenden Tendenzen auf?
    c) Gruppe 3 und 6:
       Wie ergeben sich die Kurse und was besagen die vielen Abkürzungen des Kursblatts?

    Denken Sie daran, Ihre Arbeit zu organisieren. So sind folgende Aufgaben innerhalb der Gruppe zu verteilen oder gemeinschaftlich zu erfüllen:

    - auf die von Ihrer Lehrerin beziehungsweise Ihrem Lehrer genannte Zeit achten,
    - die Ergebnisse in Form einer PowerPoint-Präsentation festhalten und für die Präsentation aufbereiten,
    - verschiedene Aspekte aufgreifen und bearbeiten,
    - das Ergebnis der Klasse vorstellen.

    Nutzen Sie zur Lösung Ihres Arbeitsauftrags die Internetseite https://boersenlexikon.faz.net/a/.
11. Nachdem Sie sich in Aufgabe 10 mit den grundlegenden Informationen zum Börsengeschehen vertraut gemacht haben, soll nun der Schritt an die Börse erfolgen. Aufgrund der doch meist eher knapp bemessenen finanziellen Mittel geschieht dies in Form eines Börsenspiels, das über einen längeren Zeitraum in den nächsten Wochen parallel zum Unterricht läuft. Sie spielen in Ihren bestehenden Arbeitsgruppen. Das Spielgeschehen erfolgt über das Internet (http://boersenspiel.faz.net/boersenspiel/). Ziel des Spiels ist es, die Ihnen fiktiv zur Verfügung gestellten 50.000,00 € durch geschicktes Anlegen möglichst zu vermehren.

    a) Machen Sie sich bei der angegebenen Internetadresse mit den Grundlagen des Spiels vertraut.
    b) Melden Sie sich individuell an.

Kapital-gesellschaften	Gesellschaft mit beschränkter Haftung (GmbH) Eine Person (Einmann-GmbH) oder mehrere Personen beteiligen sich am Stammkapital, das mindestens 25.000,00 € betragen muss.	Aktiengesellschaft (AG) Eine oder mehrere Personen (Aktionäre) beteiligen sich an dem in Aktien zerlegten Grundkapital, das mindestens 50.000,00 € betragen muss.
Mindestgründerzahl	einer	einer
Mindestkapital	mindestens 25.000,00 € Stammkapital	mindestens 50.000,00 € Stammkapital
Haftung	Nur die Gesellschaft haftet mit ihrem Vermögen.	Nur die AG haftet.
Geschäftsführung und -vertretung	Geschäftsführer	Vorstand
Gewinnverteilung	im Verhältnis der Geschäftsanteile	im Verhältnis der Aktienanteile

9.5 Genossenschaften

Das Unternehmen von Melanie Soldner bekommt beim Einkauf von den Lieferern weitaus schlechtere Konditionen eingeräumt als die Kaffeehaus-Ketten in Berlin, die als Großabnehmer auftreten. Auf längere Sicht, so glaubt Melanie, kann sie mit den Großunternehmen nicht mehr konkurrieren. Auf einer Fachmesse kommt sie mit Kollegen ins Gespräch, die vor ähnlichen Problemen stehen. Ein Unternehmensberater, der eingeschaltet wird, schlägt die Gründung einer Genossenschaft vor.

Unterscheiden Sie Genossenschaften von den anderen Unternehmensformen.

Alle bisher angesprochenen Unternehmensformen werden verwendet, wenn es darum geht, Geschäfte zu betreiben, die letzten Endes Gewinn erwirtschaften sollen. Die Genossenschaft dagegen ist ein wirtschaftlicher Zweckverband, der lediglich kostendeckend arbeiten soll.

Die **Genossenschaft** ist ein Verein, der die Förderung der wirtschaftlichen Interessen seiner Mitglieder – der Genossen – durch einen gemeinschaftlichen Geschäftsbetrieb zum Gegenstand hat.

Im Wege des genossenschaftlichen Zusammenschlusses und der genossenschaftlicher Selbsthilfe soll die Selbstständigkeit kleinerer Unternehmen durch Vorteile gestärkt werden, die sonst überwiegend nur Großbetriebe in Anspruch nehmen können. Dazu zählen beispielsweise

- der billige Einkauf von Waren,
- eine bessere Organisation des Absatzes
- und die Inanspruchnahme günstiger Kredite.

Dass man Widerstände leichter überwinden kann, liegt an einer großen Idee.

Wenn viele gemeinsam eine Sache anpacken – und das mit „Köpfchen" –, kann man ungeahnte Kräfte entwickeln. Gemeinsamkeit macht stark.

Die genossenschaftliche Idee: Wir helfen uns selbst.

Wenn viele gemeinsam eine Sache anpacken, können alle zusammen auch viel erreichen. Gemeinsamkeit macht stark!

Für die Genossenschaft ist die unbestimmte Zahl und der freie Wechsel der Mitglieder kennzeichnend. Die Gründung und Existenz einer Genossenschaft erfordern aber immer mindestens sieben Gesellschafter. Im Einzelhandel treten hauptsächlich Einkaufsgenossenschaften auf, von denen die Mitgliedsbetriebe ihre Waren beziehen. Die Selbstständigkeit der einzelnen Mitglieder bleibt jedoch in jedem Fall erhalten.

Eine Genossenschaft im Einzelhandel ist die EDEKA-Gruppe. Sie besteht aus über 16 000 selbstständigen Einzelhandelsunternehmen, deren Waren von EDEKA auf nationaler und internationaler Ebene (durch eine von den Genossen gegründete AG) zentral beschafft werden. Die dadurch erreichten Kostenvorteile tragen zur Wettbewerbsfähigkeit der Mitglieder bei.

Organe

Die Organe der Genossenschaft ähneln denen der Aktiengesellschaft, sind jedoch alle von Genossen besetzt:

Vorstand

Der Vorstand muss aus mindestens zwei Genossen bestehen, die die Genossenschaft unter eigener Verantwortung leiten und sie nach außen hin vertreten.

Generalversammlung

Die Generalversammlung setzt sich aus allen Mitgliedern zusammen und ist oberstes Organ der Genossenschaft. Sie wählt den Aufsichtsrat und Vorstand, entlastet diese Organe und beschließt über eine eventuelle Gewinn- oder Verlustverteilung. Da eine Genossenschaft eigentlich nicht auf Gewinn angelegt ist, kann das **Statut** (die Satzung) eine Überführung des Gewinns in einen Reservefonds vorsehen. Dieser Reservefonds dient der Deckung eines vielleicht später auftretenden Verlustes.

Ansonsten wird der Gewinn auf die Genossen entsprechend ihrem **Geschäftsanteil** verteilt. Dies ist der in der Satzung festgelegte Betrag, mit dem sich ein Mitglied an der Genossenschaft beteiligen kann. Der Geschäftsanteil hat bei den meisten Genossenschaften heute eine Höhe von 100,00 € bis 1.000,00 €. In der Satzung ist ebenfalls festgelegt, wie viele Geschäftsanteile ein Mitglied höchstens übernehmen darf. Die Geschäftsanteile brauchen nur mit einem Teilbetrag einbezahlt werden. Diese sogenannte **Mindesteinlage** muss mindestens ein Zehntel des Geschäftsanteils betragen.

Eine Gewinnausschüttung an den Genossen darf erst erfolgen, wenn er den Geschäftsanteil voll eingezahlt hat. Ist dies nicht der Fall, wird der Gewinn dem Geschäftsguthaben gutgeschrieben. Das Geschäftsguthaben ist der Betrag, den ein Genosse bei der Auffüllung des Geschäftsanteils bisher eingezahlt hat bzw. der ihm durch Gewinngutschrift oder Verlustabzug tatsächlich zusteht.

Ist im Statut nichts anderes vorgesehen, gilt bei Abstimmungen in der Generalversammlung der Grundsatz „Ein Mensch – eine Stimme".

Aufsichtsrat

Den Aufsichtsrat bilden mindestens drei Genossen. Diese müssen den Vorstand bei der Geschäftsführung überwachen, Kontrollen vornehmen und der Generalversammlung Bericht erstatten.

Jede Genossenschaft muss einem Prüfungsverband angehören. Dieser prüft zur Feststellung der wirtschaftlichen Verhältnisse und der Ordnungsmäßigkeit der Geschäftsführung die Einrichtungen, die Vermögenslage und die Geschäfte der Genossenschaft.

Für die Verbindlichkeiten der Genossenschaft haftet den Gläubigern nur das Vermögen der Genossenschaft. Die Mitglieder haften nur der Genossenschaft gegenüber im Konkursfall. Wenn eine Nachschusspflicht nicht vorab vertraglich ausgeschlossen wurde, müssen Nachschüsse zur Tilgung der Verbindlichkeiten der Genossenschaft geleistet werden. Diese Nachschusspflicht kann unbeschränkt oder von vornherein auf eine bestimmte Summe beschränkt sein.

Die Firma der Genossenschaft muss vom Gegenstand des Unternehmens abgeleitet sein. Der Name von Genossen darf in die Firma nicht aufgenommen werden. Außerdem muss die Bezeichnung „eingetragene Genossenschaft" oder die Abkürzung „eG" angefügt werden.

Ein Zusatz, der darauf hindeutet, ob und in welchem Umfang die Genossen zur Leistung von Nachschüssen verpflichtet sind, darf der Firma nicht beigefügt werden.

> **BEISPIEL**
>
> Vedes Vereinigung der Spielwaren-Fachgeschäfte eG

AUFGABEN

1. Legen Sie den Grundgedanken dar, der den Genossenschaften zugrunde liegt.
2. Führen Sie die Organe der Genossenschaft auf.
3. Erläutern Sie die Begriffe
   a) Statut,
   b) Geschäftsanteil.
4. Nennen Sie die Firmierung einer Genossenschaft.
5. Bewerten Sie das Prinzip des genossenschaftlichen Wirtschaftens.
6. Lesen Sie den folgenden Text.
   Erstellen Sie eine Mindmap, die schlagwortartig die wichtigsten Vorteile und Nachteile einer Genossenschaft aufführt.

Vorteile einer Eingetragenen Gesellschaft
Die Eingetragene Gesellschaft gilt als insolvenzsicherste Rechtsform in unserem Land. Eine Gründung ist unkompliziert und es entstehen nur geringe Verwaltungskosten, da Vorstand und Aufsichtsrat ehrenamtlich arbeiten. Die Mitglieder einer e.G. bündeln ihr Wissen und Kapital und besitzen so gute Chancen, bessere Aufträge und Konditionen zu erhalten, als wenn sie als Einzelunternehmer auftreten.

Besonders im Bankensektor, in der Landwirtschaft, im Handel, im Dienstleistungsbereich oder im Wohnungsbau macht sich die Gründung einer e.G. bezahlt. Jedes Mitglied besitzt eine gleichwertige Stimme, unabhängig von der Höhe des geleisteten Kapitaleinsatzes.

Eine **Eingetragene Gesellschaft** ist allein der Förderung der Interessen der eigenen Mitglieder verpflichtet. Das Ein- und Austreten in bzw. aus einer e.G. ist problemlos möglich. Beim Ausscheiden haben ehemalige Mitglieder Anspruch auf die Rückzahlung des Geschäftsguthabens.

Nachteile einer Eingetragenen Gesellschaft
Um Mitglied in einer Eingetragenen Gesellschaft werden zu können, ist eine Mindestbeteiligung notwendig. Wurde in der Satzung eine Nachschusspflicht vereinbart, kann das Mitglied persönlich haftbar gemacht werden. Als weiterer Nachteil kann die Liefer-, Bezugs- und Benutzungspflicht angeführt werden.

Quelle: auxmoney GmbH: Eingetragene Genossenschaft (e. G.). In: selbststaendig-machen.net. 2019.
https://www.selbststaendig-machen.net/existenzgruender-ratgeber/rechtsformen/
eingetragene-genossenschaft/ [05.09.2022]

7. Vergleichen Sie eine Aktiengesellschaft mit einer Genossenschaft.

8. Prüfen Sie in den folgenden Fällen, um welche Unternehmensform es sich handelt.

a) 14 selbstständige Weinbaubetriebe haben sich zusammengeschlossen. Durch einen gemeinsamen Verkauf ihrer Produkte und gemeinschaftliche Werbung erhoffen sie sich bessere Absatzmöglichkeiten. Andere Winzer/-innen des Weinanbaugebietes sind aufgerufen, sich ebenfalls zu beteiligen.

b) Christine Fieber beabsichtigt die Eröffnung einer Modeboutique. Mit einem angesparten Kapital von 45.000,00 € richtet sie ihr Geschäft ein. Als zusätzliche Hilfe stellt sie die Verkäuferin Helga Hansen ein.

c) Herr Sakaske und Herr Brasissig betreiben zehn Lebensmittelsupermärkte. Herr Sakaske haftet mit seinem Geschäfts- und Privatvermögen, Herr Brasissig nur mit seiner Einlage in Höhe von 700.000,00 €.

d) Fünf Hotelbetriebe in einem Alpendorf wollen eine Seilbahn bauen, um die Attraktivität des Feriengebietes zu erhöhen. Von den veranschlagten Kosten in Höhe von 7.000.000,00 € können sie nur 2.000.000,00 € aufbringen. Deshalb sollen sich auch andere Bewohnerinnen und Bewohner des Ortes sowie interessierte Feriengäste beteiligen. Der Mindestanteil beträgt 50,00 €.

e) Hans Fischer beteiligt sich am Sportartikelgeschäft „Laufbahn". Er hat das Recht auf einen angemessenen Gewinnanteil, ist jedoch von der Geschäftsführung ausgeschlossen.

f) Göttmann, Schimanski und Marlowe betreiben eine Privatdetektei. Die drei Gesellschafter haften aber nur mit ihrem Geschäftsanteil von 40.000,00 €, 10.000,00 € und 50.000,00 €.

g) Mike Hairston und Lothar Hermanny vereinbaren die Gründung eines Fotogeschäftes. Hairston übernimmt die Verwaltungsarbeiten, Hermanny den Verkauf. Beide sind bereit, auch mit ihrem Privatvermögen zu haften.

h) Ein großer Warenhauskonzern hat sein Grundkapital von 500.000.000,00 € in 1 000 000 Anteile zum Nennwert von je 50,00 € gestückelt. Herr Kreter besitzt einen Anteil. Er verfolgt jeden Tag den Kurs der an der Börse gehandelten Anteile.

ZUSAMMENFASSUNG

Genossenschaft	
Selbsthilfeorganisation mit mindestens sieben Mitglieder zur Förderung wirtschaftlicher Ziele der Mitglieder	
Mindestgründerzahl	sieben
Mindestkapital	–
Haftung	nur das Vermögen der Genossenschaft (evtl. Nachschusspflicht)
Geschäftsführung und -vertretung	Vorstand
Gewinnverteilung	laut Statut oder im Verhältnis der Geschäftsguthaben

9.6 Unternehmensziele als Voraussetzung betrieblicher Leistungsprozesse

Das Leitbild der Hoffmann KG

„Wer nicht ständig versucht, besser zu werden, hat aufgehört, gut zu sein." Dieser Erkenntnis ist die Hoffmann KG verpflichtet.

Wir stellen unsere Kundinnen und Kunden in den Mittelpunkt unseres Handels. Kundenzufriedenheit ist unsere wichtigste Zielsetzung.

Zu Recht erwarten unsere Kundinnen und Kunden und die Öffentlichkeit auch in den Bereichen Umwelt- und Gesellschaftspolitik großes Verantwortungsbewusstsein und überdurchschnittliche Leistungen. Wir sind konsequent bestrebt, diese Ansprüche mit Spitzenleistungen zu erfüllen – zum Nutzen aller.

Der Schutz natürlicher Ressourcen ist ein wichtiger Bestandteil unserer unternehmerischen Tätigkeit. Dabei haben wir nicht nur innerhalb des Konzerns große Fortschritte für den Umweltschutz erzielt. Die Fairtext GmbH bezieht konsequent auch Lieferanten und Partnerunternehmen in ihre Bemühungen mit ein.

Viele Menschen sind weltweit direkt oder indirekt für die Hoffmann KG tätig – innerhalb des Unternehmens ebenso wie bei Produzenten und Zulieferern. Um der großen sozialen Verantwortung für diese Menschen gerecht zu werden, versuchen wir Beschaffungsverhaltensregeln einzuhalten, die die Einhaltung von Sozial- und Umweltstandards gewährleisten.

Wir pflegen den kooperativen Führungsstil. Jede Filiale erhält Umsatzvorgaben. Mit welchen Mitteln und Aktivitäten diese Zielgrößen erfüllt werden, liegt im Ermessen der jeweiligen Niederlassung. Dabei beteiligen die Filialleiter/-innen die Mitarbeiter/-innen am Entscheidungsprozess. Ihr Partizipationsmaß umfasst zumindest die Beratungsfunktion.

Wir fördern die kontinuierliche Weiterbildung unserer Beschäftigten. Neben fachlichem Wissen – wie Warenkunde und Kundenberatung – werden auch Schlüsselqualifikationen gefördert. Wir arbeiten auch ständig daran, methodische sowie soziale Kompetenzen (wie Eigeninitiative und Selbstständigkeit) auszubauen.

Wir stellen vorzugsweise Mitarbeiter/-innen ein, die aufgrund ihrer Lebensumstände und/oder Arbeitserfahrungen über ein hohes Maß an Methoden- und Sozialkompetenzen verfügen.

In unsere Unternehmenspolitik fließt die Erkenntnis ein, dass motivierte und zufriedene Mitarbeitende einen entscheidenden Wettbewerbsfaktor darstellen.

Wir streben flexible Arbeitszeiten an. Wir realisieren daher ein Arbeitszeitmodell, nach dem die Mitarbeiter/-innen sowohl den Umfang als auch die Lage ihrer Arbeitszeit selbst bestimmen können. Das auf die individuellen Gegebenheiten zugeschnittene Wochenarbeitszeitkontingent wird so verteilt, dass ein Tag frei bleibt und ganz für familiäre Verpflichtungen zur Verfügung steht. Die Abstimmung über die Arbeitseinsätze findet zwischen den Mitarbeiter/-innen in den Abteilungen statt. Die Führungskraft spielt bei den Absprachen die Rolle des neutralen Faktors und hält die getroffenen Entscheidungen in den wöchentlichen Dienstplänen fest.

Die Organisationsstruktur der Hoffmann KG soll eine flache Hierarchie mit wenigen Stufen aufweisen.

Dieses Leitbild ist eine Leitlinie und Orientierungshilfe für die Arbeit der Geschäftsführung sowie jeder einzelnen Mitarbeiterin und jedes einzelnen Mitarbeiters der Hoffmann KG.

1. Nennen Sie die Ziele, die von der Geschäftsführung und den Mitarbeiterinnen und Mitarbeitern der Hoffmann KG zur Umsetzung des Unternehmensleitbildes verfolgt werden müssen.
2. Überlegen Sie, durch welches Handeln die Mitarbeiterinnen und Mitarbeiter der Hoffmann KG zum Erreichen dieser Ziele beitragen können.

INFORMATION

Streben nach Gewinn

Jeder Unternehmer strebt durch seine selbstständige Tätigkeit einen möglichst hohen Gewinn an (= Gewinnmaximierung), da er sein Einkommen und damit seinen Lebensstandard sichert.

Häufig findet dieses Streben nach einem maximalen Gewinn in dem Ziel einer möglichst hohen Rentabilität des eingesetzten Kapitals seinen Ausdruck.

DEFINITION

Die **Rentabilität** gibt die Verzinsung des in einem Unternehmen eingesetzten Kapitals an.

Bei der Ermittlung der Rentabilität unterscheidet man

- Eigenkapitalrentabilität (= Unternehmerrentabilität),
- Gesamtkapitalrentabilität (= Unternehmensrentabilität) und
- Umsatzrentabilität.
- Bei der Ermittlung der **Eigenkapitalrentabilität** wird der erzielte Unternehmergewinn ins Verhältnis zum Eigenkapital gesetzt. Der Unternehmergewinn ist der Reingewinn, vermindert um den kalkulatorischen Unternehmerlohn.

$$\text{Eigenkapitalrentabilität} = \frac{\text{Unternehmergewinn} \cdot 100}{\text{Eigenkapital}}$$

DEFINITION

Die **Eigenkapitalrentabilität** gibt an, mit wie viel Prozent sich das eingesetzte Eigenkapital verzinst hat.

- Bei der Ermittlung der **Gesamtkapitalrentabilität** wird der erzielte Kapitalgewinn zum Gesamtkapital ins Verhältnis gesetzt. Der erzielte Kapitalgewinn ist der Unternehmergewinn zuzüglich der Fremdkapitalzinsen. Das Gesamtkapital ist die Summe von Eigen- und Fremdkapital.

$$\text{Gesamtkapitalrentabilität} = \frac{(\text{Unternehmergewinn} + \text{Fremdkapitalzinsen}) \cdot 100}{\text{Eigenkapital} + \text{Fremdkapital}}$$

Die Zurechnung der Fremdkapitalzinsen zum Gewinn ist erforderlich, weil bei Einbeziehung des Fremdkapitals in das Gesamtkapital des Unternehmens diese Zinszahlungen nicht mehr als Aufwand angesehen werden dürfen, sondern als Erträge des Fremdkapitaleinsatzes.

DEFINITION

Die **Gesamtkapitalrentabilität** gibt an, mit wie viel Prozent sich das gesamte eingesetzte Kapital verzinst hat.

- Bei der **Umsatzrentabilität** wird der Unternehmergewinn ins Verhältnis zum Nettoumsatz gesetzt.

$$\text{Umsatzrentabilität} = \frac{\text{Unternehmergewinn} \cdot 100}{\text{Nettoumsatz}}$$

DEFINITION

Die **Umsatzrentabilität** gibt den im Nettoumsatz enthaltenen Gewinn in Prozent an.

Eine geringe Umsatzrentabilität führt bei gleichem Umsatz zu einem geringeren Gewinn als eine hohe Umsatzrentabilität.

Streben nach Umsatz

Viele Unternehmer/-innen versuchen über einen möglichst hohen Umsatz auch einen möglichst hohen Gewinn zu erzielen.

Erhaltung des Betriebs

Gewinn- und Umsatzziele können auf Dauer nur in einem lebensfähigen Unternehmen erzielt werden. Um im Wettbewerb bestehen zu können, reicht es nicht aus, nur hohe Umsätze zu erzielen. Diese Umsätze müssen vielmehr auf möglichst wirtschaftliche Weise erzielt werden.

MERKSATZ

Ein Unternehmen handelt wirtschaftlich, wenn es versucht
- eine bestimmte Leistung mit möglichst geringem Aufwand
  oder
- eine möglichst große Leistung mit einem gegebenen Aufwand zu erzielen
  (= ökonomisches Prinzip).

Die **Wirtschaftlichkeit** eines Betriebs lässt sich aus dem Verhältnis seines Nettoumsatzes zu seinen Kosten ermitten.

$$\text{Wirtschaftlichkeit} = \frac{\text{Nettoumsatz}}{\text{Kosten}}$$

> **DEFINITION**
>
> Der **Nettoumsatz** ist die Absatzmenge, bewertet zu Nettoverkaufspreisen.
> Die **Kosten** des Großhandelsbetriebs sind alle betriebsbedingten Aufwendungen des Großhandelsbetriebs, z. B. Personalkosten, Raumkosten, Lagerkosten.

Bei gleichbleibendem Umsatz kann ein Unternehmen die Wirtschaftlichkeit seines Betriebs durch die Senkung seiner Kosten erhöhen.

> **BEISPIEL**
>
> vor der Kostensenkung:
>
> Umsatz: 100.000,00 €
> Kosten: 40.000,00 €
>
> $$\text{Wirtschaftlichkeit} = \frac{100.000,00 \text{ €}}{40.000,00 \text{ €}} = 2,5 \text{ \%}$$
>
> nach der Kostensenkung:
>
> Umsatz: 100.000,00 €
> Kosten: 20.000,00 €
>
> $$\text{Wirtschaftlichkeit} = \frac{100.000,00 \text{ €}}{20.000,00 \text{ €}} = 5 \text{ \%}$$

Die Wirtschaftlichkeit darf nicht mit der Produktivität verwechselt werden. Während die Wirtschaftlichkeit das Verhältnis von Ertrag zu Aufwand zeigt, ist Produktivität das Verhältnis von Output zum Input eines Betriebes.

> **DEFINITION**
>
> Die **Produktivität** gibt das Verhältnis von Waren- und Dienstleistungs-Output (= Ausbringungsmenge) zum Produktionsfaktoren-Input (= Einsatzmenge) an.

$$\text{Produktivität} = \frac{\text{Ausbringungsmenge}}{\text{Einsatzmenge}}$$

Die Einsatzmenge kann sich dabei auf das eingesetzte Personal oder das eingesetzte Kapital (z. B. Maschinen, Verkaufs- und Lagerfläche) beziehen.

> **BEISPIEL**
>
> Ein Großhandelsunternehmen erzielt einen Umsatz von 5 Mio. €. Das Unternehmen beschäftigt zehn Mitarbeitende.
>
> Die Produktivität beträgt:
>
> $$\frac{5 \text{ Mio. € Umsatz (= Ausbringungsmenge)}}{10 \text{ Mitarbeitende (= Einsatzmenge)}}$$
>
> = 500.000,00 € Umsatz je Mitarbeiter/Mitarbeiterin

Sicherung der Arbeitsplätze

Eine wirtschaftliche Unternehmensführung ist auch im Interesse der Arbeitnehmer. Nur in einem wettbewerbsfähigen Unternehmen können Arbeitsplätze langfristig erhalten werden.

Bedarfsdeckung

Die Umsatz- und Gewinnziele des Unternehmens lassen sich nur mit einem kundengerechten Sortiment erreichen. Deshalb ist ein Unternehmen bestrebt, ein Sortiment anzubieten, das dem Bedarf seiner Kundschaft entspricht.

Corporate Social Responsibility

In der Bevölkerung hat das Bewusstsein für die soziale Verantwortung von Unternehmen in den letzten Jahren stark zugenommen. Dies hat Auswirkungen auf das Einkaufsverhalten der Kundinnen und Kunden. Viele Menschen bevorzugen Waren und Dienstleistungen von Unternehmen, die sich sozial und ökologisch verantwortlich verhalten. Deshalb berücksichtigen Unternehmen bei ihrem Handeln zunehmend das Konzept der Corporate Social Responsibility, das die soziale Verantwortung der Unternehmen betont.

DEFINITION

Corporate Social Responsibility (soziale Verantwortung der Unternehmen) ist ein Konzept, das den Unternehmen als Grundlage dient, auf freiwilliger Basis soziale Belange und Umweltbelange in ihre Unternehmenstätigkeit und in die Wechselbeziehungen mit den Stakeholdern zu integrieren.

Sozial verantwortlich handeln heißt dabei nicht nur, die gesetzlichen Bestimmungen einzuhalten, sondern über die bloße Gesetzeskonformität hinaus „mehr" in Humankapital, in die Umwelt und in die Beziehungen zu anderen Stakeholdern zu investieren. [...][1]

Stakeholder sind die Personen, die mit einem Unternehmen in Beziehung stehen, also Kundschaft, Lieferanten, Banken, Beschäftigte, Eigentümer/-innen, Gläubiger/-innen, Staat, gesellschaftliche Organisationen.

Integration sozialer Belange

Unternehmen integrieren soziale Belange in ihre Unternehmenstätigkeit und in die Wechselbeziehungen mit ihren Stakeholdern, wenn sie

- die Aus- und Weiterbildung von Beschäftigten fördern,
- die Chancengleichheit der Mitarbeitenden fördern,
- familienfreundliche Angebote für ihre Beschäftigten machen (z. B. flexible Arbeitszeiten),
- die Gesundheit der Beschäftigten fördern,
- Arbeitsschutz- und Arbeitssicherheitsmaßnahmen über die rechtlichen Vorschriften hinaus umsetzen,
- sich für Kinder- und Jugendschutz (z. B. gegen Kinderarbeit) einsetzen,
- Schulen und Kindergärten unterstützen.

---

1 Quelle: EU-Kommission: Grünbuch Europäische Rahmenbedingungen für die soziale Verantwortung der Unternehmen. Brüssel, 18.07.2001. Seite 7. https://eur-lex.europa.eu/LexUriServ/LexUriServ.do?uri=COM:2001:0366:FIN:DE:PDF [27.04.2020]. Verändert.

BEISPIELE

- Die Hoffmann KG nimmt in ihr Sortiment Produkte mit Fairtrade-Siegel auf. Dieses signalisiert, dass die Produkte in Entwicklungsländern unter fairen Lebens- und Arbeitsbedingungen für die herstellenden Arbeitnehmer geschaffen wurden.
- Die Hoffmann KG plant die Einrichtung eines Betriebskindergartens. Sie sieht zudem die Wiedereingliederung nach der Elternteilzeit sowie Teilzeitstellen als selbstverständlich an.
- Die Hoffmann KG engagiert sich in zahlreichen sozialen Projekten. So werden qualitativ einwandfreie Textilien, die sich nicht verkaufen lassen, über eine entsprechende Hilfsorganisation an Bedürftige weitergegeben.

Integration von Umweltbelangen

Neben der Berücksichtigung sozialer Belange sind Umweltschutz und Nachhaltigkeit wichtige Aspekte im Rahmen von Corporate Social Responsibility.

DEFINITION

Unter einer **nachhaltigen Entwicklung** wird eine dauerhafte Entwicklung verstanden, bei der die Bedürfnisse der heutigen Generation erfüllt werden, ohne die Möglichkeiten zukünftiger Generationen zu gefährden, ihren eigenen Lebensstil zu wählen und ihre Bedürfnisse zu befriedigen.

Zum Umweltschutz und zur Nachhaltigkeit kann ein Unternehmen beitragen durch:

- energiesparende Maßnahmen im Bereich Logistik (Lagerhaltung und Transport), in Gebäuden und Geschäftsräumen,
- umweltfreundliche Sortimentsgestaltung,
- Materialeinsparungen in den Bereichen Logistik und Geschäftsausstattung,
- Abfallvermeidung und -entsorgung.

Umweltschutz in Unternehmen	
Bereich	**BEISPIELE** Für Maßnahmen
energiesparende Maßnahmen im Bereich der Logistik	- Gute Auslastung der Transportmittel - Optimierung der Tourenplanung - Einsatz von Elektrofahrzeugen - Einsatz von Dreikammer-Lastkraftwagen, mit denen gleichzeitig frische, gekühlte und tiefgekühlte Waren transportiert werden können
energiesparende Maßnahmen in Geschäftsräumen	- Einsatz von Energiesparlampen für die Beleuchtung - Einsatz von Zeitschaltuhren für die Beleuchtung - Einsatz energiesparender Geräte, z. B. energieeffizienter Kühleinrichtungen für Lebensmittel

Umweltschutz in Unternehmen	
Bereich	
Produkt- und Sortimentsgestaltung	<ul><li>Angebot von Produkten, deren Herstellung die Umwelt möglichst wenig belastet, z. B. Produkte mit umweltverträglichen Inhaltsstoffen</li><li>umweltgerechte Verpackungen</li><li>Angebot regionaler Produkte</li><li>Angebot von Produkten aus kontrolliert ökologischem Anbau</li><li>Angebot von Produkten aus artgerechter Tierhaltung</li><li>Angebot von Fairtrade-Produkten</li><li>Angebot schadstoffarmer Textilien</li><li>Angebot von Fisch aus ressourcenschonendem Fischfang</li></ul>
Abfallvermeidung und -entsorgung	<ul><li>Verwendung von Packmitteln und Werbemitteln, die die Umwelt wenig belasten</li><li>sparsame Verpackung</li><li>Verwendung von Mehrwegtransportbehältnissen</li><li>konsequente Abfalltrennung</li><li>stoffliche Verwertung (Recycling) und energetische Verwertung von Abfällen (Nutzung der Abfälle zur Energiegewinnung)</li></ul>

Zielkonflikte

Oft gibt es in Unternehmen Zielkonflikte. Diese entstehen, wenn das Unternehmen gleichzeitig mehrere, sich teils widersprechende Ziele erreichen möchte oder muss. Das Anstreben eines bestimmten Ziels wirkt sich negativ auf das Erreichen eines anderen Ziels aus.

BEISPIEL

Ein Autohersteller aus Baden-Württemberg möchte die Produktion eines bestimmten Automodells erhöhen (1. Ziel) und gleichzeitig die Personalkosten verringern (2. Ziel): Es werden mehr Beschäftigte benötigt, um die Produktion steigern zu können. Dies führt aber gleichzeitig zu einer Erhöhung der Personalkosten.

Die Ziele wirken sich also negativ aufeinander aus. Die Unternehmensführung muss dementsprechend entscheiden, welches Ziel sie stärker verfolgen möchte.

Solche Zielkonflikte können nicht auf einmal endgültig gelöst werden. Das Unternehmen muss stets aufs Neue entscheiden, wo es im Hinblick auf die angestrebten Ziele aktuell die Prioritäten setzt.

AUFGABEN

1. Begründen Sie, warum Unternehmen nach einem möglichst hohen Gewinn streben
2. Unterscheiden Sie Rentabilität und Wirtschaftlichkeit.
3. Erläutern Sie, weshalb Unternehmen häufig einen möglichst hohen Umsatz anstreben.
4. Führen Sie auf, weshalb
   a) der Inhaber,
   b) die Beschäftigten
   an einer hohen Wirtschaftlichkeit ihres Unternehmens interessiert sind.

5. Geben Sie an, weshalb ein Unternehmen bestrebt ist, den Bedarf seiner Kundschaft bestmöglich zu decken.

6. Führen Sie Maßnahmen auf, durch die ein Unternehmen zum Umweltschutz beitragen kann.

7. Erläutern Sie die Vorteile für ein Unternehmen, wenn es bei seinem Handeln Aspekte des Konzepts „Corporate Social Responsibility" berücksichtigt.

8. Eine Textilgroßhandlung besitzt eine Filiale in Bielefeld und eine Filiale in Münster. In beiden Filialen wird das gleiche Sortiment verkauft. In der Bielefelder Filiale wurden in einem Jahr 2.000.000,00 € Nettoumsatz erzielt. Im gleichen Zeitraum entstanden in dieser Filiale Kosten von insgesamt 1.200.000,00 €. Die Filiale in Münster erzielte im gleichen Jahr einen Nettoumsatz von 1.400.000,00 €. In dieser Filiale entstanden im gleichen Zeitraum insgesamt 800.000,00 € Kosten. In der Filiale Bielefeld werden zehn Mitarbeitende beschäftigt, in der Filiale Münster acht Arbeitskräfte.

   a) Beurteilen Sie die Wirtschaftlichkeit der beiden Filialen.

   b) Vergleichen Sie die Produktivität je Mitarbeiterin bzw. Mitarbeiter.

9. Im Leitbild der Hoffmann KG findet sich u. a. folgende Aussage:

   „Wir stellen die Kundinnen und Kunden in den Mittelpunkt unseres Handels. Kundenzufriedenheit ist unsere wichtigste Zielsetzung."

   Wie müssen sich die Mitarbeiterinnen und Mitarbeiter der Hoffmann KG verhalten, um diese Zielsetzung des Leitbildes zu fördern?

   Sammeln Sie in der Gruppe Handlungsweisen der Mitarbeiterinnen und Mitarbeiter, die die Kundenzufriedenheit fördern. Wenden Sie dabei die Kopfstandmethode an.

10. Die Leitung und die Mitarbeiterinnen und Mitarbeiter der Hoffmann KG haben sich in ihrem Leitbild verpflichtet, bei all ihren Handlungen die Auswirkungen auf unsere Umwelt zu berücksichtigen.

    Erstellen Sie eine Mindmap zum Thema „Umweltschutzmaßnahmen eines Wirtschaftsunternehmens".

ZUSAMMENFASSUNG

Unternehmerische Zielsetzungen	

Gewinnstreben	• Rentabilität • Eigenkapitalrentabilität
	                • Gesamtkapitalrentabilität
	                • Umsatzrentabilität

Umsatzstreben	• Bedarfsdeckung der Bevölkerung • Berücksichtigung des zunehmenden Umweltbewusstseins
Erhaltung des Betriebs und Sicherung der Arbeitsplätze	• Wirtschaftlichkeit • Produktivität
menschengerechte Gestaltung der Arbeitsbedingungen	• Gestaltung des Arbeitsplatzes und der Arbeitsräume • Arbeitsschutzbestimmungen
Nachhaltigkeit und Umweltschutz	• Angebot umweltverträglicher Waren • sparsame Verpackung • stoffliche und energetische Verwertung von Abfällen

9.7 Krise des Unternehmens

EINSTIEG

Herr Hoffmann ist alarmiert. Am frühen Nachmittag meldet ihm die Rechnungswesenabteilung, dass zwei Kundenunternehmen, denen gegenüber Forderungen von 37.000,00 € bestehen, einen Insolvenzantrag bei Gericht gestellt haben. Gerade heute Morgen noch hat er eine Grafik über Insolvenzen in Deutschland gesehen.

1. Stellen Sie fest, welche Gründe zur Insolvenz eines Unternehmens führen können.
2. Erläutern Sie, welche wirtschaftlichen Folgewirkungen die Insolvenz der beiden Unternehmen für die Hoffmann KG haben kann.

INFORMATION

Gründe für Unternehmenskrisen

Anzeichen für Unternehmenskrisen sind

- Umsatzrückgang,
- immer geringer werdende Gewinne,
- Verluste und Schrumpfen des Eigenkapitals,
- eine zunehmende Verschuldung und als Folge
- Zahlungsschwierigkeiten und schließlich
- Zahlungsunfähigkeit.

Für eine solche Entwicklung können personelle, sachliche, organisatorische und finanzielle Gründe verantwortlich sein.

Personelle Gründe sind z. B.

- Entscheidungsfehler der Geschäftsleitung bei der Sortimentsgestaltung und Umsatzplanung,
- Verluste durch Fehlplanungen beim Einkauf,
- Streitigkeiten unter den Gesellschaftern eines Unternehmens,
- Ausscheiden eines Gesellschafters aus dem Unternehmen,
- Nachlässigkeit des Verkaufspersonals im Umgang mit der Kundschaft.

Sachliche Gründe sind z. B.

- Nachfragerückgang durch
  - eine allgemeine Verschlechterung der Wirtschaftslage (Konjunktur),
  - Rückgang der Kaufkraft infolge steigender Arbeitslosigkeit,
  - Änderungen der Verbrauchergewohnheiten,

- Verschärfung des Wettbewerbs,
- Verschlechterung der Standortbedingungen, z. B. durch Straßenbauarbeiten vor dem Geschäftshaus oder Änderung der Verkehrsführung.

Organisatorische Gründe sind z. B.

- veraltete Betriebsorganisation,
- zu hohe Lagerbestände, hoher Schwund und Verderb infolge einer mangelhaften Organisation der Warenwirtschaft (Beschaffung, Lagerung und Verkauf),
- versäumte Rationalisierung durch Verzicht auf den Einsatz von EDV-gestützten Warenwirtschaftssystemen,
- zu viel Personal durch mangelhafte Personaleinsatzplanung.

Finanzielle Gründe sind u. a.

- zu geringes Eigenkapital,
- falsche Kapitalverwendung, z. B. Verwendung kurzfristiger Kredite zur Beschaffung von Anlagevermögen (Geschäftsausstattung, Geschäftsfahrzeuge usw.),
- zu großzügige Kreditvergabe an Kundinnen und Kunden,
- hohe Forderungsausfälle,
- zu hohe Privatentnahmen.

Maßnahmen zur Lösung der Unternehmenskrise

Eine Unternehmenskrise kann

- durch die Auflösung des Unternehmens oder
- durch Sanierung des Unternehmens

gelöst werden.

Die Auflösung eines Unternehmens wird als Liquidation bezeichnet. Diese kann aus wirtschaftlichen Zwängen erfolgen. Aber auch freiwillige Liquidationen sind möglich (z. B. Geschäftsaufgabe aus Altersgründen).

Unter Sanierung versteht man die Gesamtheit aller Maßnahmen, die der Wiederherstellung der Leistungsfähigkeit eines in Zahlungsschwierigkeiten geratenen Unternehmens dienen. Sie erfolgt auf Kosten der Eigentümer des Unternehmens.

Insolvenzverfahren

Die **Insolvenz** eines Schuldners liegt vor, wenn sein Vermögen nicht mehr ausreicht, um alle seine Gläubiger zu befriedigen oder er überschuldet ist.

DEFINITION

Das **Insolvenzverfahren** ist ein Verfahren, bei dem das Vermögen eines Schuldners verwertet (z. B. Gebäude, Geschäftsausstattung, Waren des Unternehmens verkauft) und der Erlös nach den Vorschriften der Insolvenzordnung an die Gläubiger verteilt wird (Regelverfahren) oder in einem Insolvenzplan eine abweichende Regelung insbesondere zum Erhalt des Unternehmens getroffen wird.

Um ein Insolvenzverfahren eröffnen zu können, muss ein Insolvenzgrund vorliegen. **Insolvenzgründe** sind

- **Zahlungsunfähigkeit** (§ 17 Abs. 2 InsO): Der Schuldner ist zahlungsunfähig, wenn er nicht in der Lage ist, die fälligen Zahlungsverpflichtungen zu erfüllen.
- **Überschuldung** (§ 19 Abs. 2 InsO): Bei einer juristischen Person (z. B. AG, GmbH) ist auch die Überschuldung ein Insolvenzgrund. Sie liegt vor, wenn das Vermögen des Schuldners die bestehenden Verbindlichkeiten nicht mehr deckt.
- **Drohende Zahlungsunfähigkeit** (§ 18 InsO): Die drohende Zahlungsunfähigkeit liegt vor, wenn der Schuldner voraussichtlich nicht in der Lage sein wird, die bestehenden Zahlungsverpflichtungen zum Zeitpunkt der Fälligkeit zu erfüllen. Dieser Insolvenzgrund ist allerdings nur bei einem Eigenantrag des Schuldners und nicht bei einem Gläubigerantrag anzuwenden.

Ablauf des Regelverfahrens

Antrag	– bei Zahlungsunfähigkeit oder Überschuldung durch Gläubiger oder Schuldner
	– bei drohender Zahlungsunfähigkeit nur durch Schuldner
	– Die Verfahrenskosten müssen gedeckt sein.
Durchführung	– Eröffnungsverfahren durch das Insolvenzgericht (Das Gericht prüft u. a., ob ein Eröffnungsgrund vorliegt und ob genügend Masse zur Verfahrensdurchführung vorhanden ist.)
	– Eröffnungsbeschluss des Insolvenzgerichts mit Ernennung des Insolvenzverwalters und Bestimmung eines Berichts- und Prüfungstermins
	– Anmeldung der Forderungen durch die Insolvenzgläubiger
	– Berichtstermin: In dieser 1. Gläubigerversammlung bestimmen die Gläubiger den Verfahrensweg (Regelverfahren oder nicht, Fortführung des Unternehmens oder nicht). Die Gläubigerversammlung kann den Insolvenzverwalter beauftragen, einen Insolvenzplan auszuarbeiten.
	– Prüfungstermin: Forderungen werden geprüft; Berichts- und Prüfungstermin können verbunden werden.
	– Verwertung (es sei denn, das Unternehmen wird noch fortgeführt) und Verteilung der Insolvenzmasse durch den Insolvenzverwalter
	– Schlusstermin
	– Aufhebung des Insolvenzverfahrens durch das Insolvenzgericht: Eintragung ins Handelsregister und Veröffentlichung

Feststellen der Insolvenzmasse

Die Insolvenzmasse ist das gesamte Vermögen, das dem Schuldner zum Zeitpunkt der Eröffnung des Verfahrens gehört und das er während des Verfahrens erwirbt.

Nicht zur Insolvenzmasse gehören

- unpfändbare Gegenstände, die dem persönlichen Gebrauch und der Berufsausübung dienen, z. B. notwendiger Hausrat, Bekleidungsstücke, Laptop.
- Gegenstände, die sich bei der Eröffnung des Insolvenzverfahrens im Besitz des Schuldners befinden, ihm aber nicht gehören, z. B. unter Eigentumsvorbehalt gelieferte Waren, geliehene oder gemietete Gegenstände. Sie werden den Eigentümern zurückgegeben (= **Aussonderung; § 47 InsO**).

Verteilung der Insolvenzmasse
Die Insolvenzmasse muss im Regelverfahren nach einer genau vorgeschriebenen Reihenfolge verteilt werden:

I. Absonderung	Gläubigerforderungen, die durch ein Pfandrecht, eine Sicherungsübereignung oder eine Hypothek besonders gesichert sind, werden bevorzugt befriedigt.
II. Aufrechnung	Wenn ein Gläubiger nicht nur Forderungen, sondern auch Schulden gegenüber dem Gemeinschuldner hat, kann er sie gegeneinander aufrechnen.
III. Kosten des Insolvenzverfahrens und sonstige Masseverbindlichkeiten	Kosten des Insolvenzverfahrens sind – die Gerichtskosten für das Insolvenzverfahren, – Ausgaben für die Verwaltung, Verwertung und Verteilung der Insolvenzmasse (z.B. Ausgaben für den Gläubigerausschuss, Vergütung des Insolvenzverwalters). Sonstige Masseverbindlichkeiten sind Schulden, die erst nach der Insolvenzeröffnung entstanden sind, z. B. Käufe, Miete, Löhne und Gehälter.
IV. Forderungen der (nicht nachrangigen) Insolvenzgläubiger	Insolvenzgläubiger sind die Gläubiger, die bei der Eröffnung des Insolvenzverfahrens eine Forderung gegen den Schuldner haben.
V. Forderungen nachrangiger Insolvenzgläubiger	1. die seit der Eröffnung des Insolvenzverfahrens laufenden Zinsen der Forderungen der Insolvenzgläubiger 2. die Kosten, die den einzelnen Insolvenzgläubigern durch die Teilnahme am Verfahren entstehen 3. Geldstrafen, Geldbußen, Ordnungsgelder und Zwangsgelder sowie solche Nebenfolgen einer Straftat oder Ordnungswidrigkeit, die zu einer Geldzahlung verpflichten 4. Forderungen auf eine unentgeltliche Leistung des Schuldners 5. Forderungen auf Rückgewähr des kapitalersetzenden Darlehens eines Gesellschafters oder gleichstehende Forderungen

Nachdem die bevorrechtigten Ansprüche (I bis III) aus der Insolvenzmasse voll befriedigt worden sind, werden die Forderungen der (nicht nachrangigen) Gläubiger aus der Restmasse beglichen. Die Insolvenzgläubiger werden dabei insgesamt gleich behandelt. Bei nicht ausreichender Masse werden sie also anteilig befriedigt.

BEISPIEL

Forderungen der (nicht nachrangigen)
Insolvenzgläubiger 50.000,00 € = 100 %
Restmasse 5.000,00 € = 100 %

$$x = \frac{100\% \cdot 5.000\,€}{50.000\,€} = 10\%$$

Da die Restmasse nur 10 % der Forderungen ausmacht, erhält jeder (nicht nachrangige) Insolvenzgläubiger nur 10 % seiner Forderungen beglichen.

Die Ansprüche der nachrangigen Insolvenzgläubiger werden erst nach den Ansprüchen der (nicht nachrangigen) Insolvenzgläubiger befriedigt. Das heißt, die Forderungen der nachrangigen Insolvenzgläubiger werden nur dann ganz oder teilweise beglichen, wenn noch eine Restvermögensmasse übrig bleibt, nachdem die Forderungen aller (nicht nachrangigen) Gläubiger zu 100 % befriedigt sind.

Insolvenzplanverfahren

In einem **Insolvenzplan** können

- die Befriedigung der absonderungsberechtigten Gläubiger und der Insolvenzgläubiger,
- die Verwertung der Insolvenzmasse und die Verteilung an die Beteiligten sowie
- die Haftung des Schuldners nach Beendigung des Insolvenzverfahrens

abweichend von den gesetzlichen Vorschriften der Insolvenzordnung (Regelverfahren) geregelt werden.

Die inhaltliche Gestaltung des Insolvenzplans kann von den Gläubigern selbstständig vorgenommen werden.

Die Insolvenzordnung enthält daher nur grobe Vorgaben zur Gestaltung des Insolvenzplans.

Arten des Insolvenzplans

Es gibt drei Grundtypen des Insolvenzplans:

- den **Liquidationsplan:** Die Vermögensgegenstände werden abweichend vom Gesetz veräußert.
- den **Übertragungsplan:** Das Unternehmen geht auf einen anderen Rechtsträger über
- den **Sanierungsplan:** Das Unternehmen wird saniert und bleibt erhalten.

Diese Grundtypen können auch als Mischform auftreten, z. B. Liquidation eines Betriebsteils, Übertragung eines zweiten und Sanierung eines dritten Betriebsteils.

Das Verbraucherinsolvenzverfahren

Wenn der Schuldner eine natürliche Person ist und keine oder nur geringfügige selbstständige Tätigkeit ausübt, kann das Verbraucherinsolvenzverfahren angewandt werden (§ 304 InsO).

Für Privatpersonen, die sich finanziell übernommen haben, eröffnet das Verbraucherinsolvenzverfahren die Chance auf einen wirtschaftlichen Neubeginn. Es eröffnet Privatleuten die Möglichkeit, ihre Schulden nach Ablauf einer Wohlverhaltenszeit, in der das gesamte pfändbare Einkommen an die Gläubiger gezahlt werden muss, loszuwerden.

Ablauf des Verbraucherinsolvenzverfahrens

1. Phase: Außergerichtlicher Einigungsversuch

Der Schuldner muss zunächst versuchen, mit seinen Gläubigern auf der Grundlage eines **Schuldenbereinigungsplans** einen außergerichtlichen Vergleich zu schließen. Beim Zustandekommen einer solchen Einigung verpflichtet sich der Schuldner, z. B. sein pfändbares Einkommen für einen bestimmten Zeitraum an seine Gläubiger zu zahlen. Bei pünktlicher Ratenzahlung verzichten die Gläubiger im Gegenzug auf die Restforderungen und auf Zwangsvollstreckungsmaßnahmen.

Der Schuldenbereinigungsplan wird mithilfe eines Anwalts oder einer Schuldnerberatungsstelle aufgestellt. In ihm muss der Schuldner aufführen, welche Vermögenswerte, welches Einkommen und welche Schulden er hat und wie er sich einen mindestens teilweisen Abbau der Schulden und eine Einigung mit seinen Gläubigern vorstellen kann.

2. Phase: Gerichtliches Schuldenbereinigungsplanverfahren

Falls der außergerichtliche Einigungsversuch trotz aller Bemühungen nicht erfolgreich war und die beratende Stelle dies bescheinigt, kann der Schuldner innerhalb von sechs Monaten beim Insolvenzgericht einen Antrag auf Eröffnung des Insolvenzverfahrens stellen.

Das Insolvenzgericht wird nach einer ersten Prüfung nicht sofort mit dem Insolvenzverfahren beginnen, sondern zunächst versuchen, die Gläubiger zum Einverständnis mit dem Schuldenbereinigungsplan des Schuldners zu bewegen (Schuldenbereinigungsplanverfahren). Das Gericht schickt dazu den Schuldenbereinigungsplan an alle Gläubiger. Diese haben einen Monat Zeit, um zu dem Schuldenbereinigungsplan des Schuldners Stellung zu nehmen. Melden sie sich danach nicht beim Insolvenzgericht, gilt der Schuldenbereinigungsplan als genehmigt. Stimmt die Mehrheit der Gläubiger zu, kann das Gericht den Schuldenbereinigungsplan auch gegen den Willen der störrischen Gläubiger in Kraft setzen, wenn diese dadurch nicht unangemessen benachteiligt werden.

3. Phase: Vereinfachtes Insolvenzverfahren

Erst wenn das gerichtliche Schuldenbereinigungsplanverfahren gescheitert ist, beginnt das eigentliche Insolvenzverfahren. Dieses gegenüber dem Regelinsolvenzverfahren vereinfachte Verfahren ist insbesondere dadurch gekennzeichnet, dass statt eines Insolvenzverwalters ein Treuhänder tätig wird und eine vereinfachte Verteilung (§ 314 InsO) erfolgen kann. Die Aufgabe des Treuhänders besteht zunächst darin, das Vermögen des Schuldners zu verwerten und den Erlös an die Gläubiger zu verteilen.

4. Wohlverhaltensphase

Auf das vereinfachte gerichtliche Insolvenzverfahren folgt eine lange Phase, in der der Schuldner diszipliniert haushalten muss, wenn er eine Restschuldbefreiung erlangen will.

Für einen Zeitraum von drei Jahren muss er sein pfändbares Einkommen an den Treuhänder abgeben, der es unter den Gläubigern aufteilt. Wenn der Schuldner arbeitslos ist, muss er sich ständig um eine Erwerbstätigkeit bemühen. Außerdem muss er eine Reihe weiterer Vorschriften einhalten.

Nach Ablauf der sieben Jahre muss der Schuldner dem Insolvenzgericht und den Gläubigern Auskunft darüber erteilen, ob er alle seine Pflichten erfüllt hat und auf Antrag der Gläubiger die Richtigkeit dieser Aussage an Eides statt versichern. Beschließt das Insolvenzgericht daraufhin die

Restschuldbefreiung, können die Gläubiger noch ein Jahr lang den Widerruf dieser Entscheidung beantragen, wenn sich nachträglich das Gegenteil herausstellt.

Nach zwölf Monaten ohne Widerruf ist der Schuldner von allen Schulden frei, die er vor Beginn des Insolvenzverfahrens hatte.

AUFGABEN

1. Geben Sie an, welche personellen, sachlichen, organisatorischen und finanziellen Gründe zu einer Unternehmenskrise führen können.
2. Unterscheiden Sie Liquidation und Sanierung.
3. Führen Sie auf, wer einen Antrag auf Eröffnung eines Insolvenzverfahrens stellen kann.
4. Begründen Sie, warum der Eröffnungsbeschluss über ein Insolvenzverfahren veröffentlicht wird.
5. Nennen Sie Gegenstände, die nicht zur Insolvenzmasse gehören.
6. Bringen Sie die folgenden Forderungen in die richtige Reihenfolge im Hinblick auf die Befriedigung der Gläubiger/-innen:
   a) die Gerichtskosten für das Insolvenzverfahren
   b) unter Eigentumsvorbehalt gelieferte Ware
   c) ungesicherte Forderungen eines Lieferers
   d) rückständige Gewerbesteuerzahlung
   e) eine durch Sicherungsübereignung gesicherte Forderung
   f) die Forderung eines Arztes gegenüber dem Schuldner
7. Beschreiben Sie, welche Vorteile das Insolvenzplanverfahren gegenüber dem Regelverfahren
   a) der Schuldnerin/dem Schuldner,
   b) der Gläubigerinnen und Gläubigern bietet.
8. a) Der Inhaber der Jeans-Mode KG ist nicht mehr in der Lage, seine Zahlungsverpflichtungen zu erfüllen. Führen Sie Maßnahmen auf, die er ergreifen kann, um sein Unternehmer vor der Auflösung zu bewahren.
   b) Der Angestellte Frank Bussath ist nicht mehr in der Lage, seine Schulden zu bezahlen. Schlagen Sie vor, was er tun muss, um eine Restschuldbefreiung zu erlangen.

A

ABC-Analyse 109
Abgabenpolitik 311
Abgrenzungsrechnung 254
Ablage 493
Abnahme 125
Absatzhelfer 58
Absatzpotenzial 27
Absatzvolumen 27
Absatzwirtschaft 11
Abschlussgliederungsprinzip 498
Abschreibungen 546, 547
Abschreibungsfinanzierung 358
Abschreibungskreislauf 548
Abschreibungsmethoden 549
Abschwung 319, 321
Absetzung für Abnutzung 547
Absoluter Deckungsbeitrag 279
Abzahlungsdarlehen 365
AfA 547, 550
Agiles Projektmanagement 188
AIDA-Prinzip 79
Akkordlohn 440
Aktien 581
Aktienarten 582
Aktiengesellschaft 581
Aktionär 581
Aktiver Außerbeitrag 296
Aktivitätenliste 204
Allgemeine Gleichbehandlungsgesetz
    (AGG) 414
Allgemeiner Umsatzsteuersatz 469
Allphasen-Netto-Umsatzsteuer 469
Altersteilzeit 432
Amortisationsrechnung 355
Anforderungsprofil 413, 423
Anfrage 120
Angebot 119, 123
Angebotsinduzierte Inflation 293
Angebotsoligopol 50
Angebotsvergleich 119, 122, 129, 130
Angemessenes Wachstum 287
Anlagenintensität 399
Anlagevermögen 353, 546
Annuitätendarlehen 365
Anpassungsweiterbildung 429
Anpreisung 123
Anschaffung 550
Anschaffungskosten 517
Anschaffungsnebenkosten 517
Antizyklische Fiskalpolitik 322
Arbeitskraft 225
Arbeitslose 299
Arbeitslosenquote 299, 319
Arbeitslosenversicherung 302
Arbeitslosigkeit 299, 301
    friktionelle 300
    konjunkturelle 300
    regionale 300
    saisonale 300
    strukturelle, sektorale 300
Arbeitsmarkt 299
Arbeitsmarktkennzahlen 299

Arbeitspakete 201, 204
Arbeitspapiere 451
Arbeitsschutzvorschriften 177
Arbeitsvertrag 408
Arbeitszeitgestaltung 430
Arbeitszeitkonto 433
Armut 307, 308
Armutsrisiko 307
Arten des Außenhandels 344
Artgemäße Lagerung 155
Artikel 40
Aspekte des Gesundheits- und
    Umweltschutzes 128
Assessment-Center 417
Aufgabenbeschreibung 204
Aufgaben der EZB 332
Aufhebungsvertrag 445
Auflagenpolitik 310
Aufschwung 319, 321
Aufsichtsrat 580, 583
Aufstiegsweiterbildung 429
Auftragsbestätigung 138
Auftragsfertigung 232
Aufwand 238
Ausfallbürgschaft 370
Ausgabe 238
Ausgabenpolitik 323
Ausgangsrechnung 492
Außenbeitrag 296
Außenfinanzierung 357, 390
Außenhandel 295, 342
Außenhandelsüberschuss 296
Außenwert 331
Außenwirtschaft 295
Außenwirtschaftliches Gleichgewicht
    295
Außenwirtschaftliches Ungleichge-
    wicht 297
Außerordentliche Kündigung 447
Außerplanmäßige AfA 549, 556
Auszahlung 238
Autarkie 347

B

B2B-E-Commerce 139
B2B-Onlineshop 139
Balanced Scorecard 214
Balkendiagramm 205, 206
Bareinkaufspreis 128, 129
BCG-Matrix 45
Bedarfsdeckung 595
Bedarfsermittlung 105, 469
Bedarfsprinzip 308
Beförderungsbedingungen 126
Beförderungskosten 125
Befragung 25
Befristeter Arbeitsvertrag 408
Belegbearbeitung 488
Belegnummer 496, 499
Beobachtung 26
Beschaffungskosten 106
Beschaffungsplanung 105
Beschränkte Haftung 574

Bestandskontrolle 165
Bestandsmehrungen 456
Bestandsminderungen 456
Bestandsveränderungen 514
Bestellkosten 107
Bestellmenge 106
Bestellpunktverfahren 109
Bestellrhythmusverfahren 109
Bestellung 138
Bestellungsannahme 138
Bestellzeitpunkt 165
Bestimmungsgrößen der Sortiments-
    politik 42
Beteiligungsfinanzierung 357
Betriebliche Produktionsfaktoren 225
Betriebsabrechnungsbogen
    einstufig 264
Betriebseigene Vertriebssysteme 56
Betriebsergebnisrechnung 254
Betriebsgewöhnliche Nutzungsdauer
    549
Betriebsmittel 225
Betriebsstoffe 225
Bewerbungsunterlagen 415
Bezugskosten 128, 129, 517
Bezugspreis 128, 129
Bezugsquellen 114
Bezugsquellenermittlung 109, 114
Bilanzanalyse 360
Bilanzgewinn 387
Bildmarken 34
Bindungsfristen 123
Binnennachfrage 298
Bonus 52, 125, 519
Boom 319
Brandschutz 179, 180
Break-even-Point 277
Briefhypothek 373
Bruttogewicht 127
Bruttoinlandsprodukt (BIP) 287
Bruttolohn 292
Buchhypothek 373
Bundesagentur für Arbeit 301
Bürgschaft 369
Businessplan 563
Business-to-Business-E-Commerce
    139

C

Cashflow 401
Chaotische Lagerplatzzuordnung 155
Chronometrische Arbeitszeitmodelle
    431
Club of Rome 288
Corporate Identity 68
Customer-Relationship-Management
    72

D

Darlehen 365
Datenbankrecherche 114
Deckungsbeitragsrechnung 273
Deckungsgrad 1 360

Deckungsgrad 2 360
Deficitspending 324
Definitionsphase 193
Degenerationsphase 31
Degressive AfA 549
Depression 319
Devisengeschäfte 332
Dezentrales Lager 149
Dienstleistungsverkehr 344
Digitaler Marktplatz 139
Direkter Absatz 56
Direktes Leasing 379
Direktvertrieb 56
Direktwerbung 67
Dispositive Arbeit 225
Distributionspolitik 13
Diversifikation 13
Dividende 582
Dokumentation 212
Draufgabe 52, 125
Dreingabe 52, 125
Durchführungsphase 188
Durchschnittliche Lagerdauer 170
Durchschnittlicher Lagerbestand 168
Dynamische Investitionsrechnungsver-
    fahren 355

E
EDI 139
EDV-gestütztes Warenwirtschaftssys-
    tem 106, 145
Eigenfertigung 157
Eigenfinanzierung 357
Eigenkapitalquote 400
Eigenkapitalrentabilität 396, 592
Eigenlager 149
Einfacher Personalkredit 368
Einführungsphase 31
Eingangskontrolle 152
Eingangsrechnung 489
Einkommensteuer 566
Einkommensverteilung 306, 307, 308
Einlagefazilität 338
Einlagen 543
Einnahme 239
Einnahmenpolitik 323
Einstandspreis 128
Einzahlung 239
Einzelfertigung 227
Einzelhandel 61
Einzelunternehmen 569
Einzelzession 371
Eiserner Bestand 163
Electronic Data Interchange 139
Elektronischer Marktplatz 139
Elektronisches Adressverzeichniss 116
Elimination 13
E-Mail-Werbung 88
Emission 393
Emissionshandel 311, 312
Emissionsrechte 313
Ende der AfA 551
Entgeltabrechnung 438

Entnahmen 541
Entscheidungsmatrix 214
E-Recruitment 411
Erfolgsbeteiligung 442
Erhaltung einer lebenswerten Umwelt
    310
Erinnerungswert 552
Ermäßigter Steuersatz 469
Erneuerbare Energien 311
Erstattungsanspruch 472
Erster Arbeitsmarkt 300
Ertrag 239
Erwerbslose 299
Erwerbspersonen 299
Erwerbsquote 299
Erwerbstätige 299
Euro 329
Euro-Länder 329
Europäisches System der Zentralban-
    ken 328
Europäische Zentralbank 290, 328, 329
Eurostat 333
Evaluation 218
Events 72
Excel 131
Expansion 319
Experiment 26
Export 344
Exportabhängigkeit 297
Externe Personalbeschaffung 412
Externe Projekte 186
EZB 329
EZB-Rat 329

F
Fachkräftemangel 435
Faktoren der Preisbildung 49
Fälligkeitsdarlehen 365
Faxwerbung 89
Fazilitäten 338
Fehlverkäufe 43
Feinsteuerungsoperation 335
Fertige Erzeugnisse 514
Fertigungsorganisationstypen 229
Fertigungstypen 227, 232
Fertigungsverfahren 227
Feste Lagerplatzzuordnung 155
Fifo 155
Finance-Leasing 378
Finanzierung 356
Finanzierungsarten 357
Finanzierungsinstrumente 357
Finanzierungsmatrix 359
Finanzplan 359
Firmierung 573, 575, 580, 584
Fiskalpolitik 322
Fiskalpolitische Grundprinzipien 322
Flexible Fertigungsinseln 232
Fließbandfertigung 230
Fließfertigung 229, 230
Form des Angebots 123
Fort- und Weiterbildung 428
Fotovoltaik 311

Frachtführer 143
Fragebogen 416
Franchising 61
Freihandel 346
Freizeichnungsklauseln 124
Fremdfertigung 157
Fremdfinanzierung 357
Fremdkapitalquote 401
Fremdlager 149
Führungsstile 434

G
Gebrauchsmuster 35
Geldeinlage 543
Geldmenge 291, 332, 338, 339
Geldpolitik 329, 332
Geldpolitische Strategie 333
Geldwertsteigerung 295
Geldwertstörung 292
Gemeinkosten 264
Gemeinkostenzuschlagssätze 266
Generalklausel des UWG 85
Geräumigkeit des Lagers 154
Gerechte Einkommensverteilung 307
Geringwertige Wirtschaftsgüter 557
Gesamtkapitalrentabilität 397, 592
Geschäftsführer 579
Geschäftsidee 562, 566
Geschäftsleitung 57
Geschmacksmuster 35
Gesellschafterversammlung 579
Gesellschaft mit beschränkter Haf-
    tung 578
Gesetz zur Förderung und Stabilität
    des Wachstums der Wirtschaft 286
Gewerbeanzeige 564
Gewerbesteuer 566
Gewerbliche Schutzrechte 35
Gewinnmaximierung 592
Gewinnvergleichsrechnung 355
Gewinnvortrag 387
Gezeichnetes Kapital 386
Gleichheitsprinzip 308
Gleitzeit 432
Globalzession 371
GmbH 578
GmbH & Co. KG 580
Goldreserve 332
Goldstandard 332
Grenzen der Geldpolitik 339
Grenzen des Wachstums 288
Grenzen statischer Investitionsrech-
    nung 355
Großhandel 61
Grundbuch 495
Guerilla-Marketing 98
Güter, freie 306
Gütermenge 291
Gutschrift 524

H
Haftungsbeschränkte Unternehmerge-
    sellschaft 580

Handelsbilanz 296
Handelshemmnisse 347
Handelshemmnisse - nichttarifäre 347
Handelskommissionär 58
Handelsmakler 58
Handelsmarken 33
Handelspanel 26
Handelsregister 564
Handelsunternehmen 61
Handelsvertreter 58
Harmonisierte Verbraucherpreisindex 333
Hauptgangverfahren 155
Hauptkostenstelle 263
Hauptrefinanzierungsgeschäfte (HRG) 334
Hauptrefinanzierungssatz 338
Hauptversammlung 583
Hausfracht 125
Haushaltsdefizit 330
Herstellermarken 33
Herstellkosten 271
Hilfsstoffe 225
Hochkonjunktur 319, 321
Höchstbestand 164
Höchstbestellmenge 124
Hoher Beschäftigungsstand 298
Human Relations 69
Hyperinflation 294
Hypothek 373

I

Import 344
Indirekter Absatz 60
Indirekter Vertrieb 60
Indirektes Leasing 379
Inflation 293, 294
Inflationsgefahr 319, 339
Inflationsrate 291, 331
Influencer-Marketing 100
Inhaberaktie 582
Inhalte des Angebots 124
Innenfinanzierung 358
Innerer Geldwert 331
Instrumente der Fiskalpolitik 323
Instrumente der Geldpolitik 334
Internationale Arbeitsteilung 295
Interne Personalbeschaffung 412
Interne Projekte 186
Investition 322, 354
Investitionsarten 354
Investitionsplanung 354
Investitionsrechnung 354
Irreführende Werbung 87

J

Job-Sharing 433
Journal 495
Jugend- und Auszubildendenvertretung 420
Juristische Person 578

K

Kapitalbedarfsrechnung 356
Kapitalbindung 563
Kapitalerhöhung 391
Kapitalgesellschaft 578
Kapitalrücklagen 386
Kapitalstrukturkennzahlen 400
Kapitalverkehr 344
Kapovaz 433
Käufermarkt 10
Kaufkraft 291, 332
Kaufkraftsteigerung 295
Kaufmannseigenschaften 565
Kennzahlen 287, 395
Kernsortiment 41
Keynes 322
Keynsianische Konjunkturpolitik 322
Key Performance Indicators 395
KG 574
Kick-off-Meeting 196
Kick-off-Sitzung 195
Klimakonferenz 313
Klimawandel 312
Kommanditgesellschaft 574
Kommanditist 574
Kommissionär 58
Kommissioniersysteme 153
Kommissionierung 153
    parallele 155
    serielle 155
Kommunikationspolitik 14, 65
Komplementär 574
Konditionen 52
Konditionengewährung 52
Konditionenpolitik 49, 52
Konjunkturindikator 320
Konjunkturpakete 301
Konjunkturpolitik 318, 322
Konjunkturschwankungen 318
Konjunkturzyklus 319
Kontenplan 498
Kontenrahmen 496
Kontieren 492
Kontokorrentkredit 365
Konvergenzkriterien 330
Körperschaftsteuer 566
Korrekturbuchung 519
Kosten 238
Kosten der Versandverpackung 126
Kostendruckinflation 294
Kostenrisiko 202
Kostenstellenrechnung 262
Kostenträgerrechnung 271
Kosten- und Leistungsrechnung 235
Kostenvergleichsrechnung 355
KPIs (Key Performance Indicators) 395
Kredit 364
Kreditarten 364, 368
Kreditbesicherung 368
Kreditfinanzierung 357, 363
Kreditwürdigkeit 368
Kühllager 149
Kundenboni 531

Kundendienstleistungen 41
Kundenselektion 16
Kündigung 444
Kündigungsgründe 448
Kündigungsschutz 447, 449
Kündigungsschutzverfahren 449
Kursschwankungen 331
Kurzarbeit 302
Kurzfristige Erfolgsrechnung 43
Kyoto-Protokoll 312

L

Lagerarten 148
Lagerbereichsverfahren 155
Lagerfertigung 232
Lagerhaltung 147
Lagerkennziffern 172
Lagerkosten 106, 160
Lagerplatzzuordnung 155
Lagerumschlagshäufigkeit 168
Lagerzins 168
Lagerzinssatz 171
Lastenheft 194
Leasing 377
    Immobilienleasing 379
Leistung 239
Leistungs-AfA 549, 555
Leistungsbereitschaft 427
Leistungsbilanz 295
Leistungsbilanzdefizit 297
Leistungsbilanzüberschuss 297
Leistungsentnahmen 543
Leistungsprinzip 308
Leistungsvermögen 427
Leitzinsen 338
Lieferant 144
Lieferantenkartei 115
Lieferantenkredit 367
Lieferantenrabatt 128
Lieferantenskonto 128
Lieferungsbedingungen 119
Lieferzeit 127
Lifo 155
Limit 108
Limitrechnung 108
Lineare AfA 549
Liquidität 334, 335, 338, 398
Liquidität 1. Grades 398
Liquidität 2. Grades 399
Liquidität 3. Grades 399
Listeneinkaufspreis 128
Lockvogelangebot 88
Lohnzurückhaltung 303
Lombardkredit 372

M

Maastricht-Kriterien 330
Magisches Sechseck 306
Magisches Viereck 286, 306
Make-or-Buy-Entscheidungen 157
Mängelrüge 144
Mantelzession 371

Marke 35
Markenarten 34
Markenpolitik 33
Marketing 11
Marketinginstrumente 11
Marketingkonzept 17
Marketingmix 12
Marketingziele 17, 32
Marktanalyse 23
Marktanteil 27
Marktbeobachtung 23
Markterkundung 21
Marktforschung 14, 21, 22
Marktpotenzial 27
Marktprognose 23
Marktsegmentierung 15, 16
Marktvolumen 27
Marktwirtschaftliche Prinzipien 286
Massenfertigung 228
Meilensteine 202
Meldebestand 164
Mengenplanung 106
Mengenrabatt 51
Mengentender 336
Mindermengenzuschlag 53
Mindestabnahmemengen 53
Mindestauftragswerte 53
Mindestbestand 163
Mindestbestellmenge 124
Mindestbietungssatz 338
Mindestreserve 338
Mindestreservepflicht 338
Minijob 408
Mitarbeiterbindung 435
Mitarbeitermotivation 427
Mitbestimmungsrechte 420
Mitwirkungsrechte 421
Mondpreiswerbung 88
Multi-Channel-Distribution 56
Mündliche Befragung 25

N
Nachfrageinduzierte Inflation 293
Nachhaltigkeit 158, 596
Nachkalkulation 271
Namensaktien 582
Nationale Zentralbank 328, 336, 338
Naturalrabatte 52
Nebenkostenstelle 263
Nennwert 581
Nennwertaktien 393
Nettogewicht 126
Nettolohn 292
Netzplan 205
Netzplantechnik 207
Nichterwerbspersonen 299
Nicht standardisierte Befragungen 26
Nichtverkäufe 43
Niederlassungen 57
Nominallohn 292
Nullphase 191
Nutzungsdauer 549

Nutzungsentnahmen 542
Nutzwertanalyse 130, 131

O
Offene Handelsgesellschaft 572
Offene Selbstfinanzierung 384
Offene Zession 371
Offenmarktgeschäfte 335
Offenmarktpapiere 334
Offenmarktpolitik 334
Öffentlichkeitsarbeit 67
OHG 572
Onlinebefragungen 26
Onlinebestellung 139
Onlinemarketing 100
Operate-Leasing 378
Optimale Bestellmenge 106, 107
Optimale Losgröße 227
Optimaler Lagerbestand 160
Ordentliche Kündigung 445

P
Packung 36
Packungspolitik 36
Panel 26
Passiver Außenbeitrag 296
Patent 35
Pennerliste 43
Personalauswahl 415
Personalbedarfsplanung 420
Personalbeurteilung 444
Personaleinsatzplanung 421
Personalrabatt 52
Personengesellschaften 572
Persönlicher Verkauf 70
Pfandkredit 372
Pflichtenheft 194
Physische Lagerführung 152
Planung 202, 235
Platzkauf 125
Portfolio-Analyse 45
Praktikumsvertrag 408
Prämienlohn 441
Preis 125
Preisabzüge 125
Preisbindung 50
Preisdifferenzierung 51
Preisempfehlungen 50
Preisindex 289
Preis-Kaleidoskop 290
Preisnachlässe 519, 531
Preispolitik 13, 49
Preisstabilität 289, 332, 333
Preissteigerung 289
Preissteigerungsrate 332
Preis- und Konditionenpolitik 49
Preisuntergrenze 275
Primäre Marktforschung 25
Primärquellen 117
Privatentnahmen 541
Product-Placement 70
Produktgestaltung 12, 30

Produktion 225
Produktionsplanung 226
Produktionsplanungs- und -steuerungssysteme 226
Produktionsprogramm 226
Produktionsprogrammpolitik 42
Produktionssteuerung 226
Produktlebenszyklus 31, 32
Produktpolitik 12, 29
Produktprogramm 12, 31
Progressives Steuersystem 309
Projekt 184
    Merkmale 185
    Nullphase 188
    Scorecard 214
Projektabbruch 220
Projektabschluss 218
Projektabschlussbericht 219
Projektabschlussphase 188
Projektauftraggeber 187
Projektbewertung 220
Projektcoach 187
Projektdokumentation 211
Projektidee 192
Projektleiter 187
Projektmanagement 187
Projektmanagementsoftware 213
Projektmitarbeiter 187
Projektplanung 201
Projektplanungsphase 188
Projektpräsentation 212
Projektreflexion 221
Projektrisiken 202
Projektstart 193
Projektstartphase 188
Projektstatusbericht 211, 213
Projektstrukturplan 201
Projektteam 192
Projektziele 211
Protektionismus 346
Prozessgliederungsprinzip 497
Prozyklische Fiskalpolitik 322
Public Relations 67

Q
Qualitativer Angebotsvergleich 130
Qualitätsrisiko 202
Quantitativer Angebotsvergleich 128

R
Rabatt 51, 125, 519, 531
Rabattgewährung 51
Randsortiment 41
Ratenkauf 128
Realkredit 372
Reallohn 292
Recallverfahren 81
Rechnerische Prüfung 489
Rechnungskreise 237
Rechnungswesen 235
Rechtsformzusatz 570
Recognitionverfahren 81

Refinanzierung 334
Refinanzierungsinstrumente 334
Regalfach 155
Reifephase 31
Reihenfertigung 230
Reingewicht 126
Reisender 57
Reklamationsfristen 530
Relativer Deckungsbeitrag 279
Rennerliste 43
Rentabilität 592
Rentabilitätsrechnung 355
Reservelager 149
Ressourcenplanung 202
Restbuchwert 553
Rezession 319
Risiken der Lagerhaltung 161
Rohstoffe 225
Rohstoffkosteninflation 294
Rücksendungen 518, 530

S
Sabbatical 434
Sacheinlagen 543
Sachentnahmen 542
Sachgerechte Lagereinrichtung 156
Sachliche Prüfung 489
Saisonale Schwankungen 320
Sale-and-lease-back-Leasing 380
Salespromotion 65
Säulen der gedpolitischen Strategie 333
Schichtarbeit 432
Schnelltender 335
Schriftliche Anfrage 120
Schriftliche Befragung 26
Schuldenkrise 297
Schulprojekte 186
Schwarze Liste des UWG 85
Sekundäre Marktforschung 24
Sekundärquellen 117
Selbstfinanzierung 358
Selbstkosten 271
Selbstschuldnerische Bürgschaft 369
Selbstständige 299
Serienfertigung 228
Sicherheit im Lager 156
Sicherheitsmaßnahmen 178
Sicherungsübereignung 372
Single-Channel-Distribution 56
Skonto 52, 125, 129, 532
Skontonutzung 129
SMART 17, 194
Sofortrabatt 534
Solaranlagen 311
Solidarische Haftung 572
Solidität 332
Soll-Ist-Vergleich 211
Sonderangebote 50
Sorte 40
Sortenfertigung 228
Sortiment 12, 31, 40, 106

Sortimentsbereinigung 44
Sortimentsbreite 40
Sortimentserweiterung 13, 44
Sortimentskontrolle 43
Sortimentsorientierung 42
Sortimentsplanung 106
Sortimentspolitik 12, 40
Sortimentstiefe 40
Sortimentsumfang 40
Sortimentsveränderung 44
Sozialauswahl 449
Sozialstaat 309
Sozialsystem 309
Sozialversicherungspflichtig Beschäftigte 299
Spitzenrefinanzierungsfazilität 338
Sponsoring 68
Staatsverschuldung 324
Stabilitätsgesetz 286
Stammkapita 579
Standardisierte Befragung 25
Standardtender 335
Standortfaktoren 562
Starre Arbeitszeitsysteme 430
Statische Investitionsrechnungsverfahren 355
Statistik 235
Statistisches Bundesamt 291
Stellenanzeige 413
Stellenausschreibung 413
Stellenbeschreibungen 422
Steuererhöhungen 322
Steuersatz 469
Steuerschuldner 471
Steuerträger 471
Stichgangverfahren 155
Stille Gesellschaft 575
Stiller Gesellschafter 575
Stille Zession 371
Streukreis 75
Streuzeit 75
Stückaktien 393
Subventionen 322, 323
SWOT-Analyse 220
Systematik der Umsatzsteuer 469

T
Tara 127
Tarifautonomie 324
Tarifparteien 301
Tatbestandsaufnahme 144
Tausend-Kontakte-Preis 102
Teamorganisation 192
Teilamortisation 378
Teilhafter 574
Teilkostenrechnung 271
Teilzahlungsverkäufe 53
Teilzeitarbeit 431
Telefonwerbung 88
Tenderverfahren 335
Terminrisiko 202
Termintabelle 205

Testverfahren 417
Tiefstand 319, 321
Transferleistungen 309 323
Transferstraßenfertigung 230
Transit 344
Transithandel 344
Transitverkehr 344
Trends 320
Treuerabatt 51

U
Überfinanzierung 563
Übersichtlichkeit des Lagers 154
Umlaufvermögen 353
Umsatzrentabilität 397, 593
Umsatzsteuer 567
Umsatzsteuerjahreserklärung 473
Umsatzsteuer-Voranmeldung 469, 472, 482
Umsatzvolumen 27
Umschlagshäufigkeit 170
Umschlagslager 149
Umverteilung der Einkommen 309
Umwelt 306, 310
Umweltpolitik 310
Umweltschutz 128, 156, 289
Umweltzertifikate 311
Unbefristeter Arbeitsvertrag 408
Unbeschränkte Haftung 572
Unerwünschte Werbemaßnahmen 88
Unfallursachen 179
Unfertige Erzeugnisse 514
UN-Klimaabkommen 312
Unmittelbare Haftung 572
Unterfinanzierung 563
Unternehmensgründung 562, 564
Unternehmensprojekte 136
Unternehmenssteuern 566
Unterrichtsprojekte 187
Unzumutbare Belästigung 88
Ursachen internationalen Handels 344
UWG 84, 86

V
Valutierung 53
Verbraucherpanel 26
Verbraucherpreisindex 289
Verdeckte Selbstfinanzierung 384
Veredelung 148
Verkäufermarkt 10
Verkaufsabteilungen 57
Verkaufsbereitschaft 148
Verkaufsförderung 65
Verkaufsgespräch 71
Verlustvortrag 387
Vermögensstrukturkennzahlen 399
Verpackung 36
Verpackungsgestaltung 12
Verpackungsgewicht 127
Versandkosten 125, 128
Verschuldungsgrad 360
Versendungskauf 125

Versicherungen 567
Verteilungslager 149
Vertragsablauf 445
Vertragshändler 61
Vertrauensarbeitszeiten 433
Vertriebsart 14
Vertriebskosten 529
Vertriebssystem 14
Virales Marketing 98
Volkswirtschaft 288
Vollamortisation 378
Vollbeschäftigung 298
Vollhafter 574
Vollkostenrechnung 271
Vollständige Konkurrenz 50
Vorgangsliste 204
Vorkalkulation 271
Vorratslager 149
Vorstand 583
Vorstellungsgespräch 416
Vorsteuerüberhang 484
Vorteile des Außenhandels 345

W
Wachstum 287
Wachstumsphase 31
Wachstumsrate 287
Wachstumsstrategie nach Ansoff 46
Wahlarbeitszeit 433
Währungsunion 329, 331
Warenannahme 152
Warenarten 40
Warenbestände 456

Wareneingang 143
Wareneingangskontrolle 144
Wareneingangslager 149
Wareneinkäufe 454
Wareneinsatz 456
Warengruppen 40
Warenkartei 115
Warenkorb 289, 333
Warenmanipulation 154
Warenpflege 153
Warenverkauf 455, 529
Warenverkehr 344
Warenwirtschaftssystem 106, 145
Wechselkredit 372
Wechselkurse 329
Wechselkursentwicklung 331
Werbearten 76
Werbeerfolgskontrolle 80
Werbeetat 76
Werbegewinn 80
Werbegrundsätze 76
Werbeklarheit 76
Werbemittel 78
Werbeplan 75
Werberendite 80
Werbewahrheit 76
Werbewirksamkeit 76, 79
Werbewirtschaftlichkeit 76
Werbung 74
Werkstoffe 225
Wertminderungen 546
Wettbewerbsstrategien nach Porter 45
Wiederverkäuferrabatt 51

Wirtschaftlichkeit 593
Wirtschaftsleistung 287
Wirtschaftsprojekte 186
Wirtschaftswachstum 287
Wohlstandsindikatoren 307
Working Capital 400
Wortmarke 34

Z
Zahllast 472
Zahlungsbedingungen 127
Zahlungsbilanz 295
Zeichenmarken 34
Zeitliche Organisation 495
Zeitlohn 439
Zeitplanung 109, 482
Zentralbank 328
Zentrales Lager 149
Zeugnis 451
Zielbeziehungen 313
Zieleinkaufspreis 128
Zielformulierung 195
Zielkauf 128
Zielkomplementarität 313
Zielkonflikte 314
Zielverkäufe 53
Zinssatz 337
Zinstender 337
Zusatzaufträge 280
Zuschlagskalkulation 264
Zweiter Arbeitsmarkt 300
Zwischenkalkulation 271

action press, Hamburg: REX FEATURES LTD. 192.1.

akg-images GmbH, Berlin: Bildarchiv Pisarek 10.1.

BC GmbH Verlags- und Medien-, Forschungs- und Beratungsgesellschaft, Ingelheim: 180.1.

fotolia.com, New York: Aamon 374.1; Africa Studio 100.2; asaflow 185.1; Bähren, Sven 26.1; Dan Race 302.1; DOC RABE Media 369.1, 495.1; Eisenhans 352.1; Herrndorff, M. 286.1; iQoncept 402.1; knirzporz 13.1; mapoli-photo 183.1; miss_mafalda 80.3; Photographee.eu 142.1; Sanders, Gina 453.1; yamix 87.2.

Gaymann, Peter, Schäftlarn/Neufahrn: 174.1.

Görmann, Felix, Berlin: 42.1, 55.1, 105.1, 110.1, 113.1, 116.1, 118.1, 119.1, 138.1, 144.1, 353.1, 363.1, 376.1, 592.1.

Görmann, Felix (RV), Berlin: 10.2, 11.1, 49.1, 68.1, 74.1, 151.1, 155.1, 155.2, 160.1, 163.1, 164.1, 165.1, 168.1, 169.1, 187.1, 322.1, 339.1, 345.1.

Helga Lade Fotoagenturen GmbH, Frankfurt/M.: M. Rosenfeld 104.1.

Hild, Claudia, Angelburg: 15.1, 32.1, 33.1, 33.2, 33.3, 33.4, 33.5, 39.1, 43.1, 56.1, 95.1, 100.1, 107.1, 114.1, 115.1, 115.2, 141.1, 165.2, 179.1, 181.1, 231.2, 232.1, 295.1, 333.1, 336.1, 336.2, 380.1, 380.2, 380.3, 426.1, 430.1, 454.1, 460.1, 466.1, 466.2, 529.1, 531.1, 537.1, 587.1.

iStockphoto.com, Calgary: aprott 34.1.

Jecht, Birk, Hildesheim: 91.1, 99.1.

Jecht, Hans, Hildesheim: 214.1, 423.1.

Jouve Germany GmbH & Co. KG, München: 120.1, 137.1, 184.1, 191.1.

Kölnmesse GmbH, Köln: 14.1.

laif, Köln: Andre Schumacher 285.1.

Microsoft Deutschland GmbH, München: 131.1, 131.2, 131.3, 132.1, 132.2, 132.3, 132.4, 213.1.

OEKOGENO eG, Freiburg: 588.1.

Peter Wirtz Fotografie, Dormagen: 84.1, 84.2.

Picture-Alliance GmbH, Frankfurt a.M.: 7.1; dpa-infografik 19.1, 62.1, 88.2, 287.1, 288.1, 289.1, 290.1, 292.1, 292.2, 293.1, 297.1, 297.2, 298.1, 300.1, 307.1, 308.1, 310.1, 311.1, 330.1, 330.2, 331.1, 331.2, 343.1, 348.1, 381.1, 599.1, 600.1; dpa-infografik GmbH 469.1; dpa/dpaweb/Jürgen Effner 224.1; dpa/Koch 294.1; dpa/Mächler, Frank 88.1; Imagechina/He Dongping 230.1; Klose, Christin/dpa-tmn 80.2; Martin Guhl 340.1; Stephanie_Pilick 69.1.

plainpicture, Hamburg: A. Koschate 334.1.

Shutterstock.com, New York: Monkey Business Images 458.1; Muller, Frederic 45.1.

Shutterstock.com (RM), New York: Universal/Kobal 70.1.

Stiftung Warentest, Berlin: 87.1.

stock.adobe.com, Dublin: Africa Studio 252.1; ajlatan 80.1; andyller 407.1, 571.1, 578.1; auremar 177.1; Bildgigant 306.1; blackzheep 95.2; bloomicon 96.1; bluedesign 436.1; bnenin 439.1, 439.2, 439.3; ChiccoDodiFC 150.2; contrastwerkstatt 415.1, 450.1; Cookie Studio 243.1; CrazyCloud 386.1; drubigphoto 586.1; ecostyle 66.1; Elnur 434.1; Ernst, Daniel 66.2, 262.1; Evgeniya369 272.1; FARBAI 99.2; ferkelraggae 411.1; fizkes 451.1; Flamingo Images Titel; fototrm12 550.1; goodluz 436.4; H_Ko 101.1; Halfpoint 178.1; Hüls, Jürgen 580.1; industrieblick 172.2, 228.1; Kneschke, Robert 147.1; Kzenon 227.1; lassedesignen 448.1; Limbach, Alexander 412.1; magelepicture 391.1; Mangostar 417.1; Marco2811 601.1; Marina 436.2; master1305 100.3; mathieulphoto 201.1; Matynia, Wiktoria 99.3; Monkey Business 417.2; Monster 277.1; MQ-Illustrations 365.1, 505.1, 569.1; New Africa 210.1; nordroden 231.1; Parilov 150.3; pariwatpannium 561.1; Petrov, Michail 190.1; phonlamaiphoto 230.2; photoprime 150.1; pictworks 328.1; pinkyone 576.1; polack 217.1; Prostock-studio 563.1; Qaiyoom, Abdul 91.2; Racle Fotodesign 234.1; Rawpixel.com 429.1; Sashkin 172.3; schame87 436.3; showcake 30.1; sinematik 225.1; Stockfotos-MG 302.2; studio v-zwoelf 357.1; StudioLaMagica 406.1; THM 66.3; Wilfried 181.2; Yemelyanov, Maksym 172.1; zasabe 438.1.

Umweltbundesamt, Dessau-Roßlau: 313.1; https://www.erneuerbare-energien.de/EE/Redaktion/DE/Downloads/zeitreihe-der-beschaeftigungszahlen-seit-2000.htm 312.1.

Zahlenbilder, Bergmoser + Höller Verlag AG, Aachen: 35.1, 319.1, 426.2; Zahlenbilder 431.1, 569.2, 573.1, 574.1, 579.1, 582.1.